企业上市解决之道 3

案例提炼与审核关注

投行小兵 著

法律出版社 LAW PRESS·CHINA

不说再见

任何一件事情或一个事物，不论是多么惹人怜爱还是多么令人讨厌，当他真真正正要离开你的时候，总会有那么一点留恋，如一场话剧落幕，如一首歌曲唱完。

小兵2007年入行，初始也有很多的不适和彷徨，看到周围前辈都做得从容潇洒、绚丽无比，心里总是羡慕又焦急，总想知道自己哪一天才会成为那样。

如同新生孩童初到人间，小兵在跌跌撞撞间慢慢找到了对自己帮助最大的一种学习方式，刚开始是整理现有的资料，慢慢地开始对一些观点进行加工并创新甚至还可以尝试发表自己微弱的感受。这其中，案例学习的方式小兵一直觉得最适用也最过瘾，并一直坚持至今。

至今，案例研习专题已经有一百有余，回头想想自己都觉得有些小自豪和小得意。其实，如果当初要立下誓言和梦想去研究多少案例，形成多少文字，最后却不见得能够实现，而在日常点滴中勇敢坚持，最后得到的和实现的很可能就是会吓到自己的那个结果。

2010年，在诸多朋友的鼓励下，小兵开始将一些研习的成果与大家分享，取名《企业上市解决之道》。其间，有赞扬、有鼓励、有鞭策也有质疑，不论是一朵白莲还是一块黑砖，小兵都会虚心欣然接受，因为我知道，这样的学习与分享肯定会给一些人带来些许帮助和启迪，更重要的是，小兵也在这个过程中汲取了知识获得了锻炼。

赠人玫瑰，手留余香。小兵送给你玫瑰花瓣，而自己留下的可能是未来可以香飘满园的玫瑰种子。

因为是最后一次，总是有些依依不舍。有些朋友曾经觉得小兵在以前的案例研习中对案例的总结和评析有些简单，虽然小兵一直坚持一句话能说明白的问题绝不用两句话，但是在这本书的每一个案例评析中还是多说了几句，主要多说了一些有关政策环境和内在逻辑的东西，希望诸位能够体会到并且会喜欢。

随书会奉送小兵以前分享过的《投行心迹总结》，不论看问题的立场是否存在偏差，不论是否有些话狗屁不通，只要有只言片语能够说到你的心里，就值。

以前，序言都是在书稿整理之前早早写完，颇有些欢快。这次，书稿已经整理完毕却不知道该如何向大家交代些什么。

不说再见，因为我们并未别离，只是下次相见或许是另外的一种方式……

不说再见，因为我们一直一路相随，互相激励勇敢坚持……

书径无远近，学海非浅深。

朝暮拾一贝，皆是同路人。

投行小兵

目录

第一部分　主体资格

第二部分　业务技术

第三部分　财务会计

第四部分　规范运行

第一部分　主体资格

【一个健康而又充满希望的企业】

本部分将为大家持续补充以下内容：

◇ 出资问题继续关注：包括实体性问题和程序性问题

◇ 股权问题补充案例：影响股权稳定新的因素以及国有股权管理问题

◇ 改制问题补充案例：公司形式变化以及境外退市回归

第一章 出资问题

□ 本章标题不再列为“出资瑕疵”，因为所关注问题有些不一定就是瑕疵，只是因为比较特殊也比较重要，需要提请诸位重点关注。

□ 出资问题一直是首发上市审核中的重点和难点问题，本章内容继续补充一些比较特殊的出资问题，另外对出资的程序性问题做适当探讨。

□ 在小兵看来，目前审核实践中出资问题成为重灾区与工商主管部门把关不严有很大的关系，如果工商部门在继续提高服务质量的同时能够与上市审核部门建立联席机制，或许这个问题就不再是发行人最头疼的问题了。

□ 本章内容主要包括五节，分别为：土地使用权出资问题、其他特殊出资形式关注、出资义务转让、验资瑕疵以及评估瑕疵问题。

■第一节 土地使用权出资解决之道

【重要提示】

★ 在审核实践中，股东以房产出资的情形比较普遍，而以土地使用权进行出资的情形并不常见，或许这与土地使用权的特殊性以及我国对土地监管的复杂性有关。

★ 从规则上来讲，股东以土地使用权出资没有任何问题，《公司法》以及相关配套的规则有着明确的规定。

★ 总结相关案例，土地使用权出资涉及的主要问题有：(1)个人取得土地使用权是否合规的问题；(2)土地使用权出资的程序性问题；(3)土地使用权评估增值的问题；(4)以集体土地或划拨国有土地增资的问题。

★ 最后，还要注意的是，由于土地使用权评估时一般增值率都非常大，可能还会涉及非货币资产出资的个人所得税问题，尽管这个问题还存在一定的争议。

【案例情况】

一、鸿路钢构:自然人以土地出资直接过户

(一)直接过户不影响个人增资行为的合规性

2003年6月商晓波用于对安徽鸿路钢结构有限公司增资的土地使用权,系商晓波于有限公司成立以前,以个人名义从合肥市双凤工业区管理委员会(以下简称管委会)受让取得。

按照《土地使用权转让合同》约定,上述土地使用权证由转让方(管委会)负责办理,并于2002年11月30日前办结。商晓波按约支付土地转让金后,因转让方原因,未能在合同约定的期限内将权证办妥。2003年3月,因有限公司已注册成立,商晓波拟将该土地资产作价增资投入到有限公司,为支持企业发展,简化办证程序,经管委会协调,长丰县土地管理局直接将土地使用权证办至有限公司名下。

上述土地使用权转让价款共计319.5万元,均由商晓波个人向管委会支付,不存在有限公司向管委会支付上述土地使用权转让价款的情形。

发行人已向律师提供与上述土地使用权有关的《国有土地使用权证》、《土地使用权转让合同》、土地转让金的支付凭证以及与本次增资有关的工商登记资料;管委会、长丰县国土资源局已分别就上述情况出具《证明》及《情况说明》,证明情况属实。

经核查,发行人律师发表意见如下:

1. 上述土地使用权,系商晓波以个人名义同管委会签订《土地使用权转让合同》,从管委会受让取得,该《土地使用权转让合同》合法有效;商晓波按《土地使用权转让合同》履行己方义务后,按照合同约定,转让方管委会应当负责为其办理土地使用权证。

2. 商晓波所受让的上述土地,系管委会征用的国有建设用地,规划用途为工业用地,商晓波受让上述土地拟用于投资兴办工业企业,符合有关土地管理法律法规及土地利用规划,其在同转让方管委会签订《土地使用权转让合同》并按约履行付款义务后,在2003年3月之前已具备申领土地使用权证的条件。

3. 鉴于转让方管委会未能在约定期限内为商晓波办妥土地使用权证,而商晓波受让上述土地的目的本身即为用于开办企业,故在所办企业已经注册成立的情况下,商晓波拟将该土地使用权以增资方式投入企业,并经转让方管委会协调土地管理部门,在增资前将土地使用权直接办至企业名下,以减少办证环节。长丰县土地管理局根据实际情况,为支持企业发展,简化办证程序,同意直接将该两宗土地使用权登记至有限公司名下。据此,有限公司最终取得了该两宗土地的《国有土地

使用权证》。长丰县土地管理局作为土地登记机关，根据权利人的申请，在其职权范围内作出的该项土地登记行为，符合当时相关土地登记规则的规定，该项登记发证行为合法有效。

4. 上述土地使用权证在增资前虽已办至有限公司名下，但该土地使用权的转让价款全部系由商晓波个人支付，有限公司未向管委会或商晓波支付过与该土地使用权有关的任何费用；有限公司对该土地使用权的最终取得，并非基于其直接受让行为而是基于商晓波以该土地使用权对其进行增资的行为。因此，该等情形不影响本次增资行为的合规性。

（二）第一次审核关注之一：关于“商晓波以个人名义取得国有工业用地是否符合土地管理的相关规定，商晓波以上述土地使用权对发行人进行增资是否合法；在土地出让将近一年的时间里，上述土地价格由出让时的3.75万元/亩升值12.62万元/亩的原因及合理性”的核查意见

1. 关于商晓波以个人名义取得国有工业用地合规性的核查意见

（1）《土地管理法》（1998年第一次修订）第9条规定：“国有土地和农民集体所有的土地，可以依法确定给单位或者个人使用。”

（2）《城镇国有土地使用权出让和转让暂行条例》第3条规定：“中华人民共和国境内外的公司、企业、其他组织和个人，除法律另有规定外，均可依照本条例的规定取得土地使用权，进行土地开发、利用、经营。”

律师经核查认为，商晓波以个人名义取得国有工业用地符合当时土地管理的相关规定。

2. 关于商晓波以上述土地使用权对发行人进行增资的合法性的核查意见

商晓波以上述土地使用权对发行人进行增资时，其已同转让方管委会签订《土地使用权转让合同》并按约支付转让价款，转让方已将土地交付其进行前期开发整理，合同约定的转让方负责办证期限业已届至；

转让方管委会未按合同约定将土地使用权证办至商晓波个人名下，后因商晓波拟以土地使用权对发行人增资，管委会协调土地管理部门直接将权证办至发行人名下；

除转让方管委会外，上述土地使用权与其他任何权利人无涉，不存在其他权利瑕疵和权属纠纷。

经核查，律师发表以下核查意见：

（1）商晓波以土地使用权对发行人进行增资的出资方式，符合当时的《公司法》第24条的规定；

（2）商晓波用于出资的国有土地使用权，系通过转让方式取得，符合《城镇国有土地使用权出让和转让暂行条例》的相关规定；

(3)商晓波已按《土地使用权转让合同》履行己方义务,转让方亦已将土地实际交付使用,其依法领取土地使用权证已不存在法律障碍;

(4)商晓波从管委会受让土地使用权后,未以其个人名义领取土地使用权证即以该土地使用权对发行人进行增资,经土地管理部门同意,该土地使用权证已直接办至发行人名下。本所律师认为,商晓波以土地使用权对发行人进行增资的行为,系特殊形式的土地使用权转让行为。根据《最高人民法院关于审理涉及国有土地使用权合同纠纷案件适用法律问题的解释》第9条关于"转让方未取得出让土地使用权证书与受让方订立合同转让土地使用权,起诉前转让方已经取得出让土地使用权证书或者有批准权的人民政府同意转让的,应当认定合同有效"的规定,由于长丰县土地管理局已直接向发行人发证,故商晓波未领取该土地使用权证的情形,不影响其以出资方式向发行人转让土地使用权的行为效力。

(三)第一次审核关注之二:关于用于出资的土地使用权评估升值的原因及合理性的核查意见

商晓波以2002年4月、7月先后两次取得的计85.2亩土地使用权(含公摊面积)用于本次增资,其取得成本为319.5万元,而评估基准日2003年6月1日其评估价值1004万元,评估增值684.5万元,增值率214.24%。评估增值的根本原因是:商晓波取得该土地使用权的受让成本是合肥双凤开发区管委会当地政府按该宗地的"生地"价格,即相当于土地出让金标准确定的转让价格计价,而增资时是按其公允市场价格作价认缴出资的。通常,土地出让金与土地的公允市场价格差异较大,土地出让金是按土地出让时的市场价格的一定优惠幅度确定的,国家规定一般不低于土地市场价格的40%,且当地政府在具体执行时均根据项目投资强度情况在此基础上再给予土地使用者一定优惠,同时土地使用者在受让"生地"后,还需有一定后续投入,对土地进行"五通一平"工作,使之达到建设用地条件,因此土地出让金一般较低。商晓波在取得该两宗土地使用权后,又个人投入一定资金,将该土地进行平整、通水、通电等"五通一平"工作,在评估基准日2003年6月1日前已达到项目建设用地条件,即属于通常所讲的"熟地"。

土地评估机构在该两宗土地被用于增资时是按其公允市场价格进行估价的。根据合肥振华地价评估事务所出具的《土地估价报告》,评估师对该宗土地使用权采用基准地价系数修正法、成本逼近法分别评估,然后将两种方法的土地评估单价的平均价作为待估宗地地价。用基准地价系数修正法评估的待估土地地价为210.01元/平方米,用成本逼近法评估的待估土地地价为168.69元/平方米,则用两种评估方法的估价结果平均值189.35元/平方米作为该宗土地评估单价,按其土地总面积53,000.00平方米,则该宗土地评估总价为1004万元。

发行人聘请了具备可在全国范围内从事土地评估业务的安徽中安房地产评估

咨询有限公司(专业土地评估中介机构,以下简称安徽中安)对合肥振华地价评估事务所出具的《土地估价报告》(以下简称振华土地估价报告)进行复核,安徽中安于2010年4月21日出具了《复核意见报告书》(〔2010〕皖中安核字第005号)。该报告书主要意见如下:

“(1)振华土地估价报告采用的估价方法是成本逼近法和基准地价系数修正法,该估价报告对估价方法选取的理由进行了充分的描述。根据《城镇土地估价规程》的规定此类工业用地适用上述估价方法进行评估,我公司认为该估价报告的估价技术路线明确,选用方法合理,基准地价系数修正数参照合肥市四级工业用地基准地价214元/平方米进行评估可行。

(2)振华土地估价报告的估价结果单价为189.35元/平方米,总价为1004万元。我公司在每种估价方法的估价结果进行客观分析,并对两种方法估价结果的差异程度进行比较后认为,两种方法的估价结果正常,采用简单算术平均法确定最终估价结果方法合理。综上所述,我们认为该估价报告估价结果客观,符合估价基准日当地的土地市场价格水平。”

经律师核查,根据合肥市公布的2003年合肥市工业用地基准地价表,合肥市最低级别Ⅳ类工业用地基准地价为214元/平方米。根据合肥市土地管理局1997年7月公布的《合肥市城市土地定级估价技术报告》,用成本法计算的合肥市最低级别工业用地成本费为150元/平方米左右。该宗用地虽然位于长丰县,但紧邻合肥市区,与合肥市区辖区庐阳产业园仅一路之隔。目前与该宗用地位置紧邻的合肥市庐阳工业园区为Ⅱ级工业用地,根据2009年合肥市工业用途基准地价图(国土资源部网站),合肥市Ⅱ级工业用地基准地价为319元/平方米(21.27万元/亩)。

综上所述,商晓波以个人名义取得的土地使用权按其经评估的市场公允价值对有限公司进行增资,符合市场交易原则,并履行了评估作价程序,且评估方法及估值参数使用合理,土地使用权作价公允,没有出资不实情形。

(四)第二次审核关注:关于商晓波2003年6月用于增资的土地已于2003年3月办证至有限公司名下,商晓波以该土地使用权对有限公司增资的行为是否合法合规的补充法律意见

商晓波用于增资的土地,虽然在本次增资之前即已办证至有限公司名下,但本所律师认为,此种情形并未改变有限公司对该土地使用权的取得依据,不影响商晓波在增资时点上对该土地的处置权,不会导致出现有限公司以公司自有资产进行增资的情形,因此,此情形不会产生出资不实的后果,不影响商晓波本次出资行为的真实性和合法性。

1.有限公司对该土地使用权的取得,所依据的是商晓波的增资行为,而并非公

司自身的民事行为

（1）有限公司未就该土地使用权的取得，与其他任何权利人之间签订并履行过任何形式的合同、协议及其他契约性文件，包括出让合同、转让合同、出资合同、租赁合同等；亦未就该土地使用权的取得，向其他任何权利人支付过对价；

（2）有限公司亦未通过划拨、继承、接收赠与等形式，从其他权利人处无偿取得该土地使用权；

（3）根据商晓波与双凤工业区管委会之间签订的转让合同的约定，自商晓波按约定进度支付完转让价款之日起，转让方双凤工业区即应为其办理土地使用权证，该土地使用权实际已转属商晓波个人。在此时点上，商晓波系该土地使用权的唯一权利人，只有商晓波才具备让渡该土地使用权的主体资格和权利基础。因此，有限公司取得该土地使用权的唯一依据，只能是商晓波以出资形式进行的权利让渡。

2. 在商晓波的出资行为完成之前，该土地使用权虽已登记至有限公司名下，但该土地使用权尚不属于公司的资产

（1）土地使用权登记的法律意义，除了体现对于权利的行政确认之外，主要在于产生权利公示的效果，使权利人的权利能够受到法律保护。从法律上讲，登记行为系物权行为的生效要件，但却并非物权取得的行为依据。

（2）由于有限公司并无取得该土地使用权的其他行为依据，故其不可能凭空取得该项财产权利；因此，在商晓波的出资行为完成之前，该土地使用权不可能无故成为有限公司的资产。

（3）权利证书记载的内容与权利形成与变动的过程不一致的情形，在现实生活中并不鲜见，权利证书的记载虽可作为确认权利归属的直接依据，但却并非唯一和最终的依据。在有相反证据表明权利证书记载事项确实与权利形成与变动过程不一致的情况下，权利证书的记载事项即不能作为认定权利归属的依据。由于有限公司先于增资完成即已取得土地使用权证的情形系因发证机关为简化办证程序，支持企业发展而采取变通方式一步到位办理登记手续所致，故不能据此即认定自有限公司领证之日起，该土地使用权即已成为有限公司的资产。有限公司真正取得该土地使用权，应当始于增资行为完成之日。

（4）从财务角度看，由于有限公司并未进行过以该土地使用权为标的的交易行为，不存在以其他形式的资产交换该土地使用权的情形，亦未因此而相应增加负债，故在所有者权益不增加的情况下，有限公司的资产不可能增加。因此，即便增资完成前有限公司已经获领土地权证，从财务角度亦不应认为该土地使用权已属公司资产。

3. 商晓波的行为不构成替代履行，其与有限公司之间不存在债权债务关系

从该土地使用权流转的整个过程来看，该土地使用权最初系由商晓波从双凤工业区管委会受让取得，转让合同系由商晓波签订，转让价款系由商晓波个人支

付；有限公司并非转让合同的当事人，与管委会之间无合同关系，不存在有限公司直接从管委会受让该土地使用权的情形。因此，商晓波向管委会缴纳土地转让价款的行为，系履行其自身合同义务的行为，不存在代替有限公司履行债务的问题；其对该土地进行“五通一平”的后续投入，亦属于其自身的投资行为，不构成为有限公司垫付资金的行为。其与有限公司之间，在该土地使用权的流转过程中不存在任何债权债务关系。商晓波本次用于出资的，只能是以土地使用权，不可能是债权或者其他任何财产权利。

4. 该土地使用权先于增资行为完成前转移至有限公司名下，此种情形符合当时《公司法》的规定，其合法性不存在任何问题

原《公司法》第 25 条规定：“股东应当足额缴纳公司章程中规定的各自所认缴的出资额。股东以货币出资的，应当将货币出资足额存入准备设立的有限责任公司在银行开设的临时账户；以实物、工业产权、非专利技术或者土地使用权出资的，应当依法办理其财产权的转移手续。”根据上述规定，办理用于出资的财产权的转移手续，本身即是出资股东的法定义务；先行办理出资财产的权利转移手续，而后再办理出资资产的评估、验资及工商登记，恰恰是履行出资义务，保证出资真实的积极举措，此种情形不仅是合法的，同时也是法律所鼓励的。

现行的《公司注册资本登记管理规定》（国家工商总局修订颁布，自 2006 年 1 月 1 日起实施）第 12 条已开始明确规定：“公司成立后，股东或者发起人按照公司章程规定的出资时间缴纳出资，属于非货币财产的，应当在依法办理财产权转移手续后，申请办理公司实收资本的变更登记。”

综上所述，律师认为：本次增资的土地使用权转移在先的情形，对商晓波出资的真实性和有效性不存在影响，有限公司本次增资行为合法合规。

（五）第三次审核关注：关注律师对于土地使用权权属先变更然后再验资的解释

1. 商晓波个人取得工业用地土地使用权符合法律规定

（1）有关土地管理法律、法规和规章中，明确规定个人可以依法取得国有土地使用权。

①《土地管理法》（1998 年修订）第 9 条规定：“国有土地和农民集体所有的土地，可以依法确定给单位或者个人使用。”

②《城镇国有土地使用权出让和转让暂行条例》第 3 条规定：“中华人民共和国境内外的公司、企业、其他组织和个人，除法律另有规定外，均可依照本条例的规定取得土地使用权，进行土地开发、利用、经营。”

③《土地登记规则》第 9 条规定：“国有土地使用权由使用国有土地的单位及法定代表人或者使用国有土地的个人申请登记。”

(2)有关土地管理法律法规中，对个人取得工业用地使用权并无禁止或限制性的特殊规定，而国家及地方土地管理部门近年来出台的有关工业用地出让方面的规章制度则进一步明确了个人可以申请取得工业用地。

①国土资源部、监察部《关于进一步落实工业用地出让制度的通知》(国土资发〔2009〕101 号)规定："对列入市、县土地出让计划的工业用地，要及时将具备出让条件地块的位置、面积、产业要求、使用年限、土地使用条件(功能分区)等信息向社会发布，接受用地申请。单位和个人对拟出让的地块有使用意向，所承诺支付的土地价格和土地使用条件符合规定的，市、县国土资源行政主管部门应适时组织挂牌或拍卖出让活动。"

②经安徽省人民政府办公厅皖政办转发的安徽省国土资厅《关于工业用地招标拍卖挂牌出让实施意见的通知》(〔2007〕11 号)规定："凡单位和个人对列入工业用地招标拍卖挂牌出让计划的具体地块有使用意向的，可以持申请书、单位或个人有效证明、资金有效证明等材料，向当地国土资源行政主管部门提出书面预申请。"

(3)个人取得工业用地使用权依法可以登记发证，已有地方土地管理部门对此做出明确规定。

如浙江省国土资源厅在《关于工业用地能否转让给合伙企业和个体工商户的批复》(浙土资函〔2005〕159 号)中就明确表示："《中华人民共和国城镇国有土地使用权出让和转让暂行条例》、《浙江省城镇国有土地使用权出让和转让实施办法》中，均未对土地使用权转让的对象作出特别限制。《确定土地所有权和使用权的若干规定》第二十六条及《土地登记规则》第九条更是明确，土地使用权可以确定给直接使用土地的具有法人资格的单位或个人。也就是说，合伙企业和个体工商户可以依法取得工业用地使用权，国土资源部门应当依法予以登记。"

综上所述，律师认为，商晓波个人取得工业用地使用权符合法律规定。

2. 商晓波具备取得增资土地使用权的各项要件

(1)如前所述，商晓波具备受让该土地使用权的主体资格；

(2)商晓波已同转让方双凤经济开发区管委会签订土地使用权转让合同，该合同合法有效；

(3)商晓波已按合同约定支付土地使用权转让款；

(4)按照土地使用权转让合同的约定，在商晓波按约支付土地款后，转让方即应为其办理土地使用权证；

(5)按照土地使用权转让合同的约定，商晓波受让该宗土地后，"在受让土地使用权期限内，可以依法转让、出租、抵押或用于其他合法的经营活动"。

基于上述事实，根据土地使用权出让、转让的有关法律规定，律师认为，商晓波已经具备取得该土地使用权的各项要件，其领取该土地使用权证已不存在法律障碍。商晓波未以其本人名义申领土地使用权证而是申请直接将权证办至发行人名下,此做法虽非常规办证程序,但发证机关简化了办证程序,支持企业发展,已同意按此方式办理,故这一颁证环节的省却并不影响商晓波对该土地使用权的取得及处分。

3. 商晓波以土地使用权对发行人进行的增资,系发行人取得该土地使用权的唯一依据。除此之外,无其他原因可以导致发行人取得该土地使用权

任何一项财产权利的取得,均须有一定的行为依据为前提。发行人对该土地使用权的取得方式属于继受取得而非原始取得,这一点当无异议。而发行人既已取得该土地使用权,就必然会存在一个行为依据的问题。按照有关土地管理的法律法规规定,对于土地使用权这种较为特殊的财产权利,其合法的继受取得方式包括出让、转让(包括出资)、出租、继承、置换、赠与等。无论通过何种方式,都离不开原权利人对其自身权利的处分。原权利人处分其自身权利的法律行为,即是继受权利人取得权利的行为依据,而该行为到底属于何种法律行为,则应当根据当事人的意思表示及其行为的外在表现来认定。

如前所述,相对于发行人而言,该土地使用权的原权利人应为商晓波。而商晓波对该土地使用权的处分方式,无论是意思表示的内容(股东会决议同意其增资)还是行为的外在表现(履行了增资的全部法律程序),均表明其是以该土地使用权对发行人进行增资。这种处分行为,符合相关法律法规的规定,应为有效行为,应能产生有效的法律后果。因此,商晓波的出资行为,应系发行人取得该土地使用权的依据。

根据本所律师对发行人取得该土地使用权整个过程的核查情况,发行人并未同其他权利人之间签订过与该土地使用权有关的任何合同;商晓波与管委会签订的两份土地使用权转让合同,亦从未以任何方式变更由发行人履行;而发行人与商晓波之间,除了本次增资之外,再无通过其他方式转移该土地使用权的任何书面或口头协议以及任何其他安排。因此,除了商晓波的增资行为之外,不可能再有其他原因可以导致发行人取得该土地使用权。

基于上述,律师认为,发行人取得该土地使用权的唯一事实依据,只能是商晓波的增资行为。若非商晓波的增资行为,发行人不可能无故取得该土地使用权。

4. 土地使用权证书转移在先的情形符合与增资有关的法律规定,不影响商晓波出资行为的真实性和有效性

(1)当时适用的《公司法》第25条规定:“股东应当足额缴纳公司章程中规定的各自所认缴的出资额。股东以货币出资的,应当将货币出资足额存入准备设立的有限责任公司在银行开设的临时账户;以实物、工业产权、非专利技术或者土地使用权出资的,应当依法办理其财产权的转移手续。”

(2)当时适用的《公司注册资本登记管理暂行规定》(国家工商行政管理局

1995年第44号令发布）第18条规定："公司增加注册资本，以非货币出资的，股东应当依法办理财产权转移手续后再向公司登记机关申请注册资本变更登记。"根据上述规定，本所律师认为，发行人本次增资过程中，用于出资的土地使用权证书转移在先的情形，符合《公司法》及公司登记管理的相关规定，不影响商晓波出资行为的真实性和有效性。

5. 商晓波的增资行为是原因，土地使用权证书转移是结果，二者之间存在明确的因果关系，不能以权证转移这一结果反过来否定因行为的效力

（1）基于上述规定，出资资产在增资行为完成之前即已转移至公司名下的情形，应是公司增资过程中的普遍现象，无论是以动产进行增资还是以不动产进行增资均需如此。如前所述，在以货币资金进行增资时，按照规定出资人亦应先将用于出资的货币资金存入公司账户，然后才能履行增资的后续程序。此时同样存在出资资产权属已经先行转移的情形，但增资行为的效力显然不会受此影响。既然如此，在以土地、房产等不动产进行增资时，权证的先行转移也就同样不会对增资行为的有效性构成任何障碍。

（2）权利证书的转移，其法律意义在于对物权变动结果的确认，而对造成物权变动后果的基础行为或者原因行为的效力不应产生任何影响。不能因为物权变动的后果已经产生而回过头来否认基础行为或原因行为的效力，否则就会形成悖论。如果在土地使用权买卖交易中，价款尚未支付而权证已经转移，此时显然不能据此认为买卖行为无效，使得买方可以不履行价款给付义务；也不能据此又认为物权变动的结果有效而使买方可以取得物权。同样道理，在以土地使用权进行出资的情况下，也不能因为权证已经先行转移而否定出资行为本身的效力。否则的话，就无法解释上述《公司法》及《公司注册资本登记管理暂行规定》中的规定。

基于上述，本所律师认为，该土地使用权证书的先行转移应系商晓波以该土地使用权对发行人进行增资的后果，商晓波的增资行为是发行人取得该土地使用权的基础原因，发行人系基于商晓波的增资行为而非仅仅依据权利证书的转移而取得该土地使用权。该土地使用权证书的转移在先不影响商晓波本次增资行为的法律效力。

6. 商晓波本次增资行为不存在潜在纠纷和潜在法律风险

发行人律师发表以下核查意见：

（1）2010年10月18日，发行人现有全体股东出具《无异议确认书》，一致确认商晓波本次增资的土地使用权权属不存在争议，土地使用权价值公允合理，各股东对商晓波本次增资行为均无异议。

（2）2010年10月18日，商晓波本人出具书面承诺，保证本次增资的土地使用权权属不存在争议，土地使用权价值公允合理，若因本次增资行为而导致公司及其他股东利益受损，将由其本人承担一切法律责任。

(3)对发行人本次增资行为,合肥市工商行政管理局于2010年10月19日出具《情况说明》认为:“安徽鸿路钢结构有限公司该次注册资本变更登记中,股东的出资方式、增资的各项程序均符合法律规定,合法有效。”

基于上述确认、承诺和证明,律师认为,商晓波以土地使用权对发行人进行增资的出资行为不存在潜在纠纷或潜在法律风险,对发行人本次发行上市不会构成不利影响。

综上所述,律师认为:2003年6月商晓波以土地使用权对发行人进行增资的过程,符合《公司法》等相关法律、法规和规章规定,不存在出资不实的情形。发行人本次增资行为合法合规,对发行人的发行申请不构成任何法律障碍。

二、森远股份:股东出资土地直接过户构成瑕疵

经辽宁省发展和改革委员会《关于核准鞍山森远路桥养护机械制造有限公司公路养护专用车项目的批复》(辽发改发〔2004〕486号)批准,自然人郭松森先生、齐广田先生、王恩义先生、夏维民先生和王晓晔女士共同出资成立森远公司,其中,齐广田先生、王晓晔女士为夫妻关系。各出资人认缴的出资额、出资方式及出资比例如下:

出资人姓名	认缴出资额(万元)	出资方式			出资比例(%)
		货币出资(万元)	实物出资(万元)	土地使用权出资(万元)	
郭松森	909.60	209.93		699.67	45.48
齐广田	707.40	182.52		524.88	35.37
王恩义	100.00	7.55	28.00	64.45	5.00
王晓晔	107.00		107.00		5.35
夏维民	176.00		176.00		8.80
合　计	2000.00	400.00	311.00	1289.00	100.00

郭松森先生、齐广田先生和王恩义先生以位于高新区鞍千路281号的地块的国有土地使用权(以下简称出资土地使用权)对森远有限出资,经鞍山金地资产评估事务所有限公司出具《土地资产评估报告书》(鞍金土估字〔2004〕第055号)评估确认,出资土地使用权的估价结果为人民币1289万元。截至2004年10月25日,以土地使用权出资的股东尚未与鞍山森远路桥养护机械制造有限公司办妥土地使用权过户手续,但该等股东与鞍山森远路桥养护机械制造有限公司已承诺按照有关规定在公司成立后6个月内办妥土地使用权过户手续,并报公司登记机关备案。

2006年11月18日,辽宁正和会计师事务所有限公司以2006年10月31日为基准日,对森远有限的财务报表进行了审计,并出具辽正会年检审字〔2006〕第057

号《审计报告》，经辽宁正和会计师事务所有限公司审验，截至2006年10月31日，森远有限的未分配利润为31,246,817.14元。

2006年12月27日，森远有限召开股东会，经审议决定以2006年10月31日为基准日，向郭松森先生分配现金股利438.69万元，向齐广田先生分配现金股利329.10万元，向王恩义先生分配现金股利40.41万元；为规范出资行为，前述分配的现金股利全部直接用于缴纳股东出资；将郭松森先生、齐广田先生和王恩义先生三名股东的出资中以土地使用权出资的部分变更为以货币出资，并审议通过《公司章程修正案》。

2006年12月30日，辽宁天健会计师事务所有限公司出具辽天会内验字〔2006〕963号《验资报告》，经审验，截至2006年12月30日，森远有限已收到全体股东以货币资金缴纳的注册资本合计人民币1289万元。本次出资方式变更完成后，森远有限各股东的出资情况如下：

股东名称	出资总额（万元）	出资方式		出资比例(%)
		货币出资（万元）	实物出资（万元）	
郭松森	1085.60	909.60	176.00	54.28
齐广田	814.40	707.40	107.00	40.72
王恩义	100.00	72.00	28.00	5.00
合　计	2000.00	1689.00	311.00	100.00

(一)土地使用权出资的规范

森远有限设立时，郭松森先生、齐广田先生和王恩义先生向高新区管委会申请受让出资土地使用权、支付土地出让金，并以出资土地使用权对森远有限出资。由于鞍山市人民政府以鞍政地字〔2004〕84号文将土地使用权直接出让给森远有限，因此，出资土地使用权直接登记在森远有限名下，未体现为三名股东以土地使用权出资。郭松森先生、齐广田先生和王恩义先生在2006年12月森远有限变更出资方式过程中以货币资金及现金股利置换了土地使用权出资。具体情况如下：

1.森远有限取得出资土地使用权的具体过程

(1)郭松森先生、齐广田先生和王恩义先生受让出资土地使用权的基本过程

①根据高新区管委会出具的《关于鞍山森远路桥股份有限公司土地使用权出让及登记情况的说明》，因高新区内企业美玉公司30,050平方米土地长期闲置，高新区管委会决定收回该闲置土地并对外出让，用于招商引资。因该地块位置及场地条件较佳，郭松森先生、齐广田先生和王恩义先生为能及时取得该土地作为拟在高新区设立的森远有限的生产经营场所，遂先行以个人名义向高新区管委会申请

受让该地块土地使用权。

②经高新区管委会批准，郭松森先生、齐广田先生和王恩义先生于 2004 年 6 月 16 日与高新区管委会签订《土地出让协议》，约定三人受让该地块土地使用权，土地出让金为 160 元/平方米，土地出让金总额为 4,808,000 元；三人可在该地块上开工建设；地块用途为工业用地，建设内容为厂房、办公楼。

③2004 年 8 月和 10 月，郭松森先生、齐广田先生和王恩义先生共计向高新区支付土地出让金 4,808,000 元，资金来源为郭松森先生、齐广田先生和王恩义先生的个人储蓄。森远有限设立时，出资土地使用权的土地出让金已支付完毕。

根据当时有效的《鞍山高新区国有土地使用权协议出让暂行管理办法》第 5 条的规定，根据高新区管委会出具的《关于鞍山森远路桥股份有限公司土地使用权出让及登记情况的说明》，郭松森、齐广田和王恩义三位自然人申请并受让出资土地使用权的价格、过程均符合鞍山市及高新区国土资源管理的有关规定。

（2）郭松森先生、齐广田先生和王恩义先生以土地使用权出资并设立森远有限的基本过程

①郭松森先生、齐广田先生、王恩义先生、王晓晔女士和夏维民先生于 2004 年 10 月 15 日共同签订森远有限《公司章程》，并开始申请办理森远有限设立登记手续。

②评估和验资。

鞍山金地资产评估事务所有限公司对出资土地使用权进行了评估并出具《土地资产评估报告书》（鞍金土估字〔2004〕第 055 号），确定估价单价为 429 元/平方米，地价金额为 1289 万元。根据当时有效的《鞍山高新区关于吸引和扶持高新技术企业入区建设、自主创新的若干指导意见》的规定，“高新区优先支持和扶持先进制造业和新材料两大主导产业。先进制造业主要扶持发展以下项目：各类汽车改装和汽车零部件制造”，因郭松森先生、齐广田先生和王恩义先生受让出资土地使用权是为投资建设专用车生产基地，符合上述规定，受让价格适用《鞍山高新区关于吸引和扶持高新技术企业入区建设、自主创新的若干指导意见》规定的优惠地价政策，即“科研、工业用五十年使用期土地出让金价格，高新区东区最低为每平方米 160 元人民币，西区最低为每平方米 140 元人民币”，因此实际土地出让金额与土地评估结果存在差异。

鞍山千惠会计师事务所有限公司对郭松森先生、齐广田先生、王恩义先生、王晓晔女士和夏维民先生截至 2004 年 10 月 25 日的出资情况进行审验，并于同日出具《验资报告》（鞍千惠验字〔2004〕第 134 号）。

（3）出资土地使用权登记至森远有限名下的基本过程

森远有限成立后，郭松森先生、齐广田先生、王恩义先生与森远有限开始办理将出资土地使用权登记在森远有限名下的手续。

虽然郭松森先生、齐广田先生和王恩义先生与高新区管委会签订了《土地出让协议》并交纳了土地出让金，但由于鞍山市人民政府以鞍政地字〔2004〕84号《关于向鞍山森远路桥养护机械制造有限公司出让国有土地使用权的批复》将出资土地使用权的受让人直接批复为森远有限，因此，在办理出资土地使用权登记过程中，鞍山市规划和国土资源局未将土地使用权登记在郭松森先生、齐广田先生和王恩义先生名下，而是直接登记在森远有限名下。2004年11月29日，森远有限取得了《中华人民共和国国有土地使用证》（鞍国用〔2004〕第600145号）。自2004年11月29日森远有限取得该国有土地使用证起，该土地使用权未发生权属变更。

2. 土地使用权出资的规范

2006年12月26日，经森远有限董事会审议通过，同意返还郭松森先生、齐广田先生、王恩义先生土地出让金480.8万元，其中，向郭松森先生还款260.98万元，向齐广田先生还款195.78万元，向王恩义先生还款24.04万元。郭松森先生、齐广田先生、王恩义先生同意收到上述返还款项即全部直接投入公司。

2006年12月27日，经森远有限股东会审议通过，以2006年10月31日为基准日，向股东郭松森先生、齐广田先生和王恩义先生分配现金股利808.2万元，其中，向郭松森先生分配现金股利438.69万元，向齐广田先生分配现金股利329.09万元，向王恩义先生分配现金股利40.41万元；为规范出资行为，前述分配的现金股利全部直接用于缴纳股东出资；股东郭松森先生、齐广田先生和王恩义先生各自以土地使用权出资的部分分别变更为以货币出资，其中，股东郭松森先生以森远有限还款及现金股利共699.67万元，股东齐广田先生以森远有限还款及现金股利共524.88万元，股东王恩义先生以森远有限还款及现金股利共64.45万元分别置换他们以土地使用权出资的出资金额。

2006年12月30日，辽宁天健会计师事务有限公司所对前述置换出资事宜进行了审验，并出具了《验资报告》（辽天会内验字〔2006〕963号）。

3. 土地使用权出资及其规范过程相应的会计处理

（1）2004年6月至8月，森远有限未设立，未进行相关的会计处理。

2004年6月16日，郭松森先生、齐广田先生和王恩义先生与高新区管委会签订《土地出让协议》，约定三人受让该地块土地使用权，土地出让金为160元/平方米，土地出让金总额为4,808,000元，由于上述行为与森远有限无关，森远有限未进行相应的会计处理；

2004年8月和10月，郭松森先生、齐广田先生和王恩义先生共计向高新区支付土地出让金4,808,000元时，由于上述行为与森远有限无关，森远有限未进行相关的会计处理。

（2）2004年10月25日森远有限设立时，郭松森先生、齐广田先生、王恩义先生以土地使用权对森远有限出资，并按照工商登记的相关规定委托评估机构进行评估、委托验资机构进行验资，并办理了森远有限的设立登记。森远有限依据上述相关手续进行了相应的会计处理。按验资报告中土地使用权的价值1289万元（评估值）出资：

借：无形资产　　　　　　　　　1289.00万元
　贷：实收资本——郭松森　　　699.67万元
　　　实收资本——齐广田　　　524.88万元
　　　实收资本——王恩义　　　64.45万元

2004年11月29日，森远有限取得了《中华人民共和国国有土地使用证》（鞍国用〔2004〕第600145号）。

（3）2006年12月27日，森远有限股东会审议通过向股东郭松森先生、齐广田先生和王恩义先生分配现金股利808.20万元，分配的现金股利全部直接用于置换股东出资时，森远有限依据有关手续进行了相应的会计处理。具体会计处理为：

①红字冲回2004年10月25日森远有限设立时会计处理

借：无形资产　　　　　　　　　－1289.00万元
　贷：实收资本——郭松森　　　－699.67万元
　　　实收资本——齐广田　　　－524.88万元
　　　实收资本——王恩义　　　－64.45万元

②将土地使用权按高新区规定缴纳的土地使用权出让金480.80万元计入无形资产

借：无形资产　　　　　　　　　480.80万元
　贷：其他应付款——郭松森　　260.98万元
　　　其他应付款——齐广田　　195.78万元
　　　其他应付款——王恩义　　24.04万元

公司以现金支付了上述应付三位股东的款项，同时进行了会计处理。

③向三位股东分配现金股利808.20万元

借：利润分配——未分配利润　　808.20万元
　贷：应付股利——郭松森　　　438.69万元
　　　应付股利——齐广田　　　329.10万元
　　　应付股利——王恩义　　　40.41万元
借：应付股利——郭松森　　　　438.69万元
　　应付股利——齐广田　　　　329.10万元
　　应付股利——王恩义　　　　40.41万元
　贷：现金　　　　　　　　　　808.20万元

④三位股东缴纳出资1289万元

借：现金　　　　　　　　　　　1289.00万元

贷：实收资本——郭松森 699.67 万元

实收资本——齐广田 524.88 万元

实收资本——王恩义 64.45 万元

4. 结论

(1)公司注册资本充实

2010 年 3 月 8 日，鞍山市工商行政管理局出具《关于对鞍山森远路桥股份有限公司股东出资有关问题的说明》，认为“鞍山森远路桥股份有限公司其前身是鞍山森远路桥养护机械制造有限公司，于 2004 年 10 月 25 日在我局登记成立，当时登记的注册资本是2000 万元，其中股东郭松森、齐广田、王恩义以个人垫资取得的森远有限土地使用权出资 1289 万元。2006 年 12 月 30 日，公司及上述三人以未分配利润及货币资金置换了以土地使用权出资的资产，并在我局办理了变更登记，从而规范了股东的出资行为。上述过程真实，对公司注册资本和生产经营不构成影响，不会因此受到行政处罚。”

2010 年 3 月 23 日，辽宁省工商行政管理局出具《关于鞍山森远路桥股份有限公司股东出资有关问题的意见》，对鞍山市工商行政管理局提交的《关于对鞍山森远路桥股份有限公司股东出资有关情况确认的请示》进行了批复，认为“鞍山森远路桥股份有限公司的前身是鞍山森远路桥养护机械制造有限公司，其设立登记的注册资本是2000 万元，其中股东郭松森、齐广田、王恩义以个人垫资取得的森远有限土地使用权出资 1289 万元。但鞍山市人民政府《关于向鞍山森远路桥养护机械制造有限公司出让国有土地使用权的批复》(鞍政地字〔2004〕84 号)将土地使用权直接出让给了森远公司，没能体现上述三人以土地使用权出资。为规范股东出资行为，2006 年 12 月 30 日你局为上述三人办理了出资方式变更登记，变更后上述三人的出资方式为货币。鞍山森远路桥养护机械制造有限公司成立时，股东以土地使用权出资存在不当，但公司和股东已于 2006 年 12 月依法对出资行为进行了规范，因此同意你局意见”。

基于上述，在森远有限设立过程中，郭松森先生、齐广田先生和王恩义先生本拟个人受让出资土地使用权并以其对森远有限出资，并按照《鞍山高新区国有土地使用权协议出让暂行管理办法》的规定与高新区管委会签订《土地出让协议》，支付了土地出让金；按照工商登记的相关规定委托评估机构进行评估、委托验资机构进行验资，并办理了森远有限的设立登记。但因鞍政地字〔2004〕84 号文直接将出资土地使用权的受让人批准为森远有限，因此出资土地使用权初始登记在森远有限名下，而未体现为股东出资，郭松森先生、齐广田先生和王恩义先生在进行土地使用权出资的程序上存在瑕疵。鉴于郭松森先生、齐广田先生和王恩义先生已足额支付土地出让金，森远有限已实际取得该土地使用权；郭松森先生、齐广田先生和王恩义先生已在2006 年 12 月森远有限变更出资方式过程中以货币资金及现金股利置换了土地使用权出资，对上述行为进行了规范；辽宁省工商行政管理局已确认上述出资不当对公司注册资本和生产经营不构成影响，不会因此受到行政处罚。因此，森远路桥注册资本充实，森远有限设立时存在的股东出资不当未对森远路桥、森远路桥的债权人及社会公共利益构成损害，对森远路桥本次发行上市不构成实质性障碍。

(2)公司以分配现金股利弥补出资符合相关法律法规的规定

首先，依据前述分析，郭松森、齐广田和王恩义在进行土地使用权出资的程序上存在瑕疵，但并未构成出资不到位。

其次，森远有限设立时除存在程序瑕疵的土地使用权出资以外，剩余部分出资占2000万元注册资本的35.55%，即使不考虑各自土地使用权出资份额，每名股东可获得的最高现金分红也可占可分配利润的35.55%。根据辽宁正和会计师事务所有限公司于2006年11月18日出具的《审计报告》(辽正会年检审字〔2006〕第057号)，截至2006年10月31日，森远有限的可分配利润为31,246,817.14元。本次股利分配金额占当时森远有限可分配利润的25.86%，未超过35.55%。

综上所述，该次股利分配并不违反《公司法》第35条关于股东按照实缴的出资比例分取红利的规定。

(二)审核意见关注之：请发行人补充披露森远有限设立时郭松森、齐广田及王恩义用于出资的土地使用权的权属变化及相应的会计处理，说明并披露在注册资本2000万元中1289万元未出资到位的情况下，股东以分配现金股利弥补出资是否符合相关法律法规的规定。请保荐机构、律师和申报会计师核查并发表意见。律师工作报告提到，鞍山高新区管委会收回鞍山美玉有限公司长期闲置土地后对外出让，用于招商引资。后郭松森等三人未能及时取得该土地作为发行人生产经营场所，遂先行以个人名义向高新区管委会申请受让该地块土地使用权。请保荐机构及律师核查并说明前述以个人名义申请受让土地使用权是否符合相关法律法规规定

1.郭松森等三人以个人名义向高新区管委会申请受让该地块土地使用权的过程

根据高新区管委会出具的《关于鞍山森远路桥股份有限公司土地使用权出让及登记情况的说明》，因高新区内企业鞍山美玉有限公司30,050平方米土地长期闲置，高新区管委会决定收回该闲置土地并对外出让，用于招商引资。因该地块位置及场地条件较佳，郭松森、齐广田和王恩义为能及时取得该土地作为拟在高新区设立的森远公司的生产经营场所，遂先行以个人名义向高新区管委会申请受让该地块土地使用权。

经高新区管委会批准，郭松森、齐广田和王恩义于2004年6月16日与高新区管委会签订《土地出让协议》，约定三人受让该地块土地使用权，土地出让金为160元/平方米，土地出让金总额为4,808,000元；地块用途为工业用地，建设内容为厂房、办公楼。

前述土地出让金已于2004年8月和10月分别由郭松森、齐广田和王恩义全额支付，资金来源为郭松森、齐广田和王恩义的个人储蓄。森远有限设立时，出资土地使用权的土地出让金已支付完毕。

2. 国家对土地管理的相关法律法规未禁止个人受让工业用地使用权

1998年及2004年8月修订的《中华人民共和国土地管理法》均在第43条规定，任何单位和个人进行建设，需要使用土地的，必须依法申请使用国有土地……前款所称依法申请使用的国有土地包括国家所有的土地和国家征收的原属于农民集体所有的土地。

中华人民共和国国土资源部（以下简称国土资源部）于2003年颁布并实施的《协议出让国有土地使用权规定》第8条规定，国有土地使用权出让计划公布后，需要使用土地的单位和个人可以根据国有土地使用权出让计划，在市、县人民政府国土资源行政主管部门公布的时限内，向市、县人民政府国土资源行政主管部门提出意向用地申请。

国土资源部于2002年颁布并实施的《招标拍卖挂牌出让国有土地使用权规定》第2条规定，在中华人民共和国境内以招标、拍卖或者挂牌方式出让国有土地使用权的，适用本规定。本规定所称招标出让国有土地使用权，是指市、县人民政府土地行政主管部门（以下简称出让人）发布招标公告，邀请特定或者不特定的公民、法人和其他组织参加国有土地使用权投标，根据投标结果确定土地使用者的行为。

根据上述法律和规范性文件的规定，个人申请受让工业用地并不违反国家有关规定。

3. 郭松森等三人受让前述地块土地使用权符合高新区相关规定

根据当时有效的《鞍山高新区国有土地使用权协议出让暂行管理办法》第5条的规定，郭松森、齐广田和王恩义按照上述规定与高新区管委会签订《土地使用权出让协议书》，并经高新区管委会批准。高新区管委会在其出具的《关于鞍山森远路桥股份有限公司土地使用权出让及登记情况的说明》中亦确认，郭松森、齐广田和王恩义三位自然人申请并受让出资土地使用权的价格、过程均符合鞍山市及高新区国土资源管理的有关规定。

律师经核查认为：郭松森、齐广田和王恩义三位自然人以个人名义申请受让土地使用权不违反相关法律法规规定。

（其他回复意见略）

三、亚夏汽车:以农村集体土地权增资

2002 年 11 月 20 日,安徽亚夏、宁国汽车和周夏耘三方共同签署了《增资扩股协议》,约定对原有限公司增资 4420 万元,并由两部分构成:(1)安徽亚夏、宁国汽车、周夏耘以价值 4320 万元的土地使用权增资,其中:安徽亚夏增资 3024 万元、宁国汽车增资 648 万元、周夏耘增资 648 万元;(2)周夏耘另以现金 100 万元增资。

2002 年 11 月 20 日,有限公司股东会审议通过《关于公司增资扩股及股权变动的议案》,决定注册资本由 580 万元增加至 5000 万元,增加的 4420 万元注册资本由价值 4320 万元土地使用权和周夏耘 100 万元现金组成。

2002 年 12 月 13 日,经安徽平泰会计师事务所出具的平泰会开验字〔2002〕第 235 号《验资报告》验证,有限公司全体股东认缴新增资本的出资全部到位。本次增资完成后,有限公司注册资本为 5000 万元。

2001 年 1 月 8 日,宁国亚夏、宁国汽车、周夏耘三方签署《共同出资协议》,约定共同受让芜湖市鸠江区官陡镇钱桥行政村村民委员会(以下简称钱桥村委会)133,300 平方米的农民集体流转土地使用权,并用于增资芜湖亚夏。根据国土资源部国土资函〔1999〕641 号《关于同意将芜湖市作为农民集体所有建设用地使用权流转试点的批复》(以下简称《试点批复》)规定,芜湖市为国土资源部首批集体建设用地流转试点城市。安徽亚夏、宁国汽车、周夏耘用于增资的农民集体流转土地使用权属于流转试点范围。钱桥村委会 133,300 平方米的农民集体流转土地使用权,安徽亚夏原准备受让。考虑到该土地系将由芜湖亚夏使用,并且原芜湖亚夏注册资本较小,房地分离会影响原有限公司进一步发展,宁国亚夏、宁国汽车、周夏耘决定对原有限公司进行增资扩股时决定分别按 70%、15%、15% 的比例共同承担购置该集体流转土地使用权的全部费用,最终以出让方式取得该土地使用权并将其投入原有限公司。《共同出资协议》第 3 条约定"三方决定授权芜湖亚夏实业有限公司具体办理购置土地及签署相关协议、文件等具体事宜,并以其名义领取土地使用权证,三方应配合芜湖亚夏实业有限公司上述工作"。

(一)土地使用权基本情况

2001 年 8 月 2 日,钱桥村委会与土地承包经营者杭洪余、邢庆文、李春堂、杭圣付、杭洪林、邢修虎、李小哑、邢厚龙、邢厚虎、邢后祥、邢厚青、谷兴枝、杭傲其签署了《使用土地协议》,约定"乙方(土地承包经营者)自签订本协议并领取上述补偿费后,即放弃土地承包经营权,其土地使用权归还甲方(钱桥村委会),并由甲方流转用于亚夏汽车交易市场建设","付款方式:费用一次性付清"。该等《使用土地协议》约定付给土地承包经营者的安置费、青苗费已全部付清。

2001年8月7日,原有限公司与钱桥村委会签署了《芜湖市农民集体所有建设用地使用权转让合同》,约定钱桥村委会向原有限公司转让位于官陡镇钱桥村上官塘自然村的面积为133,300平方米的农民集体所有建设用地。

2001年8月7日,原有限公司和钱桥村委会共同向芜湖市鸠江区官陡镇人民政府提交了《芜湖市农民集体所有建设用地使用权流转申请表》,并于同日获得芜湖市鸠江区官陡镇人民政府批准。

2001年8月7日,芜湖市鸠江区土地管理局报送了流转字〔2001〕第08号《芜湖市农民集体所有建设用地使用权流转呈批表》,芜湖市鸠江区人民政府、芜湖市土地管理局、芜湖市人民政府分别于2001年8月8日、2001年8月26日、2001年8月27日予以批准。

根据芜湖市鸠江区土地管理局流转字〔2001〕第08号《芜湖市农民集体所有建设用地使用权流转呈批表》,流转宗地面积:133,300平方米;流转后土地用途:汽车交易市场用地;该宗地流转前的土地所有权和使用权属钱桥村委会,流转后使用权属原有限公司,所有权仍属钱桥村委会。

2001年8月31日,原有限公司合法领取了芜湖市土地管理局颁发的芜流集用〔2001〕字第006号《集体土地使用证》。

2002年11月6日,芜湖市国土资源局以芜土秘〔2002〕82号《关于安徽亚夏实业股份有限公司等将集体流转用地评估作价增资投入芜湖亚夏实业有限公司的批复》,同意"根据《关于芜湖市农民集体所有建设用地使用权流转试点方案的批复》(国土资函〔2000〕70号)规定,集体建设流转用地在使用年限、贷款抵押等方面与出让地具有同等效用,可以进行转让和作价入股。同意你公司等聘请有资质的中介机构进行评估作价";同意原有限公司"尽快办理该宗土地的国有征收和出让报批手续";同意安徽亚夏等"代为缴纳各项费用及出让金,待该宗土地国有出让手续报批办结,各项费用及出让金缴纳完毕后,依法办理该国有出让土地使用权证书"。

2002年11月8日,安徽地源不动产咨询评估有限责任公司出具了安徽地源〔2002〕芜(估)字第037号《土地估价报告》,评估结果为:截至2002年10月31日在估价设定年限条件下的熟地评估价值为4325.5850万元。安徽亚夏、宁国汽车、周夏耘以此评估价格对原有限公司进行增资。安徽地源不动产咨询评估有限责任公司领取了中土协注字086号《土地评估机构注册证书》,具有合格的土地评估资格。

因市政道路拓宽,2007年8月15日,芜湖市国土资源局征收了原增资扩股投入的集体流转土地使用权计3360.2平方米。

2007年10月25日,芜湖市国土资源局与亚夏股份签订了《国有土地使用权出让合同》。合同约定"土地使用权出让金为每平方米人民币405元(含土地取得成本),总额为人民币52,625,619元,扣除土地取得成本25,551,362元,具体交纳出让金数额为27,074,257元”。

2007年11月12日，亚夏股份合法领取了芜湖市国土资源局颁发的芜国用〔2007〕第221号《国有土地使用证》，坐落：鸠江区弋江北路东侧；使用权类型：出让；土地使用面积129,939.8平方米。

（二）上述土地使用权的相关征地及出让金缴纳情况

经核查，安徽亚夏等在办理流转土地使用权和土地国有征收时已累计支付价款25,551,362元（经芜湖市国资办确认的土地取得成本）。具体内容如下：

根据相关规定应缴相关税费			实际支付土地取得成本（万元）	缴纳的时间
税费种类	征收标准	征收单位		
征地补偿费	参照芜湖市国土局文件（芜土〔2002〕78号）中有关规定	钱桥村、花塘村委会	1720.00	2001年支付1620万元、2002年支付50万元、2004年支付20万元、2005年支付30万元
征地安置费				
青苗补偿费				
征地拆迁费				
耕地占用税	4000~6000元/亩	芜湖市财政局	55.88	2005年8月
菜改费	1万~2万元/亩	芜湖市国土局	126.96	2006年6月
耕地开垦费	6~9元/平方米	芜湖市国土局	79.98	2001年8月
水利发展基金	500元/亩	芜湖市国土局	10.00	2006年4月
新增建设用地有偿使用费	28元/平方米	芜湖市国土局	259.34	2006年4月
征地管理费	4%	芜湖市国土局	17.88	2001年8月
土地登记费	0.8~1.5元/平方米	芜湖市国土局	30.66	2006年4月
测量费	219元/亩	芜湖市国土局	2.00	2001年6月
场地平整费	—	芜湖市国土局	227.93	2006年4月
流转收益金等	—	芜湖市国土局	40.12	2001年2月
代建市政排水渠费	—	钱桥村政府	65.10	2001年4~10月
其他费用	—	芜湖市国土局	39.80	2005年10月
合　计	—		2675.64	
回征土地的收益	征收土地补偿协议	芜湖市国土局	120.50	2007年8月
实际支付的土地成本	—		2555.14	

经核查，2007年9月12日至10月17日，安徽亚夏等共计缴纳了出让金27,074,257元。安徽亚夏等实际支付的土地出让金合计为52,625,619元（扣除已

征收的土地使用权面积3360.2平方米），实际缴纳的出让金超出该土地使用权评估价格936.9769万元。

根据芜湖市国土资源局2010年6月20日出具的证明，安徽亚夏等已按《国有土地使用权出让合同》规定全部缴清相关税费。

保荐机构和发行人律师对上述情况核查后认为：

（1）安徽亚夏、宁国汽车、周夏耘对原有限公司以集体流转土地使用权按国有出让土地使用权评估作价、由原有限公司办理该宗土地的国有征收和出让报批手续、由安徽亚夏等代缴纳全部相关税费的土地增资方案，已征得芜湖市国土资源局批复同意。原有限公司与钱桥村委会签署《芜湖市农民集体所有建设用地使用权转让合同》系基于《共同出资协议》的安排、授权和股东方配合。上述《集体土地使用证》在增资前虽已办至有限公司名下，但该集体流转土地使用权的转让价款全部系由安徽亚夏、宁国汽车、周夏耘支付；有限公司对该集体流转土地使用权的取得和对该国有出让土地使用权的最终取得，并非基于其直接受让行为而是基于安徽亚夏、宁国汽车、周夏耘以该土地使用权对其进行增资的行为。因此，该等情形不影响本次增资行为的合规性；原有限公司此次增资不属于股东使用原有限公司资产对其增资的行为。

（2）安徽亚夏、宁国汽车和周夏耘在办理上述流转土地使用权和土地国有征收时已足额缴纳了相关的征地费用。

（3）原有限公司使用集体流转土地使用权、股东以集体流转土地评估入股的行为已征得芜湖市国土资源局批复同意，符合法规、规范性文件的规定；虽然2002年股东以土地增资时国有出让的手续尚未办理完毕，相关土地的出让金尚未缴纳完毕（为办理流转土地使用权和土地国有征收，已累计支付价款2555.14万元），但2007年股东已为上述土地补交了出让金2707.43万元，相关土地的总体取得成本超过了评估入股价值，且自2002年实施土地使用权增资以来，亚夏股份已实际占有并使用该土地使用权，2007年亚夏股份已取得了该宗土地合法、有效的国有土地使用权证。因此，原有限公司2002年的评估入股不存在高评的情形，2002年增资时以集体流转地按出让土地使用权评估作价的瑕疵已在2007年消除，对发行人本次发行上市不构成重大影响。

（三）关于上述土地增资中涉及税收问题的核查

根据《财政部、国家税务总局关于土地增值税一些具体问题规定的通知》（财税字〔1995〕048号）、《财政部、国家税务总局关于土地增值税若干问题的通知》（财税〔2006〕21号）等文件规定："对于以房地产进行投资、联营的，投资、联营的一方以土地（房地产）作价入股进行投资或作为联营条件，将房地产转让到所投资、联营的企业中时，暂免征收土地增值税。对于投资、联营企业将上述房地产再转让的，应征收土地增值税。”《国家税务总局关于非货币性资产评估增值暂不征收个人所得税的批复》(财税函〔2005〕319号)规定：“对个人将非货币性资产进行评估后投资于企业，其评估增值取得的所得在投资取得企业股权时，暂不征收个人所得税。在投资收回、转让或清算股权时如有所得，再按规定征收个人所得税。”由于股东用以增资的土地使用权评估价格低于其取得该土地使用权成本，所以，股东无须缴纳土地增值税。

根据《中华人民共和国契税暂行条例》第1条规定：“在中华人民共和国境内转移土地、房屋权属，承受的单位和个人为契税的纳税人，应当依照本条例的规定缴纳契税。”由于土地使用权系由原有限公司直接受让，不存在土地权属的转移，因而也不涉及因土地权属转移产生的契税。

2002年11月6日，芜湖市国土资源局以芜土秘〔2002〕82号《关于安徽亚夏实业股份有限公司等将集体流转用地评估作价增资投入芜湖亚夏实业有限公司的批复》，已同意安徽亚夏等股东以土地作为出资增资芜湖亚夏的相关安排；芜湖市国土资源局于2010年6月20日已出具证明，安徽亚夏等已按《国有土地使用权出让合同》规定全部缴清相关税费。

(四)增资时的每股净资产和增资的定价依据

本次增资前截至2002年11月30日的每股净资产为1.24元。本次增资的增资价格为每股1元，系参照出资时点每股净资产的价格的基础上经全体股东协商一致，并依据股东会决议确定的。本次增资的土地资产定价依据系根据安徽地源不动产咨询评估有限责任公司出具的安徽地源〔2002〕芜(估)字第037号《土地估价报告》确定。该次评估结果为：截至2002年10月31日在估价设定年限条件下的熟地评估价值为4325.5850万元。

(五)关于是否损害国有股东情况的核查

经对本次增资股东背景相关资料的核查，确认该次增资时的资产来源合法合规，定价依据合理，履行的审批程序合法合规，不存在损害国有股东的情况。

保荐机构和发行人律师对上述情况核查后认为：(1)发行人相关股东以土地进行增资，由原有限公司直接受让土地使用权的行为已经政府相关部门批复许可，相关土地取得程序已办理完毕，不存在少缴税费的情形。(2)上述土地增资行为没有损害亚夏股份的利益，亚夏股份取得该宗土地的国有土地使用权合法、有效，不存在法律纠纷。

四、双塔食品：场地使用权出资

1992年9月10日，发行人前身烟台金华粉丝有限公司系由烟台市招远龙口粉丝加工总厂与昌富利(香港)贸易有限公司共同投资设立的中外合资经营企业。其中,加工总厂以其所拥有的厂房、机械设备及场地使用权共作价105万美元作为出资,昌富利以现汇100万美元作为出资。其中,加工总厂用以出资的实物资产情况明细如下:

序号	出资资产	作价(人民币万元)
1	厂房(8750m^2)	275.94
2	场地使用权(52,000m^2)	234.00
3	机械设备	64.41
	合　计	574.35(当时折合105万美元)

根据核查,加工总厂用作出资的场地使用权所对应的土地为集体所有土地,其所有权归属于金岭镇集体,其使用权归属于加工总厂。在金华粉丝成立之前,加工总厂即已实际占有并使用该用以出资的场地使用权所对应的土地,并于其上自建厂房、购置机械设备,组织生产。

(一)加工总厂场地使用权出资

加工总厂用作出资的场地使用权所对应的土地为集体所有土地,其所有权归属于金岭镇集体,其使用权归属于加工总厂。在金华粉丝成立之前,加工总厂即已实际占有并使用该用以出资的场地使用权所对应的土地,并于其上自建厂房、购置机械设备,组织生产。金华粉丝成立后,加工总厂随即将该宗土地实际交付给合资公司使用。在合资企业合同及《公司章程》规定的经营期限内,金华粉丝对于该宗土地的使用权未有第三人主张权利的情形或产生其他争议。2008年6月16日,发行人以出让方式取得该宗土地使用权,土地使用权证号为招国用〔2008〕第2202号。

加工总厂以场地使用权出资符合中外合资相关法律、法规的要求。根据1987年12月21日修订的《中华人民共和国中外合资经营企业法实施条例》,对于合营企业的出资,"合营者可以用货币出资,也可以用建筑物、厂房、机器设备或其他物料、工业产权、专有技术、场地使用权等作价出资。以建筑物、厂房、机器设备或其他物料、工业产权、专有技术作为出资的,其作价由合营各方按照公平合理的原则协商确定,或聘请合营各方同意的第三者评定"。"合营企业所需场地的使用权,如已为中国合营者拥有,则中国合营者可将其作为对合营企业的出资,其作价金额应与取得同类场地使用权所应缴纳的使用费相同。"

上述场地使用权的作价系参照招远市相同地段内国有土地收取租金标准而定。根据《招远市国有土地使用权出让和转让暂行办法》(招政发〔1992〕96号)[招远市政府其后并下发《关于招远市国有土地使用权出让期间收缴地租方法及标准的暂行规定》(招政发〔1992〕153 号)、《关于对〈招远市国有土地使用权出让和转让暂行办法〉的补充规定》(招政发〔1993〕119 号)对前述办法进行补充],除“金城路以东、初山路以南、河西路以西、泉山路以北范围内的国有土地年收缴地租标准为每年 4 元/平方米”以外,其他国有土地年收缴地租金额为 1 ~3 元不等。加工总厂原所在的金岭镇地段,其土地属于二级地,租金标准为每年 3 元/平方米。因此,金华粉丝成立时,加工总厂关于场地使用权的作价符合当时相关规章制度的规定。加工总厂以 52,000 平方米场地使用权出资,合营期限为 15 年,按每年 3 元/平方米计算,共计 234 万元,与其投入合营企业的场地使用权作价相符。该等作价并为合资双方所认可,载入合营合同文本。

发行人律师就场地使用权出资问题发表意见如下:“加工总厂用于出资的场地使用权的作价,符合当时招远市关于土地管理相关文件的规定,在合营公司设立的审批过程中,相关政府部门亦未对此提出异议。因此,本所律师认为,加工总厂以场地使用权作价 234 万元出资,不存在出资不实的情形。”

保荐机构认为:加工总厂的出资行为符合当时相关法律、法规的要求,其作价亦与招远市地方当时有效的政策文件相一致。

(二)审核意见关注:请保荐机构及律师核查并披露加工总厂用作出资的场地使用权土地性质,出资时权属情况,目前权属情况;请保荐机构及律师核查说明加工总厂用该场地使用权出资及作价方式的依据,是否符合当时有关法律法规的规定

1. 场地使用权符合中外合资相关法律、法规的要求并且定价合理

(1)加工总厂以场地使用权出资符合中外合资相关法律、法规的要求。

根据 1987 年 12 月 21 日修订的《中华人民共和国中外合资经营企业法实施条例》,对于合营企业的出资,“合营者可以用货币出资,也可以用建筑物、厂房、机器设备或其他物料、工业产权、专有技术、场地使用权等作价出资。以建筑物、厂房、机器设备或其他物料、工业产权、专有技术作为出资的,其作价由合营各方按照公平合理的原则协商确定,或聘请合营各方同意的第三者评定”。“合营企业所需场地的使用权,如已为中国合营者拥有,则中国合营者可将其作为对合营企业的出资,其作价金额应与取得同类场地使用权所应缴纳的使用费相同。”

(2)定价合理。

上述场地使用权的作价系参照招远市相同地段内国有土地收取租金标准而定。根据《招远市国有土地使用权出让和转让暂行办法》(招政发〔1992〕96 号)[招远市政府其后并下发《关于招远市国有土地使用权出让期间收缴地租方法及标准的暂行规定》(招政发〔1992〕153 号)、《关于对〈招远市国有土地使用权出让和转让暂行办法〉的补充规定》(招政发〔1993〕119 号)对前述办法进行补充],除“金

城路以东、初山路以南、河西路以西、泉山路以北范围内的国有土地年收缴地租标准为每年4元/平方米”以外，其他国有土地年收缴地租金额为1～3元不等。加工总厂原所在的金岭镇地段，其土地属于二级地，租金标准为每年3元/平方米。因此，金华粉丝成立时，加工总厂关于场地使用权的作价符合当时相关规章制度的规定。加工总厂以52,000平方米场地使用权出资，合营期限为15年，按每年3元/平方米计算，共计234万元，与其投入合营企业的场地使用权作价相符。该等作价并为合资双方所认可，载入合营合同文本。

综上，律师认为，加工总厂用上述场地使用权出资及该等场地使用权的作价方式符合金华粉丝设立时相关法律法规的规定。

2. 土地使用未发生法律争议且补办了土地出让手续

加工总厂用作出资的场地使用权所对应的土地为集体所有土地，其所有权归属于金岭镇集体，其使用权归属于加工总厂。在金华粉丝成立之前，加工总厂即已实际占有并使用该用以出资的场地使用权所对应的土地，并于其上自建厂房、购置机械设备，组织生产。1992年金华粉丝成立后，加工总厂随即将该宗土地实际交付给合资公司使用。

在合资企业合同及《公司章程》规定的经营期限内，金华粉丝对于该宗土地的使用权未有第三人主张权利的情形或产生其他争议。2008年6月16日，发行人以出让方式取得该宗土地使用权，土地使用权证号为招国用〔2008〕第2202号。

五、宜昌交运：以划拨土地出让金作价入股

为实现产权多元化，建立规范的现代企业制度，完善法人治理结构，2006年，交运集团由国有独资公司改制为国有控股公司。经宜昌市国有企业改革领导小组批准，本次改制进行了清产核资、资产评估、国有土地使用权作价出资（入股）和改制期间部分利润转为出资，并将应承担的职工安置费用从经评估的净资产中扣除作为对职工安置对象的负债后减资。

（一）国有划拨土地作价出资情况

根据改制方案，本次改制涉及的国有划拨土地使用权采用作价出资方式予以处置。具体地价评估结果确认和土地使用权处置方案审批情况如下：

根据湖北永业行评估咨询有限公司“鄂永地〔2005〕估字第161号”《土地估价报告》，截至土地评估基准日2005年6月30日，交运集团拥有土地权属为15宗，其中12宗为国有划拨地，总面积为166,203.30 m^2，评估值为11,383.51万元；3宗为出让地，总面积为25,831.21 m^2，评估值为996.08万元。

2006年1月13日，宜昌市国土资源局出具《关于宜昌交运集团改制土地使用权处置意见的复函》，同意国有划拨地土地出让金部分作为国家股作价入股，待上

报湖北省国土资源厅批准后实施。

鉴于土地评估报告的时效性及土地主管部门备案的需要，2006 年 8 月 9 日，湖北永业行评估咨询有限公司对上述土地进行了重新评估，并出具“鄂永地〔2006〕估字第 173 号”《土地估价报告》，本次评估基准日为 2006 年 5 月 31 日。经评估，交运有限 12 宗国有划拨地总面积 166,203.30 m^2，评估值为 11,519.40 万元，较上次评估增值 135.89 万元；3 宗出让地总面积为 25,831.21 m^2，评估值为 999.86 万元，较上次评估增值 3.78 万元。

2006 年 9 月 21 日，湖北省国土资源厅出具“鄂土资函〔2006〕522 号”《关于核准交运有限改制土地资产处置总体方案的函》文件，同意交运有限改制采用以国家作价出资的方式对划拨土地使用权进行处置。

2006 年 11 月 6 日，湖北省国土资源厅出具“鄂土资函〔2006〕617 号”《关于公司改制土地资产处置及土地评估结果备案的函》文件，对“鄂永地〔2006〕估字第 173 号”《土地估价报告》评估结果予以备案。同意国有划拨地作价 5183.73 万元，所形成的国家股委托夷陵国资持有，并需与宜昌国土资源局及夷陵国资分别签订相关合同。2006 年 12 月 28 日，宜昌市国土资源局与交运集团签订了《国有土地使用权作价出资（入股）合同》；2007 年 1 月 8 日，夷陵国资公司与交运集团签订了《土地使用权作价持股合同》。

（二）交运有限改制采取以划拨土地作为国家作价出资（入股）进行土地处置的合法合规性

根据《国有企业改革中划拨土地使用权管理暂行规定》（中华人民共和国国家土地管理局令第 8 号，自 1998 年 3 月 1 日起施行）的规定，国有企业可以根据企业改革的不同形式和具体情况，可以选择采取国有土地使用权出让、国有土地租赁、国家以土地使用权作价出资（入股）和保留划拨用地方式，处置划拨土地使用权。交运有限根据宜昌市人民政府国有企业改革领导小组批准的改制方案以及企业的具体情况，采取国家作价出资（入股）的方式对划拨土地使用权进行处置，符合《国有企业改革中划拨土地使用权管理暂行规定》的相关规定。

根据《关于加强土地资产管理促进国有企业改革和发展的若干意见》（中华人民共和国国土资源部“国土资发〔1999〕433 号”文件，自 1999 年 11 月 25 日起颁布执行），交运有限属于为大众提供公共交通服务的运输企业，符合该意见第 2 条第 2 款采用国家作价出资（入股）方式处置土地的规定。交运有限 2006 年改制时，采取国家作价出资（入股）的方式处置划拨土地使用权，发挥了土地资产效益，优化了资产结构，减轻了企业负担，妥善安置了职工，符合该意见第 4 条的规定。

根据《关于改革土地估价结果确认和土地资产处置审批办法的通知》（中华人民共和国国土资源部“国土资发〔2001〕44 号”文件，自 2001 年 2 月 13 日起颁布实施)第3条的规定,交运有限不属于省级以上人民政府批准实行授权经营或国家控股公司试点的企业,但是交运有限严格按照该通知履行了土地处置方案的核准程序、委托具备相应土地估价资质的机构进行评估并出具《土地估价报告》、履行了市级及省级土地行政主管部门的土地估价报告备案和土地资产处置审批程序、与宜昌市国土资源局签署了《国有土地使用权作价出资(入股)合同》、与国有出资人签署了《土地使用权作价持股合同》,办理了土地使用权变更登记,符合该通知关于国家作价出资(入股)进行划拨土地使用权处置的程序要求。

根据《湖北省人民政府加强国有土地资产管理规范土地市场的通知》(湖北省人民政府"鄂政发〔2001〕80号"文件,自2001年12月17日起颁布实施)第7条第2款的规定,发行人属于为大众提供公共交通服务的运输企业,符合湖北省内国有企业改制采取以国家作价出资(入股)方式处置土地的相关要求。

保荐机构经核查后认为:发行人前身交运有限2006年改制时,不属于《关于改革土地估价结果确认和土地资产处置审批办法的通知》规定的可以采用国家作价出资(入股)方式进行土地处置的企业范围,但符合湖北省人民政府对国有企业改制土地处置的相关要求,并且交运有限已严格履行了采用国家作价出资(入股)方式进行土地处置的程序性要求。交运有限2006年的改制结果已获得湖北省人民政府的确认,发行人前身交运有限2006年改制对划拨土地使用权采取国家作价出资(入股)的方式进行处置,对发行人本次发行上市不构成实质性障碍。

发行人律师经核查后认为:宜昌交运有限2006年改制时,不属于《关于改革土地估价结果确认和土地资产处置审批办法的通知》规定的可以采用国家作价出资(入股)方式配置土地的企业范围,鉴于宜昌交运有限采取国家作价出资(入股)方式处置划拨土地使用权符合《国有企业改革中划拨土地使用权管理暂行规定》、《关于加强土地资产管理促进国有企业改革和发展的若干意见》、《湖北省人民政府加强国有土地资产管理规范土地市场的通知》的相关规定,处置程序严格遵守《关于改革土地估价结果确认和土地资产处置审批办法的通知》关于国家作价出资(入股)方式配置土地的规定,且宜昌交运有限2006年改制已得到宜昌市人民政府批准和湖北省人民政府确认,因此,宜昌交运有限2006年改制时对划拨土地使用权采取国家作价出资(入股)方式处置,对发行人本次发行上市不构成实质性障碍。

六、骆驼集团:划拨土地使用权出资补足出让金

公司设立前,湖北骆驼蓄电池厂的厂房、设备、仓库等共占用土地约26.69亩;公司设立时,上述土地没有作为股东出资投入公司,而是由公司无偿使用。1998年公司增资配股时,上述土地经谷城县审计事务所(谷审社评〔1998〕7号)《关于湖北骆驼蓄电池股份有限公司受托管理的资产的评估报告》(以下简称〔1998〕7号评估报告)评估,价值为53.40万元(账面值53.40万元),湖北骆驼蓄电池厂以此作

为出资资产参与配股投入公司。该宗土地配股时为国有划拨用地,根据《湖北省城镇国有土地使用权出让和转让实施办法》(根据1998年1月1日湖北省人民政府令第133号修正),划拨用地可用于投资入股,但应在投入后补交不低于标准地价40%的土地出让金,由于公司对相关法规理解不够,直至2007年才补办了相关出让手续。2007年7月2日,公司与谷城县国土资源局签订《国有土地使用权出让合同》(合同编号:〔2007〕49号),按照当时市场价格的40%交纳了土地出让金。2007年10月9日,公司取得了相应的土地使用证。

保荐机构认为:上述骆驼商标及土地使用权已经办理完毕有关产权变更手续,目前权属清晰,不存在纠纷和风险。

【案例评析】

1. 从规则上来讲,股东以土地使用权出资没有任何问题,公司法以及相关配套的规则有着明确的规定。但是,由于土地使用权的特殊性以及我国对土地监管的复杂性导致在项目实践中存在问题的情形并不多见。

2. 从上述案例总结,土地使用权出资涉及的主要问题有:(1)个人取得土地使用权是否合规的问题;(2)土地使用权出资的程序性问题;(3)土地使用权评估增值的问题;(4)股东以集体土地或划拨国有土地进行出资的问题等。

3. 现就上述几个问题做简要分析:

(1)自然人取得工业土地使用权是否合规:这个问题多个案例中都有涉及,律师的解释都是尽管没有明确规定个人可以取得土地使用权,但是至少也没有明确违背有关法律规定,这个结论及解释思路可以适当参考。律师的解释依据主要是《土地管理法》、《城镇国有土地使用权出让和转让暂行条例》、《土地登记规则》以及一些地方政府的规定等。

(2)发行人已经取得股东投入的土地使用权证书之后再出具验资报告是否导致股东出资不实:在鸿路钢构的案例中审核人员的纠结有些无厘头的意思,审核人员关注的是既然公司已经取得土地使用权证那么此时验资是否存在股东拿公司的土地使用权出资的问题,其实正常的出资程序不就是应该如此吗?如果没有证据证明公司已经取得股东的土地使用权,会计师又怎样能够出具验资报告呢?并且,《公司注册资本登记管理规定》第12条明确规定,股东或者发起人的出资是非货币财产的,应当提交已办理财产权转移手续的证明文件;应当在依法办理财产权转移手续后,申请办理公司实收资本的变更登记。如果是货币出资,不也是会计师在拿到股东的转账单确认资金已经转入公司账户才出具验资报告吗?当然,这个案例的特殊之处在于股东出资的土地使用权在权属上没有经过股东之手就直接过户给发行人,这自然就给人很大的怀疑空间,或许审核人员主要是在重点核查谁的资产出资的问题而不单纯的谁先谁后的程序性问题。从审核的整个思路来看,中介机构的确是被逼得严重,律师对该问题不仅从法理学上而且还从逻辑学上对该问题作了多次的解释。在小兵看来,如果股东有充足的证据证明土地就是股东的且一些程序瑕疵是情有可原的,那么这个问题倒不必杯弓蛇影了。

(3)土地使用权评估增值较大的问题:尤其是在短期内存在较大增值的情况,这个除非有非常充足的理由一般很难解释清楚。鸿路钢构的解释思路虽然看起来有一点点勉强但是思路还是非常值得借鉴:就是股东受让土地时是"生地","生地"有"生地"的定价标准并且还可以有优惠的政策;而股东出资时土地已经变成了"熟地","熟地"有"熟地"的定价标准,所以会差距比较大。在小兵看来,如果这个案例发行人能够取得出让土地主管部门出具的相关证明,对于该问题的说明会有比较大的帮助。另外,土地增值很必然要涉及土地增值税问题,尽管非货币性出资个人所得税问题目前仍存在争议且现有案例中也没有对该问题做过多解释,但是小兵还是提请诸位在实践中要意识到会存在这个问题,以便及时与主管部门进行沟通。

(4)农村集体土地出资问题:其实,这个问题抛开出资的重心之外,主要还是在于集体土地的合规使用问题。从目前政策来看,集体土地履行了完备的流转手续之后在试点范围之内是可以用于工业建设用地的,这也是集体土地政策的重大变革和突破。这个问题在后面的集体土地租赁问题中也会涉及,这里先跟大家交代一下。

(5)划拨土地出资的问题:一般情况下,能够取得划拨土地,这种情况就是国资或集体资产控制主体,所以一来划拨土地出资不常见,二来就算是存在一般也是肉烂在锅里的情形。从现有案例来看,划拨土地出资一般有两种基本的处理模式:一种是国有主体以划拨土地的出让金作价出资形成国有股;另一种就是股东在补足出让金之后以出让土地出资。宜昌交运的案例对该问题介绍得比较详细,其中参考的相关文件也比较丰富,值得借鉴。

4. 总结以上案例,小兵简单总结土地使用权出资的程序:(1)股东和公司出具增资的有关决议,或者同时签署增资的协议;(2)公司以相关决议或协议为依据向土地主管部门办理产权变更手续;(3)产权转移之后出具验资报告;(4)根据有关决议和验资报告进行工商变更登记。当然,这个程序是一个比较理想化和标准化的程序,在实践中往往由于一些外部因素而导致在前后顺序上有些变化甚至会构成"瑕疵",在小兵看来,在出资问题上一些程序性的小毛病不必大惊小怪,只要有合理的理由并且有充足的证据来说明事实真相就可以。事实是什么就是什么,资产是谁的就是谁的。

5. 关于鸿路钢构和森远股份两个案例,对比来看会有更多的启示和意义。两个案例情况几乎一致,都是股东个人出钱买了土地准备投资到企业,结果不知道什么原因土地证没有经过股东的手就直接办成了发行人的。前者是用了大幅的笔墨来解释土地就是股东的，后者则承认了错误（可能是觉得评估增值过多不好解释主动承认，也有可能是觉得解释麻烦无奈地承认），发行人把股东的出让金还给了股东并通过给股东分红的方式让股东置换了出资。对此，小兵的看法是：支持前者的处理方式，这也是对发行人负责的方式，也是中介机构对自己负责的方式。如果有充足证据证明那就是事实真相就要坚持，如果没有充足证据也不能迁就。对于审核人员来说，如果证据足以对某个问题去伪，也就没必要再去纠结太多了。

6. 最后，需要简单说明的几点：（1）森远股份提到《公司法》第35条关于有限公司以股东实缴出资参与分红的规定，值得注意。（2）双塔食品采用了一个场地使用权的概念，这个概念主要在《中外合资经营企业法》中。这是个什么概念没有权威解释很难讲的清楚，这个案例中发行人认为房屋的使用权就是场地使用权，不知道正确与否至少你也提不出明确的反对意见；或许发行人自己也觉得就这样硬扛着风险太大，后来还是主动受让了土地并完善了产权。

【参考规则】

1.《公司注册资本登记管理规定》第12条规定："以货币出资的，应当将货币出资足额存入公司在银行开设的账户；以非货币财产出资的，应当依法办理其财产权的转移手续。公司设立登记时，股东或者发起人的首次出资是非货币财产的，应当提交已办理财产权转移手续的证明文件。公司成立后，股东或者发起人按照公司章程规定的出资时间缴纳出资，属于非货币财产的，应当在依法办理财产权转移手续后，申请办理公司实收资本的变更登记。"

2.《土地管理法》(1998年修订)第9条规定："国有土地和农民集体所有的土地，可以依法确定给单位或者个人使用。"

3.《城镇国有土地使用权出让和转让暂行条例》第3条规定："中华人民共和国境内外的公司、企业、其他组织和个人，除法律另有规定外，均可依照本条例的规定取得土地使用权，进行土地开发、利用、经营。"

4.《土地登记规则》第9条规定："国有土地使用权由使用国有土地的单位及法定代表人或者使用国有土地的个人申请登记。"

5. 国土资源部、监察部《关于进一步落实工业用地出让制度的通知》（国土资发〔2009〕101号）规定："对列入市、县土地出让计划的工业用地，要及时将具备出让条件地块的位置、面积、产业要求、使用年限、土地使用条件（功能分区）等信息向社会发布，接受用地申请。单位和个人对拟出让的地块有使用意向，所承诺支付的土地价格和土地使用条件符合规定的，市、县国土资源行政主管部门应适时组织挂牌或拍卖出让活动。"

6. 安徽省国土资厅《关于工业用地招标拍卖挂牌出让实施意见的通知》规定："凡单位和个人对列入工业用地招标拍卖挂牌出让计划的具体地块有使用意向的，

可以持申请书、单位或个人有效证明、资金有效证明等材料，向当地国土资源行政主管部门提出书面预申请。”

■第二节 外资企业出资问题关注

【重要提示】

★ 由于我国对于外商投资企业一直有一套相对独立完整的监管体制，这类企业在很多问题与内资企业存在不同之处。

★ 在出资问题上，外商投资企业特别之处主要体现在出资方式、出资期限、出资程序等方面，另外外商企业资本变动除了工商部门批准之外还需要外商主管部门的前置核准程序。

★ 在以前的专题中，小兵对延期出资问题已经做了总结，现对其他几个特殊情况进行简要分析，以备诸位在实践中参考。

【案例情况】

一、精锻科技：因汇率差异导致少计注册资本

2008年12月31日，公司董事会通过决议，同意美国檀岛公司转让其持有的公司25%的股权，转让价格为87.5万美元。同日，美国檀岛公司与夏汉关等11名自然人签署了《股权转让协议书》。

2009年3月26日，姜堰市对外贸易经济合作局出具《关于同意江苏太平洋精密锻造有限公司股权转让并变更为内资企业的批复》（姜外经贸资字〔2009〕13号），批复同意本次股权转让。

2009年4月19日，江苏省泰州工商行政管理局向公司换发了《企业法人营业执照》（注册号：321200400000908）。

公司2009年4月由中外合资企业变更为内资企业时，将公司原注册资本500万美元按股权交割日的汇率折算为34,173,000元人民币，进行了工商变更登记。而根据规定，公司注册资本、实收资本应按投入时的汇率折算为36,246,315元人民币，导致公司注册资本少登记2,073,315元人民币。

2009年12月11日，公司召开股东会，就上述注册资本更正事宜作出决议，同意对公司从中外合资企业变更为内资企业时的注册资本按投入时入账汇率折算为36,246,315元人民币，各股东出资比例不变。公司2009年11月增资后的注册资

本随之更正为40,273,684元人民币。同日,各股东签署了章程修正案,对公司注册资本进行修改,各股东出资比例不变。

2009年12月25日,姜堰市光明会计师事务所出具《验资报告》(姜明会验〔2009〕第221号),确认截至2008年12月31日,公司注册资本合计应为人民币3624.6315万元,实收资本应为人民币3624.6315万元,并对《验资报告》(姜明会验字〔2009〕第052号)中确认的实收资本金额予以更正。

2009年12月25日,苏州岳华会计师事务所出具《验资报告》(苏州岳华验字〔2009〕1341号),对相关注册资本更正事宜予以验证确认。

就上述注册资本更正事宜,泰州市姜堰工商行政管理局出具了《公司勘误核准通知书》(公司变更〔2009〕第12290004号),并换发了企业法人营业执照。

由于本次注册资本勘误更正,2009年12月,公司与江苏鼎鸿、青岛厚土、上海石基和汇智创投签订了《增资协议之补充协议(一)》,主要内容为按持股比例不变的原则调整公司实收资本,并相应调整了资本公积。上述《增资协议》及《增资协议之补充协议(一)》没有对赌条款,也没有其他可能影响股权变动的条款。除上述《增资协议》及《增资协议之补充协议(一)》,公司与江苏鼎鸿、青岛厚土、上海石基和汇智创投未签订任何对赌协议或其他可能影响股权变动的协议。

江苏鼎鸿、青岛厚土、上海石基、汇智创投已于2011年1月出具《承诺》:"本公司于2009年11月与江苏太平洋精密锻造有限公司(以下称太平洋)签订的《增资协议》及2009年12月签订《增资协议之补充协议(一)》,系双方真实意思表示、不存在虚假、伪造情况。除以上协议,本公司与太平洋不存在其他任何书面或口头协议安排,包括但不限于其他对赌、回购、期权等利益安排。"

二、兴源过滤:因汇率差异导致多计注册资本

2004年11月,杭州兴源由中外合资经营企业变更为内资企业时,按照变更时的即时汇率(1美元=8.27人民币元)将注册资本50万美元折算为415万人民币,并未经验资机构对实收资本进行审验。

根据《外商投资企业投资者股权变更的若干规定》,因企业投资者股权变更而使中方投资者获得企业全部股权的,在申请变更登记时,企业应按拟变更的企业类型的设立登记要求向登记机关提交有关文件,因此,杭州兴源本次企业类型变更时应当委托验资机构对变更前的实收资本进行验资;根据《中华人民共和国中外合资经营企业法实施条例》(2001年修订)的规定,"外国合营者出资的外币,按缴款当日中国人民银行公布的基准汇率折算成人民币或者套算成约定的外币",因此,杭州兴源本次变更时,应按照其成立时的历史汇率折合为人民币271万元。杭州兴源本次企业类型变更时系按照变更时的即时美元汇率将注册资本50万美元直接折算为415万元人民币,即时汇率与历史汇率不同而引起的注册资本差额部分属

于增加注册资本，应经股东会审议通过、进行验资并向公司登记主管机关提交《验资报告》，但杭州兴源本次变更未按照前述程序进行，本次变更程序存在瑕疵。

鉴于根据《关于原杭州兴源过滤机有限公司出资情况的专项复核报告》，杭州兴源此次新增注册资本人民币 144 万元已于 2004 年 10 月 9 日出资到位；根据莫泉桥出具的说明，莫泉桥已于 2004 年 9 月 30 日与朱兴源就转让良渚厂签订了协议并实际控制了良渚厂，并与朱光祖就购买朱光祖持有的杭州兴源 30% 的股权达成了意向，莫泉桥于 2004 年 10 月向杭州兴源出资行为的目的是增加对杭州兴源的出资。因此，虽然杭州兴源本次变更企业类型的程序存在瑕疵，但莫泉桥作为本次变更后杭州兴源的实际控制人已经作出对杭州兴源增加投资的决定；杭州兴源设立时的实收资本已经合法验资机构审验，增资款已出资到位且经中汇所复核，因此，杭州兴源本次企业类型变更及增资后的注册资本充实，股东出资到位，且不存在潜在纠纷，上述瑕疵对发行人的有效存续及本次发行上市不构成障碍。

律师经核查认为：

1. 杭州兴源于 2000 年发生股东变更时，没有办理工商变更登记手续，存在程序瑕疵，但该程序瑕疵不构成重大违法违规行为，对本次发行上市不构成实质性障碍。

2. 杭州兴源 2004 年变更企业类型及增资时没有履行验资手续且增资事宜未经股东会审议通过，存在程序瑕疵。鉴于本次增资已于 2004 年 10 月 9 日出资到位，注册资本已经充实，且增资时杭州兴源及其股东良渚厂均由莫泉桥控制，不存在潜在纠纷，因此，上述瑕疵对发行人的有效存续及本次发行上市不构成障碍。

3. 发行人历次股权转让及增资的价格是在参考当时账面净资产值的情况下，经过交易各方平等协商确定，是各方真实意思的表示，定价公允，不存在纠纷或潜在纠纷。

4. 朱兴源、莫泉桥及其关联方与发行人控股股东、实际控制人、董事、监事、高级管理人员之间，不存在关联关系、股份代持及其他利益安排。

三、勤上光电：出资内容与审批文件不符

（一）勤上有限 1995 年增资的具体情况

1. 基本情况

1995 年 12 月 8 日，五矿贸易部与香港鼎建签订《补充合同之一》，双方约定：勤上有限增资 1860 万港元，包括设备价款 1080 万港元，流动资金 120 万港元，土地使用费 175 万港元，厂房宿舍建造费 485 万港元，其中五矿贸易部以人民币现金按缴款当日国家外汇调剂价折合 1453 万港元出资，香港鼎建以设备价款 407 万港元出资。增资后，勤上有限注册资本和投资总额均为 2290 万港元，其中五矿贸易

部占70%,认缴1603万港元;香港鼎建占30%,认缴687万港元。

1995年12月14日,原东莞外经委作出《关于合资企业东莞勤上五金塑胶制品有限公司补充合同之一的批复》(东经贸资批字〔1995〕2047号),同意勤上有限增资1860万港元(追加注册资本额同),包括设备价款1080万港元,流动资金120万港元,土地使用费175万港元,厂房宿舍建造费485万港元,此额须在营业执照变更之日起二年内缴足。增资后,勤上有限投资总额和注册资本均为2290万港元,五矿贸易部认缴1603万港元,占70%;香港鼎建认缴687万港元,占30%。

1995年12月20日,广东省人民政府换发《批准证书》(外经贸东合资证字〔1994〕0423号),批准勤上有限投资总额、注册资本为2290万港元,其中,五矿贸易部出资额为1603万港元,香港鼎建出资额为687万港元。

根据广州市番禺会计师事务所于1996年12月11日出具的番会验〔1996〕369号《验资报告》,截至1996年11月30日,勤上有限已收到其股东投入的资本港币20,314,997.06元,其中:五矿贸易部以实物出资港币1603万元,占注册资本的70%;香港鼎建以货币出资港币3,825,715.62元,以实物资产出资港币459,281.44元,占注册资本的18.71%。

根据广州市番禺会计师事务所于1997年9月12日出具的《验资报告》(番会验〔1997〕239号),截至1997年8月6日,勤上有限已收到其股东投入的资本港币2290万元,其中:五矿贸易部以实物出资港币1603万元,占注册资本的70%;香港鼎建以货币出资港币6,410,718.56元,以实物资产出资港币459,281.44元,占注册资本的30%。

2.勤上有限1995年增资中,其股东未按照协议约定出资的原因

根据《补充合同之一》约定,勤上有限1995年增资中,五矿贸易部以人民币现金出资,香港鼎建以设备价款出资。实际上,五矿贸易部全部以实物出资,香港鼎建以货币和实物出资。因此,勤上有限1995年增资中,存在股东未按双方签订的《补充合同之一》所约定的出资方式进行出资的情形。

经核查,勤上有限1995年增资中股东未按《补充合同之一》约定出资的主要原因,是勤上有限1995年增资的目的就是解决生产经营所需的厂房、宿舍和设备,因此,勤上有限当时的合营双方均根据勤上有限当时生产经营的实际需要,分别投入了已经形成的实物资产和现金,而并未按《补充合同之一》原约定的方式出资。但是,勤上有限合营双方对1995年增资的出资方式及实际投入勤上有限的实物资产的作价,都是认可的。

3.勤上有限1995年增资中,股东出资的资金来源、变更出资方式的程序和合法合规性

(1)股东出资的资金来源

经核查,并李旭亮先生确认,勤上有限1995年增资中,五矿贸易部认缴的实物

出资来源于李旭亮先生自有或自筹资金建造或购置的实物资产。

根据有关验资报告和进口设备报关文件,香港鼎建的出资来源于香港鼎建自有或自筹的资金和资产,其中,香港鼎建用于出资的实物资产是由其在境外购买并依法办理了进口报关手续后投入的。

(2)变更出资方式的程序和合法合规性

经核查,勤上有限1995年增资中,其股东变更《补充合同之一》约定的出资方式并未履行报原审批机构批准的手续,不符合当时实施的《中华人民共和国中外合资经营企业法实施条例》第17条关于"合营企业协议、合同和章程经审批机构批准后生效,其修改时同"的规定。

但是,鉴于勤上有限1995年增资中,其股东实际出资方式并不违反当时实施的《中华人民共和国中外合资经营企业法》、《中华人民共和国中外合资经营企业法实施条例》的相关规定,且合营双方均已真实、足额缴纳了所认缴的出资,同时,勤上有限2007年10月依法变更为内资企业时,东莞外经局已作出《关于提前终止合资企业东莞勤上五金塑胶制品有限公司合同及章程的批复》(东外经贸资〔2007〕2659号),同意终止原合资企业合同、章程,本律师认为,勤上有限股东1995年变更《补充合同之一》约定的出资方式未履行审批手续的瑕疵已经消除,不会影响其出资的真实性和有效性,不存在潜在法律风险,亦不构成本次发行上市的障碍。

(二)审核关注之一:勤上有限1995年增资及股权变动中实物出资来源的合法性,以及未按照协议约定出资是否符合相关法律法规等事项进行核查

1. 勤上有限1995年增资及股权变动中实物出资来源合法

勤上有限1995年增资及股权变动中,五矿贸易部实物资产出资金额共计为港币1603万元,香港鼎建实物资产出资金额共计为港币459,281.44元。

经核查,并经李旭亮先生确认,五矿贸易部出资的实物资产主要是李旭亮先生以其自有和自筹的资金建造和购置的厂房、车间、仓库、写字楼及辅助设施、设备等。李旭亮先生建造和购置该等资产主要来源于其此前从事五金产品加工和销售过程中所积累的资金,另外有部分是其通过借款筹集的资金。香港鼎建出资的实物资产主要是其以自有资金在境外购买的设备,香港鼎建投入的设备均已依法办理了报关进口手续。

经核查,本律师认为,勤上有限1995年增资及股权变动中,其股东出资的实物资产来源是合法的。

2. 勤上有限1995年增资时,其股东变更协议约定的出资方式未履行审批手续,与相关法律法规不符

经核查,1995年12月8日,五矿贸易部与香港鼎建签订《合资经营东莞勤上

五金塑胶制品有限公司补充合同之一》（以下简称《补充合同之一》），约定勤上有限增资港币1860万元，其中五矿贸易部以人民币现金按缴款当日国家外汇调剂价折合1453万港元出资，香港鼎建以设备价款407万港元出资。但是，根据广州市番禺会计师事务所于1996年12月11日出具的《验资报告》（番会验〔1996〕369号），五矿贸易部实际上是以实物出资，香港鼎建实际上是以货币和实物出资。因此，五矿贸易部与香港鼎建实际上未按照协议约定出资。

本律师认为，根据当时实施的《中华人民共和国中外合资经营企业法实施条例》第17条关于"合营企业协议、合同和章程经审批机构批准后生效，其修改时同"的规定，中外合资企业股东变更已经审批机构批准的协议所约定的出资方式应当报经审批机构批准。勤上有限1995年增资中，其股东未按协议约定出资与前述规定不符。但是，勤上有限股东实际出资方式并不违反当时实施的《中华人民共和国中外合资经营企业法》、《中华人民共和国中外合资经营企业法实施条例》所规定的出资方式，且合营双方均已真实、足额缴纳了所认缴的出资，其股东未按协议约定出资不会影响其出资的真实性和有效性，不存在潜在法律风险，亦不构成本次发行上市的障碍。

（三）审核关注之二：勤上有限2000～2005年期间以实物资产增资的资金来源、作为出资的实物资产的具体内容、出资作价的依据、实物资产与公司生产经营的关联性，以及上述资产未经评估是否影响股东出资真实足额到位等问题进行核查

1. 勤上有限2000～2005年期间实物资产增资的资金均来源于香港勤上企业自有的资金，作为出资的实物资产均为勤上有限当时生产经营所必需的设备和车辆，出资作价的依据是该等实物资产的购置价格。

勤上有限2000～2005年期间增资金额共计港币2310万元，其中，实物资产出资金额共计为港币4,470,718.56元，均由外方股东香港勤上企业投入。经核查，并经香港勤上企业董事李旭亮先生确认，香港勤上企业2000～2005年期间投入勤上有限的实物资产均是由香港勤上企业以其自有资金在境外购买的设备和车辆，该等设备和车辆均已依法办理了进口报关手续，勤上有限购买该等设备和车辆的资金来源于其之前的经营收益和股东投入的股本金。

根据相关验资报告、报关单、发票，香港勤上企业2000～2005年期间作价投入勤上有限的实物资产主要是勤上有限当时生产经营所必需的设备和车辆，本律师已经在第一次《补充法律意见书》中如实披露了香港勤上企业2000～2005年期间作价投入勤上有限的实物资产的具体内容、价格和作价金额。

经核查，香港勤上有限投入勤上有限的实物资产的作价依据是该等实物资产的购置价格，该等资产的购置价格与其作价金额一致。

2. 勤上有限2000~2005年期间作为出资的实物资产未经评估不影响股东出资真实足额到位。

经核查,根据当时实施的《中华人民共和国中外合资经营企业法》第5条关于"合营企业各方可以现金、实物、工业产权等进行投资……上述各项投资应在合营企业的合同和章程中加以规定,其价格(场地除外)由合营各方评议商定"。《中华人民共和国中外合资经营企业法实施条例》第22条关于"合营者可以用货币出资,也可以用建筑物、厂房、机器设备或者其他物料、工业产权、专有技术、场地使用权等作价出资。以建筑物、厂房、机器设备或者其他物料、工业产权、专有技术作为出资的,其作价由合营各方按照公平合理的原则协商确定,或者聘请合营各方同意的第三者评定"的规定,勤上有限2000~2005年期间是由勤上特钢和香港勤上企业合资的中外合资经营企业,其股东以实物出资的作价可以由合营双方按照公平合理的原则协商确定。此外,勤上有限股东2000~2005年期间作价出资的实物资产的报关、购置价格与其作价金额一致。

据此,本律师认为,勤上有限2000~2005年期间实物资产出资的作价由股东双方根据实物资产的实际价格确定,作价金额合理、公允;该等实物资产未经评估不违反当时相关法律法规规定,不影响股东出资真实足额到位,是合法有效的。

【案例评析】

1. 由于我国对于外商投资企业一直有一套相对独立完整的监管体制,这类企业在很多问题与内资企业存在不同之处。在出资问题上,外商投资企业特别之处主要体现在出资方式、出资期限、出资程序等方面,外商企业资本变动除了工商部门批准之外还需要外商主管部门的前置核准程序。在以前的专题中,小兵对延期出资问题已经做了总结,现对其他几个特殊情况进行简要分析,以备诸位在实践中参考。

2. 外商投资企业注册资本可以以美元登记也可以以人民币登记,而我国内资企业注册资本一般以人民币进行登记。如果外资企业注册资本以美元登记,那么外资企业在变成内资企业时注册资本就需要根据外资股东出资投入时的汇率将美元换算成人民币。在这个过程中,有两个问题比较关键:一个是需要重新出具验资报告,另一个就是换算时的基准汇率。这种验资情况由于并非属于典型的情形,因此验资报告往往会容易忽略,而汇率问题就更加容易出现错误。

(1)精锻科技:注册资本由美元转换为人民币时因汇率不一致而导致少换算注册资本,后来发行人召开股东会决定将注册资本还原,由于是少记的,倒没有什么实质性问题。不过要仔细较真起来,如果是注册资本增加那是需要履行相关审批备案程序的,但要是真要履行了程序又显得不伦不类。

(2)兴源过滤:则是完全相反的情况,就是注册资本换算时多登记了注册资本,理论上也属于股东出资不实的情形需要补足出资,案例中好像也做了类似的处理,不过是定性为“增资”，并没有把问题说清楚也没有交代一个明确的解决思路。不过话又说回来，前一个案例增资的程序不好履行，那么这个案例补足出资的程序实在是也不好履行，小兵倒是建议不说增资也不说补足出资，直接就说注册资本换算错误再把它还原回去重新登记就是了，本来这个人民币登记的注册资本就有些“凭空捏造”出来的意味。

3. 由上两个案例来看，不论是哪种情况要按照正常逻辑来处理都会比较纠结，这就让我们不得不反思基准汇率问题经常犯错是偶然的还是本身其制度就是不合理。根据外商投资企业管理办法，外资企业设立时注册资本可以以美元也可以以人民币登记，人民币登记时外币以缴款日的汇率折算。那么如果是由于股权变动导致外资企业变更为内资企业的情形是否要适用呢？小兵猜测外资企业管理办法立法的本意应该是没有考虑这种情况，也就是在规定换算汇率时只规定了企业设立的时候而没有考虑股权变动的情形。不然，如果公司设立和股权变动这两个时间相隔很久，再以很久以前的汇率来折算注册资本明显不合理，尤其是在美元对人民币汇率波动较大的情况下。小兵认为，这种情况应以转内资验资报告的基准日或者股权变动日的汇率来折算，果真如此，上述案例的瑕疵就不是问题了。综合考虑上述问题，那么这一规则可以如此约定：外资企业出资发生变动时，以出资变动时的汇率作为注册资本换算的基准。

4. 关于出资方式与验资报告或者决议文件不一致的情形，如果是内资企业，一般都是按照实际情况来处理，如果是外资企业由于涉及主管部门审批的问题，那么还有可能由于程序违规而导致出资瑕疵。勤上光电的案例对该问题做了解释，理由应该还是充分的，不过审核人员也关注了货币资金被改为实物出资的必要性，实物是否为生产经营所必需，是否符合相关规定等问题。小兵猜测，这次出资有可能会有一些隐情，比如就是打着货币出资的幌子去审批，而回来再以实物出资，毕竟真金白银更容易通过审批，这还涉及招商引资的问题。当然，历史的问题不要追究过多也是对的。另外，从这个案例我们还需要关注两个小事情：(1)外资企业非货币出资价值可以双方约定而不是必须经过评估。(2)变更出资形式属于违反相关协议或者约定，但是出资方式没有违反基本法律的瑕疵不构成实质性障碍。

■第三节　出资义务转让解决之道

【重要提示】

★ 这个问题在实务中应该还算是一种比较普遍的现象，只是以前没有受到过多的关注，而现在这个问题被重新审视。

★ 这个问题的核心就是股东出资义务未履行完毕是否能够履行处置权从而转让自己的股权。

★ 从现有审核实践来看,应该是认可这种处置权的,只是股东对企业的义务需要承继并成为股权转让定价的主要依据。

【案例情况】

一、格林美:出资权益名义转让

2001 年 12 月,循环科技与自然人许开华、王敏、聂祚仁、郭学益四人共同出资设立格林美环境,申请注册资本 2000 万元,于注册登记之日 3 年内分期缴足,首期出资共计 1120 万元。

(一)2004 年 6 月第一次股权转让

1. 股权转让情况

2004 年 6 月 2 日,格林美有限股东会通过决议,同意循环科技将其对格林美有限尚未缴纳出资的 2.4% 的股权以“出资权益”的名义作价 1 元转让给建新贸易,许开华将其对格林美有限尚未缴纳出资的 15.6% 的股权以“出资权益”的名义作价 1 元转让给建新贸易,王敏将其对格林美有限尚未缴纳出资的 6% 的股权以“出资权益”的名义作价 1 元转让给建新贸易。

深圳市宝安区经济贸易局于 2004 年 7 月 15 日作出了《关于“深圳市格林美高新技术有限公司”出资权益转让的批复》(深外资宝复〔2004〕0729 号),同意了上述转让行为。深圳市人民政府于 2004 年 7 月 20 日向格林美有限核发了批准号为商外资粤深宝合资证字〔2004〕0023 号的《中华人民共和国台港澳侨投资企业批准证书》。格林美有限于 2004 年 8 月 13 日取得深圳市工商行政管理局核发的注册号为企合粤深总字第 110751 号的《企业法人营业执照》,企业类型变更为合资经营(港资)。

本次认缴资本的变更情况如下所示:

股东名称	变更前		变更后	
	认缴出资额(万元)	出资比例(%)	认缴出资额(万元)	出资比例(%)
许开华	1120.00	56.00	808.00	40.40
建新贸易			480.00	24.00
王　敏	400.00	20.00	280.00	14.00
聂祚仁	160.00	8.00	160.00	8.00
循环科技	200.00	10.00	152.00	7.60
郭学益	120.00	6.00	120.00	6.00
合　计	2000.00	100.00	2000.00	100.00

2. 股权转让的原因

由于格林美有限业务的快速发展,需要大量资金支持,而原股东认缴的注册资本尚未全部到位,故需要通过股权转让的方式引进新的投资者。

3. 股权受让方的背景

建新贸易是于1998年4月1日在香港特别行政区设立的有限公司,股东为郑旭、秦美芳夫妻两人,其持股比例分别为50%。

4. 股权转让时格林美有限财务状况

2003年12月31日格林美有限总资产为2529.94万元、净资产为1263.93万元、实收资本为1120万元、主营业务收入为758.59万元、净利润为133.40万元、每元实收资本对应的净资产为1.13元(经深圳市财安合伙会计师事务所审计)。

5. 定价依据

由股权转、受让双方协商确定一致。

(二)2004年8月第二次股权转让

1. 股权转让情况

2004年8月28日,格林美有限董事会通过决议,同意王敏将其对格林美有限尚未缴纳出资的7%的股权以"出资权益"的名义作价1元转让给荆门永发,聂祚仁将其对格林美有限尚未缴纳出资的7.5%的股权以"出资权益"的名义作价1元转让给荆门永发,聂祚仁将其持有的格林美有限0.5%的股权作价1元转让给许开华,郭学益将其对格林美有限尚未缴纳出资的5.5%的股权以"出资权益"的名义作价1元转让给荆门永发,郭学益将其持有的格林美有限0.5%的股权作价1元转让给许开华。同日,王敏、聂祚仁、郭学益与荆门永发、许开华签署了《股权转让协议》。

2004年9月29日,深圳市贸易工业局出具了深贸工资复〔2004〕0435号《关于合资企业"深圳市格林美高新技术有限公司"股权转让的批复》,同意了上述转让行为。

本次认缴资本的变更情况如下所示:

股东名称	变更前		变更后	
	认缴出资额(万元)	出资比例(%)	认缴出资额(万元)	出资比例(%)
许开华	808.00	40.40	828.00	41.40
建新贸易	480.00	24.00	480.00	24.00
荆门永发			400.00	20.00
王　敏	280.00	14.00	140.00	7.00
循环科技	152.00	7.60	152.00	7.60
聂祚仁	160.00	8.00	—	—
郭学益	120.00	6.00	—	—
合　计	2000.00	100.00	2000.00	100.00

2. 股权转让的原因

由于格林美有限业务的快速发展，需要大量资金支持，而原股东认缴的注册资本尚未全部到位，故需要通过股权转让的方式引进新的投资者。

3. 股权受让方的背景

许开华为自然人，中国公民，当时为格林美有限第一大股东。

荆门永发是于2001年11月29日在荆门市工商行政管理局登记设立的有限责任公司，注册资本为5000万元，经营范围为："煤炭、建筑装饰材料、钢材、机电产品、五交化商品、百货销售；汽车运输，煤炭仓储。"

4. 股权转让时格林美有限财务状况

2003年12月31日格林美有限总资产为2529.94万元、净资产为1263.93万元、实收资本为1120万元、2003年度主营业务收入为758.59万元、净利润为133.40万元、每元实收资本对应的净资产为1.13元（经深圳市财安合伙会计师事务所审计）。

5. 定价依据

由股权转、受让双方协商确定一致。

（三）2004年8月缴纳第二期出资

截至2004年8月30日，格林美有限收到了建新贸易认缴出资的港币453万元（折合人民币480万元）和荆门永发认缴出资的人民币现金400万元。深圳敬业会计师事务所审验了格林美有限截至2004年8月30日申请设立登记的注册资本实收情况，于2004年9月22日出具了《验资报告》（敬会验字〔2004〕第288号）。

2004年10月29日，格林美有限办理了本次股权和注册资本的变更登记手续，实收资本变更为2000万元。

（四）律师核查意见

格林美有限第一次股权转让时，原股东将其尚未缴纳出资对应的股权以"出资权益"的名义转让给建新贸易，实质是通过上述转让将原股东尚未履行完毕的出资义务转由建新贸易承接。虽然，上述"出资权益"的转让并非法律、法规明确规定的有限责任公司股权转让的方式，但亦未违反当时法律、法规和规范性文件的禁止性规定。

格林美有限第二次股权时，格林美有限已经变更中外合资经营企业。根据对外贸易经济合作部、国家工商行政管理局《外商投资企业投资者股权变更的若干规定》第2条第7款"企业投资者不履行企业合同、章程规定的出资义务，经原审批机关批准，更换投资者或变更股权"的规定，格林美有限经董事会决议，通过股权转让引入荆门永发作为新的投资者，属《外商投资企业投资者股权变更的若干规定》允许的股权变更形式之一。

上述转让行为未损害格林美有限及其股东、债权人的合法权益，并已经格林美有限股东会、董事会决议和政府有权部门批准，依法办理了工商核准登记手续，不存在潜在的法律纠纷和风险，不构成本次发行上市的障碍。

二、红日药业：出资不实将股权全部转让

公司的前身为天津市大通红日制药有限公司，于1996年9月23日由大通生物和天津胶水厂共同出资设立，注册资本120万元。其中，大通生物现金出资72万元，占注册资本的60%；天津胶水厂以房屋和设备出资，作价48万元，占注册资本的40%。

（一）关于大通红日设立时股东出资未及时到位的说明

经核查，大通红日设立时股东大通生物的现金出资未及时到位，天津胶水厂用于出资的房屋未能办理过户手续，该等出资不到位的情形已得以纠正，所欠出资款已全部补足。具体情况如下：

1. 大通生物现金实际出资到位情况

大通生物所认缴的72万元现金出资实际于1996年10月8日～1996年12月26日陆续到位，与《验资报告》不符，不符合《公司法》及相关法律法规的规定。

2. 天津胶水厂用于出资的房屋未能办理过户手续

天津胶水厂用于出资的房屋在大通红日设立后由大通红日实际使用至2001年1月；但该等房产位于部队营区内，过户手续较为烦琐，故未能按照《公司注册资本登记管理暂行规定》（国家工商行政管理局令第44号）在公司成立后的半年内办理房屋过户手续。鉴于上述情况，天津胶水厂用于出资的房屋未能到位，实际出资为20万元，占实收资本92万元（120万元减去28万元）的21.74%。

在1998年中央军委作出军队不再从事经商活动的决定后，经52854部队经营办公室批准，天津胶水厂决定退出大通红日。大通红日、天津胶水厂及天津新东方于1998年12月签署《转股协议书》和《还款协议》，大通红日同意将上述一直未办理产权过户的房屋退还给天津胶水厂，并由大通红日继续使用至搬迁为止；天津胶水厂未能缴纳的出资由天津新东方以现金补足。大通红日于1999年选址另建厂区，并于2001年1月迁至天津市武清开发区泉发路西经营。

经审慎核查，发行人前身大通红日的股东天津胶水厂和大通生物的上述出资行为，不符合《公司法》及相关法律法规的规定，存在法律上的瑕疵，但已得到纠正。具体情况如下：首先，股东在公司设立过程的不规范的出资行为已得以纠正。大通生物的现金出资已于1996年陆续补足；上述房屋已退还给天津胶水厂，并由天津新东方于1999年以现金补足。其次，上述情形未对大通红日的正常生产经营造成

重大影响;该情形发生在股份公司设立前,发行人自设立以来一直规范运行。

综上所述,保荐机构认为:发行人前身大通红日出资设立过程中的不规范问题已自行纠正,发行人自设立以来一直规范运行,故上述问题不构成本次发行上市的实质性障碍。

(二)1999年3月,大通红日第一次股权转让及第一次增资

1. 基本情况

1998年7月25日,中共中央办公厅、国务院办公厅发布了《关于军队武警部队政法机关不再从事经商活动的通知》,要求军队、武警部队、政法机关与所办经营性企业彻底脱钩。在此背景下,经主管部门52854部队生产经营办公室批准,天津胶水厂将全部股权作价996,655.83元转让给天津新东方。1999年3月12日,大通红日召开股东会,全体股东一致同意上述股权转让。

同日,大通红日召开股东会,审议通过增资130万元的决议,大通生物和天津新东方以现金方式分别向大通红日增资78万元和52万元,大通红日注册资本增加至250万元。

2. 有关本次股权转让的说明

(1)本次股权转让的背景

1998年7月25日,中共中央办公厅、国务院办公厅发布了《关于军队武警部队政法机关不再从事经商活动的通知》,要求军队、武警部队、政法机关与所办经营性企业彻底脱钩。在此背景下,天津胶水厂决定转让所持大通红日股权。在本次转让前,天津胶水厂累计向大通红日借款996,655.83元,尚未归还;且其用于出资的房屋未能办理过户手续,出资未能到位,欠缴大通红日出资款28万元。

(2)本次股权转让的相关协议及审批程序

1998年12月,天津新东方、天津胶水厂与大通红日签署《转股协议书》和《还款协议书》,三方约定天津胶水厂将持有的全部股权作价996,655.83元(含出资款48万元)转让给天津新东方,支付方式为天津新东方代为归还天津胶水厂对大通红日的996,655.83元(含出资款48万元)欠款。上述协议于1999年2月11日经52854部队后勤部以会签的形式同意,并于1999年2月12日经52854部队生产经营办公室批复同意。1999年3月12日,大通红日召开股东会,全体股东一致同意天津胶水厂将持有大通红日的全部股权转让给天津新东方。

(3)本次转让协议的履行及天津新东方代天津胶水厂补缴出资的情况

鉴于天津胶水厂的房屋出资并未到位,其实际出资额为20万元。根据上述协议,天津新东方受让天津胶水厂该等20万元出资额所需支付的对价为代其归还对大通红日的996,655.83元欠款。该996,655.83元欠款按《还款协议书》约定包含48万元的出资款,但由于天津胶水厂实际出资不到位款为28万元,因此天津新东

方实际需要向大通红日支付的996,655.83元欠款中,28万元为补足出资款,716,655.83元为其他欠款。

天津新东方于1999年3月向大通红日投入100万元现金,其中20万元为代天津胶水厂归还的上述欠款,28万元为补足天津胶水厂欠缴的出资款,尚余52万元为增资款。本次股权转让完成后,天津新东方实际出资80万元,并受让了天津胶水厂20万元出资额,合计出资额为100万元,占总出资额250万元的40%。前述996,655.83元欠款中,天津新东方已支付28万元补足天津胶水厂出资款,并代天津胶水厂归还大通红日20万元其他欠款,天津新东方还欠大通红日516,655.83元。

1999年12月天津新东方依据《还款协议书》向大通红日支付了尚余部分的钱款516,655.83元。还款方式如下:1999年12月,公司股东会形成决议,"全体股东一致同意,公司从未分配利润中提取人民币516,655.83元用于利润分配。全体股东一致同意,上述分配的利润全部用于归还股东天津开发区新东方生物科技发展有限公司对公司的欠款(即原股东天津胶水厂对公司的欠款)"。

(4)关于本次股权转让未履行评估程序的说明

根据《国有资产产权界定和产权纠纷处理暂行办法》(国资法规发〔1993〕68号)有关规定,天津胶水厂所持大通红日股权为国有股权。根据《国有资产评估管理办法》(国务院令第91号)和《关于加强国有企业产权交易管理的通知》(国办发明电〔1994〕12号)的有关规定,本次股权转让应履行国有股权转让的评估手续。

2009年3月17日,天津市军队武警部队和政法机关企业交接工作办公室出具了《关于对天津胶水厂股权转让有关情况的复函》,"天津胶水厂向天津新东方转让持有的大通红日股权是经196旅首长同意、有股东会决议和转股协议书,履行了内部转让审批程序,转让价格99.66万元;截至目前,天津胶水厂与红日药业在股权转让方面没有发生争议"。

2009年6月11日天津市国有资产监督管理委员会出具了《关于天津红日药业股份有限公司原股东股权转让有关问题的复函》(津国资产权〔2009〕42号),"天津胶水厂向天津新东方转让持有的大通红日股权经过了天津市大通红日制药有限公司股东会决议,履行了部队的相关程序,获得了部队有关部门的批准文件,签署并履行了股权转让协议,转让行为履行过程清楚,截至目前未接到对该股权转让的异议反映"。

经审慎核查,保荐机构和发行人律师认为,尽管天津胶水厂向天津新东方转让股权时没有履行相应的股权评估审批手续,但履行了部队转让审批程序,并且转让行为履行过程清楚、协议各方均无异议,天津市军队武警部队和政法机关企业交接工作办公室、天津市国有资产监督管理委员会亦出文对上述股权转让行为予以确认。综上所述，保荐机构和发行人律师认为天津胶水厂向天津新东方转让股权未履行股权评估审批手续的行为对发行人本次发行上市不构成实质性障碍。

三、上海新阳：合资企业延期出资后股权转让

新阳有限设立后的3个月内，新阳有限股东新加坡新阳未能缴足新阳有限注册资本的15%；新阳有限设立后的3年内，新加坡新阳未能缴清全部出资。新阳有限的股东存在延期出资的情形。

（一）新阳有限股东新加坡新阳延期出资

1. 延期出资的原因

新阳有限设立筹备期间，新加坡新阳以拟投资方的名义于2003年12月1日与上海市松江工业区管理委员会签署了《意向书》。根据《意向书》中约定的松江工业区管理委员会拟出让的土地面积，新阳有限设立时的注册资本确定为1000万美元。

2004年4月国家新一轮宏观调控开始，新建项目的土地使用权出让手续暂时停办。新阳有限不能按计划开工建设，鉴于当时资金相对紧张，为避免资金闲置，新加坡新阳出资期限有所延长。因此，新阳有限注册资本的15%未能在营业执照签发之日起3个月内缴足。

由于受国家宏观调控的影响，2006年3月新阳有限才正式签署《国有土地使用权出让合同》，较原预定时间推迟了一年多，厂房建设与项目投产也随之推迟。同时，实际控制人王福祥夫妇主要通过新阳化学在国内从事经营活动，导致新加坡新阳业务从2004年开始逐步减少，新加坡新阳对新阳有限的出资能力明显下降，主要依靠100%控股的新阳化学的利润再投资。截至2006年6月，新加坡新阳对新阳有限的累计实缴出资336.42万美元，未能在三年内缴足对新阳有限的出资。

2. 中介机构意见

保荐机构认为：发行人股东未在规定期限内缴足注册资本的15%和未在3年内缴清全部出资，不符合《外资企业法实施细则》等相关法律、法规的规定，但相关主管部门和工商行政管理部门在后续核准发行人相关股权变动事宜、核发《外商投资企业批准证书》与《企业法人营业执照》的过程中，未对发行人前述延期出资事项提出异议；截至2008年1月，发行人出资已全部到位，不存在出资不实的情形，不影响公司的有效存续。发行人实际控制人已出具相关承诺；发行人外国股东历次出资均已取得国家外汇管理局上海分局批准同意，上海市松江区经济委员会、上海市工商行政管理局松江分局已分别出具合法性确认意见。发行人股东未在规定期限内缴足注册资本的15%和未在3年内缴清全部出资的行为不构成重大违法，不会对发行人本次发行上市构成实质性障碍。

发行人律师认为：新阳有限投资方虽存在延期出资的情形，但新阳有限的注册资本800万美元已于2008年1月全部缴清，不存在出资不实的情形，延期出资未对新阳有限及第三方造成不利影响；新加坡新阳对新阳有限的历次出资均经国家外汇管理局上海分局核准并在上海市工商行政管理局松江分局登记；发行人及新阳有限的《外商投资企业批准证书》与《企业法人营业执照》经政府有关部门核准一直有效、延期出资未影响发行人及新阳有限的有效存续；发行实际控制人已出具相关《承诺》；且上海市工商行政管理局松江分局和上海市松江区经济委员会分别对新阳有限延期出资相关事项出具了合法性确认函。综上所述，本所律师经核查认为，新加坡新阳未按照相关法律规定缴纳出资不构成重大违法、不构成本次发行上市实质性障碍。

3. 相关部门对公司股东延期出资及其他相关事项的补充确认意见

2010年11月30日，上海市松江区经济委员会出具《关于上海新阳半导体材料股份有限公司历次审批事项确认函》，确认：

(1)关于延期出资审批事项，根据原上海市外国投资工作委员会沪外资委批〔2008〕963号文件有关规定，我委同意你公司延长出资期限。

(2)关于股权转让审批事项，根据原外经贸部〔1997〕第267号关于《外商投资企业投资者股权变更的若干规定》中的第3条，我委于2007年6月、2008年7月两次批复同意你公司股权变更。

(3)关于减资审批事项，根据《中华人民共和国中外合资经营企业法》及其实施条例之第19条规定，我委于2007年9月批复同意你公司减资。上述审批事项符合国家法律、法规以及有关规定的要求，合法有效。

2010年12月7日，上海市工商行政管理局松江分局出具《关于上海新阳半导体材料股份有限公司历次审批事项确认函》，确认公司历次变更登记行为均合法有效。

(二)未出资到位股权转让

2007年6月13日，新加坡新阳将其持有新阳有限26.66%的股权折合266.6万美元转让给新阳化学，股权转让后新阳有限变更为中外合资企业，截至本次股权转让前新阳有限实际收到的股东缴付的注册资本为3,364,172.63美元，未完全缴足。上述股权转让过程未发生任何资金流动。

1. 此次股权转让原因、履行的审批程序、定价依据

本所律师核查了新阳有限关于本次股权转让的工商变更登记资料、上海市松江区对外经济委员会《批复》、《股权转让协议》、原《外汇登记证》及王福祥出具的《说明》等资料，并对发行人实际控制人王福祥进行了面谈。

(1)股权转让原因

2007年5月，三年出资期限将满，新加坡新阳无法如期完成出资。为尽快缴清

出资，经与有关部门沟通，新阳有限决定新加坡新阳转让部分股权给新阳化学，由新阳化学履行该部分股权对应的出资义务；并根据新阳有限实际受让土地情况减少注册资本。因此，2007年6月13日，新阳有限董事会决议新加坡新阳将所持新阳有限26.66%的股权转让给新阳化学。

（2）履行的审批程序

2007年6月13日，新阳有限董事会作出决议决定：新加坡新阳将其持有新阳有限26.66%的股权转让给新阳化学，股权转让后新阳有限变更为中外合资经营企业。

2007年7月6日，上海市松江区对外经济委员会作出《关于同意上海新阳半导体材料有限新阳有限股权转让、变更企业性质及出资方式的批复》（沪松府外经字〔2007〕第300号）批准同意了本次股权转让事宜。2007年7月26日，上海市工商行政管理局松江分局核准本次股权转让变更登记。本次股权转让已在国家外汇管理局上海分局登记。

（3）定价依据

本次股权转让为新加坡新阳对新阳有限出资义务的转让，所以新阳化学未向新加坡新阳支付股权转让对价，而是在受让股权后直接履行对新阳有限的出资义务，向新阳有限缴付26.66%的股权对应的出资额人民币20,176,554.60元折合2,666,000.00美元。

2.本所律师经核查认为，本次股权转让过程中未发生任何资金流动符合相关法律法规的规定、不构成违法行为，本次股权转让合法有效

（1）本次股权转让当时及现行的法律法规并未禁止或限制外商独资企业的投资者将未缴付出资部分的股权转让。

（2）本次股权转让按相关法律法规的规定履行了董事会决议和相关政府部门审批程序。

（3）松江区经济委员会于2010年11月30日出具《关于上海新阳半导体材料股份有限公司审批事项确认函》，确认新阳有限本次股权转让事项符合国家法律、法规及有关规定的要求，合法有效。

上海市工商行政管理局松江分局于2010年12月7日出具《关于上海新阳半导体材料股份有限公司审批事项确认函》，确认新阳有限本次股权转让的变更登记行为合法有效。

四、亿纬锂能：延期出资合规性的解释思路

（一）2002年增资、股权转让、企业类型变更和公司名称变更

2002年9月22日，惠州晋达董事会作出决议：（1）开发公司以厂房为合作条

件改为用现金出资4万港元,保留其1%的股权,将其所持惠州晋达24%股权转让给直通公司;(2)惠州晋达由中外合作经营企业变更为中外合资经营企业;(3)惠州晋达投资总额及注册资本由300万港元增至400万港元,其中开发公司出资4万港元,占注册资本1%;香港晋达出资200万港元,占注册资本50%;直通公司出资196万港元,占注册资本49%;(4)惠州晋达名称变更为惠州亿纬电源科技有限公司(以下简称亿纬电源)。同日,开发公司与直通公司签署《股权转让合同》。

2002年9月27日,开发公司、香港晋达和直通公司就上述变更事项签订的《中外合资企业惠州亿纬电源科技有限公司合同》,各方出资在营业执照签发后三个月全部到位。在本次增资中,直通公司、开发公司均未按修订后合资合同约定的期限缴付出资。本次开发公司向直通公司转让所持发行人24%股权时,开发公司尚未提供合作条件,直通公司也尚未缴付应缴出资。

2002年12月24日,惠州市惠城区对外经济贸易局以《关于惠州晋达电子有限公司变更企业名称及经营性质等事宜的批复》(惠城经贸资字〔2002〕277号),批准惠州晋达上述变更事项。2003年2月26日,广东省人民政府核发了变更后的《台港澳侨投资企业批准证书》(外经贸粤惠合资证字〔2003〕0007号)。2003年2月28日,惠州晋达办理了上述事项的工商变更登记手续,并换领了营业执照,注册号企合粤惠总字第004257号。

根据惠州市粤龙会计师事务所2004年2月11日出具的《验资报告》(粤龙验字〔2004〕018号),截至2004年2月4日,直通公司已缴纳设立时认缴的出资100万港元及受让开发公司所持亿纬电源24%股权应缴纳的出资96万港元,共计196万港元。

(二)2004年增资和股权转让

2004年3月2日,亿纬电源董事会作出决议:(1)开发公司将其所持亿纬电源1%股权转让给直通公司;(2)亿纬电源注册资本及投资总额由原400万港元增至1000万港元,由直通公司增加投入540万港元,香港晋达增加投入60万港元。同日,开发公司与直通公司签署《股权转让合同》,香港晋达书面确认放弃开发公司股权的优先受让权。本次开发公司向直通公司转让所持亿纬电源1%股权时,开发公司尚未缴付出资。

2004年8月20日,惠州市惠城区对外贸易经济合作局签发惠城经贸资字〔2004〕147号《关于惠州亿纬电源科技有限公司股权转让等事宜的批复》,批准了此次增资及股权转让,并要求新增出资在营业执照变更登记之日起一年半内缴足。2004年9月20日,广东省人民政府核发了变更后的《台港澳侨投资企业批准证书》(商外资粤惠合资证字〔2003〕0007号)。2004年10月28日,亿纬电源办理了上述事项的工商变更登记手续,并换领了营业执照。

根据惠州市粤龙会计师事务所2004年10月13日出具的《验资报告》(粤龙验字〔2004〕627号),截至2004年9月17日,亿纬电源已收到直通公司缴纳受让开发公司所持亿纬电源1%股权应缴纳的出资4万港元及新增出资540万港元,合计544万港元。

根据香港晋达于2008年8月18日出具的《确认函》,确认对发行人设立时开发公司、直通公司延迟出资行为不追究违约责任。

(三)直通公司和开发公司未按期缴纳出资行为的核查意见

1.保荐机构核查意见

保荐人经过核查认为:直通公司2001年设立时和2002年增资时未实际缴纳出资和未按合资合同约定的期限缴付出资的行为,开发公司自公司设立至2004年3月将所持发行人股份转让给直通公司时始终未缴纳出资的行为违反了《中外合作经营企业法》、《中华人民共和国中外合作经营企业法实施细则》、《中华人民共和国中外合资经营企业法实施条例》、《中外合资经营企业合营各方出资的若干规定》等法律法规的规定(《中外合资经营企业法》未明确规定中外合资经营企业新增注册资本的出资期限)。

根据香港晋达于2008年8月18日出具的《确认函》,确认对发行人设立时开发公司、直通公司延迟出资行为不追究违约责任。

鉴于经合作三方协议同意,开发公司日后将以厂房为合作条件改为用现金出资,并将其所持发行人全部股权分次转让给直通公司,直通公司在2004年2月4日前已足额缴付其认缴和受让的注册资本,发行人股东未按期出资的违法行为至此终止,同时行政管理机关未就该情况给予行政处罚,目前上述违法行为已超过行政处罚两年追诉时效,发行人不存在因该违法行为被处以行政处罚的风险,且发行人通过了外商投资管理和工商行政管理等部门历年的联合年检,开发公司和直通公司上述出资瑕疵不会对发行人的合法存续构成重大不利影响,不会构成发行人本次发行上市的法律障碍。

开发公司向直通公司转让股权时有效的《中华人民共和国公司法》(以下简称《公司法》)、《中华人民共和国合同法》等相关法律法规并未禁止未缴足出资的股权转让;开发公司上述股权转让经发行人董事会审议通过、有权机构批准,并办理了工商变更登记手续;该等股权转让得到香港晋达确认同意;直通公司在受让开发公司的股权后已足额缴付原开发公司认缴的出资,开发公司与直通公司签署的有关股权转让合同不存在可被认定无效或被当事人一方请求变更、撤销的情形,且该等股权转让按照法律法规的规定办理了相关的审批和工商变更登记手续。

综上所述,直通公司上述出资瑕疵不会对发行人的合法存续构成重大不利影响,不会构成发行人本次发行上市的法律障碍。

2. 律师核查意见

根据《中华人民共和国中外合作经营企业法》、《中华人民共和国中外合作经营企业法实施细则》(以下简称《实施细则》)的规定,中外合作者应当依照法律、法规的规定和合作企业合同的约定,如期履行缴足投资、提供合作条件的义务。根据《中外合资经营企业合营各方出资的若干规定》(以下简称《若干规定》)的规定,合营各方应当按照合营合同规定的期限缴清各自的出资,合营合同中规定一次缴清出资的,合营各方应当从营业执照签发之日起六个月内缴清。开发总公司、直通电子均未按照批准文件规定和《合作合同》约定的期限缴付出资,违反了上述规定。

根据《实施细则》,按期出资的晋达能源有权要求开发总公司、直通电子承担违约责任,但晋达能源于 2008 年 8 月 18 日出具《确认函》,确认对发行人设立时开发总公司、直通电子延迟出资行为不追究违约责任。

根据《若干规定》的规定,开发总公司、直通电子未能在《合作合同》规定的期限内缴付出资的,可能导致发行人的批准证书被审查批准机构撤销、发行人的营业执照被注销或被工商行政管理机构吊销。但鉴于开发总公司日后将以厂房为合作条件改为用现金出资,并将其所持发行人全部股权转让给直通电子,直通电子在 2004 年 9 月 17 日前已足额缴付其认缴和受让的注册资本,发行人原股东未按期出资的违法行为至此终止;有关行政管理机关至今未就发行人原股东未按期出资的情况给予行政处罚,发行人原股东上述违法行为目前已超过《中华人民共和国行政处罚法》所规定的行政处罚两年追诉时效,发行人不存在因该违法行为被处罚的风险,且发行人通过了外商投资管理和工商行政管理等部门历年的联合年检,本所经办律师认为,开发总公司和直通电子上述出资瑕疵不会对发行人的合法存续构成重大不利影响,不会构成发行人本次发行上市的法律障碍。

在未缴付任何出资的情形下,2002 年开发总公司向直通电子转让所持发行人 24% 股权,2004 年开发总公司向直通电子转让所持发行人 1% 股权。就该等股权转让,各方已签署股权转让合同,办理了有关审批手续和工商变更登记手续。

2008 年 8 月 18 日,晋达能源出具确认函,确认同意上述股权转让。

鉴于《中华人民共和国中外合作经营企业法》、《若干规定》、《合同法》、当时有效的《公司法》等相关法律、法规并未禁止未缴足出资的股权转让;开发总公司上述股权转让经发行人董事会审议通过、有权机构批准,并办理了工商变更登记手续;该等股权转让得到晋达能源确认同意;直通电子在受让开发总公司的股权后已足额缴付原开发总公司认缴的出资,本所经办律师认为,开发总公司与直通电子签署的有关股权转让合同不存在可被认定无效或被当事人一方请求变更、撤销的情形,且该等股权转让按照相关法律、法规的规定办理了相关的审批和工商变更登记手续,因此,上述股权转让行为合法有效。

《中华人民共和国中外合资经营企业法》并未明确规定中外合资经营企业新增

注册资本的出资期限。根据《中华人民共和国中外合资经营企业法实施条例》(以下简称《实施条例》)的规定,合营各方应当按照合营合同规定的期限缴清各自的出资额。根据《若干规定》的规定,合营各方应当按照合营合同规定的期限缴清各自的出资,合营合同中规定一次缴清出资的,合营各方应当从营业执照签发之日起六个月内缴清。直通电子未按照《合营合同》约定的期限缴付增资金额违反了上述规定。

根据《实施条例》,按期出资的晋达能源有权要求直通电子根据《合营合同》的约定承担违约责任,但晋达能源于2008年8月18日出具《确认函》,确认对发行人2002年9月增资时直通电子延迟出资行为不追究违约责任。

根据《若干规定》的规定,直通电子未能在《合营合同》规定的期限内缴付增加的出资,可能导致发行人的批准证书被审查批准机构撤销,发行人的营业执照被注销或被工商行政管理机构吊销。但鉴于直通电子在2004年2月4日前已足额缴付2002年9月认缴的增资金额,直通电子未按期出资的违法行为至此终止;有关行政管理机关至今未就直通电子未按期出资的情况给予行政处罚,直通电子上述违法行为目前已超过行政处罚两年的追诉时效,发行人不存在因该违法行为被处罚的风险,且发行人通过了外商投资管理和工商行政管理等部门历年的联合年检,本所经办律师认为,直通电子上述出资瑕疵不会对发行人的合法存续构成重大不利影响,不会构成发行人本次发行上市的法律障碍。

综上所述,律师认为,直通公司上述出资瑕疵不会对发行人的合法存续构成重大不利影响,不会构成发行人本次发行上市的法律障碍。

【案例评析】

1. 股东是企业的所有者,而股权作为股东所有者身份的标志自然就代表了多种权利。从相关规定来看,股东至少拥有如下几种重要的权利:表决权、分红权和处置权。

2. 根据《公司法》的规定,有限公司股东表决权除公司章程另有规定之外按照认缴出资比例履行,而分红权除另有规定外按照实际缴纳出资比例执行。如果说上述两种权利法律已经明确了,那么在股东尚未出资或者尚未完全缴纳出资的情况下处置权的权利状态如何呢?

3. 要说清楚这个问题,首先要简要总结一下股东没有完全履行出资义务的情形:(1)外商投资企业根据合资章程的规定可以约定一个出资期限和比例,股东在约定的期限内分期出资;(2)新公司法之后内资企业也允许分期出资同时规定了出资期限和比例,股东在规定的期限内分期出资;(3)不符合规定的股东出资没有及时到位,比如超过法律规定或合资章程约定的期限,以及内资企业在新公司法颁布之前的分期出资行为;(4)典型的出资不实的行为。第一种情形和第二种情形下的股权转让属于本节内容所讲的出资义务转让行为,而第三种和第四种情形由于明显违背《公司法》的明文规定，因而还不是单纯关注股东权益能否处置的问题，还会重点关注股东这种违规行为是否需要承担违约责任、是否影响到发行人的存续、是否对首发上市条件构成障碍等。

4. 再回到股东处置权。从《公司法》规定股东可以按照认缴出资比例履行表决权的情况来看，尽管股东没有全部缴纳出资但是如果是在合规的情况下该股东是享有股东身份和相关权利的，只是在分红时为了保障其他已经履约股东的权益一般情况下以实缴的出资作为依据。换句话说，小兵认为这种情况下股东是有权将股权转让并收取对价，只要这位股东根据约定或规定按时将分期缴纳的出资及时缴纳完毕就好，也就是说股东不因没有完全缴纳出资而影响到其股东的处置权。这里说的这种情况其实就是一种标准的股权转让，股东出资义务并没有转让，原股东仍有将出资义务履行直至全部履行的义务。

5. 那么具体到本节案例，帮助我们总结了两种比较典型的出资义务转让的情形：一种是出资完全没有到位然后将股权全部转让，另一种是出资部分到位然后将股权部分转让。第一种情况倒比较好理解，就是某股东应该出资 500 万元结果一分钱没出直接把股权转让给了第三方，当然这样的股权转让也不会有对价。对于第二种情况，就可能会有两种不同的理解：比如某股东认缴出资 500 万元占 20% 的股权，该第一期出资 250 万元，那么该股东出资实际只到位了 10% 但这 10% 是没有瑕疵的还是 20% 的股权都没有出资到位？

（1）格林美：本案例是采纳了第一种理解，且中介机构在披露文件中给部分完全未出资的股权起了另外一个名字为“出资权益”，其实不管叫什么名字，这样的股权转让都不应该是标准的股权转让，实质上就是一种出资义务和股东潜在权利的转让。尽管小兵认为根据立法原意分期出资的理解应该是第二种理解，不过中介机构的这种处理也没有大的问题，因为这种处理并不违反《公司法》的禁止性规定，只要没有潜在的纠纷和风险且发行人利益没有受到损害，个人觉得是应该得到认可的。

（2）红日药业：股东部分出资但是将出资尚未全部到位股权全部转让，后来受让方将部分未到位出资补齐。

6. 至于转让的对价，也会因为两种情形而有所不同。（1）如果股东将完全没有出资的股权进行了转让，在股权转让时出让方是没有权利获得对价的，当然可以象征性支付 1 元对价。这个是很好理解的，或许在这段时间里企业发生了很大的增值，但是由于你没有履行出资义务，是不能分享企业发展所带来的收益的。（2）如果是将部分出资到位的股权转让，转让方不仅能获得其已经出资的那部分财产价值甚至可以有适当的溢价（如果企业在此期间取得较大收益的话），毕竟股东有根据实缴出资分红的权利。

7. 最后，简单说一点，在红日药业的案例中，发行人股东会决议将部分未分配利润只分配给一个股东用以补足出资，我觉得这种处理是有问题的。

■第四节 验资报告瑕疵解决之道

【重要提示】

★ 从某种意义上说,发行审核大部分法律问题都与发行人历史沿革有关,而历史沿革中注册资本变动问题又一直是重点和难点。

★ 发行审核实践有一个不成文但又很重要的原则,就是结果合规决定过程合理,那么出资问题如果有一份严谨真实有效的验资报告一般都会验证本次出资的真实性和合规性。

★ 反过来说,如果验资报告存在问题,那么本身的出资过程也就会随之被重点关注。小兵已经多层次对出资过程中的问题作了总结,本节内容尝试探索验资报告这个结果上的瑕疵会对过程产生怎样的影响。

【案例情况】

一、广电电气:验资报告与实际情况记录不符

(一)1995 年设立上海广电电气(集团)有限公司

广电有限系由广电实业改制设立。广电实业系依据奉贤县计划委员会作出的《关于同意建办“上海广电电器实业总公司”的批复》[奉计工(92)第 953 号]并经奉贤县工商行政管理局核准后于 1993 年 2 月 2 日成立,注册资金 2100 万元。广电有限设立时,上海奉贤审计师事务所对其实收资本进行了审验,并出具《验资证明书》(奉审事验〔95〕第 450 号)和《验资报告》。经该验资报告验证的出资情况如下:

资产名称	资产金额(万元)	资产来源
银行存款	700.00	职工持股会
存货	328.00	奉贤县集体资产管理委员会
应收账款	19.50	
房屋及建筑物	3172.90	
在建工程	1318.70	
机器设备	1460.90	
合　计	7000.00	

由于广电有限系由广电实业整体改制并吸收新投资方职工持股会的货币出资而成立，奉贤县集体资产管理委员会实际是以广电实业经评估的整体净资产作价6300万元出资。因此，上海奉贤审计师事务所验证奉贤县集体资产管理委员会的出资方式为部分流动资产和固定资产与其实际出资情况不完全相符。

根据上述情况，国富浩华于2010年2月10日出具了《关于上海广电电气（集团）股份有限公司整体变更前实收资本到位情况的复核报告》（浩华报字〔2010〕第28号），该复核报告认为：奉贤县集体资产管理委员会实际是以广电实业的全部净资产作价出资6300万元，职工持股会以现金700万元出资，与奉府批字〔95〕第306号文批准的出资方式一致。上海奉贤审计师事务所验证奉贤县集体资产管理委员会的出资方式为部分流动资产和固定资产的表述不当，但不影响公司各股东出资到位的实质。

1995年12月12日，广电有限完成工商变更登记，并取得上海市工商行政管理局核发的注册号为150397200的《企业法人营业执照》。广电有限设立时各股东的出资情况及广电有限的股权结构如下：

股东名称	出资额（万元）	出资方式	股权比例（%）
奉贤县集体资产管理委员会	6300.00	净资产	90.00
职工持股会	700.00	现金	10.00
合　计	7000.00		100.00

（二）1997年注册资本增至2亿元

1997年1月5日，奉贤县集体资产管理委员会与职工持股会签订《追加投资协议》，决定将广电有限注册资本增至2亿元，双方持股比例保持不变。同日，广电有限召开董事会会议，决议将广电有限所有者权益中扣除法定盈余公积和公益金后的资本公积及1996年度经过分配后的利润作为实收资本，将注册资本增至2亿元。其中奉贤县集体资产管理委员会出资1.8亿元，占注册资本的90%；职工持股会出资2,000万元，占注册资本的10%。

1997年2月3日，上海新诚审计师事务所出具《关于上海广电电气（集团）有限公司资产评估的报告》（新审〔97〕第23号）。以1996年12月31日为评估基准日，广电有限及其参股公司经评估的资产总额为65,454.22万元，负债总额为33,046.14万元，净资产为32,408.08万元，净资产评估增值为13,545.05万元；其中广电有限及其全资子公司净资产评估增值11,530.35万元，评估增值明细如下：

项　目	机器设备	房屋建筑物	土地使用权	商　誉	合　计
广电有限	495.56	65.81	575.65	8565.46	9702.48
子公司小计	975.11	-63.60	916.36	—	1827.87
广电有限及子公司小计	1470.67	2.21	1492.01	8565.46	11,530.35
参股公司小计	1260.08	69.23	685.39	—	2014.70
合　计	2730.75	71.44	2177.40	8565.46	13545.05

1997 年 3 月 12 日,奉贤县集体资产管理委员会出具《关于上海广电电气(集团)有限公司资产评估结果确认的通知》,对上述资产评估结果予以确认。

根据上述资产评估结果及财政部《清产核资试点企业有关会计处理规定》([93]财会字第 80 号)对于资产重估增值的会计处理办法,广电有限将公司及全资子公司的清产核资评估增值部分 11,530.35 万元确认了资本公积,并根据董事会决议将该等资本公积 11,530.35 万元和公司截至 1996 年年末未分配利润中的 1469.65万元增加注册资本。

由于广电有限将本次清产核资中的商誉增值部分 8565.46 万元确认为无形资产和资本公积,并将该部分资本公积转增实收资本的会计处理不符合有关会计制度的规定,因此本次增资中 8565.46 万元的商誉出资存在瑕疵。为此,广电有限于 2000 年 5 月将资产对外投资增值部分增加的资本公积补足了出资,具体情况为:

1999 年 12 月,广电有限以厂房、土地使用权、机器设备等资产作价 14,814.45 万元(折合 1790 万美元)出资,与 GE 太平洋共同设立中外合资企业 EJV 和 CJV。广电有限将上述资产对外投资经中外双方确认的价值与账面价值的增值部分 9117.06万元确认了资本公积,并于 2000 年 5 月将原确认为无形资产的商誉 8565.46万元予以调整冲回。至此,本次增资已全部出资到位。

1997 年 3 月 12 日,上海新诚审计师事务所对本次增资进行了审验,并出具《出资单位净资产额验证证明》和《验资证明表》,经该验资证明表验证的出资情况如下:

股东名称	出资方式	缴纳出资额(万元)
奉贤县集体资产管理委员会	房屋建筑物	7191
	机器设备	5809
	存货	5000
小　计		18,000
职工持股会	存货	2000
合　计		20,000

由于广电有限系以公司及全资子公司的清产核资评估增值部分 11,530.35 万元和公司截至 1996 年年末未分配利润中的 1469.65 万元转增注册资本,因此,上

海新诚审计师事务所对本次增资的验资结果与实际出资情况不完全相符。

根据上述情况，国富浩华于2010年2月10日出具的《关于上海广电电气（集团）股份有限公司整体变更前实收资本到位情况的复核报告》（浩华报字〔2010〕第28号）认为，公司本次增资13,000万元各股东的实际出资方式为：截至1996年年末未分配利润中的1469.65万元及清产核资评估增值增加的资本公积11,530.35万元转增注册资本；上海新诚审计师事务所对公司本次增资的验资结果与实际出资情况不符，验资报告格式也不符合《独立审计实务公告第1号——验资》的规定。同时，该复核报告认为，公司对评估结果中的商誉确认为无形资产的会计处理不符合有关会计制度的规定，并因此导致公司于验资日1997年3月12日各股东尚有8565.46万元增资款未到位；经公司董事会决议，截至2000年5月31日，公司已经以资产对外投资增值部分增加的资本公积出资到位；通过对无形资产—商誉的会计调整，公司实际是以资产对外投资增值部分增加的资本公积置换了原以资本公积—商誉增值的出资部分，原未出资到位的8565.46万元已补足。

1997年3月24日，广电有限完成工商变更登记，并取得上海市工商行政管理局核发的注册号为3100001003972的《企业法人营业执照》。本次增资后，各股东的出资情况及广电有限的股权结构如下：

股东名称	出资额（万元）	股权比例（%）
奉贤县集体资产管理委员会	18,000.00	90.00
职工持股会	2000.00	10.00
合　计	20,000.00	100.00

2010年9月26日，上海市人民政府办公厅以《上海市人民政府办公厅关于对上海广电电气（集团）股份有限公司历史沿革若干问题予以确认的函》（沪府办函〔2010〕74号）对发行人历史沿革有关问题确认如下：广电电气前身的设立、1997年清产核资、注册资本变更及补足、1999～2000年期间企业改制、股权转让，以及职工持股会的设立、清算、解散等情况，均符合当时法律法规及政策规定，不存在法律纠纷。

二、佳讯飞鸿：非货币出资有评估和审计报告但是没有验资报告

2004年10月27日，有限公司股东会通过决议，一致同意以下转让，转让价格参考2003年12月31日的每1元出资所对应净资产值2.56元（未经审计）并经各方友好协商确定，相关各方签署了《出资转让协议书》。此次股权转让中受让方资金系自有资金。另外，根据《关于中关村科技园区高新技术企业注册登记改制改组工作的试点意见》第6条规定："鼓励投资者对园区内高新技术企业投资，以工业产

权、非专利技术作价出资的，其作价出资的总金额占注册资本（金）的比例最高可达60%，另有约定的除外。”有限公司股东会通过决议，一致同意林菁等22人以非专利技术——铁路数字化指挥调度技术增加公司注册资本，由原来的500万元增加到1000万元。该非专利技术经北京科之源资产评估有限责任公司评估（科评报字〔2004〕第134号），评估值为506万元。林菁等22人拥有的上述非专利技术的评估值如下：

根据北京市工商行政管理局2004年2月15日下发的《北京市工商局改革市场准入制度优化经济发展环境若干意见》“三、改革内资企业注册资本（金）验证办法（十四）投资人以非货币形式出资的，应当在申请登记注册时提交资产评估报告。工商行政管理机关根据评估报告确定的资产价值，确认投资人缴付的非货币出资数额。非货币出资涉及国有资产的，其价值和权属应当经国有资产管理部门或国家授权管理国有资产的投资机构或国家授权管理国有资产的部门确认。（十五）企业设立后出具非货币出资的权属证明或审计报告，证明资产归属本企业所有的，工商行政管理机关予以备案登记”，有限公司聘请北京正大会计师事务所对上述非专利技术产权转移至公司名下的事实进行了审验，认定上述非专利技术已完成转移手续，其中500万元用于股东出资，另6万元计入资本公积，并出具了《审计报告》（正大审字〔2004〕第B0119号）。北京市工商行政管理局于2004年11月25日核准了上述事项。

2007年，有限公司改制成为北京佳讯飞鸿电气股份有限公司（以下称股份公司或公司），股份进入中关村科技园区非上市股份有限公司股份报价转让系统（以下称三板）挂牌交易，同时，公司开始运作国内资本市场公开发行并上市。在相关中介机构对公司规范运作的辅导过程中，相关股东认识到前述用于增资的非专利技术是公司财产，不能用于对公司增资。2007年12月17日，公司第三次临时股东大会通过决议，一致同意前述22人采取现金增资的方式改正。

鉴于马燕平、郭超、杨涛、巢南成、倪进、邱吉民当时已不再是公司股东，股东林菁同意代为支付该等人员的增资款。2007年12月27日，各出资方均用自有资金一次性缴纳了款项。

本次2004年增资的非专利技术权属情况及出资程序如下：

（1）2004年10月，有限公司股东会通过决议，一致同意公司注册资本由500万元增加到1000万元，新增的500万元，由林菁等22名股东以非专利技术——铁路数字化指挥调度技术增资。该项非专利技术经北京科之源资产评估有限责任公司以《铁路数字化指挥调度技术资产评估报告书》（科评报字〔2004〕第134号）评估，评估值为506万元。北京正大会计师事务所于2004年10月25日出具了编号为正大审字〔2004〕第B0119号《审计报告》确认：“上述非专利技术合计为506万元，其中500万元用于股东出资，另6万元根据《企业会计制度》的规定计入公司资本公积科目。”审验结论为：“经过对贵公司提供的2004年10月21日第0801号凭证和有关资料的审验，以上非专利技术已完成转移手续。”公司于2004年11月在北京市工商行政管理局办理了上述增资的变更登记手续，并取得注册号为1101082461187的《企业法人营业执照》。

(2)前述22名股东以非专利技术——铁路数字化指挥调度技术增资时，认为该非专利技术属于业余发明，应为个人所有，且将对公司的发展起到重要作用，经股东会决议，一致同意将该非专利技术评估后投入公司。2007年在发行人上市辅导期间，辅导机构认为该项非专利技术与公司的生产经营相关，不排除利用了公司的场地和办公设备甚至公司的相关技术成果，认定为业余发明理由不够充分，以此出资存在瑕疵，应将该部分出资予以补正。

(3)2007年12月17日，公司第三次临时股东大会通过决议，同意以该非专利技术增资的22名股东将增资部分用现金补正，同时该非专利技术归公司所有。鉴于原股东马燕平、郭超、杨涛、巢南成、倪进、邱吉民目前已不再是公司股东，股东林菁同意代为支付该等人员的补缴金额。

2008年4月10日，发行人会计师对公司原股东补正增资款的情况进行了专项审核，并出具了《专项审核报告》(中瑞岳华专审字〔2008〕第3283号)。根据该《专项审核报告》，确认公司原股东补正增资款的情况真实、合法、完整。

经核查，保荐人认为，股东2004年以非专利技术增资的行为存在瑕疵，但此次增资中存在的问题已经得到补正，不会损害其他股东和债权人的利益，不会对本次发行上市构成实质性障碍，补正后本次增资行为合法、有效。

经核查，发行人律师认为，股东2004年以非专利技术增资的行为是真实的，虽然由于认识错误，使此次增资行为存在瑕疵；但此次增资中存在的问题已经得到补正，不会损害其他股东和债权人的利益，不会对本次发行上市构成实质性障碍，补正后本次增资行为合法、有效。

三、闰土股份：注册资本发生变化但没有工商变更

闰土化工自设立至2001年年末，其账面注册资本发生变化，但均未及时办理工商变更登记手续。对此，中介机构进行核查并发表如下意见：

(一)关于股权结构变化的真实性

闰土化工自设立时起至2002年年末账面实收资本及股权结构发生了多次变化，但均未及时办理工商注册登记的变更手续。律师认为，该等股权结构变化是真实的，理由如下：

(1)该等股权结构变化经公司确认且真实记载于公司财务账册；

(2)该等股权结构变化经验资及审计机构立信会计师确认；

(3)闰土化工之前身为集体企业,其设立时的股权结构及设立后至2002年年末股权结构变化的真实性获得上虞市人民政府书面确认;

(4)该等股权结构变化取得闰土化工工商注册登记机关——上虞市工商行政管理局核准且重新办理了工商备案登记。

(二)股权演变过程中存在的系列问题可能导致的法律后果

1. 闰土化工的设立及其至2002年年末的股本演变存在问题

(1)闰土化工设立时,出资1000万元的出资人上虞市正大建筑工程公司于公司设立不久即抽回出资,导致公司实际注册资本减少。

(2)闰土化工设立时,由于构成绍兴市染化助剂厂6209万元注册资本的其他几家集体企业并未实际为当地集体资产经营管理部门投入闰土化工,从而导致资产经营公司实际投入闰土化工的净资产低于6209万元。

由于上述原因,闰土化工设立后,沿用其前身绍兴市染化助剂厂的账面而未作调整,即账面净资产3875.2499万元,账面实收资本为1366.16996万元,公司股本结构由三部分组成,其中:乡村集体资本金108.613661万元,企业积累基金257.556299万元,上虞市正大建筑工程公司1000万元。

由于闰土化工设立时,其账面净资产3875.2499万元及账面实收资本1366.16996万元包括上虞市正大建筑工程公司投资的1000万元,又由于上虞市正大建筑工程公司的1000万元出资在闰土化工设立后不久即为该公司抽回,故闰土化工设立后的实际账面净资产为2875.2499万元,账面实收资本为366.16996万元,低于其设立时的注册资本7209万元。

(3)闰土化工设立后至2002年年末,其账面实际实收资本及股权结构发生的变化均未及时到工商注册登记机构办理相应的工商注册登记的变更手续,其账面实际实收资本及股权结构的演变情况与工商注册登记资料不一致。

2. 上述问题可能导致的法律后果

根据《公司法》、《公司登记管理条例》、《刑法》等相关法律法规规定,由于上述股东抽回出资、公司出资不到位、公司实收资本及股权结构变化未及时办理工商变更手续等事宜不符合事实发生时《公司法》等法规法规之相关规定,存在相关股东及公司因此承担行政责任的可能性,即被工商行政管理部门予以行政处罚,亦不排除虚假出资、抽逃出资的股东被追究刑事责任的可能性。但鉴于:

(1)闰土化工之工商注册登记机关——上虞市工商行政管理局已于2007年8月15日书面确认:"浙江闰土化工集团有限公司成立于1996年,在其公司设立后至变更设立股份公司前所办理的股权转让及增加注册资本的工商登记是为了体现其真实的股东权益,对此本局予以认可,不会因此对公司进行处罚。"据此,闰土化工之注册登记机构已经书面确认闰土化工或发行人不会因其历史上存在之上述不规范行为而为相关工商部门追究行政责任。

(2)闰土化工上述不规范的行为发生在三年以前,不属于发行人近三年的重大违法行为。

(3)闰土化工设立后,因抽回出资以及出资不到位导致可能的刑事法律责任和行政法律责任理应由当时的出资人承担,目前闰土股份的股东均非当时理应承担注册资本不到位之相应责任的闰土化工出资人,即非闰土化工设立时实收资本不到位及抽逃注册资本的法律责任承担者。

故发行人律师认为:闰土化工上述不规范的行为不会对发行人本次公开发行股票并上市形成实质性影响。

四、数码视讯:无偿增资且没有验资报告

(一)增资没有验资报告

2004 年 6 月 24 日,股东会通过决议同意数码有限的注册资本由 830 万元增加到 1300 万元,其中张刚以非专利技术无偿增资 470 万元。2004 年 6 月 24 日,北京中育正资产评估有限公司出具京中评报字〔2004〕第 A06 - 16 号《张刚先生“数字电视编、解码器技术”非专利技术评估报告书》,该评估报告记载:“非专利技术——‘数字电视编、解码器技术’评估价值为 489.27 万元”。北京正大会计师事务所 2004 年 6 月 24 日出具《审计报告》(正大审字〔2004〕第 B0070 号),对此次增资予以审验,并确认该非专利技术已完成转移手续。数码有限于 2004 年 6 月 25 日完成了工商变更。

北京市工商局于 2004 年 2 月 25 日颁布《改革市场准入制度优化经济发展环境若干意见》(京工商发〔2004〕第 19 号),该文件对内资企业注册资本(金)验证办法做如下规定:“投资人以非货币形式出资的,应当在申请登记注册时提交资产评估报告。工商行政管理机关根据评估报告确定的资产价值,确认投资人缴付的非货币出资数额。企业设立后出具非货币出资的权属证明或审计报告,证明资产归属本企业所有的,工商行政管理机关予以备案登记。”根据该规定及当时工商局的具体要求,张刚此次增资没有向北京市工商局提交《验资报告》,但依照法规履行了必要增资审验程序。

保荐机构、发行人律师认为,根据《若干意见》的规定,《验资报告》并非本次增资所需要提交的文件;发行人已经按照《若干意见》中相关规定提交了本次增资所需的全部文件,并办理完毕工商登记手续,本次增资款项足额缴纳。

申报会计师认为,发行人的历次出资均已到位,真实有效,不存在虚假出资和抽逃资金的情况。

(二)无偿增资关注

为支持公司发展,张刚自愿以非专利技术"数字电视编、解码器技术"增资未增加自身股权比例,该行为符合北京市工商行政管理局相关管理规定。

张刚2001年硕士研究生毕业不久即加入公司研发部,作为公司创业者之一参与研发工作,2003年4月经提拔担任公司副总经理至今。2004年,张刚利用业余时间钻研出较为成熟的数字电视编、解码器技术,但要把该项技术实现完整的产业化、付诸实践并实现价值,则还需要配套的生产设备及进一步的资金支持,同时还更需要适宜的管理团队和销售网络。与此同时,2004年,公司在数字电视领域的发展处于起步阶段,为提升公司的市场地位、品牌知名度和成功竞标的实力,急需扩大注册资本。为支持公司业务发展,并实现自己技术研发成果的价值,张刚自愿以该非专利技术增资并不增加自身股权比例,以支持公司的发展并实现自我价值。

张刚先生于2009年8月12日出具《确认函》:确认此次以非专利技术增资未增加自身股权比例是其真实意思表示,对此次增资无任何异议,不存在纠纷或潜在纠纷。

此外,张刚以该非专利技术增资并不增加自身股权比例已经全体股东协商一致,并在公司章程中明确表示。因此,根据《关于企业登记注册工作若干问题的意见》(京工商发〔2001〕69号),此次增资中张刚以该非专利技术增资并不增加自身股权比例导致的出资额比例与股权比例不一致的情形符合相关规定。

五、银信科技:老公司法下的分期出资

(一)基本情况

1.公司设立

银信有限成立于2004年5月31日,注册资本为1000万元,梁宝山和曾丹分别出资510万元和490万元。银信有限于2004年5月24日首次出资为50万元,其中梁宝山缴纳货币出资25.50万元,曾丹缴纳货币出资24.50万元,并明确将于2004年11月30日、2007年5月30日缴纳未缴部分。

保荐机构经核查后认为,银信长远设立过程与当时《公司法》的规定有所不符,存在一定的法律瑕疵,但股东出资验资及分期缴纳均符合2004年2月《北京市工商行政管理局改革市场准入制度优化经济发展环境若干意见》的规定,股东已足额实际缴纳相应出资,符合北京市工商登记管理部门的要求,并依法取得工商设立登记,不构成公司上市的实质障碍。

2. 2005年2月变更

2005年2月,股东梁宝山和曾丹分别缴纳货币出资242.25万元和232.75万元,共计475万元出资,公司实缴注册资本变更为525万元。

经核查,上述出资已超过了原定出资期限2004年11月30日,不符合2004年2月《北京市工商行政管理局改革市场准入制度优化经济发展环境若干意见》对分期出资期限的规定。

保荐机构认为,该期出资未能在原定出资期限内到位,存在一定的法律瑕疵,不过,上述出资已足额缴纳且依法取得了工商变更登记,不构成本次上市的实质障碍。

(二)审核关注之:银信有限2004年成立及2005年2次增资时,是否按当时有效的《中华人民共和国公司法》(以下简称《公司法》)的规定验资及缴纳出资

1. 银信有限成立时验资及缴纳出资情况说明

2004年5月10日,中国光大银行北京海淀支行分别出具《交存入资资金报告单》(No. 0107217)、《交存入资资金报告单》(No. 0107218),确认曾丹已交存银信有限入资资金人民币245,000元,梁宝山已交存银信有限入资资金人民币255,000元。

2004年5月19日,曾丹及梁宝山签订《公司章程》,其中载明银信有限设立时的注册资本为人民币1000万元,其中,梁宝山出资人民币510万元,占注册资本的51%;曾丹出资人民币490万元,占注册资本的49%。

2004年5月31日,银信有限取得北京市工商行政管理局(北京市工商局)核发的注册号为1101082699587的《企业法人营业执照》(注明:实缴注册资本人民币50万元)。

根据银信有限设立时有效的《公司法》第25条、第26条的规定,有限责任公司设立时股东应当足额缴纳公司章程中规定的各自所认缴的出资额;股东全部缴纳出资后,必须经法定的验资机构验资并出具证明。经金杜核查,曾丹及梁宝山向银信有限缴付的首期注册资本的金额不符合当时有效的《公司法》第25条的规定,且未按照第26条的规定履行验资程序。

经核查,曾丹及梁宝山首期向银信有限出资人民币50万元,系依据北京市工商局颁发并于2004年2月15日实施的《北京市工商局改革市场准入制度优化经济发展环境若干意见》(以下简称《市场准入若干意见》)办理的工商设立登记手续。该规定第6条规定:"企业注册资本(金)实施分期缴付。企业设立时投资人应当缴付法律、法规规定的最低注册资本(金)数额,其余部分承诺在规定的期限内一次性缴清或分两期缴清。投资人应当在章程中规定注册资本(金)数额、设立时缴付的数额、分期缴付的数额、分期缴付的期限,以及投资人以承诺的全部出资数额对企业承担责任的内容。注册资本(金)的缴付期限最长不得超过三年。"

律师认为,曾丹及梁宝山在银信有限设立时未依照当时有效的《公司法》的规定全额缴付注册资本,但曾丹及梁宝山已在银信有限设立时缴付了人民币50万元注册资本,并在银信有限于2004年5月19日通过的章程中约定了剩余注册资本分两期缴足,第一期于银信有限设立之日起六个月内,第二期于银信有限设立之日起三年内全部缴清,该等情形符合有权工商登记机关所适用的规范性文件,并已取得了有权工商登记机关核发的《企业法人营业执照》。

此外,《市场准入若干意见》第13条规定,"投资人以货币形式出资的,应到设有'注册资本(金)入资专户'的银行开立'企业注册资本(金)专用账户'交存货币注册资本(金);工商行政管理机关根据入资银行出具的《交存入资资金凭证》确认投资人缴付的货币出资数额",而未强制要求提交验资报告。

律师认为,银信有限在上述入资过程中虽未按照当时有效的《公司法》的相关规定履行验资程序,但银信有限已按照有权工商登记机关所适用的规范性文件对注册资本金到位情况进行了验证并取得了有权工商登记机关核发的《企业法人营业执照》。

综上所述,发行人律师认为:发行人前身银信有限设立时的验资及缴纳注册资本相关情况虽然不符合当时有效的《公司法》的规定,但符合有权工商登记机关所适用的规范性文件并取得了有权工商登记机关核发的《企业法人营业执照》,不构成重大违法行为,不会对本次发行并上市构成实质性法律障碍。

2. 银信有限2005年增加实收资本时验资及缴纳出资情况说明

2005年1月25日,银信有限召开股东会并作出股东会决议,同意银信有限实缴注册资本由人民币50万元变更为人民币525万元,并对银信有限的章程进行相应修改。

2005年2月1日,中国光大银行北京海淀支行分别出具《交存入资资金报告单》(No. 0108950)、《交存入资资金报告单》(No. 0108949),确认曾丹已交存银信有限入资资金人民币2,327,500元,梁宝山已交存银信有限入资资金人民币2,422,500元。

2005年2月4日,银信有限取得北京市工商行政管理局颁发的《企业法人营业执照》(注明:实缴注册资本525万元)。

根据银信有限于2004年5月19日通过的章程第5条的规定,银信有限股东梁宝山及曾丹应当于银信有限设立之日起6个月内缴付人民币475万元注册资本。根据《市场准入若干意见》第7条规定:"注册资本(金)一次性缴付的,应当在企业设立之日起一年内缴付其未缴部分。注册资本(金)分两期缴付的,第一期应当在企业设立之日起六个月内缴付其未缴部分的50%,第二期应当在企业设立之日起三年内全部缴清。"

根据中国光大银行北京海淀支行出具的《交存入资资金报告单》(No.

0108950)及《交存入资资金报告单》(No.0108949)并经金杜核查,银信有限的股东于2005年2月1日缴纳上述银信有限第二期人民币475万元注册资本,而未在银信有限设立之日起六个月内(即2004年11月30日之前)缴付银信有限第二期注册资本,且银信有限未按照当时有效的《公司法》第26条的规定履行验资程序。

根据当时有效的《公司法》第25条规定,未按规定缴纳注册资本的,“应当向已足额缴纳出资的股东承担违约责任”。2010年5月12日,梁宝山及曾丹签署了《确认函》,分别豁免对方因未按期交付本期注册资本而承担的违约责任。金杜认为,由于第二期注册资本已于2005年2月缴足,当时有效的《公司法》、《公司登记管理条例》、《公司注册资本管理办法》及有权工商登记机关所适用的规范性文件未对股东未按时履行出资义务设置具体处罚,且银信有限已经就本次实缴注册资本增加取得了有权工商登记机关核发的《企业法人营业执照》,上述延期出资行为不会对发行人本次发行并上市构成实质性法律障碍。

依据北京市工商局颁发并于2004年2月15日实施的《北京市工商局改革市场准入制度优化经济发展环境若干意见》第13条规定,投资人以货币形式出资的,应到设有“注册资本(金)入资专户”的银行开立“企业注册资本(金)专用账户”交存货币注册资本(金);工商行政管理机关根据入资银行出具的《交存入资资金凭证》确认投资人缴付的货币出资数额,而未强制要求提交验资报告。

律师认为,银信有限在上述实缴注册资本增加过程中未按照当时有效的《公司法》的相关规定履行验资程序,但银信有限已按照有权工商登记机关所适用的规范性文件对注册资本金到位情况进行了验证并取得了有权工商登记机关核发的《企业法人营业执照》。

综上所述,发行人律师认为:发行人前身银信有限2005年实收资本增加时的验资及缴纳注册资本相关情况虽然不符合当时有效的《公司法》的规定,但符合有权工商登记机关所适用的规范性文件并取得了有权工商登记机关核发的《企业法人营业执照》,不构成重大违法行为,不会对本次发行并上市构成实质性法律障碍。

3. 关于发行人第二次实缴注册资本超过原定期限

2005年1月25日,银信有限召开股东会并作出股东会决议,同意银信有限实缴注册资本由人民币50万元变更为人民币525万元,并对银信有限的章程进行相应修改。

2005年2月1日,中国光大银行北京海淀支行分别出具《交存入资资金报告单》(No.0108950)、《交存入资资金报告单》(No.0108949),确认曾丹已交存银信有限入资资金人民币2327,500元,梁宝山已交存银信有限入资资金人民币2,422,500元。

2005年2月4日,银信有限取得北京市工商行政管理局颁发的《企业法人营业执照》(注明:实缴注册资本525万元)。

根据银信有限2004年5月19日通过的章程第5条的规定，银信有限股东梁宝山及曾丹应当于银信有限设立之日起6个月内缴付人民币475万元注册资本。根据《市场准入若干意见》第7条规定："注册资本（金）一次性缴付的，应当在企业设立之日起一年内缴付其未缴部分。注册资本（金）分两期缴付的，第一期应当在企业设立之日起六个月内缴付其未缴部分的50%，第二期应当在企业设立之日起三年内全部缴清。"

根据中国光大银行北京海淀支行出具的《交存入资资金报告单》（No. 0108950）及《交存入资资金报告单》（No. 0108949）并经金杜核查，银信有限的股东于2005年2月1日缴纳上述银信有限第二期人民币475万元注册资本，而未在银信有限设立之日起六个月内（即2004年11月30日之前）缴付银信有限第二期注册资本，且银信有限未按照当时有效的《公司法》第26条的规定履行验资程序。

根据当时有效的《公司法》第25条规定，未按规定缴纳注册资本的，"应当向已足额缴纳出资的股东承担违约责任"。2010年5月12日，梁宝山及曾丹签署了《确认函》，分别豁免对方因未按期交付本期注册资本而承担的违约责任。

律师认为，由于第二期注册资本已于2005年2月缴足，当时有效的《公司法》、《公司登记管理条例》、《公司注册资本管理办法》及有权工商登记机关所适用的规范性文件未对股东未按时履行出资义务设置具体处罚，且银信有限已经就本次实缴注册资本增加取得了有权工商登记机关核发的《企业法人营业执照》，上述延期出资行为不会对发行人本次发行并上市构成实质性法律障碍。

依据北京市工商局颁发并于2004年2月15日实施的《北京市工商局改革市场准入制度优化经济发展环境若干意见》第13条规定，"投资人以货币形式出资的，应到设有'注册资本（金）入资专户'的银行开立'企业注册资本（金）专用账户'交存货币注册资本（金）；工商行政管理机关根据入资银行出具的《交存入资资金凭证》确认投资人缴付的货币出资数额"，而未强制要求提交验资报告。

律师认为，银信有限在上述实缴注册资本增加过程中未按照当时有效的《公司法》的相关规定履行验资程序，但银信有限已按照有权工商登记机关所适用的规范性文件对注册资本金到位情况进行了验证并取得了有权工商登记机关核发的《企业法人营业执照》。

综上所述，发行人律师认为：发行人前身银信有限2005年实收资本增加时的验资及缴纳注册资本相关情况虽然不符合当时有效的《公司法》的规定，但符合有权工商登记机关所适用的规范性文件并取得了有权工商登记机关核发的《企业法人营业执照》，不构成重大违法行为，不会对本次发行并上市构成实质性法律障碍。

【案例评析】

1. 从某种意义上说，发行审核大部分法律问题都与发行人历史沿革有关，而历史沿革中注册资本变动问题又一直是重点和难点。很多历史问题如果能够保证结果公允且不存在潜在风险那么曾经的一些瑕疵和不合规是可以容忍的，但是审核实践中对于出资问题的关注从来没有放松，或许是因为出资问题直接涉及公司正常生产经营的基础甚至股东诚信问题。

2. 发行审核实践有一个不成文但又很重要的原则，就是结果合规决定过程合理，也就是一般情况下只要事情的结果是合规的那么过程中的小瑕疵是可以认可的。这个原则适用在出资问题上，那就是如果有一份严谨真实有效的验资报告一般都可以验证本次出资的真实性和合规性；反过来说，如果验资报告存在问题，那么本身的出资过程也就会随之被重点关注。作为股东出资行为最直接也是最重要证据的验资报告是否合规完备，是中介机构解决出资问题最重要的依据和支持，首发上市申报文件中需要报送有关验资报告也说明了验资报告的重要性。小兵曾在以往案例中对于出资问题做过一些专题的总结，在本节中将主要对验资报告的问题做一些简要的分析。

3. 验资报告出现的问题，简要总结起来主要有如下几种情形：(1)验资报告形式不合规；(2)验资报告内容与实际情况不符；(3)验资报告要件不全；(4)没有验资报告。具体情况为：

(1)验资报告形式不合规的情形倒不是很常见，主要是由于中介机构在审核验资报告问题时主要依据“实质重于形式”的原则，就算是验资报告在形式上有一些问题而实质上没有问题一般也不会被认定为瑕疵，这在后面几种情形中都得到了很好的体现。

(2)验资报告如果与实际情况不符，一般情况下会尊重事实真相，根据实际情况进行股东出资的审验，由会计师出具复核报告。至于什么是“真相”，那就需要中介机构做出大量的核查取证工作后认定。

(3)如果是验资报告要件不全，比如银行入账单不全等情形，那么需要根据实际情况将全部入账单找齐，必要时出具复核报告。

(4)没有验资报告的情形呢，这种情况就比较严重了，就相当于股东的出资没有了最核心的依据，需要重点关注。

4. 没有验资报告的情形主要有两种：一种是当地工商局有明确要求不需要验资报告，另一种就是企业认识不够同时工商局审核不严而没有验资报告，前者如案例中提到的北京工商局的情形。不论哪种情形导致股东出资时没有验资报告，都要面临一个比较棘手也是跨不过去的问题，那就是怎样验证股东出资的真实性和充实性。

5. 尽管北京市工商局规定出资可以没有验资报告，但是也有着严格的程序：(1)如果是货币出资，需要全部银行入账单和审计报告以确认公司收到出资；(2)如果是非货币性出资，则需要评估报告和审计报告，说白了这个审计报告有点验资报告的意味。那么在这种情况下，尽管没有验资报告，只要能取得入账单或者评估报告也是可以验证股东出资的真实性和充实性的。那么如果不是北京地区的企业出现这种情况呢?小兵认为也应该遵循这样的思路去处理,从入账单或者评估报告的各个角度去审验出资情况,最后由会计师出具复核报告。

6.还有更离谱的怎么办?比如货币资金出资没有全部入账单,那么需要从银行存款及现金流转情况来核查;如果是非货币性资产没有评估报告,那么要从购买发票、海关完税凭证、支付凭证、资金流转等角度进行核验。当然,小兵还建议在核查清楚之后至少需要省级工商总局出具证明文件,以保证合规性。另外,需要注意的一点是,这样比较严重的验资违规行为一定是在整体变更股份公司之前甚至是报告期前,比如某案例整体变更时没有验资报告,尽管由省级人民政府出具证明但是也没有获得认可,审核部门的意见还是需要主管部门工商总局出具意见。

■第五节 评估报告瑕疵解决之道

【重要提示】

★ 对于企业首发上市过程中遇到的问题,粗略来看可以分为实体性和程序性两种,实体性的问题一般都会被重点关注甚至成为上市障碍,而程序性问题一般不会构成重大问题。

★ 验资报告和评估报告的问题都属于程序上存在瑕疵的问题,评估问题与验资问题在基本的思考和解决思路上不存在重大差异,可以相互参考。

★ 本节将重点介绍两种评估报告瑕疵的情形:一种是没有评估报告;另一种是评估报告过期。

【案例情况】

一、海峡股份:评估报告超过有效期

公司是经海南省经济贸易厅琼经股〔2002〕477 号文批准,由海口港集团作为主发起人以其客滚运输经营性净资产出资,联合盐田港、中海海盛、海口外代及自然人邢雯璐以现金出资,以发起设立方式设立。2002 年 12 月 6 日,公司在海南省工商行政管理局领取了注册号为 4600001009522 的企业法人营业执照,注册资本为 9500.00 万元。

(一)发行人设立时资产评估延期的原因

发行人设立时通诚资产评估有限责任公司对海口港集团拟出资的客滚运输经

营性净资产进行了评估，并出具了通评报字〔2002〕第21号资产评估报告（有效期为2001年11月30日至2002年11月30日）；发行人于2002年12月4日始获得海南省经济贸易厅批准其设立的琼经股〔2002〕477号批复并于2002年12月6日注册成立。

由于发行人获得省级人民政府批准其设立批文的时间超过资产评估报告的有效期，导致发行人实际设立时间超过资产评估报告有效期。发行人提请当时有权对国有资产评估报告进行确认的机关——海南省财政厅，对上述资产评估报告延期事项进行了审批。

（二）海南省财政厅是否有权批准评估报告延期以及该等事项对本次发行上市的影响

1. 发行人设立时资产评估报告已在有效期内经海南省财政厅依法确认

2002年6月25日，通诚资产评估有限责任公司对海口港集团公司拟投入发行人的资产进行了评估，并出具通评报字〔2002〕第21号资产评估报告书。2002年11月4日，海南省财政厅作出《关于海口港集团公司所属全资船务公司股份制改组资产评估项目予以核准的函》（琼财企函〔2002〕176号），对通诚资产评估有限责任公司作出的通评报字〔2002〕第21号评估报告的格式、内容及评估结论予以确认。

2. 股东在评估报告有效期内完成了出资手续

根据中国资产评估协会发布的《资产评估准则——评估报告》中关于评估报告有效期的相关规定，只有当评估基准日与经济行为实现日相距不超过一年时，才可以使用评估报告。发行人全体发起人股东已依法在资产评估报告有效期内（即2001年11月30日至2002年11月30日）完成股东出资的相关法律手续：

（1）2002年10月26日，发行人全体股东签署了《发起人协议》，发行人全体发起人股东在资产评估报告有效期内依法签署了《发起人协议》。

（2）2002年11月4日，发行人设立时的资产评估报告经海南省财政厅琼财企函〔2002〕176号文件依法确认后，发行人原发起人股东海口港集团公司在资产评估报告有效期内获得向发行人出资的法律依据。

（2）2002年11月22日，发行人全体发起人认缴出资经北京天华会计师事务所《验资报告》（北京天华验字〔2002〕第024号）验证已全部到位。发行人全体发起人股东已在评估报告有效期内向发行人认缴了全部出资，发行人并以2002年11月30日为基准日进行了会计建账。

3. 公司设立时间超过有效期　不存在实质性影响

发行人由于获得省级人民政府批准其设立批文的时间（2002年12月4日）超过资产评估报告的有效期，导致发行人实际设立时间（2002年12月6日）超过资产评估报告有效期,但发行人全体发起人股东已依法在资产评估报告有效期内完成股东出资的相关法律手续,发行人也在评估报告有效期内进行了会计建账。发行人设立时间超过评估报告有效期的行为并未导致发行人设立时的出资不实,因此有权对发行人设立时国有资产评估报告进行确认的海南省财政厅对上述资产评估报告批准延期。

经核查,北京市万商天勤律师事务所认为:发行人设立时由于获得省级人民政府批准其设立批文的时间超过资产评估报告的有效期,导致发行人实际设立时间超过资产评估报告有效期,但由于发行人设立时全体发起人股东已依法在资产评估报告有效期内完成股东出资的相关法律手续,有权对发行人设立时国有资产评估报告进行确认的海南省财政厅对上述资产评估报告批准延期;上述事项不会对发行人本次发行构成障碍。

经核查,海通证券认为:虽然发行人获得省级人民政府批准其设立的批文时间超过了资产评估报告的有效期,但各发起人股东已依法在资产评估报告有效期内完成股东出资的相关法律手续。为此,有权对该国有资产评估报告进行确认的海南省财政厅批准了该资产评估报告有效期的延期;上述事项不会对发行人本次发行构成障碍。

二、新都化工:非货币出资未经评估

(一)新都公司设立时的验资

新都公司设立时,聘请了新都会计师事务所对新都公司出资情况进行了审验。根据新都会计师事务所于1995年8月18日出具的新都验资〔1995〕字第56号《验资证明书》,审验资金情况为:新都公司实有资金总额4,720,000元,其中,货币资金200,000元,固定资产2,800,000元,其他实物资产1,720,000元。

(二)本次申报时的验资复核

鉴于新都公司首次设立的非实物出资未经评估,本次申报会计师对新都公司设立及历次验资进行了验资复核。根据本次天健正信出具的《验资复核报告》,截至1995年8月18日,新都公司账面反映的股东实际出资情况如下:

1. 新都县氮肥厂(后更正为新都五星玻璃厂)、四川省科技交流中心和新都县科技开发中心以原新都化工实验厂净资产1,923,983.10元,出资1,920,000.00元,其余3983.10元作为资本公积。其中:新都县氮肥厂(后更正为新都五星玻璃厂)出资710,000.00元,占注册资本的15.04%;四川省科技交流中心出资920,000.00元,占实收资本的19.49%;新都县科技开发中心出资290,000.00元,占实收资本的6.14%。

2. 新都县氮肥厂（后更正为新都五星玻璃厂）以土地及土地附属物出资2,800,000.00元，占注册资本的59.33%。设立完成后公司注册资本4,720,000.00元，实收资本4,720,000.00元。

（三）本次验资复核与新都公司设立时验资证明书的差异说明

根据新都会计师事务所于1995年8月18日出具的新都验资〔1995〕字第56号《验资证明书》，审验资金情况为：新都公司实有资金总额4,720,000元，其中，货币资金200,000元，固定资产2,800,000元，其他实物资产1,720,000元。

根据本次天健正信出具的《验资复核报告》，实际具体出资情况为新都县氮肥厂（后更正为新都五星玻璃厂）、省科技交流中心和县科技开发中心以原新都化工实验厂净资产1,923,983.10元，出资1,920,000.00元，其余3,983.10元作为资本公积。

截至1995年8月18日，新都县氮肥厂（公司财务记录为新都五星玻璃厂）、四川省科技交流中心和新都县科技开发中心累计向新都化工实验厂投入形成的净资产构成情况列示如下：

单位：元

项目	金额	项目	金额
流动资产	4,445,856.97	流动负债	3,120,637.12
长期资产	598,763.25	长期负债	
其中：固定资产	348,452.94	负债合计	3,120,637.12
在建工程	250,310.31	净资产合计	1,923,983.10
资产合计	5,044,620.22	负债及权益合计	5,044,620.22

经核查，新都验资〔1995〕字第56号《验资证明书》实际审验的内容并不反映各股东的实际出资情况，各股东的实际出资方式为以其在新都化工实验厂拥有的净资产进行出资，并非《验资证明书》所载明的以现金及其他实物资产出资。

（四）首次出资存在的瑕疵及规范情况

1. 新都公司设立时，各股东以其在新都化工实验厂拥有的净资产进行出资，出资时未对新都化工实验厂资产情况进行审计或评估。

成都市新都工商行政管理局于2010年1月26日出具了《说明函》，"按当时的操作规范，对于公司设立时股东以实物资产出资的，主要审核公司申请设立时提交的《验资证明书》等申请文件，而没有要求其出具评估报告。原公司设立时提交的《验资证明书》等申请文件符合当时的要求，对于其设立股东实物出资是否经过评估事宜，我局不会再进行追究"。

本次申报会计师对新都公司首次出资进行了验资复核。根据《验资复核报告》,截至1995年7月,新都县氮肥厂(后更正为新都五星玻璃厂)出资710,000.00元,占注册资本的15.04%;四川省科技交流中心出资920,000.00元,占实收资本的19.49%;新都县科技开发中心出资290,000.00元,占实收资本的6.14%。经西南证券及天健正信对新都化工实验厂原始账目的核查,截至1995年7月,三名股东用于对新都公司出资的各自在新都化工实验厂拥有的净资产与其对新都公司的原始投入情况相符。

2. 截至1997年4月,新都县氮肥厂用于首次设立出资的土地及土地附属物尚未完成产权过户手续,存在出资不实。但鉴于新都县氮肥厂用于出资的2,800,000元土地及土地附属物于1997年5月进行了减资,因此,新都公司设立时,土地及土地附属物没有进行评估及未过户的瑕疵通过1997年减资而消除。

3. 新都公司股东以在新都化工实验厂的净资产出资未经审计及评估,可能存在出资不实,但在2005年设立股份公司时,按照经具有证券从业资格的评估师事务所评估后的净资产进行整体变更,新都公司设立时可能存在的出资不实瑕疵于2005年得到解决。

【案例分析】

1. 对于企业首发上市过程中遇到的问题,粗略来看可以分为实体性和程序性两种,实体性的问题一般都会被重点关注甚至成为上市障碍,而程序性问题一般不会构成重大问题。比如出资不实、违规担保、资金占用、同业竞争等问题如果不能清理到位就有可能不能通过审核,而如评估机构没有评估资格、验资报告和实际出资不符等情形如果不影响行为本身的真实性和合法性,则一般不会成为实质性障碍。

2. 当然,如果程序瑕疵比较严重从而影响到实体性问题的判断的时候,程序性问题也就不能掉以轻心了,也需要重点关注审慎处理,比如上节提到了出资没有验资报告的问题,比如本节提到的评估报告过期的问题,等等。验资报告和评估报告的问题都属于程序上存在瑕疵的问题,评估问题与验资问题在基本的思考和解决思路上不存在重大差异,可以相互参考。

3. 此外,小兵想与诸位交流的一个观点是:验资和评估出现瑕疵的问题根源主要来自工商局,因为企业日常经营阶段的主管部门就是工商局,而有些做法恰恰就是在工商局的要求下处理的,而这样的处理如果不够严谨往往又不会被发行审核机构所认可,成为首发上市中不大不小的问题。小兵真是希望,如果有一天工商部门和证券监管部门有一个类似的联席制度,能够对一些日常问题达成共识并严格执行,或许历史沿革中的小瑕疵和小毛病就会少很多。

4. 最后,针对本节的两个案例简要说明一点:(1)海峡股份是公司成立时间在评估报告期有效期之外,但是股东出资法律程序和实际操作在有效期之内,所以这个瑕疵不会构成出资的实质障碍,中介机构的解释思路值得借鉴。如果股东就是在评估报告有效期之外进行了出资,其实也就是使用无效的评估报告,那么小兵建议选择一个新的时间基准日进行复核,以确定资产后续没有发生大幅的减值。(2)新都化工的案例是没有评估报告结果也确实存在出资不实的情形,中介机构解释一个是股东进行了减资,另一个是在整体变更的时候由证券资格的评估机构进行了评估也算是间接解决了历史出资不实的问题。小兵的看法是,前一个理由合理后一个理由慎用,要不然整体变更就成为解决历史出资问题的万能钥匙了,这不是中介机构解决问题的思路,也不是监管机构所鼓励的。

■第六节　其他出资方式问题关注

【重要提示】

★ 相关规则规定,股东可以用货币、实物、知识产权、土地使用权等财产出资,但不得用劳务、信用、自然人姓名、商誉、特许经营权或设定担保的财产等出资。

★ 这样规定,一来明确了常见资产是否可以出资的问题,二来也保留了足够的民商法意思自治的空间,只要是可以估价、依法转让且不违反禁止性规定的资产都可以用来出资。

★ 本节内容小兵为诸位整理了一些并不常见的出资方式,这些方式有些合规有些不合规,提请诸位留意合规的需要关注的问题而不合规的该如何处理。

【案例情况】

一、爱尔眼科:全部实物出资

长沙爱尔眼科医院成立于 2003 年 1 月 24 日,公司设立时的注册资本为 800 万元,住所地为长沙市芙蓉南路 380 号 1 –6 楼,法定代表人为李力先生。公司的经营范围为眼科(白内障、青光眼、眼病、小儿眼科、角膜病、色素层病、视光学)、内科、麻醉科、检验科、影视像科、验光配镜。

长沙爱尔眼科医院成立时,陈邦先生以其拥有的医疗设备作价 630 万元出资,占出资额的 78.75%,李力先生以其拥有的医疗设备和装修构筑物作价 170 万元出资,占出资额的 21.25%。上述实物出资业经湖南长沙湘江会计师事务所评估,并出具了湘江所〔2003〕评字第 01 号资产评估报告。经湖南长沙湘江会计师事务所出具的湘江所〔2003〕验字第 003 号验资报告验证,该公司成立时注册资本已经缴足。上述设立已经履行了相关的法律手续，并办理了相关的工商设立登记手续。

长沙爱尔眼科医院2002年12月30日向长沙市工商行政管理局申请名称预先核准，2003年1月6日获得了核准通知书。2003年1月24日，长沙市工商行政管理局向长沙爱尔眼科医院颁发了注册号为4301002016756的《企业法人营业执照》。

公司设立全部采用实物出资原因如下：

根据《医疗机构管理条例》（国务院令第149号），医疗服务机构的工商注册登记采取前置性审批方式，具体审批登记程序为：（1）先由投资者（股东）向当地卫生行政管理部门提出设置医院的许可申请，在获得卫生行政管理部门颁发的《设置批准书》后开始投资兴建；（2）当项目全面竣工且设备安装调试完成，达到预计可使用状态时，卫生行政管理部门组织验收并颁发《医疗执业许可证》；（3）投资者（股东）凭《医疗执业许可证》办理验资与工商登记手续；（4）工商行政管理部门颁发营业执照；（5）医疗服务机构正式营业。由于在购置设备时公司本身还没成立，所以，通常医疗服务机构的投资者（股东）以自己的名义购买设备，再用这些设备进行出资。

另外，根据当时的《公司法》（1994年7月1日实施）第24条规定：股东可以用货币出资，也可以用实物、工业产权、非专利技术、土地使用权作价出资；且《公司法》对实物出资的比例没有限制。

保荐人经核查认为，发行人设立时全部采用实物出资，系由发行人所在行业的审批特点所决定，并符合当时有效的《公司法》的有关规定；发行人实物出资履行了资产评估、验资、工商登记等所有必备法律程序，合法有效。

二、好想你：以枣树增资

发行人2005年增资至2000万元，石聚彬以评估值为12,067,900.00元的实物资产（枣树）对发行人增资。

（一）关于增资前后枣树附着地的土地使用权转移情况

1. 自发行人2005年增资之日起至今，增资枣树附着地的土地使用权已实际移转给发行人并由发行人实际行使

2001年3月，石聚彬与新郑市孟庄镇小石庄村一、五、六共三个村民组农户代表签署《土地租赁合同》，租赁农户已承包的271.12亩农村土地，约定租赁期至2026年12月31日届满。孟庄镇人民政府以孟政〔2002〕31号文件批准了该土地租赁行为。

2005年12月，石聚彬将在该土地上种植的枣树用于对奥星实业的出资交付给奥星实业，但发行人未及时向林业主管部门办理本次用于增资的枣树（以下称增资

枣树)的所有权人变更登记手续,也未及时将土地的使用权人变更为奥星实业。

发行人自石聚彬以枣树增资后,即自2006年起每年向土地出租方,即小石庄村一、五、六共三个村民组农户支付租金,并享有该等土地上生长的增资枣树的收益,该等增资枣树附着地的使用权已实际由发行人行使。

奥星实业虽未能在增资时就增资枣树附着地的土地使用权与土地出租方签署协议,但增资枣树已于增资当时实际交付给发行人,增资枣树附着地的土地使用权亦已于增资当时实际转移给奥星实业并一直由奥星实业实际行使。

2. 发行人于2009年完善了增资枣树附着地的土地使用权相关手续

为将土地的使用权人变更为发行人并相应办理增资枣树的林权登记,2009年8月13日,奥星实业与新郑市孟庄镇小石庄村一、五、六村民组各承包经营户的授权代表石三国、石红亮和石武松三人签署《农村土地承包经营权出租合同》,约定由奥星实业承租该三个村民组农户承包经营的271.12亩土地用于冬枣科技示范园的生产经营,出租期限为18年,即自2009年1月1日起至2026年12月31日止,村民出租土地的租金标准为2009年人民币600元/人,并按照每人每年递增人民币100元的标准执行(上限为每人每年人民币1000元,约折合每年2200元/亩)。合同同时约定奥星实业不得改变该土地的农业用途,不得用于非农建设。

石三国、石红亮和石武松三人作为代表签署《农村土地承包经营权出租合同》已取得新郑市孟庄镇小石庄村一、五、六村民组全体承包经营户的书面授权,合同内容符合相关法律、行政法规规定,该合同已在新郑市孟庄镇人民政府备案,发行人租赁该等土地履行了法律、行政法规规定的程序,发行人未改变该等土地的农业用途,租赁关系合法有效。

发行人2009年11月4日获得由新郑市人民政府核发的增资枣树的《林权证》(新郑林证字〔2009〕第8402001900号),该证书载明相关林地使用权权利人为发行人。

发行人律师认为:发行人就增资枣树附着土地与出租方签署了协议并办理了登记,已完善了增资枣树附着地的土地使用权依法应予办理的手续,发行人依照合同约定行使相关使用权权能不存在纠纷或产生重大纠纷的潜在风险。

3. 参与发行人2005年增资的全部股东已作出了相关承诺

2010年10月29日,参与奥星实业2005年度增资的股东石聚彬、王新才、常国杰、孙明相、张五须、石聚庚、石清贵共同出具书面文件确认:石聚彬用于2005年增资的枣树自增资之日起已实际移交给发行人管理、使用,该等增资枣树附着地的土地使用权亦自增资之日起已实际移转给发行人行使;自2005年增资枣树附着地的土地使用权移转给发行人行使之日起至今,发行人与土地出租方及第三方不存在关于出租土地的法律纠纷或产生纠纷的潜在风险;对于因增资枣树附着地的土地使用权人未及时变更至发行人名下而可能引致的任何法律责任,石聚彬愿意全额无条件承担，参与奥星实业2005年度增资的其他股东愿意承担连带责任。

4. 发行人律师意见

增资枣树附着地的土地使用权在增资当时已实际转移至发行人，并一直由发行人行使，增资枣树附着地的土地使用权未及时完善相关手续的情形未影响石聚彬以增资枣树出资，不构成石聚彬出资不实；发行人已与土地出租方签订合同确认发行人的土地使用权并已办理完毕备案、登记手续，发行人对增资枣树附着地的土地使用权不存在权属纠纷或产生重大纠纷的潜在风险，因此，增资枣树附着地的土地使用权未及时完善相关手续的情形不构成本次发行的实质性障碍。

（二）关于2005年以枣树增资及评估事宜

国有资产管理局、林业部于1996年12月16日联合发布的《森林资源资产评估技术规范（试行）》第8条规定："森林资源资产占有单位发生森林资源资产产权变动或其他情形需要进行评估时，应按国家有关法规，向有关部门提交森林资源资产评估立项申请书并附有关资料。附件主要有：县级以上人民政府颁发的有效的产权证明（林权证等）。"第9条规定："评估委托应提交评估委托书、有效的森林资源资产清单和其他有关材料。三、其他有关资料……2. 森林资源资产林权证书。"《林木和林地权属登记管理办法》第6条规定："林权发生变更的，林权权利人应当到初始登记机关申请变更登记。"第8条规定："林权权利人申请办理变更登记或者注销登记时，应当提交下列文件：（一）林权登记申请表；（二）林权证；（三）林权依法变更或者灭失的有关证明文件。"

在2005年以增资枣树增资、评估时，石聚彬尚未就增资枣树所有权办理林权登记，未取得林权证书，与《森林资源资产评估技术规范（试行）》及《林木和林地权属登记管理办法》之规定存在不符之处，但增资枣树在增资当时已实际转移至发行人，且发行人现已完善增资枣树的林权登记手续，增资枣树在增资时尚未获得林权证的情形对本次发行上市不构成实质性障碍。

2009年8月13日，发行人与新郑市孟庄镇小石庄村一、五、六村民组各承包经营户的授权代表石三国、石红亮和石武松三人签署了《农村土地承包经营权出租合同》，并向新郑市林业主管部门申请，于2009年11月4日获得由新郑市人民政府核发的增资枣树的《林权证》（新郑林证字〔2009〕第8402001900号）。该证书载明林地所有权权利人为新郑市孟庄镇小石庄村一、五、六村民组，林地使用权权利人、林木所有权权利人和林木使用权权利人均为发行人，面积为271.12亩，主要树种为枣树，株数为30,800棵，林地使用期为25年，终止日期为2026年12月31日。

新郑市林业局受理发行人为增资枣树办理林权登记的申请后，根据《林木和林地权属登记管理办法》第10条的规定，在林木和林地所在地进行了公告，公告期内没有利害关系人对登记申请提出异议；另外，根据发行人的说明，自2005年增资以来，未有第三方就增资枣树的所有权向发行人提出主张，发行人未与第三方就增资枣树的所有权、增资枣树所附着的林地使用权发生争议。

2010 年 5 月 20 日，北京六合正旭资产评估有限责任公司出具了《资产评估报告书复核意见报告》（六合正旭评核字〔2010〕第 003 号），对河南立信会计师事务所有限公司出具的豫立信评字〔2005〕第 X－027 号评估报告进行了复核，认为豫立信评字〔2005〕第 X－027 号评估报告对石聚彬用于发行人 2005 年增资的实物所做评估所涉及的经济行为合法，评估机构与评估人员的资质合法有效，评估基准日的选择适当，评估所依据的法律法规和政策基本合理，评估方法的应用基本恰当，评估过程步骤基本符合规范的要求，评估报告的格式基本符合国家有关法规与规定的要求，对评估结果产生重大影响的事项已明示，评估结论基本合理。经核查，北京六合正旭资产评估有限责任公司具备从事证券期货业务评估资格。

2010 年 5 月 20 日，天健会计师出具了《验资鉴证报告》，对发行人包括 2005 年增资在内的历次增资的验资报告进行了复核，认为"发行人截至 2010 年 3 月 31 日止有关验资报告的审验结论在重大方面未见失实之处；截至 2010 年 3 月 31 日止发行人账面股本 5520 万元已到位"。

2010 年 6 月 15 日，参与发行人 2005 年增资的股东石聚彬、王新才、常国杰、孙明相、张五须、石聚庚、石清贵共同出具书面文件确认：石聚彬用于 2005 年增资的红枣自增资之日起已移交给发行人入库，用于 2005 年增资的枣树亦自增资之日起已实际移交给发行人管理、使用；各股东均认可石聚彬用于 2005 年增资的实物资产的真实性；各股东均认可石聚彬用于 2005 年增资的实物资产的评估价格和作价价格；如经相关政府认定，石聚彬用于 2005 年增资的实物资产的实际价额显著低于公司章程所定价额的，石聚彬愿意补足其差额，参与本次增资的其他股东愿意承担连带责任。

发行人律师认为：虽然增资枣树于增资、评估时尚未取得林权证书，与《森林资源资产评估技术规范（试行）》及《林木和林地权属登记管理办法》之规定存在不符之处，但增资枣树在增资当时已实际转移至发行人，并一直由发行人占有、管理、使用、收益，增资枣树未及时办理林权登记的情形不构成石聚彬出资不实；发行人已为增资枣树办理林权证，发行人对增资枣树的林权不存在权属纠纷或产生纠纷的潜在风险，因此，增资枣树于增资、评估时未取得林权证书的情形不构成本次发行的实质性障碍。

三、金安国纪：以土地出让金出资

根据发行人设立时上海安信会计师事务所有限公司出具的《验资报告》（安业字〔2001〕第 091 号）显示，股东之一东临实业以其于 2000 年 10 月 17 日向上海市松江区房屋土地管理局支付的土地出让金 7,179,998.08 元（折合 867,350 美元，即位于上海市宝胜路33号的土地出让金)作为其向发行人前身国纪电子缴付的第一期出资款。2002年4月17日,上海申信会计师事务所有限公司出具《验资报告》(申信外验〔2002〕024号),确认截至2002年3月25日止,国纪电子收到股东东临实业、国际层压板材、香港品科在国纪电子设立时认缴的第二期注册资本,其中股东东临实业以其于2000年10月26日向上海市松江区房屋土地管理局支付的土地出让金249,390.59元作为其认缴第二期注册资本的一部分。

经核查,上述《验资报告》所附《上海市土地使用权出让金收据》显示的出让金7,179,998元和249,390.59元的缴款单位为国际层压板材、香港品科和东临实业,而非东临实业一家。根据发行人确认:用作出资的土地出让金7,429,388.67元实际上均由东临实业一名股东缴纳的,因此验资时均验在东临投资名下,土地管理部门开具收据上列具三名股东系为对应土地出让合同的签署方。律师核验了历史上的支付凭证,其中7,029,529.48元系东临实业通过银行转账或支票方式支付,公司向我们提供了上海市松江工业区管理委员会签发的收据(收据上列明支付人为东临实业一家)和相关银行支付凭证,可证明由东临实业支付了7,029,529.48元。出让金中的150,468.6元,发行人说明由于东临实业使用现金支付,因此没有相应的银行凭证,但于2000年10月17日领取了合计金额为7,179,998元的《上海市土地使用权出让金收据》,该收据直接开成了三名股东的名称。对应补充出让合同约定的249,390.59元土地出让金(即第二期出资的部分金额),也系东临实业使用现金支付,因此无相应的银行凭证。

根据国纪电子设立时另外两名股东国际层压板材、香港品科分别出具的书面说明,确认上述土地出让金7,429,388.67元实际均由东临实业缴纳,国际层压板材、香港品科并未缴纳任何款项,对上述土地出让金及验资事项无任何异议,也不会因此与东临实业或发行人发生任何争议。此外,东临实业亦出具了书面承诺,如因上述土地出让金及验资事项引发任何纠纷或给发行人和国际层压板材造成任何损失,由东临实业承担。

根据发行人设立时有效的《中外合资经营企业法》及其实施条例规定,“合营者可以用货币出资,也可以用建筑物、厂房、机器设备或者其他物料、工业产权、专有技术、场地使用权等作价出资”。根据当时有效的《公司法(1999年修正)》规定,“股东可以用货币出资,也可以用实物、工业产权、非专利技术、土地使用权作价出资”。本所认为,当时有效的相关法律法规规定的出资方式中未明确包括“土地出让金”的形式,因此,东临实业以土地出让金出资在出资方式上存在瑕疵。

发行人律师认为:虽然东临实业以土地出让金出资在出资方式上存在瑕疵,但鉴于该等出资已经验资,且未造成东临实业对发行人的出资不实,因此,该等出资方式的瑕疵,不会构成发行人本次发行并上市的法律障碍。东临实业用作出资的土地出让金收据对应的缴款方名称虽包括东临实业、国际层压板材、香港品科三家，但鉴于国际层压板材、香港品科分别出具了书面说明，确认上述土地出让金实际均由东临实业缴纳，对上述土地出让金及验资事项无任何异议，且东临实业亦出具了书面承诺，承诺如因上述土地出让金及验资事项引发任何纠纷或给发行人和国际层压板材造成任何损失，由东临实业承担。因此，该等情形亦不会构成发行人本次发行并上市的法律障碍。

四、潜能恒信：专有技术出资评估增值较大

2003 年 11 月 10 日，周锦明、张海涛和郑启芬共同出资成立了北京潜能恒信地球物理技术有限公司，注册资本为 3000 万元，公司成立时的出资情况如下：

股东名称	出资金额(万元)	出资比例(%)	出资方式
周锦明	1000.00	80	实物
	1400.00		非专利技术
张海涛	300.00	10	非专利技术
郑启芬	300.00	10	非专利技术
合　计	3000.00	100	

(一)出资评估基本情况

1. 出资时的评估情况

潜能有限设立之时，北京科正资产评估有限责任公司对“三维 AVO 技术”在评估基准日 2003 年 9 月 25 日的价值进行了评估，评估方法为收益现值法，关键的假设包括收益期、总收益、分成率和折现率等。最终出具的科评报字〔2003〕064 号评估报告认为用于出资的“三维 AVO 技术”的评估值为人民币 20,007,000 元。

2. 2010 年评估验证复核情况

鉴于该项技术出资时评估价值较大，2009 年 10 月，公司委托北京中企华资产评估有限责任公司对该项技术在原评估报告基准日的价值进行复核。中企华资产评估有限责任公司出具了中企华评核字〔2010〕第 054 号价值验证复核报告书，该报告对原评估报告的评估方法和关键假设进行了逐项复核，以本公司成立以后的实际经营业绩为基础进行验证。该报告复核的结论为：该项技术在评估基准日的价值为 2245.67 万元，该测算值比科正评估报告评估值高 244.97 万元，差异率为 12.24%。

3. 保荐人核查意见

经核查，本公司保荐人认为：尽管发行人前身潜能有限成立时，其专有技术“三维 AVO 技术”经北京科正资产评估有限责任公司评估价值达到 2000.70 万元，绝对价值较高，但根据中企华资产评估有限责任公司出具的《价值验证复核报告书》

(中企华评核字〔2010〕第054号),该项技术在评估基准日的价值为2245.6万元,该值比原报告评估值高244.97万元,差异率为12.24%。因此,发行人前身潜能有限成立时不存在虚增专有技术价值的情况。

(二)"三维AVO技术"在公司经营中产生的作用

自潜能有限2003年设立至2006年年底期间,"三维AVO技术"系潜能有限开展正常经营所依托的核心技术,该技术依托通用的"单层AVO"的理论基础上发展成薄层AVO响应理论的GEOSTAR-AVO软件,能通过对叠前地震数据进行反演,检测出地下薄互层的油气响应,是当时先进的找油技术。例如,2005年,GEOSTAR-AVO(MAVORICK)三维AVO油气预测技术在大港油田滩海关家堡埕海探区得到应用,取得显著的勘探效果,发现并探明第三系上千万吨石油储量。为后来公司在大港油田开拓市场提供技术保障。该技术的主要依托是算法和软件及应用人员的经验。

2008年以来,本公司将"三维GEOSTAR-AVO软件"逐步改进和完善,并将其分离固化成"MAVORICK三维AVO油气预测技术"。目前,"MAVORICK三维AVO油气预测技术"仍为本公司三大核心技术之一,在本公司每个处理解释一体化项目中得到广泛应用。比如,2008年,GEOSTAR-AVO(MAVORICK)三维AVO油气预测技术大面积推广应用在大港油田整个歧口凹陷3000平方公里石油勘探中,在港西油田和港东油田之间,发现新油田并探明上第三系4000多万吨石油储量。

(三)"三维AVO技术"作价出资不构成出资不实的说明

北京市人民政府于2001年3月颁布实施的《北京市中关村科技园区企业登记注册管理办法》第13条规定:"以高新技术成果出资设立公司和股份合作企业的,对其高新技术成果出资所占注册资本(金)和股权的比例不作限制,由出资人在企业章程中约定。企业注册资本(金)中以高新技术成果出资的,对高新技术成果应当经法定评估机构评估。"

根据上述要求,潜能有限发起人聘请北京科正资产评估有限责任公司作为资产评估机构。2003年10月31日,北京科正资产评估有限责任公司出具《周锦明、张海涛、郑启芬以非专利技术"三维AVO技术"及电子设备投资设立公司资产评估报告》(科评报字〔2003〕064号),该评估报告将本公司"三维AVO技术"无形资产和电子设备分别评估为2000.70万元与1000.41万元。

2003年10月31日,北京全企会计师事务所分别出具《验资报告书》(京全企验字〔2003〕第Z-189号),对本公司此次出资进行了验资并出具验资结论,确认截至2003年10月31日潜能有限全体股东已出资到位。

2010 年 2 月 22 日,本公司聘请北京中企华资产评估有限责任公司对“三维 AVO 技术”进行验证复核,该公司以 2003 年 9 月 25 日为基准日对上述“三维 AVO 技术”的评估值进行验证复核,并出具了《“三维 AVO 技术”价值验证复核报告书》(中企华评核字〔2010〕第 054 号),该评估报告将上述“三维 AVO 技术”评估为 2245.67 万元。与北京科正资产评估有限责任公司《资产评估报告》(科评报字〔2003〕064 号)中该项资产评估值 2000.70 万元相比,高出 244.97 万元,差异率为 12.24%。北京中企华资产评估有限责任公司认为:由于该无形资产投入后即被持续使用,在企业发展过程中为企业创造价值的作用显著,使得“三维 AVO 技术”投入公司后的实际经营收益与科正评估报告预测收益相比有较大幅度的提高。

综上所述,本公司前身潜能有限设立时,根据北京市人民政府于 2001 年 3 月颁布实施的《北京市中关村科技园区企业登记注册管理办法》聘请了资产评估机构对出资无形资产进行了资产评估,并聘请北京中企华资产评估有限责任公司进行了验证复核,验证复核结果大于设立时的评估值。因此,本公司前身潜能有限以“三维 AVO 技术”经评估后的价值出资,不存在出资不实的情形。

(四)“三维 AVO 技术”的研发、取得过程

周锦明先生在专业知识及多年工作经验积累的基础上,于 2001 年开始研究“三维 AVO 技术”,直至 2003 年才形成可以应用的研究成果并作为潜能恒信有限公司的出资;“三维 AVO 技术”虽系其在北京恒信潜能地球物理技术有限公司(以下简称恒信潜能)工作期间研发,但其系利用个人的业余时间研发,并且其间所利用的机器设备系其个人出资购买、并未利用恒信潜能的物质条件;恒信潜能存续期间从事业务的方式主要为购买国外软件、使用常规处理方法,即通用技术开展技术服务;其认为该非专利技术不属于恒信潜能的职务成果。

周锦明先进行“三维 AVO 技术”具体研发过程如下表:(略)

2010 年 8 月 4 日,恒信潜能原股东张玫女士和王丽君女士均出具《承诺函》,承诺:本人作为北京恒信潜能地球物理技术有限公司原股东,认为用于北京潜能恒信地球物理技术有限公司出资的“三维 AVO 技术”并非周锦明先生在北京恒信潜能地球物理技术有限公司工作期间的职务成果,本人并不享有该非专利技术的相关权益,且未来也不提出或意图提出对该非专利技术权益的要求或主张。

2010 年 8 月 10 日,曾为恒信潜能职员的本公司员工郑伟建、林正燮、施善威、陈结华分别出具确认函确认:对 2003 年作为无形资产出资北京潜能恒信地球物理技术有限公司的“三维 AVO 技术”不享有、今后亦不主张任何权利。

根据恒信潜能的年检报告、《注销清算报告及确认报告》及周锦明先生的说明,恒信潜能不存在无形资产;潜能恒信有限公司于 2003 年 11 月成立之后,恒信潜能未提出任何异议。潜能恒信有限公司成立至今,亦没有任何单位或个人对该非专

利技术的权属提出过异议。

综上所述，北京恒信潜能地球物理技术有限公司设立时用于出资的“三维AVO技术”非专利技术不存在权属纠纷，不会影响本公司的正常经营。

本公司律师认为：(1)周锦明等三名股东用于出资的无形资产虽未经科技主管部门的高新技术成果认定，但该等出资已取得工商登记机关的核准，对潜能有限初始出资的有效性不构成实质性的影响；(2)“三维AVO技术”系地震数据处理与解释相关的技术，不能否认其与恒信潜能的业务及周锦明先生的工作职责之间的紧密关联性，目前没有充分证据证明其系周锦明先生的非职务成果；(3)根据恒信潜能提交的《注销清算报告及确认报告》，其债权债务已清理完毕后尚存在剩余财产，因此，即便该非专利技术为恒信潜能的职务成果，其最终也将随恒信潜能的清算和注销作为剩余财产由其股东按出资比例分配，而恒信潜能其他股东均已确认对该非专利技术作为周锦明先生的个人资产无异议；(4)潜能恒信有限公司成立至今无任何单位或个人对该非专利技术的权属提出过异议，涉及“三维AVO技术”权利归属的诉讼时效早已届满；(5)周锦明先生以该技术投资所获得的潜能恒信有限公司的股权权属不存在纠纷或潜在纠纷。

本公司保荐机构认为：周锦明等3人用于出资的“三维AVO技术”未进行高新技术成果评定和登记过程并未影响潜能有限注册登记；根据中国石油集团东方地球物理勘探公司研究院出具的证明及实际情况，“三维AVO技术”不属于周锦明先生在中石油物探局和新加坡东方石油公司的职务成果；目前，无充分证据证明“三维AVO技术”属于周锦明先生在恒信潜能工作期间的职务成果，同时尽管周锦明先生和恒信潜能其他股东均确认“三维AVO技术”非恒信潜能职务成果，但也无充分证据证明“三维AVO技术”属于恒信潜能的非职务成果，鉴于恒信潜能其他股东和曾为恒信潜能职员的本公司主要员工均已确认不享有、今后亦不主张“三维AVO技术”相关权利；同时，潜能有限成立至今无任何单位或个人对该非专利技术的权属提出过异议，涉及“三维AVO技术”权利归属的诉讼时效早已届满。因此，“三维AVO技术”产权归属不存在纠纷或潜在纠纷。

本公司申报会计师认为：周锦明等3人用于出资的非专利技术“三维AVO技术”尽管未进行高新技术成果评定和登记，但其对潜能有限初始出资的有效性不构成实质性的影响，该专利技术不属于周锦明先生在中石油物探局和新加坡东方石油公司的职务成果，潜能有限设立时的该非专利技术出资不存在纠纷或潜在纠纷。

（五）“三维AVO技术”属于周锦明等3人且该3人以此作为对发行人前身出资的合法性和合理性说明

“三维AVO技术”是周锦明先生在恒信潜能工作期间研发完成的，考虑到在研发“三维AVO技术”过程中，张海涛先生为其提供了资料的整理和录入，郑启芬先生协助其进行了资料的处理、编程等辅助性工作。据此,张海涛先生及郑启芬先生并非为三维 AVO 技术的实质性特点作出创造性贡献的人,因此不是该专有技术的共同发明人或设计人。

周锦明先生考虑到郑启芬先生及张海涛先生在其研发过程中提供的支持及亲属关系,其将“三维 AVO 技术”分割 30% 赠与郑启芬先生和张海涛先生,由郑启芬先生和张海涛先生分别将该专有技术评估值的 15% 作为出资共同成立潜能有限。2003 年 10 月 31 日,周锦明先生与张海涛先生、郑启芬先生共同签署《非专利技术分割协议》,将“三维 AVO 技术”进行权益分割并用于出资设立潜能有限,这实际是周锦明先生将其拥有的非专利技术的部分权益赠与张海涛先生和郑启芬先生。2010 年 8 月 4 日,周锦明先生和夫人张玫女士再次共同确认:明知并同意 2003 年 10 月 31 日签署的《非专利技术分割协议》,该协议事实上为周锦明先生将其合法拥有的“三维 AVO 技术”的一部分无偿赠与张海涛先生和郑启芬先生,该赠与是不可撤销的。

2003 年 11 月 15 日,周锦明先生、张海涛先生及郑启芬先生分别与潜能有限签署《财产转让协议书》,将“三维 AVO 技术”转移给潜能有限。同日,潜能有限出具了《财产转移证明》,证明上述非专利技术出资转移到潜能有限,并进行账务处理;潜能有限召开股东会,同意周锦明先生、张海涛先生及郑启芬先生的上述出资。

周锦明先生将其研发的“三维 AVO 技术”部分权益赠与给张海涛先生和郑启芬先生用于设立潜能有限,3 名自然人签署了《非专利技术分割协议》和《财产转移协议书》,召开了潜能有限股东会,制定的《公司章程》明确了各自出资比例,委托资产评估机构对相关非专利技术进行了资产评估,聘请的会计师事务所出了《验资报告》,并办理了工商登记手续。因此,“三维 AVO 技术”属于周锦明等 3 人且该 3 人以此作为对发行人前身出资是合法的、合理的。

(六)“三维 AVO 技术”不存在相关权属纠纷的说明

自潜能有限成立至今,本公司未出现“三维 AVO 技术”引致的争议或纠纷,也不存在相关潜在纠纷,也未有“三维 AVO 技术”作为无形资产出资而被工商行政管理部门调查或处罚的情形。同时根据郑启芬先生和张海涛先生的确认,其持有的本公司股份均为其自身真实持有,不存在代周锦明先生持有股份的情况。恒信潜能原股东张玫女士和王丽君女士也已于 2010 年 8 月 4 日出具《承诺函》,确认其同意周锦明先生于 2003 年 10 月 31 日与张海涛先生、郑启芬先生共同签署的《非专利技术分割协议》,并确认该协议事实上为周锦明先生将其合法拥有的“三维 AVO 技术”的一部分赠与张海涛先生及郑启芬先生。周锦明先生及张玫女士确认,该等赠与未附加任何条件。同时其承诺:本人作为北京恒信潜能地球物理技术有限公司原股东,认为用于北京潜能恒信地球物理技术有限公司出资的“三维

AVO技术”并非周锦明先生在北京恒信潜能地球物理技术有限公司工作期间的职务成果，本人并不享有该非专利技术的相关权益，且未来也不提出或意图提出对该非专利技术权益的要求或主张。

综上所述，周锦明先生等三人以“三维AVO技术”作为潜能恒信有限公司的出资合理、合法，不存在权属纠纷。

五、凯美特：未分配利润冲抵增资

（一）增资基本情况

1997年8月16日，凯美特有限召开董事会，同意凯美特有限注册资本由300万元增至463.25万元。公司增资后原股东出资比例不变，洞氮厂以24实物出资，以资产评估价值确定出资额，香港信德以现金出资。香港信德投入资金可从上年未分配全部利润中香港信德所占权益部分冲抵，不足部分以现金一次性补足。

1997年9月29日，岳阳资产评估事务所出具《资产评估报告》（岳资评字〔1997〕第059号），对洞氮厂拟增资的房屋建筑物与机器设备等实物进行评估，被估资产评估值合计为998,727元。

1997年10月22日，岳阳市外经贸委出具《关于同意增加投资总额和注册资本的批复》岳市外经贸企字〔97〕024号，同意将凯美特有限的投资总额和注册资本增加至436.25万元。

1997年10月24日，湖南省人民政府向凯美特有限出具了外经贸湘审字〔1997〕1927号《中华人民共和国台港澳侨投资企业批准证书》。

1997年10月27日，凯美特有限就本次增资事宜办理了工商变更手续。

1998年3月18日，岳阳金信会计师事务所以《验资报告》（岳金会验字〔1998〕006号）验证，截至1998年3月18日止，凯美特有限已收到洞氮厂投入机器设备、厂房，被估资产评估值为998,727元，占应增资本的100%，与上述投入资本相关的实物资产均已如数入账。

1998年4月20日，岳阳金信会计师事务所以《验资报告》（岳金会验字〔1998〕010号）验证，截至1998年4月17日，香港信德已向凯美特有限账户汇入港币24.8万元，按当日汇率折合成人民币265,484元，占应增资本的72.98%，与上述投入资本相关的货币资产已如数收账。

1998年5月13日，岳阳金信会计师事务所以《验资报告》（岳金会验字〔1998〕011号）验证，香港信德以在凯美特有限未分配利润中应占部分的98,316元转增资本投入，占应增资本的27.02%，已办理转账手续，截至1998年5月13日，凯美特有限本次应增资本已全部到位。

(二)本次增资,香港信德以上年未分配利润中所占权益冲抵的情况,相关权益是否已扣除税收因素

1991 年 4 月 9 日颁布并于 1991 年 7 月 1 日实施的《外商投资企业和外国企业所得税法》第 2 条规定,外商投资企业,是指在中国境内设立的中外合资经营企业、中外合作经营企业和外资企业。外国企业,是指在中国境内设立机构、场所,从事生产、经营和虽未设立机构、场所,而有来源于中国境内所得的外国公司、企业和其他经济组织。第 19 条的规定,“外国企业在中国境内未设立机构、场所,而有取得的来源于中国境内的利润、利息、租金、特许权使用费和其他所得,或者虽设立机构、场所,但上述所得与其机构、场所没有实际联系的,都应当缴纳 20% 的所得税。对下列所得,免征、减征所得税:(一)外国投资者从外商投资企业取得的利润,免征所得税”。

经核查,凯美特有限在 1997 年增资过程中为外商投资企业,香港信德是一家在香港成立的公司。在本次增资之前,香港信德持有外商投资企业凯美特有限 26% 的股权。

据此,本所律师认为,香港信德从凯美特有限中上年未分配利润中所取得的权益享受免征所得税的优惠,本次增资,以上年未分配利润中所占权益冲抵,无须扣除税收因素。

六、中元华电:人力资源出资

(一)基本情况

公司的前身是 2001 年成立的中元华电有限。2001 年 11 月,经全体股东一致同意,邓志刚、陈西平、尹力光、王永业、张小波、刘屹、尹健、卢春明、姚勇和钟民共同出资 150 万元设立中元华电有限。其中,股东以货币资金出资 105 万元,占注册资本的 70%,以人力资源出资 45 万元,占注册资本的 30%。

2007 年 12 月,中元华电有限成立时以人力资源出资的股东用等额货币资金 45 万元规范其前期非货币人力资源出资;同时,股东以盈余公积转增和现金出资方式向公司增资,注册资本增至 1000 万元。

(二)出资行为的规范

2001 年 2 月 19 日,武汉市人民政府东湖高新技术开发区管理委员会下发《武汉东湖开发区管理委员会关于支持武汉光电子信息产业基地(武汉·中国光谷)建设若干政策实施细则的通知》(以下简称《实施细则》),《实施细则》第 7 条规定:“股东以人力资源入股的,经全体股东约定,可以占注册资本的 35%(含

35%)以内。"

2001年11月,依据上述规定,经全体股东同意,邓志刚、王永业、张小波、刘屹、尹健、卢春明、姚勇、钟民以人力资源45万元,作为对中元华电有限的设立出资,占注册资本的30%,并向武汉工商局提交《公司设立登记申请书》。2001年11月,武汉工商局对设立申请予以核准,颁发了注册号为4201002173122的《企业法人营业执照》。

2007年12月,经中元华电有限2007年第三次临时股东会审议,全体股东一致同意邓志刚等8位股东以等额货币资金出资规范人力资源出资45万元。该次规范实施后,公司注册资本全部为货币出资。该次以货币资金规范其前期非货币出资合计45万元,经湖北安华出具的《验资报告》(鄂安华内验字〔2007〕2017号)确认。

发行人律师对此发表法律意见如下:发行人的该次人力资源出资规范行为,履行了适当的法律程序,价格合理,全体股东一致同意,并不侵害债权人或其他股东的利益,也不存在纠纷或潜在纠纷,不会对本次发行上市申请构成实质性影响。

七、奥克化学:商标出资

2000年1月1日,本公司的前身辽阳奥克化学有限公司设立,注册资本人民币100万元,其中李玉洁等28个自然人以货币资金95万元出资,辽阳奥克化学品公司以"奥克"商标作价5万元出资。辽阳会计师事务所为公司设立出具《验资报告》(辽市会师验字〔1999〕第494号)。本公司在辽阳市工商行政管理局宏伟分局领取注册号为2110002100856的企业法人营业执照。

2002年1月,辽阳奥克化学品公司将其出资5万元转让给朱建民等22名股东,本公司以经辽阳智达资产评估事务所评估的"奥克"商标增值部分作价271.46万元增加注册资本。辽阳智达资产评估事务所为此出具《资产评估报告书》(辽智资评字〔2002〕第002号),该商标评估后的价值为276.46万元,评估增值271.46万元。

【案例评析】

1. 对于股东可以用哪些资产出资设立公司的问题,《公司法》明确规定股东可以用货币、实物、知识产权、土地使用权等财产出资,另外《公司注册资本登记管理条例》还规定股东不得用劳务、信用、自然人姓名、商誉、特许经营权或设定担保的财产等出资。之所以法律上如此规定,一来明确了常见资产是否可以出资的问题,二来也保留了足够的民商法意思自治的空间,从立法本意我们基本可以判断,只要是可以估价、依法转让且不违反禁止性规定的资产都可以用来出资。

2. 从审核实践来看,股东出资的资产大部分还是货币资金,一来因为货币资金是应用最广泛也是最重要的资产，二来货币资金最容易衡量用以出资也最不容易出问题。此外，机器设备和专利技术也是股东出资财产的重要组成部分；除此之外，比如房屋所有权、土地使用权、非专利技术等也会用作出资财产，但是并不是非常常见。

3. 上述提到的出资财产不论是常见还是不常见都是符合相关规定的，当然实践中也会存在出资财产不符合规定的情形，这种情况一般会被认定为出资不实从而被规范。小兵在本节内容为诸位整理总结了一些比较特殊的出资方式，这些方式有些合规有些不合规，合规的我们关注它特殊在哪里，不合规的我们关注该怎样规范和处理。

4. 由于每个案例都有其一定的特殊性，小兵将对每个案例做简要分析，并一起对涉及的相关问题做一些说明，供大家参考：

（1）爱尔眼科：公司设立时股东全部是实物资产出资，这种方式与不论现行的《公司法》还是修订之前的《公司法》都是违背的。中介机构对该问题作了解释，认为股东出资时全部是实物出资与主管部门当时的审批政策有关是被动的处理，另外这种方式尽管与现行规则违背但是与1994年的《公司法》并不违背，这个问题也就没有了障碍。再探讨一下，如果公司设立时股东违反《公司法》以全部实物出资该怎么看待和处理呢？小兵的基本观点是：《公司法》规定了公司设立时必须配套部分货币资金主要是为了保证公司起步运营的现金需求，如果公司设立时股东全部实物出资有着合理的理由（比如股东拿现金买了资产再出资，比如公司股东借钱给公司做营运资金）且保证了公司的稳定顺利发展（公司现在发展壮大已经能够上市了），那么这个瑕疵也不应该成为首发上市的实质性障碍。当然，这种出资方式不管怎么样都是违反《公司法》的，那么中介机构还是要对这个问题发表明确意见，基本思路可以考虑查询当时当地工商部门是否有类似的指导政策作为一个依据，并且建议由工商主管部门（级别越高越好）出具证明，承诺不会对当时股东的出资行为进行追究。

（2）好想你：这家公司的主营业务比较特殊，股东的出资方式也很特殊，存在股东以枣树出资的情形，并且是股东只以枣树出资并不拿土地使用权出资，这必然关注到增资时土地使用权的转移情况，中介机构承认当时是枣树归发行人然后土地租金还由股东支付是存在瑕疵的，为了规范这种情况，后来是发行人租赁了土地并最后办理了林权证以解决该问题。此外，关于林权的评估问题也有着特殊的规定，提请诸位稍微关注一下。

（3）金安国纪：这个案例不在于土地出让金出资的特殊，而是在于处理思路的特殊。现有资料并没有将土地出让金的来龙去脉介绍清楚，推测应该是股东替发行人支付土地出让金然后股东用以对发行人出资，如果真是这样，那么问题在于：①这种出资方式不是土地出让金而是债权出资；②最后土地使用权是不是属于发行人；③土地出让合同为什么由股东签署而不是由发行人签署。

(4)潜能恒信：这个问题一个是非专利技术出资比较特殊，另外问题重点在于评估增值较大的解释。该公司其实历史沿革是难得的简洁，就是因为公司设立时出资的瑕疵让中介机构费了很多笔墨来解释。该公司的出资设立的确是很特殊，无形资产出资比例占到67%，而实物资产出资占到33%，也就是说公司设立时没有货币资金出资，这显然与当时公司的规定是违背的。当然，中介机构也很无奈，如果承认该问题那会是性质发生变化，于是就一直咬住不放解释无形资产出资比例占比较大和实物资产出资不会造成出资不实的问题。潜能恒信的设立出资是否违反《公司法》中介机构也在解释中提到一句，小兵认为并没有解释清楚。老《公司法》的规定是货币资金只能是占比20%，当然老《公司法》有一个问题，那就是表述上，老《公司法》第24条，以工业产权、非专利技术作价出资的金额不得超过有限责任公司注册资本的20%，国家对采用高新技术成果有特别规定的除外。这就让保荐机构想当然地认为这里的"工业产权、非专利技术"不包括实物资产，这有点掩耳盗铃的意味。

(5)凯美特：以未分配利润（或者分红）转增股本或者冲抵出资义务应该不存在实质障碍，该案例在审核过程中也只是关注到个人所得税问题而没有对本身这种形式做过多关注。

(6)中元华电：以人力资源出资的确是很新鲜，据说还有以客户关系作为出资的，显然出资方式远比我们想象得丰富多彩。不管是老《公司法》还是新《公司法》对于人力资源的出资都是禁止的，公司注册资本管理条例更是做了明文规定，换句话说，中元华电的当初出资行为肯定是违规的。虽然东湖高新区的一个文件不具有法律效力，但是很多情况下都可以作为拟上市企业为违规行为辩解的护身符。不过这也是可以理解的，企业对政策不懂而政府又如此引导，最后就会有很多不规范的地方，正是因为如此，审核机构对该类问题也一直比较宽容。从问题解决层面来考虑，小兵觉得保荐机构处理得并非严谨，至少还应该包括由当地工商部门就该次出资情况出具不再问责的证明文件、由当时的出资股东出具担责的承诺书，如果可能还应该由高新区就当时出台的政策作出解释等核查手段。

(7)奥克哈学：这个案例与中元华电的案例都在手续过程中对出资问题进行了规范，前者因为出资方式本身就不合法所以规范，而后者主要是因为股东拿公司商标评估增资而违规并不是因为商标出资不合规。商标是财产应该是确定的，那么商标能够用以出资吗？个人认为应该也没有问题。实践中几乎没有这样操作的，主要是因为商标的价值难以衡量。商标的账面价值就是公司为了设计商标的支出，一般企业都不会单列也就不会有这个价值，就算是有也没有几个钱；如果评估商标的价值那往往又是无价之宝（尤其是在一些对商标粘性比较高的行业），动不动就是几个亿上百亿，这样的评估价值拿来增资显然也是不合适的。这也是为什么在商标转让时一般是无偿转让的原因，主要就是因为定价不好确定。

5. 对于出资问题，小兵最后说明一点：出资方式可能会多种多样，出资不规范的问题也会层出不穷，我们在思考和处理这个问题时一定要坚守最基本的原则，那就是保证出资的真实性和充实性，我们做无穷无尽的核查工作也主要是为了这样的一个核查结论。

【参考规则】

1.《公司法》第27条："股东可以用货币出资，也可以用实物、知识产权、土地使用权等可以用货币估价并可以依法转让的非货币财产作价出资；但是，法律、行政法规规定不得作为出资的财产除外。对作为出资的非货币财产应当评估作价，核实财产，不得高估或者低估作价。法律、行政法规对评估作价有规定的，从其规定。全体股东的货币出资金额不得低于有限责任公司注册资本的30%。"

2.《公司注册资本登记管理条例》第8条："股东或者发起人可以用货币出资，也可以用实物、知识产权、土地使用权等可以用货币估价并可以依法转让的非货币财产作价出资。股东或者发起人以货币、实物、知识产权、土地使用权以外的其他财产出资的，应当符合国家工商行政管理总局会同国务院有关部门制定的有关规定。股东或者发起人不得以劳务、信用、自然人姓名、商誉、特许经营权或者设定担保的财产等作价出资。"

第二章　股权问题

□企业上市审核过程中一直强调并且关注股权清晰且稳定，本章内容将为诸位补充介绍两种影响股权稳定性的因素，分别是离婚和继承。

□因股权清晰而外延涉及的企业改制及产权界定由于内容较多，本次将单列一节单独总结分析。

□本章内容除了关注股权稳定性之外，还将关注国有企业股权管理的相关问题，主要包括国企员工持股问题、国有股权监管以及国有股权转持等问题。

■第一节　股东因继承而发生变动

【重要提示】

★ 发行人股权因继承而发生变动的情形的确不常见我们也不愿意遇见，不过要是真碰到这样的项目多了解一些思路或许会帮助我们更好地分析和解决问题。

★ 总结起来，该问题基本的处理原则是：单一实际控制人因继承而股权变动，则被认定为实际控制人发生变更需要重新运行完整申报期间；共同实际控制人因继承而股权变动，需要具体问题具体分析；小股东因继承而股权发生变化，一般不会成为审核障碍。

★ 企业在审核过程中如果因继承而发生了股权变动，一般不需要重新报送申报材料，可作为一般原则的例外情况。

【案例情况】

一、宁波建工：股份继承未导致实际控制人变化

（一）股权变动

本公司股东王宇凌先生因病于2010年4月23日去世，根据王宇凌生前与其配偶郑冬玲、儿子王一丁签署的《关于财产继承人的协议》，其所持本公司6.9288%股份所有权由其儿子王一丁继承。本次股东变更事宜已经本公司2010年第二次临时股东大会通过并相应修改了公司章程，2010年7月完成工商变更备案手续。

另外，2010年4月，王宇凌因病去世，其所持广天日月22.0873%股份所有权由其儿子王一丁继承。

（二）实际控制人未发生变化

本公司实际控制人为徐文卫、乌家瑜、潘信强、陈建国、陈贤华、翁海勇、鲍林春7名自然人，截至本招股书签署日，7名自然人合计共同控制广天日月50.4376%的股份表决权，同时直接共同控制发行人合计14.246%的股份表决权。

2010年3月6日，徐文卫、王宇凌、潘信强、陈建国、陈贤华、翁海勇、鲍林春、乌家瑜等8名自然人作为发行人事实上之一致行动人，为进一步巩固其8人对广天日月及发行人的共同控制行为签署了一致行动《协议书》，协议主要内容如下：(1)协议各方（指徐文卫、王宇凌等8名自然人）确认：其以往在广天日月、宁波建工重大事项的决策时之意见保持一致，具有事实上的一致行动关系。(2)协议各方同意：在其作为广天日月、宁波建工之股东及/或董事（高级管理人员）期间，对广天日月、宁波建工作出重大决策事项行使表决权时（包括但不限于广天日月股东大会和董事会、宁波建工股东大会和董事会及其他行使表决权的形式），将采取事先协商的方式先行统一表决意见，再根据协商确认的表决意见行使表决权。(3)协议各方同意：协议各方以事先协商的方式先行统一表决意见时，按一人一票计算（如存在委托投票的，则受托人的范围不能超过本协议各方，并且投票权分别计算），按少数服从多数的原则确定表决意见；如果投票数相等不能形成统一意见时，按照投票数所代表的股权大小计算，按少数股权数服从多数股权数的原则确定表决意见。(4)协议各方承诺：自本协议签署之日起，协议各方中如发生宣告失踪、死亡、丧失民事行为能力等客观上不能行使表决权之情形，则自上述事实发生之日起，不能行使表决权人之股份表决权自动委托由本协议各方过半数推选的代表（代表应为本协议一方）行使。受托人应在维护委托人合法权益的前提下，按照有利于保持广天

日月、宁波建工生产经营的稳定性和公司治理结构的有效性的原则行使表决权。(5)协议各方承诺：自本协议签署之日起，不转让或委托他人管理其持有的广天日月的股权。自宁波建工之股票在证券交易所上市交易之日起36个月内，不转让或委托他人管理持有的广天日月的股权。

2010年4月23日，原实际控制人之一王宇凌先生因病过世，其原持有发行人及广天日月股份的所有权由其子王一丁继承。

2010年5月26日，徐文卫等7人签署了原一致行动协议的《补充协议书》；王一丁认可原协议书及《补充协议书》。根据该《补充协议书》，王一丁所持股份之表决权自动委托徐文卫等7人过半数推选的代表（代表应为协议一方）行使；协议各方过半数推选的代表行使原王宇凌先生所持有股份的表决权时，在维护委托人合法权益的前提下，在广天日月、发行人股东大会上，其表决意见应当与原协议书第3条所形成的表决意见保持一致。

经核查，发行人实际控制人所签订的上述《协议书》及《补充协议书》，系发行人实际控制人成员内部之间旨在巩固对发行人的共同控制，而就广天日月及发行人重大事项进行的一致行动安排。协议主要就实际控制人成员内部之间对广天日月及发行人重大事项的事前协商机制，以及实际控制人成员内部在广天日月及发行人董事会或股东大会上的表决作出约定，该等约定并不妨碍发行人董事会、监事会、股东大会按照法律、行政法规、规范性文件及《公司章程》等的规定进行规范运作，也不影响董事、监事和高级管理人员依照职权分工正常履行职责，不会对发行人法人治理结构的有效性产生不利影响。

保荐机构认为，发行人的持续经营对王宇凌个人没有依赖，王宇凌去世未对公司的生产经营产生重大影响，目前公司运营正常，经营业绩保持持续稳定增长态势。具体体现在：

1. 从行业特点和公司竞争力来看，良好的业绩口碑和品牌声誉是公司业务稳定发展的持续动力和不竭源泉，拥有高等级资质和优秀管理团队是公司在业务承接中获得优势的关键性因素，完整的产业链和卓越的一体化综合服务能力是公司市场认可度持续增强的坚实后盾，公司的核心竞争力未因王宇凌去世而受到较大影响。

(1)公司品牌卓著，业务传承和品牌积淀所形成的良好业绩基础和品牌声誉是公司业务发展的不竭动力和主要源泉，公司发展不存在对某个人过于依赖的情形。

(2)公司资质等级高、体系完整，项目管理团队实力雄厚，这是公司在业务承接中获得优势的关键性因素。发行人的经营团队稳定，项目经理团队优秀，王宇凌在发行人及子公司未担任除董事（长）以外的其他任何经营性管理职务，王宇凌去世对发行人特级资质企业标准所要求的重要职位没有影响，对公司的市场准入资质和经营层稳定性没有较大影响。

(3)发行人的核心竞争力之一体现为其建筑产业链非常完整,具有很强的一体化综合服务能力,王宇凌生前未在发行人及子公司担任任何经营性管理职务,王宇凌去世前后,发行人之控股子公司的经营负责人未发生变化。除了5家分公司新设和1家分公司注销之外,发行人之分公司的经营负责人也未发生变化。王宇凌去世没有对发行人的组织架构和经营模式产生较大影响,公司产业链完整的核心竞争优势没有发生变化。

2. 从任职的分工和变动来看,王宇凌生前任职重点不在发行人,其去世对发行人建筑施工主业没有较大影响,发行人管理团队稳定,现任董事长及补选董事具备良好的履职能力。

(1)自2004年发行人设立以来的6年间,王宇凌在发行人担任董事(长)的时间只有1年零4个月,且除担任建乐装潢董事长外,王宇凌未在发行人及其分公司和子公司中担任其他任何具体职务,亦从未担任过发行人的法定代表人。保荐机构认为,王宇凌生前任职和分工重点不在发行人,其在发行人任职时间短,且未担任任何具体经营管理职务,王宇凌去世对发行人之建筑施工业务没有较大影响。

(2)发行人之经营管理团队非常稳定,现任董事(独董除外)、监事(职工监事除外)和高级管理人员在建筑施工行业平均从业经验超过20年(其中6人超过30年),同时在公司或广天日月(含其前身)平均任职时间亦超过20年;除董事会秘书、财务总监、总经济师外,其他所有董事和高级管理人员都系一级建造师(一级项目经理),所以发行人非家族企业,现任董事(独董除外)、监事(职工监事除外)和高级管理人员皆系高级职业经理人,公司稳定经营不存在对某个人的重大依赖,王宇凌去世不会对发行人管理层的稳定性产生重大影响。

(3)现任董事长徐文卫及补选董事陈宝康都具备丰富的建筑企业管理经验和良好的履职能力。其中陈宝康自1976年即已开始在广天日月(含其前身)或发行人任职,最近3年一直担任发行人副总经理职务,具备丰富的建筑企业管理经验和良好的履职能力。而徐文卫长期担任发行人之董事、总经理职务和法定代表人,长期参与发行人的重大决策、主持发行人的日常经营管理,在公司内拥有极高威望,在行业内拥有较高地位,其担任董事长可以很好地团结其他实际控制人和经营管理层,并带领企业持续稳定发展。

3. 从业务承揽情况来看,王宇凌生前任职重点不在发行人,无论是从业务承揽过程还是业务承揽结果判断,无论是从主要客户还是大额项目承揽情况分析,王宇凌去世对发行人建筑施工业务没有较大影响,发行人之业务承揽对王宇凌没有依赖。

(1)从业务承揽过程看,公司招投标模式稳定成熟,各司其职,个别人员变动不会对公司业务承接情况造成较大影响。经核查,王宇凌生前的任职重点在广天日月,其在发行人及子公司未担任除董事(长)以外的其他经营性管理职务,已长期不参与发行人施工业务的具体承揽和管理工作，发行人业务承接不存在依赖个别人的情况，王宇凌去世不会对发行人的招投标模式及业务承接情况产生较大影响。

(2)从主要客户构成和大额项目承揽情况来看，公司客户构成地域分散、类别多元，项目承揽人亦高度分散、多元分布，不存在对个别或少量客户重大依赖的情形，也不存在依赖个别或少量承揽人员的情形。经核查，2007 年 1 月 1 日至 2010 年 11 月 25 日，发行人新签或新中标之金额超过 15,000 万元的 54 个建设工程施工项目，所对应的业主(发包方)为 48 个，分布在宁波、江西、东北、安徽、江苏、北京、河南等各地，呈现客户分散和地域多元化状态。

(3)从业务承接结果来看，王宇凌去世未直接影响公司业务承接量，业务承接量快速增长为公司业绩稳定增长提供了保障。经核查，发行人近年来业务承接量持续快速增长，尤其是 2010 年 1 ~ 11 月新签合同金额已接近 2009 年全年水平，已中标待签约合同金额有 16 多亿元，2010 年全年新签合同金额超过 90 亿元，比去年增长约 20%。保荐机构认为，鉴于建筑施工行业特点，当年承接业务量(新签施工合同)一般要在未来的 2 ~ 3 年内逐步形成收入，所以发行人的业务承接量的持续稳定增长，基本可以保障公司未来几年经营业绩的持续稳定增长。

总之，发行人拥有房屋建筑工程施工总承包特级资质等一系列高等级的综合资质，也是国内最早具备建筑施工、建筑安装、装饰装潢、构件生产等综合服务能力的施工企业之一，在浙江省乃至全国拥有良好的业务口碑和品牌声誉。其控股子公司建乐装潢、广天构件、明州设计等也都是业界拥有高等级资质和高品牌美誉度的优秀企业。作为一家创业历史悠久、内部治理完善、资质优秀的大型综合建筑施工企业，发行人的成长主要依托其良好的品牌信誉、资金和技术实力以及过硬的施工队伍和产品质量，王宇凌的去世不会对发行人的正常经营产生重大影响。

二、盛通股份：股份继承导致实际控制人变更

(一)股份继承情况

2007 年 10 月 19 日，公司原董事长贾冬临先生不幸逝世。根据《中华人民共和国继承法》相关规定，贾冬临先生生前持有的公司 3000 万股(普通股)属于与其妻栗延秋女士婚姻存续期间的夫妻共有财产，上述夫妻共有财产的一半，即 1500 万股归栗延秋女士所有，另外一半，即 1500 万股作为贾冬临的遗产由其合法继承人继承。由于贾冬临先生生前未立下任何形式遗嘱，根据《中华人民共和国继承法》的有关规定及第一顺序继承人之间的《关于继承贾冬临持有北京盛通印刷股份有限公司股份份额的约定》：贾冬临先生的父亲贾则平、母亲王瑞金自愿放弃上述遗产的继承权，由其妻栗延秋、其女贾子裕、其子贾子成共同继承上述遗产，其中栗延秋女士继承 750 万股，贾子裕继承 375 万股，贾子成继承 375 万股。此外，由于贾

子裕、贾子成为未成年人，栗延秋女士作为贾子裕、贾子成的母亲，担任贾子裕、贾子成的监护人直至其年满十八周岁止，其间贾子裕、贾子成的股东权利由栗延秋女士代为行使。上述股份的继承已经过北京市大兴区公证处的公证和公司股东大会决议的通过，并于 2007 年 11 月 23 日在北京市工商行政管理局办理了变更手续，公司领取了新的营业执照。

上述股东中贾冬临、栗延秋、贾春琳、贾则平、董颖、贾子裕、贾子成均为贾氏家族成员，其中贾冬临与栗延秋二人为夫妻关系、贾春琳与董颖二人为夫妻关系、贾则平与贾冬临、贾春琳二人为父子关系、贾子裕、贾子成为贾冬临与栗延秋二人的婚生子女。栗延秋、贾春琳、董颖为公司董事，贾则平为公司监事，栗延秋、贾春琳在公司担任主要管理职务，贾氏家族构成了对公司的实质控制。

尽管贾冬临先生去世后其与其妻栗延秋的婚姻关系自动解除，但贾冬临先生与栗延秋女士的婚生子女贾子裕、贾子成仍然为贾氏家族的成员，栗延秋女士作为贾子裕、贾子成的合法监护人，也担负维护被监护人利益的责任，现栗延秋女士仍居住在原址，继续与其子女、贾冬临的父母、弟弟和弟媳及其子女共同生活，依照公序良俗原则和《中华人民共和国婚姻法》的立法原意，栗延秋女士丧偶而未再婚且继续承担原家庭的责任，仍应被认定为贾氏家族成员。

（二）贾冬临逝世对公司影响情况的说明：未改变贾氏家族对公司的实际控制地位

（1）公司历次董事提名情况

根据公司及盛通彩印的工商登记资料及盛通彩印的章程，从盛通彩印设立之日起至盛通彩印整体变更为股份公司期间，贾冬临一直担任盛通彩印的执行董事；股份公司设立起历次董事提名情况如下：

①2007 年 4 月 21 日由贾冬临向股份公司股东大会（筹）提名贾冬临、贾春琳、董颖担任公司董事，经 2007 年 4 月 21 日股东大会（筹）通过，贾冬临、贾春琳、董颖成为公司的董事；2007 年 4 月 20 日由盛通彩印职工代表大会提议，韩顿智、栗延秋担任公司的职工董事；

②经栗延秋提名，2007 年 7 月 8 日发行人第一届董事会第三次会议通过唐正军担任发行人董事，经贾冬临、贾春琳一致提名，本次会议还通过李琛、王德茂、汤其美担任发行人独立董事的决议；

③2007 年 8 月 2 日，发行人第一届董事会第四次会议通过设立提名委员会等专门委员会的决议；

④经提名委员会成员贾春琳、王德茂、李琛的提名，提名委员会于 2007 年 10 月 28 日召开第一次会议，通过了提名杨成担任公司董事的决议。

(2)报告期内公司董事会、股东会会议等重大决策机制的制定情况

①贾冬临一直担任公司前身盛通彩印的执行董事,盛通彩印没有设立董事会;

②盛通彩印的重大事项经股东充分协商后,召开股东会并作出决议,贾则平、贾冬临、贾春琳均在股东会会议的决议上签字;

③盛通彩印整体变更为股份公司后,发行人制定了完备的《董事会议事规则》、《独立董事工作细则》、《专门委员会工作细则》、《股东大会议事规则》、《关联交易管理办法》、《总经理工作细则》等重大决策机制。

(3)公司实际控制人为贾氏家族而非贾冬临的原因

①2000 年 11 月 30 日,贾氏家族出资创办了发行人前身盛通彩印,盛通彩印的注册资本为 210 万元人民币,其中,贾则平出资 70 万元,贾冬临出资 70 万元,贾春琳出资 70 万元。根据盛通彩印的《章程》第 17 条"股东会会议应对所议事项作出决议,决议应由全体股东表决通过"及第 14 条"股东会会议由股东按照出资比例行使表决权",盛通彩印的股权结构导致贾冬临无法单独对公司的重大事项作出决策,必须取得其他贾氏家族成员股东的一致意见方可。

②为调整公司的负债结构,贾氏家族鼓励家族中有能力的成员增资,2007 年 5 月 28 日贾氏家族一致同意贾冬临、栗延秋、董颖分别向发行人增资 1800 万元人民币、300 万元人民币、300 万元人民币。导致贾冬临暂时性持股数量超过其他股东。增资完成后,贾冬临持有公司 50% 的股份,其余 50% 股份由贾氏家族其他成员持有。

股份公司设立后,公司董事会成员 9 人,其中贾氏家族成员 4 人,分别为贾冬临、贾春琳、栗延秋、董颖,上述自然人均具有完全民事行为能力。根据公司《董事会议事规则》,董事会作出决议,应当由全体董事的过半数表决同意方可通过,贾冬临无法单独形成董事会决议。根据公司《股东大会议事规则》,股东大会会议作出普通决议,应当由出席股东大会会议的股东(包括股东代理人)所持表决权 1/2 以上通过;股东大会作出特别决议,应当由出席股东大会会议的股东(包括股东代理人)所持表决权 2/3 以上通过。贾冬临持有公司 50% 的股权,无法单独对公司的重大事项作出决策,必须取得其他贾氏家族成员的一致意见方可。

2007 年 8 月 17 日,海恒投资增资完成后,贾冬临个人持有公司股份的比例由 50% 下降至 45.5%,此时,贾冬临更无法单独对公司的重大事项作出决策。贾冬临先生去世前后,贾氏家族由于对公司经营存在高度共识,所有家族成员董事都在董事会决议上签署了相同意见,所有股东亦在股东会及股东大会上进行了相同意思表决。

③公司董事均享有法律规定的提名权,股份公司设立后,董事唐正军由栗延秋提名,三名独立董事由贾冬临与贾春琳共同提名,2007 年 8 月 2 日,公司第一届第三次董事会通过公司提名委员会成员名单,贾春琳、王德茂、李琛为提名委员会成

员，王德茂为召集人，提名委员会设立后，按照相关程序提名杨成为公司董事。

④自公司前身盛通彩印设立之日起，贾春琳、栗延秋即在公司担任主要管理职务，贾则平因为已过退休年龄，未在公司担任具体管理职务，但由于其具有丰富的行业经验，在公司担任顾问角色，贾氏家族成员共同管理公司。

本公司的保荐人及律师认为，在没有取得贾氏家族其他成员一致意见的情况下，贾冬临个人无法对重大事项形成决议，贾氏家族成员股东平等地享有提名权等股东权利，贾氏家族成员共同经营管理公司，发行人实际控制人为贾氏家族而非贾冬临一人。

贾冬临逝世前，贾氏家族成员合计持有公司 90.9% 的股份，贾冬临先生逝世后，其名下持有的公司股份由其妻栗延秋女士及其女贾子裕、其子贾子成分别继承。贾氏家族成员仍共同持有公司 90.9% 的股份，未改变贾氏家族对公司的实际控制地位。

三、恒基达鑫：董事长在过会之后去世

（一）基本情况

恒基达鑫的控股股东是实友化工，实友化工的控股股东是张培弟控制的上海得鑫，因此张培弟的去世会导致上述两家企业股权结构发生变化。恒基达鑫变更后的股权结构如下图所示：

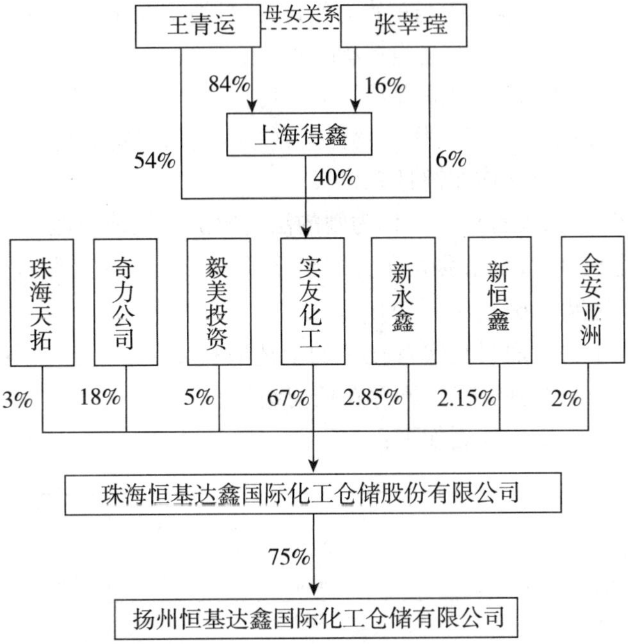

1. 实友化工股权变动

2007年6月,上海得鑫以现金对实友化工增资2000万元,实友化工注册资本由3000万元增至5000万元,增资后股权结构如下。上海得鑫的股东为王青运、张莘瑝。

股东名称	出资额(万元)	占注册资本比例(%)
上海得鑫实业有限公司	2000	40
张培弟	1800	36
王青运	1200	24
合　计	5000	1000

2010年6月,张培弟先生因病去世,张培弟先生遗产的法定继承人包括其妻王青运女士、其父张云鹤先生、其母沈丽青女士、其子张辛聿先生、其女张莘瑝五人。根据珠海市公证处对《婚姻法》、《继承法》的理解,夫妻在同一家公司分别持有的股权,均属于夫妻共同财产,如果分割遗产,应当先将共同所有的财产的一半分出为配偶所有,其余的为被继承人的遗产,五名法定继承人对此未表示异议。

根据珠海市公证处出具的《公证书》(〔2010〕珠证内民字第5643号、第5736号)及五名法定继承人签订的《析产协议书》,张培弟、王青运夫妇持有实友化工股权共计60%,其中30%股权作为张培弟先生的遗产,王青运继承21%股权,张辛聿、张云鹤、沈丽青各继承1%股权,张莘瑝继承6%的股权。

根据张辛聿、张云鹤、沈丽青与王青运签订的《珠海实友化工有限公司股权赠与协议书》,张辛聿、张云鹤、沈丽青将各自持有的实友化工股权(共计3%)赠与王青运。

在上述操作中,张云鹤、沈丽青及张辛聿均将自己应继承的实友化工股权无偿转给了王青运,是出于对王青运作为发行人领军人物的坚定支持、信任,张云鹤、沈丽青夫妇的其余子女对此均知情且无异议。

张莘瑝尚未成年,王青运女士作为她的法定监护人代她处理继承遗产事宜,保证张莘瑝的法定权利。因此,张培弟先生名下的36%实友化工股权最终由王青运继承30%、张莘瑝继承6%。

因张培弟先生去世而引起实友化工的上述股权变更,均履行了必要的法律程序,均是当事人真实意愿的表达,不存在任何纠纷。

实友化工的股权结构变更如下:

股东名称	出资额(万元)	占注册资本比例(%)
王青运	2700	54
上海得鑫实业有限公司	2000	40
张莘瑝	300	6
合　计	5000	100

2. 上海得鑫股权变动

主要股东：

股东名称	出资额(万元)	占注册资本比例(%)
王青运	84	84
张莘瑆	16	16

张培弟、王青运夫妇原分别持有上海得鑫80%、20%的股权。2010年6月，张培弟先生因病去世，张培弟先生遗产的法定继承人包括其妻王青运女士、其父张云鹤先生、其母沈丽青女士、其子张辛聿先生、其女张莘瑆五人。

根据上海市闵行公证处对《继承法》、《婚姻法》的理解，夫妻在同一家公司分别持有股权，视同夫妻对财产已进行分割，各自名下的股权为其个人财产，因此，张培弟先生持有的上海得鑫80%股权全部是其遗产，五名法定继承人对此均未表示异议。根据上海市闵行公证处出具的《公证书》(〔2010〕沪闵证字第3452号)，上述五名法定继承人各继承16%的上海得鑫股权；根据上述五人签订的《上海得鑫实业有限公司股权转让协议书》，张辛聿、张云鹤及沈丽青均以1元的价格将各自名下全部上海得鑫股权(共计48%)转让给王青运。

在上述操作中，张云鹤、沈丽青及张辛聿均将自己应继承的上海得鑫股权以1元的象征性价格转给了王青运，是出于对王青运作为发行人领军人物的坚定支持、信任，张云鹤、沈丽青夫妇的其余子女对此均知情且无异议。

张莘瑆尚未成年，王青运女士作为她的法定监护人代她处理继承遗产事宜，保证张莘瑆的法定权利。因此，张培弟先生名下的80%实友化工股权最终由王青运继承64%、张莘瑆继承16%。因张培弟先生去世而引起上海得鑫的上述股权变更，均履行了必要的法律程序，均是当事人真实意愿的表达，不存在任何纠纷。

(二)会后事项补充法律意见书的基本内容

发行人的首次公开发行申请已经中国证监会发行审核委员会2010年第56次会议审核通过，目前正等待核准发行。2010年6月20日，发行人董事长张培弟先生因突发心肌梗死去世。张培弟先生父母将所继承的上海得鑫、实友化工的股权无偿转让给张培弟先生妻子王青运女士。发行人律师对该股权转让事项进行了核查，出具本补充法律意见书。

1. 张培弟父母所继承的上海得鑫、实友化工的股权为其个人所有财产，其有权自由处分，与张培弟兄弟姐妹无关

张培弟先生去世时无遗嘱，其遗产有继承权的亲属包括其妻王青运女士、其父张云鹤先生、其母沈丽青女士、其子张辛聿先生、其女张莘瑆。上海得鑫、实友化工的股权按法定继承处理。张培弟先生父亲张云鹤先生、母亲沈丽青女士作为法定

继承人有权继承取得上海得鑫、实友化工的股权。张培弟兄弟姐妹共四人,张培弟还有一个哥哥和两个妹妹,都不是法定继承人,无权继承上海得鑫、实友化工的股权。

张培弟先生父母继承取得的上海得鑫、实友化工的股权为其个人财产,其具有民事权利能力和行为能力,有权自由处分该等财产,如同处分其他个人财产一样,也如同任何具有民事权利能力和行为能力的自然人有权自由处分个人财产一样,其取得、处分该等财产与张培弟兄弟姐妹无关。张培弟兄弟姐妹均参加了张培弟先生追悼会及在此期间家族内部关于张培弟遗产处置问题的讨论,对遗产处置方案完全知情,并没有人表示异议。

遗产是自然人死亡时遗留的个人合法的财产,而张培弟先生父母目前在世,该等财产不属于张培弟先生父母的遗产。张培弟兄弟姐妹无权要求其父母分割该等财产。张培弟兄弟姐妹也不需要其父母抚养,处分该等财产不涉及侵犯张培弟兄弟姐妹法定权益的情况。

2. 王青运从张培弟父母处取得上海得鑫、实友化工股权已经办理了股权转让手续,股权已交付并已完成工商变更登记,股权转让已履行完毕

根据上海市闵行公证处的理解,夫妻在同一家公司分别持有股权,视同夫妻对财产已进行分割,各自名下的股权为其个人财产,因此,张培弟先生持有的上海得鑫80%股权全部是其遗产,五名法定继承人对此均未表示异议。根据上海市闵行公证处出具的《公证书》(〔2010〕沪闵证字第3452号),上述五名法定继承人各继承16%的上海得鑫股权;根据上述五人签订的《上海得鑫实业有限公司股权转让协议书》,张辛聿、张云鹤及沈丽青都以1元的价格将各自名下全部上海得鑫股权(共计48%)转让给王青运。

上海得鑫、张培弟及王青运原各持有实友化工40%、36%及24%的股权,根据珠海市公证处的理解,夫妻在同一家公司分别持有的股权,均属于夫妻共同财产,如果分割遗产,应当先将共同所有的财产的一半分出为配偶所有,其余的为被继承人的遗产,五名法定继承人对此亦未表示异议。因此,根据珠海市公证处出具的《公证书》(〔2010〕珠证内民字第5643号、第5736号)及五名法定继承人签订的《析产协议书》,张培弟、王青运夫妇共有实友化工股权共计60%,其中30%股权作为张培弟先生的遗产,王青运继承21%股权,张辛聿、张云鹤、沈丽青各继承1%股权,张莘瑆继承6%的股权;根据张辛聿、张云鹤、沈丽青与王青运签订的《珠海实友化工有限公司股权赠与协议书》,张辛聿、张云鹤、沈丽青将各自持有的实友化工股权(共计3%)赠与王青运。

张培弟父母都已是85岁高龄,生活富裕,他们亲眼见证了张培弟夫妇白手起家,艰辛创业,现在最大的愿望就是儿子留下的事业可以发展壮大,屹立不倒。张培弟夫妇的产业是二人共同创业的成果,在张培弟先生去世后,王青运女士责无旁

贷地成为领军人物，两位老人将应由自己继承的股权无偿转让给王青运女士，而未转给孙子张辛聿先生，表明了他们对王青运女士坚定的支持、信任和希望。同时，王青运女士也明确承诺会继续履行对两位老人应尽的赡养义务。

张培弟父母向王青运无偿转让股权未附有任何限制条件。王青运从张培弟父母处无偿取得上海得鑫、实友化工股权已经当事人协议约定，并经公证机关公证，是当事人真实意思表示，已办理了股权转让手续，股权已交付并已完成工商变更登记，股权转让已履行完毕。在股权转让未有任何限制条件及已合法履行完毕的情形下，张培弟父母也没有权利要求王青运返还上述股权。

综上所述，本所律师认为：王青运从张培弟父母处取得的上海得鑫、实友化工的股权合法有效，无纠纷或潜在纠纷。

四、亿通科技：审核过程中股东因继承发生变化

现就股东刘忠明因病去世发生法定继承及就中国证监会对本次发行提出的相关问题，出具《补充法律意见书》。

1. 股东刘忠明因病去世。

刘忠明，系发行人股东，持有发行人股份22,000股，根据支塘中心卫生院出具的《居民死亡医学证明书》（编号为0028870），2010年11月30日，因糖尿病在支塘中心卫生院去世。2010年12月1日，常熟市公安局支塘派出所依法开具了《户口注销证明》。

2. 股东刘忠明因病去世未对所持发行人股份作出遗嘱，所持发行人股份发生法定继承。

根据《关于对刘忠明所持亿通公司股份处置的声明》（以下简称《声明》），并经本所律师适当核查，刘忠明的第一顺序继承人包括其配偶顾明珠、父亲刘文元、母亲刘月珍及女儿刘菁菁。

根据刘忠明的第一顺序继承人包括其配偶顾明珠、父亲刘文元、母亲刘月珍及女儿刘菁菁签署的《声明》，并经本所律师适当核查，刘忠明生前未对所持发行人股份立下有效遗嘱，因此其所持发行人股份依法发生法定继承。

3. 股东刘忠明的第一顺序继承人（除其女儿刘菁菁）自愿放弃刘忠明所持发行人股份的继承份额，该等股份由刘忠明女儿刘菁菁依法继承；刘忠明配偶顾明珠自愿放弃对刘忠明所持发行人股份的所有权利，由其女儿刘菁菁享有该等股份的所有权利。

根据《声明》，并经本所律师适当核查，刘忠明的第一顺序继承人包括其配偶顾明珠、父亲刘文元、母亲刘月珍自愿放弃对刘忠明所持股份的继承份额，该等发行人股份由其女儿刘菁菁依法继承；刘忠明配偶顾明珠自愿放弃对刘忠明所持发行人股份的所有权利，由其女儿刘菁菁享有该等股份的所有权利。

经律师适当核查,刘忠明女儿刘菁菁依法取得了刘忠明持有的22,000股发行人股份,该等股份权属清晰,不存在法律纠纷或潜在的法律纠纷。

五、瑞和股份:小股东股权变动没有重大影响

2010年9月19日,公司股东何新基在广东省深圳市第二人民医院死亡,其持有公司25,200股,占总股本的0.042%。

何新基所持有公司股份属于何新基及其配偶李建超的夫妻共同财产,即其中12,600股属于李建超所有,另外12,600股由何新基合法继承人继承。

何新基有继承权的合法继承人为其配偶李建超和儿子何锐。2011年1月4日,李建超做出"放弃继承权声明书",声明自愿无条件放弃继承权;2011年1月6日,广东省深圳市深圳公证处出具《公证书》(〔2011〕深证字第10825号),证明何新基所持公司的12,600股由何锐一人继承。2011年1月12日,李建超与何锐签订《股份转让协议书》,李建超将所持公司12,600股以人民币1元转让给何锐。2011年1月17日,深圳联合产权交易所为公司的股份变动进行了过户登记。2011年1月18日,深圳市市场监督管理局出具了〔2011〕第3306138号变更(备案通知书),对公司的股东变更予以核准。

发行人律师经核查认为,上述股份变动系由公司自然人股东死亡后的继承行为所引起,上述股权继承及转让行为上述股权继承及转让行为合法、有效,且所涉及的股权比例较小,不会对发行人的股权结构造成重大影响。

六、海立美达:财务投资者股东发生变化

经核查,补充事项期间,天晨投资股权结构发生变化。具体情况如下:

天晨投资股东徐瑛先生因空难不幸身故,其持有的天晨投资股权由其合法继承人徐新恭、李召环、刘淑清继承。

2010年10月12日,山东省青岛市市南公证处出具《公证书》(〔2010〕青市南证民字第454号),证明:"一、被继承人徐瑛生前于二〇〇八年十二月在青岛天晨投资有限公司出资人民币陆万肆仟柒佰元,所持有的该公司0.65%的股份,属于被继承人徐瑛与其配偶姚丽夫妻两人共同所有,其中一半现为徐瑛的遗产;二、被继承人徐瑛的第一顺序法定继承人现有父亲徐新恭、母亲李召环两人;三、徐新恭、李召环均表述继承徐瑛的上述遗产。因此,被继承人徐瑛的上述遗产现由父亲徐新恭、母亲李召环两人继承(该股份中的财产权利由徐新恭、李召环两人继承,股东的身份权利则应根据公司章程的规定执行)。"

2010年10月12日,山东省青岛市市南公证处出具《公证书》(〔2010〕青市南证民字第462号),证明:"一、被继承人姚丽的配偶徐瑛生前于二〇〇八年十二月在青岛天晨投资有限公司出资人民币陆万肆仟柒佰元,所持有的该公司0.65%的

股份，属于被继承人徐瑛与其配偶姚丽夫妻两人共同所有，其中一半现为姚丽的遗产；二、被继承人姚丽的第一顺序法定继承人现有母亲刘淑清一人；三、刘淑清的监护人姚毅代其表示继承。因此，被继承人姚丽的上述遗产现由母亲刘淑清一人继承（该股份中的财产权利由刘淑清继承，股东的身份权利则应根据公司章程的规定执行）。”

2010年10月14日，天晨投资股东会通过决议：同意徐新恭、李召环将拥有天晨投资0.325%的股权全部转让给孙震，同意刘淑清将拥有天晨投资0.325%的股权全部转让给孙震。

2010年10月14日，徐瑛的继承人徐新恭、李召环与孙震签订《股权转让协议》，将拥有天晨投资0.325%的股权以人民币3.235万元转让给孙震。天晨投资其他股东放弃股权受让权。本次股权转让价款已支付完毕。

2010年10月14日，姚丽的继承人刘淑清与孙震签订《股权转让协议》，将拥有天晨投资0.325%的股权以人民币3.235万元转让给孙震。天晨投资其他股东放弃股权受让权。本次股权转让价款已支付完毕。

2010年10月14日，天晨投资完成本次股权转让的工商变更登记。

经核查，姚毅的监护权经黑龙江省伊春市友好公证处2010年10月8日出具的《公证书》（〔2010〕黑伊友证内民字第64号）证明。

经核查，《青岛天晨投资有限公司章程》第39条规定：“自然人股东死亡后，其合法继承人不可以继承股东资格。根据前款进行股权转让时，按本章程股权转让的规定办理。转让价格由各方协商确定；如协商不成的，应以前款所述情形发生之当月底作为基准日，按公司经审计的净资产价格为基准确定转让价格。”

本所律师认为，天晨投资原股东的合法继承人及其监护人转让被继承人持有的股权符合《中华人民共和国继承法》、《中华人民共和国公司法》、《中华人民共和国民法通则》等法律、法规、规范性文件的有关规定，合法有效，不存在纠纷和潜在纠纷。

七、千红制药：职工持股会会员变动

（一）职工持股会

2003年3月，职工持股会会员冯圣凤去世，其在职工持股会中的权益由其配偶高剑星继承。2004年4月，职工持股会会员尤焕生去世，其在职工持股会中的权益由其配偶王建琴继承。2006年8月，职工持股会会员沈留华去世，其在职工持股会中的权益由其配偶丁长玲继承。2007年3月，职工持股会会员戴作均去世，其在职工持股会中的权益由其女儿蒋儒恋继承。

江苏省常州市公证处对上述继承事项分别以〔2008〕常证民内字第330号、

〔2008〕常证民内字第336号、〔2008〕常证民内字第173号、〔2008〕常证民内字第334号《公证书》予以公证。

经核查上述4名职工持股会会员死亡继承的《公证书》及相应职工持股会人员名单登记情况，本所律师认为，2003年3月至2007年3月4名职工持股会会员因继承事项变动的过程合法合规，不存在委托代持行为，不存在任何权属争议或潜在纠纷。

（二）发起人股东

发起人股东何建华于2008年8月去世，其股份转由其女儿肖佳继承，江苏省常州市公证处出具《公证书》（〔2009〕常证民内字第5957号）对该事项进行了公证。

发起人股东蒋鑫伟于2010年5月去世，其股份转由其配偶陈惠芳继承，江苏省常州市公证处出具《公证书》（〔2010〕常证民内字第5148号）对该事项进行了公证。

除上述事项外，截至本招股说明书签署日，股份公司的股权结构没有发生其他变化。

八、向日葵：外商投资企业股权变动

发行人原自然人股东刘洋持有发行人50万股股份，占发行人股本总额的0.11%。

2009年11月18日，发行人自然人股东刘洋因交通事故意外死亡。根据《中华人民共和国继承法》第2条、第3条、第5条、第10条、第25条和第26条和《公司法》第76条的相关规定及《公司章程》的约定，刘洋所持有的发行人50万股股份中，25万股股份为夫妻共同财产中属于其妻子吴玉娟部分；剩余25万股股份为刘洋遗产，因刘洋生前并未订立遗嘱，亦未与他人签订遗赠抚养协议，上述遗产由其第一顺序继承人妻子吴玉娟、父亲王世磷、母亲潘梅香、女儿吴沁怡继承。根据浙江省绍兴市越州公证处出具的《公证书》（〔2010〕浙绍越证民字第0459号），浙江省绍兴市越州公证处公证确认了如下事实：自然人刘洋于2009年11月18日意外在绍兴死亡；刘洋持有的发行人50万股股份为夫妻共同财产，其中25万股股份应当认定为刘洋的遗产；因刘洋生前并未订立遗嘱，亦未与他人签订遗赠抚养协议，刘洋遗产由其第一顺序继承人配偶、子女、父母共同继承；法定继承人刘洋的母亲潘梅香在遗产处理前自愿表示放弃对刘洋遗产的继承权；刘洋持有的发行人25万股股份由其妻子吴玉娟、父亲王世磷、女儿吴沁怡继承。

根据吴玉娟、王世磷和吴沁怡于2010年4月12日签订之《析产协议》的约定，刘洋持有的发行人50万股股份经析产继承后，吴玉娟持有37.5万股、王世磷持有

6.25 万股、吴沁怡持有 6.25 万股。上述《析产协议》经浙江省绍兴市越州公证处出具的《公证书》(〔2010〕浙绍越证民字第 0460 号)公证后按约生效,同时浙江省绍兴市越州公证处确认,《析产协议》当事人各方签订协议时意思表示真实、合同具体明确,签约行为符合《中华人民共和国民法通则》第 55 条的规定,当事人签名、指印真实。

根据吴玉娟与吴建新签订之《股份转让协议》的约定及吴玉娟出具的《声明》,吴玉娟于2010 年4 月13 日,自愿将其持有的发行人25 万股股份以37.5 万元的价格转让给了吴建新。本次股份转让完成后吴玉娟继续持有发行人 12.5 万股股份。

2010 年 5 月 31 日,浙江省商务厅出具《浙江省商务厅关于浙江向日葵光能科技股份有限公司股权转让的批复》(浙商务资函〔2010〕175 号),同意发行人股东香港优创、孙章康分别将其持有的发行人 206,085,213 股和 2,500,000 股股份转让给吴建龙;原股东刘洋所持有的发行人 50 万股股份,分别由新股东吴玉娟继承37.5万股、王世磷继承 6.25 万股、吴沁怡继承 6.25 万股,同时吴玉娟将其持有的 37.5 万股股份中的 25 万股转让给吴建新;同意发行人股东签署的公司新章程。

2010 年 5 月 31 日,发行人取得由浙江省人民政府换发的《中华人民共和国台港澳侨投资企业批准证书》(商外资浙府资字〔2005〕01206 号),对发行人变更后的股本架构进行了登记核准。

律师经核查后确认,发行人之上述股本变动情况符合我国法律、法规和规范性文件的规定,且履行了必要的法律手续,合法、合规、真实、有效;发行人现行的公司股本架构真实、合法、清晰,不会对发行人及发行人中小股东权益的保障及发行人首次公开发行股票并在创业板上市形成障碍。

【案例评析】

1. 从中介机构的角度来讲,项目过程中有股东去世绝对不是一件好的事情;从发行审核的思路来考虑,由于这种情况比较特殊,一般对此也会比较宽容,如果该种情况不会影响到实质的发行条件,则一般情况会被认可。

2. 因继承而股份变动的情形从大的方面来讲主要有两种情形:(1)就是因小股东去世而导致股权变更;(2)控股股东或实际控制人去世而导致股权变更。至于什么是小股东,个人认为不能以 5% 以下或者其他量化的股份比例作为具体判断标准,而应该从是否会对公司有重大影响以及股权稳定性的影响上等因素来综合判断。

3. 如果因继承而小股东发生变化,从现有案例来看都没有造成实质审核的障碍,不过需要关注如下几个问题:(1)这里的小股东必须是对公司股权结构和公司治理没有重大影响,该种变更不会导致控制权的变更以及影响到股权的稳定性。

(2)小股东去世后如果继承人比较多,那么一定要注意继承之后股东人数不要超过法律规定(股份公司200人,有限公司50人)。(3)股份继承时,部分继承人可签署协议放弃继承权或者免费转让给其中的部分继承人,比如有的案例就是由于继承人过多可能超过股东人数红线而约定仅有部分继承人继承。(4)股份继承时为了防止潜在纠纷可以由公证处出具公证文件,目前现有案例均履行了这样的程序。(5)如果是审核过程中由于继承而导致股权变化也没有太大问题,只要中介机构及时披露信息甚至由律师出具专门补充法律意见书披露信息就可以了,一般情况下不会视为审核过程中股东变化而需要重新申报材料。

4. 如果是控股股东或实际控制人因继承而发生变化呢,这里有几个案例因为情况不同而最终结果也是完全不同,所以该问题也不能一概而论也需要具体问题具体分析,现将几个典型案例简要分析如下:

(1)宁波建工:2010年12月27日通过审核,董事长在2010年4月23日去世,不论是在审核过程中还是报告期内,发生这种情况都会对审核造成比较敏感的影响。宁波建工案例中,实际控制人未发生变化的解释得到了认可,其最根本的原因在于王宇凌只是公司7位实际控制人之一,而股权相对比较分散且公司治理较为完善的现实也帮助企业可以解释一个人的变化不会对公司生产经营造成重大影响,具体如下:①王宇凌直接只有发行人股份比例较低,还有部分股份通过法人间接持股,直接和间接持股比例合计也没有超过20%。②公司实际控制人为王宇凌及其他7位的一致行动人,王宇凌股份被其儿子继承之后也签署了一致行动协议,保证控制权稳定。③中介机构在解释不导致实际控制人未发生变更之外还重点解释了股权变动不会对公司的生产经营的产供销业务产生重大不利影响,这是这个案例的一个亮点。由于7位实际控制人均为行业经验丰富的专家并且对公司的生产经营有着影响,那么一位发生变化不会对公司生产经营产生重要影响的解释还是比较容易被理解的。

(2)盛通股份:这个案例则是另外一个结局,甚至有点悲情的意味。公司董事长贾冬临于2007年10月19日去世,公司于2008年7月25日被否,由于实际控制人变更无奈只能等待36个月,并于2011年初重新申报材料,欣慰的是在2011年5月25日就通过审核,审核速度大大加快也算是给了一个小小的补偿。盛通股份实际控制人未变更的解释没有被得到认可的原因其实也好理解:①盛通股份是典型的家族企业,贾冬临是公司的创始人也是实际控制人,并且持有发行人50%的股权,对公司的生产经营有着重大的影响。②股权继承人为贾冬临的妻子和两个儿子,妻子没有在公司担任重要职务也没有对公司有重要影响,而两个儿子年纪尚幼也一直没有在公司任职,没有接班的迹象。③尽管项目组从家族控制的角度认为贾冬临及其妻儿都是家族的人,股权继承并不会导致家族控制的局面变更,但是显然这样的解释过于牵强。④这也给我们一个启示,有时候家族企业的股权优化还是很必要的。

(3)恒基达鑫:该案例是在发行人成功通过发审会审核之后实际控制人张培弟突然去世,很多人认为恒基达鑫在会后事项中再次通过有些人情的成分,个人同意这个观点,不过法不外乎人情,如果企业上市之后能够平稳过渡不会出现兵变之类的事情,小兵支持这样的做法。其实,这个案例跟盛通股份情况非常类似,张培弟间接持有发行人67%占据绝对控制地位,而实际控制人的去世也很可能导致公司实际控制人变更且对公司生产经营产生重大不利影响。在申报文件中,项目组没有重点解释实际控制人的问题,而是对股权继承问题做了解释:①股权继承的第一顺位法定继承人没有兄弟姐妹,也就是大哥去世兄弟姐妹想一起分家产的"传统思想"是不成立的。②股份继承做了公证且已经完成工商变更,盖棺定论不会产生法律纠纷。③张培弟的父母承诺放弃继承权,股权全部由妻子和儿女继承,解释的理由又是主打感情牌。④严格从规格上讲,这个案例不应通过审核,当然最后成功感情因素占很大部分,不过发行人略显复杂的股权结构也稍稍拯救了自己,至少很多人在没有看清楚的时候也就没有发表意见的空暇。

5. 从上述案例总结,可以简要归纳出关于实际控制人因继承而发生股份变动的基本判断原则:如果就2~3个控制人,且谁也离不开谁,那么一个去世也有可能导致变更;如果实际控制人人数较多、股权分散、各有分工、职责明确,企业已经建立起完备的公司治理制度,公司发展不再依赖单一个人力量,则有解释的余地。

6. 其他案例都比较简单了,留存仅作大家参考,有些案例比较有意思,比如财务投资者的股东发生了变化,或者外资企业如果因继承发生股权变动还需要商务部门的审批,等等。

■第二节　股权因离婚而发生变动

【重要提示】

★ 继承颇显无奈而被动,而离婚则原因和背景复杂,从这个角度考虑,对于因离婚而引起的股权变动,理应从严把握。

★ 实际控制人的离婚一般会风险较大,小股东的离婚如果有合理的解释和理由一般不会成为实质障碍。

★ 如果审核过程中由于离婚而股权变动,则需要重新申报发行申请材料;不过,对于小股东因离婚发生股权变动是否一定要重新申报则存在疑问。

【案例情况】

一、漫步者：离婚之后股权没有变化

（一）基本情况

2009年2月26日，发行人的实际控制人张文东与其妻子王晓红协议离婚，并办理离婚手续。根据双方签署的《离婚协议书》以及《离婚协议之补充协议》中关于夫妻关系存续期间属于共同财产的分割约定，张文东所持有的发行人43.65%股份归张文东所有。

离婚前，张文东持有发行人股份48,015,000股，持股比例为43.65%，为发行人的第一大股东；而发行人股东中，王九魁系王晓红父亲，持有发行人股份16,005,000股，持股比例为14.55%。因而，张文东及其亲属合计持有发行人股份64,020,000股，合计持股比例为58.2%，张文东系发行人实际控制人。

办理离婚手续当日，张文东与股东王九魁签署了《授权委托协议书》并办理了公证，协议约定王九魁在自2009年2月26日起至发行人上市之日满5年止，无条件且不可撤销的授权张文东行使其所持有的发行人全部股份（含未来由于资本公积转增股本、送红股增加的股份）的除处分权及收益权以外的股东表决权、提名权、提案权及其他必要的股东权力。因而，在张文东与王晓红离婚后，张文东仍持有深圳漫步者48,015,000股股份，占股本总额的43.65%，为深圳漫步者第一大股东；同时，张文东根据与王九魁签署的《授权委托协议书》，获得王九魁所持有的16,005,000股股份的表决权，占发行人总表决权份数的58.20%。

此外，张文东离婚前后发行人股权结构未发生任何变化。同时，在张文东离婚前后，张文东本人、王晓红、王九魁在发行人担任的职务未发生变化，张文东仍担任发行人董事长兼总经理，王晓红担任发行董事，王九魁担任发行人监事会主席。

综上所述，本所律师认为，在张文东与王晓红离婚前后，发行人实际控制人均为张文东，发行人实际控制人未发生变化。

（二）公司实际控制人离婚协议及授权委托协议书的主要约定

张文东与王晓红于2009年2月26日协议离婚，领取了《离婚证》（京海离字060900651号）。双方于2009年2月26日及2009年3月17日分别签署了《离婚协议书》和《离婚协议之补充协议》并办理了公证手续，根据离婚协议中对夫妻共同财产的分割约定，张文东所持有的深圳漫步者43.65%的股份归张文东所有。

2009年2月26日，张文东与公司股东王九魁签署了《授权委托协议书》并办理了公证。授权委托协议约定，王九魁无条件且不可撤销的授权张文东行使其所持有的公司全部股份（含未来由于资本公积转增股本、送红股增加的股份）的股东表决权、提名权、提案权及其他必要的股东权力，但该等权限不包括股份的处分权及收益权，授权期限为2009年2月26日起至公司上市之日起满5年止。

二、仁智油服：离婚之后妻子加入一致行动协议

（一）基本情况

发行人股东尹显庸与其前妻睢迎春因夫妻感情破裂于2008年12月2日，经四川省绵阳市中级人民法院判决离婚。离婚判决后，尹显庸与睢迎春依法对双方婚姻关系存续期间的共同财产进行分割，其中涉及尹显庸持有的发行人172.9715万股股份的分割，双方于2008年12月5日签订《离婚财产分割协议书》，约定：发行人172.9715万股股份中，121.68万股归睢迎春所有，剩余部分，即51.2915万股归尹显庸所有。2010年8月，发行人就本次股权变更的事宜在绵阳市工商局办理了相应的工商变更登记手续。

睢迎春不具备公务员身份，亦不存在本人及其直系亲属在中石化集团西南石油局或中石化系统内担任中层以上干部的情形。

（二）睢迎春成为一致行动人

2008年12月2日，自然人股东兼发行人监事会主席尹显庸与其前妻睢迎春因夫妻感情破裂经四川省绵阳市中级人民法院判决离婚。离婚判决后，尹显庸与睢迎春依法对双方婚姻关系存续期间的共同财产进行分割，财产分割完成后，睢迎春持有发行人121.68万股股份，尹显庸持有发行人51.2915万股股份。

2010年9月8日，睢迎春出具《自愿加入〈一致行动协议〉一致行动人承诺书》，承诺自愿加入一致行动人，并履行钱忠良与22名自然人股东签署的《一致行动协议》中的全部条款。

（三）尹显庸退出监事会

尹显庸作为一致行动人，在行使股东表决权时，须同实际控制人保持一致，该约定不影响其作为公司监事会主席履行监事职责，事实上，自2009年签订《一致行动协议》后至2011年8月27日，尹显庸作为监事会主席，正常的履行了其在监事会的职责。但考虑到未来可能会出现的尹显庸作为一致行动人的立场与其在监事会表决时的立场相冲突之情形，以至于影响监事会的正常运作，尹显庸于2011年7月13日承诺：(1)本人作为仁智油服第二届监事会的监事，任职期间为2008年8月15日至2011年8月14日。本人承诺本届监事任期届满后，不作为监事候选人

参与仁智油服第三届监事会成员的选举，亦不接受任何第三方对本人担任监事的提名；(2)依据本人所签订的《一致行动协议》，该协议约定的一致行动自2009年2月8日起至仁智油服上市后届满3年止。本人承诺，自本承诺函出具日后的一致行动期间内，本人不作为监事候选人参与仁智油服监事会成员的选举，亦不接受任何第三方对本人担任监事的提名。

2011年8月27日，公司召开2011年第二次临时股东大会审议通过了《关于公司监事会换届选举的议案》，选举熊海河、刘惠琴为公司第三届监事会股东代表监事，并与职工代表出任的监事曾昌华共同组成公司第三届监事会，尹显庸不再担任公司监事。

保荐机构认为：尹显庸作为一致行动人，未曾影响其作为公司监事会主席履行监事职责；尹显庸不再担任监事后，在其作为一致行动人期间，其将不作为监事候选人参与发行人监事会成员的选举，亦不接受任何第三方对其担任监事的提名，从而避免可能出现的影响监事会独立运作之情形。

三、闰土股份：小股东因离婚而股权变动

2008年9月19日，浙江省上虞市人民法院出具《民事调解书》(〔2008〕虞民一初字第723号)。根据该调解书，发行人股东阮光明与其配偶阮连娟离婚，将其所持发行人3,261,520股股份一半分割至阮连娟名下，阮连娟因此持有发行人1,630,760股股份，占发行人股份总数的0.74%。经本所律师核查，阮连娟具有法律、法规和规范性文件规定担任发行人股东的资格。

2008年10月8日，发行人2008年第二次临时股东大会通过决议，鉴于发行人股东阮光明与其配偶阮连娟离婚，将其所持发行人3,261,520股股份的一半，即1,630,760股分割至阮连娟名下，发行人对公司章程之股东名单进行了修订。该次章程修正案已在浙江省工商行政管理局备案。

【案例评析】

1.单纯从规则的角度来讲，离婚与继承都是导致股权变动变更的因素；不过从其他的因素考量，如果说继承有些被逼无奈而令人同情的话，那么离婚的感情分则就不会那么多了。也正是这个原因，离婚和继承的股权变动在审核理念上也有差异，主要体现在：(1)报告期内如果重要股东因离婚导致股权变动，则审核标准严格很多；(2)如果审核过程中重要股东因离婚变动，则需要撤回材料重新申报。当然，两者比较一致的情况是，如果仅是小股东因离婚而股权发生变动，则一般会得到认可。至于在审企业小股东因离婚而股权发生变动是否一定要重新申报材料的问题，目前没有明确结论，从某些案例律师出具补充法律意见书的角度来看，也有可能不需要重新申报。

2. 具体的因离婚导致股权变动的案例，具体分析如下：

（1）漫步者：案例中，实际控制人离婚之后股权没有发生变化，同时将老丈人的委托投票权委托给实际控制人，以解释实际控制人没有变更。个人感觉这样的处理是有问题的，夫妻离婚时有没有其他利益安排或者协议约定，会不会存在股份代持的情形，离婚协议及补充协议的具体内容是怎样的，上市之后会不会导致股权不稳定？这些疑问从严格意义上讲是需要一个合理解释的，个人认为离婚不变动股权是目前解决这个问题最好的方式，不过建议可以考虑给予对方一些现金或者其他利益补偿，以保证这样的安排更具有合理性。

（2）仁智油服：实际控制人之一的股东因离婚而股权分割，且实际控制人股权只分了一小部分。最后的解决思路是要求妻子一起加入一致行动人的行列，由于公司股权极度分散而实际控制人有22位之多，所以看上去多了某个人或者少了某个人都不会造成根本性的变化，从而该案例没有被认定为实际控制人发生变更。换一种情况，如果是一股独大的股东发生了这种情形，则个人认为是实际控制人发生了变更。另外，注意一点，在该案例中实际控制人还曾担任发行人的监事会主席，自己也觉得比较别扭最后还是换了。

（3）闰土股份：这个案例是属于小股东股权变化的情况，一般不需要重点解释也会得到审核人员的认可。

3. 离婚与继承在很多方面还是有相似性的，其他一些思考的角度和思路可以参见继承方面的一些内容。

第三节　国有股权管理问题关注

【重要提示】

★ 国有股权就是国有资产，只要涉及国家利益的问题一般就会比较复杂，上市审核中涉及的国有股权问题也不例外。

★ 民营企业一些利益问题的处理以结果为核心，只要结果正确程序瑕疵可以容忍；而国有资产的问题则有些不同，如果程序上存在瑕疵则很大程度上会被推论为结果会有问题。

★ 国有资产问题涉及主管部门模糊且众多，有教育部门、财政部门、科技部门等，不过至少要遵守一个原则，谁主管的领域出了问题谁来负责善后，不论是程序性问题还是实质性问题。

【案例情况】

一、拓尔思：国有股权稀释没有批复

本次发行前，北信工程持有本公司 11,651,400 股，占本公司总股本的 12.95%，其股份性质为国有法人股。北信工程持有本公司股权的比例在历史上经历了三次变动，变动情况如下：

序号	变动时间	变动前股权比例	变动后股权比例	变动原因
1	2001 年 7 月	49.00%	29.00%	易宝北信设立技术股，北信工程转让 20% 股权予信科互动
2	2004 年 4 月	29.00%	14.50%	公司注册资本由 500 万元增加至 1000 万元，增资额全部由股东信科互动以货币资金认缴
3	2007 年 9 月	14.50%	12.95%	公司注册资本由 1000 万元增加至 1120 万元，增资额由新增股东深圳创投、达晨创投、美联融通三家公司以货币资金认缴

（一）2008 年 7 月，北京市财政局应相关部门的要求，对公司 2001 年、2004 年和 2007 年三次国有股权变动作出了专项确认

1. 北信学院及北京市教委对易宝北信 2001 年设立技术股及信科互动无偿受让相关股份的请示与说明

（1）北信学院向北京市教委请示要求确认易宝北信设立技术股的比例与授予对象

2008 年 6 月 17 日，北信学院向北京市教委出具了《关于提请市教委对〈关于同意北京易宝北信信息技术有限公司设立技术股的批复〉有关内容予以明确的请示》，该请示要求北京市教委补充明确技术股的比例及授予对象，并确认北信工程将其持有的易宝北信 20% 股权无偿转让给信科互动。

（2）北京市教委对易宝北信设立技术股的比例及授予对象予以补充说明

2008 年 7 月 1 日，北京市教委出具了《关于北京易宝北信信息技术有限公司设立技术股批复文件有关内容的说明》，明确原批复中"同意北京易宝北信信息技术有限公司设立技术股"包括股权分配调整方案，即香港易宝占 36%，北信工程占 29%，技术股占 35%，其中北信工程由原持股 49% 下降到 29%，20% 股权作为技术股无偿转让给核心技术人员（信科互动）持有。

2. 北京市教委对北信工程所持本公司股权历次变动情况的确认

2008 年 3 月 17 日，北信学院向北京市教委做了《关于提请对北京市北信计算

机系统工程公司所持北京拓尔思信息技术股份有限公司股权历次变动情况予以确认的请示》(北信科〔2008〕1 号),认为北信工程所持本公司股权历次股份变动情况真实客观,可予确认,并请北京市教委批示。2008 年 3 月 21 日,北京市教委出具《北京市教育委员会关于对北京市北信计算机系统工程公司所持北京拓尔思信息技术股份有限公司股权历次变动情况予以确认的函》(京教函〔2008〕133 号)对北信工程所持本公司股权历次股权变动情况的真实客观性予以确认。

3. 中关村管委会关于北信工程国有股权三次变动情况的商请确认

2008 年 6 月 2 日,中关村管委会就北信工程 2001 年、2004 年和 2007 年三次国有股权变动情况向北京市财政局出具了《关于商请对北京拓尔思信息技术股份有限公司国有股权三次变动情况予以确认的函》(中科园函〔2008〕93 号),商请北京市财政局对拓尔思公司国有股权的三次变动情况予以确认。

4. 北京市财政局关于对拓尔思国有股权三次变动情况予以确认的函

2008 年 7 月 9 日,北京市财政局应中关村科技园区管理委员会《关于商请对北京拓尔思信息技术股份有限公司国有股权三次变动情况予以确认的函》(中科园函〔2008〕93 号)要求,对拓尔思 2001 年 7 月、2004 年 4 月、2007 年 9 月三次国有股权变动做出了专项确认。

(二)2010 年,北京市人民政府及相关部门对本公司历史沿革中的相关问题进行了规范并对历次国有股权变动予以确认

本公司历次国有股权变动虽然取得了北京市财政局的专项确认,但审批、备案程序不规范等问题未得到实质解决,为彻底解决公司历次国有股权变动中存在的问题,2010 年 4 月 26 日,北京信息科技大学制定了《关于规范北京拓尔思信息技术股份有限公司历次国有股权变动的方案》,对公司历史沿革中的相关问题提出了规范要求。

1.《规范方案》对公司历史沿革中相关问题的规范要求

《规范方案》解决公司历史遗留问题的原则为,以经政府主管部门多次确认过的历次股权变动的结果和股权结构为基础,采取支付补偿金及资金占用费方式规范股权变动中存在的问题,具体措施如下:

(1)对 2001 年信科互动无偿受让技术股的规范要求为:按拓尔思公司技术股设立时点(2001 年 10 月 30 日)的净资产金额的 20% 计算补偿金,并按设立技术股时至 2009 年年底同期银行贷款利率计算利息作为资金占用费,以上补偿金及资金占用费合计金额为 2,306,266.24 元,由信科互动支付给国有股东北信工程。

(2)对 2003 年信科互动向拓尔思有限公司借款事项的规范要求为:按同期银行贷款利率计算利息,作为资金占用费由信科互动支付给拓尔思,经测算该项资金占用费为 670,130.75 元。

(3)对2004年增资未进行资产评估及信科互动单方以低于净资产价格增资事项的规范要求为:以重新评估和审计结果的净资产较高值为依据,由信科互动向拓尔思公司支付10,175,723.49元,解决低于净资产增资的问题,并按增资时点至2009年年底同期银行贷款利率计算利息,作为资金占用费由信科互动支付给拓尔思公司,经测算金额为3,570,661.37元,本息合计13,746,384.86元;同时由于信科互动单方面增资造成国有股权比例被多稀释,要求把2004年增资后至2007年引入战略投资者期间内(2004年5月1日至2007年9月30日)的净利润按国有股权被多稀释的比例计算补偿金,补偿给国有股东北信工程,经测算金额为3,377,911.82元。

综上所述,由信科互动支付给拓尔思14,416,515.61元,支付给北信工程5,684,178.06元,最终以会计师事务所专项核查并经上级主管部门批准的金额为准予以支付。

2.利安达对《规范方案》涉及的有关事项进行了专项核查

利安达于2010年4月26日出具了《专项核查报告》,报告认为《规范方案》涉及的相关计算结果完整、准确。

3.相关主管部门对《规范方案》的确认意见

2010年4月26日,北京市教委出具了《关于同意规范北京拓尔思信息技术股份有限公司历次国有股权变动方案的函》(京教函〔2010〕203号),同意按北京信息科技大学提出的方案规范拓尔思公司历次国有股权变动程序上和实质上存在的问题,保证国有股东权益。

2010年6月1日,北京市金融局以《关于规范北京拓尔思信息技术股份有限公司历次国有股权变动相关问题的请示》(京金融文〔2010〕31号)向北京市人民政府请示,认为《规范方案》已得到了有关各方的认可,在当前条件下,规范方案的落实解决了拓尔思公司历次国有股权变动中存在的程序性问题和实质性问题,弥补了其中存在的法律瑕疵,维护了国有资产的权益,建议在有关部门的指导下尽快落实《规范方案》。北京市人民政府同意了该请示。

4.《规范方案》的落实情况

根据《规范方案》的要求,2010年6月17日,信科互动分别与北信工程、拓尔思签署了《关于落实北京拓尔思信息技术股份有限公司历次国有股权变动规范方案的支付协议》,信科互动于上述协议签署当日向北信工程支付5,684,178.06元、向拓尔思支付14,416,515.61元,北信工程及拓尔思已分别收到上述款项;信科互动支付上述款项的资金来源为企业自有资金,根据本公司2008年度股东大会与2009年度股东大会作出的向全体股东派发现金红利的决议,信科互动按出资比例分得股利11,343,750.00元与13,612,500.00元,信科互动具备支付上述款项的能力。

2010 年 6 月 17 日，北京信息科技大学向北京市教委、北京市财政局出具《关于落实北京拓尔思信息技术股份有限公司历次国有股权变动规范方案情况的报告》(信息科大技文〔2010〕4 号)，报告确认已经按照《规范方案》的要求，解决了拓尔思公司历次国有股权变动中存在的程序性和实质性问题，保证拓尔思公司历次国有股权变动合法有效、国有股权得到保值增值。

5. 2010 年 7 月，北京市人民政府对拓尔思历次股权变动予以确认

2010 年 7 月 28 日，北京市人民政府出具了《关于北京拓尔思信息技术股份有限公司历次国有股权变动相关问题的复函》(京政函〔2010〕75 号)：针对拓尔思公司历次股权变动存在的问题，北京市有关部门批准了北京信息科技大学研究制定的《规范方案》，并督促相关企业认真落实，现北京市教委、北京市财政局已对《规范方案》的落实情况进行了确认，同时有关部门已对拓尔思公司国有股权变动中的审批备案程序进行了补充确认。综上所述，在当前条件下，《规范方案》的落实基本解决了拓尔思公司历次国有股权变动中存在的问题，履行了相关审批程序，维护了国有资产权益，现对拓尔思公司历次国有股权变动予以确认。

(三)北京市教委及北京市财政局对《规范方案》落实后拓尔思符合国有股权管理及不存在国有资产流失情形的确认意见

北京市教委于 2010 年 12 月 30 日出具了《北京市教育委员会关于对北京拓尔思信息技术股份有限公司历次国有股权变动等事项的意见》(京教函〔2010〕819 号)，进一步明确，“拓尔思公司国有股权变动等事项存在的问题经纠正并已由北京市人民政府予以确认，符合国有股权管理的有关规定，未造成国有资产流失”。

北京市财政局于 2011 年 5 月 13 日出具了《北京市财政局关于确认北京拓尔思信息技术股份有限公司历次国有股权变动相关问题的函》(京财企〔2011〕896 号)，对公司历次国有股权变动有关事项再次予以确认，并进一步明确：“拓尔思公司历次国有股权变动问题纠正后基本解决了存在的问题，履行了相关审批程序，维护了国有资产权益。”

保荐人认为：北京市财政局已于 2008 年 7 月对历次国有股权比例变动出具了专项确认意见；2010 年 6 月，信科互动已按照相关规范要求向北信工程、拓尔思支付了相应的款项，资金来源合法，《规范方案》已得到全部落实；北京市人民政府确认《规范方案》的落实基本解决了拓尔思公司历次国有股权变动中存在的问题，履行了相关审批程序，维护了国有资产权益，对拓尔思公司历次国有股权变动予以确认；北京市教委认定发行人的国有股权变动等事项存在的问题经纠正并已由北京市人民政府予以确认，符合国有股权管理的有关规定，未造成国有资产流失；2011 年 5 月，北京市财政局对发行人历次国有股权变动有关事项再次予以确认，并明确发行人历次国有股权变动问题纠正后基本解决了存在的问题，履行了相关审批程

序,维护了国有资产权益。综上所述,《规范方案》落实后,发行人历次股权变动中的不规范问题已经纠正,国有资产权益得到了维护,北京市人民政府及相关主管部门已对发行人历次国有股权变动予以确认,发行人国有股权变动符合国有股权管理的有关规定且合法有效,不存在国有资产流失情形。

发行人律师认为:发行人历史沿革中历次国有股权变动的相关问题已得到解决,国有资产权益得到了维护,同时发行人历次国有股权比例变动已获得了北京市财政局和北京市人民政府的确认,发行人历次国有股权变动合法有效。

二、天喻信息:国有股权转让程序瑕疵

(一)1999年股权奖励

1998年12月19日,华中理工大学作出《无形资产划转决定》(校科产〔1998〕22号),将武汉华中软件公司正在使用的全部无形资产(含专利、非专利技术、计算机软件和商标)划归科技总公司持有,并由科技总公司代表学校行使管理和处置的权利。

1999年6月10日,科技总公司依据《促进科技成果转化法》和科技部、教育部、人事部、财政部、中国人民银行、国家税务总局、国家工商行政管理局《关于促进科技成果转化的若干规定》的规定以及华中理工大学《华中理工大学校办科技产业有关经济政策》(校科产字〔1998〕009号)的有关精神,作出了《关于武汉华中软件公司部分无形资产划转(奖励)的决定》,将其所属武汉华中软件公司的无形资产(评估价值1,013.33万元)之45%的份额划转给武汉华中软件公司工会,用于奖励对公司创业、发展做出贡献的技术、管理、生产人员。

2010年1月22日,华中科技大学对科技总公司作出的《关于武汉华中软件公司部分无形资产划转(奖励)的决定》予以确认。

1999年8月,武汉华中软件公司工会代受奖励的公司员工以上述奖励的无形资产作价450万元出资投入武汉天喻信息产业有限责任公司(天喻有限),持有天喻有限10%的股权。2000年11月,天喻有限整体变更为股份公司,上述10%的股权变更为发行人4,524,925股股份。

2009年11月13日,湖北省人民政府作出《省人民政府关于确认武汉天喻信息产业股份有限公司自然人股权来源及其演变的批复》(鄂政函〔2009〕263号),对上述股权奖励予以确认,认为上述股权奖励符合《中华人民共和国科技成果转化法》和《国务院办公厅转发科技部等部门关于促进科技成果转化若干规定的通知》(国办发〔1999〕29号)的精神。

2010年3月24日,教育部作出《教育部关于同意确认原华中理工大学1999年股权奖励有关事项的批复》(教技发函〔2010〕8号),同意确认原华中理工大学

1999 年将"Inte 系列软件版权"和"工程图及工程图表的自动输入与智能识别软件专有技术"两项无形资产(经国有资产监督管理部门备案的评估值为 1013.33 万元)的 45% 奖励给参与上述技术成果研发和转化的骨干员工,并以其作为出资入股武汉天喻信息产业有限责任公司。

根据《科技成果转化法》和《关于促进科技成果转化的若干规定》的规定,科研机构、高等学校转化职务科技成果,应当依法对研究开发该项科技成果的职务科技成果完成人和为成果转化做出重要贡献的其他人员给予奖励。采用股份形式的企业实施转化的,也可以用不低于科技成果入股时作价金额 20% 的股份给予奖励,该持股人依据其所持股份分享收益。1999 年股权奖励发生时,并无法律法规明确奖励的审批权限,华中理工大学 1999 年将"Inte 系列软件版权"和"工程图及工程图表的自动输入与智能识别软件专有技术"两项无形资产的 45% 奖励给参与上述技术成果研发和转化的骨干员工符合《科技成果转化法》和《关于促进科技成果转化的若干规定》的规定。

为进一步明确股权奖励的合规性,华中科技大学于 2010 年 3 月将 1999 年股权奖励有关事项转报教育部,并取得了教育部的批复确认。2007 年 3 月 5 日,教育部根据《事业单位国有资产管理暂行办法》(财政部令第 36 号)和《财政部关于中央级事业单位国有资产管理授权审批问题的通知》(财教〔2006〕282 号)的授权,颁布了《教育部直属高校、事业单位国有资产使用和处置行为管理授权审批暂行办法》(以下简称《办法》)。根据该《办法》的规定:教育部直属高校凡一次性使用和处置无形资产价值 100 万元以上、800 万元以下(不含 800 万元)的事项,由各单位审核后报教育部审批,教育部审批后报财政部备案。华中科技大学将 450 万元无形资产奖励给发行人参与上述技术成果研发和转化的骨干员工在教育部的审批权限之内。

(二)2000 年湖北省科技开发中心向湖北钻石实业有限公司转让股权

2000 年 7 月 21 日,湖北省科技厅下属的湖北省科技开发中心与湖北钻石实业有限公司签署《股权转让协议》,将其出资 180 万元所形成的天喻有限 4% 的股权作价 360 万元转让给湖北钻石实业有限公司。上述股权转让当时未履行国有资产评估和审批手续,但转让价格是在天喻有限当时每股净资产值的基础上以 1:2 的比例溢价确定的。

2009 年 10 月 26 日,湖北省科技厅作出《关于湖北省科技开发中心转让武汉天喻信息产业有限责任公司股权的声明》,对上述股权转让协议及股权转让的结果予以确认,对上述股权转让在转让程序方面存在的不完备的情形不予追究。

2010 年 3 月 17 日,湖北省财政厅作出《对湖北省科技开发中心转让武汉天喻信息产业有限责任公司股权进行确认的复函》(鄂财行资复字〔2010〕167 号),对上述股权转让协议及股权转让的结果予以确认。

上述股权转让发生于2000年7月，根据当时适用的《国有资产评估管理办法实施细则》第5条的规定，《国有资产评估管理办法》第3条规定的应当进行资产评估，是指发生该条款所说的经济情形时，除经国有资产管理行政主管部门批准可以不予评估外，都必须进行资产评估。因此，上述股权转让经国有资产管理行政主管部门批准可以不予评估。转让方湖北省科技开发中心为湖北省科技厅下属的事业单位，其国有资产管理行政主管部门为湖北省财政厅，因此其转让股权的资产评估事项属于湖北省财政厅的权限。

根据2004年2月1日实施的《企业国有产权转让管理暂行办法》的规定，对于国民经济关键行业、领域中对受让方有特殊要求的，企业实施资产重组中将企业国有产权转让给所属控股企业的国有产权转让，经省级以上国有资产监督管理机构批准后，可以采取协议转让方式转让国有产权。上述股权转让虽发生于2000年，但参照《企业国有产权转让管理暂行办法》的规定，湖北省科技开发中心协议转让国有股权的确认属于其省级国资主管部门湖北省财政厅的权限。

上述股权转让已经取得转让方湖北省科技开发中心的国资主管部门湖北省财政厅的确认批复，其在转让程序方面的不规范情形已经湖北省财政厅确认。

（三）1999年、2000年武汉东湖新技术开发区发展总公司、武汉海集高科技股份有限公司和武汉国有资产经营公司转让股权

1999年12月28日，武汉东湖新技术开发区发展总公司与武汉海集高科技股份有限公司签署《股权转让协议书》，将其出资300万元所形成的天喻有限6.67%的股权转让给武汉海集高科技股份有限公司，该协议未约定转让价格，实际情况是武汉东湖新技术开发区发展总公司将所持300万天喻信息股权作为出资投入到武汉东菱高科技股份有限公司，武汉东菱高科技股份有限公司随即更名为武汉海集高科技股份有限公司。

2000年7月21日，武汉海集高科技股份有限公司与刘怀兰签署《股权转让协议》，将其持有的天喻有限0.67%的股权作价30.25万元转让给刘怀兰，转让价格是依据天喻有限当时的每股账面净资产值确定的。

2000年8月12日，武汉海集高科技股份有限公司与北京知金科技投资有限公司签署《股权转让协议》，将其持有的天喻有限6%的股权作价470万元转让给北京知金科技投资有限公司，转让价格是在天喻有限当时的每股账面净资产值的基础上溢价确定的。

2000年8月15日，武汉国有资产经营公司与湖北钻石实业有限公司签署《股权转让协议》，将其持有的天喻有限4.44%的股权作价400万元转让给湖北钻石实业有限公司，转让价格是在天喻有限当时的每股账面净资产值的基础上以1∶2的比例溢价确定的。

2000 年 8 月 17 日，武汉国有资产经营公司与北京知金科技投资有限公司签署《股权转让协议》，将其持有的天喻有限 4.44% 的股权作价 400 万元转让给北京知金科技投资有限公司，转让价格是在天喻有限当时的每股账面净资产值的基础上以 1∶2 的比例溢价确定的。

2000 年 8 月 20 日，武汉国有资产经营公司与武汉创新科技投资有限公司签署《股权转让协议》，将其持有的天喻有限 8.89% 的股权作价 800 万元转让给武汉创新科技投资有限公司，转让价格是在天喻有限当时的每股账面净资产值的基础上以 1∶2 的比例溢价确定的。

上述 1 ~ 6 项股权转让当时均未履行国有资产评估和审批手续。2010 年 1 月 6 日，武汉市国资委作出《关于对武汉天喻信息产业股份有限公司原国有股东股权转让行为进行确认的回复意见》（武国资产权〔2010〕2 号），认为：

1. 1999 年武汉东湖新技术开发区发展总公司用所持 300 万天喻信息股权进行的置换已经市体改委批复同意；

2. 武汉海集高科技股份有限公司和武汉国有资产经营公司进行的上述股权转让，虽然程序上存在不完备的情形，但转让价格均高于当时天喻信息每股净资产值；

3. 基于 2000 年是政府机构职能调整变动年，对上述股权转让在程序方面存在的不完备情形不予追究。

2010 年 3 月 25 日，湖北省国资委作出《省国资委关于武汉天喻信息产业股份有限公司原国有股东股权转让行为确认问题的批复》（鄂国资产权〔2010〕81 号），认为鉴于当时湖北省国有资产管理体制正在变革之中，且上述国有股权转让价格不低于经省财政厅核准的企业改制评估结果的资产价值（评估基准日为 2000 年 8 月 31 日），不存在国有资产流失的实际情况，同意武汉市国资委确认天喻信息原国有股东股权转让行为合法、有效的意见。

上述股权转让发生于 1999 年和 2000 年，根据当时适用的《国有资产评估管理办法实施细则》第 5 条的规定，《国有资产评估管理办法》第 3 条规定的应当进行资产评估，是指发生该条款所说的经济情形时，除经国有资产管理行政主管部门批准可以不予评估外，都必须进行资产评估。因此，上述股权转让经国有资产管理行政主管部门批准可以不予评估。转让方武汉东湖新技术开发区发展总公司、武汉海集高科技股份有限公司和武汉国资经营公司当时均为武汉市的国有企业或国有控股企业，其国有资产管理行政主管部门为武汉市国资委，因此其转让股权经武汉市国资委批准则可以不予以评估。

根据 2004 年 2 月 1 日实施的《企业国有产权转让管理暂行办法》的规定，对于国民经济关键行业、领域中对受让方有特殊要求的，企业实施资产重组中将企业国有产权转让给所属控股企业的国有产权转让，经省级以上国有资产监督管理机构批准后，可以采取协议转让方式转让国有产权。上述股权转让虽发生于1999年和2000年，但参照《企业国有产权转让管理暂行办法》的规定，武汉东湖新技术开发区发展总公司、武汉海集高科技股份有限公司和武汉国资经营公司协议转让国有股权的确认应属于其省级国资主管部门湖北省国资委的权限。

上述股权转让已经取得转让方的省级国资主管部门湖北省国资委的确认批复，其在转让程序方面的不规范情形已经湖北省国资委确认。

基于上述，发行人认为：

1. 发行人1999年股权奖励当时已经华中理工大学依法批准，并经教育部确认，教育部为有权对股权奖励事项进行确认的部门；

2. 湖北省科技厅下属的湖北省科技开发中心在2000年7月转让天喻信息股权的过程中存在的不规范情形已经湖北省财政厅确认，湖北省财政厅为对该等事项有权确认的部门；

3. 武汉东湖新技术开发区发展总公司、武汉海集高科技股份有限公司和武汉国资经营公司在1999年、2000年转让天喻信息股权的过程中存在的不规范情形已经湖北省国资委确认，湖北省国资委为对该等事项有权确认的部门。

（四）华工创投的股权变动

1. 基本情况

（1）天喻信息申报国有股权管理方案前华工创投的股权结构及其变动

天喻信息的国有股权管理方案于2009年10月14日向湖北省国有资产管理监督委员会申报。2009年1月1日至2009年10月14日期间，华工创投的股权结构及其变动情况如下：

①2009年1月

根据华工创投提供的工商登记资料，华工创投成立于2000年9月11日。至2009年1月，华工创投股权结构如下：

股东名称	出资金额（万元）	出资比例（%）
武汉华中科技大产业集团有限公司（产业集团）	2700	30.80
武汉钢铁股份有限公司（武钢股份）	1350	15.40
国电长源电力股份有限公司（长源电力）	2016	23.00
华工科技产业股份有限公司（华工科技）	1350	15.40
武汉华工大学科技园发展有限公司（科技园）	1350	15.40
合　计	8766	100.00

②2009年2月增资

根据华工创投提供的工商登记资料，2009年2月，经华工创投2008年度股东会同意，华工创投增资1514万元，增资后注册资本为10,280万元。其中产业集团增资200万元,出资总额为2900万元,持股比例为28.21%;武钢股份出资1350万元,持股比例为13.13%;长源电力出资2016万元,持股比例为19.61%;华工科技增资1314万元,出资总额为2664万元,持股比例为25.91%;科技园出资1350万元,持股比例为13.13%。华工创投本次增资后的股权结构如下:

股东名称	出资金额(万元)	出资比例(%)
产业集团	2900	28.21
华工科技	2664	25.91
长源电力	2016	19.61
武钢股份	1350	13.13
科技园	1350	13.13
合　计	10,280	100.00

上述当时华工创投的股东中,各股东的股东股权情况分别如下:

A. 产业集团当时为华中科技大学下属的独资公司;

B. 根据华工创投提供的资料,科技园当时的股权结构为:产业集团持有46.24%的股权,武汉高科国有控股集团有限公司(武汉市国资委全资子公司)持有17.37%的股权,华工科技持有36.39%的股权,两名国有股东产业集团和武汉高科国有控股集团有限公司合计持有63.61%的股权;

C. 根据华工科技的《2008年年报》,华工科技为产业集团相对控股的上市公司,产业集团当时持有41.47%的股份,华中理工大学印刷厂持有3.05%的股份,华中理工大学机电工程公司持有0.53%的股份,武汉鸿象信息技术公司持有0.26%的股份,四名国有股东合计持有45.31%的股份;

D. 根据长源电力的《2008年年报》,长源电力为中国国电集团公司相对控股的上市公司,中国国电集团公司(国家股)当时持有37.39%的股份,湖北能源集团股份有限公司(国有法人)当时持有14.34%的股份,两名国有股东共计持有51.73%的股份;

E. 根据武钢股份的《2008年年报》,武钢股份为武汉钢铁(集团)公司绝对控股的上市公司,武汉钢铁(集团)公司持有64.38%的股份。根据国务院国资委《关于施行〈上市公司国有股东标识管理暂行规定〉有关问题的函》(国资厅产权〔2008〕80号)的规定,产业集团、科技园、长源电力和武钢股份均为国有股东,其共同持有华工创投84.09%的股权。因此,自2009年2月10日,国有股东持有华工创投的股权达到50%以上。

③ 2009年9月股权转让

根据华工创投提供的资料,2009年9月,科技园分别向产业集团和华工科技转让其所持华工创投的股权。具体过程如下:

A. 2009年,华工创投2009年度第三次临时股东会作出决议,同意科技园将其持有的全部华工创投股权转让给产业集团和华工科技。

B. 2009年6月16日，华中科技大学经营性资产管理委员会（以下简称经资委）召开2009年第一次会议，形成《校经资委会议纪要》（〔2009〕1号）。根据《校经资委会议纪要》（〔2009〕1号），出席会议的经资委委员一致同意产业集团通过出售或者收购部分企业股权来调整所投资企业股权结构，妥善解决产业集团与骨干子企业之间交叉持股、共同持股问题。其中，由产业集团和华工科技联合收购科技园所持华工创投13.13%股权（产业集团收购6.56%）。

C. 2009年6月29日，武汉众联资产评估有限公司出具《武汉华工创业投资有限责任公司股东全部权益价值评估项目评估报告》（鄂众联评报字〔2009〕第047号），以2008年12月31日为评估基准日，以股权转让为目的，对华工创投进行了资产评估。根据该资产评估报告，华工创投股权全部权益（净资产）评估值为13,894.45万元。

D. 2009年6月30日，产业集团、华工科技分别与科技园签署《关于武汉华工创业投资有限责任公司的股权转让协议》，其中产业集团受让科技园所持华工创投6.56%的股权，转让价格参照上述《评估报告》（鄂众联评报字〔2009〕第047号）的评估价值约定为911万元；华工科技受让科技园所持华工创投6.57%的股权，转让价格参照上述《评估报告》（鄂众联评报字〔2009〕第047号）的评估价值约定为912万元。

E. 2009年7月29日，产业集团董事会通过决议批准产业集团受让科技园所持华工创投6.56%的股权，转让价格为911万元。

F. 根据华工创投的确认，产业集团和华工科技均已足额向科技园支付股权转让价款。

本次股权转让后，华工创投股权结构如下：

股东名称	出资金额（万元）	出资比例（%）
产业集团	3575	34.78
华工科技	3339	32.48
长源电力	2016	19.61
武钢股份	1350	13.13
合　计	10,280	100.00

（2）华工创投在天喻信息国有股权管理方案中的股东性质

天喻信息的国有股权管理方案的申报时间是2009年10月14日。当时天喻信息的股权结构如下：

股东名称	持股数额(股)	股份比例(%)
华工创投	21,539,520	36.0615
光谷基金	14,874,680	24.9032
产业集团	5,027,300	8.4167
和瑞投资	4,000,000	6.6968
钻石投资	1,319,100	2.2084
张新访等自然人	12,969,400	21.7134
合　计	59,730,000	100

上述天喻信息的股东中,华工创投的股权结构为前述2009年9月14日在工商行政管理局登记的股东及股权结构,其中国有股东是产业集团和武钢股份,合计持股比例为47.91%。

光谷基金当时的股权结构为:湖北省科技投资有限公司出资90,000万元,占注册资本的90%;产业集团出资10,000万元,占注册资本的10%。公司成立后5年内同比例缴纳到位。其中,湖北省科技投资有限公司当时的股权结构为:武汉东湖新技术开发区生产力促进中心持有51.5%的股权,武汉东湖新技术开发区管委会持有24.03%的股权,武汉光谷建设投资有限公司持有15.36%的股权,武汉高科国有控股集团有限公司持有8.21%的股权,武汉留学生创业园管理中信持有0.89%的股权。武汉东湖新技术开发区生产力促进中心为武汉东湖新技术开发区管委会下属的国有全资企业,因此湖北省科技投资有限公司为武汉东湖新技术开发区管委会下属绝对控股的企业。

基于上述股权结构,2009年12月16日,湖北省国资委作出《关于武汉天喻信息产业股份有限公司国有股权管理和国有股转持问题的批复》(鄂国资产权〔2009〕392号),批准了天喻信息的国有股权设置和管理方案。其中,华工创投持有天喻信息21,539,520股,占总股本的36.0615%,未被界定为国有股;光谷基金和产业集团所持股份界定为国有股。

(3)华工创投目前的股权结构

自2009年9月完成科技园向产业集团和华工科技出售所持华工创投股权后至今,华工创投股权结构发生了一次变动,即增加注册资本。实际程序如下:

①2010年2月27日,武汉浩华资产评估咨询有限公司出具《资产评估报告书》(浩华评报字〔2010〕第008号),对华工创投拟增资扩股事宜涉及的股东全部权益在2009年12月31日的市场价值进行了评估。

②2010年5月23日,产业集团董事会通过决议批准华工创投现有股东对其增资3320万元。其中第一步:国电长源电力股份有限公司增资1180万元,增资额不超过2006万元;第二步:产业集团增资975万元(增资额1657.5万元),华工科技增资1165万元(增资额1980.5万元)。

③2010年5月27日,华工创投2010年度第一次临时股东会作出决议批准华

工创投现有股东对其增资。

④根据武汉众环会计师事务所有限责任公司2010年6月13日出具的《验资报告》(众环验字〔2010〕052号)，华工创投收到国电长源电力股份有限公司增资的1180万元，公司增资后的注册资本为11,460万元。

华工创投本次增资后的股权结构如下：

股东名称	出资额(万元)	出资比例(%)
产业集团	3575	31.19
华工科技	3339	29.14
长源电力	3196	27.89
武钢股份	1350	11.78
合 计	11,460	100.00

根据华工创投提供的确认，上述股权结构保持至目前。根据本所核查，华工创投上述股东的股东股权结构未发生实质性变更。

(4)华工创投的国有资产产权登记情况

2001年，华工创投在中华人民共和国财政部办理了《中华人民共和国企业国有资产产权登记证》，其中注明注册资本6000万元，依法占有、使用国有资本1500万元。

2005年12月，在产业集团的组织下，华工创投按照国务院国有资产监督管理委员会的要求，进行了企业国有资产登记工作，并取得了新的《中华人民共和国企业国有资产产权登记证》，其中注明注册资本6000万元，依法占有、使用国有资本6000万元。

自2005年12月至今，华工创投均未就历次产权变动完成国有资产变动产权登记。

根据华工创投的确认，华工创投目前正在办理前述2009年股权结构变更后的国有产权变动登记手续。

2. 法律分析

根据上述事实情况，在2009年9月14日之前，华工创投在公司登记机关登记的股东中国有股东所持股权比例超过50%，2009年9月14日至今，华工创投在公司登记机关登记的股东中国有股东所持股权比例低于50%。发生上述变化的直接原因有二：一是2009年上半年到9月长源电力的国有股东之一湖北能源集团股份有限公司减持了所持长源电力的股份，导致长源电力的国有股东合计持股低于50%；二是原华工创投股东科技园向产业集团和华工科技转让了所持全部华工创投的股权。根据发行人和华工创投提供的资料，科技园前述股权转让所涉及的当事人产业集团、科技园、华工科技及华工创投均为企业法人，应适用企业国有产权管理的相关法规的规定。

(1)关于科技园向产业集团和华工科技转让所持华工创投股权的内部决策程序

根据根据发行人和华工创投提供的资料，科技园前述股权转让行为已经华中科技大学经资委批准。

根据2008年5月4日中共华中科技大学委员会和华中科技大学校党(〔2008〕39号)《关于成立华中科技大学经营性资产管理委员会的通知》，"校经资委对学校负责，代表学校履行国有经营性资产出资人的权责，对武汉华中科技大产业集团有限公司行使股东权利"。

2008年7月10日，华中科技大学以《关于印发校经营性资产管理架构方案的通知》(校经资〔2008〕1号)印发《华中科技大学经营性资产管理架构方案》。根据《华中科技大学经营性资产管理架构方案》，经资委的职责范围是围绕产业集团的所有资产(含技术、专利等无形资产)，负责产业集团在资产经营管理中及为学校科技成果的转化与产业化中的重大事宜进行讨论、决策。

根据发行人和华工创投提供的资料，华工创投和科技园为产业集团的控股子公司，不属于《企业国有资产监督管理暂行条例》中界定的所出资企业；同时，根据《关于企业国有产权转让有关问题的通知》(国资发产权〔2004〕268号)第2条的规定，华中科技大学和产业集团均未将华工创投和科技园作为《企业国有资产监督管理暂行条例》中界定的"重要子企业"。因此，科技园转让所持华工创投股权无须报产业集团的主管国有资产管理部门批准。

根据2005年10月22日发布的《教育部关于积极发展、规范管理高校科技产业的指导意见》(教技发〔2005〕2号)、2006年6月2日《教育部关于高校产业规范化建设中组建高校资产经营有限公司的若干意见》(教技发〔2006〕1号)的规定，各高校要设立学校资产管理委员会或领导小组，加强对经营性资产的监督与管理，确保国有资产的保值和增值。高校要依法组建国有独资性质的资产经营有限公司或从现有校办企业中选择一个产权清晰、管理规范的独资企业(以下统称高校资产公司)，将学校所有经营性资产划转到高校资产公司，由其代表学校持有对企业投资所形成的股权。高校以投入高校资产公司的财产承担有限责任。高校资产公司的产权变更、所属企业的国有股权变更等经济行为须按国家国有资产管理有关规定办理审批手续。

综上所述，科技园转让所持华工创投的股权经华中科技大学经资委批准，应视为已经履行了《企业国有产权转让管理暂行办法》第11条规定的内部决策程序。

(2)关于科技园向产业集团和华工科技转让所持华工创投股权的程序瑕疵

根据本所核查，科技园向产业集团和华工科技转让所持华工创投股权存在如下法律程序瑕疵：

①未通过产权交易机构进行交易

根据《国有资产法》第54条以及《企业国有产权转让管理暂行办法》第18条

的规定，只有取得国有资产监督管理部门的批准方能采取协议转让的方式。根据本所核查，科技园向产业集团和华工科技转让所持华工创投股权未取得国有资产监督管理部门关于协议转让的批准，因此应按照《企业国有产权转让管理暂行办法》的规定通过产权交易机构进行交易。根据本所核查，科技园上述股权转让行为未通过产权交易机构进行交易。

②未在规定期限内及时办理国有资产变动产权登记手续

根据《企业国有资产产权登记管理办法》（国务院令 192 号）第 8 条规定，国有资本占企业实收资本比例发生变化的，应当自变动之日起 30 日内办理变动产权登记。科技园向产业集团和华工科技转让所持华工创投股权导致国有资本占企业实收资本比例发生变化，依照该规定应于办理变动之日起 30 日内办理国有资产变动产权登记。

根据财政部《企业国有资产产权登记管理办法实施细则》（财管字〔2000〕116 号）以及国务院国资委《企业国有资产产权登记业务办理规则》（国资发产权〔2004〕315 号）的规定，则科技园向产业集团和华工科技转让所持华工创投股权导致企业国有资本出资人发生变动，应于工商变更登记之前办理国有资产变动产权登记。

根据本所核查，产业集团、华工创投及科技园作为相关当事人均未依照上述规定在规定期限内办理办理国有资产变动产权登记。

③资产评估报告未办理备案

根据本所核查，武汉众联资产评估有限公司出具的《武汉华工创业投资有限责任公司股东全部权益价值评估项目评估报告》（鄂众联评报字〔2009〕第 047 号）未根据有关国有资产评估的规定办理资产评估报告的备案。

（3）关于科技园向产业集团和华工科技转让所持华工创投股权的行为的效力

①未通过产权交易机构进行交易并不导致股权转让行为无效

根据《合同法》第 44 条规定，依法成立的合同，自成立时生效。根据法律、行政法规规定应当办理批准、登记等手续生效的，依照其规定。《合同法》第 52 条的规定，违反法律、行政法规的强制性规定的合同无效。

2009 年 5 月 13 日施行的《最高人民法院关于适用〈中华人民共和国合同法〉若干问题的解释（二）》（以下简称《合同法司法解释二》）（法释〔2009〕5 号）第 14 条规定，《合同法》第 52 条第 5 项规定的“强制性规定”，是指效力性强制性规定。

根据《中华人民共和国立法法》的规定，法律是指由全国人民代表大会及其常委会制定的法律，行政法规是指由国务院制定并公布的法规。

《国有资产法》第 54 条规定“除按照国家规定可以直接协议转让的以外，国有资产转让应当在依法设立的产权交易场所公开进行”，但该项规定不属于《合同法司法解释二》第 14 条所称的“效力性强制性规定”。《企业国有产权转让管理暂行办法》系由国务院组成部门制定的部门规章，其有关企业国有产权应通过产权交易机构进行交易的规定也不构成前述"效力性强制性规定"。因此，科技园向产业集团和华工科技转让所持华工创投股权未依据《国有资产法》、《企业国有产权转让管理暂行办法》在产权交易机构进行交易并不导致股权转让行为无效。

②未按规定期限办理国有资产产权登记并不导致股权转让行为无效

A. 国有资产产权登记的性质

根据《企业国有资产产权登记管理办法》(国务院令 192 号)第 2 条的规定，企业国有资产产权登记是指国有资产管理部门代表政府对占有国有资产的各类企业的资产、负债、所有者权益等产权状况进行登记，依法确认产权归属关系的行为。

《公司法》第 33 条第 3 款规定，(有限责任)公司应当将股东的姓名或者名称及其出资额向公司登记机关登记；登记事项发生变更的，应当办理变更登记。未经登记或者变更登记的，不得对抗第三人。

因此，国有资产产权登记是从国有资产管理的角度确认产权归属关系的行为，并非一般情况下公司股东股权的确认权利依据。

B. 国有资产产权登记并非合同生效的必要条件

1999 年 12 月 29 日施行的《最高人民法院关于适用〈中华人民共和国合同法〉若干问题的解释(一)》(法释〔1999〕19 号)(以下简称《合同法司法解释一》)第 9 条规定，法律、行政法规规定合同应当办理登记手续，但未规定登记后生效的，当事人未办理登记手续不影响合同的效力。

作为行政法规的《企业国有资产产权登记管理办法》以及作为部门规章的《企业国有资产产权登记管理办法实施细则》(财管字〔2000〕116 号)、《企业国有资产产权登记业务办理规则》(国资发产权〔2004〕315 号)均规定，国有股东将国有产权出让给其他股东后，应依据上述规定在一定期限内办理国有产权变动登记。

就国有产权登记的性质而言，该等登记事项是国有股东应履行的国有资产管理义务，上述规定亦未对未办理国有资产产权登记对合同效力的影响作出规定。因此，国有资产产权登记并非股权转让合同生效的必要条件。

C. 资产评估未办理备案不导致股权转让行为无效

根据由国务院办公厅国办发〔2001〕102 号文发布的、2001 年 12 月 28 日施行的财政部《关于改革国有资产评估行政管理方式加强资产评估监督管理工作的意见》和 2002 年 1 月 1 日施行的《国有资产评估管理若干问题的规定》(财政部令第 14 号)的规定，国有资产评估不再实施立项确认审批制度，实施核准制和备案制。经各级政府批准的涉及国有资产产权变动、对外投资等经济行为的重大经济项目，其国有资产评估实行核准制；其他国有资产评估实行备案制。《国有资产评估项目备案管理办法》则对具体备案程序作出规定。

经查上述法规，均未规定资产评估备案行为对合同效力的影响，实践中未按规定办理资产评估备案可以补办。因此,科技园转让股权的资产评估未办理备案不导致股权转让行为无效。

(4)未依规定履行国有产权转让程序应承担相应的法律责任

根据《国有资产法》、《国有资产监督管理条例》、《企业国有产权转让管理暂行办法》、《企业国有资产产权登记管理办法》以及《关于改革国有资产评估行政管理方式加强资产评估监督管理工作的意见》的规定,产业集团、华工创投和科技园作为国有绝对控股企业,是在科技园其所持股权的行为中承担履行国有资产管理相关义务的企业;产业集团、华工创投和科技园及其直接责任人未按规定履行国有产权转让程序应根据前述法律、行政法规和部门规章承担相应的法律责任。

根据本所核查,上述股权转让经校经资委批准,股权受让方是产业集团(国有独资企业)和华工科技(国有相对控股企业),且转让价格系根据资产评估报告的结果确定,因此该等股权转让没有造成国有资产的重大损失。

(5)关于华工创投的股东及其股权在天喻信息申报及批复国有股权管理方案时的认定

根据《上市公司国有股东标识管理暂行规定》(国资发产权〔2007〕108 号)的规定,国有资产监督管理机构应当在国有控股或参股的股份公司相关批复文件中对国有股东作出明确界定。

根据国务院国资委《关于施行〈上市公司国有股东标识管理暂行规定〉有关问题的函》(国资厅产权〔2008〕80 号)的规定,在对股份公司的国有股东进行界定时,要根据股东的股权结构进行判断。

因此,在对天喻信息的国有股东进行界定前,首先要对天喻信息的全体法人股东的股权结构进行确认。其中关于华工创投的股东的确认,需考虑如下因素:

①基于上述分析,科技园向产业集团和华工科技转让所持华工创投股权的行为并不因其前述程序上的瑕疵而无效,目前并无证据显示该等股权转让存在违反法律、行政法规强制性规定等《合同法》规定的合同无效的情形,因此该等股权转让行为应认定为有效。

②2009 年 9 月 14 日,上述股权转让已办理工商变更登记。

③根据前述国有资产产权登记的相关规定,未按规定期限办理国有资产产权登记可以补办或者改正。

④根据《公司法》第 33 条第 3 款规定,(有限责任)公司应当将股东的姓名或者名称及其出资额向公司登记机关登记;登记事项发生变更的,应当办理变更登记。未经登记或者变更登记的,不得对抗第三人。

因此,在认定天喻信息的法人股东的股权结构时,应以该等股东在工商行政管理部门登记的股权结构为准。关于华工创投,应以 2009 年 9 月 14 日华工创投完成科技园出让股权并完成工商变更登记后的股权结构为准,亦即科技园已不再是华工创投的股东，不持有华工创投的股权。

(6)关于华工创投作为天喻信息股东的股东性质认定

①关于国有股东的认定标准

国务院国资委《关于施行〈上市公司国有股东标识管理暂行规定〉有关问题的函》(国资厅产权〔2008〕80号)对股份公司国有股东界定的规定，2009年9月14日华工创投完成科技园出让股权的工商变更登记之前，华工创投的国有股东持有华工创投的股权比例超过50%，华工创投应为天喻信息的国有股东。

2009年9月14日华工创投完成科技园出让股权的工商变更登记之后，华工创投的国有股东持有华工创投的股权比例低于50%，华工创投不再为天喻信息的国有股东。

②关于股东的股权结构发生变化导致国有股东性质发生变化的确认程序

经查，《企业国有产权转让管理暂行办法》第27条规定，转让企业国有产权涉及上市公司国有股性质变化或者实际控制权转移的，应当同时遵守国家法律、行政法规和相关监管部门的规定。对非上市股份有限公司国有股权转让管理，国家另有规定的，从其规定。

《财政部关于国有股持股单位产权变动涉及上市公司国有股性质变化有关问题的通知》(财企〔2002〕395号)对转让企业国有产权涉及上市公司国有股性质变化或者实际控制权转移的情形作出了规定。

但是对于非上市股份有限公司因原国有股东的股权结构发生变化，导致股权性质发生变化的，没有专门的法律、行政法规和部门规章对此作出规范。对于导致国有股东股权结构发生变化的交易行为，仍适用《企业国有产权转让管理暂行办法》，但并无规定要求在此种情况下对华工创投的股权性质作出专门的确认或者批复。

因发行人从设立到目前其国有股权发生了多次变动，参照实践中的普遍做法，发行人重新向国有资产管理部门申报并取得了对变动后的国有股权设置的批复文件，并以此批复文件作为对国有股权性质的最终确认文件。

③关于天喻信息国有股权管理方案的有权批复部门

对于新设立的股份有限公司，应当依据《财政部关于股份有限公司国有股权管理工作有关问题的通知》(财管字〔2000〕200号)申报国有股权管理方案。实践中，因发行人设立后国有股权发生多次变动需要重新申报国有股权管理方案批复的，亦适用《财政部关于股份有限公司国有股权管理工作有关问题的通知》(财管字〔2000〕200号)的规定。

根据《财政部关于股份有限公司国有股权管理工作有关问题的通知》第1条第3款的规定，国有资产占用单位设立公司和发行A股股票涉及地方和中央单位共同持股的，按第一大股东归属确定管理权限。因光谷基金持有天喻信息

14,874,680股股份，为天喻信息第一大国有股东，因此天喻信息的国有股权管理方案的审批权限应依据光谷基金归属确定。

光谷基金为武汉市东湖新技术开发区管委会下属的国有控股企业，因此天喻信息的国有股权管理方案应由湖北省国资委审批。2009 年 12 月 16 日，湖北省国资委作出《关于武汉天喻信息产业股份有限公司国有股权管理和国有股转持问题的批复》（鄂国资产权〔2009〕392 号），批准了天喻信息的国有股权管理方案。

3. 结论意见

（1）科技园转让所持华工创投股权的行为应适用《公司法》、《合同法》、《国有资产法》、《企业国有产权转让管理暂行办法》及其相关规定。但对于因该等转让行为导致其作为天喻信息的国有股东的性质发生变化，无法律、行政法规及部门规章的规定要求单独申报审批。

（2）股权转让的资产评估报告办理备案、通过产权交易机构进行交易以及办理国有资产产权登记并非股权转让协议的生效条件，因此科技园转让所持华工创投股权的行为未通过产权交易机构进行交易、资产评估报告未办理备案、亦未在事前或事后完成国有资产变动产权登记，不导致股权转让行为必然无效，因而不导致华工创投的股权结构恢复至转让完成前的结构，不会影响对华工创投在天喻信息的股东性质认定。

（3）华工创投在天喻信息申报及取得国有股权管理方案批复文件时，基于其在公司登记管理机关登记的股权结构，依据国务院国资委《关于施行〈上市公司国有股东标识管理暂行规定〉有关问题的函》（国资厅产权〔2008〕80 号）的规定，其股东性质为天喻信息的非国有股东。

（4）因光谷基金为天喻信息第一大国有股东，且为武汉市东湖新技术开发区管委会下属的国有控股企业，因此天喻信息的国有股权管理方案应由湖北省国资委审批。

（5）科技园以及作为天喻信息股东的产业集团、华工创投因在前述股权转让过程中未履行相关程序的事实，依《国有资产法》、《企业国有产权转让管理暂行办法》以及有关国有资产产权登记的相关行政法规和部门规章，应承担相应的法律责任。但该等法律责任并不构成天喻信息本次发行及上市的实质性法律障碍。产业集团、科技园和华工创投应尽快完善前述股权转让的相关程序及办理国有资产变动产权登记。

（6）天喻信息的国有股权管理方案批准后至今，华工创投于 2010 年 6 月 28 日发生了一次增资行为。根据华工创投的确认，就该次股权变动华工创投正在办理国有资产变动产权登记。根据本次变动后华工创投的股权结构，其国有股东产业集团、武钢股份所持华工创投的股权比例仍低于 50%，因此该次股权变动不影响目前华工创投在天喻信息的股东性质。

【案例评析】

1. 关于国有资产(集体资产)管理的问题,一直是上市审核实践中的一个重点和难点。之所以是重点,因为只要涉及国家利益的问题监管部门都会重点关注,生怕企业占了国家的便宜;之所以是难点,因为有关国有资产管理的相关政策和文件错综复杂且没有一个清晰的思路,甚至有的很核心的文件已经是二十多年的政策到现在都没有更新。此外,国有资产对口管理的部门重合也更加剧了对这一问题的判断,比如教育部门、科技部门、财政部门等都有国有资产管理的权限和职责,有时候一个问题好几个部门管又好像谁管都不合适,只好在实践中一边问一边办,只能摸着石头过河。

2. 国有资产管理的问题因为很重要所以在以前的案例中也多有涉及(比如国有企业改制、小红帽问题等),本节内容仅对国有股权变动这样一个细节的问题简要做了关注。关于这个问题主要包括两种情形,一种是国有股权因为股权变动被稀释,一种是国有股权的转让或受让。这两种情形都涉及国家在企业的权益变动问题,所以这种问题只要出现都会成为重点问题。

3. 在以前的案例中小兵多次提到,在民营企业的案例中一些利益问题的处理是以结果为导向,只要结果正确,程序瑕疵一般都会得到宽容并认可。国有资产的问题小兵认为则有些不同,如果国有资产管理在程序上存在瑕疵则很大程度上会被推论为结果同样会有问题。

4. 如果国有股权管理在历史上存在瑕疵,那么基本的处理思路目前已经没有了异议,主要是通过省级人民政府出具确认文件的形式兜底解决。但是需要注意的是,政府确认文件能够解决的瑕疵仅是程序上的瑕疵,也就是说,国有股权变动尽管没有履行完备的审批或备案手续,但是在定价公允、产权交割清晰以及没有造成国有资产流失这样的前提下,省级政府确认文件才能发挥效力,解决问题。

5. 如果是明显地损害了国有股权权益的交易或行为,仅仅是依靠确认文件则并不一定能够解决实质性问题,如拓尔思的案例。这个案例最初(2008 年)的解决思路就是想依靠省级政府文件解决全部问题,但是不知道是在哪个环节出了问题提出了异议,导致公司在 2010 年重新调整了思路,通过支付资金补偿金及占用费的形式从实质上解决了国有资产流失的问题,最后再取得政府确认文件。或许这样的案例,可以帮助我们在类似问题上提供一些全新的思路。

6. 从目前法规体系来看,处理国有股权变动问题的主要法律依据包括《国有资产评估管理办法》(国务院令第 91 号)、《企业国有产权转让管理暂行办法》(财政部〔2003〕3 号)和《企业国有资产产权登记管理办法》(国务院令第 192 号),此外结合天喻信息的案例可以帮助我们简要总结一下国有股权转让时的简要程序:(1)企业内部决策程序;(2)国有股权转让方案进行备案;(3)清产核资并编制资产负债表;(4)进行资产评估;(5)主管部门对评估结果进行确认;(6)根据评估结果确定转让价格(不得低于90%);(7)在产权交易所进行公开交易;(8)主管部门对交易核准确认;(9)签署交易合同并备案;(10)及时办理产权变更登记。如果上述程序存在一定瑕疵是否影响股权转让的效力呢,天喻信息案例从《合同法》等角度进行了分析,可以作为一个重要的参考依据。

7.最后,值得说明的一点是,上面已经提到国有资产问题对口的主管部门模糊且众多,不过至少要坚持一个解决问题的核心原则,那就是谁主管的领域出了问题谁来负责善后,不论是程序性问题还是实质性问题。

【参考规则】

一、国有资产评估管理办法(国务院令第91号)

第三条 国有资产占有单位(以下简称占有单位)有下列情形之一的,应当进行资产评估:

(一)资产拍卖、转让;

(二)企业兼并、出售、联营、股份经营;

(三)与外国公司、企业和其他经济组织或者个人开办中外合资经营企业或者中外合作经营企业;

(四)企业清算;

(五)依照国家有关规定需要进行资产评估的其他情形。

第四条 占有单位有下列情形之一,当事人认为需要的,可以进行资产评估:

(一)资产抵押及其他担保;

(二)企业租赁;

(三)需要进行资产评估的其他情形。

第六条 国有资产评估范围包括:固定资产、流动资产、无形资产和其他资产。

第八条 国有资产评估工作,按照国有资产管理权限,由国有资产管理行政主管部门负责管理和监督。

国有资产评估组织工作,按照占有单位的隶属关系,由行业主管部门负责。

国有资产管理行政主管部门和行业主管部门不直接从事国有资产评估业务。

第九条 持有国务院或者省、自治区、直辖市人民政府国有资产管理行政主管部门颁发的国有资产评估资格证书的资产评估公司、会计师事务所、审计事务所、财务咨询公司,经国务院或者省、自治区、直辖市人民政府国有资产管理行政主管部门认可的临时评估机构(以下统称资产评估机构),可以接受占有单位的委托,从事国有资产评估业务。前款所列资产评估机构的管理办法,由国务院国有资产管理行政主管部门制定。

第十二条 国有资产评估按照下列程序进行：

（一）申请立项；

（二）资产清查；

（三）评定估算；

（四）验证确认。

第十八条 受占有单位委托的资产评估机构应当根据本办法的规定，对委托单位被评估资产的价值进行评定和估算，并向委托单位提出资产评估结果报告书。委托单位收到资产评估机构的资产评估结果报告书后，应当报其主管部门审查；主管部门审查同意后，报同级国有资产管理行政主管部门确认资产评估结果。经国有资产管理行政主管部门授权或者委托，占有单位的主管部门可以确认资产评估结果。

第十九条 国有资产管理行政主管部门应当自收到占有单位报送的资产评估结果报告书之日起四十五日内组织审核、验证、协商，确认资产评估结果，并下达确认通知书。

第二十一条 占有单位收到确认通知书或者裁定通知书后，应当根据国家有关财务、会计制度进行帐务处理。

第二十三条 国有资产评估方法包括：

（一）收益现值法；

（二）重置成本法；

（三）现行市价法；

（四）清算价格法；

（五）国务院国有资产管理行政主管部门规定的其他评估方法。

二、企业国有产权转让管理暂行办法（财政部〔2003〕3号）

第二条 国有资产监督管理机构、持有国有资本的企业（以下统称转让方）将所持有的企业国有产权有偿转让给境内外法人、自然人或者其他组织（以下统称受让方）的活动适用本办法。

金融类企业国有产权转让和上市公司的国有股权转让，按照国家有关规定执行。

本办法所称企业国有产权，是指国家对企业以各种形式投入形成的权益、国有及国有控股企业各种投资所形成的应享有的权益，以及依法认定为国家所有的其他权益。

第四条 企业国有产权转让应当在依法设立的产权交易机构中公开进行，不受地区、行业、出资或者隶属关系的限制。国家法律、行政法规另有规定的，从其规定。

第五条 企业国有产权转让可以采取拍卖、招投标、协议转让以及国家法律、行政法规规定的其他方式进行。

第八条 国有资产监督管理机构对企业国有产权转让履行下列监管职责:

(一)按照国家有关法律、行政法规的规定,制定企业国有产权交易监管制度和办法;

(二)决定或者批准所出资企业国有产权转让事项,研究、审议重大产权转让事项并报本级人民政府批准;

(三)选择确定从事企业国有产权交易活动的产权交易机构;

(四)负责企业国有产权交易情况的监督检查工作;

(五)负责企业国有产权转让信息的收集、汇总、分析和上报工作;

(六)履行本级政府赋予的其他监管职责。

本办法所称所出资企业是指国务院,省、自治区、直辖市人民政府,设区的市、自治州级人民政府授权国有资产监督管理机构履行出资人职责的企业。

第九条 所出资企业对企业国有产权转让履行下列职责:

(一)按照国家有关规定,制定所属企业的国有产权转让管理办法,并报国有资产监督管理机构备案;

(二)研究企业国有产权转让行为是否有利于提高企业的核心竞争力,促进企业的持续发展,维护社会的稳定;

(三)研究、审议重要子企业的重大国有产权转让事项,决定其他子企业的国有产权转让事项;

(四)向国有资产监督管理机构报告有关国有产权转让情况。

第十条 企业国有产权转让可按下列基本条件选择产权交易机构:

(一)遵守国家有关法律、行政法规、规章以及企业国有产权交易的政策规定;

(二)履行产权交易机构的职责,严格审查企业国有产权交易主体的资格和条件;

(三)按照国家有关规定公开披露产权交易信息,并能够定期向国有资产监督管理机构报告企业国有产权交易情况;

(四)具备相应的交易场所、信息发布渠道和专业人员,能够满足企业国有产权交易活动的需要;

(五)产权交易操作规范,连续3年没有将企业国有产权拆细后连续交易行为以及其他违法、违规记录。

第十一条 企业国有产权转让应当做好可行性研究,按照内部决策程序进行审议,并形成书面决议。

国有独资企业的产权转让,应当由总经理办公会议审议。国有独资公司的产权转让,应当由董事会审议;没有设立董事会的,由总经理办公会议审议。涉及职工合法权益的，应当听取转让标的企业职工代表大会的意见，对职工安置等事项应当经职工代表大会讨论通过。

第十二条　按照本办法规定的批准程序，企业国有产权转让事项经批准或者决定后，转让方应当组织转让标的企业按照有关规定开展清产核资，根据清产核资结果编制资产负债表和资产移交清册，并委托会计师事务所实施全面审计（包括按照国家有关规定对转让标的企业法定代表人的离任审计）。资产损失的认定与核销，应当按照国家有关规定办理。

转让所出资企业国有产权导致转让方不再拥有控股地位的，由同级国有资产监督管理机构组织进行清产核资，并委托社会中介机构开展相关业务。

第十三条　在清产核资和审计的基础上，转让方应当委托具有相关资质的资产评估机构依照国家有关规定进行资产评估。评估报告经核准或者备案后，作为确定企业国有产权转让价格的参考依据。

在产权交易过程中，当交易价格低于评估结果的90%时，应当暂停交易，在获得相关产权转让批准机构同意后方可继续进行。

第十四条　转让方应当将产权转让公告委托产权交易机构刊登在省级以上公开发行的经济或者金融类报刊和产权交易机构的网站上，公开披露有关企业国有产权转让信息，广泛征集受让方。产权转让公告期为20个工作日。

第十五条　在征集受让方时，转让方可以对受让方的资质、商业信誉、经营情况、财务状况、管理能力、资产规模等提出必要的受让条件。

第十六条　受让方为外国及中国香港特别行政区、澳门特别行政区、台湾地区的法人、自然人或者其他组织的，受让企业国有产权应当符合国务院公布的《指导外商投资方向规定》及其他有关规定。

第十七条　经公开征集产生两个以上受让方时，转让方应当与产权交易机构协商，根据转让标的的具体情况采取拍卖或者招投标方式组织实施产权交易。

采取拍卖方式转让企业国有产权的，应当按照《中华人民共和国拍卖法》及有关规定组织实施。

采取招投标方式转让企业国有产权的，应当按照国家有关规定组织实施。

企业国有产权转让成交后，转让方与受让方应当签订产权转让合同，并应当取得产权交易机构出具的产权交易凭证。

第十八条　经公开征集只产生一个受让方或者按照有关规定经国有资产监督管理机构批准的，可以采取协议转让的方式。

采取协议转让方式的，转让方应当与受让方进行充分协商，依法妥善处理转让中所涉及的相关事项后，草签产权转让合同，并按照本办法第十一条规定的程序进行审议。

第十九条 企业国有产权转让合同应当包括下列主要内容：

（一）转让与受让双方的名称与住所；

（二）转让标的企业国有产权的基本情况；

（三）转让标的企业涉及的职工安置方案；

（四）转让标的企业涉及的债权、债务处理方案；

（五）转让方式、转让价格、价款支付时间和方式及付款条件；

（六）产权交割事项；

（七）转让涉及的有关税费负担；

（八）合同争议的解决方式；

（九）合同各方的违约责任；

（十）合同变更和解除的条件；

（十一）转让和受让双方认为必要的其他条款。

转让企业国有产权导致转让方不再拥有控股地位的，在签订产权转让合同时，转让方应当与受让方协商提出企业重组方案，包括在同等条件下对转让标的企业职工的优先安置方案。

第二十条 企业国有产权转让的全部价款，受让方应当按照产权转让合同的约定支付。

转让价款原则上应当一次付清。如金额较大、一次付清确有困难的，可以采取分期付款的方式。采取分期付款方式的，受让方首期付款不得低于总价款的30%，并在合同生效之日起5个工作日内支付；其余款项应当提供合法的担保，并应当按同期银行贷款利率向转让方支付延期付款期间利息，付款期限不得超过1年。

第二十四条 企业国有产权转让成交后，转让和受让双方应当凭产权交易机构出具的产权交易凭证，按照国家有关规定及时办理相关产权登记手续。

第二十五条 国有资产监督管理机构决定所出资企业的国有产权转让。其中，转让企业国有产权致使国家不再拥有控股地位的，应当报本级人民政府批准。

第二十六条 所出资企业决定其子企业的国有产权转让。其中，重要子企业的重大国有产权转让事项，应当报同级国有资产监督管理机构会签财政部门后批准。其中，涉及政府社会公共管理审批事项的，需预先报经政府有关部门审批。

第二十七条 转让企业国有产权涉及上市公司国有股性质变化或者实际控制权转移的，应当同时遵守国家法律、行政法规和相关监管部门的规定。

对非上市股份有限公司国有股权转让管理，国家另有规定的，从其规定。

第二十八条 决定或者批准企业国有产权转让行为，应当审查下列书面文件：

（一）转让企业国有产权的有关决议文件；

（二）企业国有产权转让方案；

（三）转让方和转让标的企业国有资产产权登记证；

（四）律师事务所出具的法律意见书；

（五）受让方应当具备的基本条件；

（六）批准机构要求的其他文件。

第二十九条　企业国有产权转让方案一般应当载明下列内容：

（一）转让标的企业国有产权的基本情况；

（二）企业国有产权转让行为的有关论证情况；

（三）转让标的企业涉及的、经企业所在地劳动保障行政部门审核的职工安置方案；

（四）转让标的企业涉及的债权、债务包括拖欠职工债务的处理方案；

（五）企业国有产权转让收益处置方案；

（六）企业国有产权转让公告的主要内容。

转让企业国有产权导致转让方不再拥有控股地位的，应当附送经债权金融机构书面同意的相关债权债务协议、职工代表大会审议职工安置方案的决议等。

第三十条　对于国民经济关键行业、领域中对受让方有特殊要求的，企业实施资产重组中将企业国有产权转让给所属控股企业的国有产权转让，经省级以上国有资产监督管理机构批准后，可以采取协议转让方式转让国有产权。

第三十一条　企业国有产权转让事项经批准或者决定后，如转让和受让双方调整产权转让比例或者企业国有产权转让方案有重大变化的，应当按照规定程序重新报批。

三、企业国有资产产权登记管理办法（国务院令第192号）

第二条　本办法所称企业国有资产产权登记（以下简称产权登记），是指国有资产管理部门代表政府对占有国有资产的各类企业的资产、负债、所有者权益等产权状况进行登记，依法确认产权归属关系的行为。

第三条　国有企业、国有独资公司、持有国家股权的单位以及以其他形式占有国有资产的企业（以下统称企业），应当依照本办法的规定办理产权登记。

第四条　企业产权归属关系不清楚或者发生产权纠纷的，可以申请暂缓办理产权登记。

企业应当在经批准的暂缓办理产权登记期限内，将产权界定清楚、产权纠纷处理完毕，并及时办理产权登记。

第五条　县级以上各级人民政府国有资产管理部门按照产权归属关系办理产权登记。

国有资产管理部门根据工作需要，可以按照产权归属关系委托政府有关部门或者机构办理产权登记。

第六条　产权登记分为占有产权登记、变动产权登记和注销产权登记。

第七条　企业应当依照本办法向国有资产管理部门办理占有产权登记。

国有资产管理部门向企业核发的国有资产产权登记表，是企业的资信证明文件。

第八条　企业发生下列变动情形之一的，应当自变动之日起30日内办理变动产权登记：

（一）企业名称、住所或者法定代表人改变的；

（二）国有资本占企业实收资本比例发生变化的；

（三）企业分立、合并或者改变经营形式的；

（四）有国务院国有资产管理部门规定的其他变动情形的。

第九条　企业发生下列情形之一的，应当自各该情形发生之日起30日内办理注销产权登记：

（一）企业解散、被依法撤销或者被依法宣告破产的；

（二）企业转让全部产权或者企业被划转的；

（三）有国务院国有资产管理部门规定的其他情形的。

第十一条　产权登记实行年度检查制度。

企业应当于每一年度终了后90日内，办理产权年度检查登记，向国有资产管理部门提交财务报告和国有资产经营年度报告书，报告下列主要内容：

（一）出资人的资金实际到位情况；

（二）企业国有资产的结构变化，包括企业对外投资情况；

（三）国有资产增减、变动情况；

（四）国务院国有资产管理部门规定的其他事项。

第十三条　国有资产管理部门应当建立健全产权登记档案制度，并定期分析和报告国有资产产权状况。

■第四节　国有股转持问题关注

【重要提示】

★ 国有股转持问题在刚推出时曾引起广泛讨论也有争议，目前该问题的处理方式和思路已经固定且明确，所以不再需要过多讨论只是要把解决问题的方式了解。

★ 关于国有股转持的规定尽管明确但不具体，并且由于没有考虑到实践中极其复杂的股权结构情况，导致最初实施该规则时曾经出现对同一问题不同理解和操作的情况。

★ 对于该问题没有深入探讨的必要，本节内容将主要对一些比较典型的国有股转持的情形简要总结，以备诸位需要时参考。

【案例情况】

一、太阳电缆：多家国有股东一起转持10%

根据《境内证券市场转持部分国有股充实全国社会保障基金实施办法》（财企〔2009〕94号）第6条规定："股权分置改革新老划断后，凡在境内证券市场首次公开发行股票并上市的含国有股的股份有限公司，除国务院另有规定的，均须按首次公开发行时实际发行股份数量的10%，将股份有限公司部分国有股转由社保基金会持有，国有股东持股数量少于应转持股份数量的，按实际持股数量转持。"第12条第1项规定："首次公开发行股票并上市的股份有限公司的第一大国有股东向国有资产监督管理机构申请确认国有股东身份和转持股份数量。国有资产监督管理机构确认后，出具国有股转持批复，并抄送社保基金会和中国结算公司。国有股转持批复应要求国有股东向社保基金会作出转持承诺，并载明各国有股东转持股份数量或上缴资金数量等内容。该批复应作为股份有限公司申请首次公开发行股票并上市的必备文件。"

发行人之股东象屿集团是经厦门市人民政府厦府〔1995〕综230号文批准成立的国有独资公司，现持有发行人股份2586.4728万股（国有法人股），占发行人现有股本总额的25.86%，象屿集团是发行人的第一大国有股东。发行人本次拟公开发行股票的数量为3400万股，根据上述规定，象屿集团向厦门市人民政府国有资产监督管理委员会（以下简称厦门国资委）提交了《关于确认福建南平太阳电缆股份有限公司首次公开发行股票并上市国有股转持有关事项的请示》，厦门国资委于2009年7月17日出具《厦门市人民政府国有资产监督管理委员会关于福建南平太阳电缆股份有限公司首次公开发行股票并上市国有股转持有关问题的批复》（厦国资产〔2009〕197号），对象屿集团等12家发行人国有股东的身份及转持股份数量予以确认。各国有股东的名称、持股数量和转持数量具体如下：

序号	股东单位名称	现有持股数量（万股）	转持数量（万股）	转持后持股数量（万股）
1	厦门象屿集团有限公司	2586.4728	267.4880	2318.9848
2	福建省南平市国有资产投资经营有限公司	500.0005	51.7091	448.2914
3	莆田市荔城区国有资产管理委员会办公室	29.3244	3.0327	26.2917

续表

序号	股东单位名称	现有持股数量（万股）	转持数量（万股）	转持后持股数量（万股）
4	福建省三明市机电设备公司	17.5947	1.8196	15.7751
5	福建省邵武五交化采购供应站	14.6622	1.5163	13.1459
6	福建省南平物资(集团)公司	14.6622	1.5163	13.1459
7	南平南商二手车交易市场有限公司	14.6622	1.5163	13.145933
8	福建省南平五交化批发公司	10.5568	1.0918	9.4650
9	南平市城建国有资产投资运营有限公司	8.7973	0.9098	7.8875
10	福建省物资(集团)有限责任公司	68.9711	7.1329	61.8382
11	福建南平水泥股份有限公司	14.6622	1.3501	13.3121
12	福州闽机贸易有限公司	9.8530	0.9171	8.9359
13	合 计	3290.2194	340.0000	2950.2194

二、中海达:混合国有股东转持不足10%

国信弘盛投资有限公司(以下简称国信弘盛)持有发行人发行前2,616,297股,占比6.9209%,股东为国信证券股份有限公司,实际控制人为深圳市国有资产管理局。发行人本次公开发行1250万股,深圳市国有资产管理局批复(深国资局〔2010〕13号)认为,国信弘盛为发行人国有股东,应承诺将所转81.735万股转由全国社保基金理事会所有。请发行人说明国信弘盛划转81.735万股。

(一)关于国信弘盛转持数额的合法合规性

经核查,国信弘盛为国信证券的全资子公司,经证监会批准从事直投业务,经营范围为:股权投资;股权投资顾问(不含其他限制项目)。截至2009年12月31日,国信证券的股东结构如下:

股东名称	出资额(万元)	出资比例(%)
深圳市投资控股有限公司	280,000.00	40.00
华润深国投信托有限公司	210,000.00	30.00
云南红塔集团有限公司	140,000.00	20.00
中国第一汽车集团公司	35,700.00	5.10
北京城建投资发展股份有限公司	34,300.00	4.90

华润深国投信托有限公司、北京城建投资发展股份有限公司为非国有股东,合计持有国信证券34.90%的股权。

发行人律师核查后认为:国信弘盛承诺向全国社会保障基金理事会转持发行人股份81.375万股,程序完备,转持数额合法、合规:

1. 国信弘盛属于混合所有制的国有股东。根据国家财政部、国资委、证监会、社保基金会2009年6月20日发布的《境内证券市场转持部分国有股充实全国社会保障基金实施办法》第9条"混合所有制的国有股东,由该类国有股东的国有出资人按其持股比例乘以该类国有股东应转持的权益额,履行转持义务。具体方式包括:在取得国有股东各出资人或各股东一致意见后,直接转持国有股,并由该国有股东的国有出资人对非国有出资人给予相应补偿;或者由该国有股东的国有出资人以分红或自有资金一次或分次上缴中央金库"。发行人本次拟发行股票1250万股,根据上述1、2项,国信弘盛应转持的股份数为81.375万股(1250×10%×65.10%)。

2. 2010年1月26日,深圳市国有资产监督管理局出具了《关于广州中海达卫星导航技术股份有限公司国有股权管理有关问题的批复》(深国资局〔2010〕13号):"弘盛公司是中海达公司的国有股东,根据《境内证券市场转持部分国有股充实全国社会保障基金实施办法》,弘盛公司应承诺将其持有的81.375万中海达股份转由全国社会保障基金理事会持有。"

3. 另外,国务院国资委出具《关于北京钢研高纳科技股份有限公司国有股转持有关问题的批复》(国资产权〔2009〕933号)中,关于国信弘盛的转持股票数量亦按照混合所有制国有股东进行比例转持。

(二)关于上述国有股转持批复是否为有权部门出具

1.《企业国有资产法》规定,除国务院确定的关系国民经济命脉和国家安全的大型国家出资企业,重要基础设施和重要自然资源等领域的国家出资企业,由国务院代表国家履行出资人职责外,其他的国家出资企业,由地方人民政府代表国家履行出资人职责。深圳市国有资产监督管理委员局(以下简称深圳市国资局)持有国信证券第一大股东深圳市投资控股有限公司100%的股权,持有国信证券第二大股东华润深国投信托投资有限责任公司49%的股权,代表深圳市人民政府对国信证券履行出资人职责,为国信证券的实际控制人,有权以国有出资人身份对国信弘盛所持发行人股份的处分事宜作出决定。

2. 财政部关于《境内证券市场转持部分国有股充实全国社会保障基金实施办法》第3条规定"本办法所称国有资产监督管理机构,是指代表国务院和省级以上(含计划单列市)人民政府履行出资人职责、负责监督管理企业国有资产的特设机构和负责监督管理金融类企业国有资产的各级财政部门"。深圳市为计划单列市,深圳市国资局有权就国信弘盛国有股划转事宜出具相应批复。

三、数字政通:不履行转持义务的解释

根据2009年6月19日开始施行的《境内证券市场转持部分国有股充实全国

社会保障基金实施办法》(以下简称《国有股转持实施办法》),国有股转持是指股份有限公司首次公开发行股票并上市时,按实际发行股份数量的10%,将上市公司部分国有股转由全国社会保障基金理事会持有。其中,国有股东是指经国有资产监督管理机构确认的国有股东,国有股是指国有股东持有的上市公司股份。

(一)深创投及上海顶势的股权结构

1.上海顶势的股权结构如下表:

序号	股东	持股比例(%)
1	中路股份有限公司	51
2	吴克忠	49
合 计		100

上海顶势的控股股东中路股份有限公司(以下简称中路股份)为公开发行股票并在上海证券交易所上市的股份有限公司(股票代码:600818)。根据中路股份公开披露的信息,中路股份的控股股东上海中路(集团)有限公司持有其46.695%的股份,股权性质为境内非国有法人股;中路股份的第二大股东为上海市国有资产监督管理委员会,持有其9.56%的股份,股权性质为国家股;中路股份的实际控制人为陈荣,系上海中路(集团)有限公司董事长,持有上海中路(集团)有限公司100%的股份。

2.深创投的股权结构如下表:

序号	股东	持股比例(%)
1	深圳市人民政府国有资产监督管理委员会	37.75
2	上海大众公用事业(集团)股份有限公司(600635,SH)	18.65
3	深圳市投资控股有限公司	17.13
4	深圳市福田投资发展公司	3.27
5	广东电力发展股份有限公司(000539,SZ)	4.92
6	新通产实业开发(深圳)有限公司	3.13
7	深圳市盐田港集团有限公司	3.13
8	瀚华担保集团有限公司	2.68
9	深圳市亿鑫投资有限公司	4.43
10	深圳能源集团股份有限公司(000027,SZ)	2.72
11	广深铁路股份有限公司(601333,SH)	1.88
12	中兴通讯股份有限公司(000063,SZ)	0.31
合 计		100.00

(二)上海顶势、深创投持有发行人股份的产权界定

1. 经核查上海顶势现有股权结构,根据律师对国有资产监督管理机构确认国有股东的相关政策的理解,上海顶势作为发行人的股东不属于应当被确认为国有股东的下列情形:(1)政府机构、部门、事业单位、国有独资企业或出资人全部为国有独资企业的有限责任公司或股份有限公司。(2)上述单位或企业独家持股比例达到或超过50%的公司制企业;上述单位或企业合计持股比例达到或超过50%,且其中之一为第一大股东的公司制企业。(3)上述“(2)”中所述企业连续保持绝对控股关系的各级子企业。(4)以上所有单位或企业的所属单位或全资子企业。因此,上海顶势持有的发行人股份不适用应转持国有股的相关规定。

2. 国务院国资委对于深创投的股权性质已做出明确批复,具体情况如下:

(1)2009年2月23日,国务院国资委于《关于北京当升材料科技股份有限公司(筹)国有股权管理有关问题的批复》中明确指出,深创投和其全资子公司均被界定为其他法人股。

(2)2005年2月7日,国务院国资委于《关于潍柴动力股份有限公司部分国有股权性质变更有关问题的批复》中明确指出,鉴于深创投增资扩股后,由国有的绝对控股的有限责任公司变为国有相对控股的有限责任公司,按照国有股权管理的有关规定,其所持股份公司的股权由国有法人股相应变更为非国有股。

(3)2004年11月8日,国务院国资委于《关于西安解放集团股份有限公司国家股转让有关问题的批复》中明确指出,深创投作为受让方所持有的西安解放集团股份有限公司的股份为非国有股。

根据上述文件资料,深创投所持有的发行人股份不适用应转持国有股的相关规定。

四、易世达:国有控股股东变化无转持义务

(一)关于发行人相关股东国有股权界定及转持变化情况

1. 发行人相关股东原国有股权界定及转持情况

大连海融高新创业投资基金有限公司于2009年11月19日取得大连市人民政府国有资产监督管理委员会以《关于确认大连海融高新创业投资基金有限公司国有股东身份的批复》(大国资产权〔2009〕164号),确认其国有股东身份。

北京秉原创业投资有限责任公司于2009年12月11日取得河南省人民政府国有资产监督管理委员会以《关于确定河南中原高速公路股份有限公司所属北京秉原创业投资有限责任公司持有大连易世达新能源发展股份有限公司股权性质的复函》(豫国资产权〔2009〕73号),确认其国有股东身份。

北京秉原创业投资有限责任公司和大连海融高新创业投资基金有限公司于2009年12月22日取得河南省人民政府国有资产监督管理委员会以《关于大连易世达新能源发展股份有限公司国有股转全国社会保障基金理事会持有的批复》(豫国资产权〔2009〕74号),履行转持批复程序。

2.发行人相关股东国有股权界定及转持变化情况

大连海融高新创业投资基金有限公司于2010年6月21日完成增资,其注册资本(实收资本)变更为21,000万元,其中大连宝红投资有限公司新出资11,000万元,占52.38%,大连海创投资集团有限公司原出资5000万元,占23.81%,大连高新技术担保投资有限公司原出资5000万元,占23.81%。大连宝红投资有限公司的唯一股东为林爱华,大连海融高新创业投资基金有限公司控股股东变更为大连宝红投资有限公司,实际控制人为林爱华。大连海融高新创业投资基金有限公司于2010年6月21日取得大连高新技术产业园区国有资产经营管理中心以《关于大连海融高新创业投资基金有限公司〈关于大连海融高新创业投资基金有限公司所持大连易世达新能源发展股份有限公司股份进行股份性质变更的请求〉的批复》(大高财国资〔2010〕1号)(根据大连市人民政府国有资产监督管理委员会2009年12月8日《关于授权大连高新技术产业园区国有资产经营管理中心办理大连海融高新创业投资基金有限公司国有股东身份确认及国有股转持等事宜的函》授权),确认其持有的发行人股份为非国有股。

北京秉原创业投资有限责任公司于2010年3月18日完成增资,其注册资本(实收资本)变更为12,513万元,其中康玛水新出资6513万元,占52.05%,秉原投资控股有限公司原出资6000万元,占47.95%,北京秉原创业投资有限责任公司控股股东变更为康玛水。北京秉原创业投资有限责任公司于2010年6月11日取得河南省人民政府国有资产监督管理委员会以《关于确定北京秉原创业投资有限责任公司所持大连易世达新能源发展股份有限公司股权性质的批复》(豫国资产权〔2010〕38号),确认其持有的发行人股份为非国有股。

综上所述,发行人律师认为:

北京秉原创业投资有限责任公司和大连海融高新创业投资基金有限公司所持有的发行人股份因其控股股东变化由国有股变更为非国有股,且经河南省人民政府国有资产监督管理委员会、大连市人民政府国有资产监督管理委员会授权大连高新技术产业园区国有资产经营管理中心确认,履行了必要的程序,符合《上市公司国有股东标识管理暂行规定》、《关于施行〈上市公司国有股东标识管理暂行规定〉有关问题的函》等相关法律法规和规定,其所持发行人股份为非国有股。

北京秉原创业投资有限责任公司和大连海融高新创业投资基金有限公司所持发行人股份因其控股股东变化由国有股变更为非国有股,故不再履行《境内证券市场转持部分国有股充实全国社保基金实施办法》规定的转持义务。

上述发行人相关股东国有股权界定及转持变化情况对本次股票公开发行及上市不构成法律障碍。

(二)审核意见关注

1. 秉原创业投资的进一步核查

北京秉原创业投资有限责任公司于 2010 年 3 月 18 日完成增资,其注册资本(实收资本)变更为 12,513 万元,其中康玛水新出资 6513 万元,占 52.05%,秉原投资控股有限公司原出资 6000 万元,占 47.95%,北京秉原创业投资有限责任公司控股股东变更为康玛水。北京秉原创业投资有限责任公司于 2010 年 6 月 11 日取得河南省人民政府国有资产监督管理委员会以《关于确定北京秉原创业投资有限责任公司所持大连易世达新能源发展股份有限公司股权性质的批复》(豫国资产权〔2010〕38 号),确认其持有的发行人股份 150 万股为非国有股,不再履行国有股转持义务。因上述文件当时出具时未明确注明抄送财政部、全国社会保障基金理事会等相关部门,河南省人民政府国有资产监督管理委员会重新出具了《关于确定北京秉原创业投资有限责任公司所持大连易世达新能源发展股份有限公司股权性质的批复》(豫国资产权〔2010〕38 号),并明确注明抄送财政部、中国证监会、全国社会保障基金理事会、中国证券登记结算有限责任公司深圳分公司。

综上所述,发行人律师认为:

北京秉原创业投资有限责任公司和大连海融高新创业投资基金有限公司所持有的发行人股份因其控股股东变化由国有股变更为非国有股,且经河南省人民政府国有资产监督管理委员会、大连市人民政府国有资产监督管理委员会批复确认,履行了必要的程序,符合《上市公司国有股东标识管理暂行规定》、《关于施行〈上市公司国有股东标识管理暂行规定〉有关问题的函》等相关法律法规的规定,其所持发行人股份为非国有股。

北京秉原创业投资有限责任公司和大连海融高新创业投资基金有限公司所持发行人股份因其控股股东变化由国有股变更为非国有股,且经河南省人民政府国有资产监督管理委员会、大连市人民政府国有资产监督管理委员会批复确认,故不再履行《境内证券市场转持部分国有股充实全国社保基金实施办法》规定的向全国社保基金的转持义务。

上述发行人相关股东国有股权界定及转持变化情况对本次股票公开发行及上市不构成法律障碍。

2. 关于发行人其他非自然人股东所持发行人股份仍为非国有股的情况

发行人其他非自然人股东大连力科技术工程有限公司、天津博信一期投资中心(有限合伙)和凤凰资产管理有限公司所持发行人股份仍为非国有股,并未发生变化,无须履行向全国社保基金的转持义务。

【案例评析】

1. 不论是出于充实社保基金的单纯想法还是有着复杂的考虑因素，国有股转持问题都在实施之初引起了不小的轰动，最直接的影响主要有两个方面：其一，企业首发上市多了一个前置程序，而这个程序的审批速度又没法控制，导致很多企业和中介怨声载道。其二，国有股东持有上市公司的股权一夜之间就少了10%，总是觉得心里有些不舒服。当然，如果是国有独资的企业作为股东，那么国有股转持就是单纯的左口袋转右口袋，虽然利益主体不同可能影响到自己的领导业绩，但是毕竟那也不是自己的股权，转了也就转了。而当时意见比较大的是国有创投公司，本来公司的主营业务就是创业投资且每个企业投资股权的比例并不多，你这么一转，弄不好我一年下来就全白忙活了，这在很大程度上打击了创业投资的积极性同时也损害了这个行业的健康发展。

2. 对于这个问题的争议主要也有两个方面。一个是实体利益上的，也就是上面所提到的；另外一个就是程序上，也就是具体操作层面上的。相关规则对于问题的规定尽管明确但不具体，加上没有考虑到实践中极其复杂的股权结构情况，导致最初实施该规则时争议比较大自然也就是困惑比较多，甚至曾经出现对同一问题有不同理解和操作的情况。争议的焦点一个是审批机关到底是谁以及哪个级别的，另外一个就是国有股转持的数量和比例到底如何计算，而后者争议更大。

3. 所谓问题越辩越明，经过一段时间的争议和修订之后，国有股转持问题的处理思路和解决方式已经固定且明确。对于该问题没有深入探讨的必要，这里将对比较重要也比较典型的集中国有股转持的情形做简要总结分析：

（1）国有股转持最简单的情形就是股东为国有独资企业，没什么可说的，直接转发行股份的10%就可以了，如果不足10%就全转了。

（2）第二种情形就是发行人有多名国有股东，那么就是这几个股东根据持股比例来分配10%的转持义务就可以了。

（3）如果是混合制股东，根据现有案例来看，主要还是根据国有股东在混合制股东中的持股比例来计算转持股份的数量，目前没有见到直接拿现金履行转持义务的案例。

（4）如果发行人有些股东的性质并不能很明确界定，那么还需要有关部门对股东性质进行界定，如果界定为非国有股东，那么可以免除转持义务。不过，需要向大家提醒的是，易世达的案例是否具有普遍参考性值得思考。

（5）还值得说明的是，2010年10月份符合条件国有创投公司可以豁免转持的义务，最初比较典型的就是深创投的案例，后来这样的情况出现的越来越多，也从根本上解决了小兵前面提到的利益不公的问题。

4. 上述案例基本上都代表了一种情形，供诸位在项目实践中参考。国有股转持也涉及国家利益的问题，因此在项目中还是要谨慎对待，不仅在转持数量计算上要有理有据，在转持的整个程序上也应该合法合规。

5. 最后，还需要说明一点的是，国有股转持的批复文件为申报材料的必备文件，如果没有取得可能不会受理申请文件。在该问题比较火热的时候，如果发行人不存在国有股东，监管机构还需要保荐机构对发行人不存在国有股转持义务进行核查并说明，现在这一要求已经弱化。

【参考规则】

一、境内证券市场转持部分国有股充实社保基金实施办法

第一章　总　　则

第一条　按照中央关于多渠道筹集社会保障基金的决定精神，根据国务院关于在境内证券市场实施国有股转持的有关政策，制定本办法。

第二条　本办法所称国有股东是指经国有资产监督管理机构确认的国有股东。

第三条　本办法所称国有资产监督管理机构，是指代表国务院和省级以上（含计划单列市）人民政府履行出资人职责、负责监督管理企业国有资产的特设机构和负责监督管理金融类企业国有资产的各级财政部门。

第四条　本办法所称国有股是指国有股东持有的上市公司股份。

第五条　本办法所称国有股转持是指股份有限公司首次公开发行股票并上市时，按实际发行股份数量的10%，将上市公司部分国有股转由全国社会保障基金理事会（以下简称社保基金会）持有。

第二章　转持范围、比例和方式

第六条　股权分置改革新老划断后，凡在境内证券市场首次公开发行股票并上市的含国有股的股份有限公司，除国务院另有规定的，均须按首次公开发行时实际发行股份数量的10%，将股份有限公司部分国有股转由社保基金会持有，国有股东持股数量少于应转持股份数量的，按实际持股数量转持。

第七条　股权分置改革新老划断后至本办法颁布前首次公开发行股票并上市的股份有限公司，由经国有资产监督管理机构确认的上市前国有股东承担转持义务。经确认的国有股东在履行转持义务前已发生股份转让的，须按其承担的转持义务以上缴资金等方式替代转持国有股。

第八条　本办法颁布后首次公开发行股票并上市的股份有限公司，由经国有资产监督管理机构确认的国有股东承担转持义务。

第九条 混合所有制的国有股东，由该类国有股东的国有出资人按其持股比例乘以该类国有股东应转持的权益额，履行转持义务。具体方式包括：在取得国有股东各出资人或各股东一致意见后，直接转持国有股，并由该国有股东的国有出资人对非国有出资人给予相应补偿；或者由该国有股东的国有出资人以分红或自有资金一次或分次上缴中央金库。

第十条 对符合直接转持股份条件，但根据国家相关规定需要保持国有控股地位的，经国有资产监督管理机构批准，允许国有股东在确保资金及时、足额上缴中央金库情况下，采取包括但不限于以分红或自有资金等方式履行转持义务。

第三章 转持程序

第十一条 股权分置改革新老划断后至本办法颁布前首次公开发行股票并上市的股份有限公司的转持程序：

1. 国有资产监督管理机构根据现有资料对转持公司中的国有股东身份和转持股份数量进行初步核定，并由财政部、国务院国资委、中国证券监督管理委员会（以下简称证监会）和社保基金会将上市公司名称、国有股东名称及应转持股份数量等内容向社会联合公告。应转持股份自公告之日起予以冻结。

2. 国有股东对转持公告如有疑义，应在公告发布后30个工作日内向国有资产监督管理机构反馈意见，由国有资产监督管理机构予以重新核定。

3. 对于以转持股份形式履行转持义务的，国有资产监督管理机构向中国证券登记结算有限责任公司（以下简称中国结算公司）下达国有股转持通知，并抄送社保基金会。中国结算公司在收到国有股转持通知后15个工作日内，将各国有股东应转持股份，变更登记到社保基金会转持股票账户。

对于以上缴资金方式履行转持义务的，国有股东应及时足额就地上缴中央金库，凭一般缴款书（复印件）到中国结算公司办理股份解冻手续。

4. 国有股东在国有股转持程序完成后30个工作日内，应将转持股份情况，或以其他方式履行转持义务情况以及一般缴款书（复印件）等有关文件报国有资产监督管理机构备案，并抄送财政部和社保基金会。

第十二条 本办法颁布后首次公开发行股票并上市的股份有限公司的转持程序：

1. 首次公开发行股票并上市的股份有限公司的第一大国有股东向国有资产监督管理机构申请确认国有股东身份和转持股份数量。国有资产监督管理机构确认后，出具国有股转持批复，并抄送社保基金会和中国结算公司。国有股转持批复应要求国有股东向社保基金会作出转持承诺，并载明各国有股东转持股份数量或上缴资金数量等内容。该批复应作为股份有限公司申请首次公开发行股票并上市的必备文件。

2. 对于以转持股份形式履行转持义务的，中国结算公司在收到国有股转持批复后、首次公开发行股票上市前，将各国有股东应转持股份，变更登记到社保基金会转持股票账户。对于以上缴资金方式履行转持义务的，国有股东须按国有股转持批复的要求，及时足额就地上缴到中央金库。

3. 国有股东在国有股转持工作完成后30个工作日内将转持股份情况，或以其他方式履行转持义务情况以及一般缴款书（复印件）等有关文件报国有资产监督管理机构备案，并抄送财政部和社保基金会。

第四章 转持股份的管理和处置

第十三条 转由社保基金会持有的境内上市公司国有股，社保基金会承继原国有股东的禁售期义务。对股权分置改革新老划断至本办法颁布前首次公开发行股票并上市的股份有限公司转持的股份，社保基金会在承继原国有股东的法定和自愿承诺禁售期基础上，再将禁售期延长三年。

第十四条 社保基金会转持国有股后，享有转持股份的收益权和处置权，不干预上市公司日常经营管理。

第十五条 国有股转持给社保基金会和资金上缴中央金库后，相关国有单位核减国有权益，依次冲减未分配利润、盈余公积金、资本公积金和实收资本，并做好相应国有资产产权变动登记工作。对于转持股份，社保基金以发行价入账，并纳入基金总资产统一核算。对国有股东替代转持上缴中央金库的资金，财政部应及时拨入社保基金账户。

第十六条 财政部负责对转持国有股充实全国社保基金的财务管理实施监管。财政部可委托专业中介机构定期对社保基金会转持国有股的运营情况进行审计。

第十七条 社保基金会应设立专门账户用于接收转持股份，按本办法转持国有股以及转持股份在社保基金各账户之间转账，免征过户费。

第十八条 国有股转持过程中涉及的信息披露事项，由相关方依照有关法律法规处理。

二、关于豁免国有创业投资机构和国有创业投资引导基金国有股转持义务有关问题的通知

国务院有关部委，有关直属机构，各省、自治区、直辖市、计划单列市财政厅（局）、国资委（局），中国证券登记结算有限责任公司，有关国有创业投资机构、国有创业投资引导基金：

《财政部国资委证监会社保基金会关于印发〈境内证券市场转持部分国有股充实全国社会保障基金实施办法〉的通知》（财企〔2009〕94号）规定，股权分置改革

新老划断后，凡在境内证券市场首次公开发行股票并上市的含国有股的股份有限公司，除国务院另有规定的，均须按首次公开发行时实际发行股份数量的10%，将股份有限公司部分国有股转由社保基金会持有，国有股东持股数量少于应转持股份数量的，按实际持股数量转持。

为进一步提高国有资本从事创业投资的积极性，鼓励和引导国有创业投资机构加大对中早期项目的投资，促进我国创业投资事业的发展和科技创新目标的实现，经国务院批准，符合条件的国有创业投资机构和国有创业投资引导基金，投资于未上市中小企业形成的国有股，可申请豁免国有股转持义务。现将有关事项通知如下：

一、资质条件

（一）豁免国有股转持义务的国有创业投资机构应当符合下列条件：

1. 经营范围符合《创业投资企业管理暂行办法》（发展改革委等10部门令第39号，以下简称《办法》）规定，且工商登记名称中注有"创业投资"字样。在2005年11月15日《办法》发布前完成工商登记的，可保留原有工商登记名称，但经营范围须符合《办法》规定。

2. 遵照《办法》规定的条件和程序完成备案，经备案管理部门年度检查核实，投资运作符合《办法》有关规定。

（二）豁免国有股转持义务的国有创业投资引导基金应当为按照《关于创业投资引导基金规范设立与运作的指导意见》（国办发〔2008〕116号）规定，规范设立并运作的国有创业投资引导基金。

（三）本通知所称未上市中小企业，应当同时符合下列条件：

1. 职工人数不超过500人。

2. 年销售（营业额）不超过2亿元。

3. 资产总额不超过2亿元。

上述条件按照国有创业投资机构和国有创业投资引导基金初始投资行为发生时被投资企业的规模确定。

二、申报资料

国有创业投资机构或国有创业投资引导基金申请豁免国有股转持义务，应当提供以下资料：

（一）申请报告。

（二）国有创业投资机构按照《创业投资企业管理暂行办法》完成备案及年检的证明文件，国有创业投资引导基金按照《关于创业投资引导基金规范设立与运作的指导意见》规范设立并运作的具体说明。

（三）经会计师事务所审计的被投资企业在国有创业投资机构或国有创业投资引导基金初始投资发生时上一年度的会计报表。

(四)由被投资企业所在地劳动和社会保障部门出具的被投资企业在国有创业投资机构或国有创业投资引导基金初始投资发生时上一年度末职工人数的证明。

(五)其他说明材料。

三、办理程序

被投资企业拟首次公开发行股票并上市前,符合条件的国有创业投资机构或国有创业投资引导基金直接向财政部提出豁免国有股转持义务申请。财政部经审核后出具豁免国有股转持义务的批复文件,并抄送国资委、证监会、社保基金会和相关省(自治区、直辖市、计划单列市)国有资产监督管理机构、财政部门。若被投资企业有其他国有股东,需省级或省级以上国有资产管理机构出具国有股转持批复的,已豁免国有股转持额度在应转持总额度中扣除。

已按《境内证券市场转持部分国有股充实全国社会保障基金实施办法》实施国有股转持的,符合条件的国有创业投资机构或国有创业投资引导基金直接向财政部提出国有股回拨申请。财政部会同社保基金会复核后向中国证券登记结算有限责任公司(以下简称中国结算公司)下达国有股回拨通知,并抄送国资委、证监会、社保基金会和相关省(自治区、直辖市、计划单列市)国有资产监督管理机构、财政部门。中国结算公司在收到国有股回拨通知后 15 个工作日内,将已转持国有股,由社保基金会转持股票账户变更登记到国有创业投资机构或国有创业投资引导基金开设的股票账户。

第三章　改制问题

□ 改制问题在以前的研究中也涉及很多内容,本节内容是对以前问题的延伸和补充。

□ 红帽子企业改制和股份合作制企业改制属于两种非常具有中国特色的企业形式,情况比较普遍问题也历史久远,实践中问题的解决思路也比较明确。

□ 境外企业退市回归的问题最近两年出现了一些案例但不是很多,尽管如此退市回归的问题已经讨论的非常广泛,只是由于退市和回归都需要很久的时间所以案例还不是很丰富。

□ 整体变更之于首发上市就如同四肢之于身体,这个问题毫不夸张地说就是实践中怎么也躲不过去的一个问题,且因为整体变更这个概念有点专门为首发上市而设从而也存在一些法律上的模糊区。

■第一节　红帽子企业解决之道

【重要提示】

★ 红帽子企业是我国经济体制发展过程中形成的一种在特定环境背景下形成的特殊企业形式,主要存在于我国市场经济初步发展的 20 世纪 90 年代。到了 21 世纪初期,在政府相关政策的引导下,几乎全部企业均摘掉了红帽子,实现了产权认定和产权清晰。

★ 红帽子企业在实践中相对比较普遍,经过实务中多年的总结,该问题的解决思路已经相对成熟,基本原则就是保证股权清晰稳定且不存在国有资产流失。

★ 红帽子企业在产权认定上要比国有企业或集体企业改制简单明了,一般也不会存在重大风险,不过从目前审核实践来看,绝大多数企业均还是取得了省级政府的确认文件。

【案例情况】

一、联化科技:国家减免税收的处理

本公司前身为黄岩县城关联合化工厂。1985 年 1 月 19 日,原黄岩县乡镇企业管理局以〔85〕第 11 号文件《关于同意建立“黄岩县城关联合化工厂”等八个工厂的批复》批准筹建;1985 年 2 月 16 日,黄岩县城关联合化工厂在黄岩县工商局注册成立,黄岩县工商行政管理局核发了黄工商企字 11944 号营业执照,注册资金 3 万元,企业性质登记为集体(镇属),企业负责人为俞凤卿。1995 年 9 月,企业名称变更为浙江联化集团公司,注册资金变更为 2423 万元。

(一)产权界定的过程

1998 年 8 月 25 日,浙江联化集团公司根据中共台州市黄岩区委和台州市黄岩区人民政府《关于推进国有、城镇集体企业产权制度改革的若干意见》(区委发〔1998〕28 号),向黄岩区城关镇人民政府递交了《关于浙江联化集团公司及所属企业产权量化方案的报告》,请求镇政府对企业经济性质和产权进行重新核实和界定,并将公司产权量化到牟金香、王江涛、张有志、东志刚、郑宪平、李展宇、张贤桂、彭寅生、王功新、周汉华、鲍臻湧、徐从海、周均方、陈建郎 14 个自然人。

1998 年 8 月 10 日,为进行产权界定及改制,黄岩区会计师事务所以 1998 年 6 月 30 日为基准日,对浙江联化集团公司的全部资产和负债进行评估,并出具了《资产评估报告书》(黄会评估字〔1998〕第 35 号),评估结果为资产评估值 136,039,373.67 元,负债评估值 94,029,296.67 元,所有者权益评估值 42,010,076.74 元。

1998 年 8 月 27 日,黄岩区城关镇人民政府出具了《关于浙江联化集团公司及所属企业产权界定的意见》,同意浙江联化集团公司由镇属集体企业转换为股份制企业,确认公司系由牟金香、王江涛、张有志、东志刚、郑宪平、李展宇、张贤桂、彭寅生、王功新、周汉华、鲍臻湧、徐从海、周均方、陈建郎 14 个自然人投资形成;按照“谁投资,谁拥有”的产权界定原则,同意公司将产权量化至 14 位自然人的方案。同时,黄岩区城关镇人民政府以《城关镇人民政府关于浙江联化集团公司及所属企业转换体制的请示》(城政〔1998〕95 号)向黄岩区经济体制改革委员会请示,拟按黄岩区会计师事务所审计评估的净资产将浙江联化集团公司由集体企业转换体制为股份合作企业,原公司的资产及债权、债务均由转换体制后的企业负责;原公司的国家扶持基金(减免税)10,083,823.32 元,留作企业使用,今后按国家有关政策规定处理;上交城关镇部分合计 117 万元(含 1994 年前应交利润 796,313.52 元),转制时先付 50 万元,余额 67 万元分两年付清;企业转换体制的具体细则由镇经济委员会与公司签订协议。

1998年9月2日,台州市黄岩区经济体制改革委员会以黄体改〔1998〕16号作出了《关于同意浙江联化集团公司改制的批复》,同意台州市黄岩区城关镇政府《关于浙江联化集团公司及所属企业转换体制的请示》,同意镇属集体企业浙江联化集团公司改制为股份合作制企业,剔除减免税后的原企业资产均归改制后的企业所有,其债权债务亦由改制后的企业负责,具体股权重置方案由镇政府帮助企业确定;国家减免税10,083,823.32元按照区委区政府《关于推进国有、城镇集体企业产权制度改革的若干意见》(区委发〔1998〕28号)执行。

1998年9月2日,黄岩区城关镇经济委员会与浙江联化集团公司签订了《浙江联化集团公司及所属企业转换体制协议书》,协议约定以经黄岩区会计师事务所审计评估(评估基准日为1998年6月30日)结果为公司转制依据,企业转制后自主经营、自负盈亏、自行承担风险和享有权益,(转制后一切经济活动)均与镇经委无关。原企业国家扶持基金(减免税)暂留企业使用,今后按国家有关政策规定处理。应上缴城关镇部分117万元(含1994年前应交利润796,313.52元),转制时先付50万元,其余67万元分两年付清。协议签订后,公司应在一个月内到工商行政部门办理企业性质变更手续,不得继续保留原镇属集体性质。

据此,浙江联化集团公司制订了以下改制方案:根据黄岩区会计师事务所按1998年6月30日为评估基准日核定的净资产额42,010,076.74元,对产权界定办法确定如下:

1. 上交黄岩区城关镇经委117万元;各种减免税总额10,083,823.32元,不纳入股份分配;提留厂长基金108万元,其余净资产29,676,253.42元全部量化至公司骨干人员,纳入股份分配,以1997年12月为股东产权量化的时间结算点。

2. 鉴于牟金香在公司发展中的重大作用,享有25%股份,当选董事长工龄分每年按0.5%股权计算,职务分按20%股权计算。

3. 其余股东组成人员为公司副厂(部)级以上人员,股份按照在厂年限和现岗位职务相结合的办法量化,其中在厂年限标准按至1997年12月在厂的实足工龄,以每年0.3%股权计算;岗位职务标准为总经理级(含副总经理)为3%股权,部长级(含分厂厂长)为1.5%股权,副部长级(含分厂副厂长)为1%股权。

1997年12月前已离开公司且已安置的人员不再享受股份分配,特聘人员不参与股份分配。

根据以上方案,纳入股份分配的净资产为29,676,253.42元,股东按以上股份分配办法确定了股权结构。

(二)产权界定后现金增资改制为有限公司

以上各股东在产权界定之后,再按各自比例以现金增资20,403,746.58元,经黄岩区会计师事务所1998年9月10日黄会验字〔1998〕第211号验资报告审验,公司注册资本达到5008万元。1998年9月14日,经台州市工商局核准,发行人改制为有限责任公司,名称为浙江联化集团有限公司,并领取了《企业法人营业执照》,法定代表人牟金香。

(三)产权界定的确认过程

在公司历史演变过程中,浙江联化集团公司在由集体所有制企业改制为有限责任公司时,黄岩区城关镇人民政府根据对当时法律、法规及有关政策的理解,作出了产权界定,并于1998年8月27日以《关于浙江联化集团公司及所属企业产权界定的意见》批准了企业改制方案。1998年9月2日,台州市黄岩区经济体制改革委员作出了《关于同意浙江联化集团公司改制的批复》(黄体改〔1998〕16号)。

公司在2001年改制为股份有限公司时,台州市乡镇企业局于2001年1月9日出具了《关于浙江联化集团公司改制过程中产权界定问题的意见》,再次确认公司1998年企业转制符合国家有关法律、法规的规定。

2003年12月25日,公司向台州市黄岩区人民政府递交了《关于首次发行股票上市申报过程中涉及产权界定等有关问题的请示》,同时并向黄岩区企业改革领导小组办公室递交了《关于首次发行股票上市申报过程中涉及产权界定等有关问题的报告》,请求相关政府主管部门对公司产权的形成、演变及其合法性以及1998年公司改制为有限责任公司时的改制方案的合法性再次进行确认和批复。为此,台州市黄岩区人民政府组织原乡镇企业主管部门、体改、财政等部门,对公司前身浙江联化集团公司在1998年由集体所有制企业改制为有限责任公司的过程中有关产权界定及改制量化方案进行了核查,于2004年1月8日以《关于浙江联化科技股份有限公司集体所有制改制过程中涉及产权界定及改制量化方案等有关问题的批复》(黄政函〔2003〕62号)对公司原企业出资、产权界定、改制及量化方案等问题再次予以确认。同时,黄岩区企业改革领导小组办公室以黄企改办〔2004〕1号文件,再次确认公司在1998年由集体所有制改制为有限责任公司时,企业的投资者为牟金香,企业并无国家、集体及其他投资,牟金香根据企业高管13人历年来对企业的贡献,再将其部分股权量化、分配给他们。

2004年1月8日,台州市人民政府企业上市工作办公室出具《关于浙江联化科技股份有限公司集体所有制改制过程中产权界定等有关问题的批复》(台上市办〔2004〕01号)的文件,认为公司前身浙江联化集团公司于1998年由集体所有制企业改制为有限责任公司的过程中有关产权界定及量化工作符合国家有关法律、法规的规定,对公司原企业出资、产权界定、改制及产权量化方案等问题予以确认。

2004年7月27日,浙江省人民政府国有资产监督管理委员会出具了《关于浙江联化科技股份有限公司产权问题的复函》(浙国资法产〔2004〕20号),确认发行人在改制前为乡镇企业,现为由9位自然人和1家社会法人共同持股的股份有限公司，其中不涉及国有产权问题。

2004 年 7 月 28 日，浙江省人民政府办公厅出具了《浙江省人民政府办公厅关于浙江联化科技股份有限公司产权界定确认的函》，确认发行人前身为浙江联化集团公司，鉴于当时的国家政策，企业归类为乡镇集体企业，但国家、镇政府及集体无任何投资，实为牟金香个人出资；1998 年 8 月，公司由集体所有制企业变更为股份制企业，企业的出资者牟金香根据企业高管历年来对企业的贡献，将其部分股权量化，分配给王江涛、张有志、东志刚、郑宪平、李展宇、张贤桂、彭寅生、王功新、周汉华、鲍臻湧、徐从海、周均方、陈建郎等 13 人，改制后的公司为牟金香等 14 位自然人投资控股；经核查，该公司改制情况属实，产权清晰，符合当时有关政策法规的规定。

二、森源电气：股东出资的净资产存在挂靠情形

公司是经河南省人民政府《关于设立河南森源电气股份有限公司的批复》批准，由楚金甫、周保臣、杨合岭、隆源投资和隆昌物资共同发起设立的股份有限公司。设立时，公司总股本为 2322.73 万元，其中楚金甫、周保臣、杨合岭分别以其在长葛市开关厂所占的经评估的净资产 5,646,032 元、3,690,634 元、3,690,634 元作为出资，隆源投资、隆昌物资分别以现金 5,400,000 元和 4,800,000 元作为出资。

（一）挂靠企业产权界定

长葛市开关厂系由楚金甫、周保臣、杨合岭于 1992 年 6 月投资设立的企业，注册资本为 30 万元，经过多次的增资长葛市开关厂注册资本为 760 万元。长葛市开关厂曾先后挂靠到长葛市卫生局和长葛市地方税务局，企业性质曾定为集体性质。

2000 年 4 月 6 日，长葛市地方税务局出具《长葛市地方税务局关于同意开关厂脱离隶属关系的批复》（长地税发〔2000〕40 号），同意长葛市开关厂脱离隶属关系，长葛市开关厂的人财物由长葛市开关厂（投资者）所有，长葛市开关厂的全部债权、债务均由长葛市开关厂承担。

2000 年 4 月 16 日，长葛市卫生局出具《关于长葛市开关厂投资情况的证明》。根据该证明：长葛市开关厂创建时挂靠在长葛市卫生局，但其设立时的原始注册资金 30 万元均由楚金甫、周保臣、杨合岭三人自筹，长葛市卫生局实际在长葛市开关厂无任何投资；1993 年 8 月，长葛市卫生局将长葛市开关厂挂靠关系转入长葛市地方税务局，与长葛市卫生局脱离挂靠关系，长葛市开关厂所有债权债务均由其承担。

2000 年 4 月 22 日，长葛市地方税务局再次出具《关于长葛市开关厂产权界定的通知》（长地税字〔2000〕38 号）对长葛市开关厂的产权进行界定，确认长葛市开

关厂全部资产由原始投资人楚金甫、周保臣、杨合岭三人按原始投资数额及比例拥有,长葛市开关厂所有债权债务均由其承担,并解除长葛市地税局与长葛市开关厂的挂靠关系。

2000 年 4 月 30 日,长葛市企业产权制度改革领导组出具《关于长葛市开关厂产权界定的批复》(长企改字〔2000〕6 号),确认长葛市开关厂的出资人为楚金甫、周保臣、杨合岭,并根据长葛金天平会计师事务所对长葛市开关厂的审验,确认截至 2000 年 3 月 31 日,长葛市开关厂注册资金为 760 万元人民币,楚金甫持有长葛市开关厂出资总额的 43.34%,计 3,293,840 元;周保臣持有长葛市开关厂出资总额的 28.33%,计 2,153,080 元;杨合岭持有长葛市开关厂出资总额的 28.33%,计 2,153,080 元。

2000 年 10 月 25 日,长葛市企业产权制度改革领导组再次出具《关于长葛市开关厂产权界定的批复》(长企改字〔2000〕8 号),确认长葛市开关厂的出资人为楚金甫、周保臣、杨合岭,其投资额在长葛市开关厂注册资金中的比例分别为 43.34%、28.33%、28.33%;并根据亚太资产评估事务所对长葛市开关厂出具的评估报告书,确认截至 2000 年 8 月 31 日,长葛市开关厂评估后的净资产为 1302.73 万元,楚金甫持有开关厂净资产 5,646,032 元,周保臣持有开关厂净资产 3,690,634 元,杨合岭持有开关厂净资产 3,690,634 元。

2007 年 11 月 19 日,许昌市财政局向河南省财政厅上报《关于对长葛市开关厂产权界定的请示》(许财企〔2007〕31 号),申请确认长葛市企业产权制度改革领导组先后于 2000 年 4 月和 2000 年 10 月出具的《关于长葛市开关厂产权界定的批复》(长企改字〔2000〕6 号)和《关于长葛市开关厂产权界定的批复》(长企改字〔2000〕8 号)中认定的长葛市开关厂的产权界定。

2007 年 12 月 11 日,河南省财政厅出具《关于对河南森源电气股份有限公司前身长葛市开关厂产权界定结果确认的批复》(豫财办资〔2007〕46 号),同意 2000 年长葛市企业产权制度改革领导组对长葛市开关厂进行产权界定的确认结果。

2008 年 7 月 28 日,许昌市人民政府以《关于界定河南森源电气股份有限公司前身长葛市开关厂产权的请示》(许政文〔2008〕38 号)再次确认长葛市开关厂是由楚金甫、周保臣、杨合岭 3 位自然人共同投资创建的民营企业,并请示河南省人民政府出具长葛市开关厂产权确认文件。

2008 年 7 月 30 日,河南省人民政府以《关于对河南森源电气股份有限公司前身长葛市开关厂产权界定的批复》(豫政文〔2008〕132 号)同意许昌市人民政府关于长葛市开关厂产权界定的意见,确认长葛市开关厂 2000 年改制时清产核资、产权界定程序符合国家法律法规的规定,合法有效。

(二)出资设立股份公司

2000 年 10 月 25 日,楚金甫、周保臣、杨合岭、隆源投资、隆昌物资 5 名股东签订了《河南森源电气股份有限公司发起人协议书》，同意共同出资组建河南森源电气股份有限公司。公司注册资本为2322.73万元，其中：楚金甫以其在长葛市开关厂所占的净资产出资564.6032万元，占注册资本的24.31%；周保臣以其在长葛市开关厂所占的净资产出资369.0634万元，占注册资本的15.89%；杨合岭以其在长葛市开关厂所占的净资产出资369.0634万元，占注册资本的15.89%；隆源投资以现金出资540万元，占注册资本的23.25%；隆昌物资以现金出资480万元，占注册资本的20.67%。长葛市开关厂的债权债务转由股份公司承继。

对于发起人以长葛市开关厂作为出资，发行人律师经核查认为：长葛市开关厂系楚金甫、周保臣、杨合岭3位自然人投资设立的私营企业，其产权界定已履行了必要的法律程序，合法有效。楚金甫、周保臣、杨合岭3位发起人以长葛市开关厂的净资产出资未损害相关债权债务人的利益，对股份公司的设立不构成法律障碍，对本次股票发行上市不构成法律障碍。

（三）发行人设立后，长葛市开关厂有关情况说明

长葛市开关厂于2000年9月至10月在发行人成立前，共收到中国人民解放军第5719工厂等118位债权、债务人的《承诺函》，均同意长葛市开关厂的相关债权、债务由新设立的股份公司承接。

基于企业正常生产经营的需要，在事先征得相关债权债务人及长葛市开关厂同意的情形下，楚金甫、周保臣、杨合岭3位自然人直接将其在长葛市开关厂中所占有的净资产作价投入了股份公司。长葛市开关厂的全部资产、债权债务及业务、人员等全部同时转入了股份公司。此后，长葛市开关厂未进行过任何经营活动。

在股份公司成立后，由于长葛市开关厂不进行任何经营活动，疏忽了长葛市开关厂的注销工作，直至2007年才进行清算工作，并于2007年12月完成清算注销手续。但此项未及时注销事项，未给股份公司及相关债权债务人造成损失。楚金甫、周保臣、杨合岭3位发起股东承诺，"若因此事项而给股份公司及相关债权债务人造成损失的，均由我等3人承担"。

发行人律师经核查认为："长葛市开关厂虽因工作的疏忽而其未及时办理注销手续，但是其自股份公司设立后直至2007年12月办理注销登记手续期间，未进行过任何实际经营活动；且楚金甫等3人业已承诺，若因此事项而给股份公司及相关债权债务人造成损失的，均由楚金甫等3人承担。因此，本所律师认为，该项未及时注销事项不会给股份公司及相关债权债务人造成损失，对本次股票发行上市不构成法律障碍。"

三、亚厦股份：一次性支付金额作为政府帮助的感谢

2001年6月，根据原《中华人民共和国公司法》、《中共浙江省委办公厅、浙江

省人民政府办公厅关于进一步完善乡村集体企业产权制度改革的若干意见》(省委办〔1994〕39 号)、《中共上虞市委、上虞市人民政府关于深化完善乡镇集体企业改革的若干意见》(市委〔1997〕32 号)、《中共上虞市委、上虞市人民政府关于深化完善建筑企业改革的若干试行意见》(市委〔1998〕30 号)等文件,亚厦装饰集团经有关部门批准摘掉镇属集体企业的"红帽子",完成改制工作,具体如下:

(一)第一阶段:准备阶段

2000 年 7 月 28 日,上虞同济资产评估有限公司出具了以 2000 年 6 月 30 日为评估基准日的《资产评估报告书》(虞同评〔2000〕第 152 号)。亚厦装饰集团整体资产的评估结果如下:

单位:元

项目	账面净值	调整后账面净值	评估值	增值额	增值率(%)
流动资产	64,451,954.62	64,451,954.62	64,451,954.62	—	—
长期投资	50,000.00	50,000.00	50,000.00	—	—
固定资产	11,302,887.70	11,302,887.70	11,079,521.75	-223,365.95	-2.02
无形资产	2,022,121.14	2,022,121.14	4,149,137.50	2,127,016.36	51.26
其中:土地使用权	2,022,121.14	2,022,121.14	4,149,137.50	2,127,016.36	51.26
资产总额	77,826,963.46	77,826,963.46	79,730,613.87	1,903,650.41	2.39
流动负债	72,340,272.70	72,340,272.70	71,768,321.55	-571,951.15	-0.80
长期负债	9,327,500.00	9,327,500.00	9,327,500.00	—	—
负债总额	81,667,772.70	81,667,772.70	81,095,821.55	-571,951.15	-0.71
净资产	-3,840,809.24	-3,840,809.24	-1,365,207.68	2,475,601.56	181.34

亚厦装饰集团 2000 年 6 月 30 日的账面净资产为 -384.08 万元,具体构成为:实收资本 320.00 万元、盈余公积 78.80 万元、未分配利润 -782.88 万元。未分配利润均为 2000 年 1~6 月的亏损额。该期亏损的主要原因如下:(1)2000 年 6 月核销了账龄较长且预计无法收回的坏账共计 311.00 万元;(2)2000 年 6 月幕墙车间机器破损报废损失 99.73 万元;(3)为中艺琉璃瓦公司的银行借款提供担保形成的担保损失 30 万元;(4)扣除上述因素后的经营亏损为 342.15 万元,出现经营亏损的主要原因在于当时的业务量尚小,同时,公司按完成合同法确认工程收入,而工程结算较多地发生在下半年。

亚厦装饰集团以 2000 年 6 月 30 日为评估基准日的经评估后的净资产值为 -1,365,207.68元,此评估结果中包括亚厦装饰集团位于 104 国道旁章镇工业新区的 39,409 平方米土地,其中已办理出让手续的 23,568 平方米土地的评估值为 3,004,905 元;划拨的 15,841 平方米土地由土地评估机构评估,暂按账面价值 1,144,232.50元反映。

2000 年 12 月,上虞市土地资产评估中心对上述划拨的 15,841 平方米土地进行了评估,并出具了《土地估价报告》(虞地估〔2000〕190号),经评估,上述划拨的15,841平方米土地的评估价值为1,742,510.00元。此《土地估价报告》业经上虞市土地管理局《关于确认土地估价结果的批复》(虞土价〔2000〕字第115号)确认。

(二)第二阶段:批复阶段

2001年3月12日,上虞市财政局、上虞市地方税务局、上虞市国有资产管理局以《关于浙江亚厦装饰集团公司资产评估确认、资产损失核销的批复》(虞国资〔2001〕8号)对《资产评估报告书》(虞同评〔2000〕第152号)进行了批复,批复结果如下:确认评估、核销后的总资产(不含划拨土地使用权价值1,144,232.50元)为78,586,381.37元,负债为79,956,708.63元,评估审核后的所有者权益(不含划拨土地使用权价值1,144,232.50元)为-1,370,327.26元。

2001年6月22日,上虞市企业改革领导小组办公室出具了《关于同意浙江亚厦装饰集团有限公司改制的批复》(虞企改办〔2001〕11号),主要内容如下:

1. 经资产评估确认、损失核销后,浙江亚厦装饰集团有限公司资产总额为7858.64万元,负债总额为7995.67万元,净资产为-137.03万元;公司现有集体划拨土地评估确认值174.25万元。

2. 同意浙江亚厦装饰集团有限公司用划拨土地评估确认值174.25万元与原账面暂估值为114.42万元的差额59.83万元冲抵全部负资产,并办理出让土地使用手续。

3. 同意浙江亚厦装饰集团有限公司及下属成员企业摘掉镇属集体企业"红帽子",改组为由丁欣欣等自然人共同出资组建的有限公司,原公司的债权、债务由改制后的新公司承担,原公司的一切往来业务由改制后的新公司承接。

2001年6月28日,上虞市章镇镇人民政府出具了《关于对浙江亚厦装饰集团有限公司产权确认、界定的通知》(章政字〔2001〕第35号),主要内容如下:

1. 浙江亚厦装饰集团有限公司及其下属成员企业实属挂靠镇集体的"红帽子"企业,同意亚厦装饰集团及下属成员企业改组为由丁欣欣等自然人共同出资组建的有限公司。

2. 章镇镇政府在浙江亚厦装饰集团有限公司虽无投资,但由于多年来对企业的帮助和支持,同时企业的发展也离不开当地政府,界定给章镇镇政府一次性上交人民币柒拾伍万元整。2002年2月,亚厦装饰集团将上述75万元改制款上交给了上虞市章镇镇人民政府。

(三)第三阶段:工商变更登记阶段

2002年6月,上虞市章镇镇乡镇企业总公司与丁欣欣签订了《出资额转让协议》,主要内容如下:(1)亚厦装饰集团是一家"红帽子"企业,实际上是丁欣欣个人资产投入组建。乡镇总公司名义上在亚厦装饰集团有 5108 万元的出资，但实际上并没有投入。(2)乡镇总公司同意按上虞市章镇镇人民政府《关于对浙江亚厦装饰集团有限公司产权确认、界定的通知》(章镇字〔2001〕第 35 号)的规定，亚厦装饰集团股东变更为丁欣欣。

2002 年 6 月，亚厦装饰集团完成了上述股权的工商变更登记手续。亚厦装饰集团自资产评估基准日至股权转让日之间的损益归实际投资人丁欣欣和张杏娟夫妇所有。

本次股权变更完成后的股东及股权结构如下：

序号	股东名称	出资额(万元)	出资比例(%)
1	丁欣欣	5108.00	98.84
2	上虞市不锈钢厨房设备厂	60.00	1.16
合　计		5168.00	100

本次股权变更的主要原因为：(1)明确企业产权，转换企业经营机制以适应市场经济需要；(2)贯彻落实当时上虞市企业改革领导小组办公室等相关部门出具的关于企业改制的相关批文的要求。

根据绍兴市人民政府、上虞市人民政府、上虞市章镇镇人民政府和上虞市章镇镇乡镇企业总公司于 2008 年 2 月 20 日出具的《关于浙江亚厦装饰集团有限公司改制摘帽情况有关问题的说明》：

1. 浙江亚厦装饰股份有限公司的前身为浙江亚厦装饰集团有限公司，浙江亚厦装饰集团有限公司的前身为上虞市装饰实业公司，而上虞市装饰实业公司是在上虞市工艺装潢家具厂基础上组建的；上虞市不锈钢厨房设备厂为浙江亚厦装饰集团有限公司设立时除乡镇总公司之外的另一个股东。

2. 工艺装潢厂、实业公司、厨房设备厂和亚厦装饰集团均系丁欣欣和张杏娟个人出资创办，工艺装潢厂、实业公司、厨房设备厂和亚厦装饰集团中均无任何集体资产或者国有资产的投入，亚厦装饰集团、厨房设备厂实际为丁欣欣和张杏娟个人出资的挂靠镇集体的“红帽子”企业。

3. 2000 年至 2002 年期间，亚厦装饰集团依据当时的有关规定，进行了改制，即“红帽子”企业摘帽。亚厦装饰集团的前述改制行为以及改制所履行的程序完整、真实有效，业已取得有关部门的批准和同意，符合当时的相关法律、法规、规范性文件以及政策的规定。

4. 根据有关部门关于改制的批文所进行的股权转让真实、合法、有效，不存在任何纠纷或潜在纠纷。

发行人律师就上述改制发表的意见：亚厦装饰集团的本次改制行为以及改制所履行的程序完整、真实有效，业已取得有关部门的批准和同意，符合当时的相关法律、法规、规范性文件以及政策的规定；根据有关部门关于改制的批文所进行的股权转让真实、合法、有效，不存在任何纠纷或潜在纠纷。

四、爱仕达：直接省级人民政府认定产权界定

爱仕达集团前身温岭市金属制品厂因当时国家、地方政策及历史原因，曾被登记注册为“集体”、“集体所有制（合作经营）”、“管理区办集体”等企业性质，但温岭市金属制品厂的原始出资为陈合林个人投入，没有任何集体资金的投入，该企业自登记设立至注销期间亦未以任何国家或集体资产投入，其实质是由自然人投资设立并经营的企业。

2009年3月9日，浙江省人民政府出具《浙江省人民政府办公厅关于爱仕达集团有限公司企业产权确认的函》（浙政办函〔2009〕24号），同意温岭市人民政府于2009年1月21日出具的《温岭市人民政府关于要求确认爱仕达集团有限公司企业产权界定结果的请示》（温政〔2009〕4号），确认：“爱仕达集团有限公司的前身温岭县东浦公社西浦大队农机五金修配厂以及后来的温岭市金属制品厂为自然人投资设立并经营的企业，其历次股权变更及改制过程符合当时‘戴帽子’集体企业改制的相关政策，履行了相关法律程序，不存在任何纠纷或潜在纠纷，目前爱仕达集团有限公司的产权，陈合林占60%，陈文君占20%，林菊香占10%，陈灵巧占10%。”

锦天城律师认为：依据《中华人民共和国乡镇企业法》第10条第3款“农民合伙或者单独投资设立的乡镇企业，其企业财产权属于投资者所有”等相关规定，温岭市金属制品厂产权清晰，其设立时的资产属于陈合林个人所有，该厂在其存续期间虽登记为“集体”、“集体所有制（合作经营）”、“管理区办集体”性质，但在其设立至改制为温岭爱仕达集团有限公司过程中，均未有集体或国有资产投入，其属于挂靠集体的“红帽子”企业，实质是由自然人投资设立并经营的企业。温岭市金属制品厂历次股权变更及改制过程均合法有效，该企业财产权属于陈合林等自然人所有。

保荐人认为：温岭市金属制品厂自设立至改制为爱仕达集团有限公司的过程中，虽曾因历史原因而曾被登记为“集体”、“集体所有制（合作经营）”、“管理区办集体”等性质，但其实质均为陈合林等自然人投资设立并经营的企业，未有集体或国有资产投入，其历次股权变更及改制过程合法、有效，其企业财产权属于陈合林等自然人所有。

【案例评析】

1.“红帽子企业”单看这样的一个称谓就知道这是中国特色的一种产物，是我们对于特定历史背景下一类特殊企业的统称。何谓红帽子企业，虽然没有明确的

定义但其本质的内容并没有什么争议，在此小兵与大家分享一个个人认为比较准确的在网上的关于这类企业的定义：是指由私人资本投资设立，而又以公有制企业（包括国有和集体企业）的名义进行注册登记的企业，或者挂靠在公有制企业之下的企业，即名为公有制企业实为私有制企业。

2. 红帽子企业在发行审核实践中还是比较普遍的，这与20世纪90年代我国经济体制和经济环境紧密相连，是那个时代产生的一种特殊的也注定是过渡性的企业形式。在当时私营经济地位没有得到匡正且发展不受政策鼓励的情况下（据某发行人介绍企业当时的企业所得税税率甚至可以高达70%），企业需要寻求一个“红帽子”作为保护伞是顺理成章的事情，合情合理甚至都是合法的。因此，目前对于红帽子的审核关注也是用历史的眼光去看待，只要国有资产管理部门能够认可这样的一种挂靠方式且确认最终的产权界定方案，一般都不会构成首发上市的实质障碍。

3. 关于红帽子企业在实践中的关注重点，主要就集中在关于红帽子企业产权界定以及挂靠的解除。从诸多案例的情况来看，尽管每个企业在这个问题的解决上都有着不同的程序和思路，但是只要最终结果是清晰明确的，那么一般都不会构成首发上市的实质性障碍。总结一下具有共性的解决思路主要体现在以下几个方面：

（1）首先详细介绍清楚当时公司摘帽的整个过程，包括评估验资以及产权明晰、公司决议过程、主管部门产权界定以及批复，等等。

（2）由主管部门出具兜底确认文件，从理论上讲如果当时摘帽的整个程序是完善且合规的，那么申报材料时由当地主管部门或者市级主管部门再确认一遍应该不会有问题的，但是从目前的状况来讲，绝大部分案例都最终还是由省级人民政府出具了确认文件。

（3）中介机构发表核查意见，确认红帽子问题不会对发行上市构成障碍。从已有的部分案例来看，尽管红帽子企业也涉及国有或集体资产的处置问题，但是由于背景特殊且在产权甄别上也比较明确，因此在审核过程中该问题一般情况下并没有被过多关注。

4. 从现有案例来看，企业摘帽也主要有两种情况：（1）一种是企业很明确没有一点的集体或国有成分，就是全部由私人投资的，并且当初投资的资金来源很明确，那么这种情况下由主管部门明晰产权一般就可以达到要求。（2）还有一种情况就是，尽管企业是私人投资的，但是企业资产中还有少量是集体或国有企业形成的，比如税收减免、政府补助或者管理费之类的，这部分资产要不界定为集体资产形成集体股权要不就由私人股东定价购买，目前大部分情况还是由私人股东购买，这样也算是新老划断没有给历史问题造成任何的小尾巴，当然在定价方面，让“国家赚点便宜”也无妨。

5. 当然，在挂靠企业解除挂靠时关于企业国有资产的认定，有时候或许有可能成为政府向企业提出的解除挂靠的交换条件,或许这也是企业首发上市必须要付出的成本。甚至在某些情况下,主管部门根本就不认企业挂靠这样的一个事实,那么这个问题就会比较复杂了,该种情况具体怎么处理需要具体问题具体分析,只是在这里提醒大家一点:关于产权问题,越早解决越少麻烦。

■第二节 股份合作制企业改制解决之道

【重要提示】

★ 股份合作制企业与红帽子企业最大的相同之处,在于两者都是在特定历史背景下形成的一种特殊企业形式。

★ 股份合作制企业问题由于普遍涉及集体资产以及员工持股问题,因此在处理上会相对复杂且敏感。

★ 该问题在审核实践中也相对普遍(尤其是经济发达的江浙地区),处理思路尽管细节存在差异但是基本脉络则是大同小异。

【案例情况】

一、成都路桥:重点关注清产核资和产权界定

(一)全民所有制企业阶段

1. 1988 年路桥工程(全民所有制)设立

1988 年 3 月 22 日,成都市交通局以《关于同意成立成都市公路桥梁工程公司的批复》(成交企〔88〕108 号),同意成立路桥工程(全民所有制)。

1988 年 3 月 29 日,成都市财政局出具《关于对成都市路桥工程公司财政管理制度问题的复函》(成财商贸〔88〕20 号),同意将路桥工程(全民所有制)作为全民所有制企业,纳入地方财政预算管理。路桥工程(全民所有制)设立时系隶属于成都市交通局的全民所有制企业,成都市交通局及其所辖单位向路桥工程(全民所有制)拨款。

1988 年 5 月 31 日,路桥工程(全民所有制)在成都市东城区工商行政管理局办理了工商登记手续,取得注册号为 010882 号的《营业执照》,地址为人民中路二段 35 号成都市交通局内,经济性质为全民所有制,核算形式为独立核算,资金总额为 364 万元,生产经营范围:主营房屋、公路、桥梁勘察设计、施工建设,兼营技术

咨询。

2. 1994 年路桥工程（全民所有制）清产核资

根据国务院办公厅发布的《国务院办公厅关于扩大清产核资试点工作有关政策的通知》（国办公〔1993〕29 号），成都市清产核资领导小组于 1994 年对路桥工程（全民所有制）进行了一次清产核资。根据由包括成都市交通局、成都市国有资产管理局、成都市财政局和成都市清产核资领导小组办公室等资金核实部门联合审定批复的《资金核实申报表》，路桥工程（全民所有制）清产核资后的实收资本为 280.21 万元。

3. 1998 年成都市交通局向路桥工程（全民所有制）划拨资产

1998 年 4 月 12 日，成都市交通局出具《关于成都市公路工程处、成都公路养护管理总段资产划拨的通知》（成交运管〔1998〕302 号），将成都市交通局下属的成都市公路工程处和成都市公路养护管理总段共 27,489,354.13 元资产无偿划拨给路桥工程（全民所有制）。根据成都会计师事务所于 1998 年 4 月 30 日出具的《验资报告》（成会事验〔98〕第 099 号），路桥工程（全民所有制）本次资产划拨前后注册资本和投入资本的变化如下表所示：

（单位：万元）

资产划拨单位	注册资本				投入资本				
	变更前		变更后		变更前		本次变更	变更后	
	金额	比例	金额	比例	金额	比例	增（减）额	金额	比例
成都市交通局	364	100%	3029	100%	28021	100%	2748.94	3029.15	100%
其中：成都市公路工程处							1776.23		
成都市公路养护管理总段							972.71		

路桥工程（全民所有制）于 1998 年 6 月 2 日取得成都市工商行政管理局核发的注册号为 20190609－5－4 的《企业法人营业执照》，住所为成都市一环路西三段 26 号，注册资金为 3029 万元，法定代表人为郑渝力，经营范围为：主营公路、桥梁、房屋建筑施工，市政工程给排水施工、勘探设计；兼营与主营项目有关的技术咨询，汽车大修及各级维护。

4. 1998 年成都市交通局从路桥工程（全民所有制）划出资产

1998 年 12 月 25 日，成都市交通局出具《关于同意成都市路桥工程公司资产划拨的批复》（成交运管〔1998〕793 号），决定将路桥工程（全民所有制）9,727,059.75 元的资产划回成都市公路工程有限公司（由成都市公路养护管理总段更名）。根据四川万方会计师事务所出具的川万审字〔99〕第 194 号《审计报告》，上述资产划出后，截至 1999 年 7 月 31 日，路桥工程（全民所有制）的实收资本和注册资本分别为20,562,940.25元和30,290,000.00元，路桥工程（全民所有制）未向工商局变更注册资本。

（二）股份合作制企业阶段

1.改制主体

路桥工程（全民所有制）与公路工程处为股份合作制改制的主体。

2.清产核资及资产评估

1998年12月24日，成都市国有资产管理局以《关于同意成都市公路工程处资产评估立项的批复》（成国资行〔1998〕56号）对公路工程处全部资产（包括土地）评估进行立项。

1999年9月10日，四川万方会计师事务所出具川万审字〔99〕第193号《审计报告》，根据该报告，截至1999年7月31日，公路工程处资金占用总额为58,131,481.27元，资金来源总额为58,131,481.27元。1999年9月10日，四川万方会计师事务所出具川万审字〔99〕第194号《审计报告》，根据该报告，截至1999年7月31日，路桥工程（全民所有制）资产总计100,898,544.16元，负债合计80,036,855.66元，所有者权益合计20,861,688.50元。

1999年10月30日，四川万方资产评估事务所出具川万评字〔99〕第081号《资产评估报告书》，根据该报告，截至1999年7月31日，公路工程处净资产申报评估值为177.66万元，调整后账面值为168.05万元，评估值为236.76万元，增值额为68.71万元，增值率为40.88%。

1999年10月30日，四川万方资产评估事务所出具川万评字〔99〕第082号《资产评估报告书》，根据该报告，截至1999年7月31日，路桥工程（全民所有制）净资产账面值为1973.59万元，调整后账面值为2072.63万元，评估值为2089.97万元，增值额为17.34万元，增值率为0.84%。

1999年10月30日，四川万方资产评估事务所出具《成都市公路工程处、成都市路桥工程公司合并资产评估报告书》，根据该报告，截至1999年7月31日，扣除公路工程处对路桥工程（全民所有制）的长期投资2056.44万元，汇总合并的净资产评估值为270.29万元（2089.97万元+236.76万元-2056.44万元）。

1999年11月29日，成都市国有资产管理局以《关于对成都市公路工程处（成都市路桥工程公司）资产评估结果确认的通知》（成国资行〔1999〕65号）对川万评字〔99〕第081号《资产评估报告书》、川万评字〔99〕第082号《资产评估报告书》以及《成都市公路工程处、成都市路桥工程公司合并资产评估报告书》所述评估结果进行确认。

对于纳入改制所涉资产范围内土地使用权的价值，由成都市地价评估事务所进行了专项评估。1999年7月31日，成都市地价评估事务所出具蓉地价〔1999〕

改字第18－1号《土地估价报告》，根据该报告，在估价期日1999年7月31日，公路工程处使用的位于成都市成华区青龙乡将军碑村的国有划拨土地在满足估价报告所限条件下的土地使用权总价为1,465,640元。1999年7月31日，成都市地价评估事务所出具蓉地价〔1999〕改字第18－2号《土地估价报告》，根据该报告，在估价期日1999年7月31日，公路工程处使用的位于成都市成华区外北驷马桥街洪家坡的国有划拨土地在满足估价报告所限条件下的土地使用权总价为5,158,718元。上述两宗地土地使用权合计估价6,624,358.00元，该评估结果已由成都市国土局于1999年8月18日以《关于确认成都市公路工程处土地估价结果的批复》（成国土价〔1999〕164号）予以确认。

3.改制方案的批准

1999年11月5日，公路工程处职工代表大会通过了《成都市公路工程处（成都市路桥工程公司）整体改组为股份合作制企业的实施方案》（以下简称《改制实施方案》）。

1999年12月8日，成都市交通局出具成交运营〔1999〕641号文批复同意《改制实施方案》，并将该方案转报成都市经济委员会审批。

1999年12月27日，成都市经济委员会、成都市财政局、成都市国资局、成都市国土局出具成经〔1999〕286号文批复同意《改制实施方案》，根据该批复，由改制后企业承担原改制主体的债权债务，不再保留职工的国有企业职工身份；因公路工程处、路桥工程（全民所有制）净资产不足以解决职工安置及其他费用，同意将土地出让金用于职工安置。

4.改制的具体内容

（1）职工安置和社会保险

根据成都市劳动局于1999年11月8日出具的《关于认定成都市公路工程处职工安置费的批复》（成劳函〔1999〕17－24号）、成都市人事局退休退职处于1999年10月19日进行的核准以及经有权政府部门、职工代表大会批准的《改制实施方案》，公路工程处职工安置费为3,447,190.37元，离退休职工社会保险费和抚恤金费用为913,161.21元。

根据经有权政府部门、职工代表大会批准的《改制实施方案》，改制过程中的职工安置方案如下：①在册职工和离退休人员全部由改制后的股份合作制企业接收安置；②对于自愿申请自谋职业的人员，经改制后的股份合作制企业批准，按相关政策给予一次性安置费后即不再保留与改制后的股份合作制企业的劳动关系；③离退休人员的社会保险费用由改制后的股份合作制企业按照国家相关规定缴纳。

（2）国有资产处置

根据成都市国土局地产处于1999年12月22日出具的《关于核定土地出让金

的函》(成国土企改联〔1999〕7号)以及经有权政府部门、职工代表大会批准的《改制实施方案》,位于成都市成华区青龙乡将军碑村、成都市成华区外北驷马桥街洪家坡的两宗地出让金为2,303,333元。2000年3月13日,成都市国土局出具《关于成都市公路工程处改制土地资产处置的批复》(成国土发让〔2000〕31号)确认,将上述两宗地的出让金2,303,333元用于职工安置。

根据成都市国有资产管理局于1999年12月30日出具的《关于对成都市公路工程处(成都市路桥工程公司)改制国有资产处置意见的批复》(成国资行〔1999〕93号)以及经有权政府部门、职工代表大会批准的《改制实施方案》,公路工程处与路桥工程(全民所有制)于评估基准日(1999年7月31日)汇总合并的净资产评估值2,702,878.05元(不含位于成都市成华区青龙乡将军碑村、成都市成华区外北驷马桥街洪家坡两宗地土地使用权的估价),加上其他国有资产(系住房周转金-2,381,823.59元),故改制中可供职工购买的国有资产总额为321,054.46元;再扣除经核定的职工安置费3,447,190.37元以及离退休职工社会保险费、抚恤金费用913,160.21元,余额为-4,039,296.12元;由于公路工程处与路桥工程(全民所有制)的净资产不足以解决职工安置及其他费用,将经核定的位于成都市成华区青龙乡将军碑村、成都市成华区外北驷马桥街洪家坡两宗地的出让金2,303,333元用于安置职工并抵扣离退休职工社会保险费不足的部分,经抵扣后余额为-1,735,963.12元,因此公路工程处与路桥工程(全民所有制)的全部国有资产以零元的价格转让给职工。

(3)股权设置及认购办法

根据经有权政府部门、职工代表大会批准的《改制实施方案》,经核准的职工安置费将量化到职工形成改制后股份合作制企业的股本,改制后股份合作制企业的在册职工还可依照基本股、工龄股和职务股的内部设置规定,以现金形式认购一定数额的股本。

5. 改制过程中国有资产的处置

(1)国有资产注销产权

根据《成都市国有小企业改革领导小组印发关于贯彻落实〈关于加快国有中小企业改革的决定〉的实施意见(试行)的通知》(成小企领〔1996〕2号)的规定,企业内部职工集体购买全部产权改制为股份合作制企业的,企业内部职工缴足应交的价款后即取得原企业国有资产全部产权。

根据相关批复以及《改制实施方案》,成都市国有资产管理局与公路工程处(成都市路桥工程公司)于1999年12月签订了《国有企业产权转让协议》,并办理了相关国有资产注销产权登记手续。

(2)改制基准日后经营损益的归属

在公路工程处与路桥工程(全民所有制)进行股份合作制改制过程中,根据成都市国有小企业改革领导小组印发关于贯彻落实《关于加快国有小企业改革的决定》的实施意见（试行）的通知（成小企领〔1996〕2号），公路工程处与路桥工程（全民所有制）自评估基准日（1999年7月31日）至改制后股份合作制企业工商注册登记日（2000年9月27日）期间的经营损益，由改制后的路桥工程（股份合作制）所享有。2007年12月4日，成都市国有资产监督管理委员会及成都市财政局联合出具《关于成都市路桥工程股份有限公司上市工作有关问题的复函》（成国资改革〔2007〕99号），认可路桥工程（股份合作制）享有改制基准日后的经营损益，确认该等操作符合当时成都市关于国有小企业改革的政策规定。

（3）改制过程中土地使用权增值收益的归属

公路工程处与路桥工程（全民所有制）在改制时，对拟进入改制后企业并办理出让手续的两宗土地的土地使用权价值进行了专项评估，成都市国土局对这两宗土地的评估价值确认为662.43万元，其后将这两宗土地的出让金核定为230.3333万元，并全部用于安置职工。对于土地使用权估价与出让金之间的土地使用权增值收益，实际由改制后的路桥工程（股份合作制）所享有。根据《关于国有小企业改革中处置土地使用权和房屋产权的办法》（成委发〔1996〕11号文件附件4）的规定，国有小企业改革中涉及土地使用权有偿转让的，按最低标准减半征收土地出让金，免收土地增值收益。2007年12月4日，成都市国有资产监督管理委员会及成都市财政局联合出具《关于成都市路桥工程股份有限公司上市工作有关问题的复函》（成国资改革〔2007〕99号），认可路桥工程（股份合作制）享有上述土地使用权增值收益，确认该等操作的目的是支持国有小企业改制并扶持其发展，符合当时成都市关于国有小企业改革的政策规定。

2001年3月12日，路桥工程（股份合作制）与中国石油天然气股份有限公司四川成都销售分公司签订了转让合同〔2001〕第038号《成都市国有土地使用权转让合同书》，根据该合同，路桥工程（股份合作制）将成都市成华区青龙乡将军碑村的土地使用权及地上建筑物以1,465,640.00元的价格转让给中国石油天然气股份有限公司四川成都销售分公司。

2003年12月16日，因城市房屋拆迁，路桥工程（股份合作制）与成都市干道建设指挥部就成都市成华区外北驷马桥街洪家坡地块及其地上房屋的拆迁签订了《成都市非住宅房屋拆迁货币补偿协议书》，根据该补偿协议，公司因该地块及其地上房屋拆迁共获得10,304,000.00元补偿款。

（4）未纳入国有资产评估范围项目盈亏的归属

在公路工程处与路桥工程（全民所有制）进行股份合作制改制过程中，新疆乌奎高速公路第十合同段项目和成都城北出口高速公路L段路面项目的盈亏因项目承接原因未纳入国有资产评估范围。

关于上述两个项目盈亏情况，2008年1月31日，重庆天健出具了《专项审核报告》（重天健川审〔2008〕6 号），上述两项目合计亏损 7,909,448.46 元。

2008 年 3 月 5 日，成都市国有资产监督管理委员会出具《关于对原成都市路桥工程公司改制期间两项在建项目盈亏归属进行确认的函》（成国资改革〔2008〕19 号），根据公路工程处（成都市路桥工程公司）改制时相关《国有企业产权转让协议》的约定，确认路桥工程（股份合作制）承接上述两个项目并承担项目盈亏，路桥工程（股份合作制）改制时承接的资产、负债仍以改制时评估报告为准。

2010 年 5 月 27 日，成都市人民政府出具《成都市人民政府关于确认成都市路桥工程股份有限公司改制有关事项的函》（成府函〔2010〕47 号）确认路桥工程（股份合作制）承接上述两个项目并承担项目盈亏，路桥工程（股份合作制）改制时承接的资产、负债仍以改制时评估报告为准。

2010 年 6 月 22 日，四川省人民政府出具《四川省人民政府关于确认成都市路桥工程股份有限公司改制有关事项的函》（川府函〔2010〕119 号）确认路桥工程（股份合作制）承接上述两个项目并承担项目盈亏，路桥工程（股份合作制）改制时承接的资产、负债仍以改制时评估报告为准。

6. 路桥工程（股份合作制）设立

（1）出资情况

2000 年 7 月 21 日，经路桥工程（全民所有制）股东代表大会通过，路桥工程（全民所有制）由职工现金出资 2,420,000.00 元、职工安置费出资 3,447,190.37 元、资本公积金 2,585,061.88 元转为职工个人股、1999 年 8 月至 1999 年 12 月经营收益出资 7,795,747.75 元、职工对公司债权出资 2,532,000.00 元设立股份合作制企业。上述出资经成都中大会计师事务所有限公司于 2000 年 7 月 20 日出具的《验资报告》（成中验字〔2000〕第 072 号）验证确认。

以 1999 年 7 月 31 日为基准日，改制可供职工购买的国有资产总额为 321,054.46元（不含土地使用权）、土地使用权评估值 6,624,358.00 元（其中土地出让金 2,303,333.00 元，评估增值 4,321,025.00 元）。路桥工程（股份合作制）设立时出资的具体情况如下：

①职工现金投入 2,420,000.00 元。

②净资产 321,054.46 元、土地出让金 2,303,333.00 元、土地评估增值 4,321,025.00元中的 822,802.91 元合计共 3,447,190.37 元转作职工安置费并转为职工个人股。

③土地评估增值 4,321,025.00 元中的 2,585,061.88 元转作资本公积金并转为职工个人股。

④1999 年 8 月至 1999 年 12 月 31 日税后利润 7,795,747.75 元转为职工个人股。

⑤将职工债权 2,532,000.00 元转为职工个人股。

另外,土地评估增值4,321,025.00元中的913,160.21元被转为了离退休职工社会保险费。

(2)股权设置

路桥工程(股份合作制)设立时共有294名股东,注册资本为1878万元,其中包括:①职工个人依照基本股、工龄股和职务股的内部设置规定,以现金缴纳的股本242万元;②职工安置费投资形成的股本3,447,190.37元;③资本公积金转增的股本2,585,061.88元;④税后利润转增的股本7,795,747.75元;⑤职工债转股2,532,000.00元。参加该次职工股权配置的为1999年12月28日前在岗在册并以现金入股了的职工,1999年12月31日前在册但不在岗的人员不参加资本公积金和税后利润的配置。另外,上述入股或转增股本的职工安置金、资本公积金以及税后利润均是按照职工现金入股的比例量化为职工个人股。上述股权设置于2000年5月完成,具体股权结构如下:

股东名称	投入资本(元)	占实收资本比例(%)
郑渝力	526,981.20	2.81
罗宣正	384,552.45	2.05
廖开明	374,552.45	1.99
赵亚平	369,552.45	1.97
王雨功	354,552.45	1.89
其他289位自然人股东	16,769,809.00	89.30
合　计	18,780,000.00	100

由于职工现金入股比例并非成都市劳动局确认的职工安置费计算比例,导致相关职工应得安置费与其实际入股金额存在差异。自2008年3月起,公司工会已组织进行了职工安置费入股路桥工程(股份合作制)情况的清算工作,部分职工补缴了入股金额和依照同期银行贷款利率计算所得的利息,作为未入股职工的安置金及利息,退还给了相关职工。上述入股款项补缴方案及安置金清退方案获得了职工的认可,相关职工签署了确认文件。

(3)工商登记

2000年9月27日,路桥工程(股份合作制)在成都市工商行政管理局办理了工商登记手续,领取了《企业法人营业执照》,注册号为5101001806148－4－1,注册资金为1878万元,企业性质为股份合作制,经营范围:主营公路、桥梁。

(三)股份公司阶段

2004年1月15日,路桥工程(股份合作制)股东大会决议通过将原股份合作制企业路桥工程(股份合作制)整体改制为股份有限公司。2004年2月25日,路桥工程(股份合作制)召开发起人大会,郑渝力等352名自然人签署了发起人协议书，决定以截至2003年12月31日路桥工程(股份合作制)净资产8994.70万元、股东新投入货币资金5.30万元作为出资，发起设立成都市路桥工程股份有限公司。

2004年3月15日成都市经济体制改革办公室成体改〔2004〕19号文批准，同意路桥工程(股份合作制)在股份合作制的基础上，以改制的方式，由郑渝力等352人共同出资以发起设立方式组建成都市路桥工程股份有限公司，原公司的债权、债务由改制后的成都市路桥工程股份有限公司承继；公司股本总额为9000万元，全部由郑渝力等352位发起人持有。

2010年6月22日，四川省人民政府出具《四川省人民政府关于确认成都市路桥工程股份有限公司改制有关事项的函》(川府函〔2010〕119号)确认路桥工程(股份合作制)改制为股份有限公司合法、有效，已履行了必要的审批、许可程序。

2004年2月27日，成都中大会计师事务所有限责任公司出具成中验企字〔2004〕011号验资报告对股份公司设立的注册资本进行了验证确认。2004年3月29日股份公司在成都市工商行政管理局办理了设立登记手续，领取了《企业法人营业执照》，注册号为5101001812580。

二、江苏通润：控股股东也需重点关注

(一)发行人控股股东常熟市千斤顶厂(以下简称千斤顶厂)改制设立股份合作制企业所履行的法律程序及产权界定依据

千斤顶厂是于1980年2月12日在常熟市工商行政管理局注册登记的集体所有制企业。1993年3月9日和1993年4月12日，常熟市人民政府分别下发《关于集体企业实行股份合作制的补充意见》(常政发〔1993〕28号)和《关于集体企业实行股份合作制若干问题暂行处理办法》(常政发〔1993〕51号)。上述文件规定，实施股份合作制企业应对原有存量资产全面清产核资，在认真验资，划清资产归属的基础上设置股权，根据谁投资谁拥有的原则，确定企业产权归属，一般可设置下列股权：A.集体股，集体股由企业历年积累形成的自有资产构成，其股权为企业全体职工所共有，具有不可分割性；B.合作股，合作股是集体合作发展基金投入形成的资产，股权归属主管部门或所在村、乡(镇)；C.法人股，法人股是本企业外的法人投入资产形成的股份；D.职工股，职工股是指由本企业职工个人出资构成的股份；E.共享股，共享股是从验实的集体资产中划出一部分构成，量化到职工名下，共享股权归股份合作制企业集体所有，凡享受共享股的职工需按1∶2的比例购买职工股。共享股只分红，不能继承和转让，一旦职工调离、离休、退休或死亡，即终止分红权，其共享股股金转增为集体股股金。常政发〔1993〕51号文还规定了建办股份合作制企业的操作程序。千斤顶厂根据上述文件的要求，在改制为股份合作制企

业的过程中履行了如下法律程序：

1. 1993年6月，千斤顶厂聘请常熟会计师事务所第一分部对拟改制的资产进行审验，根据常熟会计师事务所第一分部出具的常会分验〔1993〕第41号验证报告，千斤顶厂截至1992年年末净资产为1816.27万元。

2. 在审验存量资产完成的基础上，千斤顶厂拟定了增量扩股的改制方案，并向主管部门提交了实行股份合作制申请书。

3. 1993年7月12日，常熟市经济体制改革委员会以常体改〔1993〕32号文批准了千斤顶厂上述改制方案。具体为：股本总额设置为2369.45万元，其中合作股251.94万元，占总股本10.63%；集体股1287.74万元，占总股本54.35%；共享股276.59万元，占总股本11.67%；职工股553.18万元，占总股本23.35%。

4. 1993年8月1日，千斤顶厂股东代表大会审议并通过了《常熟市千斤顶厂股份合作制章程》。

1994年3月8日，常熟市委下发市委常发〔94〕20号文，根据该文件精神，千斤顶厂决定提高共享股比例。1994年10月28日，经常熟市经济体制改革委员会《关于同意提高共享股比例的批复》（常体改复〔1994〕101号）批准，千斤顶厂从集体股金中划出310.09万元，转为共享股金。经本次调整，千斤顶厂的股权结构变更为合作股251.94万元，占总股本的10.63%；集体股977.65万元，占总股本的41.26%；共享股586.68万元，占总股本的24.76%。

1996年7月26日，为进一步完善股份合作制，常熟市委和常熟市政府下发《关于进一步推进全市企业产权制度改革的实施意见》，即常发〔1996〕50号文，同时制定了《常熟市股份合作制企业试行办法》。上述文件进一步明确了股份合作制的形式、股份合作制企业的股权设置与管理、股份合作制的分配、企业管理体制以及建办股份合作制企业的操作程序。根据《常熟市股份合作制企业试行办法》，股份合作制企业设置如下几种股权：A. 公有股，公有股指国家及所属部门和市、镇、村（街道）三级经济组织各个时期以各种形式的实物、货币对企业投资所形成的股份。涉及国有资产的，其股权归国家所有，由政府委托国有资产管理部门或有关部门行使所有者代表权。涉及市、镇的资产，经产权界定后，其股权，经委系统工业企业归市属工业公有资产管理投资总公司，镇办企业归镇资产经营投资公司；B. 个人股，个人股是指本企业员工和企业外的个人以其合法财产对企业投资所形成的股份，其股权归个人；C. 法人股，法人股是本企业外的法人以其依法可支配的自有资金或拥有的资产投资形成的股份，其股权归法人投资者所有；D. 共享股，共享股是对原有企业经评估后的自有资产中根据企业累积情况，划出一块作为企业员工共享股，按工龄、人均、职务、贡献等量化到所有员工。员工对该等股权只享有分红权，人在股在，人去股消，不得继承和转让。1997年，千斤顶厂根据上述文件的要求，在进一步完善股份合作制企业的过程中履行了如下法律程序：

1. 1997年9月4日，千斤顶厂向常熟市国有资产管理局提出资产评估立项申请，同日，取得常熟市国有资产管理局《资产评估立项审批表》（常国评〔1997〕第225号），并委托常熟市资产评估事务所对千斤顶厂的总体资产进行评估，根据常熟市资产评估事务所出具的常资评〔97〕字第157号《资产评估报告》，千斤顶厂截至1997年8月31日净资产为52,250,747.01元。

2. 1997年9月27日，千斤顶厂召开董事会会议，会议根据常发〔1996〕50号文相关规定决议进一步完善股份合作制。

3. 1997年10月14日，常熟市市属工业公有资产经营投资总公司（以下简称公投公司）出具《常熟市千斤顶厂完善股份合作制产权界定》，即常公投发〔97〕字第27号文，由于千斤顶厂原来将历年来职工多交的股金35.35万元误入实收资本（应记入企业负债），在资产评估基准日，没有及时调整账户，经审核确认，千斤顶厂评估后的净资产调整为518,972,000元。其中公有股权益合计为39,781,100元，占股本总额的76.65%；职工个人股权益为12,116,100元，占股本总额的23.35%。

4. 在完成资产评估和产权界定的基础上，千斤顶厂拟订了完善股份合作制的方案。具体为：对经评估确认的千斤顶厂公有股权益共计39,781,100元，采取“部分出售，合股经营”的方式，其中8,000,000元作为公投公司对千斤顶厂的出资，其余31,780,000元出售给职工。完善股份合作制后的千斤顶厂股本设置为32,000,000元，其中公有股8,000,000元，占总股本的25%；个人股24,000,000元，占总股本的75%，并据此向有关主管部门提交了完善股份合作制方案。

5. 1997年10月16日，常熟市企业产权制度改革领导小组办公室以常企改复〔1997〕8号文批准了千斤顶厂上述完善股份合作制方案。

6. 1997年10月31日，千斤顶厂召开股东代表大会，审议并通过了《常熟市千斤顶厂股份合作制章程》。

7. 1997年11月14日，常熟审计事务所出具《验资报告》（常社审〔1997〕验字第552号），根据该《验资报告》，截至1997年10月31日，千斤顶厂的实收资本为32,000,000元。

8. 1997年12月26日，千斤顶厂取得常熟市工商行政管理局换发的注册号为14203061－9的《企业法人营业执照》。至此，千斤顶厂改制为规范的股份合作制企业全部完成。

根据上述事实，律师经核查认为，千斤顶厂改制为股份合作制企业时，在国内尚无具有普遍指导意义的建办股份合作制企业的规范性法律文件。千斤顶厂改制时的主要法律依据为常熟市人民政府发布的常政发〔1993〕28号文、常政发〔1993〕51号文、常发〔1996〕50号文和《常熟市股份合作制企业试行办法》等相关地方性法规。上述地方性法规中明确了改制操作程序及产权界定原则，且不与其他相关法律法规相违背。千斤顶厂改制时按上述文件的规定履行了相应的法律程序，并取得了相关政府职能部门的批准，其改制操作程序及产权界定符合当时的法律法规及规范性文件的规定。

（二）关于常熟市千斤顶厂改制为股份合作制企业是否涉及公开发行股票及是否对公司股权产生纠纷及潜在法律风险的问题

根据我国现行法律规定，公开发行股票为股份公司特有的规定，股份合作制企业不是股份公司，其不适用“公开发行”这一法律概念。股份合作制企业与股份公司的区别体现在以下方面：A. 在集资方式上，股份公司面向社会募集股份，股份合作制企业则一般不向社会募集股份，而是向企业内部职工募股；B. 在合资方式上，股份公司一般仅是资本的联合，而股份合作制是在劳动合作的基础上的资本联合，企业职工共同劳动，共同占有和支配生产资料；C. 在股份的处置方式上，股份公司的个人股份可上市交易，而股份合作制的职工个人股不得上市交易，企业职工利益共享，风险共担；D. 在分配方式上，股份公司实行按股分红，而股份合作制除了按股分红外，还有按劳分红。

千斤顶厂改制为股份合作制企业时，我国证券法律框架中尚无“公开发行”的法律定义，在当时的历史条件下，股份合作制企业职工集资入股，符合当时的国家政策，并不违反当时的法律法规。

综上所述，本所律师认为，千斤顶厂改制发行职工股的行为与现行证券法和公司法意义上的公开发行股票概念完全不同，千斤顶厂不涉及现行证券法和公司法意义上的公开发行股票行为，亦不会对股份公司股权产生纠纷及潜在的法律风险。

（三）关于常熟市千斤顶厂在改制过程中是否存在将集体或国有资产量化或奖励给个人的问题

经本所律师核查，千斤顶厂 1993 年改制为股份合作制企业时，设置有部分共享股。根据常政发〔1993〕51 号文，共享股是从验实的集体资产中划出一部分构成，量化到职工名下，共享股权归股份合作制企业集体所有，职工享有分红权的一种股权。因此在千斤顶厂改制过程中存在过将集体资产量化给个人的情形，1997 年千斤顶厂在完善股份合作制时，上述共享股界定为公有股，其股权归属为公投公司，此后不存在将集体资产量化给个人的情形。2007 年 1 月 15 日，常熟市人民政府已就千斤顶厂历次股本变更合规性出具了确认文件。

三、栋梁新材：税收优惠以及集体资产无偿量化的问题

（一）栋梁集团股份合作制改制前

本公司前身湖州第一铝合金型材料厂，于 1984 年 10 月 15 日在湖州市郊区工

商行政管理局登记注册(湖郊工商执照字6341号),为独立核算但不具有独立法人资格的集体企业,资金总额为1,320,000元。

1986年12月,湖州第一铝合金型材料厂在湖州市郊区工商行政管理局重新核定登记,领取营业执照,名称变更为湖州第一铝合金型材厂。经重新核定的资金总额为203,654元,经济性质为乡办集体企业(仍不具有独立法人资格)。湖州第一铝合金型材料厂1984年登记注册的资金总额虽为1,320,000元,但作为投资者的乡集体实际仅由其下属的乡工业公司在1984年11月7日至1986年9月22日期间投入资本金共计199,788.86元。1986年10月9日,经农业银行湖州市支行织里营业所验资,企业实际的账面自有资金总额为203,654元,故以此作为工商部门重新核定企业资金总额的依据。

1989年12月17日,湖州第一铝合金型材厂在湖州市工商行政管理局办理验照换照的法人登记手续,变更为具有独立法人资格的集体企业,注册资本为1,224,700元,法定代表人为陆志宝。据企业主管部门湖州市洋西工业公司于1989年7月19日出具的验资报告单,其注册资本的组成为:洋西工业公司336,607元(自1984年起分批投入),企业积累基金613,512元,其余为生产性专用基金。

1994年9月,湖州第一铝合金型材厂更名为浙江湖州栋梁集团公司,注册资本变更为1804.66万元。据湖州会计师事务所湖会验〔1994〕238号资信证明,该次变更后的注册资本实际为湖州第一铝合金型材厂截至1994年8月25日的净资产金额。

根据湖州市织里镇人民政府和湖州市织里镇集体资产管理委员会出具的证明文件,在湖州第一铝合金型材料厂设立至栋梁集团股份合作制改制前,湖州市洋西乡(镇)累计向湖州第一铝合金型材料厂、湖州第一铝合金型材厂或栋梁集团累计投入资金共计336,607元。栋梁集团股份合作制改制前主要是依靠企业自身积累和银行贷款发展起来的。

(二)1997年,栋梁集团股份合作制改制

1.栋梁集团股份合作制改制的程序与方案

(1)资产评估

1997年9月,受栋梁集团委托,湖州市资产评估事务所对栋梁集团拥有的全部资产以1997年8月31日为评估基准日进行评估。根据湖州资产评估事务所1997年10月14日出具的湖评〔1997〕233号《资产评估结果报告书》,栋梁集团经评估的全部资产价值为66,491,013.69元(不含土地)。1997年11月27日,湖州市乡镇企业局以湖乡资〔97〕48号《关于资产评估底价确认的通知》对上述评估结果进行了确认。

(2)产权界定

1997年10月,湖州市漾西镇人民政府出具《产权界定书》,确认"湖州栋梁集

团公司资产66,491,013.69元，总负债56,578,976.79元，权益9,912,036.90元，其中先期投入的个人资本金285.5万元，提取残疾人保障金1,057,036.9元，另有净资产为600万元”；同时，将该600万元界定为“湖州漾西镇资产经营有限公司300万元，湖州栋梁集团公司集体股300万元”。

(3)股份合作制改制的股权设置

1997年10月18日，代表洋西镇集体资产出资的洋西镇资产经营公司和栋梁集团根据湖州市漾西镇人民政府出具的产权界定书签署了《湖州栋梁集团公司转制协议书》。该协议书约定：栋梁集团所有者权益600万元，其中300万元归湖州市洋西乡资产经营有限公司所有，从1997年1月1日起至2001年12月31日止，五年内作优先股分配，不享受资产增值，栋梁集团无论盈亏每年向湖州市漾西乡资产经营有限公司上缴60万元；集体股300万元量化到职工个人，同时按不低于1∶0.5的比例配置现金股；栋梁集团原有的债权债务由转制后的栋梁集团承继。

根据上述文件，栋梁集团于1997年10月制定了《浙江湖州栋梁集团公司股份合作制章程》及其《实施细则》。根据该等文件，栋梁集团实施股份合作制后的股份设置为：总股本901.35万元，其中镇集体股300万元，职工集体股300万元，个人现金股301.35万元。职工集体股和个人现金股的持有人共187人。

(4)相关部门对上述股权设置的批复确认

1998年10月5日，湖州市经济体制改革委员会、湖州市民政局联合出具《关于同意湖州栋梁集团公司股份合作制改制方案的批复》(湖体改委〔1998〕22号)，同意栋梁集团上述股份合作制改制方案，并确认改制后的股份设置为“镇集体股300万元，职工集体股300万元，个人股301.35万元。总股本901.35万元”。2003年2月18日，湖州市人民政府以《关于确认浙江栋梁集团公司1997、1998年度改制结果的批复》(湖政函〔2003〕6号)，对上述产权界定结果予以确认。

2.股份合作制改制及其后职工现金投入情况

截至1997年8月31日(股份合作制改制之评估基准日)，栋梁集团187名职工根据股份合作制改制计划共投入现金285.5万元。1997年8月31日~1997年9月27日(股份合作制改制的股份设置工作完成前)，栋梁集团职工又先后投入现金15.85万元，累计301.35万元。由于部分职工将所持股份转让、新增职工加入以及部分老职工的追加投入，截至1998年9月底，栋梁集团职工持有栋梁集团股份的情况变更为195名职工，共计持有617.55万元，其中现金股由301.35万元增加至317.55万元。

在上述195名栋梁集团职工持有的职工集体股300万元和个人现金股317.55万元中，陆志宝等18名栋梁新材之发起人(见下表)共持有职工集体股162.2526万元、个人现金股167万元。

(三)1999年3月,栋梁集团整体改制发起设立股份公司

栋梁集团股份制改制程序与方案

(1)资产评估

1998年10月,栋梁集团经股东大会批准进行整体改制,并聘请湖州资产评估事务所对栋梁集团以1998年9月30为基准日的全部资产负债进行了评估。根据湖州资产评估事务所于1998年12月11日出具的《资产评估报告》(湖评〔1998〕270号),并经湖州市乡镇企业局批复确认的评估结果为“总资产为76,461,707.65元,总负债为49,985,766.49元,净资产为26,475,941.16元”。

(2)产权界定

1999年1月13日,湖州市政府城区管理委员会以《关于湖州栋梁集团公司产权界定的批复》(湖城管字〔1999〕1号)将上述经评估后的净资产界定如下:“企业净资产提取残疾人保障金1,136,741元和商标使用权5,339,200元以后,产权界定为洋西镇资产经营公司拥有企业净资产300万元,其余的1700万元以陆志宝为代表的股东共同拥有”。

2003年2月28日,湖州市人民政府出具了《关于确认浙江栋梁集团公司1997、1998年度改制结果的批复》(湖政函〔2003〕6号),对上述产权界定结果予以确认。

(3)发起设立股份有限公司

1998年10月18日,洋西乡资产经营公司和上述18位自然人签署《发起设立浙江栋梁铝业股份有限公司协议书》,以改制前栋梁集团经评估后的全部净资产按1:1的比例折股,发起设立浙江栋梁铝业股份有限公司。

1999年2月12日,浙江省人民政府证券委员会以《关于同意设立浙江栋梁铝业股份有限公司的批复》(浙证委〔1999〕14号)批准陆志宝等18人与湖州市洋西乡资产经营有限公司以发起设立方式出资2000万元设立浙江栋梁铝业股份有限公司。

1999年3月31日,浙江栋梁铝业股份有限公司在浙江省工商行政管理局注册登记,领取注册号为3300001005549的法人营业执照,注册资本为2000万元。

(四)减免所得税和量化集体资产作为出资的批复确认和规范情况

1.减免所得税出资情况及有关部门的确认意见

(1)栋梁集团股份制改制时将历年减免所得税形成的资产界定给股东

栋梁新材由栋梁集团整体改制设立,栋梁集团作为安置“四残”人员的社会民政福利企业,享受全额免征企业所得税政策。

根据湖州市政府城区管理委员会于1999年1月13日出具的《关于湖州栋梁

集团公司产权界定的批复》(湖城管字〔1999〕1号),栋梁集团经评估确认的净资产界定如下:“企业净资产提取残疾人保障金1,136,741元和商标使用权5,339,200元以后,产权界定为洋西镇资产经营公司拥有企业净资产300万元,其余的1700万元以陆志宝为代表的18位自然人股东(当时均为栋梁集团职工)共同拥有。”该等界定给栋梁集团股东的净资产中,包含了栋梁集团历年享受所得税减免所形成的净资产,亦即本公司发起人用以出资的栋梁集团经评估剥离后的净资产中包含了原社会福利企业享受的减免所得税。

(2)减免所得税金额

根据经浙江省财政厅确认的湖州市财政局《湖州市财政局关于要求确认税收减免所形成净资产归属的请示》(湖财国资〔2003〕37号)以及湖州市地方税务局出具的《关于对浙江栋梁新材股份有限公司两次改制前享受所得税减免款数额的确认》,截至1998年9月30日(公司设立评估基准日),栋梁集团历年所享受的所得税减免政策所形成的资产共计4,965,525.75元,其中栋梁集团1997年股份合作制改制基准日(1997年8月31日)前因所得税减免形成的资产共计2,062,991.71元(该等减免税形成的资产在改制时界定为镇集体和职工个人各一半),1997年8月31日至1998年9月30日期间由所得税减免所形成的资产共计2,902,534.04元(该等减免税形成的资产在改制时界定给陆志宝等栋梁新材全体自然人股东所有)。

(3)向地方财政返还减免所得税

虽然栋梁新材设立时的产权界定得到了地方有关部门的批准,但是有权税务机关在历年关于栋梁集团减免所得税的批准文件中,均要求将该等减免所得税在会计处理上列入“国家扶植基金”科目核算,故栋梁新材之发起人以包含栋梁集团历年减免所得税所形成的资产在内的栋梁集团净资产认购栋梁新材股份行为存在可能的潜在争议。

为此,栋梁新材之全体股东一致同意将栋梁新材设立前栋梁集团历年享受的减免所得税返还给湖州市财政局。2003年8月1日,陆志宝等18位栋梁新材之自然人发起人以及代表镇集体持有栋梁新材股份的湖州市织里镇资产经营有限公司与湖州市财政局签订协议,主要内容是栋梁新材之全体股东将栋梁集团历年所享受的减免税共计4,965,525.75元归还给湖州市财政局。具体归还方式是:1997年8月31日(栋梁集团股份合作制改制基准日)前历年因所得税减免所形成的资产共计2,062,991.71元,由代表镇集体持有栋梁新材股份的湖州市织里镇资产经营有限公司向湖州市财政局归还一半(计1,031,495.86元);另一半以及栋梁集团自1997年8月31日至1998年9月30日期间(栋梁新材设立之评估基准日)因所得税减免所形成的资产共计3,934,029.90元,由陆志宝等栋梁新材的18位自然人发起人按各自在栋梁新材的认股比例分别归还湖州市财政局,湖州市财政局确认对栋梁新材目前的股本结构并无异议。

(4)减免所得税金额及其归属的批复确认

由于湖州市财政局于2003年1月27日向浙江省财政厅报送的《关于要求确认税收减免所形成净资产归属的请示》(湖财国资〔2003〕37号)中确认的减免所得税金额4,965,525.75元,与经浙江天健审计确认的历年享受所得税减免的实际金额7,926,058.18元不符,湖州市财政局、湖州市地方税务局于2004年5月17日向浙江省财政厅报送《关于要求重新确认税收减免数额的请示》(湖财国资〔2004〕256号),提出"经核实,至发起设立股份有限公司止,原上报的该企业历年享受的减免税收款4,965,525.75元应调整为7,926,058.18元"。浙江省财政厅批复确认,该等减免所得税7,926,058.18元"为企业股东所有,由企业自行处理"。

2.关于职工集体股无偿量化、量化集体资产用作出资及其规范情况

(1)股份合作制改制时将乡镇集体资产无偿量化给职工个人

栋梁集团是一家集体少量投入、主要靠自身积累发展的乡镇集体企业。在栋梁集团1997年股份合作制改制过程中,洋西镇人民政府出具了《产权界定书》,将栋梁集团600万元净资产界定为"湖州洋西镇资产经营有限公司300万元,湖州栋梁集团公司集体股300万元"。1998年10月18日,栋梁集团与湖州市洋西乡资产经营公司根据湖州市洋西镇人民政府出具的产权界定书签署《湖州栋梁集团公司转制协议书》,该协议书明确:职工集体股300万元量化到职工个人,但职工只有分红权,没有所有权。

(2)改制设立股份有限公司时将职工集体股的所有权落实到个人

由于栋梁集团股份合作制改制时界定的职工集体股"只有分红权,没有所有权",而我国法律并不允许股份有限公司存在所谓"只有分红权,没有所有权"的股份。因此,栋梁集团在改制为股份有限公司时对"只有分红权,没有所有权"的职工集体股进行了处置。考虑到《公司法》明晰产权的要求,依据股份合作制时已明确职工集体股终极产权归企业职工集体所有的基础,产权界定时将"只有分红权,没有所有权"的职工集体股的所有权落实到了职工个人名下。

(3)集体资产管理机构与相关部门的意见

1998年10月5日,湖州市经济体制改革委员会、湖州市民政局联合出具的《关于同意湖州栋梁集团公司股份合作制改制方案的批复》(湖体改委〔1998〕22号),同意栋梁集团的股份合作制改制方案。

2003年1月25日,承担镇集体资产经营、管理职能的织里镇资产经营公司及其投资主体——织里镇集体资产管理委员会,出具了对栋梁集团两次产权界定结果无异议的意见。

2003年2月18日,湖州市人民政府出具了《关于确认浙江栋梁集团公司1997、1998年度改制结果的批复》(湖政函〔2003〕6号),对上述改制结果予以确认。

(4)上述集体资产无偿量化及用作出资的规范情况

为解决前述界定为职工集体股的集体资产全部量化给职工以及将职工集体股的所有权落实到职工个人名下并用作对股份公司出资缺乏明确法律依据的问题,栋梁新材之全体自然人发起人于2003年8月1日与湖州市织里镇资产经营公司、湖州市织里镇集体资产管理委员会签署《协议书》,该协议书约定:栋梁新材之全体自然人发起人将上述栋梁集团职工集体股300万元及其截至本公司设立时的增值部分共计6,347,325.78元补偿给湖州市织里镇集体资产管理委员会;同日,湖州市织里镇集体资产管理委员会、织里镇资产经营公司向本公司出具的《关于同意浙江栋梁新材股份有限公司自然人发起人以现金补偿方式解决职工集体股落实到个人问题的函》,确认其"对栋梁新材设立时及目前的股本结构没有异议"。2003年8月4日,栋梁新材自然人股东按协议约定,以现金方式向湖州市织里镇集体资产管理委员会支付补偿款共计6,347,325.78元。

2003年8月4日,湖州市民政局向本公司出具《关于同意浙江栋梁新材股份有限公司发起人返还减免所得税及对职工集体股所有权落实到个人进行补偿的函》,同意上述减免税返还及职工集体股用作出资的补偿方案,同时也确认对栋梁新材设立时及目前的股本结构没有异议。

(5)量化集体资产出资问题的后续处理

由于湖州市财政局于2003年1月27日向浙江省财政厅报送的《关于要求确认税收减免所形成净资产归属的请示》(湖财国资〔2003〕37号)中确认的减免所得税金额4,965,525.75元,与浙江天健审计确认的栋梁集团历年享受的减免所得税实际金额7,926,058.18元不一致,公司全体自然人发起人为解决职工集体股无偿量化及用作出资的问题而应归还镇集体的资金额相应变更为8,258,440.61元,即公司自然人发起人在2003年8月4日向镇集体支付现金补偿款6,347,325.78元的基础上,还应向镇集体追加支付1,911,114.83元。

2004年10月,湖州市财政局、栋梁新材之全体自然人发起人、织里镇资产经营公司、资产湖州市吴兴区织里镇人民政府签署《关于栋梁新材归还的减免税款处置方式的纪要》,确认:①由于栋梁集团历年的减免税已经浙江省财政厅确认为企业股东所有,湖州市财政局应将栋梁新材之发起人归还的减免税款4,965,525.75元按栋梁新材之各发起人原归还数量返还栋梁新材之各发起人;②栋梁新材之自然人发起人应该另行向镇集体支付的原职工集体股补偿款1,911,114.83元,由湖州市财政局在应返还栋梁新材之自然人发起人的款项中直接归还湖州市吴兴区织里镇人民政府,再由湖州市吴兴区织里镇人民政府归还镇集体;③栋梁集团之股东放弃要求湖州市财政局返还剩余减免税款的权利。发行人律师认为:"基于栋梁新材之股东对栋梁新材设立时的有争议资产作出上述处置,且浙江省财政厅已经对栋梁集团历年减免税形成资产的归属作出明确确认,在栋梁集团两次产权界定过程中，存在的将没有所有权的职工集体股界定为职工所有没有明确法律依据以及有权税务机关在批准栋梁集团减免税时要求减免税资产进入‘国家扶持基金’科目等潜在争议目前已经不复存在，栋梁新材目前的股本结构真实、合法。”

保荐人（主承销商）经核查后认为：“鉴于浙江省财政厅已经对栋梁集团历年减免税形成资产的归属作出明确确认，栋梁新材之发起人对用作出资的来自职工集体股的净资产，目前已采取以现金补偿给镇集体的方式予以解决。经过此次规范后，栋梁新材各发起人投入栋梁新材的资产权属得以进一步明晰，各发起人以减免所得税和来自职工集体股的净资产出资可能存在的瑕疵已经消除。同时，由于该等规范行为对栋梁新材的现有股权结构、管理层及生产经营等不产生任何不利影响，因此各发起人之出资可能存在的瑕疵及其规范事宜不会导致栋梁新材本次申请向社会公开发行股票并上市存在实质性障碍。”

四、积成电子：省政府同意直接改制为股份公司

济南高新开发区积成电子系统实验所是于1994年8月经济南高新技术产业开发区管理委员会股份制试点工作领导小组以《关于同意组建济南高新开发区积成电子系统实验所的批复》（济高管股发〔1994〕第164号）批准，由各股东以货币资金出资设立的股份合作制企业，注册资本61.5万元。

2000年8月，经山东省经济体制改革办公室《关于同意设立山东鲁能积成电子股份有限公司的函》（鲁体改函字〔2000〕第8号）及山东省人民政府《山东省股份有限公司批准证书》（鲁政股字〔2000〕20号）批准，同意济南高新开发区鲁能积成电子系统实验所整体改制为山东鲁能积成电子股份有限公司。

根据青岛天和资产评估有限公司出具的《资产评估报告书》（青天评报字〔2000〕字第122号），截至2000年6月30日评估后的济南高新开发区鲁能积成电子系统实验所的净资产为76,191,013.69元，以评估值为基准按1∶1.494的比例折合股份5100万股，每股面值1元，由发起人以其各自于济南高新开发区鲁能积成电子系统实验所的全部出资按比例认购，股份类别均为人民币普通股。

2000年7月19日，山东华兴有限责任会计师事务所出具了《验资报告》（鲁华所验字〔2000〕第207号）。

2000年8月10日，积成电子公司在山东省工商行政管理局完成工商变更登记手续，领取了注册号为3700001806318的《企业法人营业执照》，注册资本为5100万元。

2001年1月1日中华人民共和国财政部颁发了《中华人民共和国企业国有资产产权登记证》，对股份公司设立时股权设置情况进行了登记备案。

五、中超电缆：改制过程存在股权变动

1996年5月24日，宜兴市计划经济委员会出具了《关于同意创办电线电缆厂

的批复》(宜计经林〔1996〕129 号),同意创办宜兴市锡远电缆厂。1996 年 8 月 5 日,宜兴市工商局核准锡远电缆厂开业,注册资金 217 万元,企业性质登记为集体所有制(锡远电缆厂系挂靠于红塔乡徐家桥村的集体企业,实际出资人为卞卫星、陆秀君、蒋丹勇及陆联君四人),法定代表人为卞卫星,企业法人营业执照注册号 25032218－4。

(一)1998 年 9 月锡远电缆厂改制为股份合作制企业

锡远电缆厂经 1998 年 9 月的股份合作制改制,恢复了卞卫星、陆秀君等 4 人真实股东身份及出资比例。2008 年 9 月 17 日,宜兴市高塍镇徐家桥村村民委员会(宜兴市行政区域调整时将徐家桥村划归高塍镇管辖)出具证明确认“宜兴市锡远电缆厂设立时的出资均由自然人卞卫星、陆联君、蒋丹勇及陆秀君缴纳,本村并未实际出资;宜兴市锡远电缆厂虽然登记注册为集体所有制企业,但实际为私营投资者共同投资举办的私营企业”。2009 年 12 月 5 日,原股东卞卫星、陆秀君、蒋丹勇及陆联君 4 人出具声明证实宜兴市锡远电缆厂为其 4 人实际出资设立的,其持有宜兴市锡远电缆厂相应股权不存在任何纠纷或潜在纠纷。

本次改制为股份合作制企业具体过程如下:

根据中共宜兴市委、宜兴市人民政府《宜兴市乡镇企业股份合作制暂行管理办法》(宜发〔1994〕5 号)、中共宜兴市委、宜兴市人民政府《关于下阶段推进和完善乡镇企业改革的实施意见》(宜发〔1996〕27 号)、中共宜兴市委、宜兴市人民政府《关于乡镇企业产权制度改革中有关问题的补充意见》(宜发〔1996〕28 号)、《关于乡镇股份合作制企业股本金管理的暂行办法》(宜发〔1996〕34 号),宜兴市集体企业改制为股份合作制企业时必须具备以下条件:(1)由企业向主管部门提出书面申请(附股东认股名册),并经主管部门同意后再报审批部门批准;(2)制定符合规定、切合实际的股份合作制企业章程;(3)资产评估机构的评估报告、产权界定和确认文件,以及验资证明。其中:总资产在 500 万元以上或净资产在 100 万元以上的企业,必须由市以上具备资产评估资质的机构进行评估;对总资产或净资产在规定标准以下的企业,可由市评估机构委托乡镇进行。

1998 年 8 月 5 日,锡远电缆厂向宜兴市工商行政管理局提出《关于改组股份合作制企业的变更申请报告》,申请锡远电缆厂由集体所有制经济性质变更为股份合作制经济性质。

1998 年 8 月 15 日,卞卫星、陆秀君、蒋丹勇及陆联君 4 人共同签署《宜兴市锡远电缆厂企业章程》并于 1998 年 8 月 26 日获宜兴市红塔乡人民政府签署同意。

1998 年 8 月 16 日,宜兴市红塔乡财政所在锡远电缆厂关于申请注册资金 98 万元的《关于登记注册资金的申请报告》上签批验审意见“情况属实”;1998 年 8 月 26 日,宜兴市红塔乡人民政府签批验审意见“属实”。

1998年8月20日,宜兴市红塔乡经济管理办公室出具《关于宜兴市锡远电缆厂的资产评估报告》(宜兴市红塔乡企业进行股份合作制改造时,由宜兴市红塔乡经济管理办公室办理相应的资产评估事宜,出具评估报告),以1998年8月20日为评估基准日,对锡远电缆厂所申报的资产及负债进行评估。经评估,锡远电缆厂总资产为98万元,总负债为0元,净资产为98万元。

1998年8月20日,宜兴市红塔乡集体资产管理委员会办公室签署《企业资产评估结果确认和产权界定书》审核同意该评估结果,并确认锡远电缆厂不存在集体资产。

1998年8月20日,卞卫星、陆秀君、蒋丹勇及陆联君分别签署《认股协议》,协议约定锡远电缆厂股金98万元,每股1000元,设980股,4人分别认股610股、250股、60股、60股。

1998年8月25日,宜兴市红塔乡人民政府确认《关于同意宜兴市锡远电缆厂等6个单位实行股份合作制的批复》(红政字〔1996〕第53号)继续有效,同意锡远电缆厂改制为股份合作制企业。

1998年9月21日,宜兴市工商行政管理局出具《核准变更登记通知书》,锡远电缆厂变更为股份合作制企业,领取了注册号为25032218－4号的营业执照。

2009年3月13日,江苏省人民政府办公厅出具了《省政府办公厅关于确认江苏中超电缆股份有限公司前身改制及股权变动有关事项合法性的函》(苏政办函〔2009〕26号)确认"中超电缆前身锡远电缆厂设立以来的改制及股权变动等有关事项履行了相关法定程序,并经主管部门批准,符合当时法律法规和政策规定"。

保荐机构和发行人律师认为:锡远电缆厂改制为股份合作制企业的过程中,制定了企业章程并获宜兴市红塔乡人民政府同意;企业资产进行了评估并由宜兴市红塔乡集体资产管理委员会办公室进行了资产评估结果确认和产权界定;企业改制获得了宜兴市红塔乡人民政府的批准并在宜兴市工商行政管理局进行了变更登记;卞卫星、陆秀君、蒋丹勇及陆联君4人作为股份合作制改制前锡远电缆厂的实际出资人,4人根据集体资产所有权界定"谁投资,谁所有"的原则确认了相应的股权并签署《认股协议》。尽管没有进行验资使其改制程序存在一定的瑕疵,但是宜兴市红塔乡经济管理办公室《关于宜兴市锡远电缆厂的资产评估报告》证明了其资本真实存在。江苏省人民政府办公厅确认锡远电缆厂股份合作制改制的过程符合当时法律法规和政策规定。综上所述,锡远电缆厂改制为股份合作制企业履行了相应的程序,符合相关法律法规及政策的规定;卞卫星等4人作为实际出资人,4人取得锡远电缆厂股权依据充分。锡远电缆厂改制以及卞卫星等4人取得锡远电缆厂股权不存在潜在问题或纠纷。

(二)2003年锡远电缆厂股权转让并改制为有限责任公司

2003年11月26日,宜兴市科学技术局出具了《关于同意成立"宜兴市中源电缆有限公司”的批复》(宜科条〔2003〕第66号),同意成立宜兴市中源电缆有限公司。

2003年12月2日,江苏天华大彭会计师事务所有限公司无锡分所接受锡远电缆厂委托,对锡远电缆厂2003年11月30日全部资产、负债进行评估,出具了《资产评估报告书》(苏天锡评报字〔2003〕第49号)。经评估,2003年锡远电缆厂的净资产为零。2003年12月11日,锡远电缆厂第三次股东会议全体股东表决一致同意:股东卞卫星、陆秀君、蒋丹勇和陆联君将各自持有的锡远电缆厂股份零价格转让给杨飞、杨斌、盛海良、史环宇和周秀娟5人,并签署了股权转让协议。

2003年12月11日,新股东杨飞、杨斌、盛海良、史环宇和周秀娟召开股东会议,同意将企业变更为宜兴市中源电缆有限公司,原企业的债权债务由中源电缆负责承担;企业住所变更为宜兴市西郊工业园振丰东路999号;企业经营范围变更为:电线电缆制造、研制、开发、销售,五金电器、输变电设备、电工设备品配件、化工原料(除化学危险品)、灯具、建材产品的销售批发;同时通过中源电缆公司章程。

由于《资产评估报告》(苏天锡评报字〔2003〕第49号),锡远电缆厂经评估后的净资产为零。据此,新股东根据《公司法》规定的公司资本维持原则向变更后公司交纳了注册资本98万元,2003年12月16日江苏天华大彭会计师事务所有限公司无锡分所出具了《验资报告》(苏天锡会验字〔2003〕第372号),截至2003年12月16日止,中源电缆已收到股东的变更注册资本合计人民币98万元,股东以货币资金投入,其中杨飞、杨斌、盛海良和史环宇各自缴纳20万元、周秀娟缴纳18万元。

2003年12月18日,公司完成上述股权转让及改制等事宜的工商变更登记手续,企业法人营业执照号3202822109744,法定代表人为杨飞。

保荐机构和发行人律师经核查认为:卞卫星等4人与江苏中超电缆股份有限公司现有股东、董事、监事、高级管理人员以及核心技术人员之间不存在任何关联关系。宜兴市中源电缆有限公司设立时,股东已经变更为杨飞、杨斌、盛海良、史环宇和周秀娟5人。该等股东已按照公司资本维持原则向变更后的公司缴纳了注册资本98万元,并经法定验资机构验资,已经足额到位。宜兴市中源电缆有限公司设立时,股权不存在代持情形,也不存在潜在问题或风险。

(三)江苏省人民政府关于发行人历史沿革的确认

2009年3月13日,江苏省人民政府办公厅对上述股权变动过程进行了确认,出具了《省政府办公厅关于确认江苏中超电缆股份有限公司前身改制及股权变动有关事项合法性的函》(苏政办函〔2009〕26号),省政府确认事项如下:

“江苏中超电缆股份有限公司前身为成立于1996年的宜兴市锡远电缆厂,企业性质登记为村办集体所有制。根据有关证明材料和北京市德恒律师事务所的核查，经村民委员会证明，锡远电缆厂成立时的出资由自然人卞卫星等4人缴纳，故实际为私营企业。1998年，经资产评估和宜兴市红塔乡人民政府批准、锡远电缆厂改制为股份合作制企业，卞卫星等4人为改制后锡远电缆厂的股东。2003年，锡远电缆厂股东将股权转让给自然人杨飞等5人，企业改制为有限责任公司。中超电缆前身锡远电缆厂设立以来的改制及股权变动等有关事项履行了相关法定程序，并经主管部门批准，符合当时法律法规和政策规定。"

(四)审核关注

在审核过程中，审核人员对公司的股份合作制的问题在反馈意见第一条的重点问题中作了重点关注。值得说明的是，由于该案例在股份制改造的时候存在股权的变动情况，所以审核人员对于股权变动的真实性、是否存在代持和纠纷问题比较敏感。关注的问题主要如下：

1.请发行人补充披露公司前身改制的相关文件和依据，并请保荐机构和发行人律师对公司前身由集体企业改制为股份合作制企业是否履行了相应的程序、是否符合相关法律法规及政策的规定、卞红星等4人取得股份合作制股权是否具有相应的依据、是否存在潜在问题或纠纷进行核查并发表明确意见。

2.请保荐机构和发行人律师对2003年卞红星等4人以零价格向杨飞等5人转让股权的原因进行核查，说明转让时锡远电缆厂的经营情况、资质、主要资产和负债情况，并对卞红星等4人与目前公司主要股东、董事、监事、高级管理人员、核心技术人员足否存在关联关系进行核查并发表明确意见。

3.请保荐机构和发行人律师对宜兴市中源电缆有限公司设立时出资是否到位、股权是否存在代持、是否存在潜在问题或风险进行核查并发表明确意见。

六、东方铁塔：股份合作制企业直接终止分配资产

(一)集体企业阶段

1.韩克荣承包经营镀锌厂、铁塔厂

韩克荣，男，1940年出生，山东省胶州市胶莱镇后韩哥庄村人，为本公司股东韩汇如、韩方如、韩真如之父。

1982年12月18日，韩克荣与胶县胶莱公社后韩镀锌厂(以下简称镀锌厂)、胶县胶莱人民公社后韩哥庄生产大队签订合同，村办集体企业镀锌厂实行大包干责任制，由韩克荣承包经营。合同约定，镀锌厂原有固定财产总值37,248元，承包期自1983年起至1986年止，除每年上交2.8万元利润外，镀锌厂在承包期间增添的任何形式的资金归韩克荣所有。

1986年8月1日，北王珠镇后韩村民委员会(注：胶莱公社建制于1984年撤

销,改设北王珠镇,胶莱人民公社后韩哥庄生产大队更名为北王珠镇后韩村民委员会,以下简称后韩村委)与韩克荣续签了新的镀锌厂承包合同,并同意由韩克荣投资入股镀锌厂200,012.8元,其中90,000元以韩克荣个人名义投入,110,012.8元以职工名义投入,实际全部为韩克荣个人投资。镀锌厂继续由韩克荣经营。

1986年10月9日,胶县经济委员会以胶经字〔86〕第113号文批准后韩村委建立青岛胶县铁塔厂(以下简称铁塔厂)。1987年起,镀锌厂开始正式使用铁塔厂的名称对外经营,原镀锌厂的全部资产、业务及债权债务均由铁塔厂一并延续,之前镀锌厂和任何单位及个人发生的业务往来,均以铁塔厂名称结算,铁塔厂由韩克荣继续经营。

2. 以铁塔厂为主体成立青岛东方铁塔公司

1988年4月,经胶州市铁塔厂(注:胶县建制于1987年撤销,改设胶州市,青岛胶县铁塔厂更名为胶州市铁塔厂,以下仍简称铁塔厂)申请,青岛市经济委员会以(88)青经调字127号文批准同意"以胶州市铁塔厂为主体,成立青岛东方铁塔公司"。青岛东方铁塔公司(以下简称为铁塔公司)成立时的资产由铁塔厂(原镀锌厂)部分资产转入,注册资金25万元。

1989年10月,铁塔厂剩余资产全部转入铁塔公司,铁塔公司注册资金变更为736万元,原铁塔厂变更为铁塔公司的分支机构,作为非法人实体继续存续。铁塔公司主营钢结构电视塔、微波塔、电力塔、导航塔、公用天线及其他钢结构件,韩克荣为法定代表人。

1992年12月3日,后韩村委与铁塔厂就1986年至1992年间的财务往来进行查证核对,七年来后韩村委为了村公益事业的发展,从铁塔厂支取现金或票据及实物金额总计620,207.55元。为了偿还对铁塔厂的借款,后韩村委与韩克荣签订了《关于后韩村委超支铁塔厂款项的处理意见》,后韩村委依据承包合同在铁塔厂取得的收益及其原始投资所形成的集体股总计613,144元,后韩村委将该村集体股全部转让给韩克荣,由韩克荣代后韩村委偿还借款。

综上所述,青岛东方铁塔公司(包括其前身镀锌厂、铁塔厂)由韩克荣一直承包经营,除初始投资外,村委未进行任何投资;1992年村委转让村集体股后,铁塔公司及铁塔厂不再存在村集体资产。

2009年11月3日,胶州市人民政府向青岛市人民政府提交了《胶州市人民政府关于青岛东方铁塔股份有限公司历史产权界定的请示》,就前述事项胶州市人民政府确认:"1986年8月,韩克荣与后韩村委续签了承包协议后,韩克荣以自有资金向镀锌厂投资入股200,012.8元,其中110,012.8元是为了镀锌厂的顺利发展而以职工的名义投入,实际为韩克荣个人投资入股。1992年韩克荣购买原铁塔厂(指铁塔公司及其分支机构铁塔厂)村集体股行为合法有效,该购买行为发生后,原铁塔厂(指铁塔公司及其分支机构铁塔厂)的全部产权归韩克荣个人所有。"

2009年12月21日,青岛市人民政府出具《青岛市人民政府关于青岛东方铁塔股份有限公司历史产权界定的批复》,同意胶州市人民政府《关于青岛东方铁塔股份有限公司历史产权界定的请示》中的确认意见。

(二)股份合作制企业阶段

1.实施股份合作制改造

1993年8月,根据胶州市委、市政府有关文件指示精神,青岛东方铁塔公司实行股份合作制经营,胶州市北王珠镇人民政府(以下简称为镇政府)组织了股份合作制领导小组对企业进行股份合作制改造。

1993年8月30日,镇政府下发《关于对青岛东方铁塔公司改建股份合作制企业清产核资结果的确认和产权界定的通知》,确认铁塔公司资产总值6188.2万元,总负债4745万元,净资产1443.2万元。为了符合股份合作制的要求,镇政府将界定为“集体股”的175.1万元净资产之外的1268.1万元净资产归属为内部职工个人所有,其中大部分归属为韩克荣个人(后韩克荣将其中部分股份转让给其5位家庭成员持有),其余135.1万元的股份由34名职工名义持有,但该34名职工并未实际出资,也不享有相关的股东权利和资产所有权。

1993年10月15日,镇政府下发《关于对青岛东方铁塔公司实行股份合作制企业的批复》。1993年10月19日,胶州市经济体制改革委员会向胶州市工商局出具说明,确认铁塔公司已改组为股份合作制企业,并办理了相关的备案手续。1993年10月23日,铁塔公司办理了股份合作制的工商变更手续,并领取了新的营业执照,注册资金1443万元。

2.股份合作制阶段的股份构成及演变情况

(1)集体股

1993年8月,铁塔公司实行股份合作制经营试点时,镇政府将历年减免税形成的175.1万元净资产界定为“集体股”。

1996年6月,铁塔公司改组为有限公司时,镇政府出具了《关于青岛东方铁塔公司历年减(免)税处理申请的批复》,同意175.1万元集体股不分红、不计息,转为对镇政府的专项负债,并继续由企业管理使用。

2009年7月6日,胶莱镇人民政府(注:北王珠镇更名为胶莱镇)在提交胶州市人民政府的《关于青岛东方铁塔股份有限公司历史产权界定的请示》中确认该专项负债不再收回,由企业计入资本公积。

2009年11月3日,胶州市人民政府向青岛市人民政府提交了《胶州市人民政府关于青岛东方铁塔股份有限公司历史产权界定的请示》,就原铁塔公司的集体股事项确认:“175.1万元的集体股份自1993年至1996年期间并没有增值并被恢复为对胶莱镇政府的专项负债合法有效的。该款项属历年减免税所形成,为支持企业发展，胶莱镇政府不再收回，企业转入资本公积是合法有效的。自1996年北王珠镇政府将175.1万元集体股确认为公司与政府往来账目后，东方铁塔不再存在集体股。自1996年重新登记设立青岛东方铁塔有限公司开始，青岛东方铁塔有限公司已不存在集体经济成分，公司资产全部为个人投资。”

2009年12月21日，青岛市人民政府出具《青岛市人民政府关于青岛东方铁塔股份有限公司历史产权界定的批复》，同意胶州市人民政府《关于青岛东方铁塔股份有限公司历史产权界定的请示》中的确认意见。

(2)个人股

1992年12月，韩克荣受让后韩村委集体资产后，铁塔公司全部产权实际归韩克荣个人所有。

1993年8月，铁塔公司实行股份合作制经营试点时，为了符合股份合作制的要求，镇政府将界定为“集体股”的175.1万元净资产之外的1268.1万元净资产归属为内部职工个人所有，其中大部分归属为韩克荣个人(后韩克荣将其中部分股份转让给其5位家庭成员持有)，其余135.1万元的股份由34名职工名义持有，但该34名职工并未实际出资，也不享有相关的股东权利和资产所有权。

2009年11月3日，胶州市人民政府向青岛市人民政府提交了《胶州市人民政府关于青岛东方铁塔股份有限公司历史产权界定的请示》，就原铁塔公司的个人股事项确认为：“青岛东方铁塔公司历史上实行股份合作制时设置的1268.1万元个人股份，实际为韩克荣、张淑清、韩方如、韩真如、韩每如、韩汇如6个人所有股份。”

2009年12月21日，青岛市人民政府出具《青岛市人民政府关于青岛东方铁塔股份有限公司历史产权界定的批复》，同意胶州市人民政府《关于青岛东方铁塔股份有限公司历史产权界定的请示》中的确认意见。

3. 终止股份合作制

1996年4月，北王珠镇人民政府成立了清产核资领导小组，指导铁塔公司终止股份合作制经营并对公司净资产进行分配。

1996年4月26日，胶州市会计师事务所出具了《青岛东方铁塔公司资产评估报告书》，截至1996年3月31日，铁塔公司总资产121,471,439.13元，总负债89,758,592.61元，净资产31,712,846.52元。

1996年6月，北王珠镇人民政府出具《关于青岛东方铁塔公司历年减(免)税处理申请的批复》，同意175.1万元集体股不分红、不计息，转为对镇政府的专项负债，并继续由企业管理使用。

1996年6月6日，铁塔公司股东大会审议通过了胶州市会计师事务所出具的评估报告，并对净资产31,712,846.52元进行分配。根据铁塔公司股东大会决议，34名职工没有实际出资，但比照退股的形式领取了对应奖励款总计135.1万元；原175.1万元集体股转为专项负债后，剩余净资产由韩克荣及其配偶张淑清，子女韩方如、韩真如、韩每如、韩汇如共同享有。具体分配情况如下：

股东	处理前享有净资产金额(元)	处理方法	处理后享有净资产金额(元)
韩克荣	18,197,100.00	—	18,197,100.00
张淑清	1,393,746.52	—	1,393,746.52
韩方如	1,680,000.00	—	1,680,000.00
韩真如	1,680,000.00	—	1,680,000.00
韩每如	1,680,000.00	—	1,680,000.00
韩汇如	3,980,000.00	—	3,980,000.00
34 名职工	1,351,000.00	比照退股的形式领取奖励款	—
镇集体	1,751,000.00	转为专项负债	—
合　计	31,712,846.52		28,610,846.52

1996 年 8 月 9 日,铁塔公司及铁塔厂注销。

(三)青岛东方铁塔有限公司的成立及股本形成

1996 年 8 月 1 日,韩克荣及其家庭成员将其享有的铁塔公司 28,610,846.52 元净资产作为资本,同时韩克荣另货币出资 400 万元,韩方如、韩真如又各货币出资 200 万元,设立青岛东方铁塔有限公司(以下简称为有限公司),投入资本额总计为 36,610,846.52 元,注册资本 3661 万元。山东胶州会计师事务所为有限公司的设立出具了《验资报告》(〔96〕胶会字第 145 号)。新设的有限公司承接了原铁塔公司的全部债权债务。

七、江粉磁材:关注公司前身是否是股份合作制企业

(一)关于发行人的前身江粉有限公司是否属于股份合作制企业

依据 1997 年 8 月国家体改委颁布的《关于发展城市股份合作制企业的指导意见》第 2 条之规定,股份合作制是一种新的企业组织形式。在股份合作制企业中,劳动合作和资本合作有机结合,并实行按资分配和按劳分配相结合的分配方式。

关于江粉厂改制的有关政府批文已经明确江粉有限公司是依据《公司法》设立的有限责任公司,股东均实际出资,并依据出资额享有股东权利,参与分配,因此,发行人 1994 年改制设立的有限责任公司不属于股份合作制企业。

(二)关于发行人 1994 年由江粉厂改制设立为有限公司是否符合公司法的规定

1. 1994 年颁布的《中华人民共和国公司法》(以下简称《公司法》)关于国有企

业改制为公司的规定

《公司法》第7条规定:"国有企业改建为公司,必须依照法律、行政法规规定的条件和要求转换经营机制,有步骤地清产核资、界定产权、清理债权债务、评估资产,建立规范的内部管理机构。"

江粉厂在1994年改制为有限责任公司时,完全遵守了当时关于全民所有制企业改制的相关法律和行政法规,进行了清产核资、界定产权、清理债权债务、评估资产,建立规范的内部管理机构等一系列行为,并通过当时有关行政主管部门的批准。

2.《公司法》关于有限责任公司的设立条件及组织结构

江粉厂在改制为有限公司时,符合《公司法》关于有限责任公司设立的条件及组织机构的规定。鉴于江粉厂改制时共有533名职工,根据《公司法》的规定,有限责任公司股东最多不能超过50人,因此,该533名职工不能都成为江粉有限公司的在册股东,所以在1994年至2002年期间形成了职工委托工会出资情形。《公司法》没有明确规定工会能否作为公司的股东。但根据国家工商管理局1998年1月7日颁布的《公司登记管理若干问题的规定》第17条的规定"职工持股会或者其他类似的组织已经办理社团法人登记的,可以作为公司股东"。国家工商行政管理局1999年6月29日颁布的《关于企业登记管理若干问题的执行意见》第6条规定"社会团体(含工会)、事业单位及民办非企业单位,具备法人资格的,可以作为公司股东或投资开办企业法人"。

江粉有限公司工会当时已经依法取得社团法人资格,因此,作为江粉有限公司的股东或出资人,不违反《公司法》或当时的其他法律、法规、规范性文件的规定。2002年委托出资的职工已经将委托工会代持有的出资转让给公司的20名自然人股东代持有,工会不再是公司的股东。

至于江粉有限公司的职工与工会之间的委托出资关系,或职工委托20名自然人股东的委托出资关系,是一种信托法律关系,不属于《公司法》调整的范畴,由信托法或其他法律调整,发行人在1994年改制时,《中华人民共和国信托法》还没有颁布,可由《民法通则》调整。根据《民法通则》第2条、第55条及第57条的规定,平等主体的公民之间关于财产关系的民事行为,只要意思表示真实,且不违反法律法规的规定,不违反公共利益,是具有法律约束力的。因此,江粉有限公司的职工与工会之间的委托出资关系,或职工与20名自然人股东之间的委托出资关系是合法有效的。受托人与委托人的信托法律关系不影响受托人依据公司法行使股东的权利义务。

综上所述,本所律师认为,发行人1994年由江粉厂改制设立为有限公司符合《公司法》的规定。

【案例评析】

1. 股份合作制企业与红帽子企业最大的相同之处就在于两者都是在特定历史背景下形成的一种特殊企业形式，若要追溯起来差不多有20年的历史了，是在当时市场经济转轨时期借鉴"农村合作制"进行的一种公司改制的尝试。当时，对于股份合作制并没有一个统一的权威的规范性文件，各地或者各行业都是凭借"激情和热情"在自己的领域内进行着试点。这就是我们站在目前时点回头看这一类问题总觉得是五花八门不一而同的重要原因，这也给我们解释和解决这些问题带来了一些困难。

2. 当然，尽管这些问题看起来五花八门，或简单或烦琐，或严苛或大度，但是这样的判断主要是针对程序上的问题，而对于实质问题（主要就是集体资产或国有资产流失）的判断标准从来都是一致的，这也就是我们为什么要去学习一些错综复杂的案例的原因。此外，1997年国家体改委对股份合作制的浪潮进行的规范尽管有点事后诸葛亮的意味，不过这个文件还是可以作为我们在进行相关问题判断时最权威的依据。如果一家企业在股份合作制企业改制时没有违反当时地方的规定也没有明显违反1997年文件的话，那么一般不会存在实质障碍。

3. 为了更好地说明股份合作制，这里借鉴《上海市股份合作制企业暂行办法》中对股份合作制企业的一个定义：以企业职工出资为主或者全部由企业职工出资构成企业法人财产，合作劳动，民主管理，按劳分配和按股分红相结合的企业法人。定义还是比较清晰的，简要分析可以带给我们一个比较整体的股份合作制的概念：（1）具有法人资格，这是进行股份合作制改造的很大动因；（2）以职工出资为主，也就是绝大部分存在内部职工股；（3）出资可以是货币可以是资产甚至也可以是劳务；（4）股东可以按照出资分红也可以按照劳务分红。

4. 从上面的定义以及相关的案例我们可以判断，股份合作制企业既不是有限公司也不是股份公司，就是一种具有法人资格的企业过渡形式。从目前案例来看，股份合作制企业考虑出路的时点在《公司法》修订之后，其最终出路无非就是公司制改制，也就是整体改制为有限公司。当然，也有一些案例直接通过净资产发起设立的方式设立股份公司也没有任何问题，至于是股份公司还是有限公司，那是企业的一种自主选择。甚至在有的案例中，还出现了先终止股份合作制企业然后投资人拿着净资产与其他人合资设立股份公司的情况。

5. 至于股份合作制改制的程序，其实也并不复杂，主要体现在：（1）主管部门的批复；（2）清产核资出具评估报告；（3）确定资产权属并认定股东的出资情况；（4）对内部职工股的处理作出明确交代；（5）出具验资报告；（6）工商变更。其实，股份合作制改造的程序并不复杂，复杂的是一些历史遗留问题的解决。说句实话，站在现在的时间点回头去解释甚至解决20年前的问题是件很痛苦的事情。还是希望淡化历史沿革关注的理念更加深化一些，重点关注历次股权变动是否会存在潜在纠纷或法律风险这一结果，而不再是“先有蛋还是先有鸡”的反复纠结。

6. 股份合作制企业改制过程中，资产权属认定是最复杂的也是最核心的，一般涉及两方面问题，一个是集体资产一个是职工股权益。集体资产到底有还是没有，有的话到底是多少，是继续保留还是转让，没有的话资产又是什么？内部职工股的权益如何界定，代持问题或者挂靠问题怎样解决之后保证股权清晰？由于每个案例的历史背景和当时的指导意见都不尽相同，所以也不能详细整理出一个四海皆准的解决之道。不过，一个基本的原则是必须要把握的：不能存在国有资产或集体资产流失、内部职工权益受到损害或者存在潜在法律风险和纠纷的情形。

7. 还值得注意的是，股份合作制企业要求集体职工股和职工股必须占到大多数，这就导致在股份合作制企业后续改制过程中往往存在集体资产量化或转让等问题，一般情况下，对于这些问题发行人均取得了省级人民政府的确认文件。

8. 最后，我们对一些典型案例中存在的一些特殊之处进行简要总结分析，与大家分享：

（1）积成电子：一般情况下股份合作制企业都会改制为有限公司而该案例直接改制为股份公司，另外从该案例中还可以得知，股份合作制企业是可以进行正常的出资转让的。

（2）中超电缆：该案例的特殊之处就在于股份合作制企业改制的同时存在股权转让，所以本次股权变动的真实性、是否存在代持和纠纷问题受到重点关注。

（3）东方铁塔：对集体企业改制为股份合作制企业的过程进行了详细论述，同时对改制过程中出资人及出资比例的界定做了重点分析。

（4）江粉磁材：在该案例中对发行人前身江粉有限是不是股份合作制企业进行了关注，在律师回复的答案中可以对股份合作制企业下一个定义。

（5）江苏通润：发行人控股股东存在股份合作制改造情形也需要详细披露。另外，在该案例中还重点关注了企业改制为股份合作制企业是否涉及公开发行股票的问题以及是否存在国有集体资产无偿量化或奖励给个人的问题。

（6）栋梁新材：公司在股份合作制改制过程中存在股份代持的情形，直到改制为股份公司才通过股权转让的方式进行了清理。另外，该案例中存在税收优惠是否界定为集体资产的处理值得借鉴，处理过程中尽管主管部门同意税收优惠为股东所有，但是由于存在不同意见防止存在潜在纠纷就约定将税收优惠归还财政局。

【思路总结】

一、股份合作制定义

股份合作制是以合作制为基础，吸收股份制的一些做法，劳动者的劳动联合和资本联合相结合形成的新型企业的组织形式。资本是以股份为主构成,职工股东共同劳动,实现按资按劳分配、权益共享、风险共担、自负盈亏、独立核算。所有职工股东以其所持股份为限对企业承担责任,企业以全部资产承担责任的企业法人。

二、股份合作制特点

1. 股份合作制企业是独立的企业法人。股份合作制企业必须符合《民法通则》规定的企业法人的必备条件,依法定程序设立,能够独立承担法律责任。

2. 股份合作制企业的股东主要是本企业的职工,原则上不吸收其他人入股。但是企业职工入股实行自愿,应鼓励和采取优惠办法吸引职工投资入股,不得强行要求职工入股。

3. 股份合作制企业依法设立董事会、监事会、经理等现代企业的管理机构,企业职工通过职工股东大会形式实行民主管理。股份合作制企业的职工股东大会既是企业的股东大会,又是企业的职工代表大会,是股份民主和劳动民主的适当结合,是企业职工参与企业民主管理最有效的形式。

4. 股份合作制体现了劳动合作和资本合作的有机结合。在股份合作制企业中,职工既是企业的劳动者,又是企业的出资者,这种企业在合作制的基础上吸收了股份制的做法,是促进生产力发展的公有制实现形式之一。

5. 股份合作企业兼顾营利性和企业职工间的互助性。作为一种企业,它是以营利最大化为目的,但营利性不是其追求的唯一目标,企业职工间的互助性是推动这一新型经济组织形式发展的直接原因;企业在取得适当营利的同时,始终将提高劳动者的业务素质、互助一定范围的利益群体、满足职工对物质和精神生活的更高层的需要作为又一重要目标。

6. 在劳动分配方式上,股份合作制企业实行按资分配和按劳分配相结合。股份合作制企业的职工既是股东又是劳动者,所以其取得收入的途径有两种;一是工资收入,实行按劳分配,多劳多得;二是资本分红,按其入股多少决定;从税后企业利润中取得,同股同酬。

三、股份合作制发展

1. 中国20世纪80年代中期出现的股份合作制并不是孤立的,它与历史上存在的,现在仍然存在的某些经济形式有着联系。中国股份合作制来自农村,是农村改革中的新事物,经十余年的实践,在全国城乡已大量出现各种各样的股份合作制经济。

2. 根据实行联产承包责任制后农村中要把分散的生产要素联合起来建立新的规模经济的要求和实践中的一些探索,党中央在1985年1号文件中首次采用了“股份式合作”的提法,认为这种办法值得提倡。此后,股份式合作的企业形式逐渐在浙江、安徽、山东、福建、河南、广东等省推开。

3. 1987 年以来，山东省淄博市周村区、浙江省温州市和安徽省阜阳市三个股份合作制农村改革试验区，围绕乡镇企业制度建设这个主题，致力于股份合作制的探索，积累了大量的经验。

4. 1990 年 2 月，以浙江省温州市政府的有关政府法规为基本依据，农业部颁布了《暂行规定》及《农民股份合作企业示范章程》，界定了农民股份合作企业的定义和集体所有制经济性质。

5. 1992 年邓小平同志南巡讲话发表后，股份合作企业作为一种包容性大和可行性强的生产要素组合形式，被越来越多的地方政府或企业认同，并在丰富多彩的实践中不同程度地突破了原有的政策界定。在这一背景下，1992 年 12 月农业部又颁布了《通知》。对农民股份合作制企业的定义做了修改，并进一步明确了集体经济性质等问题。《通知》提出，在发展股份合作企业时，“可以采取多种形式，实行各种生产要素的组合。不论哪种形式的股份合作企业，均属于新型社会主义集体经济性质，都要大力支持”。

6. 1993 年 3 月 1 日，轻工部颁发了《试行办法》，把股份合作制从农村企业扩展到了轻工系统的集体企业，其中包括了大量的城镇轻工集体企业。

7. 1994 年 10 月，劳动部、国家体改委、国家税务局、国家国有资产管理局等部门通过《规定》进一步将股份合作制这一公有制经济实现形式推行到劳动就业服务企业中去。由于股份合作制能明晰企业产权，聚集各种生产要素，调动经营者和劳动者的积极性，有利于实现资源的优化配置，所以在农村和城镇的乡村子企业、乡镇集体企业、轻工集体企业、劳动服务企业中得到迅速发展。

8. 1997 年 8 月，国家体改委制定的《意见》非常清晰地指出，要在城市的各个行业企业中发展股份合作制，并对股份合作制的定义、性质、特点、作用做了准确的界定和评议。它对全国城市国有小型企业、集体企业和私营企业、个体企业乃至个体户走股份合作制道路指明了方向，加快了发展速度。

9. 1997 年 9 月 12 日江泽民同志在中共第十五次全国代表大会上作的报告中，特别指出：“城乡大量出现的多种多样的股份合作制经济，是改革中的新事物，要支持和引导，不断总结经验，使之逐步完善，劳动者的资本联合为主的集体经济，尤其要提倡和鼓励。”向全党、全国人民吹响了企业实行股份合作制改革的进军号角，全国各地、各行各业、个体私营集体国有各种所有制、大中小各种类型的工商企业和第三产业乃至某些科研事业单位，都涌动着股份合作制的大潮。

四、股份合作制产生

1. 乡(镇)及村办集体企业和国有小型企业实行股份合作制改造。在早期，乡(镇)及村办集体企业转制的通常做法是先将原乡、村集体企业进行清产核资，评估作价，把资产存量按其原始来源划分股权，确立股份，然后再向社会或企业职工吸收现金入股,组建股份合作制企业。在这类企业中往往保留较大比重的集体股。近年来,随着乡镇企业产权制度改革的深化,有些地区又对企业全部或大部分的集体资产折股出售给职工个人,变为职工个人股。

2. 户办、私营或合伙企业向股份合作制转化。在这类企业中,个人股份较多,集体股份相对较少,国家股份和企业外法人股份近乎为零。

3. 集资新建的股份合作制企业。包括农户(个人)之间集资,农户(个人)与乡(镇)政府、村集体、社会法人等单位之间的资本联合,按股份合作制企业要求直接组建成股份合作制企业。这类企业中,根据参加组建者的股份构成不同,各种股份享有者占有不同比例。

五、股份制与股份合作制的区别

1. 企业性质不同。股份制:叫做资本合作,是资本的结合。股份合作制:除资本合作外,加劳力合作,是资本与劳力的双重结合。

2. 企业类型不同。股份制:任何企业都可以实施股份制方式的改制。股份合作制:大中型企业不适宜实施股份合作制改制,对于小型企业则比较适合。

3. 投资主体不同。股份制:任何自然人、法人均可。股份合作制:投资主体只能是本企业职工,企业之外的自然人和法人不能对实施股份合作制改制的企业实施参股,这体现了股份合作制资本和劳力双重结合的性质。

4. 表决方式不同。股份制:按股表决,一股一票。股份合作制:按人表决,一人一票。

5. 分红方式不同。股份制:按股分红。股份合作制:按股分红与按劳分红结合,可见,股份合作制在收益分配上具有灵活性。

6. 转让股份不同、股份制:可以转让。股份合作制:不转让、不上市、不交易、不流通。

7. 股权设置有差异、股份制:企业自己不能持有自己的股份。股份合作制:企业自己持有自己的股份,职工有分红权,所有权归企业。有企业集体股、职工集体股。

六、股份合作制改制

1. 拟订改制方案。企业应当根据企业的实际情况,拟定采取职工买断式股份合作制改造、企业与职工共建式股份合作制改造,或者是增资扩股式股份合作制改造。

2. 取得职工代表大会同意。对于国有小型企业的股份合作制改造,没有取得职工代表大会同意进行股份合作制改造的,应当根据案件的具体情况,对改制行为的效力进行综合判定(买断式企业股份合作制改造不存在此情形)。对于集体企业的股份合作制改造，必须取得职工代表大会的同意，否则改制行为无效。

3. 取得出资人和上级主管部门的同意。对于国有小型企业和须经审批程序的集体企业的股份合作制改造，要取得出资人的同意，未经出资人和上级主管部门同意的，企业不得进行股份合作制改造。对于直接设立股份合作制企业的，则没有上述要求。

4. 政府指定部门审批。企业股份合作制改造必须经过政府指定部门审批，未经指定部门审批的，不得进行改制。对于直接设立股份合作制企业的，则没有上述要求。

5. 清产核资和财务审计。企业清产核资按照国家有关的规定进行，同时应当有职工出资人和职工代表参加。一般而言，集体企业应当按照有关规定实施清产核资工作，国有其清产核资工作应当按照《关于规范国有企业改制工作的意见》进行。

6. 产权界定和资产评估。企业采取股份合作制改造形式进行改制的，必须按照《国有资产评估管理办法》和《关于发展城市股份合作制企业的指导意见》的规定，实施产权界定和资产评估，以防止国有资产流失。

7. 投资入股和有偿转让。企业改制时，在资产评估的基础上，应当将企业资产扣除原企业债务后折合成等额股份。

8. 履行债权人保护程序并办理登记。为了保护债权金融机构的利益，《关于规范国有企业改制工作的意见》的规定，在改制过程中，必须要征得债权金融机构的同意，保全金融债权，依法落实金融债务，国有企业才能改制。金融债务未落实的企业，不得进行改制。此外，企业在改制过程中，应当参照《公司法》的有关规定履行债权人保护程序。

9. 债权债务的承担。股份合作制企业是独立法人，应当以其全部资产承担民事责任，出资人也仅以其出资额为限对企业的债务承担责任。在企业改为股份合作制企业之后，股份合作制企业亦应当对改制前原企业的债务进行承继，并承担民事责任。

【参考规则】

关于发展城市股份合作制企业的指导意见

近些年来，在城市小企业改革中，各地借鉴农村改革的经验，积极试行股份合作制。党的十四届三中全会的《决定》明确提出国有小企业和集体企业可以实行股份合作制。各地着眼于从整体上搞好国有和集体经济，从明确投资主体、落实产权责任入手，大胆探索，逐步加快了小企业改革的步伐，股份合作制成为城市小企业改制的重要形式，使一大批小企业焕发了生机。股份合作制企业迅速发展，目前已经具有了相当的规模。为了总结实践经验，明确若干重要问题，推动股份合作制健康发展，提出如下意见。

1. 股份合作制适应社会主义市场经济的要求，促进了生产力的发展。股份合作制符合社会主义初级阶段的生产力发展水平，符合目前国有小企业和集体企业的实际状况，符合建立现代企业制度要求的产权清晰、权责明确、政企分开和管理科学的改革方向，在实践中收到了明显的效果。实行股份合作制，落实了企业资产经营责任，提高了职工对企业资产的关心程度和风险意识，增强了企业的凝聚力，调动了职工的积极性；促进了政府职能的转变和政企分开，加快了企业成为自主经营、自负盈亏、自我约束、自我发展的法人实体和市场竞争主体的进程；为企业开辟了一条新的融资渠道，促进了企业的技术改造、结构调整、机制转换和企业管理的改进，提高了企业经济效益。同时，实行股份合作制对发展地方经济、增加财政收入、保障职工就业和保持社会稳定起到了积极作用。股份合作制的实践为深化企业改革提供了有益的启示。

2. 股份合作制是采取了股份制一些做法的合作经济，是社会主义市场经济中集体经济的一种新的组织形式。在股份合作制企业中，劳动合作和资本合作有机结合。劳动合作是基础，职工共同劳动，共同占有和使用生产资料，利益共享，风险共担，实行民主管理，企业决策体现多数职工的意愿；资本合作采取了股份的形式，是职工共同为劳动合作提供的条件，职工既是劳动者，又是企业出资人。劳动合作与资本合作相结合有利于共同劳动条件的改善、企业竞争能力的提高和劳动者长远利益的增加。股份合作制是能够促进生产力发展的公有制实现形式，是现阶段劳动者创造就业机会、走向共同富裕的一条重要途径。

3. 股份合作制是在改革中群众大胆探索、勇于实践的重大成果。股份合作制企业既不是股份制企业，也不是合伙企业，与一般的合作制企业也不同，是在实践中产生并不断发展完善的新型的企业组织形式。发展股份合作制企业要尊重群众的实践，尊重群众的意愿，尊重群众的选择；要按照积极支持、总结经验、正确引导、健康发展的方针，依靠群众在实践中积极探索创新。

4. 股份合作制企业是独立法人，以企业全部资产承担民事责任，主要由本企业职工个人出资，出资人以出资额为限对企业的债务承担责任。

5. 职工投资入股。在自愿的基础上，鼓励企业职工人人投资入股，也允许少数职工暂时不入股。未投资入股的职工可以在企业增资扩股时投资入股。职工之间的持股数可以有差距，但不宜过分悬殊。不吸收本企业以外的个人入股。职工离开企业时其股份不能带走，必须在企业内部转让，其他职工有优先受让权。

6. 职工个人股和职工集体股应在总股本中占大多数。企业应当设置职工个人股，还可根据情况设置职工集体股、国家股、法人股。职工个人股是职工以自己合法财产向本企业投资所形成的股份。职工集体股是本企业职工以共有的财产折股或向本企业投资所形成的股份。国家股、法人股是国家、法人单位已经投入的资产折股或新增投资入股所形成的股份。股东不能退股。企业是否设置国家股、法人股和职工集体股,国家股、法人股的出资人如何保障投资收益,由企业出资人协商议定。

7. 坚持职工民主管理,职工享有平等权利。股份合作制企业实行职工股东大会制度,职工股东大会是企业的权力机构,应当实行一人一票的表决方式。职工股东大会选举产生董事会和监事会成员。企业也可不设董事会,由职工股东大会选举产生或聘任总经理。企业的年度预、决算和利润分配方案、重大投资事项、企业分立、合并、解散等重大决策必须经职工股东大会批准。股份合作制企业必须制定章程,章程经出资人同意、职工股东大会批准,对出资人、职工股东大会、董事会、监事会、总经理等具有约束力。

8. 董事会是职工股东大会的常设机构,向职工股东大会负责。董事长是企业法定代表人,由董事会选举产生。除董事长外其他董事应为兼职。总经理可以由董事会聘任,也可以由董事长兼任。总经理负责企业日常工作,向董事会报告工作。不设董事会的企业,总经理是企业法定代表人,负责企业经营管理,向职工股东大会负责并报告工作。监事会负责对董事会和总经理及其他管理人员的工作进行监督,直接向职工股东大会报告工作。是否设立监事会由股东大会决定,不设立监事会的企业应设 1 ~2 名监事。

9. 企业实行按劳分配与按股分红相结合的分配方式。职工工资、奖金分配要遵循“效率优先,兼顾公平”的原则,工资总额的增长幅度应低于企业经济效益的增长幅度,职工实际平均工资增长幅度应低于本企业劳动生产率增长幅度。企业的税后利润应按规定提取法定公积金和公益金,有条件的企业还应该提取任意公积金。余下的部分为可分配利润,实行按股分红。经职工股东大会同意,还可以在可分配利润中提取一部分进行按劳分红,用于奖励对企业有特殊贡献的职工。职工集体股的红利也可以用于按劳分红,还可以用于补充职工社会保障费用,或用于职工集体股的增资扩股。

10. 企业改制应取得职工代表大会、出资人和主管部门的同意,由企业提出申请,经政府指定的部门审批。

11. 企业清产核资按国家有关规定进行,同时应有企业出资人和职工代表参加。资产评估要由有国家认可资格的评估机构进行,评估结果要经过出资人的认可和有关部门的确认。

12. 原有企业非经营性资产可以进行剥离,独立运作或委托改制后的企业代管,减轻企业的负担。经政府批准,可以采取多种途径,解决企业改制前离退休人员养老统筹和医疗费用不足等问题。

13. 按照谁投资谁享有产权的原则,搞好原有企业产权的界定工作。国家、法人单位等出资人在企业中的投资及投资收益所形成的所有者权益归出资人所有。企业原有奖金节余、工资储备基金,可以折成个人股投入企业,也可以用于企业改制前职工的个人补充养老保险及医疗保险。

14. 切实保障国有和集体权益,防止公有财产流失。属于国家和集体所有的净资产,在改制时应按市场原则有偿转让,不能将国有、集体的净资产无偿分给个人。转让企业国有资产、集体资产的收入,要实行专项管理,用于国有经济和集体经济的投入,可留在改制后的企业有偿使用,也可以作为资本金投入其他企业。

15. 完成改制或新设立的企业,应到工商管理部门办理登记。符合条件、手续齐全的,工商部门应准予登记,企业类型为股份合作。已完成股份合作制改造的企业,但未登记为股份合作类型的,应按要求变更登记。

16. 各地要加强发展股份合作制企业工作的领导,解放思想,大胆探索。实行股份合作制是一项重要的制度创新,各地要积极制定实行股份合作制的办法,抓好组织落实。各级体改部门要主动做好工作,在政府领导下,认真搞好调查研究,协调好有关方面的关系,及时解决实际工作中出现的问题。要采取措施,降低各项收费,减少改制成本。

17. 切实搞好教育和引导工作。企业改制过程中,要教育职工树立集体主义和劳动合作观念,增强主人翁责任感和参与意识;树立市场竞争观念,增强风险意识;树立法制观念,增强规范意识。要对企业领导和有关人员进行培训,学习国家有关政策和股份合作制的基本规则,按照国家有关规定进行股份合作制的运作。

18. 企业改制后,要围绕市场需要制定企业发展规划,抓紧进行改组和技术改造工作,搞好劳动、人事、工资、社会保险等制度改革,加强企业内部管理,制定正确的营销策略,提高市场竞争能力和经济效益。企业要正确处理好积累和分配的关系,采取有效措施,增加积累,增强企业发展后劲。

19. 股份合作制是小企业改革的一种有效形式,但不是唯一形式,搞活小企业可以采取多种形式。各地推进股份合作制,要从实际出发,扎扎实实地进行,不能盲目追求数量。有条件的企业可实行股份合作制,但要做好有关方面的工作,保证改制效果。

20. 城市及县属国有小企业和集体企业可以按照本《意见》的精神,实行股份合作制。各地应在不违背股份合作制基本特征的前提下,参照国家现行有关规定,结合企业的实际,制定有关配套政策,采取措施积极解决企业改制中遇到的问题,促进股份合作制企业健康发展。

■第三节　境外退市回归境内上市

【重要提示】

★ 不论是已经在境外成功上市的企业还是正在境外上市路上的企业，现在更多企业都正在选择调转枪头回归境内上市，归根结底，都是市盈率惹的祸，哪里有钱哪里去。

★ 境外退市回归上市与已经成熟的红筹回归基本一致，不存在任何政策性的障碍，目前也有很多境外回归的案例在操作，只是这个过程遍布荆棘且需要时间，从而目前成功案例并不多。

★ 友情提示：对于任何一个企业和企业家来说，境外上市要谨慎，回归境内更要小心。

【案例情况】

一、南都电源

2000 年 4 月，周庆治通过其控制的 Pakara Investments、Pakara Technology、Kastra Investments 等三家公司实施了发行人在新加坡间接上市的计划。2005 年 3 月，由于间接上市未能达到预定目的，周庆治对海外上市公司实施私有化并退市。2008 年 11 月，周庆治直接受让海外公司 Kastra Investments 所持杭州南都的股权，至此，发行人与海外公司彻底脱钩。三家海外公司及发行人间接上市的基本情况如下：

（一）Pakara Investments（海外上市公司股东）

Pakara Investments 成立于 1998 年 5 月，授权资本为 200 万新元，实缴资本为 170 万新元，注册地为新加坡。Pakara Investments 成立时的授权资本为 10 万新元，实缴资本为 2 新元，其中 Lee Li Ching、Tan Siew Lee 分别出资 1 新元，各占 50% 的股权。

1998 年 6 月，Tan Siew Lee、Lee Li Ching 分别将其所持 Pakara Investments 的股份转让给周庆治和章禾，股份转让价款均为 1 新元。转让完成后，Pakara Investments 将授权资本由 10 万新元增加至 200 万新元，实缴资本由 2 新元增加至 170 万新元，新增资本由周庆治、林旦、许广跃、何伟、杨晓光缴付。此次转让及增资完

成后,Pakara Investments 的股本结构如下:

序号	股东名称	出资额(新元)	出资比例(%)	序号	股东名称	出资额(新元)	出资比例(%)
1	周庆治	884,000	52.00	4	何伟	212,500	12.50
2	林旦	238,000	14.00	5	杨晓光	127,500	7.50
3	许广跃	238,000	14.00	合 计		1,700,000.00	100.00

2004 年 3 月,许广跃与周庆治签订《股份转让协议》,将其持有 Pakara Investments 238,000 股股份以 1 新元/股的价格转让给周庆治,此次股份转让完成后,各股东的持股数及持股比例如下:

序号	股东名称	出资额(新元)	出资比例(%)	序号	股东名称	出资额(新元)	出资比例(%)
1	周庆治	1,122,000	66.00	3	何伟	212,500	12.50
2	林旦	238,000	14.00	4	杨晓光	127,500	7.50
—		—	—	合 计		1,700,000.00	100.00

2007 年 3 月,周庆治与何伟、王海光签订《股份转让协议》,按 1 新元/股的价格将其所持 27,800 股 Pakara Investments 股份转让给何伟,将其所持 1870 股 Pakara Investments股份转让给王海光;同日,林旦与何伟签订《股份转让协议》,按 1 新元/股的价格将其所持 4930 股 Pakara Investments 股份转让给何伟;杨晓光与王海光签订《股份转让协议》,按 1 新元/股的价格将其所持 127,500 股 Pakara Investments 股份转让给王海光。此次股份转让完成后,各股东的持股数及持股比例如下:

序号	股东名称	出资额(新元)	出资比例(%)	序号	股东名称	出资额(新元)	出资比例(%)
1	周庆治	1,092,330	64.25	3	林旦	233,070	13.71
2	何伟	245,230	14.43	4	王海光	129,370	7.61
—		—	—	合 计		1,700,000.00	100.00

截至本招股说明书签署日,Pakara Investments 的股本结构未发生变化,目前该公司正在办理注销手续。

(二)Pakara Technology(海外上市公司)

Pakara Technology 成立于 1969 年 7 月,注册资本为 2000 万新元,实收资本为 15,560,987.00 新元,发行股数为 7375.70 万股,注册地为新加坡,法定代表人为周庆治。

Pakara Technology 原名 National Kap Ltd(汉语名为立华电子),于 1988 年 7 月

在新加坡股票交易所交易及自动报价系统(以下简称 SESSDAQ)上市。截至 1998 年 11 月,National Kap Ltd 的授权资本为 1500 万新元,实缴资本为 952.85 万新元,实际发行在外股份 1905.70 万股,每股面值 0.50 新元。

1998 年 12 月,National Kap Ltd 将授权资本提高至 2000 万新元,决定发行 1818万股,其中 Pakara Investments 认购 818 万股,发行完成后 National Kap Ltd 实际发行在外股份数量达 3723.70 万股,每股面值 0.50 新元,其中 Pakara Investments 持有 818 万股,持股比例为 21.97%。2000 年 1 月,Pakara Investments 认购 National Kap Ltd 新发行的 3532 万股,本次发行完成后,National Kap Ltd 的实际发行在外股份达到 7255.70 万股,Pakara Investments 持有其 59.95% 的股份,并将其更名为 Pakara Technology。2000 年 5 月,Pakara Technology 新发行 120 万股,发行后 Pakara Technology 股份总数量达到 7375.70 万股,此后 Pakara Technology 的股份数量未发生变动。2005 年 2 月,Pakara Investments 通过现金要约将 Pakara Technology 私有化并退市。截至本招股说明书签署日,Pakara Technology 的股本结构未发生变化,目前正在办理注销手续。

(三)发行人间接上市、退市基本情况

1. 发行人间接上市的基本情况

2000 年 1 月,Pakara Technology 发布重组报告书,主要内容如下:

(1)资本结构及规模调整。对原有资本进行缩股,原有授权资本由 2000 万新元降至 200 万新元,每股面值由 0.50 新元降至 0.05 新元,注销 1675.665 (3723.70 ×0.45)万新元实收资本。在此基础上将授权资本增加至 2000 万新元,每股面值0.05新元,授权股本达到 40,000 万股。

(2)处理原有资产。向原大股东 Beng Kim Holding Pte. Ltd 出售原有电容器及其他电子配件业务,按不低于经审计的账面价值向 Beng Kim Holding Pte. Ltd 出售所持 ASJ Components, Inc 51.2% 的股权。

(3)收购电池制造资产。向 Pakara Investments 发行 3532 万股股份与 670.30 万份认股权证(每股行权价格为 0.258 新元)收购其所持 Kastra Investments 90.86% 的股权,当时 Kastra Investments 持有杭州南都60.53% 的股权,而杭州南都持有发行人 69.90% 的股权。

(4)其他条款:包括其他股东放弃要求 Pakara Investments 强制收购其所持股份的权利、公司更名为 Pakara Technology、公司章程修改、关联交易安排、新股发行安排等条款。

该次重组完成后,Pakara Technology 的授权资本为 2000 万新元,实收资本 362.785 万新元,实际发行在外股份 7255.70 万股,其中 Pakara Investments 持有 4350 万股,持股比例为 59.95%,其主营业务变更为电池制造业务,发行人实现间

接上市。

保荐机构和公司律师经核查后认为，Pakara Investments 通过收购并控股上市公司 National Kap Ltd（收购后该公司更名为 Pakara Technology）实现在新加坡上市的经过已取得新加坡交易所的认可，Pakara Technology 在新加坡交易所的上市的行为有效。Pakara Technology 上市期间的规范运作、信息披露符合新加坡交易所的有关规定。

2. 发行人退市的基本情况

2000 年 5 月 Pakara Technology 新发行 120 万股，其实收资本增加至 368.785 万新元，实际发行在外股份 7375.70 万股。至发出现金要约前，Pakara Investments 所持股份数量为 4000 万股，其一致行动人 Tong Xin 持有 388.5 万股，Pakara Technology 的发行在外股份数量仍为 7375.70 万股，Pakara Investments 实际控制了其 59.50% 的股份。

2005 年 1 月 17 日，Pakara Investments 发出无条件现金收购要约，按每股 0.085 新元的价格收购所有 Pakara Technology 的股份。至要约结束日 2005 年 2 月 16 日，共有 3221.79 万股接受要约（含 Tong Xin 所持 388.5 万股），Pakara Investments 的持股比例增加至 97.90%。2005 年 1 月 27 日，新加坡交易所同意 Pakara Technology 退市，并同意 Pakara Investments 按照《新加坡公司法》第 215 条第 1 款的规定强制收购未接受要约的部分股份。2005 年 2 月 18 日，Pakara Technology 发布退市公告，宣告于 2005 年 2 月 22 日退市，并将于 2005 年 5 月强制收购未接受要约的 2.1% 的股份，计 1,539,100 股。至此，发行人在新加坡退市。2008 年 11 月，周庆治收购了 Kastra Investments 所持杭州南都的股权，发行人与海外公司彻底脱钩。

3. 三家新加坡公司的注销进展情况

三家新加坡公司正在办理注销手续。新加坡注销公司主要程序包括：（1）经营期间全部业务的税务清算；（2）CPF（员工社会保障费用）的清算；（3）重新在银行设立清算账户；（4）登报、销户；（5）FM（最后股东会）文件交工商部门，完成全部注销。目前 Kastra Investments 的注销手续已办理完毕，Pakara Investments、Pakara Technology 正在进行第（4）阶段的注销工作。

（四）反馈意见的关注问题：请保荐机构、律师就境外上市的经过及上市期间的规范运作、信息披露出具专项意见

律师认为，Pakara InvestmentsPte Ltd 通过收购并控股上市公司 National Kap Ltd（收购后该公司更名为 Pakara Technology）实现在新加坡上市的经过已取得新加坡交易所的认可，Pakara Technology 在新加坡交易所的上市的行为有效。

根据 Pakara Technology 出具的说明、立杰律师事务所（新加坡）出具的《确认函》及锦天城律师对 Pakara Technology 的两位董事进行了访谈，并对新加坡交易

所网站中进行查询,Pakara Technology 上市期间不存在因重大违反规范运作、信息披露方面规定而受到新加坡交易所处罚的情形,锦天城律师认为,Pakara Technology 上市期间的规范运作、信息披露符合新加坡交易所的有关规定。

二、怡球资源

发行人下属子公司结构图如下:

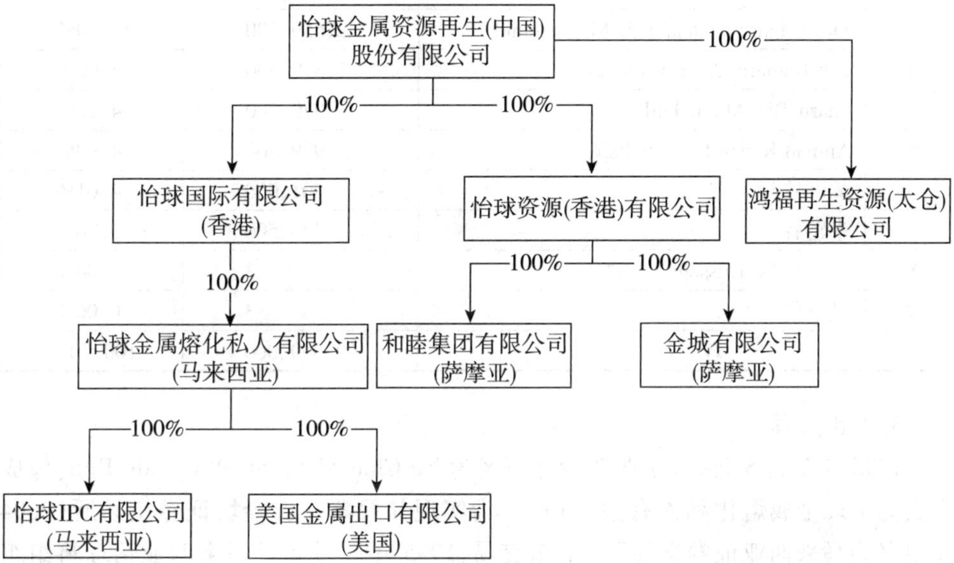

怡球金属熔化私人有限公司是 1984 年 8 月 18 日在马来西亚境内注册成立的公司,注册地址为马来西亚柔佛州巴西古当市巴西古当工业区格鲁利鲁 37 号、472 号、474 号,主要从事再生铝合金锭的生产和销售业务。

马来西亚怡球授权股本 2 亿股,已发行 81,830,267 股股份(每股面值 1 林吉特),现由发行人的全资子公司怡球国际持有该公司的全部股份。

马来西亚怡球的历史沿革情况

1. 设立情况

1984 年 8 月 18 日,马来西亚怡球在马来西亚境内注册成立,名称为 Ye Chiu Metal Smelting Works Sdn Bhd(译成中文为怡球金属熔化工厂私人有限公司),组织形式为私人有限公司,注册资本 150,000 林吉特,其发起人为黄崇胜、林忠孝(中国台湾籍自然人,黄崇胜的岳父)、Berhanuddin Bin Jalam(马来西亚籍自然人)和 Chew Boon Lean(马来西亚籍自然人)等 4 名自然人。

2. 上市前股份变动情况

马来西亚怡球设立后，至1996年首次公开发行股份前，发生过9次增发股份的行为，其实际发行的股份数从150,000股增加到19,999,000股；并发生过6次股权转让行为。1996年首次公开发行股份前，各股东持股情况如下：

序号	股东名称	持股数量（股）	持股比例
1	黄崇胜	12,460,494	62.31%
2	Megat Fairouz Junaidi B Megat Junid	2,659,500	13.30%
3	Nik Kamaruddin Bin Lsmail	1,379,500	6.90%
4	Sharir Bin Abdul Jalil	979,500	4.90%
5	Ahmad Redza Bin Abullah	979,500	4.90%
6	林胜枝	801,000	4.01%
7	李贻辉	739,500	3.70%
8	Fatlon Bte Husscin	3	0.00%
9	吴崇信	3	0.00%
合 计		19,999,000	100.00%

3. 上市过程

1995年7月8日，马来西亚怡球更名为Ye Chiu Metal Smelting Sdn Bhd（译成中文为怡球金属熔化私人有限公司）。为实现其股票在吉隆坡证券交易所（2004年更名为马来西亚证券交易所）上市交易，1995年8月4日马来西亚怡球将组织形式变更为公众公司，名称也变更为Ye Chiu Metal Smelting Berhad（译成中文为怡球金属熔化有限公司）。

1996年，马来西亚怡球在马来西亚境内公开发行股份。黄崇胜将其持有的马来西亚怡球12,460,494股股份中的3,066,000股股份进行发售，发售价格为4林吉特/股，其中384,000股预留给马来西亚怡球内部符合条件的职工和董事，剩余2,682,000股股份向社会公众公开发售。发行完成后，马来西亚怡球的股份总额仍为19,999,000股，黄崇胜持有9,397,494股，林胜枝持有804,000股。

4. 上市期间股份变动

马来西亚怡球上市期间（1996～2008年）的股份变动情况包括：（1）1998年10月～2000年3月，马来西亚怡球因“员工持股计划”增发了1,572,000股股票，马来西亚怡球实际发行的股份总额增加到21,571,000股；（2）2000年5月4日，马来西亚怡球向股东发放股票股利（BONUS ISSUE）25,885,200股，马来西亚怡球的股本总额增加到47,456,200股；（3）2000年8月～2003年7月，马来西亚怡球因“员工持股计划”增发了1,729,000股股票，马来西亚怡球实际发行的股份总额增加到49,185,200股；（4）2004年3月8日，马来西亚怡球向股东发放股票股利

(BONUS ISSUE)16,395,067股,马来西亚怡球的股本总额增加到65,580,267股;(5)2005年8月25日,马来西亚怡球股东大会同意将黄崇胜对马来西亚怡球16,250,000马币的债权转为股份。2005年10月18日,马来西亚怡球以每股1林吉特的价格向黄崇胜发行16,250,000股股票,发行完成后,马来西亚怡球的股本总额增加到81,830,267股。

5. 要约收购并下市

发行人实际控制人黄崇胜计划将再生铝合金锭业务的重心从马来西亚转移到中国,拟对控制的企业构架进行重组。在此背景下,黄崇胜、林胜枝作为联合要约方对其他股东持有的马来西亚怡球的股票进行了要约收购,实现了马来西亚怡球的私有化。2008年11月28日,马来西亚怡球从马来西亚证券交易所退市。

2008年12月9日,马来西亚怡球变更为私人有限公司,更名为怡球金属私人有限公司。

2008年黄崇胜、林胜枝提出对马来西亚怡球股票进行要约收购前,黄崇胜、林胜枝夫妇合计持有52,825,150股,占全部已发行股本总额的64.55%;其他股东持有29,005,117股,占全部已发行股本总额的35.45%。

要约收购具体过程如下:

(1)黄崇胜、林胜枝夫妇合计持有52,825,150股马来西亚怡球股份,占全部已发行股本总额的64.55%,拟作为"联合要约方"收购其他股东持有的剩余29,005,117股马来西亚怡球股份,并提议马来西亚怡球申请从马来西亚证券交易所退市。2008年8月1日,马来西亚怡球召开董事会审议通过了申请从马来西亚证券交易所退市的相关决议。

(2)2008年8月19日,马来西亚证券委员会批准了黄崇胜、林胜枝作为"联合要约方"以每股2林吉特的价格收购其他股东持有的29,005,117股马来西亚怡球股份的申请。

(3)马来西亚怡球聘请"PM Securities Sdn. Bhd."作为本次要约收购的独立顾问,对本次退市及要约收购事宜发表意见,供无利益关系的股东参考。2008年8月19日,"PM Securities Sdn. Bhd."出具了独立意见书。同日,马来西亚怡球发出召开特别股东大会的通知。

(4)2008年9月10日,持有64,792,764股马来西亚怡球股份的股东参加了特别股东大会,经出席会议股东中持有99.97%股份的股东投票同意,审议通过了申请从马来西亚证券交易所退市的相关决议。2008年9月11日,马来西亚怡球向马来西亚证券交易所提出了退市申请。

(5)经马来西亚证券委员会核准,黄崇胜和林胜枝作为联合要约方,委托AmInvestment Bank Berhad(中文译名大马投资集团银行有限公司)于2008年9月15日向持有马来西亚怡球股票的其他股东发出了收购要约,以每股2林吉特的现金对价收购其持有的马来西亚怡球的股票(原截止期限为2008年10月6日下午17时,后延长至2008年10月13日下午17时、2008年10月23日下午17时)。

(6)2008年9月29日,联合要约方的持股总额达到74,464,046股,持股比例超过90%。依据马来西亚证券交易所的上市规则,联合要约方的持股比例达到90%以后,应立即通知该公司,该公司的股票应从交易所主板的交易名单中去除。

(7)2008年10月6日,马来西亚证券交易所批准了马来西亚怡球的退市申请。2008年10月9日,马来西亚怡球股票停止在马来西亚证券交易所交易。

(8)截至要约收购期限届满日(2008年10月23日),联合要约方的持股总额达到80,025,225股,持股比例为97.79%。依据《马来西亚证券法》规定,联合要约方的持股比例达到90%以后,可对其他股东持有的剩余股份进行强制收购,但其他股东可在1个月内向法院提出申诉。

(9)2008年11月26日,马来西亚证券交易所确认,自2008年11月28日起,马来西亚怡球不再是马来西亚证券交易所的上市公司。

(10)2008年11月28日,中央存票机构出具了股份变动确认书,确认马来西亚怡球的所有股份均已登记在联合要约方的名下:黄崇胜持有72,360,167股马来西亚怡球的股票,林胜枝持有9,470,100股马来西亚怡球的股票。

2008年12月9日,马来西亚公司委员会批准马来西亚怡球退市后的名称变更。

黄崇胜、林胜枝夫妇取得马来西亚怡球的全部股权后,于2008年12月将马来西亚怡球的股权转让给发行人在香港设立的全资子公司怡球国际有限公司,由怡球国际有限公司直接持有马来西亚怡球的全部股权。

6.上市期间股票交易情况

马来西亚怡球1996年首次公开发行股票的发行价格为4林吉特/股。1996年至2007年年底,马来西亚怡球股票的日收盘价格在0.50～5.59林吉特之间波动。

2008年1～7月,马来西亚怡球股票的收盘价在1.27～1.60林吉特之间波动;2008年8月11日,收盘价涨至1.93林吉特/股,至最后交易日股价均稳定在1.91林吉特～1.98林吉特,最后交易日收盘价为1.98林吉特。马来西亚怡球股票2008年收盘价波动区间如下图:

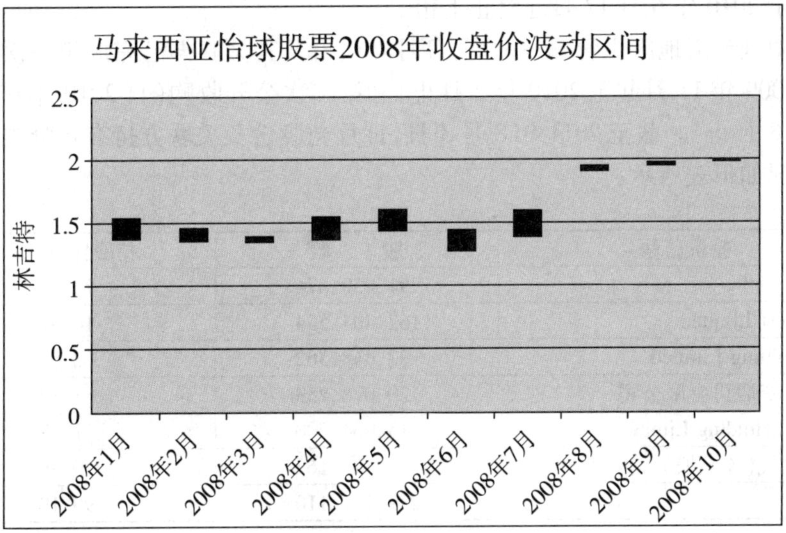

2008 年 7 月 30 日为公告要约收购信息前的最后交易日,2008 年 7 月 30 日前最近 12 个月的月均成交量为 855,642 股,约占已发行股份总额的 1.05%,日均成交量 30,168 股,约占已发行股份总额的 0.04%。

7. 马来西亚怡球主要财务数据

马来西亚怡球最近三年一期经天健正信会计师事务所有限公司审计的财务报表主要数据(略)。

三、环旭电子

为促成环旭电子上市,日月光股份已对环隆电气进行私有化,经台湾证券主管机关核准,于 2010 年 6 月 17 日起在台湾证交所终止上市。为从根本上消除同业竞争,环隆电气已将与电子制造服务相关的资产和业务全部转让给环旭电子,成为控股型公司,不再从事电子制造服务业务。

2009 年 11 月至 2010 年 2 月,日月光股份以现金,并同时以其子公司 J&RHolding Limited 及新加坡福雷电子股份有限公司(英文名称为 ASE Test Limited)所持有的日月光股份普通股合计 306,596,000 股作为对价,公开收购环隆电气流通在外的普通股;截至 2010 年 4 月 19 日,日月光股份及其子公司完成公开收购并持有环隆电气股份比例合计达 76.73%[其中,日月光股份持有 52.25%,其子公司 J&R Holding Limited、新加坡福雷电子股份有限公司、日月光投资(百慕大)股份有限公司(英文名称为 A. S. E. Holding Limited)分别持有 8.03%、14.92% 和 1.47%,张洪本先生直接持有 0.06%]。

2010 年 4 月 19 日,环隆电气董事会通过决议,向台湾证交所提出终止公司股票上市的申请。台湾证交所已于 2010 年 5 月 28 日发函,同意环隆电气发行上市之股票于2010年6月17日起终止上市。

经中国台湾地区主管部门批准,日月光股份及其关联方已完成第一次公开收购(自2009年11月起至2010年2月止)和第二次公开收购(自2010年6月起至2010年8月止)。截至2011年8月3日,日月光股份及关联方持有环隆电气股份比例情况如下表所示:

股东名称	股　数	持股比例(%)
日月光股份	791,039,874	72.67
ASE Test Limited	162,404,554	14.92
J&RHolding Limited	87,448,562	8.03
展毅投资股份有限公司	20,028,758	1.84
A. S. E. Holding Limited	15,964,200	1.47
环隆电气(库藏股)	2,825,162	0.26
合　计	1,079,711,110	99.19

经发行人律师和保荐机构核查,截至本招股说明书签署日,环隆电气股票已于台湾证交所终止上市买卖,并已报我国台湾地区"行政院"金融监督管理委员会备案;环隆电气终止上市过程中未发生纠纷。环隆电气申请终止上市及私有化符合台湾证交所及台湾地区法律法规。

【案例评析】

1. 红筹架构回归的问题最近这几年一直都很热,也就是说一些本来打算去境外上市的企业都选择了掉头回到境内,这样的案例已经很多了,处理思路也已经比较成熟。除了正在境外上市半路上的企业选择了回归之外,这两年在境外已经成功上市的企业不惜经过退市再上市的折腾也纷纷加入到了回归境内的大军之中,本节内容提到的案例就属于这种情况。据了解,实践中境外退市回归境内上市的企业并不在少数,只是这样的操作不仅要耗费时间甚至要经历重重险阻,所以截止到目前呈现在我们面前的成功案例还并不充分,更多的企业还正在路上,在退市的路上,在股权架构调整的路上,或者是在境内审核申请的路上。

2. 为什么要回归,每个人都有每个人的理由,说到底还是最基本的经济学原理在作怪,那就是哪里钱多哪里去,也就是市盈率的问题。一般情况下香港的市盈率只有十几倍,而新加坡或者韩国的甚至不足10倍,而境内的首发市盈率平均都要50倍左右(再不好也有20多倍),这样的差距哪位企业家会不动心呢?市盈率低不仅首发募集资金有限,后续的再融资也没有太大的动力,企业发展的源泉不畅通,企业上市的功能也就少了一大半,所以很多企业决定回归,当然在境内上市有政策障碍的企业除外。

3. 企业要不要上市,企业去哪里上市,企业以怎样的方式上市,这些问题的答案只有企业经营者自己才有权给出，其他人都无关过问，监管机构同样如此。从目前实践来看，境外退市回归与已经比较成熟的红筹架构回归一样均不存在实质性的政策障碍。在上述案例中，每个案例对于退市问题的解释都点到为止，审核人员也没有对该问题做出重点关注，也可以大体判断目前对于该问题的审核政策。总结上述案例，退市问题的简要过程如下：(1)向交易所提出退市的申请；(2)大股东发出要约收购，以合适价格收购公众股东的股份；(3)交易所最后出文确认退市成功。需要说明的是，交易所一般规定只有收购100%公众股股东之后才能退市，如果公司的股票价格还可以同时公众股数量较大，那么股东的收购资金来源问题也需要重点关注。

4. 境外回归显然并非只是退市或者股权调整那么简单，从整体上看，处理该类问题的基本思路和重点关注的问题如下：(1)披露海外上市的过程，包括上市主体的搭建，上市发行价格等。(2)详细披露上市期间规范运行情况，包括信息披露情况、是否受过交易所处罚、是否存在损害投资者利益的情形、上市期间股票交易情况、上市期间的财务数据资料等。(3)详细披露私有化的过程，包括私有化的原因，私有化的过程、如何保证公众投资者的利益、海外上市主体如何拆除等。此外还需要重点关注的是：实际控制人是否变更、主要经营业务是否发生变化、会计准则的适用是否具有可比性等。

5. 关于退市回归的问题，小兵曾遇到两个比较有意思的案例：(1)某公司在香港上市不到一年就已经后悔，眼睁睁看着跟自己差很多的企业在境内A股风风火火高价发行，而自己在香港只有十几倍的市盈率，于是半年之后公司就把回归上市提上了日程。(2)某公司在美国上市股票交易价格还可以接受，但是老板还是觉得不过瘾非要收购之后回归A股，由于资金压力大于是借了某个贵族财团的资金，结果在境内股权调整方面出现了很多的麻烦，利益不容易平衡。通过这两个案例，小兵向诸位友情提示：对于任何一个企业和企业家来说，境外上市要小心，境内回归更要谨慎。

■第四节　整体变更特殊问题关注

【重要提示】

★ 整体变更有什么好说的，我第一天接触这个行业遇到的第一件事就是整体变更，我一年差不多要做好几次。是的，这就是整体变更在首发上市环节中的位置和现状，不可或缺且极其普遍。

★ 整体变更涉及的常规性问题确实没有什么探讨的必要,但是工作实践中时常出现的一些与整体变更有关的特殊的问题,在带给我们疑惑的同时也让我们不得不重新思考这个最“简单”的问题。

★ 小兵就像是一个在海边拣贝壳的孩子,为诸位搜集并整理部分关于整体变更的“奇形怪状”的案例,一来供大家参考使用,二来帮助大家重新审视整体变更这一制度的设计。

【案例情况】

一、宁波 GQY:整体变更评估不调账

(一)2001 年 3 月,原股份公司的设立

2001 年 3 月 22 日,GQY 公司召开股东会并作出决议,同意将经审计后的公司净资产按 1:1 的比例全部折成拟变更设立的股份有限公司股份总额,各股东作为股份有限公司的发起人按照其在公司的出资比例持有股份有限公司的股份。同日,宁波高斯电子有限公司、郭启寅、袁向阳、郑远聪、朱萍、孙曙敏、毛雪琴、黄健、严祖仁、王聚舜签署了《发起人协议》,同意根据普华永道中天会计师事务所有限公司出具的《审计报告》(普华永道审字〔2001〕第 673 号),以审计基准日 2001 年 3 月 12 日经审计的账面净资产 35,363,460 元,按每股人民币 1 元折成普通股共计 35,360,000 股,未计入股本部分 3460 元计入资本公积。

2001 年 3 月 27 日,宁波市人民政府出具了《关于同意设立宁波 GQY 视讯股份有限公司的批复》(甬政发〔2001〕38 号),同意 GQY 公司变更设立为原股份公司,公司注册资本为 3536 万元人民币。

2001 年 3 月 28 日,原股份公司召开创立大会,审议通过了《宁波 GQY 视讯股份有限公司章程》并选举产生了原股份公司第一届董事会和监事会,普华永道中天会计师事务所有限公司出具《验资报告》(普华永道验字〔2001〕第 18 号),确认公司发起人已按规定缴足全部注册资本。

2001 年 3 月 29 日,原股份公司在宁波市工商行政管理局完成工商变更登记手续,并领取了注册号为 3302002003758 的企业法人营业执照,注册资本为 3536 万元。

(二)2006 年 8 月,原股份公司变更为有限责任公司

2006 年 8 月,因业务发展需要,原股份公司拟引进外资进一步扩大生产规模和增强研发实力和整体竞争力,为了加快谈判进程和促进项目进展,避免股份公司与外商合资事项需报商务部审批的复杂流程,发行人决定将公司性质变更为有限责

任公司以简化有关审批流程。

原股份公司于2006年8月15日召开股东大会,会议审议通过将宁波GQY视讯股份有限公司更名为宁波GQY视讯有限公司,公司类型由股份有限公司变更为有限责任公司。

2006年8月22日,原股份公司在宁波市工商行政管理局慈溪分局完成工商变更登记手续,并领取了注册号为3302822009736的企业法人营业执照,注册资本为3536万元,公司类型为有限责任公司。

(三)2006年9月,发行人的设立

由于与外资企业的合资谈判破裂,宁波GQY视讯有限公司决定启动直接在资本市场融资计划以提升公司竞争实力。宁波GQY视讯有限公司于2006年8月24日召开股东会,会议审议通过将宁波GQY视讯有限公司更名为宁波GQY视讯股份有限公司,公司类型由有限责任公司变更为股份有限公司;根据变更的结果,修改公司章程;根据宁波科信会计师事务所出具的《宁波GQY视讯股份有限公司计划增资扩股资产评估报告书》(科信评报字〔2006〕023号),以基准日2005年12月31日经评估的公司净资产人民币53,318,363.31元,按发行人每股1.5079元折成普通股35,360,000股,其中实收股本为人民币35,360,000元,剩余人民币17,958,363.31元计入资本公积。慈溪弘正会计师事务所有限公司出具《验资报告》(慈弘会验字〔2006〕第604号),确认公司发起人已按规定缴足全部注册资本。

2006年8月25日,原有限公司全体股东宁波高斯电子有限公司、郭启寅、袁向阳、郑远聪、陈云华、孙曙敏、毛雪琴、黄健、程军、闻建华、宋丹签署了《发起人协议》,2006年9月10日,发行人召开股东大会,批准了新的《公司章程》并选举产生了股份公司新一届董事会和监事会。2006年9月11日,宁波GQY视讯有限公司在宁波市工商行政管理局完成工商变更登记手续,并领取了注册号为3302002009788的企业法人营业执照,注册资本为3536万元,公司类型为股份有限公司。

(四)2009年7月,修改发行人2006年设立时折股方案

鉴于公司于2006年5月委托宁波科信会计师事务所有限公司以增资扩股为目的对发行人整体资产进行评估,宁波科信会计师事务所有限公司出具的《宁波GQY视讯股份有限公司计划增资扩股资产评估报告书》的评估目的是"为计划增资扩股作价提供参考意见",不适用于2006年9月11日公司改制设立股份公司,而且,公司办理工商变更前,根据该资产评估报告进行评估折股调账的事宜未获得宁波市地税管理部门的确认,因此公司虽然根据评估值进行折股,但实际并未按照

评估值进行调账。公司2006年度及以后的纳税申报资料均沿用了原首次设立股份公司的财务核算基础。

综上所述，发行人前述资产评估报告书不能作为原有限公司整体变更设立股份有限公司之用，且《验资报告》以该资产评估报告书载明的评估净资产值作为折股基础与公司实际情况不符，因此，本着实事求是、尊重历史的原则，发行人决定纠正上述错误。公司于2009年6月24日召开第一届董事会第十三次会议，2009年7月9日召开2009年第二次临时股东大会表决通过《关于修改公司2006年设立时折股方案的议案》，决定按照经审计的当时的公司净资产值进行折股，并由立信会计师事务所有限公司出具专项审核报告。

发行人根据立信会计师事务所2009年6月22日出具的以2006年8月31日为基准日的《审计报告》(信会师报字〔2009〕第23869号)确定的公司当时净资产值46,830,204.16元，按照每股1.32元重新折为3536万股，其余11,470,204.16元计入资本公积。立信会计师事务所对宁波GQY视讯有限公司整体变更为宁波GQY视讯股份有限公司过程股本折算事项进行了专项审核，并于2009年7月15日出具了《关于宁波GQY视讯有限公司2006年整体变更设立宁波GQY视讯股份有限公司过程中股本折算事项的专项审核报告》(信会师报字〔2009〕第24031号)。根据该《专项审核报告》，截至2009年7月15日，公司已根据重新审计的当时净资产46,830,204.16元，依照原出资比例，按1.32:1的比例折合股份总额，共计3536万股，净资产大于股本部分11,470,204.16元计入资本公积。

发行人2006年设立时的发起人股东及现有股东已共同签署确认函：对于公司2006年9月设立后发生的历次股权转让，再次确认其效力，同意不因上述重新折股而受到影响，并不会提出任何异议。

以上有关调整折股方案的文件已在宁波市工商行政管理局备案登记。

二、东宝生物：整体变更验资报告晚于创立大会

2000年8月，发行人的各发起人召开第一次股东大会，审议通过以变更方式设立股份有限公司等议案，并选举了第一届董事会和监事会，但该次会议名称不是“股份公司创立大会”。而且，本次整体变更为股份有限公司的《验资报告》出具时间为2000年8月7日，晚于发行人“创立大会”的召开日期2000年8月6日。

2000年8月6日，发行人召开股东大会，出席会议的股东及股东代表所代表的股份数占发行人股份总数的100%。会议审议并通过了以下事项：(1)《包头东宝乐凯彩感明胶股份有限公司筹建工作的报告》；(2)以变更方式设立包头东宝乐凯彩感明胶股份有限公司；(3)包头东宝乐凯彩感明胶股份有限公司设立费用的报告；(4)包头东宝乐凯彩感明胶股份有限公司《公司章程》；(5)选举王军、马礼谦、彭必先、汪立勤、刘仲君、王丽萍、刘芳为股份公司董事；(6)选举姜炜、张崇山、李建

新为股份公司监事。发行人上述第一次股东大会未以创立大会的名义召开，但从该次股东大会履行的职权和通过的决议上分析，该次股东大会实质上为创立大会。

因发行人系由东宝明胶整体变更设立，各发起人出资均为依出资份额在东宝明胶享有的净资产，该资产在整体变更前由东宝明胶持有，整体变更后由发行人持有。2000年8月6日第一次股东大会召开时，各发起人用于出资的资产已实际缴纳；2000年8月7日，北京中洲会计师事务所有限公司出具《验资报告》（中洲〔2000〕发字第161号）对东宝明胶整体变更为股份公司的出资情况予以验证。《公司法》（1999年修订）第91条规定，“发行股份的股款缴足后，必须经法定的验资机构验资并出具证明。发起人应当在三十日内主持召开公司创立大会”。通常，股份有限公司设立过程中，应当在创立大会召开前对注册资本进行验证，以确认创立大会召开前股本已缴足；发行人系以整体变更方式设立，折合的股份总额为公司净资产额，不存在股本不能缴足的情形。

本所律师认为，首先，当时的《公司法》、《中华人民共和国公司登记管理条例》并未明确规定创立大会应在出具验资报告后召开；其次，发行人创立大会先于会计师出具验资报告召开不会对发行人的资本充实构成影响。因此，发行人整体变更为股份有限公司履行相关程序符合当时相关法律、法规和规范性文件的规定，对发行人的主体资格及本次发行上市不构成实质性障碍。

三、佰利联：整体变更新增股东

2001年12月14日，浩科化工召开股东会，决定吸收千业贸易作为发起人，将浩科化工变更为股份有限公司。2002年3月17日，博雅投资、银泰投资、银科化工、豫鑫木糖、上海国义、千业贸易、焦作市财政局共同签订了《发起人协议》，博雅投资、银泰投资、银科化工、豫鑫木糖、焦作市财政局以其拥有的浩科化工股权对应的净资产出资，上海国义以其拥有的浩科化工股权对应的净资产及对浩科化工的债权出资，千业贸易以现金出资。博雅投资、银泰投资、银科化工、豫鑫木糖、上海国义、焦作市财政局以浩科化工截至2001年12月31日经审计的净资产4317.2933万元按1∶1的比例折为4317.2933万股，另外上海国义以对浩科化工的债权324万元按1∶1的比例转为324万股，千业贸易以其合法拥有的自有资金现金575万元按1∶1的比例折为575万股。公司设立时股东用于出资的资产均按1∶1的比例折股，同股同价，未损害国有股东利益。

2002年4月17日，河南省人民政府出具《关于变更设立河南佰利联化学股份有限公司的批复》（豫股批字〔2002〕07号），同意浩科化工以截至2001年12月31日经审计的净资产4317.2933万元全部按1∶1的比例折为4317.2933万股，另外上海国义以对浩科化工的债权324万元按1∶1的比例转为324万股，千业贸易以现金575万元按1∶1的比例折为575万股，原浩科化工债权债务由佰利联公司承继，公司整体变更为河南佰利联化学股份有限公司。

2002年6月6日，岳华会计师事务所有限责任公司出具《验资报告》（岳总验字〔2002〕第014号），对上述股东投入公司的股本进行了验证。公司设立时募集资金575万元，全部用于补充流动资金。

2002年7月1日，公司领取了河南省工商行政管理局颁发的注册号为豫工商企4100001006365的《企业营业执照》，注册资本5216.2933万元，企业类型为股份有限公司。

2002年11月25日，河南省财政厅出具《关于河南佰利联化学股份有限公司股权设置及国有股权管理方案的批复》（豫财企〔2002〕86号），对公司股权设置及国有股权管理方案进行了批复。

四、天玑科技：整体变更利润分配

以2009年3月31日为基准日，立信会计师事务所有限公司出具了《审计报告》（信会师报字〔2009〕第23638号），截至2009年3月31日天玑有限净资产为59,695,433.81元；上海银信汇业资产评估有限公司进行资产评估并出具了《上海天玑科技有限责任公司企业价值评估报告》（沪银信汇业评报字〔2009〕第1119号），确认天玑有限以2009年3月31日为基准日的净资产评估值为64,392,692.03元。

2009年6月2日，天玑有限全体股东签订了《发起人协议书》，约定依据截至2009年3月31日经审计的公司净资产59,695,433.81元扣除向股东分配的利润8,939,086.76元，以利润分配后的有限公司净资产50,756,347.05元按照1:0.985098的比例折为股份公司股份5000万股（每股面值1元），其余计入资本公积。公司股份由全体发起人（原有限公司全体股东）以各自持有的天玑有限股权所对应的经审计的净资产认购。

2009年6月6日，立信会计师事务所有限公司出具《验资报告》（信会师报字〔2009〕第23778号），截至2009年6月5日，公司已收到全体股东缴纳的注册资本（股本）合计5000万元整。

2009年6月17日，天玑有限全体股东召开创立大会，决定将天玑有限整体变更为上海天玑科技股份有限公司。2009年6月24日，本公司取得了上海市工商行政管理局核发的《企业法人营业执照》。

五、文峰股份：整体变更同时新增股东现金增资

（一）第一次整体变更

2001年11月20日，南通文峰大世界有限公司通过了股东会决议，同意整体变更为股份有限公司。2001年12月24日，经江苏省人民政府苏政复〔2001〕212号

文批准，南通文峰大世界有限公司依法整体变更为股份公司，以天一会计师事务所有限责任公司出具的天一审字〔2001〕第2－048号审计报告（以2001年10月31日为基准日）审计确认的净资产值133,719,379.13元，按1∶1的比例折股，折合股本总额13,371万元，余额9,379.13元计入资本公积金。公司股东江苏文峰集团有限公司等4家法人单位及徐长江等6名自然人作为公司发起人，按照各自对南通文峰大世界有限公司的出资比例持有股权。天一会计师事务所有限公司于2001年12月24日出具了《验资报告》（天一会验字〔2001〕第2－073号）。公司于2001年12月26日在江苏省工商行政管理局办理注册登记手续，公司名称变更为江苏文峰大世界连锁发展股份有限公司，注册资本变更为13,371万元。

公司当时的股权设置、股本结构及股权性质的界定于2001年12月12日经江苏省财政厅以苏财国资〔2001〕280号文确认。

（二）调整为有限公司

为了促进公司快速、规范发展，满足项目资金需求，经公司2003年第一次临时股东大会审议通过，公司计划向社会公开发行A股股票，向中国证监会提出首次公开发行股票的申请，并于2004年4月16日获证监会发行审核委员会工作会议审核通过。截至2005年7月，A股市场股票发行处于暂停状态，公司尚未完成发行。经公司董事会批准，公司撤回上市申请。

因公司发展需要，公司提出以在境外设立特殊目的公司并购其境内权益的方式在境外证券交易所（香港联合交易所有限公司）上市的计划。为便于操作，经公司于2006年6月23日召开的临时股东大会审议通过，公司类型由股份有限公司变更为有限责任公司，注册资本不变；同时徐长江、顾金坤、顾建华、杨建华、裴浩兵、马永等6位自然人股东将其持有的公司股权全部转让给江苏文峰集团有限公司，共计1770.33万股，占注册资本的13.24%，转让价格共计2035.88万元（每股转让价格1.15元）。

2006年8月25日，南通万隆会计师事务所有限公司为上述变更出具了《验资报告》（通万验字〔2006〕第80号）。截至2006年8月22日，所有股权转让全部完成，公司注册资本不变，仍为13,371万元。2006年8月28日，相关工商变更登记手续办理完毕，公司获发新的《企业法人营业执照》，公司名称变更为江苏文峰大世界连锁发展有限公司。

本次变更为整体变更，本次变更过程中公司未进行资产评估，也未改变原有资产的计量属性。

（三）第二次整体变更

由于政策及其他客观因素，公司计划改为在中国境内设立股份公司并发行境外上市外资股方式推进境外上市。在此背景下，2007年1月19日，江苏文峰大世界连锁发展有限公司召开股东会，决定公司整体变更设立股份有限公司。2007年2月16日，江苏文峰大世界连锁发展有限公司召开股东会，确认南通万隆会计师事务所对公司2006年12月31日为基准日的资产评估结果，同意根据经审计的公司截至2006年12月31日净资产360,265,228.21元中360,000,000元作为新的股份有限公司的注册资本，余额计入资本公积；同时新增注册资本，由原股东江苏文峰集团有限公司和南通新有斐大酒店有限公司分别增资8,694,000元和1,306,000元。整体变更设立及增资后，公司注册资本为37,000万元，等额分成37,000万股，每股面值1元。

2007年2月25日，南通万隆会计师事务所有限公司出具了《验资报告》（通万验字〔2007〕第013号）。根据该验资报告，公司的注册资本为37,000万元，其中，经审计的截至2006年12月31日的净资产360,265,228.21元中的360,000,000元转作股本，265,228.21元列作资本公积金；发起人江苏文峰集团有限公司和新有斐分别另外投入货币资金8,694,000元和1,306,000元作为股本。

2007年2月25日，公司的全体发起人召开股东大会，作出关于批准公司设立及批准《江苏省文峰大世界连锁发展股份有限公司章程》的决议，并选举出公司第一届董事会和监事会。

2007年2月28日，公司获发新的《企业法人营业执照》，发行人正式设立，设立时的名称为江苏省文峰大世界连锁发展股份有限公司。

2007年3月2日，公司召开临时股东大会，同意公司名称变更为文峰大世界连锁发展股份有限公司。2007年3月15日，上述公司名称变更登记手续办理完毕。

本次整体变更设立及增资过程中，资产评估结果仅作为参考，并未根据资产评估结果进行账务调整。

六、新华龙：整体变更的特定含义

（一）公司名称变更为股份公司

2008年2月20日，公司召开股东会，决议通过将公司名称变更为锦州新华龙钼业股份有限公司。2008年2月28日，公司取得锦州市工商行政管理局签发的《企业法人营业执照》（注册号：210724000018774）。本次变更未履行与改制相关的审计、评估、公司创立大会等手续。

保荐机构及发行人律师认为，2008年2月20日，华龙大有股东会决议中并未涉及将公司类型变更为股份有限公司的内容，未履行有限公司变更为股份有限公司的法定程序，未经审计、评估，未进行净资产折股，注册资本也未发生变更，公司性质仍应为有限责任公司，该等变更仅为名称变更，其名称中使用“股份有限公司”

字样没有法律依据。此后，经华龙大有股东会决议更正，于2009年7月已将公司名称变更回锦州市华龙大有铁合金有限公司，此前存在的不规范行为已得到有效纠正，对公司的持续经营不构成重大影响，不构成此次发行上市的实质障碍。

2012年1月，锦州市工商行政管理局已经出具了《证明》，“自2008年1月至今，锦州新华龙钼业股份有限公司经营符合国家工商法律法规的有关规定，未有因违法经营而被我局处罚的情形”。

（二）整体变更为股份公司

2009年8月20日，公司召开股东会，决议将公司整体变更为股份有限公司，股份有限公司名称为锦州新华龙钼业股份有限公司。根据大信会计师事务所出具的大信审字〔2009〕1－1334号审计报告，以截至2009年7月31日经审计的净资产143,996,349.58元为基础，按照1∶0.83335的比例折合为股份公司的股本120,000,000.00元，剩余净资产23,996,349.58元转作资本公积。

2009年8月27日，大信会计师事务所就整体变更事项出具大信验字〔2009〕第1－0023号《验资报告》。

2009年8月27日，原有限公司股东作为发起人召开创立大会，审议通过公司章程，并选举董事会、监事会成员。同日，公司取得锦州市工商行政管理局签发的《企业法人营业执照》（注册号:210724000018774）。

七、银河磁体:整体变更时审计基准日和评估基准日不一致

（一）关于对发行人改制时审计、评估基准日不一致的原因的核查

银河磁体系由戴炎、银河集团、张燕、吴志坚、何金洲为发起人，以其截至2000年9月30日对发行人前身银河材料厂享有的账面净资产权益作为出资，于2001年3月23日发起设立的股份有限公司。发行人在设立之时，资产审计、资产评估等基本情况如下:

2000年8月25日，四川华信出具《审计报告》（川华信审〔2000〕综字076号），根据该报告，截至2000年7月31日，银河材料厂经审计的账面净资产为28,030,072.73元。

2000年8月31日，东方资产评估事务所有限公司出具《资产评估报告书》（东评司评报字〔2000〕第52号），根据该评估报告，截至2000年7月31日，银河材料厂账面净资产的评估值为3277.70万元，评估增值率16.94%。

2000年10月18日，四川华信出具《审计报告》（川华信〔2000〕综字088号），根据该报告，截至2000年9月30日，银河材料厂的账面净资产为30,312,278.56元。

2001年3月23日,银河磁体在成都市工商行政管理局完成登记手续,领取了注册号为5101001808245的《企业法人营业执照》。

公司之所以未以2000年7月31日而以2000年9月30日作为改制折股审计基准日,系因银河材料厂当年八九月间盈利较高,净资产增幅较大。为增大改制后的股份公司的注册资本和总股本,利于与国外客户的商业往来,各发起人一致同意将以截至2000年9月30日银河材料厂经审计的净资产值作为股份有限公司的折股依据发起设立股份有限公司。根据相关资产审计和评估的结果,公司截至2000年7月31日经评估的净资产值高于2000年9月30日经审计的账面净资产价值,公司在延展改制审计基准日的2个月间经营持续盈利。由于《资产评估报告书》(东评司评报字〔2000〕第52号)有效期为1年,且公司资产未发生重大变化并持续盈利,故公司未就截至2000年9月30日的资产情况重新评估。

综上所述,发行人律师认为,公司改制时审计、评估基准日不一致系因发起人根据实际经营情况,基于增加改制后股份有限公司注册资本和总股本的目的,在资产评估报告的有效期内,结合公司前身银河材料厂当时的净资产状况对改制审计基准日进行了调整。

(二)发行人评估未调账

银河磁体设立之时,确定折股依据的账面净资产审计值的财务审计基准日为2000年9月30日,并由审计机构四川华信出具了《审计报告》(川华信〔2000〕综字088号);资产评估的评估基准日为2000年7月31日,并由东方资产评估事务所有限公司出具了《资产评估报告书》(东评司评报字〔2000〕第52号)。

根据《审计报告》(川华信〔2000〕综字088号)审定的账面净资产值,2001年1月19日,四川省人民政府下达川府函〔2001〕24号《四川省人民政府关于设立成都银河磁体股份有限公司的批复》,同意银河材料厂整体改制并以发起设立方式组建成都银河磁体股份有限公司;同意银河磁体总股本以银河材料厂经审计后的净资产30,312,278.56元,按1∶1比例折股(万元以下余数2278.56元作为资本公积金),共折为3031万股,其中银河集团1333.64万股,戴炎等4人1697.36万股。

发行人在设立之时,虽财务审计基准日与资产评估基准日不一致,但其以前身和材料厂经审计的账面净资产作为发起人股东折股依据并作为实收资本入账,其经折股方式、股本总额、发起人及持股比例已获得四川省人民政府的批准。资产评估及其结果对发行人股本总额的设置、发起人的持股比例不产生影响。经《验资报告》(川华信验〔2000〕031号)审验,其注册资本已足额缴纳,全体发起人即现有股东不存在因上述基准日差异所导致的任何争议或潜在纠纷。

2009年8月26日,四川华信出具《关于银河磁体股份有限公司改制基准日与评估基准日不一致对净资产折股影响的专项说明》,四川华信认为:“改制基准日(2000年9月30日)审计后的账面净资产3031.23万元,比评估基准日(2000年7月31日)审计后账面净资产2803.01万元增加228.22万元,均系公司两个月的利润影响;评估基准日的净资产评估价值3277.70万元,高于审计后的账面净资产。故我们认为,贵公司以改制基准日审计后账面净资产价值折股是谨慎的,改制基准日与评估基准日不一致对净资产折股没有影响。”

综上所述,本所律师认为,银河磁体的设立符合当时的法律、法规的规定;财务审计基准日和资产评估基准日不一致的问题并不导致股东出资不实的情况,对本次首发不构成法律障碍。

八、卓宝科技:整体变更没有验资报告

2003年5月9日,卓宝有限召开股东会,经全体股东一致同意,卓宝有限以《审计报告》(经深鹏会专审字〔2003〕第400号)审计的2003年3月31日公司净资产2000.00万元按1:1折为2000.00万股,整体变更设立股份有限公司。该次整体变更及设立股份公司已经深圳市人民政府《关于以发起方式改组设立深圳市卓宝科技股份有限公司的批复》(深府股〔2003〕12号文)审批同意。

2003年5月20日,发起人召开了创立大会。

2003年6月4日,深圳市工商局核发了变更后的《企业法人营业执照》,注册号为440311066031。

由于股份公司登记设立时间与增资间隔较短,且新设的股份公司注册资本与前次增资后有限公司注册资本一致等原因,公司未就整体变更设立股份公司单独出具验资报告。2009年7月20日,天职国际对本次整体变更设立股份公司进行复核,出具了《专项审核报告》进行验证。

卓宝有限整体变更设立股份有限公司系卓宝有限先增加注册资本至2000万元,之后以经审计的净资产折股整体变更设立股份有限公司,由于增加注册资本至2000万元和以基准日经审计的净资产2000万元折股整体变更设立股份有限公司合并只做了一次工商变更登记,发行人于工商变更登记时只提供了增资至2000万元的《验资报告》,而未就以基准日经审计的净资产2000万元折股单独进行验资。以经审计的净资产折股整体变更设立股份有限公司未履行验资程序虽存在瑕疵,但鉴于:第一,基准日净资产已经审计,且天职国际会计师事务所已对发行人设立时注册资本的缴纳情况进行了复核;第二,发行人历年均通过了工商年检;第三,卓宝有限自整体变更设立股份有限公司至今从未发生关于其设立有效性的纠纷;第四,深圳市人民政府已就发行人设立所履行的程序符合相关法律法规予以确认,故卓宝有限整体变更设立股份有限公司未履行验资不构成发行人本次发行及上市的实质性障碍。

2009年9月14日，深圳市人民政府《关于深圳市卓宝科技股份有限公司设立有关事项的复函》（深府函〔2009〕161号）就本公司设立所履行的程序做出确认："经查，2003年5月6日，深圳市人民政府《关于以发起方式改组设立深圳市卓宝科技股份有限公司的批复》（深府股〔2003〕12号）对你公司改组设立为股份公司进行了批准，之后市工商部门进行了登记并核发了营业执照，以上审批及工商登记手续，均符合当时有关法律法规的规定，你公司的设立批准、登记是合法有效的。"

保荐机构认为：卓宝有限整体变更设立股份有限公司系卓宝有限先增加注册资本至2000万元，之后以经审计的净资产折股整体变更设立股份有限公司，由于增加注册资本至2000万元和以基准日经审计的净资产2000万元折股整体变更设立股份有限公司合并只做了一次工商变更登记，发行人于工商变更登记时只提供了增资至2000万元的《验资报告》，而未就以基准日经审计的净资产2000万元折股单独进行验资。发行人以经审计的净资产折股整体变更设立股份有限公司未履行验资程序虽存在瑕疵，但鉴于：第一，基准日净资产已经审计，且天职国际会计师事务所已对发行人设立时注册资本的缴纳情况进行了复核；第二，发行人历年均通过了工商年检；第三，卓宝有限自整体变更设立股份有限公司至今从未发生关于其设立有效性的纠纷；第四，深圳市人民政府已就发行人设立所履行的程序符合相关法律法规予以确认，故卓宝有限整体变更设立股份有限公司未履行验资不构成发行人本次发行及上市的实质性障碍。

发行人律师认为：卓宝有限整体变更设立股份有限公司系卓宝有限先增加注册资本至2000万元，之后以经审计的净资产折股整体变更设立股份有限公司，由于增加注册资本至2000万元和以基准日经审计的净资产2000万元折股整体变更设立股份有限公司合并只做了一次工商变更登记，发行人于工商变更登记时只提供了增资至2000万元的《验资报告》，而未就以基准日经审计的净资产2000万元折股单独进行验资。以经审计的净资产折股整体变更设立股份有限公司未履行验资程序虽存在瑕疵，但鉴于：第一，基准日净资产已经审计，且天职国际会计师事务所已对发行人设立时注册资本的缴纳情况进行了复核；第二，发行人历年均通过了工商年检；第三，卓宝有限自整体变更设立股份有限公司至今从未发生关于其设立有效性的纠纷；第四，深圳市人民政府已就发行人设立所履行的程序符合相关法律法规予以确认，故卓宝有限整体变更设立股份有限公司未履行验资不构成发行人本次发行及上市的实质性障碍。

九、恒星科技：整体变更审计会计师没有资格

2003年12月16日，经前身恒星公司临时股东大会审议，其全体股东一致同意变更为股份有限公司。2004年2月16日，经河南省人民政府豫股批字〔2004〕02号文批准，前身恒星公司以2003年12月31日为基准日整体变更为本公司，并于

2004 年 3 月 18 日登记注册,取得河南省工商行政管理局企业法人营业执照,注册号为 4100002010103。公司股本总额以前身恒星公司 2003 年 12 月 31 日经审计的净资产为依据折为 11,000 万股,每股面值 1 元。

由于股份公司整体变更设立时的审计和验资业务均由不具有证券从业资格的会计师事务所承担,在股份公司成立后恒星科技聘请深圳市鹏城会计师事务所有限公司对前身恒星公司整体变更设立股份公司时经审计(审计基准日为 2003 年 12 月 31 日)的会计报表进行了复核和审阅。深圳市鹏城会计师事务所有限公司出具了《审阅报告》(深鹏所特字〔2004〕628 号),认为:“恒星金属 2003 年 12 月 31 日的已审会计报表未严格按《企业会计制度》计提各项资产减值准备等问题,导致有关数据存在不准确性。”基于该《审阅报告》,股份公司董事会、股东大会决定聘请深圳市鹏城会计师事务所有限公司以 2004 年 9 月 30 日为审计基准日出具审计报告,并依据该审计报告确定的净资产规范和调整注册资本。2004 年 11 月 25 日,经河南省人民政府《关于河南恒星科技股份有限公司注册资本调整的批复》(豫股批字〔2004〕32 号)批准,股份公司股本总额调整为 12207.80 万股,并于 2004 年 12 月 6 日取得河南省工商行政管理局企业法人营业执照,注册号为 4100002010103。

【案例评析】

1. 在首发上市的工作实践中提起整体变更这个话题,就如同日常生活中见面问今天吃的什么饭一样无聊。整体变更有什么好说的,我第一天接触这个行业遇到的第一件事就是整体变更,我一年差不多要做好几次整体变更,我不是在做整体变更就是在做整体变更的路上。是的,这就是整体变更在首发上市环节中的位置和现状,不可或缺且极其普遍。

2. 整体变更涉及的常规性问题确实没有什么探讨的必要,但是工作实践中时常出现的一些与整体变更有关的特殊的问题,在带给我们疑惑的同时也让我们不得不重新思考这个最“简单”的问题。整体变更是一个永恒的话题,这也从另外一个侧面说明这个制度有很多不完善和需要思考的地方;从目前的状况来看,对整体变更问题多做一些整理和总结,至少对目前一些问题的处理是有帮助的。

3. 小兵就像是一个在海边拣贝壳的孩子,为诸位搜集并整理部分关于整体变更的“奇形怪状”的案例,一来供大家参考使用,二来帮助大家重新审视整体变更这一制度的设计。什么也不说了,直接对以上每个案例的特殊之处进行简要评析:

(1)宁波 GYQ:该案例中发行人公司形式变来变去或许自己也变晕了,导致在最后有限公司变更为股份公司时显得有些混乱。当时,发行人的理解应该是既然股份公司变更为有限公司不需要审计,那么有限公司变更为股份公司也是不需要的,所以股东会做了一个公司更名为股份公司的决议就解决问题了,至于当时的评估报告是为了增加注册资本而准备的。并且,中介机构解释当时的折股虽然有评估报告,但并不是整体变更真正意义上的折股,所以后来做了修正,重新根据审计报告进行了折股并调整了相关财务指标(主要是注册资本和资本公积)。中介机构评估不调账的解释思路应该是可以认可的,当时根据评估报告进行了折股不过是折错了资本公积的金额,调整回来对发行人的影响并不会严重。有限公司变更为股份公司很常见但是股份公司变更为有限公司却并不常见,本案例算是一个,并且解释了为什么由股份变更为有限时的理由(股份公司审批程序烦琐),很实在也可以理解。不过需要思考的是,有限公司整体变更为股份公司需要履行审计和验资程序是注册资本登记管理条例明确规定的,有限公司整体变更为股份公司时也的确均履行了这一程序,那么股份公司变更为有限公司是不是也需要履行这一程序呢?规则并没有明确的规定。

(2)东宝生物:关于整体变更的基本程序,应该是先出具审计报告然后签署发起人协议然后出具验资报告然后召开创立大会,而本案例应该是在这些程序上有些不清晰,一个是只有第一次股东大会没有创立大会,一个是验资报告晚于创立大会。中介机构的解释主要有:①实质重于形式,虽然不叫创立大会但是干的都是创立大会的活。②虽然承认创立大会之前应该先出具验资报告确定股东以及出资完备之后才能召开创立大会,但是法律法规并没有明确规定验资报告必须要在创立大会之前,更关键的是公司是整体变更为股份公司就算是程序有瑕疵也不会导致股东出资不实,所以不构成障碍。这个问题在审核过程中做了关注,在小兵看来也就是象征性地问一下,其实整体变更基本上不会存在出资不实的情形,至于我的这个程序是怎么完成的或者叫什么名字都是细枝末节的事情。此外,《公司法》并没有整体变更这一规定,所以就算是整体变更程序上出现些什么问题一般情况下扣《公司法》的帽子也并不合适。

(3)佰利联:公司在2001年整体变更时同时存在新股东债转股和现金增资的情形。以前实务界主流的观点是整体变更作为一种具有特定含义的行为,不允许在整体变更的同时股东发生变动,不过从一些案例的情况来看,整体变更同时其他股东现金增资或者小规模的股权转让还是可以允许的。当然,此时的股权调整一定要一目了然且不宜过多,以免被质疑股权的清晰性和稳定性。该案例还有一点特殊之处,那就是新《公司法》之前的整体变更是需要省级政府批复的,尽管该案例整体变更还包括了债转股等情形,但是既然省级人民政府都已经出具了批复文件,审核人员也就没有关注。最后,小兵与大家再讨论一个问题,那就是有限公司整体变更时变更股东是否允许规避股东人数的限制,即很多人曾经探讨过的整体变更的同时将股东人数提高至50人以上的处理是否被允许,小兵的观点是这样的处理是否允许主要还是看当地工商局的意见,也有部分案例在进行这样的处理。

(4)天玑科技:公司在整体变更的同时分配了现金股利,其主要目的应该是保证自然人股东能够有足够现金缴纳个人所得税，这样的处理合情合理，甚至应该是监管机构比较欢迎的方式，毕竟这比缓缴甚至偷偷摸摸不说到底缴没缴的处理已经敞亮多了。此外，上海等地已经出具了政府文件，鉴于整体变更时股东没有现金流入可以暂时不缴纳个人所得税，在套现取得收入时再缴纳，这样的规定也没有什么大的问题，也算是给了老板们一个不纠结的理由。其实，小兵个人认为，监管机构可以出一个鼓励政策，那就是鼓励公司在整体变更时以现金分红并且及时足额纳税并且是否完税作为发行审核的重要考虑因素。

(5)文峰股份：又一个比较特殊的做了两次整体变更的案例。其实，对于一个企业来讲，公司性质的变更只是一个正常的登记手续，没有什么值得大惊小怪的。值得说明的是，这个案例与其他案例不同的是，这个案例在股份公司变更为有限公司时履行了验资程序。此外，值得关注的是，本案例在整体变更的同时还吸收了新股东以现金进行增资。

(6)新华龙：在该案例中中介机构认定单纯的变更公司名称为股份公司并不是首发办法要求的整体变更，中介机构认为首发上市中界定的整体变更具有特定含义，必须履行审计、评估、验资、创立大会等程序之后才可以，单纯公司形式和名称变更并不能满足要求。正是基于这样的一个理念，该案例在处理上是先把股份公司变更为有限公司然后再由有限公司整体变更为股份公司，只是公司由股份公司变更为有限公司时并没有履行什么程序。

(7)银河磁体：整体变更是要出具审计报告和评估报告，尽管评估报告可有可无地位尴尬，但是只要有就不会出现一些问题。本案例之所以审计基准日和评估基准日不一致主要的原因是发行人想多用两个月的利润来做大股本好开展业务，不管这个理由是真是假至少说出来就不好再去辩驳什么了。当然，这主要是企业当时自己的一些想法和决定了，中介机构一般不会出这样的建议，因为完全没必要为了股本而给自己找麻烦。审核过程中关注到这个小问题会不会影响到注册资本充实性的问题，中介机构以数据说话没有任何问题。

(8)卓宝科技：在审核实践中，监管机构一般会认定整体变更时没有验资报告是比较严重的问题，需要省级甚至是国家级工商管理部门的确认，省级人民政府都不好使。小兵对于这种处理问题的判断思路持不同的意见，认为有矫枉过正之嫌。前面已经多次提到，整体变更是首发上市制度中一项特定的制度设计，股份公司发起人以经审计的有限公司净资产进行出资，也正是因为如此，一般情况下根本不会存在出资不实的情形。而验资报告其核心功能在于验证发行人注册资本的真实性和充实性，如果这两个核心内容在实质上不存在风险和瑕疵，那么验证这两个内容的形式存在一些瑕疵是否就会构成重大障碍呢？具体到该案例，由于增资和整体变更时间距离较近且整体变更时没有注册资本的变化所以整体变更时没有进行验资，如果后来审计机构出具了验资专项复核报告且中介机构对该事项发表明确意见,个人认为该问题不会构成首发上市的重大障碍。

(9)恒星科技:这个案例也比较具有代表性,就是整体变更时最关键的审计报告和验资报告是由没有证券期货从业资格的审计机构出具。这个问题的严重性还是要比直接没有报告要好一些,事后由有资格的审计机构出具了复核意见且中介机构发表明确意见则一般不会构成实质性障碍。具体到该案例,也是由有资格的机构进行了复核和审阅,且由于当时整体变更比例必须是1∶1,所以注册资本因审计净资产变化而存在变化,若2006年以后则有可能不会导致注册资本变化而单单影响资本公积。此外,由于该案例瑕疵和补救都是在2006年新《公司法》之前,整体变更还需要省级人民政府的批复,所以这个瑕疵在审核实践中并没有重点关注。

4. 关于整体变更的起源以及定性问题,已经有很多人进行了论证,论证的最终结论就是整体变更是个不伦不类的公司设立方式。小兵尝试对整体变更做一个简单的定义,就是为了企业满足"持续经营三年的股份公司"的基本上市条件而做出的一种特殊性政策约定。正是因为其特殊,解决此问题因而没有明确的方向,最后只能告诉自己因为制度特殊所以在这类问题的解决上也可以特事特办。小兵的搜集和整理并不完备,或许以后还会出现跟整体变更有关的新的问题,在审视和判断这个问题的时候,我们一定不要忘了整体变更的身份和定性。心中有数,手里不慌。

【参考规则】

公司注册资本登记管理规定

第十七条 非公司企业按《公司法》改制为公司、有限责任公司变更为股份有限公司时,折合的实收股本总额不得高于公司净资产额。有限责任公司变更为股份有限公司,为增加资本公开发行股份时,应当依法办理。

原非公司企业、有限责任公司的净资产应当由具有评估资格的资产评估机构评估作价,并由验资机构进行验资。

第二部分　业务技术

【一身过硬且又先进的看家本领】

本部分将为大家持续补充以下内容：

◇ 重大依赖补充案例：关注重大供应商依赖以及重大变动问题

◇ 特殊模式补充案例：继续与大家探讨一些特殊经营模式企业的首发上市可行性

第一章　重大依赖问题

□ 一个企业若要持续健康发展,其最根本的前提是上下游渠道顺畅不受限制,这也是审核实践中对发行人、客户和供应商重点关注的重要原因。

□ 在以前学习的内容中已经对客户的重大依赖以及相关问题作了深入讨论,本章内容将与大家探讨一下关于供应商重大依赖的问题。

□ 如果发行人的供应商和客户存在重大变动,一般情况下也会被认定公司可能存在经营风险,小兵将之看做特殊形式的依赖,在本章中将分两节内容与大家分享。

■第一节　供应商重大依赖解决之道

【重要提示】

★ 较之客户重大依赖问题,供应商重大依赖的问题在实践中并没有受到过多关注,发行人存在供应商依赖的情况较少,也没有特别因这个原因而上市不成功的案例。

★ 在全球经济一体化以及贸易自由化日益深入的今天,企业在实际经营过程中产品愁卖的情况比比皆是,但是原材料愁买的情况却并不常见,客户控制市场的现实状况与审核理念的关注重点是一致的。

★ 当然,理论上的很少并不代表实践中绝对的不存在,甚至有的企业也会因为供应商的问题而对生产经营构成实质性的障碍,这就是小兵研究本章内容的意义所在。

【案例情况】

一、姚记扑克:主要原材料由一家供应商提供

(一)主要原材料供应商相对单一的风险

本公司主要原材料中的扑克牌专用纸由晨鸣纸业供应。晨鸣纸业作为在中国

境内及中国香港同时上市的行业著名企业，造纸经验丰富，供应能力稳定，能够满足公司纸张的采购需要。2008 年、2009 年以及 2010 年，公司扑克牌专用纸的采购金额分别为 19,353.02 万元、26,817.18 万元和 35,437.69 万元。

公司掌握高品质扑克牌生产所需的扑克牌专用纸应具备的纸张规格，报告期内均由晨鸣纸业提供扑克牌专用纸，通过长期合作，双方关系良好、购销稳定，双方签订的购销合同中具有排他性条款，约定晨鸣纸业生产的扑克牌卡纸产品在合同期内不得销售给其他用户。公司与晨鸣纸业长期以来的合作关系良好，并且中国作为造纸大国，国内拥有先进工艺技术的大型造纸企业数量众多，在公司提供扑克牌专用纸纸张规格的基础上，该类纸张的生产供应不受特定厂商限制。若公司与晨鸣纸业现时合同所约定的合作关系终止，尽管公司更换新的纸张供应商不存在障碍，但仍需付出一定的时间成本，因此公司仍然存在一定的主要原材料供应商相对单一的风险。

发行人已与晨鸣纸业签订有效期为十年的《扑克牌纸购销框架性协议》，约定随着发行人产能逐步提升，发行人扑克牌专用纸未来的需求量将在目前基础上增加 5 万吨/年，在双方协商确定价格的基础上，晨鸣纸业承诺将保证发行人扑克牌专用纸的供应量。晨鸣纸业作为同时在境内及香港上市的行业知名企业，2009 年各类机制纸产量达 304 万吨，可保证本项目生产所需原料质量、供应稳定。而且，中国是世界造纸产品的主要生产国，国内大型造纸企业数量众多，公司也可以从实际情况出发，按公司需要从不同造纸企业处分散采购，以保障项目所需扑克牌用纸供应。

（二）应对原材料价格波动

作为高端扑克牌产品生产及销售型企业，扑克牌专用纸是公司生产的主要原材料。为确保产品品质，公司坚持使用优质原材料。目前扑克牌专用纸全部从晨鸣纸业采购。由于纸张原材料受原木浆价格的影响较大，公司原材料采购价格也随着原木浆价格波动。

扑克牌专用纸作为主要原材料，占营业成本比重较大，公司毛利率对纸张价格波动比较敏感。2009 年，受当年全球经济不振的影响，扑克牌专用纸均价较 2008 年水平下降 11.23%，2010 年随着 PPI 水平的不断上升，扑克牌专用纸均价较 2009 年水平大幅上涨，公司 2010 年扑克牌专用纸采购均价为 6040.97 元/吨，较 2009 年均价上涨 18.14%。为了有效规避重要原材料价格波动的风险，公司采取如下措施：

（1）公司与晨鸣纸业签订长期供货合同，从价格协议、提价、订单管理、供货保障等多方面消化纸张价格上涨的不利影响。同时公司加强采购管理环节，随着公司业务规模扩张，规模采购优势日益突出，对供应商的议价能力逐渐增强，从而有效降低采购成本。

(2)公司具有较强的市场定价能力，面对原材料价格的上涨，公司选择适当时机，稳步小幅提升产品价格，保障公司产品的盈利能力，减小原材料价格波动对公司盈利的影响。

(3)不断改进扑克牌生产工艺，控制其他成本，减弱原材料价格上升带来的成本压力。公司目前在研项目包括"凹印机轮转印刷"和"全自动卷筒纸在线上光"等，2009年完成的科研项目包括"高档扑克牌高新技术印刷系统升级项目"等，生产工艺的不断改进有效提高了生产效率及产品质量，减少了原材料的浪费。

公司通过各种方式有效克服原材料价格波动的不利影响，维持相对稳定的毛利率。尽管原材料采购价格波动幅度较大，2008年、2009年及2010年，公司主营业务毛利率分别为18.92%、23.08%及20.28%，较为稳定。

二、银河磁体：核心原材料供应商重大依赖

发行人主要原材料供应商单一，公司进口原材料MQ磁粉的金额分别为8164.10万元、8631.83万元和10,139.81万元，占采购总额比重分别为68.30%、67.85%和66.7296。

(一)主要原材料供应商单一风险

公司产品的主要原材料为以快淬工艺制备的钕铁硼永磁微晶粉末，其专利为美国麦格昆磁公司(MQI)独家垄断拥有，专利覆盖范围主要为日本、美国和欧洲地区，即凡是在这些国家和地区生产、销售的粘结钕铁硼磁体所用的原材料磁粉必须为MQ磁粉。目前粘结钕铁硼磁体行业的主要消费客户均在专利覆盖地区。

由于MQI公司专利保护的原因，报告期内公司出口产品全部采用MQ磁粉。在专利全部到期之前，MQI作为该磁粉的全球独家垄断生产销售商长期保持原料磁粉的高垄断价位，在一定程度上限制了行业的快速发展，限制了公司产品成本的下降，造成了公司主要原材料供应商单一的风险。

麦格昆磁公司(Magnequench International,Inc.)，总部设在美国印第安纳州印第安纳波利斯，独家拥有MQ磁粉的专利，是世界上粘结钕铁硼快淬磁粉生产的龙头企业，全球市场占有率超过80%。麦格昆磁公司最早于1982年由通用汽车公司(GM)创建。1995年9月30日，中国有色金属进出口总公司、北京三环新材料高技术公司(中科三环的控股股东)和SEXTANT MQI公司收购麦格昆磁公司。随着全球磁体产业逐步向中国的转移，2000年麦格昆磁公司独资设立麦格昆磁公司(天津)公司生产MQ磁粉。2005年加拿大多伦多证券交易所上市的AMR公司并购麦格昆磁公司，AMR公司更名为NEOMATERIAL TECHNOLOGIES INC.公司。2005年在并购过程中，北京三环新材料高技术公司将其所持有的麦格昆磁公司股

份换股为 NEO MATERIAL TECHNOLOGIES INC. 公司的股份,并于 2006 年 9 月全部出售。

(二)关于对“目前 MQ 磁粉的成分专利、制备磁粉的工艺专利和制备粘结磁体的工艺专利是否已经失效,美国麦格昆磁公司(MQI)是否采取了延长专利保护期的措施,非 MQ 磁粉产品进入原专利保护地区有无法律障碍”相关问题的核查

根据发行人提供的资料并经律师核查,由美国麦格昆磁公司(以下简称 MQI)所享有的 MQ 磁粉的一系列专利系由多个专利构成的专利包,主要包括成分专利、工艺专利、辅助专利。

根据 MQI 的公司网站(http://www.magnequench.com/)资料显示:MQ 磁粉基本专利从 2009 ~ 2014 年逐步到期,其中含钴(Co)成分 MQ 磁粉专利将于 2012 年 5 月到期,最重要的具有四方晶体结构的专利将于 2014 年 7 月到期。

因此,截至 2014 年,MQ 磁粉专利包中的全部专利均到期失效之前,非 MQ 磁粉产品不能进入专利保护地区(美国、欧洲和日本),否则将面临专利权纠纷的法律风险。

由于专利将逐步到期,MQI 试图采取申请新的专利或申请专利延展有效期等措施以维持其在磁粉原料市场的垄断地位,但其申请能否获得核准尚无法判断。如申请获得核准,MQI 可能继续享有 MQ 磁粉相关技术的专利保护,维持磁粉原料的高垄断价格,将可能影响公司未来的原料采购成本。

综上,目前 MQ 磁粉尚存在未逾专利保护期的专利项目,非 MQI 磁粉产品进入原专利保护区存在法律障碍。

(三)关于对“报告期内从美国麦格昆磁公司(MQI)采购占比仍超过 80%且逐年递增的原因”相关问题的核查

公司生产的磁性产品直接下游客户为日本电产(NIDEC)、SONY、JVC 等微特电机制造商。公司生产的磁性产品将成为该等制造商生产的诸如电机产品的部件,通过该等产品组装进入计算机、汽车以及其他信息数码电器等最终产品。

虽然上述最终产品可能销往美国、欧洲和日本等 MQ 磁粉专利保护区,也可能销往其他非 MQ 磁粉专利保护区,但本着尊重专利、保护知识产权的原则,避免交易争端的风险,公司与下游客户达成一致,对公司出口的磁性产品均以享有专利保护的 MQ 磁粉作为磁粉原料。

综上,因 MQ 磁粉所享有的专利包中最迟到期的专利项目的保护期至 2014 年,为了避免专利纠纷,公司就其出口的磁性产品持续采购 MQ 磁粉,故随着公司磁性产品出口比例的上升,报告期内公司从 MQI 采购占比仍超过 80%且逐年递增。

(四)补充披露发行人和主要竞争对手上海爱普生磁性器件有限公司(以下简称上海爱普生)的市场占有率情况、美国麦格昆磁公司(MQI)的基本情况、上海爱普生与美国麦格昆磁公司(MQI)的关联关系,并说明该关联关系对于发行人原材料采购及未来成长性是否存在重大不利影响

1. 关于对发行人和上海爱普生市场占用率情况的核查

查阅上海爱普生控股股东北京中科三环高技术股份有限公司(以下简称中科三环,000970SZ)相关年报、上海爱普生公司网站以及行业网站公开披露数据、与公司经营管理人员和核心技术人员进行访谈等方式进行核查,无法直接获得上海爱普生市场占有率情况。

根据《磁体产业奇迹般的发展》(罗阳著《磁性材料及器件》2009 年第 1 期)一文中所列示的相关数据,报告期内,公司磁性产品产量与国内外同类产品产量的对比情况如下:

时间	公司产量(吨)	中国产量(吨)	国内产量占比(%)	全球产量(吨)	全球产量占比(%)
2007 年	677.80	3200	21.18	5280	12.84
2008 年	661.77	4200	15.76	6000	11.03
2009 年	856.74	—	—	—	—

2. 关于对 MQI 的基本情况、上海爱普生与 MQI 的关联关系,并说明该关联关系对于发行人原材料采购及未来成长性是否存在重大不利影响

根据 MQI 的公司主页 http://www.magnequench.com 所公开登载的信息并经本所律师核查,麦格昆磁公司(Magnequench International, Inc.),总部设在美国印第安纳州印第安纳波利斯,独家拥有 MQ 磁粉的专利,是世界上粘结钕铁硼快淬磁粉生产的龙头企业,全球市场占有率超过 80%。

根据《北京中科三环高技术股份有限公司 2009 年年度报告》,北京中科三环持有上海爱普生 70% 的股权,为其控股股东。

MQI 最早于 1982 年由通用汽车公司(GM)创建。1995 年 9 月 30 日,中国有色金属进出口总公司、北京三环新材料高技术公司(为中科三环的控股股东,以下简称北京三环)和 SEXTANT MQI 公司收购该公司。2000 年,MQI 在华独资设立麦格昆磁公司(天津)有限公司生产 MQ 磁粉。

2005 年加拿大多伦多证券交易所上市的 AMR 公司并购 MQI,AMR 公司后更名为 NEO MATERIAL TECHNOLOGIES INC. 公司。2005 年在上述并购过程中,北京三环将其所持有的 MQI 股份换股为 NEO MATERIAL TECHNOLOGIES INC. 公司的股份,并于 2006 年 9 月全部出售。

2010年5月12日,NEO MATERIAL TECHNOLOGIES INC.公司出具证明,证明“北京三环不再是NEO MATERIAL TECHNOLOGIES INC.的股东或它的子公司Magnequench International(MQI)的股东;北京三环于2005年8月31日由MQI的股东变成了AMR的股东,AMR现在更名为NEO MATERIAL TECHNOLOGIES INC(NEO);这些NEO的股份后来在2006年9月被卖出”。

根据NEONEO MATERIAL TECHNOLOGIES INC.公司公告披露的《MANAGEMENT'S DISCUSSION AND ANALYSIS DATED MARCH 11,2010》,上海爱普生与其不存在关联关系;根据中科三环公告披露的《北京中科三环高技术股份有限公司2009年年度报告》,MQI与中科三环亦不存在关联关系。

公司作为MQI重要的采购商,在日常与该公司进行MQ磁粉商务谈判以及采购过程中,MQI未因北京三环曾经持有MQI的股份而导致其对公司采取不利行为。

综上,上海爱普生与MQI不存在关联关系。MQI与上海爱普生的控股股东曾存在的股权关系对于发行人原材料采购及未来成长性不存在重大不利影响。

(五)补充披露国家对稀土行业的宏观调控对发行人原材料供应是否产生重大不利影响

2010年5月12日,工业和信息化部印发了《关于公开征集稀土行业准入条件意见的通知》(以下简称《通知》),就《稀土行业准入条件》(以下简称《准入条件》)进行征求意见,公示日期自2010年5月13日至2010年5月27日。经本所律师查阅《准入条件》全文,《准入条件》系以“为科学开发利用与有效保护稀土资源,推动稀土产业结构调整和升级,规范生产经营秩序”为立法目的,就稀土生产布局条件、生产规模、工艺和装备、能源消耗、资源综合利用、环境保护、产品质量、安全生产、职业危害、消防和社会责任、监督与管理等内容进行了规定。该《准入条件》的公告和征求意见,有利于稀土工业的健康、持续的发展。

公司产业为国家鼓励类发展产业,公司产品利于节约能源、保护环境,在《产业结构调整指导目录(2005年本)》、《产业结构调整指导目录(2007年本)》(征求意见稿)中一直被列入鼓励类,在《中国高新技术产品目录》(2006)中作为等级最高、应优先支持的最高档高新技术产品之一。《中共中央关于制定国民经济和社会发展第十一个五年规划的建议》中将发展环保和节能产业作为“推进产业结构优化升级”和“建设资源节约型、环境友好型社会的重要手段”。

综上,公司产业和产品符合国家产业政策的相关规定,国家对稀土行业的宏观调控对公司原材料供应并不产生重大不利影响。

（六）发行人是否与美国麦格昆磁公司（MQI）签订长期合作协议，如有，请补充披露合作协议的主要内容（包括定价方法、供应量、供应时间等）

根据发行人的承诺并经律师核查，公司与麦格昆磁公司（MQI）未签订任何长期合作协议。

（七）补充披露是否存在解决原材料供应商单一问题的措施和方案

在MQ磁粉专利包到期前，公司与下游客户达成一致，只要涉及公司出口的产品，均全部采用MQ磁粉。根据公司提供的与四川省夹江县圆通稀土永磁厂于2007、2008、2009、2010年度内签订的磁粉采购合同，由于中国不是MQ磁粉专利保护地区，在公司对国内客户的国内销售中，公司主要采购四川省夹江县圆通稀土永磁厂的磁粉。

综上，在国内贸易中，公司已通过采购国内磁粉原料供应商的方式解决原材料供应商单一的问题。

三、阳光电源：核心部件需要国外进口

（一）对大功率半导体器件供应商依赖的风险

本公司产品中大量使用了大功率半导体器件，如IGBT模块等，目前公司大功率半导体器件主要从欧美地区和日本进口。半导体器件下游行业近年来的快速增长导致大功率半导体器件需求旺盛，如果国外供应商不能保证供应或提高供应价格，将对公司生产经营产生不利影响。目前，随着大功率半导体产品技术和市场的发展，已有更多境外企业参与大功率半导体器件的研发与生产，同时，国内生产商也已逐步开始规模生产，尽管国内厂商在产品规格齐全度等方面还有一定差距，但其快速发展正在使功率半导体器件市场原有的格局发生改变。目前，公司已经和多家半导体器件供应商签订了长期合作协议，并针对各系列产品对大功率半导体器件的不同需求拟定了替代方案，降低了对单一供应商依赖的风险。

（二）报告期内大功率半导体主要供应商的情况以及关联关系核查情况

经律师核查并根据发行人的确认，报告期内发行人产品所需的大功率半导体主要从国外厂商的中国代理商采购，大功率半导体最终供应商从单一的供应商，发展到现在有日本三菱、德国英飞凌、德国赛米控及日本富士等多个品牌。

(三)价格变化情况是否对未来持续盈利能力产生重大影响

报告期内,发行人所购大功率半导体价格呈下降趋势,主要原因为发行人大功率半导体最终供应商已从单一的供应商发展到现在有日本三菱、德国英飞凌、德国赛米控及日本富士等多个品牌,供应渠道的增加降低了发行人的采购价格。

报告期内,发行人大功率半导体占成本的比重呈现上升趋势,主要系发行人大功率产品报告期呈现快速增长趋势,发行人 2008 年度、2009 年度和 2010 年度 30KW 以上(含 30KW)光伏逆变器占光伏逆变器总收入比例分别为 40.03%、61.64% 和 80.03%,目前发行人大功率产品占比已经较高,即大功率半导体占成本的比重因大功率产品占比提升而进一步提高的空间较小。

发行人为了应对可能存在的大功率半导体供应商依赖以及价格变动的风险,发行人在产品开发阶段就充分考虑关键物料的可替代性,即从产品的概念、计划、开发、验证、发布等阶段,相关部门已对产品总体解决方案中采用的关键器件的成熟度进行评审,对关键物料的设计要求至少有两个品牌的器件可相互替代,从而确保元器件的可替换性,进而合理控制成本。

随着大功率半导体产品技术和市场的发展,已有更多境外企业参与大功率半导体器件的研发与生产,同时,国内生产商也已逐步开始规模生产,尽管国内厂商在产品规格齐全度等方面还有一定差距,但其快速发展正在使大功率半导体器件市场原有的格局发生改变。

综上,发行人在产品开发阶段即实施大功率半导体材料可替代性发展战略,对供应商进行优化和丰富,进而控制大功率半导体价格波动带来的风险;同时,随着大功率半导体生产企业的增加,市场竞争格局的改变,也将更有利于大功率半导体需求方。

四、天齐锂业:原材料供应依赖单一供应商并可能供应不足

(一)主要原材料供应商单一的风险

锂辉石是公司主要原材料,报告期内锂辉石全部从澳大利亚塔力森公司进口。2007 年、2008 年、2009 年和 2010 年 1~6 月,公司锂辉石采购金额分别为 13,775.99 万元、11,812.66 万元、10,708.55 万元和 8874.27 万元,占原材料采购金额的比例分别为 58.85%、58.81%、61.19% 和 50.93%。

锂辉石是我国矿石提锂生产厂商生产各项锂产品的主要原材料。塔力森公司是世界锂辉石的主要供应商,其拥有的澳大利亚格林布什矿山是目前全球开采规模最大、品质最稳定的锂辉石矿山。2008 年全球锂精矿产量约 37 万吨,其中塔力森公司锂辉石产量超过 60%。长期以来,中国市场一直是塔力森公司锂辉石的主

要销售市场,2008 年塔力森公司出口中国的数量约为 12 万吨,约占其当年产量的 54%。

与澳大利亚格林布什矿山相比,我国目前已开发的各锂矿规模较小。国内几个主要锂辉石矿山生产状况为:新疆可可托海采选能力 700 吨/天、阿勒泰三矿采选能力 300 吨/天的两个主要矿山均因资源枯竭停产,四川金川县观音桥采选厂年产锂精矿 1.2 万吨、马尔康锂辉石矿年产锂精矿 2.4 万吨,目前国内锂精矿产能只有 3.6 万吨/年,无法满足下游企业规模化生产的需要。因此,中国主要的矿石提锂生产企业,如本公司、新疆昊鑫锂盐开发有限公司(原新疆锂盐厂)等公司,均主要从塔力森公司进口锂辉石。本公司设立初期,锂辉石主要来自四川金川,但由于其品质不稳定、供应规模小,造成公司生产线开工不足、产品质量不稳定。自 1997 年起本公司即开始从塔力森公司进口锂辉石;自 1999 年起至今,本公司生产所需锂辉石全部从塔力森公司采购。作为中国最大的矿石提锂生产企业,本公司与塔力森公司已经建立了长期稳定、互利互惠的合作关系。特别是近年来,本公司在行业内率先成功开发出用锂辉石低成本生产电池级碳酸锂等高端锂产品的方法,促进了塔力森公司锂辉石在中国的销售。随着产能连年扩张,本公司已成为塔力森公司锂辉石的最大销售客户。2008 年,本公司向塔力森公司进口锂辉石 51,823.57 吨,约占其总产量的 23%,约占其出口中国总量的 43%。

虽然双方已建立良好的合作关系,客观上也存在一定程度的相互依存,本公司向塔力森公司进口锂辉石通常不会出现供应受阻的现象,但如果塔力森公司改变经营策略或遇到突发事件或如果本公司订单骤然大增,可能会出现锂辉石供应不及时或供应不足的风险。

为巩固双方的业务合作,本公司与塔力森公司于 2008 年 8 月签订了 2009 ~ 2011 年锂辉石长期采购协议,主要条款为:(1)2009 ~ 2011 年,本公司在每个合同年中至少购买 80,000 吨规格为 SC6.0 的锂辉石,其中 50,000 吨按合同固订价格执行,剩余 30,000 多吨按该合同年开始前一年的 9 月 30 日或之前确定的价格执行;(2)2009 ~ 2011 年,每年的合同固定价格分别为 300 美元/吨、314 美元/吨和 328 美元/吨;(3)除非一方提前 12 个月书面终止,协议到期时将无限期自动续签,续签期限为 1 年(或双方书面同意的其他期限)。

上述长期采购协议签定时,全球金融危机对世界经济的消极影响还未充分显现,本公司与塔力森公司对此均估计不足。该协议签订后不久金融危机在全球爆发,经双方友好协商,对上述协议的价格条款进行了调整,在塔力森公司保证锂辉石供应数量不变的前提下,每年的采购价格根据市场变化情况另行确定。经本公司与塔力森公司协商,公司近期多笔采购合同价格均有较大幅度的降低。2009 年实际执行的采购均价为 244.73 美元/吨(SC6.0 规格),较 2008 年下降约 7.58%(以美元计算)。根据 2010 年 1 月 21 日发行人与塔力森公司签订的采购合同,在

2010年2月1日至2010年6月30日期间向塔力森公司采购SC6.0规格的锂辉石42,000吨,合同单价为230美元/吨,较2009年下降约6%。2010年5月6日,发行人与塔力森公司就2009~2011年锂辉石长期采购协议签订补充合同,将合同期限修定为2011年1月1日至2015年12月31日;采购价格每半年确定一次,在该半年内的采购价格固定不变;2011年基础采购数量为10万吨,2012年基础采购数量为12.50万吨,2013~2015年基础采购数量为15万吨,在基础采购量之外,发行人还可优先按确定价格追加采购。

(二)原材料供应不足的风险

1.经济波动对原材料供应的影响

公司原材料主要有锂辉石、硫酸和纯碱。受金融危机影响,公司采购的硫酸和纯碱价格有明显下降,其供应渠道较多,货源充足。核心原材料主要由澳大利亚塔力森公司供应,截至本招股说明书签署之日,锂辉石的供应正常,且价格有所下降。但是,如果世界经济复苏放缓,塔力森公司经营也可能受到影响,由此将可能影响本公司的锂辉石供应。

2.政策变化对原材料供应的影响

根据2008年12月19日财政部和国家税务总局发布的《关于调整矿产品进口环节增值税税率的通知》(财关税〔2008〕99号),自2009年1月1日起,对包括锂辉石在内的矿产品进口增值税税率由13%提高到17%。该项政策调整不会对本公司的经营成果造成重大影响,但会增加锂辉石进口阶段的资金占用成本。

3.募投项目投产后原材料供应不足的风险

本公司作为全球最大的矿石提锂生产企业,所需锂辉石矿全部外购。募投项目投产后锂辉石需求量还将有大幅度的增长。公司目前各项锂产品年生产能力约为9100吨,2008年、2009年分别采购锂辉石51,823.57吨和52,868.48吨。本次募集资金投资项目达产后,将增加6500吨锂产品的产能,预计将增加锂辉石需求约45,000吨(按SC6.0规格计算)。如果锂辉石供应出现问题,公司将存在募投项目投产后原材料供应不足的风险。

对此,本公司采取了两大措施以应对。首先,本公司与塔力森公司于2008年8月签订2009~2011年锂辉石长期采购协议,2009~2011年塔力森公司在每个合同年中至少向本公司供应80,000吨规格为SC6.0的锂辉石。2010年5月,本公司与塔力森公司签订了补充合同,进一步加强了双方的合作关系。塔力森公司近年来进行了扩产,其锂辉石产能由2007年的22万吨提升至目前的28万吨左右,能够保证本公司锂辉石供应。其次,为了从根本上解决锂辉石供应问题,规避供应商单一的潜在风险,公司积极寻求矿产资源储备,以获得长期稳定的原材料保障。公司全资子公司天齐盛合于2008年10月17日获得四川省雅江县措拉锂辉石矿探矿权。四川省地质矿产勘察开发局108地质队《四川省雅江县措拉锂辉石矿地质详查2009年度工作报告》显示，措拉矿区锂辉石矿石量1905.43万吨，氧化锂资源量22.34万吨（折合金属锂资源量约9.57万吨），平均品位1.24%，折合SC 6.0锂辉石约372万吨，资源储量较为丰富。

【案例评析】

1. 从企业的基本发展逻辑来看，一个企业的经营除了自身的管理和技术水平之外，上下游的发展状况及企业对上下游的控制能力也是至关重要。换句话说，如果一个企业生产所需的原材料可以任意采购，生产过程精细控制并保证产品高品质，同时产品销售不存在"瓶颈"，那么这样的一个企业就是一个近乎完美的企业。

2. 诸位可能要说，这样完美的企业是否存在，其实存在不存在对于我们的讨论并无影响，因为本节内容我们要说的是企业存在问题的情况。当然，如果是企业的生产经营真的有问题，那么这个企业至少目前是不符合首发上市条件的，这也不在我们讨论之列，反之，如果是企业上下游有些不顺畅呢？也就是我们常见的上下游的重大依赖问题。

3. 较之客户重大依赖问题，供应商重大依赖的问题在实践中并没有受到过多关注，发行人存在供应商依赖的情况较少因这个原因而审核不通过的情况更少。这是有现实背景和原因的，在全球经济一体化以及贸易自由化日益深化的今天，企业在实际经营过程中产品愁卖的情况比比皆是，但是原材料愁买的情况却并不常见，客户的重大依赖问题对发行人独立性的影响也是更严重一些，客户控制市场的现实状况与审核理念的关注重点是一致的。从现有的案例来看，尽管部分企业存在供应商重大依赖的问题，但是审核过程中对于问题的关注也明显没有客户依赖那么多，也体现了审核的基本思路。

4. 总结审核实践，供应商重大依赖主要存在两种主要的情况，一种是供应商比较单一，一种是对原材料品种以及供应产能存在依赖。下面将分别对两种情况进行说明：

（1）供应商单一的情况，一般是由以下几种情况造成的：①行业发展特性，公司生产所需原材料上游就那么几家生产，不采购他们的就没法生产了；②企业历史渊源导致，公司从起步就是采购某几家的原材料，后来就建立了长期的合作关系，没有发生变化；③公司定位导致公司产品全部定位于高端，所需原材料的品质要求高，市场上满足条件的企业不多。如果是第一种情况，风险还是比较大的，如果是供应商经营不善或者不再供应，那么公司的生产经营就会存在问题，一般解释的思路是：①这几家供应商都是大企业，产能可以满足整个下游企业的需求，满足公司需求没有问题；②公司已经与其建立了长期合作关系，供应商产能不足的情况下会有优先供应本公司；③公司正在研发该种原材料的替代产品，有望在短期内实现突破。如果是第二种情况,那么就好办多了,首先企业目前的状况是可以满足生产需求的,如果合作模式发生变化,我也可以改变自己的习惯,随时找到新的供应商。当然,这种情况下可能存在一个问题,那就是你如果更换供应商,原材料的质量怎么保证,那只要解释公司有严格的选择标准就是了。第三种情况有点伪命题的意思,如果真要存在解释思路可以参考第一种情况。

(2)第二种情况,简而言之就是公司产品所需原材料就是一种产品且这种产品产量有限。如果果真存在这样的情况,那么企业的经营风险是巨大的,因为这种原材料的价格很容易波动。小兵以前记得据说有一个靠地沟油可以生产汽油和柴油的企业,技术很好也很环保,刚开始生产也不错,结果后来地沟油价格暴涨吃掉了该企业的盈利空间,最后企业不了了之。上述案例中,其实天齐锂业也存在类似的问题,个人觉得生产经营风险是存在的。

5. 最后说明一点的是,上面很多的解释和分析都是建立在企业有较强的上下游控制力的基础上的,如果企业市场竞争力不足,对上游采购和下游销售的控制力不强,那么企业经营本身也是存在较大风险的,也就可能不再符合首发上市基本条件。

■第二节 主要供应商变动解决之道

【重要提示】

★ 在业绩真实性日益成为审核关注重点的背景下,发行人供应商和客户相关问题日益受到关注。

★ 企业经营无非是产供销三个核心环节,而在固定生产成本几乎没有变动余地的情况下,通过客户提高销售价格或者通过供应商压低采购价格就成为业绩调整甚至操纵的重要路径。

★ 与供应商和客户的重大依赖主要关注其对独立性和持续盈利能力的影响不同,客户和供应商的变动主要关注其对业绩真实性的影响,如此看来,当下这个问题的研究显得格外重要。

【案例情况】

一、和佳股份:供应商较为分散且变动较大

(一)报告期内主要供应商变动情况

报告期内,公司向前十名最主要的供应商及向其采购的原材料情况如下:

单位:万元

序号	客户名称	采购标的	应用产品	金额	占当期采购总额的比例(%)
2011年1~6月					
1	天安香港发展有限公司	球管、IDR探测器、高压发生器	影像设备	1524.54	15.50
2	AirSep Corporation	美国进口制氧主机	制氧设备	846.72	8.61
3	上海杰瑞高新技术有限公司	各类型DR所用的机架	影像设备	291.60	2.96
4	深圳市风霸气动设备有限公司	各类空气压缩设备	制氧设备	212.54	2.16
5	广州灵格压缩机制造有限公司	空气压缩系统	制氧设备	152.51	1.55
6	中山市小榄镇恒晖机箱厂	台车、操作台、机箱、治疗床和床架、机架、机箱等结构件	肿瘤设备	120.90	1.23
7	深圳鹏仕远仪器有限公司	治疗床、治疗仪控制台、外壳等结构件	肿瘤设备	119.55	1.22
8	广州市广众机械有限公司	氧气罐、空气罐等各类罐体	制氧设备	101.35	1.03
9	广州永洁铜管件有限公司	管道配件	制氧设备	99.76	1.01
10	珠海科恩机电设备有限公司	各类五金配件材料	制氧设备	75.95	0.77
	合计			3545.42	36.05
2010年度					
1	AirSep Corporation	美国进口制氧主机	制氧设备	1448.09	8.16
2	天安香港发展有限公司	球管、IDR探测器、高压发生器	影像设备	1001.44	5.64
3	格兰登福香港有限公司	空气压缩系统	制氧设备	290.85	1.64
4	广州灵格压缩机制造有限公司	空气压缩系统	制氧设备	267.42	1.51
5	深圳鹏仕远仪器有限公司	治疗床、治疗仪控制台、外壳等结构件	肿瘤设备常规设备	222.38	1.25
6	中山市小榄镇恒晖机箱厂	台车、操作台、机箱、治疗床和床架、机架、机箱等结构件	肿瘤设备常规设备	219.69	1.24
7	上海杰瑞高新技术有限公司	各类型DR所用的机器	影像设备	158.30	0.89
8	广州永洁铜管件有限公司	管道配件	制氧设备	133.95	0.75

续表

序号	客户名称	采购标的	应用产品	金额	占当期采购总额的比例（%）
2010 年度					
9	研祥智能科技股份有限公司	工控机等电子元器件	肿瘤设备	130.20	0.73
10	深圳市风霸气动设备有限公司	空气压缩设备	制氧设备	124.40	0.70
	合计			3996.72	22.51
2009 年度					
1	AirSep Corporation	美国进口制氧主机	制氧设备	945.14	9.33
2	深圳市风霸气动设备有限公司	空气压缩设备		217.76	2.15
3	中山市小榄镇恒晖机箱厂	台车、操作台、机箱、治疗床和床架、机架、机箱等结构件	肿瘤设备常规设备	159.90	1.58
4	深圳鹏仕远仪器有限公司	治疗床、治疗仪控制台、外壳等结构件		133.62	1.32
5	珠海市红日升科技有限公司	空气过滤设备	制氧设备	98.60	0.97
6	广州灵格压缩机制造有限公司	空气压缩设备		91.90	0.91
7	佛山市宝驹机电设备有限公司	空气过滤系统、电磁阀等		85.69	0.85
8	研祥智能科技股份有限公司	肿瘤产品的工控机	肿瘤设备	84.44	0.83
9	珠海市鑫立达贸易有限公司	工控电脑主机、扫描仪、显示器等电子元器件	肿瘤设备常规设备	83.25	0.82
10	石家庄市石换换热环保有限公司	气体储罐	制氧设备	72.03	0.71
	合计			1972.33	19.48
2008 年度					
1	AirSep Corporation	美国进口制氧主机	制氧设备	582.26	5.12
2	佛山市宝驹机电设备有限公司	空气过滤系统、电磁阀等		313.65	2.76
3	石家庄誉宏化工机械厂	气体储罐		147.26	1.29
4	上海康普艾压缩机有限公司	空气压缩设备		138.85	1.22
5	中山市小榄镇恒晖机箱厂	台车、操作车、机箱、治疗床和床架、机架、机箱等结构件	肿瘤设备常规设备	129.31	1.14
6	珠海市鑫立达贸易有限公司	工控电脑主机、扫描仪、显示器等电子元器件		127.06	1.12

续表

序号	客户名称	采购标的	应用产品	金额	占当期采购总额的比例（%）
2008 年度					
7	珠海市红日升科技有限公司	空气过滤设备	制氧设备	106.51	0.94
8	深圳鹏仕远仪器有限公司	治疗床、治疗仪控制台、外壳等	肿瘤设备	89.85	0.79
9	北京格瑞拓动力设备有限公司	氧气压缩机、氧气充瓶机、氧气增压机	制氧设备	81.35	0.72
10	研祥智能科技股份有限公司	工控机等电子元器件	肿瘤设备 常规设备	67.17	0.59
	合计			1783.28	15.68

报告期内前 10 名供应商变化的原因是：

1. 公司产品种类较多，在“以销定产”的生产模式下，各个产品的销量不同导致部分原材料采购数量和金额也发生变化，从而导致报告期内供应商结构发生了一定的变化，但供应商总体变化并不大。如医用分子筛制氧设备及工程的营业收入由 2008 年的 2536.83 万元增长到 2010 年的 9763.31 万元，销售收入增长较快，相应地，制氧设备所需原材料也大幅增长。由于制氧设备各部件的单价较高，因此，报告期内制氧设备部件供应商的采购金额增长较多，供应商较为集中，数量较少。而肿瘤微创治疗系列设备的价值主要体现在产品设计和专有技术上，产品组成中价值较高的软件采购于子公司谷原软件，其他原材料的品种较多但单品种的采购金额较小，供应商较为分散，数量较多。因此，虽然报告期内肿瘤产品的销售收入也实现了较大幅度的增长，但主要供应商的内部结构相应发生了变化。

2. 随着产品收入的增长，原材料采购量增加，公司有意识地扩大了供应商范围。如随着制氧设备所需原材料的大幅增长，公司的议价能力增强，相应扩大了供应商的选择范围。

3. 报告期内，公司对同一品牌的材料采购渠道进行了优化。如上海康普艾压缩机有限公司为德国“康普艾”品牌压缩机在国内合资的生产厂家，深圳市风霸气动设备有限公司为“康普艾”品牌压缩机的华南地区总代理，格兰登福香港有限公司系德国产“康普艾”品牌压缩机在亚太地区的销售商，公司根据报告期内业务发展情况、设备配置的实际需要及交通运输条件等情况，择优就近采购。

4. 随着公司新产品的推出，用于新产品的原材料的采购也相应增长。如公司自行研发的 DR 于 2010 年获得国家药监局产品注册证后已投入生产、销售，公司 2010 年从天安香港发展有限公司采购用于 DR 制造的进口部件数量相应增加。

经保荐机构和发行人律师核查：公司与供应商保持了良好的合作关系，供应商相对稳定，这种稳定的业务关系一方面降低了公司的成本，另一方面保证了原材料质量的稳定性，同时，长期的业务合作使供应商能够满足公司持续创新对新的物料的需求。报告期各期的前10名供应商均不属于公司的关联方；公司在报告期不存在对单个供应商的采购额超过当期采购总额50%的情况；公司董事、监事、高级管理人员和核心技术人员，主要关联方或持有本公司5%以上股份的股东未在上述供应商中占有权益。

（二）其他审核关注

1. 主要产品所需的主要原材料的种类、功能、采购模式、采购价格及各主要原材料。目前发行人与主要供应商通常签订合同期为1年的框架性协议，协议约定采购原材料的品种、价格确定方式、交货期、结算付款期等条款，采购数量根据实际需求由发行人向供应商下订购单，货款根据实际采购量结算。

2. 经核查，2010年前10大供应商与发行人没有关联关系。

二、东软载波：主要供应商发生变更

（一）供应商变更的简要说明

报告期内公司主要的原材料供应商包括贝能电子（福建）有限公司和上海海尔集成电路有限公司。

贝能电子（福建）有限公司和上海海尔集成电路有限公司是公司的空白芯片，即"裸片"的主要原材料提供商。2007年、2008年公司主要向贝能电子（福建）有限公司采购，2009年之后主要向上海海尔集成电路有限公司采购。

1. 公司变更主要原材料供应商的具体原因

公司变更主要原材料供应商的原因，与同上海海尔合作开发技术的原因相类似，主要是受保密性和成本两方面因素影响：第一，随着载波通信芯片市场容量的增大，市场上出现公司第二代载波通信芯片的盗版产品，为提升产品保密性能，公司与上海海尔合作开发了一款定制芯片；第二，由于公司参与芯片设计，相比从福建贝能采购的通用芯片，芯片结构更为精简，芯片性能有所提升，采用成本加成方式定价，芯片成本大幅降低，有利于提升公司产品市场竞争力。

2. 公司与变更前后两个主要供应商之间的芯片合作模式和定价方式间的差别

公司与变更前后的两个主要供应商之间的芯片合作模式存在一定的差别，与福建贝能合作，公司并不参与芯片设计。福建贝能系美国微芯科技公司代理商，芯片全部采购自美国微芯科技公司，美国微芯科技公司既从事芯片设计又从事晶圆加工、芯片封装，但美国微芯科技公司不独立对外销售。由于芯片在美国生产，通过福建贝能代理出售，产品价格偏高。而与上海海尔合作，公司与上海海尔共同完成芯片设计，上海海尔是一家专业无生产线芯片设计公司（Fabless），后续芯片生产过程由上海海尔负责在台积电公司组织生产。

公司与两主要供应商间的产品定价方式也存在一定的差别，前者系通用芯片，参考市场价格定价；而后者是定制芯片，通过成本加成协商定价。由于芯片在台积电生产，制程工艺比较先进，同时作为一款定制芯片略去了通用芯片中一些不需要使用的电路，且采用成本加成定价，因此上海海尔向公司提供的芯片价格优势比较明显。

3. 公司与上海海尔在建立合作关系、原材料质量控制等方面所采取的措施及困难

2008 年，公司与上海海尔合作完成 SSC1630/1631 芯片后，当年小批量生产了一批第三代芯片，后又结合客户反馈，对该芯片结构进行了微调。2009 年公司裸片正式开始大批量从上海海尔采购。

公司与福建贝能和上海海尔在原材料质量控制等方面所采取的措施及困难不同。与福建贝能的合作，由于公司并不参与芯片设计，对产品的质量控制仅限于裸片成品发货前后，第一，要求福建贝能按美国微芯科技公司集成电路企业技术标准验收出货产品；第二，在原材料采购入库前，公司将按照企业集成电路芯片检验与检测标准进行检测和验收。

与上海海尔合作，由于公司参与芯片设计，公司对产品质量的控制更为深入，包括芯片设计阶段，公司与上海海尔共同完成，公司会先行设计芯片参数规格，严格按照规格设计芯片；封装后的检测阶段，封装厂本身有严格的生产工艺控制流程和检测流程，此外公司提供检测软件，上海海尔负责检测，出现不正常情况公司会协助解决；上海海尔出货前，上海海尔会按产品规格书要求检验，如芯片质量问题，上海海尔承诺按 1∶1 更换；原材料采购入库前，公司将按照企业集成电路芯片检验与检测标准进行检测和验收。相对而言，与上海海尔合作，公司可以更深入地掌控产品质量。

4. 主要供应商变更对公司生产经营的影响

2009 年相比 2008 年载波通信芯片单价由 23.66 元降为 18.73 元，由于更换供应商，公司载波通信芯片裸片成本由 7.60 元降为 5.82 元，有效保证了产品毛利率稳定。此外，自公司与上海海尔合作开发第三代芯片以来，公司产品未出现盗版情况，产品销量也并未出现下滑情况。因此，报告期内主要供应商的改变并没有对公司生产经营造成重大不利影响。

2008 年公司向福建贝能及 2009 年公司向上海海尔的采购比例均超过 50%，主要原因系：出于技术保密，公司一般仅选择一家专业集成电路供应商并外协加工芯片。但国内外可供选择的芯片专业供应商数量较多，且本公司目前是上海海尔的关键客户之一，故本公司不存在对上海海尔业务严重依赖的情况。目前，公司董

事、监事、高级管理人员和其他核心人员，主要关联方或持有公司5%以上股份的股东均不在主要供应商中占有权益。

(二)2009年起发行人芯片制造主要向上海海尔采购的具体情况说明

1. 公司向上海海尔采购芯片基本情况

2009年起公司载波通信芯片（裸片）主要向上海海尔采购，双方2009年交易数量584.60万片、交易总金额3402.39万元、交易平均价格5.82元/片；2010年1～6月签署了总量为300万片的采购合同，协议的主要内容没有变化，交易数量292.81万片、交易总金额1587.02万元、交易平均价格5.42元/片。每份购销合同的有效期为12个月。双方会根据市场需求签订新的购销合同。

2. 公司在原材料采购上对上海海尔依赖情况及对公司持续发展影响的说明

首先，双方在SSC1640/SSC1641芯片合作合同中明确规定：若上海海尔由于各种原因营运不能继续时，为确保东软载波继续生产经营，东软载波有权以25万美元一次性购买合同标的产品在台积电的光罩直接使用权，由东软载波直接向台积电订购合同标的产品。

其次，国内外芯片设计企业众多，如上海海尔不与本公司合作，公司可快速找到芯片外协加工企业。因此，在原材料采购上公司不会对上海海尔产生重大依赖。但SSC1630/SSC1631芯片合作合同中未明确若上海海尔由于各种原因营运不能继续时，东软载波是否有权向台积电购买光罩直接使用权。由于SSC1630/SSC1631芯片未来将逐步被SSC1640/SSC1641芯片替代，因此，未明确该事项对公司生产经营影响有限。

如果公司与上海海尔稳定的合作关系出现意外变化，虽不会对公司业务造成实质性影响，但会对公司盈利能力产生影响，具体如下表所示：

事　项	可选替代方案	产生的影响
不合作生产SSC1630/SSC1631芯片	选择通用芯片	生产成本增加、保密性降低
	与上海海尔协商购买产品在台积电的光罩直接使用权	如上海海尔同意，需支付一定的对价、生产成本因用量有限可能增加、公司需配备专业人员监理台积电生产
不合作生产SSC1640/SSC1641芯片	一次性购买产品在台积电的光罩直接使用权	支付25万美元，生产成本因用量有限可能增加、公司需配备专业人员监理台积电生产
	选择通用芯片	生产成本增加、保密性降低
	新开发定制芯片	周期6～12个月，需支付一定的开发成本

综上，如上海海尔解除与公司的芯片采购合作关系，短期内会对公司的经营发展产生一定影响，但不会对公司生产经营造成实质性影响。

（三）审核意见关注

2009 年发行人主要供应商由贝能电子（福建）有限公司变更为上海海尔。请发行人对以下问题补充说明并披露，请保荐机构、律师、申报会计师核查并发表意见：

1. 按外协加工产品种类说明报告期内各外协厂商加工产品数量、平均单价、金额及所占比例、定价及结算方式、质量控制措施。

2. 2009 年起发行人芯片制造主要向上海海尔采购的具体情况，包括双方签订协议时间、协议主要内容、双方的权利义务、交易数量、交易金额、交易价格及定价依据、价格公允性、合作期限、到期后双方的计划安排，发行人与上海海尔是否存在关联关系，发行人在原材料采购上是否对上海海尔存在重大依赖及对发行人持续发展的影响，并作"重大事项提示"。

3. 报告期内发行人变更主要原材料供应商的具体原因，发行人与变更前后的两个主要供应商之间的芯片合作模式和定价方式以及存在的差别，发行人与新供应商在建立合作关系、原材料质量控制等方面所采取的措施及困难，并结合实际经营情况说明并披露报告期内主要供应商的改变是否对发行人生产经营造成重大不利影响。

4. 协议约定，双方作为专利共有人，不得在未经另一方书面同意的情况下许可其他第三方实施该专利。请说明并披露如双方解除在技术研发、芯片制造上的合作关系，发行人选择新的外协厂商是否能够取得上海海尔的书面同意以及对发行人生产经营的影响，并作"重大事项提示"，补充提供发行人与上海海尔签订的相关协议。

三、明家科技：最近一年新增供应商

（一）新增供应商基本情况

2010 年，发行人前五名供应商中新增了东莞市企石雄骏五金制品厂、东莞市格赛贸易有限公司和广东银禧科技股份有限公司三家企业，根据发行人提供的资料并经本所律师核查，报告期内上述三家企业的基本情况如下：

1. 东莞市企石雄骏五金制品厂

根据 2011 年 3 月 9 日东莞市工商局提供的资料显示，东莞市企石雄骏五金制品厂系经营者梁佐龙于 2006 年 2 月设立的，组织形式为个体工商户，住所为东莞市企石镇东山村（永盛工业区新加工厂内），经营范围及方式为加工、产销：五金制品、配电设备。

2. 东莞市格赛贸易有限公司

根据2011年3月9日东莞市工商局提供的资料显示,东莞市格赛贸易有限公司的法定代表人为谢仲贤,注册资本为100万元,公司类型为有限责任公司,住所为东莞市常平镇大京九塑胶城京九大道D36－37号,经营范围为:五金、电子、塑料制品、普通机械、服装、金属材料、日用百货、陶瓷、建筑材料、其他化工产品(不含化学危险品);货物及技术进出口(法律、行政法规禁止的项目除外,法律、行政法规限制的项目须取得许可证后方可经营)。

另据发行人提供的资料及东莞市格赛贸易有限公司的工商内档资料显示,其设立及历次股权变更基本情况如下:(略)

3. 广东银禧科技股份有限公司

根据2011年3月9日东莞市工商局提供的资料显示,广东银禧科技股份有限公司系于1997年8月设立的股份有限公司,法定代表人为谭颂斌,注册资本为7500万元,公司类型为股份有限公司(台港澳与境内合资、未上市),住所为东莞市虎门镇居岐村,经营范围为生产和销售改性塑料:包括PVC胶料(原料为新料)、PP防火胶料(原料为新料)、PA改性胶粒、PC＋ABS共聚胶粒、阻燃ABS胶粒、PBT改性胶粒、PC胶粒、LCP胶粒、PPS胶粒、PET胶粒、TPR胶粒、阻燃EVA胶粒、阻燃PE胶粒。

据广东银禧科技股份有限公司的工商内档资料显示,报告期内其设立及历次股权变更基本情况如下:(略)

(二)交易情况

根据发行人提供的资料并经本所律师核查,报告期内发行人与上述三家供应商交易的基本情况如下:

1. 发行人2009年开始向东莞市企石雄骏五金制品厂采购工业电涌保护产品的外壳及部分配件,2009年度采购金额为50.89万元,2010年度采购金额为603.55万元。

2. 发行人2009年开始向东莞市格赛贸易有限公司采购生产电涌保护产品所需的胶粒,2009年度采购额为28.81万元,2010年度采购额为596.98万元。

3. 发行人2009年开始向广东银禧科技股份有限公司采购生产电涌保护产品所需的胶粒,2009年度采购额为52.91万元,2010年度采购额为363.67万元。

(三)不存在关联关系

1. 根据2011年3月9日东莞市工商局提供的资料显示,报告期内,发行人控股股东及实际控制人、董事、监事、高级管理人员未在上述企业中担任董事、监事、

（总）经理职务。

2. 2011年3月9日，发行人出具了书面的声明，声明发行人、发行人控股股东及实际控制人、董事、监事、高级管理人员与东莞市企石雄骏五金制品厂、东莞市格赛贸易有限公司和广东银禧科技股份有限公司不存在关联关系。

综上，本所律师认为，东莞市企石雄骏五金制品厂、东莞市格赛贸易有限公司和广东银禧科技股份有限公司与发行人不存在关联关系，其相关的交易具备真实的商业背景。

四、安科瑞：前十名供应商变动情况

（一）发行人前十名的供应商对象及其采购金额、采购占比等情况及报告期发生变化的原因

1. 发行人前十名的供应商对象及其采购金额、采购占比等情况

根据发行人的说明并经本所律师审慎核查，报告期内，公司向前十名供应商采购情况如下：（略）

根据上表，报告期内，发行人前十名供应商采购金额占发行人原材料采购总金额的比例分别为39.30%、41.26%、49.48%和46.80%，不存在对单个供应商的采购依赖度过高的现象。

2. 发行人报告期内前十名供应商及采购金额、采购占比变化原因分析

根据发行人的说明并经本所律师审慎核查，报告期内，发行人前十名供应商整体上保持基本稳定，未发生重大变化。随着发行人生产销售规模的扩大，发行人选择优质供应商采购了较多的集成电路等主要原材料，前十名供应商供应原材料金额占原材料总采购金额的比例有所上升。基于发行人业务发展的需要，单个品种原材料的主要供应厂家有所调整，主要变动情况如下：

用户端智能电力仪表数据采集、监控管理、网络通讯等强大功能的实现依赖于主测量芯片、通讯接口等集成电路，因此发行人产品对集成电路的质量稳定性和技术含量要求较高。随着发行人带通讯类功能的较高档次的用户端智能电力仪表生产规模的扩大，发行人采购部门对集成电路供应商的选择标准有所调整。2009年以来，利尔达科技有限公司和江苏时讯捷通讯有限公司的实力较强，尤其是代理国外知名品牌的集成电路的产品线较多，由此发行人加大了向两家供应商的采购力度，相应减少了向上海峰程集成电子有限公司和上海高雁电子材料有限公司采购集成电路的数量和金额，因此，发行人向上海峰程集成电子有限公司和上海高雁电子材料有限公司采购金额占原材料采购总金额的比例逐年下降。2010年和2011年1~6月，上海高雁电子材料有限公司未列入发行人前十名供应商。

结构件采购方面，2008年发行人向上海静佳贸易有限公司采购金额较大，而

2009 年以来发行人向上海银晓电器有限公司采购力度加强。上海静佳贸易有限公司和上海银晓电器有限公司的大股东均为卢峰,基于卢峰对其所控制公司业务规划的考虑,2009 年以来主要由上海银晓电器有限公司向发行人供应结构件。2011 年 1 ~6 月,发行人向无锡市三江塑料模具厂采购结构件的金额增大,无锡市三江塑料模具厂列入发行人前十名供应商。

电子元件采购方面,2008 年发行人向上海炜瑞娜电子有限公司采购金额较大,而 2009 年以来由于广州先力光电科技有限公司销售规模较大、提供产品质量过硬、代理证书数量较多、质保能力较强、售后服务较好,发行人向广州先力光电科技有限公司采购力度加强,上海炜瑞娜电子有限公司未列入发行人前十名供应商。

互感器采购方面,2010 年发行人向无锡里欧电子有限公司采购金额较大,无锡里欧电子有限公司位列 2010 年发行人前十名供应商。

印制板采购方面,2008 年发行人向昆山惠承电子有限公司采购金额较大,而 2009 年以来发行人向昆山万正电路板有限公司采购力度加强,这与昆山万正电路板有限公司企业规模较大,供货能力较强有关。

(二)发行人与主要采购对象的业务由来及合作情况

根据发行人的说明并经本所律师审慎核查,发行人与主要采购对象的业务由来及合作情况如下:(略)

五、安洁科技:供应商变动原因详细解释

(一)供应商变动的原因

1. 中德莎(上海)贸易有限公司 2009 年和 2010 年进入发行人供应商前列,原因是苹果公司某新机型所需某器件产品面积较大、材料功能特殊、单价较高,且德莎为该材料的唯一生产厂家,造成发行人向德莎采购金额较大。

2. 日东电工(上海浦东新区)有限公司 2009 年和 2010 年进入发行人供应商前列,原因是发行人客户的多个机种电池同时使用该材料,且单机多倍用量。

3. 香港威格斯公司 2010 年跃居发行人第三大供应商,原因是自该公司采购的材料是苹果公司的唯一指定使用材质,用于 iPad 一代电池,而 iPad 一代为苹果公司新增产品系列,市场需求大,带动发行人对此材料的采购增加。

4. 景辉电子有限公司 2009 年位列公司第五大供应商,原因是从景辉采购的材料主要用于 RIM 机种的柔性线路板上,配合机种 RIM STORM 和 RIM Niagara keyboard 为 RIM2008 年度和 2009 年度重点机种,市场需求量大,且由于发行人在柔板厂 MFLEX 公司的口碑极佳,MFLEX 公司给予发行人的份额较大,且该供应商提供的材料和服务较之其他供应商更有竞争力,因此发行人在市场需求大的同

时分与更多的采购量给景辉。

5. 台湾瑞克兴业股份有限公司 2008 年位列发行人第二大供应商，但 2009 年和 2010 年跌出前五大供应商名单，原因是 2009 年有其他供应商可以提供更有优势的价格和更好的服务，发行人从成本和风险管理角度分摊了采购量，以及使用该材料的机种需求减少，因此发行人向其采购量减少。

6. 锐意电子有限公司 2008 年位列发行人第三大供应商，但 2009 年和 2010 年跌出前五大供应商名单，原因是 2008 年发行人需要的某型号胶带在国内市场供应比较紧张，发行人利用锐意电子注册于香港的良好的国际采购地理优势及多渠道采购优势，通过其在境外采购。自 2009 年 4 月之后，发行人直接从上游一级代理商台湾瑞克采购上述材料，未再与锐意电子发生交易。

7. 苏州金开达胶粘制品有限公司 2008 年位列发行人第四大供应商，但 2009 年和 2010 年跌出前五大供应商名单，原因是 2008 年自金开达采购的某两材料的组合金额较大，该材料组合用于苹果公司某 I-mac 机种，用于一体机玻璃与边框之间的结合，起防尘和缓冲作用，由于尺寸较大且该机种在 2008 年销售量很好，市场需求量大，故购买量随之增大。另外，2008 年公司承接的电脑外壳保护膜业务较多，金开达还供应各式保护膜，服务的产品覆盖面广，是与发行人交易量较大的供应商。2009 年以来由于苹果公司该 I-mac 机种退市，同时发行人随着业务开拓的产品方向变化对保护膜的需求量减少，故向金开达的总体采购量逐渐降低。

8. 上海杰斐瑞有限公司 2008 年位列发行人第五大供应商，但 2009 年和 2010 年跌出前五大供应商名单，原因是 2008 年某几种材料采购金额较大，2009 年和 2010 年发行人基本上不用该材料。

9. 展运（上海）电子有限公司位列发行人前五名供应商的原因见下文所述。

（二）展运（上海）电子有限公司的基本情况及其既是前五大客户之一又是前五大供应商之一的原因

展运（上海）电子有限公司（以下简称展运电子）成立于 2002 年 4 月，注册资本 3000 万美元，位于上海松江出口加工区，是广达电脑集团旗下专业从事消费电子产品注塑件的具有一定规模的制造商，发行人向其供应表面保护和粘贴类等功能性产品。由于 2008 年惠普公司的笔记本电脑产品开始采用一款背光铭板设计，单价高，用量大。其具体制程是：在展运电子进行膜内注塑，每一片塑件上同时有 16 个背光铭板单品，由于展运电子不具备雕铣制程，需将此塑件交给有相应加工能力的企业将整片塑件雕铣成背光铭板单品，再返回其厂内和笔记本电脑外壳热熔组合成笔记本电脑外壳半成品，再销售给系统组装厂。发行人与展运电子的业务交易采用的是进料深加工结转的方式，海关电子手册备案及核销的监管方式要求发行人雕铣成背光铭板单品所用的整片塑件必须采购自展运电子，雕铣成的背光铭板单品再以销售模式返还给展运电子,造成2009年展运电子同时入围发行人采购和销售的前五名。

【案例评析】

1. 关于主要供应商发生变动的话题还算是比较新鲜,他与供应商集中的问题有很多相似之处,但又是完全两个层面的问题。如果发行人对某些供应商存在重大依赖,则主要存在原材料供应风险从而影响到发行人的业务独立性以及持续盈利能力;而主要供应商发生变动则除了影响原材料供应稳定之外,还需要重点关注变化的原因以及是否存在潜在利益安排甚至影响发行人经营业绩的真实性,并且后者才是这个问题的关键考量因素。企业经营无非是产、供、销三个核心环节,而在固定生产成本几乎没有变动余地的情况下,通过客户提高销售价格或者通过供应商压低采购价格就成为业绩调整甚至操纵的重要路径。在业绩真实性日益成为审核关注重点的背景下,现在研究供应商和客户的变动问题变得格外有意义。

2. 结合审核实践相关案例,关于主要供应商变动的情形,总结起来主要有如下几种情况:(1)报告期内供应商较为分散且前五名供应商存在重大波动;(2)报告期内前五名供应商部分消失了;(3)报告期最近一年新增一些新的供应商。必须要强调的是,不论是哪一种情形,只要是符合公司正常生产经营的规划和基本的商业逻辑,供应商变动与否都是公司生产经营所必须,则一般都不会成为首发上市的障碍。

3. 关于主要供应商变动原因的解释,我们可以从现有案例中总结出一些思路,主要如下:(1)发行人供应商比例极度分散,前五名供应商发生变化属于正常,从整体来看供应商保持稳定;(2)产品结构发生了调整(比如推出新产品或者加大附加值高产品的生产)导致生产所需原材料品种也发生了变化,从而导致供应商结构也发生了变化;(3)销售规模持续增长,发行人有意扩大了供应商的范围以加强对供应商的控制;(4)优化采购渠道,比如同样的产品为了就近采购不再选择河南的代理商而是选择山东的代理商;(5)两家供应商属于同一控制下的企业,发行人从这家供应商调整为另一家供应商;(6)市场上出现了价格更加优惠且质量更加优良的供应商,发行人选择与其合作;(7)发行人与某家企业进行技术合作同时采购其产品作为原材料;(8)发行人产品品质逐渐提升,对于供应商的标准也提升,需要变更一些供应商。当然,总结上述原因只是为大家提供一些参考思路,最关键的还是一个从未更改的原则,那就是事实的本质是什么就怎么说,只要符合企业正常的经营逻辑,一般就不会存在问题。

4. 此外,还有一些方面也需要关注:(1)主要供应商变动的关注重点在于发行人与供应商之间是否存在关联关系,是否存在利润操纵以及其他利益安排等情形;(2)为了更好地解释供应商变动的情况,可以披露前十名供应商情况,如果前五名变动较大而前十名相对稳定则没有问题;(3)从现有政策来看,创业板审核很可能要求披露前十名供应商的情况,而中小板目前没有这样的要求,不过为了解释变动问题,主动披露前十名供应商也是可行的选择;(4)为了解释供应商与发行人没有关联关系,基本上需要解释清楚供应商的基本情况和股权变动情况;(5)如果主要供应商变动,还需要解释如果该主要供应商不再与发行人合作而对发行人经营业绩的影响。

5. 最后说明一点,从目前审核的实践来看,供应商发生变动的情形并不是很普遍,同时创业板审核过程中关注的会相对更加严格一些。

■第三节 主要客户变动解决之道

【重要提示】

★ 客户变动问题在逻辑和思路上与供应商变动问题基本上保持一致,基本原则可以参考那一节的内容。

★ 从实践来看,通过客户来操纵业绩一般要比供应商来的直接也更有效果,因此,对客户的变动问题一般也要比供应商变动审核更加严格。

★ 对非常规客户问题的关注,一般情况下首要关注两个重点问题,一个是交易的真实性,一个是交易的公允性。

【案例情况】

一、蓝英装备:最近一期新增客户的解释

发行人 2011 年上半年新增主要客户的交易背景、交易真实性、客户之间以及与发行人之间是否存在关联关系;以及新增客户相对集中在山东的主要原因:

(一)新增客户基本情况

在 2011 年上半年前十大客户中,山东富宇蓝石轮胎有限公司、山东皓宇橡胶有限公司、山东万达宝通轮胎有限公司、固铂成山(山东)轮胎有限公司、中铁电气化局集团有限公司城铁公司、山东万鑫轮胎有限公司和广州丰力橡胶轮胎有限公司为新增客户。

只有当客户新建子午线轮胎生产线或进行扩产改造时,才会形成对发行人主导产品——成型机的有效需求,因此,发行人在不同时期的主要客户存在一定的差

异，新增客户为发行人业务的正常现象。

上述前10大客户中，发行人独立董事黄伟华在广州丰力橡胶轮胎有限公司股东广州市华南橡胶轮胎有限公司处担任财务总监。目前，黄伟华已辞去发行人独立董事职务，经发行人董事会审议，拟于2011年8月3日召开临时股东大会，选举于延琦为公司独立董事。除此外，前10大客户之间以及与发行人不存在关联关系。

通过查阅客户及供应商公开信息、生产现场实地考察、现场核验相关资料，与公司客户及供应商的主要负责人及公司负责采购和销售的具体经办人员进行访谈等方式进行了核查。此外，部分供应商（成型机部件外协厂商）就与公司的关联关系出具了相关说明及承诺函。

根据上述，除沈阳蓝英自动控制有限公司与广州丰力橡胶轮胎有限公司外，发行人2011年1～6月前十名其他供应商和客户均与发行人不存在关联关系。

（二）新增客户的相关情况以及交易背景、交易真实性的核查情况

律师通过查阅客户公开信息，查询发行人出库单、客户验收单、收款凭证，对发行人销售部负责人、相关区域销售人员进行访谈，以及到客户现场进行调查，查阅客户营业执照，对客户相关负责人进行访谈等方式进行了核查，核查情况如下：

序号	客户名称	成立时间	注册资本	注册地址	相关交易背景
1	山东富宇蓝石轮胎有限公司	2005年10月	12,168.94万元	淄博高新区民祥路39号	该公司2009年底启动了年产1000万条高性能半钢乘用子午线轮胎、500万条全钢载重子午线轮胎项目及国家级轮胎研发中心和国内最大的轮胎性能检测基地项目，项目计划总投资40亿人民币。目前，一期项目已经实现批量生产，二期项目已经动工。二期建设项目需全钢子午胎成型机14套。发行人与山东富宇蓝石轮胎有限公司共签订成型机合同13套，已确认收入5套。
2	山东皓宇橡胶有限公司	2009年6月	8000万元	东营市广饶县大王镇复兴王村	该公司投资建设年产全钢子午胎180万条，工程机械轮胎30万套，特种轮胎60万套轮胎生产项目，形成全钢子午胎180万条产能需全钢子午胎成型机18套，发行人与山东皓宇橡胶有限公司共签订成型机合同14套，已确认收入4套。

续表

序号	客户名称	成立时间	注册资本	注册地址	相关交易背景
3	山东万达宝通轮胎有限公司	2004 年 4 月	4 亿元	山东省东营市永莘路 68 号	计划总投资 30 亿元,分期建成全钢载重子午线轮胎 360 万条/年的生产规模。共需全钢子午线轮胎成型机 36 套,发行人与山东万达宝通轮胎有限公司签订成型机合同 8 套,已确认收入 3 套。
4	固铂成山(山东)轮胎有限公司	2005 年 12 月	7680 万美元	山东省荣成市南山北路 98 号	据美国固铂轮胎 2011 年 6 月发布的五年计划,其在中国地区的轮胎销量未来五年内拟每年提升 50% 以上。发行人与固铂成山(山东)轮胎有限公司签订成型机合同 3 套,已确认收入 2 套。
5	中铁电气化局集团有限公司城铁公司	隶属于中国铁路工程总公司	—	—	中铁电气化局集团有限公司城铁公司正在建设沈阳地铁 2 号线,本公司为该公司承建的沈阳市地铁二号线一期工程(正线)供电系统集成工程提供 400V 开关柜。
6	山东万鑫轮胎有限公司	2010 年 4 月	2000 万元	桓台县唐山镇驻地	拟投资建设年产 200 万套全钢载重汽车轮胎项目。共需全钢子午胎成型机 20 套,发行人与山东万鑫轮胎有限公司签订成型机合同 6 套,已确认收入 2 套。
7	广州丰力橡胶轮胎有限公司	2005 年 7 月	4.4 亿元	从化市鳌头镇万力路 3 号	2009 年下半年,该公司开始增资扩建年产 400 万条载重子午线轮胎项目。共需全钢子午胎成型机 40 套,发行人与广州丰力橡胶轮胎有限公司签订成型机销售合同 1 套,成型机搬迁大修合同 3 套,已确认成型机销售 1 套。

根据上述,发行人新增主要客户具有真实的扩产或设备更新计划,存在对成型机的真实需求,与发行人的交易是真实的。

(三)发行人成型机新增客户主要集中在山东的原因

1. 山东省是我国主要的轮胎生产基地,轮胎企业数量多、实力强

我国轮胎生产企业约有五六百家,据山东省橡胶行业协会统计,2008 年山东省共有轮胎企业(不含生产人力车、电动车等小型车辆用轮胎企业)400 余家,其中全钢子午胎企业 24 家,半钢子午胎企业 14 家,总生产能力超过 2.3 亿条,全省规模以上橡胶企业轮胎产量占全国总产量的 40% 左右。仅山东省东营市广饶县,截至 2010 年底,全县规模以上橡胶轮胎企业达到 32 家,轮胎产能 1.11 亿条,其中子午胎生产能力 8300 万条,约占全国的 20%,占全省的 45%,被命名为“中国橡胶轮

胎出口基地”。全县共有全球轮胎50强企业3家(兴源轮胎、金宇轮胎、盛泰轮胎),拥有“驰名商标”1个,“山东省著名商标”5个,“山东名牌产品”7个,当地11家轮胎生产企业成为“中国橡胶轮胎出口基地”的首批“基地企业”。美国《橡胶塑料新闻》公布的2009年度全球轮胎75强企业(以2008年轮胎销售收入排序)中,中国企业占据24席(大陆19家,台湾省5家),位于大陆的19家企业中,10家位于山东。上榜的10家山东轮胎企业分别是三角轮胎、玲珑轮胎、双星轮胎、兴源集团、盛泰集团、泸河集团、万达宝通轮胎、金宇轮胎、赛轮股份和黄海橡胶,2008年销售额合计为70.36亿美元。

2. 山东轮胎产量近年来增速较快、轮胎扩产规模较大

据山东省橡胶协会对省内24家较大子午线轮胎生产企业统计,2008年山东轮胎企业共生产子午线轮胎9878.48万条,同比增长30.9%,占全国总产量的33.15%。

据山东省经济和信息化委员会提供的信息,2010年山东轮胎企业子午胎产量为14,206.88万条,较2005年增长4.98倍,占全国子午胎总量则进一步提高到38.4%,山东省轮胎产量连续多年居全国各省市之首。

根据上述,发行人新增客户集中在山东省有其行业背景,是由主要下游行业——轮胎行业的地域分布特征决定的。

二、安洁科技:报告期主要客户变动的解释

报告期内发行人前五大客户销售情况如下:

序号	客户名称	销售金额(万元)	占年度销售比重(%)
	2010年度		
1	顺达电子科技(苏州)有限公司	7867.09	28.10
2	新普科技股份有限公司	3855.83	13.77
3	富泰华工业(深圳)有限公司	3061.45	10.93
4	苏州维信电子有限公司(含维讯)	1976.94	7.06
5	苏州华硕电脑有限公司	1643.24	5.87
	合计	18,404.56	65.73
	2009年度		
1	富泰华工业(深圳)有限公司	2902.32	13.86
2	展运(上海)电子有限公司	2594.93	12.40
3	苏州维信电子有限公司(含维讯)	2417.43	11.55
4	顺达电子科技(苏州)有限公司	2059.97	9.84
5	凯达电子(昆山)有限公司	1824.62	8.72
	合计	11,799.27	56.37

续表

序号	客户名称	销售金额(万元)	占年度销售比重(%)
	2008 年度		
1	苏州维信电子有限公司(含维讯)	3296.13	18.46
2	凯达电子(昆山)有限公司	3011.03	16.86
3	鸿富锦精密工业(深圳)有限公司	1250.35	7.00
4	永硕联合国际股份有限公司	1203.42	6.74
5	顺达电子科技(苏州)有限公司	1036.46	5.80
合计		9797.38	54.86

前五大客户变化情况及其具体原因是:

1. 顺达电子科技(苏州)有限公司(以下简称顺达)母公司顺达科技股份有限公司(网址 http://www.dynapack.com.tw/)在台湾上市(代码 3211),是一家笔记本电脑和手机电池的专业生产厂商,顺达占发行人年度销售比重从 2008 年的 5.80%(第五位)提升到 2009 年的 9.84%(第四位)以及 2010 年的 28.10%(第一位),原因是发行人在 2007 年被苹果公司引入给其电池代工商顺达配套,供应苹果笔记本电脑电池上的功能性器件,随着切入机种的增多,业务量逐渐攀升,特别是 2010 年 4 月苹果 iPad 平板电脑的上市,使发行人对顺达的销售额又有明显攀升。

2. 新普科技股份有限公司(以下简称新普,网址 http://www.simplo.com.tw/)在台湾上市(代码 6121),是全球排名前列的笔记本电池供应商,新普 2010 年跃居发行人第二大客户(占年度销售比重 13.77%),原因是在将发行人成功导入顺达后,苹果公司基于发行人的良好表现在 2009 年逐步将发行人导入其另一家电池代工商新普,切入机种也是大热的苹果 iPad 平板电脑。

3. 鸿富锦精密工业(深圳)有限公司(以下简称鸿富锦)、富泰华工业(深圳)有限公司(下文称"富泰华")都是富士康科技集团(网址 http://www.foxconn.com.tw/)成员企业,隶属于鸿海科技集团。因富士康集团内部系统变更,自 2009 年起由鸿富锦改为富泰华与安洁科技交易,相关交易内容、模式、价格与付款条件不变。

4. 苏州维信电子有限公司、维讯柔性线路板(苏州)有限公司都是美国 MFLEX 公司(纳斯达克代码:MFLX,网址 http://www.mflex.com/)在苏州市吴中经济开发区投资的独资企业,其业务是专业设计、制造、组装柔性线路板。苏州维信电子有限公司(含维讯)报告期内占公司年度销售比重从 18.46%(2008 年)降低到 11.55%(2009 年)和 7.06%(2010 年),原因是维信的主力客户摩托罗拉公司需求下降,加上发行人自身产能不足,未主动全力介入摩托罗拉公司 2009 年后的新机种开发。

5. 凯达电子(昆山)有限公司报告期内占公司年度销售比重从 16.86%(2008 年)降低到 8.72%(2009 年)和跌出前五大客户名单(2010 年),原因是原有出货机种产量受生命周期影响持续下降并于 2010 年不再生产。

6. 苏州华硕电脑有限公司（隶属于华硕电脑集团，在台湾上市，代码2357，网址http://www.asus.com.cn/）2010年位列发行人第五名客户，原因是苹果公司的两款笔记本电脑主力机种代工订单部分给了华硕，本身产量大，加上由于其特殊的工业设计，使用的一款较特殊黏贴类功能性材料成本和售价很高，造成发行人对其销售额显著上升。

7. 永硕联合国际股份有限公司（隶属于华硕电脑集团）2008年位列发行人第四名客户，但2009年和2010年跌出前五大客户名单，原因是原有出货的EPC上网本市场表现不好，产量持续下降，新机种尚未形成规模。

8. 展运（上海）电子有限公司（隶属于广达电脑集团）2009年位列发行人第二名客户，原因是展运的客户惠普公司开始采用一款背光铭板设计，单价高，全系列笔记本电脑使用量大，造成发行人对展运的销售额大增。

综上，报告期内发行人前五大客户位次变化是由于正常商业原因形成的。

三、理邦仪器：客户极为分散导致报告期内变动

（一）前五大客户变动较大对发行人生产稳定性的影响

根据发行人的说明，发行人在产科、心电、监护、超声影像四大领域提供80多种型号的产品，销售客户较为分散，单一客户销售金额不大。报告期内，公司前五名客户销售金额合计比例分别为21.08%、14.81%、11.44%、13.26%，不存在严重依赖的单一客户。因此，发行人前五名客户变化较大对发行人生产经营稳定性的影响很小。

（二）报告期内发行人前五大客户与发行人披露的重要合同差异较大的原因

根据发行人说明，发行人披露的重要合同为正在履行的对发行人的生产经营活动、未来发展或财务状况具有重要影响的合同，包括代理协议和经销合同。报告期内，发行人经销模式收入保持在内销总收入的90%以上。而发行人与经销商之间的销售合同一般以订单形式签订，具有多批次、金额小的特点，各个订单均构成相互独立的合同。而发行人参与的政府采购招标合同则一般具有频次少、金额大的特点。因此，报告期内发行人前五大客户与发行人披露的重要合同有较大的差异。

（三）发行人与深圳迈瑞生物医疗电子股份有限公司之间的合同标的、数量、价款及履行情况

根据公司提供的资料，报告期内，发行人与深圳迈瑞生物医疗电子股份有限公

司之间的合同情况如下：

1. 销售合同

期间	合同标的	销售数量(台)	销售金额(万元)
2007 年度	心电图机及配件	4601.00	696.07
2008 年度	心电图机及配件	2109.00	424.19
2009 年度	心电图机及配件	1175.00	234.08
2010 年 1 ~6 月	心电图机及配件	1554.00	91.76

2. 采购合同

期间	合同标的	采购数量(台)	采购金额(万元)
2007 年度	换能器系列配件	503.00	14.90
2008 年度	换能器系列配件	107.00	2.91
2009 年度	换能器系列配件	32.00	1.10
2010 年 1 ~6 月	其他配件	12.00	0.64

四、科林环保：客户为什么是贸易商的原因

(一)发行人前五大客户及前五大供应商均有日铁商事株式会社的原因

日铁商事是日本一家业务广泛的企业，通过像日铁商事这样的商社进行进出口贸易是日本企业通常做法，发行人向日本出口的除尘器设备就是通过日铁商事完成的，具体交易流程为日本斯宾德制造有限公司提出订单需求、发行人提交设计方案、双方商定合同条款、日本斯宾德制造有限公司通知日铁商事，三方签订采购合同。日铁商事负责货款结算，将订购的专有设备交付日本斯宾得公司。发行人对其他日本客户的出口也采取类似方式。

发行人报告期内对日铁商事的销售情况：

1. 2007 年发行人没有进出口权，境外销售通过有进出口权的科林集团进行，因此未与日铁商事发生交易；

2. 2008 年向日铁商事出口宝带牌除尘器，实现销售收入 2286.68 万元(查阅了两份合同，合同号 KEPE08 - 001，项目名称——住金 5SP 袋式项目；合同号 KEPE08 - 002，项目名称——新日铁制钢工厂)；

3. 2009 年向日铁商事出口宝带牌除尘器，实现销售收入 2688.95 万元[查阅了两份合同，合同号 KEPE09 - 001，项目名称——JFE 钢铁(株)仓敷项目；合同号 KEPE09 - 002，项目名称——SPK 住金小仓项目]。

发行人报告期内向日铁商事采购情况:2009 年发行人与日铁商事发生一次采购,无其他采购。该次采购具体内容为:发行人通过日铁商事向日本采购了除尘器飞灰处理系统及设备,用于发行人新技术研发(合同号 MP101710A)。

综上,发行人 2008 年、2009 年前五大客户及 2009 年前五大供应商有日铁商事。

经本所律师核查后认为,2009 年度发行人前五大客户及前五大供应商均有日铁商事,系日铁商事代客户进口发行人的产品及发行人 2009 年通过日铁商事向日本采购产品而形成的。

(二)发行人前五大客户中存在北京保沃斯贸易有限公司、无锡海澜国际贸易有限公司的原因

1. 北京保沃斯贸易有限公司为外商投资企业的再投资企业,经营范围为:货物进出口;技术进出口;代理进出口;技术开发、咨询、范围。为 Paul Wurth Group(保沃斯集团)成员企业。保沃斯集团总部设在卢森堡,业务主要集中在钢铁、有色金属领域、环境保护领域,该公司在全球范围内,提供钢铁工程交钥匙项目承包服务。北京保沃斯贸易有限公司成立于 2005 年,为保沃斯集团提供全球采购服务,承担中国地区的供应商洽谈以及进出口贸易服务。2008 年,发行人与北京保沃斯贸易有限公司共发生一笔销售,内容为出铁场除尘系统除尘器、料仓除尘系统除尘器(订单号 WT-07-004)。因此,发行人前五大客户中存在北京保沃斯贸易有限公司。北京保沃斯贸易有限公司发行人前五大客户中存在,主要系北京保沃斯贸易有限公司为其国外关联企业采购而形成的。

2. 无锡海澜国际贸易有限公司为内资有限责任公司,成立于 2004 年 3 月;住所为无锡市中山路 333 号华光大厦 18 楼 A1 单位,法定代表人任荣,是海澜集团有限公司成员企业。海澜集团有限公司位于江苏省江阴市,创办于 1988 年,是一家以服装为龙头,涉足面料生产、国际贸易、房地产、证券、集装箱、船舶等领域的国家级大型企业集团,是通过国家科技部和中科院“双高”认证的国家重点高新技术企业。无锡海澜国际贸易有限公司为国外客户提供进出口服务等,拥有一定的工程项目设备配套的服务能力。该公司于 2006 年 12 月 15 日、2007 年 7 月 10 日与发行人签订二份工矿产品购销合同,2007 年向发行人采购袋式除尘器。因此,发行人前五大客户中存在无锡海澜国际贸易有限公司。

(三)发行人是否存在通过经销商对外销售的情况,或者以贴牌生产的方式实现对外销售的情况

发行人生产、销售的产品为非标专用设备,销售流程的一般要经过投标、谈判、合同签订、设计、制造、交付等过程而完成,是直接面向客户销售的行业模式。发行

人主要客户类型为：

第一类为冶金、电力等行业的生产型企业，如宝山钢铁股份有限公司、莱芜钢铁集团等；

第二类为从事工程设计、承包业务的设计研究所、工程承包公司，如中冶南方工程技术有限公司、山东省冶金设计院有限责任公司，发行人为该类公司承接的环保工程配套生产除尘设备；

第三类为承揽国际环保业务的大型工程承包公司以及提供进出口服务的贸易商，如日本斯宾德制造有限公司、日铁商事株式会社、北京保沃斯贸易有限公司、无锡海澜国际贸易有限公司等。公司与第三类公司签订的均为直接供货合同，该类合同属于加工定制合同，合同中对设计方案、工艺流程、技术路线都有明确的约定。

综上，发行人生产的非标设备的行业销售模式不存在通过经销商对外销售的情况。

发行人律师对发行人公司场所，包括仓库、厂房等进行了现场核查，公司生产的除尘器产品有自己的铭牌标设，为长方形金属制品，铭牌图案及内容为：BAO-DAI；宝带除尘器；科林环保股份；中国名牌，大小随除尘器产品大小而变化。对于小型除尘器产品，因为可以整机发货，公司一般在发货前已安装于除尘器产品上；大型除尘器则由于需现场安装，铭牌也随产品发至客户现场进行安装。在公司仓库没有发现任何其他公司产品的铭牌。

发行人出具了承诺书，承诺公司在生产经营过程中不存在其他单位委托本公司进行贴牌生产销售的情形，亦不存在委托其他单位进行贴牌生产销售的情形。

发行人不存在以贴牌生产的方式实现对外销售的情况。

【案例评析】

1. 小兵一直坚持认为，一个企业如果能够持续发展并能够保持稳定的盈利能力，那么至少他的上下游产业链应该是稳定且是顺畅的，这也是为什么发行人的供应商和客户出现非常规的变化时会引起重点关注的核心原因。主要客户变动与主要供应商变动在很多层面表达的意思是一致的，处理问题的思路在基本原则上也有很多相互借鉴之处，客户变动的问题一些思路同样可以参考供应商变动问题的解析。

2. 关于客户发生变动的主要情形，与主要供应商变动的情形基本一致，在此不再赘述。至于如何解释主要客户变动的原因，很多地方与供应商变动也是一致的，在这里再稍微总结一下：(1)客户结构极其分散，客户差异不大，哪家客户列在前五大客户中都是正常的；(2)发行人的产品是与客户的项目直接挂钩的，而客户的项目开展是不稳定的，也会导致报告期客户存在较大波动；(3)下游行业发生重大变化，某些客户的新产品市场迅速铺开而对这些客户的销售也急速增加(如苹果)；

(4)下游客户集团内部的一种业务调整,由另外一家集团内部的企业进行采购;(5)下游客户产品销售不畅对新产品开发不利,对于发行人采购需求减少(摩托罗拉);(6)发行人受产能限制,只能重点开拓和维护重点客户,对于一些不重点客户的销售会逐渐下降;(7)发行人产品升级,面对的销售客户的标准发生了变化。

3.其实,对于主要客户变动的问题,除了关注对公司生产经营稳定性的影响之外,更加重要的是对公司经营业绩真实性的质疑。换句话说,也就是发行人是否通过一些特殊的客户通过发货确认收入从而虚增了公司的经营业绩,这也是审核过程中重点关注的问题。比如蓝英装备的案例,由于发行人2011年新增了一些客户,并且这些客户都集中在山东地区,那么这种涉嫌操纵利润的嫌疑就更大,审核人员做了重点关注,项目组也做了详细解释,解释的思路还是值得借鉴的。对于这种情形的关注,重点关注两个问题:(1)客户交易的真实性;(2)客户交易的公允性。

4.最后,说一点题外话。每个企业的经营模式千差万别,每个企业管理层的经营理念各不相同,甚至每个企业面对的市场环境也没有一个标准的模样,那么,在思考和判断一个企业的一些问题时也就没有一个统一的标准,更没有一个固定的模板。企业的客户和供应商变或者不变都是企业经营的一种自主选择,只要企业的选择是合乎逻辑的,并且是对企业的发展有利的,我们就应该去鼓励而不是横加干涉,这是中介机构判断问题的一个基准,也理应成为监管机构判断问题的一个基准。一个企业是好还是坏,不在于他的企业是不是多么与众不同,不在于这个企业是不是有很多的问题和瑕疵,只要是这个企业能够持续盈利、解决居民就业、承担社会责任并能够为投资者带来回报,这样的企业就是好企业,就是资本市场和投资者欢迎的企业。小兵与大家分享的案例或者一些判断问题的思路也只是部分案例和个人观点,希望诸位在细节问题上仅供参考,在原则问题上互相探讨。

第二章　特殊经营模式

□ 一个企业的运营主要体现在产、供、销三个核心环节，如果其中一个环节存在比较特殊的情况都会构成特殊的企业经营模式。

□ 生产环节体现的比较特殊的模式包括贴牌生产、委托加工、合作生产等；供应环节体现比较特殊的模式包括现金采购、自然人采购、间接采购、进口采购等；而销售环节体现的比较特殊的模式则包括代理销售、子公司集中销售、产销分离等。

□ 上述提到模式部分已经论述，还有一些会在以后内容中分享，本节内容主要与大家探讨以下内容：贴牌生产模式、委托加工模式、特殊类型销售模式以及亲属同业竞争的问题。

■第一节　贴牌生产模式解决之道

【重要提示】

★ 以贴牌生产作为核心经营模式的企业在我国非常普遍，这与我国经济发展路径紧密联系，那就是先学习别人的再回头思考自己的。

★ 贴牌生产企业有其存在的合理性和重要价值，并且也有部分企业实现华丽转身逐渐做到了自主研发和自主品牌。

★ 贴牌生产企业在首发上市审核实践中并没有特殊政策限制，小兵认为这类企业不仅不能有特殊限制反而要更加鼓励，使他们能够利用资本市场的优势尽快发展并实现转型，当然前提是这些企业已经有一定的基础可以发展好。

【案例情况】

一、哈尔斯:贴牌生产到自主品牌的转变

(一)下游行业的关联性及影响

国内不锈钢真空保温器皿行业的外销大多为承接 OEM、ODM 订单,所制造的不锈钢真空保温器皿产品不是直接进入市场,而是销售给国外品牌商,通过国外品牌商进入国际消费市场。近年来,随着国内部分领先企业的制造技术、研发设计水平不断提升,我国不锈钢真空保温器皿行业外销市场规模呈不断扩大趋势。

国内不锈钢真空保温器皿行业的内销主要为自主品牌产品的销售,其下游为经销商、零售终端等各级销售渠道,以及产品的最终消费者。经销商、零售终端等销售渠道的发展状况对国内市场需求产生一定影响,近年来,国内日用消费品经销行业以及国内大型零售连锁行业的持续发展,有效促进了本行业内销市场的快速成长。

无论是外销还是内销,影响市场需求的最终环节都是消费者的需求。近年来,全球经济的稳步增长以及国内消费水平的快速提升促使了国内不锈钢真空保温器皿行业的快速发展。作为不锈钢真空保温器皿制造商,只有不断提升制造技术水平、加强产品研发设计,同时积极开拓自主品牌,才能更好地适应消费者的需求变化,从而在行业内处于领先地位。

公司外销的 ODM 模式是指由国内制造商自行设计开发产品,再由国际品牌商选择后下订单进行生产,该模式对公司的研发设计能力要求较高,国内制造商必须达到或接近国际品牌商的研发设计水平。公司与日本 Thermos 品牌、俄罗斯 Sunflower 品牌、瑞典 Vildmark 品牌等国际知名品牌商长期的 ODM 合作充分说明了国际高端客户对公司研发设计能力的认可,2010 年、2011 年上半年公司 ODM 模式业务收入占外销收入的比重分别高达 74.91%、71.03%,占主营业务收入的比重也分别高达 46.80%、45.40%。

(二)销售模式

按照销售市场的特点,公司针对国外市场和国内市场采用不同的销售模式。

1. 国外市场

在国外市场,公司以 ODM 和 OEM 的业务模式为主。在欧美、日韩等发达国家和地区,不锈钢真空保温器皿市场发展较为成熟,国际不锈钢真空器皿品牌商已树立了牢固的品牌形象,并占据了大部分市场份额,新进品牌的营销成本和风险相对较高,因此,公司采取为国际品牌商生产 ODM 和 OEM 产品的销售模式。公司

客户大部分为国际知名品牌商，如膳魔师集团、PMI 公司、Skater 公司等，公司通过与国际知名品牌商的合作，能够了解国际最先进的产品制造工艺、最新的设计理念和研发方向，从而不断提升自身产品的制造技术以及研发设计能力，强化对国外客户的影响，逐步提高外销市场份额。

在印度、伊朗、尼日利亚等国家，国外品牌商虽然占据了一定的市场份额，但新进品牌有较大的市场开发空间，公司在销售 ODM 和 OEM 产品的同时也销售部分自主品牌产品。

报告期内，公司外销收入中 ODM、OEM 及自主品牌销售收入的占比情况如下：

单位：万元

项　目	2011 年 1 ~ 6 月		2010 年度		2009 年度		2008 年度	
	金额	比例（%）	金额	比例（%）	金额	比例（%）	金额	比例（%）
ODM	10,065.33	71.03	18,834.00	74.91	8555.10	58.43	9002.80	46.33
OEM	3732.29	26.34	5730.50	22.79	5765.22	39.37	10,166.76	52.33
自主品牌	372.69	2.63	578.24	2.30	321.86	2.20	260.27	1.34
外销收入合计	14,170.31	100.00	25,142.75	100.00	14,642.19	100.00	19,429.83	100.00

2. 国内市场

国内市场主要为经销模式，销售自主品牌产品。此外，公司发生少量礼品销售、OEM 销售，礼品销售是指企事业单位直接向公司采购自主品牌产品作为馈赠礼品或发放职工福利，OEM 销售是指公司为国外品牌商在国内投资设立的企业提供 OEM 产品。报告期内，公司内销收入中经销模式、礼品销售及 OEM 的销售收入占比情况如下：

单位：万元

项　目	2011 年 1 ~ 6 月		2010 年度		2009 年度		2008 年度	
	金额	比例（%）	金额	比例（%）	金额	比例（%）	金额	比例（%）
经销	7459.28	93.28	13,958.36	92.43	10,310.45	83.34	8242.80	78.80
礼品销售	537.45	6.72	1035.98	6.86	1459.90	11.80	1145.12	10.95
OEM	—	—	106.60	0.71	601.53	4.86	1072.24	10.25
内销收入合计	7996.73	100.00	15,100.94	100.00	12,371.88	100.00	10,460.16	100.00

（三）ODM、OEM 及自主品牌三种模式收入占比及盈利情况分析

1. 公司 ODM、OEM 及自主品牌三种模式实现的销售收入及占比情况

报告期内公司 ODM、OEM 及自主品牌三种模式实现的销售收入及占比情况

如下表：

单位：万元

销售模式	2011 年 1～6 月		2010 年度		2009 年度		2008 年度	
	金额	比例（%）	金额	比例（%）	金额	比例（%）	金额	比例（%）
ODM	10,065.33	45.40	18,834.00	46.80	8555.10	31.67	9002.80	30.12
OEM	3732.29	16.84	5837.11	14.50	6366.75	23.57	11,239.00	37.60
自主品牌	8369.42	37.76	15,572.58	38.70	12,092.22	44.76	9648.19	32.28
合计	22,167.04	100.00	40,243.69	100.00	27,014.07	100.00	29,889.99	100.00

随着公司研发设计水平的提高，公司国际市场竞争力逐渐增强，ODM 模式销售收入的占比逐渐上升，2009 年公司 ODM 模式实现销售收入占比开始高于 OEM 模式，2010 年公司 ODM 模式实现销售收入达到 18,834 万元，占主营业务收入的比例达到 46.80%，2011 年上半年公司 ODM 模式实现销售收入达到 9795.60 万元，占主营业务收入的比例达到 45.40%。

随着公司国内营销网络的不断完善，公司自主品牌销售收入逐年较快增长，2008～2010 年公司自主品牌销售收入的增长率分别为 71.40%、25.33% 及 28.78%，2011 年上半年自主品牌销售收入的同比增长率为 48.63%。

2008 年公司 ODM、OEM 及自主品牌收入占比分别为 30.12%、37.60% 及 32.28%；2009 年公司受国际金融危机影响 OEM 收入有所下滑，占比下降为 23.57%，而公司自主品牌收入继续保持较快增长，占比上升为 44.76%；2010 年随着金融危机后世界经济的复苏，不锈钢真空保温器皿产品的全球市场需求又恢复了原有的增长态势，并且随着公司研发设计水平的提高，公司 ODM 收入实现了较大幅度增长，占比上升为 46.80%，自主品牌收入占比为 38.70%；2011 年上半年 ODM 收入占比较为稳定，为 45.40%，自主品牌收入占比为 37.76%。

2. ODM、OEM 及自主品牌三种模式实现的毛利及其对公司毛利的影响

报告期内公司 ODM、OEM 和自主品牌三种模式实现的毛利及其占公司毛利总额的比例如下表：

单位：万元

销售模式	2011 年 1～6 月			2010 年度		
	毛利	毛利贡献率（%）	毛利率（%）	毛利	毛利贡献率（%）	毛利率（%）
ODM	2610.23	45.11	25.93	5107.47	44.71	27.12
OEM	906.47	15.67	24.29	1497.64	13.11	25.66
自主品牌	2269.14	39.22	27.11	4818.56	42.18	30.94
合计	5785.84	100.00	26.10	11,423.67	100.00	28.39

续表

销售模式	2009 年度			2008 年度		
	毛利	毛利贡献率(%)	毛利率(%)	毛利	毛利贡献率(%)	毛利率(%)
ODM	2537.01	29.70	29.65	1881.62	28.64	20.90
OEM	1814.38	21.30	28.50	2075.21	31.59	18.46
自主品牌	4165.82	48.91	34.45	2612.60	39.77	27.08
合计	8517.20	100.00	31.53	6569.43	100.00	21.98

报告期内,公司自主品牌产品的毛利率高于 ODM 产品,ODM 产品的毛利率高于 OEM 产品。随着公司产品制造技术及研发设计水平的不断提升,公司 ODM 产品、自主品牌产品实现毛利贡献均有较大提升。

3. 公司的营销战略,ODM、OEM 及自有品牌业务的销售前景

公司的营销战略是坚持国际国内市场一体化协调发展,贴牌业务及自主品牌业务并重,贴牌业务中侧重 ODM 业务,努力将自身打造成为国内同行业领军并具有国际竞争力的不锈钢真空保温器皿制造商。

国外市场,以欧美、日韩等发达国家和地区为主的不锈钢真空保温器皿国际市场发展较为成熟,市场容量巨大,国际知名品牌商已在全球主要成熟消费市场进行了长期的市场拓展和营销工作,建立了完善的销售终端网络,新品牌的进入需要较高的前期投入,面临一定的不确定性,所以在未来较长的一段时间内,国外品牌商仍然占据着国外主要的市场空间,公司在国外市场的营销战略是继续加大与国外品牌商的合作,发展 ODM、OEM 贴牌业务。此外,在印度、伊朗、尼日利亚等发展中国家,国外品牌商主要占据其高端市场,上述地区中端市场仍有较大的市场开发空间,公司也销售部分自主品牌产品。

国内市场,不锈钢真空保温器皿消费市场发展迅速,国外品牌产品在国内市场的销售量的占比较低,基本维持在 3% 左右,且主要占据高端市场,国内自主品牌产品面向国内中端市场,市场增长潜力巨大,公司将继续加大营销网络建设以及自主品牌推广,发展自有品牌业务。

综上所述,公司自主品牌业务与 ODM、OEM 贴牌业务的主要销售区域存在差异,公司自主品牌产品与国外品牌商品牌产品的市场定位有所区分,因此,公司自有品牌的发展并未影响其与国外品牌商的合作关系,未影响公司贴牌生产的销售前景。

4. 报告期内公司 ODM、OEM 及自主品牌业务前五名客户(略)

(四)审核关注之一:请保荐机构、律师核查公司产品研发设计人员的建设情况、资历以及聘请外来专家的资历,公司的生产技术是否对国外知名品牌商核心技术存在依赖;一旦国外知名品牌商停止合作,对公司生产经营规模、行业地位、持续经营是否造成重大影响

1. 发行人产品研发设计人员的建设情况、资历以及聘请外来专家的资历

经本所律师核查,发行人在总部和上海设有两个研发中心,共有研发人员137名,目前未聘请外来专家。发行人两个研发中心的主要研发人员及其基本情况略。

2. 发行人的生产技术是否对国外知名品牌商核心技术存在依赖

根据发行人的说明及本所律师的核查,发行人经过长期的行业探索和积累已形成了较强的自主研发设计能力,掌握了不锈钢真空保温器皿产品生产过程中成形、金工、焊接、抽真空、抛光、喷涂等主要生产环节的生产工艺和关键技术,不存在对国外知名品牌商的技术依赖。目前,发行人OEM客户仅向发行人提供产品外观、尺寸及质量的要求或指标,发行人根据客户要求独立完成产品的生产全过程,不需向OEM客户寻求任何形式的技术支持;在ODM模式下,发行人自主开发设计的产品经客户认可后,仅需在成型产品的基础上喷涂客户商标,不需向ODM客户寻求任何形式的技术支持。发行人已充分掌握了不锈钢真空保温器皿生产的主要先进技术,包括超薄不锈钢焊接圆管水介质液压成形技术、锥形管拉伸成形技术、产品金加工自动化技术、双层水杯自动焊接技术、无尾抽真空钎焊技术、五金产品表面自动清洁抛光技术、超声波自动清洗技术、抛光粉尘处理技术、静电喷涂技术等,均已应用于大批量生产。

3. 一旦国外知名品牌商停止合作,对发行人生产经营规模、行业地位、持续经营是否造成重大影响

不锈钢真空保温器皿国外品牌商在国内选择合作方进行OEM、ODM的标准较为严格,其标准不仅包括产品工艺、款式、质量等方面要求,还包括对企业管理、人员、设备、检测、安全、环保、社会责任等方面的考核,国外品牌商在认可国内的一家OEM、ODM制造企业后,为保证其产品供应及产品品质的稳定性一般不会轻易更换该制造商。经过多年发展,发行人与膳魔师集团、PMI公司、Skater公司等多家国际知名品牌商建立了较为稳固的合作关系,在国际市场上形成了较好的口碑,2010年发行人被膳魔师集团评为“2010年最佳供应商”。膳魔师集团、PMI公司、Skater公司等国外知名品牌商与公司停止合作的可能性较低。

发行人报告期内ODM、OEM业务的客户集中度相对较低,报告期内发行人对外销前五名客户(均为国外品牌商)的销售收入占当期营业收入的比例合计分别为21.75%、14.03%及26.86%,且面向单个国外品牌商的销售收入占当期营业收入的比例最高不超过10%。发行人在国外市场除了与膳魔师集团、PMI公司、Skater

公司等国际知名品牌商合作之外，还与很多其他国外品牌商如印度的 Cello 公司、俄罗斯的 Vesenni Potok 公司等进行合作，同时发行人每年还会通过国际展会、会议等活动开拓新的国外品牌商客户，因此，发行人在国外市场上不存在对任一国外知名品牌商的依赖。

随着国内不锈钢真空保温器皿市场的快速发展以及发行人国内营销网络的不断完善，发行人自主品牌销售收入逐年实现了较快增长，报告期内发行人自主品牌销售收入的增长率分别为 71.40%、25.33% 及 28.78%，自主品牌销售收入占比分别为 32.28%、44.76% 及 38.70%，发行人自主品牌业务的快速发展有效地减少了发行人从事 ODM 及 OEM 业务的相关风险。

综上所述，发行人产品研发设计人员的建设情况良好，在生产技术上对国外知名品牌商核心技术不存在依赖，如果国外知名品牌商停止与公司的合作，对发行人的生产经营规模、行业地位、持续经营不会产生重大影响。

（五）审核关注之二：请保荐机构和发行人律师对发行人是否对国外品牌商存在技术依赖发表意见

发行人经过长期的行业探索和积累已形成了较强的自主研发设计能力，掌握了不锈钢真空保温器皿产品生产过程中成形、金工、焊接、抽真空、抛光、喷涂等主要生产环节的生产工艺和关键技术，不存在对国外知名品牌商的技术依赖。目前，发行人 OEM 客户仅向发行人提供产品外观、尺寸及质量的要求或指标，发行人根据客户要求独立完成产品的结构设计、模具制造、工装夹具制造以及生产全过程，不需向 OEM 客户寻求任何形式的技术支持；在 ODM 模式下，发行人自主开发设计的产品经客户认可后，仅需在成型产品的基础上喷涂客户商标，不需向 ODM 客户寻求任何形式的技术支持。发行人已充分掌握了不锈钢真空保温器皿生产的主要先进技术，包括超薄不锈钢焊接圆管水介质液压成形技术、锥形管拉伸成形技术、产品金加工自动化技术、双层水杯自动焊接技术、无尾抽真空钎焊技术、五金产品表面自动清洁抛光技术、超声波自动清洗技术、抛光粉尘处理技术、静电喷涂技术等，均已应用于大批量生产。

综上所述，发行人拥有独立、自主的关键技术，其对国外品牌商不存在技术依赖。

二、海鸥卫浴：ODM 模式的上下游双向延伸

（一）“卫浴制造服务”业务模式风险

公司采用“卫浴制造服务”（TMS，Taps Manufacturing Service）的业务模式，即在 OEM 和 ODM 的基础上，向前延伸为客户进行市场研究和产品设计开发，向后

延伸为客户提供装配、物流和售后服务。公司根据品牌商的需求,采用以EDI为基础的电子商务方式进行新产品的设计、制造和出口销售。公司不直接面对终端消费者,而是为品牌商提供制造服务,根据品牌商订单安排生产,存在依赖国外品牌商的风险。

虽然存在上述风险,但公司凭借在ODM基础上向前向后延伸的“卫浴制造服务”业务模式与客户形成了相互依存、共同发展的战略合作关系:

1. 伴随经济的全球化,国际产业价值链变革和世界制造体系转移成为现实。随着制造技术的进步和技术熟练型劳动力的快速增长,中国面临巨大的发展机遇,逐渐成为全球消费品的制造基地。制造服务正在成为中国最具比较优势、最具规模的产业。

2. 卫浴五金行业全球分工的格局已经确立,即品牌商进行全球化的市场营销和品牌管理,制造服务商提供产品的研发设计、生产制造和装配物流,品牌商和制造服务商相互依赖,共同发展。当前,全球前十大品牌商占有全球60%左右的市场份额,其中前三大品牌Moen(摩恩)、Delta(得而达)、Grohe(高仪)年销售额均达到10亿美元以上,合计占有全球30%左右的市场份额。中国卫浴五金业在全球化的产业分工中凭借较低的劳动力成本和不断进步的制造技术,逐步确立了制造服务优势,国际品牌商近几年来对中国内地的零配件采购额持续增长。本着成为全球最具竞争力的卫浴五金制造服务供应商的愿景,本公司目标客户集中在Moen、Delta、Grohe、Kohler(科勒)、Hansgrohe(汉斯格雅)、Roca(乐家)等全球前十大品牌商为主的高端客户,目前已经成为Moen全球最大的供应商,Delta、Hansgrohe亚洲最重要的供应商,并与其他顶级品牌商确立了长期合作的战略伙伴关系。

3. 出于竞争的压力和长期发展的需要,品牌商通常需要与制造服务商建立和保持稳定的合作,并进一步达成策略供应关系;品牌商与制造服务商达成策略供应关系后一般不会轻易改变供应关系,其主要原因如下:(1)作为制造服务策略供应商,需要具有“快速的研发能力、及时稳定的量产能力、良好的弹性生产能力、全面的服务能力”,成为顶级品牌策略供应商的门槛较高。(2)为保持和扩大全球市场份额,满足消费国在产品质量、技术、安全等方面的严格标准,品牌商需要与供应商长期合作,以保证其优质稳定的产品供应链。(3)策略供应商凭借制造服务优势,优先参与品牌商的新产品开发,在同等情况下优先获得订单;在产品设计、工艺技术等方面与客户有深度的参与和合作,在模具制造方面有较大的共同投入,大量的产品生产模具由策略供应商保管,因此品牌商更换策略供应商将付出较大的交易成本和专有技术(know - how)扩散等代价。(4)目前公司同时成为多家品牌商的策略供应商和合作伙伴,品牌商也需要与最具竞争力的制造服务企业合作,以降低成本和提高自身竞争力;品牌商之间对优质制造资源的争夺有利于公司维护和稳定与客户的策略供应关系。

4. 本公司将采取或继续执行以下措施深化与客户的策略供应商关系，实现相互依存、共同发展：(1)执行 PPAP1 研发流程、投资建设研发中心项目，持续提高研发设计能力，适应品牌商对新产品快速研发的需求；(2)引进先进设备、改进制造工艺、优化业务流程、改善运营管理，提高弹性生产和快速交货能力，为客户缩短产品上市时间(time to market)；(3)完善质量、安全认证体系，严格执行质量标准，保证产品品质，维护并提升公司商誉；(4)在美国和欧盟等主要消费国深度参与客户的仓储物流，延伸服务链。

5. 公司将夯实制造基础，逐渐向供应链前后两端高附加值业务延伸：在前端研发环节，为客户或协同客户设计开发新产品，以"速度"争取新产品的开发及量产商机；在制造环节，公司以柔性制造适应少量多样化生产要求，以单件流式生产(TPS)适应批量生产要求，并融合两者的优势，巩固高效率低成本的制造竞争力；在后端物流及售后服务环节，公司以"全员为客户增值"的观念，为客户提供"适时零库存"(Just In Time)的后勤配送服务，并在时机成熟时协助客户进行售后服务，为客户提供全方位的供应链管理。公司将在供应链的前后两端形成新的核心竞争力，全面提升公司增值能力，做到以行业内"最短的供应链、最低的总成本"协助客户更快地响应市场需求，建立起更紧密的客户关系，成为大多数主要品牌商的制造服务基地。

(二)本公司的经营模式

1. 本公司经营模式

本公司的经营模式为 TMS(Taps Manufacturing Service)。TMS 业务模式是公司夯实制造、延伸服务，加入全球价值链而形成的独特经营模式，即在 OEM 和 ODM 的基础上，向前延伸为客户进行市场研究和产品设计开发，向后延伸为客户提供装配、物流和售后服务。公司根据品牌商的需求，采用以 EDI 为基础的电子商务方式进行新产品的设计、制造和出口销售。

2. TMS/EMS 业务模式简况

(1)TMS 业务模式概括为为电子行业提供全方位服务的电子制造服务 EMS(Electronic Manufacturing Service)。

(2)EMS 业务模式是经过国际市场多年考验、在理念、运作等方面十分成熟的业务模式，已经成为全球电子、家电等行业不可或缺的产业链条，一批 EMS 企业发展成为具有强大竞争能力的国际化企业，如台湾鸿海、富士康、台积电等。以台湾鸿海为例，目前该公司为电脑、通信和消费电子等领域全球最大的代工服务供应商之一；其旗下子公司富士康国际(HK2308)在电脑、通信、消费性电子等行业代工方面全球闻名，为全球众多知名品牌厂商如戴尔、IBM、英代尔、思科和索尼等提供制造服务、为全球手机巨头摩托罗拉和诺基亚进行代工生产，在深圳、北京、杭州、匈牙利及墨西哥设有厂房，并在美国、巴西、丹麦、芬兰设有研究中心，并成为全球3大手机加工生产商之一。

(3)中国良好的投资环境、廉价的高素质劳动力、规模不断扩大的城市中产阶级，将使中国大陆和台湾地区在全球代工制造领域中扮演最重要的角色，成为OEM/ODM/EMS全球重心。市场研究机构iSuppli Corp预测，2007年中国EMS制造业务收入将由2002年的179亿美元增长到667亿美元，占全球EMS生产业务的44%，占亚太地区EMS制造市场的82%；加上ODM，到2007年，中国大陆和台湾地区的合计代工制造收入将从2002年的470亿美元增加到1480亿美元。按这种增长速度，中国大陆和台湾地区将在2004占据全球代工制造收入的50%，到2007年将为58%。全球的产业分工链和多年的市场表明，EMS/ODM/OEM已经成为成熟的、具有广阔市场发展空间的业务发展模式。

3.本公司是Moen等品牌商的"策略供应商"(Strategic Supplier)

(1)策略供应商(Strategic Supplier)

通过为品牌商提供制造服务(TMS)，本公司目前已经成为Moen、Delta等品牌商的"策略供应商"。"策略供应商"是品牌商全球供应链中的重要成员，与品牌商相互依存、共同发展，和一般供应商相比，具有以下优势：

①优先参与品牌商的新产品开发讨论，深度参与品牌商产品的研发和设计；

②在模具制造、生产工艺、物流采购上互派工程师，进行定期交流；

③与品牌商合作进行供应商自身的管理变革和提升；

④实时掌握品牌商的存货和采购计划；

⑤享有品牌商年度循环信用支付。

(2)"策略供应商"必须具备以下条件

①质量认证上要达到欧美等国严格的各项标准；

②具有标准化的业务流程和良好的装备水平；

③具有相对稳定、较大规模的弹性生产能力；

④具备良好的生产组织和管理能力；

⑤在劳工保护、环境保护、职业安全等方面具有健全的管理体系；

⑥具有良好的信誉；

⑦管理人员具有相当的国际商务经验。

(3)策略供应商与品牌商之间的相互依存关系

出于竞争的压力和长期发展的需要，品牌商通常需要与制造服务商建立和保持稳定的合作，基于以下因素，双方在长期合作的过程中逐渐形成相互依存的关系：

①作为制造服务策略供应商，需要具有"快速的研发能力、及时稳定的量产能力、良好的弹性生产能力、全面的服务能力"，成为顶级品牌策略供应商的门槛较高；

②为保持和扩大全球市场份额，满足消费国在产品质量、技术、安全等方面的严格标准，品牌商需要与供应商长期合作，以保证其优质稳定的产品供应链；

③策略供应商凭借制造服务优势，在产品设计、工艺技术等方面与客户有深度的参与和合作；在模具制造方面有较大的共同投入，大量的产品生产模具由策略供应商保管，因此品牌商更换策略供应商将付出较大的交易成本和专有技术(know-how)扩散等代价；

④目前公司同时成为多家品牌商的策略供应商和合作伙伴，品牌商也需要与最具竞争力的制造服务企业合作，以降低成本和提高自身竞争力；品牌商之间对优质制造资源的争夺有利于公司维护和稳定与客户的策略供应关系。

三、九安医疗：客户合作的可持续性

(一)依赖区域性国际市场及主要客户的风险

公司外销业务主要以ODM的方式进行销售，国际市场客户主要包括主营医疗渠道的客户、主营电子类产品和超市渠道的客户以及主营电视直销及邮购和礼品、促销品渠道的客户等。公司2007年、2008年的前五大客户均为欧洲客户，公司2009年前五大客户中有四个欧洲客户、一个美国客户。报告期内公司对前五大客户的销售收入占总销售收入的比例分别为57.10%、53.78%、51.66%，公司在欧洲市场的销售收入占总销售收入的比例分别为76.39%、73.91%、68.91%。

公司对区域性国际市场及主要客户的销售占比较高的原因主要包括以下两个方面：

1.家用医疗健康电子产品市场的大小与市场所在地区的经济发展水平和人口老龄化程度密切相关。随着生活水平的提高，中国城镇居民的保健意识增强，各类医疗保健器材及医疗服务开始进入家庭，国内市场的规模不断扩大，但在全球范围内，家用医疗健康电子产品的消费仍主要集中在美国、欧洲和日本等经济发达地区。在上述三个细分市场中，日本消费者对本土品牌的偏好较强，日本欧姆龙、日本爱安德、日本日精、日本松下等企业在日本市场上拥有较为稳固的垄断地位，非日资企业很难获得市场份额；美国市场销售结构较为特殊，其渠道主要是能够覆盖整体市场的大型连锁超市及连锁药店，渠道集中度较高；而欧洲市场(含俄罗斯)由于国家地理分割较为明显，渠道参与者既包括大型连锁超市及药店，也包括大型医疗器械供应商，虽然在单个国家市场渠道集中度较高，但缺少能够覆盖整个欧洲的销售渠道，是我国台湾地区和内地企业主要的出口方向。公司在以英国、德国、法国、意大利、西班牙、土耳其、波兰为代表的传统欧洲市场，具有较高的市场占有率和大量稳定的长期客户群。

2.单个欧洲国家家用医疗健康电子产品的销售渠道比较集中、品牌集中度高，进入欧洲市场必然要与各国的主要渠道商、主要品牌拥有者合作,因此客户相对集中。

公司凭借快速研发和多产品综合供应能力的优势,在欧洲市场赢得了大量长期稳定客户。公司2007年至2009年前五大客户销售统计数据显示,欧洲客户为公司目前最主要的客户群体,且具有良好的稳定性。

公司在国际市场上建立了良好的声誉,且与主要客户间形成了稳定、持续的业务关系,但公司对区域性国际市场及主要客户的销售占比较高的情况,使得公司销售容易受到区域经济波动和主要客户经营情况变动的影响,增大了公司的市场风险。

为降低上述市场风险,公司在保持原有客户长期稳定的同时,通过参加国际国内大型医疗电子展会等方式,加强公司产品和品牌宣传,加大欧洲以外市场的开拓力度,并取得了一定成效。公司报告期内出口业务客户数量呈现迅速上升的态势,与公司发生业务关系的外销客户从2007年的128个增加到2009年的167个,而且在公司2009年前10大外销客户中已经出现了三个非欧洲客户。

公司在国际市场主要通过ODM进行销售由于以下原因:

(1)在国际市场开拓自有品牌、构建营销网络成本高、风险大,不适合在公司目前的发展阶段开展;公司目前的国际市场,尤其是欧洲市场的大客户不仅拥有其所在国家家用医疗设备的知名品牌,而且大部分是其所在国前几大的销售渠道拥有者,比如大的连锁药店、超市等,公司如用自有品牌销售,会直接构成与目前大客户的竞争。

(2)"快速研制、定向研制"或"满足客户要求即是满足消费需求"的新产品研发、推出模式既成本低廉,又是在国内外丰富客户资源基础上进行,其风险或是因ODM定制的方式而早早消化或是通过良好的客户关系,在研发初期就可以通过市场实践,控制风险。

(3)通过ODM业务,公司能以较低的成本迅速捕捉到市场信息,通过自主研发转变为自主知识产权,形成公司的技术储备,继而迅速实现中国推广、全球供应。

目前国际医疗器械行业在产品的设计、实验、开发、制造、测试、销售、售后服务等整个产业链各个环节上,已构建了集优化协作分工配套的模式,形成了部件制造外包(OEM)、部件设计制造外包(ODM)及生产专业化部件和专业化模块产业。国家发改委于2006年6月发布的《医药行业"十一五"发展指导意见》中也鼓励中国企业加入国际化的分工协作中去。在此种形势下,公司从自身具体情况出发,发挥了特有的竞争优势。

(二)同主要客户交易的可持续性

公司在国际市场销售主要采取ODM方式,根据客户订单生产、销售。随着公司生产及研发能力的提高,公司与主要客户的合作日益密切,完成了向客户提供“有竞争力的价格——提供有吸引力的功能——提供有市场前景的产品”的逐步转变。例如香港 HARVARD MARITIME LIMITED 从开始向公司采购一种型号的电子血压计,发展到现在向公司采购 15 款电子血压计及低频治疗仪、胎心仪、鼻炎治疗仪等产品,公司另行向其提供了四大类 6 款产品的设计服务;Beurer Limited 从开始向公司采购一种型号的电子血压计,发展到现在向公司采购 10 款电子血压计及低频治疗仪等产品,公司另行向其提供了两大类 4 款产品的设计服务;MEDISANA AG,HOME HEALTH CARE 从开始向公司采购一种型号的电子血压计,发展到现在向公司采购 11 款电子血压计产品,公司另行向其提供了 8 款产品相关的设计服务。包含设计服务在内,所有上述向海外厂商销售的产品都由公司自行开发设计,拥有自主知识产权。

公司产品质量可靠,能够快速响应、迅速低成本地实现客户要求,且具备一定的成本优势,报告期内公司在国际及国内市场的销售量逐年提高。在国际家用医疗电子产品市场竞争较为激烈的情况下,客户购买公司产品,实质是希望将公司的上述竞争优势转化为其自身的竞争力,此种双赢互利的合作模式使公司与主要客户间形成了稳定、持续的业务关系。

四、康耐特:贴牌生产符合行业基本发展规律

(一)ODM 销售比重较高的风险

报告期内公司 ODM 销售收入占主营业务收入的比重较高。2007 年至 2009 年,公司 ODM 外销收入占外销主营业务收入的比例分别为 86.68%、86.41% 和 72.90%;ODM 内外销收入占主营业务收入的比例分别为 67.46%、69.28% 和 56.13%。国际眼镜行业的产业竞争格局和国内眼镜行业的发展现状决定了国内镜片生产企业主要以 ODM 或 OEM 方式参与国际市场竞争。尽管 ODM 销售收入比重较高不会影响到公司生产经营能力的独立性,但如果国际产业竞争格局发生变化,国际镜片品牌商和批发商减少在国内的 ODM 订单,将对公司的正常生产经营和业绩造成不利影响。

(二)眼镜行业的基本发展状况

1. 行业竞争格局

(1)国际市场竞争格局

在欧洲、美国等发达国家和地区,眼镜产品归属于医疗器械,镜片的生产和销售有较高的准入门槛。例如在美国眼镜产品由美国 FDA 进行管理,在美国生产销售镜片需通过 FDA 认证;而在欧洲镜片生产企业销售产品必须通过欧盟 CE 认证。

从镜片种类看,发展中国家和地区由于受消费能力限制,今后较长时间内仍将处于树脂镜片替代玻璃镜片的进程之中,质优价廉的普通树脂镜片是市场竞争的主要产品。发达国家和地区已经完成镜片的替代,能实现多种功能、具有高附加值的镜片(如偏振光片、光致变色片)在消费中的比例逐渐增加。

国际眼镜制造行业集中程度高,少数领先品牌商占据主要市场份额。法国依视路国际光学集团作为全球最大的镜片制造商,处于行业领导地位,占据全球眼镜市场25%的市场份额,树脂镜片占全球树脂镜片市场份额超过30%。其他排名前列的国际镜片生产企业有德国卡尔蔡司集团、日本豪雅株式会社、美国 Vision-Ease Lens 公司、美国 Transitions 光学公司等。

国际镜片品牌商是镜片技术核心专利的持有人,拥有先进的设备、技术和强大的研发能力。由于镜片生产工艺内在的劳动密集型特点,为降低成本,国际镜片品牌商或以 OEM/ODM 方式委托中国等发展中国家的企业生产,或在发展中国家设立加工工厂进行生产。在国际市场中,中国的镜片生产企业与国际镜片品牌商的关系主要是合作的关系、客户的关系,而不是直接的竞争关系。

(2)国内市场竞争格局

2007 年我国眼镜业总产值达到 200 亿元,出口接近 20 亿美元(不含光学仪器设备)。目前,中国眼镜总产量占到了世界总产量的 70%。中国不仅成为世界领先的眼镜生产大国,也成了世界眼镜消费潜力最大的国家之一。在中国,眼镜产品不属于医疗器械,行业准入门槛低,包括镜片企业在内的眼镜生产企业超过4000家,但普遍规模较小,市场份额偏低,行业处于完全竞争状态。众多中小型生产企业及其配套厂家聚集在一定的区域,形成产业集群,大幅降低了生产成本,使得中国眼镜生产企业在国际上具有明显的成本优势。以镜片制造行业为例,目前已经形成以江苏丹阳、浙江温州、福建厦门、上海等为主要生产基地的产业格局。

尽管中国已经成为世界重要的眼镜生产基地,眼镜产品已经占领世界低端市场 80% 的份额,行业利润却只占世界眼镜市场的 15% 左右。我国眼镜企业基本上集中在低附加值的产品制造领域,在世界眼镜产业分工中处于产业链的末端,只能获得微薄的生产价值。我国眼镜生产企业普遍呈现出生产技术落后、设计能力欠缺的状况。这直接导致了我国眼镜产品质量不高,档次低下,附加值低。目前我国的眼镜生产企业很少有自主研发设计机构。生产加工方面,绝大多数企业还只是依靠进口外国的先进机器设备和引进相关的生产技术;款式设计方面,大量企业由于只是为国外眼镜厂商代加工,根本不具备相关的设计能力;品牌方面,大多数企业没有自己的品牌,即使有自己的品牌,在国际消费市场的品牌知名度也较低。

树脂镜片销售终端市场是各种规模的眼镜店,眼镜店直接面对个体消费者。由于目前国内眼镜市场竞争激烈,集中度较低,产品同质化现象严重,很多镜片供货商为了抢占市场,采用价格和渠道竞争,将商品放置于眼镜店代销。大量的竞争性代销造成镜片生产商资金大量积压在存货中,而零售终端占据优势地位。

2. 进入行业的主要障碍

树脂镜片的生产环节较多,多数环节需要人工操作,难以实现自动化生产,属于劳动密集型行业。低端产品的生产设备和加工工艺相对比较简单,进入壁垒相对较低,拥有300万~400万元的资金,配上几名技术人员,就能进行镜片的生产。对高端产品而言,情况大为不同,加工环节更多,设备和工艺更为精密复杂,对加工环境的要求也更严格,一些高端产品的车间要求无尘、恒温、恒湿,因而生产企业必须具备较雄厚的资金实力、较高的技术水平和管理水平,高端产品往往需经过较长时间的客户认可过程,因此进入的壁垒较高。

(三)行业领先镜片品牌商占据主要份额

法国依视路、德国卡尔蔡司、美国苏拿、日本豪雅这4家领先镜片品牌商占据全球约80%的市场份额,居于国际眼镜制造行业的主导地位。发展中国家的镜片生产企业在技术、品牌、管理、营销等方面远远落后于国际镜片品牌商,只能通过OEM/ODM等方式参与国际市场竞争。

五、科斯伍德:OEM是否存在商标的潜在竞争和纠纷

(一)OEM销售风险

基于良好的业务合作、不断提升的技术水平和世界顶级油墨人才的引进,报告期内公司的OEM业务得到了迅速发展,相关业务销售收入已由2008年的3423.02万元增长到2010年的4474.71万元,是公司主要外销模式;公司OEM外销主要集中在3家主要经销商,报告期内公司面向3家主要经销商客户的销售收入之和占OEM合计销售收入、公司营业收入的比重分别为45.57%、9.37%。虽然,公司与其主要经销商间的技术合作、产品供销关系具有一定稳定性,OEM客户为产品质量考虑不会轻易更换供应商,但是一旦其发生变化将对公司业务发展产生不利影响。

(二)规模化和国际化经营成为国内企业发展的必由之路

作为世界最主要的油墨需求国之一,我国油墨目前尚为净输入状况,但进出口净额总体较低。我国油墨进出口总量并不大,且仍为净进口状态中,但净进口量相对需求总量呈逐步下降的状况。其主要原因系:我国油墨产品已基本能够满足市场需求,只有高档产品需要进口;全球油墨需求还主要集中在欧美等发达国家市场,相对而言,发达国家对油墨产品的需求品质、环保等方面要求较高,我国大部分企业尚未具有与发达国家油墨企业竞争的能力,因此总体出口量相对较小。

随着在竞争中，技术实力不断增强的国内民营企业将借助成本的优势，主动走出国门参与到国际竞争中，以获取相对更高的利润。特别随着2008年全球金融危机的爆发，成本的考虑导致全球油墨行业的市场竞争格局正在发生着变化，越来越多的国际知名印刷厂对油墨的选择已经逐步由原来的“品牌、质量、服务、价格”向“价格、质量、服务、品牌”转变；与之相对应，全球著名的油墨制造企业，也明显感受到了我国同行业的竞争压力，部分具有一定实力，却未在我国投资设立合资（独资）企业的国际知名油墨企业开始采用OEM方式（贴牌生产合作），委托国内企业生产产品输出相应的油墨产品。因此在全球范围内，油墨行业逐渐实现“中国制造”必将为全球行业的重要发展趋势。

（三）外销业务中授权及商标使用情况

公司面向经销商销售采取的是自有品牌、配方和质量控制方法，不涉及配方授权使用、商标及销售市场约定等约束性内容。OEM销售下，由于客户要求不同，公司在生产部分客户产品涉及了商标、配方使用、市场介入等相关内容。

1. 常规形式下的OEM销售

在此业务模式下，公司生产的产品或为公司的已有产品，或为公司技术中心根据客户需求制作样品；产品配方、制造工艺等都系公司自主研发，因此产品生产过程不涉及配方授权使用的情形。

公司销售给客户的绝大多数为“无商标”产品，客户在收到产品后，会重新包装、粘贴自有商标后对外销售；报告期内，公司存在1家OEM客户［ICE ARETS UK LTD（英国）］要求产品外包装上有其商标；近三年，公司对此OEM客户销售收入为55.07万元、95.87万元和139.25万元，占同期公司OEM总体销售收入的比率分别为1.61%、2.66%和3.11%。此部分产品销售虽然涉及商标内容，但公司提供的相应产品包装与客户名称保持一致，不存在商标侵权行为，公司也不存在因此受权益所属方提请诉讼的行为。

针对产品质量，公司会根据已有产品质量控制标准，或技术中心制定的质量控制标准进行产品生产，客户在取得产品后会比照样品进行相应的检测。一旦检测结果与样品不符，客户可根据订单或L/C相应条款要求公司进行处理、赔偿。报告期内，公司未发生因质量纠纷导致的赔偿情形。

在此OEM外销模式下，由于对应的OEM客户仅提出产品的要求，不存在市场进入约定、障碍。以欧洲为例，虽然公司主要销给ARETS GRAPHICS N. V.，但是同时也对德国、英国、意大利、西班牙等十余欧洲国家经销商进行销售。

2. 特殊形式下的OEM销售

公司在该种模式的外销对象主要为美国GANS，此外还包括Shackell Edwards Druckfarben公司。公司与GANS的合作较早，已共同研发、生产、销售了一定数量的产品，报告期内公司已实现销售收入 280.09 万元、399.28 万元和 399.43 万元；而公司与 Shackell Edwards Druckfarben 的合作是在 2010 年 1 月 25 日，2010 年实现销售收入 118.21 万元。

公司通过与 GANS 的业务合作，有效提高了公司的树脂连接料配方技术、颜料技术和油墨制造技术水平，有效了解、掌握国际胶印油墨发展趋势和发达国家对相关产品的技术要求，进而促进了公司技术总体领先性，为公司进一步业务发展奠定了良好的基础。

公司在与此类 OEM 客户业务合作过程中，产品配方及生产工艺来自于 OEM 客户的研发，OEM 客户未对相应的产品配方和生产工艺申请专利，公司也未与 OEM 客户就配方使用约定授权。报告期内，公司未因对相关产品配方和生产工艺进行吸收消化后再创新，并运用于提升公司产品性能而与 OEM 客户发生纠纷。在此业务模式下，产品质量控制多采用 OEM 客户的标准和方法，且产品交付前必须传样、客户检验和确认，一旦检测结果与样品不符，公司需要根据客户要求进行产品改进。因此，产品交付后产生纠纷的可能性极低。在报告期内，公司未因此产生相应的纠纷与赔偿。

2006 年在公司与 GANS 就 OEM 合作达成共识时，曾就市场介入签订合作协议。该协议约定公司产品在协定签订之日起 3 年内不能在美国市场进行销售，截至本招股书签订之日，该约定期限已过期；且在协议约定期限，公司严格按照该合作协议未在美国市场寻找其他经销商进行产品销售，公司与 GANS 保持了良好的合作关系，不存在任何纠纷。除此之外，公司未与其他 OEM 客户就市场介入约定形成任何文件或协议。

公司针对 GANS 的销售虽然不含商标，但油墨包装罐上会有“GANS”字样，相关标示与客户名称一致，且为买断式销售，不涉及商标及商标侵权事宜。

（四）公司销售的真实、公允性

公司与经销商作为独立的个体，分别根据各自的意愿签订、确认《经销协议》、《年度合作协议》或订单，公司对经销商的销售真实、公允。公司对经销商的销售为“买断式”销售，即一旦产品销售给经销商，由经销商承担相应产品的最终销售并获得相应的销售利润；经销商根据自身客户群体的需求情况向公司采购产品，并实现对最终用户的实际销售。报告期内存在少数经销商因各种原因向公司退还少量产品的情况，公司以“红字发票”形式冲减当期或上期（属于会计期后事项的）的销售收入，公司已反映的销售情况为实际实现的销售收入。

（五）经销商变化对公司业绩的影响

公司整体将经销商分成三个层次，即年销售超过 150 吨的主要经销商，年销售在50～150吨之间的次级经销商，以及年销售小于50吨的一般经销商。

报告期内虽然经销商数目变动较大，但是核心客户群个体（主要经销商和次级经销商）的整体数量、占公司销售金额的比重呈现增长的趋势。公司的核心客户已由2008年的35家增长到2010年的62家，销售占比也由2008年的60.36%增长到2010年的72.68%。

公司销售分为内、外销两大区域，内/外销数量比约为65/35，报告期内公司内、外销增长基本一致。由于公司针对国内经销商往往给予一定数量的授信额度，并能对部分经销商及时提供技术支持与培训，相对紧密度较高；国外客户中，OEM客户和部分与公司长期共同发展的经销商与公司的紧密度较高，部分一般经销商或基于市场开拓，或基于价格比较，会存在一定的变化。

1. 国内主要经销商与公司保持稳定关系

公司与国内经销商的经销合同一般为一年一签，并在经销合同约定一定的信用额度。报告期内，公司的国内主要经销商共有10家，主要经销商均与公司保持了稳定的关系，公司对各主要经销商的销售均保持了良好增长，具体情况如下：

期　间	2010年	2009年	2008年
销售金额（万元）	6162.59	3272.42	1044.72
占国内销售比率（%）	37.58	27.42	11.67
经销商数量（个）	10	5	2

2. 报告期内公司外销收入的稳定性分析

公司外销对象包括国外油墨制造商（OEM形式）和经销商。OEM模式下，公司先将产品销给境外油墨制造商，再由境外油墨制造商使用其自身的商标面向其客户（印刷企业或其经销商）进行销售；经销商模式下，公司直接以自有品牌面向国外经销商销售产品，然后由经销商向最终用户（印刷企业）销售。报告期内，公司对两类客户的销售情况如下：

项　目	2010年		2009年		2008年	
	金额（万元）	比重（%）	金额（万元）	比重（%）	金额（万元）	比重（%）
OEM下	4474.71	61.44	3610.01	57.37	3423.02	71.16
经销商	2807.92	38.56	2682.68	42.63	1387.27	28.84
合计	7282.63	100.00	6292.69	100.00	4810.29	100.00

报告期内，公司外销以OEM为主。随着公司产品质量、品牌、价格为客户所认同，越来越多的世界各地经销商、国外油墨制造企业开始寻求与公司的合作，公司在遭遇长期产能“瓶颈”情况下优先发展了OEM客户，通过产品为纽带的合作，以进一步提升产品技术品质；同时也逐渐在全球60多个国家发展合格经销商，以期

提升自有品牌的世界知名度。

(1)OEM 客户稳定、发展带来了外销收入的整体稳定、发展

报告期内,公司 OEM 业务得到稳定增长,销售金额由 2008 年度的 3423.02 万元增长到 2010 年度 4474.71 万元,销售金额总体增长了 30.72%。公司 OEM 业务稳定增长的主要原因在于:

①主要经销商需求稳定增长。报告期内,以 IMPERIAL INK PTE LTD、ARETS GRAPHICS N. V. 和 Badgers and Bears(GANS)为主的 3 家主要经销商的需求总体保持持续、稳定增长,公司向上述 3 家企业的销售收入分别达 1576.87 万元、1781.46 万元和 1885.95 万元,占同期公司 OEM 销售收入的比率分别为 46.07%、49.35% 和 42.15%,保持在较高的水平。

②客户群体的不断扩充。报告期内,公司的 OEM 客户群体不断扩大,已由 2008 年的 30 家扩大到了 2010 年的 41 家。

③主要 OEM 客户总体保持稳定、增长,公司的前 5 大 OEM 外销经销商销售金额占比维持在较高水平,且销售收入整体稳步上升,从而有效保证了公司外销收入的稳定与增长。具体情况如下:

期　间	2010 年	2009 年	2008 年
OEM 经销商数量(家)	41	39	30
前 5 大客户销售金额(万元)	2456.87	2379.91	2259.92
OEM 总销售金额(万元)	4474.71	3610.01	3423.02
前 5 大客户占 OEM 销售金额比重(%)	54.91	65.93	66.02
前 5 大客户占外销总金额比重(%)	33.74	37.82	46.98

报告期内,公司 OEM 业务获得快速发展的重要基础:首先,在从 2006 年开始的与 GANS 的业务合作,而公司所拥有的技术基础、产品价格、成本优势及规范地运作是 GANS 选择与公司业务合作的基础。公司通过与 GANS 的业务合作,不但有效提升了技术能力——公司的树脂连接料配方技术、颜料技术和油墨制造技术水平获得了迅速提升,而且促进公司了解、掌握了国际胶印油墨发展趋势和发达国家对相关产品的技术要求,进而促进了公司总体技术领先性,为公司进一步扩大业务奠定了良好的基础。

其次,公司以拥有的技术能力为基础,通过进一步提升产品的功能性指标和环保性指标,有效促进了客户群体的不断扩大。除与 GANS 的业务合作外,公司在与其他 OEM 客户业务往来中,公司首先需要对客户产品进行系列技术分析(其中包括物理分析:色相、粘性、浓度等;产品功能分析:快干性、亮光度、耐磨性等),根据技术分析结果选定客户相应产品的配方并获得客户的确认,进而批量生产适合客户需求的产品。为保证产品的稳定性,公司一旦与 OEM 客户建立业务合作关系,OEM 客户一般不会轻易更换供应商,从而有效保证了公司相应业务的持续性。公

司凭借技术领先性,已稳定、发展了以 IMPERIAL INK PTE LTD 和 ARETS GRAPHICS N. V. 为代表的 OEM 客户,报告期内,公司与相关客户的业务获得了快速增长。

最后,良好的业务基础与人才引进已形成良性循环。随着公司国外业务的良好发展,前太阳化工胶印油墨部技术总监、欧洲油墨协会主席大卫·欧文(David Owen)先生已加盟公司,出任公司的首席技术总监。相关高端人才的引进不但进一步带来了公司整体技术能力的提升,而且也促使公司被更广泛的国外油墨企业所认同,从而整体增加了公司 OEM 客户数量、需求总量。

(2)经销商下业务逐渐稳定

报告期内,公司经销商下的外销经销商数量整体稳定、增长,已由 2008 年的 56 家增长到报告期内最高的 73 家。随着公司产能逐步扩大,品牌销售策略有效实施,公司经销商下销售逐步扩大,占公司外销比率也逐步由 2008 年的 28.84% 提高到 2010 年的 38.56%;公司前 5 大经销商销售金额得到了有效提升,已由 2008 年的 575.94 万元增长至 2010 年的 830.69 万元,整体增长了 44.23%;与此同时,越来越多的国外经销商、印刷企业开始认同公司的品牌和质量,从而有效推动了公司经销商下销售的整体增长。具体情况如下:

期　间	2010 年	2009 年	2008 年
经销商数量(家)	68	73	56
前 5 大客户销售金额(万元)	830.69	817.91	575.94
经销商下总销售金额(万元)	2807.93	2682.68	1387.27
前 5 大客户占经销商下销售金额比重(%)	29.58	30.49	41.52
前 5 大客户占外销总金额比重(%)	11.41	13.00	11.97

(3)外销主要经销商与公司业已形成牢固的关系

目前公司外销有 3 家主要经销商,分别为新加坡的 IMPERIAL INK PTE LTD、比利时的 ARETS GRAPHICS N. V. 和美国的 Badgers and Bears(GANS)。上述三家企业都是公司的 OEM 客户,报告期内随着双方业务合作的开展,目前已不仅仅涉及产品 OEM,而且涉及了技术交流和合作。通过多层次的合作,相关经销商不但成功度过 2008 年全球金融危机的冲击,而且有效地占领了相关市场,获得了较好的经济效益。较高的技术水平是保持公司业务稳定与之持续性的重要基础,随着公司研发能力的不断提升,相关经销商将保持与公司的稳定关系,从而推动公司外销收入的整体增长。

综上所述,报告期内,随着公司质量、销售策略的有效实施,公司 OEM 下客户已保持整体稳定,并有效促进了公司产品销售;与此同时,公司产品品牌也逐渐获得了更广泛客户群体的认同,经销商队伍开始有效增长,销售能力也得到有效提升,最终用户的认同度获得较大的提升。公司外销的稳定性和持续性总体得以保证。

经核查,保荐人认为:虽然报告期内发行人境外经销商存在变化,但是不管是经销商整体数量,还是经销商、主要经销商与公司的紧密程度都在不断提升,公司外销收入整体能够有效保持稳定与增长。

六、雷柏科技:贴牌生产是否会影响自主品牌发展

(一)自主品牌、OEM、ODM 的未来品牌战略发展安排及相互影响

1. 自主品牌

自主品牌发展战略是公司未来重要的发展战略,目标是从“中国的雷柏”逐步发展到“世界的雷柏”。

在自主品牌发展的过程中,公司将以键鼠产品为立足点,加大人才引进和培养力度。通过加大新产品研发投入,不断提升无线鼠标、键盘设计及商业化能力,继续保持无线鼠标国内市场份额第一的龙头地位,通过提供具有更高性价比优势的新产品来应对竞争和保持较高的毛利率;把雷柏打造成一个键鼠品牌的同时,注重在品牌中注入企业文化,使“雷柏”品牌在消费者群体中形成认知度、美誉度,提高品牌的承载能力,为雷柏最终成为无线产品综合解决方案提供商打下良好基础。

目前,公司自主品牌经过三年的发展,在中国已初步稳固,而从 2008 年起,雷柏已经尝试在东南亚的销售,主要地区有香港、马来西亚、韩国、越南、伊朗等地区。公司对自主品牌在海外的拓展持谨慎态度,采取先易后难,先近后远的方法,先从中国邻近地域以及商业模式接近的国家开始,而对于和中国商业模式不完全一样的欧盟和美国这两个全球最大的市场,公司目前尚没有推广自主品牌的时间表。

2. ODM/OEM

公司成立之初的主要业务是为国外企业代工。在为国际知名企业提供 OEM/ODM 服务的同时,公司学习了国际先进的企业设计理念、管理经验、国际营销手段,为推出自主品牌打下了坚实的基础。

未来,公司将侧重于自主品牌的发展,但公司 ODM/OEM 业务方式也是为未来“世界的雷柏”这一战略服务的。公司的贴牌(ODM/OEM)业务一直是公司稳定的收入来源,公司与海外客户建立了长期良好的合作关系,在未来一定时期内,公司的贴牌产品(ODM/OEM)业务将持续稳定的发展。

3. 自主品牌销售是否会影响公司贴牌生产模式的前景

公司产品的销售按区域划分为外销和内销,按业务类别划分为贴牌(ODM/OEM)和自主品牌。公司外销产品包含贴牌(ODM/OEM)和自主品牌两个部分,其中贴牌(ODM/OEM)产品占外销产品 90% 以上的份额;内销产品全部为自主品牌。

(1)从 2008 年开始,本公司凭借在无线外设产品多年的制造经验,使得“雷

柏"自主品牌产品迅速扩张,与2008年相比,2009年的销售增长率达到421.32%,2010年占比已超过贴牌产品(ODM/OEM),成为公司营业收入中最主要的来源。公司自主品牌销售增长情况如下:

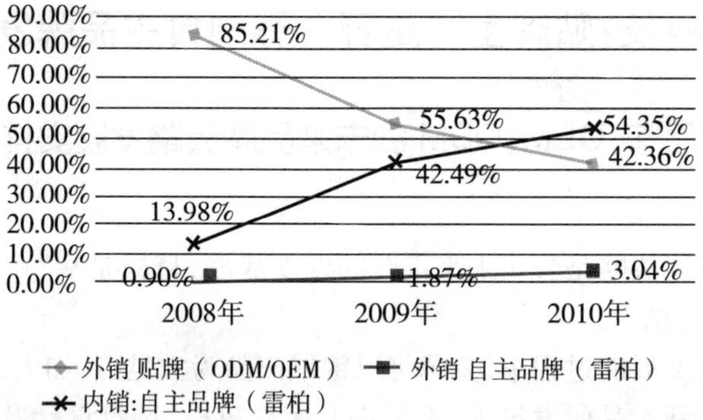

(2)公司的贴牌(ODM/OEM)业务一直是公司稳定的收入来源,2008年、2009年、2010年增长率分别为2.51%、13.54%、-11.94%,其中与2010年相比2009年贴牌业务收入下降的主要原因是:由于现有产能不足,公司不得不把一些利润率较低的贴牌业务所占用的产能转而提供给利润率更高的自主品牌业务使用,以通过合理配置有限产能来取得最大的经济效益。从总体来看,公司与海外客户建立了长期良好的合作关系,贴牌产品(ODM/OEM)发展稳定。

(3)自有品牌和贴牌生产销售不存在冲突。

在公司的外销市场上,OEM/ODM业务主要集中在欧盟和美国市场,而自主品牌销售主要集中在东南亚国家,所以从地域上来看,不存在最终客户端的冲突。目前,公司贴牌产品与自主品牌产品之间的冲突主要体现在生产产能上,由于自主品牌的销售快速上升,而公司短时间内无法提高产能,所以,为了保证自主品牌产品的生产,已经开始影响在OEM/ODM业务上的接单和交货。

(二)经营模式

1. 生产模式

公司产品按市场特点分为自主品牌和OEM/ODM,自主品牌以销售预测和库存补货的模式组织生产,OEM/ODM则以按订单生产的模式组织生产。

公司建立了与经营规模、产品与市场计划及资源能力计划紧密相连的均衡生产计划模式,采用小型U型单元生产线,进行小批、连续流动的均衡化生产,确保生产系统与经营战略、资源能力的匹配。生产计划系统通过综合计划与战略计划连接,并根据公司自主品牌和OEM/ODM产品的市场特点确立备货型生产与订单式生产结合的生产模式,建立了合适的预测模型及主计划模型。

自主品牌的生产按销售预测模型确定的需求预测来制定均衡的生产计划,并用动态需求及出入库存数据系统对实际销售与预测的偏差进行调整，既有效保证了产品快速应对多品小量的市场需求，同时也有效地降低了库存，提高了存货周转率。

OEM/ODM 按客户订单需求，根据生产能力等约束条件制定主计划，组织前段各工序及外购件按标准提前期的节奏时间组织物料，确保了交货期的达成。

2. 海外销售模式

目前，公司海外销售对象主要为 OEM/ODM 客户，另有少量自主品牌产品出口。OEM/ODM 业务由公司市场部负责。

目前，公司 OEM/ODM 客户均为品牌运营商。报告期，公司前五大客户存在较大变化主要是由于公司销售结构的变化。公司原主要为国外客户提供贴牌生产服务，客户主要为海外客户；2008 年，公司自主品牌在国内市场得到认可，但 OEM/ODM 业务比重依然高达 85.21%，客户仍然以海外客户为主；2009 年和 2010 年，公司自主品牌内销金额占销售总额比重分别上升到 42.49% 和 54.35%，国内客户开始进入公司前五大客户，导致前五大客户的排名有所变化，但公司前十大客户仍然保持稳定。

针对海外客户，公司采取区域保护政策，在每个区域都给予客户独家销售的产品型号，最大限度地保证客户在当地的利益；针对国内客户，在达到一定季度销售额后，公司予以一定的商业折扣，以此激励全体经销商努力提高销售业绩，从而达到有效稳定优质经销商的目的。

七、明家科技：ODM 在企业初级阶段的必要性

公司电涌保护产品主要面向国内和国外两个市场。国内工业的电涌保护产品全部以自主品牌销售；民用电涌保护器以 ODM 为主，最近三年来自主品牌的比例不断提升。电涌保护器 ODM 和自主品牌销售比例如下：

产品	销售方式	区域	2010 年	2009 年	2008 年
民用	ODM	国际	13,477.75	8490.96	6047.44
		国内	1108.87	1026.79	428.97
		合计	14,566.62	9517.75	6476.41
	自有品牌	国际	257.48	202.47	257.75
		国内	445.52	201.91	3.33
工业	自有品牌	国内	1509.18	541.34	—
自有品牌合计			2212.18	945.72	261.08
电源保护产品收入合计			16,768.79	10,463.47	6737.49
ODM 比例(%)			86.81	90.96	96.12
自有品牌比例(%)			13.19	9.04	3.88

(一)国外市场民用产品ODM销售模式

1. ODM模式介绍

公司在国际市场采取ODM(Original Design Manufacturer,原始设计制造商)模式进行销售。ODM模式是指委托方只需向制造商提出产品的功能、性能要求甚至只需提供产品的构思,制造商负责进行产品研发、设计和制造,产品用委托方指定的商标。

公司国际市场客户主要是品牌渠道商,品牌渠道商在对公司行业经验、技术和研发水平、产品品质、质量管理体系、检测水平、生产和交货能力等多方面进行较长时间的严格考察后,最终确定与本公司进行业务合作。公司与品牌渠道商有着长期合作的良好关系,公司核心客户主要包括日本的YAZAWA和宜丽客、美国的贝尔金和魔声等知名企业。

2. 品牌渠道商情况

品牌渠道商的核心目标客户各有不同,其中贝尔金和宜丽客以IT消费者为主,魔声以高档音响消费者及大型IT企业为主,YAZAWA以家用电器消费者为主。另外,品牌渠道商经营的商品种类众多,而不仅限于经营电涌保护产品。发行人民用电涌保护产品主要客户的销售网络及经营商品类别情况如下:

项　目	名称	销售网络	经营的主要商品
ODM客户	贝尔金	美国、加拿大、墨西哥、英国、德国、法国、瑞典、荷兰、丹麦、澳大利亚、新西兰、日本、新加坡、香港、中国等	ipod配件、iphone配件、ipad配件、电脑配件、网络硬件、节能配件、电器产品(含民用电涌保护器)、多计算机切换器、线缆、卡类(上网卡等)、家庭影院配件、数据中心解决方案
	魔声	美国、加拿大、英国、澳大利亚、墨西哥、巴西、中国、非洲、中东	电源配件(含民用电涌保护器)、便携音频和视频配件、专业音频产品、游戏机配件、家庭影院配件、车用电子配件等
	YAZAWA	日本国内有八个营业场所	灯具、电器产品(含民用电涌保护器)、音响视听产品
	宜丽客	日本有十家营业场所,在中国有超过300个销售网点	视听娱乐产品、电脑配件、网络硬件、电脑耗材、办公用品、IT产品支架、电器产品(含民用电涌保护器)

3. 采用ODM模式的背景

ODM模式是建立在公司与品牌渠道商之间相互依存的合作关系上的,是双方对现阶段核心利益恰当评估的选择。

民用电涌保护产品在国际上应用成熟,需求旺盛,但是直接进入国际民用市场需要建立销售网络、售后服务网络,需要支付巨额的市场推广费用和销售费用,同时也要在出口国设立管理机构,聘用熟悉出口国经济环境、政治环境和法律环境的人才,前期投入巨大。对于从事民用电涌保护产品的民营企业而言,在初创期就直接以自主品牌进入国际市场,会承担巨大的风险。公司通过 ODM 模式的实施,可以节约大量时间和费用,规避了经营风险。品牌渠道商向公司提出产品构思,节约了公司的前期市场调研费用。公司产品依托国外渠道商的品牌知名度和成熟的销售网络,节省了大量的市场营销、渠道建设和售后服务费用,以较低的成本成功进入了认证严格、品质精良、需求多样的西方发达国家市场。

民用电涌保护产品的产业链已经转移到中国和中国台湾等基础设施完善、劳动力素质高且成本低的地区,产品制造能力已经不是品牌渠道商之间核心竞争力。因此国际知名品牌渠道商只有与研发能力突出、供货能力强的供应商合作,才可以集中资源打造核心竞争力。公司是国内少数能够满足品牌渠道商要求的企业之一。品牌渠道商一般只有 3 家主要供应商,遴选供应商的手续严格,一般需要经过其研发部门、品质检验部门和采购部门约两年时间的联合现场考察和约半年时间的小额订单验证后,才有可能成为其供应商。对于品牌渠道商来说,更换供应商也意味着巨大的时间和成本付出。

4. 合作的好处

公司在初创期选择 ODM 模式,实现了迅速成长,主要原因如下:

(1)ODM 模式降低了创业期的经营风险。公司创立之初,经营规模小,抗风险能力不强,ODM 模式有利于发行人以较低的风险扩大经营规模,实现快速成长。

(2)公司培养和形成了一支具有多国产品开发经验的产品开发团队,为未来的自主创新创造了良好条件。

(3)公司实现了技术积累,增加了对多国消费习惯和产品需求的了解,为自有品牌产品的发展打下了坚实基础。

ODM 模式虽然有利于迅速扩大规模,降低经营风险,实现技术积累,但是对公司自主品牌的发展也有一定不利影响:

(1)ODM 模式下,公司对终端客户的需求研究迫切性不足,对终端客户的需求理解不足,增加了自主品牌产品开发的风险,可能造成产品大量积压形成损失;

(2)ODM 模式下,公司渠道建设和品牌建设投入不足,无法满足自主品牌发展的需要,公司需要增加销售费用才能发展自主品牌;

(3)ODM 模式下,品牌渠道商订货量大,而自主品牌发展初期,公司的生产模式为多品种、多款式和小批量,会造成管理成本上升。

5. 发行人的自主研发能力

公司与品牌渠道商的合作,培养了公司直接面向日本和欧美市场民用电涌保护产品市场的能力。目前,公司不仅可以根据客户构思或功能、性能要求开发新产品,而且可以自主设计开发新产品,获得客户的订单。公司自主设计的主要新产

品有:

(1)附带安全门的民用电涌保护器,可以防止儿童玩耍时触电,已经向美国和欧洲市场供货;

(2)附带防尘罩的民用电涌保护器,可以避免灰尘堆积造成短路的危险,已经向日本市场供货;

(3)公司募集资金投向的智能型民用电涌保护器,已经获得宜丽客、YAZAWA等品牌渠道商的采购意向。

6. 公司与品牌渠道商的定价方式

发行人主导产品的定价模式是成本加成法,即以成本为基础加上预期的利润率来作为产品报价的依据。成本包括原材料、辅料、人工和制造费用等,预期利润率主要考虑开发设计的难度、生产复杂程度、战略合作关系、预期订单数量以及预期汇率变动趋势等因素来制定预期利润率。根据公司对外报价规定,公司业务部将及时跟踪原材料价格、汇率、出口退税率等对产品价格影响较大因素的变动情况,根据各项因素的影响程度,及时调整民用产品的报价。

报告期内,公司使用的主要原料价格波动幅度较大,但公司具有较强的议价能力,能够及时、适度对产品价格进行调整,将产品毛利率保持在合理范围。

发行人具备较强的议价能力,主要体现在:

(1)发行人的民用电涌保护产品目前的主要客户——贝尔金、YAZAWA、宜丽客及魔声等品牌渠道商的电涌保护产品均为外包生产。品牌渠道商的售价远高于采购价格,因此,品牌渠道商更关注产品品质、供货能力和未来战略合作空间等因素。对品牌渠道商来说,更换供应商带来的成本和风险远超过采购价格合理变动的损失。

(2)发行人凭借其产品开发、检测、品质控制、及时供货及生产规模等方面所具备的优势,成为贝尔金和YAZAWA的主供货商,并可满足客户"全球销售、一站采购"的要求,降低其总体采购成本,提高了发行人的议价能力。

(3)发行人自主研发能力不断提升,通过集成创新给产品赋予更多的附加功能,提高了产品的附加值,从而提高了产品的整体定价能力。发行人募集资金投资项目中的节能型和智能型民用电涌保护器均为公司自主研发的新产品,2010年下半年推出后就获得了订单,产品单价超过公司其他产品的价格。

(4)发行人与客户在协议或报价单中一般予以约定,当LME铜价变动幅度超过原来约定基准铜价一定幅度或汇率变化超过一定幅度时,发行人可以调整产品价格。

经核查,保荐机构认为,发行人采用成本加成法,具备独立定价能力。经核查,发行人会计师认为,发行人采用成本加成法。经核查,发行人律师认为,发行人具备独立定价能力。

7. 现在采用 ODM 模式对将来发展自主品牌有利

在报告期内，公司民用电涌保护产品以 ODM 模式为主，自有品牌规模较小。在现阶段采用 ODM 模式对未来自主品牌的发展是有利的，主要体现在：

（1）ODM 模式为自主品牌的发展打下了基础

有市场号召力的自主品牌，必须在设计、品质和渠道上较同类产品具备明显的优势。公司创立时间比较短，只有迅速做大规模，提升产品品质和设计能力，才能发展自主品牌。ODM 模式在现阶段可以实现规模扩张、研发团队建设和技术积累，是将来大力发展自主品牌的基础。

（2）现阶段大力发展自主品牌具有较大的风险

国内民用电涌保护产品市场目前还处于培育阶段，民用电涌保护产品的客户群体尚未形成稳定规模，启动市场需要大量的市场调研费用、渠道建设费用和推广宣传费用，所以公司仍然主要采用 ODM 的模式。

（3）现阶段自有品牌和 ODM 产品未形成直接竞争

在境外市场，公司 ODM 客户的主要销售区域在美国、日本和欧洲等发达国家和地区，而自有品牌经销商的销售区域则集中在中国台湾，二者在销售区域上没有形成重叠。而且，由于世界各地民用电涌保护器的安规标准存在较大差异，安规标准不同的产品根本无法通过检验进入他国销售及使用，因此公司的 ODM 客户和自有品牌经销商在境外市场上不存在竞争。在国内市场，民用电涌保护产品市场还处于培育阶段，需要渠道商和生产厂家共同合作开发，双方远未形成激烈竞争的态势。

公司主要 ODM 客户贝尔金、魔声和宜丽客已经进入中国市场，其中贝尔金在中国市场销售的民用电涌保护产品，与公司在国内市场开拓自主品牌的民用电涌保护产品市场存在着潜在的竞争，但是现阶段竞争不明显，主要原因如下：

（1）在民用电涌保护产品市场培育期，产品利润空间比较大，品牌渠道商和公司都专注于培育市场，扩张市场规模，未进入直接竞争阶段。

（2）民用电涌保护产品市场容量巨大，在产品导入期一般会出现众多品牌，品牌渠道商和公司的直接竞争关系不明显。

（3）品牌渠道商和公司的品牌形象、产品价格和目标客户有所区别，未形成直接竞争。

面对未来可能出现的直接竞争，公司采取的主要措施如下：

（1）产品创新，加大自主研发的力度，针对新的目标市场开发产品，减少与品牌渠道商的产品直接竞争，如 2009 年公司以妇女儿童为目标客户开发了彩色的圆形民用电涌保护产品，与传统产品的外观和目标客户有明显区别。

（2）渠道创新，对工业市场客户实现民用产品交叉销售，开拓军工客户、政府集中采购客户，减少渠道的直接竞争。

(3)不断丰富产品线,大力拓展工业电涌保护产品市场,不断开发国际市场的大型品牌渠道商,降低单个品牌渠道商占公司收入比重。

经核查,保荐机构认为,发行人现阶段采用ODM模式有利于迅速扩大规模,降低经营风险,实现了技术积累,但是对将来自主品牌的发展可能造成不利影响。发行人自主品牌与品牌渠道商虽存在潜在竞争,但现阶段竞争不明显。

经核查,发行人律师认为,发行人现阶段采用ODM模式有利于迅速扩大规模,降低经营风险,实现了技术积累,但是对将来自主品牌的发展可能造成不利影响。发行人与ODM模式主要客户之间存在潜在竞争,但现阶段竞争不明显。

(二)境外市场自主品牌的销售模式

公司以自有品牌进入国际市场,主要客户是台湾玮仑公司(TRIMAKER ENTERPRISE CO.,LTD),该公司主要市场在中国台湾省。公司以自有品牌在境外销售,由于市场对公司品牌的认知度较低,前期市场策略以培育市场、激励经销商为主,价格不高,毛利率低于ODM产品。发行人民用电涌保护产品除了采用ODM模式外,还采用经销商模式。经销商模式下,发行人自主开发产品,采用自己的品牌。

八、锐奇股份:关于ODM合作模式细节的关注

(一)行业特有的经营模式

在采购环节,国内多数专业电动工具生产企业采用自行采购原材料、自行生产零部件的组织方式。

在国内销售环节,国内多数专业电动工具生产企业通过经销商来建立营销渠道。经销商模式具有独特的竞争优势。由于中国的地区、城乡发展极不平衡,相比发达国家,中国的市场细分出更多层次,而在这些细分层次中,经销商则拥有深度的网络优势、低廉的成本结构、灵活的经营方式、简洁专注的业务运作。采用经销商模式可以显著降低专业电动工具企业的销售成本。少数企业如锐奇工具还与国际建材超市巨头百安居、家得宝、麦德龙建立了合作关系。

在海外销售方面,众多国内企业的海外业务以OEM为主,少数内资企业还进行原始设计制造商(ODM)模式的出口销售和自主品牌的出口销售。OEM生产模式完全根据品牌商的设计进行生产,自身不具有品牌,易于受品牌商的控制,经营风险较大;原始设计制造商(ODM)模式需要企业具有较强的设计能力,对于品牌商的依赖性较低;自主品牌运营商模式完全根据自身需要进行设计,拥有自主品牌。

（二）销售模式

1. 销售布局

公司营销中心负责产品销售。报告期内，公司产品内销部分占比约73%，外销部分占比约27%。国外市场主要集中在欧洲、亚洲和北美，国内市场主要集中在华东、中南地区。

2. 销售方式

内销方面，公司主要通过各地代理经销商和连锁建材超市销售公司产品。目前，公司拥有300多家经销商，公司与其建立了良好的合作关系，经销商品牌忠诚度高。公司还通过百安居、家得宝等大型建材连锁超市销售产品。

外销方面，公司业务分为ODM出口业务和自主品牌产品出口业务。ODM（Original Design Manufacture），含义为“原始设计制造商”，即客户提供品牌，公司提供设计和生产。主要流程为：客户提出需求、公司设计、客户认证、试产、批量生产、出口。公司ODM业务客户包括米沃奇、麦太保、百得、AEG、TTI等全球知名电动工具厂商。这些厂商对ODM合作伙伴的综合能力有较高要求，公司通过与之合作，学习行业先进理念，提升设计能力，改进生产水平。随着公司品牌影响力不断增加，近年来自主品牌产品出口业务保持较快增长。

产品内销外销统计表

单位：万元

业务分类	2010年1～6月		2009年度		2008年度		2007年度	
	金额	占比（%）	金额	占比（%）	金额	占比（%）	金额	占比（%）
内销	14,132.21	65.89	21,948.13	68.87	21,490.89	77.34	15,584.45	79.13
外销	7314.67	34.11	9922.96	31.13	6295.80	22.66	4109.43	20.87
其中：自主品牌产品出口	1979.84	9.24	2300.67	7.22	1666.91	6.00	1625.96	8.26
ODM产品出口	5334.83	24.87	7622.29	23.92	4628.89	16.66	2483.47	12.61
总收入	21,446.88	100	31,871.09	100	27,786.69	100	19,693.88	100

自主品牌销售与ODM业务统计表

单位：万元

业务分类	2010年1～6月		2009年度		2008年度		2007年度	
	金额	占比（%）	金额	占比（%）	金额	占比（%）	金额	占比（%）
自主品牌	16,112.05	75.13	24,248.80	76.08	23,157.80	83.34	17,210.41	87.39
ODM业务	5334.83	27.87	7622.29	23.92	4628.89	16.66	2483.47	12.61
总收入	21,446.88	100	31,871.09	100	27,789.69	100	19,693.88	100

（三）关于发行人与ODM客户的合作机制

发行人ODM业务主要面对国际上知名品牌的专业电动工具厂商，主要有麦太保、AEG、米沃奇等公司。公司根据ODM客户的产品要求和标准进行产品设计和开发，然后按客户的订单进行生产，产品生产完成后销售给客户。

1. 公司与ODM客户的主要合作机制

合作的基础或宗旨：ODM客户和发行人本着合作伙伴的精神，建立合作关系，发行人向ODM客户研发产品并连续供货，在研发、质量和物流等领域不断改进，并持续采取措施降低成本、提高生产效率，有利于向ODM客户提供质量更高的产品。

合作协议：ODM客户和发行人在合作前均会签署框架协议和合同，约定ODM客户与发行人在相关的领域开展合作，由发行人向ODM客户提供相关产品的研发、制造和交付。

2. ODM业务合作中相关知识产权归属

发行人与ODM客户在合作过程中，合作双方对知识产权归属在ODM合同中有明确约定。约定主要有以下两种：

（1）双方约定在合作过程中共同完成的发明创造，由双方共同申请并享有专利权；由一方独立完成的发明创造，由完成方单独申请并享有专利权。

（2）双方约定在合作过程中完成的发明创造，由ODM客户申请并享有专利权。在ODM业务过程中，并未实际形成过可申请专利的专有技术，因此不存在ODM过程中形成的专利权的权利归属问题。

3. 发行人ODM业务占比逐年提高的原因

公司近三年一期ODM业务收入占比不断提升，主要有以下两个方面的原因：

（1）公司ODM业务的客户均为国际著名的电动工具厂商，在合作过程中，公司较强的产品研发能力和先进的产品制造能力已经获得了海外客户的高度认可。这些客户近三年一期的市场规模不断扩大，其对公司的ODM业务也不断增加，使得公司ODM业务的收入逐年增加。

（2）报告期内，公司ODM业务的比例逐年提高，主要是公司通过积极争取与国际知名品牌电动工具厂商的ODM业务合作，使公司更了解国外市场的产品需求特征等信息，促进公司出口业务。

经核查，保荐机构和发行人律师认为，发行人与ODM客户的业务合作是在平等协商和互惠互利的基础上达成的，合作机制符合市场化的原则且合法合规，有利于双方各自的利益。在ODM合作过程中，有关知识产权归属确定公平合理，合法合规。发行人通过ODM业务的合作，有利于公司国际市场的业务开拓，使公司更了解国外市场的产品需求特征等信息,促进公司出口业务。

(四)公司自有品牌业务和ODM业务毛利率比较

报告期内,公司自有品牌业务和ODM业务的销售金额、销售占比、销售毛利率如下:

单位:万元

业务分类	2010年1~6月			2009年度		
	金额	占比(%)	毛利率(%)	金额	占比(%)	毛利率(%)
自主品牌	16,112.05	75.13	27.16	24,248.80	76.08	29.94
ODM业务	5334.83	24.87	17.45	7622.29	23.92	20.80
总收入	21,446.88	100	24.74	31,871.09	100.00	27.75
业务分类	2008年度			2007年度		
	金额	占比(%)	毛利率(%)	金额	占比(%)	毛利率(%)
自主品牌	23,157.80	83.34	26.08	17,210.41	87.39	23.21
ODM业务	4628.89	16.66	11.05	2483.47	12.61	16.64
总收入	27,786.69	100.00	23.58	19,693.88	100.00	22.38

报告期内,发行人毛利率总体不断上升,ODM业务的毛利率低于自主品牌业务。2007年公司ODM业务尚处于初期阶段,公司为赢得客户开拓市场,在价格上给予一定的优惠。随着ODM业务规模的不断扩大,公司对客户的议价能力进一步提升,ODM业务与自主品牌业务的毛利率差距进一步缩小。公司一直重视发展自主品牌,未来将继续发展壮大自主品牌,不断提升品牌影响力和产品性能。

九、卓翼科技:ODM竞争优势如何保持

(一)重大事项提示

发行人属于电子制造外包服务行业,主要以ODM/EMS模式为国内外的品牌商提供网络通讯类和消费电子类产品的合约制造服务。发行人所属行业的特性和发行人现阶段的经营规模决定了其业务集中于主要客户的现状。2007年、2008年和2009年,发行人对前五大最终客户的销售金额占营业收入的比例分别为78.47%、77.55%和90.41%。虽然发行人与主要客户之间形成了较为稳定的合作关系,但是客户集中仍将给发行人带来一定的风险,一旦某个主要客户发生重大不利变化,将对公司的生产经营造成一定的不利影响。

(二)风险因素

发行人属于电子制造外包服务行业,主要以ODM/EMS模式为国内外的品牌

商提供网络通讯类和消费电子类产品的合约制造服务。发行人所属行业的特性和发行人现阶段的经营规模决定了其业务集中于主要客户的现状。2007~2009年度,发行人对前五大最终客户的销售金额占营业收入的比例分别为78.47%、77.55%和90.41%。虽然知名品牌商选择其认可的合约制造服务厂商作为固定供应商,双方进行长期合作是业内的通行做法,发行人也同华为、华硕、中兴及SI公司等业内知名的品牌商形成了较为稳定的合作关系,但是客户集中仍将给发行人带来一定的风险,一旦某个主要客户发生不利变化,将对公司的生产经营造成一定的不利影响。

(三)发行人的业务模式定位

发行人主营业务的诸多特征表明发行人属于电子制造外包服务商,目前的业务模式为ODM+EMS。

1.从产品构成来看,发行人生产的所有产品均属于电子产品。

2.从品牌使用来看,发行人的所有产品均使用下游客户的品牌,符合国际外包制造服务商的特征。

3.从服务能力来看,发行人具备设计开发、产品测试、生产制造、原材料采购、配送及售后服务等各项能力。

(1)发行人目前拥有逾100人的研发团队,具有强大的产品开发能力,目前的主导产品ADSL调制解调器,以及for iPod音视频产品的设计开发工作全部由发行人自主完成。

(2)发行人拥有先进的测试手段,依托经验丰富的测试人员和世界先进水平的测试设备,发行人可以对新产品进行有效的功能测试并始终保持批量产品在质量方面的稳定性。

(3)SMT设备是电子制造业的核心设备,一家电子制造外包服务商拥有的SMT数量和先进程度是国际上评判其制造能力强弱的一项关键指标。发行人拥有3条从韩国进口的三星SMT中速生产线体、4条从日本进口的松下SMT中高速生产线体和8条从德国进口的西门子SMT高速生产线体。其中西门子的SMT设备的贴装精度达到60μm@3sigma,是目前国际上最先进的SMT设备之一。发行人目前所有的生产线体均为“2+1”(2台贴装片阻片容的贴片机加上1台贴装芯片的多功能机)的配置,发行人制造设备的先进性和精密制造能力处于国内同行前列。

(4)发行人目前拥有较强的原材料采购、产品配送及售后服务能力。通过自身建立的供应链管理系统,能够依据客户需求及时、高效地组织各种原材料,完成所有产成品的包装、配送及相关的售后服务,并合理控制成本。

4.从业务模式来看,发行人的ADSL调制解调器、便携式音视频产品等产品的开发设计工作全部由发行人完成,并负责相应的原材料采购、产品制造与配送服务,具有明显的ODM业务模式特征;发行人的其他产品如手持式GPS卫星导航设备、数字电视机顶盒等,发行人目前提供的服务除生产制造外还包括部分设计及验证、原材料采购和配送服务等,具有明显的EMS业务模式特征。

5.从客户结构来看,发行人的主要客户均为国内外知名的品牌商,且客户集中度较高,符合现阶段国内电子制造外包服务商客户集中度高的特征。

(四)EMS与ODM两大阵营的变化趋势

在电子制造领域,随着品牌厂商不断进入新的产品市场及其竞争策略的不断进化,为实现品牌增值及持续获利,需要不断推出新产品,巩固优势地位,其会选择能够与其长期策略合作的伙伴,并不断对外包服务商提出新的延伸服务内容;而对外包服务商而言,为了能提高综合能力,减缓有效竞争,追求利益最大化,也不断增加其在合作中的内容,强化服务增值。总体上,EMS和ODM两大阵营正趋于融合。

由于ODM企业包含产品设计环节的价值服务,拥有相对高于EMS企业的利润水平;此外,大型渠道商和运营商的介入给ODM企业带来了新的业务机会,因此目前两种业务模式的融合主要表现为越来越多的EMS企业正努力增强其在精选产业中的设计能力,试图通过提供更高价值的设计服务增加他们的利润,并由此进入ODM领域。业内人士发现:一方面,由于ODM模式目前仍较少地服务于工业、医疗、电信基础设施或军事应用等领域,因此这种现象在便携式终端产品的制造领域内较为明显;另一方面,对传统的EMS企业而言,要进入ODM领域不仅需要对研发环节进行大量的设备和人力投入,还需要对企业整体的管理架构和管理风格进行调整。目前,通过合并与收购的无机增长是EMS企业获取设计能力的最佳捷径,许多EMS企业,如富士康和伟创力在过去两年中都进行了相关的收购动作。

随着两大阵营趋于融合,一些新名词已经在业内出现,譬如将ODM和EMS两大阵营归结为合同设计制造商(CDM,Contract Design Manufacturer),又如将研发能力和价值服务能力都较为出色的电子外包服务厂商称为设计制造服务商(DMS,Design Manufacturing Services)。

(五)竞争优势的保持

现阶段,发行人的产品在细分市场内具有明显的竞争优势,这种优势地位在短时期内较难被打破,主要是因为:

1.独特的市场定位。2004年iPod产品的销量大幅攀升,开始实现真正的热销,同时为for iPod外设产品带来了巨大的市场空间。在当时台式外设产品占据市场主导地位的环境下,发行人就将业务合作定位在只做便携式的、具有明显创新元素的 for iPod 音频产品。随后的几年时间里,事实证明了这种独特的市场定位使得发行人的产品个性鲜明,在细分领域内迅速占据了非常牢固的领先位置。

2. 丰富的产品线。2005 年,发行人在便携式消费电子领域确定了以 for iPod 音视频产品为切入点,集中投入研发,丰富产品品种,迅速形成了全系列的产品线。至今,发行人已陆续开发了 iFusion、iPax、P5、iP9、iP22、iP23、iF2、iF3 等系列 for iPod 包体式音箱产品,每款产品设计均针对一定的目标消费群,零售价格覆盖了从 49.99 美元到 179.99 美元的各档次,由于对产品的系列化要求是北美各大卖场选择主力供应商的重要条件之一,因此使其他竞争者基本没有进入空间。

3. 稳定的产品品质。发行人确定的产品方向为中高端,发行人从功能设计、外观选型、材料选择到生产制造等均按照中高端产品的要求实施,从根本上保证了产品的品质。从 2005 年的 2 款产品到目前的 10 余款产品,在品质方面都获得了北美市场的正面评价,如在苹果店网站上的用户对产品的打分中,发行人制造的产品一直名列三甲。

4. 知识产权归属的约定。发行人跟 SI、SDI Technologies Inc. 、Best Buy 的合作协议均明确约定,发行人提供整体的产品规划、产品设计和产品实现,凡是发行人提供设计方案开发的产品,最终的知识产权归发行人所有。通过在产品知识产权归属上的约定,在根本上保证了发行人的地位,彻底避免了常见的品牌商到处询价、砍价,导致制造商利润微薄的现象,保证了产品合理的利润率。

十、伊立浦:风险因素的充分揭示

公司凭借独特的客户价值观及较强大的市场营销、产品研发、生产制造实力,外销业务形成了在 OEM/ODM 的基础上往前推进到参与产品营销策划的 MDM 增值业务模式,内销业务往后延伸采用特约代理销售的 ESA 增值业务模式,运用 MDM/ESA 增值业务模式提高盈利和抗风险能力。

公司在市场调研、消费者价值分析的基础上,对新研发产品的目标消费群、销售通道、功能、卖点、价格等要素进行规划,以消费者价值为指标与竞争产品进行对比,根据价值链上各环节价值分享的原则,从零售价倒推"理想的出厂价",以成本加成的方式作核对,既保证了业务的可行性,又能实现自身价值的最大化,满足了品牌商和零售商的利益要求,达到"多赢"的局面。报告期内,公司 MDM 增值业务销售额分别为 16,096.73 万元、19,986.20 万元、31,162.24 万元,占比分别达 28.91%、31.96%、39.30%,毛利率分别达 14.12%、20.52%、19.50%,较 OEM/ODM 业务为高;2005 年、2006 年和 2007 年,公司 ESA 增值业务销售额分别为 1536.49万元、4168.17 万元和4721.52 万元,占比分别达2.76%、6.67%和5.95%,毛利率分别达 32.09%、30.43%和 31.33%。

(一)主要经营风险

1. 贴牌销售模式的风险

本公司产品大部分采用 OEM/ODM/MDM/ESA 经营模式,部分产品采用 OBM 方式,但其所产生的收入占总收入的比例较低,2007 年为 6.08%,以下是公司报告期内各种经营模式所产生的收入及比例情况:

单位:万元

经营模式	2007 年度		2006 年度		2005 年度	
	收入	比例(%)	收入	比例(%)	收入	比例(%)
OBM	4819.50	6.08	3756.59	6.01	3858.42	6.93
OEM/ODM/MDM/ESA	74,477.37	93.92	58,774.84	93.99	51,819.72	93.07
合计	79,296.87	100.00	62,531.43	100.00	55,678.14	100.00

报告期内,公司销售收入中 OEM/ODM/MDM/ESA 经营模式所产生的收入占总收入的比例在 93% 以上。公司产品的主要销售对象为国际著名的小家电品牌商,如三洋、东芝、佐敦(Jarden)、美康雅(Conair)、阿普里卡(Applica)等。主要品牌商对公司产品的接纳程度将直接影响其对本公司产品的采购量,一旦上述主要客户出现经营困难导致需求下降,或转向其他供应商采购相关产品,则可能对本公司的产品销售产生较大影响。因此,公司的这种经营模式,存在依赖品牌商的风险。

报告期内,公司通过运用 MDM/ESA 增值业务模式,增加了产品附加值,提升了产品的销售价格,加强了与品牌商的相互依存度。

2. 客户集中的风险

本公司客户较为集中,报告期前 5 大客户销售比重达到 78.79%、76.41%、72.65%(以上数据根据实际客户统计),存在销售客户集中的风险。

小家电行业在国外市场发展较为成熟,行业集中度相对较高,小家电品牌商的规模一般较大,经营较好的小家电品牌商通常能够控制若干具有相对垄断的产品。小家电行业在单个成熟产品上有集约化的特点,体现为国际品牌商的集中采购及国内企业的集中生产,以降低成本保持双方的竞争优势,因此国际知名小家电品牌商给予国内小家电制造企业的订单一般较大。

本公司已意识到销售客户集中的风险。近年公司不断运用增值业务模式拓展新客户,适度控制单一客户的规模。报告期内本公司对佐敦(Jarden)的销售收入保持稳定,但随着公司不断拓展新客户,佐敦(Jarden)所占销售收入的比重已由 2005 年的 38.55% 下降至 2007 年的 24.70%;对三洋的销售收入的比重由 2005 年的 27.98% 下降至 2007 年的 20.40%;对东芝的销售收入 2005 年为 692.82 万元,占销售收入的比重为 1.24%;2006 年对东芝的销售收入为 3169.32 万元,占销售收入的比重为5.07%；2007年对东芝的销售收入为12,852.52万元，占销售收入的比重为16.21%。2007年，根据公司与TCM签订的《关于产品销售的协议书》，公司向东芝销售产品的比重将大幅增加。公司通过积极拓展客户，使前五大客户的销售收入比较均衡，市场区域分布比较均衡，随着本公司业务发展，对单一客户的依赖度将会降低。

3. 依赖境外客户的风险

公司产品以出口为主，报告期内出口比例分别为89.95%、87.01%、89.09%。在出口地区，美国和日本占了大部分，上述两个国家是小家电消费较为集中的地区。如果美国和日本等主要消费国家政治环境、经济景气度及购买力水平、对华贸易政策、关税及非关税壁垒以及行业标准等因素发生变化，将对本公司的产品出口带来风险。

4. 受国外质量标准和安全认证影响的风险

报告期内，公司产品主要出口，公司外销的产品必须符合进口国质量、技术、安全标准，并取得进入进口国的各项标准认证。例如，根据欧盟《电子电气产品中有害物质禁限用指令》（以下简称RoHS指令），自2006年7月1日起，所有在欧盟市场上出售的电子电气设备必须禁止使用铅、汞、镉、六价铬等重金属，以及聚溴二苯醚和聚溴联苯等化学物质。因此，如果国外质量标准和安全认证等技术和环保标准发生变化（增加或者修订），而公司未能马上予以应对，将给公司产品销售带来影响。

（二）本公司的业务模式

面对国外市场，公司目前主要的业务模式为OEM/ODM/MDM，为小家电品牌商提供研发、生产和营销服务；在国内市场采用ESA模式授权代理日本东芝品牌电饭煲、电磁炉，同时经营自主品牌“伊立浦”小家电产品。

报告期内公司各业务模式的经营情况

单位：万元

项目	2007年			2006年			2005年		
	销售金额	比例（%）	毛利率（%）	销售金额	比例（%）	毛利率（%）	销售金额	比例（%）	毛利率（%）
OEM	7614.25	9.60	10.42	8536.50	13.65	8.78	12,841.19	23.06	3.18
ODM	30,979.37	39.07	17.41	26,083.97	41.71	17.24	21,345.32	38.34	13.90
MDM	31,162.24	39.30	19.50	19,986.20	31.96	20.52	16,096.73	28.91	14.12
ESA	4721.52	5.95	31.33	4168.17	6.67	30.43	1536.49	2.76	32.09
OBM	4819.50	6.08	27.65	3756.59	6.01	21.33	3858.42	6.93	20.32
合计	79,296.87	100.00	19.01	62,531.42	100.00	18.26	55,678.14	100.00	12.44

1. OEM 模式

公司 OEM 业务主要面对品牌商客户。品牌商提供产品设计、图纸等产品方案,公司根据品牌商订单代工生产,最终由品牌商销售。OEM 的定价方式是制造成本加成。

2. ODM 模式

公司 ODM 业务主要面对品牌商客户。公司根据品牌商的产品规划进行产品设计和开发,然后按品牌商的订单进行生产,产品生产完成后销售给品牌商。ODM 的定价方式是制造成本加成。

3. MDM 模式

基于价值链的分工,公司在 ODM 的基础上将业务向前延伸拓展成 MDM 模式,通过两个海外子公司与各 MC 单元的配合,对目标市场进行调研、对竞争产品进行消费者价值分析,就目标消费群、销售通道、卖点、功能、价格、消费者价值等,与品牌营运商进行反复的沟通,共同制定出新产品的营销规划。MDM 的销售定价是以消费者价值作为出发点,根据价值链上各环节价值分享的原则从终端零售价倒推工厂出厂价,然后用成本加成的方式作核对。

4. 公司 ESA 业务模式简介

基于价值链的分工,公司在 MDM 的基础上将业务向后延伸,承接品牌商特定产品在中国大陆的销售代理权,开展包括分销、物流、售后服务等业务,即 ESA。

本公司的 ESA 业务模式目前是与东芝合作。2005 年,本公司子公司广州邦芝与上海东芝签订《特约代理店合同》,成为东芝品牌的电饭煲、桌上电磁炉产品中国区域的特约代理商。上海东芝在合约期间不另外指定广州邦芝之外的销售商为合同商品的特约代理商。

5. 公司 OBM 业务模式简介

在中国市场除大力发展 ESA 业务外,公司还逐步加大力度推进 OBM 产品的销售。

(三)业务模式不断拓展的优势

公司凭借独特的客户价值观及较强大的市场营销、产品研发、生产制造实力,外销业务形成了在 OEM/ODM 的基础上往前推进到营销参与的 MDM 模式,内销业务往后延伸采用特约代理销售的 ESA 模式。

1. MDM 模式——提高了产品的附加值和毛利率

本公司在产品出口上广泛运用 MDM 模式。MDM 模式与 OEM/ODM 的区别主要在于:一般的 OEM/ODM 的销售定价是制造成本加成为出发点,而 MDM 的销售定价是以消费者价值作为出发点。公司在市场调研、消费者价值分析的基础上,对新研发产品的目标消费群、销售通道、功能、卖点、价格等要素进行规划,以消费者价值为指标与竞争产品进行对比,根据价值链上各环节价值分享的原则,从零售价倒推"理想的出厂价",以成本加成的方式作核对,既保证了业务的可行性,又能实现自身价值的最大化,满足了品牌商和零售商的利益要求,达到"多赢"的局面。2007 年,公司 MDM 业务销售额达 31,162.24 万元,占比 39.30%,毛利率达 19.50%,毛利水平较 OEM/ODM 业务为高。

2. ESA 模式——有效拓展国内市场,保证业务成长

公司通过 ESA 模式,成为东芝小家电产品主要供应商和特许的销售代理商,进一步紧密了与客户的合作关系。2005 年开始,广州邦芝与上海东芝签订《特约代理店合同》,代理销售东芝品牌的电饭煲、桌上电磁炉产品。2007 年公司 ESA 业务销售额为 4721.52 万元,比重达到 5.95%,毛利率达到 31.33%,高于一般贴牌业务。未来公司将进一步承接东芝品牌更多产品的国内特约代理销售。

ESA 模式的拓展,夯实了公司产品在国内市场销售的基础,为公司积极推进"伊立浦"自主品牌的业务提供了有利的条件。通过产品品类和产品档次的区分和互补,使 ESA 业务与 OBM 业务兼顾发展,有效拓展国内市场,保证公司业务的成长。

(四)本公司贴牌销售的具体情况

在该部分,主要介绍以下内容:(1)主要合作品牌的情况;(2)公司与主要合作品牌商协议的主要内容;(3)公司与主要合作品牌商的交易过程及交易中双方的主要权利、义务关系;(4)报告期内公司与主要合作品牌商交易金额。

(五)公司贴牌销售模式与自主品牌销售模式在销售中的关系

公司是一家出口型的企业,在国际市场采用 OEM/ODM/MDM 模式,为国际知名品牌商提供专业的营销、研发和生产一体化服务,贴牌销售模式与自主品牌销售模式不存在竞争关系。

公司在国内市场采用 ESA 模式授权代理品牌商产品,并以自主品牌"伊立浦"进行销售。

以 ESA 模式销售的东芝产品的目标市场为高收入的年轻消费群;而"伊立浦"产品的目标市场为中等收入的大众消费群;东芝品牌的核心价值为技术创新先锋、品质超群、外观独树一帜,伊立浦品牌的核心价值为专业、实用、物有所值;东芝与伊立浦均有其各自不同的、固有的产品语言,两者有明显的区别。

ESA 业务是由公司独家代理,所有代理品牌的营销计划包括目标销量、价格、通道、终端卖场是由公司制定的,公司根据价值最大化的原则,考虑两个品牌的核心价值、目标市场和目标客户群的差异,来制订两品牌的具体营销方案,有意识地在产品及规格型号方面形成互补,在卖场方面有所侧重。

1. 东芝以大规格电饭煲、电磁炉为主,伊立浦则以小规格电饭煲、电压力锅为主,因此两个品牌的产品及规格型号不同。

2. 东芝品牌电饭煲为高档产品，其竞争对手主要为高档市场的进口品牌（如松下等），2007 年平均销售价格为 620 元/台（引自中怡康 2007 年 12 月的《中国城市家电市场零售监测报告》，下同），销售终端以百货公司、礼品店、精品店为主；而伊立浦品牌电饭煲为中档产品，其竞争对手主要为大众市场的国产品牌（如美的、苏泊尔等），2007 年平均销售价格为 222 元/台，销售终端以专业连锁、超级市场为主。

因此，公司在国内市场采用 ESA 模式授权代理"东芝"产品销售，与自主品牌"伊立浦"产品销售不存在竞争关系，即公司贴牌生产与自主品牌的业务不存在竞争的关系。

（六）公司未来发展对贴牌销售模式的依赖程度

随着世界制造产业向中国的转移，贴牌销售模式（OEM/ODM）已经成为国内出口型小家电企业的经营常态。而公司凭借独特的客户价值观及较强大的市场营销、产品研发、生产制造实力，外销业务形成了在 OEM/ODM 的基础上往前推进到营销参与的 MDM 模式，内销业务往后延伸采用特约代理销售的 ESA 模式，MDM/ESA 模式要求企业具有较强的营销能力、研究实力和自主设计能力，是 OEM/ODM 模式的一种进化，可以获得更高的利润率。ESA 模式的拓展，夯实了公司产品在国内市场销售的基础，为公司积极推进"伊立浦"自主品牌的业务提供了有利的条件。通过产品品类和产品档次的区分和互补，使 ESA 业务与 OBM 业务兼顾发展，有效拓展国内市场，保证公司业务的成长。

另外公司通过 MDM/ESA 业务模式与客户形成了相互依存、共同发展的战略合作关系：

1. 伴随经济的全球化，国际产业价值链变革和世界制造体系转移成为现实。随着制造技术的进步和技术熟练型劳动力的快速增长，中国面临巨大的发展机遇，逐渐成为全球消费品的制造基地。制造服务正在成为中国最具比较优势、最具规模的产业。

2. 出于竞争的压力和长期发展的需要，品牌商需要与制造服务商建立和保持稳定的合作，基于以下因素，双方在长期合作的过程中逐渐形成相互依存的关系：(1)作为制造服务商，需要具有"快速的研发能力、及时稳定的量产能力、良好的柔性生产能力、全面的服务能力"，与品牌商合作的门槛较高；(2)品牌商为了保证产品满足质量、技术、安全等方面的严格标准，需要与公司长期合作，以保证其优质稳定的产品供应；(3)公司凭借自身的优势，在产品设计、工艺技术等方面与客户有深度的参与和合作；品牌商在模具方面的大量投入和专有技术的传授，使品牌商如想更换公司将付出较大的转换成本和专有技术扩散等代价；(4)目前公司同时成为多家品牌商的供应商和合作伙伴，品牌商也需要与最具竞争力的制造服务企业合作，以降低成本和提高自身竞争力；品牌商之间对优质制造资源的争夺有利于公司维护和稳定与客户的供应关系。

3.公司与多家品牌商开展合作,在保持美洲市场的同时也积极开拓日本市场和其他市场,经过近年来的努力,公司在日本等市场的销售额获得了快速的增长,各个市场在公司内部的销售比例不断得到优化,公司与日本的三洋、东芝,与美国的佐敦(Jarden)、阿普里卡(Applica)、美康雅(Conair)建立了长期合作关系。

保荐人认为:“随着世界制造产业向中国的转移,贴牌销售模式已经成为国内出口型小家电企业的经营常态。公司凭借较独特的客户价值观、强大的市场营销、产品研发和生产制造实力,形成了自己的核心竞争力,和境外的著名品牌商结成了战略合作伙伴,具备持续经营能力。”

发行人律师认为:“发行人凭借较独特的客户价值观、强大的市场营销实力、产品研发和生产制造实力,形成了自己的核心竞争力,其与境外的著名品牌商结成了战略合作伙伴,具备持续经营能力。”

【案例评析】

1.以贴牌生产作为核心经营模式的企业在我国非常普遍,这与我国经济发展特殊路径紧密联系,那就是由于我们本身经济发展起点比较低就需要先学习别人的,再回头思考自己的,这也就导致贴牌生产的经营模式在一定时期内存在有其必要性和合理性。尤其是对于一些对品牌敏感度很高的终端领域或者竞争水平相对垄断的领域,如果中国企业要加入到市场的竞争中去,直接参与竞争几乎没有一点机会,那么在前期通过为知名客户贴牌生产并逐渐积累资本之后发展自有品牌是一种合理的选择,有时候甚至是一种不得已而为之的方式。曲线救国也是救国。

2.从这个意义上来讲,贴牌生产企业有其存在的合理性和重要价值,并且也有部分企业实现华丽转身逐渐做到了自主研发和自主品牌。对于这类经营模式我们不能戴着任何有色眼镜去判断,而应该从企业经营的本质上去判断企业的盈利能力和发展前景,这样的企业如果能够持续稳定地增长并能发展壮大同样是值得尊敬的企业。从审核的实践来看,监管理念也遵循了这样的基本原则。对于贴牌生产的经营模式,只要能够将经营模式解释清楚,并且能够在保持稳定持续发展的同时向投资者充分提示风险,贴牌生产的企业上市不存在任何实质障碍。在小兵看来,这类企业不仅不能有特殊限制反而要更加鼓励,使他们能够利用资本市场的优势尽快发展并实现转型,当然这需要有一个非常重要的前提,那就是这些企业已经有一定的基础并且经过努力可以做好。

3.当然,贴牌生产作为一种在产业链环节处于比较末端和初级水平的一种模式,其需要特殊关注的因素还是比较多的,概括起来大概有如下几点:(1)最直接的表现就是毛利率水平极低,市场竞争力不强,这也很好理解,贴牌生产只是赚取了整个价值链中生产或者再加上研发部分的利润,而销售以及品牌溢价部分并没有得到。(2)客户集中度较高,这也是贴牌生产模式的连带反应,贴牌生产一般都是选择给国际知名企业贴牌,而国际知名企业就那么多家,所以客户集中度高也具有合理性。(3)市场竞争环境的应对能力和抗风险能力较弱,如果品牌销售国的产业政策或者质量标准发生变化,或者最终客户的经营策略和发展规划发生变化,那么都有可能对贴牌生产企业造成很大的经营风险。(4)一般贴牌企业都会逐渐开始发展自主品牌,那么企业对两种模式的业务定位和发展规划是怎样的一种安排都可以引导企业选择的发展方向。(5)贴牌生产的企业一般都是境外客户,那么收入的真实性如何能够核查到位。

4. 从现有案例来看,中介机构在处理贴牌生产模式的企业的时候都还是能够关注到贴牌企业一些特殊风险的,并且也从一些角度进行了分析和解释,总结起来主要有以下几个方面:(1)发行人采取贴牌生产模式是整个行业竞争特性所决定的,是符合中国企业发展进程的。(2)发行人进行贴牌生产是为了进行高端产品的研发和生产,而不参与国内自主品牌的低端混乱的竞争。(3)发行人贴牌生产不单纯就是加工生产,还包括提供研发、设计以及其他附加值服务,这种情况下发行人与下游客户是互相依赖的关系而不是单方面依赖,贴牌生产可以实现双赢。(4)贴牌生产是产业链专业化分工的一种产物,具有发展合理性和必要性,初期发展可能依赖一种品牌,后续服务范围会逐渐扩大,具有持续经营能力。(5)中介机构还会从竞争优势方面总结出其他模式没有的一些优势,比较具有共同特征的是:营销渠道优势、客户优势、技术研发优势、出色的成本控制优势等。

5. 发行人发展自有品牌和为下游品牌客户贴牌是否会存在直接的品牌竞争关系,这个问题单独说一下。其实,这个风险和悖论对于贴牌企业来说都是存在且需要企业仔细思考的问题,毕竟任何一家下游客户都不想自己培养了一个大企业最后与自己直接竞争。一般情况下,中介机构都采取这种解释思路:(1)发行人的自主品牌主要还是中端品牌,而下游客户是高端品牌;(2)发行人自主品牌和下游客户产品在销售区域上不同,发行人目前主要在东南亚和国内以自有品牌销售,而下游客户主要在经济发达的欧美;(3)同时我们也应该意识到,发行人从贴牌生产到自主品牌的过渡是一个企业发展壮大的合理路径,尽管会存在较大的经营风险,但是在充分提示风险之后也应该尊重企业的发展规律。

6. 在与一些业内人士交流的时候,还是有一些朋友对贴牌模式有些担忧,在信息披露文件中不愿意多说,遮遮掩掩就怕别人对自己有什么不好的印象。个人认为,从目前的审核理念来看,这样的担忧有些没有必要,只要能够将模式以及这种模式的优势和不足说清楚就可以了;反之,如果因为遮遮掩掩没有将一些问题解释明白而被怀疑,那么有可能会对企业的审核更加不利。此外,小兵想说一句话:任何一个能够持续盈利并为社会做出贡献的企业都是合理的且有价值的,都是值得鼓励和尊敬的。

■第二节 委托加工模式解决之道

【重要提示】

★ 单纯从企业经营的角度来讲,委托加工其实没有什么需要特别关注的,企业采购和生产采取怎样的方式以及内容都是企业自主决定的。

★ 在目前审核体制下,由于委托加工会涉及收入确认、成本核算、关联交易以及财务真实性的问题而受到重点关注,不过关注重点主要在于委托加工这种合作模式的真实性。

★ 委托加工的比例到底多少是合理的多少又是底线,小兵不能给出明确定论,主要判断基点在于企业目前拥有的经营体系是否能够保证盈利的稳定性和持续性。就极端来讲,一个企业只要够强大全部采取委托加工的方式都是可以的,只是这样的企业在其他方面的要求会高出传统企业很多。

【案例情况】

一、启源装备:关注委托加工的必要性

(一)外协加工风险

为发挥专业分工和协作配套的优势,充分利用市场资源,公司在经营中主要负责变压器专用设备的开发、设计、装配及销售,在生产加工环节上采取关键零部件自加工与其他零部件委托其他企业外协加工相结合的方式。2007 ~ 2009 年及 2010 年 1 ~ 6 月,公司外协件成本分别为 3740.50 万元、6091.65 万元、5597.39 万元、3212.64 万元,占公司主营业务成本的比例分别为 37.02%、40.55%、37.81%、32.63%。随着公司业务规模的不断扩大,公司外协件成本可能随之增加。尽管公司对每家外协加工合作单位都进行了严格选择,供货一直较为及时,质量也有保障,但在未来的生产经营过程中如果外协企业的供应质量、价格发生较大变化,尤其是不能按时足额交货,将影响公司生产计划的完成。

(二)外协加工的必要性

公司部分零部件委托外协加工,主要基于以下原因:

1. 公司的专用设备产品大多数为非标准化产品,具有小批量、多品种的特点,其

所使用的一般零部件具有一定的通用性，可以通过外协外购获得，但由于具有小批量、多品种的特点，如公司自行加工，生产费用较高且会降低公司的整体生产效率。

2. 公司地处的西安地区及周边有大量的军工企业和大型机加工企业，有较完整的装备制造业体系，机械加工能力强，通过外协加工可以充分利用专业化协作分工机制，减少公司固定资产投入，提高资金使用效率。

3. 公司的专用设备产品关键在于设计开发和系统集成，公司重点抓住技术含量高、附加值高的关键环节，做精做强，一般环节采用外协加工方式，使公司继续保持竞争优势，带来更大的经济效益。

(三)外协加工的基本情况

1. 生产产品零部件委托外协单位加工的情况

公司主要产品有横剪线、纵剪线、绕线设备、片式散热器等，在变压器专用设备的生产过程中，除去标准件、电器元件、电子控制系统、电机、减速机、机械部件等，大部分零部件委托外协单位进行加工，具体情况如下：

横剪线外协加工件主要包括：开卷机、剪床、冲孔冲床、冲缺冲床、尖角冲、机架、刀具、丝杠、料车、导轨、齿轮、销轴、光杠、链轮、带轮等。

纵剪线外协加工件主要包括：开卷机、收卷机、张紧装置、活动导向装置、床身、铸件、主机、丝杠、料车、中间接料桥、接料装置、刀具、托架、基座、轴承座、料箱、横梁、摆臂等。

绕线设备外协加工件主要包括：活动平台、立柱导轨、三脚架、丝杠、花盘、滑座、开卷装置、丝杠、机架、齿轮、压板、法兰、轴承座、轴、基座等。

以上外协件加工大部分需要精密数控设备才能生产，外协件的采购价中加工费用占比重较高，除大型焊接件、铸件外，其他零部件的采购价格在一定期间内基本稳定，不受钢材市场价格波动影响。

2. 外协企业基本情况

公司现有外协加工单位有30余家，主要为：陕西华兴汽车制动科技有限公司、汉中飞虹机械厂、核工业西北二一〇厂、西安众鸿机械制造有限责任公司、咸阳星云机械有限公司、咸阳益源机电设备有限公司、汉中精诚工具有限责任公司、泾阳鼎成机械制造厂、咸阳凯达机电设备制造有限公司、西安维康管业有限公司、西安明辉电力工矿备件有限责任公司、陕西天王纺织印染机械制造有限公司等18家。

公司与外协单位之间是单一的委托加工合作关系，公司、公司的股东、公司的实际控制人及其董事、监事、高级管理人员与外协加工单位、外协加工单位的股东及其董事、监事、高级管理人员无任何关联关系。

报告期内，主要外协单位加工单位的加工量、加工金额如下表：

序号	单位	比重*	加工量(件)								加工金额(万元)			
			2010年1~6月		2009年		2008年		2007年		2010年1~6月	2009年	2008年	2007年
			部件	散件	部件	散件	部件	散件	部件	散件				
1	陕西华兴汽车制动科技有限公司	38%	115	83	197	997	158	152	109	8196	559.32	1160.01	993.47	534.80
2	汉中飞虹机械厂	75%	98	—	118	77	121	107	178	97	330.03	650.79	700.42	651.31
3	核工业西北二一○厂	44%	134	928	295	641	115	573	14	1589	338.11	539.91	354.43	30.32
4	汉中精诚工具有限公司	92%	11	1177	7	2171	22	967	29	1039	147.40	258.86	251.06	170.70
5	西安众鸿机械制造有限公司	79%	234	1177	827	1275	586	806	356	435	118.27	408.91	283.47	173.31
6	西安明辉电力工矿备件有限责任公司	11%	61	158	24	210	80	609	240	1547	169.79	91.55	263.82	428.00
7	咸阳益源机电设备有限公司	87%	39	374	93	660	82	335	92	2226	117.25	281.85	250.61	246.47
8	咸阳星云机械有限公司	30%	66	914	92	3632	1	17	109	8196	298.58	351.24	0.85	0.00
9	泾阳鼎成机械制造厂	72%	26	1146	12	1699	88	2995	34	2470	97.16	131.53	244.04	143.45
10	咸阳凯达机电设备制造有限公司	37%	12	6870	19	10,655	89	10,009	9	6857	102.79	129.45	199.03	81.71
11	小计										2323.70	4004.10	3541.20	2460.07
12	发行人当期外协采购金额										3212.64	5597.39	6091.65	3740.50
13	主要外协加工单位采购金额占比										72.33%	71.54%	58.13%	65.77%

* 该比重为2009年发行人采购金额占外协加工单位业务收入的比重。

发行人独立拥有与其经营相关的生产系统、辅助生产系统以及与产品相关的核心技术等,发行人对外协加工单位不存在依赖性,发行人与外协加工单位无控制关系;部分外协加工单位主要业务为发行人提供外协加工,对发行人存在一定的依赖性,但由于发行人按照市场原则来选择外协单位,且存在较多的符合发行人外协要求的可替代加工企业,因此,此类外协单位对发行人不存在重大不利影响;而此类外协加工单位往往会主动集中优势资源、努力提高外协加工产品质量、竭力满足发行人的交货期,避免被发行人淘汰,从而有利于发行人提高产品质量、缩短交货期、保持较强的议价能力。

主要外协加工单位的股权结构如下：

序号	外协加工单位名称	外协单位股权结构
1	陕西华兴汽车制动科技有限公司	西安航空科技制动有限公司（45.27%）、陈航设（8.11%）、陈永强（7.88%）、孙广策（7.44%）、肖明（6.01%）、王涛（4.58%）、黄汝安（4.58%）、蒋培强（3.90%）、闫伟明（3.84%）、王晓明（3.50%）、商加林（2.85%）、孝衍（2.04%）
2	核工业西北二一〇厂	全民所有制企业，上级主管部门为陕西省核工业地质局
3	汉中飞虹机械厂	全民所有制企业
4	西安众鸿机械制造有限责任公司	宋丽珠（27.8109%）、朱定海（26.0157%）、时培良（19.755%）、贾治昌（18.8155%）、孙进学（7.6029%）
5	西安明辉电力工矿备件有限责任公司	张风明（50%）、杨爱琴（50%）
6	咸阳益源机电设备有限公司	马益云（60.78%）、马永（19.61%）、马丽亚（19.61%）
7	西安维康管业有限公司	王佩君（14.3%）、李桂兰（14.3%）、王宁（14.3%）、刘群芳（14.3%）、王梦雅（14.3%）、王玉祥（9.5%）、灞桥区福利协会（9.5%）、灞桥区残疾人联合会（9.5%）
8	咸阳星云机械有限公司	张文友（60%）、常晓会（40%）
9	汉中精诚工具有限责任公司	杨忠民（60.56%）、刘炜（19.26%）、杨洁（20.18%）
10	泾阳鼎成机械制造厂	韩鹏（100%）

3.外协加工的定价

加工价格由公司以产品成本控制制度以及各类机床加工台时价格为基础进行核价后，主要通过招议标方式竞价产生，价格确定后公司与外协单位签订采购合同。

4.各类产品成本构成中外购、外协部件金额所占比重

序号	产品名称	外协件	外购件	人工制造费用所占比重	合计
1	横剪线	48.83%	38.67%	12.50%	100.00%
2	纵剪线	59.76%	27.19%	13.05%	100.00%
3	绕线设备	55.87%	28.77%	15.36%	100.00%
4	片式散热器	0.00%	74.76%	25.24%	100.00%

5.外协加工方式对公司生产经营、业绩的影响

公司的专用设备产品大多数为非标准化产品，其所使用的一般零部件具有小批量、多品种的特点，通过外协加工可以充分利用专业化协作分工机制，减少公司生产人工及固定资产投入，降低生产费用，提高资金使用效率，增强公司的盈利能力。同时，通过将一般零部件委托外协加工，公司可以充分发挥技术和研发优势，

使公司能重点抓住技术含量高、附加值高的关键环节,做精做强,进一步提高公司的竞争优势。

通过外协加工的方式,公司克服了加工场地和加工设备不足等限制,为公司近年来业务的业务增长提供了保障。公司与主要外协加工单位建立了长期稳定的合作关系,有利于扩大生产规模、提高产品质量、保证产品交货期。

6. 保护专有技术、工艺等独占性的措施

由于外协加工时,公司需将加工的技术图纸交给外协加工单位,造成公司的专有技术、工艺等存在着技术泄密的风险,为保证专有技术、工艺等的独占性,公司采取了一系列严格的措施。

由于公司采取了“分段、分散”加工模式,同时公司自行负责如装配、调试和电气控制系统等核心环节,外协加工单位无法获得生产中核心技术,不会成为公司的潜在竞争对手。

7. 保持产品质量稳定性的措施

为保证外协加工的质量,公司建立严格的控制措施。公司自成立以来,对外协加工严格执行质量标准,质量控制措施有效,并能做到持续改进,未曾出现因外协加工而出现重大质量纠纷。

二、蓝英装备:关注委托加工的主要流程

(一)外协管理风险

本公司成型机产品由于技术先进,市场需求量大,订单持续增加。但目前公司只能将有限资源主要集中在新技术、新产品研发及现有产品技术升级和市场推广等方面,从而使机械零部件加工能力的增长受到资金限制。

公司成型机生产主要由自动化控制系统、气动控制系统、机械部分及整机总装总调四个部分构成,其中自动化控制系统、气动控制系统及整机总装总调由于其复杂程度高且属于本公司成型机的核心竞争力,全部由公司独立完成。机械部分主要为零件加工和部套装配,为满足快速增长的市场需求,抓住市场机遇,公司将非核心且机械加工量大的部分零件加工采取外协加工的方式进行,而部套装配则由公司完成。随着资金的逐步积累,公司逐步将原外协的部分附加值较高的部件由外协改为自制。

报告期外协产品采购金额占营业成本比例如下表所示:

项　目	2011 年	2010 年	2009 年
外协产品(万元)	4692.96	2291.03	1660.31
当期营业成本(万元)	13,962.81	11,228.23	7876.46
外协采购占营业成本的比重(%)	33.61	20.40	21.08

报告期外协采购占营业成本的比例21.08%、20.40%和33.61%。2011年外协采购金额较大,主要是由于公司成型机订单较多,受自身生产能力所限,将部分原自制部件通过外协加工来满足生产需要,外协采购力度明显加大。尽管外协加工具有充分利用外部资源、减少设备投资和折旧等优势,但随着公司生产销售规模的不断扩大,外协加工的管理难度进一步加大,外协单位的产能能否与本公司的产能相匹配,进而对公司产品交货期、产品质量产生一定的影响,公司存在一定的外协管理风险。

(二)外协生产流程

1.综合评定确定外协加工方

外协负责人按照公司生产计划,从公司供应商系统中,选择对应等级的外协厂商进行综合评定,内容包括加工工期、价格、工件质量等多个方面,最终确定达到最优的厂商承担外协加工任务。

2.对外协件提出要求并加以确认

提供经技术和生产部门确认的加工图纸和资料(如技术参数、材料的规格、数量、材质、质量要求等)。

3.对外协加工件进行质量控制

外协人员、公司技术人员定期关注外协厂商是否确实按照公司的规定来加工或制造相关部套,并持续跟踪生产进度,以确保外协件如期完工。

4.对外协加工件进行最终质量确认

外协件完工时,公司质量人员根据公司的检验流程及标准验收外协件,以确保公司的高规格产品质量要求。

(三)外协加工的核算方式

公司在发给外协厂商需加工的零部件时,按实际成本,借记“委托加工物资”,贷记“原材料”科目。

公司支付加工费用、应负担的运杂费等,借记“委托加工物资”,“应交税金—应交增值税(进项税额)”科目,贷记“银行存款”等科目。

加工完成验收入库的物资和剩余的物资;按加工收回物资的实际成本和剩余物资的实际成本,借记“在产品”或“原材料”科目,贷记“委托加工物资”。

(四)公司主要产品均为自主产品

1.公司具有相应的人员、厂房及设备,拥有相关产品的全部核心技术

本公司拥有100多人的研发设计队伍,研发人员具有电气自动化设计、软件编程、机械设计、气动设计、工艺设计、结构设计等专业背景,能够完全独立完成所有自动化系统集成及成型机产品的设计研发工作。近几年共设计机械图纸、气动系

统图纸、电气系统图纸千余册;电气软件程序开发近20万步。发行人技术研发机构连续获得省、市级企业技术中心鉴定。

公司自动化系统集成产品和成型机产品均由公司自主研发设计,公司拥有研发过程中形成的全部17项专利技术和16项软件著作权,另有5项专利技术正在申请中。并可独立完成获取订单、产品设计、加工装配、售后服务等工作,主要产品均为自主产品。

2.公司能够自主完成上述产品的全部研发、设计、生产、销售及服务工作

公司拥有机械车间、电气车间、装配车间,除非核心部件外协加工外,自动控制系统、气动控制系统各关键部套的加工、装配,以及整个设备的总装总调全部由公司自主完成。公司拥有一批熟练的现场安装调试队伍,可以完全按时间进度和技术标准完成自动化系统集成产品和成型机产品的现场安装调试工作。公司设有独立的销售部门,拥有专业的销售队伍开拓市场,设有独立的售后服务部完成售后服务工作。

2011年,公司外协加工量出现较大幅度的增加,其主要原因是:一方面成型机产量增加带来的外协加工量的同时增加;另一方面是由于生产计划紧张,而公司现有自加工能力无法满足需要,公司增加了原自加工部分的外协加工量,在外协厂家选择方面,重点选择合作良好且加工能力强的外协厂家,如黑龙江华安机械有限责任公司通用机械设备厂和上海航海设备有限责任公司等。

公司外协件的采购均采用招标的方式进行,按市场价格定价。主要外协厂商与发行人及其股东、董事会成员、监事会成员和高级管理人员不存在关联关系。

三、博实股份:关注委托加工管理制度

(一)外协加工风险

公司创建伊始采用了"两头在内、中间在外"的生产管理模式,即集中公司的资源及优势,主要开展前端的产品技术研发、系统成套设备的产品设计,后端的产品总装调试及后续技术服务。在产品的生产制造过程中,公司利用哈尔滨市老工业基地机械加工能力强的特点,充分发挥专业化分工和协作配套优势,除部分关键设备和高端新产品自行加工制造外,常规单机产品及零部件委托几十家外协加工厂进行加工制造。

报告期内,公司外协加工支出分别为6471.40万元、11,714.43万元和13,641.61万元,约占公司全部加工(包括自行加工和外协加工)成本的80%。虽然目前与公司合作的外协加工厂均为通过严格筛选后的多年合作伙伴,并且在公司制定的《委托加工规范》、《质量手册》中对外协加工厂的选择、外协采购管理、质量控制等方面进行了严格规定,但如果公司上述管理措施在实际运行过程中未能得到切实有效执行或外协加工厂出现大范围的生产经营停滞,可能会对产品的质

量及履约的及时性、有效性等方面造成一定风险。

(二)加工模式

公司将整套设备分解为单机产品和零部件后,根据项目的设计分解清单,由公司采购供应部统一管理需要加工的产品。这些单机产品和零部件部分自制、部分外协加工,即公司完成产品核心部件制造,其余部件向外协加工厂进行定制化采购,最终由公司集成为整套设备。

在加工环节中,对于加工难度大、工艺复杂、涉及核心秘密的单机产品或零部件,以及研发的重点产品和战略产品,由公司的制造分公司负责加工;对于加工难度一般、工艺不复杂的产品,由公司与外协厂家签订委托加工协议,委托其负责加工。

制造分公司和外协厂家根据公司提供的产品设计图纸进行加工工艺设计,并自主采购原材料(标准零部件除外)、组织各工种人员按照工艺文件的要求进行加工制造和零部件质量检验。在零部件的制造过程中,公司质量管理部将对零部件进行质量抽检,有效实施质量控制流程。

需要加工的零部件产品在检验合格后直接交货至公司库房;单机产品则由制造分公司和外协厂家将生产过程中需要的标准零部件,与其自行加工的零部件一起,经装配、调试、检验合格后,交货至公司库房,完成单机产品的加工制造过程。

(三)公司外协加工情况

公司成立之初,因自身能力的限制和社会化分工的需要,采用了外协加工的产品生产管理方式。随着公司整体实力的日益增强以及公司发展速度、发展战略的实际需要,现已过渡成自制加工和外协加工并存的生产管理方式,即加工难度大、工艺复杂、涉及核心秘密的产品或零部件以及研发的重点产品和战略产品,由公司的制造分公司负责加工,加工难度一般、工艺不复杂的产品,由公司委托外协加工厂负责加工。

公司采用外协加工的主要原因有:第一,公司的产品多数为非标产品,单次数量少、加工批次多,公司如全部自制加工,工作量上不可行,经济上也不合理;第二,哈尔滨市机械加工配套能力较强,通过外协加工,充分发挥地方资源优势,实行专业化分工协作,公司可以减少不必要的固定资产投入,通过筛选和培养合格的外协加工厂,为公司的产品生产服务;第三,出于环境保护的需求,产品生产过程中的热处理、防腐处理等工序必须进行专业化协作。

1. 外协加工基本情况

截至 2011 年年末,公司拥有 70 余家外协加工厂,主要分布在哈尔滨地区。所有外协加工厂都经过了考察、试用的筛选过程。公司在实施委托加工过程中,针对某类产品培养两家以上外协加工厂,进行专业化生产加工,既便于质量控制,又利于竞争格局的形成。不存在对单一外协加工厂的依赖。

外协产品的定价,由公司成本核算人员给出预算,采购供应部对两家以上外协加工厂进行询比价,与接近公司预算的外协加工厂讨论协商后确定最终的合同价格。外协加工厂根据公司提供的产品设计图纸,进行工艺设计、原材料采购、零部件加工、外购件领取、零部件装配、产品调试等步骤,将检验合格的产品交付公司。

外协加工款项,一般采取合同签订后预付30%,交货后支付60%,留10%的质保金,质保期限为交货之日起18个月或产品客户验收后1年。报告期内公司采购、外协加工、自产零部件金额及占比情况如下:

项　目	2011年		2010年		2009年	
	金额(万元)	占比(%)	金额(万元)	占比(%)	金额(万元)	占比(%)
直接采购	25,347.69	60.42	19,295.01	59.46	11,282.97	58.83
外协加工	13,641.61	32.51	11,714.43	36.10	6471.40	33.74
自制加工	2965.99	7.07	1439.38	4.44	1424.04	7.43
合计	41,955.29	100.00	32,448.82	100.00	19,178.41	100.00

报告期内,公司向前五名外协加工厂的采购情况如下:(略)

本公司的董事、监事、高级管理人员、核心技术人员、主要关联方或持有发行人5%以上股份的股东在外协加工厂中均不占权益。

2.外协加工流程图

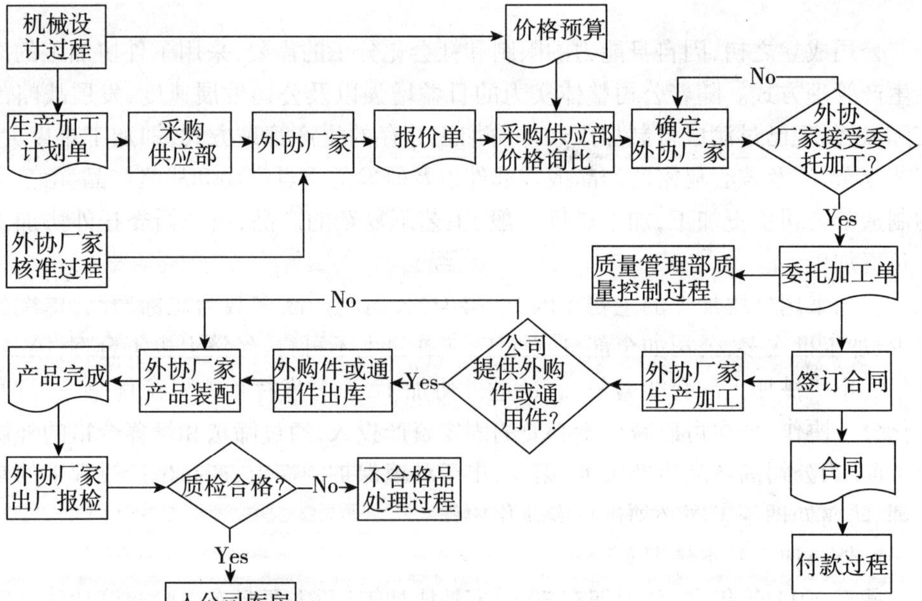

3. 外协加工管理的有关制度

对于所有客户向公司定制的设备，均由公司承担相应的责任与义务，如供货期保障，设备符合合同约定要求，性能、质量稳定保障，售后服务等。公司对外协加工厂的控制包括：选定合格外协加工厂，提供设计图纸并确保其理解技术要求，以正式签订的协议或合同明确要求，实施过程指导，保证用料、工序、工艺正确以及保障进度，检验成品是否符合既定要求。发行人在外协加工过程中同样发挥主导作用，并通过上述程序保障外协加工的质量与进度。

为保障外协加工产品的质量，有效控制外协加工的风险，加强外协加工的管理，确保外协加工合同的有效执行，发行人制定了一系列外协加工制度：《企业管理标准——质量手册》中详细规定了外协加工厂选择过程的控制；《委托加工规范》对外协产品的生产加工过程提出了具体的要求；《委托加工质量检验规范》中规定了委托加工产品质量标准、检验程序及责任承担。

《企业管理标准——质量手册》在采购控制程序中详细规定了外协加工厂选择过程的控制，其主要内容包括外协加工厂初选、委托试生产、确定协作加工厂及正式确定协作生产关系后的考核等；《委托加工规范》中公司对外协加工厂加工外协产品过程作了全面的规定，其主要内容包括：一般协作要求、装配技术要求、标准零部件领取、交货验收及标识的粘贴等；《委托加工质量检验规范》中公司对委托加工产品过程中的质量控制进行了全面规定，其主要内容包括：一般要求、工艺过程卡、产品备料检验、加工过程检验、试装前检验、试装后检验、产品合格检验及委托加工产品入厂检验等部分。

对于生产过程中、试装前、试装完成后及产品入厂等各道工序，外协加工厂必须接受并配合公司检验员对产品进行检验，对抽检出的不合格项，外协加工厂应予以认真纠正，对检验出的不合格品，外协加工厂应按公司的处理意见和要求进行返工、返修或做报废处理；外协产品运回公司后，由公司质量管理部专职检验员按委托加工合同、产品图样、外协加工技术协议书（或技术附件）、委托加工规范中的质量要求对委托加工产品进行验收。对验收过程中检验出的或在其后进行的安装调试过程中发现的不合格品，外协加工厂应根据检验员提出的要求负责及时进行返工、返修或进行更换处理。

四、森远股份：委托加工模式的详细关注

公司一直以来主要实行"以销定产"的生产模式，坚持订单驱动、计划生产的管理模式。根据年度、季度和月度销售计划，结合生产能力综合平衡后，制定月生产计划并安排周计划来组织生产。

为了快速响应用户的个性化需求，公司还形成了一套多部门联动的快速响应机制，由销售部门快速提供市场需求信息，研发人员快速与客户进行技术沟通，或

深入施工现场进行分析，在确定最终技术方案时，供应部门、生产部门和质检部门也提前介入，形成产品变形设计、配套件的准时采购、生产准备和产品检测大纲修订同时展开的工作局面，从而大大节省产品变形设计和制作时间，保证定制式订单的工期要求。

作为公路养护机械企业，公司生产的核心体现在：专用工作装置的制造，并将外购零部件与自制、外协生产的结构件根据路面养护工程工艺特点进行部件组装，然后进行热、机、电、液系统集成，并进行调试、试验、检验，最终生产出成品，其生产具有一定的单件、小批量的特点。对于路面养护专用车辆，其生产内容主要为在汽车底盘上安装传动装置、辅助动力装置、各类专用装置，并安装电器控制系统、液压系统等，最终整车成型；对于热再生机组等轮式机械车，生产主要包括底盘的设计制造、动力系统、行走系统的安装，并上装各类专用装置、电器控制系统、液压系统，最终设备成型。

上述各类装置中，汽车底盘一般从专业汽车生产商直接采购，液压系统、电器控制系统等标准化产品配件也直接外购，核心工作装置由公司自制，部分配件，如锻件、铸件、热处理件、大型机加件、车桥等需委托其他专业厂家制造，目前公司外协加工的具体情况如下：

（一）公司生产成本的构成及外协成本的占比情况

项　目	2010 年		2009 年		2008 年	
	金额（万元）	比例（%）	金额（万元）	比例（%）	金额（万元）	比例（%）
生产成本构成：						
原材料	5836.43	87.63	4021.27	87.33	3770.81	89.43
工资	262.31	3.91	233.02	5.06	184.97	4.39
制造费用	561.89	8.41	350.49	7.61	260.85	6.19
总计	6660.63	100.00	4604.78	100.00	4216.67	100.00
其中：外协成本	940.17	14.12	530.24	11.51	508.71	12.06

生产成本主要由原材料构成，各期的原材料占比均在85%以上，人工成本和制造费用所占比例较小。

2008年、2009年、2010年公司的外协成本占生产成本的比例分别为12.06%、11.51%和14.12%。外协单位主要完成部分零部件的加工、锻造和热处理，该类工序均为普通的生产工序，不构成产品生产过程中的核心工艺。因此，公司不存在对外协厂商的重大依赖。

报告期内外协件的具体构成、金额情况如下：

单位：万元

品　名	2010 年	2009 年	2008 年
车桥、车箱	109.99	64.73	72.18
风车输送机等	75.49	31.94	47.01
油缸	105.08	89.47	71.83
专用件（齿轮、散热器、轮毂等）	156.85	72.90	164.94
机加件（冲孔、滚筒、折弯、挂胶）	105.36	57.18	39.60
铸件锻件	100.09	11.96	17.45
其他（软管、模具、筛网、链条、托辊等）	287.62	172.05	95.70
总计	940.47	530.24	508.71

（二）报告期内的主要外协单位

与公司合作的外协厂商数量较多，且比较分散，其中，报告期内公司累计采购额前十位的外协单位包括肯纳金属（徐州）有限公司等 10 家公司，具体情况如下：（略）

（三）各主要外协厂商的股权结构及实际控制人情况，及其与发行人及其实际控制人、主要股东、董事、监事、高级管理人员的关联关系

（略）

（四）报告期内各主要外协厂商与发行人发生的具体交易金额及同期占该外协厂商同类业务的比例

报告期各期，公司与各主要外协厂商发生交易占同期该外协厂商业务的比例较低。主要外协厂商与公司交易金额及其占比具体情况如下所示，数据均来自于各主要外协厂商提供的说明。

（五）外协合同的主要内容

（略）

（六）外协费用的确定方式

公司外协加工费用主要采取成本加成定价法参考市场价格综合确定。对于公司带料的外协加工件，外协费用一般为外协加工企业的设备使用费、人工费用及合理利润构成；对于不带料外协加工件，外协费用由材料价值、设备使用费、人工费及合理利润构成。外协加工的最终定价由公司采购部门依据上述方法，并参考市场定价与外协加工企业协商确定。

(七)外协加工过程中发行人对其产品的质量控制、技术指导和技术保密措施

(略)

五、克明面业:直接委托加工产成品

(一)生产模式

发行人及其子公司均建立了生产管理部,负责生产过程的控制和管理。生产管理部按照以销定产的原则,根据年度、季度和月销售计划,结合生产能力综合平衡后,制定挂面月生产计划并下达给各生产车间。各生产车间编制相应的生产作业计划,组织安排生产,并按标准化程序管理和监控生产过程。

发行人的挂面产品基本依托自有生产基地进行生产,相关子公司生产完毕后交由克明股份统一销售。同时根据实际需要,公司少量产品生产采用委托加工方式进行。受托方必须严格按照公司制定的质量标准进行生产加工,委托加工成品经验收合格后,交由公司统一销售。

报告期内,发行人除通过自身和子公司生产挂面产品外,还委托新乡市新良粮油加工有限责任公司(以下简称新良粮油)、深州市深发面业有限公司(以下简称深发面业)、江西省大余县天然爽食品厂(以下简称江西大余)、修水县裕发食品有限公司(以下简称修水裕发)、大余县新兴龙食品厂(以下简称大余新兴龙)进行挂面产品的加工。2010 年下半年开始即未再委托新良粮油进行挂面生产,具体情况如下:

受托方	委托加工数量(吨)			基本情况
	2011 年	2010 年	2009 年	
新良粮油	—	1190.00	1846.40	新良粮油成立于 1998 年 12 月,注册资本为 9500 万元。新良粮油主要从事面粉、挂面的生产,是发行人的面粉主要供应商。法定代表人:朱连良
深发面业	13,933.68	15,329.40	2558.14	深发面业成立于 2004 年 2 月,注册资本为 500 万元。深发面业主要从事面粉、挂面的生产。法定代表人:王计述
江西大余	650.00	520.00	—	江西大余成立于 2006 年 6 月,系个人独资企业,注册资本 116 万元,法人代表:王明远

续表

受托方	委托加工数量(吨)			基本情况
	2011 年	2010 年	2009 年	
修水裕发	180.45	—	—	修水裕发成立于 2003 年 12 月,注册资本 867 万元,主要从事河粉及其粮食制品加工、销售;粮食收购。法定代表人:李志为
大余新兴龙	60.00	—	—	大余新兴龙系个人独资企业,成立于 2008 年 3 月,主要从事粮食及其制品、炒货的生产和销售;粮食收购。法定代表人:廖建平

委托加工费按照市场价格下的成本加成法定价。具体为双方共同确认的挂面平均单位加工费及辅料加合理利润。报告期内,发行人支付的委托加工费用均按市场价格和《委托加工合同》约定结算,不存在委托加工费定价不公允的情形。

(二)开展委托加工业务的原因

从长期来看,随着业务规模的不断扩大,公司在一定时间内可能出现产能相对不足的矛盾,而委托加工业务模式将是对公司自有产能的一种有益补充。

2008 年以前,基于自有产能不足等因素,公司开始寻找一些有实力的挂面厂家建立委托加工关系。虽然报告期内公司已通过自建扩大了自有产能的规模,但随着挂面市场的不断扩大和公司市场地位的不断提升,发行人现有产能仍将可能难以长期满足自身业务发展的需要。同时公司对产品质量的要求较为严格,选择一家合格的受托加工方需要较长的时间,因此尽管在现有产能基本满足的情况下,公司基于以上原因及重点拓展市场区域和运输成本等综合因素,仍然保留了部分委托加工业务,作为今后产能短缺的储备,以避免出现因为产能“瓶颈”影响市场销售的情况。

受托方之一的新良粮油地处河南省新乡市延津县,系发行人面粉主要供应商之一,与公司保持了长期良好的合作关系。随着自有产能不足问题的暂时缓解,发行人 2010 年下半年开始即未再委托新良粮油进行挂面生产。受托方之一的深发面业,地处河北省深州市,较发行人自有生产基地而言,距离东北、华北和西北市场更近,相对交通更为便利,具备产品运输成本优势,而包括北京在内的华北市场、东北市场和西北市场的挂面销量近年来增长势头良好,公司将其作为未来重点拓展的主要区域。基于以上考虑,公司与其建立委托加工关系,并根据市场需求,相应加大了生产产量。

受托方江西大余和大余新兴龙为公司加工生产波纹面,受托方之一的修水裕发为公司加工生产米面产品。目前波纹面及米面属于试销产品,公司尚未建设专门的生产线。一旦市场条件成熟,公司将选择自行生产。

经核查,发行人会计师认为:考虑到产能、运输及挂面品种等多种因素,发行人开展委托加工业务，有利于发行人长期稳健发展，符合其生产经营的实际需要。委托加工费定价合理，交易公允。

经核查，保荐机构认为：发行人保留部分委托加工业务，符合其生产经营的实际需要，有利于长期稳健的发展。

（三）发行人对委托加工的质量控制

发行人委托加工业务的执行与质量控制方式是：与受托加工生产厂家签订《委托加工合同》，就"加工产品内容、加工产品质量、原辅料供应及产品验收、产品质量责任、违约责任"等内容做出明确约定。委托加工合同均依法在相关质量技术监督行政主管部门办理了委托加工备案登记手续。

发行人与受托加工方签订的《委托加工合同》还约定，加工产品除应符合受托加工方的经依法备案的企业标准之外，还应符合国家标准、行业标准和甲方的相关产品质量标准，以确保加工产品的质量安全。

受托加工方生产所用的主要原材料和包装材料均由公司提供。受托加工方必须严格按照公司制定的《管理作业指导书》、《挂面生产工艺作业指导书》、《挂面制作过程中投入与产出技术标准》、《产品验收作业指导书》等文件进行生产加工。其中，《管理作业指导书》是对受托加工方生产过程、生产环境和员工操作控制等进行规范的文件。

公司还定期或不定期派驻驻厂人员进行生产指导和质量检测。受托加工方产品生产完毕并经公司检验合格后方可办理入库手续。产品经检验合格后，方由公司负责销售。

公司对受托加工方对象的选择较为审慎，各受托方均合法持有《全国工业产品生产许可证》，具备合法的受托方主体资格；对委托加工业务一直按照上述方式严格规范进行。截至目前，公司与受托加工方的合作均较为顺利，未发生因其受托加工产品质量给公司带来风险的情况。

六、东软载波：委托加工存在单一依赖风险

（一）芯片外协加工生产的风险

目前，上海海尔是公司唯一的载波通信芯片设计合作伙伴和外协加工厂商，尽管双方建立了良好的合作关系，并且在芯片设计领域，以本公司为主导同上海海尔集成电路有限公司共同合作开发并申请了六项发明专利，但变更供应商或由公司自己组织加工芯片，将会导致公司产品生产成本上升、交货期延长、保密性降低等风险，对公司持续发展及盈利能力稳定性产生影响。

如上海海尔不与公司合作开展芯片设计技术研发，公司需要扩大芯片设计团

队或寻找新合作伙伴从事芯片设计。由于一款专用芯片的开发需要 6 ~ 12 个月的时间,并需花费一定的费用,会对公司盈利能力构成影响。

本公司如选择新的外协厂商,芯片设计过程中如需使用与上海海尔共同申请的六项专利,则需取得上海海尔的书面同意。但公司与上海海尔合作关系稳定,且双方已在 SSC1640/1641 芯片合作合同中进一步明确:若上海海尔由于各种原因营运不能继续时,为确保本公司继续生产经营,本公司有权以 25 万美元一次性购买合同标的产品在台积电的光罩直接使用权。公司如直接与台积电等晶圆代加工厂商合作,由于相比上海海尔,公司晶圆用量少,没有规模采购优势,成本及供货及时性可能会受到影响。公司与上海海尔共同申请的六项专利的目的是保护知识产权不被侵犯,不会对公司生产经营活动造成不利影响。

公司主要从事芯片设计、低压电力线载波通信嵌入式软件开发,芯片加工采用外协方式,芯片经本公司软件编程及综合检测合格后对外销售。

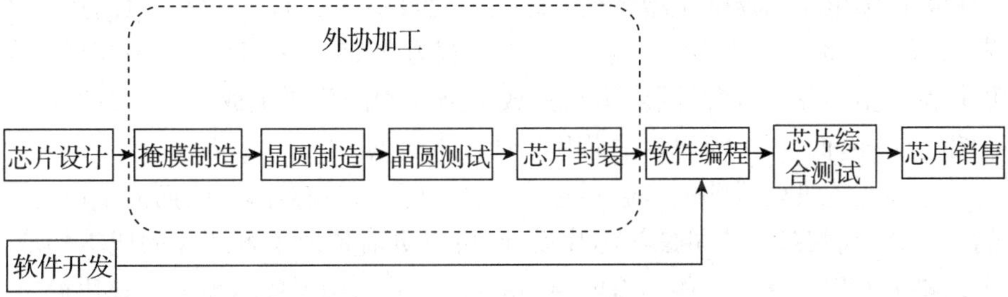

(二)外协加工情况

公司生产的载波通信芯片采用外协加工模式采购裸片,主要外协厂商由贝能电子(福建)有限公司(以下简称福建贝能)变更为上海海尔。报告期内各外协厂商加工产品数量、平均单价、金额及所占营业成本比例如下:

外协厂商	2007 年度				2008 年度			
	数量(万只)	单价(元)	金额(万元)	占比	数量(万只)	单价(元)	金额(万元)	占比
福建贝能	151.93	8.79	1335.44	41.08%	269.98	8.37	2259.73	51.29%
上海海尔	—	—	—	—	72.65	4.75	345.08	7.83%
外协厂商	2009 年度				2010 年 1 ~ 6 月			
	数量(万只)	单价(元)	金额(万元)	占比	数量(万只)	单价(元)	金额(万元)	占比
福建贝能	—	—	—	—	—	—	—	—
上海海尔	584.60	5.82	3402.39	64.08%	292.81	5.42	1587.02	52.37%

注:占比 = 采购金额/营业成本

公司转向上海海尔采购“裸片”主要系提升产品保密性和追求性价比两方面的原因：

1. 公司与福建贝能合作，向其采购通用芯片，由于通用芯片保密性不足，导致公司第二代载波通信芯片出现复制盗版。福建贝能为美国微芯科技公司的代理商，芯片价格较高。公司不得不加强芯片设计领域技术人员培养，并积极寻找合作伙伴开发定制芯片。

2. 上海海尔成立于2000年，从事芯片设计多年，且是上市公司青岛海尔（600690，SH）的关联方，承做海尔集团部分家电产品用芯片设计，在芯片设计领域积累了丰富的实践经验，是国内十大IC设计品牌公司。公司2007年8月确定选择与上海海尔合作开发芯片。

3. 集成电路是把一个电路中所需的晶体管、二极管、电阻、电容和电感等元件及布线互连一起，制作在一小块或几小块半导体晶片上，然后封装在一个管壳内，成为具有所需电路功能的微型结构。原向福建贝能采购的芯片制程工艺线宽0.6微米，而向上海海尔采购的芯片制程工艺线宽为0.25微米，所以同一规格的晶圆可以切割出更多晶片，而晶圆成本是集成电路成本的重要组成部分，因此，线宽越小，产品成本越低，即上海海尔的芯片生产成本更低。

4. 原向福建贝能采购的是通用芯片，公司并不参与芯片设计，而向上海海尔采购的是一款定制芯片，公司参与芯片设计，可以更清楚地了解芯片的成本构成，同时可以略去通用芯片中一些不需要使用的部件，并采用了成本加成方式协商定价，有力促进了公司原材料采购成本的降低。

5. 与上海海尔合作开发的定制芯片，公司软件程序受加密算法保密，不易被复制。

集成电路制造过程中，制程工艺以晶体管之间的线宽为代表，线宽越小意味着在同样面积的晶圆上，可以制造出更多的芯片；或者同样晶体管规模的芯片会占用更小的面积。集成电路制造工艺技术遵循“摩尔定律”，行业工艺水平的快速发展推动整个行业产品的更新换代，产品性价比不断提升，提升整个行业的竞争力。未来随着技术进步，布线线宽有望降低为0.18微米，甚至0.09微米，单芯片所用硅片越来越小，加之载波通信芯片市场需求的增大，公司采购裸片的成本可进一步降低。

向上海海尔采购的芯片单价2009年相比2008年略有提升，主要系公司与上海海尔合作开发SSC1630芯片后，2008年上海海尔向公司小批量提供了载波通信芯片裸片供公司试用，但该芯片内存（RAM）偏小，不能完全满足通信软件发展的要求，经与上海海尔协商，改进了设计，使用8K内存（RAM），并增加了实时时钟（RTC），导致晶片面积微增，成本微升。2009年起公司开始向上海海尔大批量采购SSC1630芯片。

与福建贝能、上海海尔间定价及结算方式和质量控制措施对比如下：

外协厂商	定价方式	结算方式	质量控制措施
福建贝能	参考市场价格协商定价，因公司产品需求较大，定价低于市场价格	款到发货	1. 要求福建贝能按美国微芯科技公司企业技术标准验收出货产品； 2. 原材料采购入库前，公司将按照企业集成电路芯片检验与检测标准进行检测和验收
上海海尔	参考制造成本协商定价	合同约定发票到后一周内付清货款，一般会略有延迟	1. 芯片设计阶段，公司与上海海尔共同完成，公司会先行设计芯片参数规格，严格按照规格设计芯片； 2. 封装后的检测阶段，封装厂本身有严格的生产工艺控制流程和检测流程。公司提供检测软件，上海海尔负责检测，出现不正常情况公司会协助解决； 3. 上海海尔出货前，上海海尔会按产品规格书要求检验，如芯片质量问题，上海海尔承诺按1∶1更换； 4. 原材料采购入库前，公司将按照企业集成电路芯片检验与检测标准进行检测和验收

公司与上海海尔之间不存在《企业会计准则》及《创业板股票上市规则》中所述的关联关系。公司向上海海尔采购芯片的定价方式为：采用市场定价为主、成本加成为辅的方法进行定价，具体为上海海尔根据对外购买的晶圆成本、封装费用和测试费用综合产生的成本为基础，结合市场竞争价格和客户的要求加成一定比例而确定。通过对上海海尔生产芯片的成本进行估算，上海海尔对公司销售的定制芯片的毛利率略高于芯片设计行业上市公司通讯类芯片的毛利率数据。公司向上海海尔采购芯片的单价是公允的。

七、利君股份：委托加工的必要性和合理性关注

（一）公司外协加工业务的比例，以及所体现的核心竞争优势

报告期内，公司委托加工业务的业务成本占主营业务成本的比重如下表：

项　目	2011年1～6月	2010年度	2009年度	2008年度
包工包料委托加工（万元）	14,353.72	23,054.64	10,405.27	8103.97
包工不包料委托加工（万元）	2525.15	3688.49	3584.42	1570.40
其中：委托加工费（万元）	477.10	712.38	555.14	279.75
委托加工材料（万元）	2048.05	2976.11	3029.28	1290.64
合计（万元）	16,878.87	26,743.13	13,989.69	9674.37
主营业务成本（万元）	34,533.23	64,603.26	34,865.10	23,022.77
占比（%）	48.88	41.40	40.13	42.02

公司辊压机主要部件轴芯、轴套及机架采取外协加工与自主加工的方式生产,报告期内公司委托加工业务成本占主营业务成本的比重较为稳定,公司的核心竞争优势主要体现在辊压机和粉磨系统的研发、设计、技术创新及服务等方面。

(二)外协加工模式的特殊性

有别于传统的机械制造企业,公司采取外协加工和自主生产相结合的生产模式。公司仅从事轴芯、轴套的精加工,辊面耐磨层的复合加工制造,液压系统、电气控制系统和传动系统的集成,以及辊压机设备的总装及测试,其余工序均采取外协加工的方式生产。

(三)外协加工模式的必要性

公司采用大量外协加工方进行生产具有必要性:第一,公司可以充分利用成都周边成熟的机加工资源;第二,目前公司产能受到装配场地、装配工人和器具等因素的制约,大量地进行外协加工业务可以快速扩大产能;第三,公司外协加工业务涉及大量的工序,包括熔炼、铸造、热处理、粗加工等,上述工序所需的固定资产投入较大,若前述工序均由公司自身投资,相对于公司单台价值高、数量相对少的实际情况,产能无法完全消化,不具有经济效益。

(四)外协加工模式的合理性

公司拥有大量外协加工方具有合理性:第一,公司可以将主要的精力投入技术研发,进一步提高公司的研发创新能力;第二,将低附加值的机加工业务对外进行委托加工,在国内外已经有大量成熟的案例,如东方电气、二重重装、苹果、戴尔等;第三,如果水泥、矿山行业出现低迷期,公司将不会有大量的人员工资、资产折旧等固定支出,有效规避经济波动的风险。

(五)报告期内向前五名外协方采购情况

公司向外协方采购原材料的价格主要参考外协方的加工难度,市场竞争情况按照成本加成的原则定价。

公司每年向前五大外协方采购的金额较低,比较分散,不存在向单个外协方的采购比例超过总额的20%或严重依赖于少数外协方的情况。此外,本公司的董事、监事、高级管理人员和核心技术人员以及全体股东,未在前五位供应商中享有权益。

【案例评析】

1. 单纯从企业经营的角度来讲,委托加工其实没有什么需要特别关注的,也没有必要作为一个专题特别研究，因为企业采购和生产采取怎样的方式以及选择怎样的内容都是企业自主决定的。不过，在目前审核体制下，由于委托加工会涉及收入确认、成本核算、关联交易以及财务真实性的问题而受到重点关注，关注的重点也主要在于委托加工这种合作模式的真实性。

2. 委托加工这种模式在审核实践中并不罕见，主要存在于以下两种情况中：(1)轻资产运营的公司，公司核心竞争力是研发和设计同时产品的生产成本并不高；(2)传统制造业公司，受制于产能不足而只能将部分产品或工序委托其他企业进行加工。此外，我们还可以对委托加工进行简单的分类：一种是按照委托加工的方式可以分为带料加工（加工方承担加工的原材料及相关费用）和不带料加工（加工方只承担加工的相关费用）；另一种是按照委托加工的内容可以分为委托加工产成品（委托加工的产品直接销售）和委托加工半成品（比如某个工序或者某种原材料）。

3. 从审核实践来看，委托加工问题还是普遍会受到重点关注，关注重点总结起来主要有以下几个方面：

(1)委托加工的必要性，解释起来不过如下几个思路：①企业规模小，主要精力要放在核心竞争力上和附加值高的产品或者工序上；②公司所处区域有着外协加工的天然优势，外协不存在任何障碍和依赖；③企业产能不足而订单持续高速增长，只能以委托加工来满足销售需求；④企业销售具有明显的季节性，淡季产能足够时旺季产能不能满足需求从而采取外协方式。

(2)委托加工的详细情况，包括：①外协加工的产品或者工序都是什么，是否是核心技术或者核心产品；②外协企业的基本情况，包括外协企业的股权结构和实际控制人、报告期内外协成本的金额和占比情况、与发行人及董监高等是否存在关联关系或者其他利益安排等内容；③还有案例关注到发行人外协企业的比例占外协企业全部销售的比例，主要是关注外协企业是不是主要就是给发行人一家外协，也算是核查是否存在关联关系的一个方面。

(3)外协加工的定价情况，主要关注定价是否公允以及是否通过委托加工来操纵利润，前面提到委托加工主要分为两种，其定价方式也不同：①包工包料，也就是外协企业负责原材料采购，那么外协成本基本上包括设备折旧、人工费用、合理利润及原材料成本等；②包工不包料，那么外协成本就不包括原材料成本。还有企业关注到外协加工的财务处理，如果是不带料加工，那么财务处理上会有原材料入库和出库的相关财务处理。

(4)外协加工是否导致技术泄密的问题，这个问题其实还是很关键的，有些外协需要将图纸和有关设计交付给外协企业，技术泄密的风险是存在很大可能性的，企业一般都解释外协的均不是核心技术，就算是外协企业学会了也不会制造出产成品更不会成为发行人的竞争对手。

(5)外协加工如何保证质量的问题,这个在实践处理中也都费劲了心思,主要是企业通过制定一系列的政策和制度来保证质量,不过制度的具体执行情况无从得知。

(6)外协加工与直接采购的关系问题,如果由企业提供原材料然后由外协企业提供加工服务还好解释,这样发行人可以控制原材料的采购质量;如果是包工包料的外协,那么与直接采购又有什么不同呢?

(7)外协加工与毛利率的问题,如果是因为产能不足而外协加工,那么实际上就是把本该由发行人实现的收益转移给了外协企业,这可能会导致发行人毛利率略低于行业平均水平。当然,这也正好给了发行人一个上市融资的最好理由,如果发行人产能扩大那就不用外协了,那么毛利率和盈利水平也会有相应的提升。

4. 从技术操作的层面来讲,委托加工的比例到底多少是合理的,多少又是底线,小兵不能给出明确定论,这的确也与每个企业的发展历史和经营模式有着密切的关系,主要判断基点还在于企业目前拥有的经营体系是否能够保证盈利的稳定性和持续性。就极端来讲,一个企业只要具有非常强势的市场统治力,就算是全部采取委托加工的方式都是可以的,只是这样的企业在其他方面的要求会高出传统企业很多。也正是因为如此,如果外协比例很高那么一般都会受到重点关注,还需要在风险因素中提示投资者,甚至要在重大事项提示中加以提示。

5. 还有一点可以探讨,那就是外协成本的计算口径问题:一种口径是仅计算委托加工费用,如外协企业的人工成本、设备损耗和合理利润等;另一种口径是视同直接采购的原材料,将外协原材料的采购成本及其他成本加总作为外协成本。两种口径都有道理,不过后一个口径会导致占比较大;另外,这也与不同的外协方式有着直接的关系。

■第三节 其他特殊经营模式关注

【重要提示】

★ 小兵一直坚信企业经营模式没有对错之分只有优劣之别,不论是采取怎样的经营模式,只要企业能够持续稳定盈利并健康发展,这种模式就是好的就是合理的就是适合的。

★ 一个行业或许有一个行业的经营模式,甚至一个单独企业都会有一种独特的经营模式。小兵本节内容不是引导大家判断各种模式的对错,而是与大家一起思考每种模式内在的机理以及完善的方向。

★ 本节内容提到的案例或许并不全面也不典型,但至少代表了一种基本的经营方式,仅供诸位实践中参考。

【案例情况】

一、天玑科技:"母子公司"经营模式变更为总分公司经营模式

(一)经营模式变更

发行人报告期内收购子公司的少数股东权益,使所有子公司变为100.00%控股的子公司。由于公司前期子公司过多,导致公司在员工统一调度、财务统一管理、备件资源统一使用等方面的效率没有充分发挥,公司决定逐渐用分公司的形式取代子公司,用总—分公司的管理模式替代母—子公司的管理模式,以提高公司整体的运作效率。因此公司在前期先收购子公司的少数股东权益,使子公司变为100.00%控股的子公司,然后在子公司的相应地点先设立分公司,逐步将子公司业务、人员转入分公司,再将子公司注销,其职能由分公司取代。由于各子公司分别与客户签订不同起止时间的年度IT服务合同,待具体合同完成后,才能将子公司关闭,因此子公司注销周期可能较长。该重组不会对业务的完整性产生影响。

公司已完成了收购子公司少数股东权益的工商变更登记、购买价款也已支付完毕,定价依据主要参考该子公司历年经营状况及未来几年可能的经营业绩及净资产,在和少数股东充分协商的基础上确定收购价格。

(二)是否涉税

报告期内,已注销子公司业务类型和内容与母公司一致,执行的应纳营业税税率均为5%;应交营业税部分不会因税率差异而形成少纳税的情况。增值税方面,母公司天玑科技为一般纳税人,已注销子公司均为小规模纳税人,但已注销子公司应税业务很少,形成的增值税额对公司税收影响很小。因此,发行人不存在利用母子公司税率差异少纳流转税的情形。

报告期内,母公司天玑科技被认定为高新技术企业,享受企业所得税优惠政策执行15%税率,已注销子公司执行的企业所得税率均为25%,母公司与子公司执行的企业所得税税率差为10%,但母公司的高新认定结果是在2008年12月25日,而且是在2009年1月9日才获得青浦区国家税务局签报审批通过的"享受高新技术企业减按15%税率优惠",2008年1~3季度母公司均按照25%进行所得税预缴,所以在2008年12月25日前并无法确定存在税率差异。

企业所得税方面,虽然母子公司存在税率差异且子公司盈利规模相对母公司

较小,但不存在利用母子公司税率差异少纳企业所得税的情形,主要原因如下:

1. 行业招投标资质导致母子公司业务规模存在差异。一般而言,IT 服务需求规模较大的客户在招标时对 IT 服务供应商的注册资本、业务资质、人员规模、技术能力等多方面提出一定的要求,而子公司由于各方面规模较小,不能参与较大的 IT 服务项目,因此,客观上母公司经营规模要远大于子公司。

2. "总—分公司"经营模式替代"母—子公司"经营模式基于公司的战略考虑,主要是为了整合公司业务资源、提高管理效率,实现员工统一调度、财务统一管理、备件资源统一使用。由于子公司注销需要花费一定的时间,为了合同安稳过渡,续签合同由分公司或母公司延续,报告期内子公司业务规模逐步趋小,亦不存在通过经营模式变化而少纳企业所得税的情形。

由于注销子公司业务规模较小,应纳企业所得税总额也较小,因此"母—子公司"经营管理模式转换为"总—分公司"经营管理模式对公司整体经营规模、经营成果、税收以及财务状况影响均很小。

发行人 6 家已注销控股子公司在完成工商注销登记前均已获得当地税务主管部门的注销税务登记核准;且根据上述控股子公司所在地的税务主管部门出具的证明文件,发行人 6 家已注销子公司自设立以来至完成注销的期间内均遵守相关法律法规,未受相关行政处罚;另外,根据发行人控股股东陆文雄先生出具的承诺函,承诺一旦发行人因上述已注销控股子公司存在税收被追缴的风险,而需由发行人承担相应法律责任,且导致发行人遭受经济损失及其他重大风险的,则发行人控股股东陆文雄先生将予以全额承担,并根据发行人的要求,对发行人由此遭受的直接和间接损失无条件给予足额现金补偿。

保荐机构经核查认为:上述已注销 6 家控股子公司在注销前均依法纳税,注销时已获得当地税务主管部门的注销税务登记核准,不存在利用母子公司税率差异少纳税的情况。

律师经核查认为:上述已注销 6 家控股子公司在注销前均依法纳税,注销时已获得当地税务主管部门的注销税务登记核准,不存在利用母子公司税率差异少纳税或因此导致对发行人本次发行上市产生重大不利影响的情形。

发行人会计师经核查认为:公司不存在利用母子公司税率差异少纳税的情形。同时由于注销子公司业务规模较小,应纳企业所得税总额也较小,故对公司整体税收以及财务状况和经营成果影响均很小。

(三)子公司的资产、业务、人员等的承接情况,业务并行情况

发行人董事会通过决议,发行人将根据公司组织结构及管理架构调整的需要,拟于 2010 年 12 月 31 日前,陆续解散及关闭注销下属子公司成都天玑、北京天玑、沈阳天玑、武汉天玑、南京天玑、杭州天玑,其相关业务及人员由公司或所设分公司

负责经营。在办理上述控股子公司的注销过程中，发行人为不影响正常业务经营，采取待子公司相关业务及人员顺利转移至当地分公司后再办理当地子公司注销手续的策略，发行人在上述各子公司注销前向客户发出关于债权债务由当地分公司承继的通知函，并由发行人当地分公司与各子公司人员签署劳动合同，因此，上述6家子公司的资产、业务、人员等实际均已在正式办理完成注销手续前即由发行人在当地所设分公司予以承接。在上述控股子公司正式完成注销时，其业务均已由发行人当地分公司予以承接，该等子公司与发行人不再存在业务并行的情况。

(四)上述举措对发行人的具体影响

综上所述，发行人虽然将上述6家子公司予以注销，但发行人已在各家子公司注销前完成当地分公司的开设并已将原子公司的人员、资产、业务等顺利过渡给当地分公司进行承接，故注销上述6家子公司的行为不会对发行人的持续经营造成障碍或不良影响。并且，以分公司代替子公司经营系出于发行人实际经营及业务发展的需要，可更好整合发行人的业务资源、提高管理效率，实现员工统一调度、财务统一管理、备件资源统一使用。因此，发行人注销上述6家子公司的行为，不会对发行人本次发行上市构成实质性法律障碍。

二、史丹利：子公司委托母公司集中销售

本公司现有6家全资子公司，母子公司实行直线职能制管理模式，子公司的营销、生产、供应、物流、财务等五个业务部门均由总公司对应的五大中心进行统一管理、监督和指导。

(一)子公司设置

1. 生产基地型子公司

吉林公司、平原公司、贵港公司具有独立的生产设施，为充分利用母公司的营销渠道，其全部产品由母公司统一销售。母公司与子公司签订《委托销售协议》，向母公司支付销售费用。母公司的品牌和商标免费许可生产基地型子公司使用。

2. 品牌型子公司

山东奥德鲁、临沂雅利、山东华丰没有独立的生产设施，委托母公司进行生产、销售，母公司按照每吨2元的价格向子公司支付品牌使用费，经营风险和收益由母公司承担。

报告期内，公司向各品牌型子公司支付品牌费用的金额、各品牌产品的销售数量和金额如下：

年度	品牌	品牌使用费(元)	销售数量(吨)	销售金额(元)
2008 年	华丰	245,550.30	122,775.15	354,743,365.95
	雅利	20,747.90	10,373.95	31,986,798.16
	奥德鲁	57,992.58	28,996.29	87,344,837.34
	合计	324,290.78	162,145.39	474,075,001.45
2009 年	华丰	165,579.64	82,789.82	197,651,873.26
	雅利	19,303.74	9651.87	23,955,944.83
	奥德鲁	51,235.70	25,617.85	62,552,635.18
	合计	236,119.08	118,059.54	284,160,453.27
2010 年	华丰	66,600.00	33,300.00	82,259,295.26
	雅利	5396.00	2698.00	6,864,022.10
	奥德鲁	20,306.40	10,153.20	25,540,978.82
	合计	92,302.40	46,151.20	114,664,296.18

(二)子公司独立生产和销售的模式

为最大限度地实现子公司的生产能力与公司完善的原材料采购、营销渠道、物流资源的优势结合,减少销售渠道重叠和机构重复设置,降低公司及子公司整体的运营成本及经营风险,子公司产品均委托本公司代为销售。

2008 年 1 月 1 日,公司与子公司山东华丰化肥有限公司、临沂雅利化肥有限公司、山东奥德鲁化肥有限公司分别签订《委托经营协议》,由本公司受托经营“沭河华丰”、“华丰”、“雅利”和“奥德鲁”品牌复合肥、复混肥,约定公司每销售一吨复合肥产品,向相应各方支付货款 2 元人民币,剩余销售委托产品的货款归公司所有。

2009 年 12 月 31 日,本公司与史丹利化肥吉林有限公司、史丹利化肥平原有限公司、史丹利化肥贵港有限公司分别签订《委托销售协议》、《商标许可协议》,约定各子公司的产品均使用本公司所有的商标,并由本公司代为销售。

三、四维图新:子公司集中销售

公司目前主要采用面对大客户一对一的销售模式(B2B),同时也在积极探索其他营销模式。公司以在北京和上海设立的合资公司作为销售窗口,进行市场推广和销售活动。公司本部统一制定公司的市场策略和价格策略并协调两家合资公司的市场活动。公司本部和两个合资公司之间签订购买合同,销售收入在扣除两家合资公司必要的经营成本和费用后,全部支付给公司本部。

(一)公司产品销售过程

1. 导航电子地图数据库开发完成后,根据客户的需求,从数据库中抽取相应的数据信息进行整理,形成满足客户需求的特定产品;

2. 公司根据客户发出的销售订单发货，发出的货物为光盘形式或者其他存储介质形式的导航电子地图；

3. 客户接收货物；

4. 客户定期统计该期间使用的货物数量，向公司发送开票申请，确认货物使用数量（本公司的销售数量），申请开具发票结算；

5. 公司根据客户的开票申请开具发票，确认收入；

6. 客户支付货款。

（二）公司产品销售数量的确认方法

目前，公司产品的销售数量主要以客户自行定期统计的使用数量为基准。公司通过自行市场调研与取得第三方统计数据的方法在总体上对客户报告的数量进行监督和验证。公司不以发出的存货数量来确认销售数量，主要原因有两个：一是因为发出的存货客户如果没有使用是可以退回的，在发货环节尚不满足收入确认的条件；二是因为发出的货物有时是母盘的形式，由客户取得母盘后自行在终端设备上复制数据，因此在发货环节销售数量无法确定。

2008 年，公司正式启动了导航地图激活和更新系统。公司自行搭建、运行和维护网络服务器，通过互联网，呼叫中心或者手机短信等方式为汽车经销商和最终用户提供导航系统激活和地图更新。导航系统激活的原理是在车载导航系统软件中植入公司的防盗版加密程序，系统初次启动时提示用户到公司的专用网站获取跟导航系统识别码和地图版本识别码相关的激活码，方可正常激活并使用导航功能。以此激活系统为基础，公司开展了面向经销商和最终用户的更新地图直接销售。用户通过经销商复制或网络下载等方式获得最新地图版本，通过汇款或网银等多种支付方式购买激活码，然后才能激活导航系统实现正常使用。目前此系统已经试用于部分车厂的部分车型系列，并将逐步推广。在这一系统全面推广以后，公司将获得更为直接、准确的车载导航电子地图销售和更新数量。

四、金力泰：代理销售模式

发行人通过直接销售给终端客户和代理商销售两种方式实现销售。审核过程中，审核人员要求保荐机构核查两种销售方式的金额及比例、通过代理商销售最终实现销售的金额及比例、报告期内代理商客户的名单、交易金额、返利情况等。

公司通过直接销售给终端客户和代理商销售两种方式将产品销售给终端客户。报告期内，发行人直接销售金额、代理销售金额及其占销售收入的比重具体如下：

单位：万元

项　目	2010 年 1－3 月		2009 年度		2008 年度		2007 年度	
	金额	比例(%)	金额	比例(%)	金额	比例(%)	金额	比例(%)
直销销售	8974.90	68.09	23,295.86	65.83	17,109.85	64.07	15,031.17	54.86
代理销售	4205.57	31.91	12,091.86	34.17	9595.16	35.93	12,369.74	45.14
主营业务收入合计	13,180.47	100.00	35,387.72	100.00	26,705.01	100.00	27,400.91	100.00

近年来，公司的销售方式以直接销售为主，2008 年以来直接销售收入占主营业务收入的比例达到 60% 以上，代理销售收入占主营业务收入的比例在 30% 左右。目前，代理销售方式主要包括两种：非买断式代理销售和买断式代理销售。两种方式下公司分别与客户和代理商签订合同，但均是将货物发送至终端客户。因此，在非买断式代理销售方式下，发行人代理销售金额和通过代理商销售最终实现销售金额是一致的；在买断式代理销售方式下，发行人销售的确认时点和代理商最终销售实现的确认时点是一致的。发行人在每年年底对代理商超过销量目标的部分给予一定的返利，计入代理商当期的代理费中。

保荐机构核查了发行人的主要销售合同、销售发票、销售凭证，主要代理合同及代理费发票、支付凭证，发行人的代理销售货物的发货通知单、最终销售客户的签收单据等资料，保荐机构认为：发行人销售方式以直接销售为主，无论直接销售还是代理销售，均不存在未实现最终销售的情形。

1. 非买断式代理销售

非买断式代理销售主要适用于由代理商协助公司所开拓的汽车整车生产商及其他整车以外的大型客户。这些客户需要公司提供售后服务，持续对产品涂装过程进行跟踪。代理商则主要负责持续跟踪销售货款的回款情况。

非买断式代理销售模式下，公司与代理商签订代理合同，主要在销售毛利提成的基础上根据销售回款情况确定代理费。公司由各个代理商确定一定时期内的销售目标，公司在每年年底对代理商超过销量目标的部分给予一定的返利，计入代理商当期的代理费中。公司直接与最终客户签订销售合同并发货至终端客户处，终端客户确认实际使用涂料的重量或涂装面积，公司以此作为销售实现的标准，并按照合同约定的单价确认销售收入金额。销售发票直接开具给终端客户。非买断式代理销售与终端客户销售金额完全一致。

2. 买断式代理销售

买断式代理销售主要适用于轻工产品、零部件等区域较为分散、销售规模较小的终端客户。公司按照销售区域执行严格的区域保护政策，公司给代理商一定的合理利润空间，由各个代理商确定一定时期内该区域的销售目标，并视销售目标完成的情况继续获得该区域项目的开发权，如果销售指标连续两年不能完成，由新的代理商通过销售指标竞标的方式获得。

买断式代理销售模式下，公司和代理商签订销售合同，代理商不设立仓库储存货物而是由公司直接运送至代理商服务的终端客户处。公司向代理商开具发票并与之结算货款，以开具发票作为销售实现的标准，并按照合同约定单价确认销售收入金额。代理商另行与终端客户磋商销售价款、结算，并据此获取差价利润，公司不需支付代理费。因销售直接运送至最终客户处，买断式代理销售方式下代理商最终销售实现的确认时点一致。

五、人人乐：连锁经营模式

目前公司采用的主要经营模式有购销、联销、物业出租。

（一）购销

1. 购销的操作方式

购销是最传统的经营模式，也是公司最主要的经营模式。购销是公司直接采购商品后，购销商品经公司验收入库后纳入库存管理，之后由公司进行商品的销售，赚取进销差价实现盈利。在购销方式下，公司买断商品，承担商品所有权上的风险和报酬，但通常公司可有一定退货换货率，以及因市场变化而发生的调价补偿。公司目前采用购销模式的商品主要为食品、日用品、生鲜、家电、针纺等超市商品。

2. 购销的收入确认方式

公司在售出商品并取得货款或收款凭证时确认收入，具体操作程序如下：

（1）若为百货区销售商品，营业员开具销售小票，顾客持销售小票到收银台交款，每天营业员编制《销售汇总表》与收银员核对；

（2）若为自选区，则顾客直接拿商品到收银台交款，收银员扫描商品条码并收款；

（3）营业结束收银员将货款交财务部清点；

（4）银行每天向财务部门收款，银行卡款由银行划入公司账户，出具进账单，并将回单交至财务部；

（5）每天财务部汇总收银员的交款单，核对银行进账单，并录入业务信息系统，与业务信息系统统计的销售金额核对后，以销售汇总报表作收入的账务处理。

3. 购销的结算流程

（1）采购中心根据合同约定在业务信息系统中输入购销供应商的基础信息，包括供应商的名称、编号、商品品类、结算方式、结算周期等；

（2）采购中心在与供应商签订合同后向供应商下订货单；

（3）仓库或卖场收到货物并确认后，录入业务信息系统自动生成商品入库单；

（4）每月系统根据商品入库单、退货单、调价单和基础资料自动生成结算单据，交财务部审核无误后通知供应商开具增值税发票交财务部；

（5）财务部审核增值税发票无误后，通过银行将货款划至供应商银行账户。

4. 购销的盈利方式

购销商品的盈利除赚取进销差价外，还可以通过返利和月度经营毛利补差或负毛利补偿获得盈利。

返利一般是指供应商根据公司一定期间达到的货款结算金额给予的让利。公司返利包括月度返利和年度返利，月度返利和年度返利不会重合，同一供应商选择一种返利模式，一般来说选择年度返利的主要是全国重点客户和各区域分公司的重点客户。返利确认依据为购销合同、协议，返利的核算金额则以上期与供应商货款的结算金额为基础，返利金额由系统自动计算生成，然后经供应商通过公司供应链管理系统核对确认。

月度经营毛利率补差是指供应商为了某种市场目的，在购销合同、协议中保证公司获得固定的毛利率，如果供应商因为市场原因调低销售价格导致公司产品的销售毛利率下降，则由供应商对公司予以补偿，达到事先约定的毛利率。一般而言，采用经营毛利率补差的供应商主要是为了扩大销售或为了市场竞争。补偿的金额为公司实现的实际毛利低于按合同、协议约定的毛利率计算的毛利之间的差额，按月核算，核算主体为公司的区域分公司。

负毛利率补偿主要指供应商降价促销导致公司的实际毛利率为负时，按事先约定给予公司的补偿，补偿金额使公司销售该产品的毛利达到零。

5. 购销对公司的有利之处

购销方式对公司的有利之处主要体现在：一是公司买断了商品，承担了所有权转移的风险，因此一般能获得较高的毛利率；二是公司销售情况较好时，还有可能通过返利获得额外的收益；三是通过月度经营毛利补差及负毛利率补偿，公司保证了一定的基本收益。

（二）联销

1. 联销的操作方式

联销是公司重要的经营模式之一。联销是指供应商提供商品在公司卖场指定区域设立品牌专柜由供应商的销售人员负责销售，双方共同管理。在商品尚未售出的情况下，该商品仍属供应商所有，公司不承担该商品的跌价损失及其他风险。供应商按售价扣除与公司约定的分成比例后开具发票给公司，公司在商品售出后按企业会计准则的规定按不含税售价确认销售收入，并按售价扣除约定的分成确认销售成本和应付账款。公司目前采用联销模式经营的商品主要为服装、化妆品、珠宝首饰、家居用品、床上用品、音像制品、数码产品等种类。

2. 供应商引进

在引进供应商时，公司按经营布局策划，挑选合适的品牌供应商，并对供应商的资格等进行严格审查，对其提供的商品进行严格把关。在取得公司批准后，供应商负责根据公司的指引设计、装修、装饰和布置专柜，亦须负责专柜的维修及维护，在大部分情况下自行负责有关费用。在引入供应商后，公司对其提供统一规划、统一管理、统一服务、统一促销、统一收款等服务。在提供空调及基本照明等基本设施的同时，亦提供收银、保安、维修、清洁及员工管理等服务。供应商自行聘请销售人员，公司向销售人员提供培训，要求遵守公司的服务规范的指引，并就其出售的货品及提供的服务维持公司可接受的素质标准。在经营中，根据专柜的实际销售情况，公司通过市场调研和整体营销策略，有权对供应商经营商品的价格、陈列、促销等提出意见，供应商须全面配合并立刻做出相应的调整。

3. 联销的收入确认方式

联销收入的确认方式同购销。

4. 联销的结算方式

(1)采购中心根据合同约定在业务信息系统中输入联销供应商的基础信息，包括供应商的名称、编号、商品品类、分成比例等；

(2)财务部根据合同复核上述信息；

(3)每月系统根据上月销售数据和基础资料自动生成结算单据，并交财务部审核，在审核无误后通知供应商开具增值税发票交财务部；

(4)财务部审核增值税发票无误后，通过银行将货款划至供应商银行账户。

5. 联销的盈利模式

联销的主要盈利来源为与供应商事前合同、协议确定的销售提成。

6. 联销对公司的有利之处

(1)通过约定销售分成条款，保证公司基本经营收益；

(2)公司无须在商品销售前支付供应商货款，且在收取顾客货款一定时间后才与供应商结算，减少了公司资金占用，提高了公司资金使用效率；

(3)联销货品归供应商库存，公司不需要承担商品跌价、损坏、变质所引起的损失；

(4)供应商承担所经营商品的退换货责任，减少了公司经营风险；

(5)公司以较少的资金增加了向顾客销售的商品种类，同时也可以以当地市场较低价格销售商品，争取更多客源。

(三)物业出租

1. 物业出租

物业出租是指在公司经营场所里进行的租赁经营，其利润来源于租金收入。主要是配合门店零售业务，满足顾客其他消费需求的服务补充，如银行、通信、餐厅、餐店、娱乐项目等。

2. 物业出租收入的确认

公司每月按租赁合同约定收取租金确认收入。

(四)返利及促销服务费

1. 返利及促销服务费的具体内容、收取标准、收入确认标准和原则

发行人收取的返利及促销服务费包括返利收入、促销收入和服务收入。返利是依据合同或协议约定，向供应商收取的价外收入，包括结算返利、超额销售奖励、毛利补偿收入；促销服务费包括促销收入和服务收入，是为供应商提供商品促销服务和其他管理服务而向供应商收取的服务性收入，主要包括新品推广、商品特殊陈列促销及配送仓储服务等收入。返利和促销服务费收入在收到现金(以下称缴款)或按合同约定时间与供应商结算时收取方式为从应支付货款中扣除(以下称扣款)，确认为其他业务收入，同时向供应商开具相关发票。返利及促销服务费的具体内容、收费标准、收入确认标准和原则如下：

项目		项目内容	收费标准	收入确认标准和原则
返利收入	结算返利收入	根据和供应商结算金额收取一定比例的价外返点收入	根据合同约定，按结算金额的一定比例收取	按合同约定扣款或收到供应商缴款时，向供应商开具发票，确认为其他业务收入
	超额销售奖励	根据合同约定，销售供应商商品达到一定目标后向供应商收取的额外奖励收入	根据合同约定，按销售目标的完成情况收取	
	毛利补偿收入	根据合同约定，因竞争需要或为维护商品市场价格形象，致使商品毛利低于正常毛利而向供应商收取的补偿收入	根据合同约定，按低于正常商品销售毛利水平的差额收取	
促销收入	新品推广收入	为供应商进店销售的新品进行推介、试销、市场调查分析以及商品资料管理、维护而收取的有偿服务收入	与供应商签订协议，约定按品种或服务次数收取	按合同约定扣款或收到供应商缴款时，向供应商开具发票，确认为其他业务收入
	商品特殊陈列促销收入	为供应商提供促销台、花车、端架、包柱、收银台货架等特殊醒目位置陈列商品，以及利用报纸、电视、海报等发布商品促销信息而收取的有偿服务收入	与供应商签订协议，根据约定按不同的陈列位置、面积或不同的促销方式收取	
	驻店销售代表管理收入	受供应商委托，对其委派的驻店销售代表提供管理、培训等而收取的有偿服务收入	与供应商签订协议，根据约定按人员数量、培训次数收取	
	形象宣传收入	利用户外或店内广告位、场内电视、传媒、条幅为供应商的企业、商品形象进行推广、宣传，以及为供应商设计、制作柜台形象而收取的有偿服务收入	与供应商签订协议，根据约定按不同的位置、面积或不同的媒介宣传方式收取	

续表

项目		项目内容	收费标准	收入确认标准和原则
促销收入	节庆促销收入	利用节假日、店庆日、公司庆祝日、购物节的商业气氛,举办大型文艺活动、促销活动,对供应商商品进行全方位促销而收取的有偿服务收入	与供应商签订协议,根据约定按不同促销形式或节日类型收取	
服务收入	配送服务收入	为供应商提供商品配送服务而收取的有偿服务收入	根据合同约定,按购进金额的一定比例收取	按合同约定扣款或收到供应商缴款时,向供应商开具发票,确认为其他业务收入
	仓储服务收入	为供应商提供商品分拣、储存、保管服务而收取的有偿服务收入	根据合同约定,按购进金额的一定比例收取	
	信息共享收入	为供应商提供供应链管理平台,使其快捷获取销售、商品库存、结算状况等相关信息而收取的有偿服务收入	根据合同约定,按结算金额的一定比例收取	
	物料消耗补偿收入	为联营供应商提供包装物品、印刷品等物料使用而收取的补偿收入	根据合同约定,按实际领用的数量计算收取	

2. 返利及促销服务费的结算方式及流程

返利和促销服务费的结算方式分为缴款和扣款两种方式。发行人与供应商签订合同或协议后,合同管理员将包含返利和促销服务费收取标准在内的合同或协议信息录入 TSM 系统,结算时系统自动生成收取返利和促销服务费的结算单据,结算人员打印此单据并通知供应商缴款或在当月结算货款时扣款。具体如下:

(1)缴款结算流程

结算人员从 TSM 系统中打印返利及促销费收取单据,及时通知供应商缴款。供应商办理完现金缴款或银行转账手续后,结算人员核对缴款单、促销费收取单,金额及项目核对无误后开具相关发票,发票联交供应商,记账联传会计确认收入并计提应交税费。

(2)扣款结算流程

在合同约定时间与供应商结算货款时,结算人员从 TSM 系统中打印出返利及促销费收取单据并从应支付供应商货款中扣除,结算人员根据扣款金额及项目开具相关发票,发票联交供应商,发票的记账联传会计确认收入并计提应交税费,同时减记供应商的应付账款。

3. 返利及促销服务费的会计处理

(1)缴款结算的会计处理

收到款项后,根据现金收款单、银行单据、促销费结算单、相关发票等资料:

借:银行存款

贷:其他业务收入

(2)扣款结算的会计处理

支付货款时,根据银行单据、促销费结算单、相关发票等资料:

借:应付账款

贷:银行存款

其他业务收入

【案例评析】

1. 从中介机构与企业的关系来看,我们没有理由去评判一个企业经营模式的对错,因为这属于企业经营本身的问题。只要一个企业的盈利能力是持续稳定的,只要一个企业的股东回报和社会责任的义务能够尽职履行,那么这个企业就是一家好的企业,同样这家企业的经营模式就有存在的市场价值,套用一句俗套的话“不论是黑猫、白猫,逮住耗子就是好猫”。

2. 但是从目前中介机构在企业上市进程中的角色和职能来看,有些情况下我们又必须对企业的经营架构甚至战略思路进行适当的梳理,以保证在我国现行审核制度下在特定因素下能够满足企业首发上市的要求。一个行业或许有一个行业的经营模式,甚至一个单独企业都会有一种独特的经营模式,我们不去分析这些模式的是非对错,不过,尝试思考每种模式内在的机理以及完善的方向对我们实践工作还是有较大帮助的。

3. 在上述案例中,主要讲述了几种比较常见也比较重要的经营模式,如母子公司、子公司集中销售、代理销售以及连锁经营等。子公司集中销售或者母公司集中销售的案例并不罕见,在某些情况下会存在以此规避税收以及成本结算等问题,这个问题其实归根结底可能会回到母子公司模式的合理性问题(后面详述)。代理销售其实大家也都不会陌生,主要关注的就是代理商是否真正实现了销售从而确定发行人收入确认是否真实,至于核查的手段和方法,倒没有固定的套路,凡是可以证明真相的,个人觉得都可以用来尝试。至于连锁销售,人人乐的案例也是比较典型的,大家不妨借鉴一下。

4. 下面将重点分析一下母子公司模式的一些问题:

(1)如果发行人子公司过多且子公司的目的性和战略性非常不清晰,就会导致这个一直在投行实务中比较常见也比较头疼的问题。回头想想,很多项目在改制辅导阶段就是在帮助发行人整理业务链条,整合子公司的合理设置。如果发行人下属子公司均有着明确的职能定位和业务分工,那是没有任何问题的,也是现代企业发展经营所必须,但是如果是天女散花似地进行盲目和任性投资,那么这样的子公司设置是监管机构不允许的,其实也是会伤害到发行人健康成长的。

(2)比如在天玑科技的案例中,发行人就坦诚由于子公司过多而影响了资源调配的效率，从而改变原有模式变更为以分公司的模式进行经营，说白了，就是将分公司作为公司的一个生产车间或者事业部，在财务上统一核算。小兵是认可天玑科技这种理由的，只是分公司由于税收的问题一般不会受到当地主管部门的待见，这是属于潜在的风险。

(3)那么子公司设置混乱会导致哪些问题呢？首先说一点，就是少数股东权益的问题。也就是说，如果发行人下属子公司不属于自己的全资子公司，那么这个问题还是比较敏感和严重的，子公司少数股东的背景以及发行人是否存在利用子公司进行利益安排，以向少数股东转移的诸多问题会被关注甚至质疑。当然，从目前的情况来看，少数股东权益问题在申报之前基本上都得到了处理。

(4)如果是全资子公司是不是就没有问题了呢，也不一定。问题主要体现在：①是否利用子公司和母公司之间的税差不同进行避税处理；②子公司之间以及和母公司之间的成本费用归集和分摊是否合理，是否存在其他利益安排；③如果子公司存在注销的情形，那么更加会关注子公司的合规运行以及财务核算问题。

(5)一般情况下，小兵是不建议将公司生产经营的不同流程分属于不同的法人主体进行管理的，这会导致公司整个毛利可以在各家主体之间任意调配，虽然有点“肉烂在锅里”的意味，但是对于财务核算成本以及财务对外规范的形象方面都有不利的影响。当然，有些企业比较特殊，可能要将销售单独作为一个业务模块进行管理，这个在尊重企业经营实际的前提下理应没有障碍。但是，一定不要给别人留下可能存在利益输送的嫌疑，比如四维图新的案例，如果销售子公司存在少数股东权益，那么“必要的成本和费用”是没法说得很明白的。

■第四节　亲属同业竞争解决之道

【重要提示】

★ 在如下两个重要前提下，提出对这个问题的审核态度具有现实意义：(1)审核实践对同业竞争监管日益严格甚至没有任何余地；(2)我国是典型的人情社会，亲戚朋友互帮互助非常普遍。

★ 政策有着伟大的意义并不代表这个政策就万无一失，目前对于监管层以及执行者来说，最大的问题就是这个政策执行标准的判断以及边界的厘清。

★ 从审核实践来看，关于亲属同业竞争问题解释获得认可以及必须需要清理的案例均已存在，至于哪些情形可以得到认可哪些必须要清理，小兵将尝试与大家一起探讨这个标准。

【案例情况】

一、锐奇股份:亲属同业竞争的解释

本案例在审核过程中,亲属同业竞争问题还是受到了重点关注,主要关注点在于:亲属控制公司的股权沿革、实际从事的业务、核心技术、主要产品、报告期主要财务数据及其对发行人的影响等。

发行人实际控制人直系亲属(兄姊)控制或施加重大影响的企业中,其营业执照经营范围中包含电动工具生产和经营的企业有以下7家:

序号	公司名称	实际从事业务	业务模式
1	永康市精深工具制造有限公司	DIY通用级铝材切割机的生产销售	为外资品牌OEM,产品外销
2	浙江金磐机电实业有限公司	DIY通用级往复锯、电圆锯的生产销售	为外资品牌OEM,产品外销
3	浙江金华金磐电动工具有限公司	2007年以前从事DIY通用级电动工具生产销售,2008年起,经过业务重组,其业务整合至浙江金磐机电实业有限公司,该公司不再从事实际业务	-
4	中坚机电集团有限公司	控股集团	控股平台
5	永康市中坚工具制造有限公司	汽油割草机的制造	为外资品牌OEM,产品外销
6	永康市大道工贸有限公司	汽油割草机的经销	经销
7	永康市中超科技有限公司	汽油割草机的研发	研发

中坚机电集团有限公司系由发行人实际控制人吴明厅的哥哥吴明根及其配偶赵爱娱控股;永康市中坚工具制造有限公司、永康市大道工贸有限公司、永康市中超科技有限公司均为中坚机电集团有限公司控股子公司。

中坚机电集团有限公司及其下属子公司永康市中坚工具制造有限公司、永康市大道工贸有限公司、永康市中超科技有限公司实际从事的业务主要为汽油动力的园林工具的研发、生产和销售,产品主要包括汽油链锯产品、汽油割草机、汽油变频发电机等。

汽油动力工具系以汽油为动力来源,与发行人生产的电动工具产品具有实质性的区别。发行人目前不生产、销售上述产品。本所律师认为,发行人和中坚机电集团有限公司及其下属子公司之间在业务经营方面不存在直接的竞争关系。

上述7家公司中,目前实际从事电动工具业务的有两家,即浙江金磐机电实业有限公司和永康市精深工具制造有限公司;曾从事电动工具业务的有一家,即浙江金华金磐电动工具有限公司。

(一)公司基本情况

1. 浙江金华金磐电动工具有限公司

(1)股权沿革

①设立

1995年12月5日,浙江金华金磐电动工具有限公司经磐安县工商局核准成立。成立时,浙江金华金磐电动工具有限公司注册资本为480万元,其出资方及出资情况为:

出资方姓名	出资额(万元)	占注册资本比例(%)
吴明芳	288	60
吴明根	192	40
合计	480	100

②2001年增资

2001年3月29日,经磐安县工商局核准登记,浙江金华金磐电动工具有限公司注册资本增加至1200万元。本次增资完成后,其出资方及出资情况为:

出资方姓名	出资额(万元)	占注册资本比例(%)
吴明芳	720	60
吴明根	480	40
合计	1200	100

③2004年股权转让

2004年8月27日,经磐安县工商局核准登记,吴明根将所持有的480万元出资转让给吴宁。本次股权转让完成后,浙江金华金磐电动工具有限公司的出资方及出资情况变更为:

出资方姓名	出资额(万元)	占注册资本比例(%)
吴明芳	720	60
吴宁	480	40
合计	1200	100

经律师核查,吴明芳系发行人控股股东吴明厅的哥哥,吴宁系吴明芳之子。

(2)实际从事的业务、核心技术、主要产品

①浙江金华金磐电动工具有限公司现经营范围为:电机、电动工具制造;机电产品(不含汽车),金属材料、化工(不含化学危险品)、五金、交电、建筑材料销售、出口公司自产的机电产品。上述经营范围不含国家法律法规规定禁止、限制和经营项目的项目。

②实际从事业务:浙江金华金磐电动工具有限公司2007年以前从事DIY通用级电动工具生产销售,2008年起,经过业务重组,其业务整合至浙江金磐机电实业有限公司,该公司不再从事电动工具业务。

③主要产品:DIY通用级电圆锯。

④核心技术:DIY通用级电圆锯生产制造工艺,涂刷机等5项外观设计和实用新型专利。

(3)报告期主要财务数据

根据工商登记的年检备案资料,报告期内浙江金华金磐电动工具有限公司主要财务数据如下:

单位:万元

项 目	2007年	2008年
营业收入	1019.46	0
营业利润	55.73	0
净利润	20.29	0.80
项 目	2007年12月31日	2008年12月31日
总资产	17,965.86	4781.32
净资产	4139.59	4134.14

2.浙江金磐机电实业有限公司

(1)股权沿革

①设立

2003年11月13日,经婺城区外经贸局批准并经金华市工商局核准,浙江金磐机电实业有限公司成立。成立时,浙江金磐机电实业有限公司注册资本为1020万美元,其出资方及出资情况为:

出资方姓名	出资额(万美元)	占注册资本比例(%)
中方:金华兴业投资有限公司	520	50.98
外方:RICHPOWER INDUSTRIES INC.	500	49.02
合计	1020	100

②2004 年增资

2004 年 8 月 11 日，经婺城区外经贸局批准并经金华市工商局核准，浙江金磐机电实业有限公司注册资本增加至 2040 万美元，其中中方金华兴业投资有限公司增加出资 520 万美元，外方 RICHPOWER INDUSTRIES INC. 增加出资 500 万美元。本次增资完成后，其出资方及出资情况变更为：

出资方姓名	出资额（万美元）	占注册资本比例（%）
中方：金华兴业投资有限公司	1040	50.98
外方：RICHPOWER INDUSTRIES INC.	1000	49.02
合计	2040	100

经本所律师核查，金华兴业投资有限公司的股东为：吴宁出资 2550 万元，占注册资本的 51%；吴群英出资 2450 万元，占注册资本的 49%。其中，吴宁系发行人控股股东吴明厅的哥哥吴明芳之子，吴群英系吴明芳之妻。因此，浙江金磐机电实业有限公司系由吴明厅的哥哥吴明芳之妻子、儿子通过金华兴业投资有限公司间接控制。

（2）实际从事的业务、核心技术、主要产品

①浙江金磐机电实业有限公司现经营范围为：电机、电动工具、机电产品（不含汽车）、金属材料（除贵金属）、化工产品（除易制毒品和化学危险品）、五金、新型建筑材料制造（凡涉及许可证或专项审批的凭有效证件经营）。

②实际从事业务：浙江金磐机电实业有限公司为外国品牌贴牌生产 DIY 通用级电动工具，产品外销。

③主要产品：DIY 通用级往复锯、电圆锯。

④核心技术：冲击电钻等外观设计专利 3 项。

律师核查后认为，浙江金磐机电实业有限公司主要产品之一 DIY 通用级往复锯，发行人目前不生产、销售该产品；浙江金磐机电实业有限公司另一主要产品 DIY 通用级电圆锯，发行人虽少量生产销售高等级专业级电圆锯，但该等产品在发行人总体业务所占比例较小，非发行人的主要产品；且基于专业级和 DIY 通用级电动工具的不同，发行人生产销售的专业级电圆锯与 DIY 通用级电圆锯在产品质量、性能、单位售价、用途等方面均存在较大差异。本所律师认为，发行人和浙江金磐机电实业有限公司之间在业务经营方面不存在直接的竞争关系。

（3）报告期主要财务数据

根据工商登记的年检备案资料，报告期内浙江金磐机电实业有限公司主要财务数据如下：

单位:万元

项　目	2007 年	2008 年
营业收入	25,861.52	25,128.38
营业利润	2996.32	2699.80
净利润	3043.07	3121.45
项　目	2007 年 12 月 31 日	2008 年 12 月 31 日
总资产	67,992.08	99,528.73
净资产	19,899.87	23,023.13

3. 永康市精深工具制造有限公司

(1)股权沿革

①设立

1997 年 12 月 10 日,永康市精深工具制造有限公司经永康市工商局核准设立。成立时,永康市精深工具制造有限公司注册资本为 280 万元,其出资方及出资情况为:

出资方姓名/名称	出资额(万元)	占注册资本比例(%)
叶云新	91	32.5
永康市博大电器有限公司	142.8	51
吴苏窕	46.2	16.5
合计	280	100

②2002 年股权转让

2002 年 9 月 9 日,经永康市工商局核准登记,永康市博大电器有限公司将所持的 142.8 万元出资全部转让给叶云新、吴苏窕。本次股权转让完成后,永康市精深工具制造有限公司的出资方及出资情况变更为:

出资方姓名	出资额(万元)	占注册资本比例(%)
叶云新	162.6	58.07
吴苏窕	117.4	41.93
合计	280	100

③2004 年增资

2004 年 6 月 29 日,经永康市工商局核准登记,永康市精深工具制造有限公司注册资本增加至 2180 万元,由叶云新认缴增资 1720 万元,由吴苏窕认缴增资 180 万元。本次增资完成后,永康市精深工具制造有限公司的出资方及出资情况变更为:

出资方姓名	出资额(万元)	占注册资本比例(%)
叶云新	1882.6	86.36
吴苏窕	297.4	13.64
合计	2180	100

经律师核查,吴苏窕系发行人控股股东吴明厅的姐姐,叶云新与吴苏窕系夫妻关系。

(2)实际从事的业务、核心技术、主要产品

①永康市精深工具制造有限公司现经营范围为:一般经营项目:电动工具,五金产品,铝合金锭,铝制品,运动休闲车、电动车(不含汽车、摩托车)制造、加工、销售;防盗门、有色金属销售;经营进出口业务详见进出口企业资格证书(凡涉及前置许可或专项审批的凭有效证件经营)。上述经营范围不含国家法律法规规定禁止、限制和经营项目的项目。

②实际从事业务:永康市精深工具制造有限公司为外国品牌 OEM 贴牌生产铝材切割机,产品外销。

③主要产品:DIY 通用级铝材切割机。

④核心技术:DIY 通用级铝材切割机的生产制造工艺。

发行人虽少量生产销售高等级专业级铝材切割机,但该等产品在发行人总体业务所占比例较小,非发行人的主要产品;且基于专业级和 DIY 通用级电动工具的不同,发行人生产销售的专业级铝材切割机与 DIY 通用级铝材切割机在产品质量、性能、单位售价、用途等方面均存在较大差异。本所律师认为,发行人和永康市精深工具制造有限公司之间在业务经营方面不存在直接的竞争关系。

(3)报告期主要财务数据

根据工商登记的年检备案资料,报告期内永康市精深工具制造有限公司主要财务数据如下:

单位:万元

项　目	2007 年	2008 年
营业收入	10,233.84	8661.29
营业利润	151.52	84.71
净利润	249.07	56.58
项　目	2007 年 12 月 31 日	2008 年 12 月 31 日
总资产	13,063.50	20,592.17
净资产	3108.08	3161.60

（二）发行人实际控制人吴明厅的兄姊控制或实施重大影响的公司从事电动工具相关业务对发行人的影响

1. 对发行人独立性的影响

（1）吴明厅及其兄姊，都已建立各自的家庭和事业，在经济利益上均是独立的主体，个人及其各自所控制的企业之间不存在控制、被控制或共同为其他方所控制的情形。

（2）吴明厅的兄姊主要在浙江金华地区（主要在永康市，永康市为金华地区下辖的县级市）从事电动工具相关业务。浙江金华地区五金工具相关产业非常发达，是我国最大的电动工具产业集群地之一，因此相关从业人员数量庞大，其中部分家族在创业早期出于资金和资源互助的目的，因而家族大部分成员从事同一产业的情形较为常见。吴明厅及其兄姊早已经历创业初期互帮互助阶段，目前已建立各自的事业，其中涉及电动工具业务的企业经营状态良好且各自产业特点均基本稳定。

（3）吴明厅与其兄姊均独立经营各自事业，报告期内，发行人没有与吴明厅的兄姊及其控制的企业有任何业务往来、资金往来、业务合作以及相互担保，在各自企业经营和管理上相互独立，互不干预。

（4）吴明厅与其兄姊在人事管理上互不干预，报告期内，发行人与吴明厅的兄姊所控制的企业在人员方面不存在交叉任职、人员混用或合署办公的情形。

（5）报告期内发行人与吴明厅的兄姊及其控制的企业不存在共用资产、互相占用资产以及利用资产相互担保的情形。

律师核查后认为，发行人与实际控制人吴明厅的兄姊控制或实施重大影响的关联公司在资产、人员、财务、机构、业务方面均保持独立性，报告期内未曾发生任何形式的关联交易。

2. 对发行人业务经营的影响

发行人的产品主要定位于自主品牌的高等级专业级电动工具，与上述关联公司的产品则存在较大差异，具体情况如下：

（1）中坚机电集团有限公司及其下属控股公司的主要产品为以汽油为动力的园林工具，浙江金磐机电实业有限公司主要产品之一是往复锯，发行人目前均不生产、销售上述产品。

（2）永康市精深工具制造有限公司主要生产销售 DIY 通用级铝材切割机，浙江金磐机电实业有限公司主要产品之一是 DIY 通用级电圆锯，发行人虽少量生产销售高等级专业级铝材切割机和电圆锯，但该等产品在发行人总体业务所占比例较小，非发行人的主要产品；且基于专业级和 DIY 通用级电动工具的不同，发行人生产销售的专业级铝材切割机、电圆锯与 DIY 通用级铝材切割机、电圆锯在产品质量、性能、单位售价、用途等方面均存在较大差异。

律师核查后认为，虽然发行人实际控制人吴明厅的兄姊控制或实施重大影响的公司从事与发行人相似或相近的业务，但发行人与该等关联公司在资产、人员、财务、机构、业务方面均保持独立性，报告期内未曾发生任何形式的关联交易。由于发行人主要产品定位于自主品牌的高等级专业级电动工具，与该等关联公司的产品均存在较大的差异性，发行人和该等关联公司在业务经营方面亦不存在实质的直接的竞争关系。

（三）亲属交易管理制度

发行人于2010年6月11日召开董事会会议，审议并通过了《上海锐奇工具股份有限公司与实际控制人亲属交易管理制度》。发行人实际控制人担任的董事对该议案回避表决。该制度于董事会会议审议通过之日起生效。

《上海锐奇工具股份有限公司与实际控制人亲属交易管理制度》有以下主要条款：

1. 该制度所称的实际控制人亲属，是指与公司实际控制人存在三代以内直系或旁系血亲关系（包括拟制直系血亲及拟制旁系血亲）的家庭成员。

2. 该制度所称的交易，是指发生转移资源或者设定权利义务的事项。

3. 该制度规定公司（包括控股子公司）与实际控制人兄弟姐妹及其所控制的法人和非法人组织之间，不得发生任何交易事项，包括但不限于：购买或者出售资产；对外投资（含委托理财、委托贷款等）；提供财务资助；提供担保；租入或者租出资产；委托或者受托管理资产和业务；赠与或者受赠资产；债权、债务重组；签订许可使用协议；转让或者受让研究与开发项目；购买原材料、燃料、动力；销售产品、商品；提供或者接受劳务；委托或者受托销售；共同投资；其他通过约定可能引致资源或者义务转移的事项。（一方以现金方式认购另一方公开发行的股票、公司债券或企业债券、可转换公司债券或者其他衍生品种的，不属于上述交易事项范畴。）

实际控制人违反相关交易决策程序或利用其实际控制地位操控公司违反前述规定的，实际控制人应按交易发生金额的5%的标准向公司交纳补偿金；交易金额难以确定的，实际控制人应按50万元/次的标准向公司交纳补偿金。同时，公司因履行或不履行交易事项而造成的全部损失（包括但不限于违约金、赔偿金、滞纳金、利益损失等），均有权向实际控制人追索。

公司董事会应自知晓或应当知晓上述情形之日起30日内召开董事会会议，就公司向实际控制人主张补偿金、追索损害赔偿等相关事宜进行审议表决；董事会怠于行使职责的或董事会审议表决结果与本制度规定不符的，监事会、单独或者合计持有公司10%以上股份的股东有权依据《股东大会议事规则》等规定提议召开临时股东大会并对此事项进行审议表决。

4. 该制度施行之日起,对于发行人与实际控制人兄弟姐妹之外的其他亲属及由其控制的法人和非法人组织之间在连续十二个月内发生与电动工具业务相关的交易金额累积达到1000万元人民币时,应将该交易方认定为发行人关联方;此后该交易方与发行人继续发生的与电动工具业务相关的交易须作为关联交易,按照《深圳证券交易所创业板股票上市规则》、《上市公司信息披露管理办法》以及公司《关联交易公允决策制度》、《公司信息披露管理制度》等规定进行决策及披露。

5. 鉴于上海通钻工具有限公司、永康市倍力工具有限公司、上海同润工具有限公司曾与发行人发生大额的电动工具业务相关的交易,为加强发行人与实际控制人亲属控制的法人和非法人组织之间的重大交易的管理和信息披露,充分保护发行人、发行人中小股东的利益,本着"实质重于形式"的原则,上海通钻工具有限公司、永康市倍力工具有限公司、上海同润工具有限公司在被发行人实际控制人亲属控制期间,均被视为发行人关联方。

6. 对于已被认定为发行人关联方的由实际控制人兄弟姐妹之外的其他亲属控制的法人和非法人组织,在被该等亲属控制期间,均将持续被视为发行人关联方。

7. 该制度经董事会通过之日起施行并由董事会负责解释。

律师核查后认为,《上海锐奇工具股份有限公司与实际控制人亲属交易管理制度》适用于发行人及其控股子公司与发行人实际控制人吴明厅夫妇的亲属及由该亲属控制的法人和非法人组织之间的交易。该制度生效以后,能从制度上有效地杜绝发行人与实际控制人的兄弟姐妹及由其控制的法人和非法人组织之间的交易;同时,依据该制度,发行人与实际控制人吴明厅夫妇的亲属及由该亲属控制的法人和非法人组织之间发生的电动工具业务相关的重大交易将被认定为关联交易,并依此规范此类交易的决策、管理和披露,有效保证此类交易的公允、合理性,更有效地保障发行人、发行人中小股东的权益,确保发行人的独立性。

二、美晨科技:亲属同业竞争的清理

报告期内,除发行人实际控制人所控制的富美投资和富美房地产外,与上述关联自然人关系密切的家庭成员控制、共同控制或施加重大影响的其他企业有一家,即山东重橡汽车部件有限公司。

(一)山东重橡的基本情况说明

山东重橡经营范围为加工、销售汽车零部件(不含铸造、电镀、电泳漆等工艺),公司成立于2007年8月13日,成立时注册资本500万元,其中张海帆出资300万元,股权占比为60%,管延云出资200万元,股权占比为40%。2010年4月16日,山东重橡召开股东会,决议通过增资200万元,增资后注册资本为700万元,其中张海帆出资400万元,占比为57.14%,管延云出资300万元,占比42.86%。因张海帆与美晨科技实际控制人张磊系兄弟关系，且发行人与山东重橡的业务存在一定的重合，因此二者之间存在同业竞争情形。为解决该等同业竞争情形，张海帆和管延云夫妇于2011年3月21日将其共同持有的山东重橡的100%股权全部转让给其无关联第三方——舜邦投资。

（二）山东重橡与发行人之间的独立性说明

1. 在股权上，发行人实际控制人对山东重橡不具有控制关系

山东重橡股权转让前，由张海帆实际控制；山东重橡股权转让后，由舜邦投资实际控制。虽然张海帆与美晨科技实际控制人张磊系兄弟关系，但张磊、李晓楠及其控制的企业对山东重橡无控制关系或重大影响。舜邦投资系国有企业，与发行人不存在任何关联关系。因此，在股权上，发行人的实际控制人及其控制的企业对山东重橡不具有控制关系。

2. 山东重橡的业务、人员、财务、机构和资产等方面均完全独立于发行人

山东重橡不受发行人实际控制人所控制，独立面向市场经营，有其独立的业务、人员、财务、机构和资产。山东重橡股权转让前，执行董事、总经理为张海帆，监事为管延云，其他主要管理人员包括厂长王仲民、销售经理夏明星、财务经理韩海生；山东重橡股权转让后，执行董事为王金军，监事为赵顺利，总经理为王仲民。上述人员均未在发行人及发行人的实际控制人控制的其他企业兼职、领薪或持有股份。发行人的董事、监事和高级管理人员也未在山东重橡兼职、领薪或持有股份。

3. 山东重橡的原实际控制人张海帆对发行人不具有重大影响

自发行人2004年成立以来，张海帆及其配偶管延云从未持有发行人股份，也未在发行人处领薪或担任过任何职务，对发行人不具有重大影响力。

4. 报告期内，发行人与山东重橡之间的关联交易很少，且定价公允

报告期内，发行人与山东重橡之间的关联交易很少，关联交易的定价遵循市场化定价原则，价格公允，不存在向对方输送利益的行为。

经核查，保荐机构认为："山东重橡与发行人的业务、资产和财务完全独立，不存在向发行人输送利益的行为。"

经核查，发行人律师认为："山东重橡与发行人在业务、资产、人员、机构和财务等方面均相互独立。报告期内山东重橡与发行人之间的关联交易金额较小，且定价公允，双方不存在显失公允的关联交易，山东重橡不存在向发行人输送利益的行为。"

经核查，申报会计师认为："山东重橡与发行人在业务、资产、人员和财务方面完全独立，不存在输送利益的行为。"

(三)山东重橡收入和利润的匹配性说明

1. 毛利率、费用率和净利润率的变动分析

(1)毛利率变动

2008年至2010年1~9月,山东重橡的毛利率分别为9.99%、11.56%、11.31%,整体呈上升趋势。2010年1~9月毛利率较2009年略有下降,主要原因是进入2010年以来,主要原材料价格有所上涨。

(2)费用率变动

2008年至2010年1~9月,山东重橡的期间费用率(销售费用率、管理费用率和财务费用率三项合计)分别为9.17%、9.79%和8.83%,基本维持在8%~10%之间,较为稳定,未出现大幅度异常波动情形。

(3)净利润率变动

2008年至2010年1~9月,山东重橡的净利润率分别为0.41%、1.06%和1.61%,呈逐步上升趋势,未出现大幅度异常波动情形。逐步上升的原因为山东重橡的毛利率总体为上升趋势,同时费用率保持在较为稳定的水平。

2. 毛利率、费用率和净利润率的绝对值水平分析

(1)毛利率水平分析

2008年至2010年1~9月,山东重橡的综合毛利率水平仅维持在10%~12%之间,与发行人同期的综合毛利率水平(30%以上)相比,山东重橡的毛利率水平较低,盈利能力较弱。毛利率较低的主要原因为:一方面,山东重橡的产品主要应用于农用车和低速货车等,该类车辆的售价较低,因此该类车辆的生产企业对供应商采购报价都比较低;另一方面,山东重橡所从事生产的主要产品技术含量不高,加工设备相对简单,因此行业进入门槛较低,价格竞争激烈。以上两方面因素都导致山东重橡产品售价较低,仅能保持较低的综合毛利率水平。

(2)费用率分析

2008年至2010年1~9月,山东重橡的期间费用率基本保持在8%~10%之间,相对于发行人(均在14%以上),山东重橡期间费用率相对比较低,主要原因为:山东重橡的经营规模相对较小,客户数量比较少,除了北汽福田外,跨省供货的情况也比较少,因此销售费用较少;因为规模所限,山东重橡无法获得银行融资,因此财务费用非常少。

(3)净利润率分析

2008年至2010年1~9月,山东重橡的净利润率均不到2%,维持在非常低的水平上,勉强盈利,主要系其销售毛利率过低所致。

由于与山东重橡业务相近的企业中没有上市公司,因此无公开数据可查。但据发行人了解,与山东重橡业务及经营规模相近的诸城当地企业,大部分的净利润

率水平均低于2%。

综上所述，山东重橡的收入、成本、费用、利润匹配；2008年~2010年1~9月，其综合毛利率总体呈上升趋势，期间费用率基本保持稳定，净利率指标逐年上升，上述指标均不存在异常波动情形，并与当地同行业企业水平相近。

经核查，保荐机构认为："山东重橡的收入、成本、费用和利润与其业务特点和产品相匹配，其毛利率、费用率和净利率指标在三年内不存在异常波动情形。"

经核查，申报会计师认为："山东重橡的收入、成本、费用和利润与产品和业务相匹配，其毛利率、费用率和净利率指标不存在异常波动情形。"

（四）山东重橡与发行人之间的同业竞争情形对发行人是否构成利益冲突及其对发行人经营和财务的影响

1.美晨科技与山东重橡的目标市场和销售客户对比说明

美晨科技和山东重橡均隶属于非轮胎橡胶制品行业的大范畴，但主要目标市场定位不同。美晨科技主要目标市场为中重卡市场，少量涉足轻微卡市场；山东重橡主要目标市场为农用车和轻微卡市场，目前不具备为中重卡配套减震制品的能力。因此，双方主要在轻微卡市场领域存在一定的重合。报告期内，山东重橡配套微轻卡车型的产品销售收入占当期销售收入的比例始终保持在60%左右，而发行人同类产品占比最高不超过8%，且呈逐年下降的趋势，至报告期末已下降至4%以下，主要重合市场对发行人的经营和业务无重大影响。

报告期内双方重叠的主要客户仅北汽福田一家。北汽福田下设多家分/子公司，双方最终客户虽然同为北汽福田，但实际业务过程中的销售对象为北汽福田各下属企业，其中，北京欧曼重型汽车厂为美晨科技重要客户；诸城汽车厂和诸城奥铃汽车厂为山东重橡重要客户。双方重要客户存在差异的主要原因与各自目标市场定位有关，北京欧曼重型汽车厂主要生产中重卡，而诸城汽车厂和诸城奥铃汽车厂主要生产微轻卡，各自契合发行人与山东重橡的目标市场。

形成美晨科技和山东重橡同时向北汽福田供货的原因主要为三个方面：(1)北汽福田原注册于双方企业所在地——诸城，目前在诸城仍设有大规模汽车生产基地，对诸城当地汽配产业发展拉动效果很大，受地理位置、地缘和人脉关系等多方面因素的影响，北汽福田有相当一部分供应商来源于诸城当地的汽配生产企业，其中包括山东重橡和发行人；(2)北汽福田下设不同的分/子公司，分别生产不同的车型，山东重橡和发行人根据各自的产品定位和产品适用的车型独立向相关分/子公司销售，导致双方所生产之不同产品（因适用车型不同而不同）销售给同一客户的情形；(3)因发行人不生产工程塑料制品，而山东重橡的主要产品为工程塑料制品，因此北京欧曼重型汽车厂在向发行人采购的同时向山东重橡采购工程塑料制品，导致其成为发行人与山东重橡的共同客户。

2. 双方生产销售产品的对比说明

(1)减震橡胶制品

根据行业惯例,可以简单地将减震橡胶制品划分为四小类:推力杆;空气弹簧;悬架总成;减震零件。其中发行人生产上述全部四小类产品;山东重橡仅生产减震零件类产品。因此,发行人与山东重橡重合生产的减震橡胶制品仅为减震零件类。

(2)胶管制品

按照产品功能和用途划分,汽车胶管可分为三小类:空气系统胶管(气管);输水系统胶管(水管);其他胶管。其中发行人生产销售上述全部三小类产品;山东重橡仅生产空气系统胶管(气管)、通过外购方式销售少量的输水系统胶管(水管)。因此,发行人与山东重橡重合生产销售的胶管制品绝大部分为空气系统胶管(气管)。

(3)工程塑料制品

工程塑料制品是山东重橡的主要产品,工程塑料制品在发行人业务中不具重要地位,发行人主要专注于非轮胎橡胶制品,不生产工程塑料制品,所需工程塑料制品全部通过外购解决。

(4)双方重合产品的说明

综合上述分析,美晨科技与山东重橡重合生产产品为橡胶零件类制品和空气系统胶管。该类产品均为非标产品,如配套应用于不同车型,其最终产品的形态、质量、技术指标、价格等方面均存在一定的差异。因美晨科技与山东重橡的主要目标市场不同,美晨科技主要产品配套于中重卡,山东重橡主要产品配套于农用车和轻微卡,因此虽然双方均生产和销售橡胶零件类制品和空气系统胶管,有所重合,但最终产品仍存在较大的区别。因此,从生产销售的产品分析,美晨科技与山东重橡之间不存在明显利益冲突的情形,同业竞争情形对发行人的经营和财务无重大影响。

3. 美晨科技与山东重橡的供应商对比说明

发行人和山东重橡均依据其销售订单情况制订生产计划,相应制订采购计划,并向其合格供应商采购原材料。发行人与山东重橡生产所用主要原材料均同为钢材、橡胶等大宗商品,但对具体原材料的型号、规格、质量以及对供应商的考核指标和体系等方面存在明显区别。因此,在实际采购业务中,报告期内发行人与山东重橡除2009年同时向诸城市博奥工程塑料有限公司采购原材料(发行人采购额约675万元,山东重橡采购额为8000元,二者存在较大差异)外,不存在共同的原材料供应商。因此,发行人不存在利用采购渠道与山东重橡互相分摊成本或费用,从而相互输送利益的情形,也不存在明显的利益冲突及潜在利益冲突,同业竞争情形对发行人的经营和财务无重大影响。

综上所述,虽然曾存在山东重橡与发行人之间的同业竞争情形,但双方并不存在明显的利益冲突,同业竞争情形对发行人的经营和财务无重大不利影响。

经核查,保荐机构认为:“原发行人与山东重橡之间存在的同业竞争情形对发行人不构成明显的利益冲突,对发行人的经营和财务无重大影响。”

经核查,发行人律师认为:“原发行人与山东重橡之间存在的同业竞争情形对发行人不构成明显的利益冲突,对发行人的经营及财务均无重大影响。”

经核查,申报会计师认为:“发行人与山东重橡之间原存在同业竞争情形,但未对发行人产生明显的利益冲突,对发行人的经营和财务无重大影响。”

(五)同业竞争的有效解决措施

如上所述,在张海帆夫妇转让股权给舜邦投资前,山东重橡为发行人之关联方,且与发行人的业务和产品均存在一定的重合,从而对发行人构成同业竞争。为彻底消除该等同业竞争情形,张海帆夫妇已将其共同持有的山东重橡100%的股权全部向其无关联的第三方转让,并出具关于避免与美晨科技同业竞争的声明承诺函,具体过程说明如下:

1. 关于山东重橡股权转让情况的说明

2011年3月16日,诸城万祥资产评估有限公司出具了《资产评估报告书》(诸万祥评估字〔2011〕第2号),对山东重橡申报的流动资产、固定资产、无形资产及负债进行了评估,本次评估基准日为2011年2月28日,评估目的为确定评估基准日山东重橡资产及负债的评估价值,为企业股权转让提供有关资产的价格依据。山东重橡截至评估基准日的经评估净资产为14,710,975.27元。

2011年3月20日,张海帆、管延云(甲方)与舜邦投资(乙方)签署了《山东重橡汽车部件有限公司股权转让协议》,协议主要约定条款如下:“1.1经协商,甲乙双方一致同意,将甲方所持有的山东重橡汽车部件有限公司(以下简称山东重橡)共计100%的股权全部转让给乙方所有。”“参照诸城万祥资产评估有限公司出具的《资产评估报告》(诸万祥评估字2号),经甲乙双方协商一致,甲方向乙方转让山东重橡100%股权的定价基准为截至2011年2月28日(以下简称股权转让基准日)山东重橡经评估净资产值,确定最终转让股权价格对应金额为人民币1470万元。”“4.1乙方应在本协议生效之日起3个工作日内,向甲方支付全部股权转让款项共计人民币1470万元,其中,张海帆占股权的57.14%,应付款840万元;管延云占股权的42.86%,应付款630万元。”“4.3甲方保证上述拟转让的股权对应的注册资本金已经全部实际缴纳。该等股权不存在设置抵押、司法查封以及其他影响本次转让的第三人权益。”“4.5股权转让完成后,乙方依法拥有山东重橡资产所有权,并依法承继山东重橡债务,甲方不再拥有山东重橡之控制权,对山东重橡不再承担任何权利和义务。”

2011年3月21日,山东重橡召开股东会,同意股东张海帆和管延云将各自分别持有的57.14%和42.86%的股权转让给舜邦投资。同日，山东重橡股权转让工商变更登记手续办理完毕，公司股东由张海帆、管延云变更为舜邦投资，法定代表人由张海帆变更为王金军，并相应修改公司章程。根据公司章程规定，舜邦投资免去张海帆执行董事、经理职务，委派王金军为执行董事，聘任王仲民为经理；管延云不再任监事，选举赵顺利为监事。同日，诸城市工商行政管理局向山东重橡核发了注册号为370782228026077的新的营业执照。

2011年3月22日，依据股权转让协议的约定，舜邦投资分别向山东重橡原股东张海帆和管延云共计支付股权转让款1470万元。

2. 关于股权受让方诸城舜邦投资开发有限公司的相关情况说明

舜邦投资系诸城市国有资产经营总公司（诸城市国有资产经营总公司为事业单位法人，举办单位为诸城市财政局）的全资子公司。公司住所为密州西路12号，法定代表人为王金军，注册资本和实收资本均为1亿元。

2011年3月22日，舜邦投资出具了《诸城舜邦投资开发有限公司关于与张海帆夫妇及其关联方、山东美晨科技股份有限公司及其关联方之关系事宜的声明确认函》，声明确认如下：“本公司及本公司关联方与张海帆、管延云、山东美晨科技股份有限公司及其所有关联方在产权关系、资产、业务、人员、机构、财务等方面均相互独立，不存在任何关联关系，不存在代持股及委托持股关系或类似情形。”

2011年3月22日，张海帆夫妇出具了《张海帆夫妇关于与诸城舜邦投资开发有限公司及其关联方之关系事宜的声明确认函》，声明确认如下：“张海帆夫妇及其关联方与诸城舜邦投资开发有限公司及其所有关联方在产权关系、资产、业务、人员、机构、财务等方面均相互独立，不存在关联关系，不存在代持股及委托持股关系或类似情形。”

2011年3月22日，美晨科技、张磊和李晓楠夫妇联合出具了《山东美晨科技股份有限公司关于与诸城舜邦投资开发有限公司及其关联方之关系事宜的声明确认函》，声明确认如下：“本公司及本公司关联方与诸城舜邦投资开发有限公司及其所有关联方在产权关系、资产、业务、人员、机构、财务等方面均相互独立，不存在关联关系，不存在代持股及委托持股关系或类似情形。”

3. 关于张海帆夫妇出具的避免与美晨科技同业竞争的声明承诺函的说明

2011年3月24日，张海帆和管延云夫妇共同出具了《关于避免与山东美晨科技股份有限公司同业竞争的声明承诺函》，具体内容如下：“（1）作为山东重橡的原全体股东，我二人结合山东重橡经营实际，已经依据公司法及山东重橡公司章程的规定，于2011年3月20日自愿将山东重橡全部股权对外转让给诸城舜邦投资开发有限公司。我二人承诺目前已不再拥有山东重橡之股权，山东重橡与我二人已不存在任何关联关系。（2）山东重橡股权转让后，为避免将来可能发生的与美晨科技发生同业竞争的情形，本人及本人直接或间接控股、参股及/或直接或间接实际控制的企业将永不再投资、经营任何与美晨科技构成竞争或可能构成竞争的产品及/或业务。(3)自本声明承诺函出具之日起,如美晨科技进一步拓展其产品和业务范围,本人、本人直接或间接控制的企业及本人参股企业将不与美晨科技拓展后的产品或业务相竞争;若与美晨科技拓展后的产品或业务产生竞争,本人、本人直接或间接控制的企业及本人参股企业将停止生产或经营相竞争的产品或业务,或者将相竞争的产品或业务或相关企业的股权转让给美晨科技或无关联关系的第三方。上述承诺,如有违反,自愿依法对美晨科技实际(及潜在)遭受的经济损失承担全部的赔偿责任。本声明承诺函自签署后立即生效,效力永久。本声明承诺函不可撤销。"

综上所述,舜邦投资为独立于张海帆夫妇及发行人之无关联第三方,其受让山东重橡股权后,山东重橡不再系发行人之关联方,目前山东重橡与发行人已不存在同业竞争情形。作为发行人的关联方,张海帆夫妇已出具相关承诺,承诺未来业将永不再投资、经营任何与发行人构成竞争或可能构成竞争的产品及/或业务,因此发行人亦不存在潜在的同业竞争情形。

经核查,保荐机构认为:"发行人与山东重橡之间的同业竞争情形已得到有效消除,发行人与山东重橡之间已不存在同业竞争或潜在的同业竞争情形。"经核查,发行人律师认为:"目前,发行人与山东重橡之同业竞争情形已经通过对外全部转让股权的方式得到有效解决,相关股权转让行为真实、合法有效,发行人与山东重橡已不存在同业竞争及潜在之同业竞争情形。"

经核查,申报会计师认为:"截至目前发行人与山东重橡之间的同业竞争情形已得到有效解决,双方已不存在同业竞争或潜在的同业竞争情形。"

三、白云电器:亲属同业竞争被否决

(一)同业竞争基本情况

发行人实际控制人为胡氏五兄妹,其关系密切的家庭成员如下:

序号	股东	关系	家庭成员
1	胡明森	夫妻	黄惠莲
		父子	胡德兆
		父子	胡德良
		父女	胡展霞
2	胡明高	夫妻	梁翠芳
		父子	胡德宏
		父女	胡敏华

续表

序号	股东	关系	家庭成员
3	胡明聪	夫妻	邓丽云
		父子	胡德健
		父子	胡德吕
4	胡明光	夫妻	罗玉萍
		父子	胡德才
		父子	胡德全
5	胡合意	夫妻	伍尚伟
		母女	伍倩雯
		母女	伍倩怡
		母子	伍世照

公司实际控制人胡明森、胡明高、胡明聪、胡明光及胡合意的子女——胡德良（胡明森之子）、胡德宏（胡明高之子）、胡德健（胡明聪之子）、胡德才（胡明光之子）、伍倩雯（胡合意之女）投资并控制了白云电气集团，并通过白云电气集团控股参股了12家公司。白云电气集团股东结构以及控股参股公司具体情况如下：

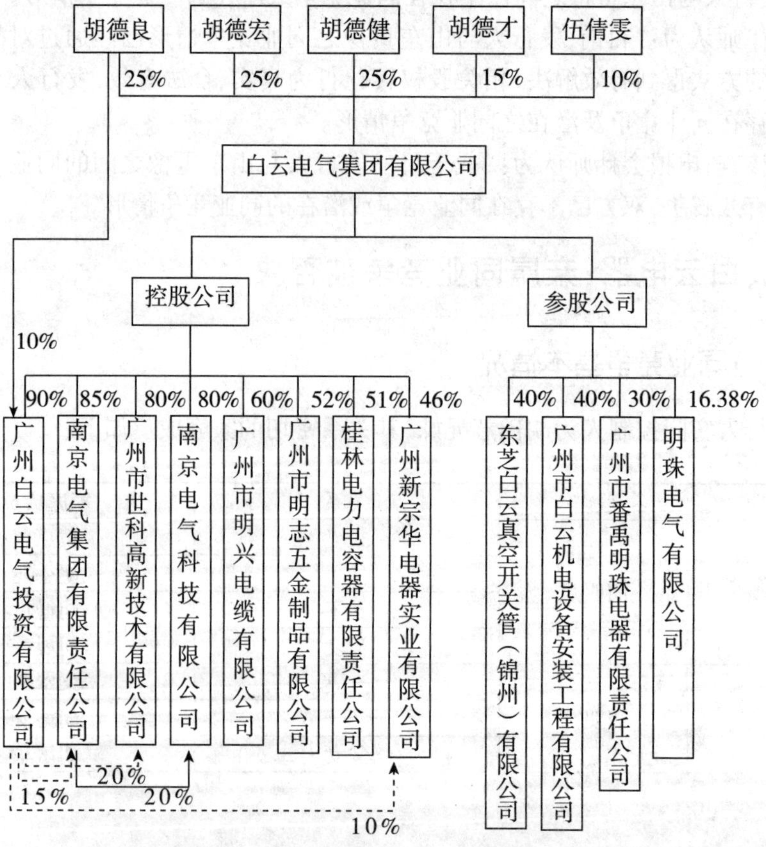

此外，报告期内，广州白云开关有限公司、广州白云电气自动化有限公司、广州市丰能电力器材有限公司是公司的关联方(关联方的详细情况略)。

(二)审核否决意见

发审委在审核中关注到，公司的实际控制人为胡氏五兄妹，其子女又共同投资设立白云电气集团，并通过该集团参、控股 12 家企业。该等关联方多与公司同属于输变电设备行业，且存在同一客户的情形；其中参股企业东芝白云真空开关管(锦州)有限公司的主营产品真空开关管主要配套在 10—35KV 真空断路器中，该公司 2009 年和 2010 年向广州东芝白云电器设备有限公司的销售收入占其自身营业收入的比重在 30% 以上，同期公司与广州东芝白云电器设备有限公司之间存在持续关联采购和销售。

发审委认为，上述情形与《首次公开发行股票并上市管理办法》(证监会令第 32 号)第 20 条的规定不符。

【案例评析】

1. 从审核监管者的角度来看，鉴于如下两个重要的事实前提，提出对于这个问题的监管思路是有充足理由的：(1)历史上我国上市公司存在同业竞争解决不彻底的情况，结果导致后来的内幕交易、利益输送等诸多问题，监管者出于对历史问题的反思，目前对于同业竞争问题的监管日益严格甚至是零容忍的态度。(2)毕竟中国一直就是一个人情社会，互帮互助的气氛很浓厚，并且也有一些公司因为家族内部而引起争端甚至损害到投资者的利益。

2. 一个问题的提出以及一个政策的落实我们可以认可其存在的价值和合理性，但是真正体现这个制度价值的在于落实情况，政策再好再伟大不能真正解决实践问题，也是毫无用处的制度。那么对于亲属同业竞争问题而言，对其监管的核心疑难问题就是：对于这个问题的监管如何根据一个明确的严格的标准去执行。亲属关系怎么界定，什么样的同业竞争是必须要进行清理的，而什么样的同业竞争又是可以得到认可的？

3. 监管机构曾经尝试给出一个基本的指导思路，基本原则是实际控制人的直系亲属的同业竞争是必须要整合的，而其他亲属关系的同业竞争则需要个案分析。或许这是最明确的一个标准，不过小兵对于这个标准有些不同看法，因为在中国商业竞争中，合作关系最近的往往并不一定就是亲属关系，现实中父子反目成仇老死不相往来的案例也是比比皆是，而战友情谊或同窗好友关键时刻拉一把的情况也并不罕见，因此不论哪种关系的同业竞争，是否需要清理还是要从实质上来判断。

4. 至于判断是否需要清理的标准，小兵总结如下几条供大家参考：(1)亲属企业的起家与发行人是否存在关联关系，比如利用资金或者客户或者技术等；(2)亲属企业历史上是否与发行人或者实际控制人有业务往来;(3)亲属企业与发行人是否存在供应商、客户、市场等领域的重合或者其他情形;(4)亲属企业的发展和成长是否违背企业发展规律且无法合理解释;(5)其他可能存在利益输送的情形。如果存在上述任何一条情形,则这种同业竞争必须清理无疑。当然,亲属的同业竞争业务清理的方式很简单,无非就是三种:卖掉、整合或者注销。

5. 对于投行实务中的工作来讲,同业竞争的清理其实是不用伤脑筋的,而最疑难的问题是在整合几乎不可能的情况下,怎么样去解释目前存在情形的合理性。上述两个案例对于该问题的解决思路明显不同,从中我们可以简单做以下总结:美晨科技由于存在客户重叠和关联交易最后进行了转让,而锐奇股份没有进行清理也是有合理理由的。

6. 在解释方面,首先要详细披露亲属控制公司的基本情况,包括但是不限于历史沿革、主要业务、经营业绩、主要客户、主要产品、核心技术等。除此之外,还需要重点解释亲属控制企业不需要整合的理由,主要包括以下几个方面:(1)产品大类属于一类,但是从最终客户、技术应用等方面有着本质区别,没有直接经营关系;(2)亲属都已经成家立业,在经济上都是独立个体;(3)全家从事一种业务符合当地的产业传统;(4)亲属之间的业务自始至终相互独立,互不干涉,发行人不会因为亲属企业而存在独立性瑕疵;(5)亲属之间出具避免同业竞争承诺,保证上市之后也不会产生直接的竞争。

7. 目前,很多朋友在遇到亲属同业竞争问题时会陷入两难境地,进行整合由于诸多原因几乎不可能,而不整合又没有把握解释的理由是否能够获得认可,导致最后项目能不能做成实在拿不定主意。其实,小兵在这个问题上也没有很好的思路,或许随着这个问题上的案例越来越多,审核实践越来越丰富,那么不论是监管者还是实务人员都会对这个问题有着更加深刻的认识。上述小兵的一些见解或者判断,仅供大家参考,也希望诸位和小兵进行更深入的交流。

【思路总结】

关于发行人控股股东、实际控制人的亲属拥有与发行人相竞争或相关联业务问题的审核研究(发行监管部2010年11月)

一、背景原因

1. 现行规则对同业竞争的禁止限于控股股东与实际控制人及其控制的其他企业,而成年的自然人均是独立的民事主体,不简单因血亲或姻亲关系而成为共同的控股股东或实际控制人,发行人控股股东、实际控制人的亲属拥有与发行人相竞争的业务并不构成同业竞争。

2. 多数意见则认为,我国社会的人情、亲情关系较重,民营经济发展时间较短,家族色彩较为浓厚，社会诚信意识与规范运作意识较差，简单以独立民事主体为由认为不构成同业竞争，可能不符合我国实际情况，投资者可能难以接受，也与现行相关问题的监管标准不一致。主要理由如下：

（1）审核实践中对于家族企业的内部股权调整均未认定为实际控制人发生了变化。

（2）审核实践中要求控股股东、实际控制人的亲属所持股份与控股股东或实际控制人所持股份的锁定期相同，均是上市后3年。

（3）《上市公司收购管理办法》中明确规定有一定亲属关系的自然人之间原则上属于一致行动人。首发中相关问题的把握应与上市公司监管的相关标准基本一致。

（4）控股股东、实际控制人的关系密切的亲属拥有相竞争业务，可能存在或者容易实施利益输送，不利于上市后的规范运作，给上市公司监管带来难度。

二、审核标准

鉴于上述情况，多数意见建议目前对该问题从严把握，按以下标准处理：

1. 原则上，发行人控股股东、实际控制人夫妻双方的直系亲属拥有的相竞争业务应认定为构成同业竞争。

2. 对于发行人控股股东、实际控制人夫妻双方的其他亲属拥有的相竞争业务是否构成同业竞争，应从相关企业的历史沿革、资产、人员、业务和技术等方面的关系、客户和供应商、采购和销售渠道等方面进行个案分析判断，如相互独立，则可认为不构成同业竞争。

3. 审核中应要求保荐机构对发行人控股股东、实际控制人夫妻双方的近亲属（具体范围按《民法通则》相关规定执行，即配偶、父母、子女、兄弟姐妹、祖父母、外祖父母、孙子女、外孙子女）的对外投资情况进行核查，以判断是否存在拥有相竞争业务的情形。

4. 对于利用其他亲属关系，或者以解除婚姻关系为由来规避同业竞争的，应从严把握，要求在报告期内均不存在同业竞争，且相关企业之间完全独立规范运作，不存在混同的情形。

5. 对于发行人的控股股东、实际控制人夫妻双方的亲属拥有与发行人密切相关联的业务是否影响发行人的独立性及符合整理上市的要求，参照上述原则执行，即发行人的控股股东、实际控制人夫妻双方直系亲属拥有与发行人密切相关联的业务，原则上认定为独立性存在缺陷，其他亲属拥有则按照第2条的规定进行个案分析判断。

第三部分　财务会计

【一个丰沛充实的家底】

本部分将为大家持续补充以下内容:

◇ 财务指标案例:关注企业财务报表中重要财务数据及相关指标对发行人上市的影响

◇ 资产整合案例:关注企业在资产整合过程中不同方式需要关注的重点问题

◇ 其他案例:关注其他一些在财务会计方面需要重点关注的问题和案例

第一章　财务指标

□ 如果说财务数据是一个企业生产经营状况最终的综合反映，那么财务指标就是一个企业好坏优劣并进行横向纵向对比的直接体现。

□ 尽管财务指标对于分析和判断企业价值至关重要，但是由于每个企业都有其独特性，所以有些时候对财务指标进行条理性区分性的综合分析并不一定合理，甚至有些指标根本就不存在横向综合比较分析的价值。

□ 本章内容，小兵将尝试对一些相对具有共性且非常重要的财务指标进行简要分析，主要包括：利润表的毛利率分析以及资产负债表的存货和应收账款分析。

第一节　毛利率问题关注

【重要提示】

★ 毛利率指标是根据利润表计算出来的一个非常重要的指标，其体现了一个企业进行生产经营获取的产品附加值的情况，并且通过这种附加值的获取进行横向纵向对比，可以判断这家企业未来发展趋势以及行业内的市场竞争地位。

★ 从审核实践的角度来讲，毛利率指标在重视程度上如果自称第二就没有谁还敢称第一，并且要对毛利率的内在外在影响因素进行详细彻底甚至有些变态的分析。

★ 不可否认，毛利率指标很综合也很重要，可以说明很多问题，但是高度重视到一种近乎疯狂的程度是否合理值得思考。毛利率比别人高有可能存在水分，毛利率比别人低说明竞争不过人家，毛利率差不多又说天底下哪有那么巧的事情，真是有点儿如履薄冰的感觉。

【案例情况】

一、得利斯:因原材料价格波动而毛利率大幅波动

(一)重大事项提示

2007年生猪和猪肉价格持续上涨,而受销售定价政策、消费者承受能力及竞争环境等各因素的制约,公司产品的销售价格调整相对滞后,使生猪和猪肉价格的波动幅度大于产品销售价格的波动幅度,导致本公司2007年主营业务毛利率较2006年下降了4.14个百分点。2009年1~6月主营业务毛利率较2008年1~6月上升了7.19个百分点,主要原因为生猪和猪肉价格的持续下跌使得产品成本显著下降,而公司产品尤其是低温肉制品销售价格的调整滞后于生猪和猪肉价格的变动。未来生猪和猪肉价格仍可能大幅波动,如果公司不能及时适度调整产品价格,保有合理的存货规模,公司仍存在主营业务毛利率波动的风险,从而影响公司经营业绩的稳定性。

(二)主营业务毛利率波动风险

2006年、2007年、2008年及2009年1~6月,本公司主营业务毛利率分别为18.77%、14.63%、14.09%和21.80%。2007年主营业务毛利率较2006年下降了4.14个百分点,主要原因为2007年生猪资源紧张,生猪和猪肉价格持续上涨,受销售定价政策、消费者承受能力及竞争环境等因素的制约,公司产品的销售价格调整相对滞后,从而使生猪和猪肉价格的波动幅度大于产品销售价格的波动幅度。2009年1~6月主营业务毛利率较2008年1~6月上升了7.19个百分点,主要原因为生猪和猪肉价格的持续下跌使得产品成本显著下降,而公司产品尤其是低温肉制品销售价格的调整滞后于生猪和猪肉价格的变动。未来生猪和猪肉价格仍可能大幅波动,如果公司不能及时适度调整产品价格及未能确定合理的存货规模,公司主营业务毛利率仍存在波动风险,影响公司经营业绩的稳定性。

(三)主营业务毛利率的分析

1.主营业务毛利率的变动分析

报告期内,本公司各业务对应的主营业务毛利率情况如下表所示:

业务类型	项　目	2009 年 1 ~ 6 月	2008 年	2007 年	2006 年
冷却肉及冷冻肉	毛利率	8.76%	5.06%	6.94%	8.94%
	毛利率同比变动	1.83%	-1.88%	-2.00%	—
低温肉制品	毛利率	32.10%	25.37%	22.41%	28.02%
	毛利率同比变动	8.29%	2.96%	-5.61%	—
其他制品	毛利率	25.10%	21.37%	17.00%	15.49%
	毛利率同比变动	5.95%	4.37%	1.51%	—
公司主营业务	毛利率	21.80%	14.09%	14.63%	18.77%
	毛利率同比变动	7.19%	-0.54%	-4.14%	—

注：主营业务毛利率 = 主营业务毛利/主营业务收入

2007 年公司主营业务毛利率水平相比 2006 年下降幅度较大，主要原因为当年公司主要产品冷却肉及冷冻肉、低温肉制品的毛利率水平均下降所致：(1) 对于冷却肉及冷冻肉业务，因 2007 年生猪资源紧张，生猪收购价格较上年的增幅高达 67.11%，使当期产品平均销售成本增加 55.05%，而产品当期平均销售价格的增长率为 51.83%，故毛利率水平下降 2 个百分点；(2) 对于低温肉制品业务，2007 年猪肉价格大幅上涨，公司当期猪肉采购价格的增长率高达 40.05%，使当期产品平均销售成本增加 26.15%，但由于产品价格调整具有滞后性，当期平均销售价格的增长率仅为 17.03%，故毛利率水平下降 5.61 个百分点。

2008 年公司主营业务毛利率水平相比 2007 年下降 0.54 个百分点，主要原因为当年公司冷却肉及冷冻肉毛利率水平下降 1.88 个百分点，而低温肉制品的毛利率水平上升 2.96 个百分点所致：(1) 对于冷却肉及冷冻肉业务，2008 年生猪价格自高点回落，但平均价格仍高于 2007 年的平均价格，增长率为 18.14%，使产品平均销售成本相比上年增长了 18.38%，而当期产品的平均销售价格涨幅为16.02%，故毛利率水平下降了 1.88 个百分点；(2) 对于低温肉制品业务，随着 2008 年猪肉价格自高点回落，产品平均销售成本较 2007 年仍增长了 22.69%，但产品的销售价格调整具有滞后性，当期平均销售价格相比 2007 年提高了 27.47%，故毛利率水平上升了 2.96 个百分点。

2009 年 1 ~ 6 月公司主营业务毛利率水平相比 2008 年 1 ~ 6 月上升 7.19 个百分点，主要原因为当期冷却肉及冷冻肉、低温肉制品毛利率水平分别同比上升 1.83 个和 8.29 个百分点所致：(1) 对于冷却肉及冷冻肉业务，当期产品平均销售成本同比下降 29.06%，平均销售价格同比下降 27.65%，故毛利率水平同比上升 1.83 个百分点；(2) 对于低温肉制品业务，随着猪肉价格持续降低，当期产品平均销售成本同比下降 9.66%，而当期平均销售价格同比增长 1.37%，故毛利率水平同比上升 8.29 个百分点。

(1)冷却肉及冷冻肉毛利率的变动原因分析

单位:万元

项 目	2009 年 1 ~6 月		2008 年		2007 年		2006 年
	数额	同比增长	数额	增长率	数额	增长率	数额
平均销售价格	11.88	-27.65%	14.92	16.02%	12.86	51.83%	8.47
平均销售成本	10.84	-29.06%	14.17	18.38%	11.97	55.05%	7.72
毛利率	8.76%	—	5.06%	—	6.94%	—	8.94%

当生猪收购价格上涨,冷却肉及冷冻肉的生产成本和销售成本上升,若产品销售价格的上调幅度小于销售成本增加的幅度,则毛利率降低;反之,生猪收购价格下降,冷却肉及冷冻肉的生产成本和销售成本下降,若产品销售价格的下调幅度小于销售成本降低的幅度,则毛利率提高。

冷却肉及冷冻肉的销售价格及销售成本对毛利率变动的影响情况如下:

项 目	2009 年 1 ~6 月	2008 年	2007 年
平均销售价格变动引起的该业务毛利率变动(1)	-25.23%	15.24%	48.15%
平均销售成本变动引起的该业务毛利率变动(2)	27.06%	-17.12%	-50.15%
冷却肉及冷冻肉业务毛利率同比变动	1.83%	-1.88%	-2.00%

注:(1) $\frac{P_1 - C_1}{P_1} - \frac{P_0 - C_1}{P_0}$;(2) $= \frac{C_0 - C_1}{P_0}$;P 表示平均销售价格;C 表示平均销售成本;下标 0 表示上年或上年同期;下标 1 表示当年或当期。

报告期内,本公司冷却肉及冷冻肉成本中生猪收购成本均占 90% 以上,可见,生猪收购价格的变动基本主导着冷却肉及冷冻肉成本的变动。此外,冷却肉及冷冻肉平均销售成本的变动还受产品库存规模的影响,当库存量较小时,产品的平均销售成本紧随生猪收购价格的变动而变动,而当库存规模较大时,将在一定程度上减弱平均销售成本的变动幅度。本公司的库存商品主要为保质期较长的冷冻肉产品,因此,冷却肉及冷冻肉的平均销售成本变动引起的该业务毛利率的增减幅度,主要是生猪收购价格变动和冷冻肉库存规模大小共同影响的结果。

(2)低温肉制品毛利率的变动原因分析

单位:万元

项 目	2009 年 1 ~6 月		2008 年		2007 年		2006 年
	数额	同比增长	数额	增长率	数额	增长率	数额
平均销售价格	21.49	1.37%	21.30	27.47%	16.71	17.03%	14.28
平均销售成本	14.59	-9.66%	15.90	22.69%	12.96	26.15%	10.28
毛利率	32.10%	—	25.37%	—	22.41%	—	28.02%

低温肉制品的销售价格及销售成本对毛利率波动幅度的影响情况如下：

项　目	2009年1~6月	2008年	2007年
平均销售价格变动引起的该业务毛利率变动(1)	0.91%	20.53%	13.21%
平均销售成本变动引起的该业务毛利率变动(2)	7.38%	-17.57%	-18.82%
低温肉制品业务毛利率同比变动	8.29%	2.96%	-5.61%

注：(1) $\frac{P_1-C_1}{P_1}-\frac{P_0-C_1}{P_0}$；(2) $=\frac{C_0-C_1}{P_0}$；P表示平均价格；C表示平均成本；下标0表示上年或上年同期；下标1表示当年或当期。

报告期内，公司低温肉制品业务的毛利率波动较大的主要原因为原材料猪肉价格的大幅波动所致。公司低温肉制品的生产成本中60%~70%来自于猪肉采购成本，猪肉价格的波动对其生产成本影响很大，因此，低温肉制品的平均销售成本变动所引起的该业务毛利率的增减幅度，主要是由于猪肉采购价格即原材料价格的变动所引起的。

2. 主营业务毛利率的敏感性分析

(1)冷却肉及冷冻肉毛利率对原材料价格、产品售价的敏感性分析

①毛利率对原材料价格的敏感性分析

假定各年产品销量、售价、生猪耗用量、除生猪收购成本外的其他成本等因素保持不变，生猪收购价格变动5%、10%和15%时，冷却肉及冷冻肉毛利率的变动如下表所示：

生猪收购价格变动 / 时间	-15%	-10%	-5%	5%	10%	15%	敏感系数
2006年	12.65%	8.43%	4.22%	-4.22%	-8.43%	-12.65%	-0.843
2007年	13.32%	8.88%	4.44%	-4.44%	-8.88%	-13.32%	-0.888
2008年	13.65%	9.10%	4.55%	-4.55%	-9.10%	-13.65%	-0.910
2009年1~6月	12.98%	8.65%	4.33%	-4.33%	-8.65%	-12.98%	-0.865

注：敏感系数 $=\frac{-C_{0主}}{R_0}$，$C_{0主}$代表初始营业成本中主要原材料的成本，R_0代表产品的初始销售收入。

2006~2008年，冷却肉及冷冻肉的毛利率对生猪收购价格变动的敏感系数绝对值在逐渐增大，表明生猪收购价格对冷却肉及冷冻肉毛利率的影响程度在逐渐加强，2009年1~6月，由于生猪收购价格的持续下跌，其对冷却肉及冷冻肉毛利率的影响程度降低。报告期内的敏感系数分别为-0.843、-0.888、-0.910、-0.865，该系数的绝对值越大，表明生猪收购价格对毛利率变化的影响程度越大。以2009年1~6月为例，假定其他因素不变，如生猪收购价格提高或下降10%，则冷却肉及冷冻肉的毛利率水平将下降或提高8.65个百分点。

②毛利率对产品售价的敏感性分析

假定各年产品销量及成本等因素保持不变，冷却肉及冷冻肉的售价变动5%、10%和15%时，冷却肉及冷冻肉毛利率的变动如下表所示：

产品售价变动／时间	-15%	-10%	-5%	5%	10%	15%	敏感系数
2006年	-16.07%	-10.12%	-4.79%	4.34%	8.28%	11.88%	—
2007年	-16.42%	-10.34%	-4.90%	4.43%	8.46%	12.14%	—
2008年	-16.76%	-10.55%	-5.00%	4.52%	8.63%	12.38%	—
2009年1~6月	-16.10%	-10.14%	-4.80%	4.34%	8.29%	11.90%	—

注：敏感系数$=\frac{-C_0}{R_1}$，C_0代表产品的初始营业成本，R_1代表产品在售价变动后的销售收入。由上式可以看出，敏感系数随假定产品售价的不同而不同，不存在固定值。

2006年至2008年，假定售价提高10%，冷却肉及冷冻肉毛利率将分别提高8.28个、8.46个和8.63个百分点，提高幅度较大且逐年增大，这表明售价变动对毛利率变动的影响程度较大且逐渐增强。2009年1~6月，随着猪肉价格下降，猪肉售价变动对毛利率变动的影响程度有所下降，假定当期售价提高10%，冷却肉及冷冻肉毛利率将提高8.29个百分点。

从①和②可以看出，原材料价格和产品售价的变动对冷却肉及冷冻肉的毛利率均有较大影响。

③原材料价格、产品售价同时变动对毛利率的影响

以2009年1~6月经营情况为基础，假定冷却肉及冷冻肉的销量、生猪耗用量、扣除生猪收购成本外的其他成本等因素保持不变，产品售价和生猪收购价格同时变动时，毛利率的变动如下表所示：

产品售价变动／生猪收购价格变动	-15%	-10%	-5%	0%	5%	10%	15%
-15%	-0.83%	4.29%	8.86%	12.98%	16.71%	20.09%	23.19%
-10%	-5.92%	-0.52%	4.31%	8.65%	12.59%	16.16%	19.43%
-5%	-11.01%	-5.33%	-0.25%	4.33%	8.47%	12.23%	15.66%
0%	-16.10%	-10.14%	-4.80%	0.00%	4.34%	8.29%	11.90%
5%	-21.19%	-14.94%	-9.36%	-4.33%	0.22%	4.36%	8.14%
10%	-26.28%	-19.75%	-13.91%	-8.65%	-3.90%	0.43%	4.38%
15%	-31.37%	-24.56%	-18.47%	-12.98%	-8.02%	-3.51%	0.61%

注：第一行表示产品售价变动比率，第一列表示生猪收购价格变动比率。表格内其他数据表示两因素变动引起的毛利率的变动。

由上表可以看出，假定其他因素不变，当2009年1～6月产品售价和生猪收购价格同比例提高时，冷却肉及冷冻肉的毛利率水平小幅上升；当二者同比例下降时，毛利率水平将小幅降低。但在实际生产经营活动中，公司视生猪收购价格的波动而调整产品售价，售价调整往往滞后于生猪收购价格的变动，且调整幅度小于生猪收购价格的波动，如上表所示，假设2009年1～6月生猪收购价格下降10%，而产品平均售价下降5%时，毛利率水平就会上升4.31个百分点。

（2）低温肉制品毛利率对主要原材料价格、产品售价的敏感性分析（同上）

3. 主营业务毛利率水平与同行业可比上市公司的比较

（1）冷却肉及冷冻肉的毛利率水平

本公司冷却肉及冷冻肉业务的毛利率与行业内主要企业相比，处于中等水平，如下图所示：

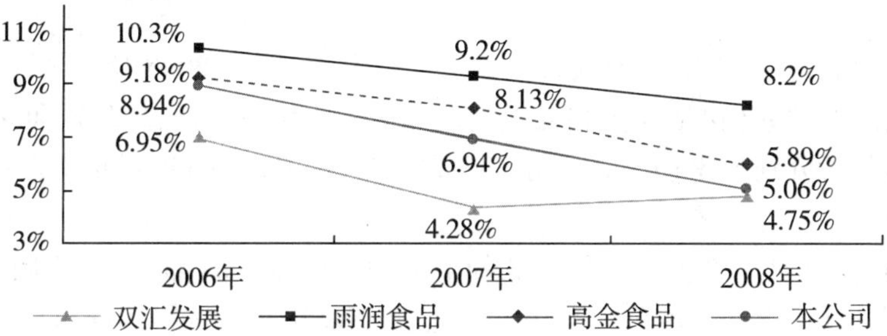

行业内主要企业猪肉销售毛利率比较

数据来源：双汇发展、雨润食品、高金食品的2006年、2007年、2008年年度报告，大众食品的相关数据无法取得。

应予以关注的是，双汇发展披露的毛利率并不能真实地反映其实质的盈利能力，根据其2006年、2007年、2008年年度报告，双汇发展的关联企业利用其销售网络销售产品，扣除上述因素影响，双汇发展的毛利率水平将升高。

报告期内，本公司冷却肉及冷冻肉业务的毛利率水平低于雨润食品的毛利率水平，比高金食品的猪肉销售业务的毛利率水平略低，主要原因为，公司生产的冷却肉及冷冻肉品质上乘，在生产过程要经过立式蒸汽烫毛、气体火焰二次灭菌、冷却间脱酸等工艺，生产工艺耗费成本较高。

（2）低温肉制品的毛利率水平

与行业内主要企业相比，本公司低温肉制品毛利率处于较高水平，体现了较强的盈利能力，如下图所示：

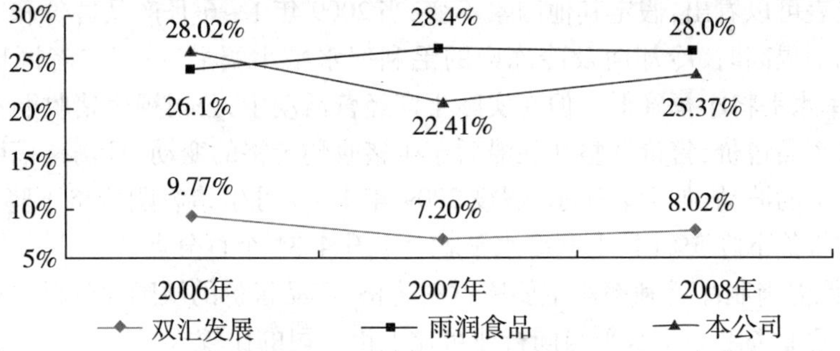

行业内主要企业低温肉制品毛利率比较

数据来源:双汇发展、雨润食品的2006年、2007年、2008年年度报告、高金食品与大众食品的相关数据无法取得。

高金食品自2005年开始从事肉制品生产销售业务,2006年、2007年及2008年的肉制品毛利率(包括高温和低温肉制品)分别为0.48%、2.71%和9.92%,肉制品销售收入分别为3691.41万元、7362.17万元、10,495.69万元,其肉制品业务规模较小且盈利能力较弱。

2006年,本公司低温肉制品业务的毛利率高于雨润食品,主要原因为:(1)本公司大部分低温肉制品由公司本部生产,位于诸城市昌城镇得利斯村,员工大部分来自当地的农户,工资水平较低,劳动力成本低廉,使得低温肉制品的直接人工成本较低。(2)本公司低温肉制品的主要原材料冷却肉及冷冻肉绝大部分采购自控股子公司潍坊同路,其生产的冷却肉及冷冻肉品质较高且含水量较低。2007年和2008年,本公司低温肉制品的毛利率低于雨润食品,主要系该公司在猪肉价格大幅波动的环境下,适时对低温肉制品进行调价,优化产品结构,着重发展高附加值的高档肉制品等因素所致。

二、千红制药:最后一期毛利率大幅下滑

(一)重大事项提示

百特事件发生后,国内肝素粗品和原料药市场价格快速上涨,为控制购销风险,发行人根据库存肝素粗品的成本和市场采购价格,按照每亿单位毛利指标、收率情况、汇率波动水平和效价单位换算关系来测算肝素原料药销售价格,并根据客户的需求数量采购肝素粗品,转嫁肝素粗品价格波动风险,确保每亿单位肝素钠原料药毛利控制额的稳定。

尽管报告期内每亿单位肝素钠原料药毛利额保持相对稳定,但快速上涨的肝素钠原料药价格导致公司毛利率呈现较大幅度的波动,2007年、2008年、2009年和

2010 年 1 ~ 6 月发行人肝素钠原料药毛利率分别 16.16%、28.83%、22.80% 和 14.93%。如果肝素粗品和肝素钠原料药价格继续大幅波动，发行人肝素钠原料药业务毛利率也有大幅波动的风险。

(二)毛利率分析思路:以肝素钠原料药为例

本公司凭借技术、规模、质量控制、品牌等优势在行业内形成了较强的竞争优势，报告期内的 2007 年、2008 年、2009 年及 2010 年上半年公司综合毛利率分别为 38.16%、40.24%、35.07% 和 23.97%，保持在较高水平。

2008 年度药品毛利率较 2007 年度有所上升，主要因受国际市场的影响，占当期总销售额 68.18% 的肝素钠原料药产品毛利率上涨所致；2009 年和 2010 年 1 ~ 6 月公司综合毛利率较上年有所下降，主要因占当年总销售额分别为 71.91% 和 82.72% 的肝素钠原料药的毛利率有所下降所致。

公司分产品毛利率变动趋势如下表所示：

产品类别	2010 年 1 ~ 6 月	2009 年	2008 年	2007 年
肝素钠原料药	14.93%	22.80%	28.83%	16.16%
胰激肽原酶肠溶片	71.14%	73.59%	68.36%	67.47%
注射用胰激肽原酶	92.66%	87.86%	94.25%	87.63%
肝素钠注射液	46.05%	30.63%	15.77%	13.65%
门冬酰胺酶原料药及制剂	95.85%	95.57%	95.22%	96.38%

百特事件发生后，国内肝素产品市场集中度明显上升，随着国际肝素供需矛盾的日益突出，生产优质肝素钠原料药的企业市场议价能力明显增强，出口销售价格出现快速上升。

为应对肝素粗品采购价格快速上涨的市场环境，衔接好购销合同的商务谈判和执行周期的时间性差异，更好地处理购销客户关系，防止存货跌价风险，既保证盈利水平又着眼于长远发展，公司制定了以销定产、以产定购、控制每亿单位绝对毛利额的措施。公司外销部在每月底拟定下两个月肝素原料药销售计划，公司外销部、生产部和管理层根据每月的肝素原料药销售价格和收率水平，拟定每亿单位肝素钠原料药的“毛利控制线”，在每亿单位“毛利控制线”的水平上确定肝素粗品采购价格和数量，并根据产品市场销售情况对粗品采购进行动态管理。随着肝素原料药价格快速上升，肝素钠原料药毛率呈现较大幅度的波动。2007 年、2008 年、2009 年和 2010 年 1 ~ 6 月发行人肝素钠原料药毛利率分别为 16.16%、28.83%、22.80% 和 14.93%。

1. 报告期内公司肝素钠原料药业务单位毛利额以及最终毛利率情况,是市场化经营的结果

经过公司上下积极努力,公司肝素钠经营业务在报告期内实现了利润贡献连年增长,并有望继续为全体股东创造良好回报。

公司坚持以正常经营和技术进步为盈利和发展的核心动力,公司不主动参与原材料或者产品价格的单纯波动投机。由于近年肝素钠粗品和原料药产品价格波幅巨大,公司对采购、销售的数量、价格进行动态平衡管理,合理确定存货规模,通过以销定产、以产定购等实现合理的经营利润,控制购销风险。

2. 肝素钠原料药业务的原料采购价格和产品销售价格尚不能由单个企业决定

国内肝素钠原料药行业的原料肝素粗品目前来源于生猪小肠,由于市场供求基本平衡,肝素粗品已经呈现较明显的"资源性"产品的特征,价格主要依据市场供求关系的变化形成,而和产品成本有较大差距;肝素钠原料药产品方面,国内外客户经过2008年"百特事件"后已经对原料药厂商应获得足够合理的利润达成了共识,同时对产品质量和控制体系更为重视,产品销售市场正在向技术和规模领先的优秀企业集中。

根据上述市场格局,公司以保持合理的产品利润为前提积极巩固、扩大销售规模,并加强和客户的长期性、战略性合作关系,并为后续产能和销售扩张打下了良好的客户基础。

3. 公司重视降耗增效工作,但是大量具体措施的实施有待于相关客户和GMP管理当局的确认

公司高度注重产品研发和工艺、技术进步,力争通过研发带动质量控制水平的巩固和提高,以及通过研发促进实现降耗增效,报告期内公司产品收率维持在84.5% ~86.6%之间,公司也在持续投入人员和资金研究进一步提高收率以提高经营效益,并取得了重要进展。但是从中短期来看收率提高的可预见空间尚较为有限,另外,涉及工艺改进和变化生产环节,按照各国GMP管理惯例都需要客户和相关各国GMP管理当局检查、许可后才可以正式实施,公司相关研发成果和革新措施的具体实施还需要一定的时间和程序性步骤,公司也已在认真、有序地推进。

尽管报告期内发行人肝素钠原料药单位毛利额保持了相对稳定,但毛利率波动较大,主要因素为:

(1)2008年百特肝素事件导致肝素原料药价格快速上涨

2008年度公司肝素钠原料药销售年均价格为16,359.74元/亿单位,比2007年的7477.37元/亿单位上涨118.79%。而同期肝素粗品采购价格并未出现相应幅度上涨,公司2008年全年肝素粗品采购价格约为10,791.18元/亿单位,比2007年的6159.52元/亿单位仅上涨75.20%。因此,2008年公司肝素钠原料药销售价格上涨幅度高于肝素粗品采购价格是毛利率上涨的主要原因。

(2)2009年肝素粗品价格上涨、供应趋紧导致毛利率下滑

2009年国内肝素粗品价格从年初的13,000元/亿单位左右上涨至年底的45,000元/亿单位,肝素粗品市场供应趋紧。公司管理层根据2008年的每亿单位毛利额水平将2009年每亿单位绝对毛利额控制在6000元/亿单位左右,并在全年保持相对稳定,但2009年销售价格已从年初的2500美元/亿单位左右快速上升至年底的7000美元/亿单位左右,每亿单位毛利额占销售价格的比例逐步下降,导致2009年公司肝素钠原料药毛利率从2008年的28.83%逐步下滑至22.80%。2010年1~6月公司每亿单位肝素钠原料药毛利额约为6800元,与2009年相比稳中有升,而2010年上半年肝素钠原料药销售价格平均维持在45,857.20元/亿单位,比2009年的25,606.48元/亿单位上涨了79.08%,导致2010年上半年毛利率较2009年有一定程度的下滑。

(3)客户结构差异导致公司毛利率和行业上市公司存在差异

2009年和2010年1~6月公司的肝素钠原料药毛利率分别为22.80%和14.93%,与海普瑞48.26%和44.40%的综合毛利率相比差异较大,主要原因为客户结构差异。海普瑞主要向赛诺菲—安万特和APP公司(American Pharmaceutical Partners)提供肝素钠原料(药),2009年对上述两大客户的销售收入约占80%。公司报告期内与海普瑞的客户结构显著不同,主要客户为奥地利山德士公司、意大利奥玻克瑞公司、德国汉姆公司、德国威林公司等欧洲肝素制剂生产商和肝素产品经销商,2009年肝素钠原料药销售收入的73.89%来自于上述四大客户。

发行人是产品内销、外销结合,原料药和制剂结合,多糖类生化药品(代表产品是肝素钠、硫酸软骨素等)和酶类生化药品(代表产品是胰激肽原酶和门冬酰胺酶等)结合的一体化生化药品经营企业,其中肝素钠业务的比重在报告期内增长迅速。在肝素钠原料药业务方面,目前发行人客户以主要在欧洲开展业务的山德士、德国Helm、意大利奥玻克瑞等为主,客户中主要是仿制药生产企业并有一定数量的中间商。上市公司海普瑞业务收入目前基本来源于肝素钠原料药外销出口业务,其中美国APP公司和法国赛诺菲—安万特公司是其主要销售对象,美国市场对于其利润贡献具有重大影响。海普瑞的其他客户也主要是欧洲的肝素钠药品直接生产企业。

公司以及同行业其他企业各自形成特定客户结构的原因,主要是由公司发展背景、战略取向和复杂的市场际遇变化等因素综合作用的结果。公司也已经在积极调整产品销售的区域结构,培养和扩大客户基础,根据自身业务发展实际情况不断完善客户结构。

综上所述,公司与海普瑞存在客户结构上的差异,客户因其产品结构不同及其制剂产品的不同,对于采购价格也有不同要求等,应是双方在毛利率方面存在较大差异的重要原因。

2007年、2008年、2009年和2010年1~6月发行人肝素钠原料药毛利率分别为16.16%、28.83%、22.80%和14.93%,波动较大,主要原因为:

(1)销售价格和销售成本不同步上涨是毛利率波动的主要原因

报告期内肝素钠原料药的销售单价、销售成本情况如下表所示:

年度	单位销售成本(元/亿单位)	销售单位(元/亿单位)	单位毛利额(元)	毛利率(%)	销售单价上涨幅度(%)	单位成本上涨幅度(%)
2010年1~6月	39,026.03	45,857.20	6849.17	14.93	79.08	97.42
2009年	19,768.20	25,606.48	5838.28	22.80	56.52	69.78
2008年	11,643.23	16,359.74	4716.51	28.83	118.79	85.73
2007年	6269.03	7477.37	1208.34	16.16	—	

由上表可以看出,肝素钠原料药2008年度的毛利率比2007年度的上升12.67个百分点,肝素钠原料药销售单价的增长幅度(118.79%)大于成本单价的增长幅度(85.73%);而2009年度的毛利率比2008年度的下降了6.03个百分点,主要因2009年度和2008年相比,成本单价的增长幅度(69.78%)大于销售单价的增幅(56.52%);2010年1~6月的毛利率比2009年度的下降了7.87个百分点,主要是2010年1~6月和2009相比,成本单价的增长幅度(97.42%)大于销售单价的增幅(79.08%)。

(2)2010年1~6月毛利率偏低的原因

2010年1~6月肝素钠原料药平均销售价格上涨79.08%,低于销售成本97.42%的上涨率,导致2010年毛利率比2009年有一定程度的下滑,具体情况如下表所示:

年度	单位销售成本(元/亿单位)	销售采购成本(元/亿单位)	单位销售成本上涨幅度(%)	单位采购成本上涨幅度(%)	销售单价上涨幅度(%)
2010年1~6月	39,026.03	36,865.76	97.42%	61.66	79.08
2009年	19,768.20	22,804.71	69.78%	111.30	56.52
2008年	11,643.23	10,791.18	85.73%	75.20	118.79
2007年	6269.03	6159.52	—	—	—

三、荣盛石化:毛利率大幅提升

(一)毛利率大幅波动的风险

聚酯涤纶行业受上游PTA、MEG行业及下游纺织行业的影响较大,PTA和

MEG 价格受石油价格的影响具有波动频繁且幅度较大的特点，加上行业自身的周期性变动，公司毛利率波动较大。2010 年 1 ~ 6 月、2009 年度、2008 年度、2007 年度，公司主营业务毛利率分别为 17.18%、13.62%、3.40%、7.56%。

2008 年度，受上游原材料成本及下游纺织行业需求的影响，公司的主营业务毛利率较 2007 年度出现下降。虽然公司作为行业内的优势企业，在行业内的盈利能力和抗风险能力突出，但还是难以避免行业周期性变动给公司带来的影响，公司的主营业务毛利率会随着行业的周期性波动而变化。公司募集资金投资项目逸盛大化 PTA 项目于 2009 年 4 月投产后，公司内部已形成从 PTA 到聚酯、纺丝、加弹的完整产业链，提高了毛利率并有望增强毛利率的稳定性。

2010 年 1 ~ 6 月、2009 年度、2008 年度、2007 年度，公司加权平均净资产收益率（以扣除非经常性损益后归属于公司普通股股东的净利润为计算基础）分别为 32.27%、60.33%、10.84%、30.93%，表明公司单位投资的获利能力较强。

（二）毛利率变动分析：以 PTA 毛利率变动为例

公司毛利率分产品统计如下：

项　目	2010 年 1 ~ 6 月	2009 年度	2008 年度	2007 年度
PTA 毛利率	22.80%	19.04%	1.62%	—
DTY 毛利率	7.25%	6.76%	2.78%	7.79%
FDY 毛利率	12.55%	10.39%	6.80%	9.00%
POY 毛利率	5.16%	4.31%	1.45%	7.06%
PET 切片毛利率	-0.79%	2.82%	-4.32%	2.73%
主营业务毛利率	17.18%	13.62%	3.40%	7.56%
其他业务毛利率	0.35%	0.28%	2.24%	0.41%
综合毛利率	15.09%	12.37%	3.26%	7.17%

注：该 PTA 毛利率为公司合并报表中 PTA 主营业务毛利率。

1. PX 原材料价格变动情况

报告期内 PX 原材料占 PTA 生产成本的比重如下表所示：

原材料	2010 年 1 ~ 6 月	2009 年度	2008 年度	2007 年度
PX	86.75%	86.40%	—	—

PTA 产品的主要原材料为 PX。公司 2010 年 1 ~ 6 月、2009 年度 PX 采购价格的变化情况如下图所示：

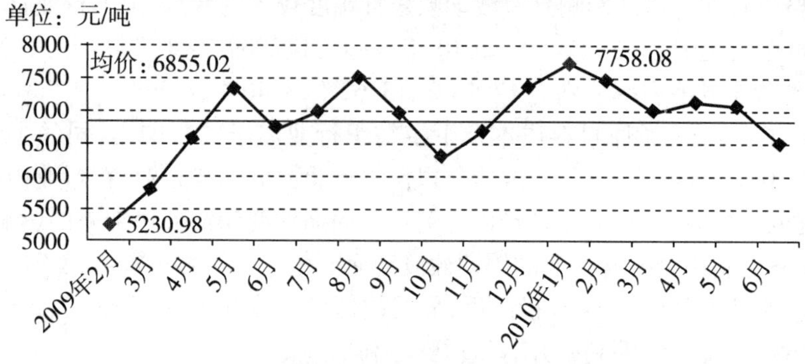

公司PX采购价格（不含税）变动情况

PX价格在2008年下半年经历大幅下滑之后，于2009年年初开始逐步回升。2010年1~6月、2009年度，PX价格虽较2008年年末的低谷出现一定幅度上升，但相对于2008年度的高位仍有不小差距。公司2010年1~6月、2009年PX的采购价格存在一定波动，但总体上处于较低水平。

2. PTA销售价格变动情况

公司报告期内各月度PTA的销售价格变动情况如下：

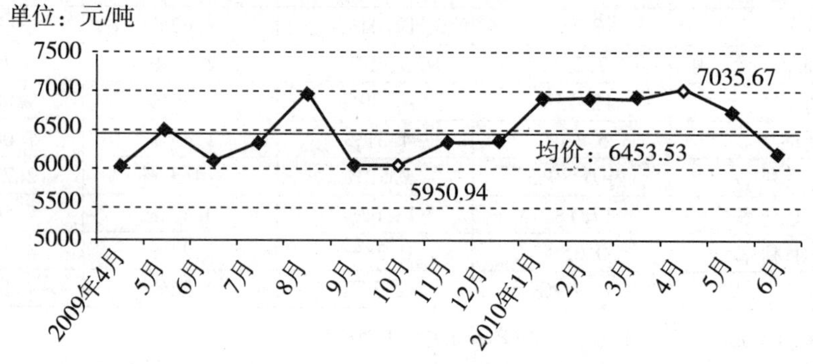

公司PTA销售价格（不含税）变动情况

PTA价格于2008年年末开始快速回升，自2009年4月开始，PTA价格在6000~7000元/吨范围内保持相对平稳运行。

3. PTA毛利率变动分析

2008年度，PTA毛利率仅为1.62%，这是由公司的业务角色（贸易商）决定的。杭州销售公司从事PTA转销业务，只赚取少许差价，因此本期PTA毛利率处于较低水平。

逸盛大化PTA项目投产后，公司开始从事PTA生产和销售业务，而2009年以来PTA行业的毛利率处于历史较高水平，使得逸盛大化PTA项目实现了较好盈利，对公司的整体经营业绩作出了重要贡献。

2010 年 1 ~ 6 月、2009 年度，PTA 毛利率水平较高的主要原因如下：(1) PTA 需求得到有效增长。(2) PTA 产能增速放缓。(3) PTA 市场秩序得到规范。(4) PTA反倾销调查。(5) PX 价格相对疲弱。

(三)主要产品单位毛利变动对公司利润总额的敏感性分析

产　品		2010 年 1 ~ 6 月	2009 年度	2008 年度	2007 年度
单位毛利提高 1 个百分点	PTA	0.80%	0.72%	0.05%	—
	DTY	0.09%	0.13%	0.33%	0.39%
	IDY	0.12%	0.14%	0.69%	0.45%
	POY	0.00%	0.00%	0.03%	0.12%
	PET 切片	-0.00%	0.01%	0.10%	0.04%

从上表可以看出，2008 年度、2007 年度，公司利润总额对 FDY、DTY 单位毛利的敏感性较高；2010 年 1 ~ 6 月、2009 年度，由于逸盛大化 PTA 项目实现较好盈利，公司利润总额对 PTA 单位毛利的敏感性最高，即若 PTA 单位毛利提高或降低 1 个百分点，公司利润总额将相应提高或降低 0.80 个、0.72 个百分点。

(四)公司主营业务毛利率与同行业上市公司的比较分析

公司主营业务毛利率与同行业对比上市公司的比较情况如下表所示：

上市公司名称	主营业务毛利率		
	2009 年度	2008 年度	2007 年度
仪征化纤	10.85%	-0.35%	5.15%
华西村	4.07%	5.20%	5.29%
江南高纤	16.51%	19.77%	25.47%
平均值	10.48%	8.21%	11.97%
本公司	13.62%	3.40%	7.56%

注：主营业务仅指聚酯涤纶业务和 PTA 业务。

资料来源：上市公司 2007 ~ 2009 年定期报告。

江南高纤为国内差别化涤纶毛条和复合涤纶短纤行业龙头企业，产品定位高端、附加值高，因此能获得行业领先的产品毛利率。报告期内，江南高纤主营业务毛利率虽出现较大幅度下降，但仍高于公司主营业务毛利率。

报告期内，公司主营业务毛利率高于仪征化纤、华西村的主营业务毛利率，这主要是因为：

(1) 公司作为行业内的优势企业，凭借自身的核心竞争力，能取得高于行业平均水平的销售溢价，另外公司报告期内通过技术改造等手段提升了成本控制能力。

(2)PTA 行业经过近几年的调整,行业竞争日趋理性,景气程度大幅回升。公司投资上游 PTA 行业,一方面有利于获取重要原材料的稳定供应,提升盈利空间;另一方面作为产品对外销售,有利于提升公司整体毛利率水平。

(五)公司为规避原材料价格波动风险所采取的具体措施

公司主营业务生产所需的主要原材料包括 PTA、MEG 和 PX。为规避原材料价格波动风险,公司采取了如下具体措施:(1)向上游扩张,进行产业链整合;(2)与 PX、MEG 供应商建立长期稳定的供应关系;(3)紧密跟踪市场动态,灵活调节原材料库存;(4)加强成本控制,减少原材料消耗。

四、永大集团:毛利率高于行业毛利率

报告期内,公司主要产品的毛利率情况如下表所示:

主要产品	2010 年		2009 年		2008 年
	毛利率	变动幅度	毛利率	变动率	毛利率
永磁开关	61.15%	-2.50%	63.65%	0.65%	63.00%
高低压开关成套设备	45.50%	6.35%	39.15%	6.15%	33.00%
电子式电能表	25.32%	0.55%	24.77%	6.63%	18.14%
高速公路交通设施	21.35%	-0.27%	21.62%	6.91%	14.71%
综合毛利率	44.75%	-6.26%	51.01%	8.41%	42.60%

1. 综合毛利率分析

公司产品综合毛利率保持了较高的水平,报告期内分别为 42.60%、51.01% 和 44.75%。2009 年产品综合毛利率较 2008 年提高 8.41 个百分点,主要原因是永磁开关销售占比由 2008 年的 49.12% 提高到 2009 年的 60.96%,永磁开关产品毛利率较高,销售占比增加使公司产品综合毛利率提升较高。

2010 年产品综合毛利率较 2009 年降低 6.26 百分点,主要是公司永磁开关销售占比由 2009 年的 60.96% 下降至 2010 年的 48.05%,同时永磁开关的毛利率略有下降,使 2010 年公司产品综合毛利率有所降低。

报告期内,公司开关柜业务的毛利率分别为 33.00%、39.15% 和 45.50%,其毛利率比可比上市公司开关柜业务毛利率较高的主要原因是公司销售的开关柜主要为配套自有的永磁开关产品。鉴于开关柜业务对公司的毛利贡献较小,对公司盈利能力的影响有限,下文重点介绍公司主导产品永磁开关毛利率的情况。

2. 永磁开关毛利率分析

(1)公司永磁开关毛利率长期保持稳定

根据经审计的财务数据,公司 2006 年至 2010 年永磁开关毛利率情况如下图

所示，公司永磁开关产品毛利率较高且长期保持稳定。

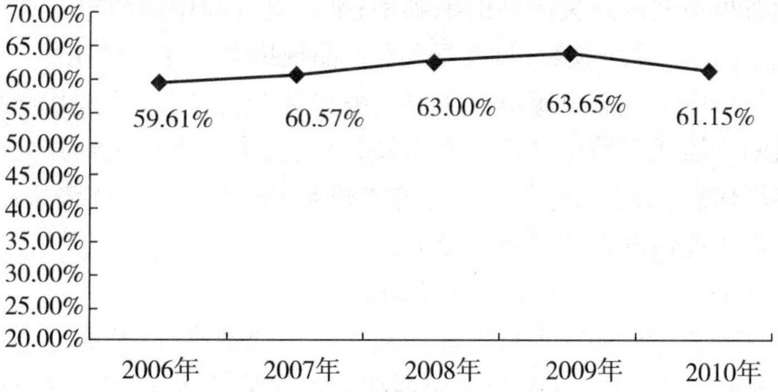

永磁开关产品毛利率

(2)公司永磁开关毛利率与同行业可比上市公司毛利率对比情况

发行人与同行业可比上市公司毛利率对比情况如下表所示：

类型	可比公司	产品种类	2010 年	2009 年	2008 年
主要产品为开关的企业	森源电气(002358)	12kV 断路器	62.34%	34.16%	41.82%
		40.5kV 断路器	45.25%	34.76%	71.06%
	深圳惠程(002168)	开关	51.80%	45.10%	42.37%
	广电电气(601616)	eVB 系列户内高压真空断路器	—	56.72%	30.45%
	思源电气(002028)	六氟化硫断路器	37.97%	45.74%	42.12%
	本公司	永磁系列断路器	61.15%	63.65%	63.00%
主要产品为超高压开关的企业	平高电气(600312)	高压开关	—	—	23.46%
	中国西电(601179)	开关	27.34%	26.73%	37.80%
主要产品为开关柜的企业	东源电器(002074)	系列开关、开关柜	27.03%	29.27%	28.48%
	宝光股份(600379)	电真空开关设备	—	23.82%	23.89%
	鑫龙电器(002298)	高、低压成套开关设备	30.26%	31.60%	32.09%
	北京科锐(002350)	永磁机构真空开关设备	23.93%	22.64%	27.56%

注：①广电电气 2010 年年报中未见关于“eVB 系列户内高压真空断路器”毛利率的描述，且产品结构已经变化为成套设备、元器件及电力电子三大类。

②平高电气 2009 年和 2010 年年报中均没有单独披露开关产品的毛利率。

③宝光股份在 2010 年年报的分产品毛利率披露中该公司的产品构成发生了变化，目前已经没有关于“电真空开关设备”这类产品分类，而是变化为“灭弧室、高压开关柜及其他”三大类。

开关柜和电气开关均为输配电领域重要的控制设备，但是开关柜仅为一个外壳，而电气开关则是对输配电设备整体性能产生重要影响的核心零部件，只是开关需要配装到开关柜中发挥作用。因此，开关和开关柜无论从产品用途、性能要求、经营模式、市场竞争等各方面均不具有可比性。

在上述可比同行业上市公司中，东源电器、宝光股份、鑫龙电器和北京科锐在年报中均没有单独披露开关产品的毛利率；平高电气和中国西电开关产品主要用于72.5kV以上的超高压领域，与发行人在产品规格上不存在可比性。尽管森源电气、深圳惠程、广电电气和思源电气主要业务也为开关产品，但是其产品主要为传统六氟化硫断路器或弹簧操动机构断路器，目前尚未取得有永磁开关产品进行规模销售的市场信息，由于永磁开关较之传统开关在性能上具有优势从而售价较高，在成本增长不大的情况下毛利率也较高。

3. 永磁开关产品毛利率较高具有合理性

结合电气开关行业的需求特性和产品生命周期理论，以及通过查阅真空断路器企业招投标报价资料、询价真空断路器成本构成情况、分析本公司永磁开关产品售价和成本结构，可以判断本公司作为永磁开关行业的领先企业，其永磁开关产品毛利率较高具有合理性。具体原因如下：

(1)电气开关由于行业需求特性从而毛利率较高

公司永磁开关产品主要应用于中高端客户，而中高端客户的需求特点也决定了永磁开关的较高毛利率：

第一，电气开关产品在客户固定资产投资项目中的成本占比很小(一般不超过1%)，但是开关性能对工程运行有着至关重要的影响，一旦电气开关出现故障，会给客户带来较大的损失，因此中高端客户对电力设备运行的安全性要求极高，中高端客户对电气开关的性能和可靠性指标高度关注。

第二，由于前述原因，中高端客户在采购电气开关产品时，对于产品的高价格相对不敏感，而是对产品的性能与可靠性高度敏感，高性能的开关产品往往可以取得高销售价格和高利润率。

第三，中高端客户采购电气开关产品时主要由其技术部门根据产品性能和运行记录选定开关产品，电气开关产品在中高端领域的竞争并非价格竞争，而主要是性能与可靠性的竞争。

(2)永磁开关具有核心竞争优势从而毛利率较高

公司除获得所处行业较高的平均毛利率之外，还由于永磁开关产品本身的技术特点及核心竞争优势获得了超过行业平均水平的利润率，具体体现在：

第一，技术研发优势。

公司的永磁操动机构采用先进的双拍合、双稳态结构，零部件少，故障率低，尤其是公司开发的永磁开关控制电路，解决了控制电路无法承受大功率(瞬间开合产生10kW~50kW功率)和尖峰电压(瞬间产生千伏级以上的电压)的技术难题，减少了控制电路的故障率，突破了永磁开关性能可靠性的“瓶颈”。

第二，产品性能优势。

本公司的永磁开关系列产品依靠自主开发的永磁操动机构，关键性能指标超越了传统电气开关，竞争优势明显。

(3)发行人经营模式特点决定毛利率较高

第一，较之同行业其他公司仅有部分业务涉及开关产品不同，发行人一直致力于电气开关产品的研发、生产和销售，这保证了公司能够实现规模效应并保证了市场销售效果。

第二，公司生产永磁开关产品所需要的零部件，除真空灭弧室和部分电子元器件需要公司向专业厂商采购外，其他主要机械零部件如框架、绝缘筒、控制器、磁罐、轴等均由公司自主加工生产，产品生产的较长产业链也保证了公司可以实现较高的毛利率。

(4)公司永磁开关毛利率较高符合产品生命周期理论

根据产品生命周期理论，永磁开关现处于成长期的初期。在该阶段，整个行业参与企业较少，竞争相对不充分，从而毛利率较高。因此，公司开关产品毛利率较高符合产品生命周期理论。

(5)永磁开关售价尚未达到行业上限且长期保持稳定

第一，虽然本公司永磁开关产品与国内厂商同类产品相比价格较高，但与合资厂商相比，仍具有价格优势。

由于真空断路器型号众多，各型号之间产品价格差异较大，为了方便比较，本公司选取销量最大、最具有代表性的型号与施耐德(陕西)宝光电器有限公司同型号永磁开关产品进行了价格对照。根据真空断路器企业参与公开招标的有关报价资料，公司永磁开关产品与施耐德(陕西)宝光电器有限公司同型号永磁开关产品价格(以 2011 年 3 月 31 日为基准)对比情况如下：

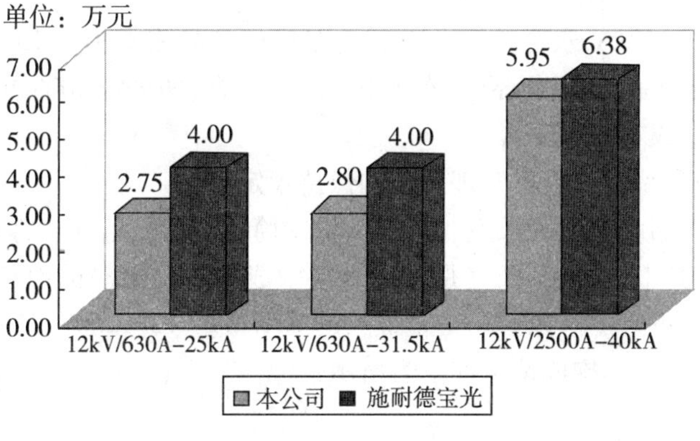

公司永磁开关产品报价对比情况

第二，公司产品价格尚未达到行业产品价格上限。

尽管公司产品售价较高，但是与国际知名电气开关厂商的产品售价相比，仍然存在较大的差距。也就是说，公司产品售价并不是行业内产品售价的上限，公司产品售价具有合理性且在不存在价格竞争压力的情况下未来一段时间内能够长期保持。在额定电流1250A、2500A和3150A三个等级，公司永磁开关产品与ABB弹簧开关产品的价格（以2011年3月31日为基准）对比情况如下图所示：

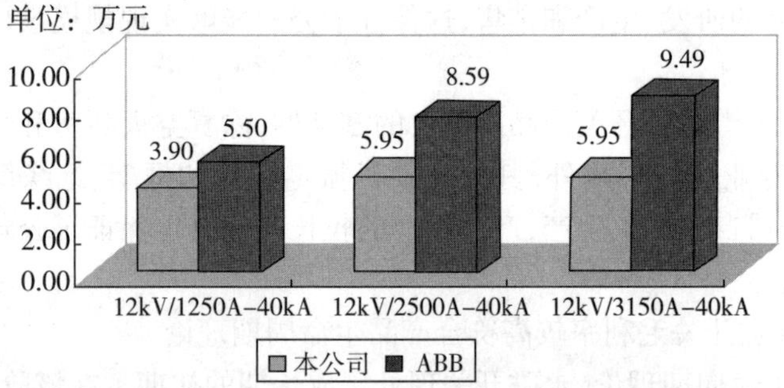

公司产品价格与ABB产品价格对比情况

第三，公司产品售价持续保持稳定。

公司永磁开关产品自实现规模销售以来价格长期保持稳定，我们选取12kV和40.5kV两个电压等级中销售规模最大的产品进行了抽样核查，两种型号永磁开关产品的价格（不含税）变动情况如下所示。

（6）永磁开关较传统开关成本增长不大且长期保持稳定

第一，公司产品成本与传统开关增长不大。

公司对国内传统开关的单台成本情况进行了询价。据统计，对于额定电流1250A、额定短路开断电流31.5kA的传统开关，本公司永磁开关产品单位成本较之同型号传统开关高出约1000元。

公司2008年12kV永磁高压真空断路器单位产品成本为8515元/台，森源电气12kV断路器产品的单位产品成本为10,135元/台，两公司2008年12kV断路器的平均单位产品成本相差不大。

第二，公司产品生产成本合理且长期保持稳定。

永磁开关产品由真空灭弧室、导电件、绝缘筒、梅花触头、连接件以及其他辅助类零部件组成，其中，真空灭弧室是永磁开关中成本占比最高的部件，且其他原材料在成本中的比重较小。以公司销量最大的ZN73A-12/1250-31.5型号永磁开关为例，产品成本具体构成情况如下表所示：

单位：元

序号	材料名称	型号	用量	单价	金额	比例
1	真空灭弧室	TD12-12/1250-31.5	3只	820.51	2,461.54	32.95%
2	梅花触头ϕ49	梅花触片δ=3.0mm	6个	68.38	410.28	5.50%
3	底盘车	DPC-4A-800	1个	307.69	307.69	4.12%
4	绝缘筒（含筒盖套筒）	YDK101.004.101	3套	97.16	291.48	3.90%

续表

序号	材料名称	型号	用量	单价	金额	比例
5	触臂头部 φ49	YDK101.004.103C	6 个	34.20	205.19	2.75%
6	软连接(两种)	YDK101.004.109(110)	12 个	16.30	195.65	2.62%
7	下支架(ZL112)	YDK101.004.108	3 只	47.18	141.53	1.89%
8	上支架(ZL112)	YDK101.004.117	3 只	45.83	137.49	1.84%
9	上出线臂(ZL112)	YDK101.004.118C	3 只	45.29	135.87	1.82%
10	下出线臂(ZL112)	YDK101.004.106C	3 只	45.27	135.82	1.82%
11	其他	—	—	—	3049.07	40.81%
	合计	—	—	—	7471.61	100%

我国真空灭弧室行业已经基本成熟,不同厂家产品的性能指标以及销售价格差别不大,灭弧室供应充足。在客户不对公司永磁开关配装真空灭弧室进行特殊指定的情况下,公司开关产品主要配装山东晨鸿的真空灭弧室。报告期内,公司采购山东晨鸿品牌灭弧室与国内灭弧室采购总量的对比情况如下表所示:

单位:元

生产厂商	2010 年	2009 年	2008 年
晨鸿品牌	11,287,435	16,724,060	16,856,640
国内总采购量	16,802,443	22,785,880	23,016,690
比重	67.18%	73.40%	73.23%

山东晨鸿作为公司长期合作的供应商,基于良好的合作关系,公司与其签署年度购销协议,在该年度的采购周期内公司采购山东晨鸿真空灭弧室的价格固定,采购周期为当年的 1 月 1 日至 12 月 31 日。报告期内,公司采购晨鸿灭弧室价格保持稳定且略有下降。

真空断路器其他零部件产品均为应用普遍的机械零部件,市场竞争充分,定价机制透明,价格变动不大。

发行人审计机构经过核查公司的销售合同、销售发票、收款情况、成本核算、账簿记录等资料,认为发行人主要的开关产品采用的技术与其他公司存在较大差异,销售单价较其他公司高,公司成本与传统成本差异不大,且公司在报告期内的售价相对稳定,公司重要原料真空灭弧室价格的相对稳定与公司的成本相对稳定相匹配,保持稳定的毛利率和维持较高的毛利率是合理的。

保荐机构认为,鉴于以下原因,发行人毛利率较高具有合理性:(1)电气开关性能对工程运行有着至关重要的影响,因此中高端客户在采购电气开关产品时对于产品的高价格相对不敏感,而是对产品的性能与可靠性高度敏感,高性能的开关产品往往可以取得高销售价格和高利润率。(2)虽然公司永磁开关产品与国内厂商同类产品相比价格较高,但与合资厂商以及境外知名电气开关厂商产品价格相比仍有较大的差距，公司目前不存在价格竞争的压力。(3)公司永磁开关目前处于产品导入期，竞争不充分，且其主要应用于中高端领域，从而价格较高且利润率较高。(4)公司生产永磁开关产品所需要的零部件，除真空灭弧室和部分电子元器件需要公司向专业厂商采购外，均由公司自主加工生产，产品生产的较长产业链也保证了公司可以实现较高的毛利率。(5)公司产品价格剔除产品结构调整因素之外售价保持相对稳定，同时公司产品生产成本合理且长期保持稳定。(6)公司与同行业可比上市公司开关毛利率不存在重大差异。

五、瑞风高科：企业自身优势保持高毛利率

（一）主要产品毛利率波动的风险

公司主要原材料为石化产品，报告期内受国际原油价格及国内外市场供应情况的影响，主要原材料的采购价格波动较为频繁；由于公司产品价格的调整相对于原材料价格的变动具有一定的滞后性，同时由于受供求关系影响并不能将成本上涨因素及时转嫁给下游客户，因此对公司主要产品毛利率的波动具有较大影响，报告期内各年公司主营业务综合销售毛利率分别为19.79%、25.51%和18.06%，公司存在主要产品毛利率波动的风险。

尽管公司采取了一系列措施以减少原材料价格大幅波动带来的影响，如改良工艺配方、调整产品结构、维护和开拓采购渠道、调整采购策略、不断提高对原材料价格的敏感度等，同时公司加强技术研发和新产品开发力度，针对客户需要不断开发新产品，提高产品附加值和定价能力、提高产品销售价格，从而从价格的角度规避毛利率波动的风险，公司仍存在产品销售毛利率发生波动的风险。

（二）毛利率分析

报告期主要产品毛利率情况如下表所示：

项　目	2010年度		2009年度		2008年度
	毛利率(%)	增加(%)	毛利率(%)	增加(%)	毛利率(%)
加工助剂	18.25	-3.63	21.88	1.89	19.99
ACR抗冲改性剂	24.43	-3.83	28.26	10.10	18.16
MBS抗冲改性剂	15.66	-15.85	31.51	11.12	20.39
小计	18.06	-7.45	25.51	5.71	19.79

报告期内，公司毛利率保持在较高水平。2009年，随着上游原材料价格的较大下降，公司毛利率呈现较快的增长；2010年，因上游原材料价格有所上涨且产品价格上涨存在一定的滞后性，因此公司产品综合毛利率略有下降，恢复至接近2008

年的毛利率水平。

1. 行业竞争状况及行业整体毛利率水平分析

总的来看,公司所处细分行业总体利润水平保持在了一定水平,主要是由于行业内技术水平的不断提高和下游持续保持的旺盛需求所致。

分产品来看,三种产品行业内的利润水平略有不同。其中加工助剂的平均毛利率略低,ACR 抗冲改性剂和 MBS 抗冲改性剂则相对较高。造成这种现象的原因主要是三种产品国内技术水平和生产厂家数量决定。加工助剂方面,国内生产工艺已经十分成熟,达到了国际先进水平,参与生产的厂家众多,激烈的竞争降低了行业利润率,因此行业利润率较低。ACR 抗冲改性剂方面,国内生产水平近年来提升很快,已经基本达到了国际先进水平,国内主要生产厂商只有发行人、山东日科、淄博华星和威海金哈斯四家,竞争程度相对较低,行业利润率较高。MBS 抗冲改性剂方面,国内生产由于工艺的原因,尚与国际厂商存在一定差距,目前国内从产品质量和产销量角度来讲,能在国内市场上占有一席之地的只有发行人和东营万达两家,竞争程度较低,行业利润率高。

2. 公司主营业务拥有较高水平毛利率的主要原因

公司为行业龙头企业,技术创新能力强,各年主要产品毛利率水平均略高于行业平均毛利率。主要原因为:

(1)技术革新提高资源的利用效率,降低了生产成本:公司先后对部分装置进行多项技术革新与改造,这些技术革新使单位产能固定资产投资低、产成品收率有大幅提高(由 92% 提高至 96%)、水电气消耗量大幅降低。通过技术改造,公司原 3000 吨产能 MBS 单套装置能力达到 10,000 吨,单位能耗与旧装置相比降低 30% 以上,从而摊薄了制造费用;同时由于自动化程度高,进一步降低了人工成本,从而提高了公司的毛利率水平。

(2)突出的研发能力赋予产品较高的销售议价能力:公司依托省级助剂研究中心,在产品研发方面位于同行业前列,通过一系列专利技术的应用和新产品的研发,生产的助剂产品居于国内同行业领先水平,加工助剂和 ACR 抗冲改性剂与国际同类产品质量相当,在国内市场享有较高的知名度,在国外市场也得到广泛的认可,多年来产品都供不应求,产品价格与国内同行相比,价格略高,从而提高了毛利率水平。

(3)公司原料供应稳定且运输成本较低:公司与中国石化齐鲁分公司、吉林分公司等签订长期战略合作协议,原料供应稳定可靠,价格优惠,从而降低了原料成本。同时由于集中采购,原料运输成本低,数量稳定可靠。

3. 公司各年毛利率水平变动的趋势分析

报告期内公司主营业务毛利率变动的量价分析如下表所示:

年 度	毛利率(%)	毛利率净变动(%)	影响因素		
			单位售价(%)	单位成本(%)	合计(%)
2009年相比2008年	25.51	5.72	-8.18	-13.90	5.72
2010年相比2009年	18.06	-7.45	9.78	17.23	-7.45

报告期内,公司主营业务毛利率呈先升后降态势。2009年较2008年增加5.72%,主要系单位售价下降使毛利率下降8.18%和单位成本下降使毛利率上升13.90%所致。2010年公司主营业务毛利率较2009年度下降7.45%,主要系单位售价上涨使毛利率提高9.78%和单位成本提高使毛利率下降17.23%所致。作为精细化工行业,公司所在PVC助剂行业毛利率的波动主要与上游主要原材料价格的波动、各主要产品本身的行业竞争程度及所带来的上下游价格传导速度有关。

保荐机构意见:"经核查,发行人毛利率的波动主要与上游主要原材料价格的波动、各主要产品本身的行业竞争程度及所带来的上下游价格传导速度有关,体现了发行人实际情况及其所在行业的整体变动趋势。"

申报会计师意见:"通过核查,我们认为,公司2009年度毛利率不断上升的原因,主要是单位原材料成本下降所致;2010年度,随着原材料价格的上涨,毛利率相比2009年度有所下降,已基本恢复至接近2008年度的水平。"

【案例评析】

1. 毛利率指标是根据利润表计算出来的一个非常重要的指标,其体现了一个企业进行生产经营获取的产品附加值的情况,并且通过这种附加值的获取进行横向纵向对比,可以判断这家企业未来发展趋势以及行业内的市场竞争地位。此外,公司毛利率是非常综合的一个指标,会涉及产品销售定价、市场竞争状况、原材料采购价格、原材料议价能力、成本结转会计处理等诸多因素,而上述任何一个因素的异常都会反映在最终的指标上。因此,综上两个方面,无论是从判断企业价值还是核查企业内部控制情况来看,毛利率指标都是至关重要的指标。

2. 从审核实践的角度来讲,正是因为上述提到的原因,毛利率指标在审核过程中的重视程度如果自称第二就没有谁还敢称第一,并且要对毛利率的内在外在影响因素进行详细彻底甚至有些变态的分析。从某种意义上来讲,如果一家企业毛利率问题存在疑问或者是不合理的情况,那么企业首发上市的风险会非常大。

3. 首先我们承认,任何一种看似异常的毛利率指标都可能是合理的;反之任何一种看似正常的毛利率指标也可能是虚假的。不过,从中介机构的工作角度来看,一些存在疑问的情况理应重点关注并付出更多的精力。综合上述案例,我们可以简要总结一下毛利率存在异常的情形主要包括以下情形:(1)报告期内毛利率呈逐渐下降趋势;(2)公司毛利率较之同行业可比上市公司高;(3)公司毛利率较之可比公司低;(4)公司毛利率变动趋势与整个行业发展趋势不符;(5)毛利率在报告期内大幅波动。毛利率逐年下降的企业通过审核的情况还是比较少见，因为这直接就说明企业的竞争力和盈利能力可能正在下降；毛利率若比上市公司高很多，那可能也有问题，需要重点解释差异的原因是正常情况还是存在虚构的成分；反之，如果比同比上市公司毛利率低，那问题可能相对会更加严重一些，直接说明你的市场竞争力是不够的；如果在行业内企业毛利率都在下降的情况而发行人却是逐年上升，这也需要重点解释原因。最后一种情况，发行人的毛利率可能是真实的，但是需要让别人相信发行人的经营能够保持稳定性和持续性。

4. 当然，每个企业的产品结构和经营模式都有着较大的不同，甚至一个企业不同的发展阶段也有着不同的经营策略，所以如果企业的毛利率是真实的且是合理的，并且不会对公司的盈利能力产生重大不利影响，那么企业并不会因毛利率的波动而不允许上市。一般情况下，主要有两种情况会比较严重：(1)企业毛利率的真实性存疑；(2)企业的经营存在重大不确定性风险。

5. 那么，怎样解释才能够让别人相信你的毛利率指标是合情合理的呢，这个实务中一定要结合企业最真实的情况出发，做出最符合企业自身特质的解释，一些比较常见的理由总结如下：(1)企业产品销售价格发生的波动（比如公司议价能力强了）；(2)原材料价格存在较大波动（这个更加常见，原材料公开交易价格变动较大企业成本也会随之变化从而影响毛利率）；(3)公司产品结构调整（比如毛利率高的产品卖的多了或者少了）；(4)公司销售客户发生了重大变化（比如国外客户多了，出口退税多了）；(5)定价机制或销售策略的调整（比如执行了更加严格的信用政策，同时销售价格略有降低）；(6)公司经营模式发生变化（公司由贴牌生产到自主品牌生产，从而附加值更高了）；(7)公司产品价格调整滞后于原材料价格变化（原材料先涨了，但是价格涨不上去或者传导的慢）；(8)公司技术先进所以毛利率高；(9)因为公司追求产品品质而增加了成本但是价格尚没有提高。

6. 在具体操作上，毛利率变化情况主要体现在综合毛利率，而一般情况下都是将产品详细拆分之后来分析毛利率存在波动的内在真正的原因。毛利率问题一般都会成为信息披露中的首要风险，在比较严重的情况下还要作为重大事项提示，以提示投资者对于企业经营风险的判断。

7. 不可否认，毛利率指标很综合很重要可以说明很多问题，但是高度重视到一种近乎疯狂的程度是否合理值得思考。毛利率比别人高有可能存在水分，毛利率比别人低说明竞争不过人家，毛利率差不多又说天底下哪有那么巧的事情，真是有点儿如履薄冰的感觉。

8. 最后需要再次说明的是，上述案例的总结仅是为大家提供一些思路，切不可照抄照搬，毕竟每一个企业都是不相同的，尤其是财务方面的问题和处理思路。

■第二节 存货余额较大解决之道

【重要提示】

★ 存货是资产负债表中非常重要的一个财务科目，他核心反映了企业原材料采购、生产成本结转、现金流转以及经营流程控制等诸多问题。

★ 单纯从技术分析的角度来看，如果一家企业期末存货余额较大，那么可能会存在原材料跌价、现金流紧张、产品销售不畅等诸多经营风险。从另外一个角度来看，存货又是一个非常具有弹性的指标，不同行业不同类型的企业对于存货的要求以及存货的管理模式均存在很大的不同，存货余额不论高低只要具有合理性都会得到认可。

★ 本节内容将主要为大家介绍一些存货管理比较特殊但又具有合理性的案例，希望帮助大家能够适当理解存货这一指标的含义。

【案例情况】

一、科泰电源：存货金额逐年上升

（一）存货管理的风险

2007 年年末、2008 年年末、2009 年年末和 2010 年 6 月 30 日，公司存货账面余额分别为 8572.73 万元、9403.19 万元、10,029.10 万元和 7578.39 万元，占相应期末合并报表资产总额的比例分别为 41.30%、40.22%、36.83% 和 24.72%，虽然呈逐年下降趋势，但在资产构成中仍占比较高。本公司存货主要由原材料、在产品和发出商品构成，2007 年年末、2008 年年末、2009 年年末和 2010 年 6 月 30 日，三者合计占公司存货余额比例分别为 93.67%、94.61%、99.35% 和 95.77%。

公司采取“以销定产”的生产模式，产品按订单生产。本公司主要部件发动机需要从海外采购，供应商供货周期和海外运输时间均较长，且单位价值较大，故公司一般保持两个月的库存量；公司采用订单式生产，一般在取得订单后根据客户需求进行技术研发、产品设计，从领料到产成品验收入库的过程中，均核算为在产品，通常需要 4 ~8 周；公司发出商品的形成、期间的长短和规模的大小，主要依据销售合同中关于产品交付、安装和验收的条款规定，同时受到货物运输、安装工程和客户的验收周期的影响，期限通常为 2 ~3 个月，有时甚至更长。综上所述，本公司存货规模较大系正常经营所需，符合行业和企业的特点；同时，存货周转率分别为2.78%、2.45%、2.65%和1.75%，周转情况正常。

公司通过ERP系统对存货进行管理，首先，根据销售、生产和原材料库存情况，确定采购需求；其次，根据订单下达生产任务单；最后，产品完工入库后，根据合同订单的交货约定，发出商品在取得客户验收后确认销售收入，同时相应结转营业成本。但是，由于存货规模较大，占用了公司营运资金，对公司的生产经营的扩大产生了一定的影响，若公司不能加强生产计划管理和合理库存管理，及时消化存货，可能产生存货跌价和存货滞压情况，并导致存货周转率下降，从而给公司生产经营带来负面影响。

（二）存货分析

公司采取"以销定产"的生产模式，产品按订单生产。公司根据订单和客户的配置要求进行材料采购、投料和生产，产品完工后，按合同约定交付给客户，经验收后确认收入。

1. 报告期内存货构成情况

报告期内，公司存货的构成情况如下表所示：

类　别	2010-6-30		2009-12-31		2008-12-31		2007-12-31	
	金额（万元）	比例（%）	金额（万元）	比例（%）	金额（万元）	比例（%）	金额（万元）	比例（%）
1. 原材料	4886.77	64.48	4757.86	47.44	4474.61	47.59	4741.02	55.30
2. 委托加工材料	17.56	0.23	31.61	0.32	73.80	0.78	19.87	0.23
3. 库存商品	299.50	3.95	33.33	0.33	433.04	4.61	522.73	6.10
4. 在产品	1733.41	22.87	3097.45	30.88	1234.67	13.13	2045.43	23.86
5. 发出商品	638.32	8.42	2108.85	21.03	3187.07	33.89	1243.67	14.51
6. 在途物资	2.83	0.04	—	—	—	—	—	—
合计	7578.39	100.00	10,029.10	100.00	9403.19	100.00	8572.73	100.00

本公司存货主要由原材料、在产品和发出商品构成，近三年一期期末，三者合计分别占公司存货余额的93.67%、94.61%、99.35%和95.77%。

（1）原材料分析

公司原材料由生产备料和服务零配件组成，由于公司主要原材料发动机系从境外采购，供应商供货周期和海外运输时间均较长；另外，公司主要行业客户通常采取在全国范围内集中招标的方式进行采购，从通知中标到订单下达，通常间隔一段时间，因此，为了满足正常的生产和订单交货期的需求，公司通常储备约2个月生产所需原材料。

公司原材料与合同订单的配比情况如下表所示：

项目	2010-6-30		2009-12-31		2008-12-31		2007-12-31	
	金额（万元）	比例（%）	金额（万元）	比例（%）	金额（万元）	比例（%）	金额（万元）	比例（%）
有合同订单	2639.78	54.02	3043.28	63.96	2614.07	58.42	2754.06	58.09
其他材料	2246.99	45.98	1714.58	36.04	1860.54	41.58	1986.96	41.91
合计	4886.77	100	4757.86	100	4474.61	100	4741.02	100

有合同订单的原材料是指公司为执行与客户已签订的合同或订单，而准备生产产品所必需的、已入库的发动机、发电机和控制器这三类金额较大的主要原材料。

其他材料主要是为了保证及时向客户供货所采购的相关物料，具体分为以下4类：①已接到中标通知而合同或订单尚未签订，但需要提前准备的主要原材料，如发动机、发电机等；②为执行已签合同或订单生产所必需的配套件或通用件，如机座、箱体、开关、铜排等；③售后服务所需的维修服务零配件，如修理包、活塞组件等；④其他经核定的需保持最低安全库存的常用物料，如水泵、油泵、传感器等。

其他材料明细情况如下表所示：

材料名称	2010-6-30		2009-12-31		2008-12-31		2007-12-31	
	金额（万元）	比例（%）	金额（万元）	比例（%）	金额（万元）	比例（%）	金额（万元）	比例（%）
发动机	304.52	13.55	532.35	31.05	241.04	12.96	235.38	11.85
发电机	75.51	3.36	83.66	4.88	17.95	0.96	3.95	0.19
钢质底座	65.01	2.89	62.62	3.65	58.40	3.14	40.71	2.05
钢质机厢	136.48	6.07	88.96	5.19	118.31	6.36	112.69	5.67
空气开关	99.02	4.41	63.33	3.69	65.38	3.51	52.76	2.66
配套件	1566.45	69.71	883.66	51.54	1359.46	73.07	1541.47	77.58
其他材料合计	2246.99	100	1714.58	100	1860.54	100	1986.96	100
其他材料占存货比重	—	29.65	—	17.10	—	19.79	—	23.18
其他材料占流动资产比重	—	7.86	—	6.43	—	8.12	—	9.79

2009年年末，公司其他材料余额中发动机和发电机占比较高的主要原因为本公司与中国移动签订了较大金额的供货框架协议，由于供货数量较大，为了确保及时交付产品，虽然尚未签订购销合同，但在已知的供货范围内，公司预先采购储备了部分原材料。为了保证生产稳定，满足客户供货需求的及时性，公司需要均衡地维持一定水平的原材料库存。

(2)在产品

公司采用订单式生产，公司取得订单后，根据客户需求进行技术研发、产品设计，因为公司产品的个性化和生产工艺的非标准化，产品的生产周期从物料投放、组织生产、外协配套、产品集成、各项检测调试、质量检验至成品入库,通常需要4～8周。

公司在产品与合同订单的配比情况如下表所示:

项目	2010－6－30		2009－12－31		2008－12－31		2007－12－31	
	金额（万元）	比例（%）	金额（万元）	比例（%）	金额（万元）	比例（%）	金额（万元）	比例（%）
有合同订单	1733.41	100	3097.45	100	1234.67	100	2045.43	100
其他	—	—	—	—	—	—	—	—
合计	1733.41	100	3097.45	100	1234.67	100	2045.43	100

综上所述,公司期末在产品均为有合同订单已投产的直接材料,同时,由于公司生产周期相对较长、主要部件如发动机、发电机的单位价值较大,因此报告期内公司在产品的金额取决于期末已投产的订单情况。

2010年6月30日公司在产品金额为1733.41万元,较2009年年末下降44.04%,主要系2010年6月末产品集中交付、完工产品较多所致。公司期末在产品均为已投产的直接材料。直接人工和制造费用均在当期按规定摊销进入完工产品,公司完工产品成本中的制造费用和直接人工占比不超过完工产品成本的5%。

(3)发出商品

公司的生产模式是以销定产,根据销售合同或订单需求,安排生产备货,产品完工后,成品仓库根据合同约定交付客户,因此公司的库存商品较少,产品发出离开公司后,交付客户,在产品未完成验收前,公司不确认收入,作为存货发出商品核算。

发出商品的形成、期间的长短和规模的大小,主要受到执行销售合同中关于产品交付、安装、验收等条款规定的影响,受到货物运输、安装工程和客户的验收周期的影响。根据合同约定,若产品不需要公司安装的,待客户验收合格后按规定确认销售收入,由存货发出商品转入营业成本核算;若产品需要公司安装的,待安装调试并由客户验收合格后再确认销售收入。

从2008年起公司销售收入中直销模式占比逐步扩大,直销的客户绝大多数为通信、电力等行业客户,2008年和2009年的销售合同规定需要安装的产品较多,验收周期较长,公司在年末有一定数量的产品因客户未完成验收手续而不能确认收入,列入发出商品核算。

2010年6月末公司发出商品金额为638.32万元,较2009年年末下降69.73%,主要原因为2010年上半年发出商品中根据合同约定需安装的产品较少,大部分产品均在发货当月经客户验收后确认收入,因此2010年6月30日公司发出商品余额较2009年年末有较大幅度的下降。

公司客户大多为资质优良的通信、电力行业客户,公司与其签订销售合同时约定了货款交付的相关条款,且公司产品的质量也有充分的保证,公司的发出商品一般不存在重大的销售、退货、质量或违约等风险。

报告期内,公司发出商品具体情况如下:(略)

2. 存货占比分析

(1)存货与营业收入占比分析

公司报告期内的存货规模随业务规模扩大而相应增长。如下表所示,公司存货规模的增长小于营业收入的增长,存货与营业收入占比基本保持平稳。

单位:万元

项　目	2010-6-30	2009-12-31	2008-12-31	2007-12-31
存货(余额)	7578.39	10,029.10	9403.19	8572.73
营业收入	21,188.61	35,874.28	31,314.51	25,768.86
存货/营业收入(%)	37.55	27.96	30.03	33.27
营业收入比上年增长(%)	—	14.56	21.52	—
存货比上年增长(%)	—	6.66	9.69	—

(2)存货与营业成本占比分析

公司报告期内的存货规模随业务规模扩大而相应增长。如下表所示,公司存货规模的平均增长略小于营业成本的平均增长,存货与营业成本占比基本保持平稳。

单位:万元

项　目	2010-6-30	2009-12-31	2008-12-31	2007-12-31
存货(余额)	7578.39	10,029.10	9403.19	8572.73
营业成本	14,754.27	24,678.28	21,495.83	20,111.23
存货/营业成本(%)	51.36	40.64	43.74	42.63
营业成本比上年增长(%)	—	14.80	6.88	—
存货比上年增长(%)	—	6.66	9.69	—

(3)存货与总资产、流动资产占比分析

公司报告期内的存货规模随业务规模扩大而相应增长。但是公司存货规模的增长幅度小于总资产、流动资产的增长幅度,因此存货与总资产和流动资产的占比呈现逐年下降的趋势。如下表所示:

单位:万元

项　目	2010-6-30	2009-12-31	2008-12-31	2007-12-31
期末总资产	30,653.03	27,233.22	23,380.74	20,756.24
期末流动资产	28,591.73	26,684.79	22,905.25	20,305.88
存货	7578.39	10,029.10	9403.19	8572.73
存货占期末总资产比重(%)	24.72	36.83	40.22	41.30
存货占期末流动资产比重(%)	26.50	37.58	41.05	42.22
存货比上一年增长幅度(%)	—	6.66	9.69	—
期末总资产比上一年增长幅度(%)	—	16.47	12.65	—
期末流动资产比上一年增长幅度(%)	—	16.50	12.80	—

综上所述,本公司存货属于公司正常经营所需,符合行业和企业特点,公司和主要客户及供应商均保持长期、稳定的合作关系。目前公司订单充足,交货及时,不存在库存积压的情况,公司存货变现能力较强,库存情况正常。

经保荐机构海通证券对发行人存货明细、存货盘点清单、生产周期、原材料中其他材料明细、在产品与合同的匹配情况、制造费用明细、报告期内对应发出商品70%以上的合同以及未确认收入的原因核查后认为报告期内发行人的存货规模随公司业务规模的扩大而相应增长,发行人存货比例较高主要是由发行人产品的重要零部件采购周期较长,发行人生产、交货的周期较长等原因引起的,报告期内发行人存货余额与发行人的生产周期相匹配。经核查发行人报告期存货构成情况以及发行人的经营模式,我们认为,由于发行人产品的重要零部件采购周期较长,发行人生产、交货的周期较长,报告期内存货余额符合发行人生产经营时间情况。

二、明牌珠宝:存货金额持续处于高位

(一)存货余额较大的风险

公司截至2010年12月31日的存货余额为150,504.98万元,占资产总额的71.46%。这主要由行业特点和公司自身的经营模式所决定:(1)珠宝首饰行业的存货以黄金、铂金和钻石原材料及产成品等为主,款式繁多且单位价值较高;(2)公司具有完善的产业链,涉及设计、生产和销售等多个环节,而生产、销环节须备有一定的原材料、产成品和库存商品等存货;(3)公司销售终端数量的不断增加及珠宝首饰品种款式多样化,这也使库存商品余额不断上升。如果黄金和铂金等原材料价格出现大幅度下跌,公司将面临计提存货跌价准备的风险,从而导致公司经营业绩的下滑。

(二)存货分析

报告期内,公司存货构成变化如下表所示:

类 别	2010-12-31		2009-12-31		2008-12-31	
	金额(万元)	占比(%)	金额(万元)	占比(%)	金额(万元)	占比(%)
原材料	12,596.50	8.37	7810.85	6.46	14,049.90	13.86
在产品	12,049.36	8.01	10,667.58	8.83	9487.91	9.36
库存商品	124,809.95	82.93	100,480.00	83.14	76,452.14	75.43
其他	1049.17	0.70	1897.50	1.57	1372.40	1.35
合计	150,504.98	100.00	120,855.93	100.00	101,362.35	100.00
占流动资产比例	73.59		78.01		78.02	

1. 存货构成及趋势分析

从类别来看,存货主要由原材料、在产品和库存商品构成。报告期内,公司营销网络需要大量库存商品;同时为满足下一年销售旺季需要,各期期末库存商品增加较多,导致其占存货的比例维持在70.00%以上。2008年12月31日、2009年12月31日及2010年12月31日,存货分别为101,362.35万元、120,855.93万元及150,504.98万元,呈上升趋势,主要原因是:报告期内公司销售规模逐渐扩大,存货规模随之增加;2009年、2010年金价所黄金、铂金价格呈增长趋势,以采购黄金原材料采购均价为例,从2008年的166.41元/克、2009年的179.91元/克,到2010年的226.61元/克,主要原材料采购价格上涨导致公司存货价值整体呈上升趋势。

2. 存货占流动资产比例较大原因分析

报告期内公司存货占流动资产比例从2008年年末的78.02%、2009年年末的78.01%,到2010年年末的73.59%,一直处于相对高位状态。这主要是由公司所处珠宝首饰行业及公司经营模式两个特点决定的:(1)公司主要产品为黄金饰品、铂金饰品和镶嵌饰品,该等产品单位价值较高;(2)与同行业绝大部分上市公司相比,公司具有完善的产业链,涉及设计、生产和销售,而生产、销售流程均须备有一定的存货,导致存货金额较大,引起存货占流动资产的比例相对较高。公司存货占流动资产的比例较高的特点与珠宝首饰行业相吻合。同行业上市公司存货占流动资产比例如下表所示:

单位:万元或万港元

同行业上市公司	流动资产	存货	存货/流动资产比例(%)
周生生	427,308.70	288,484.10	67.51
谢瑞麟	105,049.90	76,076.10	72.42
六福集团	158,632.40	121,888.00	76.84
潮宏基	45,506.14	36,932.30	81.16
老凤祥	281,792.01	204,161.56	72.45
豫园商城	418,025.30	182,402.36	43.63
东方金钰	118,538.78	81,094.17	68.41
平均	—	—	68.92
明牌珠宝	154,921.90	120,855.93	78.01

注:上述财务数据为各公司截至2010年4月30日最近披露的年报,公司数据为2009年年末的数据。

3. 存货跌价准备分析

报告期内各资产负债表日,公司存货未计提跌价准备,具体分析如下:

报告期内公司镶嵌饰品销售毛利率较高、获利空间大,在各资产负债表日不存在减值现象,无须计提跌价准备。2008年下半年黄金、铂金价格下跌趋势明显,导致黄金、铂金存货在2008年年末存在减值可能,发行人于2008年度财务报表截止日，对黄、铂金存货进行减值测试分析，经测试，可变现净值均高于成本，无须计提跌价准备。除此之外，由于金交所黄金、铂金价格在报告期内整体呈上涨趋势，相应存货在报告期其他资产负债表日不存在减值现象，无须计提跌价准备。

发行人于2008年度财务报表截止日对黄、铂金存货的减值测试分析情况：

单位：万元

项 目	铂金原材料及在产品	铂金产成品	黄金原材料及在产品	黄金产成品
期末成本	3839.68	12,424.20	18,223.38	40,641.34
可变现净值	5402.54	12,515.26	18,561.15	41,261.46
可变现净值—成本	1562.86	91.06	337.77	620.12

经上述测试，公司期末黄、铂金存货的可变现净值均高于成本，无须计提跌价准备。浙江天健东方会计师事务所有限公司对公司2008年度财务报表进行审计（于2009年2月26日出具浙天会审〔2009〕1286号审计报告），结合期后金价及公司产品售价走势情况，对发行人的测试结果进行复核，由于期后销售价格上升，进一步确认发行人2008年年底存货不存在减值现象。因此，公司未计提跌价准备具有合理性。

4. 原材料采购风险控制

原材料价格波动是公司经营中面对的重要问题，因此公司一直将原材料采购作为一项重要的工作加以管理。为避免原材料价格波动对公司可能产生不利影响，公司综合利用各种措施控制原材料价格波动带来的风险。

(1) 在日常经营中，公司依据经销商订单、专营渠道铺货情况、销售量、适时库存量、即期和未来短期金价走势及波动情况进行原材料采购，严格控制没有订单、销量对应的库存；

(2) 每年公司举行几次订货会，订货会前为生产旺季。依据经销商订单、专营渠道销量，公司提前适当实施黄金T+D买入业务购入原材料，在订货会前后公司依据库存情况适时采用黄金T+D卖出业务；

(3) 公司综合考虑黄金库存情况、金价波动，适度通过黄金租赁获取原材料。采购日具体采购流程如下：首先，运营中心和采购部对当天生产部门所需的黄金、铂金量（包括已接订单所需量）进行核实，在考虑金价变动基础上采购部分黄金、铂金量，其后下午对当天实现销量和接受的订单量进行统计，以确定是否调整采购量，另外公司在夜间交易时间依据当天订单和销量变化情况进行补充采购。

因此公司在采购时点、采购量、采购渠道等各个环节都建立较为完善制度，综合考虑客户下单、销售情况、价格波动等因素下达采购指令和采购量，使采购时间、数量和订单、销售相匹配。

三、万福生科:存货持续增长且处于高位

(一)存货余额较大风险的重大事项提示

2008年年末、2009年年末、2010年年末、2011年6月30日,公司存货金额分别为14,252.99万元、19,628.60万元、19,013.24万元、20,306.39万元,占流动资产的比例分别为71.83%、75.09%、66.51%、78.96%,占资产总额的比例分别为45.22%、51.35%、37.57%、39.94%。在国内稻米价格整体温和上涨的背景下,大仓储能力有利于公司控制生产成本,并充分分享终端产品价格上涨带来的超额收益,但是公司较多的存货使存货周转率低于行业平均水平。

虽然公司拥有数十位原国家粮食系统的专业人士,建立了行业领先的稻谷采购渠道、定价机制、仓储管理水平,但亦不能排除对市场行情判断失误,导致存货减值的风险。

(二)存货余额较大的风险

报告期内,公司存货金额及其所占资产的比例较大,具体情况如下表所示:

单位:万元

项　目	2011-06-30	2010-12-31	2009-12-31	2008-12-31
存货净额	20,306.39	19,013.21	19,628.60	14,252.99
占流动资产比例	78.96%	66.51%	75.09%	71.83%
占资产总额比例	39.94%	37.57%	51.35%	45.22%

公司为中央储备粮代储企业、地方政府调节储备粮代储企业、郑州商品交易所早籼稻交割仓库,仓储规模、管理水平行业领先,为保障国家粮食安全、保持国内粮价稳定、支持农民增收增效作出了贡献的同时,自身实现了较好的经济效益。公司的大仓储能力,使得公司能够从容应对稻谷(及碎米)集中上市、集中收购的特点,从容应对稻谷存放最佳时间以获取最高产出率的需要;同时,在国内稻谷价格整体温和上涨的背景下,公司的大仓储能力有利于公司控制生产成本,并充分分享终端产品价格上涨带来的超额收益,但是存货规模的扩大影响了存货周转率的提升,使公司的存货周转率低于行业平均水平。

虽然公司拥有数十位原国家粮食系统的专业人士,建立了行业领先的稻谷采购渠道、定价机制、仓储管理水平,但亦不能排除对市场行情判断失误,导致存货减值的风险。

(三)存货分析

2008年年末、2009年年末、2010年年末、2011年6月末,公司存货账面价值分别为14,252.99万元、19,628.60万元、19,013.24万元、20,306.39万元,在流动资产中的占比分别为71.83%、75.09%、66.99%、78.96%。报告期内公司存货的明细如下表所示:

单位:万元

项 目	2011-6-30		2010-12-31		2009-12-31		2008-12-31	
	金额	比例(%)	金额	比例(%)	金额	比例(%)	金额	比例(%)
原材料	17,499.70	86.18	15,625.57	82.18	15,114.26	77.00	11,054.61	77.56
自制半成品	617.91	3.04	1147.36	6.03	692.25	3.52	260.85	1.83
库存商品	1789.41	8.81	1799.98	9.47	3482.48	17.74	2525.67	17.72
包装物	183.17	0.90	161.72	0.85	115.65	0.59	76.37	0.54
低值易耗品	25.96	0.13	54.36	0.29	15.94	0.08	29.19	0.20
辅助材料	190.24	0.94	224.26	1.18	208.02	1.06	306.29	2.15
存货合计	20,306.39	100.00	19,013.24	100.00	19,628.60	100.00	14,252.99	100.00

报告期内,原材料占存货的比例较大,原材料占存货的比例达到80%左右,主要系公司2008年经营规模的扩大,仓储能力增加,加大了原材料的储备。存货的增长率较高,主要是原材料的库存增大较多。包装物、低值易耗品和辅助材料各年所占存货比例较小,这些存货容易购买,不需特别备货。

1. 报告期内,公司原材料的具体构成情况

单位:吨

项 目	2011-6-30		2010-12-31		2009-12-31		2008-12-31	
	数量	金额(万元)	数量	金额(万元)	数量	金额(万元)	数量	金额(万元)
稻谷	81,861.03	15,134.22	76,990.19	13,229.67	72,687.95	12,168.33	51,555.90	8839.62
调节储备粮	9000.00	1637.75	8000.00	1353.92	14,305.70	2359.80	13,543.28	2214.99
碎米	3220.88	727.73	5258.23	1041.66	3015.00	544.06		
其他			0.12	0.31	65.64	42.07		
合计	94,081.91	17,499.70	90,248.54	15,625.57	90,074.29	15,114.26	65,099.18	11,054.61

报告期内,公司循环经济型稻米精深加工生产体系实现了动态升级,产品系列日益丰富、产品结构日益合理。根据生产计划,公司原材料储备作出动态调整。报告期内,稻谷的储备与生产规模的扩大基本保持了同步增长,2008年公司仓容能力大幅提升,加大采购力度,造成稻谷存量增加较大;公司于2009年开始外购部分碎米用于淀粉糖及米蛋白产品的生产,因此自2009年起,公司碎米储备量大幅增长。

公司积极参加国家托市收购和政府调节储备粮代储工作。经过多年发展,公司现拥有现代化的仓储能力20多万吨,并聚集了数十位原国家粮食系统的专业人士,建立了领先的稻谷仓储管理水平。公司是中央储备粮代储企业、地方政府调节储备粮代储企业、郑州商品交易所早籼稻交割仓库,仓储规模、管理水平行业领先。2007年开始,公司每年与湖南省粮食局和湖南省财政局签订代储合同,根据合同约定的数量规模,代储一定的稻谷。

2. 原材料采购特点

企业成为国内稻谷收购的主力军。改革开放以来,我国经过了三个阶段的粮食流通体制改革,国内粮食流通体制演变至今,企业已经成为国内粮食购销体系的主力军,尤其是大型民营粮食购销企业、粮食加工企业日益成为重要力量。公司位于湖南省常德市桃源县,洞庭湖区为中国主要早籼稻的产区,与湖北的公安、监利等江汉平原稻谷主产区较近。公司通过与粮食经纪人建立战略合作关系,间接(少部分直接)从周边农户采购粮食已突破10万吨/年,拉动了周边农户增收,也稳定了公司的原料供应。同时,公司为中央储备粮和地方政府调节储备粮代储企业,承担着国家粮食安全的任务,在代储合同约定的数量范围内,需对农民敞开收购,在丰产年份,农民售粮积极性高,公司增加了原材料稻谷的存量。

稻谷(米)的收购具有较强的季节性。稻谷的收购季节一般为每年7~12月,原材料库存在下半年会持续增加;另外,公司也直接从粮库购买轮换粮和从批发市场竞拍轮换粮。它的特点是粮食质量较为稳定,数量集中,调运方便,价格由市场决定。这种粮食量较大,且竞拍时点并不确定,一旦竞拍成功,企业的原材料库存就会短期增大较多;市场上碎米的供应也存在一定的季节性,稻谷初加工企业往往选择在新谷上市前(7月、11月)大量处理陈谷,初加工过程中产生大量的碎米需要处理。此时碎米市场价格往往较低,公司集中采购碎米有利于公司原料成本控制。

稻谷收购后储藏一定时间有其必要性和现实经济效益。稻谷收割后虽然后熟期不长,但适当的存放能提高产品产出率,且早籼稻因大部分都作为工业用粮,而且收购季节温度高,水分较低,一般是在存放1年左右才作为原料使用,最长可存放3~4年(前提是水分低,不发热、不霉变)。

3. 公司采购稻谷的价格分析

报告期内,公司每月采购主要原材料稻谷的平均价格变动情况如下:

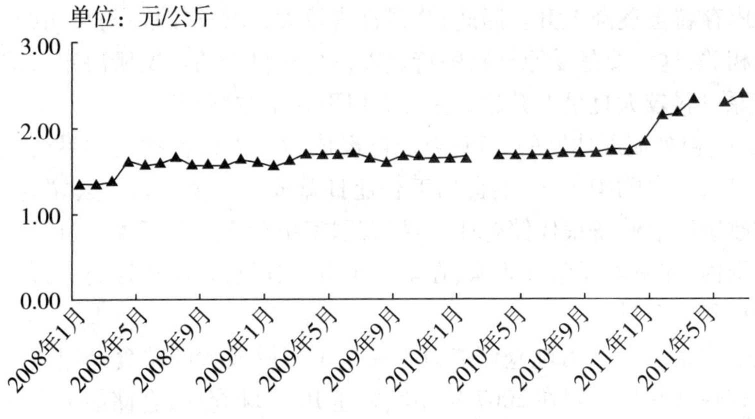

注：若缺失，则表示在对应的时间段没有从粮食经纪人或农户处购买。

公司采购稻谷的价格变动

从上述原材料价格变动可以看出：稻谷的采购价格整体上呈温和上升趋势，公司每年消耗的稻米已突破10万吨，因此在仓储和资金允许的情况下，公司会考虑多储备一些稻谷，以有效控制成本。

4. 存货余额及增长性说明

公司的存货较大主要系原材料储存量较大，报告期末，原材料占存货的比重为82.18%。同时，公司报告期内的产销量较好，不存在产品滞销的情况，故期末库存商品占存货比重较低。

报告期内，公司正处于快速发展的时期，营业收入持续提高，年消耗的原材料也随之增加，原材料稻谷收割后存放1年左右的时间，淀粉转化率较高，为此，原材料的库存量必须与公司经营规模的扩大保持同步。公司原材料余额和下一年度的主营业务成本变动情况如下图所示：

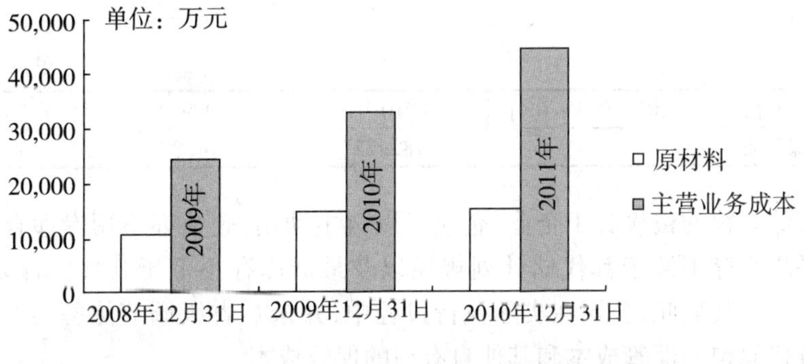

注：2011年的预计主营业务成本根据2008～2010年的复合增长率计算得出。

由上图可见，报告期内，公司原材料余额和下一年度的主营业务成本保持相对稳定的增长趋势，两者之间的相关系数较高。随着公司经营规模的不断扩大，公司的原材料库存将会逐渐上升。因此，公司存货较大且增长较快，与公司的营业规模扩大息息相关，这主要是受原材料的特点以及公司自身的情况所决定。综合来讲，公司库存原材料较大且呈上升趋势主要有以下几个主要原因：

（1）经过粮食流通体制的改革，企业已经成为国内粮食购销体系的主力军，尤其是大型民营粮食购销企业、粮食加工企业日益成为重要力量。公司为中央储备粮和地方政府调节储备粮代储企业，承担着国家粮食安全的任务，在代储合同约定的数量范围内，需对农民敞开收购，在丰产年份，农民售粮积极性高，公司会相应增加原材料稻谷的存量。

（2）公司拥有20多万吨仓储能力并建立了规模较大的粮食经纪人队伍，粮食收购能力较强，同时，公司在2007年年底新建10万吨仓库，仓储能力大幅提升，为2008年大幅度提高原材料储备提供了基础保证。

（3）由于稻谷的生长受自然条件、气候因素的制约，如果遇到极端灾害天气，可能会造成稻谷的大幅减产，影响公司原材料供应的稳定性，这使得公司原材料储备需要保持在一定水平。

（4）稻谷（米）的收购具有较强的季节性。稻谷的收购季节一般为每年8～11月，原材料库存在下半年会持续增加。

（5）稻谷在收割后存放1年左右的时间，淀粉转化率较高，为了保持较高的转化率，原材料的库存量必须与公司业务规模的扩大保持同步。

（6）稻谷的价格呈现温和上涨的趋势，库存较大的原料，可以获得原材料成本上涨的好处，提升企业的竞争力。

5. 调节储备粮情况说明

报告期内，湖南省粮食局按照合同约定向公司支付省级调节储备粮的代储保管费，公司根据实际收到的金额，计算核对后入账，报告期各期，公司收到的代储保管费如下表所示：

单位：万元

项　目	2011年1～6月	2010年	2009年	2008年
代储保管费		182.72	14.80	87.15

调节储备粮的粮权属于企业，企业可以自主动用，企业亦不用专库存储，只要保证年平均库存不低于其代储计划规模以及最低库存不低于其代储计划规模的30%即可。唯其如此，公司在实际执行过程中，并未对省级调节储备粮专库存储，无法区分代储粮的保管成本和其他自有粮的保管成本。

鉴于上述原因，公司在报告期内，未能准确核算代储粮食发生的实际保管成本，但公司仓储能力强、管理水平较高，加之对原材料进行了财产保险，降低了风险，因此公司代储粮食取得了一定的经济效益。

6.跌价准备计提情况

经过多年发展,公司现拥有现代化的仓储能力20万吨,通过自主研发,根据实际情况,实施了地槽通风(降温除湿)、环流熏蒸(治虫)等先进的仓库管理手段,并聚集了数十位原国家粮食系统的专业人士,建立了领先的稻谷仓储管理水平,从而确保了原材料的保管安全与储存质量。另外,报告期内,公司原材料稻谷以及生产的各类产品的价格均呈上升趋势,不存在减值的情形,故未计提存货跌价准备。

四、希努尔:存货金额处于高位的另外一种情形

(一)存货余额较大的风险

报告期内,公司的存货余额较大。虽然截至2010年6月30日存货余额已大幅下降,但数额仍较大,占流动资产的比重仍较高。报告期各期末,公司存货主要构成及周转情况如下表所示:

项　目	2010－6－30	2009－12－31	2008－12－31	2007－12－31
存货(万元)	21,803.28	22,296.85	29,596.63	30,843.26
其中:原材料(万元)	7092.91	7816.69	9707.03	10,165.64
库存商品(万元)	11,000.15	10,413.53	15,013.80	13,314.66
委托代销商品	845.75	1216.23	2076.87	2626.13
存货占流动资产总额的比重	43.91%	40.37%	53.16%	72.03%
存货周转率(次)	1.05	2.04	1.88	1.90
同行业上市公司存货周转率平均值	—	1.41	1.97	1.99

虽然公司的存货是正常生产经营形成的,但由于公司存货余额较大,占用了公司较多的营运资金,降低了公司运营效率。此外,服装行业属于时尚行业,公司保有较多的库存商品,流行趋势的变化及市场竞争的加剧可能导致公司存货跌价,进而有可能影响公司的盈利能力。

公司2007年和2008年的存货周转速度略低于同行业上市公司平均值。2007年年底完成重组后,业务整合效应逐渐显现。公司高度重视存货管理工作,加强生产和采购的计划性,大力消化库存,有效地降低了期末存货余额,周转速度也明显提高。公司2009年的存货周转率已明显高于同行业上市公司平均水平。

(二)存货分析

报告期各期末,公司的存货余额较大,占流动资产的比例较高,是流动资产的主要构成部分。

公司的存货主要由原材料及库存商品组成。报告期内，公司存货构成情况如下表所示：

单位：万元

存　货	2010－6－30		2009－12－31		2008－12－31		2007－12－31	
	金额	比例	金额	比例	金额	比例	金额	比例
原材料	7,092.91	32.54%	7,816.69	35.06%	9707.03	32.80%	10,165.64	32.96%
周转材料	53.09	0.24%	51.93	0.23%	42.33	0.14%	52.61	0.17%
委托加工物资	159.48	0.73%	0	0.00%	8.76	0.03%		
库存商品	11,000.15	50.45%	10,413.53	46.70%	15,013.80	50.73%	13,314.66	43.17%
委托代销商品	845.75	3.88%	1216.23	5.45%	2076.87	7.02%	2626.13	8.51%
在产品	2651.91	12.16%	2798.46	12.55%	2747.85	9.28%	4684.22	15.19%
合计	21,803.29	100.00%	22,296.84	100.00%	29,596.63	100.00%	30,843.26	100.00%

1. 存货余额较大的原因分析

（1）目前，公司的产品仍以各零售终端的销售为主，由于加盟店分布区域较广，各地区消费者的消费习惯与消费需求各不相同，因此，为保证能够及时为加盟店提供多品种、充足的商品，公司必须保有一定规模的库存商品。

（2）一般来说，正常经营的情况下，公司仓库会提前备足供3个月销售所需的商品。由于每年的10月至次年2月（春节前）为公司产品的销售旺季，在此期间公司较多地备货，以满足销售终端频繁的订货需求。而每一会计年度结束时正值公司产品的销售旺季，因此，报告期各年末，公司库存商品余额较大。

（3）公司加盟店销售的非买断产品虽然大都由加盟商全额付款提货，但由于其在一定时间内可以进行退换，因此，公司仍将其作为存货管理，这也是导致报告期各年末存货余额较大的原因之一。

（4）由于公司生产所用的面、辅料多为订制产品，采购周期相对较长，因此一般情况下，公司会备足3个月生产所需的原材料，由此导致公司原材料结存数额较大。

2. 存货余额变动原因分析

2007年年末、2008年年末、2009年年末和2010年6月末，存货余额占流动资产的比例分别为72.03%、53.16%、40.37%和43.91%，2007年年末至2009年年末，公司存货余额和占流动资产的比例呈降低趋势，主要得益于业务整合和一系列存货管理制度及配套措施的有力实施，主要原因如下：

（1）公司于2007年年末实施了同一控制下的资产重组，收购了山东新郎、山东瀚湟和诸城希努尔服饰类资产，消除了业务重叠，有效整合了业务资源，构建了敏捷快速的业务流程，提高了存货流转效率。

（2）公司有效加强了采购和生产的计划性。公司每年召开春夏、秋冬两季订货会，综合加盟商的订货需求，集思广益，分析加盟商的订货需求所折射反映出的市场需求和流行趋势，结合公司搜集获取的市场调研信息，形成对市场产品定位的准确把握，顺应市场时尚潮流，增强了产品适销性，避免了产品滞销积压；公司依据市场需求编制更具针对性和前瞻性的销售计划，以及与之相配套的生产和采购计划，避免了盲目采购和生产，减少了存货积压。

（3）公司进一步加强了营销网络管理力度，实时监控各专卖店库存和销售情况，依托强大的物流配送系统，在各专卖店之间建立起了调配库存余缺的畅通快捷渠道，减少了存货沉淀。

（4）公司进一步优化业务流程，在生产和采购环节采用少量、多批次的补货模式。

（5）鉴于公司存货占压资金较大的状况，公司高度重视消化库存工作，在销售环节加大了销售促销力度，在采购和生产环节进一步加强了计划性，更多地采用以销定产的生产模式，减少了备货的生产量，适度减少了采购规模。

以上各项措施的有效实施成效显著，至2009年年末存货余额已大幅下降。随着一系列存货管理制度及配套措施的有力实施，2010年6月末存货余额较上年末继续下降，但占流动资产的比重有所提高，主要原因为货币资金减少较多，使流动资产减少较多，存货占比相对提高所致。

3. 存货跌价准备计提情况

（1）计提概况

公司面辅材料有较强的通用性，且消费周期较长，经分析测试，不存在可变现净值低于账面价值的情况，无须计提跌价准备。

公司主要产品为男士正装及其他服饰类产品，国内不同地区男装面料、款式流行时间不同步，不同年龄段的消费者对产品流行的接受程度也不同，因此产品销售周期相对较长。公司其他服饰类产品的时尚性相对较强。公司主要对库龄2年以上产品计提了存货跌价准备。

报告期内，公司存货跌价准备的计提情况如下表所示：

存货跌价准备	2010-6-30	2009-12-31	2008-12-31	2007-12-31
原材料				
库存商品	315.16	304.31	76.97	
委托代销商品		17.40	2.29	
周转材料				
在产品				
合计	315.16	321.71	79.26	

（2）过时和滞销产品的计提情况

公司将西装、休闲西装、衬衣、西裤产品入库超过3年确认为过时及滞销产品，T恤、毛衫等产品入库超过1年确认为过时及滞销产品。按公司存货跌价准备计提政策进行测算，公司计提的存货跌价准备源自于过时和滞销产品。截至

2010年6月30日公司的过时及滞销产品合计1091.70万元,占存货余额的比例为5.01%,相应计提的跌价准备为315.16万元,综合的计提比例达到28.87%,计提充分。

4.公司存货水平及构成情况和同行业上市公司比较情况

报告期内,公司存货水平及构成情况和同行业上市公司比较情况:(略)

五、启源装备:存货不能变现风险

(一)存货不能变现的风险

报告期内,2007年年末、2008年年末、2009年年末、2010年6月30日,公司存货余额分别为4579.84万元、6219.12万元、6771.12万元、6802.06万元,分别占同期流动资产的35.51%、36.97%、37.38%和31.80%,占总资产的22.06%、24.28%、24.85%和22.33%。公司存货余额较大主要是由公司产品的特性和生产模式决定的。公司主要产品变压器专用设备均为非标产品,专用性强,单位价值较大,生产销售周期较长,从原材料、外购或外协部件的购进,到组织加工、装配,再到实现销售,平均达到4个月,这导致发行人存货,特别是在产品总量较高。虽然公司采取订单生产模式,在产品及库存商品绝大部分均有相应的销售合同、订单、预收款与之对应,历史上未出现过产品、库存商品大额损失的情况;公司存货也均为公司正常生产经营所需,不存在呆滞积压现象,但由于期末存货余额较大且专用性强,公司存货存在不能及时变现的风险。

(二)存货分析

报告期内,公司存货余额随生产经营规模的扩大相应增加,明细情况如下表所示:

单位:万元

项　目	2010-6-30		2009-12-31		2008-12-31		2007-12-31	
	金额	比例	金额	比例	金额	比例	金额	比例
原材料	3087.65	45.39%	2153.94	31.81%	1904.42	30.62%	1827.21	39.90%
在产品	2975.26	43.74%	3515.86	51.88%	3806.52	61.21%	2120.33	46.30%
库存商品	701.70	10.32%	1013.49	14.97%	390.72	6.28%	371.61	8.11%
发出商品	32.68	0.48%	86.79	1.28%	108.02	1.74%	246.86	5.39%
周转材料	4.77	0.07%	4.04	0.06%	2.26	0.04%	2.04	0.04%
其他	—	0.00%	0.00	0.00%	7.18	0.12%	11.79	0.26%
存货合计	6802.06	100.00%	6771.12	100.00%	6219.12	100.00%	4579.84	100.00%

报告期内，公司存货占流动资产的比例平均为35.41%。公司存货以原材料、在产品和库存商品为主，具体分析如下：

1. 原材料

公司根据生产周期和市场情况，为保证生产的顺利进行和产品的及时供应，一般会储备1～2个月生产所需的原材料。

2. 在产品

公司变压器专用设备的业务模式主要是订单式生产，签订合同后，先按客户需求进行设计规划，客户确认后，公司生产加工关键部件，通过外购或者外协取得其他零部件，最后在车间进行集成装配，验收合格后再装箱保存发往客户。根据该模式，公司变压器专用设备产品具有一定独特性，从设计规划到组织生产，到最后的测试验收，周期较长，平均周期约4个月。另外，报告期内为积极应对旺盛的市场需求，公司对通用的、周期长的加工件相应提前进行生产。因此，公司的在产品比重较大。

3. 库存商品

公司专用设备在现场调试验收合格封箱后，客户通常很快要求发货，该部分库存比例较小。而公司变压器组件片式散热器产品需求旺盛，销售增长较快，公司为了保证合同的及时履行，会保持一定量的库存商品。

公司存货余额随生产经营规模的扩大相应增加，2010年6月30日、2009年年末和2008年年末存货分别较上一年增长0.46%、8.88%、35.79%，2010年6月30日与2009年年末存货余额基本持平，而2009年度和2008年度营业收入分别较上一年增长9.10%、47.99%，二者基本保持一致。

2008年年末存货较上年末增长35.79%，主要系在产品增长所致。在产品增加原因是2008年专用设备订单增加；同时2008年下半年横剪线投产较多，相对于其他产品单位价值高、生产周期长；另外受金融危机的影响，部分客户推迟提货，受此影响在产品余额出现较大增长。

2009年年末存货较上年末增长8.88%，主要系库存商品增长所致。2009年第三条片式散热器生产线投入运行，片式散热器产品产能相应提高，使2009年年末片式散热器库存商品增加较多。

公司管理层认为：公司流动资产主要由货币资金、应收账款、存货等构成；公司的销售回款情况良好，应收账款的增长与销售收入的增长基本相匹配；公司存货均属公司正常经营所需，公司和主要客户及供应商均保持长期、稳定、良好的合作关系，公司订单量充足，产品交货及时，不存在库存积压的情况；公司流动资产质量较好。

【案例评析】

1. 前面内容我们分析了利润表中一个重要的指标毛利率，而毛利率与营业收入和营业成本紧密关联。本节以及下节内容我们将与大家一起探讨资产负债中两个非常关键的财务指标，分别是存货和应收账款。

2. 存货是资产负债表中非常重要的一个财务科目，他核心反映了企业原材料采购、生产成本结转、现金流转以及经营流程控制等诸多问题。单纯从技术分析的角度来看，如果一家企业期末存货余额较大，那么可能会存在原材料跌价、现金流紧张、产品销售不畅等诸多经营风险。在审核实践中，如果报告期末企业的存货的余额较大，那么必然会是重点关注的问题，原理很简单：企业花了巨额的现金白银买了原材料或者生产了产品，但是这些存货不仅影响了公司资金运营的效率，甚至这些存货能不能实现更大的价值也存在疑问；因而，企业存货余额较大导致最大的质疑就是公司资产运营的质量和持续盈利的能力。

3. 结合上述案例，存货余额较大总结起来主要有以下几种比较典型的情况：(1)报告期内期末存货余额持续增长。(2)报告期内期末存货余额持续处于高位。(3)期末存货余额尽管具有下降趋势但是仍处于高位。(4)期末存货余额尽管处于高位但符合行业规律。(5)报告期内期末存货余额波动较大。

4. 根据存货明细的分类标准来看，关于存货余额问题的关注点，主要体现在以下几个方面：(1)原材料金额较大，则关注原材料是否能够及时消化、是否存在使用价值降低甚至不能再用的情形。(2)在产品存货金额较大，则关注生产过程中产生残次品的成本，在产品是否有对应合同。(3)产成品金额较大，则重点关注产品是否能够最终销售，是否存在销售价格下降甚至滞销的风险；产成品又分为库存商品和发出商品，发出商品为已经发货但尚未取得收入确认凭证的商品。

5. 虽然存货余额发生异常变动需要重点关注，但是从另外一个角度来看，存货又是一个非常具有弹性的指标，不同行业不同类型的企业对于存货的要求以及存货的管理模式均存在很大的不同，存货余额不论高低只要具有合理性都会得到认可。

6. 从审核实践的角度来看，存货余额较大如果符合行业特性以及企业特殊的经营模式和产品结构，那么也是可以得到认可的：(1)存货余额较大是行业基本的特征，那么企业存货较大只要符合行业平均状况是没有问题的，如纺织(希努尔)、粮食(万福生科)等行业。(2)存货余额较大如果是企业特定经营模式造成的，那么也没有问题。比如，企业为客户提供整套的设计、生产和安装服务，企业在原材料采购、生产和销售存在较长的周期，那么公司原材料、在产品和产成品与确认收入之间的周期就会很长，导致存货余额较大(科泰电源、东方铁塔)。(3)存货余额较大是由于产品结构造成的，比如有的企业的原材料是贵重金属(比如黄金)，那么公司的存货余额还与黄金价格存在较大的关联度，这也可以解释存货余额较大或者波动较大的重要原因(明牌珠宝)。

7. 除了行业上一些共性的理由和原因之外，如果一个企业存在特定的存货管理模式并造成结果比较异常，那么在解释思路上比较常用的方式是：(1)存货余额与流动资产和总资产的比例以及变动情况，如果占比较低且呈现下降趋势也较好；

(2)存货余额与营业收入和营业成本的增长对比,如果存货增长速度远低于营业收入和成本的增长速度,则容易认可;(3)存货与未来合同的对应关系,除了为了保证及时供货而提前备货之外,如果公司部分存货有着对应的销售合同,则公司存货变现的能力就会大大增强;(4)存货期末金额与第二年生产成本的比重,如果历史上公司期末的存货远低于第二年生产所消耗的存货,那么公司期末存货不能消耗的风险将会降低。

8. 最后,需要提醒大家一点的是,如果企业存货余额较大,那么一般情况下都需要进行专门的减值测试,以判断企业存货是否需要计提存货跌价准备。

■第三节　应收账款余额较大解决之道

【重要提示】

★ 应收账款是资产负债表中另外一个关键的财务指标,他体现了企业市场竞争地位、产品议价能力以及最终的收入质量和盈利含金量。

★ 如果说存货主要体现了企业采购和生产的"上游"经营状况的话,那么应收账款主要体现企业销售的"下游"经营状况。如果一个企业虽然收入确认金额很大但是现金收回很少的话,就会造成应收账款金额较大,如果应收账款回收存在较大不确定性就会直接影响到企业的营运资金流转甚至是企业正常经营。

★ 若说现金流是企业的血液,那么企业的产品销售就是心脏是造血的,而应收账款则在很大程度上决定了企业血液的充足性和流动性。

【案例情况】

一、张化机:分期付款导致应收账款较大

(一)应收账款发生坏账风险

公司属于化工装备制造行业,主要生产非标压力容器,公司根据客户的特殊要求生产产品。由于产品的生产周期较长,公司与客户之间一般采取分期收付款方式履行合同,截至 2010 年 9 月 30 日、2009 年 12 月 31 日、2008 年 12 月 31 日和 2007 年 12 月 31 日,公司应收账款余额分别为 37,296.31 万元、38,227.01 万元、17,967.95 万元和 11,630.14 万元,占当期营业收入的比例分别为 54.23%、41.45%、20.41%、19.67%。报告期内,公司应收账款中账龄在一年以内的比例均

在60%以上。

公司应收账款余额较大，报告期内公司应收账款期末余额如下表所示：

单位：万元

账龄	2010－9－30		2009－12－31		2008－12－31		2007－12－31	
	金额	比例(%)	金额	比例(%)	金额	比例(%)	金额	比例(%)
一年以内	22,472.44	60.25	28,934.02	75.69	14,458.84	80.47	9825.33	84.48
一至二年	13,106.99	35.14	7036.86	18.41	2687.18	14.96	1459.89	12.55
二至三年	1267.64	3.40	1744.12	4.56	665.13	3.70	215.35	1.85
三年以上	449.24	1.20	512.01	1.34	156.80	0.87	129.57	1.12
合计	37,296.31	100.00	38,227.01	100.00	17,967.95	100.00	11,630.14	100.00

尽管公司的客户基本都是国内大中型国有企业等一些中高端客户，实力雄厚、信用良好，但是仍然存在应收账款发生坏账的风险。

（二）应收账款分析

1.应收账款账龄分析

截至2010年9月30日、2009年12月31日、2008年12月31日和2007年12月31日，公司应收账款的账龄分布如下表所示：

单位：万元

账龄	2010－9－30		2009－12－31		2008－12－31		2007－12－31	
	金额	比例(%)	金额	比例(%)	金额	比例(%)	金额	比例(%)
一年以内	22,472.44	60.25	28,934.02	75.69	14,458.84	80.47	9825.33	84.48
一至二年	13,106.99	35.14	7036.86	18.41	2687.18	14.96	1459.89	12.55
二至三年	1267.64	3.40	1744.12	4.56	665.13	3.70	215.35	1.85
三年以上	449.24	1.20	512.01	1.34	156.80	0.87	129.57	1.12
合计	37,296.31	100.00	38,227.01	100.00	17,967.95	100.00	11,630.14	100.00

截至2010年9月30日、2009年12月31日、2008年12月31日和2007年12月31日，公司应收账款余额分别为37,296.32万元、38,227.01万元、17,967.95万元和11,630.14万元，其中2010年9月30日较2009年年末下降2.43%，2009年年末、2008年年末环比增长率分别为112.75%和54.49%；应收账款周转率分别为2.17次、2.80次、5.30次和4.11次。截至2010年9月30日、2009年12月31日、2008年12月31日和2007年12月31日，账龄在1年以内的应收账款比例分别为60.25%、75.69%、80.47%和84.48%。账龄在1～2年的应收账款比例由2009年度的18.41%上升到2010年1～9月的35.14%，其中主要是1～2年的在质保期内的质保金占同期应收账款比例达到了78.71%，说明应收账款质量较好。

2. 应收账款余额较高的原因分析

截至2009年12月31日，公司应收账款余额达到38,227.01万元，较2008年12月31日环比增长112.75%，而同期公司营业收入增长率只有4.78%，其中的主要原因是：

（1）公司作为重型化工装备制造企业，具有重型装备制造行业产品通行的购销特点及货款结算惯例而导致货款结算期较长，应收账款余额较大，即由于单台套产品价值高、合同金额大，因此在期末确认收入后，应收账款余额暂时较大。同行业上市公司2010年9月30日应收账款对照表如下所示：

单位：万元

项　目	华光股份	海陆重工	二重重装	科新机电	中国一重	行业平均	本公司
应收账款	58,800.64	24,137.07	315,476.48	9,281.25	632,335.14	—	37,296.31
主营收入	231,987.78	76,416.15	455,580.78	13,447.91	504,162.60	—	68,300.77
应收账款占主营收入比例（%）	25.35	31.59	69.25	69.02	125.42	64.13	54.61

可以看出，重型装备制造行业普遍存在应收账款余额较大的特点，最近一年一期公司应收账款占主营业务收入的比例与同行业平均水平基本相当。从产品类别来看，公司主营的压力容器产品与同行业上市公司有着较大差别。华光股份、海陆重工是以锅炉等标准化产品为主业，二重重装虽然有部分压力容器产品，但是其比例只占其主营业务收入的不足10%。因此，公司与华光股份、海陆重工和二重重装并不完全可比，只有科新机电的主营业务为压力容器产品，与公司业务有可比性，公司应收账款占业务收入比例与科新机电比较相似。

（2）按照行业惯例和产品特点，公司在与客户签订销售合同时，都会约定预留总价的10%作为质保金，待质保期满后才能收回，质保期一般为产品安装调试并经检验验收合格后12个月或交货后18个月，两者以先到为准。报告期内公司的营业收入逐年提高，特别是2008年，实现主营业务收入87,264.49万元，较2007年增长54.09%，由此导致公司的质保金迅速大幅增加。截至2009年12月31日，公司质保金余额为19,472.77万元，占应收账款余额的50.94%。这是2009年年末应收账款增长过快的主要原因。

（3）公司部分产品存在功能考核期，由于此类产品大多是客户整体项目中的组件，功能性考核受客户项目整体进度影响，导致收款进度延迟。

（4）随着公司实力的不断增强和声誉的不断提高，公司的客户向大中型国有企业或相当规模的民营企业集中，这些客户所建项目均系需经国家或地方政府审批的大中型投资建设项目，一般使用的是专项资金。这些客户的优点是经济实力强、坏账风险低。但也存在付款申请审批环节多、结算周期长的缺点，这也是公司应收账款增长过快的重要原因。

截至2009年12月31日，应收账款前十名客户性质及欠款情况如下表所示：

单位：万元

序号	客户名称	应收账款余额	占应收账款总额的比例	企业性质
1	大唐国际发电股份有限公司（多伦）	5120.72	13.40%	国有企业
2	山东电力国际经贸公司	4784.00	12.51%	国有企业
3	东华工程科技股份有限公司	4445.10	11.63%	国有企业
4	久泰能源内蒙古有限公司	3097.50	8.10%	民营企业
5	中国石油天然气股份公司塔里木分公司	2439.48	6.38%	国有企业
6	内蒙古大唐国际再生资源开发有限公司	1450.00	3.79%	国有企业
7	山东菏泽玉皇化工有限公司	1370.60	3.59%	民营企业
8	茌平信发华宇氧化铝有限公司	1294.10	3.39%	民营企业
9	新能凤凰（滕州）能源有限公司	1093.60	2.86%	民营企业
10	中国石油集团工程设计公司西南分公司	970.43	2.54%	国有企业
合计		26,065.53	68.19%	

除上述原因导致的自然增长之外，还有以下原因：

（1）2007年承接、2008年交货的大唐国际锡林郭勒盟煤化工项目设备，截至2010年9月30日尚有4796.35万元质保金尚在质保期内。

（2）受到国际金融危机的影响，部分下游客户为抵御金融危机的冲击，暂缓支付货款以控制现金流，导致应收账款余额增加。例如，2008年年底到2009年一季度，国内外房地产和汽车等相关行业对铝的需求大幅减少，加上产能过剩，导致铝价于2008年下半年到2009年上半年一直在低位运行，氧化铝行业受到下游需求减少的影响也陷入发展低谷，导致公司对该行业客户应收款回收滞后。截至2009年12月31日，氧化铝行业客户欠款情况如下表所示：

序号	客户名称	应收账款余额	占应收账款总额的比例	备注
1	山东电力国际经贸公司	4784.00	12.51%	注1
2	茌平信发华宇氧化铝有限公司	1294.10	3.39%	注2
3	广西信发铝电有限公司	721.00	1.89%	
4	义马煤业（集团）有限责任公司	367.00	0.96%	
5	中国铝业股份有限公司河南分公司	360.00	0.94%	
6	中国铝业股份有限公司山东分公司	118.00	0.31%	
7	开曼铝业三门峡有限公司	122.60	0.32%	
8	三门峡义翔铝业有限公司	82.60	0.22%	
9	山东铝业公司	89.30	0.23%	
	合计	7938.60	20.77%	

注1：山东电力国际经贸公司的项目延迟一年后恢复正常运作，于2009年年底交货确认含税收入合计12,757.33万元，截至2009年12月31日，尚有4784.00万元欠款，其中：交货款3508.26万元、质保金1275.73万元。截至2010年11月底已累计还款3508.26万元，剩余1275.74万元为质保金。

注2：在平信发华宇氧化铝有限公司2009年年底欠款1294.10万元，包括交货款560.35万元、质保金733.75万元。截至本招股说明书签署日已全部收回。截至本招股说明书签署日，上述氧化铝行业客户应收账款已经收回5653.90万元，剩余2284.70万元应收账款全部为质保金。

3.应收账款的风险分析

尽管公司截至2010年9月底的应收账款余额较大，但从账龄结构、客户构成及其经营状况，客户所在行业国家产业政策等情况来看，公司应收账款回收风险较低。

（1）公司应收账款账龄较短，2年以上应收账款余额及所占比例低，应收账款质量较高。截至2010年9月底，公司1年以内的应收账款金额占比60.25%，2年以内的应收账款金额占比95.40%。根据公司所处重型装备行业的特点、结算周期及信用政策，公司2年以内的应收账款基本能收回，应收账款质量较好。

（2）公司主要客户受到国家拉动内需和行业振兴规划等利好政策的直接影响，预计未来的经营状况和履约能力会更为优异，货款回收风险较小。在全球金融危机爆发后，2008年10月以来，国家相继出台了4万亿元拉动内需政策，并出台了装备制造、石油化工、汽车、船舶等产业调整与振兴规划，同时实行积极的货币政策刺激经济发展，抵御金融危机影响，这为公司主要客户提供了良好的政策环境和发展机遇，有利于快速提升客户未来的生产经营效益和现金支付能力，降低公司货款回收风险。

（3）公司已对单项金额重大和风险较大的应收账款进行了减值测试并足额计提了减值准备。截至2010年9月底，公司对于单项金额在100万元以上的重大应收账款客户的经营状况及财务状况等进行了解和信息搜集，在此基础上进行了减值分析和测试。这些客户主要为国有大中型企业，目前经营较为正常，欠款账龄较短，应收账款回收风险较低。公司根据会计政策及实际情况足额计提了减值准备，报告期内公司计提坏账准备情况如下表所示：

项　目	2010-9-30	2009-12-31	2008-12-31	2007-12-31
坏账准备	3814.59	3615.49	1899.51	1145.33

因无法收回，报告期内实际核销应收账款金额为3353.49元。公司对单项金额重大和风险较大的应收账款计提减值准备，完全覆盖坏账计提政策，符合公司的实际情况。

二、大金重工:质保金对应收账款的影响

(一)应收账款余额较大的风险

本公司的主要客户是电力行业客户,行业内普遍采用招投标制度以及质量保证金制度。报告期内,随着公司营业收入的快速增长,公司应收账款金额也相应增长。2007年12月31日、2008年12月31日、2009年12月31日和2010年6月30日,公司应收账款账面价值分别为3694.23万元、2923.22万元、8363.39万元和15,598.81万元,占公司同期总资产的比重分别为23.38%、11.51%、17.65%和24.84%。如催收不及时,应收账款存在发生坏账损失的风险。

(二)应收账款情况

1.应收账款占总资产的比例

2007年年末、2008年年末、2009年年末、2010年6月30日应收账款占总资产的比例分别为23.38%、11.51%、17.65%、24.84%。应收账款占资产总额比例较高是重型装备钢结构行业企业的共同特点。

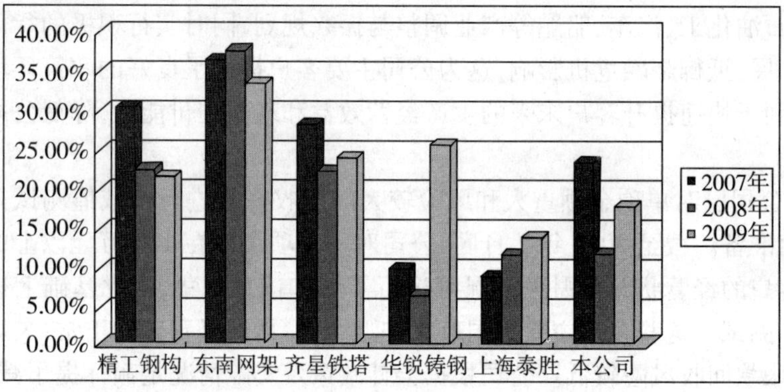

应收账款占总资产的比例与可比上市公司状况对比

注:本图可比上市公司的财务数据均来自其公开披露的信息文件。

2.公司销售政策及收入确认原则

公司火电锅炉钢结构产品及风电塔架产品均为承受复杂荷载的大型结构部件,单位价值较高,均需要按订单图纸加工生产。为保证合同的履行,在签订销售合同时,一般会约定收取一定比例的预收材料款。

火电锅炉钢结构一般分层建造,合同约定在某个具体时点上交付具体的项目,公司根据需方的现场安装进度要求将产品运送到施工现场,由需方验收确认并出具验收单。公司凭需方的验收单确认销售收入并开具增值税发票。

公司发运的风电塔架上、中、下段和基础环到达需方施工现场，经检验无误后，由需方签收所接货单，公司按此手续确认销售收入。通常情况下，合同会约定一些具体支付款项的时点及付款比例。

由于收入确认原则和销售政策等原因，公司在期末时会形成预收款项和应收账款。报告期内，随着公司业务规模的快速增长，期末应收账款金额也相应增长。

3.应收账款结算方式

重型装备钢结构产品主要服务于大型工程项目，销售货款的结算周期相对较长，应收账款的部分尾款回收要等整个工程合同履行结束，会造成期末应收账款余额较大。

火电锅炉钢结构产品一般在客户收到全部产品，进行质量检验后予以结算。而公司根据工程项目进度分期发货，分期确认收入。因此，当合同跨期执行时，会造成期末应收账款余额较大，结算时间通常滞后于产品收入确认时间的情况。风电塔架产品一般有两种结算方式：(1)客户在收到单个风电塔架的上、中、下段和基础环四部分后，开出单据与公司进行结算；(2)当塔架数量较多时，客户采取分批结算方式，当客户收到的风电塔架数量满足批次要求时，会予以结算。公司一般分别发运风电塔架上、中、下段和基础环到达施工现场，当收到客户签收的接货单时，分别确认销售收入。因此，当合同跨期执行时，会造成期末应收账款余额较大，结算时间通常滞后于产品收入确认时间的情况。

4.应收账款余额变动情况分析

(1)报告期内应收账款余额变动情况

单位：万元

2010-6-30		2009-12-31		2008-12-31		2007-12-31
账面余额	比期初增减	账面余额	比期初增减	账面余额	比期初增减	账面余额
16,536.81	7607.25	8929.55	5820.26	3109.29	-803.20	3912.49

2008年年末应收账款余额较2007年年末减少803.20万元，降低20.53%。原因在于2008年风电塔架应收账款回款速度较快，当年因销售风电塔架形成的应收账款有98.48%已经收回，且收回了2007年度因销售风电塔架形成的应收账款1450.79万元。

2009年年末应收账款余额较2008年年末增加5820.26万元，增长187.19%。增长的原因主要有两个：一是销售收入的增长导致应收账款相应增加；二是随着销售收入的增加，期末质保金余额有所增加。2009年年末应收账款中质保金为4297.93万元，较2008年年末增加3644.83万元。

2010年6月30日应收账款余额较2009年年末增加7607.25万元，增长85.00%。增长的原因主要有两个：一是销售收入的增长导致应收账款相应增加。

由于公司大部分合同均在年度内执行,在中期报告时点(6 月 30 日)合同尚在执行过程中,合同形成的应收账款尚未到结算时点,造成6 月 30 日公司应收账款余额较大;二是随着销售收入的增加,期末质保金余额有所增加。2010 年 6 月 30 日应收账款中质保金为 5242.84 万元,较 2009 年年末增加 944.91 万元。

(2)应收账款与主营业务收入的配比关系

单位:万元

火电锅炉钢结构产品	2010 年 1 ~6 月	2009 年	2008 年	2007 年
应收账款	5329.22	3887.36	2755.36	2377.58
业务收入	5710.78	19,828.88	16,518.55	15,808.34
应收账款与业务收入的比例	93.32%	19.60%	16.68%	15.04%

上表显示,报告期前三年火电锅炉钢结构产品的应收账款占当期业务收入比率较低,且较为稳定,说明公司火电锅炉钢结构产品货款回笼情况良好。2010 年 1 ~6 月,火电锅炉钢结构产品中应收账款与业务收入比例较大系应收账款期末余额较大所致,应收账款余额较大的原因有两个:一是 2010 年 6 月 30 日应收账款中含质保金 3283.63 万元;二是除质保金以外的应收账款未到约定的付款时间。

单位:万元

风电塔架产品	2010 年 1 ~6 月	2009 年	2008 年	2007 年
应收账款	11,190.54	5025.14	317.32	1457.54
业务收入	24,519.18	20,662.92	11,631.14	1836.43
应收账款与业务收入的比例	45.64%	24.32%	2.73%	79.37%

上表显示,2007 年风电塔架业务应收账款占业务收入比率较高,原因在于 2007 年签订的两笔风电塔架销售合同,当年均未收到货款(该款项已在 2008 年全额收回)。2008 年风电塔架业务应收账款占业务收入比率较低,主要原因是 2008 年年末应收账款余额较 2007 年年末减少 1140.22 万元。

2009 年,公司风电塔架业务收入较 2008 年增长 9031.78 万元,增长幅度达到 77.65%。当年风电塔架业务收入大幅度增长,期末应收账款增加 4707.82 万元,使得应收账款占当期业务收入的比例为 24.32%。

2010 年 1 ~6 月,公司风电塔架业务收入增长较快,已超过 2009 年全年风电塔架业务收入。由于公司大部分合同均在年度内执行,在中期报告时点(6 月 30 日)合同尚在执行过程中,合同形成的应收账款尚未到结算时点,造成6 月 30 日公司应收账款余额较大。预计到年底时应收账款占对应收入的比例会降到合理水平。

5. 应收账款中质保金情况

(1)公司的质保金政策

公司与大多数客户签订的销售合同中约定,客户预留合同价款的 5% ~10%

作为产品质量保证金,质保期通常为1~2年。因此公司在确认收入后,会形成一定比例的质保金应收账款,个别项目的质保金账龄会达到2~3年。

公司的单笔销售合同金额较大,生产周期较长,产品陆续分批交货。公司确认收入是以各批次产品交付给客户,经验收合格后确认收入,但对于质保金的确认是在单笔合同的产品全部交付完毕时才确认。对于跨年度的项目,就存在上年度没有质保金余额,而在下个年度因该合同执行完毕确认质保金的情形。

(2)质保金的会计处理

公司对单个合同在最后一批货物交付客户,并经验收合格后,按照合同总价扣除前期已确认收入金额,确认为当次收入,相应计入应收账款,其中合同总价的5%~10%(依具体合同而定)作为质保金。

(3)报告期内各期末应收账款中质保金情况

报告期内,公司2007年年末应收账款中不存在质保金的情况,2008年年末及2009年年末应收质保金情况如下:(略)

6.报告期内,公司各期末应收账款前五名客户

报告期内,公司各期末应收账款前五名客户的情况如下:(略)

报告期内,公司应收账款余额前五名客户所占比例有所下降,说明公司客户基础更加多样化,依赖单个客户的风险有所下降。另外,公司的客户大部分是国有企业,具备较强的支付能力,发生坏账损失的风险较小。

7.坏账准备计提情况

公司制定的信用政策在充分考虑了不同市场、不同客户的风险情况下,将单项金额不重大的应收款项,以信用期和账龄作为风险特征组成类似信用风险特征组合,并按组合在资产负债表日余额的一定比例计提坏账准备,具体如下:(略)

从报告期的应收账款明细可以看出,其账龄主要集中在两年以内,而且公司的客户主要为大型中央企业及上市公司,项目建设的资金有保障,对公司而言,发生坏账的风险较小。

公司报告期内共计核销坏账60.66万元,核销的原因系公司前期从事建筑钢结构业务中形成的应收账款尾款。公司2010年6月30日应收账款坏账准备余额为937.99万元,计提的坏账准备金额远大于核销的坏账损失。

申报会计师经核查认为:公司制定的坏账准备计提政策是符合公司的自身业务特点的;公司已经充分计提坏账准备。

三、豪迈科技:应收账款的信用期结构分析

(一)应收账款余额较大的风险

报告期内各期末公司应收账款余额分别为17,439.44万元、17,397.11万元及

19,566.36 万元，占同期期末流动资产的比重分别为 45.75%、42.43%及 44.45%。应收账款余额较大，其中，受到因下游客户受宏观调控和金融危机影响现金流相对紧张而采取的较宽松信用政策的影响，2008 年公司应收账款余额增幅远高于同期营业收入的增幅。2009～2010 年，公司大力加强应收账款的控制和回收力度，应收账款的回款出现了明显改善。虽然公司应收账款的增长均与公司正常的生产经营和业务发展有关，而且公司也建立了相应的内部控制制度，以加强合同管理和销售款项的回收管理，并且上述应收账款的账龄主要在 1 年以内，但公司仍然存在应收账款余额较大引致的发生坏账和应收账款周转率下降的风险，如果宏观经济形势、行业发展前景发生不利变化，个别客户经营情况发生不利变化，公司不能及时收回应收款项，将对公司的经营业绩造成一定影响。

（二）应收账款分析

近三年末，应收账款余额分别为 17,439.44 万元、17,397.11 万元及 19,566.36 万元，占同期期末流动资产的比重分别为 45.75%、42.43%及 44.45%，占同期营业收入比重分别为 41.59%、38.43%及 32.59%，主要是在下游轮胎行业需求带动下，公司产销规模迅速扩大所致。

单位：万元

项　目	2010-12-31		2009-12-31		2008-12-31
	金额	增长率	金额	增长率	金额
应收账款余额	19,566.36	12.47%	17,397.11	-0.24%	17,439.44
当期营业收入	60,030.99	32.62%	45.266.13	7.94%	41,936.51
应收账款余额/当期营业收入	32.59%		38.43%		41.59%

1. 信用政策与应收账款信用期分析

(1)公司信用政策

公司主营产品主要面向轮胎制造商及轮胎贸易商两类客户，其中轮胎制造商客户主要涵盖国内前十大轮胎品牌制造商及国外前三大轮胎制造商，轮胎贸易商主要涵盖国内轮胎贸易商及国外轮胎贸易商。公司对于上述两类主要客户采取不同的信用政策：

对于轮胎制造商，公司制定了严格的客户资信评估程序，建立了完善的客户信用评估及授信体系。根据客户的历史交易额、历史交易信用记录及其抗风险能力，公司对客户进行分类分档管理并给予不同的信用期限、信用额度。在客户下达模具订单时，公司根据客户信用记录情况，灵活掌握预付货款比例在 20%～40%之间不等。除了模具质保金之外的剩余货款，公司一般按照如下信用政策分类分档执行：

信用等级	预期交易量	信用额度	平均信用期限
良好	≥2000 万元/年	≤1500 万元	90 天~120 天
中等	1000 万元/年~2000 万元/年	≤1000 万元	60 天~90 天
一般	≤1000 万元/年	≤500 万元	60 天

对于轮胎贸易商,公司制定的销售政策及信用政策是:客户下订单时预交30%~40%的预付定金,公司通知客户提货时支付30%~40%货款,除质保金外剩余金额的信用期约为30~60天。

在公司现有信用政策下,报告期内公司的欠款客户主要为轮胎制造商,属于公司确立的重点优良客户;轮胎贸易商的销售欠款均比较少。

(2)应收账款信用期分析

公司2008年营业收入较2007年增长38%,但应收账款期末余额增长95.32%,达到17,439.44万元,应收账款回款时间显著延长。主要是由于自进入第四季度以来,随着金融危机向实体经济蔓延,轮胎产品的市场需求急转直下,销售量明显减少,国内轮胎厂家大多陷入暂时的经营困境,现金流转紧张;公司考虑到与大多轮胎厂家长年的持久合作关系,为提高客户忠诚度,根据客户不同情况将部分优质大客户(主要包括前20大应收账款客户)信用期延长1~2个月。公司2008年年末前20大欠款客户应收账款余额信用期结构如下:

单位:万元

项　目	期末余额合计	正常信用期内	延长信用期内	信用期外
2008年年末前20大应收账款客户欠款	14,164.20	9559.37	3724.01	880.32
占比	100.00%	67.49%	26.29%	6.22%

公司前20大应收账款客户欠款总额14,164.20万元,占2008年年末应收账款总额的81.22%。处在正常信用期和延长信用期内的应收账款合计占比达到93.78%,处在信用期外的应收账款仅占6.22%,绝大部分应收账款符合公司现行信用政策。

公司2009年年末前20大欠款客户应收账款余额信用期结构如下:

单位:万元

项　目	期末余额合计	正常信用期内	延长信用期内	信用期外
2009年年末前20大应收账款客户欠款	13,328.79	10,582.01	1399.24	1347.54
占比	100.00%	79.39%	10.50%	10.11%

2009年12月31日,公司前20大应收账款客户欠款总额13,328.79万元,占本期末应收账款总额的76.61%。处在正常信用期内和延长信用期内的应收账款

合计占比达到89.89%,处在信用期外的应收账款占10.11%(主要为三角轮胎欠款)。随着公司销售客户结构的逐渐改善,外销收入逐步增加且公司加强应收账款的回收力度,公司的信用期结构在逐渐改善。

2010年年末,公司前20大欠款客户应收账款余额信用期结构如下表所示:

单位:万元

项　目	期末余额合计	正常信用期内	延长信用期内	信用期外
2010年年末前20大应收账款客户欠款	13,231.77	12,308.11	383.15	540.50
占比	100.00%	93.02%	2.90%	4.08%

2010年12月31日,公司前20大应收账款客户欠款总额13,231.77万元,占本期末应收账款总额的67.63%。处在正常信用期内和延长信用期内的应收账款合计占比达到95.92%,处在信用期外的应收账款占4.08%(主要为三角轮胎欠款)。公司应收账款的信用期结构得到进一步改善。

2.应收账款余额变动趋势原因分析

2008年年末应收账款余额较2007年年末增加8510.61万元,增长率为95.32%,高于同期营业收入38%的增长速度。应收账款大幅增长及高于营业收入增长速度的主要原因如下:

(1)公司2008年度营业收入的提高,是导致2008年年末应收账款增长的主要原因。公司2008年度营业收入为41,936.51万元,较2007年度营业收入30,389.15万元增长幅度为38%;其中2008年下半年实现营业收入20,655.08万元,较上年同期增长3627.06万元。随着营业收入的提高,应收账款相应增长。

(2)针对轮胎厂家受金融危机影响出现暂时经营困难的市场形势,对部分优质大客户延长信用期,导致应收账款增长高于营业收入增长幅度。通过对公司应收账款期末余额的信用期结构分析可以看到,公司对前20大客户延长信用期,产生3724.01万元应收账款处于延长后的信用期内,小部分880.32万元处于延长后的信用期之外,两项合计导致应收账款较正常年份增加4604.33万元。如果扣除以上两部分增加额,2008年年末应收账款较2007年年末增长率为43.75%,与营业收入38%的增长率基本相符。

(3)2008年度公司销售收入结构发生较大变化,巨型工程胎模具及巨胎硫化机销售收入大幅增加,这两种产品信用期较长导致应收账款增加。2008年度公司巨型工程胎模具及巨胎硫化机实现销售收入合计5856.69万元,较2007年度增加5094.04万元,其中巨胎硫化机下半年销售6台,销售收入2490.60万元。购买巨型工程胎模具及巨胎硫化机的客户一般是实力较为雄厚的优质客户,如山东兴达、双钱股份等,合同标的金额都比较大,公司给予的正常信用期为6个月,信用期比普通模具要长约2个月,销售产生的应收账款比例较高,导致应收账款期末余额较上年有一定幅度增长。

综上所述,公司2008年年末应收账款大幅增长并且增长速度高于营业收入增长速度,主要是由于2008年度营业收入增长、金融危机情况下公司延长部分优质客户信用期以及信用期较长的巨型工程胎模具和巨胎硫化机销售收入大幅增长所致,应收账款增长与销售收入的增长基本匹配。

2009年12月31日,公司应收账款余额较2008年年末下降0.24%,在营业收入同比增长7.94%的情况下,应收账款得到了较好的控制。主要原因如下:第一,随着金融危机短期不利影响的逐渐消除,下游轮胎厂家在我国汽车销量大增的市场形势下盈利能力增强、资金紧张的情况得到缓解,同时公司积极采取销售回款措施,加大对应收账款的回收力度;第二,公司积极开拓国际市场,回款及时的国际轮胎制造商(外销回款率超过85%)对公司的采购额大幅增加,有效地改善了客户结构。

2010年12月31日,公司应收账款余额较2009年年末增长12.47%,大大低于2010年营业收入同比32.62%的增长率,主要原因是随着下游客户经营情况进一步好转及公司出口收入的大幅增加,公司应收账款余额得到进一步改善。

3.应收账款安全性分析

(1)应收账款账龄较短,可收回性良好

报告期内公司应收账款的账龄结构如下表所示:

单位:万元

账龄	2010年年末		2009年年末		2008年年末	
	金额	比例	金额	比例	金额	比例
1年内	17,768.48	90.81%	14,747.40	84.77%	16,141.35	92.56%
1~2年	1170.04	5.98%	2510.55	14.43%	1240.79	7.11%
2年以上	627.84	3.21%	139.16	0.80%	57.3	0.33%
合计	19,566.36	100.00%	17,397.11	100.00%	17,439.44	100.00%

近三年来,账龄在1年以内的应收账款比例分别为92.56%、84.77%及90.81%,表明年末应收账款大部分在次年能够收回。报告期公司应收账款账龄结构总体比较合理,应收账款质量较好,回款能力较强。

公司制定了合理的坏账准备计提政策,计提比例:账龄1年内为5%,1~2年为10%,2~3年为20%。与同行业上市公司巨轮股份相比,账龄2年以内坏账准备计提比例一致,2~3年计提比例稍低,但公司报告期末超过96.79%以上的应收账款账龄都在2年以内,实际计提坏账比例基本一致。截至2010年12月31日,公司仅在2009年核销了机床产品应收账款10.55万元,除此外未发生核销应收账款的情况。

(2)应收账款客户结构分析

截至2010年12月31日,公司应收账款前20大欠款客户欠款金额占应收账款总额的67.63%，这些客户包括三角轮胎、玲珑轮胎、青岛双星、双钱、风神轮胎等国内排名前十位的知名轮胎制造商以及中车双喜、贵州轮胎等，客户经营规模较大，资本实力较强。随着我国经济恢复平稳快速增长以及我国汽车行业重新步入快速发展轨道，公司客户中的国内知名轮胎制造商发展前景良好。

公司与这些国内知名轮胎制造商合作历史比较长，大部分客户均是在2008年之前建立合作关系。作为行业龙头企业，公司凭借产品质量优、工期短、技术先进的优势及完善的销售服务体系，在发展客户方面经历了"交流接触—试做试用—小单生产—大单订购"的开发过程，在维系客户方面采取了"针对重点客户建立长期合作伙伴关系"的策略，在获得客户认可的同时，也使客户对公司的忠诚度及依赖感逐步加深。公司客户的信用度高，应收账款收回可靠性高。

另外，商业信誉高、回款及时的世界轮胎制造商和贸易商的逐步增加，将使公司的应收账款结构更加合理。包括米其林、固特异、倍耐力、德国大陆及锦湖轮胎等在内的跨国轮胎制造商及贸易商欠款金额约占2010年12月31日应收账款总额的20%，账龄绝大部分在1年以内。该部分客户的市场竞争力强、信誉高，应收账款回收风险低。近三年，公司产品对外出口金额分别为6063.32万元、9265.90万元及16,146.89万元，占当期营业收入的比重分别为14.46%、20.47%及26.90%。随着出口收入的大幅增长，公司应收账款结构将更加合理。

（3）2008～2009年前20大应收账款客户回款情况分析

2008～2009年年末，公司前20大应收账款客户欠款金额占应收账款余额的比例分别为87.45%、81.22%及67.63%，账龄大多在1年以内。客户集中度呈下降趋势，逐渐趋于合理水平。

2008～2009年公司前20大应收账款客户的回款情况如下表所示：

单位：万元

项　目	期末余额	2008年回款	2009年回款	2010年年末回款	至2010年年末回款合计	至2010年年末回款占比
2008年前20大应收账款客户欠款合计	14,164.20		11,803.88	1869.28	13,673.16	96.53%
2009年前20大应收账款客户欠款合计	13,328.79			10,106.31	10,106.31	75.82%

2008年年末前20大应收账款客户所欠货款截至2009年年末已经收回11,803.88万元，占比83.34%，截至2010年年末已收回96.53%；2009年年末前20大应收账款客户所欠货款截至2010年年末已收回75.82%。从总体看，报告期末应收账款大部分能在次年收回，表明公司应收账款质量较好，发生坏账可能性较小。

4.应收账款回款管理的有关规定

公司制定了严格的客户资信评估程序，建立了完善的客户信用评估及授信体系，根据客户的历史交易信用记录及其抗风险能力，公司对客户进行分类分档管理并授予相应的信用额度。

公司的应收账款由财务部门和销售部门分别核算和统计，并定期对账分析。对尚在信用期内的款项，由销售人员按合同协议条款定期催收；对部分长期合作的优质客户在资金紧张，提出展期要求后，根据授予的相应信用额度，经公司销售部门和财务部门负责人确认并报总经理批准后，方可执行，并严格控制；对超过延长信用期限仍未还款的客户，公司派专人以“一对一”方式加强催款，并在收回以前欠款后，才继续接受该客户的新订单。同时公司定期召开客户的应收账款分析会，分析轮胎市场发展和客户的经营状况，优先安排效益好、信誉高、货款及时的客户订单，保证应收账款能及时、全额回收。公司采取应收账款预防与监控相结合的方式，很好的控制了应收账款回收风险。

四、海南瑞泽：应收账款持续增加

（一）应收账款较高的风险

近三年末，公司应收账款净额分别为12，770.10万元、16，112.19万元、19，286.36万元，占流动资产的比例分别为79.74%、54.13%、65.38%，2009年、2010年同比分别增长26.17%、19.70%。随着公司应收账款的不断增加，公司存在坏账加大的风险，公司资金周转速度与运营效率也有可能降低。

公司应收账款余额较高的主要原因为：一方面，公司下游客户主要是施工企业，房地产开发项目、大型基础设施建设项目等具有工程量大、建设施工周期较长的特点，从而直接决定了商品混凝土行业普遍存在应收账款回款周期较长、应收账款余额较高的情形。另一方面，公司报告期主要销售结算政策约定客户次月或本月支付已使用商品混凝土用量80%～90%的货款，而剩余10%～20%余款在主体结构封顶1～2个月后付清，导致公司期末应收账款余额相对较高。

公司与主要客户保持着长期、良好的合作关系，应收账款账龄主要集中在1年以内，报告期内，公司1年以内的应收账款占总额的比例均在90%以上。因此，虽然公司应收账款结算周期相对较长，但发生坏账的风险较小。此外，公司执行的坏账准备计提政策符合谨慎性原则，公司已按要求足额计提了坏账准备。公司非常重视应收账款管理，制定了严格的内部控制和管理措施，并加大应收账款催收力度，加快应收账款回笼及资金周转速度，提高资金利用效率，努力防范可能发生的坏账、呆账风险。

（二）应收账款分析

公司报告期各期期末应收账款净额情况如下表所示：

单位：万元

项　目	2010.12.31	2009.12.31	2008.12.31
应收账款净额	19,286.36	16,112.19	12,770.10
占流动资产比重	65.38%	54.13%	79.74%
应收账款净额增长率	19.70%	26.17%	—
项　目	2010年	2009年	2008年
营业收入	70,756.23	52,945.41	46,350.51
应收账款净额占营业收入的比例	27.26%	30.43%	27.55%

1. 应收账款余额逐年增长且较高的原因

近三年末，公司应收账款净额分别为12,770.10万元、16,112.19万元和19,286.36万元，占流动资产的比例分别为79.74%、54.13%和65.38%，2009年、2010年同比分别增长26.17%、19.70%。公司应收账款主要属于从事商品混凝土业务的海南瑞泽、琼海瑞泽，而属于生产加气砖及灰砂砖的三亚润泽较少。公司应收账款逐年增长且金额较大，与公司所处商品混凝土行业特点、结算方式及公司产销规模的扩大等原因有关，分析如下：

（1）商品混凝土具有即产即销的特点，而其下游行业建筑行业则施工周期和结算周期较长，从而直接决定了商品混凝土行业普遍存在应收账款回款周期较长的情况。近年来，海南省房地产、基础设施建设及建筑施工行业的快速发展直接带动了商品混凝土、新型墙体材料等建筑材料行业的增长。但是，房地产开发项目、市政工程、交通工程、铁路工程及桥梁、港口及其他大型基础设施建设等具有工程量大、建设施工周期较长的特点，导致商品混凝土企业的应收账款金额普遍较大，占营业收入的比重也比其他行业为高。公司应收账款占营业收入比重略低于同行业上市公司平均水平，处于合理水平，具体比较如下表所示：

指　标	可比上市公司	2010年	2009年	2008年
应收账款净额/营业收入	西部建设(002302)	22.80%	25.01%	27.39%
	深天地(000023)	30.69%	27.05%	31.97%
	建研集团(002398)	44.67%	44.53%	36.84%
	可比上市公司平均	32.72%	32.20%	32.07%
	海南瑞泽	27.26%	30.43%	27.55%

（2）公司应收账款金额较大还与公司签订的销售合同的约定及公司正常商业信用期较长有关。

首先，根据公司实际经营情况，参照行业惯例，公司与客户签订的产品销售合同大部分都约定次月支付上月已使用商品混凝土货款的80%～90%，而10%～20%余款在主体结构封顶1～2个月后付清。由于大部分建设项目主体结构通常在开工 1 年以上方能封顶,受此影响,公司期末应收账款余额相对较高。报告期,公司 10% ~20% 余款占应收账款的比例如下表所示:

单位:万元

项　目	2010 年		2009 年		2008 年	
	金额	比例	金额	比例	金额	比例
合同约定 10% ~20% 余款	8067.78	38.75%	6151.94	35.59%	4586.18	34.59%
商业信用期限内金额	11,081.20	53.23%	9772.89	56.54%	7564.04	57.05%
其他	1669.65	8.02%	1,359.93	7.87%	1,108.74	8.36%
原值	20,818.63	100.00%	17,284.76	100.00%	13,258.97	100.00%

可见,报告期内,公司应收账款各期末金额中,销售合同约定的 10% ~20% 余款近年呈上升趋势。截至 2010 年年末,10% ~20% 余款原值 8067.78 万元,占比 38.75%,比 2009 年年末占比增加了 3.16 个百分点,主要是因为:一方面,随着 2010 年公司营业收入的大幅增加,10% ~20% 余款期末金额随之增长;另一方面,公司为进一步拓展市场,对一部分付款及时、商业信用好、合作期限长、业务量大的销售客户约定的余款比例有所提高,使得 10% ~20% 余款金额在 2010 年年末有所增加。

其次,商品混凝土的质量检测方式也决定了正常商业信用期较长。商品混凝土的质量是否合格要由混凝土浇筑 28 天后的强度检测报告来确定,因此,客户往往在强度检测报告出具后才安排付款,公司货款的正常回收期需要 1 ~2 个月。目前,符合公司商业信用政策期限内的应收账款占应收账款原值总额 50% 的以上。

综上所述,近三年末,公司商业信用期限内应收账款与 10% ~20% 项目余款合计占应收账款原值总额 90% 以上,构成公司应收账款的主体结构,对应收账款各期末余额变化具有决定性影响。由于公司总体客户结构合理、应收账款管理政策执行有效,未能按期收回账款金额、比例相对较小。

(3)公司应收账款增长也与公司的客户结构变化有一定关系。公司目前销售客户比较分散,前五大客户合计销售收入占总销售收入的比例不高,因此,2010 年以来,公司为进一步拓展优质客户,并稳定与大型客户的长期合作关系,公司加强开发资信良好、业务量大的客户,而这些客户在合作中往往要求公司给予更长的信用期或更大的余款比例。受此影响,与 2009 年年末相比,公司 2010 年年末的 10% ~20% 的余款比例有所上升。但是,由于这些大客户资信良好、业务规模大、注重信誉,因此,虽然短期内会造成公司应收账款增加,但账款回收风险不大,不会造成公司应收账款的损失。

(4)报告期内,公司产销规模快速增长,商品混凝土产销量从 2008 年的129.03

万立方米增至2010年的183.86万立方米。随着商品混凝土业务的快速发展，公司2008～2010年营业收入增加较快，年平均增幅达23.55%。受主营业务规模不断扩大带动，2009年年末，公司应收账款期末余额增加3342.09万元，增幅26.17%。2010年，公司实现营业收入70,756.23万元，增速达33.64%，而同期应收账款净额增加3174.17万元，同比仅增长19.70%，增速远低于销售收入增速。同期，公司应收账款余额占营业收入的比例为27.26%，继续保持在合理水平。

2. 应收账款账龄及主要客户情况

报告期，公司应收账款按账龄明细分类如下表所示：

单位：万元

项目	2010.12.31			2009.12.31			2008.12.31		
	金额	比例	坏账准备	金额	比例	坏账准备	金额	比例	坏账准备
1年以内	18,829.73	90.45%	941.49	15,956.28	92.31%	797.47	12,202.82	92,04%	366.08
1～2年	1433.81	6.89%	215.07	979.74	5.67%	146.96	884.48	6.67%	88.45
2～3年	358.75	1.72%	179.37	241.22	1.40%	120.61	171.67	1.29%	34.33
3年以上	196.34	0.94%	196.34	107.52	0.62%	107.52	—	—	—
合计	20,818.63	100%	1532.27	17.284.76	100%	1172.56	13,258.97	100%	488.87

近三年末，公司账龄在1年以内的应收账款余额占应收账款余额合计数的90%以上；1～2年应收账款占比平均为6.41%。截至2010年年末，公司1年以内和1～2年内应收账款占比分别为90.45%、6.89%。总体而言，公司账龄较短的应收账款占比较大，主要与行业特点、结算政策及公司近年业绩迅速增长有关。报告期内，公司主要客户集中在资质优良、信誉卓著的建筑工程公司，公司与这些客户保持着长期良好的合作关系，应收账款余额较大，但发生坏账的风险较小。

报告期内，公司应收账款欠款单位以建筑施工企业为主，与销售客户相适应，公司应收账款欠款群体较为稳定。2008～2010年年末，公司前5名应收账款欠款单位均为大型建筑施工企业。近三年末，公司应收账款中欠款金额前5名情况略。

2008～2010年，公司应收账款前五大单位的应收账款累计金额占公司应收账款总余额的比例分别为27.17%、28.37%和29.23%。由于公司客户集中度相对不高，各客户在不同年度的施工项目进展、工程款结算进度也各不相同，报告期内前5大应收账款客户有一定变动。但由于公司已与业务区域内的主要大型建筑商均建立了较为稳定的合作关系，公司应收账款单位总体结构稳定。报告期内，公司前60大应收账款客户余额合计占公司应收账款总额的比例分别为82.15%、75.23%和76.42%，在这些重要应收账款客户中，2009年的前60名应收账款客户有40名也是2008年的客户，而2010年前60名应收账款客户中有39名是2008年或2009年的客户，公司大额应收账款客户较为稳定。

这些建筑施工企业的施工项目大部分为住宅、商业、旅游、保障性住房等房地产开发项目，也包括酒店、市政工程、基础设施、旅游开发区等项目，报告期内前100名应收账款客户施工的项目结构如下：

单位：元

建筑施工项目	2010.12.31		2009.12.31		2008.12.31	
	金额	比例	金额	比例	金额	比例
房地产项目	120,235,359.38	67.72%	119,845,821.86	81.06%	102,797,317.49	85.44%
酒店项目	22,654,584.24	12.76%	2,145,279.00	1.45%	1,128,107.86	0.94%
基础设施及市政项目	25,957,750.03	14.62%	15,646,129.39	10.58%	14,881,998.82	12.37%
学校项目	4,845,679.84	2.73%	3,306,143.59	2.24%	1,510,041.31	1.26%
部队及其他项目	3,866,412.12	2.18%	6,905,722.91	4.67%	0.00	0.00%
前100名单位合计	177,559,785.61	100.00%	147,849,096.75	100.00%	120,317,465.48	100.00%
应收账款余额合计	208,186,307.41	—	172,847,591.04	—	132,589,668.24	—
占应收账款余额的比例	85.29%	—	85.54%	—	90.74%	—

从上表来看，公司应收账款客户项目结构中房地产项目所占比例逐年下降，其他类型项目所占比例稳定上升。

公司销售结算政策是根据公司的实际经营情况并参照行业惯例制定的，在报告期内没有重大变化。对于一般的销售客户，销售合同大部分约定次月支付上月已使用商品混凝土货款的80%～90%，而10%～20%余款在主体结构封顶1～2个月后付清。2010年以来，伴随国际旅游岛建设的推进，单个建筑施工项目规模呈现增大的趋势，商品混凝土用量相应增加。同时，公司加强开发资信良好、业务量大的客户，而这些客户在合作中往往要求公司给予更长的信用期或更大的余款比例。受此影响，与2009年年末相比，公司2010年年末的10%～20%的余款比例有所上升。但是，由于这些大客户资信良好、公司应收账款损失的风险并未增加。

综上所述，报告期内，公司应收账款客户以建筑施工企业为主，近年来大客户群体有所增加，但客户结构总体保持稳定。公司销售结算政策符合公司实际经营情况和行业惯例，没有发生较大变化。

3.坏账准备计提及核销情况

为了更加客观公正地反映公司的财务状况和经营成果，防范经营风险，经董事会研究决定自2009年1月1日起变更坏账准备计提比例，并采用未来适用法进行会计处理。具体变更情况如下表所示：

账龄	原计提比例(%)	变更后计提比例(%)
1年以内	3	5
1～2年	10	15
2～3年	20	50
3～4年	50	100
4～5年	80	100
5年以上	100	100

由于上述会计估计变更，本公司2009年度对应收款项多计提坏账准备514.68万元，扣除所得税影响，减少2009年度净利润386.01万元，其中归属于母公司的净利润386.01万元。

目前，公司执行的坏账准备计提政策更加稳健和谨慎，公司已按要求足额计提了坏账准备。报告期内，公司2年以上期限的应收账款占比较低，对于逾期账龄较长、单笔金额较小的尾款且催讨成本较高的应收账款，公司予以核销。近三年来，公司分别核销应收账款458,613.14元、805,418.87元、191,885.64元，金额相对较小。

五、燃控科技：账龄有所上升的关注

（一）应收账款的坏账风险

2007年、2008年、2009年、2010年上半年，公司应收账款余额分别为8332.89万元、7920.11万元、10,425.49万元、12,855.44万元，分别占公司当期流动资产的53.46%、36.83%、41.02%、53.08%。报告期内公司应收账款余额较大主要是因为公司的客户主要是大型锅炉设备制造企业、电力施工企业、电站等较大规模的企业，通常在2～3年内分期付款，因此公司每年应收账款余额虽然较大，但符合行业特点。另外，从应收账款的账龄来看，2007年年末、2008年年末、2009年年末、2010年上半年，公司应收账款账龄在一年以内的应收账款比例分别为56.74%、62.00%、74.08%、59.76%，所占比例均较大。但是4～5年账龄的应收账款比例分别为0.41%、1.13%、2.78%、2.45%，比例有所上升，使公司面临应收账款坏账的风险加大。

总体而言，应收账款总体无不正常情况，公司除个别非主要客户外财务状况和资信状况均良好，且公司已本着稳健原则对应收账款按照账龄及个别认定计提了坏账准备，从公司过去的经营情况来看，公司未有重大应收账款不能收回的情形。报告期内，公司加大了对应收账款的催收工作，应收账款占当期营业收入的比例逐年下降。但如果公司主要债务人的财务状况发生恶化,则有可能存在坏账风险。

(二)应收账款

报告期公司应收账款余额以及坏账计提简况如下表所示:

单位:万元

项　目	2010 年上半年	2009 年度	2008 年度	2007 年度
营业收入	10,518.89	21,282.02	15,405.87	10,026.37
应收账款余额	13,562.05	11,097.96	8685.18	8723.07
坏账减值准备	706.61	672.47	765.07	390.18
占应收账款余额比例	5.21%	6.06%	8.81%	4.47%

1.坏账计提比例及其制定的依据

报告期内,公司的业务规模保持了持续的增长,各期期末的应收账款余额也相应有所增加。本公司已按《企业会计准则》的规定,结合我公司坏账损失较小的具体情况,对应收账款制定了严格的减值准备计提政策,期末按照应收款项余额,分账龄按比例提取一般性坏账准备。对账龄为 1 年以内的提取比例为 1%,1～2 年的为 5%,2～3 年的为 15%,3～4 年的为 30%,4～5 年的为 50%,5 年以上的为 100%。公司制定上述提取比例主要依据如下:

(1)公司成立以来,应收账款管理始终是财务和销售管理的重要内容。为了减少坏账损失,一方面制定了坏账损失内部控制制度,另一方面建立内部责任体系,严格考核,将坏账损失与销售人员个人收入紧密挂钩,这大大减少了坏账损失。

(2)公司客户多为大型锅炉制造企业、电力施工企业、电站等较大规模的企业。该类客户资信实力较强,经济效益好,在长期的合作过程中均能严格按照合同约定的付款时间执行。

(3)根据本行业特点,在合同执行中,通常约定在 2～3 年内分期付款,并且按照行业惯例通常要求预留至少 10% 的质保金,在质保期结束后 1～3 个月内支付(从设备正常运行开始计算 1～2 年内为质保期),因此正常成套设备的供货合同从完成发货、调试、试运及质保期结束,款项完全收回,其正常的信用期为 3 年,期间发生坏账的风险很小,因此公司对于 3 年以内的坏账计提比例通常控制在 15% 以内。在账期超过 3 年后,随账龄的延长,收款风险逐步加大,会计估计均赋予了合理的坏账计提比例,当款项账龄由 3 年向 4 年过渡时,坏账计提比例由 15% 上升至 30%,公司会计政策的制定是谨慎的。

(4)截至 2009 年 12 月 31 日,本公司及所属子公司账龄在 5 年以下、因对方破产、注销等原因,导致应收账款基本不能收回的单位有 11 家,金额 76.19 万元,此项已全额计提坏账准备,占当年应收账款余额的 0.69%。

2. 应收账款账龄分析

2007～2009 年，公司一年以内账龄应收账款的比例分别为 56.74%、62.00%、74.08%，持续上升。一方面是由于公司业务持续增长使得一年内的应收账款比例加大，另一方面是由于公司对于期限较长的应收账款加强催收力度，以及 2009 年经济转暖使得欠款一年以上客户回款意愿增强。2010 年上半年公司一年以内账龄应收账款的比例变为 59.76%，主要是由公司的账龄划分原则导致的。

公司的账龄划分原则为：当上一会计年度结束后，本会计年度初期所有客户的账龄均自动向后延长一年，这样本会计年度 1 月 1 日时，公司本年度以前形成的应收账款账龄均落入（上年账龄 +1）的账龄区间。也就是说，即使是去年 12 月产生的应收账款，在今年的 1 月 1 日开始也被归入 1～2 年的应收账款。这是一种财务上应收账款账龄划分的通常方法。

从账龄结构来看，公司应收账款的账龄大部分都在两年以内，具有较好的流动性，具体见下表。由于本公司出售的成套设备客户多为大型锅炉设备制造企业、电力施工企业、电站等较大规模的企业，这些客户经营状况良好且有较高的信用，与本公司合作多年，其账龄大部分在 3 年以内，应收账款发生坏账的可能性较小，另外，通常合同中约定在 2～3 年内分期付款，并且客户按照行业惯例通常要求预留 10% 的质保金，在设备调试验收后，正常运行后 1～2 年的质保期结束后 1～6 个月内支付，所以使得本公司 2～3 年的应收账款占有相当比例。因此公司的应收账款账龄分布符合行业特征。

账龄	2010－6－30	2009－12－31	2008－12－31	2007－12－31
1 年以内（含 1 年）	59.76%	74.08%	62.00%	56.74%
1～2 年（含 2 年）	30.18%	12.87%	11.27%	29.23%
2～3 年（含 3 年）	6.09%	3.57%	15.63%	12.32%
3～4 年（含 4 年）	0.79%	6.13%	9.76%	1.30%
4～5 年（含 5 年）	2.45%	2.78%	1.13%	0.41%
5 年以上	0.73%	0.57%	0.21%	

3. 在通常情况下，公司的回款周期为 3 年，公司 3 年以内的应收账款占应收款的大部分，2007 年年末到 2010 年上半年末分别为 98.29%、88.90%、90.52%、96.03%，符合公司回款周期。报告期公司 3 年以上的应收账款的比例 2008 年、2009 年相比 2007 年有所增加，主要因为以下多种原因：

（1）公司及其子公司均于 2003 年成立，由于 2007 年距离公司成立日仅有 3～4 年，同时公司设立初期经营规模较小，所以 2007 年公司应收账款账龄 3 年以上应收账款数额必然较小；

（2）少数客户由于一些原因如建设方资金问题、政策问题等造成机组投运延期，这样公司的货款的回收期将大大加长；

(3)某些客户在机组正常投运后,由于原料煤供应的紧张,不得不使用不符合设计时要求的煤种,使得设备不能正常投运,与公司协商对设备进行相应的改造,从而拖欠了货款;

(4)2008年金融危机以及发电行业大面积的亏损或微利使得某些客户缩紧了付款计划,造成公司部分货款及质保金的收回发生了延期。

随着国内经济回暖,公司加大了应收账款的回收管理,实行严格的信贷控制政策,对各类客户根据客户类别、其忠诚度、过往销售及信用记录,严格控制其付款信用和信用期限。截至2009年12月31日,公司对3年以上的应收账款已计提资产减值准备459.45万元,占当期应收账款余额的4.14%。2010年公司应收账款账龄三年以上的比例继续减少。

4.截至2010年6月30日,公司对单项金额虽不重大但单独进行减值测试的应收款项计提情况略。

六、纳川股份:客户资金支付审批手续的影响

(一)应收账款余额较大导致的风险

公司产品销售客户主要为市政工程、石油化工、核电火电和交通枢纽等直接工程客户,行业惯例一般是规定在竣工验收后1~2年为质保期,并留有5%~10%的质保金在质保期满后方才支付给厂商,导致应收账款期末余额随公司销售规模的较大而增加,且存在部分1年以上应收账款。截至2010年9月30日,公司应收账款的账龄结构如下表所示:

单位:万元

账龄	2010-9-30			
	金额	比例	坏账准备	账面价值
1年以内	8407.94	87.69%	420.40	7987.54
1~2年	693.06	7.23%	69.31	623.75
2~3年	409.95	4.28%	81.99	327.96
3~5年	76.90	0.80%	38.45	38.45
合计	9587.86	100.00%	610.14	8977.72

2007年12月31日、2008年12月31日、2009年12月31日和2010年9月30日公司的应收账款净额分别为1063.19万元、3498.18万元、5535.57万元和8977.72万元,占各期末流动资产的比重分别为31.23%、49.91%、35.14%和57.25%。

虽然公司客户主要分布在市政、核电、石油化工、港口码头等行业,资信良好,公司历史上从未发生过坏账损失,账龄在一年以上的应收账款主要为质保金,账龄

结构较合理，且公司已对应收账款提取足额的坏账准备金，但随着公司销售规模不断扩大，公司的应收账款金额将可能继续增加。如果公司不能很好地管理应收账款，使账龄超过1年的应收账款过大，公司资金周转速度与运营效率降低，则存在流动性风险或坏账风险。

（二）应收账款分析

1. 报告期内公司应收账款的变动情况

2007年至2010年第三季度，公司各期末应收账款净额分别为1063.19万元、3498.18万元、5535.57万元和8977.71万元，随着公司营业收入的快速增长而呈现逐年增加趋势。2007～2009年应收账款年均复合增长率为128.18%，高于营业收入87.11%的年均复合增长率，主要原因系：考虑到公司客户所属行业主要为市政工程、石油化工、核电火电和交通枢纽等政府或大型国有企业，信用程度高，赊销坏账风险很小，因此公司在快速扩张时期制定了相对宽松的回款政策，导致同期应收账款期末余额增长速度快于营业收入的增长速度。处于快速成长期内的企业多数存在类似的特征。

2010年第三季度末，公司应收账款净额达到8977.71万元，较2009年年末大幅增加3442.14万元，增幅达到62.18%，主要原因系公司在2010年9月底存在一笔应收大唐能源化工有限责任公司的大额货款，期末余额达到2891.57万元。公司2010年9月15日～28日集中向内蒙古大唐国际克什克腾煤制气项目大量供货，实现销售收入2471.42万元，该笔应收货款及相应的应收增值税销项税额期末合计2891.57，在2010年9月底尚未回收。

2. 报告期末公司应收账款余额较大系由公司业务特点决定

（1）公司采用分阶段收款的结算方式。公司产品销售客户主要为市政工程、石油化工、核电火电和交通枢纽等直接工程客户，工程量大，施工周期长，按照行业惯例和客户要求，大部分产品销售采用分阶段收款的结算方式，且会预留部分质保金待质保期满后才能收回。根据对不同客户信用度的评估结果，公司产品销售一般在发货后一个月内收取50%～90%不等的货款，剩余部分款项根据项目进度收取（部分项目需预留5%～10%的质量保证金），由于项目施工周期一般在2～6个月左右，从而导致公司销售收入确认与收取货款存在一定时间差，期末应收账款余额较大，并随着销售收入的增加而增长。

（2）质保金回款期相对较长。埋地排水管道对管材的质量要求很高，因此也规定了较长的质保期。行业惯例一般是规定在竣工验收后保留1～2年的质保期，并留有5%～10%的质保金在质保期满后方才支付给厂商，导致应收账款期末余额随公司销售规模的较大而增加，且存在部分1年以上应收账款。截至2010年9月30日，公司应收账款中质保金为1824.09万元，占应收账款总额的比例为

19.02%。

(3)受资金周转和审批流程等客户自身因素的影响。公司客户主要集中于市政工程、石油化工、核电火电和交通枢纽等政府部门或大型国有企业，尽管公司销售合同已约定各阶段收款的比例，但回款时间在一定程度上仍受到客户付款审批程序较长等因素的影响。

3. 应收账款安全性分析

从应收账款账龄结构分析，最近一期末，应收账款的账龄结构如下表所示：

单位：万元

账龄	2010－9－30			
	金额	比例(%)	坏账准备	账面价值
1年以内	8407.94	87.69	420.40	7987.54
1～2年	693.06	7.23	69.31	623.75
2～3年	409.95	4.28	81.99	327.96
3～5年	76.90	0.80	38.45	38.45
合计	9587.86	100.00	610.14	8977.72

截至2010年9月30日，公司1年以内应收账款所占比例较高，达到87.69%，并且1年以上应收账款主要为质保金，与公司的业务特征相匹配，应收账款账龄结构合理，不存在账龄较长且无法收回的大额应收账款。公司产品未发生过因质量问题导致出现索赔和诉讼情形，未出现质保金无法收回的情况。

截至2010年9月30日，公司应收账款余额的主要客户构成、欠款金额、欠款原因以及对应的项目具体情况略。

从公司客户结构看，公司产品主要销往市政工程、石油化工、核电火电和交通枢纽工程等行业，客户均为政府或大型国有企业，信用程度高，货款回收有充分保障。报告期内，公司没有发生坏账损失的情形。总体来看，公司应收账款发生坏账的风险较低。

为加大应收账款的回款力度，公司制定了应收账款管理制度。月末财务部门向销售部门提供当月应收账款明细表，销售部门及时核对跟踪回款情况，对于合同付款期将至的，电话通知客户并发对账函；如逾期未回款则采取向客户发催收函，情形严重的发送律师函等办法加快应收账款周转速度。

4. 坏账准备计提情况

从应收账款账龄分布与欠款客户所属行业的上述分析中可以看出，公司应收账款质量较好，坏账风险小。为进一步降低风险，公司制定了稳健的坏账准备计提政策，对单项金额超过期末应收款项余额的10%，且单项金额超过300万元人民币的应收账款单独进行减值测试，对于单项金额非重大或经单独测试后未发生减值的应收账款：1年以内的按5%计提坏账，1～2年的按10%计提坏账，2～3年的按

20%计提坏账,3~5年的按50%计提坏账,5年以上的按100%计提坏账。公司以及与公司具有类似业务的上市公司具体计提比例如下表所示:

<table>
<tr><th>计提比例</th><th>发行人</th><th>沧州明珠</th><th>国通管业</th><th>凌云股份</th><th>伟星新材</th></tr>
<tr><td>1年以内</td><td>5%</td><td>5%</td><td>5%</td><td>5%</td><td>5%</td></tr>
<tr><td>1~2年</td><td>10%</td><td>10%</td><td>7%</td><td>10%</td><td>15%</td></tr>
<tr><td>2~3年</td><td>20%</td><td>20%</td><td>15%</td><td>50%</td><td>40%</td></tr>
<tr><td>3~4年</td><td rowspan="2">50%</td><td rowspan="3">50%</td><td>30%</td><td rowspan="3">100%</td><td rowspan="3">100%</td></tr>
<tr><td>4~5年</td><td>50%</td></tr>
<tr><td>5年以上</td><td>100%</td><td>100%</td></tr>
</table>

如上表所示,公司坏账准备计提比例与具有类似业务的其他上市公司基本一致,鉴于公司应收账款的账龄结构、应收账款客户的实力与信用、报告期内未发生过坏账等因素,公司管理层认为公司应收账款坏账准备的计提比例合理,符合公司实际情况及谨慎性原则。

保荐机构经核查后认为发行人各期末应收账款余额真实、准确、完整,应收账款坏账准备的计提比例合理,符合公司实际情况及谨慎性原则。

【案例评析】

1. 与存货一样,应收账款是资产负债表中另外一个关键的财务指标,它体现了企业市场竞争地位、产品议价能力以及最终的收入质量和盈利含金量。

2. 如果说存货主要体现了企业采购和生产的"上游"经营状况的话,那么应收账款主要体现企业销售的"下游"经营状况。如果一个企业虽然收入确认金额很大但是现金收回很少的话,就会造成应收账款金额较大,如果应收账款回收存在较大不确定性就会直接影响到企业的营运资金流转甚至是企业正常经营。

3. 若说现金流是企业的血液,那么企业的产品销售就是造血的心脏,而应收账款则在很大程度上决定了企业血液的充足性和流动性。随着"现金为王"的理念越来越深入人心,大家对经营活动现金流的关注度越来越高,所谓"净利润可以骗人,但是现金流不会骗人"。而公司营业收入和净利润不变的情况下,对公司经营现金流影响重大的主要就是存货和应收账款变动的指标,这也就是在资产科目。这两个指标越来越受到关注的原因,同时一个企业也往往就是这两个指标存在异常情况。

4. 应收账款是一个很综合的指标,有很多因素可以影响到这个指标,从而这个指标也能够反映企业在经营方面诸多层次。总结起来,影响应收账款余额的因素主要有:(1)发行人收入确认原则,如果收入确认过于激进就会出现应收账款大增的问题,这一般都属于比较严重的会计处理瑕疵;(2)发行人对客户的信用政策,信用政策越宽松,应收账款越大,比如有的发行人为了拓展市场就对一些新增客户放宽了信用政策，这也会增加应收账款；(3)客户的付款方式，比如有些客户是工程项目，习惯完工验收之后一次性付款，而发行人是根据完工百分比法确认收入，时间差就导致应收账款；(4)季节性因素有时候也很重要，比如有的发行人发货和确认收入主要集中在四季度，而此时回款又有些来不及，就导致期末应收款余额较高；(5)还有质保金的影响，发行人在销售产品收到货款时客户一般要留存10%左右的质保金，质保金期限一般为1～2年，如果发行人销售收入很大，那么质保金的金额也不小，从而影响到应收账款余额；(6)另外还有些偶然因素，比如一个大客户的大单子具有偶然性，那么也会增加应收账款的偶然性。

5. 应收账款余额较大并非就是首发上市的实质障碍，如果这符合行业特性和企业经营的模式，只要能够解释清楚也是可以得到认可的。从目前审核的实践来看，应收账款较大的行业基本上是重工业，主要是设备价值高的生产企业，客户主要是大国企甚至是政府部门，这些客户信用较好但是货款支付程序繁多，支付的较慢。

6. 关于应收账款对公司盈利能力影响的判断，应收账款占营业收入的比例是一个很好的考核指标。值得注意的是，应收账款不仅要看存量更要看增量，并且增量与当期营业收入的比例。关于应收账款的安全性分析，账龄一般在一年之类，至少要在90%以上，1～2年的还有一些，超过两年的应收账款除非特殊情况已经是比较危险了。关注应收账款余额，更要关注余额变动情况，尤其是最近一期末的变动情况，这是利润操纵最简单也是最常见的方式。

7. 应收账款的解释思路，通过上述的案例我们也可以做一些总结：(1)应收账款余额较高符合整个行业的特性；(2)应收账款尽管余额较高且持续增长，但是应收账款增长速度远低于营业收入增长速度，且应收账款占营业收入的比例持续下降；(3)应收账款账龄主要在1年以内，不存在回笼风险，甚至还可以说明历史上应收账款在下一年的回款情况；(4)应收账款前五名甚至前十名客户都是发行人的老客户，不仅回款有保证并且不存在突击确认收入的情形；(5)应收账款坏账计提比例稳健，至少不低于行业平均水平；(6)发行人已经制定了完善的货款回收制度和措施，尽量控制应收账款不能收回的风险；(7)风险因素做详细说明，甚至要求做重大事项提示。

8. 同样最后提醒大家一点的是，如果一家企业期末应收账款金额较大，那么需要对应收账款坏账准备计提政策进行详细说明，以保证会计政策稳健且不存在异常状况。此外，报告期内如果存在坏账准备计提比例变动的情况，则只能是会计政策更加谨慎而不能更加宽松。

■第四节　存货和应收账款双高解决之道

【重要提示】

★ 如果说存货和应收账款有一项财务指标存在异常会重点关注的话,那么如果两项指标均存在异常则需要更加重点关注。

★ 本节内容的思路并没有什么新意,只是在单独分析了存货和应收账款的基础上,再对这两个问题合并分析。

★ 特别提示的是,本节提到案例并不一定具有代表性甚至不具有可复制性,只是供大家参考并适当思考其一些解释思路。

【案例情况】

一、科泰电源

(一)风险因素

1. 存货管理的风险

2007 年年末、2008 年年末、2009 年年末和 2010 年 6 月 30 日,公司存货账面余额分别为 8572.73 万元、9403.19 万元、10,029.10 万元和 7578.39 万元,占相应期末合并报表资产总额的比例分别为 41.30%、40.22%、36.83% 和 24.72%,虽然呈逐年下降趋势,但在资产构成中仍占比较高。本公司存货主要由原材料、在产品和发出商品构成,2007 年年末、2008 年年末、2009 年年末和 2010 年 6 月 30 日,三者合计占公司存货余额比例分别为 93.67%、94.61%、99.35% 和 95.77%。

公司采取"以销定产"的生产模式,产品按订单生产。本公司主要部件发动机需要从海外采购,供应商供货周期和海外运输时间均较长,且单位价值较大,故公司一般保持 2 个月的库存量;公司采用订单式生产,一般在取得订单后根据客户需求进行技术研发、产品设计,从领料到产成品验收入库的过程中,均核算为在产品,通常需要 4 ~ 8 周;公司发出商品的形成期间的长短和规模的大小,主要依据销售合同中关于产品交付、安装和验收的条款规定,同时受到货物运输、安装工程和客户的验收周期的影响,期限通常为 2 ~ 3 个月,有时甚至更长。综上所述,本公司存货规模较大系正常经营所需,符合行业和企业的特点;同时,存货周转率分别为 2.78 次、2.45 次、2.65 次和 1.75 次,周转情况正常。

公司通过 ERP 系统对存货进行管理。首先，根据销售、生产和原材料库存情况，确定采购需求；其次，根据订单下达生产任务单；最后，产品完工入库后，根据合同订单的交货约定，发出商品在取得客户验收后，确认销售收入，同时相应结转营业成本。但是，由于存货规模较大，占用了公司营运资金，对公司的生产经营的扩大产生了一定的影响，若公司不能加强生产计划管理和合理库存管理，及时消化存货，可能产生存货跌价和存货滞压情况，并导致存货周转率下降，从而给公司生产经营带来负面影响。

2. 应收账款较大的风险

公司报告期内的应收账款规模随业务收入规模的扩大而逐年增长，但应收账款规模的平均增长幅度低于营业收入增长幅度，除由于 2010 年 6 月 30 日应收账款余额较大导致应收账款占营业收入比重增长较多外，应收账款占营业收入的比重基本保持同步。如下表所示：

单位：万元

项　目	2010－6－30	2009－12－31	2008－12－31	2007－12－31
营业收入	21,188.61	35,874.28	31,314.51	25,768.86
应收账款（按余额计）	16,518.56	11,218.23	9534.74	8552.48
应收账款占营业收入比重	—	31.27%	30.45%	31.19%
营业收入比上一年增长幅度	—	14.56%	21.52%	—
应收账款比上一年增长幅度	—	17.65%	11.49%	—

报告期内，发行人应收账款占比较高的主要原因是公司国内和海外行业结算方式以及质保金逐年累积沉淀所致。随着营业收入的增长，应收账款逐年增长，2007 年、2008 年、2009 年和 2010 年 1～6 月正常货款占营业收入的比例为 28.26%、21.95%、20.14% 和 57.63%；质保金占应收账款余额比例为 14.84%、27.91%、35.59% 和 26.08%。公司报告期内正常货款、质保金与公司实际信用政策相符合。报告期内，应收账款账龄在 1 年以内（按余额计算）的应收账款所占比重一直保持在 90% 左右。公司的主要客户为通信、电力系统的国有大中型企业，这些客户在报告期内的款项占应收账款余额的 50%～70%。这些客户的资信良好，发生坏账损失的可能性较小，报告期内无因货款未能收回而产生的应收账款坏账损失。

3. 主要行业客户结算周期较长的风险

本公司主要专注于附加值较高的通信行业和电力行业产品的开发与生产，上述行业客户结算周期通常较长。公司货款结算期一般为产品交付安装验收后 60 天支付 80%～90% 的货款，其余 10%～20% 为质保金，质保期为 1～2 年；海外出口给通信行业主要客户中：华为技术的货款结算期一般为产品报关后 4 个月支付 90% 货款，9 个月后支付 10% 货款；中兴通讯的货款结算期一般为产品报关后 90

天支付85%的货款，13 个月后支付 15% 的货款。未来随着公司业务规模的扩大，应收账款余额仍将保持较高水平，较大的应收账款余额占用了公司较多营运资金，如果出现应收账款不能按期或无法回收的情况，将对公司业绩和生产经营产生较大影响。

为应对应收账款特别是质保金回收的风险，本公司加强了应收账款的管理，加大了合同管理和货款回收力度，从而使公司货款回收整体控制在公司制定的客户信用政策范围内。尽管通信、电力行业客户主要为国有大中型企业，信用状况良好，90%左右的应收账款账龄在一年以内，但仍不能排除应收账款特别是质保金无法及时收回或不能全部收回的风险。

（二）存货分析

公司采取"以销定产"的生产模式，产品按订单生产。公司根据订单和客户的配置要求进行材料采购、投料和生产，产品完工后，按合同约定交付给客户，经验收后确认收入。

1. 报告期内存货构成情况

报告期内，公司存货的构成情况如下表所示：

类　别	2010－6－30		2009－12－31		2008－12－31		2007－12－31	
	金额（万元）	比例（%）	金额（万元）	比例（%）	金额（万元）	比例（%）	金额（万元）	比例（%）
1. 原材料	4886.77	64.48	4757.86	47.44	4474.61	47.59	4741.02	55.30
2. 委托加工材料	17.56	0.23	31.61	0.32	73.80	0.78	19.87	0.23
3. 库存商品	299.50	3.95	33.33	0.33	433.04	4.61	522.73	6.10
4. 在产品	1733.41	22.87	3097.45	30.88	1234.67	13.13	2045.43	23.86
5. 发出商品	638.32	8.42	2108.85	21.03	3187.07	33.89	1243.67	14.51
6. 在途物资	2.83	0.04	—	—	—	—	—	—
合计	7578.39	100.00	10,029.10	100.00	9403.19	100.00	8572.73	100.00

本公司存货主要由原材料、在产品和发出商品构成，近三年一期期末，三者合计分别占公司存货余额的 93.67%、94.61%、99.35% 和 95.77%。

（1）原材料分析

公司原材料由生产备料和服务零配件组成，由于公司主要原材料发动机系从境外采购，供应商供货周期和海外运输时间均较长；另外，公司主要行业客户通常采取在全国范围内集中招标的方式进行采购，从通知中标到订单下达，通常间隔一段时间，因此，为了满足正常的生产和订单交货期的需求，公司通常储备约 2 个月生产所需原材料。

公司原材料与合同订单的配比情况如下表所示：

项 目	2010-6-30		2009-12-31		2008-12-31		2007-12-31	
	金额（万元）	比例（%）	金额（万元）	比例（%）	金额（万元）	比例（%）	金额（万元）	比例（%）
有合同订单	2639.78	54.02	3043.28	63.96	2614.07	58.42	2754.06	58.09
其他材料	2246.99	45.98	1714.58	36.04	1860.54	41.58	1986.96	41.91
合计	4886.77	100	4757.86	100	4474.61	100	4741.02	100

有合同订单的原材料是指公司为执行与客户已签订的合同或订单，而准备生产产品所必需的、已入库的发动机、发电机和控制器这三类金额较大的主要原材料。

其他材料主要是为了保证及时向客户供货所采购的相关物料，具体分为以下4类：①已接到中标通知而合同或订单尚未签订，但需要提前准备的主要原材料，如发动机、发电机等；②为执行已签合同或订单生产所必需的配套件或通用件，如机座、箱体、开关、铜排等；③售后服务所需的维修服务零配件，如修理包、活塞组件等；④其他经核定的需保持最低安全库存的常用物料，如水泵、油泵、传感器等。

其他材料明细情况如下表所示：

材料名称	2010-6-30		2009-12-31		2008-12-31		2007-12-31	
	金额（万元）	比例（%）	金额（万元）	比例（%）	金额（万元）	比例（%）	金额（万元）	比例（%）
发动机	304.52	13.55	532.35	31.05	241.04	12.96	235.38	11.85
发电机	75.51	3.36	83.66	4.88	17.95	0.96	3.95	0.19
钢质底座	65.01	2.89	62.62	3.65	58.40	3.14	40.71	2.05
钢质机箱	136.48	6.07	88.96	5.19	118.31	6.36	112.69	5.67
空气开关	99.02	4.41	63.33	3.69	65.38	3.51	52.76	2.66
配套件	1566.45	69.71	883.66	51.54	1359.46	73.07	1541.47	77.58
其他材料合计	2246.99	100	1714.58	100	1860.54	100	1986.96	100
其他材料占存货比重	—	29.65	—	17.10	—	19.79	—	23.18
其他材料占流动资产比重	—	7.86	—	6.43	—	8.12	—	9.79

2009年年末，公司其他材料余额中，发动机和发电机占比较高的主要原因为本公司与中国移动签订了较大金额的供货框架协议，由于供货数量较大，为了确保及时交付产品，虽然尚未签订购销合同，但在已知的供货范围内，公司预先采购储备了部分原材料。为了保证生产稳定，满足客户供货需求的及时性，公司需要均衡地维持一定水平的原材料库存。

（2）在产品

公司采用订单式生产，公司取得订单后，根据客户需求进行技术研发、产品设计，因为公司产品的个性化和生产工艺的非标准化，产品的生产周期从物料投放、组织生产、外协配套、产品集成、各项检测调试、质量检验至成品入库，通常需要4~8周。

公司在产品与合同订单的配比情况如下表所示：

项目	2010-6-30		2009-12-31		2008-12-31		2007-12-31	
	金额（万元）	比例（%）	金额（万元）	比例（%）	金额（万元）	比例（%）	金额（万元）	比例（%）
有合同订单	1733.41	100	3097.45	100	1234.67	100	2045.43	100
其他	—	—	—	—	—	—	—	—
合计	1733.41	100	3097.45	100	1234.67	100	2045.43	100

综上所述，公司期末在产品均为有合同订单已投产的直接材料，同时，由于公司生产周期相对较长、主要部件如发动机、发电机的单位价值较大，因此报告期内公司在产品的金额取决于期末已投产的订单情况。

2010年6月30日公司在产品金额为1733.41万元，较2009年年末下降44.04%，主要系2010年6月末产品集中交付、完工产品较多所致。公司期末在产品均为已投产的直接材料。直接人工和制造费用均在当期按规定摊销进入完工产品，公司完工产品成本中的制造费用和直接人工占比不超过完工产品成本的5%。

（3）发出商品

公司的生产模式是以销定产，根据销售合同或订单需求，安排生产备货，产品完工后，成品仓库根据合同约定交付客户，因此公司的库存商品较少，产品发出离开公司后，交付客户，在产品未完成验收前，公司不确认收入，作为存货发出商品核算。

发出商品的形成期间的长短和规模的大小，主要受到执行销售合同中关于产品交付、安装、验收等条款规定的影响，受到货物运输、安装工程和客户的验收周期的影响。根据合同约定，若产品不需要公司安装的，待客户验收合格后按规定确认销售收入，由存货发出商品转入营业成本核算；若产品需要公司安装的，待安装调试并由客户验收合格后再确认销售收入。

2008年起公司销售收入中直销模式占比逐步扩大，直销的客户绝大多数为通信、电力等行业客户，2008年和2009年的销售合同规定需要安装的产品较多，验收周期较长，公司在年末有一定数量的产品因客户未完成验收手续而不能确认收入，列入发出商品核算。

2010年6月末公司发出商品金额为638.32万元，较2009年年末下降69.73%，主要原因为：2010年上半年发出商品中根据合同约定需安装的产品较少，大部分产品均在发货当月经客户验收后确认收入，因此2010年6月30日公司发出商品余额较2009年年末有较大幅度的下降。

公司客户大多为资质优良的通信、电力行业客户，公司与其签订销售合同时约定了货款交付的相关条款，且公司产品的质量也有充分的保证，公司的发出商品一般不存在重大的销售、退货、质量或违约等风险。

报告期内，公司发出商品具体情况如下：（略）

2. 存货占比分析

（1）存货与营业收入占比分析

公司报告期内的存货规模随业务规模扩大而相应增长。如下表所示，公司存货规模的增长小于营业收入的增长，存货与营业收入占比基本保持平稳。

单位：万元

项　目	2010-6-30	2009-12-31	2008-12-31	2007-12-31
存货（余额）	7578.39	10,029.10	9403.19	8572.73
营业收入	21,188.61	35,874.28	31,314.51	25,768.86
存货/营业收入（%）	35.77	27.96	30.03	33.27
营业收入比上年增长（%）	—	14.56%	21.52%	—
存货比上年增长（%）	—	6.66	9.69	—

（2）存货与营业成本占比分析

公司报告期内的存货规模随业务规模扩大而相应增长。如下表所示，公司存货规模的平均增长略小于营业成本的平均增长，存货与营业成本占比基本保持平稳。

单位：万元

项　目	2010-6-30	2009-12-31	2008-12-31	2007-12-31
存货（余额）	7578.39	10,029.10	9403.19	8572.73
营业成本	14,754.27	24,678.28	21,495.83	20,111.23
存货/营业收入（%）	51.36	40.64	43.74	42.63
营业成本比上年增长（%）	—	14.80	6.88	—
存货比上年增长（%）	—	6.66	9.69	—

（3）存货与总资产、流动资产占比分析

公司报告期内的存货规模随业务规模扩大而相应增长。但是公司存货规模的增长幅度小于总资产、流动资产的增长幅度，因此存货与总资产和流动资产的占比呈现逐年下降的趋势。如下表所示：

单位：万元

项　目	2010-6-30	2009-12-31	2008-12-31	2007-12-31
期末总资产	30,653.03	27,233.22	23,380.74	20,756.24
期末流动资产	28,591.73	26,684.79	22,905.25	20,305.88
存货	7578.39	10,029.10	9403.19	8572.73
存货占期末总资产比重（%）	24.72	36.83	40.22	41.30

续表

项　目	2010－6－30	2009－12－31	2008－12－31	2007－12－31
存货占期末流动资产比重(%)	26.50	37.58	41.05	42.22
存货比上一年增长幅度(%)	—	6.66	9.69	—
期末总资产比上一年增长幅度(%)	—	16.47	12.65	—
期末流动资产比上一年增长幅度(%)	—	16.50	12.80	—

综上所述，本公司存货属于公司正常经营所需，符合行业和企业特点，公司和主要客户及供应商均保持长期、稳定的合作关系。目前公司订单充足，交货及时，不存在库存积压的情况，公司存货变现能力较强，库存情况正常。

经保荐机构海通证券对发行人存货明细、存货盘点清单、生产周期、原材料中其他材料明细、在产品与合同的匹配情况、制造费用明细、报告期内对应发出商品70%以上的合同以及未确认收入的原因核查后认为：报告期内发行人的存货规模随公司业务规模的扩大而相应增长，发行人存货比例较高主要是由发行人产品的重要零部件采购周期较长，发行人生产、交货的周期较长等原因引起，报告期内发行人存货余额与发行人的生产周期相匹配。经核查发行人报告期存货构成情况以及发行人的经营模式，我们认为，由于发行人产品的重要零部件采购周期较长，发行人生产、交货的周期较长，报告期内存货余额符合发行人生产经营时间情况。

（三）应收账款分析

近三年一期期末，公司应收账款余额构成情况具体如下表所示：

单位：万元

项　目	2010－6－30	2009－12－31	2008－12－31	2007－12－31
正常货款	12,210.52	7225.39	6873.50	7283.47
质保金	4308.04	3992.85	2661.24	1269.02
应收账款余额合计	16,518.56	11,218.24	9534.74	8552.49
营业收入	21,188.61	35,874.28	31,314.51	25,768.86
质保金占应收账款余额比例	26.08%	35.59%	27.91%	14.84%
正常货款占营业收入的比例	57.63%	20.14%	21.95%	28.26%
质保金占营业收入的比例	20.33%	11.13%	8.50%	4.92%
应收账款占营业收入的比例	77.96%	31.27%	30.45%	33.19%

随着营业收入的增长，应收账款逐年增长，近三年一期期末，公司应收账款余额分别为8,552.49万元、9,534.74万元、11,218.24万元和16,518.56万元，应收账款余额较前一期期末的增幅分别为11.48%、17.66%和47.25%。

2010年6月30日公司应收账款余额较2009年年末增幅达47.25%，增幅较大的原因为：2010年1～6月的营业收入主要集中在第2季度，有关的应收账款在信用期内尚未付款。其中2010年1～3月实现营业收入8439.11万元,4～6月实现营业收入12,749.50万元,4～6月实现的营业收入占2010年上半年营业收入的60.17%,且产品供货时间距离半年度结算时点较近,由此导致公司2010年6月30日的应收账款规模偏大。

此外,2010年6月30日公司应收账款余额中质保金为4308.04万元,扣除质保金应收账款中正常货款为12,210.52万元,2010年4～6月公司营业收入为12,749.50万元,因此应收账款余额增长仍处于合理的范围。

1. 公司收入的确认原则和信用结算方式

销售商品收入确认的具体判断标准:公司已将商品所有权上的主要风险和报酬转移给购买方;公司既没有保留与所有权相联系的继续管理权,也没有对已售出的商品实施有效控制;收入的金额能够可靠地计量;相关的经济利益很可能流入企业;相关的已发生或将发生的成本能够可靠地计量时,确认商品销售收入实现。

2. 应收账款余额占比分析

(1)应收账款余额与营业收入的占比分析

公司报告期内的应收账款规模随业务收入规模的扩大而逐年增长,但应收账款规模的平均增长幅度低于营业收入增长幅度,除由于2010年6月30日应收账款余额较大导致应收账款占营业收入比重增长较多外,2007～2009年公司应收账款占营业收入的比重基本保持同步。

(2)应收账款余额与总资产、流动资产的占比分析

由于2010年上半年实现的营业收入主要集中在第二季度,且相关款项仍处于信用期内尚未付款,导致2010年6月末应收账款余额较大外,2007～2009年公司报告期内的应收账款余额占期末总资产、期末流动资产的比重基本保持平稳,应收账款规模随总资产和流动资产规模的增长而逐年增长,应收账款余额规模的增长幅度与总资产和流动资产的增长幅度基本持平。

3. 公司质保金情况

本公司按照收入确认的原则和销售合同的约定,将质保金确认为销售收入,列入应收账款核算。

公司质保金的期限主要为1年,另有部分合同的质保期限为2年。在实际过程中,质保期到期后可能会因通信、电力等行业客户确认、付款的流程较长,使得质保金回款超过了质保期限,但这部分超过质保期的回款也是属于正常的,报告期内未发生质保金未收回的情况。

报告期内,公司曾通过科泰BVI销售给中兴、华为,其质保金由科泰BVI承担。公司于2007年7月设立了境外全资子公司科泰能源,2008年9月27日执行完最后一笔合同后,公司原通过科泰BVI进行的代理销售业务已全部由香港设立的全资子公司科泰能源办理,公司与科泰BVI不再发生代理销售业务,质保金由公

司子公司承担，故质保金占营业收入比例有所提高。

近三年一期期末，公司质保金占应收账款余额的比例分别为14.84%、27.91%、35.59%和26.08%，其中，绝大部分属于通信、电力行业内的优质客户，最近一年一期，这些质保金占质保金总额的比例接近90%。通信、电力、石油石化等行业客户采购时对于供应商均有质量保证的要求，质保金通常占合同金额的10%～20%，期间通常为1～2年，由于这些行业客户均为国有大型企业，信誉优良，同时公司产品的质量和履约能力也有充分保证，因此，质保金准时收回的可靠性强，自公司成立以来未发生过质保金没有收回的情况。

2007年、2008年、2009年和2010年1～6月，公司发生的质保费用为8.7万元、5.1万元、0.2万元和0万元，包括质保材料费用和人工费用，再扣除从发行人供应商质保的金额外，由发行人承担的部分。

4.应收账款质量好、账龄短，出现坏账损失的风险小

本公司应收账款对象主要为通信、电力系统客户，实力较强，出现坏账损失的风险较小。此外，公司应收账款的账龄普遍较短，报告期内账龄在一年以内的应收账款（按余额计算）所占比重保持在90%左右，具体构成情况如下：（略）

2010年6月30日，应收账款坏账准备为1262.98万元，占应收账款余额的比例为7.65%，公司根据谨慎性原则按账龄计提应收账款坏账准备，计提坏账准备比率如下：公司已对3年以上应收账款100%计提了坏账准备，对2～3年的应收账款50%计提了坏账准备，充分的计提坏账准备保证了公司正常生产经营活动不受个别应收账款发生坏账损失的影响。

5.本公司应收账款前5名单位

截至2010年6月30日，本公司应收账款前5名单位的主要客户为通信、电力系统的国有大中型企业，这些客户在报告期内的欠款占应收账款余额的50%～70%。这些客户的资信良好，发生坏账损失的可能性较小，报告期内无一笔因货款未能收回而产生的应收账款坏账损失。

6.应收账款周转率

从周转情况来看，2007～2009年公司应收账款周转率分别为4.2次、3.7次和3.68次，相当于每3个月左右回款一次，与公司给予客户的信用期和货款到账期基本一致，公司的应收账款周转正常。

7.截至2010年6月30日，无持本公司5%以上表决权股份的股东单位欠款

8.应收账款余额占营业收入的比例与同行业比较

本公司主要产品为智能环保集成电站，根据证监会行业分类，选取制造业中与电源设备行业相关的动力源（600405）（主营产品：直流电源、交流电源等）、泰豪科技（600590）（主营产品：智能建筑电气、发电机组产品等）、奥特迅（002227）（主营产品：微机控制高频开关直流电源系统、不间断电源设备等）、科华恒盛（002335）

（主营产品：电源系统设备、建筑工程电源等）作为比较对象，进行同行业比较分析。

近三年，本公司应收账款余额占营业收入的比重均低于同行业上市公司平均水平，说明公司的应收账款回收能力较强。

经保荐机构海通证券对发行人直销、分销、海外销售及劳务收入等不同销售模式的特点、收入确认的流程及会计政策、信用期及结算方式；客户货物签收单、应收账款询证函、审计报告中应收款前5大客户明细核查后认为：报告期内发行人应收账款规模随业务规模扩大而相应增长，应收账款占比较高主要是由于国内和海外行业结算方式以及质保金逐年累积沉淀所致；但发行人应收账款质量较好，主要为通信、电力系统的国有大中型企业占款，且账龄较短，出现坏账损失的风险较小。应收账款余额占比符合公司所在行业的经营特点、结算方式和公司信用政策，有利于公司业务的发展，现有应收账款规模不会对公司的持续经营造成影响。

经核查发行人的销售确认会计政策以及销售收入相关的内部控制测试后，申报会计师认为：发行人收入确认符合《企业会计准则》的相关规定，报告期应收账款余额基本属于信用期内欠款，公司经营多年来货款回收良好，报告期内应收账款波动情况主要受经营规模扩大影响，属于正常波动，符合发行人实际经营情况。公司制定的信用政策及应收账款管理措施符合公司的实际情况，坏账准备计提足额、合理。

二、东方铁塔

（一）风险因素

1. 存货管理风险

截至2010年6月30日，公司存货余额为64,908.08万元，占总资产比重为42.98%。存货余额较大，占总资产比重较高。

虽然公司产品实行“以销定产”，主要客户均为信用良好的国有大型企业，存货基本不存在滞销和跌价的风险，但由于公司产品主要用于火电厂、核电厂、国家电网和通信网络的建设，工期较长、所处的地方较偏远、施工环境较恶劣，从而会影响产品的发货、运输和安装，导致公司的存货分布在工程建设现场或运输途中，存放地点的分散增加了公司存货管理的难度并可能导致存货出现遗失或损坏现象，对公司的经营带来不利影响。

同时存货太多会占用企业资金，影响公司的经营效率；存货太少又可能导致原料供应不及时，影响企业的正常生产，严重时可能造成对客户的违约，影响企业的信誉。因此，公司存货管理水平的高低将直接关系公司的经营风险和运营效率。

2. 应收账款管理的风险

随着公司业务的增加，公司应收账款增长较快。截至2010年6月30日，公司应收账款净额为34,818.08万元，占总资产比重为23.06%。

尽管公司的客户主要为国内信用良好的电力、通信、石化行业企业及广电系统单位，发生坏账的可能性较低，本期末账龄在2年以内的应收账款占应收账款期末余额的比例在90%以上，但随着公司业务规模的扩张，公司的客户将日益多元化，未来公司的应收账款余额可能进一步增长，若因应收账款催收不力或客户自身财务状况恶化导致款项不能按时收回，则会给公司带来坏账的风险。

（二）存货分析

存货构成如下表所示：

单位：万元

项目	2010年6月30日		2009年12月31日		2008年12月31日		2007年12月31日	
	金额	比例	金额	比例	金额	比例	金额	比例
原材料	18,994.95	29.27%	11,185.26	18.54%	13,445.83	17.99%	7122.97	9.82%
周转材料	—	—	—	—	2.81	0.00%	—	—
库存商品	32,064.21	49.40%	33,903.17	56.18%	41,529.54	55.56%	40,722.65	56.12%
在产品	11,833.86	18.23%	14,275.59	23.66%	19,773.89	26.45%	10,837.19	14.94%
在途物资	2015.06	3.10%	982.12	1.63%	—	—	—	—
委托加工物资	—	—	—	—	—	—	13,875.63	19.12%
合计	64,908.08	100.00%	60,346.14	100.00%	74,752.07	100.00%	72,558.44	100.00%

公司报告期内存货主要包括原材料、在产品和库存商品。2007年12月31日存在的委托加工物资主要是当时委托关联方立中实业加工的物资。2008年4月，公司已通过向立中实业收购经营性资产的方式消除了该关联交易。

公司属钢结构和铁塔生产企业，主要原材料为钢材和锌锭等金属材料，该类材料单价较高且价格波动幅度较大。面对原材料价格波动，公司根据市场预测，尽可能做到提前预订原材料，及时采购原材料，控制原材料涨价风险。公司报告期内钢材价格波动较大，2007年年初钢材价格开始上涨，2008年3季度钢材价格达到最高点后开始回落。受钢材价格因素影响，2008年12月31日的原材料余额较大。本期末原材料金额较2009年12月31日增加了69.82%，主要是公司为印度（提隆达）3×660MW超临界燃煤电站工程煤仓间钢结构项目备料，该合同标的金额为1.28亿元。

公司的生产经营采用“以销定产”的生产模式，即中标并签订合同后才开始组织生产，生产的产品都是按业主提供的设计图纸生产，在生产过程中常会遇到设计方案变更的情况，导致正在生产的产品延长生产期，因此报告期内公司的在产品金额也较大。随着公司生产管理水平的提高和生产流程的优化，公司的生产效率正逐步提高,在产品金额正在逐渐减少。2008 年在产品较 2007 年增加了 82.46%,主要是由于 2007 年部分产品委托立中实业加工,该部分在产品在委托加工物资项目列示。

库存商品主要为钢结构及铁塔构件,这些构件主要用于电厂钢结构、国家电网传输用铁塔和通信塔,该类工程一般投资规模大、建设周期长,公司根据客户的工程进度提前组织生产,产品发货后需安装完成后才能被客户确认合格并接收。产品生产过程中会有业主方委托的监理人员驻厂进行监造,产品质量在发货前得到了有效控制,因此尽管公司库存商品的余额较大,但并不会出现因为产品质量问题而不被客户接受的风险。公司的产品都是采用订单方式生产,因此也不会出现库存商品滞销的情况。报告期内公司的库存商品余额逐渐减少,主要是 2009 年公司的铁塔产品销量增长较快,相对电厂钢结构而言,该类产品的交货速度及安装更快。

存货余额变动与营业收入变动对比:

单位:万元

项 目	2010 年 1 ~6 月		2009 年度		2008 年度		2007 年度
	金额	增幅	金额	增幅	金额	增幅	金额
营业收入	73,001.92	N/A	147,843.84	12.39%	131,543.85	19.39%	110,181.58
存货	64,908.08	7.56%	60,346.14	-19.27%	74,752.07	3.02%	72,558.44
原材料	18,994.95	69.82%	11,185.26	-16.81%	13,445.83	88.77%	7122.97
库存商品	32,064.21	-5.42%	33,903.17	-18.36%	41,529.54	1.98%	40,722.65
在产品	11,833.86	-17.10%	14,275.59	-27.81%	19,773.89	82.46%	10,837.19
存货余额占营业收入比例	N/A		40.82%		56.83%		65.85%

报告期内存货余额与营业收入并无明显的线性关系,营业收入稳步增长而存货余额则出现一定的波动,主要是因为公司采用"以销定产"的生产模式,取得订单后再组织生产;不存在因当年营业收入大幅增长,而盲目乐观预计次年市场形势会更好,从而加大生产量导致库存商品大幅增长的情况;相反,公司会因为部分合同已符合销售收入,确认条件,确认营业收入,同时结转营业成本,导致营业收入增长而库存商品下降。公司存货余额的波动更多的是受原材料价格波动的影响和期末部分大额合同执行情况的影响,与营业收入的变动无明显的正相关关系。

公司管理层认为:钢结构及铁塔行业的特点和产品的性质决定了公司的经营模式只能是以销定产,按订单生产方式;且公司的产品主要服务于电力、通信和石化工程建设,客户信誉优良。因此尽管报告期公司的存货余额较大,但并不存在滞销和跌价的风险。

（三）应收账款分析

公司本期末的应收账款金额较大，从账龄看，主要系1年以内和1～2年的应收款，基本上是2008年、2009年执行合同的应收款。报告期应收账款逐步增加，主要是由公司销售规模持续增长及角钢塔、钢管塔业务赊销比例增长所致。公司管理层已关注到公司应收账款余额持续增长的情况，并采取了积极措施加大应收账款的催收力度。

1. 应收账款余额较大符合公司所处的行业特点

钢结构、铁塔行业的工程有合同金额大，工程周期长，结算手续烦琐、结算时间长，工程完工至工程验收和竣工结算有相当长的滞后期等特点，行业内的企业普遍存在应收账款金额较大的情况。公司产品的销售对象主要为电力行业、广电行业、石化行业、民用建筑和通信行业企业，产品主要服务于大型的火力发电厂、核电厂、电网建设工程、200米以上的大型广播电视塔、石化工程、民用建筑和通信网建设工程，这些工程的建设周期通常比较长，货款一般根据工程项目的进度一起进行收款，应收账款的部分尾款回收要等整个工程合同履行结束，所以应收账款的跨年度结算情况比较常见。公司与客户签订的合同中通常约定，客户要预留合同价款的10%作为产品的质量保证金，保质期为1年，质保金部分会增加应收账款，这种情况造成了公司应收账款每年都要占当期营业收入的一定比例。此外，广电系统等由政府部门负责的工程付款一般要经过政府一系列审批程序后进行，如严格审计确认后才能付款，从而延长了该类工程应收账款的回收时间。

2. 公司最近三年应收账款期末净值占营业收入比例情况如下表所示：

项　目	2009年度	2008年度	2007年度
营业收入（万元）	147,843.84	131,543.85	110,181.58
应收账款期末净值（万元）	36,113.28	17,806.11	20,042.80
应收账款期末净值占营业收入比例	24.43%	13.54%	18.19%

公司2009年应收账款期末净值占当期营业收入的比例与同行业可比上市公司对比情况如下表所示：

股票代码	股票名称	2009年度	2008年度	2007年度
002135	东南网架	39.89%	57.52%	50.06%
600496	精工钢构	20.01%	19.10%	35.19%
002359	齐星铁塔	21.76%	17.88%	24.88%
600873	五洲明珠	15.72%	11.55%	16.08%
	算术平均	24.35%	26.51%	31.55%
	中位数	20.89%	18.49%	30.04%
	东方铁塔	24.43%	13.54%	18.19%

2009年应收账款期末净值占营业收入的比例较2008年有较大提高，主要原因系2009年角钢塔业务和钢管塔业务大幅增加，该两类业务的赊销额度和比例较大：2009年角钢塔的销售收入较2008年增加了28,692.24万元，增长了144.96%，钢管塔的销售收入较2008年增加了7302.94万元，增长了31.02%，钢结构的销售收入较2008年减少了18,085.89万元，下降了21.79%；角钢塔和钢管塔的客户主要是国家电网公司的下属公司，由于客户的信用等级较高，公司给予了此类客户较高的赊销额度，因此应收账款增长较快；钢结构的主要客户是国电、华电、大唐、华能等5大发电集团的下属火电厂，由于电厂钢结构的投资规模大、建设周期长，因此公司向该类客户预收的备料款、工程进度款比例较高，通常在销售实现时，只剩下工程尾款和质保金尚未支付，应收账款占销售收入的比例较小。

与同行业可比上市公司相比，2009年公司的应收账款期末净值占营业收入的比例处于行业平均水平。

3.报告期内应收账款账面价值及账龄分析

单位：万元

账龄	2010年6月30日		2009年12月31日		2008年12月31日		2007年12月31日	
	金额	比例	金额	比例	金额	比例	金额	比例
1年以内	27,989.03	72.81%	33,834.88	84.53%	11,797.80	56.91%	15,785.68	70.84%
1~2年	7640.14	19.87%	2428.75	6.07%	5107.86	24.64%	3639.48	16.33%
2~3年	1411.02	3.67%	1656.17	4.14%	1746.39	8.42%	1767.51	7.93%
3~4年	570.84	1.48%	941.41	2.35%	1228.80	5.93%	1054.44	4.73%
4~5年	396.19	1.03%	771.21	1.93%	821.27	3.96%	31.98	0.14%
5年以上	437.66	1.14%	392.33	0.98%	29.99	0.14%	6.01	0.03%
合计	38,444.88	100.00%	40,024.75	100.00%	20,732.11	100.00%	22,285.10	100.00%
坏账准备	3626.80	9.43%	3911.47	9.77%	2926.00	14.11%	2242.30	10.06%
应收账款账面价值	34,818.08	90.57%	36,113.28	90.23%	17,806.11	85.89%	20,042.80	89.94%

本期末，账龄在2年以内的应收账款占应收账款期末余额的比例在90%以上，报告期账龄在2年以内的应收账款占应收账款期末余额的比例也都在80%以上。公司为保持财务数据的稳健性，已经按照谨慎性原则依据会计政策为应收账款计提了坏账准备[见本节“（一）资产结构与分析3.资产减值准备计提情况”部分]。

4. 本期末应收账款余额前五名客户

单位名称	金额(元)	年限	占应收账款总额的比例
西北电网有限公司	37,199,244.41	1年以内	9.68%
新疆新能物资集团有限责任公司	29,473,609.41	1年以内	7.67%
大唐长山热电厂	21,303,862.00	1~2年	5.54%
山西省电力公司物资管理中心	20,834,000.00	1年以内	5.42%
甘肃省电力公司酒泉超高压输变电公司	17,110,293.72	1年以内	4.45%
合计	125,921,009.54		32.75%

公司的应收账款可能会因工程建设工期长导致收账周期较长，但公司的客户主要为国内信用良好的电力、通信、石化行业企业及广电系统单位，因此发生坏账的可能性较低。

5. 公司针对应收账款回收风险采取的应对措施

公司管理层高度重视应收账款余额较高给公司带来的影响，并采取了积极措施加大应收账款的催收力度：首先在选择投标工程项目时，注重考虑业主的信用、支付能力及项目资金来源，择优投标付款能力和付款信用有保障的项目；其次在项目投标过程中，对合同约定的付款进度和方式进行了认真评审，将收款风险控制在合同执行前；最后在合同执行过程中积极组织业务人员分工负责，加强信息跟踪与账款的回收，实施与账款回收挂钩的营销考核办法。

公司制定了切实可行的信用政策：综合考虑客户财务实力、经营状况、发展潜力及合同履行情况等因素将客户信用等级划分为AAA、AA、A、B、C、D六级，并定期更新客户信息、对客户信用等级进行调整；每季度根据公司流动资金状况和公司本身的赊购能力制定公司总的赊销额度和收账期限，对赊销额度和收账期限进行动态管理；根据客户的信用等级和公司总的赊销额度，确定授予客户的最高信用额度：AAA级客户授信额度不超过5000万元，AA级客户授信额度不超过3000万元，A级客户授信额度不超过2000万元，B级客户授信额度不超过500万元，信用等级为C、D级的客户不能给予授信。

三、华录百纳

(一)风险因素

1. 存货金额较大的风险

截至2011年6月30日，公司存货余额为12,976.09万元，占流动资产比例为39.72%，占总资产的比例为39.25%。存货主要由处于拍摄制作阶段的在产品以及取得发行许可证尚未结转完成本的库存商品构成，其中在产品占比更大。

存货中的在产品反映的是正在制作的影视剧作品，该类作品只有在制作完成并取得发行许可证（公映许可证）后才能结转入库存商品，而库存商品可以根据电视剧的销售情况或者电影的放映情况结转成本。

存货占公司资产的比重较高是影视制作企业的行业特征。作为影视制作企业，自有固定资产较少，其资金流转主要体现在货币资金、预付账款、存货和应收账款之间。在生产经营过程中，资金一旦投入即形成预付账款，随着拍摄进度逐步结转为在产品和库存商品即成为存货，在拍摄过程中所需要的专用设备、设施、场景、灯光摄影等均通过经营租赁取得，而拍摄过程中所耗费的道具、化妆用品等均通过采购取得。因此，在正常生产经营情况下，存货必然成为公司资产的主要构成部分。

尽管公司对产品的市场定位有很好的把握、已发行作品有良好的收视率及业内赞誉、有经验丰富的管理团队和强大的营销能力，对项目有着严格的管理和质量控制，能基本保证在产品符合未来市场需求和影视剧作品的按时、按质完成，但是仍面临因主管部门审查而引致的市场风险。存货金额特别是在产品金额较大，占资产比重较高，在一定程度上构成了公司的经营风险。

2. 应收账款余额较大的风险

报告期内应收账款余额较大，占资产总额的比例较高。报告期各期期末应收账款余额分别为 5830.83 万元、8187.59 万元、8948.29 万元、11,420.20 万元，占流动资产的比例分别为 37.94%、29.23%、30.52%、34.95%，占总资产的比例分别为 37.54%、29.10%、30.15%、34.54%。

公司电视剧的销售收入是在取得发行许可证以后，并同时满足母带已经交付、风险和报酬已经转移、未来经济利益能够流入、成本能够可靠地计量的条件时予以确认，而电视台一般在电视剧播出完毕一段时间后付款，导致应收账款期末余额与电视剧收入确认时间存在很大关系。如果公司电视剧在每年下半年的发行量较大，则年末应收账款余额一般也会较大。由此，电视剧发行时点的变化，会导致应收账款余额的波动，使得公司资金管理的难度加大和资金短缺风险增加。为避免上述风险，公司加强应收账款的催收管理力度以及采取电视剧预售和联合投资摄制等方式来平滑应收账款变化带来的资金波动。

虽然报告期应收账款回收良好，最近一期期末应收账款余额占当期总资产的比例与前期相比波动不大，账龄在 1 年以内金额占比很高，且客户主要为各大电视台，信用良好，但应收账款余额依然较大，如果出现不能按期收回或无法收回的情况，将对公司业绩和生产经营产生不利影响。

(二)存货分析

1. 存货构成的类别分析

单位:万元

项目	2011-6-30		2010-12-31		2009-12-31		2008-12-31	
	金额	占比	金额	占比	金额	占比	金额	占比
在产品	7499.96	57.80%	5664.83	61.91%	10,075.55	83.05%	4213.45	67.09%
库存商品	5476.13	42.20%	3485.77	38.09%	2056.19	16.95%	2066.93	32.91%
合计	12,976.09	100.00%	9150.60	100.00%	12,131.74	100.00%	6280.38	100.00%

公司所处影视行业的特点以及公司处于正常的生产经营情况下,存货占总资产的比重较高,保持适当的存货规模特别是在产品规模是公司项目储备及实现未来业务发展目标的重要体现。

影视制作企业生产经营的资金运动体现为货币资金、资金投入影视项目(预付款项)、在产品、库存商品(取得发行许可证)、影视剧发行回笼资金,因此在连续、正常的生产经营过程中存货必然是公司资产的主要构成部分。

报告期公司存货主要为处于制作期的影视剧作品(在产品)以及取得发行许可证尚未完成成本结转的影视剧(库存商品),其中在产品占主要部分,体现出在该时点上公司处于制作期影视剧的投入。

2. 报告期内各期期末公司在产品、库存商品的构成明细、来源及库龄

影视剧项目的存货由在产品和库存商品构成,库存商品在影视剧项目符合收入确认条件后一定期限内须结转完成本,报告期内公司不存在电影符合收入确认条件后24个月内未结转全部成本或电视剧在符合收入确认条件后5年内未结转全部成本的情况。由于报告期各期末,发行人的存货均未出现成本高于可变现净值的情况,发行人没有对存货计提减值准备,报告期内发行人也不存在转回或核销减值准备的情况。

报告期各期期末公司存货明细如下:(略)

3. 发行人报告期内受限资产情况(略)

(三)应收账款分析

1. 应收账款质量分析

截至2011年6月30日,公司应收账款情况如下表所示:

单位:万元

账龄	原值	占比(%)	计提比例(%)	坏账准备	净值
1年以内	9,011.24	78.90	0	0	9011.24
1~2年	1791.44	15.69	10	179.14	1612.30
2~3年	261.10	2.29	50	130.55	130.55
3~4年	147.74	1.29	100	147.74	0
4~5年	181.70	1.59	100	181.70	0
5年以上	26.97	0.24	100	26.97	0
合计	11,420.20	100.00	—	666.11	10,754.09

截至2011年6月30日,公司应收账款余额为11,420.20万元,其中2年以内应收账款占比为94.59%。根据会计政策,公司按账龄足额计提了坏账准备,期末坏账准备余额为666.11万元。截至2011年6月30日,应收关联方华录文化产业有限公司剧目信息网络传播权款项60万元,应收关联方华录出版传媒有限公司剧目音像制品版权款项47.60万元。

2. 2008~2010年期末应收账款及其与当年度营业收入的对比

公司2008~2010年期末应收账款余额及营业收入增长变动情况如下表所示:

单位:万元

项　目	2010-12-31/2010年度		2009-12-31/2009年度		2008-12-31/2008年度
	金额	变动比例	金额	变动比例	金额
应收账款余额	8948.29	9.29%	8187.59	40.42%	5830.83
营业收入	22,025.94	97.71%	11,140.73	32.75%	8391.95
应收账款余额占当期营业收入的比重	40.63	—	73.49	—	69.48

从上表可以看出,公司2008年年末及2009年年末应收账款余额占当年营业收入的比重较高,2010年年末应收账款余额同比略有增加,但占当年营业收入的比例同比大幅下降。

由于电视剧销售收入在电视剧取得发行许可证后母带已经交付、风险和报酬已经转移、未来经济利益能够流入、成本能够可靠地计量方可确认,而电视台一般在节目播出完毕一段时间后付款,导致收入确认时点与销售回款时点之间时间差的特点。一般来说,一部电视剧取得发行许可证、达到收入确认条件的时点越接近期末,那么期末形成的应收账款余额占其收入的比例越高;反之则低。

3. 报告期内各期期末前10名债务人情况

报告期各期期末公司前10名债务人均为公司销售电视剧播映权、信息网络传播权的客户,期末时点形成的应收账款均为该时点上公司对该客户尚未收回的电视剧销售款。

4. 报告期内公司应收账款余额及其变动情况具体分析

（1）2008 年年末应收账款余额较大，主要为电视剧《岁月》、《豪门金枝》、《王贵与安娜》等几部电视剧销售所形成应收账款。其中：《岁月》于 2007 年 6 月取得发行许可证，2008 年实现收入 1006. 87 万元，形成应收账款 615. 06 万元，占该剧当年收入的 61. 09%；《豪门金枝》于 2008 年 5 月取得发行许可证，当年实现收入 1188. 92 万元，形成应收账款 910. 60 万元，占该剧当年收入的 76. 59%；《王贵与安娜》在 2008 年 11 月取得发行许可证，当年实现收入 3322. 66 万元，形成应收账款 2506. 83 万元，占该剧当年收入的 75. 45%。

上述 3 部电视剧年末应收账款合计为 4032. 49 万元，占当年年末应收账款余额 5830. 83 万元的 69. 16%。由于上述 3 部电视剧的收入均在下半年实现且占公司当年营业收入的 65. 76%，因此公司 2008 年年末应收账款余额较大、占当期营业收入比重较高属于公司生产经营过程中的正常现象。

（2）2009 年年末应收账款余额较上年度增加 2356. 76 万元，同比增长 40. 42%；2009 年度营业收入较上年度增加 2748. 77 万元，同比增长 32. 75%，应收账款的增长率超过营业收入的增长率，主要有以下原因：2009 年度取得发行许可证且当年实现收入的 3 部电视剧《难为女儿红》、《媳妇的美好时代》和《苍穹之昴》许可证取得时间分别在下半年的 8 月、9 月和 11 月，当年实现收入分别为 1383. 71 万元、4081. 10 万元、2897. 08 万元，形成应收账款 4598. 18 万元。此外，2008 年取得发行许可证的《豪门金枝》2009 年第三季度实现收入 1253. 95 万元，加上上年尚未完全收回的款项，该剧年末应收账款余额为 1522. 08 万元。上述 4 部电视剧当年实现销售收入合计 9615. 84 万元，占公司当年营业收入的 86. 31%；4 部电视剧当年年末应收账款合计 6120. 26 万元，占当年年末应收账款余额的比例为 74. 75%，因此 2009 年年末应收账款余额较大、占当期收入比重较高属于公司生产经营过程中的正常现象。

（3）2010 年年末应收账款余额较上年度增加 760. 70 万元，同比增长 9. 29%，而 2010 年营业收入较上年度增加 10,885. 21 万元，同比增长 97. 71%。本年度应收账款增幅远远低于营业收入增幅的原因如下：本年度取得发行许可证且当年实现收入的 6 部电视剧《谁知女人心》、《黎明之前》、《红楼梦》（新版）、《我的美丽人生》、《沉默》、《母亲的战争》的许可证取得时间分别为 4 月、5 月、6 月、7 月、9 月和 11 月，当年实现收入分别为 2643. 93 万元、3721. 71 万元、5762. 32 万元、2955. 81 万元、1647. 25 万元、2371. 84 万元。

上述 6 部电视剧当年实现收入为 19,102. 86 万元，占公司当年营业收入的比例为 86. 73%；6 部电视剧当年销售形成应收账款 6903. 14 万元，占当年应收账款余额的比例为 77. 14%，由于上述 6 部电视剧取得发行许可证时间在年度内分配较为均衡,加之公司加大了应收账款的回收力度,因此2010年年末应收账款余额同比略有增加、占当期收入比重同比大幅下降也属于公司生产经营过程中的正常现象。

(4)2011年6月末应收账款余额较上年末增加2471.91万元,增长27.62%。本期应收账款增加的主要原因是:2011年5月底《永不磨灭的番号》取得发行许可证,该剧本期实现收入6056.73万元,期末应收账款为4168.63万元,占本期期末应收账款余额的比例为36.50%。

【案例评析】

1.如果说存货和应收账款有一项财务指标存在异常会重点关注的话,那么如果两项指标均存在异常则需要更加重点关注。在前面的案例中,分别介绍了存货和应收账款余额较高的解决之道,也强调上述情形将会对发行人的经营现金流和持续盈利能力产生重要影响。那么,如果一家企业存货和应收账款双双处于高位是不是会进一步增加企业经营风险的判断呢?从直观上判断,应该是这个样子的。

2.本节内容的思路并没有什么新意,只是在单独分析了存货和应收账款的基础上再对这两个问题合并分析。小兵一直在强调一个观点,那就是一家企业如果所处的上下游都是通畅的,那么他的经营现金流必然亮丽,企业的经营也将保持稳定和持续。如果下游控制力不够,那么就有可能造成回款不利,应收账款金额较大,甚至还可能造成销售受阻,从而造成库存商品迅速增加。如果上游控制力不够,那么就有可能导致原材料货款必须及时支付甚至需要支付预付款,从而导致应付账款金额较低,占用发行人的现金流,甚至还有可能必须付款备货甚至囤货,导致发行人的原材料存货金额较大。从上述两个方面来判断,如果一个企业的存货和应收账款存在异常状况,则很有可能是企业的上下游出了某些状况,从而可能增加发行人的经营风险。

3.至于存货和应收账款余额较高的详细分析思路,在此不再赘述。特别提示的是,本节提到案例并不一定具有代表性甚至不具有可复制性,只是供大家参考并适当思考其一些解释思路。

第二章　资产整合

□ 资产整合问题是在企业上市过程中很常见甚至很难绕过去的一项工作,这项工作的完成效果有可能直接影响到发行上市主体是否符合监管要求,因而资产整合的工作既关键又需谨慎。

□ 资产整合的含义是很广泛的,包括资产的整合、股权的调整、业务的整合甚至是人事的管理等,部分内容在以前的分享内容中已经涉及很多,本章内容将主要补充部分内容。

□ 本章内容将主要为大家介绍:新设主体上市的问题、公司分立的问题、收购经营性资产的问题以及受让破产资产问题等。

■第一节　新设上市主体解决之道

【重要提示】

★ 继续等待还是重新选择,这是一个问题。

★ 当一个企业的历史问题或者其他问题比较复杂甚至积重难返时,实务中会有重新设立法人主体进行上市申请的选择。这种选择的优劣无从定论,我们需要了解的是这种选择的一些内在逻辑和思路。

★ 新设上市主体申请上市涉及的问题主要包括两个方面:其一,原有资产业务人员向新主体的转移承继;其二,老主体的问题是否能够彻底清理并解释清楚。

【案例情况】

一、道明光学:老主体部分资产出资部分资产转让

2007 年 11 月 5 日,道明投资、知源科技以及胡国祥等 13 位自然人共同签署

《关于发起设立浙江道明光学股份有限公司的发起人协议书》,协议共同出资设立浙江道明光学股份有限公司。2007 年 11 月 22 日,公司在金华市工商行政管理局领取了注册号为 330700000000465 的《企业法人营业执照》,注册资本 7500 万元,实收资本 2700 万元。2008 年 3 月 15 日公司股东足额缴纳了剩余的 4800 万元出资,并于 2008 年 3 月 31 日换领了金华市工商行政管理局颁发的《企业法人营业执照》。

(一)相关资产转移情况

1. 受让道明投资的资产

(1)资产受让过程

2007 年 12 月 1 日,公司与道明投资签订《资产转让协议书》,受让道明投资的房屋建筑物、设备、土地使用权等,并按照市场价格购买道明投资剩余存货。

2007 年 12 月 29 日,公司召开 2007 年第一次临时股东大会审议通过了上述资产受让事宜。截至 2008 年 3 月 31 日,公司已完成上述资产的过户手续。

根据东方评估于 2007 年 12 月 25 日出具的浙东评报字〔2007〕第 153 号《资产评估报告书》评估确认,以 2007 年 11 月 30 日为评估基准日,道明投资拥有的拟转让给本公司的位于永康市象珠镇工业基地 2 号地块(上新屋村)的房屋及土地使用权、存放于永康市象珠镇工业区 3 号迎宾大道厂区内的与反光材料生产相关的机器设备及原材料等资产评估值合计为 5893.78 万元。公司按照评估价值 3401.68 万元受让了固定资产和土地使用权。该部分资产评估值比账面值增加 863.57 万元,增值率为 17.17%,具体情况如下表所示:

单位:元

资产类别	账面价值	评估价值	增值率(%)
存货	24,921,017.32	24,921,017.32	0
固定资产	21,642,639.26	27,145,600.00	25.43
其中:建(构)筑物	14,404,169.94	19,128,760.00	32.80
设备	7,238,469.32	8,016,840.00	10.75
无形资产	3,738,478.48	6,871,200.00	83.80
其中:土地使用权	3,738,478.48	6,871,200.00	83.80
资产总计	50,302,135.06	58,937,817.32	17.17

固定资产中包括道明投资出资时评估而未转让的资产，具体情况如下表所示：

单位：元

名称	类别	第一次评估值（评估基准日为2007年9月30日）	第二次评估值（评估基准日为2007年11月30日）	两次评估差值
耐腐蚀液下泵	机器设备	68,000.00	67,320.00	680.00
轻型厢式货车	车辆	32,888.00	31,358.00	1530.00
别克旅行车	车辆	152,596.00	147,593.00	5003.00
小型普通客车	车辆	70,698.00	53,276.00	17,422.00
中型厢式货车	车辆	49,552.00	46,655.00	2897.00
小型普通客车	车辆	22,654.00	19,077.00	3577.00
合　计		396,388.00	365,279.00	31,109.00

上述车辆及机器设备的两次评估值存在31,109.00元的差异主要系由于评估基准日不同，设备的成新率有所下降，导致评估值降低，两次评估的转让定价不存在明显不合理差异。

道明投资的土地、房产和机器设备等经营性资产均已以投资或者转让方式投入道明光学，原材料由于流动性大，评估基准日和实际交接日已发生变化，道明投资剩余的原材料等存货物资参照上述评估报告结果并按照市场价格转让给道明光学。2008年公司向道明投资按照市场价格购买了玻璃微珠、布、胶水、生产用纸等原材料合计2038.90万元。

公司向道明投资购买的原材料种类繁多，保荐机构核查了关联方交易金额占比为69.82%的原材料交易价格，交易价格按照市场价格定价，具体情况如下表所示：

产品类别	与关联方交易		与非关联第三方交易	相差比例（%）
	金额（元）	交易单价（元）	交易单位（元）	
玻璃微珠	3,854,133.42	28.04	27.06	3.62
聚氨酯树脂	1,996,761.57	17.12	17.00	0.71
经编布	1,773,014.34	3.54	3.38	4.73
薄膜	1,689,504.22	13.98	14.62	-4.38
其他类布	1,200,788.06	3.04	3.01	1.00
离型纸	973,433.51	11.75	12.26	-4.16
802胶水	963,282.31	23.89	23.67	0.93
胶粘剂	795,792.42	14.86	14.78	0.54
PS胶水	358,219.49	15.8	15.57	1.48
乙酯	338,992.83	7.277	7.26	0.23
丁酯	291,517.76	11.88	11.87	0.08
合　计	14,235,439.93	—	—	—

保荐机构经核查认为:公司向道明投资采购玻璃微珠、布、胶水、生产用纸等原材料的关联交易程序合法,交易价格按市场价格确定,不存在显失公允的情况。至此,道明投资已将与反光材料生产相关的所有有效经营性资产以实物出资以及资产转让的形式注入发行人,与之相关的业务也一并全部转移至发行人。上述资产投资及转让前与国外客户间尚未交付的订单由道明光学代为生产,销售给道明投资后由其向外销客户交货,报告期内除在2008年产生反光材料销售收入外,道明投资均未从事与道明光学相同或相近的业务。

(2)受让资产资金来源

鉴于发行人系新设公司,道明投资对发行人不做一次性付款的要求,给予相对宽松的付款期限,截至2009年12月28日,上述款项已经全部付清。

道明光学收购道明投资房屋、设备、土地使用权等经营性资产的资金所用款项均为发行人吸引投资者的资金及自身经营活动产生的现金,资金来源合法。

2. 受让道明实业的资产

(1)道明实业(已注销)基本情况

公司名称	永康市道明实业有限公司
注册资本	100万元(实收资本100万元)
法定代表人	胡锋
成立日期	2004年4月22日
注销日期	2008年5月22日
住所	象珠镇工业生产基地三号地块迎宾路一号
注销前股东构成情况	道明投资占51%,胡锋占49%
经营范围	汽车配件、工艺礼品、运动器材制造、加工、销售(凡涉及许可证或专项审批的凭有效证件经营)
实际从事的主要业务	未开展具体经营业务

(2)受让道明实业资产

2007年12月1日,公司与道明实业签订了《资产转让协议书》,受让道明实业的房屋建筑物及土地使用权。2007年12月29日,公司召开2007年第一次临时股东大会审议通过了上述资产受让事宜。截至2008年3月31日,公司已完成上述资产的过户手续。

根据东方评估于2007年12月25日出具的浙东评报字〔2007〕第154号《资产评估报告书》,以2007年11月30日为评估基准日,道明实业拥有的拟转让给本公司的位于永康市象珠镇清渭街村大陇背的房屋建筑物及土地使用权等资产评估值合计为470.80万元,双方按照评估价值作价转让。该部分资产评估值比账面值增加240.90万元,增值率104.78%,具体情况如下表所示:

单位:元

资产类别	账面价值	评估价值	增值率(%)
房屋建筑物	1,606,988.68	3,331,400.00	107.31
土地使用权	692,011.55	1,376,600.00	98.93
总计	2,299,000.23	4,708,000.00	104.78

(3)受让资产资金来源

鉴于发行人系新设公司,道明实业对发行人不做一次性付款的要求,给予相对宽松的付款期限。由于道明实业已于2008年5月注销,截至2009年4月2日,道明光学已向道明实业股东道明投资和胡锋付清上述全部款项。

道明光学收购道明实业房屋、土地使用权等经营性资产的资金所用款项均为发行人吸引投资者的资金及自身经营活动产生的现金,资金来源合法。

3. 受让道明晶体的资产

(1)道明晶体(已注销)基本情况

公司名称	永康道明晶体材料有限公司
注册资本	50万元(实收资本50万元)
法定代表人	胡智彪
成立日期	2004年4月22日
注销日期	2008年5月22日
住所	象珠镇工业生产基地三号地块迎宾路一号
注销前股东构成情况	道明投资占52%,胡智彪占48%
经营范围	玻璃制品、电器制造、加工(凡涉及许可证或专项审批的凭有效证件经营)
实际从事的主要业务	未开展具体经营业务

(2)受让道明晶体资产情况

2007年12月1日,公司与道明晶体签订《资产转让协议书》,受让道明晶体的房屋建筑物及土地使用权等。2007年12月29日,公司召开2007年第一次临时股东大会审议通过了上述资产受让事宜。截至2008年3月31日,公司已完成上述资产的过户手续。

根据东方评估于2007年12月25日出具的浙东评报字〔2007〕第155号《资产评估报告书》,以2007年11月30日为评估基准日,道明晶体拥有的拟转让给本公司的位于永康市象珠镇清渭街村大陇背的房屋建筑物及土地使用权等资产评估值合计为360.20万元,双方按照评估价值作价转让。该部分资产评估值比账面值减少80.48万元,减值率18.26%,具体情况如下表所示:

单位:万元

资产类别	账面价值	评估价值	增值率(%)
房屋建筑物	3,724,752.78	2,225,400.00	-40.09
土地使用权	692,011.55	1,376,600.00	98.93
总计	4,406,764.33	3,602,000.00	-18.26

(3)受让资产资金来源

鉴于发行人系新设公司,道明晶体对发行人不做一次性付款的要求,给予相对宽松的付款期限,由于道明晶体已于2008年5月注销,截至2009年4月3日,道明光学已向道明晶体股东道明投资和胡智彪付清上述全部款项。道明光学收购道明晶体房屋、土地使用权等经营性资产的资金所用款项均为发行人吸引投资者的资金及自身经营活动产生的现金,资金来源合法。

4.受让浙江一箭实业有限公司的资产

(1)浙江一箭实业有限公司前身浙江一箭反光材料制造有限公司基本情况

公司名称	浙江一箭反光材料制造有限公司
注册资本	2668万元(实收资本2668万元)
法定代表人	胡智宁
成立日期	1994年8月5日
注册地	浙江省永康市经济开发区华夏路91号第1幢
主要生产经营地	浙江省永康市
股东构成及控制情况	胡智宁出资1384.44万元,占51.89%;胡秋红出资283.56万元,占10.63%;胡巧芳出资500万元,占18.74%;胡巧青出资500万元,占18.74%
经营范围	反光原料、反光材料、反光制品、铝材、铝制品、箱包、服装加工、销售;货物和技术进出口业务(上述经营范围不含国家法律法规规定禁止、限制和许可经营的项目)
实际从事的主要业务	铝材及铝制品加工、销售,于2007年9月2日设立了浙江一箭反光材料制造有限公司永康铝材分公司;以及反光布、反光服装的生产销售

发行人与实际控制人胡智宁兄弟及其配偶、女儿控制的浙江一箭反光材料制造有限公司主要从事铝材及铝制品的加工、销售,同时进行部分反光布、反光服装的生产销售,2008年、2009年及2010年,反光布、反光服装在销售收入中所占比例逐年减少,按产品类别的销售收入情况如下表所示:

单位:万元

产品类别	2010年度		2009年度		2008年度	
	金额	占比	金额	占比	金额	占比
铝材及铝制品	8411.07	63.81%	5152.27	59.13%	6359.24	37.20%
反光服装、反光布	4769.48	36.19%	3561.51	40.87%	10,733.70	62.80%
合　计	13,180.55	100%	8713.78	100%	17,092.94	100%

(2)发行人与浙江一箭反光材料制造有限公司资产转让情况

2011 年 2 月 26 日,公司第二届董事会第三次会议审议通过了《浙江道明光学股份有限公司关于收购浙江一箭反光材料制造有限公司资产的议案》,并经公司 2011 年第一次临时股东大会通过。2011 年 3 月 14 日,发行人与浙江一箭反光材料制造有限公司及胡智宁、胡秋红、胡巧芳、胡巧青签订了《资产转让协议》,约定发行人收购浙江一箭反光材料制造有限公司名下合法拥有的与反光业务相关的所有有效经营性资产。浙江一箭反光材料制造有限公司及其股东胡智宁、胡秋红及胡巧芳、胡巧青出具了《关于避免同业竞争的承诺函》。

截至 2011 年 3 月 31 日,浙江一箭反光材料制造有限公司存货中反光材料为 2,713,316.85 元。浙江一箭反光材料制造有限公司生产销售的反光材料为反光服装、反光布,这部分产品主要是按照客户的订单生产,用以履行尚未完成的合同。

由于不同客户对反光产品尤其是反光服装的需求存在较大的差异,若公司收购该部分反光产品后不能实现对外销售,将产生减值从而损害发行人的利益。出于上述考虑,发行人于 2011 年 3 月与浙江一箭反光材料制造有限公司签订《资产转让协议》时,收购范围并未包括浙江一箭反光材料制造有限公司的反光材料存货。截至本招股说明书签署日,浙江一箭反光材料制造有限公司与反光材料相关的存货均已处置完毕。

坤元资产评估有限公司于 2011 年 3 月 24 日出具了坤元评报〔2011〕90 号《资产评估报告》,对浙江一箭反光材料制造有限公司的涂布机、植珠机和分切机等反光材料生产设备及缝纫机、测量仪器和配套的空切机、升降机等 184 台(套)全部反光材料生产设备以 2011 年 3 月 15 日为评估基准日进行了评估,评估价值为 290.82 万元。该部分生产设备原账面价值为 153.62 万元,评估增值主要是因为固定资产账面价值偏低。2011 年 3 月 30 日,道明光学按照评估价值支付了收购浙江一箭反光材料制造有限公司全部反光材料生产设备的款项 290.82 万元。截至 2011 年 5 月 27 日,双方已完成了对相关设备的交接。

本次收购完成后,浙江一箭反光材料制造有限公司现已更名为“浙江一箭实业有限公司”,经营范围变更为“一般经营项目:铝材、铝制品、箱包、家用电器、五金制品(不含计量器具)、健身器材、五金工具、户外休闲用品制作、销售;货物及技术进出口业务(上述经营范围不含国家法律法规规定禁止、限制和许可经营的项目)”。截至 2010 年 12 月 31 日,浙江一箭实业有限公司拥有除反光材料生产设备之外的固定资产主要为房屋建筑物、运输设备、办公设备以及铝业生产设备,合计账面净值 2505.57 万元。

浙江一箭反光材料制造有限公司截至 2010 年 12 月 31 日或 2010 年度相关财务数据占发行人的比例较小,本次收购行为对发行人的生产经营影响较小,具体情况如下表所示:

单位:万元

项目(万元)	浙江一箭反光材料制造有限公司生产反光材料部分	道明光学	占比
资产总额	532.22	42,867.65	1.24%
营业收入	4,769.48	32,714.72	15.58%
利润总额	166.41	6,462.61	2.57%
审计情况	未经审计	天健审计	

5. 受让资产对公司的影响

保荐机构经核查后认为,道明投资为发行人的控股股东,道明实业、道明晶体均为道明投资的控股子公司,在将上述资产转让给发行人之前,道明投资从事反光材料及反光制品的生产、销售等业务,另两家未开展实际经营业务。发行人受让上述资产后,获得了控股股东及其控制的其他企业与反光材料及反光制品生产及销售业务相关的经营性资产,迅速扩大了发行人的生产规模,增强了发行人的运营能力,完善了发行人的业务体系,消除了与控股股东及控股股东控制的其他企业之间潜在的同业竞争和关联交易。公司受让浙江一箭反光材料制造有限公司与反光业务相关的全部生产设备避免了与关联方的同业竞争。前述受让资产行为进一步增强了发行人的独立性,且未对发行人业务及经营业绩产生不利影响,发行人主营业务未发生变更,管理层保持稳定。

(二)关联交易情况:向道明投资、福思特工贸销售货物

关联交易方名称	2008 年度	
	金额(万元)	占当期营业收入比例(%)
道明投资	995.60	3.98
福思特工贸	241.40	0.97

2008 年,发行人向道明投资按照市场价格销售反光膜、反光服装等产品 995.60 万元,主要为道明投资已将生产反光材料的相关经营性资产全部以投资、转让的形式投入公司,上述资产投资及转让前与国外客户间尚未交付的订单由公司代为生产,销售给道明投资后由其向外销客户交货。

保荐机构核查了关联方交易金额占比为 93.24% 的产成品交易价格,交易价格按照市场价格定价,具体情况如下表所示:

产品类别	与关联方交易		与非关联第三方交易	相差比例(%)
	金额(元)	交易单价(元)	交易单价(元)	
反光膜汇总	3,214,670.52	23.97	23.00	4.23

续表

产品类别	与关联方交易		与非关联第三方交易	相差比例(%)
	金额(元)	交易单价(元)	交易单价(元)	
反光衣汇总	2,263,080.28	9.32	9.50	-1.86
反光背心汇总	1,101,339.83	8.74	8.80	-0.67
反光布汇总	1,043,559.53	19.06	19.00	0.32
工程膜汇总	823,876.78	20.95	21.00	-0.24
安全包汇总	285,600.00	3.50	3.55	-1.41
广告膜汇总	210,116.35	13.82	13.50	2.34
反光三角牌汇总	186,999.80	7.19	7.10	1.30
包边条汇总	153,960.42	1.24	1.20	3.18
合　计	9,283,203.51	—	—	—

2008 年,发行人向福思特工贸按照市场价格销售反光膜 241.40 万元。福思特工贸原系关联自然人投资的贸易类公司,不从事具体生产,其取得的订单由道明投资完成后,再由福思特工贸向客户交货,道明投资将其经营性资产投入发行人后,发行人延续完成其订单,再由福思特工贸向客户交货。2008 年 10 月福思特工贸被道明光学收购为全资子公司之后,不再构成关联交易。

保荐机构核查了关联方交易金额占比为97.03%的产成品交易价格,交易价格按照市场价格定价,具体情况如下表所示:

产品类别	与关联方交易		与非关联第三方交易	相差比例(%)
	金额(元)	交易单价(元)	交易单价(元)	
工程膜汇总	992,779.37	15.67	15	4.47
高强膜汇总	979,853.42	63.89	64	-0.17
广告膜汇总	223,588.85	11.59	11	5.32
反光膜汇总	145,928.87	24.57	24	2.38
合　计	2,342,150.51	—	—	—

保荐机构经核查认为:公司和道明投资、福思特工贸之间发生关联交易的经公司于 2007 年 12 月 29 日召开的 2007 年第一次临时股东大会表决通过,关联交易程序合法,交易价格按市场价格确定,不存在显失公允的情况。

(三)审核意见关注

1. 关于未将道明投资作为上市主体,却新设发行人的原因及道明投资股权、业务演变和发展的详细情况,相关出资来源及合法性,是否合法合规经营。

(1)发行人新设的原因

经过对道明投资工商档案、验资报告、税务登记证、历次年检的《企业法人营业执照》以及工商、国税、地税、环保、海关、质监等相关部门出具的合法经营的确认函或证明文件的核查，浙江道明投资有限公司于2002年6月设立，在设立以及历次增资过程中，各股东的出资金额均足额到位，其设立以来不存在违反环境保护、税务、海关、质监等法律法规的行为。

道明投资设立时经营范围为“警示标志牌、标牌、运动健身器材制造、销售；有色金属销售；货物和技术进出口业务”。2003年3月经营范围变更为主要从事反光材料的生产和销售，道明投资经营至2007年时，已具备一定的实力，并投资其他一些产业，实际控制人胡智彪和胡智雄拟将道明投资作为集团公司的主体，发展多元化经营，并将与反光材料有关的有效性经营资产作价出资，吸收其他股东的货币资金共同发起设立浙江道明光学股份有限公司，专业从事反光材料业务，并拟投资发展其他产业，以增加整个集团公司的综合实力和抗风险能力。

2007年11月5日，道明投资、知源科技及胡国祥、徐德豹、陈武、黄彩农、胡锋、谢安居、钱绍雄、黄彬、赖江武、周国良、杨荣程、池巧丽、王史炳等13位自然人签订《关于发起设立浙江道明光学股份有限公司的发起人协议书》，协议约定共同发起设立浙江道明光学股份有限公司，注册资本7500万元。

2007年11月22日，金华市工商行政管理局向浙江道明光学股份有限公司核发了《企业法人营业执照》。发行人设立的程序、资格、条件、方式等符合《公司法》等法律、法规和规范性文件的规定。

设立道明光学后，反光材料的市场应用前景越趋广泛和明朗，该产业的发展逐渐受到国家产业政策更多的关注和扶持。为了尽快实现反光材料的产业升级，加快高端品牌建设，道明投资及其股东决定集中精力和资源从事反光材料行业，目前道明投资主要资产为道明光学和知源科技的股权。

（2）道明投资的股权及业务演变（略）

（3）道明投资的出资来源及合法性

为了核查胡智彪、胡智雄兄弟及其父亲胡国祥的出资来源，律师走访了前述出资股东，前述股东确认其对道明投资的出资均系其本人自有资金。胡智彪、胡智雄兄弟自20世纪90年代初，便已经开始与父亲胡国祥一起从事印刷制品生产的家族生意，数十年的经商经历使前述股东以及家庭拥有比较殷实的积累。前述股东用于对道明投资出资的资金来源均为本人经营及家庭积累所得，资金来源合法。工商行政主管部门业已出具证明文件证明道明投资各股东历次出资均足额到位，符合国家法律规定。

（4）道明投资的规范经营情况

经核查道明投资的工商档案、验资报告、税务登记证、历次年检的《企业法人营业执照》以及工商、国税、地税、环保、质监、海关等相关部门出具的合法经营的确认函或证明文件。本所律师认为：

①道明投资系依据《中华人民共和国公司法》等法律、法规依法设立并合法存续的有限责任公司，依法取得开展生产经营所需的《企业法人营业执照》以及其他合法证照，具有开展生产经营的主体资格。

②报告期内，道明投资已通过历次工商行政管理局工商年度检验，不存在违反工商、环境保护、税务、质监、海关等法律法规的行为，生产经营合法。

2.关于道明投资实物出资的作价清单，道明投资只将部分经营性资产用于出资的原因，原先拟作出资的机器设备、车辆后来未纳入出资而予以转让的原因，再评估的转让定价的合理性和第一次评估的差异性及差异形成的原因。关于道明投资是否将其所有或控制的全部相关资产、业务注入发行人的问题。

(1)道明投资实物出资的作价清单

序号	科目	评估价值
1	房屋建筑物	10,244,400.00
2	构筑物	692,600.00
3	机器设备	28,064,365.00
4	车辆	1,158,621.00
5	土地使用权	7,818,300.00
合　计		47,978,286.00

(2)道明投资将部分经营性资产用于出资的原因，部分机器设备、车辆未纳入出资而转让的原因

依据《公司法》第27条的规定，全体股东的货币出资金额不得低于有限责任公司注册资本的30%。同时，根据《公司法》第83条的规定，股份公司发起人的出资方式，适用《公司法》第27条的规定。据此，道明光学发起设立时，根据当时企业的投资规模和实际经营需要以及上述《公司法》出资比例要求，各发起人股东经协商决定发起设立股份公司的注册资本为7500万元。除了道明投资以实物作价出资外，另14位股东均系货币形式出资。各发起人股东经对货币出资与实物出资之间比例进行协商后，确定了道明投资投入道明光学的资产为经评估后价值为4797.83万元的土地使用权、房屋所有权、机械设备等以及货币2.17万元，道明投资出资共计4800万元。各股东同意道明投资的其他与反光材料生产相关的经营性资产通过转让的方式进入道明光学。

(3)再评估的转让定价的合理性和第一次评估的差异性及差异形成的原因

根据东方评估出具的浙东评报字〔2007〕第112号评估报告显示，东方评估根据委托，以2007年9月30日为评估基准日，对道明投资的部分资产进行评估，评估目的为投资组建股份有限公司。

根据东方评估出具的浙东评报字〔2007〕第153号评估报告显示，东方评估根据委托，以2007年11月30日为评估基准日，对道明投资的部分资产进行了评估，

评估目的是资产转让。

经核查,两次均列入评估范围的资产为:

名称	类别	第一次评估值(元)	第二次评估值(元)	两次评估差值(元)
耐腐蚀液下泵	机器设备	68,000.00	67,320.00	680.00
轻型厢式货车	车辆	32,888.00	31,358.00	1530.00
别克旅行车	车辆	152,596.00	147,593.00	5003.00
小型普通客车	车辆	70,698.00	53,276.00	17,422.00
中型厢式货车	车辆	49,552.00	46,655.00	2897.00
小型普通客车	车辆	22,654.00	19,077.00	3577.00

上述设备再评估的原因系评估目的不同,在两次评估中存在差异系由于评估基准日不同,第二次评估时设备的成新率有所下降,所以导致评估值降低,第二次评估与第一次评估的转让定价不存在明显不合理差异。

(4)道明投资是否将其所有或控制的全部相关资产、业务注入发行人的问题

根据本所律师对道明投资 2008 年、2009 年、2010 年年度审计报告的核查,除因道明投资已将生产反光材料的相关经营性资产全部以投资、转让的形式投入道明光学,上述资产投资及转让前与国外客户间尚未交付的订单由道明光学代为生产,销售给道明投资后由其向外销客户交货,除 2008 年还有反光材料销售收入外,之后的 2009 年、2010 年道明投资均未从事与道明光学相同或相近的业务。

同时,经本所律师对资产评估报告、验资报告以及资产交接清单的核查,道明投资已经将与反光材料生产相关的所有有效性资产以实物出资以及资产转让的形式注入发行人,与之相关的业务也一并全部转移至发行人处。

3. 关于道明光学收购道明投资及其控股子公司道明实业、道明晶体的房产、设备、土地等经营性资产的资金来源及其合法性。

(1)收购道明投资资产

2007 年 12 月 1 日,发行人与道明投资签订了《资产转让协议书》,约定道明投资将其经评估的位于永康市象珠镇工业基地 2 号地块地上建筑物(面积合计 24,471.79平方米)及土地使用权与反光材料生产相关的机器设备、原材料等资产转让给发行人。根据东方评估于 2007 年 12 月出具的浙东评报字〔2007〕第 153 号《资产评估报告书》评估确认,前述房屋及土地使用权、机器设备及原材料等资产评估值合计为 5893.78 万元,其中固定资产评估价值 2714.56 万元,土地使用权评估价值 687.12 万元,存货评估价值为 2492.10 万元。

发行人按照评估价值 3401.68 万元向道明投资支付了房屋及土地使用权、机器设备价款。由于原材料流动性大,且评估基准日至实际交割日已存在一定的间隔期间,为此双方同意发行人参照评估报告结果并按照市场价格收购原材料,最终确定收购价格为 2038.90 万元。

考虑到发行人系新设公司，经营活动产生的现金流量有限，为此经双方协商，道明投资作为控股股东同意对发行人不做一次性付款的要求，并给予发行人相对宽松的付款期限。此后，发行人将自身经营活动产生的现金以及已有的注册资本用于支付房屋及土地使用权、机器设备款项。截至2009年12月28日，上述款项已经全部付清。

经律师对付款凭证以及其他往来账单的核查，道明光学支付前述所有款项均来自于其注册资本以及自身经营活动产生的现金。资金来源合法。

(2)收购道明实业资产

2007年12月1日，发行人与道明实业签订了《资产转让协议书》，约定道明实业将其经评估的位于永康市象珠镇清渭街村大陇背的房屋建筑物(面积合计4683.10平方米)及土地使用权转让给发行人。根据东方评估于2007年11月30日出具的浙东评报字〔2007〕第154号《资产评估报告书》评估确认，上述房屋建筑物及土地使用权评估价值为470.80万元。

经律师核查，截至2009年4月2日，道明光学已付清上述全部款项。所用款项均来自于道明光学自身经营活动产生的现金。资金来源合法。

(3)收购道明晶体资产

2007年12月1日，发行人与道明晶体签订了《资产转让协议书》，约定道明晶体将位于永康市象珠镇清渭街村大陇背的房屋建筑物(面积合计2341.55平方米)及土地使用权转让给发行人。根据东方评估于2007年11月30日出具的浙东评报字〔2007〕第155号《资产评估报告书》评估确认，上述房屋建筑物及土地使用权评估价值为360.2万元。

经律师核查，截至2009年4月3日，道明光学已付清上述全部款项。所用款项均来自于道明光学自身经营活动产生的现金。资金来源合法。

综上所述，律师认为道明光学收购道明投资及其控股子公司道明实业、道明晶体的房产、设备、土地等经营性资产的资金所用款项均来自于其自身经营活动产生的现金。资金来源合法。

4.关于道明光学发起人的出资来源及其合法性。关于道明光学自然人股东的详细背景及是否存在委托、信托、代持等行为，是否存在争议或潜在纠纷。

(1)道明光学发起人出资来源及其合法性

经律师核查，道明投资以经评估后价值为4797.83万元的土地使用权、房屋所有权、机械设备等以及货币2.17万元共计4800万元作为向道明光学的出资，知源科技以其内部各股东认缴的注册资本合计840万元作为向道明光学的出资。另外，经本所律师对道明光学13名自然人股东的访谈核查或者当事人声明，道明光学13名自然人股东之出资均为其历年经商、工作以及家庭积累所得财产。

综上所述，本所律师认为，道明光学两名法人股东道明投资、知源科技之出资均为其公司自有资产；道明光学13名自然人股东之出资均为其历年经商、工作以及家庭积累所得财产。出资来源合法。

(2)道明光学自然人股东的详细背景及持股情况

经律师核查以及根据当事人声明，前述道明光学的自然人股东均不存在委托持股、信托持股、代持股份等行为，其持有的道明光学的股份不存在争议或潜在纠纷。

5.关于浙江一箭反光材料制造有限公司成立以来股权和业务的沿革情况，详细说明其与发行人、控股股东、实际控制人保持独立的认定理由、本次资产收购进展、是否符合关联交易的相关规定。关于实际控制人家族其他成员对外投资情况，是否与发行人及其控股公司存在同业竞争、关联交易等情形。

(1)浙江一箭反光材料制造有限公司成立以来股权和业务的沿革情况(略)

(2)一箭反光与发行人、控股股东、实际控制人保持独立的认定理由

经核查，道明光学自设立以来，未与一箭反光发生任何形式的交易。

胡智宁未在发行人任职以及直接或者间接持股；胡智雄、胡智彪也未在一箭反光任职以及直接或者间接持股。

发行人之股东均未在一箭反光持有股份，一箭反光的股东也均未在发行人持有股份。发行人之董事、监事、高管均未在一箭反光任职；一箭反光之董事、监事、高管也均未在发行人任职。故双方不存在控制与被控制关系。

一箭反光与道明光学、道明光学的控股股东、实际控制人在人事管理上互不干预，报告期内，道明光学与一箭反光在人员方面不存在交叉任职、人员混用或合署办公的情形。

道明光学与一箭反光不存在共用资产、互相占用资产以及利用资产相互担保的情形。

综上所述，本所律师认为，一箭反光与发行人、控股股东、实际控制人保持独立。

(3)本次资产收购进展、是否符合关联交易的相关规定

①本次收购的进展情况

2011年3月14日，道明光学与一箭反光以及一箭反光股东胡智宁、胡秋红、胡巧芳、胡巧青签订《资产转让协议》(下称协议)。协议约定道明光学收购一箭反光名下合法拥有的与反光业务(包括但不限于反光原料、反光材料、反光制品、反光标志牌、反光服装的生产、销售)相关的所有有效的经营性资产，由具有证券从业资格的专业评估机构对转让标的进行评估，以评估报告书出具的资产数额作为参考，确定发行人的收购价款。道明光学同意自协议签署并在资产评估报告书出具之日起五日内向一箭反光支付全额收购价款，一箭反光承诺在协议签署后十日内将向所有相关主管部门提交变更经营范围和变更公司名称的申请，确保经营范围不再涉

及反光业务,一箭反光目前与反光业务相关的经营活动全部转由道明光学开展,并办理业务移转。

2011年3月24日,坤元资产评估有限公司出具坤元评报〔2011〕90号《资产评估报告》,以2011年3月15日为评估基准日,经对“道明光学”拟收购的“一箭反光”的资产[合计184台(套)生产设备,包括涂布机、植珠机和分切机等反光材料生产设备及缝纫机、测量仪器和配套的空切机、升降机等]评估后,确定评估价值为2,908,190.00元。

2011年3月30日,道明光学向一箭反光的指定账户支付了资产收购款2,908,190.00元。2011年5月,一箭反光向道明光学开具了增值税发票。

2011年5月9日,一箭反光向工商行政主管部门申请变更登记,将其名称变更为浙江一箭实业有限公司,经营范围变更为:铝材、铝制品、箱包、家用电器、五金制品(不含计量器具)、健身器材、五金工具、户外休闲用品制造、销售;货物及技术进出口业务(上述经营范围不含国家法律法规规定禁止、限制和许可经营的项目)。

2011年5月18日,本次收购的设备完成全部交接手续。

②本次关联交易是否符合关联交易的相关规定

2011年2月26日,道明光学召开第二届第三次董事会,审议通过《收购浙江一箭反光材料制造有限公司资产的议案》,同时确定本次交易标的定价依据为坤元资产评估有限公司对交易标的进行评估后的资产价格。关联董事胡智雄、胡智彪、张益丰回避表决。

2011年3月14日,道明光学召开2011年第一次临时股东大会,审议通过前述议案。关联股东道明投资、知源科技、胡国祥、池巧丽、吕笑梅回避表决。

综上所述,本所律师认为,本次关联交易的定价依据、审批程序等均符合公司章程、关联交易管理规定等关于关联交易的规定。

(4)关于实际控制人家族其他成员对外投资情况,是否与发行人及其控股公司存在同业竞争、关联交易等情形

律师对实际控制人胡智彪、胡智雄关系密切的家族成员进行了核查,前述家族成员核查范围包括配偶、父母、年满18周岁的子女、兄弟姐妹及其配偶、配偶的兄弟姐妹。上述被核查人员均不存在除对道明光学或知源科技以外的其他对外投资,与发行人及其控股公司亦不存在同业竞争、关联交易等情形。

二、福建龙马:新主体现金购买相关资产并转移相关资质

龙马环卫系由张桂丰、陈敬洁、荣闽龙等17位发起人发起设立。2007年12月10日,张桂丰、陈敬洁、荣闽龙等17位发起人召开创立大会,同意发起设立龙马环卫。龙马环卫设立时股份总数为4500万股,全部由发起人认购,首期出资额为900万元。2007年12月10日,浙江东方会计师事务所有限公司出具了浙东会验

〔2007〕1392 号《验资报告》,对上述出资进行了审验。2007 年 12 月 21 日,龙马环卫取得龙岩市工商行政管理局核发的注册号为 350800100008357 的《企业法人营业执照》。龙马环卫上述发起人分别于 2008 年 1 月和 2008 年 4 月履行了第二期和第三期缴纳出资义务,截至 2008 年 4 月 18 日,上述发起人缴纳了全部认缴出资,总计 4500 万元,同日,浙江东方会计师事务所有限公司出具了浙东会验〔2008〕034 号《验资报告》,验证龙马环卫设立时发起人认缴的出资额总计 4500 万元全部出资到位。

(一)相关资产和业务重组情况

为承续经营环卫车辆和环卫装备制造业务,龙马环卫设立后,随即以现金收购龙马有限与环卫专用车辆、垃圾中转设备等环卫装备的研发、生产与销售相关的经营性资产和业务。此次资产收购属于重大资产重组,具体情况如下:

1. 资产重组内容

根据龙马环卫与龙马有限于 2007 年 12 月 26 日签订的《资产转让协议》,由龙马环卫收购龙马有限与环卫专用车辆、垃圾中转设备等环卫装备的研发、生产与销售相关的经营性资产,包括土地使用权、房屋建筑物、机器设备、运输车辆、办公设备等资产,不包括龙马有限资产中的部件及产成品、原材料。收购价格按照浙江东方资产评估有限公司以 2007 年 11 月 30 日为评估基准日对上述资产进行评估得出的评估价值 28,559,697.00 元,确定上述资产的最终收购价格为 28,559,697.00 元。

上述资产的评估结果汇总表如下表所示:

单位:元

资产项目	账面净值	评估价值	增减值	增减率(%)
	A	B	C = B - A	D=(B-A)/A×100%
流动资产		157,223.00	157,223.00	
固定资产	16,585,852.16	17,646,756.00	1,060,903.84	6.40
建筑物	11,085,159.33	12,148,014.00	1,062,854.67	9.59
设备	5,500,692.83	5,498,742.00	-1,950.83	-0.04
无形资产	825,703.00	10,755,700.00	9,929,997.00	1202.61
其中:土地使用权	825,703.00	10,755,700.00	9,929,997.00	1202.61
资产总计	17,411,555.16	28,559,679.00	11,148,123.84	64.03

注:上表数据来自浙江东方资产评估有限公司出具的浙东评报字〔2007〕第 146 号《资产评估报告书》,评估基准日为 2007 年 11 月 30 日。

双方签订的《资产转让协议》同时对业务整合约定如下:

(1)龙马有限公司同意将其现有全部专用车辆生产目录及相应认证证书名称

全部变更至龙马环卫名下，并配合龙马环卫向国家有关主管机关办理变更手续。

(2)在上述资产交割完毕后，龙马环卫开始生产专用车辆的零部件，龙马有限继续从事专用车辆的总装、调试和销售业务，不得再生产专用车辆零部件；自全部专用车辆生产目录的资质变更至龙马环卫后，龙马有限不得再从事专用车辆的总装、调试和销售业务；对于龙马有限已签订的销售专用车辆的合同，由其继续履行交货义务；对于龙马有限已对外销售的专用车辆，免费三包服务期内的售后服务由龙马有限继续履行完毕，有偿服务期内的售后服务由龙马环卫承继并由龙马环卫向客户直接收取费用。

在龙马环卫未取得专用车辆生产资质期间，其与龙马有限之间发生的采购和销售等业务往来构成关联交易，该部分交易属于关联交易的内容。

2007年12月26日，龙马有限与龙马环卫签订《转让协议》，龙马有限将其拥有的注册商标或注册商标申请权、专利或专利申请权无偿转让给龙马环卫。

2. 履行的法定程序

(1)2007年12月5日，龙马有限召开股东会，做出决议同意上述资产重组方案。

(2)2007年12月10日，龙马环卫召开第一次临时股东大会暨创立大会，做出决议同意上述资产重组方案。

(3)2007年12月21日，浙江东方资产评估有限公司出具浙东评报字〔2007〕第146号《资产评估报告书》。

(4)2007年12月26日，龙马环卫与龙马有限签订《资产转让协议》、《转让协议》。

3. 资产重组对龙马环卫业务和经营业绩的影响

本次重组后，龙马有限与环卫专用车辆、垃圾中转设备等环卫装备的研发、生产与销售相关的资产和业务全部进入龙马环卫。同时，龙马环卫产供销体系更加完整，产品配套能力更加完善。

4. 资产重组对龙马环卫管理层和实际控制人的影响

此次重大资产重组前后，公司的实际控制人、董事、监事均未发生变化，因此，此次重大资产重组对公司管理层和实际控制人未发生重大影响。

5. 资产重组对龙马环卫此次发行上市的影响

此次重组有利于公司承续龙马有限的与环卫专用车辆、垃圾中转设备等环卫装备的研发、生产与销售相关的经营性资产和业务，收购程序合法、合规，不构成本次首次公开发行股票并上市的法律障碍。

6. 龙马有限的历史沿革

此次重大资产重组完成后，龙马有限与环卫专用车辆、垃圾中转设备等环卫装备的研发、生产与销售相关的资产和业务全部进入龙马环卫，在完成结余应收账款回收后，龙马有限于2009年12月办理了注销手续。

经核查,龙马有限在2003年4月至8月的股权转让过程中,由于股权转让方龙马集团工会和福建龙马集团龙岩拖拉机厂为全民所有制企业,因此其所持有的龙马有限股权属于国有产权,在转让时未履行相应评估及备案程序,亦未报经当地国有资产管理机构进行审批。

另据核查,2005年6月,龙马集团工会将其持有的龙马有限54.84万元出资额(占当时注册资本的2.44%)转让给龙马有限控股股东张桂丰。本次股权转让完成后,龙马集团工会不再持有龙马有限股权。尽管本次转让经龙岩市经济贸易委员会、龙岩市财政局共同出具的龙经贸〔2005〕146号《关于同意龙马集团公司转让在龙马专用车制造有限公司中所持有国有股权的批复》批准,但本次涉及国有产权的转让未按有关规定进行国有资产评估和备案手续,亦未进入产权交易场所公开进行。

2010年8月19日,龙岩市人民政府向福建省人民政府报送《关于确认福建龙马专用车辆制造有限公司股权演变事宜的请示》(龙政综〔2010〕312号),经龙岩市人民政府研究认为龙马专用车公司股权演变过程和结果未损害国家、集体的权利,不存在纠纷或潜在纠纷,股权权属清晰明确,并报请福建省人民政府对其股权演变过程和结果予以确认。

2010年11月23日,福建省人民政府办公厅向龙岩市人民政府出具《关于福建龙马专用车辆有限公司股权演变问题的复函》(闽政办函〔2010〕142号),同意龙岩市人民政府的审查意见,确认龙马专用车公司股权演变过程和结果真实有效,股权权属清晰明确。

如前所述,龙马有限国有出资转让存在不规范情形,但是龙岩市人民政府和福建省人民政府已就龙马有限的股权演变过程进行确认,确认龙马有限股权演变过程和结果真实有效,股权权属清晰明确。保荐机构和发行人律师认为,龙马有限国有出资转让交易已经完成,转让款已经结清,工商行政管理部门亦已予以登记,未产生纠纷或被认定无效的情形。因此,龙马有限国有出资转让存在的不规范情形对发行人本次发行不会形成法律障碍。

7. 发行人与龙马有限资产和业务承续过程中有关事项的说明

(1)发行人新设后收购龙马有限资产而非由龙马有限整体变更设立的原因说明

2007年,根据经营发展的需要,龙马有限有意引入外部投资者,进一步扩大企业规模,以缓解日趋紧张的资金压力。但外部投资者经初步调查后对龙马有限的历史沿革问题,即龙马有限注册成立时龙马集团工会出资性质问题及国有股权退出程序的合法合规性问题,存在疑虑,导致龙马有限引入外部投资者的工作受到阻碍。于是当时的龙马有限的股东们希望在不实质影响企业经营的前提下,通过设立新公司收购原公司经营性资产和业务的方式,彻底解决历史沿革中的问题，搭建起规范的公司架构，为今后引进外部投资者奠定基础，因此投资新设了发行人。

保荐机构和发行人律师认为，发行人采用新设公司收购资产的方式不违反法律法规规定，且目前龙马有限股权演变过程的有效性已取得龙岩市人民政府和福建省人民政府的确认，对发行人本次发行上市不会构成法律障碍。

(2)张桂丰等17名自然人设立发行人时用于出资的资金来源说明

经核查，发行人设立时张桂丰等17名自然人用于出资的合计4500万元资金中，3391.2万元为其从龙马有限借得，其余1108.8万元为张桂丰等17名自然人从他处借得。其中从他处借得的资金，张桂丰等17名自然人随后亦从龙马有限借出款项偿还完毕。至龙马有限清算时，张桂丰等17名自然人对龙马有限形成4500万元的债务，在清算分配剩余财产时，该等债务与他们作为龙马有限的股东应分得的剩余财产进行冲抵完毕。

发行人律师认为，张桂丰等17名自然人向龙马有限借款以向发行人出资时也共同为龙马有限的全部股东，且上述借款在龙马有限清算时已与张桂丰等17名自然人作为龙马有限的股东应分得的剩余财产冲抵完毕，因此，发行人设立时张桂丰等17名自然人用于出资的资金来源对发行人本次发行上市不会构成法律障碍。

保荐机构认为，由于：①张桂丰等17名自然人向龙马有限借款用以向发行人出资时，同时也共同作为龙马有限的股东，且龙马有限在上述借款行为发生的时点未涉及国有资产、集体资产以及其他第三方权益；②上述借款在龙马有限清算时由龙马有限应分配给各股东的剩余财产进行冲抵，已清偿完毕。因此，张桂丰等17名自然人向龙马有限借款用以向发行人出资的行为不会损害国有资产、集体资产或者其他第三方权益，不存在纠纷或潜在纠纷，对发行人本次发行上市不会构成法律障碍。

(3)龙马有限经营期间的违法违规情况说明

经核查，龙马有限自2000年设立至2009年注销期间，不存在违法违规获得资质和认证、逃税漏税、违规经营、发生安全生产事故及其他重大违法违规行为，未受到相关部门的行政处罚。

(4)龙马有限注销的详细情况说明

2009年10月18日，龙马有限召开股东会，股东一致同意解散公司，并同意由杨育忠、林鸿珍和李开森3人组成清算组，杨育忠担任清算组负责人。2009年10月23日，龙马有限清算组在龙岩市工商行政管理局备案，经确认符合法定形式。

2009年10月23日，龙马有限依据相关法律法规规定在《闽西日报》进行了清算债权登记公告。

截至2009年12月21日，龙马有限先后完成了在龙岩经济技术开发区国税局东肖税务分局和龙岩市地方税务局开发区分局的注销税务登记手续，并分别取得了龙经国通〔2009〕21352号《税务事项通知书》和开发区地税核〔2009〕5号《注销税务登记通知书》，完成税务清缴和税务注销手续。

2009年12月25日，龙马有限清算组签署《福建龙马专用车辆制造有限公司清算报告》，由龙马有限股东会审议确认。根据清算报告记载，债权申报期间无债权人登记主张债权（因开始清算前已清偿），清算财产在支付完毕有关清算费用和税金后的剩余部分按照股东实际出资比例进行了分配。

2009年12月30日，龙岩市工商行政管理局出具登记内销字〔2009〕第12300009号《准予注销登记通知书》，决定准予龙马有限注销登记。

综上所述，保荐机构和发行人律师认为，龙马有限注销时履行了法定程序，在税务、工商等部门的登记备案手续均已办理完毕，清算过程和资产负债的处置方式符合法律法规相关规定，不存在逃债、废债的情形。

（二）关联交易的具体情况

1. 与龙马有限的资产业务重组涉及的销售与采购关联交易

（1）交易背景

龙马有限将其列入《公告》的现有全部专用车辆生产目录及相应认证证书的企业名称变更至龙马环卫名下，由龙马环卫生产、销售专用车辆；在名录变更手续及包括免征车辆购置税在内的有关批准手续的变更完全办理完毕前的过渡期内（自交割日2007年12月29日至2008年4月30日），龙马环卫开始生产专用车辆的零部件，龙马有限仅从事专用车辆的总装、调试和销售业务，不得再生产专用车辆的零部件；自2008年5月1日起，龙马有限不得再从事专用车辆的总装、调试和销售业务，不再与客户签订新的销售合同，全部转由龙马环卫经营；对于龙马有限在2008年4月30日前已签订但尚未履行完毕的销售专用车辆的合同，由龙马有限继续履行完毕（无库存可向龙马环卫采购）；对于龙马有限向客户销售的所有专用车辆，免费三包服务期内的售后服务由龙马有限继续履行完毕，有偿服务期内的售后服务由龙马环卫承继并由龙马环卫向客户直接收取费用。

（2）定价依据

在过渡期内，公司向龙马有限销售零部件和专用车辆的价格按照成本加总体平均毛利率确定，经综合考虑双方各自承担的成本和费用等因素，公司向龙马有限销售零部件的总体平均毛利率确定为11%，销售专用车辆的总体平均毛利率确定为25%。龙马有限已购买的生产零部件的原材料可以转让给本公司，转让价格按照龙马有限原购买价格确定。

(3)销售产品

公司向龙马有限销售专用车辆零部件及专用车辆明细如下表所示：

产品名称	单位	销售数量	销售金额(万元)	销售成本(万元)	利润(万元)
上装部分,其中：					
干式扫路车	套	3	42.38	37.11	5.27
清洗车	套	32	343.19	301.11	42.07
清洗扫路车	套	24	359.22	321.15	38.07
洒水车	套	3	10.93	7.81	3.12
扫路车	套	54	542.36	469.83	72.53
压缩式垃圾车	套	41	442.69	410.96	31.73
自卸式垃圾车	套	1	1.40	1.39	0.01
小计		158	1742.17	1549.38	192.79
整车部分,其中：					
干式扫路车	辆	4	118.77	76.44	42.33
清洗车	辆	18	476.49	433.44	43.05
清洗扫路车	辆	40	1798.27	1231.66	566.61
洒水车	辆	7	123.43	109.83	13.60
扫路车	辆	53	1656.51	1275.29	381.22
自卸式垃圾车(高位自卸)	辆	1	4.98	4.34	0.64
小计		123	4178.46	3130.99	1047.47
2008 年毛利					5460.34
上述交易实现利润占比					22.71%

2008 年公司向龙马有限销售专用车辆零部件及专用车辆，销售金额分别为 1742.17万元、4178.46 万元，合计为 5920.63 万元，占公司当年营业收入的比例为 31.24%。截至 2008 年年末，龙马有限已全部实现销售。

(4)原材料采购

2008 年从龙马有限采购原材料，采购金额合计 4465.25 万元，占公司当年营业成本的比例为 33.10%。具体内容如下：

原材料类别	金额(万元)	占比(%)
汽车底盘	77.18	1.73
发动机	445.56	9.98
水泵	244.49	5.48
钢材	797.46	17.86
油缸	125.17	2.80
配件	2775.39	62.16
合　计	4465.25	100.00

2008 年度,除上述原材料采购外,发行人不存在从龙马有限采购产品部件、产成品的情形。

2. 房屋租赁

2007 年 12 月 26 日,公司与龙马有限签订《资产转让协议》,并于 2008 年 4 月 18 日就该协议签订《补充协议》。双方约定,公司将总装及调试车间的厂房及设备和办公楼第一层租赁给龙马有限使用,租金按照公司对该类资产计提折旧金额的 110% 计算;在 2008 年 5 月 1 日至龙马专用车公司注销前,公司将办公楼一层其中两间办公室共计 80 平方米的办公场所租赁给龙马有限做办公使用,租金按照发行人对该类资产计提折旧金额的 110% 计算。龙马环卫共收取租赁费 29.09 万元。

3. 2007 年 12 月收购经营性资产

2007 年 12 月 10 日,公司召开第一次股东大会暨创立大会决议审议通过以参考评估值(评估基准日 2007 年 11 月 30 日)收购龙马有限经营性资产(6 项建筑物、273 台/套机器设备、1 宗土地、214 套/组/只在用低值易耗品)。2007 年 12 月 26 日,公司与龙马有限签订《资产转让协议》,并于 2008 年 4 月 18 日就该协议签订《补充协议》。根据该等协议的约定,公司以浙江东方资产评估有限公司于 2007 年 12 月 21 日出具的以 2007 年 11 月 30 日为基准日的《资产评估报告》(浙东评报字〔2007〕第 146 号)确认的资产评估值,合计人民币 2855.97 万元为参考确定为收购价格。标的资产的交割日为 2007 年 12 月 29 日。

4. 无偿受让商标、专利等无形资产

2007 年 12 月 10 日,公司召开第一次股东大会暨创立大会决议审议通过无偿受让龙马有限全部专利权、专利申请权、注册商标(注册完成后)等无形资产。2007 年 12 月 26 日,龙马有限与发行人签署《转让协议》,约定龙马有限将其享有的注册商标或注册商标申请权、专利或专利申请权无偿转让给公司。

三、三星电气:经典的新设主体上市案例

本公司前身三星仪表系经宁波市鄞州区对外贸易经济合作局甬鄞外资〔2007〕016 号《关于同意宁波三星仪表有限公司合同、章程的批复》和宁波市人民政府颁发的商外资甬资字〔2007〕022 号《中华人民共和国台港澳侨投资企业批准证书》批准,由宁波三星集团和奥泰有限公司于 2007 年 2 月 1 日共同设立的中外合资企业,注册资本为 1000 万港元,实收资本为 0 港元。三星仪表设立时的股权结构如下表所示:

单位：万港元

股东名称	出资额	实际出资额	出资比例（%）
宁波三星集团股份有限公司	750	0	75
奥泰有限公司	250	0	25
合　计	1000	0	100

（一）相关资产承继情况

1. 资产收购情况

经公司股东会审议通过，三星仪表于2007年10月26日与宁波三星科技签订《资产转让合同》，由三星仪表向宁波三星科技收购与电能表业务相关的生产设备，收购价格按照上会评估沪上会部资评报〔2007〕第268号《宁波三星科技有限公司部分资产评估报告书》的评估值确定，收购金额为3681.66万元。

在收购生产设备的同时，三星仪表还向宁波三星科技收购了与电能表业务相关的存货，包括原材料、在产品及产成品等，其中对原材料及半成品的收购价格按账面值确定，对产成品的收购价格按照“同类产品市场售价×（1－营业费用率）”确定。

2. 业务转移情况

在实施上述资产收购之前，宁波三星科技经营范围为：电能表、变压器、开关柜、仪器仪表、配电自动化设备及相关配件的制造及上述产品的科研开发，主要从事电能表业务，并已发展成为产销量位居行业前列的专业生产厂家。

完成上述资产收购后，宁波三星科技原电能表业务经营体系（包括研发、生产、采购、销售等）整体纳入三星仪表；同时，随着业务转移，宁波三星科技原管理团队、销售人员、技术人员、管理人员、生产人员等也全部转移到三星仪表，由三星仪表续聘。因此，通过上述资产收购，电能表业务经营主体已从宁波三星科技顺利转换到三星仪表，保持了电能表业务的完整性和连续性。但由于客户认同需要合理的过渡期，以及宁波三星科技已签署的产品销售合同仍需宁波三星科技履行，在2007年四季度和2008年，宁波三星科技向本公司采购电能表产品后再销售给相应的电力用户。

宁波三星科技履行完已签订的合同后，本公司不再通过宁波三星科技进行电能表产品销售。2008年10月，宁波三星科技经营范围变更为：空调配件、五金塑料件的制造、加工，开始从事空调配件业务，不再从事与电能表相关的业务。

3. 宁波三星科技历史沿革（略）

4. 资产收购对公司的影响

根据宁波三星科技的股权结构，郑坚江为宁波三星科技的实际控制人，因此三星仪表向宁波三星科技收购电能表生产设备及相关存货属于同一控制下的资产收购行为。

在本次资产收购完成之前，三星仪表从事业务的规模较小，实现的营业收入和净利润处于较低水平；本次资产收购完成后，三星仪表（母公司）实现的营业收入和净利润快速增长。

（二）关联交易

1. 购买货物或接受劳务

2008 年和 2009 年，公司向关联方购买货物和接受劳务的总额分别为 231.06 万元和 52.85 万元，占发行人各期主营业务成本的比例分别为 0.30% 和 0.06%。2010 年，公司不再向关联方购买货物或接受劳务。报告期内，公司与上述关联方发生的关联交易定价合理、公允，不存在相互输送利益的情形。

2. 销售货物或提供劳务

2008 年、2009 年和 2010 年，公司向关联方销售货物和提供劳务的总额为 21,230.06万元、266.11 万元和 897.22 万元，占发行人各期主营业务收入的比例分别为 19.00%、0.18% 和 0.50%。

2008 年，公司向宁波三星科技销售货物 21,121.74 万元，主要由于宁波三星科技的客户为国家电网公司、南方电网公司及其各地电力公司，宁波三星科技原先与客户确定的合作关系若需变更主体，需要客户内部履行较为烦琐的程序才能完成，客户认同需要合理的过渡期，故为实现电能表业务经营的持续性，对于宁波三星科技已签订的产品销售合同，仍需以宁波三星科技的名义履行，宁波三星科技需要从本公司购买电能表后再对外进行销售。综上所述，公司向关联方宁波三星科技销售货物是实现客户稳定和电能表业务经营主体平稳切换的必要环节。

【案例评析】

1. 新设还是等待，很多投行从业人员在面对一些历史沿革较为复杂甚至是有实质性障碍的项目的时候，往往要接受这样的纠结和考验。历史问题一定要甩到报告期之外，那么等待需要完整申报期；如果另起炉灶，忘掉过去重新开始大不了也就是等一个完整的申报期。于是，很多人决定，与其在一堆历史烂账里掰扯三年，不如在一个小清新的、没有任何历史瑕疵的公司里大干三年，在复杂的历史问题面前不去苦思解决方案（至少是没有穷尽一切的解决方式的可能）而是拍板决定新设上市主体。

2. 看似是一个非常不错的选择，那么在实践中新设上市主体是不是就能一劳永逸、一了百了呢？小兵持否定的态度，从目前的一些案例来看也是的确如此。就算是新设，曾经老公司的历史旧账或许会淡化一些但是也是永远不可能绕开的问题。这个因素先不谈，是不是新设公司三年之后就能顺利上市呢，大多数情况下三年时间肯定忙活不过来，往往新设的公司也需要等待三年以上甚至很久的时间才能上市。当然，我们也不否认，在中介机构已经进场之后新设的公司在申报期内的规范运行和合规合理的处理上是有保障的，在后续的审核过程中也会有一些优势，但是这样的优势并不是那么明显。

3.综上所述，小兵的观点比较明确，新设上市主体是最后实在没有退路的下下策，在做出这样的决定之前一定要充分论证是否还有其他解决问题的可能性，只要有一点可能并且能够在三年之内把这个问题解决，那么就不要去动新设公司的心思。从审核实践来看，非常纯粹的新设上市公司最终首发上市的案例并不是非常普遍，或许也从一个侧面佐证中介机构在认证新设上市主体可行性和机会成本上的谨慎态度。

4.为什么小兵不支持新设，理由可能会有很多，不过最核心的主要如下：(1)监管机构对于拟上市企业历史沿革问题的态度已经发生了重大变化，已经多次强调要淡化历史问题的审核，历史的问题历史看，一些历史沿革的瑕疵只要后续做了修正或者补救并且保证没有潜在法律风险或者纠纷，一般都不会构成首发上市的实质性障碍。比如：出资不实补足就是，集体资产量化省政府出具确认文件就是，股东出资有争议由股东出具确认文件并兜底承诺就是，等等。(2)新设公司往往在三年之后不一定能及时上报材料，因为这期间涉及资产整合和业务转移的诸多问题；此外，新设公司也不一定就能完全规避老公司的问题：老公司有纠纷举报，就算新设公司举报问题同样也是上市的实质障碍；职工持股的问题比较麻烦，就算新设了公司，老公司作为控股股东也同样会受到重点关注；等等。

5.那么到底有没有什么情形确实需要新设公司作为上市主体呢，应该还是有的，毕竟每个企业的情况都不相同，尤其是涉及人际关系或者股东关系的时候，不过小兵目前并不能总结出必须要新设上市主体的一些情形或者条件。如果新设公司，那么需要关注哪些问题呢，上述案例给了我们很好的思路和提示，企业上市审核过程中对于新设主体所关注的重点问题主要如下：

(1)新设公司购买老公司的厂房、设备、存货、产成品等资产，个人建议厂房设备等固定资产可以以评估值购买，原材料存货可以以账面价值购买，半成品或者产成品可以采取成本加成的方式购买；资产整合除了购买之外，也可以以增资的方式进来，不过新设公司一般都是老公司的股东照葫芦画瓢再同样设一个新公司，增资的方式无非就是股东拿钱买老公司的资产再增资新公司，看起来并不是很合情合理，所以采用的并不是很多。

(2)新设公司与老公司的业务承接和转移问题，新的合同肯定由新公司来签，但是老的合同一般也只能继续由老公司来履行，但是老公司经营性资产都卖给新公司了，所以新公司需要向老公司销售部分产品以帮助其完成合同，这就构成报告期内比较重要的关联交易。

(3)没有用老公司作为上市主体而新设公司的原因是什么，并且关注老公司是否存在出资不实、股东纠纷以及违法违规等行为。新设的原因在新设之前一定要先想好,尽管往往不是最真实的原因,但是也要说得过去,另外老公司的历史沿革和合规经营同样会重点关注。

(4)老公司的处理,注销或者成为单纯的投资性公司都可以,重要的前提就是老公司与新公司不能有任何的同业竞争可能或者其他的业务往来。

6. 最后,几个小问题提请大家关注:(1)如果老公司也是新公司的发起人,那么老公司将资产卖给你公司可以,或者老公司直接以资产出资设立新公司目前来看也是可以的。(2)有些案例自公司新设到最终上市已经超过了5年的时间,那么另起炉灶新设公司上市的目的和迹象已经不是那么明显,在审核过程中对于这个问题的关注也少了很多。(3)关于新设的上市主体公司性质,个人认为股份公司和有限公司都可以操作,只是股份公司设立之后董事会和公司运作需要满足相关要求,而设立有限公司后续还需要整体变更的程序。(4)新设上市主体,核心的问题还是新公司资产整合和业务转移的问题,如果真要新设上市主体,中介机构和发行人都要自问这两个问题解决的难度和需要的时间成本如何。

■第二节　公司分立解决之道

【重要提示】

★ 与公司合并类似,公司分立也是基本法规定的一种非常重要的资产整合的方式。

★ 不过,由于在鼓励整体上市的政策大背景下对公司分立的运行时间及相关处理有着更加严格的要求,目前实践中公司分立的情形并不多见。

★ 单纯从技术处理的角度来看,公司分立与公司合并有很多共通之处,本节内容将主要与大家分享公司分立的一些基本原理和解决思路。

【案例情况】

一、南方泵业:剥离长期股权投资,股权结构无变化

(一)发行人此次分立的目的及原则

1. 分立的目的:突出主营业务,促进主营业务更快发展

发行人主要经营不锈钢冲压焊接离心泵及无负压变频供水设备等的研发、制造和销售,但是发行人分立前持有杭州之春绿色食品有限公司90%出资额和杭州

万达钢丝有限公司78.125%出资额，杭州之春绿色食品有限公司经营范围为加工销售鱼干、销售农副产品，自该公司成立之日起未从事实质经营活动；万达钢丝主要从事钢铁线材拉丝、酸洗业务。南方泵业有限为突出主业、集中人力和财力发展不锈钢冲压焊接离心泵的研究、生产和销售业务，决定通过分立处置上述与主业经营不相关的股权。

2. 分立的原则：发行人按照配比原则进行分立

发行人在处置与主营业务不相关股权的同时，处置了与长期股权对应业务相关的资产（主要为其他应收款）以及派生分立成立的金润投资日常经营所需的现金。发行人经分析，不存在与分立资产和业务相关的债务，因此未分离相关债务。根据分离资产规模，按照分立前发行人股东及持股比例，上述股东同比例减少对发行人的持股，同时按照原有持股比例持有金润投资。

（二）公司分立方案，包括资产、债务剥离的依据及其具体内容

2007年5月16日，发行人《杭州南方特种泵业有限公司分立方案》有关分立方案的内容为：

1. 分立前后各公司注册资本、股权结构等基本情况

根据杭州南方特种泵业有限公司股东会决议，拟在原杭州南方特种泵业有限公司的基础上，派生分立杭州金润投资有限公司，并将部分与主业无关的长期股权投资、其他应收款等资产予以剥离。分立存续公司杭州南方特种泵业有限公司的注册资本由5700万元减少为5200万元，派生分立的杭州金润投资有限公司注册资本为500万元，分立后的各公司股东持股比例与分立前保持一致。

杭州南方特种泵业有限公司分立后，存续公司注册资本为5200万元，股本结构如下：

沈金浩出资额为3008.72万元，占注册资本的57.86%；

沈凤祥出资额为523.64万元，占注册资本的10.07%；

赵祥年出资额为313.56万元，占注册资本的6.03%；

沈国连出资额为208.52万元，占注册资本的4.01%；

赵国忠出资额为208.52万元，占注册资本的4.01%；

周美华出资额为208.52万元，占注册资本的4.01%；

马云华出资额为208.52万元，占注册资本的4.01%；

孙耀元出资额为416万元，占注册资本的8%；

赵才甫出资额为104万元，占注册资本的2%。

杭州金润投资有限公司由杭州南方特种泵业有限公司派生另设，注册资本为500万元，股本结构同上。

2. 分立基准日的确定

以2007年3月31日为分立基准日，杭州南方特种泵业有限公司分立前的资产、负债及所有者权益情况为：资产258,344,515.34元，负债138,503,026.22元，所有者权益119,841,489.12元；分立后的杭州南方特种泵业有限公司资产240,344,515.34元，负债138,503,026.22元，所有者权益101,841,489.12元。分立出的杭州金润投资有限公司资产为18,000,000.00元，负债0.00元，所有者权益18,000,000.00元。分立后各方的资产、负债及所有者权益以及相应的债权、债务由双方交割。

3. 具体分立方法

(1)分立资产的确定

截至2007年3月31日，发行人长期股权投资账面净值3725.94万元，由于发行人持有的万达钢丝和杭州之春的股权与发行人主营业务不相关，因此在此次分立中分离出去，由金润投资持有上述两项股权。发行人分立前其他应收款账面价值为7590.08万元，主要构成为业务人员备用金、保证金、关联企业往来款以及暂借款，为了突出主营业务，按照配比原则，发行人将其他应收款中与万达钢丝和杭州之春有关的往来款以及暂借款分离出去，金额为1320.5万元，保留了与主营业务相关的备用金、保证金和往来款。

(2)分立负债的确定

截至2007年3月31日，发行人负债总额13,850.3万元。其中短期借款、贷款人为南方泵业有限，借款用途为不锈钢冲压焊接离心泵采购原材料流动资金。应付账款、其他应付款、预收账款以及应付职工薪酬等债务的产生均源自南方泵业有限不锈钢冲压焊接离心泵采购、生产和销售环节以及相应环节应付给职工的薪酬，将通过未来主营业务实现的收益予以偿还，与发行人此次分立的万达钢丝和杭州之春的业务无关，因此根据配比原则，此次分立未剥离债务。

(3)分立人员的确定

原杭州南方特种泵业有限公司的员工，由分立后的杭州南方特种泵业有限公司和派生分立出的杭州金润投资有限公司协商后妥善安置。

根据人员随着资产走的原则，按照经营需要，经协商后确定，分立前南方泵业有限两名员工与分立前南方泵业有限公司的劳动合同关系由金润投资承继，金润投资有限公司支付上述员工工资，并缴纳相应的社会保险。

4. 分立后，金润投资有限公司股权结构、资产的演变过程

根据2007年5月16日签订的《杭州南方特种泵业有限公司分立协议》约定和杭州金润投资有限公司工商档案资料，杭州金润投资有限公司2007年7月10日成立时注册资本为500万元，股本结构同原公司。截至本招股说明书签署日，金润投资注册资本和股权结构未发生变化。

5.分立方案及履行的程序

2006年12月23日,南方泵业有限临时股东会审议通过《关于同意公司派生分立、减少注册资本的决定》,主要内容为:(1)同意本公司派生分立为两个公司,分别为杭州金润投资有限公司及杭州南方特种泵业有限公司。(2)分立前公司的注册资本为5700万元,股东持股比例分别为:沈金浩57.86%;沈凤祥10.07%;孙耀元8%;赵祥年6.03%;沈国连4.01%;赵国忠4.01%;周美华4.01%;马云华4.01%;赵才甫2%。(3)分立前公司的财产分割方案:以分立基准日的公司全部资产(含实收资本)及其相应的资产负债在派生分立后的两公司分割。(4)公司分立后杭州南方特种泵业有限公司的注册资本为5200万元,其余登记事项不变;杭州金润投资有限公司的注册资本为500万元,分立后各公司股东持股比例与分立前公司持股比例相同。(5)分立前公司的债权债务由派生分立后的杭州南方特种泵业有限公司和杭州金润投资有限公司承担。(6)分立前公司的职工安置方案:由杭州南方特种泵业有限公司和杭州金润投资有限公司妥善安置。

2006年12月29日,南方泵业有限在报纸上刊登了《分立公告》。

2007年5月16日,南方泵业有限制定具体分立方案。

2007年5月16日,分立各方签订了《杭州南方特种泵业有限公司分立协议》,该协议根据上述分立方案的内容对公司分立相关事项作出了约定。

根据上述分立方案及分立协议,南方泵业有限以2007年3月31日为基准日进行了分立,并将公司的资产、负债和所有者权益进行分割。

2007年5月22日,杭州永信会计师事务所出具杭永会〔2007〕65号《杭州南方特种泵业有限公司拟派生分立审计报告》,对南方泵业有限截至2007年3月31日拟派生分立的资产负债表和相关科目明细表进行了审计,认为该资产负债表及拟派生分立各相关科目明细表符合国家颁布的企业会计准则和《企业会计制度》的规定,在所有重大方面公允地反映了杭州南方特种泵业有限公司2007年3月31日的财务状况和拟派生分立的资产状况。

2007年6月25日,杭州永信会计师事务所为南方泵业有限出具杭永会验〔2007〕157号《验资报告》,经审验,截至2007年3月31日止,南方泵业有限已减少全体股东出资的注册资本(实收资本)合计500万元,同时转入派生分立的杭州金润投资有限公司(筹)500万元作为注册资本。

2007年7月10日,南方泵业有限就上述分立事项办理完成了工商变更登记。

发行人律师认为:发行人分立方案的制定由发行人原全体股东审议通过,为其真实意思表示,方案内容公平、合理,分立方案合法、有效。同时发行人本次分立经股东会审议通过,履行了公告程序、制订了分立方案,签订了分立协议,拟分立的资产负债状况和相关科目明细表经杭州永信会计师事务所审计并出具了相应的审计报告,履行了分立验资手续,并最终办理了工商变更登记,因此本次分立程序完备,分立过程合法、有效。

保荐机构查阅了《关于同意公司派生分立、减少注册资本的决议》、《杭州南方特种泵业有限公司分立协议》、杭永会〔2007〕65号《杭州南方特种泵业有限公司拟派生分立审计报告》、发行人和金润投资工商档案资料、分立公告、发行人分立前后财务报告,向发行人相关人员了解分立背景和过程,认为发行人分立方案的制定由发行人原全体股东审议通过,为其真实意思表示,方案内容公平、合理,分立方案合法、有效。同时,发行人本次分立经股东会审议通过,履行了公告程序、制定了分立方案,签订了分立协议,拟分立的资产负债状况和相关科目明细表经杭州永信会计师事务所审计并出具了相应的审计报告,履行了分立验资手续,并最终办理了工商变更登记,因此本次分立程序完备,分立过程合法、有效。

6. 发行人分立的会计处理

根据《企业会计准则——基本准则》第43条的规定"企业在对会计要素进行计量时,一般应当采用历史成本",根据《公司合并、分立登记操作意见》(浙工商企〔2006〕1号)第3条的规定"公司分立的,分立公司的注册资本之和等于原公司注册资本"。发行人2006年派生分立出来的金润投资与南方泵业的股权结构完全相同,南方泵业的资产也没有进行重估,没有新的计价基础,因此,分立后南方泵业和金润投资的净资产就只能以分立前南方泵业的账面价值为基础进行计量。

参照上述相关规定,南方泵业有限分立注入金润投资的资产、负债应以分立前其账面价值为计价基础,分立基准日存续公司和金润投资所有者权益之和应等于分立前南方泵业有限所有者权益,且分立基准日存续公司和金润投资实收资本之和应等于分立前南方泵业有限实收资本。南方泵业有限根据上述原则进行会计处理如下:

借:实收资本500万元

　　未分配利润1300万元

　　贷:货币资金4.5万元

　　　　其他应收款1320.5万元

　　　　长期股权投资475万元

金润投资则相应进行会计处理如下:

借:货币资金4.5万元

　　其他应收款1320.5万元

　　长期股权投资475万元

　　贷:实收资本500万元

　　　　未分配利润1300万元

7. 此次分立对发行人的影响

(1)对发行人业务的影响

分立前,发行人除从事不锈钢冲压焊接离心泵及无负压变频供水设备等的研发、制造和销售业务外,还通过股权投资控制杭州之春和万达钢丝。分立完成后,发行人集中精力从事不锈钢冲压焊接离心泵及无负压变频供水设备等的研发、制造和销售,上述与主业经营不相关的股权管理由派生分立的金润投资负责。同时,此次分立,发行人从事主营业务的研究开发、生产销售以及管理人员未发生变化,分立对主营业务未造成不利影响。因此,通过分立,发行人的主营业务更加突出,企业发展目标更加明确,有利于发行人主营业务快速发展。

(2)对发行人财务状况的影响

分立出资产金额占分立前比例均低于20%,且分立出的资产是与主营业务不相关的资产,发行人不锈钢冲压焊接离心泵生产制造业务相关的应收款项、存货、长期股权投资、固定资产和无形资产未受到影响,因此此次分立不涉及主营业务相关资产,对发行人财务状况影响较小。

根据上述分析,南方泵业分立派生金润投资的各项资产占整体资产的比例不大,且分立有利于专注主营业务的发展,对发行人财务状况影响较小。通过金润投资2007~2009年年度经营成果与发行人经营状况的比较分析,其对发行人经营成果影响甚小。

此次分立使发行人的资产总额、实收资本和净资产有所减少,但减少的比例较小。通过分立,发行人处置了与主业不相关的股权投资和其他应收款,发行人流动资产占资产总额的比例从分立前的70.5%变化至分立后的70.26%,变化很小;发行人资产负债率由分立前的53.61%增长至分立后的57.63%,变化也较小。综上可以看出,分立前后,发行人财务状况变化较小,尤其是与主营业务相关的资产、负债未发生变化。处置非主营业务,有利于发行人资金的使用效率。

(3)对发行人法人治理结构未造成影响

发行人此次分立主要为处置发行人持有的与主营业务不相关资产,发行人分立后实收资本减少500万元,股东同比例减少出资,分立后发行人实际控制人、股东结构及股东持股比例未发生变化;发行人的董事、监事和高级管理人员也未发生变化。因此,分立对发行人法人治理结构未造成影响。

发行人会计师认为,南方泵业分立派生金润投资的各项资产占整体资产的比例不大,且发行人分立有利于专注主营业务的发展,对发行人财务状况影响较小。通过金润投资2007~2009年年度经营成果与发行人经营状况的比较分析,其对发行人经营成果影响甚小。

根据2007年5月16日签订的《杭州南方特种泵业有限公司分立协议》,南方泵业2007年3月31日经杭州永信会计师事务所审验并出具了《杭州南方特种泵业有限公司拟派生分立审计报告》(杭永会〔2007〕65 号)的总资产为 25,834.45 万元,负债 13,850.30 万元,所有者权益 11,984.15 万元,南方泵业以其中的 1800 万元资产(现金 4.50 万元,其他应收款 1320.50 万元,长期股权投资 475 万元)派生分立金润投资。根据协议的约定,分立前南方泵业的注册资本为 5700 万元,分立后南方泵业的注册资本为 5200 万元,金润投资的注册资本为 500 万元,分立后各公司股东持股比例与分立前南方泵业持股比例相同。上述派生分立已经杭州永信会计师事务所审验并出具杭永会验〔2007〕第 156 号《验资报告》和杭永会验〔2007〕第 157 号《验资报告》。南方泵业已履行分立相关程序,并于 2007 年 7 月 10 日办妥工商变更登记手续。南方泵业及金润投资已按照上述协议的约定进行了相应的会计处理,采用历史成本计量,相关会计处理符合会计准则的规定。

保荐机构认为,南方泵业分立派生金润投资的各项资产占整体资产的比例不大,且与发行人主营业务无关,此次分立有利于发行人专注主营业务的发展,对发行人财务状况影响较小;通过金润投资 2007 ~2009 年年度经营成果与发行人经营状况的比较分析,其对发行人经营成果影响甚小。此次分立的会计处理符合会计准则的规定。

二、毅昌股份:股东随资产同时拆分

(一)分立情况说明

2005 年 3 月 28 日,经高新集团股东会审议通过,形成《关于公司分立的股东会决议》,决定以存续分立的方式将高新集团分立为高新集团(存续公司)和高金集团(新设公司)。其中,高新集团(存续公司)注册资本 5000 万元,股东为新建管委会、科技园管委会;高金集团(新设公司)注册资本 2 亿元,股东为冼燃、凤翔、戴耀花、李学银 4 名自然人。

2005 年 7 月 5 日,高新集团(存续公司)取得广州市工商行政管理局核发的企业法人营业执照(注册号:4401012042564),法定代表人:陈鹏飞,注册资本:5000 万元,公司住所:广州市天河区天河北路 886 号 2 楼。

2005 年 7 月 5 日,高金集团(新设公司)取得广州市工商行政管理局核发的企业法人营业执照(注册号:4401012043975),法定代表人:凤翔,注册资本:20,000 万元,公司住所:广州市天河区天河北路 890 号国际科贸中心大厦 11 楼。分立示意图如下所示:

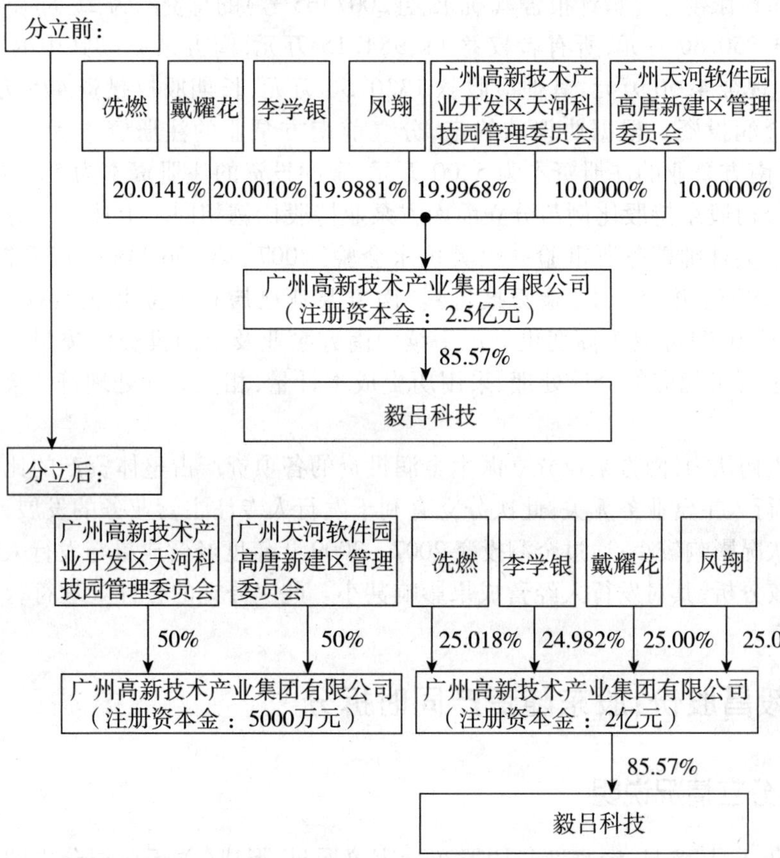

(二)高新集团分立履行的程序

2005年4月2日,广州天河软件园高唐新建区管理委员会、广州高新技术产业开发区天河科技园管理委员会、冼燃、凤翔、戴耀花、李学银等签订《公司存续分立协议》。

2005年4月4日,高新集团股东会决议通过将公司注册资本由2.5亿万元减少至5000万元。

公司于2005年4月4日、5日、6日分别进行了《公司分立公告》。

2005年5月25日,新建管委会、科技园管委会、冼燃、凤翔、戴耀花、李学银向广州市工商局出具《担保函》,承诺对公司分立前的全部债务及全部或有债务,承担连带清偿责任。

2005年6月14日,广州市天河区财政局出具穗天财函〔2005〕11号《关于同意广州高新技术产业集团有限公司分立的函》,批准高新集团分立。

广州市大公会计师事务所有限公司以2005年3月31日为清产核资基准日，出具了穗大师专字〔2005〕第011号清产核资报告。

双方以清产核资数据为基础，进行财产分割。分立后，存续的高新集团的资产总额为246,972,407.47元，负债为197,264,331.89元，所有者权益为49,708,075.58元。新设的高金集团公司资产总额为311,342,240.66元，负债为45,000,101.78元，所有者权益为266,342,138.88元。

对于本次分立，广州市大公会计师事务出具了穗大师评字〔2005〕第005号评估报告，确认高新集团整体资产的评估价值为336,036,196.49元。

根据分立方案，原公司所持有的毅昌科技有限公司股权由新设公司高金集团继承。

广州市大公会计师事务所有限公司接受委托对高金集团的出资情况进行了确认，并出具了穗大师内验字〔2005〕第009号《验资报告》核实；广州市大公会计师事务所有限公司对存续公司广州高新技术产业集团有限公司进行了验资，并出具了穗大师内验字〔2005〕第006号《验资报告》予以核实。

本次分立由业务分部核算的国有资产为存续公司，存续公司高新集团分立时有财产清单（清单略）

（三）分立时关于债务清偿的协议内容以及债务的清偿情况

高新集团分立时，未签订具体的债务清偿协议。根据高新集团于2009年2月9日出具的《关于负债情况的说明》，分立时的债务除了对广州宏昌建设工程有限公司2000元工程押金未清偿外，其他债务已经全部清偿完毕。高新集团有能力清偿剩余的2000元工程押金，高新集团不存在对分立时债务的清偿风险。

根据高金集团于2009年2月19日出具的《关于负债情况的说明》，高金集团分立时，主要债务为其下属子公司的其他应付款，目前已全部清偿完毕，高金集团不存在对分立时债务的清偿风险。

（四）各方当事人和政府主管机关对高新集团分立事项的确认

鉴于高新集团在分立前是国有参股企业（国有股东广州天河软件园高唐新建区管理委员会持股10%、广州高新技术产业开发区天河科技园管理委员会持股10%），本次分立已履行代表广州市天河区政府行使国有资产监督部门职权的天河区财政局的批准程序。

根据国务院2003年5月27日公布的《企业国有资产监督管理暂行条例》第5条“省、自治区、直辖市人民政府和设区的市、自治州级人民政府分别代表国家对由国务院履行出资人职责以外的国有及国有控股、国有参股企业，履行出资人职责”及相关内容的规定，高新集团分立事项须经广州市国有资产监督管理委员会批准。

因此，各方当事人和政府主管机关对高新集团分立事项进行了确认，具体情况如下：

2008 年 4 月 29 日，广州高新技术产业开发区天河科技园管理委员会出具《关于高新集团重组及分立有关事项的复函》（穗高天管函〔2008〕52 号）给高金集团，称“2005 年，经天河区财政局批准，同意高新集团分立为高新集团和高金集团，存续的高新集团股东为广州高新技术产业开发区天河科技园管理委员会及广州天河软件园高唐新建区管理委员会。上述相关事项已履行了必要和有效的法律程序，且经天河区政府常务会议批准通过，与此相关的产权处置不存在争议”。广州天河软件园高唐新建区管理委员会、广州市天河区财政局国有资产管理办公室、广州市天河区人民政府在该复函签署“情况属实”并盖章确认。

2008 年 5 月 12 日，广州金悦出具《关于高新集团重组及分立有关事项的复函》给高金集团，内容与前述穗高天管函〔2008〕52 号函基本相同，并称“高新集团重组、分立事项已履行了必要和有效的法律程序，相关事宜未发生争议也不存在潜在的纠纷或争议。分立后，高新集团和高金集团产权清晰，对上述高新集团重组及分立事项我公司不持异议”。

2008 年 5 月 13 日，高新集团出具《关于高新集团重组及分立有关事项的复函》给高金集团，内容与前述穗高天管函〔2008〕52 号函基本相同，并称“高新集团重组、分立事项已履行了必要和有效的法律程序，相关事宜未发生争议也不存在潜在的纠纷或争议。分立后，高新集团和高金集团产权清晰，对上述高新集团重组及分立事项我公司不持异议”。

2008 年 7 月 8 日，广州市国有资产监督管理委员会对广州高新技术产业集团有限公司的重组及分立的有关事项以及广州高金技术产业集团有限公司成立的过程予以确认并出具了穗国资批〔2008〕60 号的批复意见，认为“广州高新技术产业集团有限公司的重组及分立涉及的国有资产处置事项确认为已履行了必要的法律程序，并经天河区人民政府确认，与此相关的产权处置不存在异议”。

三、宝泰隆：控股股东剥离出主要生产性资产

2007 年 11 月 8 日，宝泰隆集团股东会通过《关于公司分立的决议》，决定进行存续式分立，宝泰隆集团继续存续，新设黑龙江宝泰隆焦化有限公司（以下简称焦化公司，于 2010 年 4 月更名为黑龙江东隆化工有限公司）。原宝泰隆集团股东郑素英（持有宝泰隆集团 500 万元出资额）、宋彬（持有宝泰隆集团 500 万元出资额）分立出去成为焦化公司股东，宝泰隆集团其余原股东（持有宝泰隆集团 9000 万元出资额）仍为分立后的宝泰隆集团股东；宝泰隆集团保有宝泰隆有限公司 82.4561% 的股权、宝泰隆甲醇公司 12.2% 的股权及哈尔滨分公司，同时承担以上资产相对应的负债；焦化公司取得分立前宝泰隆集团拥有的全部生产性资产，主要

包括16万吨/年焦化生产线、洗煤场、兴安煤矿及成发煤矿60%股权等，同时承担以上资产相对应的负债。分立后，宝泰隆集团注册资本变更为9000万元；焦化公司注册资本为1000万元。

2007年11月10日，宝泰隆集团原股东焦云、孙宝亮、宋希祥、焦凤、焦贵金、焦飞、刘新宝、常万昌、周秋、杨连福、焦贵明、孙明君与分立出去的股东郑素英、宋彬签订《黑龙江宝泰隆煤化工集团有限公司分立协议》，以中喜会计师事务所中喜审字〔2007〕第01337号审计报告确认的，以2007年9月30日为基准日的《宝泰隆集团资产负债表及财产清单》作为资产分割的依据，按照《宝泰隆集团分立财产分割清单》进行具体财产分割，按照《宝泰隆集团分立债务分割清单》各自承担债务。

2007年11月20日，宝泰隆集团在《中国工商报》刊登《分立公告》，向社会公告了存续式分立情况。

公司分立时，公司经审计的2007年9月30日的债务总金额为181,688,343.81元，公司对其债务的主要债权人发出了《黑龙江宝泰隆煤化工集团有限公司分立通知书》（以下简称分立通知书），公司债务债权人确认情况如下：(1)银行债务：银行类债权人数为2人，债务金额为9000万元，确认比例为100%。(2)应缴税金：应交税金总金额为11,129,895.29元，鸡东县地方税务局和鸡东县国家税务局予以确认，确认比例为100%。(3)其他有明确债权人债务：其他有明确债权人的总人数为311人，总金额为72,276,232.48元。进行了债权确认的总人数为106人，占其他有明确债权人总人数比例为34.08%；确认总金额为57,898,679.84元，占有明确债权人债务金额比例为80.11%。(4)无明确债权人债务。其他无明确债权人债务（如应付福利费、安全费等）总金额为8,282,216.04元。

总体情况为：有明确债权人的债务总额为173,406,127.77元，确认金额为159,028,575.13元，确认比例为91.71%。

2007年12月29日，分立后的股东通过了新的《宝泰隆集团章程》。2008年1月8日，中喜会计师事务所出具《验资报告》（中喜验字〔2008〕第01001号），确认截至2007年9月30日，宝泰隆集团已减少郑素英、宋彬的出资合计人民币1000万元，减资后的实收资本9000万元。

2008年1月17日，宝泰隆集团在黑龙江省鸡东县工商行政管理局完成了公司变更登记，《企业法人营业执照》注册号为230321100008390，注册资本（实收资本）为9000万元，法定代表人为焦云。

2008年1月16日，分立后的焦化公司在黑龙江省鸡东县工商行政管理局办理了公司设立登记，《企业法人营业执照》注册号为230321100012595，注册资本（实收资本）为1000万元，法定代表人为宋彬。

宝泰隆集团存续式分立后的股权结构情况

股东名称	出资额(万元)	股权比例(%)
焦　云	6100.00	67.78
孙宝亮	1000.00	11.11
焦　凤	700.00	7.78
焦贵金	350.00	3.89
焦　飞	350.00	3.89
宋希祥	200.00	2.22
常万昌	50.00	0.555
刘新宝	50.00	0.555
周　秋	50.00	0.555
杨连福	50.00	0.555
焦贵明	50.00	0.555
孙明君	50.00	0.555
合　计	9000.00	100.00

经核查,发行人律师认为:宝泰隆集团的分立行为是为了彻底解决与发行人的同业竞争而实施的,宝泰隆集团的分立履行了法律、法规规定的相关程序,获得了主要债权人的同意及工商管理部门的核准登记,宝泰隆集团的本次分立合法有效。作为发行人控股股东的宝泰隆集团在分立前和分立后,实际控制人均没有发生变化。发行人控股股东宝泰隆集团设立及股权变更行为履行了必要的程序、不存在潜在争议和纠纷。

【案例评析】

1. 与公司合并类似,公司分立也是《公司法》规定的一种非常重要的资产整合的方式。与合并相对应,《公司法》同样规定了两种公司分立的方式,即派生分立和新设分立,前者是被分立主体分立后继续存在而后者是被注销。从项目的实践来看,目前主要是派生分立的案例。

2. 就派生分立而言,总结起来主要有这样几种情形:

(1)就股东结构来看,主要分为以下几种情形:①派生公司与原公司股东结构一致,分立后同一帮公司持有了两个以上公司股权而已;②原公司股东分别成为分立公司的股东,也就是原来一个公司的股东分立之后成为了两个公司的股东,股东互不交叉;③原公司股东有部分股东除继续持有该公司股权之外,还同时持有分立公司的股权,也就是股东之间存在交叉。从目前情况来看,主要是操作前两种模式的比较多。

(2)就分立的资产情形来看,也可以分为以下几种情形:①同时分立部分资产和负债设立新公司;②只分立部分资产而不分立负债新设公司。当然,分立的资产主要就是固定资产、货币资金之类的,而南方泵业剥离控股子公司没有采取股权转让而是分立长期股权投资的方式非常新颖,值得研究。

3. 关于公司分立程序性的问题,《公司法》及相关规则已经作出了相对详尽的要求,上述案例也根据要求对分立程序作了详细介绍,只要根据规则执行,应该就能保证程序的合法合规,不会出现重大的瑕疵。值得特别说明的是,在公司分立技术问题的具体处理上,一定要保证债务能够全部清偿,不损害债权人利益以及保证股东不会产生纠纷或潜在纠纷。

4. 公司分立也是企业经营中进行资产重组一种非常重要的方式,不过,由于在鼓励整体上市的政策大背景下对公司分立的运行时间及相关处理有着更加严格的要求,目前实践中公司分立的情形并不多见。小兵个人认为,如果拟上市主体由于业务复杂需要剥离部分业务而突出主营业务的话,公司分立或许也是不错的方案选择。

5. 单纯从技术处理的角度来看,公司分立与公司合并有很多共通之处,很多思路可以互相借鉴,本节内容提供的案例和一些观点仅供大家参考。

【参考规则】

《公司法》(2006)

第一百七十六条　公司分立,其财产作相应的分割。公司分立,应当编制资产负债表及财产清单。公司应当自作出分立决议之日起十日内通知债权人,并于三十日内在报纸上公告。

第一百七十七条　公司分立前的债务由分立后的公司承担连带责任。但是,公司在分立前与债权人就债务清偿达成的书面协议另有约定的除外。

■第三节　收购经营性资产解决之道

【重要提示】

★ 从标的物的角度来看,企业进行资产重组主要有两种方式:一种是股权交易,另一种是资产交易。

★ 实践中通过股权调整进行资产整合的情况比较常见,主要是由于股权交易比较简单清晰也容易得到认可。如果目标公司存在不良资产或者部分资产不需要整合的情况下,则收购部分资产也是资产整合常用的一种方式。

★ 需要注意的是,在某些情况下,收购股权和收购资产对于交易双方来说税负情况可能是存在差异的。

【案例情况】

一、翰宇药业：是否构成业务合并的关注

（一）被收购资产的具体内容和对公司的作用

1. 资产收购基本情况

多肽研发中心由翰宇生物购建，原属于翰宇生物所有，主要负责药品的研发、注册管理、专利管理以及客户肽研究与生产工作。翰宇生物还购建了部分其他与药品生产相关的设备。由于翰宇生物没有药品生产许可证、药品GMP证书以及药品注册批件，不能从事药品生产，多肽原料药及制剂的生产销售一直由公司负责。因此，多肽研发中心的研究成果及其他与药品生产相关的设备一直由公司独家无偿使用。

为降低管理成本、发挥业务协同优势，完善公司产业链，丰富公司产品结构，减少关联交易，杜绝同业竞争并进一步增强公司的独立性，从2007年7月起，翰宇生物多肽研发中心从事的客户肽生产和销售业务由公司承接。2007年12月，翰宇生物将其拥有的所有知识产权，包括商标、专利、技术工艺、技术秘密和其他内容的知识产权以及与知识产权相关的权利“一揽子”无偿转让给公司。2008年，公司收购了翰宇生物多肽研发中心资产及其他与药品生产相关的设备；多肽研发中心的人员与业务一并转入翰宇药业，相关人员与公司重新签订了劳动合同。

前述收购完成后，除翰宇生物医药园厂房及办公楼外，翰宇生物不再拥有与药品生产、经营相关的资产，也不再从事与药品相关的业务。《深圳经济特区高新技术产业园区条例(2006修正)》第28条规定“禁止转让高新区内以协议方式出让的土地及其建筑物。因破产、清算、自愿或者强制迁出高新区等情形的，由市政府土地行政管理部门收回土地使用权。土地收回价格不得高于原出让合同的剩余年期地价，建筑物补偿价格不得高于建筑物成本价减折旧价。具体实施办法由高新区行政管理机构会同市政府土地行政管理部门另行制定”。因此，翰宇生物医药园土地、厂房及办公楼不能转让给公司，但除2617.20平方米用于翰宇生物及翰宇创投外，翰宇生物医药园其他厂房及办公楼10,888.92平方米已租赁给公司使用，租赁期限截止日期为2019年12月31日。

2. 资产收购的过程

(1)2007年12月，无形资产转让

2007年12月，翰宇生物与翰宇有限签订《知识产权转让协议》、《专利权转让协议》及《商标权转让协议》，将其拥有的所有知识产权，包括商标(共28项)、专利(发明专利2项，发明专利申请权2项)、技术工艺、技术秘密和其他内容的知识产权以及与知识产权相关的权利“一揽子”无偿转让给翰宇有限。转让完成后，翰宇

生物不再拥有与医药相关的无形资产。

(2)2008年1月,第一次资产收购

2008年1月,经公司股东会批准,公司与翰宇生物签订《资产转让协议》,收购翰宇生物拥有的多肽研发中心部分资产及部分其他与药品生产相关的设备。根据深圳市天健国众联资产评估土地房地产估价有限公司出具的深天健国众联评字〔2008〕第2-21206号评估报告,截至2008年1月31日,此次收购资产账面价值为1572.25万元,评估净值为1603.00万元,评估增值率为1.96%,账面价值和评估价值差别不大。此次收购以资产账面价值作为定价依据。截至2008年4月30日,公司付清了此次资产收购款,并收到翰宇生物开具的销售发票,资产交割手续办理完毕。

(3)2008年12月,第二次资产收购

2008年12月,经公司董事会批准,公司与翰宇生物签订《资产转让协议》,收购多肽研发中心及其他与药品生产相关的全部剩余设备。根据深圳市天健国众联资产评估土地房地产估价有限公司出具的深天健国众联评字〔2008〕第2-21205号评估报告,截至2008年9月30日,此次收购资产的账面价值为2339.04万元,评估净值为1973.57万元。此次收购以资产评估净值为作价依据。截至2008年12月31日,公司付清了资产收购款,并收到翰宇生物开具的销售发票,资产交割手续办理完毕。

3. 被收购资产的具体内容和对公司的作用

(1)被收购资产的具体内容

2008年1月、12月,两次资产收购合计价款为3545.82万元,其中多肽研发中心资产1275.65万元,其他与药品生产相关的设备2270.17万元,具体如下表所示:

单位:万元

资产类别	2008年1月收购（评估基准日2008年1月31日）			2008年12月收购（评估基准日2008年9月30日）		
	账面价值	评估价值	收购价格	账面价值	评估价值	收购价格
多肽研发中心	864.19	879.57	864.19	467.54	411.46	411.46
其他与药吕生产相关的设备	708.06	723.43	708.06	1871.50	1562.11	1562.11
合 计	1572.25	1603.00	1572.25	2339.04	1973.57	1973.57

单位:万元

资产类别	两次收购合计		
	账面价值	评估价值	收购价格
多肽研发中心	1331.73	1291.03	1275.65
其他与药品生产相关的设备	2579.56	2285.54	2270.17
合 计	3911.29	3576.57	3545.82

多肽研发中心资产用于公司产品研究开发、客户肽生产，其他与药品生产相关的设备系由翰宇生物购置，但一直由公司无偿用于原料药和制剂生产。

(2)资产收购对公司的作用

①完善产业链，丰富产品结构

收购前，公司主要从事原料药、制剂生产和销售；收购完成后，原翰宇生物多肽研发中心从事的药品研发、注册管理、专利管理以及客户肽业务转移至公司，公司产业链更加完善，产品更加丰富。

②减少关联交易，杜绝同业竞争

多肽研发中心为公司的生产经营及发展壮大提供了密不可分的技术支持，收购前，多肽研发中心的研究成果及其他与药品生产相关的设备一直由公司独家无偿使用。收购多肽研发中心及其他与药品生产相关的设备有利于增强公司技术和研发的独立性和资产的完整性，有利于减少关联交易，杜绝同业竞争。

③发挥业务协同优势，降低管理成本

收购后，被收购资产和业务均由公司管理层统一管理和控制，有利于发挥业务协同优势，降低管理成本。

(二)两次收购资产评估报告的主要内容

1. 2008 年 1 月，第一次资产收购评估报告的主要内容

2008 年 1 月，公司收购翰宇生物拥有的多肽研发中心部分资产及部分其他与药品生产相关的设备。此次收购以资产账面价值作为定价依据。受公司委托，深圳市天健国众联资产评估土地房地产估价有限公司以 2008 年 1 月 31 日为评估基准日，对前述资产价值采用成本法进行了评估，并出具了深天健国众联评字〔2008〕第 2－21206 评估报告。根据前述评估报告，截至 2008 年 1 月 31 日，此次收购的资产账面价值为 1572.24 万元，评估净值为 1603.00 万元，评估增值率为 1.96%。

2. 2008 年 12 月，第二次资产收购评估报告的主要内容

2008 年 12 月，公司收购翰宇生物拥有的多肽研发中心及其他与药品生产相关的全部剩余设备。受公司委托，深圳市天健国众联资产评估土地房地产估价有限公司以 2008 年 9 月 30 日为评估基准日，对前述资产价值采用成本法进行了评估，并于 2008 年 12 月 22 日出具了深天健国众联评字〔2008〕第 2－21205 评估报告。根据前述评估报告，截至 2008 年 9 月 30 日，此次收购的资产账面价值为 2339.04 万元，评估净值为 1973.56 万元，评估减值率为 15.63%。

（三）收购前被收购资产的权属情况以及两次收购是否为同一控制下的收购

1. 收购前被收购资产的权属情况

多肽研发中心及其他与药品生产相关的设备均由翰宇生物购建，并在翰宇生物账面核算，翰宇生物拥有其所有权，该等资产上未设定抵押、查封等限制所有权的他项权利。翰宇生物的控股股东为翰宇创投，翰宇创投的控股股东为曾少贵、曾少强、曾少彬，与发行人的实际控制人一致。

2. 前述收购是否为同一控制下收购

报告期内，公司实际控制人曾少贵、曾少强、曾少彬直接和通过翰宇创投控制翰宇生物的股权比例均在97.75%以上。

2007年1月1日至2009年7月，翰宇生物持有公司股权比例在64.455%以上，故实际控制人曾少贵、曾少强、曾少彬通过翰宇生物控制公司股权的比例在64.455%以上；2009年7月至今，实际控制人直接持有公司投权比例为66.257%。收购前后，被收购资产多肽研发中心、其他与药品生产相关的设备与公司同受曾少贵、曾少强、曾少彬控制，该控制并非暂时性的。但根据《企业会计准则第20号——企业合并》和《企业会计准则讲解（2008）》，构成同一控制下的企业合并还需被收购方构成一项业务。

（1）收购其他与药品生产相关的设备不构成同一控制下的业务合并

其他与药品生产相关的设备原由翰宇生物拥有。由于翰宇生物没有药品生产许可证、药品GMP证书以及药品注册批件，不能从事药品生产，其他与药品生产相关的设备本身不能独立进行生产经营，须和公司拥有的资产配套使用才能用于药品生产，并一直由公司独家无偿使用。其他与药品生产相关的设备在翰宇生物没有投入、加工处理过程和产出，根据《企业会计准则第20号——企业合并》和《企业会计准则讲解（2008）》，其他与药品生产相关的设备在翰宇生物不构成一项业务。因此，收购其他与药品生产相关的设备不属于《企业会计准则第20号——企业合并》中规定的同一控制下的企业合并。

（2）收购多肽研发中心构成同一控制下的业务合并

多肽研发中心主要负责产品的研发、注册管理、专利管理以及客户肽研究与生产工作，有投入、加工处理过程和产出。根据《企业会计准则第20号——企业合并》和《企业会计准则讲解（2008）》，多肽研发中心构成一项业务。多肽研发中心自报告期期初起即与发行人受同一实际控制人控制，该控制并非暂时性的，且与发行人重组前的业务具有相关性，为同一产业链的上下游。因此，收购多肽研发中心构成同一控制下的业务合并。

(四)被收购资产收购前与发行人关联交易情况及关联交易定价的公允性

收购前,多肽研发中心的研究成果及其他与药品生产相关的设备均由公司独家无偿使用,导致公司原始财务报表未能反映多肽研发中心及其他与药品生产相关的设备的使用成本。

编制申报财务报表时,公司假定多肽研发中心资产及业务在申报财务报表的最早期间即为公司拥有,自申报财务报表期初开始,将多肽研发中心资产、负债、经营成果和现金流量纳入申报财务报表。

编制申报财务报表时,公司按照《关于做好上市公司2009年年度报告及相关工作的公告》(证监会公告〔2009〕34号)的规定,将翰宇生物发生的其他与药品生产相关的设备应承担的折旧作为公司成本,并相应增加资本公积。

因此,尽管收购前公司无偿使用了翰宇生物多肽研发中心的研究成果及其他与药品生产相关的设备,但申报财务报表已反映了多肽研发中心及其他与药品生产相关的设备的使用成本。

(五)收购前对无偿使用的翰宇生物其他与药品相关的设备除折旧费用外其他费用的核算情况

收购前,公司无偿使用的其他与药品生产相关的设备由公司使用,除折旧费用以外的成本、费用均由公司承担,并于发生时通过公司生产成本、制造费用科目核算,计入公司产品生产成本。

(六)收购资产累计对发行人的财务影响

公司于2008年12月31日之前完成了多肽研发中心及其他与药品生产相关设备的收购。收购前一年,多肽研发中心及其他与药品生产相关设备的总资产、营业收入、利润总额等指标及占公司相应项目比例如下表所示:

单位:万元

项　目	资产类别	总资产	营业收入	利润总额
被收购资产及发行人金额	多肽研发中心	1176.54	373.37	-929.48
	其他与药品生产相关设备的收购	1978.87	—	-226.94
	被收购资产合计	3155.41	373.37	-1156.42
	发行人	5823.97	5620.16	1514.61
被收购资产占发行人相应项目比例	多肽研发中心	20.20%	6.64%	—
	其他与药品生产相关设备的收购	33.98%		
	被收购资产合计	54.18%	6.64%	

收购前一年，构成同一控制下业务合并的多肽研发中心总资产、营业收入占公司相应项目的比例分别为20.20%、6.64%。

其他与药品生产相关设备一直由公司独家无偿使用，用于公司原料药和制剂生产，在翰宇生物没有投入、加工处理过程和产出。收购前一年，其他与药品生产相关设备总资产占公司的比例为33.98%。收购前一年，其他与药品生产相关的设备利润总额为-226.94万元，均为固定资产折旧。

资产收购完成后，公司运行已超过一个完整会计年度。

（七）中介机构核查意见

1. 关于发行人报告期的独立性发表的意见

保荐机构认为：收购前，多肽研发中心及其他与药品生产相关的设备由翰宇生物拥有。多肽研发中心除生产少量客户肽外，主要任务是药品研究开发，研发的成果由公司独家无偿使用，其他与药品生产相关的设备本身不能独立进行生产经营，须和公司拥有的资产配套使用才能用于药品生产，并一直由公司独家无偿使用。因此，收购前，公司资产、业务较为完整，人员、财务、机构独立，具有直接面向市场独立经营的能力，独立性不存在重大缺陷。

2008年，公司完成收购多肽研发中心及其他与药品生产相关的设备。收购后，公司资产和业务体系更加完善，且运行已超过一个完整年度。收购后，公司资产完整，业务及人员、财务、机构独立，具有完整的业务体系和直接面向市场独立经营的能力，独立于控股股东及其控制的其他企业。

发行人律师认为：发行人在资产重组和业务整合完成之前，已经具有较为完整的业务体系和直接面向市场独立经营的能力。发行人在完成了同一实际控制人下的资产重组和业务整合之后，采购、生产、销售系统以及知识产权体系得以全面完善，具备完整的业务体系和直接面向市场独立经营的能力。因此，发行人在报告期内的独立性不存在重大缺陷。

2. 关于收购是否为同一控制下收购发表的意见

保荐机构认为：其他与药品生产相关的设备原由翰宇生物拥有，但一直用于公司原料药和制剂生产。其他与药品生产相关的设备在翰宇生物没有投入、加工处理过程和产出，不构成一项业务。根据《企业会计准则第20号——企业合并》和《企业会计准则讲解（2008）》，收购其他与药品生产相关的设备不属于同一控制下的业务合并。

多肽研发中心从事药品研发和客户肽生产，有投入、加工处理过程和产出，构成一项业务。多肽研发中心自报告期期初起即与发行人受同一实际控制人控制，该控制并非暂时性的，且与公司收购前的业务具有上下游关系。根据《企业会计准则第20号——企业合并》和《企业会计准则讲解（2008）》，收购多肽研发中心构成同一控制下的业务合并。

发行人律师认为:发行人在2008年向原控股股东翰宇生物陆续收购原来无偿使用的与药品生产相关的经营性资产及原依托翰宇生物成立的多肽研发中心资产,该等资产在本次收购之前均为翰宇生物合法拥有,翰宇生物为发行人实际控制人曾少贵、曾少强及曾少彬直接或间接持股控制的公司。

3. 关于是否将被收购资产纳入尽职调查范围并对收购的必要性和定价的公允性发表的意见

保荐机构认为:公司收购多肽研发中心及其他与药品生产相关的设备是必要的,主要体现在:公司实际控制人控制的与多肽药物研发、客户肽生产相关的业务和资产以及其他与药品生产相关的设备全部置入公司,使公司产业链更加完善,产品结构更加丰富;有利于主营业务整体发行上市、发挥业务协同优势、降低管理成本;减少关联交易,杜绝同业竞争并进一步增强公司的独立性。

2008年1月、2008年12月,公司分两次收购了多肽研发中心及其他与药品生产相关的设备。2008年1月资产收购系按被收购资产账面净值收购,但根据评估报告,此次收购的资产评估增值率为1.96%,评估值和账面净值差别不大。2008年12月资产收购系按评估净值收购。因此,前述资产收购定价公允。

发行人律师认为:发行人本次资产收购存在较大的必要性,发行人本次资产收购完成后,发行人的实际控制人所拥有的多肽药业研发、生产和销售这一产业链相关的资产都置入了翰宇药业,完善了发行人的产业链,实现了产业一体化,发挥协同效应,减少并规范关联交易,避免了同业竞争或潜在同业竞争,提高了发行人的透明度,使发行人的公司治理结构更为明晰。

发行人律师认为:发行人于2008年12月向翰宇生物收购的资产系以资产评估值作价,定价公允;发行人于2008年1月向翰宇生物收购的资产虽然系以资产账面净值作价,但该等资产的评估值与账面价值的差异仅为307,585.57元,占该等资产评估值的比例较小,因此,本次收购的定价原则合理,收购价格亦是公允的。

4. 关于被收购资产的权属发表的意见

保荐机构认为:发行人2008年1月、12月所收购资产中,翰宇生物购买资产时取得发票的资产账面净值为3873.94万元,占所收购资产账面净值的99.05%。其余账面净值为37.34万元的资产,翰宇生物购买时未取得发票,占所收购资产的0.95%,经核查翰宇生物购买该等资产的合同、收货单据、固定资产台账,该等资产系由翰宇生物购建并在翰宇生物账面核算。因此,多肽研发中心及其他与药品生产相关的设备均由翰宇生物购建,并在翰宇生物账面核算,翰宇生物拥有其所有权。

发行人律师认为:2008年1月、12月,翰宇生物将多肽研发中心、其他与药品生产相关的设备转让给发行人之前,翰宇生物合法拥有该等被收购资产的所有权。

5. 关于发行人收购资产的会计处理是否符合会计准则的相关要求发表的意见

申报会计师认为：公司对收购多肽研发中心设备及其他与药品生产相关的设备采用了不同的会计处理：对收购多肽研发中心的设备，按照同一控制下企业合并的原则进行处理，在编制比较报表时视同所购买资产及重组的业务一直归属于翰宇药业，调整了比较期间的资产负债表、利润表和现金流量表，所购买资产的入账价值根据被合并方翰宇生物的账面价值确定；对收购其他与药品生产相关的设备，按照成本进行初始计量，并对无偿使用设备的交易按照公允价值进行了调整。上述会计处理方式符合《企业会计准则》及其相关规定的要求。

二、华伍股份：收购资产的同时收购股份

（一）收购资产的背景和原因

发行人自进入工业制动器领域以来，一直以精心打造中国制动精品、全力塑造世界制动名牌为战略目标，在取得位居国内工业制动器行业的前列后，将主要竞争对手定位于国际著名工业制动器企业，逐步实现国内工业制动器部分应用领域高端市场替代进口，进而改变我国风电、核电设备及轻工机械等应用领域的工业制动器仍然以进口为主的局面，同时在国际市场上占据更多的市场份额，成为国际知名的工业制动器企业。

为了尽快实现上述战略目标，更好发挥同一控制下的两个工业制动器业务主体的整体协同效应，有必要将工业制动器业务的经营性资产优化整合为一体。选定丰城公司作为重大资产重组的收购方，并通过收购华伍电器的经营性资产实现工业制动器业务的整合，主要是基于有利于工业制动器业务的长远发展而作出的选择：华伍电器自设立至经营性资产被收购前，在发展工业制动器主营业务的同时，亦有对教育等其他领域的投资尝试；因多年经营发展，华伍电器部分资产的可回收性风险已较高，亦有部分固定资产待清理和报损。同时，振华重工作为丰城公司原股东之一，直接持有公司股权，双方在长期业务发展过程中形成了重要的战略伙伴关系。因此，以丰城公司作为重大资产重组的收购方，有利于工业制动器业务经营性资产的优化整合，也有利于进一步巩固和发展与振华重工的合作关系。

（二）收购资产前丰城公司与华伍电器之间的关系

丰城公司收购华伍电器资产属于同一控制下的重大资产收购。本次收购前，丰城公司与华伍电器之间的关系如下表所示：

事项		收购前双方关系
股权方面		本次收购前,华伍电器的控股股东为聂景华,丰城公司的控股股东为华伍电器,即丰城公司与华伍电器均同受聂景华实际控制。
管理方面		华伍电器和丰城公司均为聂景华控制下的发展工作制动器的经营实体,重大财务和经营决策统筹考虑。
业务方面	主营业务	华伍电器的主营业务为工业制动器的研发、制造、销售,除向丰城公司销售工业制动器半成品外,同时对外销售工业制动器产成品,产品主要销售给非港口类客户;丰城公司的主要业务是从华伍电器采购工业制动器半成品并进行总装后对外销售,产品主要销售给港口类客户。
	品牌	除丰城公司在向振华重工及其配套供应商上海兴港销售的产品上使用振华重工的ZPMC品牌外,丰城公司向其他港口类客户销售产品以及华伍电器对外销售产品均统一使用自主品牌华伍。
	研发	收购前,工业制动器产品的研发、设计主要集中于华伍电器,丰城公司无偿共享。
	原材料采购	华伍电器采购原材料,丰城公司共享供应商资源。
	生产	华伍电器拥有生产经营必需的厂房、机器设备等,拥有产品生产能力,丰城公司拥有生产经营必需的厂房、总装的设备,具有产品总装能力。
	销售	华伍电器和丰城公司共享客户资源及销售网络,销售团队协同作业,在客户分配上进行分工,即丰城公司负责向港口类客户销售产品,华伍电器负责向非港口类客户销售产品。
	财务管理	华伍电器和丰城公司各自设立了独立的财务部门,各自独立进行财务收支和经营核算。

(三)收购资产情况

2007年10月30日,丰城公司与华伍电器签订相关协议,收购华伍电器的土地使用权、厂房、机器设备、存货、商标、专利、专有技术等主要经营性资产以及其拥有的子公司华伍重工100%股权和华伍精密55%股权,收购资产的具体情况如下所示:

1. 收购华伍电器的经营性资产

收购的经营性资产为与制动器生产经营相关的存货、固定资产和无形资产,具体明细略。

2. 购入资产和股权估价的方法

由于被评估企业所在地的产权交易市场不甚发达,难以找到足够数量的可比交易案例，同时，被评估单位华伍电器被评估资产中部分资产不易计算未来收益，华伍精密经营亏损，华伍重工系新建公司，故总体评估方法采用成本法（资产基础法）。

具体各项资产的评估方法为：设备及房屋采用重置成本法进行评估；存货采用现行市价法进行评估；专利权及专有技术价值评估选用成本法；土地使用权采用成本逼近法进行评估；非实物资产经核对账目，判断其收回的可能性，据此确定其评估价值；负债经核对账目，判断其应承担的债务确定评估价值。

3. 购买价格

根据双方股东会的批准和双方签订的协议，丰城公司最终以评估价值购买华伍电器拥有的经营性资产和持有的两个子公司股权，其具体情况如下表所示：

收购的内容	评估价值（万元）	购买价格（万元）
经营性资产	14,259.17	14,259.17
华伍重工 100% 的股权	5197.32	5198.00
华伍精密 55% 的股权	887.26	887.26
合 计	20,343.74	20,344.43

（四）资产收购所履行的程序

1. 丰城公司及华伍电器的股东会决议及相关协议

2007 年 10 月 30 日，丰城公司与华伍电器分别召开股东会，确定了双方交易的资产及股权的范围，同时决定前述资产自交付之日起所产生的损益由丰城公司享有或承担。2007 年 10 月 30 日，丰城公司与华伍电器就上述股东会决议事项签订了资产转让协议，确定将以审计、评估结果为依据协商确定资产转让的对价。

2. 审计与评估

深圳天健信德会计师事务所对华伍重工截至 2007 年 10 月 31 日的财务报表进行了审计，并于 2007 年 11 月 30 日出具了信德特审报字〔2007〕第 687 号《审计报告》；广东恒信德律会计师事务所有限公司以 2007 年 10 月 31 日为基准日，对华伍重工的资产进行了评估，并于 2007 年 12 月 15 日出具了恒德赣评字〔2007〕第 028 号《评估报告》。

深圳天健信德会计师事务所对华伍精密截至 2007 年 10 月 31 日的财务报表进行了审计，并于 2007 年 11 月 30 日出具了信德特审报字〔2007〕第 688 号《审计报告》；广东恒信德律会计师事务所有限公司以 2007 年 10 月 31 日为基准日，对华伍精密的资产进行了评估，并于 2007 年 12 月 15 日出具了恒德赣评字〔2007〕第 029 号《评估报告》。

江西汇成房地产评估顾问有限公司以 2007 年 10 月 31 日为基准日，对华伍电器两宗土地的土地使用权进行了评估,并于2007年12月12日出具了赣汇成—丰地评〔2007〕(估)字第060号和061号《评估报告》。

广东恒信德律会计师事务所有限公司以2007年10月31日为基准日,对华伍电器三幢房屋建筑物的价值进行了评估,并于2007年12月15日出具了恒德赣评字〔2007〕第030号《评估报告》。

广东恒信德律会计师事务所有限公司以2007年10月31日为基准日,对两个实用新型专利、四项专有技术及其他经营性资产的价值进行了评估,并于2007年12月15日出具了"恒德赣评字〔2007〕第027号"《评估报告》。

3.资产交割与对价支付

此次重大资产收购所涉及的土地使用权、厂房、机器设备、存货、商标、专利、专有技术等经营性资产已于2007年11月1日完成交接,即自2007年11月1日起,上述资产由公司前身丰城公司实际占有和使用,其相应的收益和风险亦由丰城公司享有或承担。其中,需办理产权登记过户手续的土地使用权、厂房、商标、专利等资产已于2008年7月14日前陆续办理完毕;资产收购涉及的两个子公司股权已于2007年12月26日、27日办理工商登记变更手续。

(1)资产收购款的支付情况

丰城公司收购华伍电器经营性资产和两个子公司股权的收购款项合计为20,344.43万元,2007年12月24日丰城公司已向华伍电器支付重大资产收购款项共计10,402.00万元,占重大资产购买款项总额20,344.43万元的51.13%,资金主要来源于公司于2007年12月进行的两次增资;其余48.87%的款项已于2008年4月前支付完毕,主要来源为公司自有资金。资金支付未对公司财务状况及经营成果构成重大不利影响。

(2)"带间隙自动补偿的电磁制动器"的相关情况

在丰城公司购买的华伍电器资产中,包括一项专利"带间隙自动补偿的电磁制动器",主要使用于电磁制动器产品上,当时按该专利的评估价格261,052.00元购买。但由于华伍电器前期对知识产权保护的意识不强,未按规定缴纳"带间隙自动补偿的电磁制动器"年费,导致该专利权被终止。

由于华伍电器及公司品牌的市场认知度较高,该专利产品的结构也较复杂,不易被简单复制,且该专利产品随着电磁制动器市场日益被公司的电力液压制动器所代替,其销售额在公司销售总额的占比越来越小(2009年仅为0.29%)。因此,该专利权的终止未对公司的市场品牌、生产和销售带来重大不利影响。

原华伍电器控股股东聂景华已于2009年9月将该专利权转让款261,052.00元全额返还给本公司。

4.人员的安置

在2007年11月1日办理完相关资产交割后,华伍电器将与该等资产和业务相关的管理、生产、技术人员全部转入本公司员工名册，并由丰城公司、华伍电器以及员工等三方签署了《劳动合同变更协议》，由丰城公司承继华伍电器在原有劳动合同项下的全部权利和义务，至今未发生过劳动纠纷。

（五）资产出售方华伍电器的相关情况

1. 华伍电器的历史沿革（略）

2. 华伍电器的主营业务（略）

3. 华伍电器清算注销的相关情况

由于华伍电器已无经营性资产和新的生产经营活动，同时为消除潜在的同业竞争和关联交易，华伍电器股东会于 2008 年 8 月 8 日决定将华伍电器解散注销，并成立了清算组对华伍电器进行清算。2008 年 11 月 26 日，江西永健联合会计师事务所对华伍电器出具了赣永健特字〔2008〕第 006 号《江西华伍起重电器（集团）有限责任公司清算报表审计报告》（以下简称《清算报表审计报告》）。

（1）华伍电器清算前的财务和经营状况

2006 年、2007 年及 2008 年 1 ~ 8 月，华伍电器的财务状况如下表所示：

单位：万元

报表项目	2008 年 8 月 31 日	2007 年 12 月 31 日	2006 年 12 月 31 日
总资产	213,331,099.44	334,448,814.32	326,983,368.93
净资产	206,068,954.76	215,054,739.01	141,871,970.01
报表项目	2008 年 1 ~ 8 月	2007 年度	2006 年度
营业收入	24,184,635.44	232,799,594.28	196,009,835.12
利润总额	-8,700,390.32	41,126,092.04	19,972,737.14
净利润	-8,700,390.32	28,395,380.78	13,682,819.17

注：以上数据均为母公司数据，其中 2006 年报表已经由江西蓝注会计师事务所有限责任公司审计，2007 年报表已经由江西丰信会计师事务所有限责任公司审计，2008 年 1 ~ 8 月报表未经审计。

（2）资产的处置和清算情况

华伍电器出售资产后至清算前，对部分剩余资产进行了处置，处置后的资产列入清算财产予以股东分配。资产出售后的剩余资产于评估基准日及清算资产负债表日的账面情况如下表所示：

单位：万元

资产	2007 年 10 月 31 日	2008 年 11 月 26 日
一、流动资产		
货币资金	2394.10	5247.37
应收票据	500.36	176.14
应收账款净额	4416.87	—
预付账款	1662.70	—

续表

单位:万元

资产	2007 年 10 月 31 日	2008 年 11 月 26 日
其他应收款	6699.25	10,851.97
存货	—	—
二、长期股权投资	940.00	—
三、固定资产	294.48	3.41
四、无形资产	—	—

注:1.2007 年 10 月 31 日数据均为账面值,未经审计;2.“长期股权投资”包括持有的丰城公司 90% 的股权、江西华伍职业技术学校 52% 的股权;3.预付账款主要为预付的土地购买款 1200 万元。

华伍电器资产转让后剩余资产具体处置情况如下:

①流动资产

货币资金:用于偿还债务及支付相关费用后,剩余资金列入清算财产予以股东分配。

应收票据:为以往经营活动形成,根据江西永健联合会计师事务所出具的《清算报表审计报告》,截至 2008 年 11 月 26 日,尚有 176.14 万元未到期或未贴现,列入清算财产予以股东分配。

应收账款:为以往经营活动形成,根据《清算报表审计报告》,截至 2008 年 11 月 26 日,除核销了 371.62 万元外,其他全部收回。

预付账款:主要为预付土地购买款 1200 万元,后因放弃购买于 2007 年 12 月全额收回该款项,其他预付账款则用于购买原材料平价销售或收回。

其他应收款:为以往年度与相关方资金往来形成,根据《清算报表审计报告》,截止 2008 年 11 月 26 日,除核销了 4029.10 万元外,其他全部列入清算资产予以股东分配。

②长期股权投资

华伍电器截至 2007 年 10 月 31 日的长期股权投资为持有丰城公司 90% 股权和江西华伍职业技术学校 52% 股权。其中:

丰城公司 90% 股权:于 2007 年 12 月 7 日转让给聂景华、聂春华、聂菊华、聂玉华、聂淑华;

江西华伍职业技术学校 52% 股权:于 2008 年 3 月 15 日转让给华伍投资。

③固定资产

截至 2007 年 10 月 31 日,华伍电器剩余固定资产为无使用价值拟报损或清理的固定资产,于 2007 年年末予以报废处理,截至 2008 年 11 月 26 日尚余 3.41 万元列入清算资产未予以股东分配。

(3)债务的清偿和清算注销程序

截至资产评估日 2007 年 10 月 31 日,华伍电器债务的情况如下表所示:

单位:万元

债务	2007 年 10 月 31 日
短期借款	9600.00
应付账款	450.12
应付福利费	247.99
应交税金	82.84
其他应付款	2209.95

2008 年 8 月,华伍电器成立了由聂景华、聂春华组成的清算小组。清算小组成立后,华伍电器向相关业务往来方发送了清算通知书,并于 8 月 13 日～15 日在《江西日报》上刊登了清算公告,通知债权人在法律规定的期限内申报债权,清算期间,华伍电器与业务往来方之间的债权债务关系均得到了妥善处置。2008 年 10 月 22 日,华伍电器在账务清理和核查工作基本结束后向丰城市国家税务局提出了进行税务清算的请示;2008 年 11 月 9 日,华伍电器收到了丰城市国家税务局准予注销税务登记的通知;2008 年 12 月 10 日,华伍电器收到了丰城市地方税务局准予办理地方税务登记手续注销的通知。2008 年 11 月 26 日,江西永健联合会计师事务所对华伍电器的清算报表出具了赣永健特字〔2008〕第 006 号《清算报表审计报告》。根据《清算报表审计报告》,截至 2008 年 11 月 26 日,经清算组查验核对后的申报登记债务均已清偿。2008 年 12 月 12 日,华伍电器向丰城市工商行政管理局申请注销,同日,华伍电器收到了丰城市工商行政管理局核发的《企业核准注销登记通知书》,完成注销。

综上所述,华伍电器在重大资产出售后的剩余资产及债权债务均按照法定的程序处置完毕,不存在风险隐患。

(六)资产与股权收购对发行人的影响

1. 资产收购实现了同一控制下工业制动器业务的完整整合

(1)从公司管理看,本次收购前,华伍电器和丰城公司均为聂景华控制下的发展工业制动器经营的实体,双方经营理念、决策管理以及劳动人事管理等制度相同,重大财务和经营决策统筹考虑。本次收购后,华伍电器与工业制动器经营相关的经营管理人员、生产人员、技术研发人员以及销售人员等全部进入丰城公司,从而保障了公司经营管理的连续性和统一。

(2)从业务相关性看,收购前,丰城公司的经营范围为“电力液压系列各种工业制动装置、防风装置、吊具用液压控制装置等产品的制造销售”,其主要业务流程是从华伍电器采购工业制动器半成品并进行总装后对外销售,产品主要销售给港口装卸机械主机生产商。华伍电器的主营业务为工业制动器的研发、制造、销售,除向丰城公司销售工业制动器半成品外,同时对外销售工业制动器产成品,产品主要销售给非港口类客户。本次资产收购完成后，原华伍电器与制动器生产相关的主要经营性资产，包括存货、土地、厂房、机器设备、商标、专利和专有技术等全部进入丰城公司。取得上述资产后，丰城公司主营业务延伸为工业制动器的研发、设计、制造、销售和售后服务等全部环节，产业链与业务结构得到全面完善。

华伍重工主营业务为向工业制动器产品生产提供喷涂等服务以及为制动器等产品配套提供液压驱动装置。华伍精密主要从事精密铸造件的设计开发、生产制造及销售，其产品为工业制动器的配套构件。本次收购完成后，华伍重工、华伍精密作为公司控股子公司为公司工业制动器生产提供配套服务和配套产品，有利于提高公司整体的生产效率并保证配套供应的质量和稳定性。

(3)从主营业务对应的供应商、客户以及技术、商标等资源分析，本次收购前，丰城公司作为聂景华实际控制下的发展工业制动器产业主要经营实体之一，对于华伍电器名下所拥有的各项技术(含专利、专有技术等)、供应商、客户及销售网络、商标等资源，均可无偿共享使用，本次收购完成后，前述资源全部进入丰城公司并为其专享所有，促进了公司主营业务的连续和发展。

(4)从交易的过程看，本次收购均经交易双方股东会批准，并分别签订了资产转让合同，聘请了具有证券期货从业资格的评估机构对交易标的与评估基准日的价值予以了独立评估，并以评估价格作为购买价，本次收购遵循了市场化原则，未损害交易各方的利益。

2. 消除同业竞争、减少关联交易，有利于公司规范运作

本次资产收购前，丰城公司用于生产工业制动器的半成品均从华伍电器采购，二者在业务上存在关联交易。此外，二者均对外销售工业制动器，存在一定的同业竞争。本次资产收购过程中，华伍电器自 2007 年 11 月 1 日起即不再从事新的生产经营活动，其与丰城公司之间已不存在同业竞争。但为维护客户及供应商关系，实现原有客户及供应商的顺利过渡，在经营性资产转让后，华伍电器仍进行了一段时间的平价购销业务。至 2008 年 8 月华伍电器进入清算程序后，前述购销已不再发生，华伍电器与丰城公司的同业竞争与关联交易得以彻底解决。

3. 本次收购促进了工业制动器经营业务的迅速增长

丰城公司于 2007 年 11 月、12 月收购华伍电器的资产和子公司股权后，经营规模迅速扩大，主要财务指标快速增长，即便是在受全球金融危机影响的 2008 年、2009 年，公司的经营业绩增长幅度也较大：2008 年和 2009 年两个完整会计年度公司实现的营业收入分别为 32，951. 53 万元、36，399. 85 万元，增长率分别为 81. 25%、10. 46%，实现的净利润分别为 2821. 14 万元、4691. 81 万元，增长率分别为 151. 44%、66. 31%。

4. 资产收购对实际控制人和管理层的影响

公司的本次资产收购系以现金购买同一控制权人下的资产及相关股权，不涉

及本公司股权结构的变化。资产购买前后,公司实际控制人均为聂景华先生,未发生变化,公司董事会成员及高级管理人员亦未发生重大变化。

保荐机构核查后认为,发行人收购华伍电器资产属于同一公司控制权人下相同业务的重组,收购前后,发行人主营业务没有发生重大变化,本次收购未导致发行人董事和高级管理人员发生重大变化,未导致发行人实际控制人发生变更,符合《首次公开发行股票并在创业板上市管理暂行办法》第13条的相关要求。

(七)发行人收购经营性资产和股权的会计处理

1. 收购经营性资产的会计处理

根据丰城公司与华伍电器于2007年10月30日签订《协议》的约定,2007年11月1日华伍电器将出售的经营性资产全部实际交付丰城公司,双方办理了资产移交手续,经营性资产已转由丰城公司实际占有和使用,其相应的收益和风险亦由丰城公司享有或承担。须办理产权登记过户手续的土地使用权、厂房、商标、专利等资产不存在影响过户的实质性障碍,并已于2008年7月14日前陆续办理完毕。华伍电器亦按国家税收缴纳的有关规定及时履行了申报和缴纳义务。因此,按照实质重于形式的原则,2007年11月1日为购买经营性资产的交割日,即从2007年11月1日起丰城公司将经营性资产及其相关损益、现金流量纳入账簿和财务报表核算。

2. 收购股权的会计处理

丰城公司收购华伍重工100%的股权和华伍精密55%的股权属于同一控制下的企业合并。2007年12月27日,公司完成了上述股权变更的工商登记手续,因此,确定股权收购日为2007年12月27日,从报告期初即2007年年初将其纳入合并报表范围。鉴于2007年12月27日至2007年12月31日之间相差时间较短,且无重大事项发生,期间经营成果的变动也很小,导致期间净资产的变动很小,因此,发行人以取得的华伍重工和华伍精密2007年12月31日所有者权益账面价值的份额作为长期股权投资初始投资成本,长期股权投资的初始投资成本与支付的合并对价账面价值之间的差异,调整发行人的资本公积,共调减了841.28万元。

(八)审核意见关注的其他问题

1. 华伍电器在被收购前的主营业务、资产情况和股权历史沿革

(1)华伍电器被收购前的主营业务

华伍电器于1998年9月16日成立时的经营范围是起重电器系列产品及起重运输机械设计、制造、销售。2000年4月6日,华伍电器的经营范围变更为起重电器系列产品及起重运输机械设计、制造、销售;自产产品及相关技术的出口业务(国家限定公司经营或禁止出口的商品除外);本企业生产科研所需的原辅材料、机械

设备、仪器仪表、零配件及相关技术的进口业务(国家限定公司经营或禁止进口的商品除外);经营本企业的进料和“三来一补”业务。直至华伍电器于2008年注销,前述经营范围未发生变化。经本所律师核查,华伍电器在被收购前的主营业务是工业制动器的研发、制造和销售。

(2)华伍电器被收购前的资产情况

华伍电器被收购前的资产包括:流动资产(包括:货币资金、应收票据、应收账款、预付账款、其他应收款、存货);长期股权投资(包括:华伍电器持有的丰城有限公司90%股权、华伍重工100%股权、华伍精密55%股权、江西华伍职业技术学校52%权益)、固定资产(包括:房屋建筑物、机器设备等)、无形资产(包括土地使用权、专利及专有技术)。前述资产截至2007年10月31日(资产收购的评估基准日)的账面值合计34,974.24万元。

根据丰城有限公司与华伍电器签订的资产收购协议等相关文件,丰城有限公司收购华伍电器的资产范围为:存货、土地、房屋建筑物、机器设备、专利和专有技术、华伍电器持有的华伍重工100%股权和华伍精密55%股权。前述纳入收购范围的资产截至2007年10月31日的账面值合计18,066.48万元。

上述资产收购完成后,华伍电器的剩余资产为:除存货外的流动资产、无使用价值拟报损或清理的固定资产以及持有的江西华伍职业技术学校52%股权。

(3)华伍电器的股权历史沿革(略)

2.关于“公司收购华伍电器经营性资产属于同一控制下重大资产重组的认定依据及合理性”

(1)认定依据

发行人前身丰城有限公司收购华伍电器经营性资产属于同一控制下重大资产重组的依据为:①华伍电器存续期间的实际控制人为聂景华。华伍电器成立于1998年9月21日,注销于2008年12月12日。华伍电器存续期间的实际控制人为聂景华。②发行人自成立至今的实际控制人为聂景华。鉴于华伍电器存续期间的实际控制人和发行人及其前身丰城有限公司自成立至今的实际控制人均为聂景华,因此,本所律师认为,发行人前身丰城有限公司收购华伍电器的经营性资产属于同一控制下的资产重组。

(2)合理性

依据发行人及其实际控制人的说明,以丰城有限公司作为工业制动器业务整体上市的主体并据此进行同一控制下的业务重组主要是考虑到:

①丰城有限公司在重组前的股本规模较小、业务单纯(单一从事制动器的总装与销售),而华伍电器的股本规模较大,并且因多年经营发展形成部分应收账款和其他应收款收回的风险较大(华伍电器注销前核销了371.62万元的应收账款,核销了4029.10万元的其他应收款)、部分资产需要清理和报损(华伍电器注销前核

销报损清理了 291.92 万元的固定资产）。因此，以丰城有限公司为上市主体更有利于引进战略投资者及满足上市的需要。

②自丰城有限公司成立起，振华重工即是其战略投资者。因此，以丰城有限公司为上市主体可稳固与振华重工的长期战略合作关系。

据上所述，本所律师认为，发行人的股东、实际控制人选定丰城有限公司作为上市主体，并通过收购华伍电器的经营性资产实现工业制动器业务整体上市是基于合理目的作出的商业安排，不存在违反或规避法律强制性或禁止性规定的情形。

3. 比照《〈首次公开发行股票并上市管理办法〉第十二条发行人最近三年内主营业务没有发生重大变化的适用意见——证券期货法律适用意见第 3 号》的规定，结合交割资产应承担的纳税义务、华伍电器的实际经营情况、资产存放地等情况，说明并披露将 2007 年 11 月 1 日作为重组交割日的依据。

（1）资产收购协议明确了资产交割日

2007 年 10 月 30 日，经双方股东会同意，丰城有限公司与华伍电器签订《资产转让协议》，协议约定了收购资产的范围、定价依据，并约定收购资产的交付日为 2007 年 11 月 1 日，所收购资产自 2007 年 11 月 1 日起产生的损益由收购方丰城有限公司享有或承担。

（2）丰城有限公司与华伍电器在资产交割日进行了资产交割

2007 年 11 月 1 日，华伍电器将出售的经营性资产全部交付给丰城有限公司，丰城有限公司与华伍电器相应签订了资产交割清单。

（3）资产存放地与交付地及运营地相同

丰城有限公司在资产收购前的住所为丰城市剑邑大道 779 号，坐落于华伍电器的厂区内。同时，丰城有限公司收购的资产包括了华伍电器拥有的土地使用权及房屋建筑物。据此，华伍电器出售资产的存放地与丰城有限公司接收及运营该等资产的地点相同。

（4）交割日起华伍电器和丰城有限公司的实际经营情况

华伍电器自 2007 年 11 月 1 日将与工业制动器相关的经营性资产交付给丰城有限公司后，为了实现与出售资产相关的客户及供应商的顺利过渡，华伍电器一方面按对供应商的采购价格将购买的原材料平价销售给丰城有限公司，另一方面按对客户的销售价格向丰城有限公司采购相应制动器产品，然后平价销售给客户。2008 年 8 月，在完成与出售资产相关的客户及供应商的过渡后，华伍电器进入清算程序并于同年 12 月注销。

丰城有限公司自 2007 年 11 月 1 日起开始实际占有、运营华伍电器交付的经营性资产，并据此承担或享有该等资产产生的损益。

（5）丰城有限公司与华伍电器已履行完毕交割资产对应的纳税义务

据上所述，本所律师认为，发行人将 2007 年 11 月 1 日作为重组交割日具有相应的依据,并且,比照中国证监会于2008年5月19日发布的《证券期货法律适用意见第3号》的规定,发行人自2007年完成资产收购后至2009年向中国证监会递交本次发行,上市的申请文件已运行了一个完整的会计年度,而截至本补充律师工作报告出具之日,发行人已运行了两个完整的会计年度。

4. 本次收购前后,发行人主营业务是否发生重大变更,此次收购对发行人的影响,发行人是否符合发行条件

(1)发行人在资产收购前后的主营业务未发生重大变更

①资产收购前的主营业务

发行人前身丰城有限公司在资产收购前经核准的经营范围是:电力液压系列各种工业制动器装置、防风装置、吊具用液控装置等产品的制造销售;主营业务是港口装卸机械用制动器产品的总装和销售。

②资产收购后的主营业务

资产收购完成后,发行人经核准的经营范围是:起重电器系列各种工业制动装置、防风装置、吊具用液控装置等产品的设计、制造、销售;自产产品及相关技术的出口业务(国家限定公司经营或禁止出口的商品除外);本企业生产科研所需的原辅材料、机械设备、仪器仪表、零配件及相关技术的进口业务(国家限定公司经营或禁止进口的商品除外);经营本企业的进料加工和"三来一补"业务。主营业务为:工业制动器的研发、制造及销售。

③资产收购未导致发行人主营业务发生重大变更

A. 华伍电器存续期间的实际控制人和发行人及其前身丰城有限公司自成立至今的实际控制人均为聂景华,即作为资产出售方的华伍电器自报告期期初即与作为资产收购方的发行人前身丰城有限公司同受聂景华控制。

B. 丰城有限公司和华伍电器在资产收购前后的经营范围、主营业务具有相关性,资产收购完成后,丰城有限公司的主营业务涵盖了工业制动器的研发、设计、制造、销售和售后服务,业务结构和产业链条更加完整。

C. 丰城有限公司是遵循市场化原则,按照公允价格收购华伍电器的经营性资产,并履行了法定的程序。

D. 发行人自2007年完成业务整合后已比照《证券期货法律适用意见第3号》的规定,在运行了一个完整的会计年度后向中国证监会递交本次发行上市的申请文件(截至本补充律师工作报告出具之日已运行了两个完整的会计年度)。

据上所述,发行人通过资产收购完成了工业制动器业务的整合,未导致主营业务发生重大变更。

(2)资产收购对发行人的影响

①对发行人公司治理的影响

发行人在资产收购后的实际控制人未发生变更,并且于2007年12月引进了

创东方、东方富海、南昌创投三家投资者。外部投资者的入股不仅在一定程度上解决了发行人经营所需的资金问题，而且起到了优化发行人的股权结构、加强公司治理的目的。

②对发行人业务的影响

资产收购后，发行人的主营业务范围涵盖了工业制动器的研发、设计、制造、销售和售后服务。并且，发行人在收购经营性资产的同时，整体接收了原华伍电器的经营管理团队、员工，将原华伍电器的业务客户平稳过渡到发行人，保证了在同一控制人下由基本相同的管理团队及员工持续经营工业制动器业务。据此，资产收购使发行人的业务结构和产业链条更加完整，资产规模和盈利能力得到提升。

据上所述，本所律师认为，资产收购为发行人优化股权结构、加强公司治理提供了便利条件，并且使发行人的业务结构和产业链条更加完整，资产规模和盈利能力得到提升。

（3）资产收购没有导致发行人不符合发行条件

鉴于资产收购后发行人主营业务没有发生重大变更，并且资产收购没有对发行人的持续、有效经营产生不利影响，因此，本所律师认为，资产收购没有导致发行人不符合《首发管理办法》规定的发行条件。

5. 华伍电器出售部分经营性资产和华伍重工、华伍精密股权后剩余资产的处置和人员的安置情况，债权债务清偿情况，是否存在潜在的纠纷和风险隐患

（1）华伍电器剩余资产处置及债务清偿情况

华伍电器出售经营性资产后的剩余资产为：流动资产（货币资金 2394.10 万元，应收票据 500.36 万元，应收账款 4416.87 万元，预付账款 1662.70 万元，其他应收款 6699.25 万元）、持有的江西华伍职业技术学校 52% 股权、账面值为 294.48 万元的固定资产；债务情况为：短期借款 9600 万元、应付账款450.12万元、应付福利费 247.99 万元、应交税金 82.84 万元、其他应付款 2209.95 万元。

此外，为了继续履行尚未履行完毕的购销合同，实现供应商和客户的平稳过渡，华伍电器按照其与供应商之间采购合同的价格将所取的原材料平价销售给发行人，并按照与客户之间销售合同的价格向发行人采购制动器产品，并平价销售给客户。

2008 年 8 月 8 日，华伍电器股东会作出解散决议，华伍电器进入解散清算程序。华伍电器清算小组向债权人发出了清算通知书，并于 2008 年 8 月 13 日至 2008 年 8 月 15 日在《江西日报》上刊登了华伍电器的清算公告。

根据江西永健联合会计师事务所出具的《江西华伍起重电器（集团）有限责任公司清算报表审计报告》，截至 2008 年 11 月 26 日，华伍电器清偿完毕全部债务，华伍电器持有的江西华伍职业技术学校 52% 股权已转让给江西华伍科技投资有限责任公司，固定资产做报废处理后剩余 3.41 万元，剩余货币资金为 5247.37 万

元,应收票据尚有176.14万元未到期或未贴现,预付账款和应收账款为零,其他应收款为10,851.97万元。2008年11月26日,华伍电器股东会确认公司清算终了时的所有者权益为165,212,405.02元,并同意股东聂景华和聂春华按照持股比例进行分配。

2008年11月9日,丰城市国家税务局核准华伍电器注销税务登记。2008年12月10日,丰城市地方税务局核准华伍电器注销地方税务登记。2008年12月12日,丰城市工商局核发《企业核准注销登记通知书》,华伍电器完成注销手续。

(2)人员安置情况

经核查,丰城有限公司与华伍电器原有员工签订了《劳动合同变更协议》,丰城有限公司通过变更劳动合同主体的方式整体接收华伍电器的全部员工,承继华伍电器在原有劳动合同项下的全部权利和义务。

综上所述,华伍电器出售经营性资产后剩余资产(含债权)的处置和人员安置、债务清偿等不存在潜在的纠纷和风险隐患。

6.华伍电器的注销原因

鉴于发行人的股东、实际控制人已选定发行人作为制动器业务整体上市的主体,在发行人收购华伍电器的经营性资产后,华伍电器已没有经营性资产和实际经营活动。有鉴于此,发行人的实际控制人为了避免潜在的同业竞争、减少关联交易,决定将华伍电器注销。

三、希努尔:关注收购资金来源以及未收购资产处置情况

在整体变更之前,发行人前身诸城普兰尼奥分别收购了山东新郎、诸城希努尔及山东瀚湟拥有的与诸城普兰尼奥相同或类似服饰类产品的全部经营性资产及相关负债。本次重组属于同一控制下的重组,被收购的业务从报告期期初开始纳入公司架构内编制报表作为申报报表。

(一)收购山东新郎、诸城希努尔及山东瀚湟服饰类资产的原因

诸城普兰尼奥收购了山东新郎、诸城希努尔、山东瀚湟服饰类产品的经营性资产及相关负债,主要基于以下因素:

1.扩大公司主营业务规模,降低管理成本

山东新郎、诸城希努尔、山东瀚湟与诸城普兰尼奥的控股股东均为新郎希努尔集团,且在资产重组前四家公司从事的主营业务均为西装、衬衫等服饰类产品的生产、销售。四家公司在发展过程中,主要管理人员重叠,并在集团的统一管理下,共享广告宣传、采购渠道、销售渠道等资源,共同打造了希努尔品牌,四家公司均是这一品牌不可分割的组成部分。将其纳入同一主体,有利于扩大公司主营业务规模,增强公司主营业务的竞争力,提高公司管理效率,降低管理成本,有利于维护公司

股东的权益。

2. 避免同业竞争和关联交易

收购前，山东新郎、诸城希努尔、山东瀚湟均从事服饰类业务，与诸城普兰尼奥构成了同业竞争；同时，诸城普兰尼奥与三家公司在材料的采购、设备和厂房的租赁方面存在着关联交易。为避免山东新郎、诸城希努尔、山东瀚湟与发行人形成同业竞争，消除关联交易，诸城普兰尼奥收购了上述三家公司生产服饰类产品的全部经营性资产及负债。

（二）重组情况

1. 收购山东新郎服饰类产品的经营性资产

（1）山东新郎基本情况

山东新郎成立于2000年4月7日，注册地为诸城市东外环路北首，经营范围为：生产高中档西装、衬衣；销售本公司产品。实际经营中，山东新郎主要从事西装、衬衫等服饰类产品的贴牌生产和外贸业务。

山东新郎的注册资本为730万美元，其中新郎希努尔集团出资547.5万美元，占注册资本的75%；新郎国际出资182.5万美元，占注册资本的25%。本次重组后，山东新郎于2008年年底吸收合并了诸城希努尔和山东瀚湟，注册资本变更为840万美元。

（2）本次重组情况

2007年12月5日，山东新郎与诸城普兰尼奥签署《资产重组协议》，约定山东新郎将其与诸城普兰尼奥生产相同、类似服饰类产品的全部经营性资产及负债转让给诸城普兰尼奥，并承诺自该协议签订之日起，不再从事与诸城普兰尼奥相同或类似的业务。

2007年12月5日，正源和信出具鲁正信评报字〔2007〕第3040号《评估报告》：截至2007年11月30日，上述资产净值经评估为20,588.55万元。

根据《资产重组协议》的约定，本次资产收购价格在参照上述资产评估结果的基础上，由协议双方协商确定，最终诸城普兰尼奥以195,686,505.05元收购了山东新郎服饰类产品的全部经营性资产及负债。

截至2007年12月31日，诸城普兰尼奥已支付上述资产的收购款项，并完成上述资产的交割。

截至2008年6月30日，上述资产重组双方已办理完毕上述相关资产的权属过户登记。

本次重组前，山东新郎生产的产品主要是外销，重组后山东新郎尚有部分未履行完毕的外贸订单，由于上述销售订单相关的信用证及进料手册已开出且无法更改，订单须由山东新郎继续履行。因此《资产重组协议》中约定：山东新郎在资产交割前已经签订的外贸订单采用由诸城普兰尼奥按照外贸订单要求生产,山东新郎向诸城普兰尼奥平价采购后交付客户的方式履行。截至2008年8月31日,山东新郎已履行完毕上述合同并不再从事此类业务。

2. 收购诸城希努尔服饰类产品的经营性资产

(1)诸城希努尔基本情况

诸城希努尔成立于2002年12月17日,注册地为诸城市东外环路北首,经营范围为:中高档西装、衬衣及其他服饰产品的加工制作,销售本公司加工制作的产品。诸城希努尔注册资本为60万美元,其中新郎希努尔集团出资45万美元,占注册资本的75%;新郎国际出资15万美元,占注册资本的25%。

本次重组前,诸城希努尔主要从事衬衫等服饰产品的生产销售。

(2)本次重组情况

2007年12月5日,诸城希努尔与诸城普兰尼奥签署了《资产重组协议》,约定诸城希努尔将其与诸城普兰尼奥生产相同、类似服饰类产品的全部经营性资产及负债转让给诸城普兰尼奥,并承诺自该协议签订之日起不再从事与诸城普兰尼奥相同或类似业务。

2007年12月5日,正源和信出具了鲁正信评报字〔2007〕第3040号《评估报告》:截至2007年11月30日,上述资产净值经评估为9562.05万元。

根据《资产重组协议》的约定,本次资产收购价格在参照上述资产评估结果的基础上,由协议双方协商确定,最终诸城普兰尼奥以106,088,480.72元收购了诸城希努尔服饰类产品的全部经营性资产及负债。收购价格高于评估值的主要原因是收购库存商品、原材料、包装物等项目时包含了增值税进项税额。

截至2007年12月31日,诸城普兰尼奥已支付上述资产的收购款项,并完成上述资产的交割。

截至2008年6月30日,上述资产重组双方已办理完毕上述相关资产的权属过户登记。

3. 收购山东瀚湟服饰类产品的经营性资产

(1)山东瀚湟基本情况

山东瀚湟成立于2006年11月7日,注册地为诸城市东外环路北首,经营范围为:生产高档服装及服饰产品;销售本公司生产的产品。山东瀚湟注册资本为50万美元,其中新郎希努尔集团出资37.5万美元,占注册资本的75%;瀚湟国际出资12.5万美元,占注册资本的25%。本次重组前,山东瀚湟主要从事高档西装的生产销售。

(2)本次重组情况

2007年12月5日,山东瀚湟与诸城普兰尼奥签署《资产重组协议》,约定山东瀚湟将其与诸城普兰尼奥生产相同、类似服饰类产品的全部经营性资产及负债转让给诸城普兰尼奥,并承诺自该协议签订之日起不再从事与诸城普兰尼奥相同或类似业务。

2007年12月5日,正源和信出具了鲁正信评报字〔2007〕第3040号《评估报告》:截至2007年11月30日,上述资产净值经评估为8912.53万元。

根据《资产重组协议》的约定,本次资产收购价格在参照上述资产评估结果的基础上,由协议双方协商确定,最终诸城普兰尼奥以102,085,975.32元收购了山东瀚湟服饰类产品的全部经营性资产及负债。收购价格高于评估值的主要原因是收购库存商品、原材料、包装物等项目时包含了增值税进项税额。

截至2007年12月31日,诸城普兰尼奥已支付上述资产的收购款项,并完成上述资产的交割。

截至2008年6月30日,上述资产重组双方已办理完毕上述相关资产的权属过户登记。

(三)本次重组的资产评估情况

2007年12月5日,诸城普兰尼奥委托正源和信对拟受让的山东新郎、山东瀚湟、诸城希努尔的相关资产及负债进行评估。此次评估的目的是为诸城普兰尼奥拟受让项目所涉及的与其生产经营相同或类似服饰类产品的全部经营性资产及负债提供价值参考。评估范围为拟受让项目所涉及的与其生产经营相同或类似服饰类产品的全部经营性资产及负债。2007年12月5日,正源和信出具了鲁正信评报字〔2007〕第3040号《评估报告》,具体评估内容略。

(四)山东新郎、诸城希努尔、山东瀚湟重组范围的确定原则及重组前后的资产状况

纳入重组的是三家公司的服饰类资产,留在三家公司未纳入重组的是货币资金、与被重组三家公司以外的关联公司往来款、不易变更主体的相关科目(如银行借款、应付票据、部分预付账款、存货等)、部分非服饰类设备及闲置设备等。山东新郎、诸城希努尔、山东瀚湟的服饰类资产被收购前后的资产变化情况如下:(略)

(五)山东新郎、诸城希努尔部分资产未收购的原因及未收购资产的后续处理情况

1. 山东新郎存货未收购的原因以及后续处理情况

本次重组前,山东新郎生产的产品主要是外销,重组后山东新郎尚有部分未履行完毕的外贸订单,由于上述销售订单相关的信用证及进料手册已开出且无法更改,订单须由山东新郎继续履行。因此,上述订单涉及的存货未予收购,金额共计

5303.88 万元。根据《资产重组协议》中约定：山东新郎在资产交割前已经签订的外贸订单采用由诸城普兰尼奥按照外贸订单要求生产，山东新郎向诸城普兰尼奥平价采购后交付客户的方式履行。截至 2008 年 8 月 31 日，山东新郎已履行完毕上述合同并不再从事此类业务，相应的存货已销售完毕。

2. 山东新郎固定资产未收购的原因以及后续处理情况

山东新郎固定资产未收购的原因以及后续处理情况如下表所示：

单位：万元

固定资产大类	2007 年 11 月 30 日账面价值	未收购原因	后续处理情况	2010 年 6 月 30 日账面价值
机器设备	1.50	设备淘汰，无法用于服装业务	报废	0.00
机器设备	205.65	设备淘汰，无法用于服装业务	服装设备陈旧，留做家纺设备	153.75
机器设备	43.11	设备淘汰，无法用于服装业务	闲置	22.00
生产用电子设备	3.82	设备淘汰，无法用于服装业务	服装设备陈旧，留做家纺设备	3.76
生产用电子设备	0.28	设备淘汰，无法用于服装业务	闲置	0.28
非生产用电子设备	0.81	设备陈旧	报废	0.00
非生产用电子设备	20.22	设备陈旧	留做家纺业务	16.42
非生产用电子设备	1.59	设备陈旧	闲置	1.59
车辆	10.57	车辆老化	报废	0.00
车辆	120.53	车辆老化	留做家纺业务	107.63
办公设备	0.46	设备陈旧	留做家纺业务	0.27
构筑物	2.25	用于家纺业务	报废	0.00
构筑物	180.55	用于家纺业务	家纺厂区构筑物	174.04
构筑物	9.46	用于家纺业务	家纺厂区构筑物	8.48
房屋	1518.71	用于家纺业务	家纺用厂房	1466.80
合　计	2119.51			1955.02

3. 诸城希努尔固定资产未收购的原因以及后续处理情况

诸城希努尔固定资产未收购的原因以及后续处理情况如下表所示：

单位:万元

固定资产大类	2007 年 11 月 30 日账面价值	未收购原因	后续处理情况	2010 年 6 月 30 日账面价值
非生产用电子设备	3.84	设备陈旧	报废	0.00
非生产用电子设备	1.74	设备陈旧	留做家纺业务	0.99
车辆	25.69	车辆老化	报废	0.00
车辆	22.38	车辆老化	出售	0.00
车辆	22.17	车辆老化	留做家纺业务	15.63
办公设备	0.06	设备陈旧	报废	0.00
办公设备	2.09	设备陈旧	留做家纺业务	0.78
构筑物	32.57	用于家纺业务	报废	0.00
构筑物	49.50	用于家纺业务	家纺厂区构筑物	45.23
房屋	476.23	用于家纺业务	家纺用商场	465.66
其他	7.71	设备陈旧	报废	0.00
其他	0.81	设备陈旧	出售	0.00
其他	3.39	设备陈旧	留做家纺业务	1.24
合　计	648.18			529.55

2008 年 12 月,诸城希努尔被山东新郎吸收合并,诸城希努尔固定资产并入山东新郎。

综上所述,未予收购资产主要系留做家纺业务的房屋和构筑物等,机器设备等占比较小,因设备陈旧已不能满足西装现代化生产需要,故未纳入收购范围。

(六)公司收购上述三家公司服饰类资产的资金来源

公司收购三家公司服饰类资产共支付 403,860,961.09 元,其中 22,850 万元为诸城市财政局向公司提供的短期周转金,其余为公司自有资金。

根据 2007 年 12 月 19 日诸城市人民政府〔2007〕第 102 号《专题会议纪要》,并经诸城普兰尼奥董事会决议,2007 年 12 月 20 日诸城普兰尼奥与诸城市财政局签署了《财政周转资金扶持协议书》,诸城普兰尼奥为支付上述三家公司的资产受让款,向诸城市财政局借用了 22,850 万元财政周转资金,使用期限为 1 年,使用期间不计利息,不收取资金占用费。至 2008 年 12 月诸城普兰尼奥已经足额偿还了上述扶持款。

(七)收购上述三家关联公司服饰类资产对发行人业务、管理层、实际控制人及财务状况的影响

收购上述三家公司的服饰类资产避免了同业竞争,扩大了公司的资产和业务规模。收购行为对公司的管理层和实际控制人没有影响。

公司于2007年完成收购后,2007年年底的总资产、净资产分别为67,389.82万元和20,289.26万元,2007年年度实现营业收入88,293.92万元、利润总额8,146.78万元,同比均有了较大幅度的增长。

公司于2007年年底完成重组后,有效整合了业务资源,构建了敏捷快速的业务流程,合并业务报表中的应收账款、预付账款、存货明显下降,资产运营效率显著提高。

(八)发行人保荐机构、律师对本次重组的核查意见

经核查,发行人收购的资产权属清晰,不存在产权纠纷,资产上不存在抵押、质押担保等他项权利,亦不存在其他所有权行使受限制的情况,均为重组对象合法所有并有权处置,发行人上述资产收购合法有效并均已履行完毕不存在纠纷及潜在纠纷;发行人收购的上述债权债务均系重组对象合法经营产生,并该债权债务转让已经通知债务人/取得债权人同意,发行人上述债权债务收购合法有效,并均已履行完毕不存在纠纷及潜在纠纷。

经核查重组对象的工商档案、重组对象的设立、股本变动的董事会决议、验资报告、签署的外商投资经营企业合同和章程及历次变更取得的潍坊市对外经济贸易委员会、潍坊市工商局等政府主管部门出具的批准文件及换发的《中华人民共和国台港澳侨投资企业批准证书》和《企业法人营业执照》,认为:重组对象设立时的股权设置、股本结构合法有效,产权界定和确认不存在纠纷或风险。其设立、股本变动等已履行法定程序,取得必要的审批文件,合法合规。

(九)资产重组后上述三家关联公司的情况

1. 重组后山东新郎、诸城希努尔和山东瀚湟2007年的财务状况和经营成果(略)

2. 山东新郎吸收合并诸城希努尔和山东瀚湟

经潍坊市对外贸易经济合作局以潍外经贸外资字〔2008〕第352号文批准,山东新郎吸收合并诸城希努尔和山东瀚湟。2008年12月30日,山东新郎、诸城希努尔及山东瀚湟已分别办理完毕合并、注销手续。潍坊市工商行政管理局向山东新郎换发注册号为370700400000248的《企业法人营业执照》。

3. 山东新郎变更经营范围

经潍坊市对外贸易经济合作局出具潍外经贸外资字〔2009〕第19号文批准,山东新郎将经营范围变更为:生产家纺产品;销售本公司生产的产品。

四、欣泰电气:关注重组备考利润表

为了保障本公司作为上市主体所必需的资产与业务的独立性和完整性,增强公司盈利能力,突出主营业务,公司进行了同一控制人下的资产整合。2007年6

月，公司前身整流器公司收购了电容器公司拥有的电容器业务相关资产；2007 年 11 月，公司收购辽宁欣泰拥有的干式变压器、35kV 及以下油浸式变压器和特种变压器相关资产；2007 年 11 月和 2008 年 11 月，公司受让辽宁欣泰部分土地使用权，分别涉及生产车间、办公楼用地和本次募集资金投资项目用地；2010 年 4 月，公司收购辽宁欣泰拥有的 66kV 及以上油浸式变压器业务相关资产。

由于上述资产重组的被重组方自 2007 年 1 月 1 日起即与本公司同受温德乙控制，且重组进入本公司的业务与本公司重组前的业务具有高度相关性，因此本公司主营业务没有发生重大变化。有关上述资产重组的具体情况如下：

（一）收购电容器业务相关资产

1. 所收购资产基本情况

所收购资产（不含土地使用权）经审计账面值（审计基准日为 2007 年 5 月 31 日）合计 912.19 万元，收购价格为 1120.52 万元，分别占本公司 2006 年 12 月 31 日总资产的 11.38% 和 13.98%，资产详细情况略。

2. 所履行的程序

2007 年 6 月 19 日，整流器公司召开股东会，一致通过了收购电容器公司的电容器业务相关资产的决议。

2007 年 6 月 27 日，北京兴华会计师事务所有限责任公司出具〔2007〕京会兴审字第 1－431 号《审计报告》，确认标的资产审计值为 912.19 万元（审计基准日为 2007 年 5 月 31 日）。

应整流器公司的委托，中和资产评估有限公司于 2007 年 6 月 28 日出具了中和评报字〔2007〕第 V2018 号《资产评估报告书》，确认标的资产评估值为 991.26 万元（评估基准日为 2007 年 5 月 31 日）。

2007 年 6 月 29 日，资产转让双方签订《资产收购协议》，同日，双方完成资产交割和价款支付。相关标的资产的过户手续亦已办理完成。

本次资产收购时，公司前身丹东整流器有限公司尚未建立规范的关联交易制度和独立董事制度，因而未履行关联交易决策程序，但是本次交易已经股东会批准，并履行审计、评估程序，交易程序符合《公司章程》及有关法律法规的规定。2009 年 7 月 4 日，公司独立董事朱英浩、杨文明、陈奎对公司 2006 年 1 月 1 日至 2009 年 6 月 30 日期间，公司与各关联方之间重大关联交易发表如下意见：公司与关联方在上述关联交易的定价依据和定价方法符合公开、公平、公正原则，具备公允性，不存在显失公平的关联交易；公司与关联方的关联交易不存在损害公司其他中小股东权益的情形。

3. 收购价格的确定

本次收购价格为 1120.52 万元。该价格的确定以评估值为参考，以标的资产的审计值912.19万元,扣除无形资产价值13.20万元(包括产品计量合格证书、产品型号证书、辽宁ISO验收合格证书、产品型式试验报告鉴定书等的净值,无偿赠送给本公司,故予以扣除),加上按协议签署日存货账面价值计算的增值税109.70万元以及交易标的在审计基准日至协议签署日之间增加的账面价值111.83万元计算而来。

本次收购资产不包括电容器公司的债务,收购价格在参考评估值的基础上按照审计值计算作价(审计值略低于评估值,差异为79.07万元),资产收购作价公允。

4.其他相关人员和资产的重组安排

在本次收购中,原电容器生产线的主要技术人员和生产人员也一并转至本公司。公司与主要技术人员和生产人员均签订了劳动合同。

由于欣泰电气拟在公司所在地建设新的电容器生产车间,故原电容器厂房及相关土地未纳入本次收购范围。为保持电容器业务的正常经营和规范运作,欣泰电气临时租赁原电容器厂房及相关土地。欣泰电气在公司新建的电容器生产车间竣工并投入使用后,双方于2009年2月协商终止了原租赁协议。上述土地厂房目前均为辽宁欣泰所有,处于闲置状态,需要根据市政统一规划进行处置。至此,欣泰电气已经完全拥有电容器生产的所有相关资产,实现了资产独立。

5.收购资产在报告期的效益情况

收购完成后,公司新建了电容器车间,购置了电容器生产设备,对电容器生产线进行了改造,生产能力明显提高,公司产品结构更加丰富,有利于公司业绩的提升。收购的上述电容器业务及资产在报告期内产生了良好的经济效益,报告期内其收入、成本、费用、利润情况见下表:

项 目	2010年度(元)	2009年度(元)	2008年度(元)
营业收入	11,590,911.15	17,917,272.93	16,956,596.63
营业成本	6,890,490.33	10,443,648.54	9,536,245.96
营业税金及附加	37,183.60	97,704.32	23,774.04
销售费用	507,099.83	756,351.69	236,007.63
管理费用	773,693.82	1,220,213.25	359,341.37
财务费用	112,361.65	223,961.91	116,004.49
营业利润	1,466,135.56	5,175,393.21	6,685,223.15

6.电容器公司注销情况及相关债务处理情况

(1)注销情况

经履行清算注销规定程序后,2008年7月8日,辽宁省丹东市工商行政管理局出具核准注销登记通知书(辽丹工商核注通内字〔2008〕第0800152376号),核准电容器公司的注销登记。

(2)相关债务处理情况

2008年4月26日,辽宁欣泰召开第二届第六次董事会会议,通过决议承接电容器公司清算期间尚未偿还的全部债务,包括应付账款6.20万元、其他应付款156.86万元、应付福利费67.19万元。该项事宜已处理完毕,不存在潜在纠纷或其他隐患问题。辽宁欣泰已出具承诺函,承诺电容器公司"被注销事宜可能带来的应归属于上述被注销公司或其股东承担的所有赔偿责任、潜在纠纷等,均由辽宁欣泰全部承担,本公司承诺将不通过任何方式向丹东欣泰电气股份有限公司转嫁与该注销有关的任何责任,该等注销若有任何潜在纠纷,由辽宁欣泰承担责任"。

保荐人认为:本次资产收购作价依据合理,收购价格公允,交易程序符合《公司章程》及有关法律法规的规定。电容器公司全部未偿还债务均由辽宁欣泰承接,债务处理不存在潜在纠纷或其他隐患问题,电容器公司的注销过程亦已履行相关手续,程序合法合规。发行人本次收购资产在物理上与控股股东完全独立分开;该等资产能够独立运营且运营情况良好。

发行人律师认为:发行人收购电容器公司资产的收购作价依据合理,收购价格公允,交易程序符合《公司章程》及有关法律法规的规定;收购完成后电容器公司已依法定程序注销,未偿还债务由辽宁欣泰负责清偿,电容器公司的注销过程亦已履行相关手续,程序合法合规,债务处理不存在潜在纠纷或其他隐患问题。

(二)收购辽宁欣泰的土地使用权

2007年11月10日,公司与辽宁欣泰签订《国有土地使用权转让协议》,以854.88万元的价格受让其拥有的两宗土地使用权。本次收购价格占本公司2006年12月31日总资产的10.67%。该两宗土地使用权涉及新建电容器车间、新建办公楼用地以及其他厂房(节能型铁芯、电磁线、箱体、箱变车间)用地。本次收购消除了公司电容器生产对控股股东的依赖,使得相关业务能够稳定和独立经营。

本次土地收购价格是以辽宁隆丰土地房地产与资产评估有限公司对该宗地的评估价值为依据。辽宁隆丰土地房地产与资产评估有限公司以2007年11月1日为估价基准日,对该宗地进行了评估,并出具了辽隆资土字〔2007〕7356号《土地估价报告》。具体评估情况如下:

地块编号	剩余使用年限	土地面积(平方米)	单位面积地价(元/平方米)	总地价(元)	土地使用权性质
1号宗地	45.1年	28,070.80	283	7944,036	出让
2号宗地	45.1年	2136.95	283	604,757	出让

为解决募集资金投资项目用地问题,2008年11月26日公司与辽宁欣泰签订《国有土地使用权转让协议》,受让辽宁欣泰持有的国有土地使用权(该等土地位于东平

大街159号，面积为20,031.33平方米)，该项土地收购价格为评估值566.89万元。辽宁隆丰土地房地产与资产评估有限公司对辽宁欣泰拟有偿转让的国有土地使用权价值进行了评估，并于2008年9月3日出具了辽隆资土字〔2008〕7124号《土地估价报告》，评估基准日为2008年9月2日。本次评估情况如下表所示：

地块编号	剩余使用年限	土地面积（平方米）	单位面积地价（元/平方米）	总地价(元)	土地使用权性质
3号宗地	43.9年	20,031.33	283	5,668,866	出让

(三)收购辽宁欣泰66kV及以上油浸式变压器业务资产

为了从根本上避免关联交易，彻底消除潜在同业竞争的条件，保障公司独立性，2010年4月18日，公司与辽宁欣泰签订了《资产收购协议书》，收购了辽宁欣泰66kV及以上油浸式变压器业务相关资产。

1.所收购资产基本情况

所收购资产包括辽宁欣泰66kV及以上油浸式变压器系列生产设备，66kV及以上油浸式变压器厂房、干式变压器厂房、生活区房产及相关土地使用权，66kV及以上油浸式变压器资质及相应无形资产、图纸、试验报告、认证等技术文件。其中，固定资产机器设备类价值241.53万元(含税价)，固定资产房屋类价值为1446.89万元，土地使用权价值为1698.59万元，共计3387.01万元。66kV及以上油浸式变压器资质及相应无形资产、图纸、试验报告、认证等技术文件不计价值，由辽宁欣泰在本次财产交割时无偿赠与给欣泰电气。具体移交财产以《资产收购协议书》之附件《交接清单》、《非专利技术清单》为准。

2.所履行的程序

2010年3月23日，欣泰电气召开第一届董事会第十六次会议，作出收购辽宁欣泰的66kV及以上油浸式变压器业务资产的决议。2010年4月8日，欣泰电气召开2010年第一次临时股东大会，同意收购该部分资产。

2010年4月11日，北京兴华会计师事务所有限责任公司出具〔2010〕京会兴审字第1-106号《审计报告》，确认标的资产的审计值为1468.06万元，其中：固定资产—房屋建筑物为1130.86万元，固定资产—机器设备为176万元，无形资产—土地使用权161.20万元(审计基准日为2010年3月31日)。

辽宁元正资产评估有限公司对标的资产进行了评估，并出具了元正评报字〔2010〕第047号《资产评估报告书》，确认除土地使用权外的标的资产评估值为1658.96万元(评估基准日为2010年3月31日)。

辽宁隆丰土地房地产与资产评估有限公司以辽隆资土字〔2010〕7108号《土地估价报告》对辽宁欣泰转让给发行人的土地使用权进行评估，确认标的资产评估值为1698.59万元(评估基准日为2010年3月31日)。

2010年4月18日,公司独立董事杨文明、朱英浩和陈奎对本次收购发表独立意见,认为“本次收购符合上市公司规范的相关要求;定价合理、公允,符合市场行情;公司董事会审议本次收购的程序符合关联交易表决程序,没有损害公司中小股东利益”。

双方于2010年4月18日签订《资产收购协议书》,同日完成交割,相关标的资产的过户手续已经办理完成,价款已经支付完毕。

3.收购价格的确定

根据《资产收购协议书》,本次收购价格为3387.01万元。该价格系按《资产评估报告》中交易标的在基准日的评估值1658.96万元加《土地估价报告》中土地使用权在基准日的评估价值1698.59万元加机器设备相关税金29.46万元确定。根据协议约定,发行人收购辽宁欣泰的66kV及以上油浸式变压器资质及相应无形资产、图纸、试验报告、认证等技术文件,前述无形资产无偿转让给发行人。

4.其他相关人员和资产的重组安排

在本次收购中,原66kV及以上油浸式变压器业务的主要技术人员、生产人员、销售人员均与辽宁欣泰解除劳动关系,与发行人签订了劳动合同。

5.收购该资产对本公司的影响

本次收购辽宁欣泰66kV及以上油浸式变压器业务资产,被重组方重组前一个会计年度的资产总额、营业收入和利润总额占重组前发行人相应项目的4.52%、31.48%和9.07%,根据证券期货法律适用意见〔2008〕第3号,即《首次公开发行股票并上市管理办法》第12条“发行人最近3年内主营业务没有发生重大变化”的适用意见,发行人已根据有关规定编制了三年及一期的备考利润表和重组完成后的最近一期资产负债表,且会计师出具了专项核查报告。

本次同一控制下的资产整合及相关收购完成后,辽宁欣泰所拥有的资产包括办公楼981平方米,土地140,270.3平方米,以及少量办公电脑、办公桌椅等办公设施和乘用车辆等交通工具,已不再拥有机器设备、厂房等生产设施,不具备任何生产输配电产品的基础条件。本公司主要产品的生产能力进一步提升,产品结构更为完善,产品间的协同效应更加明显,资产质量和盈利水平显著提升。同时,本次资产收购彻底解决了公司与控股股东之间的关联采购和销售问题,公司的主营业务收入均来自自身的生产经营,各项业务与控股股东完全独立。

(四)资产重组的影响分析

1.大幅降低了公司与关联方的关联交易,保障了公司独立性

2007年11月之前,由于历史原因公司与辽宁欣泰及其子公司电容器公司之间存在较高比例的关联交易,主要是公司销售给辽宁欣泰节能型铁芯、电磁线等,作

为其生产干式变压器及油浸式变压器的中间产品；销售给电容器公司铁架，作为其生产电容器产品的中间产品。2007 年 6 月资产重组完成后电容器公司已无实质性经营活动，公司与电容器公司之间不再发生关联交易，电容器公司于 2008 年 7 月 8 日依法注销。2007 年 11 月公司收购辽宁欣泰干式变压器及 35kV 油浸式变压器等资产后，公司与辽宁欣泰关联交易显著降低，2008 年和 2009 年关联交易比例分别降至 19.36% 和 12.24%，关联交易产生的毛利占当年毛利比例仅 9.19% 和 4.61%。公司盈利对关联交易的依赖很小。2010 年 4 月收购 66kV 及以上油浸式变压器业务资产后，辽宁欣泰经营范围已转向投资管理和咨询服务等，彻底消除了未来发生关联交易和潜在同业竞争的条件。

2. 完善了公司的业务体系，提高了公司盈利能力

资产重组后，本公司的业务体系更加完善，主营业务突出。公司一方面加强了对营销体系的整合和销售人员的管理，另一方面对收购资产进行了更新改造和技改投入。资产重组在大幅度降低关联交易的同时，由于减少了生产和销售的中间环节，降低了销售、管理成本及营业税金，使得收购资产的盈利能力也有了较大提升。

（五）同一控制下的资产重组备考利润表

2010 年 4 月 18 日本公司与辽宁欣泰股份有限公司签订《资产收购协议书》，收购辽宁欣泰股份有限公司 66kV 及以上油浸式变压器生产及销售业务的主要资产。

1. 备考利润表编制方法

根据《首次公开发行股票上市管理办法》、证券期货法律适用意见〔2008〕第 3 号及《企业会计准则》的有关要求，假定资产收购后的公司架构在申报期期初（2008 年 1 月 1 日）即已存在，在此基础上公司采用如下方法编制了报告期 2008 ~ 2010 年的资产重组备考利润表：

资产收购备考利润表的收入 = 本公司当年的报表列示的营业收入 + 被收购资产当年生产的产品销售实现的收入 - 关联交易金额。

资产收购备考利润表的成本 = 本公司当年的报表列示的营业成本 + 被收购资产当年生产的产品销售结转的成本 - 关联交易金额。

资产收购备考利润表的营业税金及附加 = 本公司当年的报表列示的营业税金及附加 + 被收购资产原属公司当年的报表列示的营业税金及附加 × 被收购资产当年生产的产品销售实现的收入 ÷ 被收购资产原属公司主营业务收入。

资产收购备考利润表的各项期间费用 = 本公司当年的报表列示的各项期间费用 + 被收购资产原属公司当年的报表列示的各项期间费用 × 被收购资产当年生产的产品销售实现的收入 ÷ 被收购资产原属公司主营业务收入。

营业税金及附加和各项期间费用无法在被收购资产和非收购资产之间准确分摊,本公司采用按被收购资产当年生产的产品销售实现的收入占被收购资产原属公司主营业务收入的比重为基础进行分摊的估计方法。

由于其他业务利润、营业外收支和资产减值损失等被收购资产原属公司利润表项目与被收购资产所实现的利润无直接关系,故在编制资产收购备考利润表时未予考虑。

2. 备考利润表及其编制过程

资产重组备考利润表

单位:元

项　目	2010 年度	2009 年度	2008 年度
一、营业总收入	378,900,928.47	347,162,754.37	337,147,425.60
减:营业成本	279,021,281.29	243,746,796.32	252,417,058.96
营业税金及附加	1,252,064.85	2,198,466.88	1,232,957.55
销售费用	16,819,793.56	17,519,846.42	14,751,153.46
管理费用	26,706,210.82	32,337,236.57	22,784,868.71
财务费用	5,483,425.05	6,504,600.32	9,281,472.29
资产减值损失	2,007,812.36	1,869,765.71	1,017,211.91
加:公允价值变动收益	—	—	—
投资收益	—	—	—
其中:对联营企业和合营企业的收益	—	—	—
二、营业利润	47,610,340.54	42,986,042.15	35,662,702.72
加:营业外收入	22,935,630.99	8,485,388.28	9,492,208.39
减:营业外支出	165,925.47	—	8.72
其中:非流动资产处置损失	—	—	—
三、利润总额	70,380,046.06	51,471,430.43	45,154,902.39
减:所得税费用	8,527,952.48	6,148,004.17	5,420,820.41
四、净利润	61,852,093.58	45,323,426.26	39,734,081.98

经发行人和会计师复核,形成该项差异的原因如下:

发行人编制的资产收购备考利润表是基于收购部分经营性资产而编制的备考利润表,因此发行人销售给辽宁欣泰的铁芯、电磁线等中间产品如果领用后未用于该被收购资产所涉及的业务或直接对外销售,则该部分中间产品在发行人实现的收入与在辽宁欣泰形成的成本不属于备考利润表合并范围,编制备考利润表时未予抵消。具体情况如下:2008 年辽宁欣泰年末存货余额中 1103.75 万元铁芯、电磁线等中间产品,由于尚未领用,故未进行抵消,剩余 293.41 万元铁芯、电磁线等中间产品,辽宁欣泰直接对外销售,也未予抵消。

2009 年辽宁欣泰年末存货余额中 535.43 万元铁芯、电磁线等中间产品,由于尚未领用,故未进行抵消。

2010 年辽宁欣泰将 1255.22 万元铁芯、电磁线等中间产品直接对外销售,未予抵消。

保荐人和发行人会计师经核查后均认为:公司收购前 66kV 及以上变压器项目的收入、成本、费用核算真实、准确、完整,公司备考利润表编制方法合理适当。发行人收购资产在物理上与被收购方可完全独立分开,该等资产能够独立运营且运营情况良好。

3. 审核意见

北京兴华会计师事务所有限责任公司对本公司资产收购备考利润表以及资产收购备考利润表附注进行了专项审核,并出具了标准无保留意见的京会兴核字〔2011〕第 1-005 号《专项审核报告》。

北京兴华会计师事务所有限责任公司认为:“资产收购备考利润表在所有重大方面公允反映了贵公司 2008 年度、2009 年度和 2010 年度的资产收购备考利润情况。”

五、大华农:资产转让未进行评估

为拓展公司产业链,完善公司产供销一体化,本公司对同一控制下的非免蛋资产和业务进行了一系列整合。具体情况如下:

(一)非免蛋业务基本情况

非免蛋是本公司生产兽用疫苗的重要原料。非免蛋业务为本公司的上游产业。在本公司整合非免蛋业务之前,温氏集团及其关联企业拥有 5 个非免蛋场及 1 个 SPF 实验动物中心,分别属于温氏集团、温氏南方家禽和大华农有限责任公司。

在大华农有限责任公司整合非免蛋业务之前,大华农有限责任公司正在自建龙庆非免蛋场,但即使龙庆非免蛋场建成投产,其生产能力也无法满足公司对非免蛋的大量需求,不得不向关联公司采购。为解决同业竞争,减少关联交易,保证并提高非免蛋的培育和供应,大华农有限责任公司决定设立一家全资子公司,对温氏集团及其关联企业的非免蛋资产和业务进行全面整合,以进一步拓展延伸公司的产业链。

(二)非免蛋资产和业务的整合情况

1. 大华农有限责任公司收购温氏集团的齐洞和纲地非免蛋场

2007 年 11 月 3 日,经大华农有限责任公司股东会决议,同意以经评估的资产价值为定价依据,先行收购温氏集团的纲地和齐洞两个非免蛋场的经营性资产,再将其转让给设立后的新兴禽蛋。

2007 年 11 月 20 日，大华农有限责任公司与温氏集团签订《资产转让协议》，约定以 2007 年 10 月 31 日为评估基准日，以 719.32 万元的评估价值为参考收购纲地非免蛋场的经营性资产和业务（中天衡评字〔2007〕第 149 号《资产评估报告》）；以 447.65 万元的评估价值为参考收购齐洞非免蛋场的经营性资产和业务（中天衡评字〔2007〕第 150 号《资产评估报告》），合计收购价格 1050.00 万元。收购齐洞、纲地非免蛋场的资产交割日均为 2007 年 11 月 20 日；价款支付情况为：2007 年 11 月 23 日大华农支付了 540 万元收购款，2008 年 2 月 28 日支付了余款 510 万元。

2009 年 7 月 20 日，新兴禽蛋与温氏集团稔村分公司签订了齐洞、纲地非免蛋场的农村土地承包经营权流转合同，并于 2009 年 7 月 31 日办理了齐洞、纲地非免蛋场的用地备案手续。

2. 设立新兴禽蛋，收购辑罗、九龙非免蛋场及 SPF 实验中心

2007 年 11 月 3 日，大华农有限股东会决定设立全资子公司新兴禽蛋，全面整合非免蛋业务。2007 年 12 月 21 日，新兴禽蛋经新兴县工商行政管理局核准成立。

2007 年 11 月 3 日，经大华农有限责任公司股东会决议同意，新兴禽蛋以经评估的资产价值为定价依据，收购温氏集团的辑罗非免蛋场和 SPF 实验动物中心，以及温氏南方家禽的九龙非免蛋场。

2007 年 12 月 30 日，新兴禽蛋与温氏集团签订《资产转让协议》，约定以 2007 年 11 月 30 日为评估基准日，以 729.83 万元的评估价值收购辑罗非免蛋场（中天衡评字〔2007〕第 163 号《资产评估报告》）、以 770.75 万元的评估价值收购 SPF 实验动物中心（中天衡评字〔2007〕第 169 号《资产评估报告》）。

2007 年 12 月 30 日，新兴禽蛋与温氏南方家禽签订《资产转让协议》，约定以 2007 年 11 月 30 日为评估基准日，以 982.74 万元的评估价值收购九龙非免蛋场（中天衡评字〔2007〕第 170 号《资产评估报告》）。

上述蛋场的资产交割日为 2007 年 12 月 30 日；辑罗及九龙非免蛋场价款支付日期为 2008 年 8 月；SPF 实验动物中心的价款支付日为 2008 年 3 月 13 日。

权属变更方面，由于 2008 年辑罗及九龙非免蛋场的防疫条件发生变化，因此为避免同业竞争情况，大华农于 2008 年 10 月及 12 月将辑罗和九龙非免蛋场售回给温氏集团及温氏南方家禽，因此辑罗及九龙非免蛋场并未办理土地承包经营权流转手续及经营性资产的用地备案手续；2009 年 7 月 17 日，公司向温氏集团承租了 SPF 实验动物中心的土地承包经营权，并于 2008 年 2 月 27 日，办理了 SPF 实验动物中心的用地备案手续。

3. 将大华农向温氏集团收购的齐洞、纲地非免蛋场转让给新兴禽蛋，实现非免蛋业务的全面整合

2007 年 12 月 30 日，大华农有限责任公司与新兴禽蛋签订《资产转让协议》，约定以截至 2007 年 12 月 30 日的账面净资产为定价依据，新兴禽蛋向大华农有限

责任公司收购纲地非免蛋场、齐洞非免蛋场以及龙庆非免蛋场,收购价格合计1157.70万元。新兴禽蛋收购非免蛋资产的情况如下表所示:

序号	收购方	被收购方	收购资产	定价依据	收购价格(万元)
1	新兴禽蛋	大华农有限	纲地、齐洞、龙庆非免蛋场	账面净资产	1157.70
2	新兴禽蛋	温氏集团	辑罗非免蛋场	评估价值	729.83
3	新兴禽蛋	温氏集团	SPF实验动物中心	评估价值	770.75
4	新兴禽蛋	温氏南方家禽	九龙非免蛋场	评估价值	982.74

(1)大华农向新兴禽蛋转让齐洞、纲地及龙庆非免蛋场时未进行资产评估的原因说明

公司2007年12月30日向全资子公司新兴禽蛋转让齐洞、纲地及龙庆非免蛋场时未进行资产评估,主要原因是公司向温氏集团收购齐洞、纲地时已以2007年10月31日为基准日对上述非免蛋场进行了资产评估,截至2007年12月30日上述非免蛋场的资产未发生重大变化,因此未再次进行资产评估;而龙庆非免蛋场由于尚未完工、涉及金额较小且新兴禽蛋为公司的全资子公司,因此未进行资产评估。

(2)大华农收购齐洞、纲地非免蛋场价格与大华农向新兴禽蛋转让齐洞、纲地及龙庆非免蛋场的交易价格的差异说明

2007年12月30日,大华农以1157.70万元的价格将纲地、齐洞、龙庆三个非免蛋场转让给子公司新兴禽蛋,定价依据为截至2007年12月30日的账面净资产。上述三个蛋场2007年12月30日的账面净资产明细如下表所示:

单位:万元

项 目	转让价格			
	齐洞	纲地	龙庆	合计
资产总计	373.18	766.84	198.51	1338.52
其中:固定资产	239.33	514.77	—	
在建工程	—	11.23	74.13	
生产性生物资产	91.24	154.45	—	
长期待摊费用	—	—	124.34	
负债合计	79.41	100.76	0.66	180.83
其中:应付账款	69.09	90.38	—	
其他应付款	5.4	6.77	0.66	
应交税费	0.11	0.03	—	
其他流动负债	4.81	3.58	—	
账面净资产	293.77	666.08	197.85	1157.70

上述转让价格与公司2007年11月20日收购齐洞、纲地非免蛋场的交割价格1050万元的差异为107.70万元。产生价格差异的原因主要在于:

①以2007年12月30日账面净资产值959.85万元的价格转让齐洞、纲地非免蛋场，与公司收购上述蛋场的价格1050万元差异-90.15万元，如下表所示。

单位:万元

项　目	收购价格			转让价格			齐洞纲地蛋场价格差异		
	齐洞	纲地	合计	齐洞	纲地	合计	齐洞	纲地	合计
资产总计	367.15	682.85	1050.00	373.18	766.84	1140.02	6.03	83.99	90.02
其中:固定资产	243.03	512.67	755.7	239.33	514.77	754.10	-3.7	2.1	-1.60
在建工程	2.62	3	5.62	—	11.23	11.23	-2.62	8.23	5.61
生产性生物资产	121.5	167.18	288.68	91.24	154.45	245.69	-30.26	-12.74	-42.99
长期待摊费用				—	—	—	—	—	—
负债合计				79.41	100.76	180.83	79.41	100.76	180.83
其中:应付账款				69.09	90.38	159.47	69.09	90.38	159.47
其他应付款				5.4	6.77	12.17	5.4	6.77	12.17
应交税费				0.11	0.03	0.14	0.11	0.03	0.14
其他流动负债				4.81	3.58	8.39	4.81	3.58	8.39
账面净资产	367.15	682.85	1050.00	293.77	666.08	959.85	-73.38	-16.78	-90.15

②2007年12月30日龙庆非免蛋场的账面净资产值197.85万元。上述两项差异合计107.70万元。

(三)整合非免蛋业务的必要性及对公司业务体系完整性的影响

1.收购非免蛋业务的必要性说明

(1)收购前上述非免蛋场与大华农有限之间的关系(略)

(2)收购非免蛋业务的必要性

非免蛋场生产的胚蛋是大华农从事兽用生物制品生产的重要原材料。在大华农有限整合非免蛋业务之前，大华农有限正在自建龙庆非免蛋场，但即使龙庆非免蛋场建成投产，其生产能力也无法满足公司对非免蛋的大量需求，不得不向关联公司采购。一方面，关联企业之间构成同业竞争；另一方面，公司的自有胚蛋生产能力无法满足公司疫苗生产的需求，不得不向关联公司采购，由此形成了较大比例的关联采购金额。为解决同业竞争，减少关联交易，大华农有限有必要对温氏集团及其关联企业的非免蛋资产和业务进行全面整合，形成完整的兽用生物制品业务链。

2.收购非免蛋业务的定价依据及关联交易价格公允性的说明

大华农有限向温氏集团收购齐洞、纲地、辑罗非免蛋场及SPF实验动物中心，向温氏南方家禽收购九龙非免蛋场均以评估价值为定价依据，关联交易价格合理、公允。

3.收购非免蛋业务对大华农业务完整性及独立性的影响

非免蛋场生产的胚蛋是大华农从事兽用生物制品生产的重要原材料。在收购了上述非免蛋业务后，大华农兽用生物制品业务形成了从胚蛋原材料供应到疫苗成品的生产及销售的完整产业链,进一步强化了大华农业务完整性及独立性。

(四)出售非免蛋资产情况

公司全资子公司新兴禽蛋整合温氏集团及公司的非免蛋业务之后,拥有6个非免蛋场,但由于辑罗和九龙非免蛋场的防疫条件发生变化,龙庆非免蛋场无法按规定办理相关用地手续,新兴禽蛋出售了上述三个非免蛋场。

1. 出售辑罗、九龙、龙庆非免蛋场的必要性说明

2008年下半年至2009年4月,由于辑罗、九龙非免蛋场周边的防疫条件发生重大变化,导致非免蛋合格率持续下降,不再适宜生产非免蛋,如大华农继续保留辑罗、九龙非免蛋场,则上述蛋场生产的鸡蛋将不得不以普通鸡蛋对外出售,从而导致大华农与温氏集团下属蛋场产生同业竞争,因此大华农必须将上述蛋场予以转让。

龙庆非免蛋场因无法按规定办理相关用地手续,如保留龙庆非免蛋场,则大华农的资产完整性将受到影响,因此大华农有必要将龙庆非免蛋场予以出售。

2. 出售辑罗、九龙、龙庆非免蛋场的定价依据及关联交易价格公允性的说明

本公司2008年出售辑罗及九龙非免蛋场的交易价格以账面价值为基础,具体情况如下表所示。

单位:万元

出售资产名称	交割时间	交割价格	账面价值	交易利润
辑罗非免蛋场	2008.10	697.63	697.63	—
九龙非免蛋场	2008.12	1037.42	1037.42	—

辑罗非免蛋场和九龙非免蛋场的出售定价依据均为交割日的账面价值。由于交割时间距离2007年年底资产评估时间未超过一年,且2008年两个非免蛋场主要资产未发生显著变化,因此本次出售的交易价格均在截至2007年12月31日的评估值上略微调整,交易价格公平、合理。其中,辑罗非免蛋场较评估值减少4.41%,九龙非免蛋场较评估值增加5.56%。

龙庆非免蛋场出售的定价依据为资产评估价值(中天衡评字〔2009〕第034号),评估基准日为2009年3月31日,评估结果为实物资产的评估价值1428.79万元,增值率为0.5%。交割价格为龙庆非免蛋场2009年4月30日的账面价值1417.37万元。出售龙庆非免蛋场的价格公允、合理。

3. 出售辑罗、九龙、龙庆非免蛋场对大华农业务完整性及独立性的影响

由于辑罗、九龙非免蛋场防疫条件发生变化,不适宜生产非免蛋,只能生产和销售商品蛋,将导致公司与温氏集团商品蛋业务产生同业竞争。因此,出售辑罗、九龙非免蛋场有利于消除与温氏集团的同业竞争,增强大华农业务的完整性及独

立性。

龙庆非免蛋场因无法按规定办理相关用地手续而出售，因此出售龙庆非免蛋场有利于大华农合法经营，对大华农业务完整性及独立性无影响。

在大华农出售上述辑罗、九龙及龙庆蛋场后，上述蛋场均未再从事胚蛋的生产及销售，仅作为普通蛋场生产商品蛋并出售给农贸市场或温氏集团，与大华农的非免蛋场不存在同业竞争情况，因此，上述非免蛋场的出售并未影响大华农兽用制品业务的完整性，反而增强了公司经营的独立性。

4. 温氏集团（含下属企业）不从事非免蛋业务的承诺

2009 年 8 月 18 日，温氏集团（含下属企业）就避免与本公司（含下属企业）同业竞争问题出具《避免同业竞争的承诺函》，承诺：

本公司目前拥有的辑罗、九龙、龙庆非免蛋场资产，自本公司与广东大华农下属企业新兴大华农禽蛋有限公司签署收购协议之日起至本承诺函出具之日，均没有再从事胚蛋的生产和销售业务，且将来也不会以任何方式从事胚蛋生产销售或与此可能构成竞争的业务或活动。

除辑罗、九龙、龙庆非免蛋场资产外，截至本承诺函出具之日，本公司并未以任何方式直接或间接从事与广东大华农主营业务构成竞争或可能构成竞争的业务或活动，且将来也不会从事前述活动。

（五）资产重组对公司最近两年主营业务稳定性及业务体系完整性的影响

1. 重组前后被重组方与重组方的资产总额、净资产、收入及利润总额的比较情况

2007 年年末公司收购了肇庆大华农 70% 股权，使肇庆大华农成为公司的全资子公司，并收购了齐洞、纲地、辑罗、九龙非免蛋场以及 SPF 实验动物中心，实现了对非免蛋业务的全面整合。在本次重组前一会计年度末即 2006 年年末，公司与被重组方的主要财务比例计算及比较情况如下表所示：

单位：万元

项　目	大华农有限责任公司（2006 年年末/2006 年度）①	肇庆大华农（2006 年年末/2006 年度）②	非免蛋业务（2006 年年末/2006 年度）③	被重组方合计④	被重组方占重组方比例⑤
总资产	13,635.03	7778.83	1035.53	8814.36	64.64%
营业收入	12,877.04	10,605.52	2311.43	12,916.95	100.31%
利润总额	1396.94	2893.42	1139.04	5429.40	388.66%

注 1：大华农有限与被重组方 2006 年的财务数据均为经审计数据；

注 2：财务比例计算过程：④ = ② + ③；⑤ = ④/①；

注 3：肇庆大华农的总资产、营业收入及利润总额均全额计算。

在2006年年末,被重组方的总资产与公司总资产的比例为64.64%;2006年度被重组方营业收入与公司的比例为100.31%、利润总额与公司的比例为388.66%。收购肇庆大华农及非免蛋业务后,公司的资产规模及盈利能力均大幅提升。虽然本次在同一控制下相关业务重组的相关财务比例超过100%,但由于公司收购上述业务的合并日均在2007年,收购完成至今已运行了两个完整会计年度,符合《证券期货法律适用意见第3号》的规定。

2008年下半年至2009年4月,由于辑罗、九龙非免蛋场周边的防疫条件发生重大变化,不再适宜生产非免蛋,大华农须将上述蛋场予以转让;而龙庆非免蛋场无法按规定办理相关用地手续,大华农须将龙庆非免蛋场予以出售。因此,公司分别于2008年10月31日、2008年12月31日以及2009年4月30日将辑罗、九龙以及九龙非免蛋场出售。由于该三个蛋场的出售时间较为接近(12个月以内),因此将其累计计算,在本次重组前一会计年度末即2007年年末,或前一个会计年度即2007年度,大华农与所出售资产的主要财务比例计算及比较情况如下表所示:

单位:万元

项　目	广东大华农(2007年年末)①	出售资产情况(被重组方)(2007年度)②				被重组方占重组方比例③
		辑罗	九龙	龙庆	合计	
总资产	34,451.43	711.46	982.74	193.11	1887.31	5.48%
营业收入	35,351.92	203.64	367.65	—	571.29	1.62%
利润总额	9128.56	34.94	-109.53	-5.36	-79.95	-0.88%

注1:广东大华农与被重组方2007年的财务数据均为经审计数据;

注2:财务比例计算过程:③=②/①。

2.报告期内资产重组对大华农最近2年内主营业务是否发生重大变化的影响说明

大华农报告期内的资产重组同时符合以下条件:

(1)大华农报告期内收购的肇庆大华农及齐洞非免蛋场自报告期期初起即与大华农受同一实际控制人温氏家族所控制;收购的纲地、辑罗、九龙非免蛋场及SPF实验动物中心为报告期内新设立的,其均自成立之日即与大华农受同一实际控制人温氏家族所控制。

(2)被重组方肇庆大华农与大华农重组前的业务具有相关性,属于相同行业;被重组方各非免蛋场及SPF实验动物中心与大华农重组前的业务具有相关性,与本公司的兽用生物制品业务属于同一产业链的上下游。

(3)重组方式遵循市场化原则,收购肇庆大华农的重组方式为股权收购;收购各非免蛋场及SPF实验动物中心的重组方式为收购经营性资产。

（4）大华农重组当年（2007 年）与重组后 2 年内（2008 年、2009 年）主营业务收入分品种明细及其占营业收入的情况如下表所示：

单位：万元

项　目	2009 年度		2008 年度		2007 年度	
	收入	占比	收入	占比	收入	占比
兽用生物制品	32,657.04	61.05%	25,925.02	53.96%	19,373.29	54.80%
兽用药物制剂	13,194.17	24.67%	13,951.81	29.04%	11,264.65	31.86%
饲料添加剂与添加剂预混合饲料	6390.56	11.95%	5759.04	11.99%	3850.91	10.89%
合计	52,241.78	97.66%	45,635.87	94.98%	34,488.85	97.56%

从上表可以看出，重组当年与最近 2 年内，公司的主营业务均由兽用生物制品、兽用药物制剂、饲料添加剂及添加剂预混合饲料构成，主营业务结构未发生变化。

（5）由于辑罗、九龙非免蛋场防疫条件发生变化、龙庆非免蛋场无法办理用地手续，公司在 2008 年年底及 2009 年年初分别出售了上述非免蛋场，出售资产占大华农重组前一个会计年度末的资产比例为 5.48%，营业收入占比为 1.62%，利润总额占比为 -0.88%，对公司的影响较小。其次，上述非免蛋场的主要业务是生产合格的胚蛋供应给大华农作为疫苗生产的原材料，非免蛋场的出售尽管使得公司自产胚蛋的供应量减少，但并未影响到公司以兽用生物制品、兽用药物制剂、饲料添加剂及添加剂预混合饲料的业务结构，对公司的主营业务未产生影响。

综上所述，保荐机构和申报会计师认为，发行人上述资产重组符合《首次公开发行股票并在创业板上市管理办法》的规定，发行人最近 2 年内主营业务未发生重大变化，资产重组后具有完整的业务体系。

3. 报告期资产重组对公司完整业务体系的影响说明

收购肇庆大华农后，大华农有限责任公司消除了公司与肇庆大华农的同业竞争，减少了关联交易，且收购后大华农有限责任公司兽用生物制品业务资产大幅增加，公司通过收购取得了肇庆大华农与疫苗业务相关的全部经营性资产，包括 GMP 生产车间、禽流感灭活疫苗技术使用权等核心设备及技术；同时，随着 2007 年、2008 年本公司对肇庆大华农 GMP 二车间的投资建设，以及 2008 年年末公司对肇庆大华农的增资扩股，本公司在兽用生物制品业务领域进入了高速发展阶段，为公司 2007 年以来经营业绩高速增长奠定了基础。

整合了非免蛋业务后，大华农有限责任公司形成了兽用生物制品业务的完整产业链，降低了关联交易以及核心原材料（胚蛋）对关联方的依赖。在收购了上述非免蛋业务的经营性资产后，大华农有限责任公司获得了生产胚蛋所必需的经营场所、养殖设施及相关技术，并设立了子公司新兴禽蛋专门对非免蛋业务进行投资建设及运营,为公司兽用生物制品业务的进一步发展奠定了基础,同时确保了公司主要原材料胚蛋稳定供应和质量保证。在2008年度上述非免蛋场投产后,公司的胚蛋业务取得了较大增长,为公司节约了较大的原材料成本,公司一体化经营的协同效应开始体现。收购后公司原材料成本的大幅下降使公司利润水平大幅提高,公司盈利能力得到较大提升。

尽管2008年年底及2009年年初因辑罗、九龙非免蛋场防疫条件发生变化,龙庆非免蛋场因无法办理用地手续,公司出售了上述三个蛋场,但公司仍保留了齐洞、纲地非免蛋场及SPF实验动物中心,公司的自产胚蛋供应来源具有保障,兽用生物制品的产业链保持完整,辑罗、九龙及龙庆非免蛋场的出售未对公司的业务体系完整性产生影响。

保荐机构、申报会计师和发行人律师认为,发行人最近2年内主营业务未发生重大变化。发行人报告期内的资产重组有利于拓展公司的发展空间,符合公司的战略规划,为发行人的长远发展奠定了基础;资产重组完成后发行人拥有了完整、独立的业务体系。

【案例评析】

1. 对于企业进行的资产重组,主要有两种主要的方式,一种是收购股权,另外一种就是收购主要的经营性资产。从程序上和具体操作的角度来讲,进行股权收购相对比较简单清晰也容易得到认可因而在实践中比较常见。不过在收购对象存在不良资产或者对收购方没有利用价值的资产的情况下,剥离部分资产而仅收购其中核心资产也是资产整合中比较常用的一种方式。

2. 当然,由于资产收购仅是核心资产的收购,收购对象必然会剩余部分资产,那么这部分资产的后续处置情况以及人员安排等情况也会被重点关注以免引起不必要的纠纷或者潜在纠纷。另外,资产收购较之股权收购更加关注收购定价的公允性,一般情况下,还是根据评估值作为定价依据,由于评估增值率一般都会很低,所以最后交易价格一般就是账面净资产值。

3. 从上述案例来看尽管每个案例都有其一些比较特殊的地方,但是比较共性的重点关注问题介绍的非常详细也比较清楚。总结起来,资产收购主要关注的重点问题有以下几点:

(1)资产收购的必要性和理由。一般都可以解释为为了避免同业竞争和减少关联交易,增加经营资产并加强经营实力;此外,还需要稍微解释下收购部分资产而没有整体收购股权的原因是什么。

(2)被收购资产的具体内容以及对公司的作用。收购的资产明细要说清楚,就是告诉人家你都买了些什么,这个很好理解;此外,还需要说明的是你买这些资产到底有没有用,就是公司会不会当冤大头买了一些没有用的资产,甚至还需要详细说明被收购资产在报告期的收益情况。

(3)资产收购的决策过程。这个一般不会存在什么问题,在中介机构的指导下做出相关决议就可以了。

(4)资产收购的评估过程。资产收购一般都是要根据评估结果定价,因而评估报告在资产收购中的作用就显得至关重要,很多案例都需要向投资者详细披露评估报告的具体内容,包括评估标的、评估基准日、评估方法以及评估结果等。

(5)资产收购前的关联交易以及定价公允情况。资产收购与股权收购既然都是资产整合一般情况下目的都是一样的,那就是减少关联交易,那么在收购之前的关联交易情况还需要描述清楚。

(6)是否是同一控制下的企业合并及理由。如果是构成一项业务合并,那么是需要根据企业合并会计准则进行会计处理的,如果不是则进行正常的会计处理就可以。至于什么是业务合并,简言之,就是收购资产是收购方产业链的补充或者加强,是收购方业务的一部分。

(7)企业合并日的确定是否合理。这个问题主要还是一个会计问题,会计准则主要从付款比例上来进行认定,实践过程中还有可能辅助协议约定、资产交割、完税义务、资产存放等因素来确定合并日。

(8)资产收购后剩余资产的处置情况以及人员安置情况,尤其是债权债务的清偿情况。这个问题前面已经提到,这里不再赘述,就是要介绍清楚剩余资产的具体情况以及处置情况,一来防止经营资产并没有购买彻底,二来就是防止出现纠纷或潜在纠纷。

(9)资产收购对公司的影响。影响一般主要考察两个方面:一个是对公司业务的影响,就是资产收购是否构成发行人主营业务的重大变化;另一个是就是对公司财务状况的影响,比如是否改变了企业的会计基础,是否需要运行完整的会计年度等。

4. 还需要说明一点的是,资产收购和股权收购的方案选择上还有一个很重要的考量因素,那就是税负问题。遗憾的是,在上述案例中都没有对这个问题做一个明确的交代,审核过程中也没有重点关注。小兵在本节思路总结中对该问题简要总结,仅供大家参考。

5. 上述案例都还有一些比较有特点的地方,在此简要总结一起与大家分享:

(1)翰宇药业:①被收购资产收购前的权属情况,是否权属清晰;②如果公司收购的资产在收购前是免费使用的话,那么报告期内的折旧费以及使用费的会计处理还需要适当关注;③关注收购资产是否全部纳入了尽职调查范围之内。

(2)华伍股份:①公司在收购资产的同时还收购了股权,两者直接对比会给我们更多启示;②重点解释了华伍电器在卖出资产之后的注销过程,值得借鉴。

(3)希努尔:①关注企业收购资金的来源情况,企业介绍政府为了鼓励重组提供了一年期的财政周转基金;②在进行资产收购时,由于部分资产还包括进项税额,因此收购价格高于账面净资产值;③关注资产收购部分资产没有收购的原因以及后续处置情况。

(4)欣泰电气:①由于同一控制下合并超过标准,因此,发行人已根据有关规定编制了3年及一期的备考利润表和重组完成后的最近一期资产负债表,且会计师出具了专项核查报告;②收购资产中包括土地使用权,不过对相关税收问题没有明确交代。

(5)大华农:收购的部分资产由于不能办理权属证书而又剥离出去,说明在方案设计上存在缺陷。

【思路总结】

投资人选择采用股权并购还是资产并购的一个重要考虑是税收负担。股权并购只涉及所得税和印花税,而资产并购除这两种税外,往往还涉及营业税、增值税、土地增值税、契税、城市维护建设税和教育费附加等多项其他税费。

一、股权并购的税负分析

股权并购涉及转让方的所得税(企业所得税或个人所得税)和双方的印花税。为方便讨论,我们假设股权转让方为企业(不包括合伙企业和个人独资企业),转让方要缴纳的所得税为企业所得税。

(一)企业所得税

根据有关规定,公司转让股权应按以下公式确认转让收益或损失:股权转让收益或损失=股权转让价-股权成本价

其中,股权转让价是指股权转让人就转让的股权所收取的包括现金、非货币资产或者权益等形式的金额。股权成本价是指股东投资入股时向企业实际交付的出资金额,或收购该项股权时向该股权的原转让人实际支付的股权转让价金额。股权转让收益应缴纳25%的企业所得税,股权转让损失可从应纳税所得额中扣除。如果股权转让方为境外实体,转股收益应当缴纳10%的预提所得税。

(二)印花税

股权转让双方均应按产权转移书据科目缴纳印花税,税率为5‰。

需要注意的是,除了股权转让以外,股权并购还包括认购目标公司的增资。在增资情况下,投资人和目标公司原股东均无须缴纳印花税,但目标公司应就增资额按5‰的税率缴纳印花税。

二、资产并购的税负分析

在资产并购情况下，目标公司除需要缴纳企业所得税和印花税外，还需要根据被转让资产的性质、转让价款的高低等分别缴纳营业税、增值税、土地增值税、契税、城市维护建设税和教育费附加等多项其他税费。由于资产并购时的企业所得税和印花税类似于前述股权并购，因此对这两种税不再赘述。

（一）营业税

如果被转让的资产涉及不动产或无形资产，根据《中华人民共和国营业税暂行条例》，目标公司应缴纳营业税，计税依据为营业额（目标公司销售不动产向对方收取的全部价款和价外费用），税率为5%。

（二）增值税

除不动产外，资产并购涉及的其他有形资产主要是固定资产和存货。投资人进行资产并购的目的是获取目标公司资产的利润创造能力，而存货并不具备利润创造能力，所以不是资产并购的关注点，因此本文只讨论资产并购过程中固定资产转让时的增值税问题。

在2008年12月31日之前，固定资产转让只要同时具备以下三个条件：（1）属于企业固定资产目录所列货物；（2）企业按固定资产管理，并确已使用过的货物；（3）销售价格不超过其原值的货物，就可以免征增值税。对于不符合这三项条件的，一律按4%的征收率减半征收增值税。

自2009年1月1日起，纳税人销售自己使用过的固定资产，应区分不同情形征收增值税：（1）销售自己使用过的2009年1月1日以后购进或者自制的固定资产，按照适用税率征收增值税。（2）2008年12月31日以前未纳入扩大增值税抵扣范围试点的纳税人，销售自己使用过的2008年12月31日以前购进或者自制的固定资产，按照4%征收率减半征收增值税。（3）2008年12月31日以前已纳入扩大增值税抵扣范围试点的纳税人，销售自己使用过的在本地区扩大增值税抵扣范围试点以前购进或者自制的固定资产，按照4%征收率减半征收增值税；销售自己使用过的在本地区扩大增值税抵扣范围试点以后购进或者自制的固定资产，按照适用税率征收增值税。

（三）土地增值税

如果资产并购涉及不动产，转让时转让方还应缴纳土地增值税。土地增值税实行四级超率累进税率：（1）增值额未超过扣除项目金额50%的部分，税率为30%；（2）增值额超过扣除项目金额50%、未超过扣除项目金额100%的部分，税率为40%;(3)增值额超过扣除项目金额100%、未超过扣除项目金额200%的部分,税率为50%;(4)增值额超过扣除项目金额200%的部分,税率为60%。

土地增值税并不直接对转让不动产取得的收入征税,而是要对收入额减除国家规定的各项扣除项目后的余额(增值额)计算征税。

(四)契税

如果资产并购涉及不动产,转让时受让方应缴纳契税,税率幅度为3%~5%,具体税率取决于当地的规定。

(五)城市维护建设税和教育费附加

对于缴纳增值税、消费税和营业税的纳税人,应当就其实际缴纳的"三税"税额缴纳城市维护建设税,按照纳税人所在地分别适用7%(市区)、5%(县城、镇)和1%(其他地区)的税率。此外,对于缴纳"三税"的纳税人,还应就其实际缴纳的"三税"税额缴纳教育费附加,征收比率为3%。

三、资产投资税务分析

(一)营业税

根据《关于股权转让有关营业税问题的通知》(财税〔2002〕191号)文件之规定,以不动产、无形资产投资入股,共享利润,共担风险的行为,不缴纳营业税。

(二)增值税

根据《增值税暂行条例实施细则》第4条第6款规定:将自产、委托加工或者购进的货物作为投资,提供给其他单位或者个体工商户,应该视同销售。具体又分为两种情形:1. 旧设备按照4%减半征收增值税;2. 材料投资按照17%税率征收增值税。

(三)土地增值税

根据《关于土地增值税一些具体问题规定的通知》(财税字〔1995〕48号)第1条的规定:"对于以房地产进行投资、联营的,投资、联营的一方以土地(房地产)作价入股进行投资或作为联营条件,将房地产转让到所投资、联营的企业中时,暂免征收土地增值税。对投资、联营企业将上述房地产再转让的,应征收土地增值税。"

需要注意的是,根据财政部、国家税务总局关于土地增值税若干问题的通知

(财税〔2006〕21号)规定,自2006年3月2日开始,对于以土地(房地产)作价入股进行投资或联营的,凡所投资、联营的企业从事房地产开发的,或者房地产开发企业以其建造的商品房进行投资和联营的,均不适用财税字〔1995〕48号第1条暂免征收土地增值税的规定。因此,如果A公司为房地产企业,则该项投资行为需要缴纳土地增值税。

(四)契税

《契税暂行条例细则》第8条规定,以土地、房屋权属作价投资、入股,视同转让,对接收方按照3% ~5%的税率征收契税。

根据财税〔2008〕175号文件,不动产投资到全资子公司属于"同一投资主体的内部划转行为"不征收契税。

(五)印花税

被投资公司应当就实收资本和资本公积的增加额按照5‰缴纳印花税。

(六)城市维护建设税和教育费附加

对于缴纳增值税、消费税和营业税的纳税人,应当就其实际缴纳的"三税"税额缴纳城市维护建设税和教育费附加。

(七)企业所得税

根据《企业所得税法实施条例》第25条规定,非货币性资产交换应当视同销售缴纳企业所得税,而以非货币性资产对外投资属于非货币性资产交换。

■第四节 受让破产资产解决之道

【重要提示】

★ 一个企业在资产整合过程中除了购买股权和资产之外,还可以购买破产企业的资产。

★ 审核实践中破产资产主要为国有和集体企业的破产资产,出于对国有资产流失的审慎判断,受让破产资产问题会受到重点关注,必要时需要省级人民政府的确认文件。

★ 既然是破产资产,那么企业购买资产时的债务问题根本就无法规避,一般情况下是购买资产和负债的资产包，那么购买负债的后续清偿和处置情况可能会成为这一问题最大的重点和难点。

【案例情况】

一、东宝生物：破产资产增资以及破产评估与出资评估差异较大

1997年7月16日，东宝明胶有限通过股东会决议，同意东宝集团以评估后的资产对东宝明胶有限增资3510万元，东宝明胶有限注册资本变更为3810万元。东宝集团此次增资的资产为整体接收的包头市精胶厂破产财产。

（一）包头市精胶厂破产的全部过程及债权申报情况

1996年10月15日，包头市精胶厂（国有工业企业）因严重亏损，资不抵债，依照国家1994年有关政策性破产的政策，向上级主管部门包头市轻工纺织国有资产经营有限总公司（以下简称轻纺总公司）提出《包头市精胶厂关于申请破产重组的报告》。

1996年11月4日，轻纺总公司以"包轻纺国资改字〔1996〕21号"文，转发包头市优化资本结构领导小组办公室"包优办发〔1996〕42号"《关于包头市精胶厂破产申请的批复》，同意包头市精胶厂破产并积极组织实施。

1997年1月30日，包头市经济体制改革委员会（以下简称包头市体改委）、轻纺总公司、包头东宝实业集团有限公司共同向包头市政府报送《关于包头东宝实业集团有限公司整体接收破产后的精胶厂的意见》。

1997年3月17日，《包头市人民政府常务会议纪要〔1997〕12号》确认，"原则同意市体改委关于东宝实业集团有限公司整体接收破产后的精胶厂的意见。东宝集团公司整体接收破产后的精胶厂符合国家的政策规定，有利于企业的发展和包头市经济的发展，有利于职工收入的增加，有利于社会的稳定，应抓住时机尽快操作"。

1996年11月5日，包头市中级人民法院（以下简称包头市中院）受理精胶厂申请破产一案，发出《受理案件通知书》。

1996年11月12日，包头市中院以"〔1996〕包经破字第83号"《民事裁定书》裁定宣告包头市精胶厂破产，同时成立破产清算组。

1996年11月13日，包头市精胶厂破产清算组向包头市中院报送《包头市精胶厂破产清算终结报告和财产分配方案》。

1996年12月10日，包头市中院在《人民法院报》发布公告："债权人应自公告之日起3个月内向本院申报债权，说明债权数额和有无财产担保，并提交有关证明

材料,逾期未申报的视为放弃债权。本院定于 1997 年 3 月 12 日上午 9 时在本院召开第一次债权人会议,各债权人应准时参加。"

1996 年 12 月 18 日,根据包头市政府优化资本结构的安排,包头市精胶厂破产清算组同轻纺总公司签署协议,将包头市精胶厂的破产财产移交给轻纺总公司,轻纺总公司负责安置原包头市精胶厂的在职及离退休职工。

1997 年 2 月 18 日,根据包头市经济体制改革委员会、轻纺总公司和东宝集团三方达成的一致意见,东宝集团与轻纺总公司签署协议,约定由东宝集团整体接收包头市精胶厂可变现值为 2404.50 万元的破产财产(该破产财产的可变现值经包头市国有资产管理局以"包国资工企字〔1999〕第 33 号文"确认)并负责安置全部职工。

1997 年 3 月 12 日,包头市中院召集全体债权人召开第一次债权人会议,会议由清算组报告了债权申报情况、清算工作情况及分配方案,对破产财产分配方案进行了表决。会议确认向中院申报的债权人人数为 43 名,申报的破产债权总额为 58,298,263.01 元;此次会后申报债权为无效申报,视为放弃债权。

1997 年 3 月 13 日,包头市中院"〔1996〕包经破字第 83 - 2 号"《民事裁定书》裁定:"本院在受理包头市精胶厂申请企业破产还债一案中,破产清算结果表明,该厂破产财产除支付破产费用,安置职工费用外已无剩余,破产债权偿债率为零。一九九七年三月十二日,包头市精胶厂破产清算组提请本院终结该案破产程序。依照《中华人民共和国企业破产法(试行)》第三十八条之规定,裁定本案终结破产程序。"

1997 年 10 月 14 日,包头市中院在《人民法院报》发布公告:"本院根据破产清算组的申请,于 1997 年 3 月 13 日作出裁定,宣告终结该企业破产还债程序。未得到清偿的债权不再清偿。债权人会议不再召开。"

1999 年 12 月 14 日,包头市人民政府以"包府文字〔1999〕283 号"文下发《包头市人民政府关于市体改委明确原精胶厂产权归属请示的批复》,明确原包头市精胶厂破产财产产权划归东宝集团所有。

1999 年 12 月 15 日,包头市国有资产管理局以"包国资公企字〔1999〕第 33 号文"下发《关于原精胶厂产权划归包头东宝实业集团有限公司的通知》,明确将原包头市精胶厂可变现值为 2404.50 万元的破产财产划归东宝集团所有。同日,包头市国有资产管理局出具第 15 号《国有资产产权划转通知书》。

(二)包头市精胶厂员工的具体安置方案和实际安置情况以及相关债务的处理

1. 员工的具体安置方案和实际安置情况

1997 年 1 月 30 日,包头市体改委、轻纺总公司及东宝集团签订《关于包头东宝实业集团有限公司整体接收破产后的精胶厂的意见》，三方达成的职工安置方案如下：

（1）东宝集团整体接收破产后的包头市精胶厂全部资产、债权、债务，并安置全部离退休及在岗职工（共计928名）；

（2）东宝集团整体接收破产后的精胶厂，新注册企业的职工保留和享有如下权利和义务：①新注册企业的所有职工按《劳动法》及有关规定，签订劳动合同，履行应尽的义务，享有规定的权利。所有在岗职工及离退休职工仍然按照市政府统一要求，参加社会基本养老统筹和失业、医疗等社会保障制度改革；②在职职工在3个月内调走的，仍可按原身份办理调动手续。1997年包头市精胶厂破产时的在册职工928人（在职职工703名，离退休人员225名），其中离退休人员社会化管理，在职职工全部安置上岗。截至2010年2月28日，原在岗职工703人中，192人陆续办理退休，174人领取经济补偿金并与企业签订解除劳动关系协议书，37人调走，11人死亡，2人判刑，28人自动离职（本人提走档案），44人停薪留职，与公司签订无固定期限劳动合同的在岗人员215名，即原精胶厂职工928人已全部得到妥善安置。包头市国资委对职工安置情况进行实地调查后，于2010年4月20日以《关于包头东宝实业（集团）有限公司职工安置的情况说明》对上述职工安置情况进行了确认。

2. 相关债务的处理情况

1996年12月18日，包头市精胶厂破产清算组与轻纺总公司签订协议书，约定将原企业历史遗留的"拖欠职工工资"22.5万元、"清算期间职工生活费"56.22万元、"发展生产职工集资款和挪用职工住房集资款"29.82万元，共计108.54万元，切块从破产财产总数中划转给轻纺总公司，待新企业组建后，逐步通过变现或者从经营收入中支付。

上述对职工负债中的"清算期间职工生活费"56.22万元已由轻纺总公司以破产财产偿还完毕。剩余"拖欠职工工资"22.50万元和"发展生产职工集资款和挪用职工住房集资款"29.82万元，共计52.32万元的债务由轻纺总公司随对应资产一并移交至东宝集团。该债务在东宝集团1997年7月以精胶厂整体资产和负债对公司进行增资后，由公司承接。

公司于2000年4月14日将"拖欠职工工资"22.50万元偿还完毕，并在1997年7月至2000年5月期间，陆续偿还"职工住房集资款"37,440元；之后东宝集团为支持公司的发展，自2000年5月起代公司偿还剩余"职工住房集资款"200,490元，截至本说明签署日尚有60,270元职工住房集资款，因职工未领取等原因尚未偿还完毕。

（三）包头市精胶厂破产财产的分配方案及具体执行情况

经包头市精胶厂破产清算组以《包头市精胶厂破产清算终结报告和财产分配

方案》确认，精胶厂可分配破产财产总变现价值为2549.54万元，其中资产变现价值2547.78万元、货币资金1.76万元，破产财产的分配方案如下：

1. 支付破产清算费用140万元，其中用于企业本身107.4万元，法院诉讼费22.6万元，破产清算、审计、评估等费用10万元。

2. 支付清算期间职工生活费56.22万元。

3. 安置离退休人员费用1350万元。

4. 支付拖欠职工工资22.50万元。

5. 归还职工集资款29.82万元。

6. 安置在职职工费用按市政府规定标准应为1051万元，但由于资产总额不足以安排清偿、支付费用，只安排了951万元较规定标准少安排100万元。

上述破产财产分配方案的实际执行情况如下：

1. 支付破产清算费用146万元，其中用于企业本身107.4万元，法院诉讼费28.60万元，破产清算、审计、评估等费用10万元；另支付公告费、鉴定费、支付清算人员工资及办公费等费用共计13.50万元，其中货币资金1.76万元，变现财产11.74万元；

2. 支付“清算期间职工生活费”56.22万元；支付“拖欠职工工资”22.50万元；归还“职工集资款”29.82万元，以上共以破产财产支付108.54万元，具体执行情况详见上述“包头市精胶厂员工的具体安置方案和实际安置情况以及相关债务的处理”；

3. 剩余2281.50万元变现财产，连同抵押给人民银行包头市东河区支行的资产50万元、抵押给中国工商银行包头市支行东河区环城路办事处的资产73万元共计2404.50万元，交付给东宝集团，由东宝集团负责偿还上述银行债务并安置全部离退休及在岗职工。

（四）包头市精胶厂破产财产可变现值2404.50万元和《包头市精胶厂破产清算终结报告和财产分配方案》中确认的企业破产资产总额2549.54万元以及包头市企业破产事务所《关于包头市精胶厂有关破产财产清算估价情况的报告》（以下简称《清算估价报告》）中确定的破产财产变现值2670.78万元的差异情况说明

包头市企业破产事务所出具的《清算估价报告》确定的破产财产变现值为2670.78万元，此为资产变现价值，其中含经法院确认应优先由债权人受偿的抵押资产合计123万元（其中人民银行包头市东河区支行抵押50万元、中国工商银行包头市支行东河区环城路办事处抵押73万元），不含经法院确认列入精胶厂破产财产但无须进行估价的货币资金1.76万元。

《包头市精胶厂破产清算终结报告和财产分配方案》确定的金额，系可用于分配的破产财产总价值，因此需将上述抵押资产剔除并加上货币资金（2670.78－123＋1.76），经计算该金额为2549.54万元。

破产事务所认定可变现破产财产价值2670.78万元与包头市国资部门划转东宝集团的精胶厂资产价值2404.50万元之间存在差异266.28万元，根据《包头市精胶厂破产清算终结报告和财产分配方案》和包头市国资委出具的《关于包头市精胶厂有关破产情况的说明》，主要原因系以精胶厂破产财产支付了以下费用：

1.支付破产清算费用146万元，其中用于企业本身107.4万元，法院诉讼费28.60万元，破产清算、审计、评估等费用10万元；

2.支付清算期间职工生活费56.22万元；支付拖欠职工工资22.50万元；归还职工集资款29.82万元，以上费用共计108.54万元；

3.支付公告费、鉴定费、支付清算人员工资及办公费等费用共计11.74万元。

(五)东宝集团以原包头市精胶厂资产增资

该增资资产经金鹿所"包金审评报字〔1997〕第88号《资产评估报告书》"评估，评估基准日为1997年5月31日，评估值为3730.61万元。其中3510万元用于增加注册资本，剩余220.61万元增加资本公积。

金鹿所"包金审评报字〔1997〕第88号《资产评估报告书》"针对不同的资产选用了以下评估方法：对非实物性流动资产和负债以核实后的账面值计评估值；对于存货，经实地抽查核实其数量的基础上，考虑到账面值与现行市场价值区别不大，故评估值保持其账面值；长期投资均为不带息票据，故评估值保持账面值；对固定资产中的机器设备、房屋建筑物采用重置成本法，在建工程为实际发生的费用，评估值保持账面值；对无形资产——土地使用权采用基准地价法。

评估基准日：1997年5月31日。

评估结论：纳入评估范围的净资产账面值为2597.22万元，评估值为3730.61万元，增值1133.39万元，增值率为43.64%，其中，房屋建筑物增值231.22万元，增值率为50.52%；机器设备增值790.92万元，增值率为79.98%；土地使用权增值155.34万元，增值率为20.65%。

东宝集团接收的包头市精校厂破产财产经包头市企业破产事务所验证的变现价值为2404.50万元，金鹿所的评估价值为3730.61万元，比该资产的可变现价值增值1326.11万元，评估增值的主要项目如下：

单位：万元

主要增值项目	破产财产的账面值	《破产企业财产变现汇总表》	包金审评报字〔1997〕88号《资产评估报告书》	评估值与账面值相比的增值金额	增值率(%)
机器设备	1560.68	1317.86	1782.92	222.24	14.24
在建工程	7.40	30	130	122.60	1656.76
房屋建筑物	186.65	151.74	688.90	502.25	269.09
土地使用权	752.58	752.58	907.96	155.38	20.65

包头市精胶厂破产财产可变现值与1997年5月31日为基准日的评估值存在较大差异的原因如下：

1. 估值目的和假设前提不同

同一资产的估值目的和假设前提不同将导致估值的较大差异。破产事务所对破产财产估价的目的是对资产变现提供价值依据，以对破产财产进行拆除变卖且企业破产已经不能持续经营为假设前提，因此在估价中更多考虑变现因素。而金鹿所报告的评估目的是“为增资提供价值”，对资产的使用以持续经营为假设前提，导致估值出现较大差异。

2. 估值方式、方法不同

金鹿所报告对房屋建筑物和设备采取了重置成本法进行评估，而破产事务所主要考虑破产财产的变现因素进行估价，估值方式、方法不同导致两次估价的差异。

3. 资产质量不同

两次估值的时间相差约6个多月，东宝集团在接收该资产后为尽快恢复生产，对设备进行了维修，对厂房等建筑物进行了更新和续建，从而使资产质量发生变化，导致估值出现差异。

从以上评估增值主要项目表中可见，金鹿所报告评估增值的最主要原因是机器设备、在建工程和房屋建筑物等固定资产的增值。破产事务所验证并出具的《清算估价报告》和金鹿所报告对于上述增值较大资产的描述见下表：

<table>
<tr><th>《清算估价报告》</th><th>《金鹿所报告》</th></tr>
<tr><td>1.“包头市精胶厂属化工企业，一些关键设备、厂房因酸碱长期侵蚀，损坏程度比较严重(变现也只有一些残值)。”</td><td rowspan="2">1.“机器设备的评估：列入本次评估范围的机器设备主要为：水脱脂设备生产线和煮胶、蒸发干燥设备生产线以及其他辅助生产设备等。均分布在生产厂区内，整个布局按加工工艺分类，设备使用、维护、保养、管理正常，基本能满足工艺要求。从设备的购置年限上看虽然时间比较长，但从以前年度运行来分析，一直处于开工不足或者闲置状态，所以能维持正常生产。”</td></tr>
<tr><td>2.“从国外引进的两套设备，一套为水脱脂设备、专业性很强，因不考虑国情盲目引进，经多次试产后均未成功，造成人力、物力的大量浪费最终闲置报废，变现很困难，另外一套是制胶设备，在国外使用六年后就属报废，而在精胶厂已使用达13年。”</td></tr>
<tr><td>3.“包头市精胶厂在建工程项目，由于技改决策失误。一项工程只建起部分主体就停工，外露钢筋大部分已锈蚀，基本上属报废工程。若变现不足拆除所需费用。”</td><td>2.“本次房屋建筑物的评估范围为该公司接受原包头市精胶厂所属的建筑物，构筑物及附属设施。房屋的结构形式主要为钢混、砖混结构，少数砖木结构和简易结构，多为二十世纪七八十年代建造，特别从公司接管后，不同程度地进行了更新，使用状况良好。”</td></tr>
</table>

公司对以上固定资产描述进行分析后认为:

精胶厂破产财产中的机器设备主要为专用设备、房屋建筑物主要为厂房并附属大量沟槽等设施,这些资产如果不再继续用于生产明胶,其变现价值确实较低,故《包头市精胶厂破产清算终结报告和财产分配方案》中对破产财产估价事宜进行了如下描述,清算组“聘请有关专家鉴定后,确认该厂设备属于专用设备适用性能极差,企业重组后再转产有利用价值的不多”,说明清算组委托破产事务所对资产进行估价时,系以“企业重组后转产”为估价前提,以了解“变现”价值为估价目的,以不再使用并“拆除”变卖为变现手段,故所估价值较低。

金鹿所于1997年7月出具评估报告时,与破产事务所于1996年11月出具《清算估价报告》的日期已相距8个多月,此时东宝集团通过艰苦努力,已恢复了精胶厂的生产,并于1997年6月产出第一批明胶。即东宝明胶有限此时已恢复正常生产,作为原精胶厂破产财产的生产厂房、设备均已开始产生效益,所以金鹿所报告对同一资产的描述发生较大变化,并认定此时精胶厂的设备“基本能满足工艺要求”、厂房等房屋建筑物“不同程度地进行了更新,使用状况良好”,并以“依据所评估资产在用途不变并继续经营”作为评估前提,故其所评估价值与破产事务所所估计的变现价值相比增值较大。

经以上进一步分析,公司认为金鹿所报告的评估结论客观,公允。经公司核查,在公司控股股东东宝集团以接收的精胶厂破产财产对公司进行增资过程中,对增资资产进行了评估和验资,并将全部资产过户至公司名下,符合相关法律规定,该次增资不存在出资不实情形。

另外,公司已于2008年5月将以上述增资资产为主的旧厂区整体资产以3543.36万元价格出售给包头市横远房地产开发有限责任公司,该价格与原增资评估价值接近。虽然该次交易时间距金鹿所报告基准日较远,但考虑随时间推移,土地使用权增值和房屋建筑物及机器设备贬值因素将相互抵消,故该交易价格仍可佐证原评估价值的公允性。

针对该事项,保荐机构经核查认为,破产事务所对精胶厂破产财产可变现值的估价公允,且经包头市国有资产管理局以“包国资工企字〔1999〕第33号文”确认,故不存在国有资产流失情形。金鹿所报告评估价值虽与破产事务所估价相比有较大增值,但基本符合实际情况,评估价值公允,不存在出资不实情形。

发行人律师经核查认为:金鹿所报告的评估结论客观、公允。东宝集团以接收的精胶厂破产财产对公司进行增资过程中,对增资资产进行了评估和验资,并将全部资产过户至公司名下或交付给公司,符合《公司法》的相关规定,该次增资不存在出资不实情形。

1997年7月25日,金鹿所出具“〔1997〕包金审字第138号《资本金验证报告单》”,对上述增资事项进行了验证。

1997 年 7 月 25 日，包头市工商行政管理局核发了变更后的《企业法人营业执照》，注册号 60301522－8－1。

二、嘉寓股份：通过拍卖取得破产资产

2004 年，发行人吸收合并嘉寓投资，嘉寓投资存在受让破产资产的情形。

2000 年 6 月 20 日，北京市顺义区人民法院在《法制日报》刊登北京涤纶实验厂破产公告。

2000 年 11 月 30 日，北京市国土资源和房屋管理局出具京国土房管出字〔2000〕第 588 号《关于确认北京涤纶实验厂房地产拍卖底价评估结果的函》，就北京涤纶实验厂国有划拨土地进行拍卖的底价进行确认，并明确拍卖的买受人，可以办理国有土地使用权和房屋所有权证。

2001 年 1 月 17 日，嘉寓投资以 2820 万元的拍卖价格取得北京涤纶实验厂的土地、房产和机器设备，并支付了 100 万元的拍卖手续费。

（一）北京涤纶实验厂的历史沿革

因经营和管理不善，截止到 1999 年年底北京涤纶实验厂已经严重资不抵债。

2000 年 3 月 24 日，北京纺织控股（集团）有限公司（由北京纺织工业总公司变更）下发京纺工发〔2000〕086 号《关于北京涤纶实验厂破产的批复》，同意北京涤纶实验厂向法院申请破产。

2000 年 3 月 3 日，北京涤纶实验厂职工代表大会通过申请破产的决议。经上级主管部门和职工代表大会同意后，北京涤纶实验厂向北京市顺义区人民法院法院申请破产。

2000 年 6 月 20 日，北京市顺义区人民法院在《法制日报》刊登北京涤纶实验厂破产公告。

2000 年 8 月 25 日，北京市顺义区人民法院依法裁定宣告北京涤纶实验厂破产。

2001 年 12 月 27 日，北京市顺义区人民法院作出〔2000〕顺经破字第 360 号民事裁定书，裁定：破产企业财产已不足以支付破产费用，依照《中华人民共和国企业破产法（试行）》第 34 条第 2 款的规定，终结北京涤纶实验厂破产程序。

2002 年 6 月 28 日，北京涤纶实验厂向顺义县工商管理局申请办理了注销手续。

2002 年 8 月 1 日，工商部门出具《收缴企业公章证明》。至此，涤纶实验厂注销完毕。

(二)拍卖取得资产的基本情况

嘉寓投资以2820万元竞拍的北京涤纶实验厂的资产中,土地和房产情况如下:

类别	证号	面积(m^2)	位置
土地	顺全国用〔99〕字第00319号	76,745.10	顺义区牛富路西侧(涤纶厂厂区)
	顺全国用〔99〕字第00343号	5305.50	顺义区牛富路东侧(服务公司)
房产	京房权证顺国房字第00048号	36,177.40	顺义区牛富路西侧(涤纶厂厂区)
	京房权证顺国房字第00061号	2033.50	顺义区牛富路东侧(服务公司)

根据北京涤纶实验厂财务报表,截至破产宣告日2000年8月25日,北京涤纶实验厂的固定资产原值为108,452,474.61元,累计折旧41,892,133.56元,净值为66,560,341.05元,成新率为61.37%。

根据北京正齐源资产评估有限公司出具的京正评报字〔2000〕第094号《北京涤纶实验厂资产评估报告书》,北京涤纶实验厂的机器设备使用情况如下:

1.生产用机器设备:这些设备基本是20世纪80年代后购置,制造和使用年代较旧,由于企业生产不稳定,设备时转时停,有些设备基本处于停止生产状态;企业资金困难,无力对设备进行正常的维护保养,有些设备处于报废和接近报废程度。

2.通用设备:这些设备购置时间也较久,因资金紧张缺乏正常的维护保养,故障率较高。

3.电子设备:多数是办公用设备,因该类设备目前更新较快,运营速度慢,适用范围窄;其他电子设备运行状态基本正常。

4.运输车辆:均为国内正规厂商生产的汽车,其中一辆抵债收回的车辆无法运行,一辆大轿车已报废。

(三)嘉寓投资拍卖取得的北京涤纶实验厂的资产入账情况

2001年1月17日,嘉寓投资以2820万元的拍卖价格取得北京涤纶实验厂的土地、房产和机器设备,并支付了100万元的拍卖手续费。嘉寓投资在取得上述拍卖资产后,未遵循历史成本原则,而是根据北京明鉴仁资产评估有限责任公司于2001年5月10日出具的明鉴评报字〔2001〕第053号《评估报告》对上述资产按照评估值入账,具体如下表:

单位:万元

项　目	成　本	入账金额	差　额	入账依据
房产	315.00	1662.74	1347.74	评估值
机器设备	913.00	2926.49	2013.49	评估值
土地使用权	1692.00	2494.34	802.34	评估值
合　计	21,920.00	7083.57	4163.57	—

嘉寓投资将上述资产入账金额和实际取得成本的差额，相应调增了资本公积。公司于2005年根据会计准则对上述会计差错进行了更正。

经核查，会计师认为，发行人在2001年取得北京涤纶实验厂拍卖资产后系根据评估值入账，2005年发行人对上述会计差错进行了更正，符合会计准则的规定。

经核查，保荐机构认为，发行人在2001年取得北京涤纶实验厂拍卖资产后系根据评估值入账，2005年发行人对上述会计差错进行了更正，符合会计准则的规定。

（四）拍卖资产未列入发行人前身嘉寓装饰在集体企业改制时的评估范围

上述资产由嘉寓投资于2001年1月17日以2820万元竞拍取得，并于2004年3月以吸收合并方式并入发行人前身嘉寓装饰。嘉寓装饰在集体企业改制时，北京明鉴仁资产评估有限责任公司于2000年7月28日出具明鉴评报字〔2000〕第038号《资产评估报告书》，对嘉寓装饰于评估基准日2000年6月30日的全部资产进行了评估，评估结果为总资产4059.32万元，总负债2195.32万元，净资产为1864万元。嘉寓投资竞拍取得的上述资产并没有列入嘉寓装饰进行集体企业改制时的评估范围。

（五）吸收合并基本情况

嘉寓投资于2001年竞拍获得的北京涤纶实验厂的房产、土地等破产财产，一直由北京嘉寓幕墙装饰工程有限公司使用。为了整合资源，保持北京嘉寓幕墙装饰工程有限公司资产完整性，促进业务发展，北京嘉寓幕墙装饰工程有限公司和嘉寓投资决定实施合并。

三、金磊股份：破产资产的间接购买

（一）1999年至2005年期间，金磊有限业务开展与浙北耐火材料厂破产资产的联系

金磊有限系于1999年8月27日在德清县工商行政管理局注册成立的有限责任公司，金磊有限成立后的一段时期内，曾向富民公司租赁原浙北耐火材料厂房屋建筑物、设备等破产资产用于经营，并向富民公司购买原浙北耐火材料厂的存货等破产资产，具体情况如下：

1. 租赁房屋建筑物、设备等固定资产

2000年1月10日，金磊有限与富民公司签订《原浙北耐火材料厂财产租赁合

同》，金磊有限向富民公司租赁其房屋建筑物、设备等固定资产，租期自2000年1月1日起至2000年12月31日止。租赁期内，金磊有限向富民公司支付租金28万元。

2001年至2003年期间，金磊有限继续向富民公司租赁前述《原浙北耐火材料厂财产租赁合同》所列示资产，并实际向富民公司支付租金，但双方未签订书面合同。

2004年1月1日，金磊有限与富民公司签订《续租补充协议》，金磊有限继续向富民公司租赁其房屋建筑物、设备等固定资产，租期自2004年1月1日起至2006年12月31日，租金为每年44万元，三年合计132万元。

金磊有限自2000年起向富民公司租赁的上述房屋建筑物、设备等资产均系富民公司从原破产企业浙北耐火材料厂所购买的破产财产。

2003年7月，金磊有限通过出让方式取得第一宗国有土地使用权，并开始自行建造房产。2004年6月，金磊有限将住所变更为德清县钟管镇工业区龙山桥边（现生产经营场所）。自2006年起，金磊有限不再租赁富民公司的房屋建筑物。

2. 购买存货

根据浙北耐火材料厂破产清算时，振企资产评估事务所出具的德资估〔1999〕110号《资产评估报告书》，浙北耐火材料厂的存货评估值为328,362.90元。根据1999年12月2日破产还债清算小组出具的《浙北耐火材料厂破产财产分配方案》、德清县人民法院出具的〔1999〕德法破字第334号《民事裁定书》及富民公司与破产还债清算小组签订的《破产资产变卖合同》，浙北耐火材料厂的存货由富民公司以17万元购得。

2000年1月10日，金磊有限与富民公司签订《原浙北耐火材料厂财产租赁合同》，金磊有限以17万元的原始价格从富民公司购得原浙北耐火材料厂破产资产中的存货。

（二）发行人目前的土地、厂房、主要生产设备等主要资产的来源、权属及取得情况

发行人目前拥有的6宗国有用地使用权系发行人通过出让方式取得，均与德清县国土资源局签有《国有建设用地使用权出让合同》，并已取得相应的土地使用权证，为合法、有效。

发行人目前拥有20处房屋建筑物，均系发行人自行建造取得。

发行人目前拥有的主要生产设备系发行人自行购买取得（在用生产设备包括2005年发行人向富民公司购买的部分仍能正常使用的少量机器设备）。

保荐机构和发行人律师核查后认为，发行人目前的土地、房产、主要生产设备等资产均系发行人通过购买、自建取得，并办理了相关的权属证书，不存在产权纠

纷,亦不存在潜在纠纷。

(三)发行人购买原浙北耐火材料厂破产资产中的部分机器设备

2005 年 11 月 21 日,金磊有限向富民公司支付 40 万元,用于购买鄂式破碎机等 41 项机器设备,该部分机器设备系富民公司从原破产企业浙北耐火材料厂所购买的破产资产的一部分。本次资产收购后,金磊有限不再租赁富民公司的机器设备。

经发行人和富民公司确认,以上 41 项机器设备交易价格 40 万元系参考德资估〔1999〕110 号《资产评估报告书》对交易资产的评估价值(合计 108.79 万元,评估基准日为 1999 年 7 月 23 日,评估目的是为浙北耐火材料厂破产清算变现资产所用)和期间折旧情况(自评估基准日 1999 年 7 月 23 日至交割盘点日 2005 年 10 月 1 日)并经交易双方协商确定。

保荐机构和发行人律师核查后认为,以上购买事项系交易双方的真实意思表示,履行了必要的法律程序,交易价格系参照评估报告和设备期间折旧由双方协商确定,交易双方对交易事项均无异议,该收购事项为合法、有效。

(四)政府确认意见

2011 年 5 月 4 日,湖州市人民政府出具"湖政〔2011〕24 号"《湖州市人民政府关于要求确认浙江金磊高温材料股份有限公司上市过程中有关历史沿革中等相关事项的请示》,对发行人历史沿革中的相关事项确认如下:

"1. 浙北耐火材料厂历史沿革中设立及改制,情况属实,符合当时法律法规的规定,合法、有效,并未造成集体资产流失。

2. 浙北耐火材料厂的破产清算程序合法,富民公司依法取得浙北耐火材料厂的破产资产,浙北耐火材料厂破产资产的处理等合法,未损害集体权益,亦未损害其他债权人利益。金磊股份现任董事、监事、高级管理人员对浙北耐火材料厂的破产不负有责任,个人也未被追究刑事责任、行政责任,亦未被有关人员或组织通过法律途径追究过民事责任。

3. 金磊有限向富民公司租赁、购买原浙北耐火材料厂部分破产集体资产系双方的合意,在租赁及购买过程中并未侵占集体资产,亦未导致集体资产的流失。"

2011 年 5 月 20 日,浙江省人民政府办公厅出具"浙政办发函〔2011〕46 号"《浙江省人民政府办公厅关于浙江金磊高温材料股份有限公司历史沿革中有关事项确认的函》,对发行人历史沿革中的相关事项确认如下:

"经审核,同意湖州市政府关于浙北耐火材料厂改制和破产清算、富民公司取得浙北耐火材料厂破产资产以及金磊有限购买部分该破产资产中未导致集体资产流失的确认意见。"

（五）审核关注意见

1. 浙北耐火材料厂的历史沿革（略）

2. 浙北耐火材料厂破产程序的合法性

根据德清县钟管镇工业办公室就浙北耐火材料厂破产清算事宜出具的《情况说明》并经本所律师核查，浙北耐火材料厂于1999年7月10日提出破产申请，经钟管镇工业办公室审核同意后将该申请提交德清县人民法院。德清县人民法院受理审查后确认浙北耐火材料厂严重亏损、不能清偿到期债务，以〔1999〕德法破字第33号《民事裁定书》裁定宣告浙北耐火材料厂进行破产还债，并在1999年8月7日的《人民法院报》对该破产事项进行公告。

1999年7月26日，德清县人民法院出具〔1999〕德法破字第33号《破产还债清算小组名单》，经与德清县人民政府商定，指定包括德清县钟管镇人民政府、德清县劳动局、德清县土地管理局、德清县纪委等11个部门在内的以姚阿连为组长的13名人员组成浙北耐火材料厂破产清算小组（以下简称破产清算小组），接管破产企业的所有财产，并相应成立了破产企业财产保管组和保卫组。同日，德清县人民法院发布〔1999〕德法破字第33号《公告》，决定于1999年11月23日召开第一次债权人会议。

破产清算小组接管破产财产后，委托振企资产评估事务所对浙北耐火材料厂的全部资产进行评估。1999年10月21日，振企资产评估事务所出具德资估〔1999〕110号《资产评估报告书》，以1999年7月23日为评估基准日，确认浙北耐火材料厂全部资产评估总价值为6，757，714.85元，其中：货币资金、应收账款、其他应收款、待处理流动资产损失分别为7821.33元、210，083.28元、536，894.77元、8365.57元，存货为328，362.90元，固定资产为5，666，187元（其中房屋建筑物为3，478，430元，机器设备为2，187，757元）；全部负债为22，534，321.54元，净资产为－15，776，606.69元。

1999年11月22日，德清县人民法院出具〔1999〕德法破字第33－1号《民事裁定书》，对包括中国工商银行德清县支行、上海金山联运公司、德清县钟管镇人民政府等在内的13家债权人共计6，987，848.75元的债权予以确认。

1999年11月23日，在德清县人民法院主持下召开了第一次债权人会议，会议对申报的破产债权及财产分配方案做了审查确认。

1999年12月23日，德清县人民法院出具〔1999〕德法破字第33－2号《民事裁定书》，对中国高岭土公司于1999年12月13日提出的127，991.15元债权予以确认。

1999年12月，破产清算小组作出《湖州市浙北耐火材料厂破产还债清算报告》，确认向法院申报债权的债权人共14家，申报债权总额为7，115，839.90元，经审查确认债权人共 14 家,债权总额为 7,115,839.90 元。

2000 年 3 月 20 日,德清县人民法院出具〔1999〕德法破字第 33－3 号《民事裁定书》,经委托德清县振企会计师事务所、德清县振企资产评估事务所审计、评估确认,浙北耐火材料厂固定资产评估值为 5,666,187 元,其中评估值为 838,237 元的房屋建筑物已抵押给中国农业银行德清县支行;评估值为 648,000 元的机器设备已抵押给德清县钟管农村信用合作社,存货评估值为 328,362.90 元。经 1999 年 11 月 23 日召开的第一次债权人会议对上述审计、评估报告及抵押情况进行确认后,破产清算小组委托德清县联合拍卖行进行上述资产的变卖。

经德清县公证处公证,富民公司以 187 万元购买了上述 5,994,549.90 元的资产,抵押权人中国农业银行德清县支行、德清县钟管农村信用合作社分别优先受偿 261,488.05 元、202,143.62 元。德清县人民法院对上述破产清算小组提起的关于浙北耐火材料厂所属 5,994,549.90 元资产以 187 万元变卖给富民公司所有,抵押权人优先受偿的请求裁定予以确认。

2000 年 3 月 28 日,破产清算小组向德清县人民法院提出终结申请,德清县人民法院出具〔1999〕德法破字第 33－4 号《民事裁定书》,对浙北耐火材料厂破产还债一案作出裁定。浙北耐火材料厂可用于分配的财产共计 1,414,189.66 元,其中货币资金 7821.33 元,非抵押资产变现值 1,406,368.33 元。上述财产优先拨付破产费用计 110,722.85 元,其余用于清偿第一清偿顺序所欠工人工资及福利费。第一清偿顺序所欠工人工资及福利费 1,572,803.11 元的清偿率为 82.88%,第二清偿顺序所欠税金 1,127,196.59 元(其中增值税 508,340.76 元)及第三清偿顺序所欠其他债权 7,115,839.90 元的清偿率为 0。因应分配的财产已分配完毕,裁定宣告终结浙北耐火材料厂破产还债程序,未得到清偿的债权不再清偿。

本所律师核查后认为,自德清县人民法院宣告浙北耐火材料厂进入破产程序后,在德清县人民法院的组织下,浙北耐火材料厂的主管部门、政府有关部门等成立破产清算小组,接管破产企业,负责破产财产的保管、清理、估价、处理和分配。浙北耐火材料厂的破产清算程序符合当时有效之《公司法》、《企业破产法(试行)》等法律、法规的规定,破产程序合法、有效。

3. 发行人董事、监事、高级管理人员在浙北耐火材料厂任职情况,是否对浙北耐火材料厂的破产负有责任

发行人现任董事长、总经理陈根财于 1984 年进入浙北耐火材料厂担任营销员,后于 1997 年 10 月起担任浙北耐火材料厂董事长兼总经理,于 1998 年 2 月被德清县钟管镇工业办公室任命为浙北耐火材料厂厂长。

发行人现任副总经理沈安林自 1992 年进入浙北耐火材料厂,历任车间主任、副厂长职务。

发行人现任副总经理姚建良自 1997 年进入浙北耐火材料厂工作。

发行人现任监事谢宝法自1998年进入浙北耐火材料厂，担任财务会计职务。除上述人员曾在浙北耐火材料厂任职外，发行人现任其他董事、监事、高级管理人员未曾在浙北耐火材料厂任职。

1997年10月18日，经德清县钟管镇人民政府以钟政〔1997〕37号《关于湖州奉天集团所属企业为股份合作制企业的决定》批准，浙北耐火材料厂改制为湖州市浙北耐火材料厂股份合作制企业；经振企会计师事务所以振会验〔1998〕37号《验资报告》审验确认，浙北耐火材料厂改制为股份合作制企业时注册资本为80万元，其中，富民公司投资16万元，陈根财投资56.8万元，唐金法投资2.4万元，莫志良投资2.4万元，沈德宝投资2.4万元。1999年，因严重亏损、不能清偿到期债务，浙北耐火材料厂进行破产清算后注销。

根据发行人、陈根财、沈安林、姚建良、谢宝法提供的说明并经律师核查，陈根财、沈安林、姚建良、谢宝法虽曾在浙北耐火材料厂任职，但就浙北耐火材料厂破产事项，其个人并未被追究刑事责任、行政责任，亦未被有关人员或组织通过法律途径追究民事责任。

2011年3月23日，浙北耐火材料厂原主管部门德清县钟管镇经济发展办公室（原德清县钟管镇工业办公室）及钟管镇人民政府出具证明确认：浙北耐火材料厂在1997年改制为股份合作制企业前已严重亏损，净资产为负数。浙北耐火材料厂的破产系由其历史上生产经营严重亏损所致，其亏损事实及进入破产程序并非由于浙北耐火材料厂的改制及陈根财等人的履职行为所致，陈根财等人对浙北耐火材料厂的破产事项不负有责任。

经律师核查，根据振企资产评估事务所出具的振会审〔1997〕124号《审计报告》，浙北耐火材料厂在改制为股份合作制企业前所有者权益为-12,543,947.12元，已严重亏损。

律师认为，陈根财、沈安林、姚建良、谢宝法虽曾在浙北耐火材料厂任职，但就浙北耐火材料厂破产事项，其个人并未被追究刑事责任、行政责任，亦未被有关人员或组织通过法律途径追究民事责任。陈根财、沈安林、姚建良、谢宝法等人对浙北耐火材料厂的破产不负有责任。

4.富民公司具体情况，其收购浙北耐火材料厂600万元的破产资产程序是否合法，是否损害到其他债权人利益，破产资产具体内容

（1）富民公司的基本情况（略）。

（2）富民公司收购浙北耐火材料厂600万元的破产资产程序是否合法，是否损害到其他债权人利益，该600万元破产资产具体内容。

根据破产清算小组作出的《湖州市浙北耐火材料厂破产还债清算报告》和德清县钟管镇工业办公室对浙北耐火材料厂破产事项出具的《情况说明》并经本所律师核查，破产清算小组委托德清县联合拍卖行对原属浙北耐火材料厂5,994,549.90

元的资产进行变卖,经德清县公证处公证,富民公司以187万元购买了上述资产。

1999年12月2日,富民公司与破产清算小组签订《破产资产变卖合同》,根据该合同,富民公司以187万元的价格购买了浙北耐火材料厂破产资产,具体为振企资产评估事务所德资估〔1999〕110号《资产评估报告》所列示的评估值为5,994,549.90元的破产财产,包括:评估值为5,666,187.00元的固定资产(其中,房屋建筑物3,478,430.00元、机器设备2,187,757.00元),评估值为328,362.90元的流动资产(存货)。

1999年12月27日,德清县公证处出具〔1999〕德证字第529号《公证书》,对上述《破产资产变卖合同》的真实性予以公证认证。

根据1999年12月2日破产清算小组出具的《浙北耐火材料厂破产财产分配方案》及德清县人民法院出具的〔1999〕德法破字第33-4号《民事裁定书》,浙北耐火材料厂可参加分配的破产资产中货币资金为7821.33元,固定资产变现值为170万元、存货变现值为17万元。以上固定资产及存货变现值总计187万元,即富民公司用于购买浙北耐火材料厂破产资产的价款。

2000年3月20日,德清县人民法院出具〔1999〕德法破字第33-3号《民事裁定书》,对破产清算小组提起的关于浙北耐火厂所属5,994,549.90元资产以187万元变卖给富民公司所有,抵押权人优先受偿的请求予以确认。

根据浙北耐火材料厂破产时所适用的《中华人民共和国破产企业法(试行)》第24条之规定:"人民法院应当自宣告企业破产之日起十五日内成立清算组,接管破产企业。清算组负责破产财产的保管、清理、估价、处理和分配。清算组可以依法进行必要的民事活动。"

浙北耐火材料厂经德清县人民法院裁定进入破产程序后,钟管镇工业办公室成立了由德清县钟管镇人民政府、德清县劳动局、德清县土地管理局、德清县纪委等11个部门在内的以姚阿连为组长的13名人员组成破产清算小组,接管破产企业的所有财产,并相应成立了破产企业财产保管组和保卫组。富民公司就收购破产资产事项与破产清算小组签订了《破产资产变卖合同》。

律师认为,浙北耐火材料厂评估值为5,994,549.90元的破产财产的处置程序,符合浙北耐火材料厂破产时所适用的《中华人民共和国破产企业法(试行)》及《公司法》的规定,富民公司通过法定程序收购该等破产资产,收购程序合法、有效。富民公司用于收购浙北耐火材料厂固定资产、存货等破产财产之价款187万元业已转入浙北耐火材料厂破产时可供分配的资产,浙北耐火材料厂可用于分配的财产按法定程序进行了分配,未损害其他债权人的利益。

四、九九久:承债式收购整体破产资产

2001年4月10日,中共如东县委、如东县人民政府颁发《关于进一步深化县

属企业改革的意见》(东发〔2001〕24号),为进一步加快如东县属企业改革进程,明确目标任务为“突出以公有资本(股本)出售转让、股权流转集中为主要内容的产权制度改革,力争年内县属企业公有股基本退出”;工作重点为“加大公有资本(股本)退出力度。全县除规模较大,已规划为改造上市的企业除外,其余各类县属企业公有资本(股本)原则上全部退出”;并决定成立深化县属企业改制领导组及如东县县属工业企业深化改革工作团(以下简称如东县改革工作团),具体负责县属企业改革方面的组织、协调、督促、指导工作。

2002年11月18日,为贯彻中共如东县委、如东县人民政府的相关政策,如东化肥通过股东会决议决定解散清算。

2003年2月13日,本公司前身苏通化肥承债式收购如东化肥的整体资产,具体情况如下:

(一)设立如东化肥

1998年9月30日,如东化肥由南通市丰禾化肥有限公司分立并取得如东工商局核发的《企业法人营业执照》(注册号为3206231102164),注册资本为48,842,786.85元,企业性质为如东县投资管理办公室等11家国有投资主体的有限责任公司。

(二)成立清算组、发布清算公告与竞买公告

2002年11月18日,如东化肥通过股东会决议:进行解散清算,成立清算组,授权清算组制订清算方案,采取等资带债形式出售净资产。

2002年11月25日,清算组向债权人发出书面通知《南通市如东化肥有限公司清算组通知书》,并于2002年12月4日在《江苏经济报》刊登《清算公告》。2002年12月4日,清算组在如东电视台、《南通日报》发布《如东化肥公司资产竞买公告》。

(三)职工安置成本及改制费用计提、净资产确认

1. 计提职工安置成本及改制费用

2002年11月11日,如东化肥召开首届二次职工代表大会,并审议通过《南通市如东化肥有限公司改革方案》。

2002年12月25日,清算组根据中共如东县委、如东县人民政府《关于进一步深化县属企业改革的意见》(东发〔2001〕24号)、如东县劳动和社会保障局《关于县属企业改制过程中人员处置的有关问题的辅导讲义》等文件计提职工安置成本及改制费用。

2. 核减资产

2002年12月23日,清算组提交《申请核减资产(土地)的报告》与《申请核减

资产的报告》,并经如东县改革工作团、如东县财政局于 2003 年 1 月 3 日批示同意,核减资产合计 4085.41 万元。

3. 审计与资产评估

2003 年 1 月 3 日,南通永信联合会计师事务所出具《审计报告》(通永会审〔2003〕001 号):截至 2002 年 9 月 30 日,如东化肥净资产为 1587.10 万元。

2003 年 1 月 10 日,南通嘉信会计师事务所有限公司出具《南通市如东化肥有限公司解散清算资产评估报告书》(通嘉会评〔2003〕第 004 号),并经 2003 年 1 月 13 日如东县财政局出具的《关于南通市如东化肥有限公司解散清算资产评估项目核准意见的通知》(东财经〔2003〕13 号)予以确认。截至 2002 年 9 月 30 日,如东化肥净资产评估值为 1486.96 万元。

4. 净资产确认

根据如东县人民政府《县政府关于企业改制资产财务处置的实施意见》(东政发〔2000〕57 号)及相关文件的规定,清算组于 2003 年 1 月 7 日提交《关于南通市如东化肥有限公司弥补负资产的请示》,如东县财政局于 2003 年 1 月 12 日在该请示上确认。

(四)确定出售资产范围,签署资产转让协议

2003 年 2 月 12 日,如东县经济体制改革办公室出具《关于同意南通市如东化肥有限公司国有产权转让的批复》(东改办〔2003〕2 号):同意将如东化肥净资产、如东化肥补办出让手续后的土地使用权、丰禾公司清算组移交的职工宿舍楼等三项资产以 2222.93 万元一次性转让给苏通化肥,并由苏通化肥承担职工安置成本 1625.50万元后,余款 597.43 万元上缴如东县财政局。

2003 年 2 月 13 日,清算组和苏通化肥签订《南通市如东化肥有限公司资产整体转让协议》,并经如东县公证处公证出具《公证书》(〔2003〕如东证经内字第 148 号),主要内容为:转让如东化肥净资产、如东化肥补办出让手续后的土地使用权、丰禾公司清算组移交的职工宿舍楼等三项资产总价合计为 2222.93 万元;承担职工安置成本 1625.50 万元,在协议签订时支付 576.62 万元,余款 20.81 万元在 2003 年 2 月 28 日前一次性支付。

(五)召开债权人会议及债务转移

2003 年 2 月 25 日,止泰集团南通销售有限公司等 14 家债权人代表召开债权人会议,并审议通过《南通市如东化肥有限公司清算工作报告》、《南通市如东化肥有限公司资产清算评估及分配方案的报告》。

2003 年 2 月 25 日,清算组、苏通化肥与债权人根据 2003 年 2 月 13 日清算组与苏通化肥签署的《南通市如东化肥有限公司清算组债务移交汇总表》、《南通市

如东化肥有限公司清算组人员费用移交表》签订了《债务转移协议》,将如东化肥3458.27万元的债务移交给苏通化肥。

(六)清算终结

2003年3月25日,如东化肥股东会审议通过《南通市如东化肥有限公司清算终结报告》。

如东化肥的整体资产出售给苏通化肥后,无资产、无负债、无人员,也未开展经营活动。由于经办人员对政策法规的理解不够准确,如东化肥的工商注销手续未及时办理,直至2007年7月25日,经如东工商局核准,如东化肥依法注销。

(七)如东化肥的职工安置情况

2003年4月8日,经苏通化肥职工代表大会审议通过,苏通化肥与苏通化肥工会签订《关于计提、剥离资金(资产)管理、使用的专项集体合同书》,并经如东县公证处出具《公证书》(〔2003〕如东证经内字第353号)。根据该合同书,如东化肥的职工安置成本由苏通化肥按月发放。2003年4月10日,如东县劳动和社会保障局出具《〈关于计提、剥离资金(资产)管理、使用的专项集体合同书〉的审核意见》,确认其真实、合法、有效。

截至2008年4月30日,如东化肥的职工安置成本(剥离费用)已支付完毕。

(八)如东化肥的债务偿还情况

截至2008年4月30日,如东化肥的债务已清偿完毕。

(九)相关部门的确认意见及股东承诺

2008年5月20日,如东县劳动和社会保障局出具《关于南通市苏通化肥有限公司受让国有产权后职工安置事项的专项说明》:“苏通化肥、海通化工及九九久公司严格按照《集体合同书》的约定履行义务,妥善安置了原南通市如东化肥有限公司的职工,有效的保障了职工合法权益,符合法律、法规及有关政策的规定。”

2008年9月1日,江苏省人民政府办公厅出具《省政府办公厅关于确认南通市如东化肥有限公司清算组转让国有产权合法性的函》(苏政办函〔2008〕92号):“如东化肥清算组转让国有产权给苏通化肥履行了相关法定程序,并经主管部门批准,符合当时法律法规和规范性文件的规定。”

2008年4月24日,公司全体股东签署《承诺书》,并承诺:“南通市如东化肥有限公司转让国有产权给南通市苏通化肥有限公司不存在纠纷或任何潜在纠纷。若发生纠纷,由公司38名股东共同承担责任。”

（十）中介机构核查意见

保荐人与发行人律师核查意见：（1）苏通化肥本次受让国有产权经如东县经济体制改革办公室批准同意，当时未报经南通市人民政府批准，但事后经南通市人民政府转报并取得江苏省人民政府确认，履行了核减资产、审计、资产评估等程序，如东化肥的职工得到妥善安置，债务转移取得债权人同意并签署了债务转移协议；（2）苏通化肥受让国有产权过程中，产权出让方的改革方案包括职工安置方案，由其职工代表大会审议通过，并经政府有权部门批准；苏通化肥受让国有产权过程中职工安置方案的确定程序符合《江苏省国有产权转让管理暂行规定》、《江苏省人民政府关于进一步深化我省国有企业改革若干问题的实施意见》等当时有效的法律法规和相关政策的有关规定；（3）截至 2003 年 2 月 20 日，除职工安置成本1625.50万元之外的收购款项 597.43 万元已支付完毕；截至 2008 年 4 月 30 日，职工安置成本 1625.50 万元已提前支付完毕、如东化肥债务 3458.27 万元已偿还完毕；如东化肥职工安置成本支付及债务清偿过程中，未发生任何纠纷，也不存在潜在纠纷；（4）苏通化肥本次受让国有产权不存在纠纷或潜在纠纷，合法、合规。

五、龙泉股份：竞拍及承债式收购相结合

2002 年 12 月，淄博龙泉通过竞拍方式收购破产企业淄博水泥制品厂的破产资产，并通过安置破产企业职工及承担债务的方式取得淄博水泥制品厂所使用的国有土地使用权。

（一）淄博水泥制品厂的历史沿革（略）

（二）淄博水泥制品厂破产过程和淄博龙泉通过竞标收购淄博水泥制品厂破产资产的基本情况

2002 年 3 月，淄博水泥制品厂六届九次职工代表大会通过了申请破产的决议。同年 5 月，淄博市博山区人民政府向区经委下发《博山区人民政府关于同意淄博水泥制品厂破产的批复》（博政发〔2002〕58 号），同意淄博水泥制品厂向博山区人民法院提出破产申请，并批复由博山区经济委员会牵头组织破产程序前有关工作，企业破产后，由博山区经济委员会负责协调有关部门做好全部职工安置工作、按规定进行管理和安置再就业。

2002 年 7 月，淄博市博山区人民法院作出《民事裁定书》（〔2002〕博民破字第 8－1 号），宣告淄博水泥制品厂破产还债。2002 年 7 月 25 日，成立了由博山区经济委员会、中国人民银行博山支行、博山区社会劳动保障局、审计局、房管局、土管局、国资局、金融管理办公室、企业管理办公室等区政府主管部门人员组成的淄博

水泥制品厂破产清算组。

2002年10月，淄博彤泰资产评估事务所以2002年7月10日为评估基准日，对淄博水泥制品厂的净资产进行了评估，并出具了《资产评估报告书》（淄彤泰评报字〔2002〕第13号）。评估结果为：淄博水泥制品厂经评估的资产价值为26,128,183.39元，负债为78,035,621.62元，净资产为-51,907,438.23元。

2002年10月，博山区国有资产管理局下发《关于对水泥制品厂资产评估项目备案意见的通知》（博国资字〔2002〕17号），对淄博彤泰资产评估事务所出具的上述《资产评估报告书》结果给予备案。

2002年11月，淄博水泥制品厂破产清算组作出《关于破产财产的处理及分配方案》。因土地使用权已抵押给农业银行淄博市博山区支行，不属于破产财产，在企业破产时由政府予以收回并依法处置。

2002年11月，淄博市博山区人民法院作出《民事裁定书》（〔2002〕博民破字第8-12号），同意淄博水泥制品厂破产清算组破产财产处理和分配方案。

2002年12月，淄博水泥制品厂清算组委托淄博市拍卖行有限公司拍卖该厂的产成品、房产及机器设备。通过公开竞价，淄博龙泉竞得淄博水泥制品厂产成品、房产及机器设备，并与淄博市拍卖行有限公司签订《拍卖成交确认书》。

2003年5月，淄博市博山区人民法院作出《民事裁定书》（〔2002〕博民破字第8-13号），裁定终结淄博水泥制品厂破产程序，未得到清偿的债权不再清偿，并认可淄博龙泉拍卖竞标取得破产资产。

2003年8月，淄博水泥制品厂办理完毕注销手续。

保荐机构认为：淄博龙泉管道工程有限公司以竞拍方式取得淄博水泥制品厂的破产资产，并经淄博市博山区人民法院裁定认可，符合当时相关法律法规的规定。

发行人律师认为：淄博龙泉管道工程有限公司以竞拍方式取得淄博水泥制品厂的破产资产，并经淄博市博山区人民法院裁定认可，符合当时相关法律法规的规定。

（三）淄博龙泉通过安置职工、承担债务的方式取得土地使用权的基本情况

鉴于淄博水泥制品厂的部分固定资产和土地使用权已抵押给农业银行淄博市博山区支行，2002年12月，农业银行淄博市博山区支行作为优先受偿的债权人，向博山区国土资源局出具《证明》："鉴于淄博龙泉承诺承担淄博水泥制品厂在该支行2000万元贷款，同意淄博水泥制品厂使用的国有土地由政府收回并过户给淄博龙泉。"2002年12月和2003年6月，淄博龙泉与农业银行淄博市博山区支行签订四份《借款合同》，金额共计2000万元，承接了原淄博水泥制品厂的债务。

根据《博山区人民政府关于认真落实企业改制收费减免政策的通知》(博政发〔2002〕64号),淄博龙泉于2002年12月向淄博市博山区经济贸易局(原淄博市博山区经济委员会)上报了《关于淄博龙泉管道工程有限公司对原淄博水泥制品厂人员安置的报告》。

2002年12月13日,博山区经济贸易局和博山区财政局作出《关于转报淄博龙泉管道工程有限公司对原淄博水泥制品厂人员安置的报告》(博经贸字〔2002〕79号):同意淄博龙泉管道工程有限公司接收并安置原淄博水泥制品厂409名失业职工,管理87名离退休职工;根据博政发〔2002〕64号文规定,将原淄博水泥制品厂102,366.3平方米土地20年的使用权出让给淄博龙泉管道工程有限公司,免收土地出让金,以此作为安置失业职工和管理退休人员的费用。

2002年12月16日,博山区企业改制工作领导小组作出《关于同意淄博龙泉管道工程有限公司对原淄博水泥制品厂重组方案的批复》,批准了上述有关土地使用权出让及人员安置方案。

2003年12月17日,淄博市人民政府作出《关于对淄博龙泉管道工程有限公司受让淄博水泥制品厂国有出让土地使用权的批复》(淄政土(偿)〔2003〕353号、淄政土(偿)〔2003〕354号),批复同意淄博龙泉管道工程有限公司受让原淄博水泥制品厂厂区国有土地使用权。

淄博龙泉管道工程有限公司与淄博市国土资源局就上述土地使用权签订了两份《国有土地使用权出让合同》(〔2003〕568号和〔2003〕569号)。

2011年9月10日,淄博市人民政府向山东省人民政府呈报《淄博市人民政府关于对山东龙泉管道工程股份有限公司前身取得原淄博水泥制品厂破产时处置的相关财产合法性有关事项给予确认的请示》(淄政呈〔2011〕2号),对相关事项确认如下:"淄博水泥制品厂破产还债程序、山东龙泉管道工程股份有限公司前身淄博龙泉管道工程有限公司以竞拍方式取得淄博水泥制品厂拍卖的财产,已经淄博市博山区人民法院裁定认可,符合当时相关法律法规的规定。淄博龙泉管道工程有限公司以安置破产企业职工及承担债务的方式取得原淄博水泥制品厂所使用的国有土地使用权,已获得相关部门的批准,符合当时相关政策和法律法规的规定,合法有效",并恳请山东省人民政府对上述事项予以确认。

2011年10月8日,山东省人民政府下发《山东省人民政府关于对山东龙泉管道工程股份有限公司前身取得原淄博水泥制品厂所使用的土地使用权事项予以确认的批复》(鲁政字〔2011〕252号),原则同意淄博市人民政府的意见,对山东龙泉管道工程股份有限公司前身淄博龙泉管道工程有限公司取得原淄博水泥制品厂所使用的土地使用权事项予以确认。

保荐机构认为:淄博龙泉管道工程有限公司以安置破产企业职工方式取得破产企业的国有土地使用权,已经博山区人民政府和淄博市人民政府批准,并已获得山东省人民政府的批复确认，符合当时相关政策和法律法规的规定，合法有效。

发行人律师认为：淄博龙泉管道工程有限公司通过安置破产企业职工及承担债务，以出让方式取得淄博水泥制品厂原厂区的国有土地使用权，已得到淄博市人民政府的批准，并已获得山东省人民政府的批复确认，符合当时相关法律法规和政策性文件的规定，合法有效。

（四）2002 年取得原淄博水泥制品厂相关资产及支付对价的有关情况

2002 年，淄博水泥制品厂因严重资不抵债进入破产清算程序，淄博龙泉管道工程有限公司作为竞拍人参与了破产财产拍卖，并成功竞得相关财产。清算过程中，在充分考虑淄博水泥制品厂实际情况并在维护稳定的前提下，清算组同意淄博龙泉管道工程有限公司以承接等额债务的方式取得淄博水泥制品厂相关资产，即淄博水泥制品厂原有 2581.24 万元资产对应原有 2581.24 万元的负债。

按博山区人民法院裁定的要求，破产财产须拍卖处理，所拍卖的财产主要包括淄博水泥制品厂的房产、机器设备和存货，拍卖竞价后对价为 1035.65 万元，但其中未包括所附着的土地使用权，原因是：淄博水泥制品厂占用的土地原为划拨地，经淄博市人民政府于 2000 年批准变为出让性质，并签订了国有土地使用权出让合同，土地出让金按约定延期缴纳。但是，截至淄博水泥制品厂破产清算时，土地出让金尚未缴清。

在淄博水泥制品厂破产清算的司法程序中，鉴于该宗土地使用权经淄博市人民政府于 2000 年批准变为出让性质，农业银行淄博市博山区支行坚持抵押的有效性以及优先受偿权，淄博水泥制品厂破产清算组及法院确认了农业银行淄博市博山区支行对淄博水泥制品厂原有土地使用权的抵押权有效，享有优先受偿权，该土地使用权不列入破产财产。

但淄博市博山区政府认为淄博水泥制品厂没有缴足土地出让金，该宗土地使用权仍属于划拨地性质，不能按破产拍卖的方式处置，而应当由政府收回，按照有关破产企业划拨地的相关政策办理，由政府收回后以出让的方式处置，并将出让收益用于安置破产企业职工。

另外，拍卖房产的产权过户淄博龙泉管道工程有限公司时，所附着的土地使用权也需一并转移。为此，经淄博市博山区政府、农业银行淄博市博山区支行、清算组、法院等各方协调，最终达成了解决方案，即在淄博龙泉管道工程有限公司承诺偿还原淄博水泥制品厂所欠农业银行淄博市博山区支行 2000 万元债务的前提下，农业银行淄博市博山区支行同意该土地使用权由政府收回，政府再以出让的方式出让给淄博龙泉管道工程有限公司使用，以解决破产企业职工的安置问题，即政府将原淄博水泥制品厂用地收回后出让给淄博龙泉管道工程有限公司的前提是淄博龙泉管道工程有限公司需安置破产企业的职工。

解决方案达成后，破产财产处置如期进行。最终，淄博龙泉管道工程有限公司所取得淄博水泥制品厂的资产包括：(1)竞拍取得原淄博水泥制品厂房产(不含土地使用权)、机器设备、存货计1035.65万元；(2)评估值为1446.93万元土地使用权；(3)其他流动资产，上述三项资产共计2581.24万元。根据所达成的解决方案，淄博龙泉管道工程有限公司取得上述资产的对价未以货币支付方式进行，而是承接了淄博水泥制品厂债务2581.24万元，包括对农业银行淄博市博山区支行的相应债务及原淄博水泥制品厂所欠员工工资、失业保险、工伤保险、职工集资款和清算费用等。按此方式淄博龙泉管道工程有限公司取得原淄博水泥制品厂的破产财产，已经博山区法院〔2002〕博民破字第8－13号《民事裁定书》的确认，合法有效。淄博龙泉管道工程有限公司所承接的上述债务已全部偿还完毕。

(五)淄博龙泉对淄博水泥制品厂职工的安置情况

经淄博市人民政府《关于对淄博龙泉管道工程有限公司受让淄博水泥制品厂国有出让土地使用权的批复》[淄政土(偿)〔2003〕353号、淄政土(偿)〔2003〕354号]批准，淄博龙泉管道工程有限公司受让上述国有出让土地使用权，并与淄博市国土资源局签署了编号为〔2003〕568号、〔2003〕569号的《国有土地使用权出让合同》及相关文件，土地出让金共计6771,701元，作为淄博水泥制品厂失业职工安置和离、退休人员管理费用，免于缴纳。

除自愿放弃安置而自谋职业的职工外，淄博龙泉管道工程有限公司已按照政府有关文件的要求接收、安置了原淄博水泥制品厂的371名失业职工，与其签订了劳动合同，并于2004年4月补缴了破产安置期间欠缴的基本养老保险金、工伤保险费等合计1,227,469.72元。

此外，淄博龙泉管道工程有限公司按规定接收90名退休人员(含破产清算期间办理退休的3名职工)的管理工作。2004年，根据国家和地方有关企业退休人员社会化管理的规定，淄博龙泉管道工程有限公司将上述90名退休人员及陆续退休的其他员工移交至退休人员所属社区，并向博山区社会养老保险事业管理处缴纳了91,800元的社会化管理服务费。移交后，淄博龙泉管道工程有限公司仍积极协助社会养老保险处做好上述离退休人员退休养老金发放、异地就医登记、医疗费报销、丧葬费和救济费发放等工作。

至此，淄博龙泉管道工程有限公司已按照政府有关文件要求全部接收并安置原淄博水泥制品厂失业职工及离退休人员。

保荐机构认为，淄博龙泉管道工程有限公司已按照博山区企业改制工作领导小组《关于同意淄博龙泉管道工程有限公司对原淄博水泥制品厂重组方案的批复》，整体接收并安置了原淄博水泥制品厂失业职工和离退休职工，不存在劳动争议和纠纷。

发行人律师认为:淄博龙泉管道工程有限公司已按照《关于同意淄博龙泉管道工程有限公司对原淄博水泥制品厂重组方案的批复》的要求,妥善接收并安置原淄博水泥制品厂职工及离退休职工,不存在纠纷。

(六)关于相关债务的处置情况

鉴于淄博水泥制品厂的部分固定资产和土地使用权已抵押给农业银行淄博市博山区支行,2002 年 12 月,农业银行淄博市博山区支行作为优先受偿的债权人,向博山区国土资源局出具《证明》:鉴于淄博龙泉承诺承担淄博水泥制品厂在该支行 2000 万元贷款,同意淄博水泥制品厂使用的国有土地由政府收回并过户给淄博龙泉。2002 年 12 月和 2003 年 6 月,淄博龙泉与农业银行淄博市博山区支行签订四份《借款合同》,金额共计 2000 万元,承接了原淄博水泥制品厂的债务。淄博龙泉已按照《借款合同》偿还完毕上述借款。

保荐机构认为:淄博龙泉已按照承诺承接了原淄博水泥制品厂向农业银行淄博市博山区支行的借款,相关债务已偿还完毕,与债权人之间不存在债务纠纷。

发行人律师认为:淄博龙泉管道工程有限公司已承接了原淄博水泥制品厂向农业银行淄博市博山区支行的借款,相关债务已偿还完毕,与债权人之间不存在债务纠纷。

(七)收购淄博水泥制品厂破产财产对公司生产经营的影响

公司通过竞拍方式收购破产企业淄博水泥制品厂的破产资产,建立了混凝土管道生产经营基地,为全力开拓 PCCP 市场、提升公司经营业绩及长远发展奠定了基础。

此次收购原淄博水泥制品厂的破产资产未导致公司管理层和实际控制人发生变动。

(八)刘长杰对淄博水泥制品厂的破产清算不承担个人责任

根据淄博水泥制品厂的工商档案,经律师核查,刘长杰于 1998 年 3 月出任淄博水泥制品厂董事长(法定代表人)之职,2001 年 11 月淄博水泥制品厂董事会换届,刘长杰不再担任董事职务。

2011 年 8 月 11 日,淄博市博山区人民政府出具证明:“淄博水泥制品厂原为我辖区内集体所有制企业,1998 年经区经委批准改制为股份合作制企业。因债务包袱沉重等历史原因,经区政府批准,该企业于 2002 年破产清算。该企业破产的原因与原负责人刘长杰先生无关,不存在个人应承担的责任。”

经核查,本所律师认为,淄博水泥制品厂破产清算的原因是债务包袱沉重等历史原因所致,与刘长杰个人无关,不存在刘长杰个人对淄博水泥制品厂破产应承担的责任。

【案例评析】

1. 简要总结一下中国上市公司的起家，主要包括如下几种模式：(1)白手起家，这应该是占比最多的一种模式，主要集中在一些轻资产、高科技以及起步资金要求较低的行业，当然也不排除通过三轮车拉出一个重资产大型企业的可能。(2)国有企业或集体企业改制，这种模式在上市公司中也是非常普遍，主要模式就是在企业改制过程中国有或集体资本退出，自然人受让了国有或者集体企业主要资产从而改制为民营企业，经过多年发展壮大从而上市。国有或者集体企业改制年代久远，政策背景和影响因素极为复杂，很容易引起腐败或者其他利益安排而受到质疑。(3)自然人受让部分资产然后以这部分资产出资设立公司从而发展壮大，受让资产的对象五花八门，有外资企业，有民营企业，当然也有集体或者国有企业，不管情形如何复杂，一个基本的标准就是这些资产在出让之前已经经营困难难以持续，要不然人家也不会把资产卖了。本节内容中提到的受让破产资产的案例就属于第三种情形。

2. 从现有案例来看，受让破产资产的对方几乎全部是国有(集体)企业，并且受让方一般情况下还都会是原破产企业的经营者或者管理者，那么一个最明显的悖论就需要解释清楚：为什么一个已经资不抵债破产的企业经过资产转移重新设立一个企业之后就迅速重生甚至高速发展？在排除一些非正常因素之外，或许还有这些理由可以值得我们去思考：(1)企业破产之后受让人买的主要是资产，已经抛弃了原企业负债的大包袱，尽管一般情况下购买资产的对价并不便宜或者要承担职工安置等费用；(2)经营管理体制完全不同，民营企业更具有发展活力。

3. 或许还有一些其他的理由可以解释上述的悖论，小兵目前只能总结到这些。其实，在某些案例中尽管可以给出一些解释，不过有时候解释起来逻辑上并不一定成立。从目前审核的实践来看，监管机构并没有要求发行人对这个逻辑做出重点解释，而关注重点主要还是在于破产企业后续的处理和安置上面，重点保证国有(集体)资产不存在流失以及债权人或者小股东的利益不受到损害。

4. 通过上述案例可以简要总结一下，对于受让破产资产这个问题主要的关注内容主要体现在以下几个方面：(1)破产企业的历史沿革及历次出资变动情况；(2)原企业破产程序是否完备、合规；(3)破产资产的出让对价是否合理，是否存在国有(集体)资产流失的情形；(4)破产企业职工安置及有关费用的支付安排；(5)发行人董监高与破产企业管理人员的关系，是否存在自然人需要对企业破产承担个人责任的情形。值得特别说明的是，每个案例都把职工安置情况以及债权人利益保护情况两个问题作为重中之重的问题作了详细披露和解释。

5. 从现有案例来看，监管机构对于受让破产资产还是很谨慎的也会重点关注，中介机构对于该问题的解释也必须逻辑缜密前后一致，出现任何异常情形都会被重点关注反复追问。以下案例就是因为有些细节的处理不同于常规方式而被重点关注：

(1)东宝集团:控股股东以受让的破产财产在短期内用以出资,由于评估增值较大从而引起了出资不实的质疑,对于这个问题,中介机构做了核查并发表了明确的意见,值得适当借鉴。

(2)嘉寓股份:破产资产受让之后没有遵循历史成本原则而是根据评估价值入账后根据会计差错进行了调整。

(3)金磊股份:发行人先租赁破产企业的土地和厂房等,后来企业破产又购买破产企业的存货,关注到了发行人土地厂房等资产的来源和权属等问题。

(4)龙泉股份:由于企业破产时土地还是划拨土地不能直接转让,只能由政府收回之后再进行出让,审核过程中也对破产资产分两次受让的情形作了重点关注。

(5)双龙股份:在破产资产中的职工安置费用最后竟然结余了500多万元,尽管主管部门确认为政府补助并计入营业外收入,但是发行人为了引起不必要的纠纷而在上市之前又返还给了主管部门。(该案例具体情况出于篇幅考虑进行了删减)

6. 最后需要说明一点,那就是上述案例基本上均由省级政府出具了最终的确认意见。这也可以理解,毕竟企业破产的问题非常敏感又极其复杂,民营企业已是如此更何况国有集体企业,有省级政府的确认并担当责任大家都好做一些。

第三章　其他问题

□ 关于本章的内容,没有什么特别需要向大家交代的,其实就是一个筐,把别的地方放不下的一些内容装进来,当然不是垃圾筐。

□ 本章将主要介绍三个问题:出口退税问题、合并报表问题以及利润分配问题。

■第一节　出口退税问题解决之道

【重要提示】

★ 尽管最近几年国家政策一直在鼓励自主创新,但是不能否认以外贸导向作为核心经营模式的企业仍旧占据我国实体经济很大的份额。

★ 由于增值税税收政策内外有别,导致增值税链条在产品外销时不再延续,从而出口退税政策出台以修补这一现象。

★ 会计准则明确规定出口退税不属于税收优惠,在判断该问题对于企业盈利能力影响的时候也需要更加注重增值税和出口退税的内在机理,而并非普通的税收优惠政策。

【案例情况】

一、长青股份:定价可与退税率浮动

(一)出口退税政策变化风险

公司出口产品执行“免、抵、退”税政策。报告期公司出口产品的退税率变化较大。

2007年6月30日之前公司原药、制剂产品出口退税率11%,中间体出口退税率为13%;根据财政部、国家税务总局(财税〔2007〕90号)《关于调低部分商品出口退税率的通知》,自2007年7月1日起原药、制剂和中间体出口退税率均降为5%;根据财政部、国家税务总局(财税〔2008〕144号)《关于提高劳动密集型产品等商品增值税出口退税率的通知》,自2008年12月1日起公司原药、中间体出口退税率由5%提高至9%;根据财政部、国家税务总局(财税〔2009〕43号)《关于提高轻纺、电子信息等商品出口退税率的通知》,自2009年4月1日起中间体出口退税率由9%提高至13%。

国家关于企业出口退税政策及其变化直接影响公司出口业务成本。不考虑其他因素,假定从2007年1月1日起执行5%的出口退税率,2007年公司直接出口业务的成本将增加389.23万元。

公司与主要出口业务客户先正达公司建立了稳定的合作关系,双方在合同中约定对因出口退税率变化、成本上升等因素造成公司利益受损,公司可以通过提高价格等措施予以弥补。2007年7月1日出口退税率下调后,经双方同意,自2007年9月起,公司氟磺胺草醚价格提高10%(美元报价),弥补了出口退税率下调对公司的影响。

虽然公司可以通过提升价格弥补出口退税率下调对公司的影响,但是,第一,由于价格调整有一定的滞后性;第二,出口退税率继续下调可能在一定程度上削弱公司产品的价格优势,有可能对公司境外市场的扩大带来不利影响,对公司经营业绩的持续较快增长带来不利影响。

2010年1月22日,江都市国家税务局出具《江苏长青农化股份有限公司增值税完税证明》证明:"该公司自2007年1月1日至2009年12月31日执行的国税税种为增值税,其中原药、制剂产品增值税税率为13%,中间体增值税税率为17%。出口产品执行"免、抵、退"税政策,2007年6月30日之前原药、制剂产品出口退税率11%,中间体出口退税率为13%;根据财政部、国家税务总局(财税〔2007〕90号)《关于调低部分商品出口退税率的通知》,自2007年7月1日起原药、制剂和中间体出口退税率均降为5%;根据财政部、国家税务总局(财税〔2008〕144号)《关于提高劳动密集型产品等商品增值税出口退税率的通知》,自2008年12月1日起原药、中间体出口退税率由5%提高至9%;根据财政部、国家税务总局(财税〔2009〕43号)《关于提高轻纺、电子信息等商品出口退税率的通知》,自2009年4月1日起中间体出口退税率由9%提高至13%。该公司自2007年1月1日至2009年12月31日缴纳增值税入库税款总计10,007,582.43元,其中2007年共缴纳增值税税款为2,714,315.47元,2008年共缴纳增值税税款为3,074,246.62元,2009年共缴纳增值税税款为4,219,020.34元。在上述纳税期间,该公司严格依法纳税,执行的增值税税率符合国家法律法规的要求,不存在被税务管理机关处罚的情形。"

(二)报告期各期,公司毛利率波动的总体原因

毛利率	2009 年度		2008 年度		2007 年度	
	毛利率(%)	变化率(%)	毛利率(%)	变化率(%)	毛利率(%)	变化率(%)
主营业务毛利率	33.30	2.56	32.47	20.21	27.01	0.37
外销业务毛利率	39.76	33.60	29.76	0.24	29.69	-3.82
内销业务毛利率	27.68	-22.09	35.53	42.69	24.90	-3.53
综合毛利率	33.49	4.49	32.05	18.70	27.00	0.45

报告期各期,公司主营业务毛利率和综合毛利率呈上升趋势。

2009 年公司毛利率仍保持同比上升,主要是外销业务毛利率大幅度上升。外销业务毛利率大幅度上升的主要原因是受出口退税率上调、原材料价格有较大幅度下降等因素影响,氟磺胺草醚外销业务毛利率同比有较大幅度的上升。

二、群兴玩具:进行敏感性分析

(一)出口退税率变动的影响

1. 报告期出口退税金额及对发行人的影响

根据财政部、国家税务总局的规定,报告期内公司玩具出口适用退税率如下:

时 间	适用的出口退税率
2007 年 7 月 1 日前	13%
2007 年 7 月 1 日 ~2008 年 10 月 31 日	11%
2008 年 11 月 1 日 ~2009 年 5 月 31 日	13%、14%
2009 年 6 月 1 日后	13%、15%

如果未来国家调低出口退税率,则将对公司经营业绩产生负面影响。报告期出口退税率下降 1% 对公司利润的敏感性分析如下:

单位:万元

项 目	2010 年度	2009 年度	2008 年度
出口退税金额	1276.78	1786.38	923.89
利润总额	6661.73	4506.90	2686.05
出口退税占发行人当期利润总额的比重	19.17%	39.64%	34.40%
出口退税率降低 1% 成本增加额	243.59	229.36	189.56
出口退税率降低 1% 利润增加额	-243.59	-229.36	-189.56
出口退税率降低 1% 净利润增加额	-207.05	-197.96	-161.13
出口退税率降低 1% 净利润变动幅度	-3.59%	-4.99%	-7.08%

报告期内，发行人产品出口退税率在11%与15%间波动，但出口退税率对发行人的影响逐年降低，其主要原因在于发行人拥有自主品牌、自主研发设计能力以及自有营销渠道，进而有着较强的产品定价权与成本转嫁能力，同时随着公司附加值较高的产品比重的不断增加，综合毛利率逐年提高，从而降低了出口退税政策变动对发行人带来的影响。

2. 发行人出口退税风险分析

根据敏感性分析，出口退税率变动对发行人净利润影响逐年降低。同时综合考虑其他因素，出口退税率下调风险对发行人影响较小，具体原因如下：

(1)发行人有着比较强的自主定价权：发行人一直用自主品牌开拓业务，所有产品均系自主研发设计，产品有着较强的设计与质量优势，同时拥有分布广泛且长期合作良好的客户群体，议价能力较强；中国玩具出口额占全球玩具出口额的75%，如果我国出口退税率发生调整，将影响到绝大部分玩具企业的产品价格调整；公司产品在终端销售市场的零售价格一般较公司销售价格高3～5倍，客户利润空间较大，价格调整易于被接受。

(2)公司已经建立了内外销并重的销售格局，产品已经覆盖国内各大重点城市，拥有一批长期合作的国内经销商，公司品牌在国内消费者中已经得到认可，报告期内销比例分别为27.26%、32.68%、46.18%。相对于大部分依赖出口的玩具企业，公司抵御出口退税率下调风险的能力更强。

(3)玩具行业所隶属的轻工产业是国家重点发展的产业，同时玩具业是解决就业人口多，且出口规模大的传统优势出口产业，但行业整体毛利率偏低，是属于需要扶持出口的行业。所以，中短期内，玩具行业不存在出口退税率大幅下调甚至快速取消的风险。

(4)报告期，发行人研发设计与品牌优势不断提高、同时产品结构与客户结构的优化使得综合毛利率逐年提高，公司面临出口退税率下调对公司业绩影响的风险日益弱化。

3. 发行人应对出口退税率调整的措施

发行人应对出口退税率调整的措施主要包括：(1)坚持自主品牌，加强产品开发，持续增强产品质量，提高产品知名度及竞争力，进而提升发行人的产品定价权及成本转嫁能力；(2)坚持内外销并重的销售策略，拓宽自有销售渠道，掌握销售主动权；(3)持续优化产品结构，增加附加值更高产品的比重，提升公司盈利能力。

(二)出口退税政策变化的风险

发行人同样对该问题做了风险提示。

三、东方日升:最近一期出口退税率极高

(一)出口退税政策风险

发行人太阳能电池组件、太阳能灯具以出口销售为主,2007~2009年发行人主要产品享受的出口退税政策如下:

期间	出口退税率	
	太阳能电池组件	太阳能灯具
2007-1-1~2007-6-30	17%	13%
2007-7-1~2007-12-31	17%	11%
2008-1-1~2008-11-30	17%	11%
2008-12-1~2008-12-31	17%	13%
2009-1-1~2009-12-31	17%	13%

2007~2009年发行人各年度出口销售金额及其占主营收入的比例情况如下:

单位:万元

项　目	2009年度	2008年度	2007年度
出口销售金额	78,918.12	9211.28	4151.49
主营业务收入	83,524.64	86,808.74	27,625.15
出口销售金额占主营业务收入的比例	94.48%	10.61%	15.03%

2007~2009年发行人各年度应收退税金额、其占当期主营业务利润和利润总额的比例情况如下:

单位:万元

项　目	2009年度	2008年度	2007年度
应收出口退税额	10,305.81	485.99	187.75
主营业务毛利	21,948.50	11,535.83	3329.01
利润总额	13,590.00	7973.91	2017.88
应收出口退税金额占主营业务毛利的比例	46.95%	4.21%	5.64%
应收出口退税金额占利润总额的比例	75.83%	6.09%	9.30%

2008年12月发行人取得TUV认证后,其太阳能电池组件产品可直接出口欧盟等认可TUV认证的国家和地区,同时随着发行人产业链延伸、升级和产品升级的逐步深入,发行人2009年度产品销售结构和内外销比例出现较大调整,组件销售占比上升的同时,产品外销比例大幅提高,出口退税政策的变化对发行人影响较

大。如未来出口退税率出现较大幅度下调，而发行人不能及时相应调整产品价格，则发行人存在利润下降的风险。

（二）发行人对国家出口政策调整及国际贸易摩擦采取的应对措施

1. 出口政策调整情况

2007~2009 年发行人各年度应收退税金额、其占当期主营业务利润和利润总额的比例以及出口退税率下降对利润总额影响的敏感性分析如下：

单位：万元

项　目	2009 年度	2008 年度	2007 年度
应收出口退税额	10,305.81	485.99	187.75
主营业务毛利	21,948.50	11,535.83	3329.01
利润总额	13,590.00	7973.91	2017.88
应收出口退税金额占主营业务毛利的比例	46.95%	4.21%	5.64%
应收出口退税金额占利润总额的比例	75.83%	6.09%	9.30%
所有产品出口退税率每下降 1%，利润总额的下降幅度	5.81%	1.16%	2.06%

2007 年与 2008 年，发行人主营业务收入中，出口销售收入占比为 15.03% 和 10.61%，公司产品以内销为主，应收出口退税额占利润总额的比例仅为 9.30% 和 6.09%，对发行人利润影响较小。2008 年 12 月发行人取得 TUV 认证后，其太阳能电池组件产品可直接出口欧盟等认可 TUV 认证的国家和地区，同时随着发行人产业链延伸和产业升级的逐步深入，发行人 2009 年度产品销售产品结构和内外销比例出现较大调整，组件销售占比上升的同时，产品外销比例大幅提高。2009 年太阳能电池组件的外销收入占当期销售收入比例为 88.56%，由于太阳能电池组件执行 17% 的出口退税率，因而导致 2009 年度发行人应收出口退税额占当期主营业务毛利和利润总额的比重较高，出口退税政策的执行对发行人的经营成果存在较大影响。

2. 尽管执行出口退税政策对发行人 2009 年度经营成果有较大影响，但发行人经营成果对出口政策不存在重大依赖

从单因素静态分析看，出口退税率的下降将对公司经营成果产生较大的不利影响，但综合分析国内光伏行业及发行人产品议价能力和提价空间、光伏行业未来市场发展趋势、国内光伏行业潜在的巨大市场需求、出口退税政策及出口行业特点等因素，出口退税政策的变化对发行人未来的经营成果不会产生重大不利影响，同时发行人对出口退税政策不存在重大依赖，具体如下：

(1)在光伏行业高速发展的背景下,国内光伏行业及发行人产品具有议价能力和提价空间

未来光伏行业仍将保持快速发展的势头,电池片、组件市场需求较大,产业链各环节都将随着光伏行业的快速发展而得到发展的机会,各环节仍将保持适当的利润。我国为全球太阳能电池片、组件生产第一大国,在下游需求旺盛的同时,生产企业的议价能力必然有所增强。在出口退税政策出现不利变化的情况下,可充分发挥议价能力,减少出口退税政策不利变化的影响。

目前,国内生产企业及发行人太阳能电池组件在现行17%出口退税率下的销售价格远低于国外厂商同类、同质产品的平均售价。以发行人最大的外销市场德国为例,根据2010年第一期的光伏产业专业杂志《Photon International》统计,2009年6~11月,欧美厂商在德国市场的太阳能电池组件平均销售价格为2.13欧元/W,同期发行人组件的平均销售价格1.47欧元/W,同类、同质产品具有较大价差,因而包括发行人在内的国内生产企业的太阳能电池组件具有一定提价空间。

发行人所生产的各种规格的太阳能电池组件严格按照国际电工委员会IEC61215、IEC61730标准要求设计,采用先进工艺及国内外一流电池组件生产设备和检测设备,确保每块组件的高质量及输出功率的精确度,组件输出功率10年内输出功率在90%以上,25年内在80%以上。且产品均达到0/+3%的正公差,远高于行业要求的±3%公差,产品质量指标已达到国际水平,得到客户的一致肯定,发行人产品具有较高的性价比。

因此,即使未来出口退税率出现大幅调整,国内企业、发行人具备产品议价能力和提价空间,由此能够较大的减少出口退税政策变化给国内太阳能电池组件生产企业以及发行人经营业绩带来的不利影响。

(2)国内市场潜力巨大,发行人可通过逐渐提高国内市场份额和内销规模,降低可能出现的出口退税政策变化带来的不利影响

自2006年起,我国先后出台了《国家中长期科学和技术发展规划纲要(2006~2020年)》、《可再生能源中长期发展规划》、《可再生能源发展"十一五"规划》等一系列引导光伏行业发展的产业政策,为太阳能电池制造企业提供了良好的政策保障。进入2009年,我国政府又从终端市场入手,加大了对太阳能光伏产业的扶持力度,先后颁布《关于加快推进太阳能光电建筑应用的实施意见》、《太阳能光电建筑应用财政补助资金管理暂行办法》及《关于实施金太阳示范工程的通知》,加速启动国内太阳能发电市场,特别是金太阳示范工程的实施表明了政府扶持光伏行业的态度和推动光伏市场发展的决心,其中示范项目装机容量642MW,是2008年中国太阳能装机容量的4.4倍。国家对太阳能光伏发电终端市场的扶持预示着中国光伏产品市场将迎来一个大发展的时期,为我国太阳能电池制造企业的发展创造了新的机遇,从而逐步改变我国太阳能光伏产业严重依赖国外市场

的现状。

目前，发行人已经获得中国的金太阳认证证书，并已获准承建1.5MW金太阳示范工程项目、承建0.5MW太阳能光电建筑应用示范项目，这将为其产品在国内全面推广提供进一步保障。随着国内鼓励光伏应用产品政策的逐步落实，发行人将加大国内光伏市场产品的销售，国内市场份额和内销规模的扩大有助于降低发行人对国际市场的依赖，从而减轻企业经营成果受出口退税政策变化的影响程度。

(3)出口退税政策及出口行业特点

出口退税是征收间接税的国家为避免进口国征税造成本国出口商品双重税赋而将出口商品所含间接税退还给出口企业的税收制度，既是国际惯例，也符合WTO规则。我国政府一直将鼓励出口作为拉动国内经济增长的一项长期举措，特别是对于新兴行业，给予较高的出口退税率进行鼓励、扶持也是国家实现产业结构调整、发展新兴产业的重要战略手段，所以出口退税政策并不具备偶然性和非经营性的特点，出口退税额占利润总额比重较高是我国出口型企业的基本特征。

在信息披露资料中发行人还通过列举同行业其他上市公司所享受出口退税率的情况来论证不存在依赖。

四、康得新：通过加工贸易降低退税风险

（一）出口退税率变动的风险

报告期内，发行人出口退税率变动情况如下表：

期间	退税率	变动相关政策文件
2007年1月1日～2007年6月30日	11%	财政部、发改委、商务部、海关总署、国家税务总局2006年9月14日《关于调整部分商品出口退税率和增补加工贸易禁止类商品目录的通知》(财税〔2006〕139号)
2007年7月1日～2009年3月31日	5%	财政部、国家税务总局2007年6月19日《关于调低部分商品出口退税率的通知》(财税〔2007〕90号)
2009年4月1日～2009年5月31日	11%、5%	财政部、国家税务总局2009年3月27日《关于提高轻纺、电子信息等商品出口退税率的通知》(财税〔2009〕43号)
2009年6月1日	13%、5%	财政部、国家税务总局2009年6月3日《关于进一步提高部分商品出口退税率的通知》(财税〔2009〕88号)

出口退税率的频繁调整对公司出口业务的成本带来一定影响。为此，公司一方面对出口产品积极采用加工贸易出口退税方式，以降低退税率变化对公司经营业绩的影响程度。具体而言，由于公司的主要原材料EVA主要依靠进口，BOPP中有部分也是由供应商从国外进口原材料加工后再出售给本公司的，而公司产品又有

相当部分用于出口，因此，公司采用加工贸易或深加工结转等出口退税方式，使进口的原材料在整个过程中处于保税状态，不受退税率调整的影响；另一方面，发行人还采取适时调整外销价格等方式，降低出口退税率变化对公司经营业绩的影响。

（二）出口退税政策

报告期内，本公司预涂膜产品出口退税率有过多次变化，具体情况如下：

期间	退税率	退税率变化的相关政策文件
2007年1月1日～2007年6月30日	11%	财政部、发改委、商务部、海关总署、国家税务总局2006年9月14日《关于调整部分商品出口退税率和增补加工贸易禁止类商品目录的通知》（财税〔2006〕139号）
2007年7月1日～2009年3月31日	5%	财政部、国家税务总局2007年6月19日《关于调低部分商品出口退税率的通知》（财税〔2007〕90号）
2009年4月1日～2009年5月31日	11%、5%	财政部、国家税务总局2009年3月27日《关于提高轻纺、电子信息等商品出口退税率的通知》（财税〔2009〕43号）
2009年6月1日	13%、5%	财政部、国家税务总局2009年6月3日《关于进一步提高部分商品出口退税率的通知》（财税〔2009〕88号）

出口退税率向下调整对公司出口业务的成本带来一定影响。不过，公司对出口产品采用加工贸易出口退税方式，因此，退税政策的变化对公司经营业绩并不会产生严重冲击。

具体而言，由于公司的主要原材料EVA主要依靠进口，BOPP中有部分也是由供应商从国外进口原材料加工后再出售给本公司的，而公司产品又有相当部分用于出口，且被列入加工贸易产品目录，因此，可采用加工贸易出口退税方式（其中BOPP可按深加工结转方式开展加工贸易）。下表列示了一般贸易和加工贸易的税负差异，可见采用加工贸易的情况下，当出口退税率调低时，仅销售额和材料成本之间的价差受到影响，而本公司的原材料成本占产品成本的80%以上，毛利率在20%左右，所以实际受到影响的部分是比较小的。当退税率达到17%，即完全退税时，一般贸易和加工贸易的税负是完全一致的。

贸易方式	材料成本	增值税征税率	退税率	可抵减税额	外销实际税负
一般贸易	有关税	17%	X	0	销售额×（17%－X）
加工贸易	免关税	17%	X	材料成本×（17%－X）	（销售额－材料成本）×（17%－X）

另外，在多年的国际贸易中，公司凭借着良好的产品质量、商业信誉，与一大批

境外客户形成了长期、稳定的合作关系。当出现退税率政策调整时,公司在一定范围内也具备协商调整产品价格的能力。

五、升达林业:退税损失率的概念

(一)出口退税率下调的风险

报告期内,国家多次对木地板出口税收政策进行调整,自2006年9月15日起,实木复合地板、强化地板的出口退税由原来的13%下降为11%;自2007年1月1日起,取消部分实木复合地板增值税和消费税的出口退税;自2007年7月1日起,将强化地板、部分实木复合地板、竹木复合地板(不包括竹地板)出口退税率降至5%。

2005年、2006年、2007年,公司出口退税额分别为1331.50万元、871.26万元、911.68万元。由于2006年存在过渡期,出口退税率下调实际未完全执行,本公司2006年未受到较大影响。2007年,出口退税率下降导致本公司的出口退税直接损失313.82万元。出口退税率下调对公司的产品出口销售带来一定的不利影响。

为应对出口退税率的降低,公司采取了改变出口结构,加大竹地板的出口(竹地板的出口退税率仍为13%);和提高产品档次和出口价格等措施,部分弥补了出口退税率降低所带来的损失,但出口产品的数量相应有所下降。与此同时,公司的国内产品销售出现较大增长,2005年、2006年、2007年,公司国内实现销售的金额分别为21,926.61万元、29,905.63万元、35,166.47万元,2007年和2006年分别同比增长17.59%、36.39%。

随着公司中纤板项目在2008年的投产,公司的收入结构中将大幅增加中纤板销售收入,中纤板销售市场主要针对国内的西南地区,出口退税率下降对公司的影响将更低。

(二)出口退税率下降对发行人经营状况的影响

报告期内,国家多次对木地板出口税收进行调整,自2006年9月15日起,实木复合地板、强化地板的出口退税由原来的13%下降为11%;自2007年1月1日起取消部分实木复合地板增值税和消费税的出口退税;自2007年7月1日起,将强化地板、部分实木复合地板、竹木复合地板(不包括竹地板)出口退税率降至5%。本公司2005~2007年出口退税额如下表:

单位:万元

项　目	2005年	2006年	2007年	合计
1.强化地板	1157.13	937.90	556.03	2651.06
2.非强化地板	442.49	545.44	355.65	1343.57
出口退税额合计	1599.62	1483.33	911.68	3994.63

出口退税政策的调整将影响本公司的木地板出口业务：2006年存在过渡期，出口退税率下调实际未完全执行，因此出口退税率下降对本公司2006年无较大影响。现以2007年数据为例，出口退税率降低对公司业务影响如下：

1. 出口退税率下降的直接损失

会计期间	存货名称	采购无税金额（万元）	退税损失率	退税损失（万元）
2007年1~12月	强化地板	2624.04	8%	209.92
2007年1~12月	踢脚板	22.71	8%	1.82
2007年1~12月	PVC扣条	22.38	6%	1.34
2007年1~12月	HDF扣条	1.83	8%	0.15
2007年1~12月	塑料地垫	2.80	6%	0.17
2007年1~12月	木面多层地板	1052.29	6%	63.14
2007年1~12月	竹制多层地板	466.05	8%	37.28
合　计		4192.10		313.82

2. 出口退税率下降对公司出口业务的影响及对策

随着出口退税率的降低，公司采取了改变出口结构，加大竹地板的出口（竹地板的出口退税率仍为13%）；和提高产品档次和出口价格（以强化地板出口为例，2007年公司强化地板价格平均增长了5.78%）等措施，部分弥补了出口退税率降低所带来的损失，但出口产品的数量相应有所下降。与此同时，公司的国内产品销售出现较大增长，2005年、2006年、2007年，公司国内实现销售的金额分别为24,061.39万元、30,126.15万元、35,166.47万元，2007年和2006年分别同比增长25.21%、16.73%。

随着公司中纤板项目的投产，公司的收入结构中将大幅增加中纤板销售收入，中纤板销售市场主要针对国内，尤其是缺口较大的西南地区，出口退税率下降对公司的影响将更低。

六、蒙发利：出口退税超过利润额

（一）出口退税政策变化的风险

出口退税是征收间接税的国家为避免进口国征税造成本国出口商品双重税赋，而将出口商品所含间接税退还给出口企业的税收制度，既是国际惯例，也符合WTO规则。我国出口产品退税政策自1985年4月1日起施行，对增强我国出口产品的国际竞争力、扩大出口、增加就业、保证国际收支平衡和增加国家外汇储备，促进国民经济持续快速健康发展发挥了重要作用。2003年10月13日，国务院发布《国务院关于改革现行出口退税机制的决定》（国发〔2003〕24号）以来，迄今已9次调整出口退税率政策，部分商品的出口退税率调整频率较高。出口退税率发生调整，会对企业的生产经营产生直接影响。

报告期内，公司外销收入占主营业务收入比例超过95%，且按摩器具产品（海关货物编码90191010）一直享受17%的最高档次出口退税率，公司2008~2010年出口退税额占利润总额的比例较高，分别为309%、131%和143%。虽然报告期内历次出口退税政策调整并不涉及按摩器具产品，但是如果未来国家调低按摩器具产品的出口退税率，可能会对发行人的出口业务及经营业绩产生不利影响。

（二）出口退税的影响

报告期内，公司按摩器具产品出口一直享受17%的最高档次出口退税率，出口退税额对利润总额影响情况如下：

单位：万元

项目（合并）	2010年	2009年	2008年
当期实际发生出口退税	24,923.23	14,186.13	17,014.36
利润总额	17,415.51	10,825.87	5504.17
当期实际发生出口退税/利润总额	143.11%	131.04%	309.12%
利润总额（不包含公允价值变动收益）	16,155.03	9868.35	9117.28
当期实际发生出口退税/利润总额（不包含公允价值变动收益）	154.28%	143.75%	186.62%

注：为扶持企业应对金融危机，厦门国税部门在2008年年末开始加快出口退税审核，导致发行人2008年度期末应收出口退税金额较小且当期实际申报退税金额增加。

报告期间，公司外销收入占主营业务收入比例超过95%。出口退税额占当期利润总额的比例较高，分别为309.12%、131.04%和143.11%。如果出口退税率下调，会给公司经营业绩产生负面影响，但综合发行人所处行业特征、公司竞争优势、控制措施等，出口退税政策变化对公司影响较为有限。具体如下：

1. 国际市场对我国按摩器具产品一直保持强劲需求态势，按摩器具一直是国家鼓励出口类行业。从全球产业布局看，随着国内生产技术和制造水平的提升，中国已成为全球按摩器具制造中心。同时，我国多数企业拥有按摩器具相关产品完整的知识产权并能满足进口国的相关认证，按摩器具行业规模有限且无贸易壁垒，因而我国与进口国产生贸易摩擦的可能性较小，未来针对按摩器具产品的出口税收政策调整缺乏动因。

2. 作为按摩器具行业龙头企业之一，公司具备技术研发、成本控制、经营模式等综合优势，公司可以根据终端零售价格定位，有效控制材料成本，提供种类丰富的产品系列。报告期内，公司具备较强的市场差异的快速反应能力，新产品每年更新比例超过50%。出口退税政策仅为影响经营业绩的外因之一，虽然出口退税率的变动会对公司经营业绩产生一定的影响，但不会改变公司长期发展趋势，公司的竞争优势、生产经营管理水平是决定公司未来发展的根本内因。未来，按摩器具产品的出口退税率若出现下降，公司凭借其行业地位和竞争优势，相比其他公司更有能力积极应对税率调整，持续增强核心竞争力，并进一步巩固提升其市场影响力。

3. 长期以来，公司根据区域消费市场需求定制化提供产品解决方案以及配套售后服务，与国外主要品牌商 HOMEDICS、ATEX、OGAWA、HOT、OSIM、CASADA、OTO 等已建立了持续、稳固、共赢的合作关系。若未来出口退税率出现下降，公司有能力基于自身竞争优势和合作互信关系，通过产品终端售价的协商、谈判和调整，转移部分成本上升压力，从而一定程度上可以消减出口退税政策变化对公司生产经营产生的不利影响。

（三）第一次审核否决意见

报告期内，发行人产品销售存在单一客户比例较大的情形，构成发行人未来盈利能力的重大不确定性。发审委认为，上述情形与《首次公开发行股票并上市管理办法》（证监会令第 32 号）第 37 条的规定不符。

七、丰林木业：即征即退的税收优惠

（一）税收优惠政策变化的风险

根据财政部、国家税务总局颁布的《关于以三剩物和次小薪材为原料生产加工的综合利用产品增值税即征即退政策的通知》（财税〔2006〕102 号）、《关于以农林剩余物为原料的综合利用产品增值税政策的通知》（财税〔2009〕148 号）的规定，公司以林区三剩物和次小薪材为原料生产加工的纤维板产品享受增值税即征即退的优惠政策，2008 年、2009 年增值税退税比率为 100%，2010 年增值税退税比率为 80%。上述增值税即征即退的税收优惠政策于 2010 年 12 月 31 日到期。

根据财政部、税务总局、发改委的相关规定，公司及子公司享受的主要所得税优惠政策如下：

优惠政策享受主体	所得税优惠政策	相关优惠期间
丰林股份	西部大开发减按 15% 优惠税率	自 2008 年 1 月 1 日起享受
	资源综合利用销售收入享受减按 90% 计算后计入应纳税收入总额的优惠政策	
	林木的培育和种植所得享受免征企业所得税	

续表

百色丰林	外商投资企业二免三减税收优惠	2007 年度、2008 年度属于免税期,2009~2011 年度属于减半征收期
	西部大开发减按 15% 优惠税率	
	资源综合利用销售收入享受减按 90% 计算后计入应纳税收入总额的优惠政策	自 2009 年 1 月 1 日起享受
环江丰林	外商投资企业二免三减税收优惠	2006 年度、2007 年度属于免税期,2008~2010 年度属于减半征收期。
	西部大开发减按 15% 优惠税率	
	资源综合利用销售收入享受减按 90% 计算后计入应纳税收入总额的优惠政策	自 2008 年 1 月 1 日起享受
丰林林业	林木产品销售所得免征企业所得税	
丰林苗木	苗木培育所得免征企业所得税	
上思丰林	三年免征企业所得税的优惠(年减免税额在 160 万元以下)	2008 年 1 月 1 日起到 2010 年 12 月 31 日

报告期内,公司享受的增值税、所得税税收优惠金额占公司净利润比重较大,若上述税收优惠政策调整或变化以及税收优惠期满,将对公司的盈利水平产生不利影响。

(二)公司利润的主要来源及可能影响发行人盈利能力的主要因素

1. 公司利润的主要来源

报告期内,公司利润来源情况如下:

单位:万元

项 目	2010 年度	2009 年度	2008 年度
主营业务利润	16,372.60	16,476.93	14,295.07
营业利润	5882.82	4769.69	6223.29
营业外收支净额	4977.63	2969.63	2228.15
利润总额	10,860.45	7739.32	8451.43
归属母公司普通股股东的净利润	11,290.09	7077.51	6004.94

报告期内,公司的利润来源主要为主营业务利润以及增值税即征即退收入。公司主营业务利润主要源自纤维板产品销售以及林木销售产生的利润。由于金融危机导致 2008 年 9 月以来纤维板的需求的下降,从而对公司产品的销售与营业利润有一定的影响;2010 年度,随着纤维板行业的整体复苏,公司纤维板销售价格、销售数量同比有所增长,营业利润也呈恢复增长态势。

纤维板产品销售增值税即征即退收入是公司利润来源的另一重要组成部分。

2. 报告期内公司取得的增值税即征即退情况及变动原因

单位:万元

项 目	2010 年度	2009 年度	2008 年度
增值税即征即退金额	4938.38	2911.97	2487.13
净利润	11,290.09	7321.82	8258.25
比例	43.74%	39.77%	30.12%

公司在缴纳增值税后即向当地税务机关进行退税申报,经其审核批准后,根据当地的财政预算安排拨付款项;公司根据会计政策在实际收到增值税即征即退款项时确认营业外收入,因此会因实际收到退税时间的不同而造成公司年度间确认退税收入的差异;2010 年度公司收到的增值税即征即退金额 4938.38 万元,为公司收到的属于 2009 年度的全部增值税即征即退金额;2009 年公司收到的增值税即征即退金额 2911.97 万元,为公司收到的属于 2008 年度的部分增值税即征即退金额;2008 年度收到的增值税即征即退金额 2487.13 万元,为公司收到的属于 2008 年度、2007 年度的部分增值税即征即退金额。

若按增值税即征即退归属年度统计,各年应退的增值税金额如下:

单位:万元

项 目	2009 年度	2008 年度	2007 年度
增值税即征即退金额	4938.38	3986.87	4652.34

3. 增值税即征即退政策对公司盈利能力的影响

(1)扣除增值税即征即退金额的影响后,公司仍具有良好的盈利水平

单位:万元

项 目	2010 年度	2009 年度	2008 年度
归属于母公司所有者的净利润	11,290.09	7077.51	6004.94
增值税即征即退金额	4938.38	2911.97	2487.13
扣除增值税即征即退金额后归属于母公司所有者的净利润	6351.71	4165.54	3517.81

注:为简化计算,将增值税即征即退金额从归属于母公司所有者的净利润全额扣除,不考虑所得税影响和少数股权的影响。

扣除增值税即征即退的影响后,2008 年、2009 年、2010 年归属于母公司所有者的净利润分别为 3517.81 万元、4165.54 万元、6351.71 万元,公司仍具有良好的盈利水平且呈持续上升趋势。

（2）募集资金投资项目的顺利投产将逐步降低增值税即征即退金额对公司经营成果的影响

本次募集资金投资项目的顺利投产，公司将年均新增净利润7027.75万元，其中营林业务将年均新增净利润1593.01万元、LVL产品销售将年均新增净利润3122.83万元，且公司营林业务、LVL产品均不属于享受增值税即征即退优惠政策的范畴，因此在本次募集资金投资项目顺利投产后，增值税即征即退金额对公司经营成果的影响将逐步降低。

（3）增值税退税比率的下降或取消退税有利于巩固发行人在纤维板行业的优势地位，增强发行人的长期盈利能力

受国家增值税退税政策长达16年的扶持，纤维板行业内的企业数量达600余家，龙头企业的市场占有率尚不足4%，行业集中度较低。若国家进一步降低退税比率甚至不再延续增值税退税政策，在短期内，很可能对整个纤维板行业产生较大冲击，造成行业利润普遍下滑，亦会对本公司短期经营业绩造成不利影响。但是，从中长期来看，若国家进一步降低退税比率甚至不再延续增值税退税政策，将加速纤维板行业优胜劣汰步伐，加快淘汰落后产能，导致数量较多的产能利用率较低、原材料利用率低和产品环保等级低的企业亏损倒闭，行业无序竞争的状况会得到改善，这种状况对纤维板行业龙头企业是有利的。作为已确立竞争优势的纤维板行业龙头企业，本公司在经历上述行业政策的重大调整后，竞争优势将得以巩固和加强，产品议价能力将会大大提高，长期盈利能力会得到加强。

4. 增值税即征即退政策在2010年12月31日到期后的存续分析

（1）增值税即征即退是国家延续多年的林业产业扶持政策

1995年，财政部、国家税务局颁布《关于林业税收问题的通知》（财税字〔1995〕3号），我国开始对以林区三剩物和次小薪材为原料生产加工的包括纤维板在内的资源综合利用产品实施增值税即征即退的优惠政策；其后，财政部、国家税务总局又分别以《关于继续对废旧物资回收经营企业等实行增值税优惠政策的通知》（财税字〔1998〕33号）、《关于以三剩物和次小薪材为原料生产加工的综合利用产品增值税优惠政策的通知》（财税〔2001〕72号）、《关于以三剩物和次小薪材为原料生产加工的综合利用产品增值税即征即退政策的通知》（财税〔2006〕102号）、《关于以农林剩余物为原料的综合利用产品增值税政策的通知》（财税〔2009〕148号）等文件，对上述税收优惠政策予以多次延续，已连续实施了16年。

（2）人造板产业是提高我国木材资源综合利用率、扩大人工林种植面积、增加森林碳汇、保护森林资源、促进农民就业和增收、发展循环经济的战略性产业

我国是世界上森林资源最短缺的国家之一，森林覆盖率低，人均占有量少，木材资源供需矛盾十分突出。大力发展以木材资源综合利用为特点的人造板工业是解决我国木材资源紧缺和经济高速增长对木质产品的刚性需求之间矛盾的唯一途

径。人造板工业的快速发展促进了林业市场机制的形成，林区农民造林得到实惠，造林积极性普遍提高，大大地促进了速生丰产林的种植。“十一五”期间，我国人造板的产量增长了135%，森林面积从1.75亿公顷增加到1.95亿公顷，人工林保存面积从0.53亿公顷增加到0.62亿公顷。人造板行业的快速发展，使得我国在只占有世界森林资源4.7%，活立木蓄积量的3%的情况下，生产了全球40%的人造板产品，支撑了我国家具、木地板、木门等人造板下游行业产量成为全球第一，同时实现了森林覆盖率的不断提高，满足了我国经济快速发展对木质产品的刚性需求。

（3）实施增值税即征即退政策，是立足国情、支持“三农”、维护国家生态安全、发展循环经济的重要举措

增值税即征即退政策推动了我国人造板及其相关产业快速发展，大大提高了木材综合利用率，带动了农户和企业的造林积极性，促进了森林资源可持续发展，增加了农民的经济收入，繁荣了农村经济。

综上所述，为扶持林业产业的发展，增值税即征即退政策在2010年12月31日到期后，再次延续的可能性较大。

（三）第一次审核否决意见

你公司2007～2009年营业利润分别为10155万元、6223万元和4770万元，营业利润处于持续下降趋势。2007～2009年增值税即征即退金额分别为4551.34万元、2574.34万元和2911.97万元，增值税即征即退金额占你公司净利润比重较高。2010年增值税即征即退比率由100%降为80%，增值税即征即退比率下降将对你公司未来业绩造成一定的影响。你公司持续盈利能力存在不确定性，且你公司经营成果对税收优惠存在严重依赖。

【案例评析】

1. 尽管最近几年国家政策一直在鼓励自主创新，但是不能否认以外贸导向作为核心经营模式的企业仍旧占据我国实体经济很大的份额，当然，小兵也并不否认某些做得好的企业已经是拿着高附加值的产品去赚外国人的钱了。

2. 出口退税是征收间接税的国家为避免进口国征税造成本国出口商品双重税赋，而将出口商品所含间接税退还给出口企业的税收制度，既是国际惯例，也符合WTO规则。我国出口产品退税政策自1985年4月1日起施行，对增强我国出口产品的国际竞争力、扩大出口、增加就业、保证国际收支平衡和增加国家外汇储备，促进国民经济持续快速健康发展发挥了重要作用。

3. 由于增值税税收政策内外有别，导致增值税链条在产品外销时不再延续，从而出口退税政策出台以修补这一现象。会计准则明确规定出口退税不属于税收优惠，在判断该问题对于企业盈利能力影响的时候也需要更加注重增值税和出口退

税的内在机理,而并非普通的税收优惠政策。

4. 关于出口退税问题,一般都会重点关注出口退税的金额以及出口退税占利润总额(或净利润)的比例问题,至于出口退税的金额和比例多少是合理的或者到了怎样的程度是危险的,小兵并不能给一个明确的结论。小兵认为这是一个综合判断的问题,最终关注的是企业的盈利能力是否较强能够抗风险并且具有持续性,这个角度才是考察出口退税问题的根本。换句话说,单纯以出口退税的金额以及占比来认定一个企业是否存在税收依赖或经营风险是没有道理的。

5. 判断出口退税的问题,小兵认为可以参考这样的一个思路:(1)若一个企业的产品具有很强的市场竞争能力且具有一定的市场定价能力,同时产品的毛利率也较高,就算是出口退税优惠没有了,企业可以通过定价转嫁部分成本同时公司产品毛利率依旧保持一个较高水平,那么这个企业就没有经营风险。(2)换言之,如果一个企业没有定价能力,目前的盈利水平有一半就是依靠退税得来的,如果退税率降低甚至取消则公司的盈利水平也将大幅下降,如果企业的经营直接与国家政策相关,企业的经营就会存在较大风险。

6. 从上述案例中也能基本明确上述的观点,总结上述案例,解释不对出口退税存在依赖的理由主要有:(1)具有市场定价权,合同有约定,定价随着退税率而调整(长青股份);(2)公司代表行业发展趋势,如果退税率下降将会影响整个行业的发展,则整体调价具有可能性(群兴玩具);(3)上游目前产品销售价格相对不高,下游客户的毛利率较高,如果上游提价下游也能接受(群兴玩具);(4)公司内销已经具有一定规模,可以适当应对外销不利的局面,也就是出口不行就转内销;(5)国家重点支持该行业,短期内大幅下降退税率甚至取消的可能性不大;(6)发行人通过产品结构调整等措施逐步提高产品的毛利率,抗风险能力进一步增强;(7)丰林木业甚至强调,如果取消出口退税则会导致整个行业优胜劣汰,自己作为龙头没有坏处反而是好处,不过这个理由看似有些牵强。

7. 另外说一点的是,从会计处理的角度来讲,出口退税影响的是发行人的毛利率水平,目前很多项目以出口退税金额占当期净利润水平的金额来进行比较,说明出口退税的影响,小兵觉得并不是很合理。小兵觉得应该从出口退税对发行人毛利率及净利润的影响进行敏感性分析,或许这样会更加清晰一点。当然,前一种方法从基本面上也能说明问题,如果一个企业出口退税占公司净利润比例较高那么就说明公司毛利率对这个税收优惠很敏感了,只是不那么直观。

8. 从项目执行思路上看,该问题一般不会成为重要问题,审核过程中一般也就是常规性关注。该问题是与财务问题综合考量的,基本思路主要如下:(1)重大风险提示;(2)敏感性分析;(3)不会对出口退税产生依赖的解释原因;(4)简单介绍应对的一些措施。

【思路总结】

一、基本概念

1. 出口货物退(免)税是在国际贸易业务中,对我国报关出口的货物退还或免征在国内各生产环节和流转环节按税法规定交纳的增值税和消费税。

2. 出口退税,实际是出口免、退税。由于增值税实行的间接计税法,也就是通常所说的应纳税额 = 销项 - 进项,所以在实际操作中,销项是免的,进项是退的,取得退税款。值得注意的是,出口退税的退税款和其他类型的退税不一样,出口退税,退的是进项税额;其他退税,退的是应纳税额。所以在申报表中,免抵退货物应退税额,和进项转出一样为可抵扣税额的负数,原因就是,该笔进项已经退还给你了,自然不可以再抵扣,应该从可抵扣税额中减除。

二、核心原理

1. 对出口产品退税是一个"国际惯例"而非"政策优惠"。国家将出口货物出口前在国内生产、流通环节实际承担的增值税、消费税,在货物报关出口后退还给出口企业,使出口货物以不含税价格进入国际市场,有效地避免国际双重课税。企业退税的实质是退国内生产流转环节已征增值税,来料加工退国内料件国内劳务已征增值税。

2. 出口退税是为了将出口货物的整体税负归零。原因很简单,就是鼓励出口,降低出口货物的价格,提高本国货物在国际市场的竞争力。

3. 公平税负原则:为了保证各国商品在参与国际贸易时能够公平竞争,消除因各国税收政策不同,造成的出口货物税收含量差异,要求各国按照国际惯例,退还已征收的出口货物间接税,以促进国际贸易的发展。

4. 零税率原则:征多少,退多少。国家利用退税率来实现宏观调控目标,如调控产业结构设定低退税率来限制低附加值的产品出口,设定高退税率来鼓励高附加值的产品出口。所以,尽管零税率退税率应该全部是 17%,国家还要设置不同档次的退税率。增值税的退税率不一定等于税率,出口退税率有 17%、14%、13%、11%、9% 等几档,是为了通过退税率来控制出口。鼓励出口呢,退税率就高点,控制出口呢,退税率就低点。退税率为 0,就是不免不退了。

三、主要类型

1. 又免又退

一般纳税人,既有销项,又有进项,为把税负归零,自然是销项免,进项退,又免又退。

2. 只免不退

如果出口的货物没有进项，自然是只免销项，进项没有就不用退了。比如小规模纳税人、免税产品，都是没有进项的情况。只免不退，就达到了税负归零的目的。

3. 不免不退

针对的是不鼓励出口的货物。比如原油，自己都不够用，还得进口，能让你出口就不错了，就不要想出口退税的事了，想想那些禁止出口的货物。

四、退税方式和计算

出口退税分为三种方式：免税、免退税、免抵退税。其中，免税就是不交税，根本不用算，也不用管，需要计算和理解的，只有退税，这也是我们把出口货物退(免)税简称为出口退税的原因。

(一)外贸企业：免、退税

这种方式针对的就是外贸企业。外贸企业就是对外贸易的企业，可以理解为出口销售的商业企业，外贸企业出口退税的计税基础是购进价格。

例如，进一批货物全部出口，不含税100万元进口，200万元出口，税率17%，退税率13%。卖的时候，免税，销项免掉，不用算。进的时候，应退税额＝实际退税＝100×13%＝13万元。税率差产生的4万元，做进项转出，计入成本。

【例1】 某有进出口经营权的外贸企业收购一批货物报关出口，收购货物取得的增值税专用发票上注明的购货金额为100,000元，增值税额为171000元，款项已银行存款支付。该货物的退税率为13%，出口销售价格为15,000美元(汇率1∶8.30)。

1. 采购货物时：

借：库存商品　　100,000

　应交税费－应交增值税(进项)　　17,000

　贷：银行存款　　117,000

2. 出口销售免税，货款折合人民币：

借：银行存款　　124,500　(15000×8.30)

　贷：主营业务收入　　124,500

3. 结转成本：

借：主营业务成本　　100,000

　贷：库存商品　　100,000

4. 计算不予退还的进项税额：100000×(17%－13%)＝4000

借：主营业务成本　　4000

　贷：应交税费－应交增值税(进项税额转出)　4000

5. 应收出口退税：

借：应收出口退税　　13,000

　贷：应交税费 - 应交增值税（出口退税）　　13,000

6. 收到出口退税：

借：银行存款　　13,000

　贷：应收出口退税　　13,000

【例2】　某外贸企业购进出口货物一批，含税货值人民币100万元。货物以离岸价（FOB）20万美元报关出口。外汇核算采用交易发生日的即期汇率将外币金额折算为记账本位币金额的办法，货物报关出口当日的外汇牌价中间价为1∶6.6。该出口货物的退税率为15%。

1. 如货物已验收入库，发票已到，货款已付时：

借：库存商品—库存出口商品　　854,700.85

　应交税费—应交增值税（进项税额）　　145,299.15

　贷：银行存款　　1,000,000.00

2. 核算出口退税额时：

（1）核算应退税额

借：其他应收款—应收出口退税款　　128,205.13（外购价格×退税率）

【128,205.13 = 854,700.85×15%】

　贷：应交税费—应交增值税（出口退税）128,205.13

（2）不予退税进项税额转出

借：主营业务成本——般贸易出口销售成本

17,094.02（外购价格×不予退税率）

【17,094.02 = 854,700.85×（17 - 15%）】

　贷：应交税费—应交增值税（进项税额转出）　　17,094.02

3. 出口货物报关销售时：

借：应收外汇账款—XX外商　　1,320,000.00

　贷：主营业务收入——般贸易出口销售收入　　1,320,000.00

4. 结转出口商品成本时：

借：主营业务成本——般贸易出口销售成本　　854,700.85

　贷：库存商品—库存出口商品　　854,700.85

5. 收到增值税退税款时：

借：银行存款　　128,205.13

　贷：其他应收款—应收出口退税款　　128,205.13

6. 开户银行以1∶6.5买入价将该笔外汇全部结汇时：

借：银行存款—人民币户　　1,298,700.00

财务费用—汇兑损益 19,980.00

贷：银行存款—美元户 1,318,680.00

7. 月末结转损益时：

（1）结转出口销售收入

借：主营业务收入——一般贸易出口销售收入 1,320,000.00

贷：本年利润 1,320,000.00

（2）结转出口销售成本

借：本年利润 871,794.87

贷：主营业务成本——一般贸易出口销售成本 871,794.87

（二）生产企业：免、抵、退税

外贸企业日常业务中，大量的常见的贸易类型，主要是一般贸易（出口贸易）和加工贸易（来料加工和进料加工）这两种。一般贸易是与加工贸易相对而言的贸易方式。指将货物单边输出关境的出口贸易方式。

免：是指对生产企业出口的自产货物，免征本企业生产销售环节增值税；

抵：是指生产企业出口自产货物所耗用的原材料、零部件、燃料、动力等所含应予退还的进项税额，抵顶内销货物的应纳税额；

退：是指生产企业出口的自产货物在当月内应抵顶的进项税额大于应纳税额时，对未抵顶完的部分予以退税。

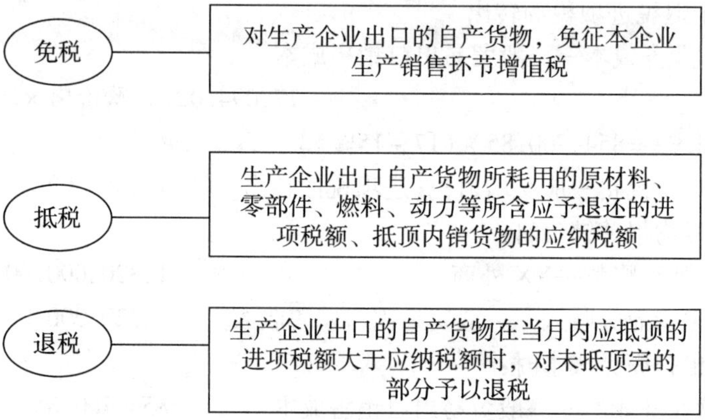

由于生产货物所涉及的可抵扣的原材料、水电、运费等众多，无法准确分清出口部分和内销部分各自对应的进项，就无法准确核算出口应退的进项税部分。假设能够准确核算各自的进项，那么内销的销项－进项＝应纳税额交税，出口对应的进项退税，交给国税局，国税局再退给你，双方岂不是都很累？

所以抵，就是用出口对应的应退进项，抵顶内销对应的应纳税额，最终确认退税的部分。抵就是一个计算退税的过程，其实质就是计算全部的应纳税额。退税能抵完了,应纳税额就是正数,只交税就行,如果该退的税抵不完,应纳税额就是负数,这个数就该退税。

很明显,退税的含义又变了,免抵退中的退税,实际是这么理解的,出口部分对应的应退进项 = 免抵退中的抵 + 免抵退中的退。所以,免抵退税这个名词解释,很形象也很“坑爹”。

计算就很简单了,5 步完事。生产企业出口退税的计税基础是出口价(离岸价格)。

例如,全部材料 200 万进,产品 100 万内销,200 万出口,税率 17%,退税率 13%。

1. 税率差异(进项转出) = 出口价 ×(税率 - 退税率) = 200 ×(17% - 13%) = 8

2. 抵税计算(应纳税额计算) = 内销销项 -(进项 - 税率差异) - 上期留抵 = 17 -(34 - 8) = -9

3. 免抵退税额 = 出口价 × 退税率 = 200 × 13% = 26(可以理解成退税的最高限额)

4. 应退税额取第 2 步的绝对值,与第 3 步的较小者。应退税额 = 实际退税 = 9

5. 免抵税额 = 免抵退税额 - 应退税额 = 26 - 9 = 17

注:①如果第 2 步计算得出是正数,那就是退税抵完了,交税。②如果第 4 步中,较小者为第 3 步,退税就是第 3 步的数,因为生产企业出口退税的计税基础是出口价。③第 5 步的数,在增值税申报中无意义,但在会计分录和计算城建税中有意义。

【例 3】 某自营出口的生产企业为增值税一般纳税人,该企业某月的经营业务如下:(1)购进原材料一批,取得的增值税专用发票注明的价款 300 万元,货物验收入库。(2)本月内销货物销售额为 200 万元,开具了增值税发票。(3)本月出口货物的销售额折合人民币 300 万元。(4)上期末留抵税额 10 万元。该企业货物适用税率为 17%,退税率为 13%。

答案:(1)免抵退税不得免征和抵扣税额 = 300 ×(17% - 13%) = 12(万元);

(2)当期应纳税额 = 200 × 17% -(300 × 17% - 12) - 10 = -15(万元);

(3)出口货物免抵退税额 = 300 × 13% = 39(万元);

(4)因期末留抵税额(15 万元)小于当期免抵退税额 39 万元,故,当期退税额为 15 元。当期免抵税额为 = 39 - 15 = 24(万元)。

会计处理:

1. 购进原材料

借:原材料	300 万元
应交税费 - 应交增值税(进项)	51 万元
贷:银行存款	351 万元

2. 内销货物

借：银行存款　234万元

　贷：主营业务收入－内销　200万元

　应交税费－应交增值税（销项）　34万元

3. 出口外销

借：银行存款　300万元

　贷：主营业务收入－外销　300万元

4. 不得抵扣的进项部分：

借：主营业务成本　12万元

　贷：应交税费－应交增值税（进项转出）　12万元

5. 允许抵顶的

借：应交税费－应交增值税（出口抵减内销产品应纳税额）　24万元

　贷：应交税金－应交增值税（出口退税）　24万元

6. 应退税部分：

借：应收补贴款－应收出口退税　15万元

　贷：应交税金－应交增值税（出口退税）　15万元

7. 收到退税时：

借：银行存款　15万元

　贷：应收补贴款－应收出口退税　15万元

【例4】 某自营出口的生产企业为增值税一般纳税人，该月业务如下：(1)购进原材料一批，取得增值税发票注明价款为400万元，已入库。(2)购进免税原材料200万元，入库。(3)本月内销货物取得销售额100万元，增值税发票。(4)本月出口货物销售折合人民币300万元。(5)上期留抵税额6万元。税率17%，退税率13%。

计算：

(1)免抵退税不得免征和抵扣税额抵减额＝200×(17%－13%)＝8(万元)；

(2)当期免抵退税不得免征和抵扣税额＝300×(17%－13%)－8＝4(万元)；

(3)当期应纳税额＝100×17%－(400×17%－4)－6＝－53(万元)；

(4)出口货物免抵退税额＝300×13%－200×13%＝13(万元)；

(5)因期末留抵税额(53万元)大于当期免抵退税额13万元，故当期退税额为13万元。结转下期留抵的＝53－13＝40万元；

(6)当期免抵税额＝当期免抵退税额－当期退税额＝13－13＝0。

会计处理：

1. 购进原材料

借：原材料　400万元

　应交税费－应交增值税（进项）　68万元

贷:银行存款 468 万元

2. 内销货物

借:银行存款 117 万元

贷:主营业务收入 - 内销 100 万元

应交税费 - 应交增值税(销项) 17 万元

3. 出口外销

借:银行存款 300 万元

贷:主营业务收入 - 外销 300 万元

4. 不得抵扣的部分:

借:主营业务成本 4 万元

贷:应交税金 - 应交增值税(进项转出) 4 万元

5. 应退部分:

借:应收补贴款 13 万元

贷:应交税金 - 应交增值税(出口退税) 13 万元

6. 收到退税额:

借:银行存款 13 万元

贷:应收补贴款 - 出口退税 13 万元

7. 结转下期留抵税额:

借:应交税费 - 未交增值税 40 万元

贷:应交税费 - 应交增值税(转出多交增值税) 40 万元

(三)来料加工和进料加工

进料和来料的区别在于,进料是需要买的,来料是不需要买的。

1. 来料加工

本质就是委托加工的受托方,材料和成品都是委托方的,我就是收个加工费,如果是内销呢,就对加工费收增值税,如果是出口,就免税了,而且很显然没有进项,就是只免不退。

2. 进料加工

本质就是自产,但是材料和成品是从国外来,到国外去。单纯的是进口材料是需要交增值税的,进口增值税专用缴款书就是干这个活的。但是如果是进料加工复出口,就比较特殊,你想啊,进口材料的时候交个税,加工完出口的时候,再把这个税当进项退了,累啊,所以,进的时候不交,出口的时候不退,才简单吧。但是我得证明我进口材料是为了加工复出口,不能干别的,这个时候就有个重要的东西叫《进料加工贸易免税证明》,证明我的进料是免税材料。计算的方法和免抵退一样,区别在于出口价的确认上。实际出口价 = 全部出口价 - 进料的成本。简单的把免税的进料成本减去就完事了。

五、出口退税简要流程

1. 简要流程

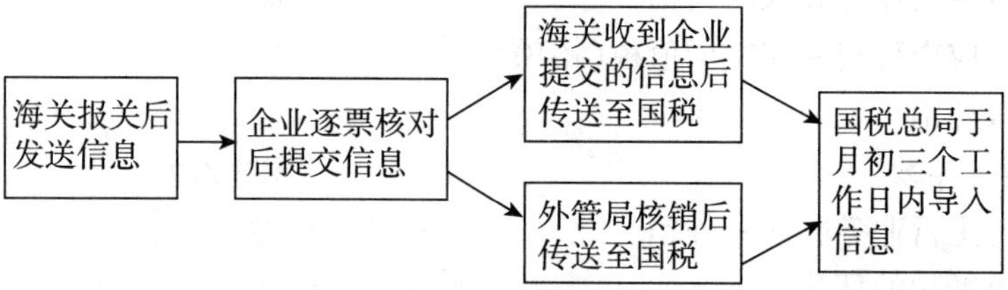

2. 申报时限

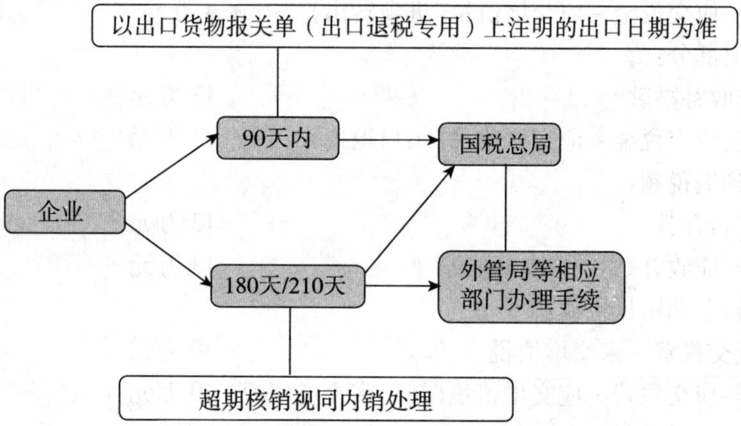

■第二节　持股比例低于50%而合并报表

【重要提示】

★ 对于将某个企业纳入合并报表体系的判断标准，会计准则有着明确的规定，那就是是否存在实际控制。

★ 控制的判断标准有很多，不过最关键也是最直观的就是股权，实践中一般就认定股权超过50%就是控制而没有超过50%就不是控制。

★ 当然，在股权极其分散以及存在财务投资者等情况下，股权不超过50%而实际控制企业的情形是存在的也是合理的，在这种情况下也应该纳入合并报表体系，不过鉴于这种相对开放的理由不好认定，审核实践中一般并不建议采取这样的解释思路。

【案例情况】

一、正海磁材

公司合并会计报表的合并范围以控制为基础加以确定,本报告所附 2008~2010 年公司合并会计报表的范围均包括精密合金。

公司于 2002 年 8 月与烟台正海华夏工贸有限公司(现名烟台正海实业有限公司)及香港海耀有限公司共同投资组建了外商投资企业精密合金,公司出资 378 万元人民币,占注册资本的 45%,烟台正海华夏工贸有限公司出资 252 万元人民币,占注册资本的 30%,香港海耀有限公司出资 210 万元人民币,占注册资本的 25%。2002 年 10 月 17 日,烟台兴信会计师事务所有限公司出具烟兴会验字〔2002〕65 号验资报告,验证精密合金已收到各股东新增投入的注册资本 840 万元。

由于公司控制了精密合金董事会半数以上投票权,公司实质上能够控制精密合金的财务和经营政策,所以在编制合并会计报表时将其纳入合并报表范围。

2008 年 11 月 25 日,正海实业与公司签署《股权转让协议》,将其持有的精密合金 30.36 万美元的出资(占精密合金注册资本的 30%)全部转让给公司,转让的价格为 28.99 万美元(按 1:6.9 汇率折合 200 万元人民币)。股权变更后公司持有精密合金的股权为 75%、香港海耀持有精密合金的股权为 25%。

2009 年 8 月公司受让香港海耀持有精密合金 25% 的股权,至此,公司持有精密合金 100% 的股权。

2008 年 11 月以前,发行人仅持有精密合金 45% 股权,却将其纳入合并报表范围。根据中国证监会反馈意见的要求,保荐机构对报告期内的规定发表意见。

保荐机构查阅了精密合金的工商登记资料、董事会成员的变动资料、《企业会计准则第 33 号—合并财务报表》等相关法律法规,核查精密合金的主营业务及其与发行人业务的联系等。本保荐机构认为:发行人 2008 年 11 月之前虽然仅持有精密合金 45% 的股权,但由于发行人系精密合金的唯一客户且控制了精密合金的财务和经营决策,以及发行人在精密合金的董事会占多数表决权,因此发行人报告期内将精密合金纳入合并报表范围是符合企业会计准则规定的。

二、仁智油服

(一)增加仁智石化合并范围

2006 年 10 月 19 日公司受让了仁智实业持有的仁智石化 40% 的股权,成为仁智石化的股东。根据 2004 年 12 月 31 日仁智石化股权转让的附属协议约定,仁智石化股东四川省时代润华管理咨询有限公司,根据其持有的出资比例(60%)分配公司利润、剩余财产，但是不参与公司的经营、财务决策。2008年年初，依据仁智石化当时的《公司章程》，不设董事会，设一名执行董事，不设监事会，设一名监事。当时执行董事、总经理为卜文海，监事为李远恩，财务负责人为姚兵，均系本公司委派。由于仁智石化日常经营决策与财务决策由公司决定，且其执行由本公司统一制定的会计政策，虽然报告期初在持股比例没有达到50%以上，公司根据控制的原则，将其纳入到合并财务报表的范围。随着公司业务整合，2010年年末仁智石化的主营业务为：油气田环保治理服务、防腐工程技术服务、油田特种设备检测维修服务等多种油田技术服务。

仁智石化近3年及一期的主要财务数据如下：

单位：万元

财务指标	2011-06-30	2010-12-31	2009-12-31	2008-12-31
资产总额	10,790.51	14,157.43	10,863.11	11,144.84
负债总额	5665.07	9462.39	7847.42	8098.50
净资产	5125.44	4695.05	3015.69	3046.34
财务指标	2011年1~6月	2010年	2009年	2008年
营业收入	4877.98	14,011.62	12,122.65	9531.64
营业利润	492.53	1533.17	1214.69	1086.64
利润总额	494.46	1679.36	1215.86	1087.58
净利润	430.40	1679.36	1197.15	1100.25

（二）合并范围减少仁智CNG

2010年6月30日，仁智油服与中国石油化工股份有限公司四川绵阳石油分公司签署《股权转让合同》，将仁智CNG100%股权转让给中国石油化工股份有限公司四川绵阳石油分公司，公司不再将其纳入合并报表范畴。仁智CNG的主营业务为车用压缩天然气、汽油、柴油、煤油、润滑油零售业务。

报告期内，仁智CNG主要财务信息如下：

单位：万元

财务指标	2008-12-31	2009-12-31	2010-06-30
资产总额	829.82	846.12	617.51
负债总额	337.76	280.80	63.38
净资产	492.06	565.33	554.13
财务指标	2008年	2009年	2010年1~6月
营业收入	1562.37	1720.40	885.16
营业利润	123.06	97.65	36.43
利润总额	54.49	97.67	36.43
净利润	54.49	73.26	22.50

公司转让仁智 CNG 前一年(2009 年)其财务指标占当时公司合并报表的情况如下:

单位:万元

财务指标	仁智 CNG	公司合并	占比
资产总额	846.12	37,423.79	2.26%
负债总额	280.80	18,037.34	1.56%
净资产	565.33	19,386.44	2.92%
营业收入	1720.40	36,826.41	4.67%
营业利润	97.65	4243.04	2.30%
利润总额	97.67	4166.38	2.34%
净利润	73.26	4077.18	1.80%

仁智 CNG 资产、收入和利润占公司合并报表的比例较小,公司转让仁智 CNG 不会对财务状况造成重大影响。

三、威海广泰

在 2011 年增发过程中,审核人员在反馈意见中关注:结合有关法规和公司章程说明发行人将广泰环保纳入合并报表范围的依据。

发行人直接持有广泰环保 36% 的股权,为其持股 30% 以上的第一大股东。同时,广泰环保 7 位董事中 4 位为发行人委派的董事,其一名监事也为发行人委派。鉴于发行人的第一大股东地位、在董事会占多数表决权的情况,发行人在实际经营中对广泰环保的重大经营决策事项实施了控制。具体依据如下:

(一)发行人虽未绝对控股广泰环保,但通过“一致行动人”的安排实际拥有广泰环保控制权

广泰环保成立时(2008 年 7 月),发行人作为“高效能油水净化节油系统”项目的主导者,为确保发行人在未绝对控股广泰环保的情况下能对其实施控制,发行人与广泰投资商定,双方为一致行动人,在广泰环保的重大经营决策事项表决时,广泰投资同意其表决结果与发行人保持一致。2008 年 7 月 15 日,广泰环保股东会会议通过了广泰环保《公司章程》。该章程第 5 章“公司的权力机构及其产生办法、职权、议事规则”第 3 条规定:“股东会会议由股东按照出资比例行使表决权,威海广泰空港设备股份有限公司和威海广泰投资有限公司为一致行动人”。前述章程内容自广泰环保设立之日起至本回复出具日未发生变化。

尽管广泰环保另一股东李文轩与广泰投资亦存在关联关系,但其关联程度不及发行人与广泰投资通过公司章程明确下来的一致行动关系。发行人通过与广泰投资保持一致行动关系即可实际控制广泰环保。

（二）发行人对广泰环保实施控制的方式

2008年7月15日，经广泰环保股东会会议通过，广泰环保第一届董事会成立，成员为5人，其中发行人委派2名。2008年7月28日，为保证且体现发行人对广泰环保的控制权，经2008年广泰环保第二次股东会决议通过，广泰环保关于威海广泰空港设备股份有限公司公开增发A股股票的补充法律意见书原董事会成员不变，增选2名董事。所增选的2名董事均由发行人委派。至此，发行人在广泰环保董事会占多数表决权，在实际经营中对广泰环保的重大经营决策事项实施了控制。该种情况自2008年7月28日起至本回复出具日未再发生变化。

（三）广泰环保自设立起历次股东会表决情况

本所律师核查了广泰环保自2008年7月17日成立至今所有股东会会议记录，在历次股东会会议表决中，广泰投资对各审议事项的表决结果均与发行人保持一致，不存在产生分歧的情况。

（四）根据《公司法》等相关规定，非经发行人同意，广泰环保受发行人实际控制的状况无法改变

若广泰环保其余股东试图通过修改公司章程来改变发行人和威海广泰投资有限公司为一致行动人的现状，从而更改发行人委派董事会多数席位的事实，必须召开股东会且须经代表2/3以上表决权的股东通过方可实现。而发行人直接持有广泰环保36%的股权，持股比例超过1/3，也就是说未经发行人同意，广泰环保受发行人实际控制的状况无法改变。

综上所述，发行人实际控制广泰环保的情况符合《企业会计准则第33号—合并财务报表》第6条“合并财务报表的合并范围应当以控制为基础予以确定”的规定。所以，发行人将广泰环保纳入合并报表范围。

【案例评析】

1. 对于将某个企业纳入合并报表体系的判断标准，会计准则有着明确的规定，合并财务报表的合并范围应当以控制为基础予以确定。控制的判断标准有很多，不过最关键也是最直观的就是股权，实践中一般认定股权超过50%就是控制，而没有超过50%就不是控制。

2. 当然，单纯从规则上来讲，是否纳入合并报表范围不是看持股比例而是看是否实际控制，换句话说，如果持股比例超过50%但是对投资企业没有控制权也不能合并报表，而如果持股比例只有30%但是对投资公司有控制权也是可以合并报表的。并且，在股权极其分散以及存在财务投资者等情况下，股权不超过50%而

实际控制企业的情形是存在的也是合理的。

3. 不过从审核实践来看，对于合并报表的认定绝大部分情况下还是以持有股权比例作为最基本的依据，也就是持有超过50%的股权就默认为你可以控制投资企业从而可以合并报表，反之不建议合并报表。

4. 这并不是说监管机构不尊重会计准则，而其之所以如此判断是从发行条件的角度来看问题的。因为会计准则规定的实际控制的标准有很大的自有裁量权，如果按这个准则执行，则发行人可以找出很多实际控制的公司不论持股比例多少都纳入合并报表从而增厚业绩，而实际控制的事实依据对于目前的审核环境来看并不难找到，当然也并不是都很可信。这样的话，发行人的经营业绩就存在拼凑的嫌疑，就有不真实的成分可能存在，上市条件的判断就存在偏差，发行审核择优汰劣的基本准则也就无从谈起。

5. 这就是为什么在投行实务中真正以控制权作为标准合并报表的情形并不多见的根源。当然，不多见并不代表没有，上述的案例可以作为参考。不过，从上述的案例我们也不难发现，尽管同意了你可以合并报表，但是也是以该合并对于发行人经营业绩没有重大影响作为前提的，换句话说，就是你合并不合并对你的盈利能力和发行条件没有本质影响，如果有，那很难被接受。再反过来想这个问题，如果合并不合并都没有什么重大影响，又为什么去较真做这个合并而被苦苦追问呢？所以，这种出力不讨好的事情在实践中就没有人愿意尝试了。

6. 同样体现这个理念的还有持有超过50%而不合并的情形，如发行人持有一家公司超过50%的股权，但是这家公司是亏损的，发行人会以不存在控制权而不合并，那么监管机构也会以上述同样的理由重点关注，一般情况下，也不建议作出类似判断和处理。同样的原理，如果发行人将经营不善的子公司突击转让出去的方式也会引起极大地关注和质疑。

【参考规则】

《企业会计准则——第26号》

第六条 合并财务报表的合并范围应当以控制为基础予以确定。

控制，是指一个企业能够决定另一个企业的财务和经营政策，并能据以从另一个企业的经营活动中获取利益的权力。

第七条 母公司直接或通过子公司间接拥有被投资单位半数以上的表决权，表明母公司能够控制被投资单位，应当将该被投资单位认定为子公司，纳入合并财务报表的合并范围。但是，有证据表明母公司不能控制被投资单位的除外。

第八条 母公司拥有被投资单位半数或以下的表决权，满足下列条件之一的，视为母公司能够控制被投资单位，应当将该被投资单位认定为子公司，纳入合并财

务报表的合并范围。但是,有证据表明母公司不能控制被投资单位的除外:

(一)通过与被投资单位其他投资者之间的协议,拥有被投资单位半数以上的表决权。

(二)根据公司章程或协议,有权决定被投资单位的财务和经营政策。

(三)有权任免被投资单位的董事会或类似机构的多数成员。

(四)在被投资单位的董事会或类似机构占多数表决权。

■第三节　滚存利润由老股东享有

【重要提示】

★ 原则上讲,一家企业上市之前的滚存利润是老股东辛勤积累的结果,因而滚存利润的处理决定也是老股东的权利。

★ 滚存利润是否由新老股东共享,可能会影响到新股发行的定价和估值,但是肯定不涉及发行和上市条件。

★ 有人认为滚存利润不与新股东共享与监管机构鼓励分红保护投资者利益的政策是违背的,这样的理解是错误的。投资者投资上市公司是投资的公司未来的盈利状况和分红能力而不是企业历史经营状况。

【案例情况】

一、力生制药

根据2010年1月4日召开的公司第三届董事会第十八次会议和2010年1月19日召开的公司2010年第一次临时股东大会审议通过的《关于公司发行前滚存利润分配方案的议案》,公司2009年6月30日以前的未分配利润由本次股票发行前的老股东享有,公司2009年6月30日以后的未分配利润由本次股票发行后的新老股东共享。2010年1月25日召开的公司第三届董事会第十九次会议和2010年2月22日召开的公司2009年年度股东大会审议通过了《关于公司截至2009年6月30日留存利润分配的议案》,截至2009年6月30日可供股东分配的利润为10,015.4万元,全部进行分配。2月23日,上述利润分配完毕。

二、老板电器

根据公司2010年第二次临时股东大会决议,截至2009年12月31日的滚存未分配利润87,834,501.52元由股票发行前的老股东享有,公司自2010年1月1日起实现的可供分配的利润由股票发行后的新老股东按发行后的股权比例共同享有。截至2010年7月26日,上述归属老股东享有的滚存利润已经分配完毕。

三、华谊兄弟

2009年7月20日召开的公司股东大会审议同意:截至2008年3月31日的可分配利润(53,016,973.67元)由公司本次发行前的老股东单独享有,2008年3月31日后实现的可分配利润,则全部由本次发行后的新股东和老股东依其所持股份比例共同享有。截至2009年9月18日,公司已将由老股东享有的可分配利润(53,016,973.67元)分派完毕。

四、风帆股份

截至2003年12月31日,公司净资产约26,700万元,其中未分配利润34,493,897.04元。根据2004年4月20日公司2003年度股东大会审议通过的《关于股票发行前当年实现的未分配利润由新老股东共享的议案》,如公司2004年内成功实现社会公众股股票发行并上市,则上述2003年以前实现的未分配利润由老股东享有,2004年度当年实现的未分配利润由新老股东共享。2004年6月18日,本公司完成向股东派发由老股东享有的未分配利润34,493,897.04元。

五、宁波银行

按照本次发行前的股份数计算,对于截至本次发行前本行已经审计的最近一个审计基准日的滚存未分配利润,由本次发行前的本行老股东享有其中的35%,其余部分由老股东和新股东共享;对于基准日之后实现的可分配利润,则全部由老股东和新股东共享。截至2006年12月31日,按滚存未分配利润计算的应由老股东享有的35%部分为206,637,118.74元。

六、凌云工业

经公司2002年度股东大会通过,公司2003年1月1日以前的利润拟由老股东享有,2003年度利润拟由新老股东共同享有。本次发行后预计首次分配股利的时间在2004年6月30日之前,具体分配方案由股东大会根据公司实际经营发展需要确定。

七、合肥城建

根据公司2007年4月28日召开的2007年第一次临时股东大会决议,公司

2005年12月31日前实现的累计未分配利润由老股东享有,并授权董事会进行具体派发工作;公司2006年1月1日后至公开发行股票前实现的利润(不包括已宣告未发放股利2400万元)由本次发行后的新老股东共享。

经审计,公司截至2005年12月31日由本次发行前老股东享有的累计未分配利润为13,717.96万元,上述利润于2007年4月做应付股利处理。公司2007年10月22日召开三届九次董事会审议,决定于本次发行前实施上述利润的具体派发工作,并于2007年10月25日将本次发行前老股东享有利润支付完毕。在2007年9月30日时点上,上述利润的支付对公司净资产没有影响。如假设上述利润在2006年12月31日前支付,则公司2006年年末归属于母公司股东的净资产由373,60.00万元减少为23,642.04万元,归属于母公司股东的每股净资产由4.67元降至2.96元。

本次利润分配的资金来源为公司自有资金。截至2007年9月30日,公司账面货币资金为32,358.40万元,其中银行存款为32,287.56万元,本次利润分配后,公司留存资金可以满足公司现有生产经营的需要。

截至2007年9月30日,公司累计未分配利润为5464.18万元。根据公司2007年第一次临时股东大会决议,上述利润及此后实现的利润由本次发行后新老股东共享。

【案例评析】

1.关于企业上市过程中的利润分配,有两个问题是值得我们思考的:(1)很多企业上市之前不敢分红,唯恐给外界一个不缺钱而没有必要上市的印象。(2)绝大多数企业(目前几乎是全部)均规定滚存利润由上市后新老股东共享,好像不这样约定就对不起广大投资者就不应该上市似的。

2.至于企业资金充裕与是否有必要上市的关系已经很明确没必要再去论证,这里要说的是第二个问题,也是本节内容要说明的。原则上讲,一家企业上市之前的滚存利润是老股东辛勤积累的结果,因而滚存利润的处理决定也是老股东的权利。滚存利润是否由新老股东共享,可能会影响到新股发行的定价和估值,但是肯定不涉及发行和上市条件。

3.有人认为滚存利润不与新股东共享与监管机构鼓励分红保护投资者利益的政策是违背的,这样的理解是错误的。投资者投资上市公司是投资的公司未来的盈利状况和分红能力而不是企业历史经营状况。做得更绝对一些,企业就是把上市之前的收益全部分掉也没有任何问题。滚存利润分配的安排与首发上市的条件没有丝毫关系,影响主要在于投资者对于企业的估值。

4.尽管如此,在上市案例中将滚存利润由老股东分享的案例并不多,主要还是觉得给外界一个企业不缺钱甚至是老股东不老实的印象,也就是凭借这样的模糊的感觉，中介机构一般都不建议企业将滚存利润由老股东享有。以前，做出类似安排的一般是大国企，做出了也没人在意，不过从上述案例来看，中小板企业也是有一些企业做出了类似的安排了，不过遗憾的是，目前看到的中小企业的案例已经年代越来越久远，现在几乎没有人再去这样做了。

5. 回头再思考，上市之前把滚存利润全分了有没有不好的影响呢，那肯定有，既然老股东赚了大便宜自然也需要付出一些代价，这个代价比较达成共识的就是股票发行的价格。虽然说投资者投资企业的未来，但是股票定价时将企业的净资产拿出去了好大一部分，股票的发行价格自然也是要打一个折扣的。

6. 其实，滚存利润全部分掉除了影响发行价格之外还存在更大的潜在风险，那就是合肥城建案例中解释的问题。资产负债表中的未分配利润往往并不全是现金，而利润分配的则全部是真金白银，这就很有可能导致公司货币资金的紧张甚至是营运资金的亏空，从而可能导致企业存在很大的经营风险。

7. 最后，值得注意的一点是，以前是允许应付股利挂在账上上市的，而目前的审核政策是：如果在上市之前进行利润分配，建议申报材料之前分配完毕。

第四部分　规 范 运 行

【一直守法合规且光明磊落的作为】

本部分将为大家持续补充以下内容：

◇ 违规行为案例：重点关注商标专利纠纷以及热门的非法集资和非法发行问题

◇ 其他案例：关注其他一些可能影响发行人运行规范的问题及案例

第一章　违规行为

□ 关于违规问题的总结一直是小兵案例研习相关内容中的保留节目，这类问题也一直是企业上市过程中比较普遍、比较典型的问题。

□ 本章内容将继续为大家探讨部分违规瑕疵问题的解决之道，具体包括如下内容：非法发行问题、非法集资问题、商标诉讼以及专利诉讼问题。

■第一节　非法发行解决之道

【重要提示】

★ 规则明确规定非公开公司股东不得超过 200 人，如果未经批准向超过 200 人发行股份，就可能构成非法发行的情形。

★ 本节案例学习首先要确认一个前提，那就是这些案例只是假定了一个是否构成非法发行的追问，然后要解释根本不存在非法发行的情形，不然企业上市根本就没戏了。

★ 上述的追问还有一个前提，那就是本节案例都是在历史上存在过股东超过 200 人的情形后来又清理了，如果股东超标的情形一直持续也是根本不符合上市条件的。

【案例情况】

一、宝色股份：存在社会人员出资

（一）代持股权的基本情况

邓贵顺、张占、费道森、赵允、郑世平、邓家爱、田展翅（以下简称原 7 名高管人员)于2001年向宝色钛业增资和于2002年受让江宁县自来水公司持有的宝色钛业股权后存在代他人持股的情形。

宝色钛业分别于2004年12月17日、2004年12月18日、2004年12月19日、2004年12月20日在《现代快报》上发布了4次公告,通知宝色钛业的自然人股东于2004年12月17日至2004年12月22日在泰坦酒店310房间进行股权登记。

宝色钛业发布公告后,原7名高管人员名下被代持人员分别于2004年12月至2005年1月前来宝色钛业登记。根据出资登记确认的结果,并参照《高管层持股明细表》,宝色钛业整理出原7名高管人员的《股权分离方案》、《股权计算表》(该表明确了原7名高管人员出资额及其名下被代持人员出资额)、《分离挂靠股明细表》(该表明确了原7名高管人员名下被代持人员名单及其出资额)等文件。

根据前述文件,原7名高管人员持股及其代持股权的情况如下:

序号	股东姓名	自身股权(元)	代持股权(元)	代持人数	名下注册股权(元)
1	邓贵顺	3,927,971	449,047	127	4,377,018
2	张　占	420,990	672,510	224	1,093,500
3	费道森	74,360	267,230	29	341,590
4	赵　允	91,389	250,201	16	341,590
5	郑世平	445,972	9657	4	455,629
6	邓家爱	432,763	22,866	1	455,629
7	田展翅	402,999	52,630	2	455,629
合计		5,796,444	1,724,141	403	7,520,585

注:由于有4人存在分别由2人为其代持的情形,因此实际所代持人数为399人。

(二)代持股权的形成过程及形成原因

在宝色钛业原7名高管人员于2001年对宝色钛业增资和2002年受让江宁县自来水公司所持宝色钛业股权的过程中及之后,宝色钛业形成了股权代持情形,具体形成过程如下表:

被代持人身份	代持股形成方式	形成时点	人数	被代持股权(元)	占宝色钛业注册资本的比例
职工	股权受让	2003年	339人	952,895	4.18%
社会人员	股权受让	2001~2002年	4人	186,456	0.82%
	2001年增资	2001年	42人	515,844	2.26%
有色金属加工厂人员	2001年增资	2001年	14人	68,946	0.30%
合计数	—	—	399人	1,724,141	7.57%

1. 宝色钛业职工持股形成过程

在宝色钛业工会的组织下，宝色钛业原7名高管人员于2003年将其所持宝色钛业部分股权转让给宝色钛业上述职工，并由原7名高管人员代上述职工持有宝色钛业的股权，职工合计持有宝色钛业952,895元股权，持股比例为4.18%。

2. 社会人员持股形成过程

(1)4名通过股权受让方式持股人员于2001~2002年受让了费道森、赵允股权，受让后合计持有宝色钛业186,456元股权。

(2)在宝色钛业对截至2000年年底的集资款进行清退时，由原七名高管人员及其他相关人员于2001年代该42名社会人员领取了集资清退款，并将上述集资清退款在原7名高管人员于2001年向宝色钛业增资时一并投入宝色钛业。在2005年清理代持股权时，原七名高管人员确认该42名社会人员合计持有宝色钛业515,844元股权，持股比例为2.26%。

3. 有色金属加工厂14人股权形成过程

在宝色钛业对截至2000年年底的集资款进行清退时，由费道森、田展翅两人于2001年代陈义超等14人(以下简称有色金属加工厂14人)领取了集资清退款，并将上述集资清退款在原7名高管人员于2001年向宝色钛业增资时一并投入宝色钛业。在2005年清退代持股权时，费道森、田展翅两人确认该14名有色金属加工厂人员持有宝色钛业68,946元股权，持股比例0.30%。

(三)代持股清理过程及完成情况

2005年8月23日，有色加工厂与邓贵顺的授权委托人签订了出资转让协议及出资转让补充协议，约定：邓贵顺将其在宝色钛业全部出资4,377,018元按每1元出资作价2.8元转让给有色加工厂，转让总价为12,255,650.4元；邓贵顺名下被代持人员持有的出资449,047元，按每1元出资作价2.8元分离，由有色加工厂通过宝色钛业代为直接支付给邓贵顺名下被代持人员；邓贵顺欠宝色钛业工会的款项(含利息)802,013.25元，由有色加工厂在支付出资转让款第一次付款时直接扣还给宝色钛业工会；邓贵顺为被代持人员垫付的利息98,189元在第一次付款时由宝色钛业扣还给邓贵顺；宝色钛业将持有的南京宝泰特种材料有限公司25.45%股权按净资产2000万元对应的总值509万元转让给邓贵顺，宝色钛业同意将上述509万元转让款和该公司2004年已决定的宝色钛业应得红利63.625万元之和572.625万元与邓贵顺和有色加工厂之间出资转让款相同数额进行置换抵付。同日，邓贵顺的授权委托人、有色加工厂和宝色钛业签订了出资转让款抵付协议，约定：用邓贵顺应支付给宝色钛业的509万元转让款抵付有色加工厂应支付给邓贵顺的相同数额出资转让款；将南京宝泰特种材料有限公司应给宝色钛业的2004年度63.625万元红利直接支付给邓贵顺，邓贵顺以此款项与有色加工厂应支付给邓贵顺的出资转让款进行同等数额的抵付。同日,邓贵顺的授权委托人、南京宝泰特种材料有限公司和宝色钛业签订了抵付协议,约定将南京宝泰特种材料有限公司应付给宝色钛业的红利63.625万元直接支付给邓贵顺。2005年8月25日,邓贵顺的授权委托人和宝色钛业签订了出资转让协议,约定将宝色钛业在南京宝泰特种材料有限公司的全部出资转让给邓贵顺,转让价款为509万元。

2005年8月23日,有色加工厂与张占签订了出资转让协议及出资转让补充协议,约定:张占在宝色钛业全部出资1,093,500元按每1元出资作价2.8元转让给有色加工厂,转让总价为3,061,800元;张占名下被代持人员持有的出资672,510元,按每1元出资作价2.8元分离,由有色加工厂通过宝色钛业代为直接支付给张占名下被代持人员;张占欠宝色钛业工会的款项(含利息)183,817.43元,由有色加工厂在应付出资转让款中直接扣还给宝色钛业工会;张占为被代持人员垫付的利息103,071.28元在第一次付款时由宝色钛业扣还给张占。

2005年8月23日,有色加工厂与费道森签订了出资转让协议及出资转让补充协议,约定:费道森在宝色钛业全部出资341,590元按每1元出资作价2.8元转让给有色加工厂,转让总价为956,452元;费道森名下被代持人员持有的出资267,230元,按每1元出资作价2.8元分离,由有色加工厂通过宝色钛业代为直接支付给费道森名下被代持人员;费道森欠宝色钛业工会的款项(含利息)21,867.93元,由有色加工厂在应付出资转让款中直接扣还给宝色钛业工会;费道森为被代持人员垫付的利息23,893.96元在第一次付款时由宝色钛业扣还给费道森。

2005年8月23日,有色加工厂与赵允签订了出资转让协议及出资转让补充协议,约定:赵允在宝色钛业全部出资341,590按每1元出资作价2.8元转让给有色加工厂,转让总价为956,452元;赵允名下被代持人员持有的出资250,201元,按每1元出资作价2.8元分离,由有色加工厂通过宝色钛业代为直接支付给赵允名下被代持人员;赵允欠宝色钛业工会的款项(含利息)37,035.63元,由有色加工厂在应付出资转让款中直接扣还给宝色钛业工会;赵允为被代持人员垫付的利息3556.43元在第一次付款时由宝色钛业扣还给赵允。

2005年8月23日,有色加工厂与郑世平签订了出资转让协议及出资转让补充协议,约定:郑世平在宝色钛业全部出资455,629按每1元出资作价2.8元转让给有色加工厂,转让总价为1,275,761.2元;郑世平名下被代持人员持有的出资9657元,按每1元出资作价2.8元分离,由有色加工厂通过宝色钛业代为直接支付给郑世平名下被代持人员;郑世平欠宝色钛业工会的款项(含利息)132,418.23元,由有色加工厂在应付出资转让款中直接扣还给宝色钛业工会;郑世平为被代持人员垫付的利息2197元在第一次付款时由宝色钛业扣还给郑世平。

2005年8月23日,有色加工厂与邓家爱签订了出资转让协议及出资转让补充协议,约定:邓家爱在宝色钛业全部出资455,629元按每1元出资作价2.8元转让给有色加工厂,转让总价为 1,275,761.2 元;邓家爱名下被代持人员持有的出资 22,866 元,按每 1 元出资作价 2.8 元分离,由有色加工厂通过宝色钛业代为直接支付给邓家爱及其名下被代持人员;邓家爱欠宝色钛业工会的款项(含利息) 125,901.08元,由有色加工厂在应付出资转让款中直接扣还给宝色钛业工会。

2005 年 8 月 23 日,有色加工厂与田展翅签订了出资转让协议及出资转让补充协议,约定:田展翅在宝色钛业全部出资 455,629 元按每 1 元出资作价 2.8 元转让给有色加工厂,转让总价为 1,275,761.2 元;田展翅名下被代持人员持有的出资 52,630 元,按每 1 元出资作价 2.8 元分离,由有色加工厂通过宝色钛业代为直接支付给田展翅名下被代持人员;田展翅欠宝色钛业工会的款项(含利息)158,053.99 元,由有色加工厂在应付出资转让款中直接扣还给宝色钛业工会。

截至 2006 年 8 月,宝钛集团已按出资转让协议及出资转让补充协议的约定,委托宝色钛业向原 7 名高管人员支付其实际持有股权的全部转让对价。

代持股清理具体情况如下表:

被代持人身份	清理时点	清理人数	清理股权(元)	占宝色钛业注册资本的比例%
职工	截至 2006 年 8 月	336 人	947,695	4.16
	2009 年 11 月	3 人	5200	0.02
清理职工持股小计		339 人	952,895	4.18
社会人员	截至 2006 年 8 月	38 人	626,989	2.75
	2009 年 11 月	8 人	75,311	0.33
清理社会人员小计		46 人	702,300	3.08
有色加工厂人员	2010 年 2 月	14 人	68,946	0.30
合计		399 人	1,724,141	7.57

1. 职工股权清理过程

截至 2006 年 8 月,336 名职工均已领取了应向其支付的全部股权转让款,并签字确认。截至 2009 年 11 月,剩下 3 名职工均已领取了应向其支付的全部股权转让款,并签字确认。

2. 社会人员股权清理过程

(1)截至 2006 年 8 月,宝钛集团(原有色加工厂)完成了 38 名社会人员持有的 626,989 元股权的清理工作。其中 37 名社会人员均已领取了应向其支付的全部股权转让款,并签字确认;根据西安市中级人民法院于 2004 年 8 月 12 日作出的编号为〔2004〕西刑二初字第 59 号的《刑事判决书》,将邓贵顺用于行贿的宝色钛业 8 万元股权证依法没收,上缴国库。陕西省财政厅于 2009 年 11 月 3 日出具陕财办企〔2009〕143 号文,对依法判决上缴国库的 8 万元股权证对应的宝色钛业股权由宝钛集团持有,股权性质为国有股。根据发行人的说明,邓贵顺用于行贿的 8 万元的资金来源于宝色钛业 1999 年 11 月 2 日《关于 1995 ~ 1996 年股东会奖励款转为原始股的决定》和1999年3月17日《第五届股东会决议》对于宝色钛业经营做出贡献的公司以外单位的人员的奖励提成。

（2）剩余8人均于2009年11月领取了应向其支付的全部股权转让款，并签字确认。

3. 有色加工厂14人股权清理过程

有色加工厂14人于2010年2月10日出具《声明》，确认其被代持股权全部转让给宝钛集团，放弃其代持股权的股权转让款；同时承诺将不就其代持股权向宝色钛业、发行人及宝钛集团主张任何权益。上述声明已经宝鸡市公证处公证，并由宝鸡市公证处出具编号为〔2010〕宝证民字第129～142号《声明书公证书》。宝钛集团于2010年2月9日作出《宝钛集团有限公司党政联席会议决定》，有色加工厂14人声明放弃上述代持股权的转让对价后，宝钛集团不再支付上述代持股权的转让对价，上述代持股权转让款全部归宝钛集团所有。

综上所述，原7名高管人员代399人持有占宝色钛业注册资本7.57%共计1,724,141元的股权已经清理完毕。

（四）代持股权清理经办人员的确认

2010年3月9日，宝钛集团经办原7名高管人员代持股权清理工作的季为民、李金让、杨理君和史金志出具了《说明》，确认原7名高管人员名下被代持人员进行代持股权登记的过程、原7名高管人员确认《股权分离方案》、《股权计算表》、《分离挂靠股明细表》等文件及签订出资转让协议及出资转让补充协议的过程。该说明已经宝鸡市公证处公证，并由宝鸡市公证处出具编号为〔2010〕宝证民字第151号、第152号、第153号、第154号《公证书》。

2010年3月7日、8日，发行人经办原7名高管人员代持股权转让款支付工作的刘义忠、顾晓霞、管海燕、李巧平、肖茵、胡爱芬和何鹂出具了《说明》，确认原7名高管人员及其名下代持的374人领取股权转让款的过程。该说明已经宝鸡市公证处公证，并由宝鸡市公证处出具编号为〔2010〕宝证民字第143号至第149号《公证书》。

2010年3月9日，经办毕桂生等11人（2009年11月清退的8名社会人员和3名职工）代持股清理工作的人员李丰朝、孙德威出具了《说明》，对该等11人领取股权转让款的经过和真实性进行了确认。该说明已经宝鸡市公证处公证，并由宝鸡市公证处出具编号为〔2010〕宝证民字第155号、第156号《公证书》。

（五）代持股及代持股清理是否符合99号文规定

国务院办公厅于2006年12月12日发布《国务院办公厅关于严厉打击非法发行股票和非法经营证券业务有关问题的通知》（国办发〔2006〕99号）（以下简称99

号文)。99 号文规定:向不特定对象发行股票或向特定对象发行股票后股东累计超过 200 人的,为公开发行,应依法报经中国证监会核准。未经核准擅自发行的,属于非法发行股票。

代持股行为发生时点在 99 号文颁布时点之前,不属于该文件规范的情形,且已在该文件颁布之前完成了除 25 人外全部被代持人员的股权清理工作。江苏省人民政府办公厅于 2010 年 11 月 12 日出具了《关于确认南京宝色股份公司历史沿革合规性的函》(苏政办函〔2010〕157 号),确认发行人前身宝色钛业的上述代持股行为不属于非法发行股票,并对股权代持的合法性进行了确认。

保荐机构核查后认为,发行人在改制为股份公司前存在的自然人股东代持股行为不属于非法发行股票,不属于国办发〔2006〕99 号文规范的情形;原 7 名高管人员及其名下被代持人员的股权已经清理完毕;上述代持股的不规范行为已经得到纠正,发行人不存在潜在纠纷或风险隐患,不会对发行人本次发行上市构成实质性法律障碍。

发行人律师经核查后认为,发行人在改制为股份公司前存在的自然人股东代持股行为不属于非法发行股票,不属于国办发〔2006〕99 号文规范的情形;原 7 名高管人员及其名下被代持人员的股权已经清理完毕;上述代持股的不规范行为已经得到纠正,发行人不存在潜在纠纷或风险隐患,不会对发行人本次发行上市构成实质性法律障碍。

(六)有色金属加工厂 14 人声明放弃代持股权转让对价的原因

有色金属加工厂 14 人为有色金属加工厂党政干部及职工,该等 14 人所持股权的资金来源为宝色钛业 1999 年 11 月 2 日《关于 1995 ~ 1996 年股东会奖励款转为原始股的决定》和 1999 年 3 月 17 日《第五届股东会决议》对于宝色钛业经营做出贡献的公司以外单位的人员的奖励提成,该等 14 人并未领取奖励提成,而是计入了宝色钛业截至 2000 年年底的集资款。在宝色钛业对截至 2000 年年底形成的集资款项进行清退时,由田展翅、费道森代该等 14 人予以领取。宝色钛业在清退代持股权时,将该等 14 人所持股权从费道森、田展翅两人名下分离出来。

根据宝钛集团于 2010 年 2 月 9 日作出的《宝钛集团有限公司党政联席会议决定》,该等 14 人系原有色金属加工厂员工或党政干部,为宝色钛业做出过突出贡献;该等 14 人所持股权的资金来源为宝色钛业的奖励,该等 14 人对所持股权形成并不知情,亦未行使过股东权利,经核实,该等 14 人自愿放弃代持股权转让对价。该等 14 人对于《宝钛集团有限公司党政联席会议决定》予以认可,并于 2010 年 2 月 10 日出具《声明》,确认放弃其代持股权的股权转让款,同时承诺将不就其代持股权向宝色钛业、发行人及宝钛集团主张任何权益。

（七）是否存在纠纷和潜在纠纷，是否构成对本次发行上市的实质性障碍

原7名高管人员及其名下被代持人员的股权已经清理完毕，其中：对于2006年8月之前领取股权转让款的原7名高管人员和373名被代持人员，发行人律师核查了发行人提供的收款计算表、收条、经过公证的宝色钛业及宝钛集团经办人员对于上述人员签字确认领取股权转让款的说明，发行人律师和光大证券还对其中102名被代持人员领取股权转让款的情况进行了访谈；对于8万元股权证对应的股权，发行人律师核查了陕西省财政厅出具的陕财办企〔2009〕143号文，该文确认该股权由宝钛集团持有；对于2009年11月清理的11人（职工3人和社会人员8人），发行人律师核查了该11人收到股权转让款的收条和声明、经过公证的宝钛集团经办人员对该11人签字确认领取股权转让款的说明；对于有色加工厂14人，发行人律师核查了经过公证的该14人确认将其被代持股权全部转让给宝钛集团，放弃其代持股权转让款的声明。

此外，2010年1月至2月，发行人律师（宝色股份两次申报律师未发生变化）对其中102名被代持人员领取股权转让款的情况进行了访谈；2011年10月至11月保荐机构和发行人律师对参与股权代持的70名人员再次进行了访谈，其中原宝色钛业职工65名，原高管2名，原有色金属加工厂人员3名，就宝色钛业历史上股权代持的形成、清理过程和是否发生过纠纷等情况核实，确认不存在纠纷及潜在纠纷；对参与2004年至2009年间原宝色钛业股权代持清理过程的宝钛集团负责人进行访谈，确认股权代持清理的过程且至今没有人对股权代持清理、股权转让等事宜提出异议；走访宝鸡市公证处，对参与公证的公证员进行访谈，查看公证记录，确认公证过程及公证书的真实性。

2012年2月，保荐机构走访了发行人住所地南京市江宁区法院、南京市中院、南京市仲裁委员会及宝鸡市渭滨区法院、宝鸡市中院、宝鸡市仲裁委，查询上述法院的立案记录，对立案庭、审判庭工作人员进行访谈，对宝鸡市仲裁委员会主任、南京市仲裁委员会秘书进行访谈，了解是否存在有人对原宝色钛业股权清理产生异议、是否存在有人对宝色股份股权提出权利主张或存在其他涉及股权的纠纷，起诉到相关法院或仲裁机构的情形。截至调查日，上述法院、仲裁委员会均没有受理过关于南京宝色股份公司（包括原南京宝色钛业有限公司）股权纠纷提起的诉讼记录。

发行人律师经核查后认为，发行人在改制为股份公司前存在的自然人股东代持股行为不属于非法发行股票，不属于国办发〔2006〕99号文规范的情形；上述代持股的不规范行为已经得到纠正；截至目前，未发生相关人员就上述代持股权的股款清退事项向发行人主张权利或存在异议的情况，发行人不存在潜在纠纷或风险，

不会对发行人本次发行上市构成实质性法律障碍。

保荐机构经核查后认为,发行人在改制为股份公司前存在的自然人股东代持股行为不属于非法发行股票,不属于国办发〔2006〕99 号文规范的情形;上述代持股的不规范行为已经得到纠正;截至目前未发生相关人员就上述代持股权的股款清退事项向发行人主张权利或存在异议的情况,发行人不存在潜在纠纷或风险,不会对发行人本次发行上市构成实质性法律障碍。

二、汉缆股份:有积累的职工概念

2006 年 1 月 1 日,汉河集团将“有积累的职工”名下共计 82,879,513 个积累单位按 1:1 的比例量化为汉河集团股份(每 1 单位的积累量化为 1 股股份),形成 1029 名汉河集团自然人股东。2006 年度,汉缆有限工会将持有的部分汉河集团股份转让给张思夏等 241 人。2007 年度,汉缆有限工会将持有的部分汉河集团股份转让给张思夏等 887 人。请保荐人和发行人律师对汉河集团股份量化及汉缆有限工会转让汉河集团股份是否涉及非法公开发行股票的情形发表意见。

1. 2006 年 1 月 1 日汉河集团股份量化不涉及非法公开发行股票情形

“有积累的职工”,是历史上持有汉缆有限工会及其前身积累的职工,是一个特定群体。“有积累的职工”作为一个整体对外享有权益,在“有积累的职工”内部,企业按照职工的工龄长短、贡献和责任大小,将职工积累计入职工个人名下。职工个人名下积累数量的变化,不影响“有积累的职工”整体对外享有的权益。

“有积累的职工”最初享有的权益,为承包期内职工劳动创造的、企业历年积累形成的资产,此后,经过历史沿革的演变,2005 年 12 月 31 日,“有积累的职工”持有汉河集团 11,673 万股股份。此时,“有积累的职工”共有 1029 人,名下共计有 82,879,513 个积累单位,这些职工个人共同享有“有积累的职工”的权益。

2006 年 1 月 1 日,汉河集团将“有积累的职工”持有的汉河集团股份量化给有积累的职工个人,本质为共有财产的共有人份额确定和分割。2006 年 1 月 1 日持有汉河集团积累的职工人数为 1029 人,由此必然形成了 1029 名汉河集团自然人股东,不涉及非法公开发行股票的情形。

2. 2006 年度和 2007 年度汉缆有限工会转让汉河集团股份不涉及非法公开发行股票情形

《国务院办公厅关于严厉打击非法发行股票和非法经营证券业务有关问题的通知》(国办发〔2006〕99 号)(以下简称通知)的主要内容包括:“非法证券活动的主要形式为:一是编造公司即将在境内外上市或股票发行获得政府部门批准等虚假信息,诱骗社会公众购买所谓‘原始股’……非法证券活动经证监会及其派出机构认定后,省级人民政府要负责做好本地区案件查处和处置善后工作……未构成犯罪的,由证券监管部门、工商行政管理部门根据各自职责依法作出行政处罚。……非公开发行股票及其股权转让，不得采用广告、公告、广播、电话、传真、信函、推介会、说明会、网络、短信、公开劝诱等公开方式或变相公开方式向社会公众发行。严禁任何公司股东自行或委托他人以公开方式向社会公众转让股票。向特定对象转让股票，未依法报经证监会核准的，转让后，公司股东累计不得超过200人。”

2006年度、2007年度汉缆有限工会向历史上未曾持有公司积累、股份的职工转让汉河集团的股份，主要目的是为了让较晚进入公司的员工分享公司持续发展的好处，增强职工的主人翁意识和责任感，不同于《通知》主要打击的诱骗社会公众集资、诈骗群众钱财的具有严重社会危害性的非法公开发行股票行为，不存在编造公司即将在境内外上市或股票发行获得政府部门批准等虚假信息，诱骗社会公众购买所谓“原始股”的情形，股权转让未采用广告、公告、广播、电话、传真、信函、推介会、说明会、网络、短信、公开劝诱等公开方式或变相公开方式。

2006年1月1日，汉河集团自然人股东已经为1029人，2006年度和2007年度共新增自然人股东183人（2006年度，汉缆有限工会将持有的部分汉河集团股份转让给张思夏等241人，其中233名受让人为历史上曾经持有公司积累、股份的职工，8名受让人为新增股东；2007年度，汉缆有限工会将持有的部分汉河集团股份转让给张思夏等887人，其中712名受让人为历史上曾经持有公司积累、股份的职工，175名受让人为新增股东），新增股东累计未超过200人，不涉及非法公开发行股票情形。

3. 2009年11月汉河集团终极自然人股东人数已降至200人以下

针对公司股东人数较多的状况，汉河集团对公司的股权结构进行了主动规范。2009年10月18日~25日，汉河投资与张思亭、张云业等952人分别签订了《股份转让协议》，汉河投资受让上述952人合计持有的汉河集团股份。2009年10月29日，张思夏、陈沛云等40名汉河集团自然人股东用其持有的汉河集团股份增资汉河投资。2009年11月，汉河集团的股东变为汉河投资和139名自然人，汉河投资股东为40名自然人，汉河集团终极自然人股东人数已降至200人以下。

4. 2009年11月，相关政府部门对汉河集团历史沿革进行了确认

2009年11月20日，青岛市崂山区政府出具《关于对青岛汉河集团股份有限公司股份收购及股份增资结果确认的批复》（崂政发〔2009〕68号），确认了汉河集团的股权清晰、合法、有效，不存在纠纷或潜在纠纷。2009年11月20日，青岛市政府《关于青岛汉缆股份有限公司产权界定及历史沿革有关情况进行确认的批复》（青政发〔2009〕70号）同意了崂政发〔2009〕68号文的确认意见。

综上所述，本所律师认为，汉河集团股份量化及汉缆有限工会转让汉河集团股份不涉及非法公开发行股票的情形。目前，汉河集团的终极自然人股东人数已降至200人以下，对发行人本次发行及上市不构成法律障碍。

三、瑞丰高材:核查手段的创新

(一)关于职工出资问题

2001年9月,高分子厂改制设立为高分子有限,注册资本500万元,其中,除瑞丰化工以高分子厂的资产负债作为出资外,另外159.89万元注册资本系由债权转股权而来,包括沂源县化肥厂欠职工工资转为的出资款74.69万元,高分子厂向有关职工筹集款85.2万元。除瑞丰化工外,高分子有限的实际出资人共有409名自然人。请发行人补充披露前述159.89万元债权形成过程,包括沂源县化肥厂向其职工所欠工资的明细情况,高分子厂向其职工募集资金的具体情况,前述出资行为是否涉嫌非法公开发行证券,发行人是否符合《暂行办法》第26条规定发行条件,说明并披露以沂源县化肥厂欠其职工的工资作为出资的合法合规性。请保荐机构及律师核查并发表意见。

1. 2001年改制时自然人出资行为是否涉嫌非法公开发行证券,发行人是否符合《暂行办法》第26条规定

(1)根据本所律师适当核查,早在1998年,淄博市政府出台了《关于加快企业产权制度改革有关问题的规定》(淄政发〔1998〕202号),探索以产权制度改革为重点,使公有资产从一般竞争性中小企业全部或部分退出。在2001年企业产权制度改革中,淄博市在中小企业中提倡经营层、管理人员和技术骨干多持股,原则要求企业职工都要入股,但不能强迫入股。此外,根据山东省国资委《关于深化省属国有企业改革的意见》(鲁政发〔2003〕62号)中的有关规定:"企业未退还的职工集资款,以现有资产清偿,也可在职工自愿的前提下,转为职工对改制企业的股金。"该意见还指出,山东省各市可根据本地实际情况参照执行。

(2)根据本所律师核查,2001年高分子厂改制设立为高分子有限时,除瑞丰化工以该厂资产负债作为出资外,另有159.89万元注册资本系由债权转股权而来,其中为满足企业发展对资金的需求而向有关职工筹集的款项金额85.2万元,沂源县化肥厂原欠化肥厂职工的部分工资转为出资款金额74.69万元。

当时企业为满足资金需求所面向的筹资对象为瑞丰化工所运营管理企业的职工,没有向社会公开募集资金,最终筹得的款项为85.2万元,涉及的出资人数共计142人。具体明细如下:(略)

当时由沂源县化肥厂原欠化肥厂职工的部分工资转为出资款金额74.69万元,涉及职工人数共302人。具体明细如下:(略)

根据本所律师核查,除瑞丰化工外,高分子有限的上述实际出资人合计为409名自然人。2001年高分子有限设立时,经工商登记的自然人股东为其中的4人,代为持有其他405名实际出资人的委托出资。4名自然人股东与405名实际出资人

不是一一对应关系。2006 年高分子有限委托出资的情形已得到有效控制,2009 年高分子有限整体变更为股份公司时,最终消除了发行人委托出资情形。(详见第三个问题的说明)

(3)根据本所律师核查,2010 年 5 月 22 日,沂源县政府作出了《关于进一步确认沂源瑞丰高分子材料有限公司改制有关问题的通知》(源政发〔2010〕62 号),对高分子厂改制的合法有效性以及自然人股东以债权转股权的合法性予以了进一步确认,并确认发行人前述出资行为不属于非法公开发行证券。

2010 年 7 月 5 日山东省人民政府出具了《关于对原山东沂源高分子材料厂改制予以确认的批复》(鲁政字〔2010〕161 号),确认发行人"曾经存在的 200 人以上委托出资情形已得到规范,无非法发行股票行为,改制行为及股权设置、变更情况真实、合法有效"。

综上所述,律师认为,发行人 2001 年改制设立高分子有限时,有 159.89 万元注册资本系由债权转股权而来,该等出资行为不违反当时地方规范性文件规定,不属于非法公开发行证券。发行人符合《暂行办法》第 26 条规定发行条件,即"发行人及其控股股东、实际控制人最近三年内不存在未经法定机关核准,擅自公开或者变相公开发行证券,或者有关违法行为虽然发生在三年前,但目前仍处于持续状态的情形"。

2. 以沂源县化肥厂欠其职工的工资作为出资的合法合规性

(1)根据本所律师核查,1998 年淄博市根据山东省中小企业改革工作会议精神,作出了《淄博市人民政府关于加快企业产权制度改革有关问题的规定》(淄政发〔1998〕202 号),其中规定"企业的工资和福利节余,可用于职工购买股份"。

(2)根据本所律师适当核查,高分子材料厂于 1994 年设立,为沂源县化肥厂下属全民所有制企业。2000 年 4 月 27 日,沂源县公资委做出《关于授权山东瑞丰化工有限公司运营管理沂源县化肥厂等企业公有资产的决定》(源公资字〔2000〕18 号)。根据该决定,沂源县化肥厂、高分子材料厂自此均由瑞丰化工运营管理。2001 年高分子材料厂改制为高分子有限时,企业自筹资金面临一定困难。鉴于此,作为沂源县化肥厂、高分子材料厂共同主管单位的瑞丰化工,在制订高分子材料厂的改制方案时,结合当时的实际情况,决定在职工自愿的前提下,将沂源县化肥厂欠职工的部分工资转为对高分子有限的出资。最终由沂源县化肥厂原欠化肥厂职工的部分工资转为对高分子有限出资款金额共计 74.69 万元,涉及职工人数 302 人。

(3)根据本所律师核查,2010 年 5 月 22 日,沂源县政府作出了《关于进一步确认沂源瑞丰高分子材料有限公司改制有关问题的通知》,对高分子厂改制的合法有效性以及自然人股东以债权转股权的合法性予以了进一步确认。2010 年 7 月 5 日山东省政府《关于对原山东沂源高分子材料厂改制予以确认的批复》(鲁政字

〔2010〕161 号），对以沂源县化肥厂欠其职工的工资作为出资的行为予以了确认。

综上所述，本所律师认为，以沂源县化肥厂欠其职工的工资作为出资，不违反当时规范性文件的规定，真实有效。迄今为止，未发生与该等出资有关的任何纠纷，而且该等出资事宜已经获得山东省政府的确认，因而对本次发行上市不构成根本性法律障碍。

（二）关于委托持股清理

2001 年高分子厂设立改制时，实际出资人中有 409 名自然人，为符合工商登记的需要，周仕斌等 4 人作为工商登记的名义股东代持其他 405 人的出资，其后，部分实际出资人以高分子有限出具的交款收据为凭证，私下进行股权转让。2006 年高分子有限组织了股权确认工作并予以登记造册，当时确认的实际出资人为周仕斌等 151 名自然人。2009 年 7 月高分子有限又对实际出资人情况重新确认登记，实际出资人仍然为原 151 人。2009 年 9 月，高分子有限整体变更为股份有限公司时，按前述 151 名实际出资人进行了工商登记，最终消除了委托持股情形。请发行人补充披露自高分子有限设立到 2006 年确权期间，实际出资人历次股权转让的具体情况，并提供相关证明文件，说明并披露前述实际出资人的股权转让是否真实、合法、有效，发行人的股权是否清晰，是否符合《暂行办法》第 17 条规定的发行条件。请保荐机构及律师核查并发表意见。

1. 自 2001 年高分子有限设立到 2006 年确权期间，部分实际出资人以高分子有限出具的交款收据为凭证，私下进行出资转让，在转让出资时，也未签署书面转让协议。发行人缺乏实际出资人在此期间进行转让的相应转让协议等完备记录。

2. 为规范公司股权管理，2006 年高分子有限组织了股权清理工作，以严格、有效地控制上述不规范转让情形。高分子有限核对了实际持有人的身份证，并对其持有的收据进行了认真审核，经确认后予以登记造册。此次经确认的高分子有限实际出资人（含工商登记股东）共计 151 名，持有公司 100% 股权。

3. 为符合公司上市的规范要求，发行人于 2009 年 7 月对实际出资人情况重新进行了确认登记。发行人依据 2006 年股权清理后制作的 151 名实际出资人名册，联系到了全部 151 名实际出资人，同时现场核对了每名实际出资人的身份证，并将全部收据和公司存根一一进行了核对。经发行人、平安证券有限责任公司（以下简称平安证券）及本所律师共同审核，高分子有限实际出资人仍然为 151 名自然人，没有发生变化。

鉴于高分子有限经工商登记的股东 13 人，实际出资人为 151 人，存在部分实际出资人的出资由他人代为持有的情况，高分子有限于 2009 年 8 月 1 日召开股东会，决定将有限公司整体变更设立为股份公司；与此同时，13 名经工商登记的股东与全体实际出资人解除原委托出资关系，并根据其各自实际出资对应的财产权益以及相应的出资比例，将151名实际出资人确认为股份公司的发起人股东，以符合法定要求。同日，上述151名实际出资人共同签署了《发起人协议》。

2009年8月25日，上述151人签署了《发起人股东声明和承诺》，主要内容包括：(1)本人出资真实、合法，不存在代任何第三人间接持有新公司股份的情形，也不存在股份被质押或权利受到限制或有任何争议的情形。(2)至股份公司设立后1年内，本人不会将所持股份公司股份进行任何形式的转让或者委托他人处置，如将来有任何第三人通过本人向股份公司主张股份。(3)本人同时承诺，愿意对上述声明的真实性承担全部法律责任，并愿意完全承担因个人声明虚假给相关各方（有限公司、股份公司、有限公司或股份公司的其他股东为有限公司或股份公司提供改制、辅导、上市相关服务的保荐机构/主承销商、律师事务所及其他相关机构或人员）造成的一切损失。

沂源县公证处对此出具〔2009〕沂源证民字第0427号《公证书》，证明《发起人股东声明和承诺》原件上周仕斌、翟所余等151人的签名真实、合法、有效，属本人自愿签署，是其本人真实的意思表示。

2009年9月17日，高分子有限整体变更为股份公司，发起人股东为上述151人。

4. 为进一步确认发行人的股权清晰、发行人股本及其演变不存在潜在风险和法律障碍，经平安证券及律师提议，发行人于2009年12月20日在《淄博日报》发布公告，公告内容包括："山东瑞丰高分子材料股份有限公司151名股东于2009年8月1日签署了整体变更设立的发起人协议，并于2009年9月17日在山东省工商局领取了《企业法人营业执照》，股本总额4000万元。山东瑞丰高分子材料股份有限公司拟申请首次公开发行上市股票，最终能否发行股票并上市，尚待中国证监会的核准。如对股份公司股权存在任何异议，请以下列方式联系、举报。"

2010年3月2日，发行人又在第1461期《沂源通讯》刊登公告，并公示了151名发起人股东的姓名、持股数量和身份证号（隐去4位数），提请公众如对股份公司股权存在任何异议，可向股份公司和中国证监会山东监管局举报。

迄今为止，尚未发生与发行人股权相关的任何举报。

5. 2010年7月5日山东省政府作出《关于对原山东沂源高分子材料厂改制予以确认的批复》（鲁政字〔2010〕161号），确认"原山东沂源高分子材料厂作为沂源县属国有企业，其改制以及原沂源瑞丰高分子材料有限公司的国有法人股退出，履行了企业内部批准、资产评估及结果确认等必要的程序，并已经政府及有关部门批准，符合当时国家相关法律法规和当地政府的有关政策，股权清晰，未发现国有资产流失和股权争议纠纷。曾经存在200人以上的委托出资情形已得到规范，无非法发行股票的行为，改制行为及股权设置、变更情况真实、合法有效"。

综上所述,律师认为:

(1)自高分子有限公司设立到2006年确权期间,虽然存在委托出资以及不规范转让出资的情形,但该等情形已自2006年9月得到有效控制;前述转让行为是转让双方自愿、真实的意思表示,转让行为早已履行完毕,迄今未发生任何纠纷,具有真实性和有效性。

(2)发行人曾经存在的委托出资问题在其2009年改制为股份公司时已依法彻底规范解决,发行人已经审核并确认了151名实际出资人持有的全部收据,前述151人作为股份公司的股东亦对其出资/持股的真实性作出了声明和承诺,股份公司股权的详细情况已经公告两次,未收到任何举报,且至今未发生任何纠纷,因而对本次发行不构成根本性的法律障碍。总之,发行人现有151名股东的股权清晰,不存在重大权属纠纷,符合《暂行办法》第17条规定的发行条件。

【案例评析】

1. 公司法基本法规以及相关规则明确规定非公开公司股东不得超过200人,如果向超过200人公开发行股份那么需要监管机构批准,如果未经批准向超过200人发行股份,就可能构成非法发行的情形。

2. 当然,提请各位首先要注意的是,本节案例学习首先要确认一个前提,那就是这些案例并不是存在非法发行的情形而发行成功,而是只是假定了一个是否构成非法发行的追问,然后要解释根本不存在非法发行的情形,不然企业上市根本就没戏了。此外,上述的追问还有一个前提,那就是案例都是在历史上存在过股东超过200人的情形后来又清理了,如果股东超标的情形一直持续根本也是不符合上市条件的。

3. 如果发行人在历史上曾经存在过股东超过200人的情形,那么很有可能就会被关注到是否存在非法发行的问题。如果股东超过200人是由于特定的历史背景和原因造成的并且在上市前股东已经通过清理降至200人以下,那么该问题应该不会构成实质性障碍。反之,如果股东超过200人的情形就是由于股东正常出资形成的,那么风险就会较大,尤其是如果是发生在99号文颁布之后(2006年)造成股东超过200人的情形,解释不构成非法发行会有较大的难度。

4. 从现有案例来看,股东超过200人形成的原因都是由历史造成的,尽管很明显这样的情形不属于99号文要规范的情形并且也不会构成首发上市实质障碍,但是要逻辑清楚、理由充分地解释清楚也并不容易。本文中提到的案例都很好地解释了这个问题,专业素养值得肯定,一些思路值得好好借鉴。

5. 根据案例简要总结一下这个问题的基本处理思路:(1)详细介绍股东形成的原因(包括当地政府政策、公司实际状况等内容);(2)股东超过200人必然涉及股份代持,还要详细解释股份代持的清理过程和结果,股份代持一般就是通过股权转让的方式进行,并且为了不必要的纠纷和风险,尽量找到每一个出资人并确权(其他思路可参见股份代持解决之道专题文章);(3)解释不属于99号文规定的情形,同时也不影响发行条件(有的案例还关注到是否符合发行条件);(4)政府部门对该问题进行确认,认定合法有效,一般最好是省级人民政府,计划单列市应该也可以(并没有一个非常明确的规定)。

6. 上述案例每一个都有其特殊之处,每一个案例的问题解决思路都有值得我们借鉴之处,在此分别简要总结并与大家分享:

(1)宝色股份:①通过在报纸上公告的方式通知被代持股东到指定地点进行确权;②股权转让时与股份代持人签署协议,但是转让价款直接支付给实际出资人(个人觉得,可以考虑若不嫌麻烦直接与每一个出资人签署转让协议,直接向出资人支付转让款并出具确认文件);③部分职工没有收到股权转让款而是直接无偿将股权进行了确权,由于可能涉及潜在纠纷,审核过程中做了重点关注,中介机构也相应做了重点解释;④由股份代持清理的相关办理人员做了说明和确认,并由公证机关进行了公证,确认股份代持清理真实、合法、有效。

(2)汉缆股份:①创造性提出共有财产分割而不是非法发行的思路;②2006年和2007年新增股东183人(扣除有积累的职工)没有超过200人从而不属于非法发行的解释有些问题;③发行人控股股东的股东超过200人的情形一般也需要清理;④青岛市政府最后做了兜底确认,单列市的级别可能也可以。

(3)瑞丰高材:①关注到非法发行是否会影响到发行条件;②中介机构坦白承认某些历史上的资料和协议无法找到,后续通过补正工作解决问题;③为了严谨,找到了全部151位权益人;④为了进一步消除风险,发行人在《淄博日报》上公告了股东情况以及发行人即将上市的消息,有异议的人可以举报和提出异议,这个应该是有创新性的一个措施,可以在必要的时候加以借鉴。

7. 最后,向大家提醒一点,那就是宝色股份在文件中披露的核查手段还是比较详细的,这里与大家分享可以适当借鉴之处:

(1)核查了收款计算表、收条、领取股权转让款的说明,对部分被代持人员领取股权转让款的情况进行了访谈;

(2)对参与股权代持的70名人员再次进行了访谈,就宝色钛业历史上股权代持的形成、清理过程和是否发生过纠纷等情况核实,确认不存在纠纷及潜在纠纷;

(3)对参与2004年至2009年间原宝色钛业股权代持清理过程的宝钛集团负责人进行访谈,确认股权代持清理的过程且至今没有人对股权代持清理、股权转让等事宜提出异议;

(4)走访宝鸡市公证处,对参与公证的公证员进行访谈,查看公证记录,确认公证过程及公证书的真实性;

(5)走访了发行人住所地南京市江宁区人民法院、南京市中级人民法院、南京市仲裁委员会及宝鸡市渭滨区人民法院、宝鸡市中级人民法院、宝鸡市仲裁委，查询上述法院的立案记录，对立案庭、审判庭工作人员进行访谈，对宝鸡市仲裁委员会主任、南京市仲裁委员会秘书长进行访谈，了解是否存在有人对原宝色钛业股权清理产生异议、是否存在有人对宝色股份股权提出权利主张或存在其他涉及股权的纠纷，起诉到相关法院或仲裁机构的情形。

【参考法规】

国务院办公厅关于严厉打击非法发行股票和非法经营证券业务有关问题的通知（国办发〔2006〕99号）

（一）提高认识，统一思想，坚决遏制非法证券活动蔓延势头

非法证券活动具有手段隐蔽、欺骗性强、蔓延速度快、易反复等特点，涉及人数众多，投资者多为退休人员、下岗职工等困难群众，容易引发群体事件。当前，非法证券活动的主要形式为：一是编造公司即将在境内外上市或股票发行获得政府部门批准等虚假信息，诱骗社会公众购买所谓“原始股”；二是非法中介机构以“投资咨询机构”、“产权经纪公司”、“外国资本公司或投资公司驻华代表处”的名义，未经法定机关批准，向社会公众非法买卖或代理买卖未上市公司股票；三是不法分子以证券投资为名，以高额回报为诱饵，诈骗群众钱财。

（二）明确政策界限，依法进行监管

1. 严禁擅自公开发行股票。向不特定对象发行股票或向特定对象发行股票后股东累计超过200人的，为公开发行，应依法报经证监会核准。未经核准擅自发行的，属于非法发行股票。

2. 严禁变相公开发行股票。向特定对象发行股票后股东累计不超过200人的，为非公开发行。非公开发行股票及其股权转让，不得采用广告、公告、广播、电话、传真、信函、推介会、说明会、网络、短信、公开劝诱等公开方式或变相公开方式向社会公众发行。严禁任何公司股东自行或委托他人以公开方式向社会公众转让股票。向特定对象转让股票，未依法报经证监会核准的，转让后，公司股东累计不得超过200人。

3. 严禁非法经营证券业务。股票承销、经纪（代理买卖）、证券投资咨询等证券业务由证监会依法批准设立的证券机构经营，未经证监会批准，其他任何机构和个人不得经营证券业务。

违反上述三项规定的，应坚决予以取缔，并依法追究法律责任。

证监会要根据《公司法》和《证券法》有关规定，尽快研究制定有关公开发行股

票但不在证券交易所上市的股份有限公司（以下简称非上市公众公司）管理规定，明确非上市公众公司设立和发行的条件、发行审核程序、登记托管及转让规则等，将非上市公众公司监管纳入法制轨道。

■第二节　非法集资解决之道

【重要提示】

★ 如果说非法发行的判断标准以股东是否超过200人作为一个标准还比较明确的话，那么非法集资作为标准的界限倒没有明确的规定。

★ 小兵个人认为，如果公司曾经公开向50个以上对象公开借贷那么就有可能存在非法集资的情形，尤其是当存在向社会公开人员公开借贷的情况下。

★ 非法集资与非法发行尽管属于两种本质完全不同的定性，但是很多问题的理解思路还是相通的，可以相互借鉴，并且两种情形的案例都是解释不存在这种情形的理由而不是存在这种情形首发上市的情况。

【案例情况】

一、长海股份：向股东、职工及其亲属借款

本公司历史上存在向股东及其亲友、职工及其亲友（以下简称特定对象）借款的行为，具体情况如下：

为解决公司资金短缺的现实困难并保持公司可持续发展，长海玻纤于2004年5月20日召开总经理办公会，决定向股东及其亲友无息借款用于项目建设，借款期满后一次性归还本金。

从2004年6月至2006年11月，公司向股东杨鹏威等30人以现金方式借款共计691.94万元。截至2006年11月29日，公司向股东杨鹏威等23人借款余额共计309.97万元，列"短期借款"；杜岳平、何菊娣等7人的借款已在2006年11月29日及之前归还。公司实际借款对象均为股东及其亲友、职工及其亲友，借款均为现金方式，实际借款利率为零。

其后，面对复杂多变的市场竞争格局和自主研发新产品带来的市场机遇，长海玻纤决定扩大生产规模快速响应市场需求，并加大自主创新投入以保持核心竞争力。长海玻纤管理层在征询众多员工意见的基础上于2006年10月20日召开总经理办公会并形成决议，决定：(1)根据2004年5月20日总经理办公会决议向长

海玻纤股东及相关亲友的借款未归还的部分，在贷款人自愿的基础上转入长期借款；(2)长海玻纤股东及其亲属、公司内部职工在自愿的基础上可继续对长海玻纤借款；(3)前述借款的年利率均为6%，借款期满后一次性还本付息；(4)前述借款期限暂定1年，1年期满后在贷款人自愿的基础上可自动续期1年，利率不变；(5)前述借款全部用于公司的日常运营、技术开发及项目建设。

从2006年11月至2007年10月，长海玻纤向杜婵娟等128人借款共计2563.66万元，其中原列“短期借款”的309.97万元(计23人)在2006年11月转入“长期借款”。实际借款对象均为公司股东及其亲友、职工及其亲友，除原短期借款转入309.97万元外，其余借款均为现金方式，借款利率为6%。2008年6月25日，长海玻纤一次性将上述相关借款及利息全部偿付，长海玻纤向股东及其亲友、职工及其亲友借款产生的债权债务关系已经全部解除，不存在任何遗留问题及潜在纠纷。

根据发行人的承诺并经保荐机构和发行人律师适当核查：(1)公司历史上存在的借款仅限于特定对象，不存在以广告、广播、电视、报纸、杂志、互联网等任何形式的、向社会公开宣传集资的行为；(2)公司历史上存在的向特定对象的借款均为贷款人本人真实意思表示，公司未有欺诈、隐瞒等不当行为，借款利率未超过国家限定水平，且全部借款均用于公司主营业务；(3)公司历史上存在的向特定对象借款均履行了内部决策程序，每笔借款在发生及终了时均有会计处理记录，江苏公证亦出具了《关于江苏长海复合材料股份有限公司向特定对象借款的审核报告》(苏公C〔2009〕E7033号)；(4)每一笔借款在发生及结清本息时均有贷款人亲自签名(按手印)或其亲属代签的收据；(5)所有贷款人均对各自与公司之间的借款进行了确认，签署了《承诺书》，承诺“已结清与公司之间的全部款项，与公司之间不存在未了结的债权债务纠纷及其他形式的法律纠纷”，未造成社会不良影响。

2009年12月16日，常州市处置非法集资联席会议办公室出具了《关于江苏长海复合材料股份有限公司集资行为性质认定的复函》，确认公司历史上存在的向特定对象的借款行为“没有明显属于非法集资的特征，应属企业不当融资”、“且集资行为未造成集资人损失，未影响社会稳定，故不予行政处罚”。

经发行人律师核查：常州市处置非法集资联席会议办公室系常州市处置非法集资联席会议制度的常设机构，由中国银行业监督管理委员会常州监管分局承担其职责；常州市处置非法集资联席会议制度系根据《国务院关于同意建立处置非法集资部际联席会议制度的批复》(国函〔2007〕4号)、《江苏省人民政府办公厅关于建立处置非法集资联席会议制度的通知》(苏政办发〔2008〕37号)、《常州市人民政府办公室关于建立处置非法集资联席会议制度的通知》(常政办发〔2008〕60号)等相关规范性文件的规定设立，主要职责为在江苏省处置非法集资联席会议指导下，贯彻落实国家、省、市处置非法集资的方针政策，领导全市处置非法集资工作；

及根据有关单位请求,协调成员单位开展对非法集资的调查取证、性质认定等处置工作。

发行人律师认为:常州市处置非法集资联席会议办公室具备对其辖区内非法集资调查取证、性质认定等职能,其出具的认定文件合法、有效。公司历史上存在的向特定对象借款情形不属于《非法金融机构和非法金融业务活动取缔办法》(国务院令247号)、《国务院办公厅转发中国人民银行整顿乱集资乱批设金融机构和乱办金融业务实施方案的通知》(国办发〔1998〕126号)、《中国人民银行关于取缔非法金融机构和非法金融业务活动中有关问题的通知》(银发〔1999〕41号)等相关规范性文件所规定的非法集资行为;相关借款情况已经有权机关确认,不存在现实及潜在的遭受行政处罚情形,对发行人本次发行上市不构成实质性法律障碍。

经核查,保荐机构认为:发行人历史上存在的向特定对象借款问题,并未涉及社会不特定对象,集资款项全部用于补充长海股份发展所需资金,未危害社会稳定,亦未受到任何处罚,集资行为产生的债权债务关系已经全部解除,不存在任何遗留问题及潜在纠纷,且常州市处置非法集资联席会议办公室已对发行人的上述集资行为性质进行了认定,确认不予行政处罚。常州市处置非法集资联席会议办公室具备对辖区内非法集资进行调查取证、性质认定等职能,其出具的认定文件合法、有效。该事项对发行人本次发行并上市不构成实质性障碍。

2010年12月7日,江苏省处置非法集资联席会议办公室出具了《关于江苏长海复合材料股份有限公司借款性质认定的复函》(苏处非联办〔2010〕57号),确认公司历史上存在的向特定对象的借款行为“没有明显属于非法集资的特征,应属企业不当融资”。

二、美晨科技:存在债务转移以及股东代付利息的情形

2008年4月,美晨有限向公司98名内部职工共计借款319.5万元,并于当年度由美晨有限、美晨投资及张磊先生个人向全部98名职工足额偿还了借款本金及利息。借款及偿还本金及利息的主要过程如下:(1)2008年4月,美晨有限向98名职工借款共计319.5万元;(2)2008年4~7月,美晨有限归还了其中5名职工借款本金11.5万元,部分利息1203.15元;(3)2008年8月,美晨有限将对剩余93名职工的应付借款本金308万元及应付利息107,392.61元的债务全部转让给美晨投资;(4)2008年10~12月,美晨投资归还了剩余93名职工的借款本金308万元;(5)2008年12月,张磊先生代美晨有限支付了5名职工的部分利息1100.28元,代美晨投资支付了93名职工的应付利息191,887.11元。

上述过程中,包括向3名高级管理人员借款共87万元,详细情况如下表:

序号	高管姓名	借款时间	借款金额(万元)
1	郑召伟	2008 年 4 月	30.00
2	李瑞龙	2008 年 4 月	30.00
3	邱建军	2008 年 4 月	27.00
4	其他 95 名职工	2008 年 4 月	232.50
合计			319.50

上表中美晨有限向其高管借款属于发行人与关联自然人之间的关联交易,其他 95 名内部职工不属于关联自然人,对其借款不属于关联交易。另外,上述过程中,美晨有限于 2008 年 8 月将对 93 名职工的应付借款本金及对应利息的债务转让至美晨投资承担,并于 2008 年 9 ~ 12 月支付债务转让款。上述债务转让行为属于美晨有限和关联法人之间的关联交易。

(一)2008 年 4 月美晨有限向 98 名内部职工借款 319.5 万元的过程

1. 美晨有限发文

2008 年 3 月 22 日,为补充公司快速发展所需的流动资金,美晨有限总经理办公室发文,以职工自愿参与为前提,拟向公司副科长级以上领导,及营销部、技术中心部分骨干人员借款。文件主题为“关于在公司内部募集资金的说明书”,文件的主要内容略。

2. 借款人员及金额明细

2008 年 4 月,美晨有限共计向内部 98 名职工借款 319.5 万元。该借款建立在职工自愿基础上,并未与职工签订借款协议,但在收取职工借款前已通过公司发文并逐级传达方式充分告知职工相关借款的条款和因借款行为职工可能拥有的权利和义务。具体借款人员、部门、借款时间、借款金额表略。

(二)2008 年 4 ~7 月,美晨有限归还 5 名职工借款本金 11.5 万元及部分利息 1203.15 元的过程

2008 年 4 ~7 月,美晨有限归还相关债权人中 5 名职工的借款本金 11.5 万元,应付对应利息为 2303.43 元。因公司相关人员工作疏忽,仅支付其中 3 名职工部分利息 1203.15 元,剩余 1100.28 元利息未支付。具体支付情况略。

(三)2008 年 8 月,美晨有限将对剩余 93 名职工的应付借款本金 308 万元及应付利息 107,392.61 元的债务全部转让给美晨投资的过程

1. 签订债务转让协议的原因

2008 年 8 月,美晨有限已计划上市,考虑到向内部职工借款事项不符合企业融资和公司上市的相关规定,因此在美晨有限、美晨投资、93 名内部职工一致同意的

基础上,于2008年8月20日签署了《债务转让协议》,将美晨有限对93名内部职工的债务转让给美晨投资承担。

2. 债务转让协议的具体内容

2008年8月20日签署的《债务转让协议》的主要内容略。

3. 美晨有限向美晨投资偿还本金和借款利息的履行情况

(1)美晨有限应向美晨投资偿还本金和借款利息的金额

2008年8月20日所签订的《债务转让协议》约定:“三方同意将乙、丙双方于2008年3月的借款协议(包括丙方开具给乙方的借款收据)确定的丙方对乙方的债务(详见转让清单明细)转移给甲方承担,转让金额包括借款本金和本债务转让协议签订日前的按照约定计算的利息。”

根据上述约定,由美晨有限将上述债务中剩余的93名职工的借款本金308万元及在转让协议签订日前的按照约定计算的利息107,392.61元的债务全部转让给美晨投资,转让款共计为3,187,392.61元。原美晨有限承担的上述债务转移给美晨投资承担。

转让时应付93名职工借款本金及在转让协议签订日前的、按照约定计算的利息表略。

(2)美晨有限向美晨投资偿还本金和借款利息的履行情况

2008年12月,美晨有限将债务转让款支付完毕,上述债务转让完成。但转让款的支付金额与《债务转让协议》的约定不一致。应付转让款为3,187,392.61元,但美晨有限仅支付本金对应金额308万元,剩余利息对应金额107,392.61元未支付给美晨投资。具体支付本金的时间及金额如下表所示:

2010年9月20日,发行人及其实际控制人张磊夫妇共同出具了《关于山东美晨汽车部件有限公司向职工借款事项的说明和承诺》,承诺如下:“在美晨有限将93名职工债务转让给美晨投资时,美晨有限应支付而未支付给美晨投资107,392.61元转让款。因美晨投资已注销,张磊夫妇承诺放弃因美晨投资未收到该笔转让款而可能形成的对美晨有限的追索权,不因上述未按协议约定全额支付转让款的行为而导致与美晨科技(包括美晨有限)之间的任何债权债务纠纷或潜在纠纷。”

(四)2008年10~12月,美晨投资归还剩余93名职工的借款本金308万元的过程

美晨有限将上述93名职工债务于2008年8月20日转让至美晨投资后,自2008年10月至11月,先后有2名职工提出还款申请,4名职工离职。美晨投资及时支付了该6名职工的借款本金10.5万元。2008年11月中旬,美晨投资通过逐级口头传达的方式,通知未办理借款清理的职工于2008年12月2日领取借款本

金及利息。其后共有87名尚未办理借款清理的职工从美晨投资领取了本金。综上所述,剩余93名职工的借款本金全部偿还完毕。美晨投资归还93名职工借款本金的还款时间、职工姓名及金额明细表略。

(五)2008年12月,张磊先生代美晨有限支付5名职工的部分利息1100.28元,代美晨投资支付93名职工的全部应付利息191,887.11元的过程

98名职工的借款共计319.5万元,应付利息共计194,190.54元。应付利息中,除美晨有限偿付1203.15元外,剩余192,987.39元均由张磊个人代为支付完毕,具体为代美晨有限支付5名职工的部分利息1100.28元,代美晨投资支付93名职工的全部应付利息191,887.11元。

1. 债务转让前张磊代美晨有限归还5名职工利息1100.28元的过程

债务转让前,美晨有限共计归还5名职工本金11.5万元,对应应付利息2303.43元,其中,美晨有限支付利息1203.15元,张磊个人代为支付利息1100.28元。具体情况说明如下:

债务转让前,美晨有限应在偿付5名职工本金11.5万元的同时偿付对应利息2303.43元。但实际偿付过程中仅偿付3名职工部分利息1203.15元。2008年12月31日,美晨有限对这5名职工借款的应付利息进行了认真测算,发现对其中3名职工的利息支付不足,2名职工的利息未支付。为保障该职工权益,美晨有限实际控制人张磊代为支付上表中美晨投资对5名职工的剩余未付借款利息1100.28元。

对上述因美晨有限相关人员工作疏忽,造成对部分职工利息延期支付事项,相关职工已出具了声明及确认函,确认:"美晨有限和张磊个人已按照借款时公司发文中的约定条款向本人足额支付本金和利息,对因公司工作疏忽所造成的利息延期支付事项不予追究。"

综上所述,美晨有限应付5名职工借款利息2303.43元分别由美晨有限和张磊个人代为支付完毕。

2. 债务转让后张磊代美晨投资归还93名职工利息的情况

债务转让后,美晨投资共计归还93名职工本金308万元,对应应付利息191,887.11元,均由张磊个人代为支付完毕。具体情况说明如下:

(1)张磊代为归还6名特殊情况职工借款利息5564.38元的过程

美晨有限将上述93名职工债务于2008年8月20日转让至美晨投资后,2008年10~11月,先后有2名职工提出还款申请,4名职工离职。美晨投资及时支付了该6名职工的借款本金10.5万元。对应应付利息为5564.38元,因美晨投资相关人员工作疏忽,仅支付其中1名职工全部利息1090.00元,4名职工的部分利息

3117.36元，合计支付5名职工利息4207.36元，剩余1357.34元利息由张磊个人于2008年12月31日代为支付。

2008年12月1日，张磊将上表中已由美晨投资支付给5名职工的利息4207.36元支付给美晨投资，实质上代美晨投资支付了这部分利息。

2008年12月31日，美晨投资对上述6名特殊情况职工借款的应付利息进行了认真测算，发现对其中4名职工的利息支付不足，1名职工的利息未支付。为保障该职工权益，美晨投资实际控制人张磊代为支付上表中美晨投资对5名职工的剩余未付借款利息1357.34元。具体支付情况如下表所示：

对上述因美晨投资相关人员工作疏忽，造成对部分职工利息延期支付事项，相关职工已出具了声明及确认函，确认："美晨投资和张磊个人已按照借款时公司发文中的约定条款向本人足额支付本金和利息，对因美晨投资工作疏忽所造成的利息延期支付事项不予追究。"

综上所述，美晨投资应付6名特殊情况的职工借款利息5564.38元均由张磊个人代为支付完毕。

（2）张磊代为归还其他87名职工借款利息186,322.73元的过程

2008年11月中旬，美晨投资通过逐级口头传达的方式，通知未办理借款清理的职工于2008年12月2日领取借款本金及利息，结清与美晨投资之间因借款形成的债权债务关系。具体计息方式如下："以职工提供借款给美晨有限当日为计息开始日，以2008年12月1日为计息截止日，确定计息天数，以美晨有限当初发文约定的9.71%的年利率，按计息天数支付对职工的应付利息。如职工不及时领取，自12月1日后不再就相关借款计提并支付利息。"其后，自2008年12月2日起，87名职工陆续从美晨投资足额领取了本金，从张磊处足额领取了相应利息。

就职工实际办理领款日期晚于利息截止日事项，相关职工均已出具声明及确认函，确认："美晨投资和张磊个人已按照借款时公司发文中的约定条款分别向本人足额支付本金和利息。领取利息时对利息截止日的确定本人已知悉并认可，实际领款日和计息截止日之间的差异系因本人个人原因造成领款延迟，与其他主体无关。"

综上所述，美晨投资应付87名其他职工借款利息186,322.73元均由张磊个人代为支付完毕。

（六）就上述借款过程中的相关事项的专项说明及核查情况

1. 上述借款行为是否构成非法集资、是否构成本次发行上市的实质性障碍

依据国务院办公厅于2007年7月25日《国务院办公厅关于依法惩处非法集资有关问题的通知》（国办发明电〔2007〕34号），"非法集资的主要特征：一是未经有关监管部门依法批准，违规向社会（尤其是向不特定对象）筹集资金。如未经批

准吸收社会资金。……”

参照最高人民法院刑二庭于2010年4月7日作出的《宽严相济在经济犯罪和职务犯罪案件审判中的具体贯彻》的具体说明规定,“未经社会公开宣传,在单位职工或者亲友内部针对特定对象筹集资金的,一般可以不作为非法集资”。

发行人2008年向内部职工借款行为采用公司内部发文方式,采取自愿的参与原则,借款对象均为公司内部特定职工,筹集资金用途主要为公司生产经营及相关活动,且借款对象的借款本金和对应利息均已按约定的利率并在预计使用期限内及时足额得到偿还。因此该内部借款行为属于未经社会公开宣传,在单位职工内部针对特定对象筹集资金,属于上述规定中可以不认定为非法集资的情形,不构成非法集资。

2010年9月25日,诸城市金融工作办公室出具了《关于山东美晨科技股份有限公司之2008年度内部职工集资借款事项的答复证明函》,证明:“(1)你司上述借款筹资行为不认定为非法集资行为;(2)相关的利率约定未超出中国人民银行同期贷款利率的4倍,相关利率的约定及实际支付不违反中国法律的规定。”

保荐机构认为:“(1)发行人2008年向内部职工借款采用内部发文形式,未经社会公开宣传。且借款对象为公司内部特定职工,属于在单位职工内部针对特定对象筹集资金的行为,符合相关法律法规所规定的可以不认定为非法集资的条件。因此,该借款行为不构成非法集资。(2)发行人2008年内部职工借款事项真实、合法。本次借款采取自愿原则,不存在胁迫、欺骗的情况。借款过程中利率的确定符合相关法律法规的规定,本次借款行为已经有权部门认定不属于非法集资行为,对本次发行上市不构成实质性障碍。”

发行人律师认为:“发行人之上述借款行为属于正常的民间借贷行为,不构成非法集资。并且,作为出借人的广大职工债权人已经全部获得了相应的本金和利息,上述借款行为已经全部清结,不存在争议纠纷及潜在争议纠纷,对发行人本次发行上市不构成实质性障碍。”

2. 借款利率和利息的确定依据及合理性、利率的确定是否符合相关法律规定、是否存在税收追缴情形

(1)借款利率的确定依据及合理性、是否符合相关法律规定

依据2008年3月22日发行人在总经理办公室发文中有关利率条款的约定,美晨有限向98名职工借款利率为同期银行贷款利率上浮30%,由于2008年2月中国人民银行规定的中长期贷款利率(6个月至1年,含1年)为7.47%,因此确定借款利率=7.47%×(1+30%)=9.71%。

美晨有限2008年借款的背景是公司快速发展需要补充流动资金,对资金的需求较为迫切。限于公司当时规模较小,向银行类金融机构贷款周期较长,要求较高,资金到位的时间和金额难以满足发行人快速发展的需要。在此背景下,为吸引

内部职工提供借款，在借款利率的确定时比同期银行贷款利率适当上浮30%，在职工自愿的基础上完成了借款过程，有效补充了公司资金的不足，对公司的快速发展起到了一定的促进作用。因此，该借款利率的确定是合理的。

根据最高人民法院于1991年8月13日印发的《〈关于人民法院审理借贷案件的若干意见〉的通知》[法(民)〔1991〕21号]第6条规定，"民间借贷的利率可以适当高于银行的利率，各地人民法院可根据本地区的实际情况具体掌握，但最高不得超过银行同类贷款利率的四倍(包含利率本数)。超出此限度的，超出部分的利息不予保护"。

2008年2月中国人民银行规定的中长期贷款利率(6个月至1年，含1年)为7.47%，上述借款之利率9.71%适当高于同期银行贷款利率，但未超过银行同期贷款利率的4倍。因此，上述利率的确定符合相关法律规定。

保荐机构认为："发行人2008年向内部职工借款时所约定的利率未超出中国人民银行同期贷款利率的4倍，且已严格按照约定利率偿还。因此，该借款行为过程中利率的确定虽高于同期银行贷款利率，但未超过相关法律法规有关民间借贷的利率的最高限度，符合相关法律法规的规定。"

发行人律师认为："发行人向出借款人(职工债权人)约定承诺的利率(年9.71%)高于中国人民银行的同期银行贷款利率，但未超过该同期贷款利率的4倍，相关利率的约定不违反中国法律的相关规定。"

申报会计师认为："发行人向内部职工借款约定的利率低于银行同类贷款利率的4倍，不违反相关法律法规的规定。"

(2)借款利息的确定依据及合理性

在偿付98名职工利息时，借款利息的确定过程如下：

①确定计息天数

计息开始日为职工提供借款给美晨有限，美晨有限开具收据给职工的日期。93名职工的计息截止日分两种情况：

一是11名特殊职工借款的计息截止日的确定。2008年4月9日至2008年12月1日，有8名职工从美晨有限离职，有3名职工提出还款申请，该11名职工的计息截止日均按实际偿付利息日确定。

二是87名一般职工借款的计息截止日的确定。2008年11月中旬，美晨投资通过逐级口头传达的方式，通知未办理借款清理的职工于2008年12月2日领取借款本金及利息，结清与美晨投资之间因借款形成的债权债务关系。具体计息方式如下："以职工提供借款给美晨有限当日为计息开始日，以2008年12月1日为计息截止日，确定计息天数，以美晨有限当初发文约定的9.71%的年利率，按计息天数支付对职工的应付利息。如职工不及时领取，自12月1日后不再就相关借款计提并支付利息。"该87名职工的计息截止日按上述办法确定为2008年12月1日。

在按上述办法确定计息开始日和计息截止日的基础上，计息天数按计息开始日和计息截止日之间的实际资金占用天数确定。

②确定借款利息

在确定了计息天数后，以职工实际提供借款金额为应付本金，以上述9.71%的年借款利率（1年按360日计算）为基础，确定借款利息。具体计算公式为：应付借款利息＝应付本金×（9.71%×计息天数/360）。

在确定各职工借款应支付的借款利息时，对所有职工借款采取了同样的约定利率，同时根据实际借款过程中各职工出借本金的金额和计息天数按确定的公式计算应付利息，符合借款利息确定的通常方法，保障了债权人的利益，因此借款利息的确定是合理的。

（3）是否存在税收追缴情形

在确定及实际偿付98名职工借款利息时，按照公司发文的相关条款，借款利率为同期银行贷款利率上浮30%。

《中华人民共和国企业所得税法实施条例》第38条规定，"企业在生产经营活动中发生的下列利息支出，准予扣除：（一）非金融企业向金融企业借款的利息支出、金融企业的各项存款利息支出和同业拆借利息支出、企业经批准发行债券的利息支出；（二）非金融企业向非金融企业借款的利息支出，不超过按照金融企业同期同类贷款利率计算的数额的部分"。

国税函〔2009〕777号《财政部、国家税务总局关于企业关联方利息支出税前扣除标准有关税收政策问题的通知》第2条规定"企业向除第一条规定以外的内部职工或其他人员借款的利息支出，其借款情况同时符合以下条件的，其利息支出在不超过按照金融企业同期同类贷款利率计算的数额的部分，根据税法第八条和税法实施条例第二十七条规定，准予扣除"。（①企业与个人之间的借贷是真实、合法、有效的，并且不具有非法集资目的或其他违反法律、法规的行为；②企业与个人之间签订了借款合同。）

依据上述税收法规的相关规定，发行人向内部职工的借款利息在不超过按照金融企业同期同类贷款利率计算的数额的部分可以在企业所得税前扣除，借款约定利率超过了同期同类贷款利率其超过部分将不予扣除。

由于在向职工归还借款过程中，所有应付98名职工借款利息194,190.54元中，除3名职工的部分利息1203.15元由发行人支付并在财务费用列支外，其他应付利息合计192,987.39元均由发行人实际控制人张磊个人代为支付，未在美晨有限及美晨投资作为财务费用列支。

仅从发行人角度考虑，对上述由发行人实际支付利息的3名职工的实际借款利率表（略）。

从上表可知，其实际借款利率均低于当期中国人民银行公布的7.47%的基准利率,不存在依照税法规定对上述费用的应纳税所得额的调整,不存在税收追缴情形。

保荐机构认为:"在确定及实际偿付职工利息时,利率和利息均经合理确定或计算,符合国家相关法律法规的要求。发行人已按照相关税法规定合理税前列支因支付借款利息而形成的财务费用,不存在税收追缴情形。"

发行人律师认为:"发行人实际支付利息的3名职工的实际借款利率均低于当期中国人民银行公布的7.47%的基准利率,不存在依照税法规定对上述费用的应纳税所得额的调整,不存在税务被追缴的法律风险。"

申报会计师认为:"发行人实际承担的职工借款利息的利率均低于同期银行的贷款利率,符合相关税法允许税前扣除的规定,不存在税收清缴事项。"

(七)债务转让协议签订前后的支付条款是否发生变化及影响,内部职工同意债务转让是否存在强(胁)迫的情况

1. 债务转让协议签订前后的支付条款是否发生变化及影响

(1)协议签订前的支付条款

2008年3月22日,美晨有限总经理办公室发文,并通过逐级传达方式向内部职工提出借款需求。2008年4~5月,在自愿原则基础上,98名职工将款项借与美晨有限,美晨有限向98名职工交付借款收据,依据总经理办公室所发文件的主要内容作为双方的约定,形成事实上的借贷关系,并未正式签订"借款协议"。

2010年9月20日,上述借款事项所涉及的98名职工出具了《关于美晨有限2008年借款事项的声明及确认函》,声明及确认如下:"在向公司提供借款过程中,本人未与公司签订正式借款协议,仅依据公司发文内容向公司提供借款,在借款行为发生时本人已充分知悉并认可因提供借款而形成的与公司的权利义务关系。"

根据上述事实及98名职工的确认,上述《债务转让协议》签订前,对98名内部职工的借款所形成的债务的支付条款由上述办公室发文的相关内容所确定,主要约定内容包括本金使用期限预计为1年半到2年,计息办法依照中国同期银行贷款利率上浮30%计算利息(为9.71%)。

(2)协议签订后的支付条款

《债务转让协议》中约定了如下条款,"三方同意将乙、丙双方于2008年3月的借款协议(包括丙方开具给乙方的借款收据)确定的丙方对乙方的债务转移给甲方承担,转让金额包括借款本金和本债务转让协议签订日前的按照约定计算的利息"、"根据借款协议及其附件甲方已确知丙方对乙方的所有债务,并自愿接受丙方在借款合同项下的全部权利和义务,甲方成为原借款协议的债务人"。

根据上述条款的约定,原应由美晨有限承担的对93名职工的债务在《债务转让协议》签订后,"借款协议"所确定的债务已转移至美晨投资承担,美晨投资接受

“借款合同”项下的全部权利和义务，美晨投资成为原“借款协议”的债务人。

《债务转让协议》涉及的93名职工均出具了《关于美晨有限2008年借款事项的声明及确认函》，声明及确认如下：“在本人、美晨有限、美晨投资所签订的《债务转让协议》各条款中所提及的‘2008年3月的借款协议’虽未正式签署，但本人在签订《债务转让协议》时已充分知悉该‘2008年3月的借款协议’的实质内容和约定的权利义务关系等同于公司2008年3月的公司发文相关内容和约定，不影响本人与美晨投资、美晨有限签订的《债务转让协议》的法律效力和该协议对权利义务关系的约定。美晨有限将对本人的相关债务转移至美晨投资后，美晨投资对本人债务的支付条款与《债务转让协议》签订前美晨有限对本人债务的支付条款保持一致，未发生变化，对本人的权益未造成影响。”

2010年9月20日，发行人及其实际控制人张磊夫妇共同出具了《关于山东美晨汽车部件有限公司向职工借款事项的说明和承诺》，承诺如下：“在93名职工、美晨有限、美晨投资所签订的《债务转让协议》各条款中所提及的‘2008年3月的借款协议’虽未正式签署，但美晨有限、美晨投资在签订《债务转让协议》时已充分知悉该‘2008年3月的借款协议’的实质内容和约定的权利义务关系等同于公司2008年3月的公司发文相关内容和约定，不影响《债务转让协议》的法律效力和该协议对权利义务关系的约定。美晨有限将相关债务转移至美晨投资后，对相关债权人的支付条款与向相关债权人借款时所约定的条款保持一致，对职工的权益未造成影响。”

依据上述事实、声明、承诺，上述《债务转让协议》签订后，对93名内部职工的借款所形成的债务的支付条款仍为公司发文中有关支付条款的相关内容，债务转让后，美晨投资接受公司发文中所约定的全部权利和义务，承担原美晨有限对93名职工的债务。因此，《债务转让协议》签订前后的支付条款保持一致，未发生变化，对93名职工的权益未造成影响。

保荐机构认为：“本次债务转让协议签订前后，相关债务支付条款未发生变化。在实际偿付93名职工债权时，对相关债权已按照支付条款予以足额支付，充分保障了93名职工的权益，不存在任何纠纷或潜在纠纷。”

发行人律师认为：“上述相关《债务转让协议》签订后，对93名内部职工的借款所形成的债务的支付条款仍为公司发文中有关支付条款的相关内容，债务转让后，美晨投资接受公司发文中所约定的全部权利和义务，承担原美晨有限对93名职工的债务。因此，《债务转让协议》签订前后的支付条款保持一致，未发生变化，对93名职工的权益未造成影响。”

申报会计师认为：“与原借款时约定的支付条款相比，债务转让前后的支付条款并未发生实质改变，此项债务转让协议充分保证了债权人职工的权益，不存在损害债权人的不利条款。”

2. 内部职工同意债务转让是否存在强(胁)迫的情况

美晨有限将对93名职工的债务转让给美晨投资过程中，经三方协商同意，在自愿原则基础上签订《债务转让协议》，不存在强(胁)迫的情况。

发行人及其实际控制人张磊夫妇共同出具了《关于山东美晨汽车部件有限公司向职工借款事项的说明和承诺》，承诺如下："美晨有限于2008年8月将93名职工借款及利息等债权转让给美晨投资时，以93名职工自愿为原则或经相关职工同意，不存在强迫或欺骗情形。"

93名职工出具了《关于美晨有限2008年借款事项的声明及确认函》，声明及确认如下："本人知悉并自愿同意美晨有限于2008年8月将本人借款及利息等债权转让给美晨投资，不存在强迫或欺骗情形。"

保荐机构认为："本次债务转让建立在美晨有限、美晨投资、93名职工三方主体自愿基础上，不存在强迫或胁迫情形。在签订《债务转让协议》时各方主体均已明确协议签订后应承担的权利义务。本次债务转让过程真实、合法、有效。"

发行人律师认为："债务转让协议明确约定了对职工的特别保护条款，并且相关内部职工均签字同意并确认该笔债务的转让，不存在强(胁)迫的情形。"

申报会计师认为："全体债权人均已在此项债务转让协议中签字确认同意此项债务转让协议，不存在强(胁)迫情形。"

(八)部分职工的借款利息由发行人实际控制人张磊支付是否符合协议的规定

发行人2008年借款事项共涉及职工98人，应付本金319.5万元，对应应付利息194,190.54元，应付利息分别由美晨有限和张磊个人支付完毕，其中：美晨有限支付利息1203.15元；张磊个人代为支付利息192,987.39元。

张磊个人代为支付利息192,987.39元由两部分组成：一是代美晨有限支付利息1100.28元；二是代美晨投资支付利息191,887.11元。

因98名职工向美晨有限提供借款系依据2008年3月公司发文，且提供借款的使用对象为美晨有限，公司发文中并未明确利息支付主体为发行人实际控制人张磊个人，因此在相关债务转让至美晨投资前，利息支付主体应为美晨有限，由张磊代美晨有限支付利息的行为不符合协议的规定。

美晨有限于2008年8月将93名职工的债务转让至美晨投资后，债务人变更为美晨投资。在《债务转让协议》中并未明确利息支付主体为发行人实际控制人张磊个人，因此在相关债务转让至美晨投资后，利息支付主体应为美晨投资，由张磊代美晨投资支付利息的行为不符合协议的规定。

上述张磊代美晨有限及美晨投资支付利息的行为虽不符合协议的规定，但在履行还款义务时，已按照公司发文及《债务转让协议》的相关约定足额支付了全部

98 名职工的本金及利息,充分保障了职工的权益,不存在任何纠纷或潜在纠纷。

2010 年 9 月 20 日,发行人 2008 年职工借款事项涉及的全部 98 名职工出具了《关于美晨有限 2008 年借款事项的声明及确认函》,就张磊代美晨有限及美晨投资支付利息行为声明及确认如下:"张磊代美晨投资(美晨有限)向本人偿付利息的行为对本人的权益未造成任何损害。本人确认就借款事项所形成的与美晨有限、美晨投资之间的权利义务关系均已结清,各方均不存在任何纠纷或潜在纠纷。"

2010 年 9 月 20 日,发行人实际控制人张磊、李晓楠夫妇出具了《关于山东美晨汽车部件有限公司向职工借款事项的说明和承诺》,承诺如下:"1. 在偿还相关债权人借款本金及利息过程中,张磊代美晨有限支付 5 名职工的利息共计1100. 28 元。张磊夫妇承诺该代为支付行为系张磊个人自愿行为,张磊夫妇承诺放弃因代美晨有限支付该部分利息而可能形成的对美晨有限的追索权,不因上述代支付部分利息的行为而导致与美晨科技(包括美晨有限)之间的任何债权债务纠纷或潜在纠纷。此外,该代为支付利息事项亦未对 5 名职工债权的保障造成任何影响。如因该代为支付行为而导致与 5 名职工的任何纠纷或潜在纠纷,所造成的损失与美晨科技(包括美晨有限)无关,仅由张磊夫妇与相关债权人协商解决并承担损失。2. 美晨有限将 93 名职工相关债务转让给美晨投资后,按照《债务转让协议》的约定,应由美晨投资支付 93 名职工的本金及利息,但实际操作过程中,张磊代美晨投资支付 93 名职工的利息共计 191,887. 11 元。张磊夫妇承诺该代为支付行为系张磊个人自愿行为,对 93 名职工的债权保障未造成任何影响。如因该代为支付行为而导致与 93 名职工的任何纠纷或潜在纠纷,所造成的损失与美晨科技(包括美晨有限)无关,仅由张磊夫妇与相关债权人协商解决并承担损失。"

保荐机构认为:"相关职工的借款利息由发行人实际控制人张磊代为支付虽不符合协议规定,但该事项对相关职工的权益未造成损害,对发行人的利益未构成不利影响。相关职工及张磊个人均已出具声明或承诺,对该代为支付利息事项予以认可,不存在纠纷或潜在纠纷。"

发行人律师认为:"张磊代为清偿相关职工利息债务虽不属于相关协议的约定内容,但在履行还款义务时,已按照公司发文及《债务转让协议》的相关约定足额支付了全部 98 名职工的本金及利息,充分保障了职工的权益。张磊的代偿行为符合中国法律的规定,合法有效,不存在争议纠纷及潜在争议纠纷。"

(九)假定由发行人支付内部职工借款本金和利息费用,两种方式下的会计处理对各年度经营成果的具体影响

1. 假定由发行人支付内部职工借款本金和利息费用的具体金额

假定由发行人支付内部职工借款本金和利息费用,即:(1)美晨有限根据《债务转让协议》将相关 93 名职工债务转让至美晨投资的过程,而是由美晨有限使用

职工借款至98名职工借款本金及利息实际偿付日;(2)仅由美晨有限按约定利率9.71%完全偿付对98名职工借款的本金及利息,不存在张磊代为支付部分利息的行为。美晨有限应承担本金为3,195,000.00元,应承担利息为194,190.54元,合计为3,389,190.54元。具体计算过程如下表所示。

2. 两种方式下美晨有限承担本金及利息金额的对比

单位:元

	偿付本金	偿付利息	合计
实际情况	3,195,000.00	1203.15	3,196,203.15
假设情况	3,195,000.00	194,190.54	3,389,190.54
差额	0.00	192,987.39	-192,987.39

3. 两种方式下的会计处理对各年度经营成果的具体影响

因为对职工借款的计息开始日最早为2008年4月,计息截止日最晚为2008年12月1日,因此两种方式下的会计处理仅对发行人2008年度经营成果产生影响,实际情况和假设情况下的会计处理对2008年度经营成果的具体影响主要体现在对财务费用和所得税费用的直接影响,具体影响金额如下表所示。

单位:元

	财务费用影响数	所得税费用影响数
实际情况	1203.15	180.47
假设情况	194,190.54	22,408.94
差额	192,987.39	-22,228.47

根据上表测算结果,实际情况和假设情况下的会计处理对2008年度经营成果的具体影响略。

假设此项内部职工借款按照约定利率由发行人全部承担,发行人将为此多支出财务费用192,987.39元,按照中国人民银行公布的同期贷款利率7.47%测算,发行人可以多抵减企业所得税费用22,228.47元,减少归属于母公司所有者的净利润170,758.92元,使发行人2008年度每股收益减少0.0066元。

(十)发行人对职工借款资金是否构成重大依赖、财务的独立性及是否存在偿债风险

1. 发行人对职工借款资金是否构成重大依赖

发行人向内部职工借入款项319.50万元,其中2008年4月借入297.50万元,2008年5月借入22.00万元。发行人于2008年12月1日将对美晨投资的债务转让款支付完毕,在发行人实际占有并使用借款期间(2008年4月1日至2008年11月30日)发行人各月份的现金流量情况。

假设没有发生向职工借款的事项，剔除4月份和5月份向职工借入的297.50万元、22.00万元，和发行人4～7月份偿还的借款本金及利息116,203.15元后，在2008年4月1日至2008年11月30日各月份的现金流量情况如下：

通过上述对比可以看出，在借款月份的初期，发行人的现金余额仅为598,432.38元，资金较为紧张。如果没有上述借款，发行人2008年4～9月份的资金至9月末累计形成957,241.03元的资金缺口，发行人在此期间内的生产经营对上述借款资金形成了较大的依赖。随着发行人自2008年10月起现金流状况的改善，该资金依赖情形逐步消除。

保荐机构认为："虽然在2008年4～9月期间发行人存在上述资金依赖情形，但发行人所借职工款项主要用于发展生产，客观上改善了该期间的资金状况，未对发行人造成不利影响。随着发行人于2008年12月将应支付美晨投资的相关债务转让款支付完毕，此项借款对发行人后期的资金状况已无影响，资金依赖情形已彻底消除。"

发行人律师认为："虽然在2008年4～9月期间发行人存在急需资金情形，但发行人所借职工款项主要用于发展生产，客观上改善了该期间的资金状况，未对发行人造成不利影响。随着发行人于2008年12月将应支付美晨投资的相关债务转让款支付完毕，此项借款对发行人后期的资金状况已无影响。"

申报会计师认为："在2008年4～9月期间发行人存在上述资金依赖情形，但发行人所借职工款项主要用于发展生产，客观上改善了该期间的资金状况，未对发行人造成不利影响。随着发行人于2008年12月将应支付美晨投资的相关债务转让款支付完毕，此项借款对发行人后期的资金状况已无影响，资金依赖情形已彻底消除。"

2. 发行人财务独立性的核查意见

发行人与山东美晨投资有限公司均为实际控制人张磊控制的法人企业，两家公司均依据《中华人民共和国公司法》的规定设置了独立的经营管理机构并指派了各自的经营管理人员，独立开设银行账户，单独进行纳税申报。由于美晨投资在设立后实际未从事生产经营业务，出于节省费用的考虑未单独聘请财务人员，其财务人员由发行人的人员予以兼职，发行人与美晨投资之间的财务独立性存在一定的缺陷。

保荐机构认为："虽然存在上述财务人员兼职情形，但在美晨投资存续期间，发行人与其仅存在因债务转让而形成的转让款收付交易，且交易对价的确定及支付过程清晰，债务转让各方的权利和义务均已履行完毕，财务独立性的缺陷未对发行人造成不利影响。美晨投资已于2010年5月予以注销，因上述财务独立性缺陷而可能导致的潜在不利影响因素已消除。因此，该事项对发行人财务独立未构成实质影响。"

发行人律师认为："出于节省费用的考虑，美晨投资的财务人员曾有发行人的财务人员兼职的情形，但在美晨投资存续期间，发行人与其仅存在因债务转让而形成的转让款收付交易，且交易对价的确定及支付过程清晰，债务转让各方的权利和义务均已履行完毕，该等财务人员兼职的情形未对发行人造成不利影响。鉴于美晨投资现已注销，因此，该事项对发行人财务独立不构成实质影响。”

申报会计师认为：“虽然存在财务人员兼职情形，使双方的财务独立性存在一定缺陷，但在美晨投资存续期间，发行人与其仅存在因债务转让而形成的转让款收付交易，且交易对价的确定及支付过程清晰，债务转让各方的权利和义务均已履行完毕，财务独立性的缺陷未对发行人造成不利影响。美晨投资已于2010年5月予以注销，因上述财务独立性缺陷而可能导致的潜在不利影响因素已消除。因此，该事项对发行人财务独立未构成实质影响。”

3. 发行人是否存在偿债风险的核查意见

2008年4~5月，98名职工共计向美晨有限提供借款319.5万元，根据2008年3月美晨有限公司发文及2008年8月美晨有限、美晨投资、93名职工签订的《债务转让协议》的约定条款，已由美晨有限和美晨投资足额支付了全部借款本金319.5万元，由美晨有限和张磊个人足额支付了全部应付利息194,190.54元。

保荐机构认为：“发行人2008年借款事项所涉及的98名职工的借款本金及利息已按照约定条款足额支付完毕，经发行人、发行人实际控制人、98名职工确认，不存在任何纠纷或潜在纠纷。发行人实际控制人已出具承诺，如因与美晨有限向98名职工借款319.5万元相关的事宜与相关债权人之间发生任何潜在纠纷或损失，仅由张磊夫妇与相关债权人协商解决并承担损失，与美晨科技（包括美晨有限）无关。因此，发行人不存在偿债风险。”

发行人律师认为：“发行人已经根据债务转让协议的约定，向美晨投资支付了相关的债务本金部分的债务转让借款，未实际支付相关的应付利息部分的债务（该部分利息债务实际由张磊代为进行了支付）。对此，发行人及其实际控制人张磊、李晓楠夫妇共同出具了《关于山东美晨汽车部件有限公司向职工借款事项的说明和承诺》，承诺放弃相关的追偿权。并且，该笔债权债务已经清结。因此，发行人就该笔已转让的债务以及相关的应付的利息债务不存在偿债风险。”

申报会计师认为：“因发行人已于2008年12月1日前向美晨投资偿还了债务转让协议约定的借款本金，美晨投资也已向所有借款人偿还完毕了借款本金，借款利息也均由发行人的实际控制人张磊给予支付，且张磊承诺对此项代偿利息不向发行人追索，故此项债务已全部履行完毕，发行人不存在潜在的债务追偿风险。”

（十一）98名职工借款本金及利息款项归还完毕后是否存在纠纷或潜在纠纷

发行人2008年向职工借款及还款过程中，借款过程、债务转让过程均系职工自愿或经职工同意，不存在胁迫或强迫行为，相关职工提供借款时美晨有限均开具了收据，债务转让时93名职工均在《债务转让协议》上签字确认，在领取借款本金和利息时所有职工均已在收据或本金（利息）发放明细表上签字确认。所有应付职工的本息均已按约定条款足额支付完毕。98名职工均于2010年9月20日书面出具了声明及确认函，确认已足额收取本金及利息，就借款事项所形成的与美晨有限、美晨投资之间的权利义务关系均已结清，各方均不存在任何纠纷或潜在纠纷。

保荐机构认为："美晨有限、美晨投资和张磊个人已按照借款时公司发文中的约定条款向98名职工足额支付本金和利息，因本次借款所产生的权利及义务关系已结清，不存在纠纷或潜在纠纷。"

发行人律师认为："上述职工本息债务已经因清偿得以终止，不存在可预见的争议纠纷及潜在争议纠纷。"

（十二）诸城金融办是否具备确认发行人内部职工借款不属于"非法集资"的权限并发表意见

根据中央机构编制委员会办公室于2005年3月24日颁发的《关于明确认定、查处、取缔非法集资部门职责分工的通知》（中央编办发〔2005〕10号），中国证监会2005年4月22日下发的《关于转发〈关于明确认定、查处、取缔非法集资部门职责分工的通知〉的通知》（证监办发〔2005〕15号）的相关规定（银监会负责非法集资的认定、查处和取缔及相关的组织协调工作），以及其他相关规定，对涉嫌构成非法集资行为的性质"认定"的有权机关应为银行业监管机关。

根据诸城市人民政府办公室于2010年6月30日发布的《诸城市政府办公室主要职责内部机构和人员编制规定》，作为诸城市人民政府办公室内部机构，诸城市金融工作办公室（以下简称诸城金融办）具有包括（但不限于）"组织协调有关部门防范、化解和处置地方金融风险、处理地方金融突发事件和重大事件；协调有关部门依法查处非法集资和非法证券活动"的主要工作职责。

根据诸城市人民政府办公室于2009年7月7日下发的《关于建立市处置非法集资部门联席会议制度的通知》，诸城市政府决定并建立了诸城市处置非法集资部门联席会议制度，其成员单位包括了诸城金融办、诸城银监办、诸城市公安局、诸城市工商局等18个当地部门单位。联席会议的主要职责是："负责掌握全市非法集资活动情况；提出防范和处置非法集资活动的措施建议；组织协调在处置非法集资活动中的重大问题；建立和防范非法集资活动预警机制等"。

同时，律师注意到，根据该通知的要求，诸城金融办负责人担任诸城市处置非法集资部门联席会议的"总召集人"，"联席会议办公室设在市金融办，负责联席会议日常工作"。

经调查，该联席会议没有刻制专门印章，不正式对外行文。经调查核实，2010年12月6日，诸城金融办出具了《关于2010年9月25日出具的〈证明函〉的声明确认函》。诸城金融办声明确认:该《证明函》系诸城金融办在调查核实并征询了诸城市处置非法集资部门联席会议成员单位——诸城银监办的意见后作出的。

2010 年 12 月 6 日,诸城市人民政府办公室出具了《关于诸城市处置非法集资部门联系会议制度涉及的印章事宜的证明》,其证明的主要内容:"诸城市处置非法集资联席会议办公室设在诸城市金融工作办公室,负责联席会议日常工作。诸城市处置非法集资部门联席会议没有刻制专门的印章,不正式对外行文;如涉及本地发生的非法集资事宜并且需由联席会议名义出文的,授权诸城市金融工作办公室出文并加盖诸城市金融工作办公室印章。"

综上所述,律师认为,基于上述诸城金融办的"协调、组织"职能(职责),同时作为处置非法集资部门联席会议的常设办公室,诸城市金融办有权对当地发生的涉嫌(不构成)非法集资事件出具相关的《证明函》。该《证明函》确认的相关内容真实完整、合法有效。

三、大北农:模拟持股与非法发行的区别

(一)参加股份公司模拟持股的出资资金的来源

经本所律师核查,截至 2006 年 9 月 20 日,参加股份公司模拟持股的内部员工共计 923 名,结存出资金额合计 3410.58 万元。

鉴于持有股份公司内部股份的人数较多,对于上述员工出资资金的来源,本所律师按照重要性原则履行了如下核查程序:

1. 针对持有股份公司内部股份的员工中后来成为股份公司股东的 198 名股东(合计占持有 2006 年 9 月 20 日结存内部股份金额的比例为 86%)的出资来源问题,本所律师采用了逐一核查原则,根据本所律师核查、股份公司 198 名股东出具的承诺及股份公司的说明,上述员工出资的资金来源均为其合法的自有资金,且上述资金不存在由股份公司向其提供借款或担保情形。

2. 针对其余 725 名员工(合计占持有 2006 年 9 月 20 日结存内部股份金额的比例为 14%)的出资来源问题,本所律师采用了整体核查原则,根据股份公司出具的说明,上述员工出资的资金来源均为其合法的自有资金,且上述资金不存在由股份公司向其提供借款或担保情形。另外,本所律师同时对上述员工相关年度工资收入情况进行了核查,根据股份公司提供的工资表,上述员工相关年度工资收入均超过其出资金额。上述员工具备出资能力,股份公司出具的说明具有可信性。

本所认为,参加股份公司模拟持股的出资资金的来源均为其合法的自有资金,不存在由股份公司向其提供借款或担保情形。

(二)入股股东是否全部为公司职工、是否存在向社会集资情况

根据股份公司提供的923名员工相关年度的工资单及股份公司说明,参加股份公司模拟持股的923名人员均为股份公司及所属公司的员工,不存在向社会集资的情况。

律师认为,参加股份公司模拟持股的923名人员均为股份公司及所属公司的员工,不存在向社会集资的情况。

(三)模拟持股的合法性

1. 股份公司实行模拟持股制度的目的和条件

股份公司自成立以来,积极倡导核心员工与公司共同发展的企业文化,并通过建立内部员工模拟持股制度予以落实。为此,股份公司内部员工模拟持股制度的宗旨是服从于核心员工与公司共同发展的企业文化,实施原则是严格遵守国家法律,合理确定激励人数,并对模拟持股对象资格和身份进行严格确认,将持股对象的范围严格限定在公司内部员工的范围,从而达到激励效果。

根据股份公司内部模拟制度所确定的原则,只有符合以下条件的内部员工才可以申请持有公司内部的模拟股份:(1)认同公司的企业文化并在公司工作满1年的正式职工;(2)公司总裁办成员、公司(或子公司)部门经理及以上管理干部、公司及下属各单位关键岗位的优秀员工;(3)在职期间有良好的业绩表现。

2. 股份公司的模拟持股制度与非法集资的区别

根据《国务院关于清理有偿集资活动坚决制止乱集资问题的通知》,制止和清理向出资人还本付息或支付股息、红利的有偿集资不包括依法共同组建的各类企业、公司。

根据《关于进一步打击非法集资等活动的通知》(银发〔1999〕289号)的相关规定,“非法集资”归纳起来主要有以下几种:(1)通过发行有价证券、会员卡或债务凭证等形式吸收资金;(2)对物业、地产等资产进行等份分割,通过出售其份额的处置权进行高息集资;(3)利用民间会社形式进行非法集资;(4)以签订商品经销等经济合同的形式进行非法集资;(5)以发行或变相发行彩票的形式集资;(6)利用传销或秘密串联的形式非法集资;(7)利用果园或庄园开发的形式进行非法集资。

根据《国务院办公厅关于依法惩处非法集资有关问题的通知》,“非法集资”的主要形式和特征包括:“一是未经有关监管部门依法批准,违规向社会(尤其是向不特定对象)筹集资金。如未经批准吸收社会资金;未经批准公开、非公开发行股票、债券等。二是承诺在一定期限内给予出资人货币、实物、股权等形式的投资回报。有的犯罪分子以提供种苗等形式吸收资金,承诺以收购或包销产品等方式支付回

报；有的则以商品销售的方式吸收资金，以承诺返租、回购、转让等方式给予回报。三是以合法形式掩盖非法集资目的。为掩饰其非法目的，犯罪分子往往与受害者签订合同，伪装成正常的生产经营活动，最大限度地实现其骗取资金的最终目的。”

结合上述核查情况及相关法律法规，本所律师认为，股份公司模拟持股的目的为倡导核心员工与公司共同发展的企业文化，通过建立内部员工模拟持股制度达到激励效果。模拟持股的对象仅限于股份公司职工，且有一定职务要求和业绩表现要求，模拟持股对象明确具体，由于其不具有非法占有目的及不具有向社会不特定对象集资的特点，因此，其不属于国家相关法律、法规规定的清理和制止乱集资的范畴。

本所律师认为，股份公司的模拟持股制度不违反国家当时的法律法规及规范性文件的规定。

（四）2007年委托持股清理时是否已取得相关投资人的同意、是否存在纠纷

2007年7月，邵根伙通过与委托人签订《股权转让协议》的方式解除了与委托员工之间的委托持股关系，与邵根伙存在委托持股关系的874名员工均自愿签署了《关于股份转让的声明》，说明：“因公司规范股权和改制上市的需要，本人自愿解除同邵根伙之间的委托持股关系，并将所有委托股份直接转让给邵根伙，本人就上述转让事项与邵根伙签订了股权转让协议，至此，本人不存在与集团公司（包括由集团公司变更后的股份公司）有关的任何委托或其他间接持股关系。”同时明确承诺和保证：“对上述股权转让行为不以任何理由主张权利或向受让人进行任何形式的追索；承诺和保证对上述股权转让行为也不以任何理由向集团公司及整体变更后的股份公司主张权利或进行任何形式的追索；承诺和保证不以任何理由或任何形式要求集团公司、整体变更后的股份公司、受让人承担任何法律责任。”

律师认为，在委托持股清理过程中，已经取得了相关投资者的明确同意，解除委托持股的程序合法有效，不存在任何纠纷和潜在纠纷。

【案例评析】

1. 非法发行和非法集资的案例最近几年受到了重点的关注，这颇有点与时俱进的意味，因为这两年民间借贷出的问题比较多，审核实践中对于这两个问题自然也做了更多的关注。

2. 如果要说非法发行和非法集资最直接的区别，那就是前者是拿钱入股而后者则是拿钱赚利息。一般情况下，如果员工入股的人数超过了200人，一般都会被质疑是否构成非法发行；至于非法集资并没有这么明确的标准，个人认为，如果借款的人数超过了50人，就应该做好为这个问题解释的准备。

3. 与非法发行类似的是,现有案例非法集资的问题也主要是由历史背景造成的,一般情况下也的确不会构成实质首发障碍,中介机构在解释这个问题的时候一般也会轻松一些。

4. 非法集资大体上分类主要有三种情况(1)有些案例是发行人全部向部分内部职工借款,一般不会存在问题;(2)有些案例除了向内部职工借款还要向职工的亲属借款,这个边界就不好界定了,其实,想想非法集资绝大情况下也是亲戚推荐朋友进行的;(3)还有一些案例除了股东员工亲属之外,可能还会向独立的第三方借款,这个可能就更加危险了。

5. 中介机构在非法集资问题的解释思路上,一般可以从结果上来倒推过程的合规合法性,也就是说既然发行人已经将借款及时偿还并且不存在潜在的纠纷,那么问题也就不会那么严重了。其实,在很多问题上中介机构都是采取的这样的一种解释思路,审核机构对于问题的关注也往往是结果远远重于过程。小兵个人认为这个思路是对的,结果既然已经明确有了定论,那么历史上的过程真的不是那么重要了。

6. 具体到非法集资详细的解释理由,与非法发行有着很多共通之处,不再赘述,只是有一点想再强调一次,那就是要重点关注职工借款的偿还情况、确认情况、是否存在潜在纠纷。对于在这一点的把握上,已经成功的案例都做得很出色,真正做到了事无巨细不留死角,不论有什么苦难、工作任务多么艰巨,都保证了每一个职工能够满意、每一个职工都没有异议。

7. 上述案例还是有一些比较特别的地方值得我们借鉴,尤其是美晨科技的案例非常具有代表性,现做简要总结与大家分享:

(1)长海股份:①存在将职工借款转为长期借款的情形;②由会计师出具了针对职工借款的专项审核报告;③常州市处置非法集资联席会议办公室出具了非法集资性质认定的复函,后来反馈意见问到是否具有权限,后来由江苏省的办公室重新出具了确认意见。

(2)美晨科技:①存在发行人将债务转移给投资公司(控股股东控制)的情形,并且存在实际控制人代发行人偿还借款利息的情形;②详细披露了借款协议以及债务转移的内容;③职工借款偿还存在返工的情形,有几个职工没有交代清楚后来又做了很多工作,不知道中间是不是发生了什么小的变故;④解释了职工借款及偿还是否存在被胁迫的情形;⑤解释了控股股东代发行人偿还利息是否符合协议规定、财务费用金额对发行人的影响、是否存在财务不独立的情形;⑥诸城市金融办出具了确认意见被认定没有权限,后来诸城市人民政府做了说明。

8. 最后,小兵还想与大家分享一个观点,那就是对于职工持股等涉及众多权益人的问题处理,一定要有这样的一个思路:对于企业净资产规模或者股权结构来说,或许某个职工只是几千块钱的借款或者几百股的股份,但是只要闹出事情来就是一个独立的诉求主体,就会很容易引起不必要的、很大的纠纷,那么对企业的上市进程就是一个很大的伤害。

■第三节 专利诉讼解决之道

【重要提示】

★ 在一个正常的商业社会,有交易有合作自然也就可能会有纠纷,有纠纷就有可能通过诉讼来解决,因而诉讼对于一个企业来说再正常不过,那么企业上市过程中遇到诉讼问题也正常不过。

★ 小兵个人认为,如果诉讼属于正常商业谈判和业务合作的范畴,那么只要将相关的诉讼事由解释清楚提请投资者注意就可以,不过专利和商标纠纷可能属于比较特殊的情况,因为这两种资产比较特殊一旦发生变数可能会对公司生产经营产生本质性影响,因而小兵对这两类纠纷进行专门分析。

★ 企业上市过程中关注的一般是未决诉讼,就是诉讼结果对公司的影响还不是确定的情况,当然如果已决诉讼对公司的影响是持续性的,那么也需要重点关注。

【案例情况】

一、朗科科技:与主营业务相关的专利诉讼

(一)专利被宣告无效的风险

根据《专利法》第45条,任何单位或者个人认为某项专利权的授予不符合有关规定的,可以请求专利复审委员会宣告该专利权无效。因此,在法律规定的期间内,被他人请求宣告无效系专利权存在的风险。在专利侵权民事诉讼中,被控侵权的一方会以提出请求宣告专利权无效作为诉讼中寻求有利地位的策略。因此,本公司作为以专利运营为主营业务的公司,在专利运营过程中,主动发起针对专利侵权行为的民事诉讼是正常的经营手段,被动参与专利无效请求案件也是这种经营手段带来的结果。

截至2009年9月30日,本公司共有五项专利涉及专利行政诉讼或争议,但公司构筑了完整的专利布局,第ZL99117225.6号中国发明专利"用于数据处理系统的快闪电子式外存储方法及其装置"等一系列原创性基础发明专利及其他核心技

术相关的专利均已获得授权，并共同形成闪存盘、MP3、MP4 等相关领域的核心专利和“专利池”。即使存在某一项专利有被竞争对手知悉的风险，由于公司严密的专利布局形成的“专利池”，仍可保证公司专利运营的稳定性和持续性。2002～2008 年，公司系列原创性基础发明专利在中国、中国台湾、美国等国家和地区的超过 10 次以上的无效请求及诉讼中均成功确定公司权益。目前，本公司已与Toshiba（东芝）、Kingston（金士顿）、美国 PNY、Phison（群联）等全球知名企业签订专利授权许可协议，具有较好的维权基础和丰富的专利诉讼、协商谈判经验，但公司仍然存在专利被宣告无效的风险。根据美国 TROXEL MANUFACTURING COMPANY 判例及欧洲 Unilin Beheer BV 判例，即使相关专利被无效，被许可方也无权要求专利权人退还已付的专利授权许可费，而公司专利许可收入主要来自于国外客户，适用于上述判例。但是公司专利被无效仍将对公司未来持续获得专利授权许可收入带来不利影响。

（二）发行人在大陆及海外市场进行专利申诉的案例

发行人涉及 20 宗专利诉讼或无效宣告请求案件，其中 14 宗已结案，6 宗未结案。发行人专利诉讼的目的主要有：(1)维护公司专利权合法权利，获取专利授权许可收益；(2)确定公司专利的有效性；(3)形成专利授权许可案例，为专利诉讼提供案例参考。截至本招股说明书签署日，没有不成功的案例。

发行人涉及的诉讼案件中，一部分是为了专利保护而主动提出的民事侵权诉讼案件；另一部分是为了维护专利的有效性而被动参与的案件。截至本招股说明书出具日，公司共涉及 20 宗专利诉讼或专利无效宣告请求案件，在 14 宗已结案的专利诉讼或专利无效宣告请求案件中，有 4 宗以双方和解结案，有 6 宗以对方当事人撤回请求结案，有 4 宗以维持公司专利权有效结案。在 4 宗和解结案案件中，发行人已与 PNY 签订专利授权许可协议。

（三）诉讼和仲裁情况

鉴于本公司专利运营业务性质，本公司存在诸多与公司业务相关的诉讼及仲裁事项。截至本招股说明书签署之日，发行人共涉及 7 宗尚未了结的诉讼或争议案件，其中 6 宗为专利行政诉讼或争议案件、1 宗为商标撤销纠纷案件，具体情况如下：

1. 2003 年 6 月，艾蒙系统有限公司向专利复审委请求宣告第 ZL99117225.6 号中国专利(225 专利)无效，专利复审委已于 2008 年 1 月作出审查决定，维持该专利权全部有效。晟碟以色列有限公司（艾蒙系统有限公司已更名为晟碟以色列有限公司）不服专利复审委上述审查决定，向北京中级人民法院提起行政诉讼，北京中级人民法院于 2009 年 8 月 28 日判决维持专利复审委的审查决定（维持专利权全部有效的决定）。晟碟以色列有限公司已于2009年9月29日向北京市高级人民法院提起上诉。

2. 2005年4月，王工向专利复审委请求宣告第ZL02134847.2号中国专利（847专利）无效，专利复审委已于2006年12月作出审查决定，宣告该专利权全部无效。此案经行政诉讼一审判决维持审查决定，现处于行政诉讼二审程序中，尚未作出判决。

3. 2008年7月，SanDisk Corporation向美国专利商标局请求宣告发行人第US6829672B1号美国专利无效，此案现处于审查过程中，尚未作出审查决定。

4. 2009年7月，SanDisk Corporation向美国专利商标局请求宣告发行人第US6795327B2号美国发明专利"支持多种接口的半导体存储方法及装置"无效，此案现处于审查过程中，尚未作出审查决定。

5. 2009年8月，东荣通信有限公司针对发行人第1237264号台湾发明专利"一种多功能半导体存储装置及用以启动电脑主机的方法"向台湾"经济部"智慧财产局提出举发请求，此案现处于审查过程中，尚未作出审查决定。

6. 2009年9月，蔡志雄针对发行人第1237264号台湾发明专利"一种多功能半导体存储装置及用以启动电脑主机的方法"向台湾"经济部"智慧财产局提出举发请求，此案现处于审查过程中，尚未作出审查决定。

根据相关法律规定，上述涉案专利存在最终被宣告无效的风险，但从涉案专利的数量和比例来看，截至2009年9月30日，发行人拥有已授权专利116件（另有已提出申请尚未授权的专利申请221件），其中只有5件专利涉案，占已授权专利的4.31%。

从涉案专利的重要程度来看，5件涉案专利中，属于基础性专利之一的225专利已被专利复审委作出了维持专利权全部有效的决定，且北京市第一中级人民法院一审判决维持专利复审委的决定，无效可能性较大的847专利不属于发行人的重要专利。

从可能的结果来看，属于基础性专利之一的225专利从2002年至今已经先后7次被不同的主体向专利复审委提出无效宣告请求，均未被宣告无效（其中1次尚未结案，但专利复审委已作出维持专利权全部有效的决定，且北京市第一中级人民法院已作出一审判决维持该决定；其余6次均以请求人撤回请求结案），说明该专利具有较强的稳定性。

从发行人的商业模式来看，发行人历年来在其主营业务领域内按一定布局申请了数量众多的专利，形成了交叉保护的"专利池"，且"专利池"中的专利数量今后还可能持续增加。发行人的主营产品往往同时受到"专利池"中多个专利的覆盖，只有取得全部有关专利的许可，才能合法地制造和销售相关产品，故发行人以"专利池"整体作为基础实行专利许可收费的商业模式。

在实际运营中，发行人一般是将“专利池”中数百个专利和专利申请整体地授权给被许可人并整体地收取专利许可费，不区分某个具体专利的许可费，即发行人以“专利池”整体作为基础，实行专利授权许可收费的商业模式。由于发行人的商业模式并不依赖于单个专利，个别专利被宣告无效并不改变发行人的知识产权整体状况，因而不会影响其商业模式的实施。

综上所述，发行人律师认为，即使上述的专利无效案件最终产生对发行人不利的处理结果，也不影响发行人的知识产权整体状况和商业模式，对发行人本次发行上市不构成实质性障碍。

二、圣莱达：诉讼以许可使用作为解决思路

发行人关联方的诉讼或仲裁

1. 关于 STRIX 公司第 ZL00103897.4 号发明专利“煮沸水器皿的热敏控制器”的诉讼

2004 年 10 月 20 日，STRIX 公司向北京市第二中级人民法院（以下简称北京市二中院）提起上诉，起诉宁波圣利达生产的“SLT－102”型号的热敏控制器的技术构成全面覆盖了 STRIX 公司拥有的第 ZL00103897.4 号“煮沸水器皿的热敏控制器”发明专利。

2005 年 12 月 19 日，北京市二中院下发〔2005〕二中民初字第 00013 号民事判决书，判决 STRIX 公司是“煮沸水器皿的热敏控制器”发明专利的专利权人，宁波圣利达提出的已有技术抗辩主张不成立，须立即停止制造、销售“SLT－102”型号的热敏控制器并赔偿 STRIX 公司经济损失 2 万元。

2005 年 1 月 11 日，宁波圣利达向国家知识产权局专利复审委员会提出无效宣告请求，请求专利复审委员会判定 STRIX 公司的此项发明专利无效。2005 年 9 月 19 日，国家知识产权局专利复审委员会作出第 7647 号审查决定，判决驳回宁波圣利达提出的无效宣告请求，维持 STRIX 公司的此项专利有效。

2006 年 2 月，宁波圣利达不服专利复审委员会的判决，向北京市第一中级人民法院（以下简称北京市一中院）提起行政诉讼，请求撤销专利复审委员会的第 7647 号决定。北京市一中院于 2006 年 2 月 9 日受理了此案，并于 2007 年 2 月 16 日下发〔2006〕一中行初字第 269 号行政判决书，判决撤销国家知识产权局专利复审委员会作出的第 7647 号无效宣告请求的审查决定。

同时，宁波圣利达还于 2006 年 4 月向北京市高级人民法院提出上诉，请求撤销北京市二中院的第 00013 号原审判决。北京市高级人民法院于 2006 年 4 月 10 日受理了此案，并于 2006 年 7 月 20 日下发〔2006〕高民终字第 571 号民事判决书，判决宁波圣利达关于其被控侵权产品不构成侵权的抗辩成立，撤销北京市二中院

〔2005〕二中民初字第00013号民事判决,驳回英国STRIX公司的诉讼请求。本判决为终审判决。

STRIX公司不服北京市高级人民法院〔2006〕高民终字第571号民事判决,向最高人民法院(以下简称最高院)申请再审。最高人民法院于2007年12月26日对此案进行调卷审查,并于2008年3月19日召集各方当事人进行听证。2008年4月9日,最高人民法院出具〔2007〕民三监字第51-1号《通知书》,驳回STRIX公司的再审申请。

2. 关于STRIX公司第ZL95194418.5号发明专利“用于煮沸水器皿的整体无线电气连接器和热敏过热保护控制器组件”的诉讼

2004年10月29日,STRIX公司向北京市第一中级人民法院提起上诉,起诉宁波圣利达生产的型号为SLT-101A、SLT-102的整体的无线电气连接器和热敏过热保护控制器组件的技术构成全面覆盖了STRIX公司拥有的第95194418.5号“用于煮沸水器皿的整体无线电气连接器和热敏过热保护控制器组件”发明专利。

北京市一中院于2004年11月23日受理了此案,并于2005年12月20日作出〔2004〕一中民初字第11959号判决:宁波圣利达自判决生效之日起立即停止侵权行为,自判决生效之日起10日内赔偿STRIX公司经济损失人民币200,516.00元。随后,宁波圣利达因不服北京市一中院的此项判决,向北京市高级人民法院提起上诉,请求撤销一审判决并驳回STRIX公司的全部诉讼请求。2006年4月25日,北京市高院受理了此案,并于2006年12月20日下发〔2006〕高民终字第615号民事判决书,驳回了宁波圣利达的上诉,维持原判。

自此之后,宁波圣利达于2007年6月20日向宁波市中级人民法院递交了起诉状,起诉STRIX公司的一系列不正当竞争行为给宁波圣利达造成重大的经济损失,请求判令STRIX公司及思瑞克斯(广州)电器有限公司:(1)立即停止损害宁波圣利达的商业信誉、商业声誉的行为;(2)共同赔偿因侵权给宁波圣利达造成的经济损失、商业信誉与商品声誉损失人民币500万元,及承担宁波圣利达为维权支出的各项费用50,378.35元,共计人民币5,050,378.35元;(3)在《宁波日报》、《国际商报》上刊登道歉广告,消除影响;(4)承担本案的诉讼费用。

同时,宁波圣利达因不服北京市高级人民法院的判决,向中华人民共和国最高人民法院申请再审。2008年4月9日,最高院下发〔2007〕民三监字第4-1号民事裁定书,裁定本案由最高院提审,提审期间,中止原判决的执行。

鉴于ZL00103897.4号专利诉讼案的再审请求被最高院驳回的事实,STRIX公司主动提出和解,并于2008年11月达成《调解协议》;2008年11月6日,最高人民法院依据上述《调解协议》,出具〔2008〕民提字第2号《民事调解书》。依据该调解协议和调解书,STRIX公司许可宁波圣利达包括圣莱达有限,使用ZL95194418.5号专利及其分案ZL00103897.4号和ZL200310124536.6号专利,并向国家知识产权局办理许可备案手续,许可期间直至前述专利失效为止,双方终结关于此专利的侵权及专利无效纠纷。STRIX 公司同时承诺,在任何地域内,都不会依据 ZL95194418. 号专利及其分案 ZL00103897. 4 号和 ZL200310124536. 6 号专利以及其他同族专利,针对宁波圣利达包括圣莱达有限进行投诉或者诉讼。

2010 年 2 月 22 日,国家知识产权局出具《专利实施许可合同备案证明》,对上述专利许可事宜进行了备案登记。

三、达华智能:作为原告的诉讼

本公司的重大诉讼和仲裁事项

1. 诉讼进展情况

2009 年,蔡小如以及本公司发现市场上有其他企业生产、销售与本公司外观设计相同的侵权产品。经过调查发现深圳市德健电子有限公司生产的产品与本公司外观设计专利的外观图形相同,且于 2009 年 4 月 28 日至 2009 年 4 月 30 日在北京举行的第十二届中国国际智能卡博览会上布展和发放涉及本公司专利的产品宣传图册;而中山市高捷智能科技有限公司销售了与本公司外观设计专利的外观图形相同的产品,本公司及其控股股东的行为已构成对本公司的侵权。2009 年 6 月 3 日,本公司及其控股股东蔡小如作为原告,就被告中山市高捷智能科技有限公司和深圳市德健电子有限公司侵犯原告外观设计专利权(专利号为:ZL200630177059. 4、ZL200630177072. X、ZL200630177054. 1 及 ZL200630177071. 5)行为,共同向中山市中级人民法院提起诉讼,诉讼请求为:请求判定被告停止侵犯原告专利权的制造、销售侵权产品的行为;请求判令被告赔偿原告经济损失合计人民币 120 万元,包括原告支出的与本案相关的调查取证费、代理费等合理费用;请求判令被告承担全部诉讼费用。

2009 年 10 月 30 日,广东省中山市中级人民法院出具《传票》,通知本公司及其控股股东开庭审议前述专利诉讼。

2009 年 11 月 12 日,被告深圳市德健电子有限公司向广东省中山市中级人民法院提交《管辖异议申请书》,请求广东省中山市中级人民法院将前述专利诉讼案件移送深圳市中级人民法院审议。

2009 年 11 月 23 日,广东省中山市中级人民法院出具《民事裁定书》(〔2009〕中中法民三初字第 64 - 4 号、〔2009〕中中法民三初字第 65 - 4 号、〔2009〕中中法民三初字第 66 - 4 号、〔2009〕中中法民三初字第 67 - 4 号),裁定驳回被告深圳市德健电子有限公司对管辖权提出的异议。

2009 年 12 月 18 日,被告深圳市德健电子有限公司向广东省高级人民法院提交《民事上诉状》,不服中山市中级人民法院〔2009〕中中法民三初字第 64 - 4 号民事裁定书,请求广东省高级人民法院撤销中山市中级人民法院作出的裁定,将前述专利诉讼案件移送深圳市中级人民法院审理。

2010年6月10日及2010年6月12日,广东省高级人民法院分别出具《民事裁定书》(〔2010〕粤高法立民终字第92号、〔2010〕粤高法立民终字第93号、〔2010〕粤高法立民终字第94号及〔2010〕粤高法立民终字第95号),裁定驳回上诉,维持原审裁定。

截至目前,广东省中山市中级人民法院尚未就前述案件作出判决。

2. 该诉讼涉及专利在发行人业务中的地位

涉及诉讼的四种外观设计专利(专利号为:ZL200630177059.4、ZL200630177072.X、ZL200630177054.1及ZL200630177071.5)主要应用于生产钥匙扣卡,2007年、2008年、2009年涉及诉讼专利应用的产品销售量分别为:46.98万只、144.99万只、92.53万只,占当年所销售RFID标签卡数量的比重分别为:0.68%、1.23%、0.83%,2007年、2008年、2009年涉及诉讼专利应用的产品销售额分别为:83.03万元、186.14万元、99.32万元,占当年销售收入的比重分别为:0.57%、0.78%、0.40%。

保荐机构认为,发行人为前述诉讼的原告,为维护自身合法权益而依法起诉被告。前述诉讼涉及的专利均为外观设计专利,不涉及发行人核心技术和商业秘密;涉及诉讼专利应用的产品销售量占当年所销售RFID标签卡数量的比重很小,涉及诉讼专利应用的产品销售额占当年销售收入的比重很小,对发行人业务不具有重大影响,且前述诉讼系发行人及其控股股东为维护发行人合法权益而依法主张,对发行人财务状况以及经营成果不会产生重大不利影响。因此,该诉讼不会影响发行人本次发行上市。

发行人律师认为,发行人前述涉诉专利均为外观设计专利,不涉及发行人的核心技术和商业秘密,对发行人业务不具有重大影响,且前述诉讼系发行人及其控股股东为维护发行人合法权益而依法主张,该等诉讼不会导致发行人资产及经营成果产生重大不利变化,不会影响发行人本次发行上市。

四、金达威:境外诉讼的典型案例

(一)日本Kaneka公司起诉公司专利侵权

1. 案件情况的说明

根据公开资料,美国时间2011年3月22日,Kaneka Corporation(以下简称日本Kaneka公司)在美国加州中央区地方法院对ZHEJIANG MEDICINE CO.,LTD.,(浙江医药股份有限公司)、ZMC - USA(浙江医药股份有限公司美国公司)、XIAMEN KINGDOMWAY GROUP COMPANY(厦门金达威集团股份有限公司)、PACIFIC RAINBOW INTERNATIONAL INC.、MITSUBISHI GAS CHEMICAL COMPANY,INC.(日本三菱气体株式会社)、MAYPRO INDUSTRIES,INC.、SHENZHOU BIOLOGY&TECHNOLOGY CO.,LTD.(神舟生物技术有限公司,中国)提起诉讼。2011年6月15日,公司收到了上述诉讼的正式起诉状。公司还获悉日本Kaneka公司近期在法国针对公司也提起了相同的诉讼。

原告方日本Kaneka公司是一家在日本注册的公司,主要从事化工专业,其经营内容包括用于塑料的改良剂、泡沫塑料、医疗器械、高分子材料、电子材料、改良丙烯腈纤维、食品和生物工程等领域。

据专利封面页显示,美国时间2011年3月22日,美国专利局颁发了专利号为US7,910,340B2的美国专利(以下简称340号专利)。该专利名称为“一种关于辅酶Q10的制备方法”(以下简称辅酶Q10)(“Processes for Producing Coenzyme Q10”)。据专利封面页显示,该专利被转让给了日本Kaneka公司。

美国时间2011年3月22日,即340号专利颁发当日,日本Kaneka公司即向美国加州中央区地方法院提起诉讼。据起诉书称,日本Kaneka公司获得金达威公司生产的辅酶Q10的样品。同样据起诉书称,基于对该样品的实验室分析和金达威的网站资料,日本Kaneka公司认为340号专利的一条或多条权利声明覆盖了金达威生产辅酶Q10所使用的方法。日本Kaneka公司的诉讼请求为:上述被告公司侵犯了340号专利一项或多项权利;其侵权行为为故意的;临时及永久性禁止上述公司及代理机构再行侵权;并对日本Kaneka公司予以不少于合理许可使用费的赔偿,及故意侵权的三倍赔偿,等等。

2011年6月17日,日本Kaneka公司针对上述公司,向美国国际贸易委员会申请启动违反修订的1930年《关税法》第337节和美国联邦法典第19章第1337节的调查。日本Kaneka公司申请委员会作出禁止上述公司辅酶Q10产品进入美国市场的排除令。

2011年8月3日,美国加州中央区地方法院作出关于国际贸易委员会调查期间中止审理的命令:各方之间的所有地区法院程序暂停,等待国际贸易委员会No. 337 - TA - 790号调查作出最终裁决。

2. 同行业公司关于辅酶Q10产品相关专利情况及发行人对其辅酶Q10产品核心技术的拥有情况

(1)2011年4月9日,经向国家知识产权局的专利信息服务试验系统检索“COENZYME Q10”,共得912条结果,从中筛选有关生产、制备、发酵、菌种、工艺等内容的专利共262份,其中中国专利40份、欧洲专利21份、美国专利24份、世界专利25份、日本专利93份、韩国专利15份等。

中国国内同行业辅酶Q10生产企业目前均尚未在国外申请关于辅酶Q10生产的专利。日本Kaneka公司分别在中国申请了10项专利,在欧洲申请了14项专利，在美国申请了9项专利。日本Kaneka公司在中国申请的专利情况如下：

序号	申请号	专利名称
1	20028014135.0	生产具有优异处理性质的还原型辅酶 Q_{10} 晶体的方法
2	20028014136.9	利用防氧化效果高的溶剂生产还原型辅酶 Q_{10} 的方法
3	20028017398	还原型辅酶 Q_{10} 在水溶液中结晶的方法
4	20028017399.6	生产辅酶 Q_{10} 的细菌菌种及生产辅酶 Q_{10} 的方法
5	20028017400.3	还原型辅酶 Q_{10} 的制备方法
6	20028024009.X	还原型辅酶 Q_{10} 的稳定方法
7	20028026241.7	辅酶 Q_{10} 的制备方法
8	200510083348.2	制备还原型辅酶 Q_{10} 油性产物的方法
9	200880114144.2	使用含水有机溶剂制备还原型辅酶 Q_{10} 的方法
10	200910266328.7	利用防氧化效果高的溶剂生产还原型辅酶 Q_{10} 的方法

同时，日本三菱气体株式会社、日本协和发酵株式会社等关于辅酶Q10的生产在日本也申请了有关专利，最早的可以追溯到1978年；其他公司如帝斯曼、巴斯夫等公司关于辅酶Q10的生产在欧洲、美国等也申请了有关专利。从上述专利申请情况可以看出，辅酶Q10作为一种成熟产品，研究人员对其机理和生产工艺已经进行了深入研究，发明了多种类型的菌种和不同的产品工艺，取得了各种殊途同归的成果。

（2）发行人已建立了以自我创新为主，产学研相结合的技术创新体制。福建师范大学工业微生物教育部工程研究中心在我国工业微生物领域具有重要地位，发行人与其在发行人技术中心共同建设了“金达威微生物工程研究所”。发行人于2005年开始就与福建师范大学联合对“微生物发酵法生产辅酶Q10项目”进行了科研攻关研究，于2009年历经四年才完成，并于2009年7月通过了厦门市科技局的科技成果鉴定（厦科鉴字〔2009〕第102号）。鉴定报告中明确项目取得以下成果：①从福州西湖池塘中采集淤泥，并成功分离及选育了高产辅酶Q10菌种，可形成具有自主知识产权的科技成果；②建立了高效生产辅酶Q10的发酵工艺，实现了辅酶Q10120立方米发酵罐大规模发酵生产；③建立了辅酶Q10提取制备的整套工艺；④构建了可产辅酶Q10的工程菌。综上所述，该项目成果选育了辅酶Q10高产菌株，建立了发酵生产辅酶Q10的工艺技术，产率达到国际先进水平。该项目鉴定委员会主任为浙江工业大学原校长、中国工程院院士沈寅初教授，鉴定委员会副主任为江南大学原校长陶文沂教授，鉴定委员会委员为华南理工大学发酵工程专业郭勇教授以及厦门大学微生物专业刘月英教授等。

同时，发行人对上述辅酶Q10生产工艺已于2010年10月~2011年3月在国家知识产权局申请了有关发明专利，专利名称为“一种辅酶Q10生产的固料母种发酵培养的方法”、“一种辅酶Q10工业化生产方法”和“一种辅酶Q10层析硅胶的在线再生方法”，目前上述专利正在实质审查过程中。

3. 公司产品不构成侵权

公司对辅酶Q10产品生产的核心技术拥有自主知识产权,已申请了相关专利,并经过国家有关部门的科技鉴定;公司辅酶Q10产品所采用的生产菌种、发酵产物和工业化生产工艺技术与“340号专利”所述的生产菌种、发酵产物和工业化生产工艺技术不同,不构成侵权。

根据福建省生物化学学会于2011年4月13日出具的《厦门金达威集团股份有限公司氧化型辅酶Q10生产技术工艺考察与评价报告》,发行人之子公司内蒙古金达威生产的辅酶Q10产品,其菌种、菌种发酵产物和生产技术工艺与美国340号专利不同,具体如下:

(1)生产菌种不同

内蒙古金达威辅酶Q10产品生产所采用的菌种是类球红细菌(Rhodobacter sphaeroides)FJNUGWJ-86,具有自主知识产权。美国340专利说明书中所列举的菌种没有涉及Rhodobacter sphaeroides。

(2)菌种发酵产物不同

内蒙古金达威的生产菌种Rhodobacter sphaeroides FJNUGWJ-86发酵直接生成氧化型辅酶Q10。美国340号专利所述的发酵产物是以还原型辅酶Q10为主(得到还原型辅酶Q10的含量比率为全部辅酶Q10的70%摩尔或70%摩尔以上),而不是氧化型辅酶Q10。氧化型辅酶Q10与还原型辅酶Q10是两个化学结构不同的化合物,其分子式、结构式、CAS(美国化学文摘)登记号等都不同。

(3)生产工艺不同

美国340号专利所述辅酶Q10的生产技术工艺是在氮气保护下,通过发酵技术得到还原型辅酶Q10,而后将还原型辅酶Q10进行氧化,获得氧化型辅酶Q10。内蒙古氧化型辅酶Q10的生产工艺是发酵主产物氧化型辅酶Q10经过萃取、工业色谱和结晶技术获得纯度99%以上的氧化型辅酶Q10成品。

4. 公司以及国内相关企业正在积极应诉

(1)公司作为目前国内辅酶Q10产品出口最大的企业之一,将尽到企业和行业应尽的责任,积极应对日本Kaneka公司的本次诉讼。公司已聘请美国和中国律师,正在做相应的前期法律准备,积极进行应诉相关工作,积极应对日本Kaneka公司的本次337调查申请,并将对应诉事项在专业网站上进行公告。公司必将全力以赴保护自己的权益,并有信心努力争取对我方有利的结果。

(2)根据公开资料,2011年3月22日,浙江医药和浙江医药美国公司已经在美国南德州休斯敦地方法院和哥伦比亚特区地方法院同时起诉日本Kaneka公司,要求法院裁定340号专利无效;并裁决原告没有侵犯专利等。同时浙江医药2011年3月29日在专业网站公开申明:“浙江医药将证明,这项专利(340号专利)并未对现有技术提出改进,并且商业规模生产在经济上无可行性,因此该专利(340号专利)无效或无法执行。同时浙江医药要求日本Kaneka公司提出证据证明其专利的有效性和可执行性。”

(3)发行人已分别聘请美国和中国律师,正在做相应的前期法律准备,积极应对日本Kaneka公司提出的本次337调查申请。根据国家商务部进出口公平贸易局的《美国337调查应诉指南与案例》,截至2008年年底,在已经审结632起案件中,违反337条款的只有143起,近80%的案件并不侵权,更有超过80%以上的案件以和解、撤诉或被申请人胜诉了结。

(4)美国AGILITY1P LAW律师事务所David Caine先生就上述337调查出具了如下书面的法律意见:①在337调查程序中,国际贸易委员会在选择救济的形式、范围和程度上具有广泛的裁决权,针对侵权产品的有限排除令是委员会可能采取的救济方式之一;②根据《美国国际贸易委员会规则》第210.21(a)(2)项,基于和解、许可或其他协议,包括同意提交仲裁的协议或同意令,任何一方可以在任何时间申请终止对任何或所有调查对象的全部或部分调查。“公共利益赞成和解,以避免不必要的诉讼和保护公共及个人资源”。根据美国《美国国际贸易委员会规则》第210.21(b)(2)项,通过和解终止争议不构成违反1930年《关税法案》第337节之规定。

5. 本次诉讼对公司生产经营可能产生的影响

(1)根据案例资料统计,美国加州中央区地方法院的专利诉讼从提交诉状到开庭审理约需两年左右,而到审理完毕并判决生效,则需更长的时间。目前,诉讼工作尚未全面展开,我们将全力以赴争取把此案对公司生产经营的影响减到最小。

(2)公司目前辅酶Q10产品的生产经营情况正常。

(3)在此案正式结案并判决生效之前,公司辅酶Q10产品出口美国市场受此影响的可能性很小。

(4)若本次诉讼公司最终胜诉,则该案件对公司涉及的辅酶Q10产品生产经营及出口美国市场将会有较大的促进作用。

若本次诉讼公司最终败诉,由于专利生效前不涉及侵权与赔偿,公司报告期内的业绩不受影响;公司将自该专利生效之日(2011年3月22日)起向日本Kaneka公司支付合理许可使用费;公司支付合理许可使用费后,公司辅酶Q10产品仍然可以出口美国市场;专利诉讼通常采取双方和解的方式;对于诉讼请求中故意侵权的三倍赔偿(也自专利生效之日起至达成协议之日止,按日本Kaneka公司实际受到的损害计),公司控股股东和实际控制人金达威投资和江斌先生出具《承诺函》,承诺愿全额承担上述赔偿。

在337调查程序中,委员会在选择救济的形式、范围和程度上具有广泛的裁决权。针对侵权产品的有限排除令是委员会可能采取的救济方式之一。根据《美国国际贸易委员会规则》第210.21(a)(2)项,基于和解、许可或其他协议,包括同意提交仲裁的协议或同意令，任何一方可以在任何时间申请终止对任何或所有调查对象的全部或部分调查。“公共利益赞成和解，以避免不必要的诉讼和保护公共及个人资源”。根据美国《美国国际贸易委员会规则》第210.21(b)(2)项，通过和解终止争议不构成违反1930年《关税法案》第337节之规定。

公司VA、VD3等其他主要产品以及DHA、ARA等新产品对公司业绩贡献占比持续增加，且产品市场前景广阔，发展势头良好，能确保公司保持持续稳定的经营和发展。

(二)2010年8月13日，原告成都市宇通工业设备安装工程有限公司起诉被告本公司、北京挑战农业科技有限公司和禚飞

诉讼请求包括判令三被告按出资比例支付原告工程款本金93.03万元，并从结算之日起按银行贷款利率支付资金利息；判令三被告按出资比例支付原告垫付的工程结算审计费1.44万元；诉讼费用及实现债权的费用由被告承担。案件内容是2007年6月6日，原告与原内蒙古金达威挑战生物有限公司签订工程施工合同，并于2008年7月7日办理结算，工程结算总价款315.03万元，内蒙古挑战已支付222.01万元，结算时尚欠原告工程款93.03万元，以及工程结算审计费用1.44万元。

2011年1月7日，内蒙古自治区托克托县人民法院出具民事调解书(〔2010〕托民初字第373号)，经法院主持调解，双方当事人达成如下协议：被告厦门金达威集团股份有限公司、北京挑战农业科技有限公司和禚飞于2011年1月14日前一次性给付原告50万元；双方当事人再无其他争议；案件受理费由原告负担。截至2011年1月14日上述款项已支付完毕。

2011年1月14日，金达威投资及江斌出具《承诺函》：若在内蒙古挑战解散清算结束后，贵公司因内蒙古挑战之债权人向内蒙古挑战主张债权而导致贵公司遭受经济损失，本人及本公司作为贵公司的实际控制人和控股股东，愿意对贵公司的上述经济损失(包括主债权及可能产生的利息、违约金、损害赔偿金和实现债权的费用等)进行等额补偿，以保护贵公司及其他中小股东的利益。

五、道明光学：控股股东的诉讼对发行人的影响

(一)美国3M公司与道明投资专利侵权诉讼进展情况

2008年8月，美国3M公司向上海市第二中级人民法院提起诉讼，诉称道明投资生产的DM1991、DM1992荧光阻燃警示带以及使用了前述荧光阻燃警示带的反光衣侵犯了其在中国享有的发明专利“逆反射制品及其制造方法”(专利号为：ZL95193042.7)，要求停止侵权行为并赔偿50万元人民币。

道明投资应用于生产DM1991、DM1992的荧光阻燃警示带的产品专利已于2005年10月获得中华人民共和国国家知识产权局授权专利,专利名称为“一次成型反光标志带”(专利号为:ZL200420037485.3)。

应诉后,道明投资向上海市第二中级人民法院提出管辖异议,申请将案件移送被告所在地人民法院管辖,上海市第二中级人民法院未支持道明投资的申请,因此该案件仍继续由上海市第二中级人民法院审理。此后,道明投资向中华人民共和国国家知识产权局专利复审委员会提交了宣告美国3M公司拥有的专利“逆反射制品及其制造方法”(专利号为:ZL95193042.7)无效的申请。中华人民共和国国家知识产权局专利复审委员会受理该申请后,上海市第二中级人民法院作出美国3M公司诉道明投资专利侵权诉讼中止审理的决定。2011年1月21日,中华人民共和国国家知识产权局专利复审委员会作出《无效宣告请求审查决定》(第15959号),维持美国3M公司“逆反射制品及其制造方法”(专利号为:95193042.7)专利有效的决定。

上海市第二中级人民法院于2011年4月21日作出〔2008〕沪二中民五(知)初字第262号《民事判决书》,判令道明投资停止侵害美国3M公司享有的名称为“逆反射制品及其制造方法”(专利号为:ZL95193042.7)的行为,并赔偿3M公司包括合理费用在内的经济损失人民币25万元,驳回了美国3M公司的其余诉讼请求。

道明投资不服该判决,认为一审法院审理程序违法,判决认定缺乏事实依据,并且适用法律错误。因此,道明投资在法定期限内向上海市第二中级人民法院递交了上诉状,上诉至上海市高级人民法院。目前本案尚在二审审理阶段。

2007年12月,道明投资将与反光材料有关的有效性经营资产作价发起设立发行人。发行人设立后,道明投资与发行人签订《专利权转让协议书》,道明投资将所有包括该专利权在内的知识产权相关权利转让与发行人。

(二)3M中国有限公司与发行人间关于宣告专利无效的情况说明

2009年2月16日,3M中国有限公司向中华人民共和国国家知识产权局专利复审委员会提交了宣告发行人拥有的专利“一次成型反光标志带”(专利号为:ZL200420037485.3)无效的申请。

2009年8月31日,中华人民共和国国家知识产权局专利复审委员会作出《无效宣告请求审查决定》(第13853号),宣告“一次成型反光标志带”(专利号为:ZL200420037485.3)实用新型专利的权利要求1、2无效,在权利要求3的基础上维持该专利有效。

2010年2月2日,3M中国有限公司公司不服《无效宣告请求审查决定》(第13853号),向北京市第一中级人民法院提起行政诉讼,要求撤销该审查决定。在案件审理期间,3M公司主动撤诉,2010年3月14日,北京市第一中级人民法院作出〔2010〕一中知行初字第559号《行政裁定书》,同意美国3M中限公司撤诉。

此后,3M中国有限公司再次向中华人民共和国国家知识产权局专利复审委员会提交了宣告一次成型反光标志带无效的申请。2010年12月28日,中华人民共和国国家知识产权局专利复审委员会作出《无效宣告请求审查决定》(第15872号),宣告“一次成型反光标志带”(专利号为:ZL200420037485.3)实用新型专利无效。

(三)发行人可能承担的法律责任及对发行人的影响

3M在中国拥有的名为“逆反射制品及其制造方法”的专利并不是针对全部逆反射制品及其制造方法,而只是针对涉及专利要求的以特殊制备方式生产的具有特殊表面特征的反光制品。这种反光制品的表面能够在日间表现出两种截然不同的颜色,专利对于颜色的种类以及色带的长、宽等细节均作出了相应的规定,因此这种反光制品对于基于逆反射原理制造而成的种类繁多、功用各异的反光材料而言,只是其中非常特殊的一小类,其应用领域特殊,使用范围狭窄,是一种定制化的反光制品。

虽然发行人并非本案的诉讼主体,但鉴于发行人受让了道明投资相关技术,其中包括荧光阻燃警示带的应用技术,因此发行人已经于2011年度开始停止涉案产品的生产。经核查,DM1991、DM1992荧光阻燃警示带亦非发行人主营产品,2008年度、2009年度、2010年度发行人涉及上述产品的销售额分别为204,174.07元、469,221.84元、736,146.22元,分别占当年营业收入0.82‰、2.05‰、2.25‰。销售额占公司营业收入的比重极小,停止生产、销售该类产品并不会影响发行人正常的生产经营。此外,发行人也不再运用诉讼涉及的在受支撑的微珠体上选择性地涂覆一层反射性金属层,使得微珠体层的一部分具有功能性地涂覆于气候的反射性金属层面而其他部分则没有的方式生产反光材料及产品。发行人从生产方式和产品两方面对于3M诉讼相关事宜都做到严格禁止,因此发行人的产品和生产方式不存在与上述3M诉讼相类似的侵权情况发生的可能性。

发行人实际控制人胡智彪、胡智雄于2011年3月19日作出如下承诺:若因美国3M公司诉浙江道明投资有限公司专利侵权诉讼导致法院判决其承担侵权赔偿金及相关费用,本人作为公司实际控制人之一将连带代为承担全部赔偿责任及相关费用。

(四)核查意见

保荐机构、发行人律师经核查后认为:本次判决结果的诉讼主体及责任承担方系道明投资,涉及赔偿金额亦较小,并且发行人的实际控制人承诺连带承担与前述诉讼有关的全部赔偿责任及相关费用,不牵涉到发行人。发行人虽然受让了道明投资DM1991、DM1992荧光阻燃警示带的应用技术，但其销售额占发行人营业收入的比重极小，停止生产、销售该类产品不会影响发行人正常的生产经营，不会对发行人的持续经营造成实质性的损害或重大不利影响。该诉讼纠纷不会对发行人本次发行股票并上市构成实质性障碍。

六、北玻股份：专利诉讼对出口的影响

（一）英国专利案

原告Tamglass公司以其在欧洲的0261611号有关玻璃弯曲钢化机器和方法的发明专利技术遭到侵犯为由，在英国高等法院对第一被告发行人和第二被告Novaglaze公司提起诉讼（简称英国专利案）。2004年10月13日，发行人收到起诉材料并进行答辩，2006年2月15日，英国高等法院作出判决：原告应在收到两被告提供的“声明”（主要是对侵权收益及花费的确认）后4周内，在“损失预计赔偿”与“利润计算赔偿”中做出选择，以确定赔偿数额。同时，两被告应于2006年3月1日之前共同支付原告诉讼过程中发生的费用25万英镑。此后，发行人以及第二被告均未提起上诉，且发行人向原告提交了计算损失的资料，但原告并未在法院判决要求的4周内就赔偿方式进行选择，两被告也均未支付25万英镑的诉讼费用。

针对英国专利案，原告于2010年单方面致函发行人要求索赔10,044,289.65英镑，其中损失赔偿及费用合计9,930,847.65英镑、诉讼费用利息113,442英镑。保荐机构及发行人律师经核查后认为：原告单方面直接向发行人发函提出的索赔要求，违反我国《民事诉讼法》中有关涉外民事诉讼程序的特别规定，无任何法律依据，不具有法律效力，对发行人的生产经营不构成风险和影响。

（二）加拿大专利案

2011年3月10日发行人子公司上海北玻收到加拿大联邦法院寄送的加拿大诉讼案件判决书，加拿大联邦法院于2010年11月26日对Glaston公司（原告，由Tamglass公司于2007年7月更名）起诉Horizon Glass和Mirror公司（被告）和上海北玻（被告）侵犯其在加拿大的专利号为1308257号“弯曲及强化玻璃板的方法及器材”和2146628号“弯曲及强化玻璃板工作站”的专利权案件（以下简称加拿大专利案）作出缺席判决：（1）特此声明上海北玻侵犯了Glaston的257号专利和628专利；（2）还特此声明Horizon Glass侵犯了257号专利；（3）特此发出禁止令，禁止上海北玻以任何方式出售侵权设备到加拿大；（4）鉴于上海北玻对侵权负有责任并导致Horizon Glass侵权，由于侵权造成的损失将由法院首席书记确定；（5）费用将判给Glaston，金额为Ⅳ栏较高数额，判予第一和第二审判律师以津贴。

(三)专利案对发行人的影响

加拿大专利案与英国专利案(简称两境外专利案)对发行人最大的影响就是不能在 Tamglass 公司拥有的欧洲专利(专利号:0261611)和两个加拿大专利(专利号:1308257 和 2146628)有效期内(0261611 号专利已于 2007 年 9 月到期失效、1308257 号专利已于 2009 年 10 月 6 日到期失效、2146628 号专利有效期至 2015 年 4 月 7 日)向英国和加拿大销售所谓的侵权设备。英国专利案"赔偿损失"因洛阳北玻销售该台设备未盈利,原告也无法向法院举证该台设备给其造成的损失,因而也就未对赔偿方式做出选择也未向中国法院申请执行,公司可能承担的损失主要是诉讼费用 25 万英镑及其利息。加拿大专利案法院虽未明确具体的赔偿数额,但比照英国专利案,发行人利用涉案技术生产出口到加拿大的设备只有涉案设备一台,因此发行人可能承担的损失最高也即该台设备的全部盈利,最高不超过 18 万美元;原告支付的律师费预计也不会高于英国专利案的 25 万英镑。

根据《最高人民法院关于适用〈中华人民共和国民事诉讼法〉若干问题的意见》第 318 条:"当事人向中华人民共和国有管辖权的中级人民法院申请承认和执行外国法院作出的发生法律效力的判决、裁定的,如果该法院所在国与中华人民共和国没有缔结或者共同参加国际条约,也没有互惠关系的,当事人可以向人民法院起诉,由有管辖权的人民法院作出判决,予以执行。"第 319 条:"与我国没有司法协助协议又无互惠关系的国家的法院,未通过外交途径,直接请求我国法院司法协助的,我国法院应予退回,并说明理由。"经核查,截至本补充法律意见书出具日,中国与加拿大未签署任何有关民事方面司法协助的双边协议,也没有任何相关的国际条约、互惠待遇,因此加拿大联邦法院的判决不能在中国得到承认和执行。

另经进一步核查,加拿大专利案涉案设备于 2005 年 10 月销往加拿大,售价 405,000 美元。自 2006 年 2 月英国专利案判决后,涉案技术即已被淘汰使用,因此禁止销售侵权设备对发行人未来生产经营无影响,同时,自 2008 年 1 月 1 日起至今,上海北玻及发行人向加拿大销售的设备只有一台(与涉案技术无关),销售收入 157 万元人民币,仅占发行人报告期营业收入总额的 0.08%。因此,加拿大市场在发行人的销售市场中比重极低,即使因加拿大专利案而使上海北玻乃至发行人完全失去加拿大市场,发行人因此遭受的生产经营损失也是极其有限的。因此,加拿大法院判决对发行人未来生产经营不构成实质影响。而且,经专业权威机构认定发行人涉案设备所使用的技术与原告在英国、加拿大申请的专利技术有本质性的区别,不存在侵权行为。

(四)应对措施

虽然英国、加拿大法院的判决不能得到中国法院的承认和执行,但出于谨慎性考虑，公司对两境外专利案可能给公司带来的损失计提预计负债800万元。

涉案技术不是发行人的核心技术，发行人自2006年英国专利案判决后，已经研发出更加优良的技术替代了涉案技术，涉案技术已经被淘汰；上述案件未对公司钢化设备的出口产生影响，公司自2003年至2011年6月底累计出口钢化设备448台，涉及专利案的只有2台，占公司出口设备数量的比例很小，公司钢化设备出口业务在英国专利案发生后仍保持较大幅度的增长。公司目前对英国、加拿大等英联邦国家出口产品均采取FOB（离岸）价格，保证了公司的利益不会因该案件受到损害。而且报告期内向英国和加拿大销售的设备只有2台，仅占报告期钢化设备销售数量的0.2%，即使发行人失去英国和加拿大市场，对发行人的生产经营也不会构成影响。

此外，发行人控股股东高学明先生对加拿大专利案和英国专利案（下称两境外专利案）作出承诺："自本承诺签署之日起，任何由两境外专利案给洛阳北玻及其控股子公司造成的直接经济损失均由本人负责以现金方式足额补偿，上述直接经济损失包括但不限于：(1)洛阳北玻及其控股子公司履行两境外专利案判决的支出、迟延履行金、罚款等；(2)洛阳北玻及其控股子公司的资产因两境外专利案而被扣押、查封及由此造成的损失；(3)因履行两境外专利案判决而给洛阳北玻及其控股子公司造成的其他损失。排除洛阳北玻及其控股子公司、洛阳北玻其他股东与上述损失有关的一切风险。"

七、永贵电器：法院对涉诉专利的销售业绩委托专业机构审计

（一）专利侵权诉讼风险

由于本行业技术壁垒较高，下游客户对技术认证要求较为严格，因此，业内存在利用诉讼或仲裁来限制竞争对手的市场销售从而打击竞争对手，以及为了防止竞争对手恶意损害自身利益，利用诉讼或仲裁来保护自身经济利益的现象。本公司同样存在上述诉讼风险，2011年4月20日，永贵电器收到北京市第一中级人民法院出具的〔2011〕一中民初字第6050号《民事应诉通知书》，哈廷电子有限公司及两合公司（下称哈廷公司）以本公司侵害其"固定框架"（专利号为：ZL98105325）的专利为案由向北京市第一中级人民法院提起诉讼。本诉讼已经于2011年10月27日组织了首次开庭，并于2011年12月7日组织了第二次开庭。法庭组织原被告双方进行了多次调解。目前双方已就和解协议条款和补偿价格达成了初步意向，正式的和解协议尚在确定过程中。

（二）公司专利诉讼事项

1. 诉讼情况介绍

2011年4月20日，公司收到北京市第一中级人民法院（以下简称法院）出具

的〔2011〕一中民初字第6050号《民事应诉通知书》,哈廷电子有限公司及两合公司(下称哈廷公司)以北京希格诺科技有限公司14(第一被告)销售的产品、本公司(第二被告)生产、许诺销售和销售的铰接框及相关产品侵害其发明专利为案由向北京市第一中级人民法院提起诉讼。

根据哈廷公司于2011年3月10日向北京市第一中级人民法院提交的《起诉书》,哈廷公司认为公司生产、销售、许诺销售产品侵犯其“固定框架”(专利号为ZL98105325号)的专利,并向公司提出如下诉讼请求:(1)立即停止生产、销售和许诺销售侵权产品;(2)赔偿哈廷公司14,416,554.53元人民币;(3)销毁用于生产侵权产品的工具和库存的侵权产品;(4)与希格诺公司共同承担哈廷公司就调查、制止专利侵权所产生的合理费用共计78,758.38元及律师费125,100.00元;(5)与希格诺公司承担本案诉讼费。

2011年7月31日,中审亚太会计师事务所有限公司根据北京市第一中级人民法院的委托,对公司2009年3月10日至2011年3月10日期间生产、销售铰接框、连接器等产品所获得的利益进行司法会计鉴定,并出具了中审亚太鉴字〔2011〕010583号《司法会计鉴定意见书》。经中审亚太会计师事务所有限公司审计,在鉴定范围一内(哈廷公司出具的《委托审计申请书》中附表内容确定的范围),公司于2009年3月10日至2011年3月10日期间内,涉嫌侵权产品销售总额为8,545,922.16元(其中:铰接框销售收入为1,375,506.28元;插头、插座体销售收入1,524,779.41元;罩组件、基座组件销售收入5,645,636元;含有上述铰接框组件的连接器总成销售收入0元);在鉴定范围二内(哈廷公司在起诉状中所指控的被控侵权产品),公司于2009年3月10日至2011年3月10日期间内,涉嫌侵权产品销售总额为4,534,051.07元(其中:铰接框销售收入为1,375,506.28元;插头、插座体销售收入1,633,765.38元;罩组件、基座组件销售收入1,633,765.38元;含有上述铰接框组件的连接器总成销售收入0元)。

根据北京市第一中级人民法院出具开庭传票及本诉讼公司代理律师陈述,本诉讼已经于2011年10月27日组织了首次开庭,并于2011年12月7日进行了第二次开庭。原被告双方进行了举证质证,并各自对本诉讼专利保护范围、侵权行为以及赔偿依据发表了基本观点。

截至本招股说明书签署之日,本案尚在一审审理过程中。本诉讼已经开庭完毕,法庭组织原被告双方进行了多次调解。目前双方已就和解协议条款和补偿价格达成了初步意向,正式的和解协议尚在确定过程中。

2. 对公司生产经营的影响

本诉讼所涉及的侵权产品主要应用于公司所生产的应用于轨道交通中地铁车辆上的矩形连接器产品中。本诉讼发生后,公司已经不再使用涉嫌侵权的设计方案,并通过自主技术革新改变了铰接框的设计方案,利用“直插式”链接方案和“T

形方框”定位模块方案替换了涉嫌侵权的“铰链式”链接方案和“四方形方框、下缺口定位”定位模块方案,并已将该革新后的替代产品运用于上海地铁12号线项目。

根据天健审〔2012〕3988号《审计报告》和中审亚太鉴字〔2011〕010583号《司法会计鉴定意见书》,公司本次涉案产品占公司主营业务收入的占比很小,即使按较高金额的鉴定范围一测算,该金额也仅占公司2009~2011年上半年主营业务收入总和的约2%,不会对公司主营业务收入造成实质性影响;公司在诉讼发生后已经终止了涉及侵权设计方案产品的生产,并已用自主设计方案代替,未对公司后续生产经营造成实质性影响,不会对公司持续经营造成影响;本诉讼为一般专利侵权民事纠纷案件,并不会必然导致公司所生产的涉案产品构成侵权,同时根据哈廷公司的诉讼请求及中审亚太鉴字〔2011〕010583号《司法会计鉴定意见书》的审计结果,即使经法院审理判定公司应当承当侵权责任,根据公司的盈利能力,亦不会导致公司不符合《首次公开发行股票并在创业板上市管理暂行办法》第10条、第16条规定的发行条件,或导致公司受到政府主管部门的处罚。

3. 中介机构核查意见

经核查,保荐机构认为:发行人本次涉诉产品占发行人主营业务收入的占比很小,不会对发行人主营业务收入造成实质性影响;发行人在诉讼发生后已经终止了涉及侵权设计方案产品的生产,并已用自主设计方案代替,未对发行人后续生产经营造成实质性影响,不会对发行人持续经营造成影响。

经核查,发行人律师认为:发行人本次涉诉产品占发行人主营业务收入的占比很小,不会对发行人主营业务收入造成实质性影响;发行人在诉讼发生后已经终止了涉及侵权设计方案产品的生产,并已用自主设计方案代替,未对发行人后续生产经营造成实质性影响,不会对发行人持续经营造成影响。

(三)预计负债会计处理

2012年6月30日,公司预计负债金额为150万元,主要系公司计提的与哈廷公司关于专利诉讼纠纷的预计损失。2009年度、2010年度、2011年度及2012年1~6月,公司营业外支出分别为16.01万元、22.53万元、203.47万元及7.98万元,占当期利润总额的比重分别为0.45%、0.30%、2.35%及0.23%。公司营业外支出主要为水利建设专项资金、未决诉讼赔偿支出、对外捐赠,对公司经营成果影响较小。

(四)审核意见关注

2011年4月20日,发行人主要竞争对手哈廷公司因发行人的相关产品侵权问题向北京市第一中级人民法院提起诉讼,涉及金额800多万元(希格诺科技为第一被告,发行人为第二被告)。发行人披露,在诉讼发生后,已经终止了侵权涉及方案产品的生产，并已用自主设计方案代替。发行人目前共拥有25项核心技术、拥有专利技术31项。发行人的总工程师李云明来自于主要竞争对手四川华丰。请发行人说明并补充披露：(1)涉诉产品的具体情况，包括但不限于产品名称、案件诉由，目前案件审理的进展情况及对发行人经营业绩可能构成的影响，是否构成发行人的重大违法、违规，是否构成本次发行上市的实质性法律障碍。(2)希格诺科技实际从事的业务、实际控制人情况，与发行人的业务往来的具体情况，是否与发行人存在关联关系。(3)发行人目前的产品是否存在其他潜在法律风险；发行人的核心技术、专利的具体来源，是否存在与涉诉技术来源相同的专利或核心技术，是否存在纠纷及潜在纠纷；发行人目前核心技术、专利对发行人销售收入的贡献情况。(4)李云明是否与四川华丰签订了保密或竞业禁止协议，如是，是否存在违约定情形，是否存在侵权纠纷及潜在纠纷。

1. 涉诉产品的具体情况，包括但不限于产品名称、案件诉由，目前案件审理的进展情况及对发行人经营业绩可能构成的影响，是否构成发行人的重大违法违规，是否构成本次发行上市的实质性法律障碍

(1)哈廷公司诉发行人专利侵权案的案由及进展情况

2011年3月10日，哈廷公司向北京市第一中级人民法院提交《起诉状》：哈廷公司以北京希格诺科技有限公司（以下简称希格诺公司，本案第一被告）销售的产品、发行人（本案第二被告）生产、许诺销售和销售的“一种用于重工业、车辆、轨道交通及航空领域的连接器零部件”侵犯其“固定框架”（专利号为ZL98105325.4）的专利为案由，向北京市第一中级人民法院起诉，并向发行人提出如下诉讼请求：①立即停止生产、销售和许诺销售侵权产品；②赔偿哈廷公司14,416,554.53元人民币；③销毁用于生产侵权产品的工具和库存的侵权产品；④与希格诺公司共同承担哈廷公司就调查、制止专利侵权所产生的合理费用共计78,758.38元及律师费125,100.00元；⑤与希格诺公司承担本案诉讼费。

2011年4月18日，北京市第一中级人民法院出具〔2011〕一中民初字第6050号《民事裁定书》，对发行人2009年3月至2011年3月的财务凭证进行了保全。

2011年4月20日，发行人收到北京市第一中级人民法院出具的〔2011〕一中民初字第6050号《民事应诉通知书》，北京市第一中级人民法院要求发行人于收到通知后的30日内进行答辩并提交证据材料。

2011年7月31日，中审亚太会计师事务所有限公司根据北京市第一中级人民法院的委托，对发行人2009年3月10日至2011年3月10日期间生产、销售铰接框、连接器等产品所获得的利益进行司法会计鉴定，并出具了中审亚太鉴字〔2011〕010583号《司法会计鉴定意见书》。经中审亚太会计师事务所有限公司审计，在鉴定范围一内（哈廷公司出具的《委托审计申请书》中附表内容确定的范围），发行人2009年3月10日至2011年3月10日期间内，涉嫌侵权产品的销售总额8,545,922.16元；在

鉴定范围二内(哈廷公司在起诉状中所指控的被控侵权产品),发行人2009年3月10日至2011年3月10日期间内,涉嫌侵权产品销售总额4,534,051.07元。

根据北京市第一中级人民法院出具开庭传票及本案发行人代理律师陈述,本案已经于2011年10月27日组织了首次开庭,并于2011年12月7日进行了第二次开庭。原被告双方进行了举证质证,并各自对本案专利保护范围、侵权行为以及赔偿依据发表了基本观点;法院在第二次庭审时确定专利的保护范围是包含铰接框和模块两部件在内的固定框架。截至本补充法律意见书出具日,本案尚在一审审理程序中。

(2)根据中审亚太会计师事务所有限公司出具的中审亚太鉴字〔2011〕010583号《司法会计鉴定意见书》和哈廷公司提交的《起诉状》,本案中哈廷公司在起诉状中所指控的被控侵权产品有:①铰接框:铰接框44组件、铰接框57组件、铰接框77组件、铰接框104组件;②插头、插座体:M2插头体YG45061001、M2－100插头体YG53010001、M3插头体YG45050001、M6插头体YG45070001、M8插头体YG45020001、25M12插头体YG45100101、M2－40A插头体、M1－200插头体YG45120100;③罩组件、基座组件:A44顶入口罩组件M20＊1.5、A44侧入口罩组件M20＊1.5、A44基座组件M20、A44罩座组件、A44B顶入口罩组件M20、A44B侧入口罩组件M20、A44B罩座单入口M20、A44B罩座组件、A104顶入口罩A组件M25＊1.5、A104侧入口罩A组件M40＊1.5、A104带杠杆罩座B组件、A104罩座C组件、A104异型罩组件/顶入口。

(3)本案对发行人经营业绩可能构成的影响,是否构成发行人的重大违法违规,是否构成本次发行上市的实质性法律障碍

根据发行人的说明,本案所涉及的侵权产品主要应用于发行人所生产的矩形连接器产品中,该产品主要应用于轨道交通中城轨车辆上。本案发生后,发行人已经不再使用涉嫌侵权的设计方案,并通过自主技术革新改变了铰接框的固定框架中的零部件铰接框的设计方案,利用“直插式”链接方案和“T形方框”定位模块方案替换了涉嫌侵权的“半圆形”链接方案和“四方形方框、下缺口定位”定位模块方案,并已将该革新后的替代产品运用于上海地铁12号线项目。截至目前,发行人并未由于本案导致其生产经营停滞或无法进行。

律师认为,本案为一般专利侵权民事纠纷案件,并不构成发行人重大违法违规事项;本案亦未对发行人持续经营造成重大影响,亦不会对发行人本次公开发行股票并在创业板上市构成法律障碍。具体理由如下:①根据天健审〔2011〕4968号《审计报告》和中审亚太鉴字〔2011〕010583号《司法会计鉴定意见书》,发行人本次涉案产品占发行人主营业务收入的占比较小,未对发行人主营业务收入造成实质性影响;②发行人在案发后已经终止了涉及侵权设计方案产品的生产,并已用自主设计方案代替,未对发行人后续生产经营造成实质性影响;③本案尚在审理过程

中，为一般专利侵权民事纠纷案件，并不必然导致发行人所生产的涉案产品构成侵权，同时根据哈廷公司的诉讼请求及中审亚太鉴字〔2011〕010583号《司法会计鉴定意见书》的审计结果，即使经法院审理判定发行人应当承担侵权责任，根据发行人的盈利能力，亦不会导致发行人不符合《创业板管理办法》第10条、第16条规定的发行条件，或导致发行人受到政府主管部门的处罚。

2. 希格诺科技实际从事的业务、实际控制人情况，与发行人的业务往来的具体情况，是否与发行人存在关联关系

根据希格诺的工商登记资料，希格诺成立于2002年8月13日，拥有北京市工商行政管理局核发的注册号为1102242427016的《企业法人营业执照》，成立时的注册资本为50万元。希格诺的公司住所为：北京市大兴区瀛海镇商业街90号，法定代表人陈宁，经营范围为：技术开发、转让；制造、销售：铁路通信器材及铁路信号器材。截至本补充法律意见书出具日，希格诺的注册资本为200万元，法定代表人为盛亚梅，公司住所位于北京市大兴区西红门镇第十村宏都东路1号，希格诺的控股股东为盛亚梅。

根据发行人的说明，报告期内发行人与希格诺的业务往来系为插头、插座等产品销售。根据发行人提供的销售合同及发票，发行人及其子公司永贵科技于2008年、2009年、2010年、2011年1~6月出售给希格诺的产品金额（不含税）分别为290,256.41元、715,384.62元、190,587.76元、291,025.64元。

3. 发行人目前的产品是否存在其他潜在法律风险；发行人的核心技术、专利的具体来源，是否存在与涉诉技术来源相同的专利或核心技术，是否存在纠纷及潜在纠纷

律师核查了发行人提供的与专利及专有技术相关的研发资料、技术合作研发协议、核准文件及相关专利权属文件；对发行人的核心技术主要研发人员进行了访谈；取得了发行人就共有专利形成过程及原因、受让专利有关情况出具的说明。

（1）发行人核心技术的来源和形成过程

发行人核心技术主要来源为公司技术研发中心依托于公司技术研发人员和各研发科室和试验室进行的自主研发。发行人一贯重视技术创新，经过技术研发人员多年的研发，建立了完整的核心技术体系。与此同时，发行人也非常重视技术保护，对关键技术申请了专利权保护。

①技术研发中心是发行人核心技术来源和形成的重要平台

发行人2002年建立了正式的企业技术研发中心，并于2005年获批省级研发中心。该中心自成立以来内部机构设置不断完善，目前已设有开发部、技术部、测试中心（测试计量室、原材料分析室、连接器型式试验室等）、新产品试制车间等部门，人才结构搭配合理、设备配置齐全、研究方向分配明确，是发行人技术研发和持续技术创新的重要平台。

技术研发中心成立伊始便立足于对连接器接插件对插连接、连接器定位结构、连接器紧固连接结构、连接器接插件压接、连接器与接线箱集成技术等的研究，并经过多年研究取得了一系列研发成果，逐步构建了现有的核心技术体系。

②技术研发人员是发行人核心技术来源和形成的关键

发行人在国内连接器行业打造了综合实力最强的连接器技术团队之一。发行人拥有主要技术研发人员共35人，约占公司员工总数的10%，其中本科及以上学历人员14名、大专生21名；其中拥有高级技术职称1人、中级技术职称8人；其中14名核心研发人员，均是在连接器行业具有10年左右从业经验的优秀人才。此外，技术研发中心也形成了行之有效的研发人员激励机制，能够有效激发研发人员的潜能与创造力，加快核心技术形成的效率。

③发行人参与申报多项国家级、省级、市级课题，加快核心技术的形成和积累

随着连接器市场的多样化，国外连接器厂商不断涌进和更多国内连接器厂商进入，连接器也由单个小型单一功能逐渐向连接器与接线箱的集成、多信号控制与光纤的集成、国外产品的国产化改型方面等研究转变。这些新的研究方向具有"高投入、高难度、高产出"的特点，需要企业不断投入大量资金。发行人通过申报政府课题能够一定程度上缓解资金压力，把握国家产业政策支持方向，吸引优秀人才，集中财力、人力和物力解决关键技术难题，加快核心技术的形成和积累。

发行人自主研发的中高档列车专用新型电力连接器项目被列入"2003年国家火炬计划项目"；城市轨道交通电力电子设备连接器项目被列入"2004年科技型中小企业技术创新基金项目"和"2005年国家火炬计划项目"；高原铁路专用新型电力电子设备连接器项目被列入"2006年国家重点新产品计划项目"；高速列车电力电子及光通讯集成传输装备项目被列入"2008年国家重点新产品计划项目"；216芯动车组车间连接器项目被列入"2009年科技型中小企业技术创新基金重点项目"；双锁紧端面接触重联连接器项目被列入"2010年国家火炬计划项目"；快速螺纹连接小圆形编码电连接器项目被列入"2011年国家火炬计划项目"。

发行人同时还成功研发了专供动车组使用的，集大、小电流和光通讯于一体的216芯连接器，以及城轨车辆用108芯车端控制连接器，是国内高端轨道交通连接器国产化的主要供应商。其中，KC20D电力连接器、KTL39通信连接器、JL1JK43B控制连接器、JLB10－4动力连接器、复合弹性接触重载电连接器、高速列车电力电子及光通讯集成传输装备等30多项新产品通过了省级新产品鉴定，并获得了31项国家专利授权。

(2)核心技术的形成过程

发行人核心技术主要包括连接器接插件对插连接、连接器定位结构、连接器紧固连接结构、连接器接插件压接、连接器与接线箱集成技术五部分。以上核心技术具体形成过程如下：

①连接器接插件连接核心技术的形成过程

发行人密切关注行业动态，经过技术研发人员不断研究开发形成了目前的接插件连接技术。发行人生产的连接器接插件连接在国内应用早期以开槽收口为主。随着连接器运用环境要求和可靠性要求的提高，对连接器接地可靠性也提出了新的要求，同时国外连接器产品不断引进对国内产品产生了一定的冲击，使发行人开始转变研发的方向。从1998年开始，发行人逐渐研发了锥形插合连接、线簧连接结构。2004年，发行人根据地铁连接器的使用要求，研发出了弹性补偿结构的连接结构，使插合更柔和、接触电阻更小。2009年，发行人研发出了密绕式线簧结构，解决了密集型连接器插拔力大的问题，使接插件在相同截面的情况下承载能力更大。发行人已将密绕线簧电连接器、大电流电连接器用插针、大电流电连接器用插孔、电连接器用弹性端面接插件、弹性补偿结构、光电混合传输连接器等技术申请专利保护。上述技术主要应用于发行人型号为YGC－JL92K/J7T/ZY、YGC－JL87J/K1T/ZY、YGC－C1－850P/R、YGC－JL89D27T/ZY、YGC－CL－108P/RY、YGC－216M/FC等产品上。

②连接器定位结构核心技术的形成过程

发行人持续关注客户需求变化，根据客户的最新需求进行技术研发，经过技术研发人员不断研究开发形成了目前的定位结构核心技术。早期，接插件在连接器内的定位是通过绝缘体的两体结构将接插件定位在绝缘体内，拆卸不方便，在操作失误和维修维护时，修复比较麻烦，这样的连接器竞争力低，维护不方便。通过长时间对连接器的组装和检修，以及客户使用的反馈，发行人结合国外产品、以往经验及行业情况，研究国外的先进技术，聘请行业专家做技术指导。经过研究、学习，2004年发行人研发出了多爪弹性定位齿套结构，使接插件的定位简单方便可靠，尤其在维护和误操做下大大地缩短了矫正的时间。2008年，发行人将多爪弹性定位和绝缘体两体定位结构相结合，研发出新型绝缘体定位结构，既可以使接插件取插方便，又解决了插针插入偏心的问题，使连接器接插件定位可靠性增强。发行人已将电信号连接器插座的绝缘件、多爪弹性定位齿套、接插件定位机构、接插件定位挡圈、接触件定向装配结构等技术申请专利保护。上述技术主要应用于发行人型号为YGC－A系列、YGC－B系列、YGC－C系列、YGC－M系列、YGC－C1－850P/R、YGC－S/P3P/R－150、YGC－C1－450、YGC－C1－650、YGC－S/P8P/R等产品上。

③连接器连接结构核心技术的形成过程

发行人通过自主研发和长期实践形成了目前的连接结构核心技术。早期市场连接器的连接多为手把锁紧式，这种方式操作简单，但无导向机构。从1998年起，发行人研发了带导向机构的手把锁紧式连接结构，使大体积、大重量的客车车端连接器操作简便了很多，且对中性好。从2003年起，城轨车辆连接器的需求增大，要求连接器实现的功能增多，对连接器的要求是实现密集型的集成芯数，体积小，操作简便，同时防护性能提升。原来大体积、大重量的手把式锁紧已不能满足要求，所以发行人研发了螺旋式、螺钉式的连接方式，使连接器的插合可靠、防护性提升。2007年，高铁技术引入中国后，动车组车辆对车端连接器的连接可靠性提出了新的要求。由于车端连接器插头插座分别安装在相邻车间端面上，对连接器的对中性要求要高，发行人根据相关要求研发了带导向机构的连接方式，使216芯连接器的216个插芯能准确无误地进行连接。发行人已将插头插座矩形连接器、自锁式电连接器、快速自锁电连接器、铁路车辆连接器及其锁紧手柄、具有杠杆式锁定结构的电连接器、连接器密封圈、一种电缆软管锁紧管接头、多位防误操作编码套、铁路客车接线板等技术申请专利保护。上述技术主要应用于发行人型号为YGC－216M/FC、YGC－A系列、YGC－B系列、YGC－P/S24P/R、YGC－C1－650P/R、YGC－C7S－P/S、YGC－C9S－P/S、YGC－C19S－P/S等系列产品上。

④连接器接插件压接核心技术的形成过程

接插件压接技术在连接器中是非常关键的技术，如若压接不好，极易造成连接器的温升过高使连接器有过载产生烧损的后果。国内冷压接的技术已比较成熟，在一些特殊的场合，如端子排上孔位较多，接线易出错且比较费时。发行人通过分析和研究，将笼式端子压接与冷压接的技术相结合，有效提高了接线效率和接线准确性。由于笼式端子压接仅限于控制线，在大电流端子压接上比较难实现，发行人结合大电流连接器的使用情况，在2007年研发出了轴向螺栓压接结构，可在不损伤电缆的情况实现重新压接。发行人已将轴向螺栓连接装置、笼式端子技术申请专利保护。上述技术主要应用于发行人YGC－A系列、YGC－M等系列产品上。

⑤连接器与接线箱集成核心技术的形成过程

从2004年发行人在国内连接器厂商中率先进行城轨车辆连接器国产化研发开始，发行人就一直致力于连接器与接线箱的集成技术的研发，对车端高低压连接器进行模块组合实现了电力与信号的集成连接。通过一系列的试制、试验和验证，发行人2007年首先在上海7&9号线项目上实现了连接器与接线箱的集成。经过近五年的运行和经验积累，现在这项技术已运用于国内近10个地铁项目上。现在这项技术已经非常成熟，车端连接器及接线箱集成技术也申请并于2011年12月7日取得了专利号为ZL201120165017.4、专利名称为“一种车端连接器集成装置”的实用新型专利。上述技术主要应用于发行人YGC－A系列、YGC－B系列、YGC－M系列产品上。

（3）发行人专利技术

律师于2011年9月19日出具之《国浩律师集团（杭州）事务所关于浙江永贵电器股份有限公司首次公开发行股票并在创业板上市产权证书的鉴证意见》中披露了发行人所拥有的1项发明专利、28项实用新型专利和两项外观设计专利信息。中华人民共和国知识产权局于2011年6月15日出具的《证明》，确认本所律师于《国浩律师集团(杭州)事务所关于浙江永贵电器股份有限公司首次公开发行股票并在创业板上市产权证书的鉴证意见》披露的发行人知识产权的专利号、专利证书号、申请日、专利权人姓名或名称等信息内容与国家知识产权局专利登记簿所记载的数据相一致。

经律师核查,截至补充法律意见书出具日,发行人未收到任何关于其专利知识产权侵权的诉讼通知书,亦未收到国家知识产权局专利复审委员会关于第三方就发行人上述专利知识产权提出异议受理通知书。据此,截至本补充法律意见书出具日,发行人拥有的专利知识产权合法有效,不存在纠纷或潜在纠纷。

(4)综上所述,发行人核心技术、专利主要来源均为自主研发完成,并经依法申请取得,持有合法有效之权属证书,截至本补充法律意见书出具日,发行人拥有的专利知识产权合法有效,发行人主要产品及核心技术获得了专利知识产权保护,不存在潜在的法律风险;截至本补充法律意见书出具日,发行人不存在与涉诉技术来源相同的专利或核心技术,不存在纠纷或可预见的法律风险。

4. 发行人目前核心技术、专利对发行人销售收入的贡献情况

根据天健审〔2011〕4968 号《审计报告》及发行人提供的统计数据,2008 年度、2009 年度、2010 年度及 2011 年 1 ~6 月,发行人核心技术产品收入占主营业务收入的比例如下:

项目/期间	2011 年 1 ~6 月	2010 年度	2009 年度	2008 年度
金额(万元)	8656.10	16,836.67	11,211.00	7483.47
占主营业务收入比例(%)	92.68	94.80	92.56	90.84

5. 李运明是否与四川华丰签订了保密或竞业禁止协议,如是,是否存在违反约定情形,是否存在侵权纠纷及潜在纠纷

根据李运明提供的四川华丰企业集团有限公司出具的华集人〔2006〕97 号《关于同意与李运明解除劳动合同关系的决定》,四川华丰企业集团有限公司同意于 2006 年 5 月 8 日起与李运明解除劳动关系。

根据李运明离职前与四川华丰企业集团有限公司所签署之《劳动合同》附件一的约定,双方在签订劳动合同后李运明不得在合同期内受聘于其他任何单位,否则将追究李运明及非法聘用单位的责任;李运明必须保守四川华丰企业集团有限公司商业及技术秘密。

根据李运明出具的声明,除《劳动合同》附件一中的上述约定外,李运明未与四川华丰企业集团有限公司签署其他竞业禁止或保密协议;李运明离职后,四川华丰企业集团有限公司亦未向其支付过竞业禁止和保密补偿。本所律师审查了李运明提供的离职文件,除《劳动合同》附件一的上述约定外,不存在其他关于李运明应向四川华丰企业集团有限公司承担竞业禁止或保密义务的规定或要求。

根据李运明出具的声明、《劳动合同》附件一及《劳动部关于企业职工流动若

干问题的通知》(劳部发〔1996〕355 号)第 2 条的规定,由于《劳动合同》附件一并未明确约定李运明离职后的竞业禁止业务和保密责任,四川华丰企业集团有限公司亦未就此向李运明支付过任何经济补偿,同时李运明于 2006 年 5 月 8 日离职之前并未受聘于永贵有限。据此本所律师审查后认为,李运明已经按《劳动合同》附件一之约定履行了竞业禁止义务和保密责任,截至本补充法律意见书出具日,不存在纠纷或可预见的潜在纠纷。

【案例评析】

1. 在一个正常的商业社会,商业合作和业务交易非常普遍,如果合作不愉快就很有可能会有纠纷,有纠纷自然就需要解决,那么通过诉讼途径就是一个很重要的选择。从这个角度来讲,诉讼对于一个企业来说再正常不过,那么企业上市过程中遇到诉讼问题再正常不过。

2. 关于企业上市过程中遇到的重大诉讼或仲裁的问题,在审核过程中一直还比较重视,但至今没有一个明确的审核标准。监管机构主要强调诉讼或仲裁的信息披露问题,也就是哪些需要披露,哪些可以不披露,至于诉讼或仲裁对于发行人的影响以及对上市条件的影响,在很大程度上可能需要中介机构的专业判断。

3. 对于信息披露的基本标准,小兵在此简单总结一下:(1)已决诉讼除非存在深远影响(如专利商标纠纷诉讼)、潜在的纠纷或具体执行的问题,一般情况下不需要披露,因为此时诉讼对发行人生产经营的影响已经明确并且在财务数据中已经得到反映。(2)未决诉讼一般情况下建议全部披露,尽管审核标准存在重大和不重大的披露要求,但是诉讼的重大或者不重大判断标准并不统一甚至是动态的(并不能单纯以诉讼标的作为判断依据),有时候诉讼标的金额很小的诉讼可能会发展成对发行人影响重大的案件,反之亦然。(3)发行人作为原告的未决诉讼同样需要披露,并且建议说明对方提起反诉的可能性和风险,尤其是这里要提到的专利和商标诉讼,较之普通诉讼被对方提起反诉的可能性更大,并且一旦提起反诉纠纷的解决就更加错综复杂。

4. 说完信息披露问题,再说一下关于诉讼对发行人实质影响的判断问题,小兵的基本观点如下:(1)如果是与发行人的生产经营有关的产购销的合同纠纷,那么这样的诉讼只要是如实披露即可,因为合同纠纷应该看做是企业生产经营过程中非常普遍的一种行为。如果是已决诉讼,可以不用披露;如果是未决诉讼,只要说明该诉讼对发行人经营业绩的影响就可以了。(2)如果是商标、专利或者其他无形资产的诉讼纠纷,那么需要关注和思考的问题就要复杂得多,在项目过程中需要重点关注,并且对于该类诉讼不论是已决诉讼还是未决诉讼都需要关注。未决诉讼需要关注案件最后的审理结果以及这个结果对发行人持续经营的影响,已决诉讼如果结果对发行人不利,那么也需要关注发行人是否有足够的措施和可能来消化不利判决结果对发行人的影响,这甚至会影响到发行人的上市条件。

5. 正是基于以上的判断,小兵将重点对诉讼中的专利和商标诉讼进行简要的研究,本节内容主要是介绍专利诉讼,会有另外一节来专门介绍商标诉讼。

6. 关于专利诉讼,一般都是发行人作为被告被起诉某项专利侵权,原告一般的请求是停止侵权和赔偿损失。对于专利诉讼问题的判断,我们一般可以从以下几个方面来思考:

(1)发行人可以解释所拥有的专利并不侵权,这可以从以下几个方面应对:①发行人具备专利的研发能力,不需要侵权;②发行人花费了很大的时间和财力进行研发,具有研发成功的可能性;③发行人专利与原告专利有着本质的区别,根本不存在侵权;④如果有专利局的专利文件或者裁定文件也可以佐证,专利有法律依据。

(2)如果发行人的某些专利的确侵权或者被判定侵权的可能性非常大,那么解释的主要理由如下:①发行人专利众多,涉诉专利只是其中很小的一部分;②涉诉专利不是发行人的核心专利,发行人利用该专利的产品销售比重很小,即使以后不使用这种专利生产销售产品也不会对发行人的生产经营带来重要影响;③发行人具备较强的研发设计能力,发行人已经研发出更加先进的技术来替代原有的专利,发行人不用老专利可以用新的专利;④为了更好地判断诉讼对发行人的影响,某些案例还对未决诉讼计提了预计负债。

7. 最后想说的是,在目前专利诉讼的审核实践中也还存在一些问题,小兵简要总结如下,希望可以有一些更加完善的措施加以解决:

(1)如上所述,关于专利诉讼目前基本上只披露未决诉讼并未披露已决诉讼,在这些情况下会存在较大风险。

(2)发行人解释利用涉诉专利的产品销售比重很小,但是这个销售金额的计算没有明确的依据,如果发行人的很多专利都是用在一种产品上,尽管涉诉专利并不重要,但是只要在产品上使用了,是不是这种产品就应该停止生产和销售,而如果这种产品是发行人比重最大的产品,那么尽管专利不核心但是这样诉讼对发行人的影响重大。

(3)发行人对涉诉问题的解释大多非常专业甚至涉及境外法律和政策,监管机构相关人员是否能够真正理解是个不小的疑问,至少从目前已有的案例来看,某些案例对于专利诉讼的解释和解决并没有彻底,但是已经上市,不知后遗症是否会在以后爆发。

(4)从上述案例来看,很多案例都是动不动就到了最高人民法院,可见不论是原告还是被告都对某些专利的诉讼极为重视,中介机构对于某些诉讼的解释是否成立甚至经得起推敲,有时候证券监管机构需要得到专利主管部门以及司法机关的专业帮助。

(5)发行人如果涉诉专利真的可能侵权且这个专利对发行人很重要,那么发行人会通过向原告许可使用的方式来解决问题,那么这就变成了另外一个问题,就是发行人核心技术的独立性和稳定性问题,显然在涉诉案件中这个问题并没有引起足够重视。

■第四节 商标诉讼解决之道

【重要提示】

★ 关于商标和专利等资产对发行人生产经营的重要影响已经论述,商标和专利诉讼在企业上市过程中的影响需要重点关注。

★ 小兵认为,一个企业商标存在瑕疵显然要比专利存在纠纷更加敏感,尤其是在直接向终端客户交易的对商标依赖度比较高的行业。

★ 对于问题的解释思路,商标和专利诉讼的基本原则大体上是一致的,有些内容可以相互参照。

【案例情况】

一、卡奴迪路

(一)基本情况

2004年8月6日,卡拉麦罗对本公司拥有的第1301044号“卡奴迪路CANUDILO及图”注册商标提出异议。2009年5月25日,国家工商总局商标评审委员会(简称商评委)做出商评字〔2009〕第13384号商标争议裁定书,认定本公司争议商标的图形构成对卡拉麦罗在先著作权的侵犯,撤销该商标。本公司认为争议商标系由林永飞先生和林云清女士独立创作完成,并未侵犯卡拉麦罗的著作权,上述裁定认定事实及适用法律错误。2009年7月12日,本公司向北京市第一中级人民法院提起诉讼,请求撤销商标评审委员会作出的第13384号裁定书并裁定本公司享有“卡奴迪路CANUDILO及图”商标专有权。2010年4月13日,北京市第一中级人民法院作出一审判决:撤销国家工商总局商标评审委员会做出的商评字〔2009〕第13384号商标争议裁定;国家工商总局商标评审委员会重新就卡拉麦罗针对第1301044号“卡奴迪路CANUDILO及图”商标提出的争议申请作出裁定。

2010年5月19日,卡拉麦罗不服一审判决,向北京市高级人民法院提起上诉,请求撤销一审判决。2010 年 11 月 19 日，二审法院就本案二审作出〔2010〕高行终字第 872 号《行政判决书》，做出"驳回上诉，维持原判"的终审判决。

2011 年 1 月 10 日，国家工商总局商标评审委员会作出《关于第 1301044 号"卡奴迪路 CANUDILO 及图"商标争议裁定书》（商评字〔2009〕第 13384 号重审第 496 号），并于 2011 年 1 月 29 日送达发行人，该裁定确认"依据北京市高级人民法院〔2010〕高行终字第 872 号《行政判决书》和《中华人民共和国商标法》第 43 条的规定，争议商标予以维持"。2011 年 2 月 25 日，卡拉麦罗不服商标评审委作出的重审裁定，以商标评审委为被告，发行人为第三人，向北京市第一中级人民院提起行政诉讼，请求判令被告撤销商评字〔2009〕第 13384 号重审第 496 号《商标争议裁定书》，并重新作出裁定。

2006 年 7 月 3 日，卡拉麦罗对发行人的第 2007925 号"卡奴迪路 CANUDILO 及图"商标提出异议，向商标评审委申请撤销该注册商标。根据商标评审委 2010 年 12 月 24 日作出的《关于第 2007925 号"卡奴迪路 CANUDILO 及图"商标争议裁定书》（商评字〔2010〕第 37385 号），第 2007925 号"卡奴迪路 CANUDILO 及图"商标予以维持，仍归属本公司。2011 年 2 月 17 日卡拉麦罗不服商标评审委作出的裁定，以商标评审委为被告，发行人为第三人，向北京市第一中级人民法院提起行政诉讼，请求判令被告撤销商评字〔2010〕第 37385 号《商标争议裁定书》，并重新作出裁定。

2011 年 9 月 8 日，北京市第一中级人民法院分别就上述诉讼作出一审判决，《行政判决书》（〔2011〕一中知行初字第 2105 号）认定：商标评审委作出的重审第 496 号裁定认定事实清楚，适用程序合法，维持商评字〔2009〕第 13384 号重审第 496 号《商标争议裁定书》；《行政判决书》（〔2011〕一中知行初字第 2133 号）认定：商标评审委作出的第 37385 号裁定认定事实清楚，适用法律正确，审查程序合法，维持商评字〔2010〕第 37385 号《商标争议裁定书》。依据《中华人民共和国行政诉讼法》的规定及上述两项一审判决，卡拉麦罗拥有在判决书送达之日起三十日内向上一级人民法院提起上诉的权利。

根据北京市第一中级人民法院《送达回证》记录，上述判决书已分别于 2011 年 9 月 14 日及 2011 年 9 月 17 日送达卡拉麦罗，截至本招股说明书签署日，一审法院尚未收到卡拉麦罗的任何上诉材料或信息，上述两项判决书判令的上诉期均已届满。

发行人律师认为，发行人在上述两项案件一审中均已胜诉，且目前已逾案件上诉期且法院尚未收到相关当事方提交的上诉材料，目前一审判决已生效、案件已终结的可能性很大。

本公司认为：上述争议商标均已得到商标评审委相关《商标争议裁定书》及法院判决予以维持，目前仍属于发行人合法拥有且受中国法律保护的商标。同时，发行人已于2008年后相继停止第1301044号“卡奴迪路CANUDILO及图”商标在实际经营中的使用；第2007925号“卡奴迪路CANUDILO及图”商标为发行人的防御性注册商标，自始未投入实际使用。此外，公司目前在国内拥有包括纯中文商标“卡奴迪路”和纯英文商标“CANUDILO”在内的115项注册商标。因此，上述商标诉讼的结果对发行人的正常经营不构成重大不利影响。

针对上述诉讼，发行人控股股东瑞丰投资及实际控制人林永飞先生于2011年7月3日出具《承诺函》，承诺“假如上述诉讼中的被告商标评审委最终败诉，因商标评审委败诉而导致发行人应支付的案件相关费用及后续可能产生的任何针对发行人的侵权赔偿金均由广州瑞丰投资有限公司及林永飞全部承担，概与发行人无关”。

保荐机构和发行人律师认为，上述商标诉讼的结果对发行人的持续经营及持续盈利能力均不构成重大影响。

（二）审核意见关注之一：公司拥有的第1301044号“卡奴迪路CANUDILO及图”注册商标因涉嫌侵权而涉诉，请保荐机构和律师核查上述涉诉商标的来源，国家工商总局商标评审委员会未做出新的裁决之前，请核查该诉讼可能对公司造成的风险和经济损失。公司现有多数商标与涉诉商标相同或类似，其他商标是否也面临起诉及公司更大的风险，上述诉讼是否构成本次发行上市的障碍

1. 涉诉商标的来源

经保荐机构及本所律师核查涉诉商标的相关《商标注册证》、《核准转让注册商标证明》等文件及通过中国商标网（http://sbcx.saic.gov.cn）查询，涉诉商标来源如下：

注册号为第1301044号“卡奴迪路CANUDILO及图”注册商标（以下简称该商标、争议商标或涉诉商标）原由永德盛经贸公司于1998年5月11日在第25类“衣物、夹克、皮衣（服装）、制服、衬衫、鞋、帽子、袜、领带、腰带”等商品上提出申请，并取得国家工商行政管理总局商标局（以下简称商标局）于1999年8月7日核发的注册号为第1301044号的《商标注册证》。2002年7月21日，永德盛经贸公司与伊狮路公司签订《商标转让协议》，永德盛经贸公司将该商标无偿转让给伊狮路公司。2003年1月21日，商标局出具《核准转让注册商标证明》，核准该商标转让注册，受让人为伊狮路公司。2009年9月8日，商标局出具《核准续展注册证明》，核准该商标续展注册，续展注册有效期为2009年8月7日至2019年8月6日。因伊狮路公司于2008年12月名称变更为卡奴迪路，2009年10月7日，商标局出具《核准转让注册商标证明》核准该商标转让，受让人为卡奴迪路。综上所述，截至本补充法律意见书出具之日，卡奴迪路为该商标的所有权人。

2. 国家工商总局商标评审委员会（以下简称商标评审委）未做出新的裁决之前，该诉讼可能对公司造成的风险和经济损失

经本所核查并根据发行人聘请的商标代理机构福建省海峡商标事务所有限公司（以下简称海峡商标事务所）于2011年3月21日出具的《关于广州卡奴迪路服饰股份有限公司拥有的注册商标的有关问题的专项意见书》（以下简称《商标专项意见》），本所律师认为，商标评审委未作出新的裁决之前，涉诉商标为自始合法有效存续的注册商标，卡奴迪路作为涉诉商标的商标权人有权依据《商标法》享有商标专用权，该权利不受任何侵害或限制，因而在该阶段，该诉讼不会对卡奴迪路造成任何的风险和损失，理由如下：

首先，根据《商标法》第34条规定"当事人在法定期限内对商标局做出的裁定不申请复审或者对商标评审委员会做出的裁定不向人民法院起诉的，裁定生效"，虽然商标评审委作出了撤销"卡奴迪路CANUDILO及图"商标的争议裁定，但因卡奴迪路不服该裁定并向北京市第一中级人民法院提起诉讼，因而该裁定并未生效，故涉诉商标并不因商标评审委做出的裁定而失效，卡奴迪路为涉诉商标的商标权人，其对涉诉商标的商标专用权依法受到保护。

其次，2010年11月19日，北京市高级人民法院作出〔2010〕高行终字第872号《行政判决书》，判决维持北京市第一中级人民法院作出〔2009〕一中行初字第1800号《行政判决书》，判令："一、撤销被告商标评审委作出的商评字〔2009〕第13384号关于第1301044号'卡奴迪路CANUDILO及图'商标争议裁定；二、被告商标评审委重新就卡拉麦罗公司针对第1301044号'卡奴迪路CANUDILO及图'商标提出的争议申请作出裁定"。据此，商标评审委作出的商评字〔2009〕第13384号争议裁定已通过司法程序被撤销，在商标评审委作出新的裁决之前，涉诉商标合法有效，第1301044号"卡奴迪路CANUDILO及图"商标为卡奴迪路合法拥有的注册商标，其商标专用权受到中国法律保护。

最后，经卡奴迪路及海峡商标事务所确认并经本所核查，卡奴迪路在涉诉商标诉讼期间内经营活动正常，不存在就涉诉商标发生其他争议、纠纷、违约、索赔等风险和经济损失的情形。

3. 商标评审委已就本案作出新的裁决

就涉诉商标争议事项，商标评审委已于2011年1月10日作出《关于第1301044号"卡奴迪路CANUDILO及图"商标争议裁定书》（商评字〔2009〕第13384号重审第496号，以下简称该裁定）并于2011年1月29日送达发行人，该裁定确认"依据北京市高级人民法院〔2010〕高行终字第872号《行政判决书》和《中华人民共和国商标法》第43条的规定，争议商标予以维持"。

根据该裁定，"当事人如不服本裁定，可以自收到本裁定书之日起三十日内向北京市第一中级人民法院起诉，并在向人民法院递交起诉状的同时或者至迟十五

日内将该起诉状副本抄送或者另行书面告知我委”。

根据该裁定,“申请人(注:指卡拉麦罗公司)在向商标评审委提起评审请求时,未明确主张争议商标的注册侵犯了其在先著作权,即使可以确认申请人明确主张的在先权利为在先著作权且引证的两商标图案构成受我国《著作权法》保护的作品,本案也不足以认定争议商标的注册侵犯了申请人享有的在先著作权,申请人的上诉理由均不能成立。”

本所认为,商标评审委对涉诉商标作出该裁定意味着本案的终结,卡奴迪路对涉诉商标的权利主张已得到两级审理法院及商标评审委的认可,截至目前涉诉商标上不存在未了结的纠纷争议。

4. 对卡奴迪路拥有的与涉诉商标相同或类似的其他商标的风险分析

对于涉诉商标,卡拉麦罗公司以“争议商标与卡拉麦罗公司拥有的商标一图形部分极为近似,抄袭的主观恶意明显,并且指定使用在同一种或类似商品上,已构成使用在同一种或类似商品上的近似商标,易造成相关公众混淆”为由提出争议申请,后又以“争议商标的注册侵犯了卡拉麦罗公司的在先著作权”为由提出上诉。根据卡拉麦罗公司在本案诉讼中的答辩,该公司对涉诉商标中的“卡奴迪路(CANUDILO)”的中英文字样并无异议,只是对涉诉商标中的“鹰图形”有异议,认为争议商标的注册侵犯了卡拉麦罗公司的在先著作权。经核查,卡奴迪路目前拥有的与涉诉商标相同或类似的属于第25类且有“鹰图形”的注册商标有4项,另有与涉诉商标相同或类似的在其他类别注册且有“鹰图形”的保护性商标66项(以下合称为近似商标)。根据相关法律法规及商标专项意见,本所律师对该等近似商标可能对卡奴迪路引起的诉讼风险分析如下:

(1)《中华人民共和国商标法实施条例》第35条第2款规定:商标评审委对商标评审申请已经作出裁定或者决定的,任何人不得以相同的事实和理由再次提出评审申请。同时,《商标评审规则》第18条规定:对于违反《中华人民共和国商标法实施条例》第35条规定,商标评审委已经作出的裁定或者决定,以相同的事实和理由再次提出评审申请的,商标评审委应当予以驳回。

根据上述法律规定,商标评审委已经就涉诉商标作出裁定,通常情况下,商标评审委不应以相同的事实和理由受理近似商标的争议申请。

(2)对于涉诉商标,卡拉麦罗公司以涉诉商标与卡拉麦罗公司的商标中的“鹰图形”近似,侵犯了卡拉麦罗公司的在先著作权为由提出异议,但该等纠纷已经法院判决,并由商标评审委做出裁定,根据针对涉诉商标的终审判决和商标评审委作出的新的裁定来判断,卡拉麦罗公司并无充分的事实和依据对近似商标提出新的诉讼。由于一审判决、终审判决及商标评审委最终裁定均认为涉诉商标的注册并未侵犯申请人享有的在先著作权,即便卡拉麦罗公司就近似商标提出新的诉讼,通常情况下,如果没有新的事实和理由,其获得商标评审委和法院支持的可能性很小。

综上,律师认为,卡拉麦罗公司若再以涉诉商标中的"鹰图形"与卡拉麦罗公司拥有的注册商标的图形部分近似,抄袭意图明显,涉诉商标与卡拉麦罗公司拥有的商标构成近似商标,侵犯了卡拉麦罗公司的在先著作权等理由向商标评审委申请撤销争议商标或提起诉讼,其在本案中主张的事实和理由应不足以支撑其权利主张,从而无法得到相关法院或政府部门的认可,因而其对近似商标提起争议申请或诉讼的可能性不大,故近似商标遭到诉讼的风险不大。

根据商标专项意见并经本所核查,近似商标均取得商标局颁发的《商标注册证》且均处在注册有效期限内,为卡奴迪路合法拥有的注册商标,其商标专用权受到中国法律保护。截至本补充法律意见书出具之日,卡奴迪路的所有在中国境内注册的商标均不存在任何未了结的纠纷争议。

5. 上述诉讼是否构成本次发行上市的障碍

本所律师认为,发行人拥有的第 1301044 号注册商标涉及的诉讼已经两级审理法院审结,发行人已经胜诉,且发行人的权利主张已经商标评审委出具新的裁定予以支持,因而上述诉讼不会构成本次发行上市的障碍。

(三)审核意见关注之二:请保荐机构、律师等中介机构补充核查发行人对外宣传或品牌推广中是否存在使用"意大利品牌"等误导性陈述的情况,以及因此损害消费者权益的行为

根据发行人出具的说明及承诺,经保荐机构和本所律师对发行人在报告期内对外宣传及品牌推广的相关活动策划方案及相关合同、会议记录、宣传稿、海报、新闻稿等进行核查,以及对发行人销售的产品的品牌及原产地标识随机抽样检查,对发行人品牌推广部和产品营销部等相关部门负责人就发行人规范有关产品的宣传、陈述或推广所做的工作及措施等事项进行访谈,并对发行人的部分直营店及加盟商销售产品情况进行随机走访调查,发行人不存在在对外宣传或品牌推广中使用"意大利品牌"等误导性陈述的情况,不存在相关损害消费者权益的行为,具体情况如下:

根据发行人的说明,自 2007 年 8 月伊狮路公司举办的订货会起,发行人就规范和统一了品牌管理及品牌推广政策,在其后每年的品牌推广计划中,就对外宣传和品牌推广均规定了具体的执行措施和安排。发行人在宣传画册、招商手册、POP 广告(point of purchase advertising 的缩写,即在营销终端等地方设置的"购买点广告")、杂志刊物、官方网站等对外宣传渠道中,不存在使用"意大利品牌"等误导性陈述的情况,也不存在相关损害消费者权益的行为。经保荐机构和本所律师暗访发行人部分直营店及加盟店,销售人员在向顾客介绍发行人产品时,均强调公司产品为"国内一线男装品牌,产地为广州",未出现"卡奴迪路为意大利品牌"的误导

性宣传;另外,根据发行人的说明,发行人还不定期派出督导组至发行人及其子公司的各直营店和加盟店检查品牌推广计划落实情况,避免出现在对外宣传上误导消费者的情形,并对个别加盟商在互联网上发布不规范品牌宣传的行为予以警告。

根据发行人说明,并经保荐机构及本所律师核查,发行人报告期内存在从意大利采购面料的情形;此外,公司与香港理工大学科技与顾问有限公司签订《咨询顾问服务协议》,与香港理工大学纺织及制衣学系建立了稳定的合作关系;公司还与意大利马拉龙各(MARALUNGA)公司签署了《服装设计咨询协议—卡奴迪路男士系列》等合同,聘请意大利服装设计师毛里求奥·巴尔达萨利(Maurizio – Baldassari)先生作为公司的常年设计顾问。公司还不定期委派设计团队赴法国、意大利、日本、香港地区等地考察采风。因此,发行人的产品及设计文化中融入了其他国家及地区的时尚元素,其中也包括意大利元素,但公司的设计宗旨和理念是吸收各国、各地区的优秀文化,打造有中国特色的服装品牌,因而,也并未在对外宣传上强调"意大利品牌"等误导性宣传。

根据广州市消费者权益保护协会于2011年6月21日出具的证明,"2008年至今,该协会未接到发行人及其下属公司(广州狮丹贸易有限公司、广州卡奴迪路国际品牌管理有限公司)有关在对外宣传、品牌推广进行误导性陈述及其产品侵害消费者合法权益的投诉"。

根据广州市工商行政管理局于2011年6月22日出具的证明,"发行人及其下属公司(包括广州狮丹贸易有限公司、广州卡奴迪路国际品牌管理有限公司)是该局登记注册的企业。在该局企业信用记录系统中,该企业从2008年1月1日起至今暂未发现因虚假宣传、误导消费者、产品质量等问题违反工商行政管理法律、法规和规章的经营行为记录"。

综上所述,本所律师认为,发行人报告期内对外宣传或品牌推广中不存在使用"意大利品牌"等误导性陈述的情况,不存在相关损害消费者权益的行为。

(四)审核意见关注之三:请保荐机构、律师等中介机构补充核查发行人在产品质量方面(包括面料、工艺等环保标准执行方面),是否受到相关政府主管部门的通报批评或处罚

根据发行人出具的说明,并经保荐机构和发行人律师核查,由广州市纤维产品检测院、国家质检总局授权设立的国家纺织品服装产品质量监督检验中心(广州)等专业纺织品、服装产品质量监督检验机构就发行人产品或面辅料出具的《测试报告》以及对发行人质量控制部门负责人就发行人公司质量控制流程和规范等事项进行访谈,发行人已建立了完善的质量管理体系,在产品设计、面辅料采购、产前、产中、销售等各个阶段建立了内在及外观质量控制的标准和流程,对产品的质量、

面辅料的安全技术规范要求有完善的监管和检测手段。发行人所有款号(批号)产品的面辅料及发行人送检的成品均通过省级以上纺织品服装产品质量监督检验中心的检测,即由相关质量监督检验中心对产品质量(包括面料成分、各项色牢度、起球、水洗尺寸变化率、外观、缝制、规格等)及安全技术规范要求(包括甲醛含量、PH值、染色牢度、禁用偶氮染料、异味等)进行检测并出具报告。根据相关检测报告,发行人上市销售的所有款号(批号)产品的面辅料及发行人送检的成品均符合GB/T2662—2008(棉服装)、GB/T22849—2009(针织T恤衫)、GB/T2664—2009(男西服)等国家及行业相关技术标准。

根据发行人的说明,发行人在产品质量及安全技术规范要求等方面的监测控制流程及措施如下表所示:(略)

1. 发行人向省级以上产品质量监督检验机构送检部分成品,并由产品质量监督检验机构出具《测试报告》。

2. 当地质量监督主管部门对发行人直营及加盟门店的销售产品进行抽样检测。

根据发行人确认及本所律师核查,2010年3月,发行人子公司狮丹公司曾因产品湿摩擦色牢度项目不合格问题被哈尔滨市工商行政管理局处以1000元罚款的行政处罚,狮丹公司已按时足额缴纳了罚款。根据哈尔滨市工商行政管理局消费者权益保护处于2010年11月11日出具的说明,该等违法行为轻微,符合《产品质量法》减轻、从轻处罚的条件(有关事宜详见《法律意见书》和《律师工作报告》——“十七、发行人的环境保护、产品质量及技术标准”所述内容)。本所律师认为,狮丹公司上述受到行政处罚的行为不属于重大违法、违规行为,对发行人本次发行上市不构成实质障碍。

此外,根据发行人确认并经本所律师核查,以及通过国家质量监督检验检疫总局网站(http://www. aqsiq. gov. cn)的“产品质量信用记录”进行查询,除上述狮丹公司受到行政处罚的情形外,自2008年1月1日起至今,发行人及其子公司的经营管理活动符合国家有关质量管理方面的规定,未因产品质量、技术标准等问题受到任何行政处罚或通报批评,无违法、违规记录。

根据广州市质量技术监督局于2011年6月23日出具的《证明》,“发行人及其下属公司(包括广州狮丹贸易有限公司、广州卡奴迪路国际品牌管理有限公司)均系该局管辖的企业。自2008年1月1日起至今,该等公司的经营管理活动符合国家有关质量管理方面的规定,未因产品质量、技术标准等问题受到任何行政处罚或通报批评,无违法、违规记录,也未受到与其产品质量有关的举报、投诉”。

综上所述,本所律师认为,除上述一项情节轻微的行政处罚外,发行人在产品质量等方面未受过其他通报批评或查处。

二、津膜科技:控股股东的商标诉讼情况

(一)膜天膜工程的商标行政复议和行政诉讼

膜天膜工程曾注册了第3566546号“MOTIMO”注册商标、第1543788号“膜天膜及图”注册商标和第3566547号“MOTIANMO”注册商标3件注册商标(以下均称争议商标)。山东招金膜天曾以其拥有第1209698号“膜天+MOTIAN及图”注册商标、第1103323号“膜天+MOTIAN及图”注册商标(以下均称引证商标)向国家工商行政总局商标评审委员会(以下简称商评委)申请撤销膜天膜工程的前述3件注册商标。经审理,商评委认为争议商标与引证商标构成相同或近似产品上的近似商标,并撤销了上述3件争议商标。

上述争议商标和引证商标的具体情况如下表:

序号	注册商标	注册人	注册证号	注册类别	有效性
1	MOTIMO	膜天膜工程	3566546	第11类	已被撤销
2	膜天膜	膜天膜工程	1543788	第11类	已被撤销
3	MOTIANMO	膜天膜工程	3566547	第11类	已被撤销
4	MOTIAN 膜天	山东招金膜天	1209698	第11类	有效
5	膜天 MOTIAN	山东招金膜天	1103323	第11类	有效

1. 关于第3566546号“MOTIMO”注册商标的行政复议和行政诉讼

膜天膜工程于2005年1月14日注册了第3566546号“MOTIMO”商标(第11类)。2005年11月1日,山东招金膜天以第3566546号“MOTIMO”商标与其在先的第1209698号“膜天+MOTIAN及图”注册商标构成相同或近似商品上的近似商标为由,向商评委提出商标争议申请,申请撤销膜天膜工程注册的第3566546号“MOTIMO”商标。膜天膜工程在商评委规定的答辩期间内未提交答辩。

2010年3月29日,商评委作出商评字〔2010〕第06628号裁定书(以下简称第06628号裁定),认定争议商标“MOTIMO”与引证商标“膜天MOTIAN及图”构成相同或近似商品上的近似商标。商评委据此裁定撤销了膜天膜工程第3566546号“MOTIMO”商标。

2010年8月16日,膜天膜工程就第06628号裁定向北京市第一中级人民法院(以下简称一审法院)提起行政诉讼,请求撤销第06628号裁定。2010年11月18日,一审法院作出〔2010〕一中知行初字第2990号行政判决书,维持了第06628号

裁定。

膜天膜工程不服上述一审法院的判决，于2010年12月8日上诉，请求北京市高级人民法院（以下简称二审法院）撤销一审判决和第06628号裁定，维持争议商标注册。2011年3月11日，二审法院作出〔2011〕高行终字第114号行政判决书，驳回了膜天膜工程的上诉，终审维持了商评委第06628号裁定。

自2011年3月起，公司完全不再使用第3566546号“MOTIMO”商标。

2. 关于第1543788号“膜天膜及图”注册商标的行政复议和行政诉讼

膜天膜工程于2001年3月21日注册了第1543788号“膜天膜及图”商标（第11类）。

2001年11月3日，山东招金膜天依据第1543788号“膜天膜及图”商标与其在先注册的第1209698号“膜天＋MOTIAN及图”、第1103323号“膜天＋MOTIAN及图”注册商标构成相同或近似商品上的近似商标为由向商评委提出商标争议申请，申请撤销膜天膜工程注册的第1543788号“膜天膜及图”商标。膜天膜工程在商评委限定的答辩期间内未提交答辩。

2008年6月4日，商评委作出商评字〔2008〕第05267号裁定（以下简称第05267号裁定），认定争议商标“膜天膜及图”与两个引证商标“膜天＋MOTIAN及图”构成相同或类似商品上的近似商标，并裁定撤销膜天膜工程第1543788号“膜天膜及图”商标。

2008年8月5日，膜天膜工程向一审法院提起行政诉讼，请求撤销第05267号裁定。一审法院于2008年12月10日作出〔2008〕一中行初字第1180号行政判决书，判定维持第05267号裁定。

膜天膜工程不服上述一审判决，于2009年4月13日上诉，请求二审法院撤销一审判决，将此案发回一审法院审理。2009年6月1日，二审法院作出〔2009〕高行终字第513号行政判决书，驳回了膜天膜工程的上诉，终审维持了商评委第05267号裁定。

公司从未使用过第1543788号“膜天膜及图”商标。

3. 关于第3566547号“MOTIANMO”注册商标的行政复议

膜天膜工程于2005年1月14日注册了第3566547号“MOTIANMO”商标（第11类）。

2005年11月1日，山东招金膜天以第3566547号“MOTIANMO”与其在先注册的第1209698号“膜天＋MOTIAN及图”、第1103323号“膜天MOTIAN及图”注册商标构成相同或近似产品上的近似商标为由向商评委提出商标争议申请，请求撤销膜天膜工程注册的第3566547号“MOTIANMO”商标。

2010年3月29日，商评委作出商评字〔2010〕第06629号裁定书（以下简称第06629号裁定），认定争议商标“MOTIANMO”与引证商标“膜天MOTIAN及图”构成相同或近似产品上的近似商标。商评委据此裁定撤销了膜天膜工程第3566547号“MOTIANMO”商标。

公司从未使用过第3566547号“MOTIANMO”商标。

（二）报告期内公司销售的产品是否涉及侵犯山东招金膜天的商标权利，是否存在潜在纠纷和风险

1. 报告期内，“MOTIMO”商标撤销前，公司使用该商标的销售情况

2008～2011年3月“MOTIMO”注册商标被最终撤销前，公司曾使用“ ”商标和“MOTIMO”商标形成的商标组合进行膜组件产品的销售，没有单独使用“MOTIMO”商标进行产品的销售。其使用及具体销售金额情况如下：

单位：元

使用商标类型	2011年第二至四季度	2011年一季度	2010年	2009年	2008年
MOTIMO	0	0	0	0	0
MOTIMO 的商标组合	0	11,634,495.78	38,014,231.50	17,314,006.04	22,579,194.07
或 与 MOTECH 的商标组合	34,470,700.52			0	0

注：上述销售数据不包括报告期内更换膜组件和关联交易销售膜组件的金额。

2010年7月起，公司已逐步停止了“MOTIMO”商标的使用，并于2011年3月最终停止使用“MOTIMO”商标。

2011年第二季度，公司使用“ ”或“ ”与“MOTECH”组成的商标组合进行膜组件产品的销售，事实证明，产品销售未受到任何不利影响。

2. 报告期内公司使用“MOTIMO”商标销售的产品不存在侵犯山东招金膜天的商标权利的潜在纠纷和风险，不存在赔偿责任

根据商标法律法规、司法解释，在相同近似商品或服务上使用相同近似商标，易导致相关公众混淆误认的，构成商标侵权。即构成商标侵权的要件有三点：第一，商标相同或近似；第二，商品相同或近似；第三，相关公众可能混淆或误认。

公司不存在侵犯山东招金膜天的商标权利的潜在纠纷和风险，不存在赔偿责任，主要理由如下：

（1）公司在水处理工程服务上未使用“MOTIMO”商标，不存在侵犯山东招金膜天商标权利的法律风险

公司在承接水处理工程服务项目时，并未使用“MOTIMO”商标，公司在进行

水处理工程服务时不存在侵犯山东招金膜天商标权利的法律风险。

(2)就“MOTIMO”商标撤销之前的膜及膜组件销售行为而言,公司不构成商标侵权

MOTIMO与“膜天MOTIAN及图”相比存在一定差异。在这种情况下,认定构成商标侵权必须以相关公众可能构成混淆或误认为必要条件。根据北京市高级人民法院在〔2011〕高行终字第114号行政判决书中的认定,“在进行商标近似性判断时对相关公众的认定,应当以商标核定使用的商品为标准,而不是局限于商标专用权人实际使用的商品类别上。争议商标所核定使用的商品包括‘水净化装置、消毒设备、水过滤器、饮水滤器、水净化设备和机器、海水淡化装置、水软化设备和装置、饮水机、污水处理设备’,等等,其中不排除家用水处理设备,故争议商标的相关公众不仅仅是工业大型设备的用户,也应当包括家用水处理设备的普通消费者。故关于相关公众对争议商标与引证商标的注意力程度,应当进行综合考虑”。在此基础上,北京市高级人民法院认定“MOTIMO”商标与引证商标分别注册在同一种或类似商品上,易使相关消费者对商品的来源产生误认,构成使用在相同或类似商品上的近似商标,从而撤销了“MOTIMO”商标。但是,北京市高级人民法院的前述认定也间接地确认了如将“MOTIMO”商标使用在大型水处理设备上,相关用户为专业客户,则用户的注意程度较高,此种情况下,不会发生混淆或误认、误购。如上所述,发行人的膜及膜组件产品的销售对象主要为行业内的专业客户,该等客户在购买膜及膜组件时注意程度较高,不会发生混淆或误认误购。最重要的是,公司“MOTIMO”商标从未单独使用,而是与图形形成的商标组合一起使用,较难造成混淆或误认。据此,公司在膜及膜组件产品上使用“MOTIMO”商标不侵犯山东招金膜天“膜天MOTIAN及图”商标权。

3. 公司许可使用商标的行为不具追溯力

根据《中华人民共和国商标法实施条例》第36条的规定:“有关撤销注册商标的决定或者裁定,对在撤销前人民法院作出并已执行的商标侵权案件的判决、裁定,工商行政管理部门作出并已执行的商标侵权案件的处理决定,以及已经履行的商标转让或者使用许可合同,不具有追溯力;但是,因商标注册人恶意给他人造成的损失,应当给予赔偿。”

“MOTIMO”商标被撤销之前,公司在膜天膜工程的许可下使用“MOTIMO”商标,销售膜组件产品;使用商标为商标局授权商标,膜天膜工程与公司并未恶意给他人造成损失,有关撤销注册商标的裁定对膜天膜工程与公司之间的商标许可行为不具有追溯力。

综上所述,公司提供水处理工程服务和销售膜及膜组件均不侵犯山东招金膜天的商标权利,不存在潜在的纠纷和风险,不存在赔偿责任。

4. 公司许可使用商标的行为即使可追溯，潜在赔偿损失也较小

公司所处行业为技术密集型行业，公司核心产品膜组件的研发、生产和销售主要以公司系列化的膜技术体系和公司在膜行业的地位及知名度作为支撑，商标在其中所起的作用较小且难以衡量和确定。根据《商标法》第56条的有关规定："侵犯商标专用权的赔偿数额，为侵权人在侵权期间因侵权所获得的利益，或者被侵权人在被侵权期间因被侵权所受到的损失，包括被侵权人为制止侵权行为所支付的合理开支。前款所称侵权人因侵权所得利益，或者被侵权人因被侵权所受损失难以确定的，由人民法院根据侵权行为的情节判决给予50万元以下的赔偿。"

根据膜天膜工程于2011年2月28日出具的《承诺函》，膜天膜工程已经作出承诺，如因公司使用"MOTIMO"商标而遭受任何追究从而导致任何损失，膜天膜工程将向公司进行全额赔偿。

（三）"MOTIMO"商标的撤销对公司生产经营、产品销售的影响

"MOTIMO"商标的撤销对公司生产经营、产品销售不构成重大不利影响，主要原因如下：

1. 公司水处理工程服务不依赖商标

公司作为国内最具竞争力的膜组件供应商和膜法水资源化整体解决方案提供商之一，在市政污水处理及回用，钢铁、石化等行业废水处理及回用，电力、电子等行业给水净化及市政给水净化等领域积累了大量的项目实施经验，具有较强的项目实施经验优势，其承接项目的能力和商业信誉不依赖于商标。报告期内，公司也未在水处理工程服务中使用"MOTIMO"商标。

2. 公司的水处理产品的销售对商标的依赖度不高

公司为技术驱动型企业，其商业信誉主要在于其技术本身而非商标。客户主要依靠厂商名称、技术指标等而非商标识别公司的产品。公司对商标的依赖程度不高，"MOTIMO"商标被撤销不会导致公司的客户无法识别公司。公司的膜及膜组件产品的销售对象主要为行业内的专业客户，其负责采购的人员主要是企业的工程师、技术负责人、项目经理等专业人员，该等人员对行业内各个膜制造企业生产的膜及膜组件产品的质量和性能都较为熟悉，公司与客户之间已经形成了长期、稳定、良好的合作关系，在产品销售过程中，客户通过厂商名称及技术指标足以判断、区别公司的膜及膜组件产品在产品质量、性能、服务水平等方面与其他企业之间的差异性。客户不会因为"MOTIMO"商标被撤销而导致无法识别公司或将公司与其他公司相互混淆。"MOTIMO"商标被撤销不会对公司的膜及膜组件产品的销售造成影响。

中国水网每年都会对用户满意度进行大规模调查，而调查显示，用户在购买水处理设备时考虑因素的排名依次为：(1)产品质量；(2)售后服务；(3)性价比水平；

(4)功能满足性;(5)知名度;(6)价格;(7)容易操作性;(8)以往合作关系;(9)交货周期;(10)产品型号、系列;(11)容易购买程度;(12)外国政府贷款、定制品牌。商标并非采购方在采购水处理产品时关注的主要因素。

综上所述,公司的生产经营、产品销售对商标的依赖度不高,公司停止使用“MOTIMO”商标不会影响客户对公司产品、服务的认可度,从而亦不会对公司的生产经营和产品销售构成重大不利影响。

保荐机构认为:报告期内,发行人仅使用了“ ”商标和“MOTIMO”商标形成的商标组合进行膜组件产品的销售;发行人提供水处理工程服务和销售膜及膜组件均不侵犯山东招金膜天的商标权利,不存在潜在的纠纷和风险,不存在潜在的赔偿责任;发行人的生产经营、产品销售对商标的依赖度不高,发行人停止使用“MOTIMO”商标不会影响发行人的客户对其产品、服务的认可度,从而亦不会对发行人的生产经营和产品销售构成重大不利影响。

经核查,发行人律师认为:报告期内,发行人仅使用了“ ”商标和“MOTIMO”商标形成的商标组合进行膜组件产品的销售,发行人提供水处理工程服务和销售膜及膜组件均不侵犯山东招金膜天的商标权利,不存在潜在的纠纷和风险,不存在潜在的赔偿责任;发行人的生产经营、产品销售对商标的依赖度不高,发行人停止使用“MOTIMO”商标不会影响发行人的客户对其产品、服务的认可度,从而亦不会对发行人的生产经营和产品销售构成重大不利影响。

三、科林环保

(一)科林集团转让发行人的5项注册商标中1项商标注册申请自2008年8月以来至今仍未转让完毕的原因

根据发行人提供的资料和本所律师核查,根据国家工商总局商标局2010年3月13日出具了《核准商标转让证明》,注册编号为第299242号、第4910702号、第5703220号的注册商标转让已完成;注册编号为第1376803号,第4910701号转让未完成,具体情况如下:

1. 注册编号为第1376803号的商标,股份公司已收到国家工商总局商标局2010年2月25日出具的《转让申请补正通知书》,国家工商总局商标局已受理第1376803号商标转让,但该商标已到续展期,要求尽快办理续展申请。股份公司已提交了《商标续展注册申请书》,国家工商总局商标局已受理;2010年1月22日,国家工商总局商标局出具了股份公司作为交款单位的NO0901045044《中央单位行政事业收费统一收据》。注册编号为第1376803号商标的转让手续尚在办理中。

2. 注册编号为第4910701号的商标,2008年8月6日由科林集团转让给股份公司,国家工商总局商标局已于2008年9月4受理该商标的转让申请。

3. 下列商标注册申请于2008年8月6日由科林集团转让给股份公司，国家工商总局商标局已于2008年9月4受理该商标申请的转让申请，2009年10月21日该项商标注册申请取得《商标注册证》，情况如下：

该项的商标注册申请转让，变更为注册商标转让，股份公司已收到国家工商总局商标局2010年2月25日出具的《转让申请补正通知书》，因科林集团在污物净化设备上注册的编号为第1406584号的注册商标与注册编号为第5836066号的商标近似，且核定使用的商品类似，国家工商总局商标局要求将第1406584号的注册商标一并转让。第1406584号注册商标的情况如下：

根据《转让申请补正通知书》的要求，注册编号为第5836066号、第1406584号的两项商标，科林集团与股份公司正在办理转让手续。

律师核查后认为，科林集团转让发行人的5项注册商标中1项商标注册申请自2008年8月以来至今仍未转让完毕的原因是：注册编号为第5836066号、第1376803号商标转让，因有商标申请变更为注册商标，转让商标应一并转让近似商标及商标续展等多个程序，至今未转让完毕；第4910701号商标的转让未完成，无其他特殊原因。

（二）科林集团授权发行人使用654407号和789659号商标而未向发行人转让的原因

发行人与科林集团2008年8月6日签署商标的转让合同时，科林集团正在国家工商行政总局商标评审委员会就主张撤销"科林爱尔 KELINAIER"商标，要求认定引证商标第11类第654407号商标为驰名商标的争议过程中。2010年2月1日，国家工商行政总局商标评审委员会作出商评字〔2010〕第03193号争议裁定书，支持了科林集团的评审请求。2010年2月12日科林集团收到国家工商行政总局商标评审委员会的上述争议裁定书。654407号和789659号商标在此期间是授权使用。

律师核查后认为，截止到2010年2月，第654407号商标一直处于国家工商行政总局商标评审委员会商标评审程序中，有法律争议存在，系654407号商标未向发行人转让的原因。第654407号商标核定使用商品类别为第11类和第789659号商标（国际分类第11类）系同一类且商标名称/图形相同，第654407号商标法律状态影响并关联第789659号商标。根据2002年9月15日起施行的《中华人民共和国商标法实施条例》第25条第2款"转让注册商标的，商标注册人对其在同一种或者类似商品上注册的相同或者近似的商标，应当一并转让；未一并转让的，由商标局通知其限期改正；期满不改正的，视为放弃转让该注册商标的申请，商标局应当书面通知申请人"的规定，第789659号商标亦无法单独转让，此系在2010年2月前第789659号商标未向发行人转让的原因。

(三)发行人取得上述商标及商标注册申请是否存在障碍,是否影响发行人资产完整发表意见

律师核查了发行人的商标统计表,商标注册证、转让申请受理通知书、核准续展注册证明、《中央单位行政事业收费统一收据》等,注册编号为第1376803号、第4910701号的注册商标,注册编号为第5836066号和第1406584号的商标,正在按国家工商总局商标局的要求办理转让手续。

本所律师认为,发行人取得上述注册商标不存在法律障碍,上述注册商标转让对发行人的资产完整性不存在影响。

(四)科林集团是否还拥有"科林"字样的注册商标,上述情形是否影响发行人资产完整发表意见

科林集团还拥有"科林"字样的注册商标共计17项,具体如下:(略)

律师经核查后认为,科林集团拥有上述17项注册商标核定使用的商品或服务与发行人的商品或服务不同,不是在商标分类的第7类或第11类,为不同类别的商标。

【案例评析】

1. 诉讼和仲裁事项一直是企业首发上市过程中比较重要也比较敏感的问题,当然也比较普遍,重点在于信息披露以及对潜在纠纷和风险的判断和控制。不过,小兵在这里将涉及专利和商标的诉讼或仲裁看做比较特殊甚至比较敏感的其他诉讼类型,至于原因在专利诉讼章节已经表达,不再赘述。不过需要说明一点的是,在小兵看来,发行人如果商标出现了纠纷一般情况下要比专利还要难以处理一些。毕竟,专利或许只是涉及某种产品甚至是某种产品的某个环节,而商标很有可能会涉及整个发行人的声誉甚至生产经营。

2. 也正是因为这个原因,从审核实践来看,商标诉讼较之专利诉讼更加罕见一些,有些企业也会因为商标问题无法直接干脆地解决而选择其他路径来打通上市渠道。当然,现有已经成功的案例虽然看起来都有些在刀尖上起舞的感觉,不过对于我们在实践中把握一些涉及商标纠纷的问题还是有很好的借鉴意义。下面将分别对卡奴迪路和津膜科技进行针对性的分析。

3. 卡奴迪路:假洋品牌的嫌疑而引起商标争议。这个案例在国内还是非常有代表性的,尤其在服装等日常消费品领域,国内企业因为各种各样的原因还是喜欢让自己的企业跟国外的企业或者品牌扯上关系。本案例中,国外企业对发行人的主要商标提出了异议,并且这官司一直打了近八年,直到2011年才有了一个定论,这一方面说明争议的商标双方都非常看重,另外一方面如果这个商标一旦真的出

了问题，那么对发行人的影响可能就是根本性的。好在，发行人的官司最终还是打赢了，但是这并不能完全消除商标的潜在风险，因此，审核过程中还是对这个问题作了重点关注，关注的是什么问题以及发行人的解释思路主要体现在：

（1）涉诉的商标来源到底是哪里来的，是发行人自己设计的还是受让别人的，如果真的是自己设计的还好些，如果是受让的就更说不清楚了。本案例发行人是受让的，不过受让方是同一控制下的企业，来源还比较容易查清楚。

（2）商标评审委是否还会对涉讼商标做出新的裁定？涉诉商标已经由法院二审得出定论，根据一事不再理的原则，涉诉商标的权属基本是确定的。为了更加说明问题，商标代理机构还出具了关于商标的专项意见，也就是由商标的专业机构来解释了这个问题更加具有说服力。这个思路是值得借鉴的，不过在小兵看来，如果针对这个问题能由商标专业律师或者商标主管部门发表意见更加权威也更加合适一些。

（3）涉诉商标是没问题了，那么其他相关联的商标是不是同样存在涉诉风险呢？其实，这个问题问的还是一针见血也比较致命的，换句话说，这家企业就跟你耗上了，这个商标不好使，再换一个跟你打八年的官司哪个企业也受不了。中介机构的解释思路是说，申请人只是认为发行人商标的鹰的图形侵犯了先著作权，并没有对发行人卡奴迪路的商标提出异议，而图形的先著作权已经裁定没有了争议，所以就不再存在风险。不过，申请人是否有证据可以对发行人卡奴迪路的商标或者其他关联商标重新进行裁定呢？这个风险还是存在的。当然，对于国内的中介机构来说，这个的确也很难核查，但是风险我们还是要关注到的。

（4）发行人是否曾经进行过“意大利品牌”的误导性陈述？这个问题属于自然而然延伸的一个问题，发行人的回复是没有，对此中介机构也是做了很多渠道和层次的核查工作，并且由广州市消费者协会和工商局出具了说明。当然，发行人在材料中也承认工艺和面料上吸收了很多意大利的先进经验并聘请了意大利的高级顾问，那么这些内容有没有在公司宣传中体现呢，先进工艺和高级顾问又怎么去界定呢？显然这个问题并不好回答，也算是发行人打了一个擦边球吧，只要没有新的问题出现也算是暂告一个段落。那么可以思考一下，如果真有涉及假洋品牌的宣传问题该怎么办呢？如果存在，那么需要越早越干脆地进行清理并解决，解决到位并且把风险控制到位也并非就没有上市的可能。

4. 津膜科技：这个案例与上一个案例不同之处在于发行人控股股东并许可给发行人使用的商标被裁定撤销。发行人正在好好使用的商标突然之间没了，这就涉及商标诉讼另外一个层次的问题了，在审核过程中这个问题也是被重点关注，其关注主要问题和解决思路主要体现在：

（1）争议商标撤销前发行人利用该商标的产品销售情况。这个问题的回答前提很明确，那就是很少，最好是没有，如果很多，这个事情也就没有解释的余地只能是回去推倒重来了。本案例解释的思路很好,是说发行人没有单独使用争议商标销售过,使用的是其他的商标或者是其他商标与争议商标的组合,意思很明确,尽管争议商标用不了了,我可以使用别的单独商标销售或者其他组合商标销售。当然,最关键的也不能忘了,那就是与涉诉商标有关的销售金额不大并且发行人自争议之后已经逐渐停止了争议商标的使用。

(2)争议商标撤销前发行人使用该商标是否侵犯了申请人的权利,是否存在赔偿责任以及其他风险?也就是说,既然商标裁定已经认定发行人不拥有商标权利,那么申请人是否可以要求发行人对以前的销售行为进行赔偿呢?发行人的解释是一种步步退让的策略,首先工程上没用过争议商标;其次产品销售上用的是组合商标且客户主要是大型客户一般不会混淆;再次商标裁定没有追溯力;最后就算是有追溯力,赔偿金额最高也就50万元。小兵认为对于这个问题的解释逻辑上是有问题的,有问题就是有问题,没问题就是没问题,中介机构选择这样的解释逻辑或许也是不得已而为之。可以试想一下,如果申请人真的向发行人提出赔偿申请,那么这些解释理由是否会成为审判的核心依据呢?还有,中介机构在解释时利用了判决书的一些理由,颠来倒去地不知道说了些什么,做得有些不好。

(3)争议商标撤销对发行人生产经营的影响?对于这个问题的解释还是一个比较好理解的思路,那就是工程不使用商标而产品销售的客户主要是大客户,对产品的辨识不一定依赖商标。小兵也想不出更好的解释理由,不过至于具体的影响到底怎样,只能是发行人最清楚了。不过,中介机构使用的用户购买考虑因素的素材很好,值得借鉴。

5. 最后,还是老生常谈提醒大家一句:上述案例的代表性以及可参考性存在疑问,小兵只是与大家分享一些思路,切勿生搬硬套,具体问题还是具体分析。

第二章 其他情形

☐ 又是一个垃圾筐
☐ 不解释,你懂的
☐ 内容依旧精彩,同样不可错过

■第一节 停薪留职解决之道

【重要提示】

★ 从目前实践来看,停薪留职问题主要在校办企业上市过程中存在,也就是学校职工利用技术外出创业,在上市过程中是否要保留学校编制的问题。

★ 从上市公司独立性的角度来讲,公司职工只能专职在公司任职并领取薪酬,那么校办企业这种比较特殊的状况该怎么理解呢,停薪留职是否违背了独立性的基本原则?

★ 现有案例均找到了明确的法规依据以论证停薪留职的合理性和合规性,不过小兵看来,停薪留职问题可能会存在潜在的风险,实践中还是要审慎对待。

【案例情况】

一、天喻信息

(一)基本情况

1. 停薪留职主要人员

公司董事、监事、高级管理人员和其他核心人员多数存在停薪留职的情况,同时这些人员也是公司的股东。具体情况如下:

序号	姓名	公司职务	在学校任职情况	在学校领薪情况
1	张新访	董事长	教授	领取相应职务报酬
2	童 俊	董事	—	—
3	李 娟	董事	—	—
4	高 毅	董事	—	—
5	冯 敏	董事	—	—
6	向 文	董事、总经理	教授	领取相应职务报酬
7	钟晓林	独立董事	—	—
8	胡瑞敏	独立董事	—	—
9	胡文学	独立董事	—	—
10	李士训	监事会主席	—	—
11	岳 蓉	监事	—	—
12	王 彬	职工代表监事	—	—
13	王同洋	副总经理	副教授	领取相应职务报酬
14	朱建新	副总经理	副教授	领取相应职务报酬
15	王宜明	副总经理	—	—
16	何 涛	副总经理 财务负责人	—	—
17	刘 春	副总经理	—	—
18	江 绥	董事会秘书 副总经理	—	—
19	吴俊军	其他核心人员	副教授	领取相应职务报酬
20	周军龙	其他核心人员	—	—
21	朱文玄	其他核心人员	讲师	领取相应职务报酬
22	熊传光	其他核心人员	讲师	领取相应职务报酬
23	付秦华	其他核心人员	—	—
24	董逢华	其他核心人员	—	—
25	童 敏	其他核心人员	副教授	领取相应职务报酬
26	付积存	其他核心人员	—	—
27	杨利华	其他核心人员	—	—
28	郑建平	其他核心人员	—	—

2. 公司研发活动独立自主开展

首先，公司各类产品的核心技术来源全部是公司员工在多年自主开发的基础上形成，没有外购的技术成果，个别的技术合作和委托开发并不涉及公司核心技术。2009 年公司委托华中科技大学研究开发专用多口 SD 卡读写器智能 SD 卡个人化软件，仅是公司为改造外购生产设备而开发的一种设备运行专用软件，而公司的核心技术是智能卡产品本身所需要的软件技术。此外，公司有一项专利技术"U－Key盘"虽然与华中科技大学机械科学与工程学院共有，但并非公司核心专利，该专利相关的产品和技术不是公司的主营方向，报告期内几乎对公司经营业绩没有贡献。

其次，公司的研发人员具有独立性。公司与所有研发人员都签订了劳动合同和保密协议。由于公司的前身是由华中科技大学科研教学人员创办的校办企业，公司10名核心技术人员中曾有6人在实际控制人华中科技大学担任教学职务并领取部分薪酬，但均与公司签订了劳动合同和保密协议，在公司从事研发工作完全按照公司确定的研发计划参与具体的研发项目，所从事的研发项目全部由公司提供资金和各种研发条件，所取得的研发成果由公司享有全部知识产权。

公司核心技术人员在实际控制人华中科技大学任职、领薪情况：

姓名	公司职务	在华中科技大学任职、领薪情况
王同洋	公司副总	曾任副教授，已经不担任任何职务、不再领薪
朱建新	公司副总	曾任副教授，已经不担任任何职务、不再领薪
吴俊军	研发中心副总经理	曾任副教授，已经不担任任何职务、不再领薪
周军龙	研发中心副总经理	—
朱文玄	研发中心部门经理	曾任讲师，已经不担任任何职务、不再领薪
熊传光	资深工程师	曾任讲师，已经不担任任何职务、不再领薪
付秦华	研发中心部门经理	—
董逢华	研发中心部门副经理	—
童　敏	资深工程师	曾任副教授，已经不担任任何职务，不再领薪
付积存	研发中心部门经理	—

尽管高校教师在企业从事研发工作为教育行政主管部门允许和鼓励（教育部教技发〔2005〕2号《关于积极发展、规范管理高校科技产业的指导意见》），公司核心技术人员在以公司工作为主的同时担任华中科技大学教学职务也不存在职务冲突，为进一步增强公司核心技术人员的独立性，2010年5月25日，华中科技大学作出《华中科技大学关于同意张新访等同志停薪留职的决定》（校人〔2010〕19号），同意张新访、向文、王同洋、朱建新、童敏、吴俊军、朱文玄、熊传光、刘辉、欧阳由停薪留职，不再担任华中科技大学任何职务和工作，不再领取薪酬，并同意委派上述人员专职在发行人处工作，但其人事和组织关系仍保留在华中科技大学。

3. 符合法律规定

根据教育部教技发〔2005〕2号《关于积极发展、规范管理高校科技产业的指导意见》的规定，各高校要鼓励科研人员和教职工积极参与科技成果转化和产业化工作，要在学校和产业之间建立开放的人员流动机制，实行双向流动。今后高校可根据实际需要向企业委派技术骨干和主要管理人员，这部分人员仍可保留学校事业编制。本公司相关董事、高级管理人员和其他核心人员在华中科技大学停薪留职符合教育部的相关规定。

本公司相关董事、高级管理人员和其他核心人员在华中科技大学停薪留职后，不再兼职教学及科研工作，不再领取华中科技大学薪酬，其原与本公司签订的劳动合同继续有效，仍在华中科技大学保留事业单位编制不会损害本公司的人员独立性。

（二）审核意见关注之一：停薪留职目前在华中科技大学的任职情况、领取薪酬情况及是否存在职务冲突

律师就发行人董事、监事和高级管理人员和其他核心人员目前在华中科技大学的任职情况、领取薪酬情况对发行人相关董事、监事、高级管理人员和其他核心人员进行了访谈，取得了发行人出具的情况说明，核查了华中科技大学就发行人相关董事、监事、高级管理人员和其他核心人员任职作出的处理决定，并核查了涉及兼职的相关法律法规。

1. 相关法律、法规的规定

（1）教育部2005年10月22日发布的《关于积极发展、规范管理高校科技产业的指导意见》（教技发〔2005〕2号）规定：各高校要鼓励科研人员和教职工积极参与科技成果转化和产业化工作，要在学校和产业之间建立开放的人员流动机制，实行双向流动。今后高校可根据实际需要向企业委派技术骨干和主要管理人员，这部分人员仍可保留学校事业编制。

（2）教育部2009年2月18日颁布的《教育部关于做好2009年度直属高校产业工作的意见》（教技发〔2009〕1号）规定：各校分管产业工作的校级领导可以担任学校资产公司董事长，其他校级领导原则上应逐步撤出在资产公司的兼职。今后，各校校级领导一律不得在资产公司以外的学校企业中兼职，已兼职的须于2009年6月底前撤出。此后，校级领导仍在资产公司以外的学校企业中担任职务的，应主动辞去学校党政领导职务。除作为技术完成人外，各校领导干部不得通过奖励性渠道持有学校企业的股份。

2. 发行人董事、监事、高级管理人员和其他核心人员在华中科技大学的任职、领取薪酬情况

发行人董事、监事、高级管理人员和其他核心人员在华中科技大学的任职和近三年领取薪酬的情况如下：

序号	姓名	公司职务	在学校任职情况	在学校领薪情况
1	张新访	董事长	教授	领取相应职务报酬
2	李　娟	董事	—	—
3	卢　波	董事	—	—
4	高　毅	董事	—	—
5	冯　敏	董事	—	—
6	向　文	董事 总经理	教授	领取相应职务报酬
7	钟晓林	独立董事	—	—

续表

序号	姓名	公司职务	在学校任职情况	在学校领薪情况
8	胡瑞敏	独立董事	—	—
9	胡文学	独立董事	—	—
10	李士训	监事会主席	—	—
11	岳　蓉	董事	—	—
12	王　彬	职工代表监事	—	—
13	王同洋	副总经理	副教授	领取相应职务报酬
14	朱建新	副总经理	副教授	领取相应职务报酬
15	王宜明	副总经理	—	—
16	何　涛	副总经理 财务负责人	—	—
17	刘　春	副总经理	—	—
18	江　绥	董事会秘书 副总经理	—	—
19	吴俊军	其他核心人员	副教授	领取相应职务报酬
20	周军龙	其他核心人员	—	—
21	朱文玄	其他核心人员	讲师	领取相应职务报酬
22	熊传光	其他核心人员	讲师	领取相应职务报酬
23	付秦华	其他核心人员	—	—
24	董逢华	其他核心人员	—	—
25	童　敏	其他核心人员	副教授	领取相应职务报酬
26	付积存	其他核心人员	—	—
27	杨利华	其他核心人员	—	—
28	郑建平	其他核心人员	—	—

3. 发行人董事、监事、高级管理人员和其他核心人员在华中科技大学任职的处理

2010年5月25日，华中科技大学作出《华中科技大学关于同意张新访等同志停薪留职的决定》（校人〔2010〕19号），同意张新访、向文、王同洋、朱建新、童敏、吴俊军、朱文玄、熊传光、刘辉、欧阳由十人停薪留职，不再担任华中科技大学任何职务和工作，不再领取薪酬，并同意委派上述人员专职在发行人处工作，但其人事和组织关系仍保留在华中科技大学。

基于上述，发行人律师认为：发行人董事、监事、高级管理人员和其他核心人员在华工科技大学的任职情况不违反教育部的相关规定。曾在华中科技大学任职的发行人董事、监事、高级管理人员和其他核心人员均已辞去在华中科技大学兼任的所有职务，并停止在华中科技大学领取薪酬，已不存在职务冲突的情形。

（三）审核意见关注之二：发行人多名董事、监事、高级管理人员和其他核心人员停薪留职后仍保留华中科技大学事业单位编制是否影响发行人的独立性

1. 相关规范性文件

教育部2005年10月22日发布的《关于积极发展、规范管理高校科技产业的指导意见》（教技发〔2005〕2号）规定：各高校要鼓励科研人员和教职工积极参与科技成果转化和产业化工作，要在学校和产业之间建立开放的人员流动机制，实行双向流动。今后高校可根据实际需要向企业委派技术骨干和主要管理人员，这部分人员仍可保留学校事业编制。

2. 发行人董事、监事、高级管理人员和其他核心人员在华中科技大学的任职、领取薪酬情况（略）

3. 发行人董事、监事、高级管理人员和其他核心人员在华中科技大学任职的处理

2010年5月25日，华中科技大学作出《华中科技大学关于同意张新访等同志停薪留职的决定》（校人〔2010〕19号），同意张新访、向文、王同洋、朱建新、童敏、吴俊军、朱文玄、熊传光、刘辉、欧阳由十人停薪留职，不再担任华中科技大学任何职务和工作，不再领取薪酬，并同意委派上述人员专职在发行人处工作，但其人事和组织关系仍保留在华中科技大学。

根据华中科技大学的上述批文，此处所谓停薪留职，是指仅保留华中科技大学的事业单位编制（即保留人事关系和组织关系），不再担任华中科技大学任何职务和工作，不再领取薪酬。

4. 已上市公司类似案例

湖南博云新材料股份有限公司为中南大学下属的一家中小板上市企业（股票简称：博云新材，股票代码：002297），其有三名高级管理人员熊翔（董事、总经理、核心技术人员）、易茂中（董事、副总经理、核心技术人员）、张红波（副总经理、核心技术人员）在中南大学担任博士生导师。中南大学于2006年10月8日作出《关于同意熊翔等同志停薪留职的决定》，同意熊翔、易茂中、张红波、郭超贤、姚萍屏、冯志荣、贺雪迎、刘伯威、李度成停薪留职，不再担任中南大学任何职务，并同意熊翔等9人专职在发行人及其控股子公司工作，但其人事和组织关系仍然保留在中南大学。熊翔等9人已与博云新材签订无固定期限劳动合同。

5. 与发行人签订劳动合同的情况

根据本所核查，在华中科技大学担任职务的发行人董事、高级管理人员和其他核心人员在办理停薪留职之前，在华中科技大学担任的职务是教学和科研职务，并同时与发行人签署无固定期限劳动合同，在发行人担任经营管理和技术研发工作。

上述人员在发行人担任的职务为其主要工作,在华中科技大学担任的教学和科研工作为兼职。

停薪留职后,上述人员不再兼职教学及科研工作,不再在华中科技大学领取薪酬。其原与发行人签订的劳动合同继续有效。

基于上述,发行人律师认为:曾在华中科技大学担任职务的发行人的董事、高级管理人员和其他核心人员停薪留职符合教育部的相关规定。曾在华中科技大学担任职务的发行人的董事、高级管理人员和其他核心人员停薪留职后仍在华中科技大学保留事业单位编制不会损害发行人的人员独立性。

二、博云新材

公司董事、监事及高级管理人员严格按照《公司法》、《证券法》等法律法规和《公司章程》的有关规定选举产生,不存在大股东和实际控制人超越董事会和股东大会作出人事任免决定的情况。公司拥有独立运行的人力资源部,对公司员工按照有关规定和制度实施管理,公司的人事和工资管理与股东单位严格分开,无高级管理人员在控股股东或实际控制人处担任任何行政职务情况。

根据教育部教技发〔2005〕2 号《关于积极发展、规范管理高校科技产业的指导意见》,各高校要鼓励科研人员和教职工积极参与科技成果转化和产业化工作,要在学校和产业之间建立开放的人员流动机制,实行双向流动。今后高校可根据实际需要向企业委派技术骨干和主要管理人员,这部分人员仍可保留学校事业编制。中南大学于 2006 年 10 月 8 日作出《关于同意熊翔等同志停薪留职的决定》,同意熊翔、易茂中、张红波、郭超贤、姚萍屏、冯志荣、贺雪迎、刘伯威、李度成停薪留职,不再担任中南大学任何职务,并同意熊翔等 9 人专职在发行人及其控股子公司工作,但其人事和组织关系仍然保留在中南大学。熊翔等 9 人已与公司签订无固定期限劳动合同。

(一)公司在人员方面与实际控制人的关系

根据教育部教技发〔2005〕2 号《关于积极发展、规范管理高校科技产业的指导意见》,各高校要鼓励科研人员和教职工积极参与科技成果转化和产业化工作,要在学校和产业之间建立开放的人员流动机制,实行双向流动。今后高校可根据实际需要向企业委派技术骨干和主要管理人员,这部分人员仍可保留学校事业编制。中南大学于 2006 年 10 月 8 日作出《关于同意熊翔等同志停薪留职的决定》,同意熊翔、易茂中、张红波、郭超贤、姚萍屏、冯志荣、贺雪迎、刘伯威、李度成停薪留职,不再担任中南大学任何职务,并同意熊翔等 9 人专职在发行人及其控股子公司工作,但其人事和组织关系仍然保留在中南大学。熊翔等 9 人与公司已签订无固定期限劳动合同。

(二)公司在技术和研发方面与实际控制人的关系

经过长期的实践,在技术和研发方面,公司与中南大学已形成良好的分工与合作的关系。中南大学主要从事粉末冶金领域的基础研究;公司则作为上述领域的产业化基地,负责粉末冶金领域的应用研究并实施产业化。根据公司与中南大学签订的《技术合作开发协议》,双方共同就上述研究开发的技术成果向国家专利主管部门申请专利证书,并作为所申请专利的共同所有权人。公司对该技术成果拥有独占性的使用权,且无须向学校支付任何费用,中南大学同意对该技术成果保密。

中南大学主要依托粉末冶金国家重点实验室和轻质高强结构材料国防科技重点实验室从事粉末冶金领域的基础研究,包括但不限于炭/炭复合材料、金属基摩擦材料、树脂基摩擦材料等合作领域内的材料结构与性能的实验室研究。

公司通过自身的研究院能够独立开展粉末冶金复合材料的应用研究开发。包括粉末冶金复合材料新工艺、新技术的研究、试验与推广应用,新产品实施方案的调研、论证及工艺、装备、生产流程方案的确定和新产品实施工作。目前,公司已成功开发出多个品种规格的航空航天产品,并通过有关认证、取得相应的证书,如PMA证书、武器装备科研生产许可证等,成为相关技术成果产业化的合法合规实体。

据此,律师认为:(1)公司部分员工和高管人员保留中南大学教师资格身份符合相关法律法规规定,且该等人员与公司依法签订了劳动合同,没有在中南大学担任任何行政职务和领薪,其劳动关系独立于中南大学;(2)中南大学主要依托国家重点实验室从事粉末冶金领域的基础研究,博云新材主要从事粉末冶金复合材料领域的应用研究,并将最新科技成果产业化,彼此分工明确,公司具备独立的研究开发能力。

综上所述,本所律师认为,发行人具备独立的生产经营能力,在人员、技术和研发等方面不存在对控股股东和实际控制人的严重依赖。

三、三英焊业

(一)人员独立性

公司根据《公司法》、《公司章程》的有关规定选举产生公司董事、监事并聘请了独立董事,由董事会聘用高级管理人员,不存在控股股东或实际控制人干预公司已做出的人事任免决定的情况。公司劳动、人事及工资管理完全独立;不存在董事、总经理、副总经理及财务负责人兼任监事的情形。公司总经理、副总经理和董事会秘书均属专职,并在公司领薪。公司建立了独立的劳动人事及工资管理体系,员工的劳动、人事、工资报酬以及相应的社会保障均独立管理，公司人员独立于控股股东和实际控制人。

2005 年 10 月，教育部发布《关于积极发展、规范管理高校科技产业的指导意见》（教技发〔2005〕2 号），要求各高校要鼓励科研人员和教职工积极参与科技成果转化和产业化工作，要在学校和产业之间建立开放的人员流动机制，高校可根据实际需要向企业委派技术骨干和主要管理人员，这部分人员仍可保留学校事业编制。2009 年 7 月 14 日，根据上述文件精神并结合三英焊业的实际情况，天津大学、三英焊业分别与张智、金立鸿、伍珠良、王秀文签订三方协议，协议规定：天津大学同意张智等 4 人办理停薪留职到三英焊业工作；在停薪留职期间，张智等 4 人承担三英焊业的工作任务，执行三英焊业的管理制度，不再承担天津大学的教学、科研等工作；停薪留职期间，张智等 4 人的社会保险（包括养老保险、医疗保险、生育保险、工伤保险和失业保险等国家、地方和系统规定的项目）和住房公积金等由天津大学按照天津大学的规定和标准代为缴纳，应由个人承担的部分由张智等 4 人自行承担，并由三英焊业在张智等 4 人工资中代为扣除，应由企业承担的部分由三英焊业承担。张智、金立鸿、伍珠良 3 人与天津大学、三英焊业签订的《停薪留职协议》有效期为 3 年，自 2009 年 7 月 14 日起至 2012 年 7 月 13 日止，协议期满后，如各方无异议，协议自动顺延。王秀文因于 2009 年 11 月将达到退休年龄，其与天津大学、三英焊业签订的《停薪留职协议》有效期为 1 年。张智、金立鸿、伍珠良、王秀文均与公司签订了无固定期限的劳动合同。

（二）研发人员方面的独立性

目前，公司已逐渐培养了 60 多人的研发队伍，其中公司总经理陈邦固，以及核心技术人员张智、金立鸿、伍珠良、王秀文四人虽来自天津大学，但自进入三英焊业工作后上述五人便不在天津大学从事任何教学、科研任务，专职在三英焊业工作，与三英焊业形成了事实劳动关系。在三英焊业工作期间，上述五人的工资及各项社会保险均由三英焊业实际支付。以下为上述五人进入公司时间情况：

	陈邦固	张智	金立鸿	伍珠良	王秀文
进入三英焊业的时间	1994 年	1994 年	1999 年	1995 年	1994 年

上述五人中陈邦固已经于 2004 年从天津大学正式退休，张智等四人已与天津大学、三英焊业签订了三方协议，并在天津大学办理了停薪留职手续，同时与三英焊业签订了无固定期限劳动合同。三英焊业在研发人员方面对天津大学不存在依赖性。

保荐机构认为：虽然三英焊业由天津信托与天津大学共同出资设立，同时公司的部分技术人员来自天津大学，但三英焊业目前使用、研发的各项专利、非专利技术的所有权清晰,均归属于三英焊业,不存在对天津大学的技术依赖。三英焊业核心技术人员均在公司专职工作,张智、金立鸿、伍珠良、王秀文均在天津大学办理了停薪留职,并与天津大学、三英焊业签订了三方协议,三英焊业不存在对天津大学的技术人员依赖的情况。三英焊业在技术及研发方面具有完整的独立性。

发行人律师认为:陈邦固等5人虽然之前为天津大学在编人员,但是陈邦固已经自天津大学退休,张智等4人已经与发行人形成事实劳动关系、且经天津大学同意停薪留职到发行人处工作,发行人的人员独立;该5名核心技术人员在公司工作期间所形成的相关技术成果归属于发行人,发行人对其目前拥有的专利权及非专利技术拥有合法的所有权、使用权及转让权,该等专利权及非专利技术不存在产权纠纷或潜在纠纷,发行人在技术方面不存在对天津大学的依赖关系,发行人的业务独立、资产独立完整。

【案例评析】

1. 知识也是生产力,或许用这句话来解释为什么越来越多的校办企业或者师办企业发展壮大并成功上市的原因再贴切不过了。高校进行研发的地方有着任何其他单位没有的得天独厚的优势,研发出来优秀的技术只是发表篇论文或者评个职称拿个奖是不够的,只是出售回收一笔科研经费也不能实现最大价值,只有技术产业化或许才是最有前途的路径。

2. 综上原因,近几年校办工厂或者说高校人员出来创业的企业进行首发上市的情况越来越普遍。显而易见,不论是资产结构、股东构成还是技术来源、业务发展等方面,这类企业都属于具有鲜明独特标志的一类非常独立的企业,那么这类企业在上市过程中也必然会有一些比较特殊的问题需要特别关注,那么本节内容与大家探讨的就是高校人员在发行人中的身份以及定位问题。

3. 从目前实践来看,停薪留职问题主要在校办企业上市过程中存在,也就是学校职工利用技术外出创业,在上市过程中是否要保留学校编制的问题。从上市公司独立性的角度来讲,公司职工只能专职在公司任职并领取薪酬,那么校办企业这种比较特殊的状况该怎么理解,停薪留职是否违背了独立性的基本原则呢?从实务中的处理情况来看,多数案例还是选择了最彻底也最没有风险的处理方式,那就是高校人员必须二选一做出选择,要么保留上市公司职务,要么保留高校职务。当然,绝大多数情况下这些人员会直接从高校辞职然后专职在发行人工作,之所以这样,一来有利益方面的考量,二来如果高管或者技术人员从企业辞职而回到学校,那么企业的经营会发生重大变化,从而存在经营风险因而构成首发上市的障碍,因此,除非高校人员在发行人处并非担任主要职务,一般都是从高校辞职。

4. 不过,从小兵了解的情况来看,二选一往往是一个很痛苦的选择,道理不言而明,那么有没有更好的方式呢,本节案例至少提供了一个解决问题的思路。至于上述提到的停薪留职是否影响独立性问题，现有案例均找到了明确的法规依据以论证停薪留职的合理性和合规性，不过小兵看来，停薪留职问题可能会存在潜在的风险，实践中还是要审慎对待。

5. 天喻信息和博云新材的案例反馈意见第一条就是对该问题的关注，关注重点主要在于该种方式是否影响到发行人的人员独立以及核心技术和成果的完整性。从上述案例来看，停薪留职并不违反教育部等规则的规定，作为中介机构从为客户创造最大利益的角度出发，在方案中采取停薪留职的处理方案也是应该支持的。但是，有一点需要注意：如果发行人质地良好且其他问题处理的较为规范，那么一个停薪留职问题不会构成首发上市的实质障碍；但是，如果发行人问题本来就不少，而这个问题或许就会成为压倒骆驼的最后一根稻草，最后会因为这个问题以独立性存在缺陷而上市受阻，或许这也是实务中没有广泛采用这一解决方案的原因吧。

6. 对于这个问题，小兵仅是给大家提供一个处理问题的思路并发表自己的看法，在项目实际处理过程中还是需要结合发行人具体情况设计出最完善的方案。另外，教技发〔2005〕2 号文是处理该问题最好的依据，提请大家留意关注。

■第二节　集体土地租赁解决之道

【重要提示】

★ 所谓集体土地，主要就是指农村集体所有的土地，主要包括农用地、建设用地以及尚未开发的土地三大类。

★ 根据我国的土地政策，集体土地归集体所有，不得任意买卖，且主要由集体组织内部人员通过承包租赁的方式进行使用。

★ 企业上市过程中涉及集体土地的问题主要有两大类：①集体组织外的人员是否有权租赁集体土地以及是否损害了集体组织以及相关人员的利益；②是否严格按照集体土地的用途进行使用，是否违反了相关土地管理法规。

【案例情况】

一、华英农业

（一）发行人租赁的农村土地承包经营权

发行人租赁使用的 22 宗农村土地（以下简称标的土地）的详情如下：

1. 标的土地的承包经营权

2007年12月20日，相关村民委员会根据每位农户的授权委托分别与发行人签订了22份《河南省农村土地承包经营权出租合同》，发行人以租赁方式取得了22宗农村土地的承包经营权。

经核查每位农户与村民委员会签订的《土地承包合同》、每位农户持有《承包经营权证》、每位农户签署的《授权委托书》，本所律师认为，标的土地所涉每位农户均具有标的土地的承包经营权，相关村民委员会在签订《河南省农村土地承包经营权出租合同》前，均已取得每位承包标的土地的农户的书面授权。

2. 发行人取得标的土地的承包经营权合法

《中华人民共和国农村土地承包法》第32条规定："通过家庭承包取得的土地承包经营权可以依法采取转包、出租、互换、转让或者其他方式流转"，本所律师认为，标的土地所涉农户有权委托村民委员会出租其已取得的土地承包经营权。

农业部于2005年1月19日发布的《农村土地承包经营权流转管理办法》（农业部第47号令）第3条规定："农村土地承包经营权流转不得改变承包土地的农业用途，流转期限不得超过承包期的剩余期限。"根据《全国土地分类（试行）》（国土资发〔2001〕255号）的规定，畜禽饲养用地为农用地。经本所律师核查，土地承包经营权流转没有改变土地的农业用途，发行人对标的土地承包经营权的租赁期限没有超过农户对标的土地承包期的剩余期限。

《农村土地承包经营权流转管理办法》第21条规定，"承包方流转农村土地承包经营权，应当与受让方在协商一致的基础上签订书面流转合同。农村土地承包经营权流转合同一式四份，流转双方各执一份，发包方和乡（镇）人民政府农村土地承包管理部门各备案一份"。经本所律师核查，发行人签署的《河南省农村土地承包经营权出租合同》已在相关乡（镇）人民政府备案。

综上，发行人依法取得了标的土地的承包经营权。

3. 发行人租赁标的土地从事规模化畜禽养殖的合法性

（1）发行人租赁标的土地从事规模化畜禽养殖合法

国土资源部、农业部于2007年9月21日联合发布的《关于促进规模化畜禽养殖有关用地政策的通知》（国土资发〔2007〕220号文）（以下简称国土资源部220号文）规定，"其他企业和个人兴办或与农村集体经济组织、农民和畜牧业合作经济组织联合兴办规模化畜禽养殖所需用地，实行分类管理。畜禽舍等生产设施及绿化隔离带用地，按照农用地管理，不需办理农用地转用审批手续"，"规模化畜禽养殖用地的规划布局和选址，应坚持鼓励利用废弃地和荒山荒坡等未利用地、尽可能不占或少占耕地的原则，禁止占用基本农田"。根据潢川县国土资源局出具的《关于河南华英农业股份有限公司用地有关情况的说明》以及淮滨县国土资源局出具的《关于河南华英农业股份有限公司淮滨分公司用地有关情况的说明》，标的土地符合土地利用总体规划,不属于国家基本农田。本所律师与保荐人共同实地核查了养殖场占用土地的情况,逐一对照国土部门提供的养殖场所在乡镇基本农田保护片图,本所律师认为,标的土地没有占用国家基本农田,可以用于规模化畜禽养殖。

发行人以租赁方式取得标的土地的承包经营权从事规模化畜禽养殖符合法律法规和规范性文件的规定,不属于国务院于2008年1月3日发布的《关于促进节约集约用地的通知》(国发〔2008〕3号)所禁止的"擅自将农用地转为建设用地"和"'以租代征'将农用地转为非农业用地"的情形。

(2)租赁使用标的土地进行规模化养殖履行的法律程序

国土资源部220号文规定,"其他企业或个人申请规模化畜禽养殖的,经县级畜牧主管部门审核同意后,县(市)、乡(镇)国土资源管理部门积极帮助协调用地选址,并到县级国土资源管理部门办理用地备案手续。其中,生产设施及绿化隔离带用地占用耕地的,应签订复耕保证书。"

根据该文的规定,发行人已就租赁标的土地进行规模化养殖事宜在潢川县畜牧局和淮滨县畜牧局办理了备案手续,并同时在潢川县国土资源局和淮滨县国土资源局办理了用地备案手续,对于养殖场内生产设施及绿化隔离带用地占用耕地的情况已签订了复耕保证书,保证在租赁期满后负责恢复该等耕地的种植条件。本所律师认为,发行人已经履行了租赁使用标的土地进行规模化养殖所必需的法律程序。

4. 律师对发行人租赁使用标的土地的结论性意见

发行人律师认为,发行人以租赁方式取得标的土地的承包经营权并进行规模化养殖的行为,符合《土地管理法》、《农村土地承包法》、《农村土地承包经营权流转管理办法》、《关于促进规模化畜禽养殖有关用地政策的通知》等相关法律、法规和规范性文件的规定,且履行了必要的法律程序。

发行人律师认为,发行人以租赁方式取得22宗农村土地的承包经营权并在该等农村土地上进行规模化养殖的行为合法、有效。

(二)发行人租赁使用的集体建设用地使用权

2007年12月,发行人与相关村民委员会分别签订了20份《集体建设用地使用权租赁合同》,以租赁方式取得了20宗集体建设用地的使用权,租赁期限为20年。

1. 租赁使用集体建设用地合法

根据国土资源部220号文的规定,其他企业和个人因兴办规模化畜禽养殖所建的管理和生活用房、疫病防控设施、饲料储藏用房、硬化道路等附属设施,属于永久性建(构)筑物,其用地比照农村集体建设用地管理,需依法办理农用地转用审批手续。

发行人位于潢川县的19处农用地上的养殖场的附属设施所占土地涉及办理

农用地转用审批手续，根据《土地管理法》和《河南省实施〈土地管理法〉办法》的规定，乡镇土地利用总体规划区范围内农用地转为建设用地的由设区的市人民政府审批。发行人依法向相关政府主管部门提出农用地转用申请，信阳市人民政府以《信阳市人民政府关于潢川县2007年度第一批乡镇建设农用地转为建设用地的批复》（信政土〔2007〕195号）和《信阳市人民政府关于潢川县2007年度第二批乡镇建设农用地转为建设用地的批复》（信政土〔2008〕4号），分批批准发行人所属19个养殖场内永久性建筑物占用的农用地转为集体建设用地。根据河南省国土资源厅豫国土资发〔2007〕65号《河南省国土资源厅关于下达2007年土地利用计划的通知》，前述批准的集体建设用地数量在2007年河南省土地利用计划中潢川县新增建设用地总量范围内。

发行人位于淮滨县台头乡韩营村的一处农用地上的养殖场内的附属设施所占土地原来即为集体建设用地，该集体建设用地系淮滨县台头乡韩营村于2002年3月根据信阳市人民政府信政土〔2002〕2号《关于淮滨县2001年度第一、二批乡镇建设用地的批复》取得。

发行人律师认为，20宗集体建设用地的土地性质明确，发行人在该等集体建设用地上兴建附属设施的行为合法。

2. 租赁使用集体建设用地履行的法律程序

根据河南省人民政府办公厅于2003年8月26日发布的《河南省农民集体所有建设用地使用权流转管理若干意见》（豫政办〔2003〕77号文）第3条的规定，城市规划区以外的集体建设用地使用权流转时，在同等条件下，应当优先确定给本集体经济组织内部成员。确定给本集体经济组织以外的单位或个人的，应当经过本集体经济组织村民会议2/3以上成员或者2/3以上村民代表同意。

相关村民委员会在签署《集体建设用地使用权租赁合同》前，已取得了村集体村民会议2/3以上村民代表的书面同意，具备出租集体建设用地使用权的主体资格。根据《河南省农民集体所有建设用地使用权流转管理若干意见》的规定，发行人与相关村民委员会分别签订了《集体建设用地使用权租赁合同》。潢川县人民政府分别以潢政土〔2007〕63号文和潢政土〔2008〕5号文批准发行人租赁潢川县相关村集体的集体建设用地，淮滨县人民政府亦以淮政土〔2007〕90号文批准发行人租赁淮滨县相关村集体的集体建设用地。发行人现已取得了该等集体建设用地的《集体土地使用证》。

3. 律师对发行人租赁使用集体建设用地的结论性意见

发行人律师认为，发行人以租赁方式取得20宗集体建设用地的使用权符合我国相关法律法规的规定，且履行了必要的法律程序，是合法、有效的。

二、雏鹰农牧

(一)发行人生产经营及募投项目用地情况

发行人生产经营及本次募集资金投资项目涉及的租赁土地共有90宗,除1宗地为工业用地外,其余89宗地均为租赁农村土地。除租赁用地外,公司还自有8宗国有土地使用权。本次募集资金项目除"年出栏60万头生猪产业化基地项目"用地为租赁农村土地外,其他三个项目用地均使用自有用地完成。

发行人现有养殖场分为自建养殖场和租赁养殖场两类。自建养殖场系发行人在与村委会或土地承包经营权人(以下简称承包人)直接签订租地协议后,在该租赁土地上自行建场。租赁养殖场则是由他人(指与发行人签订农户自建养殖小区协议的合作建设农户,又称为"业主")在与村委会或承包人签订用地协议后,按照发行人提供的设计方案投资建场,建成后再租赁给发行人使用。

发行人就现有自建养殖场用地与新郑市薛店镇山后马村村委会等19个村委会签署了42份土地租赁协议,与周根亭等8名承包人签署了8份土地租赁协议;就本次发行募集资金投资项目之一"年出栏60万头生猪产业化基地项目"用地与尉氏县岗李乡三石村村委会等6个村委会签署了6份土地租赁合同。上述租赁合同项下的租赁土地共56宗。

发行人目前共签署34份农户自建养殖小区合作合同,租赁养殖场34个,其中33个租赁养殖场为租赁农村土地,另有雏鹰农牧第一后备种猪场为直接租赁建于国有土地上的养殖场(新村镇弓刘庄村西侧国家粮食储备库围墙东原养鸡场红瓦房20栋、平房6栋、配电房两间、厕所两个、水井三眼)。

对于发行人租赁的上述国有土地上的养殖场,出租人目前不能提供有权出租相关养殖场房屋的证明文件。根据《合同法》的有关规定,出租人有义务保证其有权出租上述房屋,若因出租人对所出租房屋存在权利上的瑕疵而导致发行人发生损失的,出租人应对该等损失承担赔偿责任。若因出租人对所出租房屋存在权利上的瑕疵而导致发行人不能继续租赁该等房屋的,由于发行人的生产经营并不依赖于上述房屋,发行人在当地寻找新的租赁房屋并无困难,因此,该等房屋租赁不会对发行人造成实质性损失,不会对发行人生产经营构成重大不利影响。

(二)发行人租赁农村土地从事生产经营是否涉及改变农用地用途

根据《国土资源部关于印发试行〈土地分类〉的通知》(国土资发〔2001〕255号)的规定,农用地分为耕地、园地、林地、牧草地和其他农用地共五类,畜禽饲养地(指以经营性养殖为目的的畜禽舍及相应附属设施用地)属于农用地中的其他农用地。据此,本所经办律师认为,发行人租赁农村土地从事畜禽养殖,不涉及改变农用地用途。

（三）发行人租赁农村土地从事生产经营是否已履行必要的审批、批准或登记手续，其程序和效力是否合法、合规

经核查，发行人租赁的56宗土地中，50宗为个人承包经营土地，6宗为集体经济组织所有但尚未发包给个人的土地。

1.《中华人民共和国农村土地承包法》第32条规定："通过家庭承包取得的土地承包经营权可以依法采取转包、出租、互换、转让或者其他方式流转"；第49条规定："通过招标、拍卖、公开协商等方式承包农村土地，经依法登记取得土地承包经营权证或者林权证等证书的，其土地承包经营权可以依法采取转让、出租、入股、抵押或者其他方式流转。"

《农村土地承包经营权流转管理办法》（农业部令第47号）第8条规定："承包方自愿委托发包方或中介组织流转其承包土地的，应当由承包方出具土地流转委托书。委托书应当载明委托的事项、权限和期限等，并有委托人的签名或盖章"，第21条规定："农村土地承包经营权流转合同一式四份，流转双方各执一份，发包方和乡（镇）人民政府农村土地承包管理部门各备案一份。"

发行人租赁的50宗个人承包经营土地中，42宗为承包人委托村委会与发行人签署土地租赁协议，并已出具书面农村土地承包经营权流转委托书；8宗为承包人与发行人直接签署。上述土地已向乡（镇）人民政府备案。

2.《村民委员会组织法》第19条规定："涉及村民利益的下列事项，村民委员会必须提请村民会议讨论决定，方可办理：（一）乡统筹的收缴方法，村提留的收缴及使用……（八）村民会议认为应当由村民会议讨论决定的涉及村民利益的其他事项"；第17条规定："村民会议由本村十八周岁以上的村民组成召开村民会议，应当有本村十八周岁以上村民的过半数参加，或者有本村三分之二以上的户的代表参加，所作决定应当经到会人员的过半数通过。"发行人租赁未发包土地共6宗，发行人作为承租方与村委会签署了土地租赁协议，并由村委会或土地所属村民小组召开村民会议讨论通过，上述土地已向乡（镇）人民政府备案。

经核查，发行人律师认为，上述农村土地租赁行为已履行必要手续，合法有效。

发行人现有34个租赁养殖场中，雏鹰农牧第三种猪场系由薛店镇格大张村村委会在本村集体未发包土地上建场后出租给发行人，因此没有另行签订土地租赁协议；雏鹰农牧三元仔猪十场的土地由业主以承包方式取得；雏鹰农牧第一后备种猪场为直接租赁建于国有土地上的养殖场；其他31个租赁养殖场的集体土地则均以租赁方式取得。

业主租赁的集体土地同样包括集体未发包土地和个人承包经营土地两种。对于租赁个人承包经营的土地，同样既存在直接与承包人签订土地租赁协议，亦存在

承包人委托村委会或其他个人签订土地租赁协议的情形。经核查,业主租赁土地亦办理上述相关手续,合法有效。

(四)政府主管部门的意见

2010年1月11日和2010年1月12日,新郑市农业局与新郑市国土资源管理局分别出具《关于河南雏鹰农牧股份有限公司生产经营使用农村土地的意见》,确认发行人及其前身严格遵守国家及地方有关基本农田保护、土地管理等方面的法律、法规、规章和其他规范性文件,发行人生产经营所租赁、承包农村土地用于畜禽养殖,符合土地利用总体规划,不存在占用基本农田的情形,亦不存在违反农村土地管理法律、法规、规章和其他规范性文件的其他情形;发行人租赁、承包农村土地已办理必要手续,属合法有效。

2010年1月10日,尉氏县农业局与尉氏县国土资源管理局分别出具《关于河南雏鹰农牧股份有限公司生产经营及募投项目使用农村土地的意见》,确认发行人严格遵守有关基本农田保护、土地管理等方面的法律、法规、规章和其他规范性文件,发行人现生产经营及为首次公开发行股票募集资金投资项目所租赁、承包农村土地均用于畜禽养殖,符合土地利用总体规划,不存在占用基本农田的情形,亦不存在违反农村土地管理法律、法规、规章和其他规范性文件的其他情形;发行人租赁、承包农村土地已办理必要手续,属合法有效。

据此,本所经办律师认为,发行人生产经营及募投项目所需大部分土地采取租赁农村土地方式合法、合规。

(五)审核意见关注

2010年6月末,本公司以租赁方式取得了56宗农村集体土地,合计7,723.69亩,其中50宗为本公司现有养殖建设用地,6宗用于本次募投项目用地,本公司分别与有关村民委员会、村民签署了《土地租赁合同》,并已办理必要的法律手续。

新郑市国土资源管理局、新郑市农业农村工作委员会于2010年7月分别出具了《关于河南雏鹰农牧股份有限公司生产经营使用农村土地的意见》说明如下:发行人严格遵守国家及地方有关基本农田保护、土地管理等方面的法律、法规、规章和其他规范性文件,发行人生产经营所租赁、承包农业土地用于畜禽养殖,符合土地利用总体规划,不存在占用基本农田的情形,亦不存在违反农村土地管理法律、法规、规章和其他规范性文件的其他情形;发行人租赁、承包农村土地已办理必要手续,属合法有效。

尉氏县国土资源管理局、尉氏县农业局于2010年7月分别出具了《关于河南雏鹰农牧股份有限公司生产经营及募投项目使用农村土地的意见》说明如下:发行人严格遵守有关基本农田保护、土地管理等方面的法律、法规、规章和其他规范性文件，发行人现生产经营及为首次公开发行股票募集资金投资项目所租赁、承包农村土地均用于畜禽养殖，符合土地利用总体规划，不存在占用基本农田的情形，亦不存在违反农村土地管理法律、法规、规章和其他规范性文件的其他情形；发行人租赁、承包农村土地已办理必要手续，属合法有效。

经核查，保荐机构认为：发行人生产经营及募投项目租赁农村土地不涉及改变农用地用途，已经履行必要手续；有关租赁行为的程序和效力合法、合规，并已取得政府主管部门的意见；发行人采取租赁土地方式从事畜禽规模化养殖经营符合国家产业政策，租赁土地程序合法、合规，"雏鹰模式"的"分散养殖"有效降低了部分土地出租方违约的风险，并且有利于发行人持续获得养殖用地，采取租赁方式进行生产经营对发行人持续经营不构成重大不利影响。

经核查，律师认为：发行人生产经营及募投项目租赁农村土地不涉及改变农用地用途，已经履行必要手续；有关租赁行为的程序和效力合法、合规，并已取得政府主管部门的意见；发行人采取租赁土地方式从事畜禽规模化养殖经营符合国家产业政策，租赁土地程序合法、合规，"雏鹰模式"的"分散养殖"有效降低了部分土地出租方违约的风险，并且有利于发行人持续获得养殖用地，采取租赁方式进行生产经营对发行人持续经营不构成重大不利影响。

三、铁汉生态

（一）基本情况

本公司于2009年12月25日与出租方梅州锦绣大地农林生态发展有限公司签订了《农村集体土地承包经营权流转合同》两份及《农村集体林地承包经营权流转合同》四份，具体如下表所示：

坐落位置	租赁年限	土地面积（亩）	土地性质	租赁价款（万元/年）
广东省梅州市梅县大坪镇守台村	2010年1月1日至2029年12月31日	301.60	土地	6.79
广东省梅州市梅县大坪镇守台村		515.00	林地	2.58
广东省梅州市梅县大坪镇守台村		70.00	林地	0.35
守台村合计		886.60	—	9.72
广东省梅州市梅县大坪镇汤湖村		399.40	土地	12.09
广东省梅州市梅县大坪镇汤湖村		784.00	林地	3.92
广东省梅州市梅县大坪镇汤湖村		105.00	林地	0.53
汤湖村合计		1288.40	—	16.54
总　计		2175.00	—	26.26

1. 守台村886.6亩土地/林地经营权的权属沿革及流转手续办理情况

守台村的886.6亩土地/林地属守台村村民集体拥有，2009年11月30日，守台村村民代表大会同意守台村村民委员会将该土地承包给锦绣大地，该次村民代表大会的会议记录表经大坪镇人民政府、守台村村民委员会认可并加盖公章；同日，锦绣大地与守台村村民委员会签署《土地承包合同》一份、《林地承包合同》两份，承包上述886.6亩土地/林地；2009年12月25日，发行人与锦绣大地签署《农村集体土地承包经营权流转合同》一份、《农村集体林地承包经营权流转合同》，租赁上述886.6亩土地/林地。

2. 汤湖村1288.4亩土地/林地经营权的权属沿革及流转手续办理情况

汤湖村1288.4亩土地/林地属汤湖村民集体拥有，2009年11月30日，汤湖村村民代表大会同意汤湖村村民委员会将该土地承包给锦绣大地，该次村民代表大会的会议记录表经大坪镇人民政府、汤湖村村民委员会认可并加盖公章；同日，锦绣大地与汤湖村村民委员会签署《土地承包合同》一份、《林地承包合同》两份，承包上述1288.4亩土地/林地；2009年12月25日，发行人与锦绣大地签署《农村集体土地承包经营权流转合同》一份、《农村集体林地承包经营权流转合同》，租赁上述1288.4亩土地/林地。

保荐机构认为发行人与锦绣大地签订的《农村集体土地承包经营权流转合同》及《农村集体林地承包经营权流转合同》合法有效，上述土地经营权不存在潜在纠纷，发行人的经营不会由于上述土地经营权取得问题面临风险。

律师认为发行人与锦绣大地签订的《农村集体土地承包经营权流转合同》及《农村集体林地承包经营权流转合同》合法有效，不存在潜在纠纷和经营风险。

（二）审核意见关注

发行人2009年12月与出租方梅州锦绣大地农林生态发展有限公司签订了农村集体土地和林地承包经营权流转合同。请发行人说明并披露上述承包经营权的权属沿革和办理流转手续的情况。请保荐机构和律师对是否存在潜在纠纷和经营风险发表意见。

1. 梅县国土资源局、梅县国土资源局大坪国土资源所、梅县大坪镇人民政府、梅县大坪镇守台村民委员会出具《证明》，“广东省梅州市梅县大坪镇内301.6亩土地属于集体土地，为守台村民委员会所有，截至本证明出具之日，尚未申领集体土地权属证书。经查，守台村集体所有土地水田为25.3亩、旱地为276.3亩。该土地不在国家基本农田红线范围之内”。

根据梅县林业局2005年5月23日编号分别为04414211309JDS00012、04414211309JDS00002、04414211309JDS00010的《森林、林木、林地状况登记表》，坐落于大坪镇守台村凌一、凌二、邓屋村民小组，面积为585亩的林地为大坪镇守台村村民集体所有。

根据梅县大坪镇守台村村民(户主)代表大会《关于守台土地、林地承包会议记录表》,梅县大坪镇守台村于2009年11月30日在村委会议室召开了村民(户主)代表大会,应到会户数1200,实到会户数944。该次会议作出决议,同意将梅县大坪镇守台村的土地301.6亩(水田25.3亩、旱地276.3亩)、林地585亩承包给梅州锦绣大地农林生态发展有限公司。梅县大坪镇守台村民委员会在会议记录表上批注了"情况属实"的意见并加盖了梅县大坪镇守台村民委员会公章,梅县大坪镇人民政府在会议记录表上批注了"情况属实、批准承包"的意见并加盖了梅县大坪镇人民政府公章。

(1)梅县大坪镇守台村民委员会于2009年11月30日与梅州锦绣大地农林生态发展有限公司签订了《土地承包合同》。根据该合同的约定,梅县大坪镇守台村民委员会将其位于凌角塘和长江岌与白沙下、面积为301.6亩的土地发包给梅州锦绣大地农林生态发展有限公司,承包期限为自2009年12月1日起至2039年11月30日止,承包土地用途为农业、林业及其他经济作物的种植,土地承包费为水田每年按人民币400元/亩、旱地每年按人民币150元/亩的价格计算,付款方式为将承包费价款总额一次性全额支付。

梅县大坪镇守台村民委员会于2009年11月30日与梅州锦绣大地农林生态发展有限公司签订了《林地承包合同》。根据该合同的约定,梅县大坪镇守台村民委员会将其位于梅县大坪镇守台村凌一、凌二、邓屋村民小组、面积为515亩的林地发包给梅州锦绣大地农林生态发展有限公司,承包期限为自2009年12月1日起至2059年11月30日止,承包费为每年按人民币10元/亩的价格计算,付款方式为在签订该合同时先付前二十年的承包款,二十年承包期满之日前一次性足额支付下一个二十年承包期的承包款,第二个二十年承包期满之日前一次性足额支付剩余十年承包期的承包款。梅县林业局于2010年4月16日向梅州锦绣大地农林生态发展有限公司核发了编号为B440600002623的《林权证》。

梅县大坪镇守台村民委员会于2009年11月30日与梅州锦绣大地农林生态发展有限公司签订了《林地承包合同》。根据该合同的约定,梅县大坪镇守台村民委员会将其位于梅县大坪镇守台村凌一、凌二、邓屋村民小组、面积为70亩的林地发包给梅州锦绣大地农林生态发展有限公司,承包期限为自2009年12月1日起至2059年11月30日止,承包费为每年按人民币10元/亩的价格计算,付款方式为在该合同签订之日即全额支付清该承包款。梅县林业局于2010年4月16日向梅州锦绣大地农林生态发展有限公司核发了编号为B440600002619的《林权证》。

根据《中华人民共和国农村土地承包法》(以下简称《土地承包法》)第48条"发包方将农村土地发包给本集体经济组织以外的单位或者个人承包,应当事先经本集体经济组织成员的村民会议三分之二以上成员或者三分之二以上村民代表的同意，并报乡（镇）人民政府批准”的规定以及梅县大坪镇守台村村民（户主）代表大会《关于守台土地、林地承包会议记录表》，梅县大坪镇守台村民委员会将其集体所有的土地及林地发包给梅州锦绣大地农林生态发展有限公司，已经取得三分之二以上村民代表同意并获梅县大坪镇人民政府批准，梅州锦绣大地农林生态发展有限公司与梅县大坪镇守台村民委员会均具有相应的主体资格，意思表示真实、充分，其签订的土地承包合同及林地承包合同内容不违反法律、行政法规的强制性规定，履行了必要的法律程序，合法有效；梅州锦绣大地农林生态发展有限公司已依法取得该等土地和林地的承包经营权。

（2）发行人于2009年12月25日与梅州锦绣大地农林生态发展有限公司签订了《农村集体土地承包经营权流转合同》。根据该合同的约定，梅州锦绣大地农林生态发展有限公司将其对位于广东省梅州市梅县大坪镇守台村、面积为301.6亩土地的承包经营权以出租的方式流转给发行人，承包经营权出租的期限为自2010年1月1日起至2029年12月31日止，承包经营权出租的用途为用于农业种植等用途，承包经营权出租价款为水田每年按人民币500元/亩、旱地每年按人民币200元/亩的价款计算，付款方式为分两次支付：第一次支付期限为梅州锦绣大地农林生态发展有限公司按本合同要求提供其专门用于收取承包经营权出租价款的银行账号后十日内，发行人支付前15年的承包经营权出租价款；第二次支付期限为2011年1月31日，发行人支付剩余5年的承包经营权出租价款。梅县大坪镇守台村民委员会于2009年12月28日出具《关于同意承包经营土地流转的函》，同意梅州锦绣大地农林生态发展有限公司将其面积为301.6亩的土地承包经营权流转给发行人。

发行人于2009年12月25日与梅州锦绣大地农林生态发展有限公司签订了《农村集体林地承包经营权流转合同》。根据该合同的约定，梅州锦绣大地农林生态发展有限公司将其对位于广东省梅州市梅县大坪镇守台村凌一、凌二、邓屋村民小组、面积为515亩林地的承包经营权以出租的方式流转给发行人，承包经营权出租的期限为自2010年1月1日起至2029年12月31日止，承包经营权出租的用途为用于林业种植等用途，承包经营权出租价款为每年按人民币50元/亩的价格计算，付款方式为分两次支付：第一次支付期限为梅州锦绣大地农林生态发展有限公司按本合同要求提供其专门用于收取承包经营权出租价款的银行账号后十日内，发行人支付前15年的承包经营权出租价款；第二次支付期限为2011年1月31日，发行人支付剩余5年的承包经营权出租价款。梅县大坪镇守台村民委员会于2009年12月28日出具《关于同意承包经营林地流转的函》，同意梅州锦绣大地农林生态发展有限公司将其面积为515亩的林地承包经营权流转给发行人。

发行人于2009年12月25日与梅州锦绣大地农林生态发展有限公司签订了《农村集体林地承包经营权流转合同》。根据该合同的约定，梅州锦绣大地农林生态发展有限公司将其对位于广东省梅州市梅县大坪镇守台村凌一、凌二、邓屋村民小组、面积为70亩林地的承包经营权以出租的方式流转给发行人，承包经营权出租的期限为自2010年1月1日起至2029年12月31日止，承包经营权出租的用途为用于林业种植等用途，承包经营权出租价款为每年按人民币50元/亩的价格计算，付款方式为分两次支付：第一次支付期限为梅州锦绣大地农林生态发展有限公司按本合同要求提供其专门用于收取承包经营权出租价款的银行账号后十日内，发行人支付前15年的承包经营权出租价款；第二次支付期限为2011年1月31日，发行人支付剩余5年的承包经营权出租价款。梅县大坪镇守台村民委员会于2009年12月28日出具《关于同意承包经营林地流转的函》，同意梅州锦绣大地农林生态发展有限公司将其面积为70亩的林地承包经营权流转给发行人。

根据《农村土地承包经营权流转管理办法》（以下简称《流转管理办法》）第15条“承包方依法取得的农村土地承包经营权可以采取转包、出租、互换、转让或者其他符合有关法律和国家政策规定的方式流转”的规定以及梅县大坪镇守台村民委员会2009年12月28日出具的《关于同意承包经营土地流转的函》、《关于同意承包经营林地流转的函》，梅州锦绣大地农林生态发展有限公司及发行人具备相应的主体资格，意思表示真实、充分，标的土地和林地的承包经营权合法有效，前述承包经营权流转合同的内容不违反法律、行政法规的强制性规定，且已取得发包方梅县大坪镇守台村民委员会的同意，合法有效；发行人已依法取得该等土地和林地的承包经营权。基于前述，该等承包经营权的设定及流转不存在潜在纠纷和经营风险。

2. 梅县国土资源局、梅县国土资源局大坪国土资源所、梅县大坪镇人民政府、梅县大坪镇汤湖村民委员会出具《证明》，“广东省梅州市梅县大坪镇内399.4亩土地属于集体土地，为汤湖村民委员会所有，截至本证明出具之日，尚未申领集体土地权属证书。经查，汤湖村集体所有土地水田为136.7亩、旱地为262.7亩。该土地不在国家基本农田红线范围之内”。

根据梅县林业局2005年6月6日编号分别为04414211307JDS00006、04414211307JDS00008的《森林、林木、林地状况登记表》，坐落于大坪镇汤湖村塘尾、围里村民小组，面积为889亩的林地为大坪镇汤湖村村民集体所有。

根据梅县大坪镇汤湖村村民（户主）代表大会《关于汤湖土地、林地承包会议记录表》，梅县大坪镇汤湖村于2009年11月30日在村委会议室召开了村民（户主）代表大会，应到会户数1120，实到会户数988。该次会议作出决议，同意将梅县大坪镇汤湖村的土地399.4亩（水田136.7亩，旱地262.7亩）、林地889亩承包给梅州锦绣大地农林生态发展有限公司。梅县大坪镇汤湖村民委员会在会议记录表上批注了“情况属实”的意见并加盖了梅县大坪镇汤湖村民委员会公章，梅县大坪镇人民政府在会议记录表上批注了“情况属实、批准承包”的意见并加盖了梅县大坪镇人民政府公章。

(1)梅县大坪镇汤湖村民委员会于2009年11月30日与梅州锦绣大地农林生态发展有限公司签订了《土地承包合同》。根据该合同的约定，梅县大坪镇汤湖村民委员会将其位于长江岌和白沙下与和尚山脚、面积为399.4亩的土地发包给梅州锦绣大地农林生态发展有限公司，承包期限为自2009年12月1日起至2039年11月30日止，承包土地用途为农业、林业及其他经济作物的种植，土地承包费为水田每年按人民币400元/亩、旱地每年按人民币150元/亩的价格计算，付款方式为将承包费价款总额一次性全额支付。

梅县大坪镇汤湖村民委员会于2009年11月30日与梅州锦绣大地农林生态发展有限公司签订了《林地承包合同》。根据该合同的约定，梅县大坪镇汤湖村民委员会将其位于梅县大坪镇汤湖村塘尾和围里村民小组、面积为784亩的林地发包给梅州锦绣大地农林生态发展有限公司，承包期限为自2009年12月1日起至2059年11月30日止，承包费为每年按人民币10元/亩的价格计算，付款方式为在签订该合同时先付前二十年的承包款，二十年承包期满之日前一次性足额支付下一个二十年承包期的承包款，第二个二十年承包期满之日前一次性足额支付剩余十年承包期的承包款。梅县林业局于2010年4月16日向梅州锦绣大地农林生态发展有限公司核发了编号为B440600002621的《林权证》。

梅县大坪镇汤湖村民委员会于2009年11月30日与梅州锦绣大地农林生态发展有限公司签订了《林地承包合同》。根据该合同的约定，梅县大坪镇汤湖村民委员会将其位于梅县大坪镇汤湖村塘尾和围里村民小组、面积为105亩的林地发包给梅州锦绣大地农林生态发展有限公司，承包期限为自2009年12月1日起至2059年11月30日止，承包费为每年按人民币10元/亩的价格计算，付款方式为在签订该合同之日即全额付清该承包款。梅县林业局于2010年4月16日向梅州锦绣大地农林生态发展有限公司核发了编号为B440600002622的《林权证》。

根据《土地承包法》第48条“发包方将农村土地发包给本集体经济组织以外的单位或者个人承包，应当事先经本集体经济组织成员的村民会议三分之二以上成员或者三分之二以上村民代表的同意，并报乡(镇)人民政府批准”的规定以及梅县大坪镇汤湖村村民(户主)代表大会《关于汤湖土地、林地承包会议记录表》，梅县大坪镇汤湖村民委员会将其集体所有的土地及林地发包给梅州锦绣大地农林生态发展有限公司，已经取得三分之二以上村民代表同意并获梅县大坪镇人民政府批准，梅州锦绣大地农林生态发展有限公司与梅县大坪镇汤湖村民委员会均具有相应的主体资格，意思表示真实、充分，其签订的土地承包合同及林地承包合同内容不违反法律、行政法规的强制性规定，履行了必要的法律程序，合法有效；梅州锦绣大地农林生态发展有限公司已依法取得该等土地和林地的承包经营权。

(2)发行人于2009年12月25日与梅州锦绣大地农林生态发展有限公司签订了《农村集体土地承包经营权流转合同》。根据该合同的约定，梅州锦绣大地农林生态发展有限公司将其对位于广东省梅州市梅县大坪镇汤湖村，面积为399.4亩土地的承包经营权以出租的方式流转给发行人，承包经营权出租的期限为自2010年1月1日起至2029年12月31日止，承包经营权出租的用途为用于农业种植等用途，承包经营权出租价款为水田每年按人民币500元/亩、旱地每年按人民币200元/亩的价格计算，付款方式为分两次支付：第一次支付期限为梅州锦绣大地农林生态发展有限公司按本合同要求提供其专门用于收取承包经营权出租价款的银行账号后十日内，发行人支付前15年的承包经营权出租价款；第二次支付期限为2011年1月31日，发行人支付剩余5年的承包经营权出租价款。梅县大坪镇汤湖村民委员会于2009年12月28日出具《关于同意承包经营土地流转的函》，同意梅州锦绣大地农林生态发展有限公司将其面积为301.6亩的土地承包经营权流转给发行人。

发行人于2009年12月25日与梅州锦绣大地农林生态发展有限公司签订了《农村集体林地承包经营权流转合同》。根据该合同的约定，梅州锦绣大地农林生态发展有限公司将其对位于广东省梅州市梅县大坪镇汤湖村塘尾和围里村民小组、面积为784亩林地的承包经营权以出租的方式流转给发行人，承包经营权出租的期限为自2010年1月1日起至2029年12月31日止，承包经营权出租的用途为用于林业种植等用途，承包经营权出租价款为每年按人民币50元/亩的价格计算，付款方式为分两次支付：第一次支付期限为梅州锦绣大地农林生态发展有限公司按本合同要求提供其专门用于收取承包经营权出租价款的银行账号后十日内，发行人支付前15年的承包经营权出租价款；第二次支付期限为2011年1月31日，发行人支付剩余5年的承包经营权出租价款。梅县大坪镇汤湖村民委员会于2009年12月28日出具《关于同意承包经营林地流转的函》，同意梅州锦绣大地农林生态发展有限公司将其面积为784亩的林地承包经营权流转给发行人。

发行人于2009年12月25日与梅州锦绣大地农林生态发展有限公司签订了《农村集体林地承包经营权流转合同》。根据该合同的约定，梅州锦绣大地农林生态发展有限公司将其对位于广东省梅州市梅县大坪镇汤湖村塘尾和围里村民小组、面积为105亩林地的承包经营权以出租的方式流转给发行人，承包经营权出租的期限为自2010年1月1日起至2029年12月31日止，承包经营权出租的用途为用于林业种植等用途，承包经营权出租价款为每年按人民币50元/亩的价格计算，付款方式为分两次支付：第一次支付期限为梅州锦绣大地农林生态发展有限公司按本合同要求提供其专门用于收取承包经营权出租价款的银行账号后十日内，发行人支付前15年的承包经营权出租价款；第二次支付期限为2011年1月31日，发行人支付剩余5年的承包经营权出租价款。梅县大坪镇汤湖村民委员会于2009年12月28日出具《关于同意承包经营林地流转的函》，同意梅州锦绣大地农林生态发展有限公司将其面积为105亩的林地承包经营权流转给发行人。

根据《流转管理办法》第15条“承包方依法取得的农村土地承包经营权可以采取转包、出租、互换、转让或者其他符合有关法律和国家政策规定的方式流转”的规定以及梅县大坪镇汤湖村民委员会2009年12月28日出具的《关于同意承包经营土地流转的函》、《关于同意承包经营林地流转的函》，梅州锦绣大地农林生态发展有限公司及发行人具备相应的主体资格，意思表示真实、充分，标的土地和林地的承包经营权合法有效，前述承包经营权流转合同的内容不违反法律、行政法规的强制性规定，且已取得发包方梅县大坪镇汤湖村民委员会的同意，合法有效；发行人已依法取得该等土地和林地的承包经营权。基于前述，该等承包经营权的设定及流转不存在潜在纠纷和经营风险。

四、博林特

（一）基本情况

根据沈阳经济技术开发区管理委员会于2007年8月8日出具的《关于沈阳博林特电梯及配件产品生产工业园区购地建厂立项的批复》（沈开委发〔2007〕261号），同意博林特有限公司在沈阳经济技术开发区开发大路27号购地48万平方米，投资建厂并经营，项目建设计划于2008年6月开始，2010年12月结束。博林特有限公司已于2008年10月、2009年6月分别与沈阳市规划和国土资源局及沈阳市规划和国土资源局经济技术开发区分局签订共计4宗国有建设用地使用权出让合同，并取得相关《国有土地使用权证》，土地总面积396,823.52平方米；但在上述48万平方米土地的中间位置有87,770.86平方米的土地，公司在2011年8月23日方通过公开招拍挂手续与沈阳市规划和国土资源局签署了《国有建设用地使用权出让合同》。此前，该等87,770.86平方米土地的性质为集体土地。

博林特有限公司于2009年7月28日取得沈阳市环境保护局经济技术开发区分局出具的《关于沈阳博林特电梯及配件产品生产工业园建设项目环境影响报告书的批复》（沈开环保审字〔2009〕85号）；2009年8月取得沈阳经济技术开发区管理委员会规划建设管理办公室、安全监察局、卫生防疫站、建设局等相关政府管理部门对该项目（待批准国有土地）建设方案的联审意见，同意沈阳博林特电梯及配件产品生产工业园区项目建设及项目用地。发行人依据上述沈开委发〔2007〕261号批复及联审意见，按照电梯及配件产品生产工业园建设项目的总体规划在该等87,770.86平方米的土地上已建有或正在建设地上建筑物。沈阳经济技术开发区管理委员会与博林特有限公司于2010年10月22日签订《投资项目协议书》，约定沈阳博林特电梯及配件产品生产工业区项目土地使用控制指标为48万平方米，沈阳经济技术开发区管理委员会负责及时办理征地审批手续，建设用地为国有土地，并负责为博林特有限办理土地审批等相关手续；博林特有限公司须缴纳土地出让金及契税。2011 年 2 月 22 日,沈阳市规划和国土资源局经济技术开发区分局出具《确认函》,确认发行人已通过招拍挂程序取得了上述 48 万平方米土地中的 39 万平方米土地,尚有近 9 万平方米仍未取得土地使用权;在该等土地完成相关规划程序后,将优先提供给发行人;沈阳市规划和国土资源局经济技术开发区分局不会因此对发行人进行任何处罚,且上述情形也不会影响发行人顺利办理相关规划、施工以及竣工验收等相关手续。

发行人已于 2011 年 8 月 23 日通过公开招拍挂手续取得 49,407.49 平方米土地的《JK2011 －412 号地块拍卖交易成交确认书》和 38,363.37 平方米土地的《JK2011 －414 号地块拍卖交易成交确认书》,并于同日与沈阳市规划和国土资源局分别签署了 49,407.49 平方米土地和 38,363.37 平方米土地的《国有建设用地使用权出让合同》,上述两块土地面积合计 87,770.86 平方米,已取得《国有土地使用权证》。

此外,发行人鞍山分公司于 2010 年 7 月取得鞍山市城乡规划设计院出具并经鞍山市规划局盖章确认的《达道湾工业区鞍刘路南、西临街东地块控制性详细规划图》,根据该图附注中记载,对发行人鞍山分公司进行建设电梯生产线项目进行详细规划,并经鞍山市城乡规划委员会 2010 年第 25 次会议审议通过,规划建设项目的占地面积约 37,556.80 平方米,建筑面积约 21,773.00 平方米。发行人鞍山分公司于 2010 年 8 月底进行开工建设。发行人鞍山分公司于 2011 年 2 月 23 日取得鞍山市发展和改革委员会对该电梯生产线建设项目备案的确认书;根据《挂牌出让成交确认书》,2011 年 3 月 16 日,发行人鞍山分公司通过竞买方式成为上述 32,233.98平方米的土地使用权的竞得人。发行人鞍山分公司在尚未取得土地使用权时已在该地块上开工建设电梯生产线项目,且存在在电梯生产线项目建设区域外正在建设约 978 平方米厂房,该在建厂房所占土地未履行相关国有土地出让手续且该在建项目也未取得相关规划、施工许可文件的问题。该在建房屋建筑物存在不能办理相关建设许可及房屋产权证而面临被拆除的风险。但该建设项目只是公司的生产线之一且尚未投入使用,所占面积也仅 978 平方米(占鞍山分公司厂房建筑面积的 4.49%),即使面临拆除的风险,也不会对公司的正常生产经营活动造成重大不利影响。

发行人已于 2011 年 4 月 12 日与鞍山市国土资源局就上述 32,233.98 平方米土地签署了《国有建设用地使用权出让合同》,《国有土地使用权证》正在办理过程中。

鞍山(达道湾)经济技术开发区管委会于 2011 年 8 月 11 日出具了《确认函》,确认发行人在鞍山(达道湾)经济技术开发区注册的鞍山分公司电梯生产线项目,已经按照国家有关规定履行国有建设用地使用权挂牌出让的手续,取得了32,233.98平方米的土地使用权,另有建筑面积约占 978 平方米厂房所占用的土地尚未开始履行法定出让手续。鞍山(达道湾)经济技术开发区管委会确认,对于鞍山分公司在尚未取得32,233.98平方米土地使用权前就先行进行开发建设厂房事宜以及建筑面积978平方米厂房所占用的土地尚未开始履行法定出让手续事宜,已知悉并同意鞍山分公司现行使用上述土地并在该土地上建设相关厂房,不对鞍山分公司进行任何处罚。

发行人控股股东远大铝业集团及实际控制人康宝华于2011年8月出具了《承诺函》,承诺发行人如因涉及使用土地及在土地上建设建筑物等行为受到相关部门的处罚,发行人在收到相关部门下发的处罚决定书后5日内,远大铝业集团及康宝华承诺无条件向发行人支付相关费用。

发行人律师认为,上述鞍山分公司涉及的978平方米的厂房占鞍山分公司厂房的比例为4.49%,占发行人全部房产的比例为0.75%;若鞍山分公司上述978平方米的违规建筑被拆除,不会对发行人的生产经营造成重大影响,鞍山分公司的违规建设行为对发行人不构成重大违法行为,不构成发行人申请本次发行与上市的实质性法律障碍。

重庆博林特与重庆市土地和矿业权交易中心于2011年6月30日签署《国有建设用地使用权成交确认书》(渝地交易工〔2011〕50号),重庆博林特通过竞买方式成为重庆市渝北区龙兴组团L、Q标准分区L2－1/01号宗地(公告编号:G11046)的国有建设用地使用权的竞得人。重庆博林特与重庆市国土资源和房屋管理局于2011年7月26日就上述117,886平方米土地签署了《国有建设用地使用权出让合同》,《国有土地使用权证》正在办理过程中。

哈尔滨博林特与哈尔滨市地产交易中心于2011年6月13日签署《成交确认书》,哈尔滨博林特通过竞买方式成为哈南工业新城南城一路西侧(NO. 2011-HT-GY004)地块的国有建设用地使用权的竞得人。哈尔滨博林特与哈尔滨市国土资源局于2011年6月27日就上述35,364.40平方米土地签署了《国有建设用地使用权出让合同》,《国有土地使用权证》正在办理过程中。

(二)审核意见关注

发行人违法使用沈阳经济开发区83,176.48平方米集体土地,发行人鞍山分公司未办理土地审批手续开工建设且违规建筑为978平方米,请保荐机构、律师和会计师核查相关部门是否对上述违法行为已进行处罚及具体情况,未来是否会进行处罚。上述违法建筑被拆除的经济损失及对公司生产经营的影响。上述违法行为是否将构成重大违法行为,是否对本次发行上市构成实质性影响。

沈阳市规划和国土资源局经济技术开发区分局于2011年2月22日出具了《确认函》,确认发行人已通过招拍挂程序取得了沈阳经济技术开发区开发大路27号48万平方米土地中的39万平方米土地,尚有近9万平方米仍未取得土地使用权。在该等土地完成相关规划程序后，将优先提供给发行人；沈阳市规划和国土资源局经济技术开发区分局不会因此对发行人进行任何处罚，且上述情形也不会影响发行人顺利办理相关规划、施工以及竣工验收等相关手续。

关于上述沈阳经济技术开发区开发大路27号近9万平方米土地，发行人已于2011年8月23日通过公开招拍挂手续取得49,407.49平方米土地的《JK2011－412号地块拍卖交易成交确认书》（沈土经交字〔2011〕251号）和38,363.37平方米土地的《JK2011－414号地块拍卖交易成交确认书》（沈土经交字〔2011〕252号），并于同日与沈阳市规划和国土资源局分别签署了49,407.49平方米土地和38,363.37平方米土地的《国有建设用地使用权出让合同》。上述两块土地面积合计87,770.86平方米，发行人确认，《国有土地使用证》正在办理过程中。

发行人已于2011年3月16日通过公开招拍挂手续取得鞍山（达道湾）经济技术开发区鞍刘路以南、西临街以东32,233.98平方米土地的《挂牌出让成交确认书》，于2011年4月12日与鞍山市国土资源局签署了上述32,233.98平方米土地的《国有建设用地使用权出让合同》，发行人确认，《国有土地使用证》正在办理过程中。

鞍山（达道湾）经济技术开发区管委会于2011年8月11日出具了《确认函》，发行人在鞍山（达道湾）经济技术开发区注册的鞍山分公司电梯生产线项目，已经按照国家有关规定履行国有建设用地使用权挂牌出让的手续取得了32,233.98平方米的土地使用权，另有建筑面积约978平方米厂房所占用的土地尚未开始履行法定出让手续。鞍山（达道湾）经济技术开发区管委会确认，对于鞍山分公司在尚未取得32,233.98平方米土地使用权前就先行进行开发建设厂房事宜以及建筑面积约978平方米厂房所占用的土地尚未开始履行法定出让手续事宜，已知悉并同意鞍山分公司先行使用上述土地并在该土地上建设相关厂房，不对鞍山分公司进行任何处罚。

根据发行人控股股东远大铝业集团及实际控制人康宝华于2011年8月18日出具的《承诺函》，康宝华持有远大铝业集团3217.5万元股权，占其注册资本的99%；远大铝业集团持有发行人12,628万股的股份，占发行人股本总额的54.3423%，远大铝业集团为发行人的控股股东，康宝华为发行人的实际控制人，远大铝业集团和康宝华承诺：发行人如因涉及使用土地及在土地上建设建筑物等行为受到相关部门的处罚，发行人在收到相关部门下发的处罚决定书后5日内，远大铝业集团及康宝华承诺无条件向发行人支付相关费用。

根据发行人的说明及经本所核查，发行人未因使用沈阳经济技术开发区87,770.86平方米集体土地及鞍山分公司未办理土地审批手续开工建设978平方米厂房而受处罚，根据相关政府部门出具的确认，相关政府部门未来不会给予处罚。关于上述87,770.86平方米土地，发行人已与沈阳市规划和国土资源局签署

《国有建设用地使用权出让合同》。发行人鞍山分公司上述978平方米的厂房占鞍山分公司厂房面积的比例为4.49%，占发行人目前全部房产面积的比例为0.75%。若鞍山分公司上述978平方米的违规建筑被拆除，不会对发行人的生产经营造成重大影响，发行人的上述行为不构成重大违法行为，不构成发行人申请本次发行与上市的实质性法律障碍。

五、圣农发展

请保荐人和发行人律师对发行人承包、租赁农村集体土地用于畜禽养殖是否符合《中华人民共和国畜牧法》和《关于促进规模化畜禽养殖有关用地政策的通知》补充核查并发表明确意见。

《中华人民共和国畜牧法》（以下简称《畜牧法》）第37条规定："国家支持农村集体经济组织、农民和畜牧业合作经济组织建立畜禽养殖场、养殖小区，发展规模化、标准化养殖。乡（镇）土地利用总体规划应当根据本地实际情况安排畜禽养殖用地。农村集体经济组织、农民、畜牧业合作经济组织按照乡（镇）土地利用总体规划建立的畜禽养殖场、养殖小区用地按农业用地管理。畜禽养殖场、养殖小区用地使用权期限届满，需要恢复为原用途的，由畜禽养殖场、养殖小区土地使用权人负责恢复。在畜禽养殖场、养殖小区用地范围内需要兴建永久性建（构）筑物，涉及农用地转用的，依照《中华人民共和国土地管理法》的规定办理。"第40条规定："禁止在下列区域内建设畜禽养殖场、养殖小区：（一）生活饮用水的水源保护区，风景名胜区，以及自然保护区的核心区和缓冲区；（二）城镇居民区、文化教育科学研究区等人口集中区域；（三）法律、法规规定的其他禁养区域。"

国土资源部、农业部联合发布的《关于促进规模化畜禽养殖有关用地政策的通知》（国土资发〔2007〕220号）第1条第3款规定："规模化畜禽养殖用地的规划布局和选址，应坚持鼓励利用废弃地和荒山荒坡等未利用地、尽可能不占或少占耕地的原则，禁止占用基本农田。"第1条第4款规定："规模化畜禽养殖用地确定后，不得擅自将用地改变为非农业建设用途，防止借规模化养殖之机圈占土地进行其他非农业建设。"第2条第2款规定："其他企业和个人兴办或与农村集体经济组织、农民和畜牧业合作经济组织联合兴办规模化畜禽养殖所需用地，实行分类管理。畜禽舍等生产设施及绿化隔离带用地，按照农用地管理，不需办理农用地转用审批手续……"第3条第1款规定："申请规模化畜禽养殖的企业或个人，无论是农村集体经济组织、农民和畜牧业合作经济组织还是其他企业或个人，需经乡（镇）人民政府同意，向县级畜牧主管部门提出规模化养殖项目申请，进行审核备案。"第3条第3款规定："其他企业或个人申请规模化畜禽养殖的，经县级畜牧主管部门审核同意后，县（市）、乡（镇）国土资源管理部门积极帮助协调用地选址，并到县级国土资源管理部门办理用地备案手续。"

根据上述规定,发行人律师对发行人承包、租赁农村集体土地的情况进行了核查,具体如下:

1. 经核查发行人与发包方、出租方分别签订的《土地承包合同》、《土地租赁合同》以及该等农村集体土地所涉及的农户土地承包经营权证、林权证、土地承包登记卡片底表、农户与当地村民委员会签订的土地承包合同等相关材料,发行人承包、租赁的农村集体土地属于耕地、园地、林地、荒地等地块;发行人在承包、租赁的农村集体土地上建设畜禽舍等生产设施,按照农用地进行管理,无须办理农用地转用审批手续;发行人在该等农村集体土地上从事畜禽养殖(即兴建养鸡场及相关生产附属设施)均已取得当地乡(镇)人民政府和光泽县农业局的同意,并已在光泽县国土资源局办理了用地备案手续。

2. 光泽县国土资源局、光泽县农业局于2009年7月31日共同出具《证明》,确认发行人承包、租赁的农村集体土地不涉及《畜牧法》第40条规定的禁止建设畜禽养殖场、养殖小区的区域,发行人将该等农村集体土地用于从事禽畜养殖(即兴建养鸡场及相关生产附属设施)不涉及改变农用地用途,发行人不存在占用基本农田的情形。

综上,发行人律师认为,发行人承包、租赁农村集体土地用于畜禽养殖符合《畜牧法》和《关于促进规模化畜禽养殖有关用地政策的通知》的规定。

【案例评析】

1. 稍微仔细整理下对于问题的思路,发现其实在首发上市过程中关于集体土地的一些问题并不十分复杂。而在实务中遇到这种问题常常觉得没有头绪的主要原因还是在于国家对于土地管理立法和执行的混乱,导致在整理和判断这一问题时有些无所适从。

2. 要清楚了解集体土地一些问题的解决思路,那么首先要明确集体土地的分类情况。集体土地如果从大的范畴里划分,主要包括农用地、建设用地和未利用地三类,而农用地又可以分为耕地、园地、林地、牧草地和其他农用地共五类,耕地又可以分为基本农田和其他耕地。根据目前国家的土地使用和监管政策,上述集体土地分类就要求土地使用者在使用土地时必须严格按照每个分类不同的要求进行使用,不然就可能是违规行为。

3. 从现有审核实践来看,企业上市过程中涉及集体土地的问题主要有两大类:(1)集体组织外的人员是否有权租赁集体土地以及是否损害了集体组织以及相关人员的利益;(2)是否严格按照集体土地的用途进行使用,是否违反了相关土地管理法规。第一种情况在实践中遇到的倒不是很多,单纯的就事论事的理论分析,可能主要有如下几种情形:①集体土地约定不得租赁给集体组织以外的人使用而租赁;②集体土地租赁价格不公允可能损害了集体组织成员的利益;③部分人员对集体土地租赁关系存在疑问或潜在纠纷。如果存在上述瑕疵的情形,那么首先要做的就是重新理顺租赁关系,如果通过一些措施能够弥补租赁关系的则尽快处理,如果租赁关系无法修复的话则需要尽快清理并提供补救措施。

4. 在现有案例中,集体土地违规行为主要是没有按照国家规定用途进行使用。总结起来,不按照国家规定用途使用集体土地主要有以下几类情况:(1)基本农田被用作其他耕地用途;(2)耕地被用作建设用地用途;(3)建设用地被用作工业用地用途。基本农田是国家耕地保护的红线,不论是什么用途和目的均不得占用,在多数农业类上市公司审核过程中,都会被关注是否存在占用基本农田的情形。耕地被用作建设用地也是不可以的,除非改变土地用途,比如最常见的农村耕地转变为宅基地的情形,应该由县级政府部门出具相关文件。上述案例中,部分养殖类上市公司建设养殖基地建设的房舍解释为视同集体建设用地管理。集体建设用地被用作工业用地也是不允许的,在集体土地上建设的房产是无法取得房产证明的从而会被认定为非法建筑存在被拆迁的风险,这种情况在深圳上市公司中较为普遍,小兵也曾专门介绍过这种情况。

5. 下面结合上述具体的案例,对一些细节操作的问题做简要分析:

(1)华英农业:案例中主要有两个重要的问题:第一个问题是村民委员会受村民的委托与发行人签署土地承包经营权的出租合同,关注的核心问题是:①关注出租合同程序是否合法,农户是否有出租承包经营权的权利,是否符合法律相关规定;②土地承包经营权出租合同需要在乡镇一级政府备案;③发行人利用土地承包经营权进行规模化畜牧养殖是否合法、合规。第二个问题是发行人因兴办规模化畜禽养殖所建的管理和生活用房、疫病防控设施、饲料储藏用房、硬化道路等附属设施,属于永久性建(构)筑物,其用地比照农村集体建设用地管理,须依法办理农用地转用审批手续,符合国土资源部220号文的规定。

(2)雏鹰农牧:①使用农村土地存在两种模式:一种是发行人与村委会或土地承包经营权人直接签订租地协议后,在该租赁土地上自行建场,另一种是合作建设农户在与村委会或承包人签订用地协议后,按照发行人提供的设计方案投资建场,建成后再租赁给发行人使用;②关于发行人租赁集体土地建养殖场的情形,中介机构承认无法提供合法出租的证明文件,从合同法出租人应该保证资产合理利用的角度进行了解释,思路非常新颖也有一定道理;③农用地分为耕地、园地、林地、牧草地和其他农用地共五类,畜禽饲养属于农用地中的其他农用地,据此发行人租赁农村土地从事畜禽养殖不涉及改变农用地用途;④当地农业局和国土资源局分别对发行人土地使用情况是否合规出具了确认意见。

(3)铁汉生态:①发行人与一家公司就土地承包经营权签署了流转合同,重点关注到这种流转合同是否合法,以及这家公司取得土地承包经营权时是否存在瑕疵;②重点关注并分别介绍林地经营权的权属沿革及流转手续办理情况。

（4）博林特：发行人9万平方米土地以前是集体土地并且在上面建设了房产，核心关注的问题在于：①上市之前已经与国土部门签署了国有建设土地出让合同，尚未取得土地证；②当地主管部门出具确认，认为发行人在集体土地上建设房产不存在违规行为，不属于重大违法违规行为；③中介机构发表核查意见，确认违规建筑仅占发行人生产经营场所很小的一部分，即使拆除也对发行人生产经营不存在影响。

第三节　独立董事资格瑕疵关注

【重要提示】

★ 尽管独立董事之于上市公司易碎花瓶地位的批判不绝于耳甚至是铺天盖地，但是仍然不可否认独立董事制度仍旧是中国上市公司公司治理和规范运行重要的组成部分。

★ 独立董事制度已经实施多年，实践中对于独立董事任职资格问题已经非常明确，一般情况下也不会有较大的争议，目前对独立董事独立性的问题倒成为重点关注的问题。

★ 独立性问题很重要也很复杂，主要原因就是外延很宽泛，界限不清晰，某些情形是否会对独立董事的独立性造成损害不易做出明确判断。

【案例情况】

一、银信科技：高校领导班子不符资格

根据北京大学网站（http://www.pku.edu.cn/about/ldjg/xzh/yhj.jsp）的记载，于鸿君的基本情况及任职经历如下：

于鸿君，男，汉族，1963年10月生，甘肃民勤人，中共党员。北京大学经济学博士。北京大学光华管理学院金融系教授，博士生导师。国家社科基金重大招标项目首席专家，国家级精品课程《微观经济学》主持人。中国系统科学学会副理事长。中国国际经济交流中心理事。

于2010年1月起任北京大学党委副书记，校务委员会副主任，纪律检查委员会书记。主管纪检监察工作和组织工作。

于1986年于西安交通大学本科毕业，取得工学学士学位。后留校任政治辅导员，动力机械工程系团工委书记。1989年考入北京大学经济学院攻读硕士学位，

担任学院研究生会主席,党支部书记。1993年毕业并获经济学硕士学位后留校任教,先后任讲师、副教授、教授(1994年起在职攻读博士学位,1997年毕业并获经济学博士学位)。1997年以来,担任北京大学光华管理学院院长助理、党委副书记,北京大学党委组织部常务副部长,北京大学校长助理。北京大学金融与证券研究中心副主任,北京大学战略研究所所长、理事长。期间:1998年3~7月在美国西北大学KELLOGG商学院学术访问。2002年11月~2004年1月,任内蒙古自治区包头市委副书记(挂职)。2005年8月~2008年7月,作为第五批援疆干部担任石河子大学党委常委、副校长。

2010年1月起任北京大学党委副书记,校务委员会副主任,纪律检查委员会书记。

根据中共中央纪委、教育部、监察部、于2008年9月3日颁发的教监〔2008〕15号《关于加强高等学校反腐倡廉建设的意见》,高校党政领导班子成员不得在校外其他经纪实体中兼职,由于于鸿君2010年1月起任北京大学党委副书记,校务委员会副主任,纪律检查委员会书记,于鸿君于2010年3月10日向发行人提交《辞职申请》,辞去了发行人独立董事职务。

基于上述,金杜认为,于鸿君辞去发行人独立董事职务符合法律规定,真实有效。

二、银信科技:借款银行独立董事是否适格

(一)骆小元是否具备独立董事任职资格

根据中国证券监督管理委员会于2001年8月16日颁发的证监发〔2001〕102号《关于在上市公司建立独立董事制度的指导意见》,担任独立董事应当符合下列基本条件:

1. 根据法律、行政法规及其他有关规定,具备担任上市公司董事的资格;
2. 具有本《指导意见》所要求的独立性;
3. 具备上市公司运作的基本知识,熟悉相关法律、行政法规、规章及规则;
4. 具有五年以上法律、经济或者其他履行独立董事职责所必需的工作经验;
5. 公司章程规定的其他条件。

独立董事必须具有独立性,下列人员不得担任独立董事:

1. 在上市公司或者其附属企业任职的人员及其直系亲属、主要社会关系(直系亲属是指配偶、父母、子女等;主要社会关系是指兄弟姐妹、岳父母、儿媳女婿、兄弟姐妹的配偶、配偶的兄弟姐妹等);

2. 直接或间接持有上市公司已发行股份1%以上或者是上市公司前十名股东中的自然人股东及其直系亲属;

3. 在直接或间接持有上市公司已发行股份5%以上的股东单位或者在上市公司前五名股东单位任职的人员及其直系亲属；

4. 最近一年内曾经具有前三项所列举情形的人员；

5. 为上市公司或者其附属企业提供财务、法律、咨询等服务的人员；

6. 公司章程规定的其他人员；

7. 中国证监会认定的其他人员。

根据骆小元出具的《确认函》，骆小元确认：

1. 骆小元及骆小元直系亲属、主要社会关系不在发行人及其附属企业任职；

2. 骆小元及骆小元直系亲属没有直接或间接持有发行人1%以上的已发行股份；

3. 骆小元及骆小元直系亲属不是发行人前十名股东；

4. 骆小元及骆小元直系亲属不在直接或间接持有发行人5%以上已发行股份的股东单位任职；

5. 骆小元及骆小元直系亲属不在发行人前五名股东单位任职；

6. 骆小元不是为发行人或其附属企业提供财务、法律、管理咨询、技术咨询等服务的人员；

7. 骆小元不存在《中华人民共和国公司法》第147条规定不得担任公司董事情形；

8. 骆小元符合发行人章程规定的任职条件；

9. 包括发行人在内，骆小元兼任独立董事的上市发行人数量不超过5家，骆小元未在发行人连续任职六年以上。

根据发行人说明，骆小元具备担任上市公司独立董事的任职资格，具有独立性。骆小元于2003年1月8日至2003年1月12日参加由中国证券业协会和清华大学经济管理学院共同举办的“上市公司独立董事培训班”学习，取得结业证书。骆小元简历如下：骆小元女士，1954年出生，1982年中国人民大学会计系本科毕业，高级经济师，注册会计师（非执业）。1983年至1991年，曾任中国财政部财政科学研究所《财政研究》杂志副主编、编辑部副主任；1991年至今，曾任中国注册会计师协会总会计师、全国注册会计师考试委员会委员兼考试部主任、注册中心主任、财务部主任、《会计研究》、《中国注册会计师杂志》编辑部主任等。曾任和现任社会职务包括中国成本研究会副秘书长、中国中青年成本研究会常务理事、北京大学《经济财会教育丛书》特聘编委、北京工商大学兼职副教授、中南财经大学会计系兼职教授、嘉实基金独立董事、华夏银行独立董事、中信银行外部监事。现为发行人独立董事。

骆小元已取得由中国证券业协会和清华大学经济管理学院共同核发的《结业证》以及中国注册会计师协会向其核发的《中国注册会计师协会会员证》。

(二)与华夏银行的业务往来情况,服务内容,并补充提供合同

根据发行人说明,报告期内银信科技与华夏银行之间业务往来主要是银行借贷。根据发行人说明,发行人与华夏银行股份有限公司各分行的业务均由发行人市场人员依照市场公开信息而获得市场合作机会,骆小元女士未提供任何信息及帮助。

根据上述确认并经金杜核查,金杜认为,骆小元具备担任发行人独立董事的资格。

三、坚瑞消防:国有企业领导人不得担任独立董事

发行人独立董事李月瑾先生现任中国信达资产管理公司西安办事处主任,为国有企业管理人员,根据《国有企业领导人员廉洁从业若干规定》、《中共中央纪律检查委员会、监察部关于中央纪委第四次全会重申和提出的国有企业领导人员廉洁自律有关规定的解释》、《关于规范国有企业职工持股投资的意见》(国资发改革〔2008〕139号)等相关规定,李月瑾先生提出辞去发行人独立董事职务;发行人于2010年5月6日召开临时股东大会批准了李月瑾先生的辞职申请并补充选举常云昆先生为独立董事。

就发行人本次独立董事变更事宜,信达律师核查如下:

(一)发行人更换独立董事的内部审议程序

2010年4月20日,发行人召开第一届董事会第十二次会议,审议通过了《关于同意独立董事李月瑾先生离职的议案》,同意李月瑾辞去公司独立董事职务以及在公司董事会专业委员会中的相应职务,在公司股东大会审议通过新任独立董事之前,李月瑾仍履行公司独立董事职责;审议通过了《关于提名独立董事候选人的议案》,提名常云昆先生为公司独立董事候选人;决定于2010年5月6日召开2010年第一次临时股东大会审议上述更换独立董事事项。

2010年5月6日,发行人召开2010年第一次临时股东大会,同意李月瑾辞去公司独立董事职务;审议通过了《关于选举独立董事的议案》,选举常云昆为公司新任独立董事,任职期限自股东大会审议通过之日起至第一届董事会任期届满之日止。

2010年5月6日,发行人召开第一届董事会第十三次会议,审议通过了《关于补选第一届董事会审计委员会委员的议案》补选常云昆为发行人第一届董事会审计委员会委员。

经核查,信达律师认为,发行人此次变更独立董事履行了必要的内部审议程序,符合相关法律、法规和规范性文件以及发行人《公司章程》的有关规定,变更行

为合法、有效。

(二)发行人新任独立董事的任职资格

常云昆,男,中国国籍,1951 年 8 月出生,现任西北大学经济管理学院教授、博士生导师,中德企业管理研究所所长,陕西省政府决策咨询委员会委员,陕西省经济学会副会长,陕西省外国经济学说研究会副会长。

根据常云昆先生的简介及其出具的《声明函》并经信达律师核查,常云昆先生不存在《公司法》第 147 条所列示的情形,不存在兼任发行人监事以及影响其独立性的其他情形,其任职独立董事的上市公司未超过 5 家,符合《公司法》、《关于在上市公司建立独立董事制度的指导意见》等法律、法规和规范性文件以及发行人《公司章程》的有关规定,常云昆先生具备发行人独立董事的任职资格。

(三)发行人董事最近两年变化情况

2008 年 3 月 29 日,发行人创立大会选举郭鸿宝、郑向阳、李炜、樊五洲、黎垚、卓曙虹、张富平、周春生、李月瑾九人为发行人第一届董事会董事,其中张富平、周春生、李月瑾为独立董事。

2009 年 6 月 28 日,发行人独立董事周春生因任职独立董事的上市公司数量已达 5 家而辞去独立董事职务,发行人补充选举马治国为发行人独立董事。

2010 年 5 月 6 日,发行人独立董事李月瑾因个人工作原因辞去独立董事职务;发行人补充选举常云昆为发行人独立董事。

公司 9 名董事会成员除上述董事变更外,其余董事未发生变化。

经核查,信达律师认为,发行人董事会成员相对稳定,最近两年未发生重大变化;发行人最近两年高级管理人员没有发生重大变化,实际控制人没有发生变更,符合《管理暂行办法》第 13 条的规定。

(四)发行人新任独立董事对本次发行上市相关事宜的意见

1. 发行人新任独立董事常云昆对发行人已生效的会议决议均逐一进行了重新审议,并出具了认可意见。

2. 公司新任独立董事常云昆已根据相关法律、法规的要求,在审慎核查的基础上,连同公司现任的其他董事、监事和高级管理人员于 2010 年 5 月 26 日根据公司最新全套申报文件的情况,重新签署了文件,供本次发行上市使用。

综上,信达律师认为,发行人本次更换独立董事已履行了必要的法律程序;发行人现任独立董事常云昆的任职资符合相关法律、法规的规定;发行人最近两年董事、高级管理人员均未发生重大变化,实际控制人未发生变更,符合《管理暂行办法》的规定;新任独立董事常云昆已依据职权签署了与本次发行上市有关的申报文件和确认意见。

四、福安药业：事业单位领导不得担任独立董事

发行人董事马劲现任中国药房杂志社社长、党支部书记，独立董事董志现任重庆医科大学副校长，请发行人说明并披露发行人董事马劲、独立董事董志的任职是否符合国资管理和教育部的相关规定，请保荐机构和律师核查并发表意见。

（一）马劲的董事任职资格

经核查，马劲现任中国药房杂志社社长、党支部书记。中国药房杂志社系事业单位法人。中共中央纪委第四次全会提出关于国有企业领导人员廉洁自律的五不准规定，其中第5项规定："不准擅自兼任下属企业或其他企业的领导职务，经批准兼职的不得领取工资或其他报酬。"中共中央纪委、监察部于2000年11月30日下发《关于中央纪委第四次全会重申和提出的国有企业领导人员廉洁自律有关规定的解释》（中纪发〔2000〕12号），根据该解释，"未依照公务员制度管理的事业单位的领导人员以及未承担行政职能的事业单位的领导人员参照执行"。

据此，马劲作为事业单位的领导人员同时担任发行人董事与前述规定相抵触。马劲于2010年6月28日向公司董事会提出《辞职报告》，辞去公司董事职务。

（二）董志的独立董事任职资格

经核查，董志现任重庆医科大学副校长。中共中央纪委、教育部、监察部于2008年9月3日下发《关于加强高等学校反腐倡廉建设的意见》（教监〔2008〕15号），根据该意见，"学校党政领导班子成员应集中精力做好本职工作，除因工作需要、经批准在学校设立的高校资产管理公司兼职外，一律不得在校内外其他经济实体中兼职"。据此，董志作为高校党政领导班子成员同时担任发行人独立董事与前述规定相抵触。董志于2010年6月28日向公司董事会提出《辞职报告》，辞去公司独立董事职务。

（三）董事和独立董事的补选

公司于2010年7月18日召开2010年第一次临时股东大会，审议通过关于补选公司董事和独立董事的相关议案，选举周中生担任公司董事，王娅兰担任公司独立董事。

五、科斯伍德：独立董事不得违反国资发改革〔2008〕139号文

发行人的独立董事彭一浩现任上海西郊商务区开发有限公司常务副总经

理。根据《关于规范国有企业职工持股、投资的意见》(国资发改革〔2008〕139号),国有企业中层以上管理人员,不得在职工或其他非国有投资者投资的非国有企业兼职;已经兼职的,自该意见印发后6个月内辞去所兼任职务。请发行人说明上海西郊商务区开发有限公司是否为国有企业,如是,则彭一浩任发行人的独立董事一职是否需要取得国资部门的确认意见。请保荐机构和律师进行核查并发表意见。

1. 发行人的独立董事彭一浩现任上海西郊商务区开发有限公司(现已更名为上海西虹桥商务开发有限公司,以下简称开发公司)常务副总经理,根据开发公司的《营业执照》、《验资报告》、《公司章程》及其修正案并经本所律师核查,开发公司注册资本为5亿元,为国有控股的有限责任公司,其股东结构及持股比例为青浦区国有资产管理委员会(以下简称青浦区国资委)持有开发公司90%的股权,上海青浦新城区建设发展(集团)有限公司持有开发公司5%的股权,上海青浦徐泾资产经营有限公司持有开发公司5%的股权。开发公司的经营范围为房地产开发经营,市政公用基础设施的开发建设,工程管理服务,实业投资,资产管理,市政工程,园林绿化工程,建筑工程,工程勘察设计,销售建筑装潢材料、橡塑制品、五金建材、日用百货,物业管理,设计、制作、代理各类广告,仓储服务,货运代理,会务服务,展览展示服务,停车场管理服务,社会经济咨询,市政公共设施管理,电子商务(不得从事增值电信、金融业务)(企业经营涉及行政许可的,凭许可证件经营)。

2.《中华人民共和国企业国有资产法》第5条规定:“本法所称国家出资企业,是指国家出资的国有独资企业、国有独资公司,以及国有资本控股公司、国有资本参股公司”,因此开发公司属于国家出资企业。根据青府办发〔2009〕51号《上海市青浦区人民政府办公室关于印发青浦区国有资产监督管理委员会主要职责、内设机构和人员编制方案的通知》的规定,青浦区国资委代表本区人民政府履行出资人职责,实施对本区国家出资企业中的国有资产的监督管理。

3.《中华人民共和国企业国有资产法》第25条规定:“未经履行出资人职责的机构同意,国有独资企业、国有独资公司的董事、高级管理人员不得在其他企业兼职。未经股东会、股东大会同意,国有资本控股公司、国有资本参股公司的董事、高级管理人员不得在经营同类业务的其他企业兼职。”

4. 国资发改革〔2008〕139号《关于规范国有企业职工持股、投资的意见》第11条规定:“国有企业中层以上管理人员,不得在职工或其他非国有投资者投资的非国有企业兼职;已经兼职的,自本意见印发后6个月内辞去所兼任职务”。本所律师认为国资发改革〔2008〕139号文属于国务院部门规章,依据法规效力等级的原则,《中华人民共和国企业国有资产法》的效力级别应高于国务院部门规章。

5. 经本所律师核查,彭一浩于2009年11月10日向青浦区国资委提交了关于担任发行人独立董事职务的《任职申请》,该申请已取得青浦区国资委同意批示。

综上所述,《中华人民共和国企业国有资产法》其法律效力级别高于国资发改革〔2008〕139 号文。开发公司为国有资本控股公司,其经营范围与发行人完全不同,因此彭一浩担任发行人独立董事职务没有违反《中华人民共和国企业国有资产法》的规定,且彭一浩从严根据国有独资公司的相关要求获得了履行出资人职责的机构同意。据此,本所律师经核查后认为,彭一浩具备担任发行人独立董事职务的法律资格。

【案例评析】

1. 独立董事制度也是我们学习别人现有经验的一个重要的体现和产物,不过与其他很多的舶来品命运一样,我们学习的不仅不彻底还学成了四不像。制度本身没有错误甚至看起来如此之完美,只是由于具体制度设计、特定市场环境等因素的干扰,导致独立董事制度在我国毫不客气地说一点价值都没有,甚至连给别人看一眼的花瓶的价值都没有。

2. 话虽然说得很重,不过既然制度要求还在,那么实践中我们还需要把这个问题搞清楚弄明白,以满足相关规则的要求。小兵认为,关于独立董事问题的关注点,主要体现在两个方面:(1)独立董事任职资格的关注;(2)独立董事独立性的关注。上述两个方面在证监发〔2001〕102 号文件中均有着比较具体的规定,尤其是独立性问题更是用了很大的篇幅来列举,不过随着审核理念的更新和深入,一些独立董事新的问题也逐渐浮现并在实践中引起关注。

3. 关于独立董事任职资格问题,可能就涉及:(1)高校领导班子成员不得担任独立董事;(2)国有企业领导干部不得担任独立董事;(3)事业单位领导干部不得担任独立董事;(4)中管干部不得担任独立董事等。关于独立董事独立性问题,尽管规则已经做了最大程度的列举,但是仍然没有画出一个明确的界限,这导致在实务中很多关于独立董事独立性的讨论:(1)发行人上下游客户或供应商的独立董事担任发行人独立董事是否影响独立性;(2)与发行人存在业务的金融机构的独立董事是否影响独立性;(3)行业协会人员担任独立董事是否影响独立性等。

4. 最近一段时间,审核实践中对于独立董事关注得越来越严苛也越来越小心,中介机构在处理这个问题上为了不沾惹不必要的麻烦也是把选择的余地越围越小,最后基本形成了这样的原则:不管独立董事是否具有专业能力,是否能够履行职责,只要身份清白不触犯任何红线就可以了。本来独立董事制度争议就颇大,这么一折腾独立董事就彻底死掉了,不得不值得我们思考。

【思路总结】

一、关于在上市公司建立独立董事制度的指导意见

1. 独立董事原则上最多在5家上市公司兼任独立董事，并确保有足够的时间和精力有效地履行独立董事的职责。

2. 聘任适当人员担任独立董事，其中至少包括一名会计专业人士（会计专业人士是指具有高级职称或注册会计师资格的人士）。

3. 担任独立董事应当符合下列基本条件：(1)根据法律、行政法规及其他有关规定，具备担任上市公司董事的资格；(2)具有本《指导意见》所要求的独立性；(3)具备上市公司运作的基本知识，熟悉相关法律、行政法规、规章及规则；(4)具有五年以上法律、经济或者其他履行独立董事职责所必需的工作经验；(5)公司章程规定的其他条件。

4. 独立董事必须具有独立性，下列人员不得担任独立董事：(1)在上市公司或者其附属企业任职的人员及其直系亲属、主要社会关系（直系亲属是指配偶、父母、子女等；主要社会关系是指兄弟姐妹、岳父母、儿媳女婿、兄弟姐妹的配偶、配偶的兄弟姐妹等）；(2)直接或间接持有上市公司已发行股份1%以上或者是上市公司前十名股东中的自然人股东及其直系亲属；(3)在直接或间接持有上市公司已发行股份5%以上的股东单位或者在上市公司前五名股东单位任职的人员及其直系亲属；(4)最近一年内曾经具有前三项所列举情形的人员；(5)为上市公司或者其附属企业提供财务、法律、咨询等服务的人员；(6)公司章程规定的其他人员；(7)中国证监会认定的其他人员。

5. 中国证监会在15个工作日内对独立董事的任职资格和独立性进行审核。对于中国证监会持有异议的被提名人，可作为公司董事候选人，但不作为独立董事候选人。

6. 独立董事每届任期与该上市公司其他董事任期相同，任期届满，连选也可以连任，但是连任时间不得超过六年。

7. 独立董事连续3次未亲自出席董事会会议的，由董事会提请股东大会予以撤换。

二、深圳证券交易所独立董事备案办法(2008年修订)

除本办法第二条规定外，本所还重点关注独立董事候选人的以下情形：

1. 过往任职独立董事期间，经常缺席或经常不亲自出席董事会会议的；

2. 过往任职独立董事期间，未按规定发表独立董事意见或发表的独立意见经证实明显与事实不符的；

3. 最近三年受到中国证监会及其他有关部门处罚的；

4. 最近三年受到证券交易所公开谴责或通报批评的；

5. 同时在超过五家以上的公司担任董事（独立董事）、监事或高级管理人员的；

6. 年龄超过70岁，并同时在多家公司、机构或者社会组织任职的；

7. 不符合其他有关部门对于董事、独立董事任职资格规定的。

三、关于加强高等学校反腐倡廉建设的意见

学校党政领导班子成员应集中精力做好本职工作，除因工作需要、经批准在学校设立的高校资产管理公司兼职外，一律不得在校内外其他经济实体中兼职。确需在高校资产管理公司兼职的，须经党委（常委）会集体研究决定，并报学校上级主管部门批准和上级纪检监察部门备案，兼职不得领取报酬。学校党政领导班子成员不得在院系等所属单位违规领取奖金、津贴等；除作为技术完成人，不得通过奖励性渠道持有高校企业的股份。

四、关于规范中管干部辞去公职或者退（离）休后担任上市公司、基金管理公司独立董事、独立监事的通知

1. 中管干部辞去公职或者退（离）休后，因其原有职权或者地位在一定时间内仍有较大影响，对其担任上市公司、基金管理公司独立董事、独立监事的行为必须严格限制。

2. 中管干部辞去公职或者退（离）休后三年内，不得到与本人原工作业务直接相关的上市公司、基金管理公司担任独立董事、独立监事，不得从事与本人原工作业务直接相关的营利性活动。中管干部辞去公职或者退（离）休后可以到与本人原工作业务不直接相关的上市公司、基金管理公司担任独立董事、独立监事。

3. 中管干部辞去公职或者退（离）休后三年内按照规定担任上市公司、基金管理公司独立董事、独立监事的，必须由拟聘任独立董事、独立监事的公司征得该干部原所在单位党组（党委）同意，并由该干部原所在单位党组（党委）征求中央纪委、中央组织部意见后，再由拟聘任独立董事、独立监事的公司正式任命。中管干部辞去公职或者退（离）休三年后担任上市公司、基金管理公司独立董事、独立监事的，应由本人向其所在单位党组（党委）报告，并由其所在单位党组（党委）向中央组织部备案，同时抄报中央纪委。

4. 中管干部辞去公职后担任上市公司、基金管理公司独立董事、独立监事的，可以领取相应报酬，具体数额应当由其所在的上市公司、基金管理公司董事会制订预案，股东大会审议通过，并在公司年报中进行披露。

5. 中管干部退（离）休后担任上市公司、基金管理公司独立董事、独立监事的，

不得领取报酬、津贴和获取其他额外利益。所在的上市公司、基金管理公司可按照有关规定，报销其工作费用。

6. 中管干部辞去公职或者退（离）休后三年内，已担任与本人原工作业务直接相关的上市公司、基金管理公司独立董事、独立监事的，应辞去所担任的独立董事、独立监事。中管干部辞去公职或者退（离）休后三年内现已担任与本人原工作业务不直接相关的上市公司、基金管理公司独立董事、独立监事，但未履行本通知规定程序的，要抓紧履行相应程序。

五、中国共产党党员领导干部廉洁从政若干准则

1. 禁止私自从事营利性活动。不准有下列行为：(1)违反规定拥有非上市公司(企业)的股份或者证券；(2)违反规定在经济实体、社会团体等单位中兼职或者兼职取酬，以及从事有偿中介活动。

2. 本准则适用于党的机关、人大机关、行政机关、政协机关、审判机关、检察机关中县（处）级以上党员领导干部；人民团体、事业单位中相当于县（处）级以上党员领导干部。国有和国有控股企业（含国有和国有控股金融企业）及其分支机构领导人员中的党员；县（市、区、旗）直属机关、审判机关、检察机关的科级党员负责人，乡镇（街道）党员负责人，基层站所的党员负责人参照执行本准则。

六、关于规范财政部工作人员在企业兼职行为的暂行办法

财政部副处级以上干部均不可在外兼职或担任独立董事职务。

七、中华人民共和国公务员法

1. 本法所称公务员，是指依法履行公职、纳入国家行政编制、由国家财政负担工资福利的工作人员。公务员的范围主要是以下七类机关的工作人员：中国共产党机关的工作人员；人大机关的工作人员；行政机关的工作人员；政协机关的工作人员；审判机关的工作人员；检察机关的工作人员；民主党派机关的工作人员。

2. 公务员因工作需要在机关外兼职，应当经有关机关批准，并不得领取兼职报酬。

3. 公务员必须遵守纪律，不得有下列行为：从事或者参与营利性活动，在企业或者其他营利性组织中兼任职务。

4. 公务员辞去公职或者退休的，原系领导成员的公务员在离职三年内，其他公务员在离职两年内，不得到与原工作业务直接相关的企业或者其他营利性组织任职，不得从事与原工作业务直接相关的营利性活动。

■第四节　募投项目土地问题关注

【重要提示】

★ 对全部募投项目进行统计,现有绝大部分募投项目都是固定资产投资类项目,至于原因不说大家也都明白。

★ 固定资产投资必然涉及土地,出于中介机构一贯少惹麻烦的谨慎原则,目前募投项目涉及土地瑕疵的情况几乎已经不再见到。

★ 本节案例或许在实践中不一定有很大的借鉴价值,只是帮助大家理解一下募投项目土地问题的一些基本思路。

【案例情况】

一、汇冠股份

(一)募投项目实施地址

1. 红外式触摸屏技术改造项目

拟在北京市海淀区中关村软件园二期(西扩)项目起步区 K-1 号地块自建的汇冠总部基地和触摸技术研发中心预留该项目场地。项目场地占地 3700 平方米,其中产品开发场地 700 平方米,组装调试中心占地 3000 平方米。

2. 光学影像式触摸屏开发及产业化项目

本项目场地将采取租赁方式获得,共建成占地 5200 平方米的产品开发基地和组装调试中心。其中产品开发场地总面积约为 900 平方米,包括办公场地 750 平方米,实验室 150 平方米;组装调试中心占地 4300 平方米。

2010 年 6 月 1 日,公司在深圳市宝安区美泰科技园租赁了 1 号厂房南座 4~5 层,作为深圳分公司新的经营场地,以及光学影像式触摸屏开发及产业化项目的实施地点。

3. 研发中心项目

本项目拟在北京市海淀区中关村软件园二期(西扩)项目起步区 K-1 号地块自建的汇冠总部基地和触摸技术研发中心预留该项目场地。项目场地共计 1400 平方米,其中办公场地 1000 平方米,实验室 400 平方米。

(二)项目选址进展情况

本次募集资金投资项目中的红外屏技改项目和研发中心项目拟在自建的汇冠股份总部基地和触摸技术研发中心预留场地。

公司现已经获得海淀区中关村软件园入园资格,并获批海淀区中关村软件园二期(西扩)项目起步区 K-1 号地块(面积 6567 平方米),用于自行建设汇冠股份总部基地和触摸技术研发中心。光学屏开发和产业化项目公司拟利用深圳分公司的现有条件,在深圳寻找合适的场地租赁建设。

1. 中关村软件园二期(西扩)项目起步区K-1 地块

红外屏技改项目和研发中心项目拟在中关村软件园二期(西扩)项目起步区 K-1 地块(以下简称 K-1 地块)自建房屋实施。

(1)取得 K-1 地块已经履行的程序

公司已经获得海淀区中关村软件园入园资格。2010 年 5 月 12 日,北京中关村软件园发展有限责任公司按照海淀区和软件园的政策和程序,与公司就 K-1 号地块(面积 6567 平方米)的一级土地开发事宜签订了《土地开发建设协议书》(具体内容见本《招股说明书》第十三节"其他重要事项"之"一、重大合同情况"),公司已按合同向软件园公司支付开发建设费 60%,即 2691.61 万元。(协议约定:如遇国家及北京市政府相关政策调整,致使协议不能履行或不能完全履行或履行成本高于本协议履行所获收益的,双方当事人可以协商变更本协议;就变更协议达不成一致意见的,任何一方有权解除本协议,并不用向对方承担任何违约责任。据此,若因政府土地政策变化等原因导致公司无法取得协议所约定土地的土地使用权时,公司有权要求中关村软件园发展有限责任公司将发行人已支付的合同款项退还。)

2010 年 8 月 10 日,海淀区重点企业与重大项目评估委员会根据《海淀区重点企业与重大项目评估办法》(海政办发〔2010〕59 号,简称《评估办法》),向公司出具了《海淀区重点企业与重大项目评估意见书》(编号 2010002,简称《评估意见书》),认为汇冠总部、研发中心及红外式触摸屏技术改造项目被列入海淀区重大项目,同意落户软件园二期 K-1 地块。

(2)取得上述 K-1 地块尚须取得的审批手续

根据国家、北京市及海淀区相关法律法规,为取得 K-1 地块的土地使用权尚须办理如下手续:

序号	项目	审批环节		经办单位
一	立项申报及审批	海淀区发改委初审及项目备案		海淀区发改委
二	规划意见审批及相关手续	1	《规划意见书》、《建设用地规划许可证》审批	海淀区规划分局
		2	交通、消防、人防、园林审批	相应单位
		3	环评审批	北京市环保局
三	土地相关手续审批	1	地价评审及地价评估、《土地出让合同》审批	北京市国土局
		2	国有土地使用权证的审批	海淀区、北京市国土局、北京市政府

(3)K－1 地块的取得对发行人募集资金投资项目的实施不构成重大不确定性

北京市海淀区重点企业与重大项目评估委员会成员单位包括北京市海淀区发改委、北京市国土资源局海淀分局、北京市规划委员会海淀分局等 17 个单位,其主要职能是根据《评估办法》对意向落户海淀区并提出土地、楼宇等产业空间需求及财政补贴需求的重点企业、重大项目负责组织实施评估工作;负责根据规划、国土等相关部门意见及拟引进企业、项目单位的选址意向,提出用地意见。

2010 年 8 月 10 日,北京市海淀区重点企业与重大项目评估委员会向本公司出具《评估意见书》认为:“汇冠总部、研发中心及红外式触摸屏技术改造项目符合软件园产业定位及我区重大项目引进标准,固定资产投资强度、产出强度等指标符合要求,同意该项目落户软件园二期 K－1 地块。”

2011 年 7 月 4 日,公司取得北京市规划委员会海淀分局出具的《北京市规划委员会建设项目规划条件(授权供地)》(〔2011〕规(海)条授字 0004 号),同意本公司在软件园 K－1 地块按该规划意见的规划条件办理上述项目的建设计划、土地供应和规划设计的前期工作。

保荐机构和发行人律师认为:发行人取得 K－1 地块土地使用权所正在履行和尚未完成的审批手续对发行人募集资金投资项目的实施不构成重大不确定性。

(4)K－1 地块用作发行人募集资金投资项目用地符合相关法律法规和规范性文件的规定

根据我国现行法律法规规定,本公司就取得 K－1 地块的国有土地使用权,还须履行立项、规划及签订土地出让合同等相关法定程序。

根据国土资源部《协议出让国有土地使用权规定》、《招标拍卖挂牌出让国有土地使用权规定》和《协议出让国有土地使用权规范(试行)》的相关规定,商业、旅游、娱乐和商品住宅等各类经营性用地,必须以招标、拍卖或者挂牌方式出让。供应商业、旅游、娱乐和商品住宅等各类经营性用地以外用途的土地,其供地计划公布后,同一宗地有两个以上意向用地者的,也应当采用招标、拍卖或者挂牌方式出让；除依照法律、法规和规章的规定应当采用招标、拍卖或者挂牌方式出让，方可采取协议方式。

中关村软件园K－1地块的用地性质为教育科研用地，并非必须采用招拍挂方式出让土地使用权的商业、旅游、娱乐或商品住宅等各类经营性用地。而软件园公司就K－1地块的一级开发已取得北京市海淀区政府授权，该一级开发地块也取得北京市规划委员会出具的编号为〔2009〕规复函字0215号的控规文件。本公司就K－1地块与软件园公司签订了建设协议，因此，本公司就K－1地块土地使用权的取得可以通过协议出让方式。

本公司为典型的研发型企业，产品附加值主要依赖于研发活动。本公司募集资金投资项目中的红外屏技改项目包括产品开发和扩大产能两个子项目，产品开发子项目的主要内容为对红外屏进行技术升级；扩大产能的主要内容为建设组装调试中心，而主要生产环节为外包。从投资结构看，组装调试设备投资356.6万元，而产品开发费用和研发设备投入为1087万元，因此本项目主要为研发性质项目。从用地结构看，组装调试中心的场地面积为3000平方米，而K－1地块地上规划建筑面积为13,594平方米，组装调试中心仅占总面积的22.1%。从项目功能看，组装调试中心还承担了测试功能，品质测试和实验设备投资占187万元。

海淀区重点企业与重大项目评估委员会出具的评估意见书已经明确，红外屏技术改造等项目符合软件园产业定位和海淀区重大项目引进标准，同意落户软件园K－1地块。

保荐机构和发行人律师认为，K－1地块的用地性质为教育科研用地，该土地性质作为发行人募集资金投资项目用地，已经取得了项目所在地相关主管部门认可，符合相关法律法规和规范性文件的规定。

（5）本公司尚未取得K－1地块用作募集资金投资项目用地对本次发行上市不构成实质性障碍

2010年12月30日，本公司与软件园公司签订了《租赁意向书》。根据该意向书约定，为确保本公司红外屏技改项目和研发中心项目在中关村软件园内实施，如本公司因国家政策原因无法取得K－1地块的国有土地使用权，软件园公司将在园区内提供5100平方米的房屋租赁给本公司使用。双方约定正式租赁合同的租赁期限为2年，租赁期满后，本公司在同等条件下享有优先续租权。国家对本公司的红外屏技改项目和研发中心项目的实施地点并没有严格限制，如本公司无法取得K－1地块的土地使用权，本公司可根据《租赁意向书》的约定在软件园内以租赁的房屋实施红外屏技改项目和研发中心项目。因此，本公司是否取得K－1地块国有土地使用权事宜对本次发行上市不构成实质性障碍。

2. 深圳美泰科技园

关于光学影像式触摸屏开发及产业化项目，公司已经从美泰五金塑胶制品（深圳)有限公司承租了深圳市美泰科技园内5000平方米厂房用于实施该项目。厂房位于深圳市宝安区观澜街道桂花社区观光路,租期自2010年6月1日起至2014年5月31日止。2010年8月30日,公司已经取得深圳市人居环境委员会建设项目环境影响审查批复(深环批〔2010〕902536号),确认公司建设内容符合产业政策要求,同意在深圳市宝安区美泰科技园开办。2010年9月8日,公司已经取得深圳市发展和改革委员会《社会投资项目备案通知》(深发改备案〔2010〕0172号),同意该项目在深圳市宝安区美泰科技园1号厂房南座4~5层建设。

(三)募集资金投资项目建设地点与备案文件不一致的原因

本次募集资金投资项目申请备案时,相关政府主管部门要求建设地点必须明确。当时红外屏技改项目和研发中心项目的实施地点虽已确定在中关村软件园K-1地块,但该地块尚在开发中,尚未被授予规范的地址名称,因此以公司注册地址为申报时的建设地点;在项目进行环保审批时,主管部门明确“该项目拟建于中关村软件园,待项目主体完工后另报环保审批,同意该项目建设”。上述备案文件表明,相关募集资金投资项目符合国家相关产业政策。

在获得K-1地块土地使用权及K-1地块开发建设过程中,按照相关审批程序,公司将再次向海淀区发改委办理相关的立项批复。由于此前公司已经取得了其《项目备案通知书》,以及《海淀区重点企业和重大项目评估意见书》,因此获得立项批复并无实质性障碍,上述建设地点的差异不会对本次募集资金投资项目的实施构成不利影响。

2010年6月1日,公司在深圳市宝安区美泰科技园租赁了5000平方米厂房,作为光学影像式触摸屏开发及产业化项目的实施地点后,公司按规定在深圳重新办理了光学影像式触摸屏开发及产业化项目的备案手续以及环保审批,该项目备案通知中的拟建地址与实施地点一致。关于环境评价,主管部门依据《中华人民共和国环境影响评价法》及相关法律、法规对本公司报送的《红外式触摸屏技术改造项目环境影响登记表》(海环审〔2010〕0611号)进行审查后,同意该项目在中关村软件园实施,因此K-1地块开发建设完成后,获得环保审批不存在实质性障碍。

保荐机构和发行人律师经核查后认为,发行人在本招股书披露的建设地点建设项目,再次获得项目备案不存在实质性法律障碍,上述建设地点的差异不会对本次募集资金投资项目的实施构成不利影响。

二、澳洋科技

发行人本次发行上市募集资金投资项目之一的“6万吨/年镀锌卷钢加工物流配送项目”建设用地38亩,拟采用出让方式取得。目前发行人已与张家港市国土资源局签订了《国有土地使用权出让合同》,发行人取得“募集资金投资项目用地”

的方式和程序符合相关法律法规的规定，该地块的规划用途与发行人已报张家港市发展和改革委员会核准的募集资金投资项目一致。因此，发行人取得"募集资金投资项目用地"不存在法律障碍。

1. 根据《中华人民共和国土地管理法》、国土资源部第39号令《招标拍卖挂牌出让国有建设用地使用权规定》、《江苏省工业用地招标拍卖挂牌出让办法(试行)》等法律法规规定，发行人本次"募集资金投资项目"建设用地的取得须以招标、拍卖或挂牌方式进行。

2. 2007年11月22日，张家港市国土资源局发布"张土工告〔2007〕6号"《国有土地使用权公开出让公告》，出让位于旗杆路南侧、规划白子港路东侧的〔2007〕G025号地块，地块用途为工业，土地出让年限50年。

3. 发行人在张家港市国土资源局于2007年12月13日至2007年12月24日举办的张家港国有土地使用权挂牌出让活动中，竞得该〔2007〕G025号地块。地块面积为24,352.6平方米，地块成交单价为每平方米290元，该价格符合《全国工业用地出让最低价标准》的规定(根据国土资源部"国土资发〔2006〕307号"文《关于发布实施〈全国工业用地出让最低价标准〉的通知》规定，张家港市工业用地土地等别为7级，最低价标准为每平方米288元)，总价为人民币706.2254万元。发行人已于2007年12月24日与张家港市国土资源局签订《张家港市国有土地使用权挂牌成交确认书》。

三、新宁物流

(一)增资苏州新宁物流有限公司用于保税仓储扩建项目

项目位于苏州市高新区保税物流中心，苏州高新区保税物流中心是全国首批国家海关总署批准设立、首家通过国家四部委联合验收的海关保税物流中心。物流中心位于高新区浒通产业发展规划片区内，既服务于高新区已建成区域和出口加工区，又带动一批规划工业区的开发、建设、发展。中心周边交通运输网络发达，有312国道、苏州绕城高速公路、沪宁高速公路、苏嘉杭高速公路和苏虞张高速公路。中心旁边就是京杭大运河、京沪铁路，以及建设中的京沪高速铁路、沪宁城际铁路。

项目所用土地的取得方式为租赁。2009年4月1日，苏州新宁物流有限公司与苏州高新区保税物流中心有限公司签订《苏州高新区保税物流中心专用业务场所租赁合同》，苏州高新区保税物流中心有限公司将位于苏州高新区保税物流中心C4仓库(面积约8432平方米)出租给苏州新宁物流有限公司，用途为仓库，租赁期限自2009年5月1日至2009年12月31日。根据苏州高新区保税物流中心有限公司于2008年8月8日出具的证明，该中心有权出租该处房产。

（二）增资深圳市新宁现代物流有限公司用于保税仓储建设项目

项目选址位于深圳龙岗区深圳出口加工区，辐射深圳和惠州两大电子信息产业基地，靠近富士康和华为生产基地。龙岗交通建设紧紧抓住迎办大运会和特区内外一体化的契机，加快路网建设：强力推进地铁三号线和深惠路改造工程，加快推进北通道、南通道、横坪路、沙荷路等十几条主干道路，投入3亿多元打通了30余条断头路和交通疏解路；加快公交线网优化。优良的交通和配套设施将为本项目的顺利运行创造极大的便利条件。

土地的取得方式为租赁。2009年7月，深圳市新宁现代物流有限公司与深圳市大工业区投资发展有限公司签订了《房屋租赁合同》，深圳市大工业区投资发展有限公司将其拥有土地使用权及房屋所有权的位于深圳市龙岗区深圳出口加工区锦绣路启兴工业园E栋厂房第9、10栋二楼（面积为3232平方米）出租给深圳市新宁现代物流有限公司使用，用途为仓库，租赁期限自2009年7月21日至2010年1月20日。

（三）增资江苏新宁供应链管理有限公司用于供应链管理服务项目

项目实施地址位于苏州工业园区胜浦镇金胜路12号，此项目不采取购买土地方式，计划租赁大约300平方米的办公室。2009年9月14日，江苏新宁供应链管理有限公司与苏州工业园区开发投资有限公司签订《房屋租赁合同》，苏州工业园区开发投资有限公司将其拥有土地使用权及房屋所有权的位于苏州工业园区胜浦镇金胜路12号面积为300平方米的房屋出租给江苏新宁供应链管理有限公司，用途为办公，租赁期限自2009年9月14日至2010年9月13日。

（四）发行人律师对募投项目土地房屋租赁情况的法律意见

发行人律师经核查并发表明确意见如下：发行人募集资金投资项目中涉及土地使用权及房屋租赁的均已签订了书面租赁合同；各租赁合同的签订合法、有效；发行人及其相关子公司合法取得并拥有上述租赁房屋的使用权；苏州高新区保税物流中心有限公司（隶属于苏州国家高新技术开发区管理委员会）出具的其可依法向苏州新宁物流有限公司出租房屋的证明具有证明效力，苏州高新区保税物流中心有限公司未取得该出租房屋所有权证的情形不会对发行人募投项目的执行构成实质性法律障碍。

【案例评析】

1. 对已经上市的所有公司的募投项目进行统计，可以得出一个非常明显的结论就是：现有绝大部分募投项目都是固定资产投资类项目。为什么出现这种情况，原因其实很简单，最直接也是最关键的就是：固定资产募投项目花钱方便，且效果明显没有风险。

2. 固定资产投资必然涉及土地和厂房的问题，目前来看，中介机构出于一贯少惹麻烦的谨慎原则，募投项目涉及土地瑕疵的情况几乎已经不再见到。单纯从理论探讨的角度来看，这个问题并不复杂也没有太多的争议，本节案例或许在实践中不一定有很大的借鉴价值，只是帮助大家理解一下募投项目土地问题的一些基本思路。

3. 从目前实务的操作来看，募投项目用地一般都是发行人购买之后留作备用，并且土地要件已经齐全：土地购买合同已经签订、土地出让金已经缴纳并且土地使用权证已经取得。由于募投项目用地直接影响到募投项目的实施以及实施效果，因此用地问题一直都是审核的重点关注问题，不过也正是因为重要所以大家都是高度谨慎，对募投项目用地一般采取了相对保守的处理方式，那就是尽量在申报前取得土地证，从而这个问题最近几年并没有出现也没有引起过多的讨论。

4. 既然如此，另外一个问题是，除了最保守的募投项目土地方案，其他方式可以吗？答案是肯定的，并且一直没有禁止，比如以下几种形式：

(1)申报前签订土地出让合同但未取得权属证书，这也要分几种情况：①有的企业现金流并不是很好，并且买一块土地要花很大一笔资金，那么我等着募集资金到位之后再利用募集资金买地然后建厂房，汇冠股份就属于这样的案例，该案例从募投项目的投资分布来看，每个项目均有“场地购置费”并且占很高的比例，这应该就是买地的支出，只是说得相对比较含蓄。不过这种情况主要还是适用于特定行业或者买地需要资金不是巨大的情况下，如果一个企业募投项目用地支出好几个亿，募集资金全部就用来买地了，那你的募投项目还如何建设呢，项目肯定就会存在较大风险，就不合理了。②有的企业买地的审批周期比较长，申报之前先履行招拍挂以及土地出让合同的程序，申报之后再把地完整买过来，当然买地用的还是自有资金，这种情况下个人认为也不会存在重大障碍，当然在审核过程中这地自然是买得越快越好。

(2)不用买地建房子，而是租赁房产。某些行业(如苏宁物流)的案例租房子可能要比自己建房子明显更加划算，那么以租赁的方式来满足募投项目的要求未尝不可，不过租赁期限建议尽量长一点，比如，五年甚至更长，个人认为苏宁物流一年一签的租赁合同是存在风险的，万一你募集资金到位了，结果出租方不租给你了怎么办，广大投资者的利益又怎么保护呢？

(3)不用买地建房子或者买房子，使用公司已经使用的土地或者房产就可以满足项目需求，这种情况也是很普遍的，没有问题的。

5. 最后，值得说明的是，尽管法律法规和审核政策都对企业发行上市募投项目的设计留有足够大的余地，但是从目前来看，绝大部分的募投项目还是传统的新建生产线或者扩大产能项目，创业板刚推出时，一些人力资源引进或者营销网络建设的项目一时成为主角，不过慢慢地就归于沉寂，就算是有也成了凑数量或者凑金额的配角，也就是因为这个原因，募投项目用地问题才会受到关注，并成为曾经的重点关注问题。

投行小兵

2013－03－11

投行心迹

（个人观点，不代表任何立场）

【感动自己：有心 勤奋】

1. 每天下班关了电脑收拾东西准备回家的时候，给自己五分钟的时间回头想想今天自己的收获是什么。

2. 做一个可以实实在在帮助别人并给他们带来欢乐的人，而不是一个让人时时觉得你是一个锋芒毕露、不好相处的人。

3. 做工作之前一定要制定具体的计划，在不存在重大因素变化调整的情况下，尽量按照计划完成各项工作内容。

4. 我们经常通过汇报材料来表达观点和思路，这如同导演在拍一部电影或一场话剧，你要让你的读者感受到你的用心和真诚。当然，前提是你是在真诚地用心写。

5. 读者都希望可以用最短的时间找到对自己最有帮助的内容，写材料时对读者最负责的方式就是能用图表达清楚的就不用表，能够一句话说明白的不用一段话，一段话能说明白的不用一篇文章。

6. 演示课件的作用是提示别人你在讲什么而不是告诉别人你讲的是什么，不要把课件做成汇报材料，要保证课件页面简洁清晰明了，页数最好不要超过20页。

7. 你对一个问题的判断以及解决思路，一定要能够首先说服自己，如果连自己这一关都过不去可能就会有问题，毕竟你是最熟悉情况的当事人。

8. 只有清楚深入地了解政策和规则，你才能真正了解读者想从你那里得到什么，你写的材料才会详略得当，也不会顾此失彼。所以，在项目中积累经验很重要，平时的业务学习同样重要。

9. 与别人交谈时尽量不要随意打断别人，追问的问题一定是与主题相关，并且让对方觉得你是因为在认真听他讲话才提出这个问题的。

10. 以最快的时间完成你报告的初稿，然后留下足够地时间去思考、补充和修改。

11. 把这份工作看作是你生命的一部分，做得好你会开心，做不好你会很痛苦。

12. 人都有知识边界和术业专攻，不要以为自己什么都知道且能解决全部问题。

13. 对于一个问题的判断和解决，任何一个看材料的人都喜欢看到确定的结果而不是混乱的过程。

14. 做好本职工作是核心，不要期待工作之外的很多东西可以帮助到你。

15. 对于一个问题的判断一定要明确表达自己的观点和结论，如果方便，还可以把这些内容放在开头或者最显然的地方（比如标题）。

16. 坐车的时候，或许不要硬挤这一班车，说不定你坐下一班会很快超过这一班，有些东西是你的就是你的，是你的总会到来。

17. 把握一个问题，先要看是不是符合常情、常理和常态，如果正常情况下不会发生的事情却发生了，除非有天大的理由不然就可能会有问题。

18. 千万不要好心做了坏事。如果发生了，一定要反思问题到底出在了哪里，比如自己的言语、行为或者态度。

19. 时刻注意细节，不要因为你的疏忽或者不小心而功亏一篑，甚至牵连到你的同事和伙伴。

20. 千万不要固守你的思维，有时候可能你一直认为对的事情就是错的，这有可能会铸成大错。

21. 向送你去机场的司机师傅说声感谢，向给你座位打扫卫生的阿姨说声谢谢，向替你收快递的前台小姑娘说声谢谢，向电梯口提醒你哪个电梯先到的保安说声谢谢，不仅仅是感谢领导、感谢官员、感谢父母、感谢妻子。懂得感激的人，命运一定会找个机会好好感谢你的。

22. 有时候你觉得能力不够或者不够优秀，那么你是否思考过自己是否努力不让自己孤独和寂寞？

23. 不要尝试对任何违反规则的人网开一面，因为这是对遵守规则的人最大的不公平。

24. 我们是中介机构并非学者，中介机构的主要职责是发现和解决问题。

25. 面对问题，很多时候你要做的不是行还是不行的决断，而是好还是不好的博弈。

26. 每个人都有自己的私心和利益诉求，并且都有为某个利益集团服务的冲动。

27. 有时候面对一件事情，判断容易权衡难。给出一个结果并不难，难的是一个要说服不同人的结果。

28. 笑别人者，定会被别人笑。

29. 做一个项目能交一帮朋友，而不是做一个项目树一批敌人。若是后者，项目越多也就越失败。

30. 当别人停下来休息的时候，你仍在前行，你就永远都会比别人先行一步。

【感动客户:高远 分享】

1. 任何一个企业家都值得你去尊敬,单单就是那份白手起家创业的勇气。

2. 认认真真准备与客户的第一次会面,你留给客户的第一印象非常重要。

3. 自己能够做到的事情就不去麻烦企业,更不要因为自己的自身毛病而给企业添麻烦。

4. 千万不要以为你交代给企业的事情人家没做好是企业对不起你,只有你做不好事情是对不起企业,因为他们是我们的客户,我们的工作就是服务客户。

5. 你对某些问题的专业不是用来给客户挑毛病的,而是用来为客户解决问题的。

6. 不洗脚、不唱歌,甚至不喝酒,同样可以为客户解决问题创造价值。

7. 我们的工作只是在旁边加作料的,并不是主勺炒菜做饭的。

8. 公司有问题首先需要我们理解然后是引导着改进,而不是不分青红皂白地去批评人家什么都不是。

9. 尽量不要去大声说话,尽量说话不要语速太快。

10. 绝大多数问题的解决方案是讲得通道理的,你把整个背景和道理跟企业讲清楚,他们会理解你的决定并且会信任和支持你,而不仅仅是做一些无端的争吵。

11. 不涉及审核条件的问题,不要尝试替企业去做决定;涉及审核条件的问题,一定要坚持自己的原则和判断,自始至终。

【感动同事:理性 独立】

1. 领导要的只是结果,不会注重过程,所以不要尝试为自己糟糕的结果去找一大堆的理由解释。

2. 如果领导交代的事情你处理起来有些困难,一定要在接受任务的时候就明确提出,而不是在完不成时找理由搪塞。

3. 做好领导眼下可以看到的事情,更要做好领导以后看到的事情,并且时刻准备做好领导未来可以看到的事情。

4. 领导只希望你能够帮助他解决问题,觉得带你见客户很有面子,很酷。

5. 领导不要在下属面前表现出不安,下属不要在领导面前表达出不满。

6. 重视并尊重同事的意见,任何一个人都希望自己的工作得到重视并尊重。

7. 与同事合作完成一项任务,一定要在了解了事情的全部情况之后再去判断并发表意见。

8. 如果别人对于一件事情的答案与你不同,就算是你确定你自己是对的,也不要马上否定别人,或许别人是另外一个思路,这个问题本来就有两个以上答案。

9. 不要太把自己当回事,不要觉得自己做得很好为什么领导不关注我也不奖励我,因为领导不是你的父母。

10. 项目组每个成员都不单纯是业务组成部分,而是完整独立的情感个体。

图书在版编目(CIP)数据

企业上市解决之道3:案例提炼与审核关注/投行小兵著.
--北京:法律出版社,2013.6(2020.12重印)
ISBN 978-7-5118-4849-9

Ⅰ.①企… Ⅱ.①投… Ⅲ.①上市公司-基本知识-中国 Ⅳ.①F279.246

中国版本图书馆CIP数据核字(2013)第075403号

企业上市解决之道3:
案例提炼与审核关注
QIYE SHANGSHI JIEJUE ZHIDAO 3:
ANLI TILIAN YU SHENHE GUANZHU

投行小兵 著

策划编辑 薛晗
责任编辑 薛晗 慕雪丹
装帧设计 马帅

编辑统筹 法商出版分社
出版 法律出版社
开本 720毫米×960毫米 1/16
总发行 中国法律图书有限公司
印张 47.25
经销 新华书店
字数 911千
印刷 三河市龙大印装有限公司
版本 2013年6月第1版
责任印制 胡晓雅
印次 2020年12月第7次印刷

法律出版社/北京市丰台区莲花池西里7号(100073)
网址/www.lawpress.com.cn
投稿邮箱/info@lawpress.com.cn
销售热线/400-660-8393
举报维权邮箱/jbwq@lawpress.com.cn
咨询电话/010-63939796

中国法律图书有限公司/北京市丰台区莲花池西里7号(100073)
全国各地中法图分、子公司销售电话:
统一销售客服/400-660-8393/6393
第一法律书店/010-83938432/8433 西安分公司/029-85330678 重庆分公司/023-67453036
上海分公司/021-62071639/1636 深圳分公司/0755-83072995

书号:ISBN 978-7-5118-4849-9 **定价:**108.00元
(如有缺页或倒装,中国法律图书有限公司负责退换)

法律与商业联结的扛鼎之作　实践与前沿联系的集大成者

70 个典型案例,50 多个图表,最实用的企业并购全流程指引

企业并购解决之道:70 个实务要点深度释解

田宝法　著

定价:98 元　出版时间:2015 年 9 月

本书作者从丰富的实操经验出发,深入剖析了企业并购的各个核心环节,全面展示了企业并购的实操要点。本书案例详实,生动而又不乏深度的以指导实务操作为主旨,作者精心挑选了 70 个典型案例,并将一些经典案例贯穿在了企业并购实务操作的全过程中进行讲解,同时还运用了 50 多个图表,全方位呈现出了企业并购实务操作的要点所在。

企业成功进行资本运作税法实务操作的必备工具书

企业并购重组税法实务:原理、案例及疑难问题剖析

雷霆　著

定价:88 元　出版时间:2015 年 8 月

本书构建并完整地介绍了企业并购重组的税法原理和税收规则的框架体系;对企业并购重组的定义、交易架构、交易流程以及交易实质进行了详细的理解和剖析;对企业重组的所得税处理以及涉及的其他税种以公式、图表等方式进行了总结,并且有大量的案例分析;对立法和实务中的疑难问题进行了专门的归集、整理和分析,对立法改进和实务操作具有借鉴和指导意义。

实务操作　价值发现　规则解读　企业挂牌新三板全方位操作指南

新三板挂牌解决之道

投行小兵 著

定价:99 元　出版时间:2015 年 8 月

本书旨在为企业挂牌新三板提供全方位的操作指引,精心选取多个典型案例,采取专题解析的模式,通过解读最新规定和政策,分别对重点热点问题进行深入剖析,全方位、多角度解析企业挂牌新三板的重点问题,特别重视操作细节的提示,对实务工作者具有较强的借鉴参考价值。

私募基金划归证监会监管后面世的 PE 实务类书籍　一部中国 PE 行业法律百科全书

私募股权基金筹备、运营与管理:法律实务与操作细节

刘乃进　著

定价:68 元　出版时间:2015 年 5 月

本书按照 PE 的生命周期,对 PE 的基本特征、筹备、设立、运营、退出等进行了全面、细致的阐释,同时对 PE 实务中的一些重要问题进行了深入剖析。实务操作资料选取翔实,可以说是中国 PE 行业性文件的阶段性成果集大成者。

典型案例剖析　权威上市指导

企业上市解决之道

投行小兵　著

定价:68 元　出版时间:2011 年 5 月

本书精心挑选极具代表性的百余家企业上市真实案例,剖析这些企业或成功上市或被否决的原因,梳理企业上市过程中遇到的常见问题,揭示产生问题的根源、审核部门关注的重点及解决相关问题的思路和对策。案例具体生动、论述浅显易懂,专业人士处理企业上市难题的借鉴宝典,非专业人士了解企业上市相关问题的实用指南。

剖析典型案例　梳理疑难问题　提供解决对策

走向资本市场:企业上市尽职调查与疑难问题剖析

张国峰　著

定价:128 元　出版时间:2013 年 10 月

本书剖析了 2006 年我国新股发行制度改革以来,成功上市企业与被否决企业的真实案例,梳理了拟上市企业在上市过程中遇到的各种常见问题,并提供了解决问题的对策!

抢占新三板　畅游资本新市场

新三板挂牌操作指引与实务解析(第二版)

申林平　主编

定价:52 元　出版时间:2015 年 5 月

本书以案例的形式,较为全面、透彻地向读者剖析了新三板法律实务的要点和难点,对新三板法律实务的从业者有重要的参考价值。

梳理疑难问题　剖析典型案例　提供解决对策

最新 H 股香港上市实务与案例分析

申林平　主编

定价:68 元　出版时间:2013 年 5 月

本书针对境内企业香港上市这一主题,分别就境内企业香港上市过程中应关注的重点法律问题、中介机构的协调性、企业家普遍关注的公司估值等问题进行了深度阐释,并对近年来 H 股上市案例进行了细致分析,对境内企业香港上市具有较强实务指导价值。

企业投资并购重组全流程节税指南

资本之税:企业投资并购重组节税实务(第二版)

张远堂　著

定价:59 元　出版时间:2015 年 6 月

在市场经济的环境下,公司的投资、并购和重组时有发生,律师或法律顾问在这个过程中承担着设计模式、路径和方法的重要职责,首先必须保证企业投资、并购、重组行为合法、可行、有利,但同时也应当考虑企业行为的成本,其中就包括税收成本。税收成本是企业发展必须考虑的一个重要因素,本书紧贴现代企业的发展实际,梳理了国家现行税法和税收政策中有关企业投资、并购、重组的规定,并结合大量企业节税操作真实案例,具有很强的实务操作性和可读性。

公司并购全流程指引:决策策划、实务操作、流程控制

公司资本行动:并购策划与流程指引

张远堂　著

定价:78 元　出版时间:2012 年 9 月

本书力图于解决企业并购的决策策划、实务操作和流程控制中的重点、难点问题。从如何制订公司发展战略和如何选择目标市场开始,按照企业并购的业务程序,逐步进入企业并购的交易流程,就交易流程中的重点、难点问题,分别提出各类并购的风险和应对策略,书中援引真实案例,并且配有疑难问题讨论,着力于帮着读者提高企业并购实务操作能力,解决公司资本运作中的实际问题。

企业成功进行资本运作税法实务操作的必备工具

资本运作税法实务

张兰田　著

定价:58 元　出版时间:2010 年 7 月

本书是第一本由中国执业律师从实务角度就企业资本运作税法领域撰写的专著,具有开山之作的里程碑意义。全书以最新法律规定为基础进行实务研究论述,是对先行生效的相关税法的一次全面梳理和研究,内容充实具体,对第一线的实际法律工作具有很强的指导作用和参考意义!

专业、权威的 IPO 年度评价报告和案例分析

中国 IPO 年度评论　第一辑

申林平　主编

定价:188 元　出版时间:2013 年 1 月

本书对 2011 年度所有通过发审会的案件进行拉网式全面梳理和总结,以批判性的思维剖析中国证监会股票发行审核标准,对中国股票发行审核标准进行充分的、全面的、深入的研究,是目前中国第一本专业、权威的 IPO 年度评价报告和案例分析大全。

证券业的风险防范　实务界的案例点评

证券公司业务风险与防范

朋兴明　著

定价:48 元　出版时间:2013 年 2 月

随着我国金融创新的加快,打破垄断、全面放开市场竞争、逐渐向国际化靠拢将会成为证券行业的发展趋势,未来证券行业优胜劣汰在所难免,这些都促使证券公司要尽快提高自身的风险管理水平。本书内容涵盖了证券经纪业务、投资银行业务、证券自营业务、资产管理业务、研究报告业务、投资顾问业务、融资融券业务、直投业务以及其他业务等,详细阐述了证券公司各项业务风险的具体防范措施;同时引入了大量具体案例进行点评分析,以便读者更加直观理解相关内容。